中国烟草年鉴 2015

OBACCO

BOOK

中国烟草年鉴

·2015·

CHINA TOBACCO YEARBOOK

国家烟草专卖局 编

中国经济出版社
CHINA ECONOMIC PUBLISHING HOUSE

·北 京·

国家局 总公司党组成员、局长、总经理、副局长、纪检组长

凌成兴

工业和信息化部党组成员
国家烟草专卖局局长、党组书记
中国烟草总公司总经理

何泽华

国家烟草专卖局副局长、党组成员
（—2014.3）

李克明

国家烟草专卖局副局长、党组成员

杨培森

国家烟草专卖局副局长、党组成员

赵洪顺

国家烟草专卖局副局长、党组成员

高 林

中央纪委驻国家烟草专卖局纪检组组长
国家烟草专卖局党组成员

徐 瑄

国家烟草专卖局副局长、党组成员
（2014.3—）

国家局 总公司领导考察

2014年10月16日，凌成兴局长（前排中）在河南烟草调研，详细了解河南中烟黄金叶生产制造中心的生产工艺、装备水平等情况

河南中烟 瞿卫华 摄

何泽华副局长（左二）在湖北烟草调研

湖北省局 供稿

2014年2月19日，李克明副局长（前排左一）到吉林烟草工业有限责任公司长春卷烟厂调研

吉林烟草工业 付小同 摄

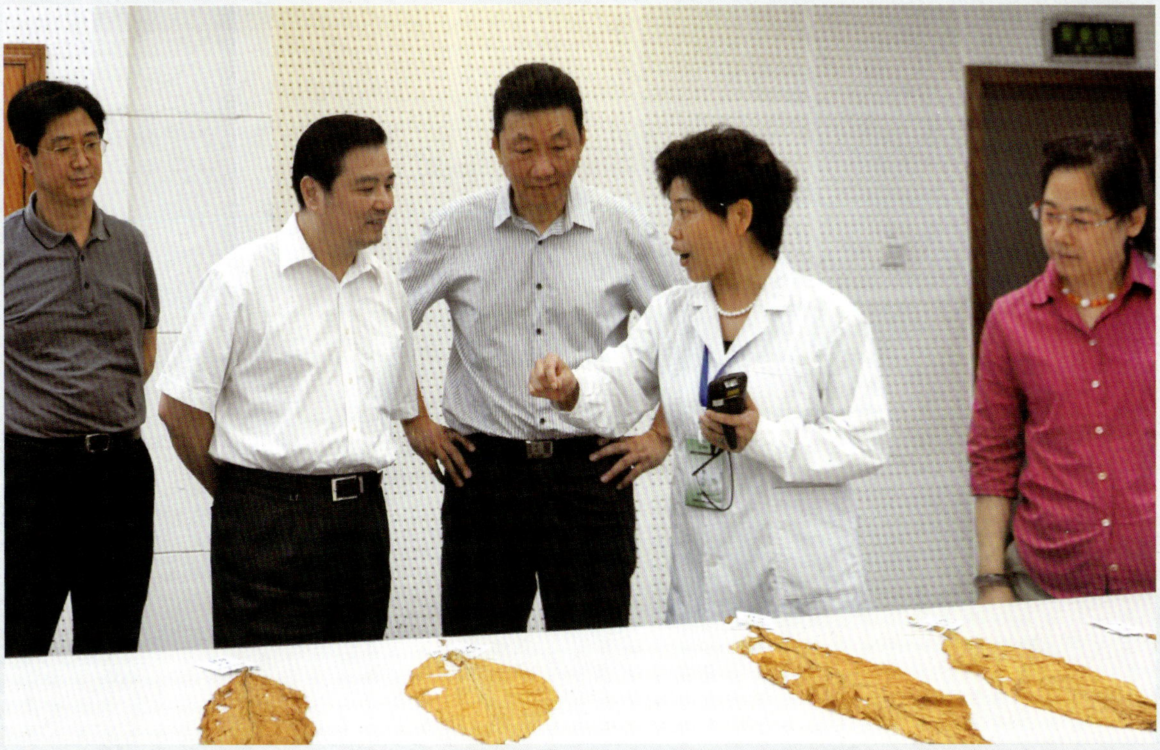

2014年7月1日，杨培森副局长（左二）在职工进修学院调研

江一舟 摄

2014年5月27日，赵洪顺副局长（前排中）到浙江中烟杭州卷烟厂调研

浙江中烟　唐克文 摄

2014年6月10日，高林组长（左二）到上海烟草调研，考察了上海卷烟厂“中华专线”

上海烟草集团 供稿

2014年6月6日，徐瑢副局长（前排中）深入云南丽江市烟草物流园区仓储和分拣线了解情况

云南丽江市局 李丽华 摄

2014年9月16日，张玉霞总会计师（左一）到湖北省局（公司）月湖琴声工地考察

湖北省局 张怀忠 摄

2014年1月16日，全国烟草工作会议在北京召开

陈兴杰 摄

2014年2月20日，全国烟草行业纪检监察工作会议在北京召开

陈兴杰 摄

2014年3月11日，全国烟草专卖管理工作会议在北京召开

郑旭南 摄

2014年3月13日，全国烟草行业发展计划工作会议在北京召开

武玉军 摄

2014年3月14日，全国烟草行业规范管理工作会议在北京召开

邢忠敏 摄

2014年4月25日，第六届全国烟草行业先进集体、劳动模范表彰会议在北京召开

陈兴杰 摄

2014年4月29日，国家局和海关总署首次联合公开销毁查没走私卷烟。国家局局长凌成兴（中）、海关总署副署长吕滨（右）、广东省政府副秘书长林英（左）在广东湛江启动走私烟销毁仪式

高龙 摄

2014年10月11日，全国烟草行业党的群众路线教育实践活动总结电视电话会议在北京召开

陈兴杰 摄

2014年4月9日，山东中烟青州卷烟厂举办党的群众路线教育实践活动专题党课

山东中烟青州卷烟厂　刁立鹏　摄

2014年3月20日，广东东莞市局（公司）领导在扶贫点企石镇旧围村召开群众座谈会

广东省局　肖光辉　摄

2014年3月3日，广西中烟南宁卷烟厂召开党的群众路线教育实践活动动员大会

广西中烟　黄彩塔　摄

2014年3月26日，新疆和田地区局（公司）领导到皮山县藏桂乡亚曼亚农场村调研

新疆和田地区局　孙贤　摄

【党风廉政建设】

2014年12月17日，内蒙古满洲里市局（公司）党员干部参观党风廉政教育基地

内蒙古满洲里市局 刘红 摄

2014年9月5日，辽宁省局（公司）组织机关先进个人到西柏坡培训

辽宁省局 供稿

2014年7月1日，吉林白山市局（公司）组织员工参观四保临江革命纪念碑

吉林白山市局 韩枫 摄

2014年5月23日，辽宁辽阳市局（公司）开展应急疏散暨消防灭火演练

辽宁辽阳市局 林龙 摄

2014年1月16日，福建省局（公司）安全文化建设现场会消防灭火演练观摩现场

福建省局 林麦梓 摄

2014年7月24日，山东中烟济南卷烟厂举办安全生产知识竞赛活动

山东中烟 供稿

2014年7月4日，湖北中烟襄阳卷烟厂举行“平安襄烟”安全生产知识竞赛

湖北中烟襄阳卷烟厂 供稿

2014年11月6日，湖南中烟“11·9”消防应急演练暨永州市“消防嘉年华”全民体验活动在零陵卷烟厂举行

湖南中烟 徐仲韬 摄

2014年9月10日，川渝中烟进行安全资格证持续教育

川渝中烟 供稿

2014年5月27日，贵州中烟贵定卷烟厂开展消防演练

贵州中烟贵定卷烟厂 史锡洁 摄

2014年5月12日，宁夏银川市局（公司）开展“防灾减灾宣传周”活动

宁夏银川市局 郭莉 摄

队伍建设

北京市局（公司）重视青年员工队伍建设，图为北京烟草2014年团干部培训班合影

北京市局 王智誉 摄

2014年9月24日，天津市局举办第一届烟草专卖管理岗位技能竞赛

天津市局 王新建 摄

2014年4月24日，内蒙古包头市局（公司）物流中心开展劳动技能竞赛

内蒙古包头市局 张若帆 摄

2014年5月23日，江苏省局开展第二届江苏省烟草专卖管理岗位技能竞赛

江苏省局 王丰 摄

2014年9月29日，安徽中烟举行“黄山杯”第七届职工技术比武颁奖仪式

安徽中烟 贾明新 摄

2014年10月15日，“通仙杯”福建烟草工商物流技能竞赛现场

福建省局 林麦梓 摄

2014年7月29日，福建中烟举行烟机技能竞赛

福建中烟 周芬 摄

2014年4月27日，山东中烟济南卷烟厂召开以“泰山梦·济烟情·劳动者之歌”为主题的“五一”国际劳动节座谈会

山东中烟 供稿

2014年12月2日，山东中烟济南卷烟厂制丝车间、卷包车间被评为“全国现场管理星级评价五星级现场”

山东中烟 供稿

2014年12月26日，湖南中烟零陵卷烟厂老年协会组织“金秋梦、芙蓉梦，再回家看看”活动，离退休老党员正在参观生产车间

湖南中烟 王家能 摄

2014年4月25日，广东省局（公司）4名同志在第六届全国烟草行业先进集体、劳动模范表彰会上获得“烟草行业劳动模范”称号

广东省局 陈楠 摄

2014年10月14日，在斯里兰卡召开的国际质量管理小组代表大会上，广东中烟梅州卷烟厂“雷鸣”QC小组课题“新型可视化快速换油车的研制”获2014年度金奖

广东中烟梅州卷烟厂 徐建新 摄

2014年5月20日，广西区局开展第二届烟草专卖管理岗位技能竞赛

广西区局 黄祥进 摄

2014年8月，广西区局（公司）对新进大学生进行军训

广西区局 吴少权 摄

2014年5月，广西中烟南宁卷烟厂制丝车间维修班获“全国工人先锋号”称号

广西中烟 黄彩塔 摄

2014年7月23日，海南三亚市局开展专卖管理技能比赛

海南三亚市局 潘强 摄

2014年3月17日，贵州中烟遵义卷烟厂组织员工开展“卷包自互检标准化操作”技能竞赛

贵州中烟 林海 摄

2014年10月18日，贵州中烟烟机设备修理技师职业技能鉴定考试在遵义卷烟厂举办

贵州中烟　王维洪　摄

2014年7月，云南中烟开展企业文化内训师培训

云南中烟　供稿

2014年7月15日，云南中烟开展新员工拓展训练

云南中烟　供稿

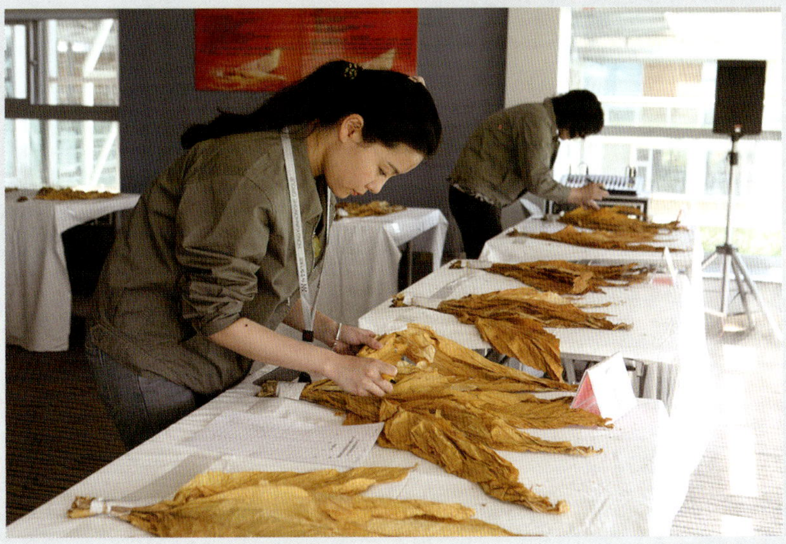

2014年5月14日，红云红河
集团举办烟叶分级职业技能竞赛
红云红河集团 徐蕾 摄

2014年8月1日，大连市局
开展卷烟真伪鉴别培训
大连市局 王琳 摄

2014年7月25日，南通醋酸
纤维有限公司举办员工技能比武
启动仪式暨知识竞赛
南纤公司 王烨东 摄

2014年8月29日，河南中烟驻马店卷烟厂举办“黄金叶杯”游泳比赛
河南中烟驻马店卷烟厂 张春美 摄

2014年5月9日，湖北省局（公司）举行机关第四届职工运动会
湖北省局 张怀忠 摄

2014年8月24日，湖南中烟零陵卷烟厂自行车协会举办自行车骑行趣味赛
湖南中烟 王家能 摄

2014年11月9日，海南省局（公司）举行“宝岛杯”秋季运动会

海南三亚市局 潘强 摄

2014年9月15日，陕西中烟第六届职工运动会暨第四届老年人运动会在宝鸡举行

陕西中烟宝鸡卷烟厂 赵雄一 摄

2014年7月2日，深圳市局（公司）金叶合唱团参加深圳市直机关工委庆祝建党93周年主题合唱比赛并获金奖

深圳市局 蔡丽虹 摄

2014年7月23日，新疆阿克苏地区局（公司）组织卷烟零售客户开展烟标手工制作大赛优秀作品评比活动

新疆阿克苏地区局 魏玉明 摄

2014年7月22日，甘肃武威市局（公司）组织开展工商零联盟拓展活动自行车越野赛

甘肃武威市局 李朋山 摄

2014年6月27日，深圳烟草工业有限责任公司举办庆祝中国共产党成立93周年总结表彰大会暨“和谐深烟”歌咏比赛

深圳烟草工业 供稿

发行电话：高建国 010—63605464　张　洁 010—63605646

姚　媛 010—63606745　王美荣 010—63605478

广告电话：丁广达 010—68535568

2011 年，《中国烟草年鉴》获第五届全国年鉴编校质量检查评比特等奖

2012 年，《中国烟草年鉴》获第六届全国年鉴编校质量检查评比一等奖

2015 年，《中国烟草年鉴》获第五届年鉴编纂出版质量评比综合一等奖

编写说明

一、《中国烟草年鉴》是由国家烟草专卖局组织编纂，全面反映中国烟草行业改革和发展情况，以及所属各企业发展概貌的专业性、权威性行业综合年鉴。《中国烟草年鉴》自1996年创刊以来，已先后编纂出版了1991—1995年、1981—1990年、1996—1997年、1998—1999年、2000年、2001年、2002年、2003年、2004年、2005年、2006年、2007年、2008年、2009年、2010年、2011—2012年、2013年、2014年卷等18期。从《中国烟草年鉴》2004年卷起，由国家烟草专卖局中国烟草杂志社《中国烟草年鉴》编辑部具体负责年鉴的编辑工作。

二、《中国烟草年鉴2015》设有特载，行业概览，国家烟草专卖局、中国烟草总公司组织结构，党的群众路线教育实践活动，专卖管理与“两烟”经营，烟草工业，科研和教育培训，经济统计，新闻宣传，公益活动，控烟履约，大事记，文件法规，附录，索引共计15个栏目。年鉴2015卷“栏目”下设“分目”和“条目”。

三、本卷年鉴主要收录了2014年全国烟草行业发展的主要工作情况。各栏目内容充实，信息量大，特别突出了资料的权威性、延续性，反映了行业改革发展的历程。以彩图配合相关栏目，生动、直观、全面地反映了行业各方面发展情况，彩图涉及面宽，内容丰富。

四、在总体结构上，本年鉴积极适应烟草行业发展“新常态”和行业类年鉴编撰要求，在内容上进行了精简。编辑过程中，加强了对行业总体情况的把握，力求全面呈现烟草产业各发展环节的情况，精简了常规性内容。

五、调整《领导讲话》栏目。适应“去行政化”的要求，将重要内容合并至《特载》栏目进行集中收录。

六、调整《行业概览》栏目。各分目注重宏观展现行业总体发展概貌，同时新增省级公司开展工作的具体情况，突出反映烟草行业在党的建设、多元化经营、企业文化等方面工作。

七、调整《国家烟草专卖局、中国烟草总公司组织结构》栏目。通过《组织结构》栏目，全面、集中地反映烟草行业各单位组织结构全貌，力求清晰呈现行业垂直管理的管理体制。

八、为实现按行业业务类别进行栏目设置，将《省级局（公司）》栏目更名为《专卖管理与“两烟”经营》，将《工业企业》栏目更名为《烟草工业》，更加全面地反映了烟草商业企业专卖管理、“两烟”经营和卷烟工业企业生产经营的情况。《专卖管理与“两烟”经营》和《烟草工业》栏目，不再对各所属地市级局（公司）、所属非法人卷烟生产企业进行文字描述，一律以表格形式反映。

九、《科研和教育机构》栏目更名为《科研和教育培训》。集中收录了行业科技创新人才成员名单、企业技术中心、省级烟草农业科研机构、行业重点实验室、博士后科研工作站和院士工作站、2014 年行业获得授权专利名单等内容，全方面介绍行业在科研和教育领域所做的工作和取得的成果。

十、设立《新闻宣传》栏目。为适应意识形态领域发展的新要求，以及行业宣传报道的新趋势，新增反映行业形象传播新进展的条目，力图全方位、多角度展示烟草行业新闻宣传工作新情况。

十一、调整《文件法规》栏目，在保留重要文件法规选登内容的同时，新增了部分文件法规名录，便于读者总体把握烟草行业 2014 年发展情况。

十二、本年鉴的各种资料、数据主要由国家烟草专卖局机关各部门、各单位和行业各直属单位提供，条目内容、数据均由各撰稿单位审核，并由国家烟草专卖局办公室最后审定，资料可靠。

十三、本年鉴中的各种资料、数据，除先进人物和先进集体名单外，一般截至 2014 年 12 月 31 日。

十四、本年鉴终审人员为：张修连、刘杰、王献生、赵百东、任静、汪为民、姜泓海、郑素平；三审人员为：刘杰、王献生、赵百东、任静；二审人员：余莉；一审编辑为：谢争艳、周佳、王东旭、李昂；校订人员：余莉、丁勇；校对人员：谢争艳、周佳、王东旭、李昂；编务人员：李跃、樊璟祎。

编　者

2015 年 12 月

简　目

Concise Contents

目　录

特　载

行业概览

国家烟草专卖局、中国烟草总公司组织结构

党的群众路线教育实践活动

专卖管理与“两烟”经营

烟草工业

境内卷烟和雪茄烟生产

境外卷烟生产

烟草机械工业

卷烟辅助材料生产

烟叶加工

科研和教育培训

科研院所

授权专利

教育培训

经济统计

总表部分

工业部分

其他

新闻宣传

公益活动

控烟履约

大事记

文件法规

重要文件法规选登

综　合

发展计划

专卖管理

经济运行

财务审计

烟草科技

人事政工

整顿规范

烟叶生产

部分文件法规名录

附 录

香港烟草

澳门烟草

台湾烟草

国际烟草

先进人物名单

先进集体名单

2014 年行业获评高级专业技术资格人员名单

索　引

特　载

工业和信息化部部长苗圩在2015年全国烟草工作会议上的讲话

（2015年1月15日）

刚刚过去的一年，面对错综复杂的国际国内形势，全国工业和信息化系统认真贯彻落实中央决策部署，以转型升级“6+1”专项行动为抓手，狠抓稳增长、调结构、促改革、惠民生各项政策措施落实，工业通信业保持平稳发展。预计全年规模以上工业增加值增长8.3%左右，单位工业增加值能耗和用水量分别降低7%和5.8%，电信业、软件和信息技术服务业、互联网行业收入分别增长4%、20%和50%。这些成绩的取得，是在党中央、国务院坚强领导下，包括烟草行业在内的全系统干部职工辛勤努力、顽强拼搏的结果。具体到烟草行业，一年来，全行业紧扣实践“三大课题”、提升“五个形象”，狠抓深化行业改革、烟叶生产调控、经济运行保障、专卖体系建设等重点工作落实，实现税利10517.6亿元、增长10.02%，跨越万亿元大关，年初确定的各项目标任务顺利完成，各项工作取得新成效。比如，在烟叶生产方面，在2013年压产20.9万吨（416万担）的基础上，继续调减收购量37.5万吨（750万担），同时保持了烟农收入、烟区财政收入、烟田基础设施和水源工程建设投资稳定。在行业市场化取向改革方面，京津冀三省（市）开展试点取得积极进展，在完善需求预测流程、建立统一订货平台、完善货源供应规则、建立品牌引入退出机制等方面，积累很多好的经验和做法。在上缴税利方面，全年行业上缴财政总额9110.3亿元，包括上缴专项税后利润450亿元，为国家财政增收作出了特殊贡献。此外，通过财政渠道向云南鲁甸地震灾区捐赠30亿元，体现了烟草行业的责任和担当。在企业管理方面，大力推进精益管理，货币资金保值增值取得积极成效，实现货币资金净收益192.3亿元，增加61.9亿元，新增利息净收入占行业新增利润的比重达17%，严格控制重点费用开支水平，业务招待费、会议费、涉外费同比分别下降60.3%、51.6%、39.1%。在作风建设方面，坚持一个标准贯彻始终，推进作风建设常态化、规范化、长效化，局党组“两方案一计划”整改全部完成，扎实开展党的群众路线第二批教育实践活动，解决突出问题10538项。取得这些成绩来之不易。在此，我代表部党组，向大家并通过大家向全行业干部职工表示亲切问候和衷心感谢！

2015年是全面深化改革的关键之年，是全面推进依法治国的开局之年，也是全面完成“十二五”规划的收官之年，做好工业和信息化领域各项工作意义重大。去年召开的中央经济工作会议对当前和今后一个时期经济发展面临的新常态进行深入剖析，深刻阐述了全面深化改革、实施创新驱动发展战略，转换经济发展动力，促进提质增效升级的重要性和紧迫性，对今年经济工作进行了全面部署，强调要坚持稳中求进的工作总基调，坚持以提高经济发展质量和效益为中心，主动适应经济发展新常态，继续实施积极的财政政策和稳健的货币政策，推进“四化同步”发展，逐步增强战略性新兴产业和服务业的支撑作用，着力推动传统产业向中高端迈进。为贯彻落实中央经济工作会议精神，去年年底，部里召开了全国工业和信息化工作会议，提出今年全系统要立足制造强国、网络强国战略全局，坚持稳中求进工作总基调，以提高发展质量和效益为中心，主动适应经济发展新常态，保持工业经济运行在合理区间，把转方式、调结构放到更加重要位

① 本年鉴中国家烟草专卖局简称“国家局”，中国烟草总公司简称“总公司”。

置，继续实施转型升级“6+1”专项行动，更加注重全面深化改革，更加注重创新驱动发展，更加注重大力推进两化深度融合，更加注重强化互联网行业管理，促进工业通信业持续健康发展。在经济新常态这个大背景下，做好烟草行业工作，对推动稳增长、调结构、促改革、惠民生各项政策的落实，促进经济社会持续健康发展意义重大，对支撑部机关完成各项重要任务意义重大。关于今年烟草行业工作，待会成兴同志还将作工作报告进行全面部署。这个报告我已经看过，内容全面，重点突出，任务明确，措施具体，我完全同意。希望大家认真学习领会，抓好贯彻落实。这里，我强调五点意见。

一是更加注重深化行业改革。2015年是全面深化改革的关键之年，关键之年必须有关键之为。去年底，国家放开了各品种、各等级烟叶价格，烟草企业可以根据种烟成本收益、企业需求和行业发展需要，自主确定烟叶收购价格，这是烟草行业市场化改革又一标志性事件，对行业发展意义深远。要在坚持烟草专卖制度的基础上，继续深化市场化改革，着力抓好企业法人治理、国有资产管理、薪酬分配等改革，并总结推广改革试点经验和做法，进一步优化资源配置，加快全国统一市场体系建设，努力破解发展难题，不断增强发展的动力和活力。要把提高改革质量放到重要位置，坚持速度服从质量，加强调查研究，细化工作措施，强化督查检查，依靠高质量的改革方案、高质量的贯彻落实，让各项改革举措落地生根、开花结果。

二是更加注重加快结构调整和发展方式转变。经过多年的快速发展，烟草行业产销规模、税利总量等经济指标已处于高位运行，在国内外环境复杂多变、经济下行压力逐步显现的情况下，继续保持行业持续健康，结构调整是必须过的一道坎。要着眼于我国经济发展新常态，继续坚持“总量控制、稍紧平衡”的调控方针，把卷烟存销比作为重要调控依据，把价格水平作为市场状态的重要指标，合理安排生产进度，保障适销货源供应，有效满足市场需求，确保产销衔接顺畅，保持市场良好状态。重点要继续抓好烟叶生产三年调控工作，大力加强科技创新，积极拓展海外市场，加大对非烟产业发展的投入。特别要抓住新一代信息技术发展机遇，扎实推进烟草行业“两化”深度融合，不断提升行业网络化、数字化、智能化水平。

三是更加注重推进依法行政。社会主义市场经济本质上是法治经济。使市场在资源配置中起决定性作用和更好发挥政府作用，解决制约经济持续健康发展的种种问题，都需要密织法律之网、强化法治之力。要认真贯彻落实党的十八届四中全会精神，加大全面建设法治烟草推进力度，不断提高烟草行业依法行政、依法管理、依法组织生产经营的能力和水平。要在依法全面履行政府职能上下功夫，坚持法定职责必须为、法无授权不可为，最大程度减少行政审批项目，加强事中事后监管，健全依法决策机制，全面推进政务公开。要着力加强制度建设，坚持严格规范公正文明执法，依法规范烟草专卖品生产经营行为，严厉打击制售假烟、卷烟走私等违法行为，加大对卷烟非法经营的查处力度，努力为行业发展营造良好的环境。

四是更加注重做好控烟履约工作。去年10月，国家烟草专卖局配合外交部圆满完成《烟草控制框架公约》第六届缔约方大会的参会工作。与会期间，充分表达我国关切，积极展现我国控烟履约工作成果，维护了国家利益。作为一个负责任的行业，烟草行业要自觉从党和国家的工作大局出发，积极履行《公约》规定的责任和义务，继续认真落实《中国烟草控制规划（2012—2015年）》和中办、国办印发的《关于领导干部带头在公共场所禁烟有关事项的通知》，扎实抓好控烟履约各项工作。当前，重点要积极配合国务院法制办做好《公共场所控制吸烟条例》制定工作；加强对青少年自觉不吸烟的宣传、教育和引导，继续坚持严厉打击烟草制品非法贸易，有效遏制制售假烟和走私活动。同时，要积极妥善应对控烟工作当中出现的片面化、绝对化、扩大化倾向，进一步做好舆论宣传，努力取得社会各方面的理解和支持。

五是更加注重抓好班子队伍建设、作风建设和反腐倡廉建设。这是行业改革发展的关键保障，必须持续推进、抓紧抓好。要以思想教育为根本，以干部管理为抓手，进一步加强各级领导班子和干部队伍建设，深入学习贯彻习近平总书记系列重要讲话精神，坚定理想信念，严守党的纪律，始终在思想上政治上行动上同以习近平同志为总书记的党中央保持高度一致。作风建设永远在路上。要在健全长效机制上下功夫，始终保持抓作风的力度和韧劲。各级领导干部尤其要带头实干，作出表率，切实做到勤勉敬业，敢于担当，守土有责，守土尽责，始终保持昂扬向上的精神状态。要把加强党风廉政建设作为一项重要政治责任，认真落实“两个责任”，突出抓好群众路线教育实践活动整改任务落实，抓好“四风”问题治理，健全规范权力运行的长效机制，加强和改进巡视工作，坚决查处违纪违法行为，积极营造风清气正的良好氛围。

（选自工业和信息化部部长苗圩在2015年全国烟草工作会议上的讲话。据《国烟办通报》2015年第2期摘编）

坚持稳中求进总基调 适应经济发展新常态 努力实现烟草行业上缴财政总额接近万亿元年度目标

——在2015年全国烟草工作会议上的报告

凌成兴

（2015年1月15日）

这次全国烟草工作会议的主要任务是，深入学习贯彻党的十八大和十八届三中、四中全会精神，深入学习贯彻习近平总书记系列重要讲话精神，认真传达贯彻中央经济工作会议以及全国工业和信息化工作会议精神，紧密联系行业实际，总结工作、交流经验、部署任务。刚才，传达了国务院领导同志的重要批示，听取了苗圩部长的重要讲话，我们要认真抓好贯彻落实。下面，我讲三个问题。

一、认真总结2014年烟草工作的主要特点

2014年，面对复杂多变的内外环境，烟草行业认真贯彻党的十八大和十八届三中、四中全会精神，深入贯彻习近平总书记系列重要讲话精神，紧扣实践“三大课题”、提升“五个形象”总体考虑和年初确定的总体要求、预期指标和重点任务，狠抓各项工作举措的落实，保持了稳中有进、稳中向好的发展态势。全国烟草工作的主要特点是“跨越了一个大台阶，呈现了三个新亮点”。

跨越了一个大台阶。全行业紧紧咬住税利总额这个核心指标，坚持把行业发展建立在质量提高、价值提升、技术进步、成本节约基础之上。通过艰苦努力，全年实现工商税利总额跨越了一万亿元大台阶，达到10517.6亿元，增加957.7亿元，增长10.02%，全面完成年初提出的“保八争十超万亿”年度目标。认真落实国务院领导指示精神，向中央国库上缴专项税后利润450亿元，通过财政渠道向云南鲁甸地震灾区捐赠30亿元。全年行业上缴财政总额9110.3亿元，增加949.1亿元，增长11.63%，在经济下行压力加大情况下，烟草行业为国家财政增收作出了新的贡献。

呈现了三个新亮点。*一是高端品牌逆势上扬的新亮点*。高端卷烟对行业发展具有重要支撑作用。在严峻复杂的消费环境下，高端卷烟虽然增速有所放缓，但始终保持稳健发展的良好势头。全年高价位卷烟产量111.5亿支（22.3万箱），增长13.1%；销量103.5亿支（20.7万箱），增长16.2%。高端卷烟产量1506亿支（301.2万箱），增长17.1%；销量1438.5亿支（287.7万箱），增长15.6%。在高端卷烟规格中，有10个销量超过25亿支（5万箱），有13个销量增速超过20%。特别可喜的是，“中华”品牌实现税利超过1200亿元，“云烟”“芙蓉王”品牌销售收入超过1000亿元，“利群”“双喜·红双喜”品牌销售收入超过900亿元，“玉溪”“黄鹤楼”品牌销售收入超过800亿元。

二是细支卷烟快速增长的新亮点。细支卷烟符合市场消费潮流、符合产品创新方向，具有“降本降耗、低焦高档、减轻危害”的天然优势，是一个极具潜力的增长点。全年标准周长以下的细支卷烟产量243.5亿支（48.7万箱），增长66.4%；销量221亿支（44.2万箱），增长66.0%。其

中，周长在17±1mm的细支卷烟产量155亿支（31.0万箱），增长99.0%；销量139.5亿支（27.9万箱），增长102.0%；商业销售额117.3亿元，增长113.5%。在细支卷烟销量前三名中，“南京”销量69亿支（13.8万箱），增长68.6%；“黄鹤楼”销量39亿支（7.8万箱），增长116.8%；“泰山”销量14亿支（2.8万箱），增长159.2%。

三是货币资金保值增值的新亮点。管好用好行业多年发展积累的货币资金，是我们的责任所在、使命所在、潜力所在。紧紧咬住货币资金净收益率全行业保3争4、总公司保4争5的目标任务，充分利用战略合作银行的优惠利率，推进定期和协议存款优化组合；协调系统内部委贷业务，置换银行贷款；购买上市银行股份，拓展资金增值渠道；及时清理往来款项，提高资金结算效率。全年共实现货币资金净收益192.3亿元，增加61.9亿元，增长47.5%。新增利息净收入占行业新增利润比重达到17%。

从具体工作讲，主要狠抓了“六个着力点”。第一，狠抓全面深化改革的着力点。以重大问题为导向，按照“两坚持、八加大”的改革思路和举措，研究制定《国家烟草专卖局2014年改革工作要点》，明确26项重点改革任务，细化为116项实施事项、70项计划事项和45项调研事项。国家局成立全面深化改革领导小组，狠抓各项改革任务的落实。京津冀卷烟营销市场化取向改革成效明显，试点企业思想高度统一、工作扎实推进、指标全线飘红。云南中烟“两统一、两整合”改革稳步推进，新的决策、生产、营销、研发架构基本形成。行业其他各项改革稳步进行，改革红利不断释放，有力促进了烟草行业自我完善、自我创新。

第二，狠抓烟叶三年调控的着力点。全行业特别是烟叶产区，认真贯彻落实国家局关于“严控面积、坚守红线”的要求，力争用三年左右时间将烟叶库存总量调整到合理水平的部署，把“控制总量”作为工作目标，把“控制面积”作为前提条件，把优化结构作为关键举措，态度坚决、措施得力，工作扎实、纪律严明，出色完成年度烟叶调控任务。全年共签订收购合同166万份，移栽面积1837万亩，比计划调减43万亩，比上年调减255万亩；预计收购烟叶225万吨（4500万担）左右，比上年调减37.5万吨（750万担）。在种植面积减少、收购数量减少情况下，通过提高单产、提高质量、提高价格，较好地稳定了烟农收入，稳定了烟区财政收入，稳定了烟田基础设施和水源工程建设投入。

第三，狠抓行业经济运行的着力点。紧紧围绕实现经济运行稳中提质、稳中增效的目标，着力稳产量、促销量，着力控库存、均投放，着力改作风、调结构，平衡供求关系，协调量价关系，密切工商关系，实现经济运行质量和效益稳步提升。全年生产卷烟25850亿支（5170.0万箱），增加512.5亿支（102.5万箱），增长2.0%；国内销售卷烟25495亿支（5099万箱），增加525亿支（105.0万箱），增长2.1%；境外销售卷烟785.1万件，增加92.0万件，增长13.3%。重点品牌销量21170.5亿支（4234.1万箱），增长3.0%，占总销量83.0%，提高0.72个百分点。全国卷烟单箱批发均价2.67万元，增长6.7%；零售客户毛利率、满意度稳步提高。大力推进企业精益管理，积极开展“精益十佳”创建活动，不断提升管理效益贡献度；大力实施创新驱动发展战略，健全科技创新体系，推进烟草基因组计划等科技重大专项，强化产品质量监督和标准化建设工作，国产卷烟焦油量加权平均值10.5毫克/支，卷烟危害性指数8.6，降焦、减害工作扎实有效；大力推进“两化”融合，制定《烟草行业信息化发展规划（2014—2020年）》，全面加强数据资源开发应用，行业信息化建设水平稳步提高。

第四，狠抓专卖三大体系建设的着力点。始终坚持专卖制度不动摇，认真落实专卖法律法规要求，着力抓好打假打私体系、专卖内管体系和市场监管体系“三大体系”建设。充分发挥联合打假打私工作机制作用，保持严厉打击高压态势，重点地区“打假摘帽”工作成绩卓著。全年共查处案值5万元以上假烟案件2196起，破获国标网络案件863起；收缴制假烟机252台，查获烟丝烟叶1.67万吨、假烟10.4万件、走私烟5.3万件；依法拘留6460人、追究刑事责任4261人。在广东湛江举行“中国·执法查没走私烟公开销毁活动”，公开销毁走私罚没烟37.6万条。健全完善专卖内管体系，以治理真烟非法流通为抓手，严格规范工商企业生产经营行为，对查实的违规行为进行严肃问责，共处理地市局（公司）负责人5名。切实履行市场监管职责，推进烟草零售市场检查方法创新应用，加大对互联网涉烟非法经营案件查处，加强对免税卷烟经营监管，维护了良好的市场秩序。坚持规范管理不动摇，外树严格规范形象，内促规范制度落实，全行业公开招标采购金额占比达91.4%，比上年提高8.55个百分点。

第五，狠抓落实“两个责任”的着力点。国家局党组研究制定《关于落实党风廉政建设主体责任的实施意见》，明确主体责任的主要内容、重点任务和工作机制，将主体责任具体化、程序化、制度化；强化对权力运行的制约和监督，派出3个巡视组，以发现问题、形成震慑为重点，对6家直属单位开展巡视工作。落实纪检监察机构监督责任，落实纪检机构“三转”要求，强化执纪问责，加大正风肃纪和腐败案件查处力度。落实查办腐败案件以上级纪委领导为主、纪检组长（纪委书记）提名和考察以上级纪委会同组织部门为主要求，保证纪检监察机构行使监督权的权威性和相对独立性。全年行业受理信访举报2094件，初核644件，立案213件，处分320人，移送司法机关处理14人，收缴违纪金额1478.1万元，挽回国有资产损失1666.1万元；查处违反中央八项规定问题18起，处理33人，给予党纪政纪处分21人，通报曝光10起典型问题。通过行业上下早提醒、早发现、早处置，去年没有发生中纪委通报的典型问题，没有发生焦点访谈曝光的典型问题，没有发生网络媒体炒作的典型问题。

第六，狠抓教育实践活动和领导班子建设的着力点。切实巩固第一批教育实践活动成果，把“两方案一计划”落到实处；扎实开展第二批教育实践活动，坚持问题导向，坚持立行立改，解决突出问题10538项。通过以上率下、上下联动，整治“四风”突出问题取得初步成效。全行业会议费、业务招待费、涉外费、市场营销费分别降低51.6%、60.3%、39.1%、28.4%，超缴公积金全部整改到位，全行业封存的1344辆超标车辆得到稳妥处置，国家局领导同志办公室面积由100平方米左右全部整改成63平方米。

改进干部选拔任用工作，贯彻落实新修订的《党政领导干部选拔任用工作条例》，按照“好干部”五条标准和从严治党要求，制定一系列配套文件，对行业直属单位领导班子建设的总体要求、领导职数、选拔程序、任职条件、干部交流、任职年龄、专项治理等工作作出明确具体规定。加大行业直属单位“一把手”和纪检组长（纪委书记）异地交流任职力度，省级公司正职领导干部异地任职19名，纪检组长异地任职13名。贯彻落实中组部印发《关于加强干部选拔任用工作监督的意见》，加强干部监督管理，加大对违反干部选拔任用规定举报线索的核查力度；组织开展领导干部个人有关事项报告工作，对个别重点人员进行了抽查核实；组织对各直属单位“裸官”进行清查，完成“裸官”任职岗位调整工作。

同时，投资管理、烟机发展、董事会工作、现代物流、控烟履约、新闻宣传、安全维稳、后勤保障、双维转型、教育培训、经济研究、学术交流、丝束生产、老干部工作等方面都取得了明显进步。

取得这些成绩，确实来之不易。这是党中央、国务院亲切关怀的结果，这是工信部直接领导的结果，这是有关部委和地方各级党委、政府大力支持的结果，这是全行业干部职工奋发进取的结果。借此机会，我代表国家局、总公司，向全行业干部职工表示衷心的感谢！

在肯定工作的同时，我们要看到，随着控烟履约的深入推进，随着市场环境的深刻变化，随着经济下行压力的不断加大，增长速度回落、工商库存增加、结构空间变窄、需求拐点逼近这“四大难题”更为凸显，我们面临的形势更加复杂多变，面临的任务更加艰巨繁重。对此，我们必须保持清醒头脑，增强忧患意识，增强应对能力，增强进取精神。

二、认真领会中央经济工作会议的基本精神

烟草行业是国家财税的重要来源，是国民经济的重要组成部分。我们必须认真学习领会、全面贯彻落实中央经济工作会议的基本精神和总体部署，创造性地做好全国烟草工作。

（一）认真领会中央对全国经济形势的科学判断

2014年以来，面对严峻复杂的国际环境，面对我国经济在增长速度换挡期、结构调整阵痛期、前期刺激政策消化期“三期叠加”发展阶段的多种困难和挑战，党中央、国务院团结带领全国人民，牢牢把握发展大势，坚持稳中求进工作总基调，创新宏观调控思路和方式，实现了经济增速稳，社会就业稳，物价水平稳，经济结构调整出现积极变化，经济增长质量实现新的提升，深化改革开放取得重大进展，呈现“三稳三进”的良好态势。我国经济社会发展取得的重大成就，是在世界政治经济形势纷繁复杂、国内发展新问题新挑战持续显现情况下取得的，是以习近平同志为总书记的党中央统揽全局、正确领导、科学决策的结果，我们必须大力宣传、倍加珍惜。

（二）认真领会中央对经济发展新常态的深刻论述

科学认识当前形势，准确研判未来走势，是做好经济工

作的基本前提。中央分析认为，总体上看，我国经济发展进入新常态。习近平总书记对新常态下我国经济"速度变化、结构优化、动力转换"三大特点作了精辟概括，对新常态下消费需求、投资需求、出口和国际收支、生产能力和产业组织方式、生产要素相对优势、市场竞争特点、资源环境约束、经济风险积累和化解、资源配置模式和宏观调控方式等九个趋势性变化作了深刻论述。我国经济正在向形态更高级、分工更复杂、结构更合理的阶段演化，经济发展进入新常态后，增长速度正从高速增长转向中高速增长，经济发展方式正从规模速度型粗放增长转向质量效率型集约增长，经济结构正从增量扩能为主转向调整存量、做优增量并存的深度调整，经济发展动力正从传统增长点转向新的增长点。认识新常态，适应新常态，引领新常态，是当前和今后一个时期我国经济发展的大逻辑。面对我国经济发展新常态，我们观念上要适应，认识上要到位，方法上要对路，工作上要得力。要深化理解、统一认识，要坚持发展、主动作为。

（三）认真领会中央对今年经济工作的总体部署

经济发展进入新常态，没有改变我国发展仍处于可以大有作为的重要战略机遇期的判断，改变的是重要战略机遇期的内涵和条件；没有改变我国经济发展总体向好的基本面，改变的是经济发展方式和经济结构。中央对今年经济工作作出了全面部署。

总体要求是：全面贯彻党的十八大和十八届三中、四中全会精神，以邓小平理论、"三个代表"重要思想、科学发展观为指导，坚持稳中求进工作总基调，坚持以提高经济发展质量和效益为中心，主动适应经济发展新常态，保持经济运行在合理区间，把转方式、调结构放到更加重要位置，狠抓改革攻坚，突出创新驱动，强化风险调控，加强民生保障，促进经济平稳健康发展和社会和谐稳定。

宏观政策是：稳定和完善宏观经济政策，加强对实体经济的支持。积极的财政政策要加力增效，稳健的货币政策要松紧适度。继续实施定向调控、结构性调控。

重点任务是：努力保持经济稳定增长，积极发现培育新增长点，加快转变农业发展方式，优化经济发展空间格局，加强保障和改善民生工作。

三、认真落实2015年烟草工作的主要任务

2015年是全面深化改革的关键之年，是全面推进依法治国的开局之年，也是全面完成"十二五"规划的收官之年。总体要求是：全面贯彻落实党的十八大和十八届三中、四中全会精神，按照中央经济工作会议的总体部署，坚持烟草专卖制度，坚持稳中求进总基调，适应经济发展新常态，继续实践"三大课题"、提升"五个形象"，注重以改革创新为动力，以重点品牌发展为突破，以优化资源配置为抓手，实现经济发展做加法、改革创新做乘法、烟草控制做减法、精益管理做除法，全面增强中国烟草整体竞争实力，努力实现烟草行业上缴财政总额接近万亿元年度目标。

主要预期指标是：烤烟种植面积1580万亩，收购224.88万吨（4497.6万担）（含出口备货）；卷烟生产计划25900亿支（5180万箱），卷烟销量25300亿支（5060万箱）；工商税利总额11256亿元，同比增速"保七争八望九"；上缴国家财政总额接近1万亿元，同比增加800亿元左右。

实现上述预期指标，关键要做好"加减乘除"四则运算：

*经济发展做加法。*习近平总书记强调，"以经济建设为中心是兴国之要，发展是党执政兴国的第一要务，是解决我国一切问题的基础和关键。"对烟草行业来讲，主要是不断增加税利总额，不断增加卷烟销售收入，不断增加单箱均价和单箱税利，不断增加烟农户均收入和种烟亩均收入，不断增加零售客户盈利，不断增加境外市场卷烟销量。

*改革创新做乘法。*主要是全面深化改革、着力创新驱动，推进卷烟营销市场化取向改革，发挥品牌资源配置的乘数效应，发挥全国统一市场的乘数效应，发挥简政放权的乘数效应，发挥现代企业制度的乘数效应，发挥有效激励约束的乘数效应，发挥科技创新的乘数效应。

*烟草控制做减法。*主要是从党和国家工作大局出发，认真执行中办、国办《关于领导干部带头在公共场所禁烟有关事项的通知》，认真履行《烟草控制框架公约》和《中国烟草控制规划（2012—2015年）》规定，调控烟叶种植面积和收购数量，调控卷烟产量和销量，减少烟草制品焦油和其他有害成分含量，减少非法烟草贸易，坚决支持公共场所禁烟，坚决支持中小学生禁烟，坚决劝阻青少年吸烟。

*精益管理做除法。*主要是开展全员、全过程、全方位的精益管理，千方百计扩大分子、缩小分母，降低卷烟生

产成本、降低烟叶生产成本、降低卷烟营销成本，提高劳动生产率、提高货币资金收益率、提高国有资产保值增值率。

重点工作任务是：抓好“三大要点”，做到“六个坚韧不拔”。

（一）抓好“三大要点”

一是牵住卷烟营销这个牛鼻子，在拓展中端、培育高端、保障低端上下功夫。深刻认识卷烟营销对拉动卷烟生产、消化卷烟库存、促进行业发展的极端重要性，按照“稳价是前提、销量是基础、结构是关键、创新是动力”的营销策略，继续推进卷烟营销网络建设，全力落实卷烟销售目标。更加注重卷烟市场分析，准确把握低价位卷烟消费升级趋势、高价位卷烟理性回归趋势，拓展中端卷烟市场，打造一批规模大、品质优、效益好的中端卷烟品牌。主动顺应消费环境的变化，切实做好高端卷烟品牌培育维护工作，努力通过创新供给激活需求，满足高端卷烟的个性化、多样化需求，增强高端卷烟品牌对行业发展的支撑力、带动力、影响力。正确处理结构提升与保障中低收入消费需求的关系，改造提升一批低端卷烟的品质品味；研究制定低端卷烟品牌专项计划、单独考核的政策措施，保障低端卷烟价廉物美，防止低端卷烟销量流失。

二是破解计划增量这个两难命题，在合作生产、运行调控、压缩库存上下功夫。计划增量是实现行业未来可持续发展、协调各方利益关系、支持老少边穷地区发展的重要资源。要继续坚持“总量控制、稍紧平衡”的调控方针，用足用好国家计划资源。要继续坚持“一个基点、三个转变”的思路，稳定合作生产规模，协调合作双方关系，从计划倾斜、费用核算、税利考核、资金注入、落地销售等方面加大对品牌输出企业的支持力度，使计划增量既有利于促进全国性知名品牌持续扩张，突出重点发展；又有利于支持区域性优势品牌稳步成长，带动共同发展。要继续坚持以保持合理的供求关系、保持稳定的价格水平、保持良好的市场状态为着力点，加强和改善运行调控，精准安排生产节奏，实施以存销比为依据下达生产计划码段，把压缩库存放在生产、调拨、运输、批发、零售各环节统筹考虑，合理确定各环节库存比例，改进完善存销比管理办法，加大库存管理力度。经国家局慎重研究，今年上半年放缓200万箱卷烟生产进度，大幅减少工业库存，带动压缩商业库存、社会库存，确保社会库存只减不增。

三是紧扣税利总额这个核心指标，在优化结构、降低成本、提高效率上下功夫。保持税利总额持续增长，是保证国家财政收入的政治责任，是行业科学发展的重要标志，是巩固烟草专卖制度的本质要求，是行业干部职工的根本利益。在需求拐点逼近情况下，保持税利总额持续增长，必须加快转变行业发展方式，努力向结构调整要效益，努力向精益管理要效益，努力向减耗降本要效益，真正实现“两个基本同步、三个持续提高”。扎实推进以“更科学、更精准、上水平”为重点的精益管理，加强预算管理，细化定额标准，细抠管理环节，一点一滴降成本，一点一滴提效益，不断提升管理增效占行业新增效益的比重。牢固树立安全发展、节约发展、清洁发展、绿色发展理念，切实做好节能减排、卷烟包装箱循环利用、物流托盘联运、治理卷烟过度包装、盘活工业不适用烟叶等工作，不断提高生产要素使用效率。

（二）做到“六个坚韧不拔”

第一，坚韧不拔加大深化改革的力度，提高资源配置效率和水平。认真总结推广京津冀卷烟营销市场化取向改革试点的做法和经验，进一步扩大改革范围、激发市场活力。国家局研究决定，今年改革试点从京津冀扩展到全国重点城市和江苏湖北全省、覆盖到2000万箱卷烟市场、聚焦到300万箱卷烟计划。一是加大企业竞争力度。商业提报需求照单全收，工业调出计划按商业调入计划的106%下达，将“打擂台”的计划资源扩大到300万箱左右，上半年工业生产计划按全年计划的48%下达，计划产量和库存不能满足市场需求的工业企业，可在自有计划盘子内追加不超过2%的生产指标，其余部分通过合作生产解决；计划产量和库存不能消化的工业企业，必须寻求合作生产，通过合作生产仍然不能消化的，国家局将逐步调整其计划指标。二是搭建统一订货平台。参照河北省局（公司）的模式，在今年9月底之前，各省级局（公司）要建成全省统一的省级集中订货平台，及时启动运行；国家局将加快推进全国统一订货平台建设。三是优化资源配置模式。加快形成统一透明、有序规范的市场环境，建立品牌优胜劣汰退出机制，实现计划资源的动态调整，推进按订单组织货源向按订单组织生产延伸，逐步形成以品牌为核心的烟草资源配置模式。继续加大云南中烟“两统一、两整合”推进力度，充分发挥云产卷烟品牌优势。同时，今年要继续加大简政放权改革力度，继续加大人事和薪酬制度改革力度，继续加大国有资产管理体制改革力度。要拓展资金使用渠道，加强资金运营管理，以省为单位着手研究资金统一监管平台建设，通过优化存款结构、优化委托贷款、优化战略投资项目，进一步提高货币资金保值增值和资本运作水平。

第二，坚韧不拔加大全面建设法治烟草的力度，提高行业法治化水平。认真贯彻落实党的十八届四中全会精神，全面推进依法治国，增强法治观念和法治意识，不断提高烟草行业依法行政、依法管理、依法组织生产经营的能力和水平。坚持严格规范公正文明执法，建立健全行政执法主体资格管理制度和重大执法行为法制审核制度，加强执法监督，落实执法责任制。健全依法决策机制，加强决策风险评估和合法性审查，建立重大决策终身责任追究制度和责任倒查机制。坚持“办事公开、民主管理”同业务工作深度融合，大力推进“五个公开”，全面打造阳光烟草。推进法律风险防控体系建设，加强专卖执法、信息公开、卷烟营销、包装标识等重点领域法律风险防控，依法处理涉烟诉讼及法律纠纷争议，运用法律手段维护行业合法权利。继续保持卷烟打假打私高压态势，下更大力气治理卷烟非法流通，严肃查处重点案件，严格责任追究，保持良好卷烟经营秩序。加强对电子烟、其他新型制品的法律和政策研究，加大对“走出去”发展的法律支持和服务保障。着力抓好规范管理，巩固“应招尽招”成果，提高“真招实招”水平。

第三，坚韧不拔加大科技创新的力度，实现创新驱动发展。全面实施创新驱动发展战略，把科技创新作为转变行业发展方式、提升行业发展质量的关键举措，不断提高烟草科技创新水平、科技减害水平、科技增效水平。进一步抓好烟草科技重大专项、进一步紧跟世界烟草创新前沿、进一步调动烟草科技人才创新激情。积极发展细支卷烟、雪茄烟和低焦卷烟，重视研发加热不燃烧卷烟、电子烟、口含烟等新型制品，努力培育新的经济增长点。贯彻落实行业信息化发展规划，切实加强网络安全管理，积极推进重点工程建设，促进新一代信息技术与烟草产业融合发展，不断提升行业数字化、信息化、智能化水平。加快推进现代物流体系建设，努力实现烟草物流由核心业务向核心能力转变、由成本中心向效益中心转变、由企业物流向行业物流转变，有序发展非烟电子商务物流。高度重视控烟履约工作，抓好烟盒扩大警语面积、增加图案标识、调整卷烟价格“三位一体”试行方案，抓好烟草制品及原辅材料质量、重要相关成分的专项检测和监控，确保烟草产品质量安全。

第四，坚韧不拔加大烟叶生产提质增效的力度，夯实卷烟品牌原料保障和烟农增收致富基础。在去年11月召开的全国烟叶工作会上，国家局对做好今年烟叶工作已作出了全面部署，务请大家下决心抓好烟叶生产的提质增效。一要从烟叶生产“双控”计划上认识提质增效的紧迫性。今年种植面积减少300万亩、收购计划减少200万担，这对烟区来讲是个重大考验。只有更加注重减少劳务成本、更加注重推广优良品种、更加注重烟叶风格特色、更加注重烟叶等级质量，才能稳定烟农收入、稳定烟区税收、稳定烟区人心。二要从国际市场烟叶比价上认识提质增效的紧迫性。去年，我国烤烟平均价格比津巴布韦高21.9%、比巴西高45.5%、比美国高27.7%，依靠烟叶提价增收的空间有限，降低卷烟原料成本的难度加大。三要从打叶复烤加工成本上认识提质增效的紧迫性。这个问题，我在烟叶工作会上作了具体分析，这里不再重复。

第五，坚韧不拔加大推进“三个雄心壮志”的力度，不断提高中国烟草国际竞争力。党中央、国务院制定推进丝绸之路经济带和21世纪海上丝绸之路建设战略规划，这是中央根据全球形势深刻变化、统筹国内国际两个大局作出的重大战略决策，对于开创我国全方位对外开放新格局，推进中华民族伟大复兴进程，促进世界和平发展，具有划时代的重大意义。我们要以实施“一带一路”战略规划为契机，坚定信心、把握机遇、用好政策、全力推进。要进一步实施“走出去”发展战略，坚定追赶烟草跨国公司前三名的雄心壮志，坚定追赶烟机制造公司排头兵的雄心壮志，坚定追赶原辅材料生产大集团的雄心壮志。一是着力抓好基地建设，不断提高实体化运作水平。上海（北京）烟草、广东中烟、云南中烟、湖南浙江中烟、吉林烟草工业五个卷烟出口基地，要在现有工作的基础上，总结天泽公司、巴西公司、北美公司境外烟叶实体化运作的成功经验，艰苦创业、站稳脚跟，打开局面、辐射周边，增强话语权、提高竞争力、带动全行业。二是着力抓好并购重组，不断提高国际资本运作水平。实施跨国并购重组、借助国际资本平台，既是几大国际烟草同行的成功之道，也是几大央企集团和一批民营企业的成功之道。我们要研究借鉴他们筹措并购资本的全新思路、选择并购对象的全新思路、聚焦并购地区的全新思路，勇于探索、力求突破。三是着力抓好烟机制造，不断提高引进消化吸收再创新和集成创新水平。要一手抓合作谈判，一手抓改造升级，努力实现中国烟机由望尘莫及、望其项背到同台竞技、并驾齐驱的历史跨越。

第六，坚韧不拔加大落实从严治党要求的力度，为全面推进行业改革发展提供坚强有力的组织保障。突出全面从严治党这条主线，坚决做到思想教育从严、干部管理从严、作风要求从严、组织建设从严、制度执行从严，自觉在思想上、政治上、行动上同以习近平同志为总书记的党中央保持高度一致。坚持不懈加强思想理论武装，提高党性教育和道德教育的针对性和有效性，引导党员干部坚定理想信念，真正敬法畏纪、遵规守纪。从严选好用好干部，按照好干部"五条标准"和"三严三实"要求，严把选人用人动议提名关、考察考核关、程序步骤关，严格干部选拔任用，坚决遏制选人用人过程中的不正之风和腐败现象。坚持从严管理干部，切实加强干部日常管理监督，加大巡视工作力度，抓早抓小抓苗头，让干部心有所畏、言有所戒、行有所止。要以学习贯彻中纪委五次全会精神为动力，全面落实党风廉政建设"两个责任"，进一步严明党的政治纪律、政治规矩、组织纪律、廉政纪律。行业各级党组（党委）要明确责任清单，聚精会神抓党建，坚定不移反腐败，党组（党委）书记要做从严治党的书记，领导班子成员要履行分管领域从严治党的责任。继续保持"力争三个不发生"的强大外在动力，努力建设烟草行业干事创业、风清气正、廉洁从政的政治生态。

最后，我再强调一下编制"十三五"规划问题。今年，党中央将研究提出关于制定"十三五"规划的建议。我们要按照中央的要求和部署，研究制定好烟草行业"十三五"规划，把实践"三大课题"、提升"五个形象"的总体考虑体现到"十三五"规划中，把"经济发展做加法、改革创新做乘法、烟草控制做减法、精益管理做除法"的四则运算体现到"十三五"规划中。各地要紧密结合自身实际，认真编制好本单位的"十三五"规划，增强做好改革发展稳定工作的主动性、预见性和创造性。

（摘自《国烟办通报》2015 年第 2 期）

行业概览

2014年行业改革发展亮点

【跨越一个大台阶，呈现三个新亮点】 2014年，全行业围绕税利总额核心指标，坚持把行业发展建立在质量提高、价值提升、技术进步、成本节约基础之上，全年实现工商税利总额跨越1万亿元大台阶，呈现高端品牌逆势上扬、细支卷烟快速增长、货币资金保值增值的三个新亮点。

【实现工商税利总额10517.6亿元】 2014年，全行业实现工商税利总额10517.6亿元，同比增加957.7亿元，增长10.02%，全面完成年初提出的“保八争十超万亿”年度目标。全年上缴财政总额9110.3亿元，同比增加949.1亿元，增长11.63%，在经济下行压力加大情况下，行业为国家财政增收作出新的贡献。

【高端品牌逆势上扬】 2014年，高端卷烟虽然增速有所放缓，但始终保持稳健发展的良好势头，产量达到1506亿支（301.2万箱），同比增长17.1%；销量1438.5亿支（287.7万箱），同比增长15.6%。有10个高端卷烟规格销量超过5万箱，有13个规格销量增速超过20%。“中华”品牌实现税利超过1200亿元，“云烟”“芙蓉王”品牌销售收入超过1000亿元。

【细支卷烟快速增长】 2014年，标准周长以下的细支卷烟产量为243.5亿支（48.7万箱），同比增长66.4%；销量221亿支（44.2万箱），同比增长66.0%。在细支卷烟销量前三名中，“南京”销量69亿支（13.8万箱），同比增长68.6%；“黄鹤楼”销量39亿支（7.8万箱），同比增长116.8%；“泰山”销量14亿支（2.8万箱），同比增长159.2%。

【货币资金保值增值】 2014年，全行业充分利用战略合作银行的优惠利率，推进定期和协议存款优化组合；协调系统内部委贷业务，置换银行贷款；购买上市银行股份，拓展资金增值渠道；及时清理往来款项，提高资金结算效率。2014年实现货币资金净收益192.3亿元，同比增加61.9亿元，增长47.5%。新增利息净收入占行业新增利润比重达到17%。

【全面深化改革】 研究制定《国家烟草专卖局2014年改革工作要点》，明确26项重点改革任务。成立全面深化改革领导小组，狠抓各项改革任务的落实，其中京津冀卷烟营销市场化取向改革成效明显，云南中烟“两统一、两整合”改革进展顺利，其他各项改革稳步推进。

【完成烟叶三年调控的年度任务】 落实国家局烟叶生产“严控面积、坚守红线”的要求，全行业力争用三年左右时间将烟叶库存总量调整到合理水平。2014年，签订烟叶收购合同166万份，移栽面积1837万亩，比计划调减43万亩，比2013年调减255万亩；累计收购烤烟223.59万吨（4471.73万担），同比减少39.13万吨（782.52万担）。在种植面积减少、收购数量减少情况下，通过提高单产、提高质量、提高价格，较好地稳定了烟农收入、烟区财政收入、烟田基础设施和水源工程建设投入，完成年度烟叶调控任务。

【经济运行质量和效益稳步提升】 2014年，生产卷烟25850亿支（5170万箱），同比增长2.0%；国内销售卷烟25495亿支（5099万箱），同比增长2.1%；境外销售卷烟785.1亿支，同比增长13.3%。重点品牌销量占总销量的83%，提高0.72个百分点。推进企业精益管理，开展“精益十佳”创建活动；实施创新驱动发展战略，推进烟草基因组计划等科技重大专项，国产卷烟焦油量加权平均值10.5毫克/支，卷烟危害性指数8.6；制定《烟草行业信息化发展规划（2014—2020年）》。

【保持打假打私高压态势】 发挥联合打假打私工作机制作用，保持严厉打击高压态势，重点地区“打假摘帽”工作成绩卓著。全年查处案值5万元以上假烟案件2196起，破获国标网络案件863起；收缴制假烟机252台，查获烟丝烟叶1.67万吨、假烟10.4万件、走私烟5.3万件；依法拘留6460人、追究刑事责任4261人。在广东湛江举行“中国·执法查没走私烟公开销毁活动”，公开销毁走私罚没烟37.6万条。

【落实“两个责任”】 落实党风廉政建设主体责任，国家局党组研究制定《关于落实党风廉政建设主体责任的实施意见》；强化对权力运行的制约和监督，派出3个巡视组，对6家直属单位开展巡视工作。落实纪检监察机构监督责任，加大正风肃纪和腐败案件查处力度，保证纪检监察机构行使监督权的权威性和相对独立性。

【开展党的群众路线教育实践活动】 巩固第一批党的群众路线教育实践活动成果，把“两方案一计划”落到实处。开展第二批教育实践活动，解决突出问题1.05万项。全行业会议费、业务招待费、涉外费、市场营销费分别降低

51.6%、60.3%、39.1%、28.4%，超缴公积金全部整改到位，全行业封存的1344 辆超标车辆得到稳妥处置，国家局领导同志办公室面积由 100 平方米左右全部整改为 63 平方米。

（摘自凌成兴在2015 年全国烟草工作会议上的讲话）

2014 年全国烟草行业发展概况

【工商税利总额跨越 1 万亿元，行业工作呈现三个新亮点】 烟草行业全年累计实现工商税利总额跨越一万亿元。2014 年，面对复杂多变的内外环境，烟草行业认真贯彻党的十八大和十八届三中、四中全会精神，深入贯彻习近平总书记系列重要讲话精神，紧扣实践“三大课题”、提升“五个形象”总体考虑和年初确定的总体要求、预期指标和重点任务，狠抓各项工作举措的落实，保持稳中有进、稳中向好的发展态势。

全行业紧紧咬住税利总额这个核心指标，坚持把行业发展建立在质量提高、价值提升、技术进步、成本节约基础之上。全年累计实现工商税利总额跨越 1 万亿元大台阶，达到 10517.6 亿元，增加 957.7 亿元，增长 10.02%，全面完成 2014 年初提出的“保八争十超万亿”年度目标，其中实现工商税金（不含企业所得税）7403.69 亿元，同比增加 593.08 亿元，增长 8.71%；实现工商利润 3113.88 亿元，同比增加364.64 亿元，增长 13.26%。认真落实国务院领导指示精神，向中央国库上缴专项税后利润 450 亿元，通过财政渠道向云南鲁甸地震灾区捐赠 30 亿元。全年行业上缴财政总额 9110.3 亿元，增加 949.1 亿元，增长 11.63%，在经济下行压力加大情况下，烟草行业为国家财政增收作出新的贡献。

亮点一：高端品牌逆势上扬。高端卷烟对行业发展具有重要支撑作用。在严峻复杂的消费环境下，高端卷烟虽然增速有所放缓，但始终保持稳健发展的良好势头。全年高价位卷烟产量 111.5 亿支（22.3 万箱），增长 13.1%；销量 103.5 亿支（20.7 万箱），增长 16.2%。高端卷烟产量 1506 亿支（301.2 万箱），增长 17.1%；销量 1438.5 亿支（287.7 万箱），增长 15.6%。在高端卷烟中，有 10 个销量超过 5 万箱，有 13 个销量增速超过 20%。“中华”品牌实现税利超过 1200 亿元，“云烟”“芙蓉王”品牌销售收入超过 1000 亿元，“利群”“双喜·红双喜”品牌销售收入超过 900 亿元，“玉溪”“黄鹤楼”品牌销售收入超过 800 亿元。

亮点二：细支卷烟快速增长。细支卷烟符合市场消费潮流、符合产品创新方向，具有“降本降耗、低焦高档、减轻危害”的天然优势，是一个极具潜力的增长点。全年标准周长以下的细支卷烟产量 243.5 亿支（48.7 万箱），增长 66.4%；销量 221 亿支（44.2 万箱），增长 66.0%。周长在 17±1mm 的细支卷烟产量 155 亿支（31.0 万箱），增长 99.0%；销量 139.5 亿支（27.9 万箱），增长 102.0%；商业销售额 117.3 亿元，增长 113.5%。在细支卷烟销量前三名中，“南京”销量 69 亿支（13.8 万箱），增长 68.6%；“黄鹤楼”销量 39 亿支（7.8 万箱），增长 116.8%；“泰山”销量 14 亿支（2.8 万箱），增长 159.2%。

亮点三：货币资金保值增值。管好用好行业多年发展积累的货币资金，紧紧咬住货币资金净收益率全行业“保三争四”、总公司“保四争五”的目标任务，充分利用战略合作银行的优惠利率，推进定期和协议存款优化组合；协调系统内部委贷业务，置换银行贷款；购买上市银行股份，拓展资金增值渠道；及时清理往来款项，提高资金结算效率。全年实现货币资金净收益 192.3 亿元，增加 61.9 亿元，增长 47.5%。新增利息净收入占行业新增利润比重达到 17%。

【推进现代烟草农业建设，烟叶工作水平整体提升】 烟叶生产保持稳定发展。全国烟叶产区贯彻落实国家局“严控面积、坚守红线”的要求，力争用三年左右时间将烟叶库存总量调整到合理水平的部署，把“控制总量”作为工作目标，把“控制面积”作为前提条件，把优化结构作为关键举措，完成年度烟叶调控任务，烟叶生产连续 17 年保持稳定发展。全年签订收购合同 166 万份，实际移栽面积 1837 万亩，比计划调减 43 万亩，比 2013 年调减 255 万亩；累计收购烤烟 223.59 万吨（4471.73 万担），比 2013 年调减 39.13 万吨（782.52 万担）；实现烟农总收入 691.31 亿元（含产前投入 120.8 亿元），收购均价达到 25.52 元/千克，烟农亩均收入 3763.26 元（含产前投入），比 2013 年增加 138.5 元。优化结构工作取得新的成效，全年收购上、中等级烟叶比重达到 94.36%。

烟叶生产基础设施建设稳步实施。2014 年，田间基础设施建设继续以完善、提升综合配套水平为重点。全年安排补贴资金 98 亿元，建设烟叶生产基础设施项目 43 万件，其中烟田水利设施项目 10 万件，机耕路 6800 公里，密集烤房 6.8 万座，土地整理 62 万亩；安排 197 个单元开展田间机械化试点，机械整地比例达到 84.1%，机械中耕和机械移栽比例均达到20%以上；安排76个单元5.1万座烤房示范推广烟夹装烟和散叶堆积烘烤技术。烟草水源工程援建工作进展顺利，安排水源工程援建项目资金74.06亿元，开工建设118件，部分项目产生较好的经济效益和社会效益。

烟叶生产技术持续进步。各产区落实烟叶“一生管理”、科学延长生长期、烟叶GAP管理等理念，组织特色优质烟叶开发，深化漂浮育苗、小苗膜下移栽、烟夹散叶密集烘烤等先进适用技术的推广应用。重视生态维护和土壤保育，推广绿肥种植170万亩，施用有机肥1079万亩，冬翻深耕1436万亩，投放烟蚜茧蜂801万亩。进一步优化品种布局，种植“K326”品种达到437万亩，同比增加140余万亩；特色品种“红花大金元”达到207万亩，同比增加47万亩，“翠碧一号”稳定在40万亩左右；云南试点开发10万担“KRK26”津巴布韦风格特色优质烟叶。普及先进适用技术，推广小苗膜下深栽技术1044万亩，占比56.8%，同比增加320万亩，有效延长10天左右的大田生长时间。深化特色烟叶开发水平，提升均质化加工技术、配方模块加工规模、卷烟配方水平等，特色基地单元总数达到165个，收购烟叶41.25万吨（825万担），新开发特色烟叶2.25万吨（45万担）。

现代烟草农业建设全面推进。创新生产组织形式，转变烟叶生产方式，全国新建现代烟草农业基地单元130个，基地单元总数达到591个，基地化供应比例达到63%。积极推进烟叶种植规模化、烟农合作社专业化、田间生产机械化等现代生产方式，持续创新“种烟大户（家庭农场）+合作社”的现代生产组织形式，基地单元户均规模达到15亩，集中连片种植比例达到74%，单元内由合作社承担的专业化育苗占97%、机耕占76%、分级占78%、烘烤占49%，烟农每亩平均用工进一步降低，现代化的烟叶大生产方式初步显现。

【探索卷烟营销市场化取向改革，卷烟产销保持协调发展】 卷烟产销保持协调增长。全行业坚持“控制总量、稍紧平衡”的调控方针，合理安排生产进度，深度挖掘市场潜力，卷烟市场保持供求协调、结构提升、价格稳定的良好状态。全年生产卷烟25849.98亿支（5170万箱），同比增加512.5亿支（102.5万箱），增长2.02%；国内销售卷烟25495亿支（5099万箱），同比增加525亿支（105万箱），增长2.1%。推进卷烟合作生产，全年卷烟合作生产累计产量为3797亿支（759.4万箱），同比增加168.4亿支（33.68万箱），增长4.64%。合作生产量占行业总产量比重为14.69%，同比提高0.37个百分点。卷烟产品结构提升，全国卷烟平均单箱批发均价为2.67万元，同比增加0.17万元，增长6.7%；实现卷烟批发销售收入1.36万亿元，同比增加1115.6亿元，增长8.9%。行业一、二类烟销量分别为5125亿支（1025万箱）、2643.5亿支（528.7万箱），同比分别增长16.8%、19%。一类烟销量比重为20.1%，同比提高2.53个百分点；二类烟销量比重为10.37%，同比提高1.47个百分点。

重点品牌发展态势良好。加大品牌培育力度，注重增强全国性知名品牌的影响力和带动力，鼓励支持区域性优势品牌、创新型特色品牌加快发展。全国28个重点品牌销量为21170.5亿支（4234.1万箱），同比增长3%，占行业总销量的比重为83%，同比增加0.72个百分点；重点品牌实现销售收入1.27万亿元，同比增长9.5%，占全国卷烟销售总收入的93.6%；平均商业单箱销售额为30046元，同比增长6.29%，高于行业平均水平3395元。全年有7个品牌产量超过200万箱，其中“双喜·红双喜”产量最大，达到2133.1亿支（426.62万箱），“云烟”“红塔山”“白沙”产量分别为1873.35亿支（374.67万箱）、1585.85亿支（317.17万箱）、1511.8亿支（302.36万箱），“利群”“黄山”“黄金叶”产量超过200万箱。细支卷烟产销规模增长迅猛，全年标准周长以下的细支卷烟产量243.5亿支（48.7万箱），同比增长66.4%；销量221亿支（44.2万箱），同比增长66.0%。低焦油卷烟产销保持增长，全国焦油含量8毫克/支及以下低焦油卷烟实现产量3632.75亿支（726.55万箱），同比增加101.85亿支（20.37万箱），增长2.88%；销量为3625.7亿支（725.14万箱），同比增加165.95亿支（33.19万箱），增长4.8%。

卷烟营销市场化取向改革试点成效明显。在北京、天津、河北等3个省（直辖市）局（公司）试点探索专卖体制下市场配置资源要素的新途径、新举措。试点单位围绕业务流程调整这个核心，对需求预测、货源组织、客户分档、货源供应、市场调控、品牌培育等业务流程全部重新再造，形成较为完善的卷烟营销规则，确保销售工作还原市场真实面貌，体现客户真实需求。3家试点单位2014年销量分别同比增长4.22%、3.43%、4.13%，增幅高于全国平均水平；有效货源不断增加，不适销货源逐步减少直至退出市场，客户货源供应满意度同比提高0.4分。

现代卷烟营销网络建设向更高水平发展。以省为单位统一规划、整体推进现代卷烟零售终端建设，在稳步扩大规模的同时，突出强调建设质量，更加注重发挥现代终端在品牌培育、信息采集、消费跟踪等方面的作用。2014年，全国建成现代卷烟零售终端40.2万户，同比增加15.2万户，终端形象整体提升，服务质量不断提高，全国卷烟零售客户平均毛利率11.15%，同比提高0.4个百分点；卷烟零售客户综合满意度84.9分，同比提高0.5分，实现四年连续提升。

拓展卷烟国际市场取得新进展。推进境外卷烟产销基地建设，推进与跨国烟草公司的战略合作，合资公司保持健康发展。推进境外烟叶实体化运作，制定境外烟叶实体化运作三年规划和“十三五”规划。组建烟草行业境外并购专项工作小组，探索中国烟草跨国并购重组。2014年，境外卷烟产销总量保持增长，行业境外销售卷烟785.1亿支，同比增加92亿支，同比增长13.3%。

【强化各项管理工作，企业基础管理水平持续提升】 全面加强资金资产管理。国家局、总公司先后出台18项制度、办法和规定，在投资管理、费用管控、国资监管、会计核算、审计监督、税收防控等方面推进法治财审制度建设。开展国有资产管理工作规范化和标准化建设，加强资产处置全过程管理，防止国有资产流失。严格预算管控，大力增收节支，提升货币资金运营水平，重点费用控制成效明显。卷烟工业企业销售收入成本率为24.34%，同比增加0.50个百分点；工商企业三项费用率同为6.65%，同比分别降低0.62个百分点和0.68个百分点。

扎实推进企业精益管理。在行业开展“精益十佳”创建活动，推动企业向节约资源、减少浪费、提高效率要效益。开展一流质量管理体系交叉评价工作，以“追赶现代管理新趋势”和行业标杆为依据，不断调高目标指标，推动体系建设。持续推进行业QC小组活动，全年取得QC成果5900多项。加强物资管理，落实物资网上交易。继续推进节能减排工作，行业万元工业增加值能耗降低13.7%，万元工业增加值二氧化碳排放降低16.4%，氮氧化物排放总量降低11.5%，完成行业“十二五”节能减排规划年度目标。通过降低工商企业各项可控费用、降低卷烟工厂各种物耗能耗、节约物资采购成本以及开展QC小组活动等，累计创造经济效益84.1亿元，占行业新增效益比重的8.8%。

高度重视安全管理工作。持续推进“烟草行业一级安全生产标准化示范企业”创建工作，运用精实、精细的管理方法，落实安全生产责任，开展行业安全大检查、专业安全评估工作，加大隐患排查治理力度，加强安全队伍建设，加强安全设施建设，持续有效运行职业健康安全管理体系，推进安全管理信息化建设，提升风险管控水平，实现行业安全生产。

稳步提升多元化企业经营管理水平。加强行业投资监管，推进资产整合。全年清退多元化企业12家，累计完成1188家。行业控股多元化企业累计实现营业收入330.1亿元，同比增长9.1%。累计实现利润55.5亿元，同比增长23.9%。

【实施创新驱动发展战略，科技创新工作取得新进展】 科技重大专项研究取得新突破。2014年，行业在科技创新上取得突破，推动烟草基因测序向分子育种迈进，在国际上首次成功绘制栽培烟草单倍体型图、在烟草中突破新型高效基因编辑技术、研制出烟草高密度基因分型SNP芯片。新型卷烟、电子烟、口含烟等关键技术研究、产品研发和专利布局取得新进展，2014年度授权专利175件，同比增长7.8倍。创新中式卷烟品牌，18家工业公司均开发细支卷烟，标准周长以下的细支卷烟销量为221亿支（44.2万箱），全行业含税调拨价171元/条以上的细支卷烟销量增长5.3倍。卷烟降焦减害取得新进展，全年焦油量和危害性评价指数为10.5毫克/支和8.6，分别降低0.1毫克/支和0.1，低焦油卷烟产销量持续增加。国产造纸法再造烟叶实现技术升级。国产烟机企业坚持集成创新与自主创新相结合，以8000支/分钟的ZJ118新型卷接机组和600包/分钟的ZB28型软盒包装机组为代表的一批科研项目通过鉴定，以细支烟设备为代表的个性化产品满足行业设备需求。推广烟草病虫害生物防治，蚜茧蜂防治蚜虫技术从云南推广应用到全国16个烟叶主产省，并由烟草农业辐射到大农业作物。“KRK26”品种在云南种植3.8万亩，在“玉溪”等重点品牌中得到较好应用。全年全行业获得省部级科技成果116项，46项成果获得省部级科技奖励。

产品质量监督和履约工作稳步推进。基本建立包括烟叶生产、打叶复烤、卷烟加工、再造烟叶、烟用材料等环节和领域的技术标准体系，做到有标可依。全国13个省级烟草质检站通过复评审，8家质检机构实验室获得中国合格评定国家认可委员会认可。修订完善行业产品质量监督、检验管理办法，全年对14类产品进行24次抽检，抽检各类样品8500余个，工商交接烟叶样品1075批次，质量安全得到有效监控。履行《烟草控制框架公约》，完成部分卷烟包装标识（图案）调整工作，进一步增强警示效果；完善履约信息披露数据库，开展烟气毒理学评价分析方法和机理研究；参与《烟草控制框架公约》第9、10条实施指南工作组和世界卫生组织烟草实验室网络建设和技术交流。

科技创新体制机制持续完善。加大行业知识创新体系、技术创新体系和科技服务体系建设力度，云南中烟科研资源整合工作全面展开，建成国内最大的烟草企业技术中心，先后在国内设立8家联合研发中心（分中心），在德国等地成立4家境外研发机构，全球研发布局初步成型。推进精益研发工作，烟叶年产5万吨（100万担）以上的省级公司全部建立烟草农业科研机构。行业重点实验室授权发明专利、SCI（EI）论文数量大幅提升，支撑学科发展能力明显增强。加强国内外产学研交流与合作，举办“烟草生物技术减害”国际学术交流活动。行业新建产学研协同创新平台19个，捐资贵州大学建设烟草学院。行业构建专业人才技术通道工作，完成为期3年的行业第二批卷烟高级调香师培养工作，认定行业卷烟高级调香师10人；推进重大专项首席专家负责制，发挥其在技术方向、资源配置、项目调整等方面的主导权；设立新型卷烟研制重大专项首席科学家及其工作团队，组建新型烟草制品研究专家委员会；22家工商企业推行专业技术职务和首席专家聘任制。

*信息化建设管理应用水平进一步提升。*围绕“整合兼容、互联互通、先进实用、改造升级”总体要求，加强顶层设计，完成《烟草行业信息化发展规划（2014—2020）》的编制。加快实施行业数据中心建设项目，深化数据分析利用，推进数据下行工作，行业数据资源开发利用的广度和深度、数据共享服务能力得到增强。推进行业统一平台升级改造和专卖、烟叶、财务等重点业务领域行业性应用系统建设，信息化集成整合工作取得进展。开展行业信息系统定级备案工作，实施信息安全等级保护管理机制，全行业累计整改管理性问题和技术性隐患约8000个，系统高危漏洞数量下降60%，行业网络安全总体保持平稳。

【抓好行业规范管理工作，强化内部监管和市场监管】 *切实加强行业内部规范管理。*“应招尽招、真招实招”保障机制基本建立，加大对行业工程投资、物资及服务类采购项目工作实施情况的监督检查力度，行业平均公开招标金额占比91.46%，比2013年提高8.64个百分点。推进委托外部代理招标，全行业53家直属单位中，有43家实现委托外部机构招标。修订行业办事公开民主管理工作规范，明确公开事项及公开方式，保障干部职工合法权益。加大监督力度，严格规范工商企业经营行为。加强审计监督，全年行业审计部门完成经济责任审计、工程审计、专项审计等各类审计超过4万项，推动整改落实，逐步建立健全审计意见整改跟踪督查和审计责任追究工作机制。

*着力加强专卖“三大体系”建设。*始终坚持专卖制度不动摇，落实专卖法律法规要求，着力抓好打假打私体系、专卖内管体系和市场监管体系“三大体系”建设。发挥联合打假打私工作机制作用，保持严厉打击高压态势，重点地区“打假摘帽”工作成绩卓著。全年查处案值5万元以上假烟案件2196起，破获国标网络案件863起；收缴制假烟机252台，查获烟丝烟叶1.67万吨、假烟10.4万件、走私烟5.3万件；依法拘留6460人、追究刑事责任4261人。在广东湛江举行“中国·执法查没走私烟公开销毁活动”，公开销毁走私罚没烟37.6万条。履行市场监管职责，推进烟草零售市场检查方法创新应用，加大对互联网涉烟非法经营案件查处力度，加强对免税卷烟经营监管，维护市场秩序。

*全面推进法治烟草建设。*制定印发《国家烟草专卖局关于全面深入推进法治烟草建设的意见》，提出建设法治烟草的指导思想和目标要求；制定印发《烟草行业法律风险防控实施要点》，为全面推进行业法律风险防控体系建设提供指引。以组织开展“三创三征”活动为主要内容，加强行业法制宣传教育活动，全行业创建“法治烟草”讲堂2948个，创建“法治烟草”专版专栏3425个，评选“依法行政示范单位”162家，评选“诚信守法示范单位”183家，征集专卖执法典型案例1873个，征集涉法涉诉典型案例1332个，征集法治烟草主题征文2544篇。

【落实“两个责任”，推进行业队伍建设】 *落实“两个责任”。*国家局党组研究制定《关于落实党风廉政建设主体责任的实施意见》，明确主体责任的主要内容、重点任务和工作机制；强化对权力运行的制约和监督，派出3个巡视组，对6家直属单位开展巡视工作。落实纪检监察机构监督责任、纪检机构“三转”要求，强化执纪问责，加大正风肃纪和腐败案件查处力度。落实查办腐败案件以上级纪委领导为主、纪检组长（纪委书记）提名和考察以上级纪委会同组织部门为主的要求，保证纪检监察机构行使监督权的权威性和相对独立性。

*加强党的群众路线教育实践活动和领导班子建设。*巩固第一批党的群众路线教育实践活动成果，把“两方案一计划”落到实处；开展第二批教育实践活动，坚持问题导向，坚持立行立改，解决突出问题10538项。整治“四风”突出问题取得初步成效，全行业会议费、业务招待费、涉外费、市场营销费分别降低51.6%、60.3%、39.1%、28.4%，超缴公积金全部整改到位，全行业封存的1344辆超标车辆得到稳妥处置，国家局领导办公室面积全部整改为63平方米。

改进干部选拔任用工作，贯彻落实新修订的《党政领导干部选拔任用工作条例》，按照“好干部”五条标准和从严治党要求，制定一系列配套文件，对行业直属单位领导班子建设的总体要求、领导职数、选拔程序、任职条件、干部交流、任职年龄、专项治理等作出明确具体规定。加大行业直属单位"一把手"和纪检组长（纪委书记）异地交流任职力度，省级公司正职领导干部异地任职19人，纪检组长异地任职13人。加强干部监督管理，加大对违反干部选拔任用规定举报线索的核查力度；开展领导干部个人有关事项报告工作，对个别重点人员进行抽查核实；组织对各直属单位"裸官"进行清查，完成"裸官"任职岗位调整工作。

（供稿：国家局办公室；编辑：谢争艳）

发展计划与经济运行

【政策研究】 2014年，国家局计划司开展"宏观经济发展及控烟对行业发展影响"的课题研究，课题围绕当前宏观经济发展与控烟形势可能对行业产生的影响进行研究分析，并提交课题研究报告。开展"以卷烟交易方式为突破口，推进市场化取向改革"的课题研究，按照使市场在资源配置中起决定性作用的要求，分析当前烟草行业深化改革所遇到的主要压力与问题，对进一步推进烟草行业市场化取向改革进行思考和探索，并形成调研报告。开展"加强新型烟草制品发展，促进行业可持续发展"的课题研究，对各类新型烟草制品进行综合分析对比，初步研究各类新型烟草制品的发展趋势、近期定位，及其对传统卷烟的影响，并提出未来发展的思路建议。

【计划管理】 严守烟叶计划"红线"。继续坚持把控制烟叶收购总量、稳定烟叶种植规模摆在计划工作的首位。2014年，烤烟种植面积1880万亩，烤烟出口备货量19.47万吨（389.3万担），烤烟调拨量216.14万吨（4322.8万担）（含超收抵减后调出量12.1万担），晾晒烟生产、收购量7.77万吨（155.4万担）。全国签订合同166万份，实际移栽面积1837万亩。

保持卷烟综合平衡。2014年，国家局积极破解卷烟计划增量两难的矛盾，下达卷烟生产计划25900亿支（5180万箱），同比增加512.5亿支（102.5万箱），增幅为2%。在卷烟计划增量安排上：一是坚持用在支持"老少边穷"地区烟厂平稳健康发展上；二是用在鼓励税利总额增长、合作生产上；三是用在兑现原有政策措施、原有规划承诺上。为满足低收入消费群体和农村市场的需求，在新增计划中，全国统一按10%的比例安排四五类烟的生产和销售。

为了配合"走出去"战略，根据2014年度行业各卷烟工业企业拓展卷烟国际市场的业绩情况，给予相关工业企业32.5亿支（6.5万箱）内销卷烟生产指标的奖励。

推进卷烟交易计划方式改革。推动市场化取向改革，按照"按订单组织货源、按需求衔接计划、按价格调整策略"的原则，调整计划管理方式，提高计划管理的即时性、准确性和科学性。国家局拿出2%的计划资源作为行业改革的突破口，在下达上、下半年卷烟集中交易调拨计划时，均扣减商业调入计划2%，其中上半年265亿支（53万箱）、下半年235亿支（47万箱），全年500亿支（100万箱），市场化取向改革有了新尝试。

【完善价格机制，加强市场监测】 严格价格管理。严把价格审批关，全年完成113个卷烟产品、89台（套）烟机产品和210个进口卷烟产品（含雪茄烟）的价格审批工作。加强卷烟价格目录管理，及时清退59个卷烟牌号规格。会同国家发改委做好烟叶收购价格政策调研，印发《国家发展改革委 国家烟草专卖局关于2014年烟叶收购价格政策的通知》（发改价格〔2014〕12号），及时下达年度烟叶收购价格。在深入调研、广泛征求意见的基础上，重新核算打叶复烤加工费。

5月，国家局组成9个小组对13家省级工业公司、18家省局烟草专卖（公司）及其所属的36家地市公司进行卷烟价格管理专项检查，走访各类业态零售客户1000余家，准确把握真实市场状态，有效提升卷烟价格管理的总体水平。

加强市场监测。国家局继续开展卷烟市场监测项目，通过调整样本点和更新调查网络提高样本代表性，提升项目数据质量。对31个重点卷烟规格的行情价进行周监测，及时把握市场动态。加大对数据质量问题的处罚力度，要求项目合作方加强对异常数据的分析和追溯，对数据异动给出合理解释。

开展市场价格分析研究。全年完成12份《卷烟价格数据分析月报》及综合简报、48份《卷烟市场批发价格及零售价格周报》《2014年春节市场专题调查》的编写任务。开展行业低档卷烟价格调整研究，下发《国家烟草专卖局办公室关于调整部分卷烟价格的通知》（国烟办综〔2014〕558号）。加大专题研究力度，完成《行业细支卷烟简要分析》《卷烟产品价格调整案例分析》的编写任务。开展雪茄卷烟专项调研，提出加强国产雪茄烟的价格管理政策建议。

【严格投资审查，明确投资重点】 加强重点投资引导。国家局坚持把推动实施有利于行业整体竞争实力的技改项目和基础设施建设项目作为投资重点，加强重点投资引导，推动行业技术进步。2014年，下达年度计划474.58亿元，全年完成投资325.83亿元；国家局、总公司批复投资项目80个，批复项目调整15个，批复总投资金额265亿元。下达3批烟草专用机械购置计划1923台（套），涉及投资金额64.69亿元。启动安徽蚌埠、河南洛阳、贵州毕节、湖南长沙、广东湛江等卷烟厂技改项目；启动重庆、河南天昌、贵州贵阳等7个打叶复烤厂整体技术改造项目；批复云南昆明、浙江台州、广东惠州、海南三亚等20个卷烟物流配送中心项目。

加强投资项目过程监管。注重投资项目由事前审批向加强全过程管理转变，由事后被动调整向事前、事中主动控制转变。对投资管理信息系统进行全面优化升级并上线运行，以信息化手段加强过程控制。9月，在河南郑州举办信息化管理系统应用和操作程序培训班，严格规范投资项目信息化管控程序，进一步提高投资决策和项目管理水平。

开展超投资专项检查，6—7月，国家局、总公司对批复的所有尚未办理总体竣工验收的工程投资项目进行专项检查，并印发《关于行业重点工程投资项目超投资专项检查情况的通报》。通过检查，有力推进工程投资项目实施过程的规范管理，维护项目审批的权威性和严肃性。

压缩复烤产能延长作业周期。按照“压缩复烤产能、延长作业周期、提高装备水平、降低运行成本”的指导思想，10月，国家局在安徽省凤阳县组织召开全国烟草行业打叶复烤企业建设与管理现场会，安排部署压缩复烤企业产能、延长作业周期相关工作。11月，国家局下发《关于压缩复烤产能延长作业周期的指导意见》（国烟计〔2014〕380号），以服务工业企业，服务中式卷烟为引领，以推动打叶复烤企业持续健康发展为目标，按照“优化布局、集中加工、提升效能、延长周期”原则，压缩打叶复烤产能规模，减少技改建设投资，延长加工作业周期，优化企业股本结构，合理计提资产折旧，实现企业降本增效。在坚持原则的基础上重新核定全行业复烤企业产能，制定近期压缩630万担/年、远期再压缩210万担/年的产能调整规划。

加强投资管理制度建设。4月，印发《国家烟草专卖局办公室关于开展行业重点工程投资项目超投资专项检查的通知》（国烟办综〔2014〕195号），开展行业重点工程投资项目超投资专项检查工作，进一步加强烟草行业工程投资项目的管理监督，提升固定资产投资项目管理水平。印发《烟草行业信息化投资项目管理办法》，进一步规范企业信息化投资行为，有效减少行业信息化建设资源浪费。

【加强和改善产销指导】 面对错综复杂的内外环境，行业始终坚持“稳中求进”总基调，认真分析行业经济运行情况，准确判断卷烟市场走势，及时采取调控措施，确保行业经济运行总体平稳。4月，国家局在北京组织召开行业经济运行电视电话会，客观理性判断行业运行态势及面临问题，部署“稳产量、促销量、调结构、控库存、守红线、增税利”行业调控关键举措，为全年行业平稳运行明确方向，奠定基础。全年宏观调控紧紧围绕年度目标任务，严格调控生产进度，合理把握行业生产总体进度和调控节奏，制定关键时点和年底调控措施，确保在生产计划总量高于预计销售总量的前提下，实现行业整体运行平稳。

严格调控卷烟存销比，3月和5月国家局分别对存销比偏高的一、二、三类卷烟品牌（规格）下达限产、限调调度令。10月和11月分别对存销比偏高的一二类卷烟品牌（规格）下达限调调度令，实行及时、有效的调控，保持市场价格基本平稳。严格调控低档卷烟产销工作，确保低档卷烟产销保持平稳，保证市场供给和年度销量任务的完成。

国家局全力支持云南中烟“两统一、两整合”相关工作，根据云南中烟上半年在“两统一、两整合”实施过程中遇到的困难和问题，结合行业实际，在生产进度安排、合作生产、异地移库等方面给予统筹安排和政策适度倾斜。

【品牌建设】 重点品牌产销。2014年，重点品牌产销规模同比保持较快增长，品牌结构持续提升。2014年，行业累计在产品牌87个，同比减少3个，行业单品牌平均产量297.15亿支（59.43万箱），同比增加15.6亿支（3.12万箱）。重点品牌销量21170.55亿支（4234.11万箱），同比增长2.99%，占行业总销量的比重为83.04%，同比增加0.72个百分点。重点品牌平均商业单箱销售额为30046元，同比增长6.29%，高于行业平均水平3395元。

3月，印发《国家烟草专卖局办公室关于印发卷烟品牌规格管理办法的通知》（国烟办综〔2014〕121号），提出要努力培育“全国性知名品牌、区域性优势品牌、创新型特色品牌”，着力打造一批定位清晰、风格突出、技术领先、效益良好、具有较强竞争实力的重点品牌。引导省级工业公司进一步精简规格数量、突出主导规格、加强技术创新、提升产品结构，提高品牌整体竞争实力，支撑重点品牌持续健康发展。

品牌合作生产。进一步加强和改善合作生产工作，确保行业资源配置合理。2014年，行业品牌合作生产工作以市场为导向，以自愿选择、互利双赢为基点，以“三个转变”

为目标，作为行业改革的新任务，通过合作生产在衔接方式、品牌选择、总量安排等方面进行的改革，充分体现市场导向的要求。全年新增合作生产关系5对，减少原合作生产关系4对，完成合作生产产量3797亿支（759.4万箱），同比增加168.5亿支（33.7万箱）。合作生产单箱工业税利11250元/箱，全行业合作生产实现税利854.5亿元，对品牌输入企业税利贡献度达到31.4%。

品牌发展格局。按照“品牌要做大、规格要做精、价格要上扬”的工作要求，努力培育“全国性知名品牌、区域性优势品牌、创新型特色品牌”，促进形成品牌竞争发展的市场格局。国家局全年审核88个卷烟规格准产；通过对2014年在产在销的卷烟规格进行梳理，公布《2015年准产卷烟品牌规格目录》，对行业卷烟规格数量进行进一步合理控制，2015年准产卷烟品牌规格目录公布卷烟规格766个，比2013年在产规格减少20个。

【全面推行精益管理】 “精益十佳”创建活动。3月，下发《国家烟草专卖局办公室关于开展“精益十佳”创建活动的通知》（国烟办综〔2014〕130号），明确以开展“精益十佳”创建活动为抓手深入推进精益管理，聚焦精益生产、精益研发、精益营销、精益物流四个方面，以点带面，突出向管理要效益的核心，努力实现2014年行业依靠管理产生的效益占新增效益的比重不低于10%，力争达到15%以上的目标。通过推行精益管理，全年实现降本增效超过80亿元，达到预期目标。

5月22—23日、26—27日，国家局在北京分两期举办商业企业、工业企业精益管理知识培训班，旨在通过全面准确理解精益管理理念，进一步落实“五个精益”具体要求，深入推进“精益十佳”创建活动，带动精益管理在企业各项工作中的全面推行，实现管理出效益。

质量管理体系建设。9—10月，国家局全面开展行业17家省级工业公司和31家地市级烟草专卖局（公司）质量管理体系交叉评价工作，从体系管理活动和工商两大核心业务过程入手，对质量目标动态管理与提升、体系文件的支撑力和时效性、体系过程方法运用能力，以及体系对内外部环境变化的适应力和对行业要求的践行力等四个方面进行系统检查，促进企业管理的短板改进和整体提升。12月，下发《2014年行业工商企业质量管理体系交叉评价情况的通报》，就检查中发现的成效和亮点进行总结，同时指出存在的问题和不足。

对标工作。2014年，对标工作持续有效推进。全年工业企业卷烟三项费用率为6.58%，同比下降0.63个百分点；商业企业卷烟三项费用率为5.37%，同比下降0.54个百分点；业务招待费大幅下降，工业企业业务招待费同比下降64.74%，商业企业业务招待费同比下降57.97%。

QC小组活动。2014年，行业有57个省级单位组织召开成果发布会，有7263个质量管理小组坚持开展活动，取得成果5900多项，创造综合经济效益5.1亿元。7月，全国烟草行业第二十五届优秀质量管理小组成果发布会在北京举行。来自行业工商企业的72个质量管理小组发布成果。

节能减排工作。2014年，全行业持续推进节能减排工作，认真贯彻落实国务院《2014—2015年节能减排低碳发展行动方案》（国办发〔2014〕23号）的工作部署，不断加大节能减排工作力度，全面加强能源管理，广泛应用经济上合理、技术上可行的适用技术，能源使用效率进一步提高，污染物排放总量持续下降，较好地完成年度节能减排总体工作目标。

全行业全年消耗能源总量为159.8万吨标煤，同比减少13.3万吨，下降7.6%。其中，卷烟工业企业消耗76.6万吨标煤，占全行业比重为47.9%；丝束生产企业消耗51.7万吨标煤，占行业比重为32.3%；复烤企业消耗25.4万吨标煤，占行业比重15.9%；烟机、薄片及其他企业能源消耗比重为3.9%。全年行业万元工业增加值能耗为20.1千克标煤，同比下降15.8%；万元工业增加值二氧化碳排放为31.2千克，同比降低18.1%；氮氧化物排放总量为4218吨，同比下降15.5%，完成行业“十二五”节能减排规划年度目标。

【物资管理】 2014年，全行业卷烟材料总交易金额为712.02亿元。其中，公开招标采购515.34亿元，公开招标比例为90.21%（扣除国家局分配、全资子公司采购及新品开发金额）；竞争性谈判采购4.9亿元，占比0.86%；单一来源采购50.66亿元，占比8.87%；询价采购0.33亿元，占比0.06%。公开招标采购比例较高的单位分别为：陕西中烟工业有限责任公司97.91%、安徽中烟工业有限责任公司97.77%、云南中烟工业有限责任公司95.8%、川渝中烟工业有限责任公司95.67%、湖南中烟工业有限责任公司95.48%、江西中烟工业有限责任公司95.06%。具体而言，条盒包装纸公开招标比例为97.39%，烟用纸箱采购公开招标比例为91.35%，香精香料公开招标比例达到64.81%，较上年35.02%的比例大幅提升，香精香料公开招标工作取得实质性进展。

2月，印发《国家烟草专卖局办公室关于印发烟草行业2014年物资管理工作要点的通知》（国烟办综〔2014〕112号），明确2014年工作的主要任务是通过全面落实网上交易，有效推行精益采购，持续推进公开招标，着力加强部门建设，努力实现采购成本下降3%（除醋纤丝束外），行业累计节约采购成本总额不低于20亿元。截至年底，行业烟用物资采购节约资金20亿元左右，占3%，目标基本实现。

3月，在北京举办2014年烟草行业物资管理培训班。培训班对2013年行业物资管理工作开展情况进行总结，对2014年行业物资管理工作提出"围绕一个中心，着力推进五项工作"要求：要紧紧围绕"谋划'三大课题'，提升'五个形象'，向管理要效益，向改革要红利"这一中心，着力落实网上交易，充分发挥交易平台作用；着力推进公开招标，严格落实真招实招；着力推动香精香料招标，全面落实应招尽招；着力夯实管理基础，全面推进精益管理；着力加强部门建设，推动物资采购中心创建步伐。

【安全生产】 1月23日，召开2014年烟草行业安全生产电视电话会议。会议指出，2014年行业安全生产工作要抓住"三个关键"，突出"四个重点"，运用精益管理思想，用精实、精细的管理方法落实各项安全工作措施，全面排查事故隐患，提高人员行为和隐患风险的受控水平，切实加强各项管理措施，努力实现行业安全发展。

安全评估。3月，下发《国家烟草专卖局办公室关于组织开展企业专业安全评估工作的指导意见》（国烟办综〔2014〕139号），对全面、系统、专业开展评估工作进行指导并提出工作意见，明确专业安全评估的意义目的、方法，以及重点内容及相关要求，确保全面扎实推进专业安全评估工作的顺利进行。截至5月底，各单位按要求制订并上报实施的计划、方案，大部分单位按方案规划实施开展专业安全评估工作，部分单位提前完成专业评估重点项目的工作。6月至12月底，坚持每月对不同省份重点单位推进工作情况进行持续跟踪、督促并指导相关单位扎实开展好专业安全评估工作。

安全检查。5月和10月分别下发《国家烟草专卖局办公室关于开展2014年行业上半年安全大检查的通知》《国家烟草专卖局办公室关于开展2014年行业下半年安全大检查的通知》，国家局组织开展行业安全大检查工作，组织21个检查组和8个专项调研督导组对33家省级烟草专卖局（公司）、16家省级工业公司及醋纤及煤炭生产等190余家多元化企业进行检查和督查。检查过程中，对受检单位存在问题提出整改意见和建议。查出安全基础管理、生产现场安全管理等各类问题和隐患500余项，提出安全管理或整改建议600余项，并及时印发上、下半年的检查通报。

【董事会工作】 健全完善董事会工作机制。按照国家局党组确定的董事会的职责权限，依法、依规在董事会职权范围内开展工作。一是进一步完善董事会工作办公室的内部工作机制。董事会工作办公室负责总体把握行业董事会工作定位，解决具有全局性、统一性、综合性的问题，统一管理、统一协调各董事会之间的工作。各组董事会既相对独立，又有机结合，既坚持统一管理，又相互学习借鉴，既遵循共同规则，又各具特点特色。二是进一步理顺董事会工作办公室与国家局各职能部门之间的工作关系。与国家局有关部门积极协调配合，及时审议上报有关事项，做到事项上报有决议，变更调整有沟通，进一步理顺工作关系，维护董事会决议的严肃性。进一步完善董事、监事委派及董事会换届机制，配合人事司对17家省级工业公司董事会届期、董事任职和调整情况进行梳理，完成8家公司董事会换届和17家公司的董事调整。三是进一步完善董事会工作办公室与各省级工业公司董事会办公室间的工作机制。加强董事会工作办公室对各公司董事会办公室的业务指导和沟通交流，统一组织开展集中调研。编制《董事会工作动态》，全面反映董事会会议召开、换届调整、采购管理、调查研究等有关工作开展情况。

组织召开董事会会议。在统筹考虑年度工作安排与企业生产经营实际需要的基础上，履行职责，规范流程，精心拟定会议议题及相关要求，完成17家公司董事会会议的组织召开工作。各公司通过董事会现场会议、书面会议、专业委员会会议，审议批准各公司的生产经营目标方案、投资计划与项目方案、采购计划方案、预算方案、薪酬分配方案、利润分配方案、资产处置方案等，重点跟踪关注各公司税利"保八争十"目标实现情况、生产经营存在的困难及需要国家局支持解决的事项。董事会及各专业委员会对生产经营议案的审查及其执行情况的监督，切实推动国家局、总公司重点关注事项的落地实施，有效促进各公司年度生产经营目标的顺利实现，持续保障各公司业务运行的规范有序。召开会议认真总结及各公司生产经营有关情况，完成《2014年上半年各省级工业公司董事会工作情况报告》和《2014年下半年各省级工业公司董事会工作情况报告》。

探索深化采购方式管理。7月至9月，为规范各省级工业公司的采购行为，加强对物资、工程和服务采购的管理与监督，董事会工作办公室就深化采购管理工作进行专题调研，在了解各公司采购管理现状、研究分析存在问题的基础上，确定改进和完善董事会审批采购方式管理的工作重点，形成《关于深化采购管理工作的调研报告》和《关于建立〈采购目录〉的指导意见》。通过建立健全包含采购方式的《采购目录》，提高采购方式管理的规范化、标准化，提升董事会工作效率，减少公司采购方式选取的不确定性和随意性。

梳理优化董事会工作流程。为进一步提升董事会工作规范化、精益化水平，6月至年底，董事会工作办公室组织各省级工业公司董事会办公室，围绕董事会会议组织、工作调研、审核事项等重点工作，对董事会工作流程、董事会会议流程和各公司投资管理流程、采购管理流程、预算管理流程和薪酬管理流程进行梳理完善，形成相关的管理流程图，对重点环节和关键节点进行说明。同时，认真总结董事会制度流程工作情况和主要特点，从管理架构、沟通机制、流程管理等方面分析存在的问题，提出明确职责权限、完善沟通机制、实现流程管理的改进措施与建议，为进一步优化标准和固化流程，实现董事会工作全过程闭环式管理打下基础。

着力加强董事会工作调研。按照《国家局2014年改革工作要点》的有关要求和董事会工作办公室2014年主要工作安排，围绕如何进一步加强行业董事会工作，充分发挥董事会的管理监督作用，全面提升董事会工作水平，深入开展调查研究工作。一是总结行业董事会工作基本情况、主要特点和初步成效，分析行业董事会工作存在的问题，提出加强行业董事会工作的措施和建议，形成《加强行业董事会工作专题调研报告》。二是总结各公司投资决策、管理和执行的有关情况，分析投资项目管理工作中存在的问题，提出加强投资项目管理工作的建议，形成《进一步提高省级工业公司投资管理水平的调研报告》。三是总结董事会网上办公系统运行的基本情况，结合董事会工作办公室组织结构调整、人员变化及业务需求，就系统升级改造的必要性、目标内容和概要设计进行梳理，形成《董事会网上办公系统升级改造工作建议方案》。四是指导广东、广西、浙江、江西中烟董事会办公室就董事会会议议程、采购管理制度、企业基本制度、办事公开民主管理等开展专题调研，形成《董事会会议议程和资料统一工作的调研报告》《完善采购制度、提升审批效率、强化规范管理调研报告》《企业基本管理制度建设情况调研报告》《落实办事公开民主管理工作调研报告》。

（编辑：王东旭）

烟叶生产经营

2014年，行业围绕“原料保障上水平”的工作目标，落实“坚守一条红线、提高三个水平、夯实两大基础”的工作思路，调控面积、坚守红线目标得以实现，现代烟草农业建设继续深入推进，特色烟叶开发和复烤厂建设迈出新的步伐，烟叶生产坚持市场导向和服务品牌发展能力进一步加强。完成年度烟叶生产工作任务，实现发展现代烟草农业水平稳步提升，烟叶技术质量水平稳步提升，烟叶基地基础设施建设水平稳步提升。烟叶生产连续17年稳定发展，在外部环境复杂多变和自然灾害频发的情况下，保持着规模稳定、质量提高、效益增加的稳定发展态势。

【烟叶种植】 2014年初，国家局分析行业面临增长速度回落、工商库存增加、结构空间变窄、需求拐点逼近四大难题，针对烟叶库存高位运行的严峻形势，作出烟叶生产三年调控规划，即：烤烟收购计划2014年4700万担、2015年4500万担、2016年4300万担，用三年左右的时间将烟叶库存调整到合理水平。把“控制总量”作为工作目标、把“控制面积”作为前提条件、把“优化结构”作为关键举措。

2014年，全国签订烟叶种植收购合同166万份，实际移栽面积1837万亩，比计划调减了43万亩，比上年调减255万亩。

2014年，是实施烟叶三年调控的开局之年，国家局把严控规模摆在首要位置，明确“严控面积、坚守红线”的工作措施和纪律要求，印发通知，召开重点产区座谈会，建立重点产区联系责任制，派工作组赴产区进行督导。各产区贯彻国家局决策部署，统一思想认识，转变发展观念，细化工作措施，把严控面积作为首要环节，严把合同签订、烟苗供应、烟叶移栽、面积核实等重要关口，过程控制进一步强化，督查力度进一步加强。云南省局（公司）提出严控规模10条措施，明确10项纪律；贵州省局（公司）组织9个督查组，开展两轮专项督查，集中销毁175万盘烟苗，改种其他作物20余万亩；湖南省局（公司）约谈产区负责人，层层签订责任状；重庆、福建等省市适时调整产前投入补贴政策；河南、山东、湖北等省主动采取紧急措施，压缩种植面积。通过各产区的努力，种植规模得到有效控制。

在严控规模的同时，各产区抓好扶持烟农的各项措施。河南、陕西、湖南、广西、湖北、山东等受灾较重的产区奋力开展抗灾救灾，云南、湖南、河南积极探索烟叶灾损保险办法，维护烟农利益。通过落实各项政策措施，严格控制规模，保护广大烟农、产区政府和行业干部职工“三个积极性”，实现种植计划、烟叶税收和烟技员队伍“三个不大起大落”。

【烟叶收购】 2014 年，累计收购烤烟 223.89 万吨（4477.88 万担），同比减少 38.82 万吨（776.36 万担）①，较实际下达收购计划减少 10.18 万吨（203.65 万担）。收购总量控制在4700 万担以内，完成坚守红线的任务目标。实现烟农总收入（含收购资金和生产投入）678.02 亿元，均价达到 25.52 元/千克；烟农亩均收入 3691 元，亩均收入同比增加 66.5 元；户均收入 4.08 万元，稳定烟农收入；上缴烟叶税金 125.51 亿元，稳定烟区财政收入。

*收购秩序平稳。*各产区严格按计划组织收购，实时监控收购进度，加强异常情况预警和处理，总体收购秩序良好。云南提出“总量服从规范、进度服从纯度、结构服从质量”工作要求，对日收购进度严格控制，有效防止收购量“忽高忽低”的问题。等级纯度明显提高。各产区克服不利气候影响，普遍推迟开秤收购时间 15 天左右，集中精力抓田间成熟采收和烘烤管理，重点抓等级纯度控制，烟叶成熟度明显改善。云南将收购与工商交接检查合并进行，江西加大非烟物质和等级纯度管控，取得较好效果。

*专业化分级散叶收购扎实推进。*全国累计投入 4.18 亿元用于散叶收购硬件设施升级改造，组建专业化分级服务队 1 万余支、专业化分级人员 20 余万名，收购散叶 3207 万担，占烟叶收购总量近 70%。贵州、湖南、福建、重庆、山东等产区落实设施配套，等级纯度和等级质量持续提升；安徽、四川等产区规范专业分级队伍培训和持证上岗，分级质量明显提高。从国家局抽查情况看，全国烟叶收购平均合格率达到 81.6%，其中把烟抽检合格率 80.8%、散叶还原成把烟后抽检合格率 82.1%。

【烟叶生产基础设施建设】 以完善提升、综合配套为重点，推进烟叶生产基础设施建设工作，各项管理进一步规范，综合效益进一步显现。全年安排补贴资金 98 亿元，建设项目 43 万件，其中烟田水利设施项目 10 万件，机耕路 6800 公里，密集烤房 6.8 万座，育苗设施 8200 座，基本烟田土地整理 62 万亩；安排 197 个单元开展田间机械化试点，机耕面积地比例达到 84.1%，机械中耕和机械移栽均达到 20% 左右；安排 76 个单元 5.1 万座烤房示范推广烟夹装烟和散叶堆积烘烤技术。在江西、湖北、湖南开展“支持赣南原中央苏区振兴发展”“恩施烟区综合扶贫开发工程”“湘西机耕路工程”等专项工作，推进烟农增收致富和烟区经济社会的发展。

完善水源工程援建项目及资金管理制度，增加重点项目现场调研和资料初审环节。各地筛选项目，提升规划设计水平，加强援建项目资金监管。明确烟草行业与各级政府及相关部门的建管职责，强化监管职能。与水利部签署《加强烟区水利建设合作备忘录》。截至 2014 年底，国家局复函批复 126 件，复函金额 112.43 亿元，拨付援建资金 74.06 亿元，开工建设 122 件，开工率达到 96.8%，工程完成总体进度达 90% 以上的 22 件，水源工程发挥显著的经济效益和社会效益。

【烟叶生产技术】 推进特色优质烟叶开发重大专项和烟叶技改项目实施，开展全国烟草品种试验、病虫害预测预报、全国烟叶基准样品审定工作，推进 6 个行业烟叶标准项目实施，下发年度烟草农药使用推荐意见，编写《2014 年度烟叶生产实用技术指南》，烟叶技术研究水平进一步提升。各产区突出生态、品种和技术，精心组织特色优质烟叶开发，深化适用技术推广应用，烟叶“一生管理”、科学延长生长期、烟叶 GAP 管理等先进理念得到落实。

*生态维护和土壤保育得到进一步重视。*推广绿肥种植 170 万亩，施用有机肥 1079 万亩，冬翻深耕 1436 万亩，投放烟蚜茧蜂 801 万亩。

*品种布局持续优化。*种植“K326”品种 437 万亩，同比增加 140 余万亩；特色品种“红花大金元”达到 207 万亩，同比增加 47 万亩，“翠碧一号”稳定在 40 万亩左右；云南在丽江、德宏试点开发 10 万担“KRK26”津巴布韦风格特色优质烟叶；云南、上海、湖南、福建等工业企业深入品种研究，明确品种需求。

*先进适用技术推广普及。*推广小苗膜下深栽技术 1044 万亩，占 56.8%，同比增加 320 万亩，有效延长 10 天左右的大田生长时间。湖南、河南等产区示范推广上部 4 ~ 6 片叶充分成熟一次采收，烟叶质量水平明显提高，得到工业企业的认可。

*特色烟叶开发水平提升。*特色基地单元总数 165 个，云南、贵州、四川、重庆等产区依托金沙江流域、黄金走廊、高黎贡山、乌江河谷等生态核心区域，深入挖掘生态相似区，新开发特色烟叶 45 万担。安徽宣城工商协同，打造以品牌为导向的焦甜香特色烟叶开发。

---

① 2013 年，烤烟预估收购量为 253.15 万吨（5063 万担），因超产计划调整，实际收购烤烟 262.71 万吨（5254.25 万担）。

【烟叶基地单元建设】 各单位充分发挥基地单元统筹作用，密切工商互动合作，同步推进“三化”建设，辐射带动烟叶整体水平提升，促进烟叶生产方式转变。2014年，安排130个新建基地单元，总数达到591个，产能占计划的63%，工商基地化率均达到68%。

重点品牌工业基地布局基本完成，原料供应基地化初步实现。工商双方从品种、技术、质量等方面深化合作，依托基地单元建设科技示范园、联合实验室，提升烟叶质量技术水平和配方使用水平。围绕特色优质烟叶开发单元，推动相似生态区域规模开发，转化重大专项研究成果，烟叶品质特色化水平提升。推进规模化种植和机械化作业等现代生产方式，创新“种烟大户（家庭农场）+合作社”的现代生产组织形式，基地单元户均规模达到15亩，集中连片种植比例达到74%，单元内由合作社承担的专业化育苗占97%、机耕占76%、分级占78%、烘烤占49%，现代化的烟叶大生产方式初步显现。

【打叶复烤工作】 打叶复烤是行业产业链中的重要环节，在卷烟生产中发挥着重要的基础作用。2014年，全国有34家打叶复烤企业（含8家工业企业复烤车间），64个生产点，79条打叶复烤生产线，分布在全国17个省（自治区、直辖市），年设计加工能力为201万吨（4020万担）。2014年，加工烟叶240.88万吨（4817.58万担），产出成品合计228.35万吨，其中成品片烟158.39万吨，平均产品得率94.81%，平均出片率为65.78%。

2014年10月，国家局在安徽召开打叶复烤企业建设和管理现场会，学习推广华环经验，要求打叶复烤企业加强仓库和技改建设，推行集中模块加工，实施精益管理，增强加工服务保障能力。各企业按照国家局核定的产能规模，结合本省烟叶资源状况和工业加工流向，科学制定技改规划，优化加工布局，狠抓仓库建设和工艺设备优化，提升企业装备水平。加强技术中心建设，多形式开展技术创新，应用性技术成果丰硕。继续推进标准化建设和对标创优，突出精益管理，坚持整体规划、试点带动，深入推进精益管理。

【调研分析】 国家局深入基层烟区、工业企业及复烤企业，开展专题调研25项，形成多份调研报告，为烟叶工作科学决策提供一手资料。组织完成2014年度全国烟叶购销计划衔接和集中交易。对全国烟叶库存情况、工商烟叶供需情况、历年工商基地单元调拨情况进行摸底调查，掌握全国烟叶原料基本情况，为优化烟叶资源配置提供更全面、准确的数据支撑。

【烟叶生产队伍建设】 各产区以基地单元为平台，大力推进站点整合，加快信息化建设与运用，合理设置农艺师、烘烤师、分级师等岗位，积极开展优秀烟叶基层站创建活动，烟叶基层站的环境条件、工作基础、工作水平持续提升。推行烟叶生产片区网格化管理，构建适应现代烟草农业建设的管理体系，以片区组团队，按网格定专人，细化工作职责，明确工作标准，优化工作流程，不断提升基层管理水平。围绕精良技术、精准作业、精细管理，突出2~3个重点环节，按照技术标准化、操作流程化、作业工序化的要求，在14个基地单元组织开展烟叶精益生产试点。强化烟叶基层队伍建设，组织开展技术职称评定与技能鉴定，完善考核激励机制和培养晋升机制，调动基层员工创造性、积极性。全年组织2100余人次参加各类技术和管理培训。

（编辑：李　昂）

卷烟生产经营

2014年，面对错综复杂的市场形势和困难挑战，行业营销战线认真落实“抓改革、促销量、调结构、稳状态”关键举措，紧扣实践“三大课题”、提升“五个形象”的总体要求，聚焦年度销售目标，积极探索营销改革试点，继续加大品牌培育力度，持续提升营销管理水平，卷烟营销工作取得显著成绩。

【卷烟产销情况】 2014年，全国烟草行业累计生产卷烟25850亿支（5170万箱），同比增长2.0%。其中，生产一类烟5243.1亿支（1048.62万箱），同比增长17.09%；二类烟2777.9亿支（555.58万箱），同比增长22.37%；三类烟11560.55亿支（2312.11万箱），同比减少1.77%；四类烟4639.95亿支（927.99万箱），同比减少6.64%；五类烟1628.5亿支（325.7万箱），同比减少12.04%。

全国烟草行业商业国内累计销售卷烟25495亿支（5099万箱），同比增长2.1%。其中，销售一类烟5125亿支（1025万箱），同比增长16.8%；二类烟2643.5亿支（528.7万箱），同比增长19%；三类烟11460.45亿支（2292.09万箱），同比下降1.66%；四类烟4641.35亿支（928.27万箱），同比下降4.68%；五类烟1624.65亿支（324.93万箱），同比下降11.53%。境外销售卷烟785.1亿支，同比增长13.3%。销售国外卷烟64.55亿支。

全年行业实现卷烟批发销售收入1.36万亿元，同比增加1115.6亿元，增长8.9%；卷烟平均单箱批发均价2.67万元，同比增加0.17万元，增长6.7%。

【卷烟销售稳中有进】 加强卷烟销售指导分析。提高市场把握能力，国家局加强对行业工商企业预测工作的指导和监督，全年组织4次全国卷烟需求预测，按照自下而上的流程汇总分析预测结果，确保预测客观反映市场真实需求。开展2014年重点城市消费市场状况跟踪调查，把握消费市场和重点品牌发展的新动态。完善工商交易管理，以市场为导向，以“预测指导采购、采购适应需求”为原则，进一步优化交易流程，完善交易规则，工商衔接更加顺畅。开展2次全国卷烟集中交易、2次季度补货，组织工商企业根据市场真实需求动态签订购销协议，优先组织适销货源，提高协议、合同对市场的适应性。加大指导督促力度，先后印发《关于2014年一季度全国卷烟销售情况的通报》（国烟办综〔2014〕192号）、《关于上半年卷烟营销工作情况和做好下半年卷烟营销工作的通报》（国烟办综〔2014〕353号）、《关于做好2014年下半年卷烟销量预测和月度销售安排的通知》（国烟办综〔2014〕384号）、《关于进一步落实2014年卷烟销售目标的通知》（国烟办〔2014〕276号），深入开展调查研究，逐月通报卷烟销量月度安排落实情况。

卷烟销量实现增长。12月23日，行业卷烟销量首次突破5000万大箱。截至年底，销售卷烟25495亿支（5099万箱），实现新的跨越。全国30个省级市场销量同比增长，其中19个省级市场销量增幅超过平均水平。

卷烟结构继续提升。行业坚持把优化结构作为提高效益的重要支撑，全年一、二类烟销量同比分别增长16.8%、19%。在销量的带动下，一、二类烟销售收入增速回升。全年一类烟实现销售收入6477.1亿元，同比增长16.15%，增幅比2013年增加1个百分点；二类烟实现销售收入1647.64亿元，同比增长18.84%，增幅比2013年增加2.77个百分点。

全年销售高端卷烟1438.5亿支（287.7万箱），同比增长15.6%；高价位卷烟103.5亿支（20.7万箱），同比增长16.2%。32个省级市场卷烟结构同比提高，其中11个省级市场结构增幅超过平均水平。

面对需求拐点、计划增量等难题，工业企业主动调整重点品牌定位和发展方向。结构较高的品牌更加着重于提升规模，结构较低的品牌更加着重于提升品牌价值。单箱结构排名前五位的“中华”“苏烟”“芙蓉王”“玉溪”“黄鹤楼”销量较快增长，增幅均超过10%。单箱结构排名后十位的品牌中有7个销量同比下降，其中“红金龙”“红河”“白沙”“泰山”“七匹狼”等具有较大规模销量品牌“结构提升、销量下降”的态势明显。

市场状态基本稳定。前三季度全国卷烟价格指数高于同期，四季度价格指数有所下行。全年卷烟工商库存和社会库存虽一直在高位运行，但总体处于可控范围。

【品牌发展态势良好】 加强重点品牌研究。2014年，行业各级卷烟营销部门积极推动营销创新，强化工、商、零深度协同，坚持分类指导、整合资源，注重增强全国性知名品牌的影响力和带动力，鼓励支持区域性优势品牌、创新型特色品牌加快发展，卷烟品牌继续保持良好发展势头。完善重点品牌“月度分析、季度公布、半年通报、年度考核”工作机制，定期发布重点品牌名单，加大重点品牌分析力度。完善品牌发展研究报告工作制度，发布《2014年卷烟品牌发展研究报告》《2014年28个重点关注卷烟品牌零售价值指数分析报告》，完成基于市场导向的卷烟品牌竞争力综合评价体系研究，引导重点品牌不断提升市场价值。修改完善《关于支持中式混合型卷烟发展的意见》。

重点品牌稳步发展。全年行业28个重点品牌实现销售21170.5亿支（4234.1万箱），同比增长3%；比重达到83%，同比上升0.72个百分点，其中“双喜·红双喜”销量超过400万箱，“云烟”“红塔山”销量超过300万箱，“白沙”“利群”“黄山”销量超过200万箱。重点品牌累计实现销售收入1.27万亿元，同比增长9.5%，其中“中华”销售收入首次突破1500亿元，“云烟”“芙蓉王”销售收入超过1000亿元，“利群”“双喜·红双喜”“玉溪”“黄鹤楼”销售收入超过800亿元。有22个重点品牌销售收入同比增长，其中6个品牌增量超过100亿元，增量排名前三位的为“中华”“利群”“芙蓉王”，分别增加195.35亿元、166.78亿元、147.99亿元。

高端品牌快速发展。全年销售高端品牌卷烟1438.5亿支（287.7万箱），同比增长15.6%。有10个规格销量超过25亿支（5万箱），13个规格销量增幅超过20%，“钻石”“黄金叶”“黄山”高端卷烟销量增幅超过70%。“白沙”“黄鹤楼”高价位卷烟销量超过15亿支（3万箱），“云烟”“黄金叶”高价位卷烟销量超过10亿支（2万箱），“南京”“利群”高价位卷烟销量超过5亿支（1万箱）。

细支卷烟跨越发展。全年细支卷烟在销品牌22个，在销规格39个，实现销售139.5亿支（27.9万箱），同比增长102%；实现销售收入117.3亿元，同比翻番，成为2014年行业卷烟营销亮点。“南京”细支卷烟实现销售68亿支（13.8万箱），“黄鹤楼”细支卷烟实现销售39亿支（7.8

万箱)，“泰山”细支卷烟实现销售14亿支（2.8万箱）。

低焦油卷烟销量同比增长。全国8毫克/支及以下低焦油卷烟销售3625.7亿支（725.14万箱)，同比增长4.8%，其中6毫克/支及以下低焦油卷烟销售434.5亿支（86.9万箱)，同比增长15.9%。

【京津冀卷烟营销市场化取向改革试点取得突破】

探索市场化取向改革试点。积极探索专卖体制下市场配置资源要素的新途径、新举措，开展京津冀卷烟营销市场化取向改革试点。2014年，国家局办公室先后印发《关于印发京津冀卷烟营销市场化取向改革试点工作实施方案的通知》（国烟办综〔2014〕144号）和《关于印发京津冀卷烟营销市场化取向改革试点工作工作要点的通知》（国烟办综〔2014〕301号)，对京津冀卷烟营销市场化取向改革试点进行全面部署，明确试点工作的核心内容、规定动作和实施要求，对改革工商交易管理方式、改革批零交易管理方式、推动卷烟营销模式转型和促进卷烟营销队伍转型等四方面工作提出具体要求。

北京市公司、天津市公司、河北省公司3家试点单位贯彻国家局总体部署，围绕业务流程调整这个核心，对需求预测、货源组织、客户分档、货源供应、市场调控、品牌培育等业务流程进行再造，形成较为完善的卷烟营销规则，确保销售工作还原市场真实面貌，体现客户真实需求，试点工作顺利推进。将市场竞争压力传导至工业企业，浙江中烟、湖南中烟、河南中烟等工业企业参与试点工作，整合企业资源，保障货源供应，提高快速响应市场的能力。2014年，3家试点单位销量分别同比增长4.22%、3.43%、4.13%，增幅高于全国平均水平；有效货源不断增加，不适销货源逐步减少直至退出市场，客户货源供应满意度同比提高0.4分。

转变营销理念。3家试点单位确立“尊重市场、遵循规律、遵守规则”的指导思想，初步实现从“推销”向“拉销”转型。天津市公司用新制度、新流程全面固化市场化取向改革要求，使改革观念成为全体干部职工的共识。河北省公司克服市场基础相对薄弱、销售压力较大的困难，探索以省为单位推进卷烟营销市场化取向改革的新模式。

再造营销流程。北京市公司率先进行营销流程调整，天津市公司、河北省公司以“北京模式”为蓝本，基本完成从“工—商—零—消”到“消—零—商—工”的业务流程再造。3家试点单位与浙江中烟、湖南中烟、河南中烟开展网上配货，快速响应市场需求，实现批零关系和工商关系的调整。

搭建省级平台。建立省级集中订单采集模式，完善货源供应规则，强化省级监督管理，卷烟经营管理进一步规范。河北省公司按照“大并发处理、大平台支撑、大数据应用”的设计思路，建立省级卷烟营销平台，初步做到实时形成订单、实时削减库存、实时跨行结算“三个实时”，初步实现对营销业务的全面覆盖、全程跟踪和实时监控。

建立开放市场。3家试点单位根据市场变化及时调整协议，增加适销货源供应。完善品牌进退规则，卷烟市场更加公平开放，货源供应更加贴近需求。2014年，京津冀分别调整卷烟协议132亿支（26.4万箱)、68.5亿支（13.7万箱)、418.5亿支（83.7万箱)，分别退出不适应市场的规格18个、25个、44个。

推动营销创新。北京市公司首创“按订单组织货源、按需求衔接计划、按价格调整策略”的改革思路，成为引领行业卷烟营销市场化取向改革试点的总体要求。河北省公司将北京6个方面的营销改革扩展到9个方面，在“三个实时”基础上探索实时订货。

【部分省级公司探索营销改革】 云南中烟推进“两统一、两整合”改革。2014年，国家局印发《关于做好云南中烟有限责任公司卷烟交易及相关业务调整工作的通知》（国烟办综〔2014〕151号)，并于3月底4月初集中开展相关卷烟交易调整，云南中烟共调减协议526份，调减协议量901.6亿支（180.32万箱)；新签协议319份，品牌规格数量完全按照调减协议签订，实现云南中烟营销整合中卷烟交易工作的平稳过渡。宁夏公司开展卷烟经营管理模式调整工作。从2014年下半年开始，宁夏公司恢复卷烟经营职能，实行统购分销，由公司统一开展卷烟交易。

截至2014年底，行业卷烟交易工业主体从30个减少到28个，商业主体从324个减少到320个，市场体系更加完善。

【卷烟销售网络建设】 *推进现代终端建设*。坚持以省为单位统一规划、整体推进现代终端建设，在稳步扩大规模的同时，突出强调建设质量，更加注重发挥现代终端在品牌培育、信息采集、消费跟踪等方面的作用，促进不同区域、不同类型终端的协调发展。陕西省公司和上海市公司成立验收小组，定期检查终端建设质量，常态化开发利用终端资源。广西公司坚持“舍得投入资金、舍得投入人力、舍得投入精力”的“三舍得”原则，用行业投入带动客户投入，终端资源开发取得成效。浙江省公司依托终端掌握近40万个消费者档案。湖南省公司、深圳市公司结合“两禁”控烟背景开展消费环境研究。截至2014年底，全国建成现代终端40.2万户，同比增加15.2万户，终端形象整体提升，服务质量不断提高，并对促销量、育品牌、稳价格发挥了积极作用。

完善终端营销模式。坚持集成创新，进一步完善“四网合一”终端营销模式。四川省公司探索建立“烟草行业提供平台，中国银联统一清算，收单银行承担费用，零售客户自主支付”的跨行结算模式，在为客户提供结算便利的同时实现批零结算零费用。截至2014年底，全国零售客户网上订货率88.2%，同比提高1个百分点；批零网上配货率2.1%，同比提高1个百分点。

提升客户服务质量。2014年，行业全面推广“四项服务”（即在终端建设过程中，实施标准化服务、个性化服务、亲情式服务和增值性服务），支持零售客户自主选择订货方式和结算方式，探索网上跨行结算、实时订货等新模式。全年全国零售客户网上订货率89.3%，同比提高2.6个百分点；网上配货率1.58%，同比提高0.85个百分点。全国零售客户综合满意度84.9分，同比提高0.5分，连续四年保持上升态势；平均毛利率11.15%，同比提高0.4个百分点。“四项服务”的服务内涵进一步丰富，服务水平进一步提升。山东省公司推进“零售客户致富工程”，青岛市公司面向社区零售客户、消费者开展网格化管理和微商圈营销，得到零售客户的拥护。河南省公司突出均衡销售管理，着力调整市场状态，不断提高客户盈利水平。武汉市公司将精益营销的理念贯穿卷烟营销各环节。毕节市公司将党的群众路线与精益服务理念有机结合，解决服务零售客户“最后一公里”问题。

提升卷烟规范管理水平。完善货源供应规则，改革订单采集方式，全面落实“六个坚决禁止”，逐步建立货源供应规范化长效机制，切实保障客户自主订货权。加大货源供应监管力度，国家局组织开展专题调研，建立零售客户经营分析指标体系，开展全国卷烟货源供应情况分析，提升卷烟规范管理水平。2014年，全国卷烟供应满意度77.1分，同比提高1.3分，成为支撑零售客户总体满意度上升的主要动力。

【继续提升营销水平】 开展现代卷烟营销体系研究。按照“顶层设计、系统建模”的总体思路，重新审视行业卷烟营销的战略导向、策略目标、运营管理，系统梳理工商企业的营销职能和业务流程。

推进工商协同营销。创新工商协同实现方式，改进工商营销互评工作，完善精准营销运行模式，总结推广河北中烟在工、商、零深度协同和精准投放等方面的经验，工、商、零共同面向消费者营销取得新进展。

开拓雪茄烟市场。进行部分重点城市中高端雪茄烟消费市场调查，组织雪茄烟营销业务培训，修订2014版国产雪茄烟品牌名录，开展国产雪茄品牌推介活动。2014年，国产雪茄烟全年销售6.7亿支，同比增长56.2%。

加强信息采集分析工作。坚持把信息化建设作为卷烟营销工作的重要支撑，构建全国统一的卷烟市场信息采集网络和分析应用机制。完善市场信息直接监测机制，完成行业卷烟市场信息直接监测网络的系统升级工作，制定下发《关于2013—2014年度全国卷烟市场信息直接监测网络运行情况的通报》，提高市场信息直测网络的运行质量。提高样本点监测网络运行质量，国家局印发《卷烟市场监测工作检查评价方案》，组织开展全国卷烟市场信息监测工作检查，保证全国1%零售样本点监测网络的平稳运行，提高市场监测数据的及时性、准确性和有效性。推进市场信息自动采集工作，总结零售终端自动采集试点经验，印发《关于对接试点单位卷烟市场信息自动采集数据的通知》，完善数据对接方案，推进数据对接工作，加大市场监测力度。

推进营销标准化工作。筹备成立卷烟营销分标委。按照行业标准化建设要求，制定《烟草商业企业标准化建设指南》《卷烟零售终端订货业务规范》。

提高营销队伍素质。召开行业卷烟流通学术交流会议，首次采用开放研讨方式进行主题演讲和学术互动。启动一级卷烟营销师鉴定试点，继续开展卷烟营销职业技能鉴定。截至2014年底，行业有17人获得一级营销师资格，1228人获得二级营销师资格，营销人员持证上岗率达到75.6%。增强基层营销能力，开展县级营销部和省级工业公司营销中心创优工作。10月28日，在职工进修学院举办现代卷烟营销体系建设培训班，来自全国33个省级局（公司）卷烟销售管理处副处长、36家重点城市分管营销工作副经理和18家工业公司营销中心副主任83人参加培训。

【卷烟市场变化】 全年卷烟销售总体平稳。从分月走势看：1月，全国卷烟销售虽然增量较大，同比增长3.64%，但随后连续4个月的月度销量均同比减少。4月，国家局召开全国经济运行分析会，指导工商企业克服各种困难。从6月开始扭转销量下滑态势，实现卷烟销量正增长。12月，行业调整卷烟投放模式，实现卷烟均衡销售，单月销售卷烟1741.15亿支（348.23万箱），同比增长36.95%；实现销售收入848.88亿元，同比增长43.42%。全年销量增速提升至2.10%，比1—11月增加1.89个百分点，同比增加0.91个百分点；销售收入增速提升至

8.94%，比1—11月增加1.75个百分点，同比增加0.4个百分点。

从城乡分布看，全年城市卷烟销量15531亿支（3106.2万箱），同比增长3.11%。增速同比增加2.04个百分点。乡村卷烟销量9971.4亿支（1994.28万箱），同比增长0.48%，增速有所放缓，增幅同比减少1.48个百分点。

从业态分布看，娱乐服务和商场两个业态是传统的中高端卷烟消费场所，销量呈现进一步加速下降的趋势，2014年分别下降9.03%、6.80%，合计减量31.85亿支（6.37万箱）。

单箱结构保持稳定提升态势。从近几年的走势来看，单箱结构增速进一步下降，但增幅的下降速度趋缓。2014年上半年，单箱结构较快增长，只有2月的增速低于2013年同期。随着销量增长压力的持续加大，各省增加三类烟和中低端卷烟的投放，单箱结构增速有所放缓。四季度走势有所回升，但2014年增幅仍比2013年同期减少0.57个百分点。

一、二类烟对结构提升贡献度持续增加。一类烟对单箱结构的贡献度高达91.82%，同比增加11.72个百分点。三类烟受近两年销量陡降的影响，贡献度持续下降，同比减少24.91个百分点，对结构提升形成较大影响。

随着销量增长趋缓，单箱结构对销售收入增加的拉动作用日趋显著，贡献度逐年增加。尤其是前11个月，单箱结构提升的贡献度高达97%。随着销量增长瓶颈到来，销售收入的增长速度将会更加依赖于结构的提升。

省级市场发展差异显现。2014年，30个省销量同比增长，比2013年减少1个，其中，有19个省级市场销量增幅超过平均水平，西藏、海南、深圳位列增幅前三位。31个省销售收入同比增加，比2013年减少2个，其中，有17个省销售收入增幅超过平均水平，贵州、西藏、深圳位列增幅前三位。30个省单箱结构同比增长，比2013年减少1个，其中，有11个省级市场单箱结构增幅超过平均水平，贵州、北京、安徽位列增幅前三位。

从全年的走势来看，每个月基本上有10个左右的省份同比销量下降，在12月转变投放模式因素的促进下，全年仍有3个省份销量同比减少。从历史数据上看，近四年来有7个省连续两年销量增幅低于全国平均水平，有5个省连续三年销量增幅低于全国平均水平。黑龙江、大连2014年销量和销售收入均同比下降。

高端和高价位卷烟走势分化。高端卷烟较快增长，全年销售高端卷烟1438.5亿支（287.7万箱），同比增长15.6%；实现销售收入2961.87亿元，同比增加377.75亿元，同比增长14.62%。从月度走势来看，高端卷烟表现较为强势，月度销量除2月外均同比较快增长，但四季度增速有所放缓。从近几年的销售走势看，高端卷烟销量增速经过持续两年的下降后有所回升，增幅比2013年增加2.47个百分点。

高价位卷烟增势明显走弱，全年销售高价位卷烟103.5亿支（20.7万箱），同比增加14.5亿支（2.90万箱），同比增长16.2%；实现销售收入378.45亿元，同比增加52.36亿元，同比增长16.06%。从月度销量来看，"旺季不旺"的状态进一步显现。9月尽管在"中秋""国庆"两节的影响下，销量仍同比减少18598.75万支（3719.75箱）。从近几年的走势看，销量增长明显放缓，全年增幅比2013年同期减少25.72个百分点。

细支卷烟市场。2014年，细支卷烟品牌通过细分消费市场和消费群体，进行品类创新和重塑，提升品牌的核心竞争力，激活消费需求，经过几年来的培育，迎来爆发性增长。细支卷烟消费逐渐呈现"跨界消费"的趋势，消费群体由女性群体向男性扩展，消费趋势由个性化向大众流行转变，消费价位由中档价位向高价位延伸。

细支卷烟的总体规模还比较小，仅占全国卷烟销量的0.58%。在销的22个品牌中，过万箱的品牌仅有4个，其中，"南京"品牌的细支卷烟销售居首位。细支卷烟市场基础还比较薄弱，销量主要集中在较少的省份，过万箱的省份只有7个，其中，山东销售33.5亿支（6.70万箱）居首位。尽管多数省份增长较快，但全年仍有4个省份细支卷烟销量同比下降。

社会库存偏高。2014年，社会库存始终处于较高水平，均大于2013年同期。从走势上看，社会库存从2月起回落，8月达到最低值，随后连续2个月环比增加。11月、12月库存再次回落。年末工商库存高企，达2708亿支（541.6万箱），同比增加312亿支（62.4万箱）。

卷烟零售价格。卷烟零售价格指数在2014年上半年走势较为稳定。随着社会库存下半年持续增加，卷烟零售价格指数从8月开始回落，并连续4个月环比下降。尽管12月有所回升，但同比仍下降0.79个百分点。

【卷烟包装箱循环利用】 2014年，全国烟草工作会议报告明确提出，要"全面完成卷烟包装箱循环利用'两个50%'目标任务"和"突出抓好卷烟包装箱循环利用"。"两个50%"是指到2014年，纸质卷烟包装箱循环利用工作形成一套成熟、规范的工作制度和运行机制，规模达到同省（区、市）地产卷烟销售总量的50%以上；到2015年，接壤省份纸质卷烟包装箱循环利用率达到50%以上，电子标签（RFID）卷烟包装箱批量投入使用，实现电子标签卷烟包装箱循环利用的突破。围绕该项工作，国家局建立专门的工作体系，设立3个卷烟包装箱循环利用工作推进组，分别负责南方片区、北方片区和自治区直辖市片区所属省份工商企业卷烟包装箱循环利用的督导、检查、统计、通报等工作；组织召开片区工作推进会，推广先进单位经验做法，及时调整目标任务；建立任务完成情况统计通报制度，逐周统计、逐月通报、分类督导。4月，国家局办公室下发《关于工商企业间卷烟包装箱循环利用有关费用问题的通知》（国烟办综〔2014〕220号），理清卷烟包装箱循环利用中的费用问题。9月22—23日，全国烟草行业物流重点工作推进会在北京召开，对该项工作进行重点部署。2014年底，国家局办公室将卷烟包装箱循环利用工作的开展情况作为行业工作亮点向国务院办公厅做专题情况反映。

行业各省级局（公司）、工业公司加强对包装箱循环利用工作的组织领导，建立工商联动机制，打通全部工作流程，出台配套工作措施。工商企业逐月分解任务，及时回收返还，增加循环品牌规格，加快排产使用，不断提高卷烟包装箱商业返还率、整理合格率和上机使用率。

截至2014年底，商业企业累计向同省（自治区、直辖市）工业企业返还卷烟包装箱7856.66万只，工业企业累计使用循环利用包装箱包装生产卷烟1031.41万箱，超额完成1000万箱的年度任务，实现国家局确定的第一个50%的循环利用目标，开创烟草行业节约发展促转型、绿色循环塑形象、积极适应“新常态”、探索谋求新发展的路子。

【启动工商同城卷烟托盘联运体系】 按照“先同城后省内再省际”的总体要求，2014年，行业全力推动同城工商企业卷烟托盘联运工作，提高工商物流对接效率、提升客户服务水平，推进工商物流一体化进程、实现企业物流向行业物流转变。3月，国家局办公室下发《关于在行业工商企业间开展同城卷烟托盘联运工作的通知》（国烟办综〔2014〕134号），提出托盘标准、码垛方式、电子标签应用“三统一”的工作要求。加强工作指导和督导，细化工作进度计划，定期统计联运数据，按月分析，查找问题。截至年底，全行业93家卷烟生产厂中，有40家完成同城卷烟托盘联运。全年卷烟托盘联运量累计达到800万箱。浙江中烟、江苏中烟、安徽中烟所属卷烟生产厂实现全省范围内的卷烟托盘联运，北京市局（公司）与浙江中烟、湖南中烟、江苏中烟、河南中烟等省级工业公司实现跨省卷烟托盘联运。

【开启物流非法人实体化建设】 2014年，行业在坚持工业公司和地市级商业公司生产经营主体地位的前提下，在物流中心、配送中心开展非法人实体化建设。按照“建体系、搭框架”的总体思路，开展工商企业物流非法人实体化建设现状调查；编制《行业商业企业物流非法人实体化运行管理规范》，明确建设标准；分3个批次逐步推进行业物流非法人实体化建设；加强对各单位实施分类指导和检查督导，确保工作进度。截至年底，行业29家省级商业企业和14家省级工业企业开展物流配送中心的改制工作，物流非法人实体化运作模式基本建立。

【减少合作生产卷烟重复运输】 2014年，为节约物流费用、提高产品市场响应速度、降低成本费用，在2013年启动的合作生产卷烟减少重复运输试点工作的基础上，继续推进合作加工生产企业间减少卷烟重复运输工作。云南中烟合作生产卷烟设立前置库，仅合作加工卷烟减少重复运输一项，节省运输费用7000万元，到货时间提前2天。上海烟草集团优化物流资源，配置设立前置库。国家局批复同意湖南中烟设置省外前置库。

【四大信息平台建设】 烟草电子商务平台建设。贯彻落实《烟草行业信息系统运行维护管理办法》，定期对烟草电子商务平台的软、硬件系统进行检查和维护；对存在安全隐患的硬件设备更新改造，更换机房UPS电池组，比价采购电子商务平台CA认证系统USBKEY；加强日常维护和服务，会员信息维护规范、准确，交易数据分析及时、实用；完善公司门户网站功能，强化对外宣传作用。拓展商务平台功能，启动移动交易子系统开发建设；继续推进统一卷烟发到货地点（仓库）信息管理工作，完成《烟草行业卷烟仓库代码编制规则》的申报并成为行业标准。2014年，平台完成卷烟交易协议11998份，分解各类合同64.34万份，交易量28208.26亿支（5641.65万箱），交易金额9415.56亿元；完成烟叶交易协议3013份，分解各类合同10.43万份，交易量310.53万吨（6210.56万担），交易金额1318.32亿元。

卷烟生产经营决策管理系统建设。加强对卷烟生产经营决策管理系统运维工作的全面掌控，理顺北京中烟信息公司的管理关系，将中国双维投资公司持有的北京中烟信息公司股权划转到中烟商务物流有限责任公司。持续开展系统运维工作，优化运维服务考核指标体系，调整运维服务评价考核方式；加强运维队伍建设，对运维团队实行半军事化管理；组织2期系统运维网上培训，长期开放决策管理系统各岗位日常培训课程，提高工商企业操作人员系统使用和日常运维技能；与行业用户建立更顺畅的沟通机制。配合工商同城卷烟托盘联运工作的全面开展，做好决策管理系统软硬件调整改造工作，开发行业通用版本软件；完成14家单位实施方案设计；对整托盘出入库扫码进行现场验收；对工商卷烟物流在途信息系统、商业企业数字仓储系统等相关信息系统开展运维和升级改造。截至年底，累计处理运维事件1.61万个，其中主动监控发现9465个，全部在约定时间内解决；受理各类变更326个，完成294个；受理运维事件6373件，解决率为100%；完成现场巡检464次、现场应急服务320次、现场保障服务291次、现场培训285次，向行业用户提交建议、报告2715份。

烟草物流综合监管调度系统建设。以烟草物流综合监管调度系统为抓手，推进行业物流信息从分散到集中、从无序到有序、从采集到利用的整合与管理，为拓展行业物流信息化建设提供支撑和保障。2014年，对烟草物流综合监管调度系统进行全行业对接，初步搭起覆盖国家局、省级工商企业、地市级公司和工业生产点3个层面的物流平台，建立行业物流管理台账，实现对行业物流信息资源的集成整合与加工处理，以及对卷烟物流业务信息全程、实时、可视化的跟踪。截至年底，行业33家省级局（公司）和18家工业公司完成部署实施工作，其中，22家省级局（公司）和13家省级工业公司基本完成物流资源类数据上报，27家省级局（公司）和11家省级工业公司基本完成管理指标类数据上报。开发烟草物流综合监管调度系统的移动应用功能，借助移动互联技术，向行业工商企业物流管理人员提供即时、全面的移动物流信息服务。

“新商盟”订货系统建设。“新商盟”订货系统是国家局委托大连市局（公司）开发并向全行业推广使用的卷烟批零网上订货系统，覆盖全国28个省份、352万零售客户。2014年，国家局、总公司将“新商盟”软件所有权从大连市局（公司）无偿划转到中烟商务物流有限责任公司，由中烟商务物流有限责任公司负责对“新商盟”网上订货系统实行统一管理、统一运维。国家局下发《关于行业商业企业统一使用烟草行业新商盟网上订货系统相关事宜的通知》，在原有系统的基础上开发新版软件并在行业推广使用。截至年底，完成广东省局（公司）、福建省局（公司）、安徽省局（公司）和上海市局（公司）“新商盟”系统对接推广工作，另有7家省级商业企业处于推广过程中。2014年，“新商盟”订货系统零售客户数量达352万户，其中直接使用用户315万户，对接使用用户为37万户。

【物流建设项目审查论证】 2014年，行业坚持“双减优化”原则（即核减建筑面积、核减投资额度、优化技术方案），加强对物流建设项目前置性审查论证。调整优化项目审查论证工作程序，由原来的前置性审查论证和技术审查论证先后分别进行，调整为联合审查同时开展。严格控制建设规模和资金投入，抑制非理性投资冲动。全年审查论证9个卷烟物流配送中心新建、调整项目，联合工房建筑面积压减3873.18平方米，物流业务相关建设投资共核减2949.42万元。举办卷烟物流配送中心建设项目审查论证培训班，提高行业物流投资建设项目立项质量和管理水平。

【探索非烟电商物流业务】 2014年，依据“一个平台、双方合作、对方注资、利润共享”的工作原则，中烟商务物流有限责任公司代表中国烟草总公司与浙江省人民政府、浙江大学共同出资设立中烟新商盟商务物流控股有限公司，合作开展非烟电商物流工作。7月，国家局下发《关于开展非烟商品电子商务试点工作的通知》（国烟办〔2014〕294号），启动试点工作；开发非烟商品电子商务订货系统，截至年底，基本具备上线条件。10月22日，行业非烟电商物流工作座谈会在山东青岛召开，确定行业非烟电商物流工作的总体思路和工作要求。

（编辑：谢争艳）

专卖监督管理

2014年，全国烟草行业各级专卖管理部门贯彻落实国家局决策部署，围绕行业改革发展中心工作，紧扣实践“三大课题”、提升“五个形象”，切实履行专卖管理监督职责，继续推进专卖内管、市场监管、打假打私“三大体系”，着力加强证件管理、队伍建设、专卖信息化“三个基础”，为行业“跨越一个大台阶，呈现三个新亮点”营造平稳的生产经营和卷烟市场秩序，发挥了十分重要的保障和促进作用。

【专卖内部监督管理】 各级烟草专卖局积极推进“制度完善、职责明确、监管到位、奖惩分明”的内部监管体系建设，以治理非渠道卷烟非法流通为抓手，严格规范工商企业生产经营行为。

努力遏制非渠道卷烟非法流通蔓延势头。国家局每月汇总分析有关情况，督办大要案线索，对重点单位进行有针对性的督导，就有关情况约谈部分省级局领导。各单位加大非渠道卷烟案件查办力度，强化源头治理，严格考核奖惩。江苏省局守土尽责，2014 年，查处非渠道卷烟占全行业查扣总数的 12%。湖南省局主动调整购进计划，缓解市场供求矛盾。河北省局严格兑现奖罚，有效调动各单位主动治理的积极性。2014 年，查获非渠道卷烟增长幅度同比减少 6.5 个百分点。

*违规经营问题得到严肃查处。*国家局印发《关于认定真烟违法违规经营行为的通知》，界定违规经营行为类型，明确地市级公司一把手的责任。山东省局贯彻落实国家局纪律要求，严肃查处违规经营问题。国家局专门就此印发通报，各单位认真组织学习并及时传达到所有地市级局（公司），有效发挥正面激励和反面警示作用。吉林省局加强执纪监督，震慑违规经营行为。国家局加大专卖内管抽查力度，推动自查整改，严格追究责任，实现通过重点抽查解剖一家单位，推动一省的卷烟经营规范的工作目标。

*加强专卖内管工作。*各单位以治理非渠道卷烟非法流通为抓手，加强专卖内管工作，认真落实《关于进一步加强商业企业专卖内管工作的意见》。重庆等地内管部门完善参与企业经营管理的制度流程，使敏感品牌投放得到合理调整，发挥事前、事中防范作用。严格专卖内管监督检查，督促自查整改，进一步完善订单修改、货款结算等管理制度，减少违规经营风险隐患。落实线索督办、定期通报等制度，大力加强层级监管，整合派驻机构监管力量，依托专卖内管信息平台，组织异地隐身监管、交叉检查，开展专项集中整治，查处虚拟客户、虚假订单等一批违规经营问题。国家局加强行业规范经营动态监控，向有关单位及时交办违规经营线索，推动查处整改工作。2014 年，全行业处理违规经营责任人 394 人，其中撤职 6 人、降级 6 人、行政记（大）过 96 人。

【卷烟市场监管】 各级烟草专卖管理部门积极推进转变市场监管方式，构建“打击严厉、管理到位、疏导及时、服务周到”的市场监管体系，履行市场监管职责，继续维持烟草专卖品市场的良好秩序。

*零售市场监管。*各省级局扩大试点范围，继续推进烟草零售市场检查方法创新应用，将 APCD 工作法与现有工作模式相结合，实现监管方式的再创新，有效提升市场检查的针对性，试点地区呈现市场检查频次下降，查实案件数量、查获卷烟数量上升“一降双升”的局面。国家局组织有关单位认真研究信息分析方法，编写印发《烟草零售市场检查信息分析指南》《烟草零售市场检查 APCD 工作法应用案例集》，实现信息分析关键环节的突破，进一步推进烟草零售市场检查方法创新应用。依法加强免税卷烟监督管理，严肃查处免税烟商店非法经营行为。积极研究雪茄烟市场监管的有效方法，突出加强雪茄烟零售商许可证件管理，破获珠海澳门跨境网上非法经营雪茄烟案等一批典型案件，初步建立雪茄烟市场监管的长效机制。

*互联网涉烟监管。*继续保持与通信管理部门、电子商务企业的协作，定期检索互联网涉烟非法经营信息，开展淘宝涉烟网店专项清理行动，对互联网涉烟非法经营的监督管理进一步加强。各地移交公安机关立案查处互联网涉烟案件 73 起，合计案值 5.8 亿元，其中浙江永嘉“1·17”等 7 起案件被列为国家局、公安部督办案件，使零售市场秩序进一步好转。

【卷烟打假打私】 各级烟草专卖管理部门保持高压态势，完善“政府领导、部门联合、多方参与、密切协作”的打假打私体系，发挥联合打假打私长效机制作用，进一步巩固成果、严防反弹。全年查处案值 5 万元以上假烟案件 2196 起，捣毁各类制假窝点 732 个，查获假烟 10.4 万件、走私烟 5.3 万件，收缴制假烟机 252 台，查获烟丝烟叶 1.67 万吨，依法拘留 6460 人，追究刑事责任 4261 人。全国假烟案件大幅减少，查获假烟数量、烟机数量以及追究刑事责任人数同比明显下降。在打击力度不减的情况下，28 个省（自治区、直辖市）查获假烟同比下降。

*有效遏制局部地区制假反弹。*制假重点地区“打疏结合，综合治理”，有效打击假烟生产能力。福建坚持长驻打假，连续第三年实施卷烟打假综合治理，全省联动“防扩散、防转移”成效显著。云霄县 10 个乡镇中，仅 3 个乡镇查到涉假物品，其他 7 个乡镇保持“零发案”。河南省局以重塑形象、甩掉制假重灾区“帽子”为目标，积极推动地方党委、政府落实卷烟打假责任，不间断地组织全省卷烟打假专项行动，重点地区突出源头治理防反弹，毗邻地区突出隐患排查防转移，扭转被动局面。广东省局积极争取地方党政及有关部门支持，打击假烟运输分销活动，特别是针对重点地区制假突出问题，集中开展“粤北一号”打击假烟犯罪收网行动，打掉包括烟丝加工、假烟商标印刷、烟支包装、假烟仓储、运输、销售等多个环节 20 余个犯罪团伙，侦破 100 万元以上案件 31 起，抓获 141 人，刑拘 71 人，捣毁窝点 56 个，查获制假烟机 35 台，缴获假烟、制假原辅材料及设备价值 4202.43 万元，涉案金额 1 亿余元。各烟叶产区加大对非法经营烟叶原料行为的打击力度。各级烟草专卖局在加强对烟机、烟用原辅材料生产经营日常监管的同时，

加大对违法违规案件的查处力度，推动卷烟打假工作深入开展。

打击制售假烟网络取得重大成果。国家局与公安部继续加大对重大制售假烟网络案件的督导力度，组织、协调、指导跨省制售假烟网络案件的侦办工作，联合举办打击假烟网络工作培训班，提高案件侦办能力和水平。各级烟草专卖部门加强与公安机关协作配合，加强案件经营查办，较好完成每个地市打掉一至两个较大规模网络的目标任务，其中，湖南、山东、江苏在办案数量上位居前列；河南、浙江、福建在判刑人数上位居前列。国家局联合公安部重点督办江苏扬州“3·10”等76起重大网络案件，通报表彰浙江“9·3”非法经营烟机案等3起重大案件。云南、贵州、湖南、广西等重点地区堵源截流，突破烟叶大案要案，整治烟叶流通秩序。湖北加大道路查堵力度，发挥阻止非法卷烟北上南下的屏障作用。

打私工作取得新的突破。在全面建设完善烟草打私机制工作上，国家局与海关总署、公安部联合下发《走私烟草专卖品重大案件督办制度》，对于案情特别重大、跨地区、跨国境的犯罪案件，实施联合督办、联合打击。针对罚没走私卷烟销毁问题及时补充下发《罚没走私卷烟处理的通知》。联合海关总署在广东湛江举行“中国·执法查没走私烟公开销毁活动”，公开销毁走私罚没烟37.6万条。针对近年来走私活动日益猖獗的形势，海关、财政等部门围绕广西北仑河等重点地区加大打击治理力度，广东、广西等重点地区加强和公安、海关、边防的合作力度，开展拦截运输和捣毁仓储等专项治理工作，打击合力进一步增强。各地相继突破一批重大走私卷烟案件。对重庆“2·16”利用自媒体贩私售假案进行查处，取得自媒体领域打击贩私售假的新突破，抓获犯罪嫌疑人47个，查获假私卷烟454件，涉案金额近2亿元。在广州“1·15”特大走私案中，打掉一个两年间累积走私入境卷烟19万件的特大走私犯罪团伙，抓获犯罪嫌疑人25人，该案入选2014全国海关缉私十大典型案例。

【证件管理】 各级专卖管理部门依法履行许可审批职责，严格“两证”管理，全年办理各类生产经营类许可证4490份，审批签发各类专卖品准运证93万余份。截至2014年底，全国持有效许可证的卷烟零售客户为536万户，同比减少8万户。

证件管理制度体系化建设。制定《烟草专卖行政许可后续监管规定（试行）》，填补许可证后续管理的空白，改变重许可、轻监管的局面。编写《烟草专卖行政许可标准化工作指南》，初步形成烟草专卖证件管理制度规定与实务操作相结合的工作规范，为全国证件管理人员两证管理提供标准化、规范化的操作指南。为落实国务院深化行政审批制度改革要求，提高烟草专卖行政服务水平，在广泛征求基层意见的基础上，对零售许可证新办、延续、变更等流程手续进行优化、简化。印发《关于卷烟工业企业申请办理样品卷烟准运证有关事项的通知》《试验、检测用烟草专卖品准运证申请办理程序规定（试行）》，进一步完善准运证管理的具体措施和流程，为工商企业提供便捷服务。

加强检查调研。全年抽查9个省（自治区、直辖市）许可证管理工作，对发现的问题提出整改意见并通报检查结果。密切关注广东、深圳等地情况，研究工商登记制度改革对烟草专卖证件管理的影响。对全国卷烟零售许可证基本状况、无证经营户情况进行摸底调查。在组织开展对陕西等地调研的基础上，形成卷烟零售点合理布局初步意见。

许可证管理自查整改。广东、山东、江西、深圳等省级局细化零售许可证管理检查方案，浙江、上海、北京等省级局修订完善许可证管理制度，重庆市局印发零售许可证办理与工商登记制度改革衔接的指导意见，河南、河北、山西、陕西等省级局制定后续监管制度措施，证件管理工作进一步加强。制度措施的进一步完善，有效地防范了法律风险。

【专卖队伍建设】 专卖管理岗位技能鉴定。在前期高级专卖管理师项目开发的基础上，组织开展对高级专卖管理师鉴定题库的复审。经过试点鉴定集中培训后，9月组织开展高级专卖管理师试鉴定。高级专卖管理师项目的开发完成和试点的开展，标志着完整的专卖管理岗位技能鉴定体系基本建立。2014年，开展2批专卖管理员和2批专卖管理师的全国统一鉴定，累计参加鉴定14966人次，获证6316人，获证率42.2%。针对前期鉴定过程中暴露出来的标准、教材中与实际工作不相适应的情况，组织专家完成对3～5级专卖管理岗位技能鉴定标准教材的修订。

县级局创优活动。各省级局全面完成首轮创建优秀县级局活动达标验收，有效发挥标兵单位引领带动作用，以点带面，持续改进，整体推进，进一步健全完善县级局创优活动推进机制和工作提升机制，推动创优活动的常态化、长效化。在创优活动中，各单位切实注重县级局创优和专卖管理工作的结合，围绕基层队所建设，加强基础管理，突出工作实效，提升工作水平。注重县级局创优和第二批群众路线教育实践活动的结合，坚持深入基层、深入群众、深入一线，全面了解基层工作情况，帮助基层解决实际问题。注重县级局创优和推进依法行政建设的结合，强化法制观念，严格依法行政，提高专卖管理法治水平。

组织专题培训及竞赛。国家局围绕专卖证件管理、假烟网络案件查办、执法业务能力提升等组织开展专题培训，各省级局立足队伍实际、围绕专卖核心业务，以多种形式促进队伍素质提升，保障专卖管理各项任务的落实。为推进高技能人才培养，19个省级局举办省级二类技能竞赛，国家局在此基础上在河南郑州组织举办第二届全国烟草行业烟草专卖管理岗位技能竞赛。通过竞赛，搭建交流实践经验的平台，营造积极钻研业务知识的学习氛围，涌现出一批专业技能过硬的专卖管理人才。

【专卖管理信息化】 完成总体方案设计。2014年，国家局将专卖管理信息化作为一项重要工作，在行业信息化发展规划框架下，对行业专卖业务和信息化现状进行全面梳理，对行业专卖管理信息化建设进行系统思考和整体设计，确立“上下贯通、左右协同、资源共享、科学监管”的建设目标，“三统一、两完善、两整合”的建设内容，以及国家局和省级局“统一建设”与“协作建设”相结合的建设模式，完成行业专卖综合信息系统建设项目总体方案设计。

各省、市级局高度重视专卖管理信息化工作。云南省局深化系统应用，构建专卖信息分析及考核评价系统，实现专卖管理工作可视、可控、可评价；山西省局搭建全省专卖业务统一平台，同时积极探索GIS、移动互联、二维码等新技术应用，提升专卖监管效能；北京市局通过市场监管系统建设，全面推广APCD工作法，市场监管的针对性、有效性明显增强。20家省级局基本完成与国家局内管系统改造对接，为强化内管提供技术支撑。

（编辑：李　昂）

政策法规与体制改革

2014年，行业各级法规体改部门紧紧围绕行业中心工作，深入贯彻落实党的十八届三中、四中全会精神，紧扣实践“三大课题”、提升“五个形象”，全面深化行业改革。按照“抓好大事，理好难事，办好急事”的工作思路，以“两坚持、八加大”为重点的各项改革工作稳步推进，改革红利不断释放。深入推进法治烟草建设，努力构建法律风险防控、普法宣传教育和法规服务保障三大体系，为行业平稳健康发展提供动力支持和法治保障。

【行业全面深化改革】 党的十八届三中全会明确全面深化改革的各项任务，国家局党组认真贯彻三中全会精神，围绕全面深化烟草行业的改革工作，实施一系列重要举措。

健全领导机构，明确工作职能。国家局成立全面深化改革领导小组，负责烟草行业改革的总体设计、统筹协调、整体推进、督促落实。领导小组办公室设在国家局政策法规与体制改革司，负责行业全面深化改革的日常工作。国家局对中央提出的336项改革任务中与烟草相关或者应当加以关注的事项逐一进行梳理。分析行业形势，确立改革重点。国家局党组站在行业发展的高度，提出“两坚持、八加大”的改革思路。3月，印发《国家烟草专卖局2014年改革工作要点》，提出涉及行业八大领域26项重点改革任务，明确各项改革任务的牵头单位和参加单位。5月，印发《2014年改革要点任务细化表》，将26项重点改革任务细化分解为116项实施事项，70项计划事项，45项调研事项，确定各项改革的时间表、路线图，坚持时间与任务同步、要求与效果吻合。加强协调督导，促进目标实现。国家局加强顶层设计，各部门密切配合协调，改革涉及单位不断落实。国家局牵头四项具体改革工作，包括云南卷烟工业管理体制改革、商业企业现代企业制度改革、行政审批制度改革和法治烟草建设均持续推进。截至年底，年初确定的116项实施事项完成112项，完成率96.6%。

深化改革助推行业发展。京津冀卷烟营销市场化取向改革，坚持按订单组织货源，按需求衔接计划，按价格调整策略，积极建设开放式省级集中订货平台，试点企业思想高度统一，工作扎实推进，指标全线飘红。云南中烟“两统一、两整合”改革稳步推进，改革红利不断释放。“两红”集团市场营销、产品研发、卷烟品牌、多元化经营业务统一整合到云南中烟工业有限责任公司，云南中烟作为行业领头羊的地位和作用进一步突显。4月，国家局同意华环国际烟草有限公司吸收合并安徽省烟草公司蚌埠储运公司，取消蚌埠储运公司法人资格，设立华环公司蚌埠储运分公司，为华环公司非独立法人分支机构。6月，郑州卷烟厂、新郑卷烟厂合并设立黄金叶生产制造中心，项目规模大、品位高、工艺新、格局好、进展快，创造行业大、中型烟厂技改的一流水平。同月，国家局批复设立陕西烟草投资管理有限公司，主要负责陕西烟草商业系统所属多元化企业及股权的经营管理。8月，设立并调整长城雪茄烟厂管理体制，作为川渝中烟非法人分支机构，实行内部核算和目标管理，加大资源整合力度，打造国产雪茄烟核心竞争力，促进企业健康发展。

截至年底，行业卷烟生产点调减到93个，生产力布局进一步优化。宁夏回族自治区公司对卷烟经营管理体制进改革，确立“统购分销”的卷烟经营管理模式，并根据业务变化，设立物流中心。

【法治宣传教育】 1月，国家局印发《关于全面深入推进法治烟草建设的意见》（国烟法〔2014〕41号），提出建设法治烟草的指导思想和目标要求。4月，印发《关于开展“三创三征”法治烟草建设主题活动的通知》（国烟法〔2014〕204号），广泛开展“法治烟草”讲堂创建活动、“法治烟草”专版专栏创建活动、“依法行政示范单位”和“诚信守法示范企业”创建活动，“百案鉴评”专卖执法典型案例征集活动、“百案鉴评”涉法涉诉典型案例征集活动、“百案鉴评”法治烟草主题征文活动，行业上下迅速行动，掀起建设法治烟草的热潮。

法治宣传教育紧紧抓住领导干部“关键少数”，送法律进班子、进机关；把营造尊法学法守法用法的法治环境作为法治烟草建设的基础，送法律进企业、进院所、进烟站、进网点。湖北省局（公司）党组把法治宣传教育作为党组中心组理论建设的重要内容，着力提高领导干部的法治修养和法治思维；吉林省局（公司）组织开展“法治烟草”专版专栏创建活动，分别设计法治动态、工作专题、以案说法、新法速递、交流天地、法规制度六大板块，将吉林烟草法治建设的情况全面呈献给广大干部职工；河北中烟深入开展“领导学法、集中讲法、书刊送法、短信传法、专家释法”活动，并举办法律专题知识竞赛；河南省局（公司）在创建“依法行政示范单位”活动中，大力推进公正文明执法和服务型行政执法建设，在省政府2014年度依法行政责任目标考核中被评为优秀，在49个省直部门中位列第二；浙江省局（公司）积极组织“三创三征”活动，该局选送的《COSO框架在烟草行业法律风险防控体系建设中的应用研究》征文，被评为中国烟草学会2014年优秀论文，并作为学会年会的宣读论文。

2014年，全行业创建“法治烟草”讲堂2948个，创建“法治烟草”专版专栏3425个，评选“依法行政示范单位”162家，评选“诚信守法示范单位”183家，征集专卖执法典型案例1873个，征集涉法涉诉典型案例1332个，征集法治烟草主题征文2544篇，行业法治宣传教育呈现齐抓共管、形式多样的生动局面。

【法律风险防控体系建设】 2014年是行业全面构建法律风险防控体系的关键一年。在2014年行业法规体改工作会议上，湖北中烟、湖北省局（公司）、浙江省局（公司）、重庆市局（公司）和山东省烟台市局（公司）介绍试点经验；国家局对行业法律风险防控工作作了专门部署，要求认真借鉴试点单位经验，全面铺开法律风险防控工作。会后，印发《国家烟草专卖局关于印发烟草行业法律风险防控工作要点的通知》（国烟法〔2014〕221号），明确法律风险防控的目标原则、制度体系、工作流程、组织架构、评估方法和工作要求，为全面推进行业法律风险防控体系建设提供指引。行业各单位按照国家局部署，对照5家试点单位成功经验，全员参与，全面查找，全程防控，层层梳理法律风险点，针对重点制定应对预案。

北京市局（公司）将市场化营销模式与防控反垄断法律风险结合起来，将反垄断风险防控纳入营销改革、营销核心环节、自营店管理领域、专卖内管流程中，实现“两项工作”的相互支持、相互促进。江西省局（公司）发挥法律顾问团队专业优势，针对实际发生的重点难点信访案件和劳动争议案件提出法律指导意见，下发至所属各单位学习借鉴，以信访、诉讼鲜活事例警示各级领导干部学法用法，依法管理，从严防控各类法律风险。安徽中烟加强生产经营决策管理合法性审查，办公会、董事会各类议题必须经法改部合法性审查，才能提交会议研究决策；同时，全面运用OA系统实现办理流程痕迹化管理。山东中烟积极推行专兼职合同管理员工作制度，公司各部门、各单位根据各自工作实际，分别配备一定数量的兼职合同管理员，协助所在部门、单位开展合同管理工作；公司全系统专兼职合同管理员队伍200余人，形成合同风险防范立体工作链，合同管理的工作质量和效率明显提高。

2014年，行业各单位组织试点175个，制定风险防控制度1388个，梳理知识产权数量6968个，制定防控预案989份。国家局先后组织调研30多批次，对直属单位法律风险防控工作进行面对面指导和督促。深入开展法律风险防控工作，对于增强行业法律风险防控意识，最大限度地维护企业合法权益发挥重要作用。

【专卖执法案卷评查】 在2013年首次对10个省级局进行专卖执法案卷评查的基础上，国家局进一步完善案卷评查的标准和流程。2014年，国家局选择10个省级局开展专卖执法案卷评查工作。检查组采取不打招呼，现场确定被检查单位、随机抽取被检查案卷的方法，抽查30个基层单位的150份案卷，对专卖执法制度建设情况、专卖执法行政处罚案件的办理情况及案卷的主体资格、事实证据、法律适用、执法程序、文书规范以及档案管理等方面进行逐项检查。

根据评查情况，印发《关于2014年烟草专卖执法案卷评查情况的通报》，通报点名道姓，肯定成绩，指出问题。在2013年进行的案卷评查中，福建省局（公司）、四川省局获前两名；2014年，浙江省局（公司）、广东省局（公司）获前两名。

2014年，省级局组织案卷评查59批次，地市级局评查1066批次，县级局自查5746次，抽取案卷总数23.24万份。深入开展案卷评查工作，有力推动行业的依法行政和规范执法。以合法合规为重点的制度建设明显加强，以严格规范为重点的案件办理质量明显提高，以风险防控为重点的依法行政明显改进。

【加强制度建设】 2014年，行业围绕“依法行政、依法管理、依法组织生产经营”，把制度建设作为法规服务的基础，作为法规服务保障体系的重要组成部分。行业各直属单位将制度建设列入法治烟草的基础性工作，全年制度梳理和废、改、立数量明显增加。

围绕法律风险防控体系建设，国家局出台《烟草行业法律风险防控工作要点》《法律纠纷案件上报管理办法（试行）》等文件。围绕专卖执法监督，制定《烟草专卖执法徽章管理规定》《烟草专卖行政处罚案件格式文书（试行）》《烟草专卖执法人员资格考试管理规定（试行）》《2014年度烟草专卖执法案卷评查实施方案》《2014年烟草专卖执法评查工作手册》等工作指南。围绕生产经营管理，制定《烟草行业合同管理指引》，下发通知贯彻落实新《商标法》有关“驰名商标”的规定，并提出明确要求加以检查。围绕管理规范备案审查工作，制定《国家烟草专卖局关于修改烟草行业管理规范备案审查办法（试行）和调整备案审查范围的通知》，进一步调整和完善烟草行业管理规范备案审查的范围和程序。围绕规范行政审批项目工作，研究拟定《关于烟草制品生产企业设立、分立、合并、撤销申请与办理程序规定（试行）》《关于烟草制品批发企业设立、分立、合并、撤销申请与办理程序规定（试行）》《关于外商投资设立烟草专卖品生产企业管理办法（试行）》等规范性文件。

【行业依法维权工作】 随着法治进程的加快和公民法治意识的提高，涉及行业的行政复议和诉讼案件明显增多，对行业的法治要求和应诉能力提出新的挑战。各级法规部门积极协调有关单位和律师事务所，依法依程序处理案件和应对诉讼，成功胜诉云南白药股权案，江西中烟、广东中烟包装标识和产品宣传维权案、湖南中烟“芙蓉王”商标注册案等重要涉诉案件，维护企业的合法权益。

2014年，《商标法》修订施行、《广告法》修订送审，《公共场所控制吸烟条例》公开征求社会意见，涉烟条款引起社会广泛关注。各级法规部门在本级党组和上级业务部门的领导和指导下，依法依规表明态度，理性发声，主动维权。

在《广告法》修订过程中，云南、湖南、湖北、广西、河南、贵州、甘肃烟草工商的主要领导亲自出面，分管领导亲自组织，法规部门全力提供法务支持，积极向有关部门和专家介绍情况，争取理解，为维护行业和企业的合法权益作了大量艰苦细致的工作。在《公共场所控制吸烟条例》面向社会征求意见阶段，各直属单位认真组织有关部门分析讨论，有理有据、依法依程序表达企业和个人的意见，收到很好的效果。

【法规体改队伍建设】 建立健全法规体改机构，不断提升法规体改工作人员的素质能力，是全面建设法治烟草的组织保证。国家局紧抓思想建设、业务建设、作风建设等关键环节，深入行业各单位调研，形成《关于中国烟草跨国并购路径分析的调研报告》《关于烟草行业法规队伍建设情况的调研报告》等多篇调研报告。

陕西省局（公司）、湖南省局（公司）、广东省局（公司）认真落实《国家烟草专卖局关于全面深入推进法治烟草建设的意见》（国烟法〔2014〕41号）对法规机构设置的要求，主要领导下决心、省局（公司）发文件，建立健全所有地市级局（公司）法规机构。四川省局（公司）在县级局全部配备专职法规员。

行业着力提高法规体改人员素质，大力加强培训工作。广东省局（公司）联合清华大学法学院，举办“广东烟草法规人才队伍培训班”，培训人员均为从事具体法规工作的一线骨干人员，以基础法律知识为主要培训内容，采用案例分析，现场教学，交流学习体会，达到预期培训效果。2014年，行业开展法律培训1.46万场次，培训63.47万人次，组织法律考试5415场，印发普法材料数量481.64万份。

（编辑：李　昂）

财务与审计

2014年，行业财务审计工作紧扣国家局实践“三大课题”、提升“五个形象”总体部署，严格加强内部规范管理，认真落实增收节支任务，不断加快管理创新步伐，各项工作都取得新的进展。

行业财务审计工作的特点主要体现在“一个突出亮点，三个卓有成效，六个积极推进”。“一个突出亮点”，即全面完成货币资金保值增值核心工作成为行业税利跨越万亿元台阶的突出亮点。“三个卓有成效”，即严格厉行节约，重点费用控制卓有成效；促进改革发展，资金统筹调度卓有成效；规范经营管理，审计整改工作卓有成效。“六个积极推进”，即积极推进政策研究，服务行业改革发展；积极推进增收节支，落实年度目标任务；积极推进预算管控，扎实开展应用研究；积极推进准则实施，夯实会计核算基础；积极推进资产监管和内审监督，严格内部规范管理；积极推进队伍建设，不断提升能力素质。

【货币资金保值增值】 2014 年，全国烟草行业财务审计部门紧紧抓住货币资金保值增值核心工作，管好存量货币，挖掘潜力，创新管理手段，用好金融工具，为行业新增利润作出重要贡献。

全国烟草行业活期存款占比由 2013 年末的 37.23% 降低至 2014 年末的 7.52%，同比减少 29.71 个百分点；定期和协议存款占比由 2013 年末的 62.77% 提升至 2014 年末的 92.48%，全年工商企业实现利息收入 203.47 亿元，其中总公司本级实现 21.43 亿元。2014 年，国家局、总公司共批复行业内委托贷款 239.6 亿元，执行 182.65 亿元，实现委托贷款利息收入 4.58 亿元。行业实现货币资金净收益 192.3 亿元，同比增加 61.9 亿元，增长 47.5%，新增利息净收入占行业新增利润的 17%，完成货币资金净收益率全行业“保三争四”、总公司“保四争五”的目标任务。

江西烟草商业系统及时归集各账户内的闲置活期资金，集中资金增加收益较高的定期存款，2014 年，货币资金净收益同比增长 49.75%。湖北烟草商业系统全年实现资金净收益 4.12 亿元，同比增加 1 亿元，资金综合收益率达到 3.31%，同比增加 0.29 个百分点。

【重点费用控制】 2014 年，烟草行业严格贯彻落实中央“八项规定”和国家局党组“九条要求”，控制费用开支，杜绝“跑冒滴漏”现象，促进行业税利增长。1 月，国家局、总公司印发《国家烟草专卖局 中国烟草总公司关于印发四项费用管理规定的通知》（国烟财〔2014〕29 号），对业务招待费、车辆购置及运行费、因公临时出国（境）费、宣传促销费的管理做出明确规定，并提出各单位要建立完善检查机制，明确监督检查的主体、职责、内容、方法、程序等，加强对本级和下级单位的经常性监督检查。

2014 年，烟草行业重点费用中，业务招待费同比下降 60.3%；会议费同比减少 4.2 亿元，降幅达到 51.6%；涉外费同比减少 0.5 亿元，降幅达到 39.1%；市场营销费同比减少 19.07 亿元，降幅达到 28.4%。工业企业在业务招待费和商业企业在市场营销费控制环节上成效显著，降幅分别达到 64.68% 和 90.16%。

【资金统筹调度】 2014 年，烟草行业财务审计部门在保障企业正常生产经营需要的基础上，分析现金流量，合理调配资金供需，完成国有资本收益和专项税后利润的收缴工作，向财政部按时足额缴清行业国有资本收益 412.35 亿元和财政专项税后利润 367.5 亿元，促进国家财政收入的稳定增长。

国家局、总公司统筹安排行业扶持资金，行业各单位落实配套资金，全年安排所属工商企业完成注资 187.48 亿元，烟叶生产基础设施建设补贴资金 43.18 亿元，对外捐赠 2.87 亿元，有效保障行业改革发展。关注民生和公益，行业协调财政部，通过财政渠道向云南鲁甸地震灾区捐款 30 亿元，树立烟草行业良好的社会形象。

【审计整改】 6 月 20 日，审计署向社会公告中国烟草总公司 2012 年度财务收支审计结果，行业同步向社会公告审计整改情况，这标志着针对行业十年改革发展和经济运行的经济责任审计完成。行业各单位在前期专项整改的基础上，对照审计底稿清单，梳理检查生产经营管理中存在的问题和不足，自查自改，全面规范。一些涉及中央与地方利益关系以及重大资产处置事项问题得到妥善解决，生产经营和内部管理进一步规范。审计署对国家局、总公司及其所属企业严格规范、积极整改的工作进展给予充分肯定，对行业巩固审计成果，扎实开展严格自律、提升水平的整改工作给予高度评价。

【政策研究】 烟草行业财务审计部门坚持法治思维，加强政策研究，全力推进制度建设的科学性和规范性，不断提升服务行业改革发展水平。

在系统梳理、细致分析、广泛调研、多方论证的基础上，2014 年，国家局、总公司先后出台 18 项制度、办法和规定，并联合国家税务总局编写《烟草行业税务风险管理操作指南》，行业各单位结合自身实际积极落实配套方案和实施细则，在投资管理、费用管控、国资监管、会计核算、审计监督、税收防控等方面稳步推进法治财审源头建设。特别在投资收益管理办法方面，印发《中国烟草总公司关于印发投资收益管理办法的通知》（中烟办〔2014〕257 号），强化资本成本因素及省级公司监管职责，明确收益抵减政策，加强内部投资收益的分配使用管理。现代烟草农业相关财务政策方面，规范烟田基础设施和水源工程建设资金使用与管理，防范资金风险。费用管理及核算办法方面，实现行业重点费用管理的制度化和规范化，有效提升重点费用控制水平。

【增收节支】 2014年，全国烟草行业财务部门有效利用与相关银行开展战略合作的契机，争取银行的利率优惠政策，优化存款结构，提高资金收益。湖北烟草商业系统全面协调合作银行将所有活期存款全部纳入协定存款利率范围，利率在人民银行基准利率的基础上上浮10%。11月，根据央行关于扩大利率上浮空间的新政策，再次协调合作银行，将协定存款利率上浮到顶至20%。组织各单位将外部账户活期存款全部转为协定存款，办理协定存款账户168个，利率由0.35%提升至1.265%。

稳步开展专业化资本运作，通过定向增发方式购买国有银行和优质大型国企普通股和优先股，进一步优化资源配置，积累资本运作经验，提升资金收益。加强“两烟”资金监管，工商企业间开展“两烟”结算对账，核对“两烟”往来款项超过600亿元，清理历史遗留往来款项120余亿元，减少相互欠款现象，提高资金周转效率。

开展母子公司之间、工商企业之间、省级公司之间及省级公司系统内部的委托贷款业务，大量置换银行贷款，进一步优化和畅通行业内部融资渠道，实现企业间的互利共赢。

财务审计部门跟踪分析企业营销费用节支目标完成情况，国家局、总公司及时对重点单位进行现场督导检查，解决企业在营销费用控制中的实际问题，行业营销费用得到有效控制，同比节支19.07亿元。全年行业实现增收节支81亿元。

【预算管理】 预算编制与执行。2014年，全国烟草行业严格预算编报，坚持“两上三下”（两次上报和三次反馈）的预算编报审核程序，继续加强对行业重点成本费用的预算控制，着力强化费用节支工作。

各单位进一步完善重点费用审核控制方式方法，发挥归口管理部门职责，提高预算审核的专业性和科学性。红塔集团建立健全预算管理组织体系，形成层次清晰、职责分明的三级预算责任机制，在此基础上建立起集业务流程、组织机构、工作职责、预算管理四位一体的具有红塔特色的“左右”“上下”紧密衔接的“网状”全面预算管理制度。

各级财务审计部门严格预算执行，强化预算执行分析，按月度编报企业预算执行情况和分析报告；密切监控执行进度，及时预警并纠正预算执行过程的偏差和问题，提出调控建议，制订针对措施，有效发挥预算硬约束作用。

定额标准体系建设。进一步加快定额标准体系建设推进步伐，印发《中国烟草总公司关于推进定额标准体系建设深化行业全面预算管理工作的指导意见》（中烟办〔2014〕330号），以指导意见形式明确定额标准体系建设的基本原则、主要任务和具体要求。江西省局（公司）结合自身实际，探索建立实物消耗、能源消耗、人力成本以及费用开支、资产占用等方面的预算定额标准体系，并在预算编制和执行中通过信息化手段贯彻实施，全年三项费用率同比下降0.53个百分点，业务招待费、国内市场营销费、会议费等重点费用分别同比下降55.54%、96.92%，55.01%。红塔集团建立定额标准的动态调整工作机制，由集团总裁办公会负责审定集团统一管理的预算定额标准体系，审核批准后发布实施；集团预算办公室全程负责组织、协调、跟踪归口管理部门制订并定期维护预算定额标准；预算归口管理部门以及业务部门，负责根据预算管理职责组织、制订归口业务的预算定额标准，并根据业务流程、管理模式以及管理要求等变动情况对预算定额标准提出修订意见。

预算管理评价。进一步加强预算管理的考核评价，印发《中国烟草总公司关于发布烟草行业全面预算管理应用指南——全面预算管理评价的通知》（中烟办〔2014〕346号），文件明确预算评价责任，以及预算评价内容、评价方式及评价结果的表现形式，同时加大税利总额、成本费用率、重点费用额度等项目、指标的分值和权重，发挥预算的控制和引导作用。

预算管理研究。开展预算管理应用研究工作，由国家局、总公司，云南中烟，红塔集团三方共同参与的“全面预算管理在卷烟工业企业的应用”课题顺利通过中国会计学会评审鉴定。

【准则实施】 2014年，烟草行业研究制订执行企业会计准则的实施方案，印发《关于执行烟草企业新旧核算办法衔接和转换操作指南的通知》（中烟办〔2014〕316号），要求自2015年1月1日起执行《烟草企业新旧核算办法衔接和转换操作指南》。编写印发核算办法和操作指南，规范会计基础工作，印发《中国烟草总公司关于印发烟草工商企业会计核算办法的通知》（中烟办〔2014〕248号），发布《烟草行业工业企业会计核算办法》和《烟草行业商业企业会计核算办法》。统一数据编码体系，调整升级财会管理信息系统，围绕行业生产经营活动整个过程全面系统地梳理，并制定会计操作实务，顺利推进新旧企业会计准则的转换衔接。

加快行业财审管理信息化建设发展，印发《关于推进行业财会管理信息系统建设工作的指导意见》（中烟办〔2014〕318号），明确建设目标，即：在统一架构、统一平台、统一标准的基础上，实现财务数据的上下贯通、左右协同；明确了建设模式，即：要按照行业信息化建设总体规划，采取总公司与省级公司两级主体、协同建设的模式分步实施。同时，财务集中管控平台建设工作正式启动，预算、资产、审计等系统的管理流程和基础数据规范得以制定，财务数据信息安全得到高度重视，有效发挥信息化对财务管理与审计监督的支撑作用。

【资产监管和内审监督】 资产监管。结合行业国有资产管理工作实际，7月，印发《中国烟草总公司国有资产基础管理工作指引》和《中国烟草总公司国有资产处置工作指引》（中烟办〔2014〕162号），以工作指引形式进一步明确行业国有资产基础管理和资产处置工作的有关程序和标准，推动行业国有资产管理工作规范化和标准化建设。国有资产基础管理方面，对国有资产的产权界定、产权纠纷调处、产权登记、资产评估等做出详细规定；国有资产处置方面，对国有资产的无偿划转、有偿转让、损失处理和出租等事项实行预案管理。

严格坚持资产处置预案管理、重大资产处置项目现场调查核实和后期跟踪，加强资产处置全过程管理，防止国有资产流失，并就重大处置事项和清产核资事项进行专题调研，为经营决策提供可靠依据。不断加强产权登记、资产评估、经营业绩考核工作，完成存量资产管理改革调研工作，以“管资本”为主的行业国有资产管理改革有序推进。

内部审计。内部审计进一步收缩战线、突出重点，在经济责任审计、工程投资专项审计中聚焦中央“八项规定”执行、国家局“两方案一计划”专项整治和重大经济决策事项，全年行业审计部门完成经济责任审计、工程审计、专项审计等各类审计超过4万项，审计发现问题2.37万个，提出改进建议措施2.48万条。推动整改落实，逐步建立健全审计意见整改跟踪督查和审计责任追究工作机制，3月，印发《国家烟草专卖局　中国烟草总公司关于进一步加强烟草行业内部审计监督的意见》（国烟审〔2014〕133号），要求全行业提高认识，强化内部审计工作；健全机构，强化审计队伍建设；突出重点，强化审计监督力度；完善机制，强化审计整改落实；明确责任，强化审计结果运用。印发《国家烟草专卖局　中国烟草总公司关于印发烟草行业经济责任审计工作规定的通知》（国烟审〔2014〕104号），在组织协调、工作程序、审计内容和方法等方面作出明确规定。

全行业开展贯彻执行中央“八项规定”，严肃财经纪律和“小金库”专项治理自查工作，进一步强化专项整治，强化制度执行，促进行业企业内部管理不断规范。

【财审队伍建设】 开展教育培训工作，创新培训形式，拓宽培训领域，丰富培训内容。国家局、总公司在上海国家会计学院举办行业首期财务审计高级管理人员培训班，同时在安徽合肥和河南郑州举办涉及财务、会计、税务、国有资产、审计和信息化等内容的培训班16期，参训学员2600余人次；各省级单位也相应加大力度，全年举办200多期不同形式和内容的财务审计培训，参训人数超过1.5万人次。

（编辑：王东旭）

烟草科技

2014年，在国家局党组的正确领导下，行业科技工作认真贯彻落实国家局实践“三大课题”、提升“五个形象”的总体部署，紧紧围绕“五个千方百计”“三个坚定不移”的工作思路，以提升行业自主创新能力为核心，积极推进实施创新驱动发展战略，在科技创新体系建设、科技重大专项实施、产品质量监督、标准及标准化、人才队伍建设等方面取得新的进展和成效。

【行业科技创新体系和机制建设】 开放式创新体系建设。云南中烟科研资源整合工作全面展开，建成国内最大的烟草企业技术中心，并先后在郑州、秦皇岛、上海、沈阳等地设立8家联合研发中心（分中心），同时在德国、韩国、老挝、中国香港等地成立4家境外研发机构，全球研发布局初步成型。部分卷烟工业企业深入推进精益研发工作，品牌发展和目标定位更加明确，新品研发、质量效益水平显著提升。上海烟草集团以市场需求为导向、以技术实现为抓手、以降本增效为目标，构建精益研发体系，向上承接精准营销、向下连接精益生产；湖南中烟以“品销一体化”为目标，建立研发、营销一体的精益研发工作机制，加强与消费者的互联互通；安徽中烟深入推进消费者行为研究与产品研发的有效协同，为“黄山”焦甜香品类的成功构建提供了重要支撑。湖南、河南省局（公司）组建烟草农业科研所，烟叶年产5万吨（100万担）以上的省级公司全部建立了烟草农业科研机构。

为切实加强基础性、战略性、前沿性科学研究，充分发挥行业重点实验室在学科领域的引领作用，设立总公司行业重点实验室专项经费，专项支持14家行业重点实验室开展课题研究。2014年，行业重点实验室授权发明专利、SCI（EI）论文数量大幅提升，支撑学科发展能力增强。在科学研判并把握新型烟草制品发展趋势的基础上，加快推进上海新型烟草制品研究院建设。

协同创新平台建设。行业科研单位和重点骨干企业与国内外一流高校院所、国际烟草科技界在分子育种、烟草化学、检测分析、新型烟草制品等领域的交流合作持续推进，开放式创新的广度和深度不断拓展。湖北中烟持续推进黄鹤楼科技园创新平台建设，实施“借脑引智”工程，有效搭建由40家单位、3200名科研人员组成的开放式研发平台，将科技园打造成知识产权创造基地、技术研发基地、成果转化基地、品牌创新基地。湖南中烟整合外部资源，基于知识共享、技术共享、资源共享、成果转化，以“烟草科技创新精英年会”为载体，系统构建“4+1”大科研合作模式，成为企业主导产学研协同创新的成功典范。云南省局（公司）持续推动高水平国际学术交流平台建设，成功举办“烟草生物技术减害”国际学术交流活动。烟草行业捐资支持贵州大学按照“立足贵州、面向全国、自主办学、争创特色”的发展定位建设烟草学院，努力建成全国烟草产学研特色教育基地。2014年，全行业新建产学研协同创新平台19个。

体制机制建设。修订《科技项目计划管理办法和经费管理办法》，进一步完善激励创新、科学高效、程序清晰、管理规范的科技项目管理机制；增设行业重点实验室项目计划，加大对行业重点实验室的稳定支持。以更加突出科技成果的实用性、更加突出对行业发展的贡献为导向，修订总公司科学技术奖励办法，科学技术进步奖“烟草科学技术推广应用类成果”中增设“烟草农业新技术”“烟草工业新材料、新工艺、新设备”两类成果，增加技术发明奖推广应用的量化要求。江苏省局（公司）制定创新课题、创新研发经费、创新成果系列管理办法，系统推进创新工作。行业知识产权公共服务平台实现全面开放共享，新型烟草制品等关键领域专利分析研究和监测预警机制初步建立。

【重点领域技术攻关】 新型卷烟研制重大专项。全面加强以新型卷烟为主体的新型烟草制品研发。2014年，新型卷烟、电子烟、口含烟等关键技术研究、产品研发和专利布局取得新进展，申请专利364件，比上年增加298件，增长4.5倍，其中发明专利199件，增加146件，增长2.8倍；授权专利175件，增加155件，增长7.8倍，其中发明专利10件。在新型卷烟领域，上海烟草集团与雷诺烟草公司合作研究制订较为成熟的碳加热新型卷烟设计方案，湖北、云南、上海、湖南等企业开发电加热新型卷烟试制品；在电子烟领域，山东中烟研制电子烟试验线，云南、湖北、上海、山东、吉林、河南、江西、安徽等多家企业开发具有中式卷烟风格特色的电子烟试制品；在口含烟领域，上海烟草集团建立生产工艺技术体系，云南等4家企业开发试制品。

烟草基因组计划重大专项。在关键技术引领方面，在国际上绘制第一张栽培烟草单倍体型图，覆盖栽培烟草全基因组76%，是从基因测序向分子育种应用迈进的标志性成果；在烟草上首次突破Cas9基因编辑技术，有力提高功能基因鉴定精确度和效率；首次创制覆盖43万余个烟草SNP位点的高密度基因分型芯片，为分子育种提供高效工具。在分子育种和品种定向改良方面，精确锁定抗黑胫病、抗黄瓜花叶病毒病（CMV）和抗赤星病3个功能基因，红花大金元抗黑胫病定向改良回交至第三代，“K326”抗黄瓜花叶病毒病定向改良回交至第五代；有效利用低镉、低烟草特有亚硝胺、抗马铃薯Y病毒和抗烟草花叶病毒基因等4个基因，创制一批定向改良的减害、抗病等育种材料；积极探索烟碱、富钾、生长发育、烟叶品质等四类关键基因的克隆定位和重要功能。

国产造纸法再造烟叶技术升级重大专项。成功研制广东汕头、云南昆明、浙江杭州3条高速、高效、清洁、低耗标志性生产线。再造烟叶产品品质实现大幅提升，在“云烟”“利群”“黄金叶”“双喜”等重点品牌一类卷烟中使用比例达到10%以上，突破再造烟叶在高档卷烟中的使用瓶颈。

卷烟减害降焦技术重大专项。加速技术集成，进一步完善降低七种成分技术体系，推进创新型特色品牌的开发和培育，实现国产卷烟焦油和7种成分释放量的持续降低。2014年，卷烟焦油量和危害性评价指数分别为10.5毫克/支和8.6，分别降低0.1毫克/支和0.1，湖南、浙江中烟总体卷烟危害性指数降至8.0以下。行业低焦油卷烟销量达到3625.7亿支（725.14万箱），同比增长4.8%；“兰州”品牌全部是低焦油卷烟；“白沙”品牌低焦油卷烟销量达到429亿支（85.8万箱），同比增长8.8倍。行业6毫克/支及以下卷烟销量达到434.5亿支（86.9万箱），其中“兰州”品牌超过100亿支（20万箱）。低有害成分释放量卷烟销量达到4743亿支（948.6万箱），其中“白沙”品牌超过765亿支（153万箱），居行业首位。

中式卷烟品牌持续创新发展。卷烟产品创新步伐进一步加快，“黄金叶”烤甜香、“黄山”焦甜香品类构建关键技术取得新突破，分别获得总公司科技进步奖一等奖、二等奖，支撑“黄金叶”“黄山”品牌创新发展，丰富中式卷烟技术内涵；“贵烟”“真龙”“好猫”等品牌卷烟加大创新突破，实现提质增效。“中华”“云烟”“芙蓉王”“利群”“双喜·红双喜”“黄鹤楼”等高端品牌风格特色进一步彰显，感官品质持续提升，在2014年严峻复杂的消费形势下逆势上扬，保持稳健发展的良好势头。细支卷烟快速增长，行业18家工业公司均开发细支卷烟，标准周长以下的细支卷烟销量达到221亿支（44.2万箱），以“南京”品牌为代表的细支高端卷烟实现新突破，全行业含税调拨价171元/条以上的细支卷烟增长5.3倍。

*现代烟草农业科技支撑实现新突破。*蚜茧蜂防治蚜虫技术实现从单一省份推广到全国的跨越。全国16个烟叶主产省推广面积达到764.8万亩，占全国植烟面积的41.6%；同时，该技术成功由烟叶生产辐射到大农业作物，在云南、福建、山东等省的油菜、蔬菜、果树等作物上推广使用30余万亩。湖北省局（公司）着力推进烟田土壤保育工程，成功实现烟秆生物有机肥产业化开发和应用，山东、贵州、湖南、四川、重庆等省级局（公司）围绕烟田土壤保育关键技术开展科研攻关，加强绿肥种植、秸秆还田、有机肥和矿物质肥施用、地膜回收利用等技术集成应用。具有津巴布韦风格的特色优质烟叶开发取得突破，“KRK26”品种在云南种植3.8万亩，在“玉溪”等重点品牌中得到较好应用。

2014年，全行业获得省部级科技成果116项，46项成果获得省部级科技奖励，其中，省级政府奖励15项，总公司奖励31项，产生行业首个技术发明一等奖，体现行业近年来自主知识产权质量的持续提升。袁行思获得总公司科学技术杰出贡献奖，成为继朱尊权院士之后，行业又一位获此殊荣的杰出科学家。

【产品质量技术监督】 *质检机构能力建设不断提升。*2014年，全行业质检体系建设得到加强，上海、云南、湖北、广东、吉林、山东、河南、贵州、四川、河北、福建、浙江、甘肃（西北）等13个省级烟草质检站通过复评审，8家质检机构实验室获得中国合格评定国家认可委员会认可，质检机构资源优化整合方案正在研究制订。行业质检机构继续参与检测能力验证、烟气分析合作研究以及检测技术国际研讨，与国际烟草同行同台竞技。各工业企业质量安全检测能力持续增强，风险预见、评估和处置能力不断提升。

*产品质量监督抽查不断规范。*修订印发《烟草行业产品质量监督抽查管理办法》《烟草专卖品鉴别检验管理办法》，产品质量监督和鉴别检验工作得到进一步规范和加强。组织开展烟叶、卷烟以及香精香料等九类关键烟用材料质量安全指标的监督抽检，开展烟气七种成分、农残、重金属、转基因等专项监测，首次开展再造烟叶、复烤片烟化学成分和包装标识的普查工作。2014年，对14类产品进行24次抽检，抽检各类样品8500余个，工商交接烟叶样品1075批次。检测结果表明，卷烟产品质量保持较高水平，质量安全得到有效监控。烟叶工商交接总体合格率61.7%，保持基本稳定，其中福建、广东、江西、广西、安徽、湖南、山东、湖北等8个省份的合格率在全国平均水平以上。鉴别检验卷烟样品139万余条、烟机71台（套），有力保障专卖打假工作。国家烟草质检中心以及云南、四川、北京、湖北、贵州、广东、浙江等省级质检站在行业质量监督、质量安全监测和卷烟鉴别检验工作中发挥了积极作用。

*控烟履约相关工作稳步推进。*按照《中国烟草控制规划（2012—2015年）》和履约工作相关安排，全面梳理有关卷烟包装标识的标准和政策法规，组织研究并完成部分卷烟包装标识（图案）调整工作，进一步增强警示效果。完善履约信息披露数据库，开展烟气毒理学评价分析方法和机理研究。积极参与《烟草控制框架公约》第9、10条实施指南工作组和世界卫生组织烟草实验室网络建设和技术交流。质检中心设计开发改进型烟气捕集装置，得到世卫组织认可，并将进入谈判推广阶段，在履约工作中发挥重要作用。

【标准和标准化工作】 *行业产品质量安全风险管控体系和标准体系不断完善。*成立行业产品质量安全风险评估委员会，全面完成烟草添加剂安全性集中评估工作。发布《烟草制品许可使用的添加剂名单》《烟草制品临时许可使用的添加剂名单》《再造烟叶许可使用物质名单》和《烟用材料新物质安全性评估技术规程》等重要标准，建立起由84项总公司企业标准构成的、基本覆盖主要领域的产品安全类标准体系，为行业加强产品质量安全风险管控工作提供坚实的支撑。

*行业标准和标准工作体系不断健全。*2014年，批准发布61项烟草行业标准和14项总公司企业标准，截至年底，烟草类国家、行业标准达671项，基本建立起包括烟叶生产、打叶复烤、卷烟加工、再造烟叶、烟用材料等各环节和领域的技术标准体系。针对行业发展急需，制定细支卷烟产品标准，启动新型烟草制品有关标准项目研究。进一步理顺和规范烟草类国家标准、行业标准、地方标准和企业标准的

制修订工作。行业重点标准研究室进一步加大重点领域标准研究力度。强化计量管理，发布《烟草行业专用计量器具管理目录（第一批）》，组织制订行业专业计量器具技术审核实施细则。

标准化和重要标准宣贯工作有序进行。继续开展部分烟叶产区推进烟叶标准化生产工作实效考评和第六批国家级烟叶标准化生产示范区复验，对《卷烟品牌合作生产质量保障规范》《卷烟企业清洁生产评价准则》标准执行情况进行考评。推进烟草商业企业标准化，制订印发《烟草行业商业标准化示范企业认定办法（试行）》，发布《烟草商业企业标准化建设指南》，组织开展行业首批商业标准化示范企业的认定工作，确定武汉、银川、绍兴等7家地市级局（公司）为示范企业。国际标准化工作稳步开展，由中国和土耳其承担的国际标准化组织烟叶分委会秘书处获国家标准委正式授牌。

【科技人才队伍建设】 2014年，全面完成为期3年的行业第二批卷烟高级调香师培养工作，认定行业卷烟高级调香师10人。持续推进重大专项首席专家负责制，充分发挥其在技术方向、资源配置、项目调整等方面的主导权。设立新型卷烟研制重大专项首席科学家及其工作团队，组建新型烟草制品研究专家委员会。

全行业加快人才培养机制创新，打通专业技术人才成长通道，上海烟草集团、云南中烟、贵州省局（公司）、江西省局（公司）等22家工商企业全面推行专业技术职务和首席专家聘任制。贵州省局（公司）和云南省局（公司）在省级局（公司）、烟科院、地州市局（公司）、县级局（分公司）、烟叶站全面设置相应的专业技术岗位，聘任专业技术职务并落实相关待遇。福建省局（公司）建立全省商业系统专业技术职务聘任制度，聘任专业技术职务人员71人。云南中烟、广东中烟、上海烟草集团等工业企业科学设置梯次化专业技术通道，其中云南中烟首席序列设置和聘任取得重大突破，聘任首席设计师1人、首席研究员7人、首席工程师22人，并落实相应级别待遇。

【中国烟草学会】 概况。中国烟草学会于1985年5月正式成立，1991年在民政部登记注册，接受中国科协的业务指导和监督管理，挂靠国家局、总公司。下设11个专业委员会（工业、农业、经济、卷烟流通、专卖管理、卷烟材料、信息化、新产业、电子商务、刊物编辑、教育培训专业委员会）和20个专业学组，拥有210家团体会员，3.98万名个人会员。31个省、自治区、直辖市设有省级烟草学会，其办事机构设在省级烟草专卖局，省级烟草学会受中国烟草学会业务指导，负责组织本省（自治区、直辖市）范围内的学会活动。

中国烟草学会2014年学术年会。12月23日，中国烟草学会2014年学术年会在北京举行，总结2014年学术交流工作，安排部署2015年学术交流活动。会议对评选出的22篇中国烟草学会2014年度优秀论文作者进行表彰。会上，9位专家学者和学科带头人作了学术报告，与会代表围绕“服务行业科技创新”主题开展学术交流。中国烟草学会各专业委员会秘书、各省级烟草学会秘书长、学术年会优秀论文作者及年度优秀论文作者等约150人参加会议。

国际、国内学术交流活动。按照中国烟草学会优秀论文评选标准，国家局组织评审委员会对各省级学会、各专业委员会等推荐的数百篇学术论文进行评选，以无记名投票方式评选出“中国烟草学会2014年优秀论文”22篇。组织参加魁北克CORESTA 2014年大会和分学组会议，中国烟草12篇论文入选CORESTA 2014年大会宣读论文，5篇入选CORESTA 2014年大会墙报论文。中国烟草总公司青州烟草研究所郭永锋当选CORESTA 2014年大会科学委员会委员，扩大中国烟草在CORESTA国际组织的话语权。浙江杭州获得CORESTA 2015年分学组上半年会议举办权。为向国际同行展现行业科技创新成果，提高中国烟草在CORESTA 2014年大会论文宣读水平，6月，国家局在郑州教育进修学院为宣读论文作者举办为期1个月的CORESTA会议论文外语培训。

中国烟草学会第七次会员代表大会。5月20日，中国烟草学会第七次会员代表大会在北京召开。会议审议通过中国烟草学会第六届理事会工作报告、财务报告和中国烟草学会章程修改说明；通过民主程序选举产生中国烟草学会第七届理事会，选举产生理事长、副理事长、常务理事及秘书长，聘任副秘书长和各专业委员会主任委员。赵洪顺当选为第七届理事会理事长。

科普宣传。中国烟草学会联合云南省烟草学会，共同制作“烟草病虫害生物防治”科普宣传片，该片通过对烟草病虫害及生物防治技术的介绍及案例分析，对提升绿色农业理念，推动现代烟草农业建设具有积极意义。《中国烟草学报》和中国烟草学会网站增加生态环保、植保等科普内容，不断发挥科普窗口作用。中国烟草学会联合中国烟草博物馆重新启动文物征集联络员队伍建设，指导开展文物征集和文物普查试点等相关工作。

（编辑：周　佳）

信息化建设

2014年，行业各级信息化管理部门贯彻落实“整合兼容、互联互通、先进实用、改造升级”的工作要求，以咨询研究成果为基础，国家局编制印发《烟草行业信息化发展规划（2014—2020年）》，理清发展思路，加强顶层设计，有效提升行业信息化管理水平；以行业统一平台建设为主线，加大资源整合和系统集成力度，有效提升行业信息化建设水平；以信息化重点工程为抓手，推动行业应用体系建设，支撑和规范生产经营活动，有效提升行业信息化应用水平；以数据统计分析为核心，推进信息资源共享利用，支持管理决策，有效提升行业信息化服务水平；以网络和信息安全为重点，强化安全运维一体化管理，有效提升行业信息化保障水平。

【行业信息化规划编制】 2014年，国家局以咨询转规划工作为抓手，统一思想，明确方向，规划发展蓝图。行业各单位依据行业信息化发展规划，开展企业信息化规划“回头看”，统筹规划工作取得新成效。

制定行业信息化发展规划。在保证咨询成果大方向和基本内容不变的前提下，按照融合、创新、落地的要求，转化咨询成果，编制印发以“统一平台、五大应用、五大保障”（简称CT－155）为基本框架的《行业信息化发展规划（2014—2020年）》（简称《发展规划》）。这是行业第一份真正意义上的信息化发展规划，是在继承和深化《数字烟草发展纲要》基础上，对行业信息化所作的顶层设计，是今后一个时期行业信息化工作的行动纲领，用以指导和规范行业信息化建设。

宣传贯彻行业信息化发展规划。按照国家局统一部署，分批组织行业信息化咨询成果及规划培训。先后以“怎么看、怎么用”和“怎么用、怎么管”为重点，对各单位主要负责人和信息化分管领导进行两次咨询成果介绍，引发各级领导对信息化定位的深入思考，形成决策层对信息化工作明方向、提要求、强推进的新局面。以贯彻落实《发展规划》为重点，对行业各单位信息中心主任开展集中培训，提高准确把握规划内容和运用规划方法的能力。通过培训，统一思想、形成共识，明确行业信息化发展方向、工作思路和基本要求，为贯彻《发展规划》奠定思想基础。

企业信息化规划“回头看”。全国烟草行业各单位紧密结合实际，认真思考《发展规划》在企业的落实措施，开展企业信息化规划“回头看”工作，按照《发展规划》中的新理念、新要求，以科学方法论研究推动企业规划滚动调整和落实落地，推进行业规划与企业规划统筹协调、有机融合。湖南中烟从信息化驱动管理创新和业务变革入手，结合工业4.0形势下企业变革转型的要求，制定生态型企业总体规划。广东中烟在企业整体规划基础上，结合网络和信息安全形势要求，专题制定信息安全规划，明确信息安全保障体系的建设目标、路径和重点。

【行业信息化集成整合工作】 2014年，行业各单位以重点项目建设为抓手，强化技术推进、应用推进和标准推进，集成整合工作取得新进展。

基础技术平台建设。国家局基于《发展规划》对行业统一平台进行总体设计并开展相关建设工作，开展软硬件国产化情况调查，对行业数据传输通道进行公共化改造和试点，基本建成覆盖行业可复用、可配置、可管理的传输环境；全面梳理行业“两烟”生产经营管理流程，建立行业核心业务共享数据模型。四川省局（公司）从信息资源使用、供给、协同三个交互视角，构建企业级应用集成云平台，建立以用户为中心的信息化资源集成、流程协同的集成整合新模式。河北省局（公司）以市场化取向改革试点工作为契机，平台、标准、应用并行推进，构建按需供给的技术支撑平台框架。川渝中烟从架构系统性设计、系统集成性建设、流程关联性管理和数据一致性应用等方面开展集成整合工作。浙江省局（公司）以精准数据为目标，两条线并行推进数据中心建设，后台重在标准和模型建设夯实基础，前台重在全员数据服务展现成效。新疆维吾尔自治区局（公司）以标准融合、数据融合、资源融合为目标，对企业数据中心技术架构和标准进行优化完善。河北中烟、甘肃省局（公司）等单位应用虚拟化等技术，建设技术基础平台，提升技术支撑能力。

应用系统建设。国家局按照《发展规划》推进专卖、烟叶、财务等重点业务领域行业性应用系统建设；完成总公司电视会议系统改造，为形成行业会议中心、指挥中心、展示中心创造条件。各单位开展重点应用系统建设，支撑生产经营管理。北京市局（公司）将渠道资源、数据资产和信息技术有机结合，搭建开放式企业应用平台，为商业模式创新、管理创新提供新通道。云南中烟围绕管理模式调整与业务变革，以“一体化”为目标，以数据和流程为基础，以应用平台为载体，支撑企业“两统一、两整合”改革。重庆市局（公司）以目标、流程、标准等公共要素集成为突破口，采用“素入一库，素成一体，素出一门”的思路推进应用平台建设，逐步实现由传统单一技术集成向综合集成转变。深圳市局（公司）以客户为导向，围绕零售终端、工商协同与管理决策需求，整合多种订货模式及关联业务，推进网上营销一体化建设。安徽中烟开展“精益工厂”建设，建设全员质量改善平台，建立质量管理高效闭环机制。红云红河集团曲靖卷烟厂将三维可视化、自动化技术与MES系统有机结合，与生产过程管理深度融合，打造精益管理、精细制造、精准控制的智能化工厂。中烟实业推动所属企业MES系统建设，提高精益制造能力，信息化整体水平迈上新台阶。

标准化建设的三个转变。2010—2014年，行业信息化标准化工作经历夯实基础、平稳发展、不断提升的过程，呈现出三个转变：在认识上实现由传统标准化向综合标准化转变；在工作上实现由单一化建设向体系化建设转变；在管理上实现由局部技术控制向全过程服务管控转变。

【信息资源共享和数据利用】 2014年，随着行业数据中心建设和数据下行工作持续推进，行业数据资源开发利用的广度和深度、数据共享服务能力得到增强。

提高数据管理能力。2014年，烟草行业卷烟生产经营决策管理系统时间同步锁定功能正式启用，进一步规范企业生产经营行为，保证数据的时效性和准确性。国家局通过业务梳理、数据逻辑探查以及引入企业业务特性因素，调整数据质量检查方式，统计数据质量不断提高，数据置信度由2013年的97.63%上升为99.29%。上海烟草集团打造数据中心升级版，建立由元数据驱动数据仓库的运作机制，解决数据质量校验效率低的问题。河南中烟狠抓制度完善、资料规范，确保统计口径统一、数据准确及时。江西省局（公司）重视数据保护，统一全省数据备份管理。四川省局（公司）推进数据核对平台建设，减少数据差异，问题处理时间平均缩短80%。贵州省局（公司）、江西中烟、大连市局（公司）、江苏省局（公司）等22家单位保持数据上报零差错记录，行业数据重报次数同比下降42%，数据质量全面提升。

加强数据分析利用。国家局开展卷烟订单数据下行试点服务，推动行业数据共享工作；信息中心第一时间向业务部门提供行业卷烟生产经营数据；结合宏观经济形势变化及行业运行特点，创新工作方式，有针对性地撰写统计分析报告，其中，以图表方式制作的《一目了然烟草2014》，得到广泛好评。行业各单位继续在拓宽统计服务领域、延伸服务链条、丰富服务内容上下功夫。江苏中烟依托下行数据，利用大数据分析和移动互联网等新技术，整合行业数字证书提升系统安全性能，开展品牌动态分析和目标零售客户甄别，支撑企业全员营销。辽宁省局（公司）、青海省局（公司）等单位采用多种工具对国家局下行数据进行挖掘与分析，根据卷烟市场变化及时调整统计指标和报表结构，为企业领导和业务部门提供及时的、多层次的数据服务。

【行业信息化安全运维管理】 *加强网络安全工作*。行业各单位贯彻落实《行业信息安全等级保护管理规定》，抓整改、抓检查、抓演练。开展行业信息系统定级备案工作，明确责任主体和保护主体，推动信息系统安全责任制落实，行业决策管理系统、专卖证件管理系统以及卷烟和烟叶交易系统列为国家级重要信息系统。创新网络安全检查方式，做实“三全”工作，促进整改落实。国家局检查组进机房、进系统、进设备，先后对16个单位开展现场抽查，采用远程检测手段对行业68个外部网站和网上订货系统进行漏洞扫描，帮助受检单位查找问题400余项，反馈整改意见60余条。2014年，全行业累计整改管理性问题和技术性隐患约8000个，系统高危漏洞数量下降60%。湖北省局（公司）对检查发现的问题明确责任主体、明确人员落实、明确完成时限。各单位通过贴近实战的演练，完善保障措施、提高运维人员应急保障能力。2014年，行业累计参加信息化安全应急演练人员2000余人次，修订完善各类应急预案430余份。海南省局（公司）面对超强台风导致长时间断电事件，预案完备、应对有序、快速响应，保证大灾之中系统不停、业务不断。

打造网络安全立体防护体系，开展“网络安全产品国产化和应对XP系统停止服务”“信息安全事件考核指标细化”“统一平台网络建设方案”“行业安全运维一体化管控系统建设”“远程视频监控系统”“网络域名体系建设”等专题的研究工作，保证各项重点工作有效推进。制定“分级分域、整体保护、积极预防、动态管理”的行业网络安全总体策略，构建“五纵五横”的网络安全技术架构，提出五大体系建设任务，制定网络设备国产化的时间表，实现行业网络安全顶层设计。

规范运维管理工作。做好日常运维，国家局制定《信息中心机房运维管理实施细则》，梳理完善日常运维工作流程和工作单据，单据数量由11张增加至41张，使得管理细分量化、更加系统；坚持运维工作报告和例会制度，完成运维工作月报12篇，季报4篇；全年进行应用系统变更146次、故障处理42次、应用系统上线4次、应用系统下线2次、应用系统权限处理214次，全年更换故障配件44件次。

提升容灾中心容灾保障能力。组织开展4次行业容灾演

练，完成全部35个容灾系统的容灾演练，实现容灾演练的“全覆盖”；对西藏自治区局（公司）、海南省局（公司）、郑州院在上海容灾中心实施应用级容灾试点，组织编写容灾规划及相关手册；完成卷烟交易管理信息系统（销售鉴章）容灾工作。

强化行业运维管理。对行业各直属单位运维情况进行调查，形成《行业单位信息系统运维工作情况调查报告》；组织召开行业数据中心机房建设与运维管理培训班，提升行业机房建设水平，规范机房运维管理；开展《烟草行业信息系统运维管理制度体系框架》《信息化基础设施分类编码规则和标识规范》研究制订工作。完成信息中心机房升级改造项目论证工作，通过对机房基础设施状况进行梳理，确定机房升级改造重点问题和重点方向，制定《国家局机关信息中心机房更新改造方案》。

【统计保障】 推进统计数据应用和相关系统平稳运行。国家局信息中心按时保质完成各类统计服务，坚持每天早上7点以短信方式为局领导和相关部门负责人提供行业前一天到24时的生产经营数据。全面保障数据下行应用，对行业工商企业在开展“两打三扫”数据下行基础上，又进行卷烟订单数据下行试点服务，有效推动行业数据的分析利用。

提高统计数据质量控制能力。国家局继续开展卷烟代码库维护工作，提出并解决代码属性正确性和维护及时性问题，大幅降低由于代码错误导致的系统运行和报表错误率。继续贯彻数据质量通报制度，将各单位不规范操作、填报问题逐一详述，告知操作要求、数据口径，全年重报118次，较上年减少89次，同比下降42.0%；强化数据日常监控，引入单位经营业务特性，将原0.3万箱平衡差进一步减小到0.01万~0.03万箱，按月销量14万箱计算，影响数据只占到0.2%，进一步确保数据置信度。

优化统计分析服务水平。全年国家局信息中心完成月度统计分析12篇，季度统计分析3篇，撰写《宏观经济与烟草行业关联度分析》《适应新常态发掘新潜力》等专题分析2篇。按照近年行业统计数据的需要和国家统计标准的变化情况，修订行业工商统计报表制度。

【规范信息制度建设】 国家局以制度规范为载体，建设注重“内外兼修”。2014年，修订并印发内部管理制度，实现“办事有依据、管理有规范”，确保各项工作职责明确、流程规范、衔接有序、高效运转；印发《国家局办公室关于印发机关计算机设备管理办法的通知》（国烟办综〔2014〕240号），明确计算机等电子办公设备的全过程全寿命管理制度，适应机关集中采购流程和办公设备配备原则；按照国家相关要求，深化软件正版化工作的长效机制，在全局软件正版化率保持在100%的同时，加大对烟草行业各企业软件正版化的整改落实力度。

【网站建设与管理】 国家局行业网站贯彻“两个认真执行、三个理直气壮”要求，围绕中心、服务大局，开展舆情监测，加强新闻宣传和舆论引导，回应公众关切，发挥网站作为信息公开第一平台的重要作用。各单位抓好网站建设管理，网站工作稳中有进。贵州中烟从思想、组织、人员、管理上高度重视网站管理服务，连续四年获得国家局网站评比第一名。福建中烟与人民网进行舆情监测合作，转发行业关心的解读性和报道性文章。

2014年，行业网站发布烟草新闻、专题专栏等各类信息11672条，其中136条政务信息被中央政府门户网站采用，编制《每日舆情监测报告》219期，向局领导提交《每月网络信息摘要》12期，向中国政府网报送微博微信13条，被采纳发布3条；举办信息化专题学术年会，配合中国烟草学会开展信息化论文征集和评选活动，收到各单位报送论文500余篇，30余篇论文获得中国烟草学会优秀论文奖。

【信息化队伍建设】 提升学习创新能力。调整组建新一届中国烟草学会信息化专业委员会，明确工作思路和学习安排。各单位组织开展各种技术交流和学习创新活动，人才队伍素质持续提升。

安徽省局（公司）坚持按照主题开展全系统技术竞赛活动，形成“普通培训—竞赛选拔—深度培训”层次化培训体系。浙江中烟“全物料单件批次追踪与溯源关键技术及应用”、北京市局（公司）“京烟云商”与湖南省局（公司）“信息资源集成云管理平台”等项目分别获得2014年度中国烟草总公司科学技术进步奖二、三等奖。上海容灾中心团队荣获2013—2014年度“上海市青年文明号”称号。

（编辑：周　佳）

纪检监察

2014年，全国烟草行业认真学习贯彻十八届中央纪委三次、四次全会和国务院第二次廉政工作会议精神，全面落实从严治党要求，驰而不息正风肃纪，坚定不移惩治腐败，行业党风廉政建设和反腐败斗争不断深入，取得新的成效。

【落实主体责任，行业党风廉政建设进一步推进】

2014年，国家局党组学习贯彻党的十八届三中、四中全会精神，深入学习贯彻习近平总书记系列重要讲话精神，以及十八届中央纪委三次、四次全会精神，增强担当主体责任的自觉性和坚定性。国家局党组把党风廉政建设放在更加重要议事日程，党组会议十二次进行专题研究部署。

6月，制定下发《中共国家烟草专卖局党组关于落实党风廉政建设主体责任的实施意见》（国烟党〔2014〕88号），要求烟草行业各级党组织切实把党风廉政建设和反腐败工作抓起来、管起来，突出履行用人责任、纠正责任、监督责任、支持责任和管理责任等五项责任，突出抓好落实主体责任的重点工作，以及健全落实主体责任的工作机制。

加强行业惩治和预防腐败体系建设，强化“三重一大”决策情况检查整改，规范行业权力运行。坚持从严管理干部，国家局加大行业直属单位“一把手”和纪检组长（纪委书记）异地交流任职力度，2014年，直属单位正职领导干部异地任职19名，纪检组长异地任职13名。

组织开展领导干部个人有关事项报告抽查核实，清查各直属单位“裸官”并调整任职岗位，国家局党组和驻局纪检组主要负责人与所有新任职的机关司局、直属单位主要负责人开展任职谈话和廉政谈话。

【聚焦中心任务，“转职能、转方式、转作风”进一步深化】 2014年，驻局纪检组深入贯彻落实中央纪委一系列部署要求，不断提高思想认识，进一步明确执纪监督专责机构的定位。

驻局纪检组对行业直属单位开展“落实‘三转’要求，强化监督责任”的专题调研、指导，推动行业各级纪检监察机构履行监督责任。在不增加机构编制总量的情况下，内部优化整合，重新厘清内设机构职责，将案件检查室由1个调整为2个，进一步把力量聚焦到监督执纪问责上。清理议事协调机构，驻局纪检组退出16个议事协调机构，行业直属单位纪检监察机构退出议事协调机构3244个，退出日常监督事项2703项。国家局党组巡视办正式列编，党组巡视组配备专职副组长。

国家局明确行业直属单位纪检组长（纪委书记）不再分管生产经营工作，专司执纪监督。推进“查办腐败案件以上级纪委领导为主”，落实“各级纪委书记、副书记的提名和考察以上级纪委会同组织部门为主”要求，驻局纪检组会同国家局人事司提名考察13名直属单位纪检组长并交流任职。

转变监督工作方式，从“过程参与”转向“执纪监督”，驻局纪检组不再参与生产经营及其他具体业务的监督检查，着力解决职能越位、错位、不到位问题。

【狠刹“四风”顽疾，中央“八项规定”精神进一步落实】 2014年，国家局党组派出14个检查组，重点对行业55家直属单位超标准缴存住房公积金、超标准配备车辆、超面积办公用房整改情况和“四项费用”管理规定执行情况进行专项检查。2014年，全国烟草行业会议费、业务招待费、涉外费、市场营销费分别降低51.6%、60.3%、39.1%、28.4%。

驻局纪检组加强对行业执行中央“八项规定”精神情况的执纪监督，坚持抓节点，坚持直查快办，坚持通报曝光，坚决刹风肃纪，不断巩固深化纠正“四风”成果。在元旦春节、中秋国庆等重要时间节点重申纪律、加强监督、落实责任。

2014年，行业各级纪检监察机构查处违反“八项规定”精神问题18起，处理33人，其中给予党纪政纪处分21人。驻局纪检组分4次对有关单位和人员违规配备使用公务用车、违规购买月饼、违规操办婚宴、违规接待，以及公款旅游、公车私用等10起典型问题点名道姓、通报曝光。

【严肃查办案件，纪律审查力度进一步加大】

2014年，行业各级纪检监察机构接受信访举报2094件（次），初核644件，立案213件，结案218件，给予党纪政纪处分320人，涉嫌犯罪被移送司法机关处理14人，收缴违纪金额1478.1万元，挽回国有资产损失1666.1万元。

驻局纪检组全年受理信访举报和初核线索数量同比大幅增长，立案查处行业直属单位7名厅级干部，分别给予相应处分，办案力度前所未有。

强化线索处置，严格按照中央纪委新调整的线索分类标准，实行规范处置、动态清理。集中时间和精力对国家局党组管理干部问题线索进行起底梳理，清理原有的暂存留存件，提出新的处置意见。坚持抓早抓小，扩大约谈、函询范围，对反映失实的问题予以澄清。驻局纪检组负责人约谈行业直属单位有关领导干部，进行提醒教育，督促整改。行业各级纪检监察机构全年约谈701人次，函询110人次。

【突出问题导向，巡视效果进一步增强】 2014年，国家局党组派出3个巡视组，对贵州省局（公司）、贵州中烟、川渝中烟、四川省局（公司）、重庆市局（公司）、云南省局（公司）等6家单位开展巡视。

贯彻中央巡视工作方针，加强对落实“两个责任”、组织纪律执行情况的监督检查，紧扣“四个着力”，循着问题线索而去，发现问题26个，移交重要问题线索5条，巡视效果明显增强。

强化成果运用，分类处置巡视发现问题，将带有行业普遍性的问题提请国家局党组予以关注，组织人事方面问题移交国家局人事司，驻局纪检组对重要线索优先严办、逐一核实。抓好督促整改，反馈整改建议22条。将国家局党组听取巡视汇报、向被巡视单位反馈意见等情况在中央纪委网站、行业主要媒体上公开发布，督促被巡视单位切实整改。31家行业直属单位开展对下属单位的巡视工作，巡视139家单位。

【严格监督管理，纪检监察队伍自身建设进一步夯实】 2014年，驻局纪检组落实中央纪委关于加强纪检监察机关自身建设的指示要求，坚持民主集中制和会议研究重大事项制度。规范内部业务工作流程，开展经常性研讨交流。

强化自身监督，按照中央纪委要求，对驻局纪检组干部配偶子女移居国（境）外、经商办企业等情况进行摸底排查。

加强对行业纪检监察干部的管理，对直属单位纪检组长人选明确标准，严格把关。驻局纪检组负责人与13名新任职纪检组长开展任前廉政谈话。加强直属单位监察处（监察部）正副处长（部长）任职审核。

开展警示教育，对行业2名纪检干部违纪违法案件进行深入剖析。加强教育培训，提高队伍素质和履职能力，行业330名纪检监察干部参加中央纪委业务培训，997人次参加当地纪委组织的培训。

（编辑：王东旭）

整顿规范

2014年，全国烟草行业认真贯彻党的十八大和十八届三中、四中全会精神，围绕“全面提升行业规范管理形象”战略任务，扎实推进各项工作落实，较好地完成既定任务，实现预期目标。

【“公开招标”实现提质和增量】 2014年，行业各直属单位发挥各类规范机构职能，把公开招标作为主要采购方式，强化程序控制，优化采购模式，探索运作机制。国家局继续保持“高压”态势，先后对上一年度行业公招金额占比“平均线”下的26家直属单位发出“整改提示单”要求限期整改，对倒数后8家直属单位实地督办整改，对全行业公开招标情况按季度进行通报，编发30期《规范管理工作动态》，推动“集中采购”，“零散小项目”公开招标难等问题得到较好解决。各类采购项目公开招标金额占比均创历史新高，彻底扭转三大类项目间公开招标不平衡的局面。

2014年，行业平均公开招标金额占比首次跨越90%大关，达到91.46%，比上年提高8.64个百分点。在平均线以上的直属单位28家。在平均线以下的25家中，有21家超过85%，占比最低的直属单位达到80%。2014年，行业采购项目金额1154亿元（不含国家局计划分配和从全资三产公司采购的375亿元）。各类采购项目中，工程类项目采购金额176亿元，公开招标占比97.11%，同比提高6.72个百分点；物资类项目采购金额769亿元，公开招标占比93.06%，同比提高7.28个百分点；服务类项目采购金额209亿元，公开招标金额占比80.79%，同比提高19.97个百分点。

【提升行业规范管理形象】 2014年，全国烟草行业加大落实力度，推动“提升行业规范管理形象”的同步内外深化。

在对外方面，进行“两个调整”。坚决调整以企业内部招标为主导的采购模式和单纯强化内部采购监督模式。倡导委托代理机构代理招标，截至2014年底，全行业53家直属单位中有43家实现委托招标外部机构招标，其余10家也只对“零散小”项目进行自主招标，探索出一条“专卖专营但不封闭”的有效途径。同时，同步主动扩大招标公告范围、邀请社会上公信力高的机构和利益相关方代表靠前监督，自觉接受阳光照射，避免内部人干预。全年有10家直属单位引入外部监督。据跟踪了解，社会上对于烟草企业主动引入社会监督给予积极评价。“提升规范管理形象”的举措，正逐步树立起行业“清廉社会形象”，为集聚“正能量”作出独特贡献。

在对内方面，扭住“公开公平公正”的“牛鼻子”深化规范管理。重点推进完善规范制度体系建设，把规范制度转化成权责明确、“底线”清晰的工作规矩。各直属单位按照国家局构建好“四个体系”、完善“三个机制”统一部署，针对各类规范主体不配套情况，进一步调整完善集体决策机构、采购实施机构、办事公开民主管理机构、各类监督机构、考评问责机构等执行主体及其职责；按照“申请提报”“审定决策”“采购执行”三大环节调整充实各环节主体，构建责任传导机制；强化考评问责，以考评倒逼各类主体责任落实。针对制度细化和配套不足问题，普遍进行严格制度对标，细化明确各类主体的运作规则，完善细化采购管理及配套制度，充实“三库”（代理机构库、评标专家库、供应商库）建设，加强机制融合，进一步优化改进信息系统。针对各类规范制度既“叠加”又相互“游离”现象，按照业务、监督、公开“三线合一”原则，根据“化繁为简”要求调整优化各环节、各主体运作规则，在一个重要环节内，把实体性规定同程序性规定整合在一起，把采购工作按先后顺序汇集到同一条工作轴线上，依靠优化机制提高执行效果。

【全面推动“办事公开民主管理”】 加大融合力度，推动“办事公开民主管理”实现业务和公开同步对接。制定下发《烟草行业办事公开民主管理工作规范（试行）的补充规定》（国烟办〔2014〕111号），进一步明确范围和规范载体。借助《公开目录》狠抓“融合”落实，重点在重大投资、重要物资及服务类采购事项的公开管理上下功夫实现融合；依托《公开目录》固化操作流程，明确了每个采购事项的公开责任主体、节点内容、发布载体、针对范围、采取的方式、时限要求；依托“五种公开载体”（信息平台、职代会、座谈会、公告栏、其他会议），打通公开和反馈双向渠道，进一步落实干部职工“四权”。

【推动“应招尽招”保障机制和“真招实招”保障机制试点工作】 各直属单位加大探索力度，推动“应招尽招”保障机制和“真招实招”保障机制试点工作同步取得进展突破。围绕有效破解“应招尽招、真招实招”和“三个顽疾”（买卖资质、串标围标、转包分包）难题，组织调研并召开专题研讨会，找到阻碍和制约的深层问题及症结，为“问题倒逼治理”提供依据，理清保障机制建设思路。在此基础上，安排6家直属单位分别从不同角度领题攻坚、试点探索保障机制。其中，浙江省局（公司）主攻“应招尽招”“真招实招”两大保障机制；湖北中烟主攻“真招实招”和防治“三个顽疾”；江苏中烟主攻“非公开招标”四种标准细化及四种规程建设和五种采购方式同办事公开民主管理深度融合；辽宁省局（公司）主攻“定点供应商管理”和“两个重大”规范运作（重大工程投资、重大物资采购）及规范管理惠及零售客户工作机制；河北省局（公司）主攻做实考评问责、倒逼主体责任落实；江苏省局（公司）主攻固化“五种采购方式规程”、实现“三线”（业务、监督、公开）同步并轨前提下的信息化运作规范。

各试点单位按照“问题倒逼”思路，步步为营建关口、对症下药出实招，构建起“制度标准、责任主体、运作规程、操作模板、专项规定”五个体系，创建“环节、关口、问题、对策、规程”五位一体的运作机制。截至年底，试点工作取得明显进展，实现规范、效率、效益三重提升。湖北中烟全年公开招标采购同比节约金额5.6亿元。行业43家直属单位，结合自身实际，安排112家子公司定向解难攻关。

【推动“六禁一控”工作同步约束工业和商业】

2014年，行业各直属单位担负起主体责任，严守预算关口，从源头上堵塞违规费用列支漏洞；严守采购关口，确保卷烟宣传营销项目合法、运作程序合规；严守监督关口，逐月对各单位“六禁一控”信息进行监督核查，发现苗头及时跟踪纠正，有效保证“三个坚决”落实到位。

（编辑：王东旭）

人事与劳资

【行业干部人事工作】 领导班子制度建设。认真贯彻党的十八大、十八届三中全会以及全国组织工作会议精神，进一步加强烟草行业领导班子建设工作。根据中央新下发的《党政领导干部选拔任用工作条例》，国家局党组研究修订行业《省级局（公司）和工业公司领导干部选拔任用工作实施办法的通知》（国烟党〔2014〕51号）、《省级局（公司）和工业公司领导干部交流工作规定》（国烟党〔2014〕57号）。分两批对行业直属单位分管干部人事工作的领导和人事处长及相关工作人员243人开展学习《条例》和《实施办法》的专题培训。

领导班子组织建设。加大干部选拔交流力度，组织完成19名行业直属单位“一把手”、13名纪检组长的异地交流任职工作。根据各直属单位领导班子的职数配备情况，调整副职领导干部47人。对19名年满58周岁的行业直属单位巡视员免去所兼任的领导职务。办理领导干部退休45人。对行业52家直属单位上报的年度考核和“一报告两评议”工作情况进行统计汇总和对比分析。

干部选拔任用工作的监督检查。加强行业领导职数管理，国家局制定印发《关于明确行业各直属单位领导班子职数的通知》（国烟人〔2014〕9号）。对全行业直属单位领导班子职数配备情况和各级烟草局、18家工业公司机构编制情况进行核查，对部分外逃情况进行清理。对行业“裸官”情况进行清查并按要求进行岗位调整。进一步规范领导干部在企业兼职（任职）管理，对各行业直属单位领导干部在行业内外兼职情况进行梳理和清理。按相关规定对14家行业直属单位共40名领导干部兼职问题进行审批。委托审计司对7名提拔到领导岗位和提高行政级别的基层企业法定代表人进行任职前经济责任审计，对11名即将离任的企业法定代表人进行离任审计。组织完成行业直属单位领导干部个人有关事项报告表的填报工作，对国家局党组管理的440名行业领导干部进行数据录入，完成全行业副处以上干部8546人的数据汇总统计工作。

【机关干部人事工作】 干部调整、交流、招录、培训等工作。国家局党组印发国家局机关《领导干部选拔任用工作实施办法》《非领导职务设置及选拔任用办法》以及《司处级领导干部交流工作规定》。全年国家局机关累计提拔任用干部98名，其中提任司级干部32名，交流提任省级公司正职4名、副职5名，提任处级干部57名；办理31名科级干部职级晋升。从行业选调6名干部到机关任职，从行业外选调2名干部到机关任职，安排3名西部和少数民族地区干部、1名赣南原中央苏区干部和行业基层46名普通干部到国家局机关挂职锻炼。从机关推荐提拔5名干部到省级公司任职，选派1名干部到国家信访局挂职。选派1名司级干部到四川挂职锻炼，选派1名处级干部到江西挂职锻炼。机关内部10名干部进行轮岗交流。组织完成2014年度15名应届毕业大学生招录和4名军转干部接收安置工作。组织机关干部参加中组部调训15人次、司局级干部选学33人次。组织举办国家局局机关第十二期科级干部培训班。

干部管理监督工作。组织机关处级以上干部填报《领导干部个人有关事项报告表》。加强机关工作人员因私出国（境）管理，集中收存机关处级以上干部因私出国（境）证照428本，累计办理152人次因私出国（境）审批手续。根据《国家局关于印发因公出国（境）人员审批管理规定的通知》，累计办理因公出国（境）团组58批次、232人次的出国备案手续。对行业人事档案工作文件汇编进行修订，并组织举办干部人事档案工作专题培训，对档案工作进行专题部署。

【收入分配管理】 规范行业工资总额管理。严格控制行业工资总额和职工工资水平。以“鼓励增长，鞭策后进，兼顾公平，留有空间”为总体原则，制定印发《2014年烟草行业工资总额发放管理办法》，突出效益导向，实行工资总额发放控制线为主的管理办法。安排部署“工效挂钩”工作，预核定各省级公司2014年工资总额。贯彻落实《关于加强烟草行业企业年金管理的通知》和《关于加强烟草行业住房公积金管理的通知》，截至年底，全行业未按缴存基数执行的499家单位、未按缴存比例执行的356家单位也全部整改到位。采取措施解决部分用工分配历史遗留问题，及时检查工资总额使用情况，确保定向使用。继续深化用工分配制度改革，通过考核兑现、提高岗位等级、调整岗位档次等方式，建立正常工资调整机制。坚持岗位管理，打破身份界限，通过竞争上岗、技能等级晋升等方式，继续解决好同岗位不同身份职工收入差距问题。

规范企业负责人薪酬管理。贯彻落实中共中央《关于深化中央管理企业负责人薪酬制度改革的意见》，配合工信部、财政部开展总公司负责人薪酬制度改革工作，起草总公司负责人薪酬制度改革方案、薪酬管理办法和经营业绩考核办法。严格规范省级公司负责人薪酬管理，修订印发《省级公司年度工作业绩考核办法》和《2014年度省级公司工作业绩考核细则》，精炼考核指标，合理分配权重，充分发挥考核的激励作用。完成对省级公司领导2013年度工作业绩考核和薪酬核定工作，实现省级公司领导班子薪酬的正常调整。

加强劳动用工管理。开展烟草行业用工分配政策培训班，围绕《劳动合同法》《劳动合同法实施条例》以及《劳务派遣暂行规定》，宣讲用工分配政策，进一步要求各单位规范劳动合同管理，完善劳动规章制度，规范用工分配行为，着力解决劳动用工历史遗留问题。配合做好信访稳定工作，全年处理来信来电80件（次），接待来访21批次。对部分信访反映较集中的问题有针对性地给予工作指导，使矛盾和问题得到逐步解决。

【人才队伍建设】 专业技术人才队伍建设。不断完善高层次人才选拔培养制度建设，修订印发《烟草行业科技领军人才、学科带头人管理办法》，组织烟草行业第一批科技领军人才选拔工作，聘任谢剑平、武怡为烟草行业科技领军人才。开展享受政府特殊津贴人员、青年拔尖人才支持计划选拔推荐工作，截至2014年底，行业享受国务院政府特殊津贴人员97人。不断规范行业专业技术资格评定工作。组织行业专业技术资格申报及评定工作业务培训。

进一步优化烟草行业高级专业技术资格评审委员会专家库人员结构，补充专家117人，调整后6个系列专家库共361人。

制定印发《烟草行业专业技术资格证书管理办法的通知》（中烟办〔2014〕175号），对行业专业技术证书实行统一登记、统一发放、统一管理。全年完成55家单位679份高级专业技术资格评审材料复核及评审工作，研究、工程等6个系列424人通过评审，在岗高级专业技术资格人员总数达到3636人，新增中级专业技术资格1793人，总数34109人，行业高、中、初级资格人员比例结构进一步提升。

行业职业技能鉴定工作。扩大高技能人才鉴定规模，全年实施特有职业工种鉴定超过342个批次，实施特有职业（岗位）技能鉴定5.97万人次（其中高技能人才鉴定2.1万人），获证2.39万人。统筹行业各级各类职业技能竞赛管理，2014年举办各级各类竞赛32届次，2800人次参赛，其中省级一类职业技能竞赛3届次，国家级二类技能竞赛1届次；146人获得“全国烟草技术能手”称号，3人被人力资源和社会保障部授予“全国技术能手”称号，1人被中华全国总工会授予“全国五一劳动奖章”。截至2014年底，行业累计有1148人获得“全国烟草技术能手”称号，52人被人力资源和社会保障部授予“全国技术能手”称号。

【教育培训】 大规模开展全员培训。组织行业处级以上领导干部学习贯彻习近平总书记系列重要讲话精神专题培训10期、1411人参加培训。组织行业122名卷烟工厂党委书记和367名工会干部进行专题培训，不断引导行业广大干部自觉与党中央保持高度一致，坚定理想信念、坚定“三个自信”。以提升员工素质和能力为核心，全年国家局机关举办培训班125个，培训1.59万人次；全行业举办各级各类培训班3.2万个，培训学员145万人次。

加强教育培训工作考核评价。组成3个考核组对河北、江苏等省级局（公司），安徽、福建等省级工业公司16家单位的2013年教育培训工作进行抽查复评，总结经验教训，提出改进建议，有效提高教育培训工作的质量和效益。

夯实教育培训基础。成立中国烟草学会教育培训专业委员会，搭建行业教育培训学术研究和工作交流平台，促进行业教育培训工作水平整体提升。按照中央《2013—2017年全国干部教育培训规划》要求，总公司进修学院对现有行业网络培训平台进行升级完善，通过使用“云服务”等新技术和开展合作办学等新机制，有效提升行业网络培训工作的质量和水平。举办全国烟草行业教育培训工作信息化应用培训班，提升职教队伍对互联网时代教育培训的认识。按照行业培训教材项目开发计划，组织召开13次培训教材编审会议，内容涉及27个教材项目。根据行业培训鉴定需求，组织出版或印刷40种培训教材，向行业征订发行15万余册。持续加强培训教材建设、师资队伍建设，对行业师资库培训教师进行考核和补充，行业师资库新增109人。组织编写《烟草行业教育培训资源手册》，收集行业35所培训机构、152名培训师资、50册培训教材信息。

【机构编制和人力资源管理信息化建设】 规范行业机构编制管理。根据《关于开展中央和国家机关机构和人员编制核查的通知》要求，结合行业实际，举办行业机构编制核查培训班，印发《国家烟草专卖局办公室关于开展烟草行业机构编制核查的通知》，对行业各单位机构编制情况开展核查，并撰写《烟草行业机构编制核查情况报告》。完成行业9家单位15件关于县级局（分公司、营销部）调整请示事宜的批复工作，涉及53家县级局（分公司、营销部）的设立、撤销、更名工作。

加强行业人力资源管理信息化建设。2014年，行业人力资源管理信息系统（二期）通过验收，召开行业人力资源管理信息系统座谈会，重点解决行业10家单位的数据交互问题，完成52家直属单位首次数据交换工作，交互61.93万名人员信息。实现行业高级专业技术资格首次在系统内申报，开展行业各直属单位系统数据交互情况测试，并向各单位反馈测试结果。召开行业人力资源管理信息系统培训班，推进系统建设。起草完成《烟草行业人力资源管理信息系统使用管理规范（试行）》，拟从制度层面规范系统数据维护、数据交互、使用管理等工作。

【离退休干部管理】 2014年，全行业有离退休人员（包括工人和内退）21.6万人，其中离休干部1781人，退休干部5.22万人。

行业离退休干部工作。政治待遇和生活待遇。国家局党组高度重视离退休干部政治待遇和生活待遇的落实工作，从细处着力，从小处入手，从实处抓起，回应离退休干部的呼声，不断提高他们的生活质量。福建省局（公司）始终坚持情况通报制度，重要会议邀请老同志参加，重大决策听取老同志的建议，每年至少召开两次离退休人员座谈会，由省局（公司）主要领导向离退休人员通报经济运行情况，并认真听取和落实离退休人员对工作的意见和建议。安徽中烟坚持“四个统一”，即行动统一，由公司统筹安排、系统谋划、全面考量；待遇统一，始终坚持“统一领导、兼顾公平、共享发展”的原则，共享改革发展成果；补充养老体系统一，完善多支柱养老保障体系；医疗保障体系统一，离退休人员按照所在地基本医疗保险政策享受职工医疗保险待遇，并建立补充医疗保险制度，有力地保障离退休同志生活待遇的落实。云南中烟及所属单位面对庞大的离退休人员群体，按政策规定，做好来信来访工作，帮助老同志解疑释惑，维护离退休干部队伍的和谐稳定。湖南中烟深入基层，了解实情，创新困难帮扶机制，筹备发起“和你公益”互助基金会，秉承“让每一颗爱心都找到出口，让每一个受助者都更有尊严，让公益、慈善与爱成为每位员工的一种生活习惯”的宗旨，把各种形式募集的资金全部用于企业职工和离退休人员的特困帮扶。行业各单位高度重视，认真开展走访慰问工作，坚持日常走访和重大节日走访相结合，把党组（党委）的关怀送到老同志心中，行业全年累计走访慰问老同志 19.27 万人次。同时做好《中国烟草》杂志和《东方烟草报》的订阅工作，确保行业离退休干部人手一份，满足老同志了解大事、关心行业改革发展的政治需求。

行业离退休干部精神文化生活。截至 2014 年底，全行业建有老年活动中心（站、室）1887 个，总建筑面积 42.9 万平方米，日均活动人数约 2.2 万人次；参加老年大学学习月均 1.5 万人次。行业各单位积极稳妥地发展离退休干部自管协会、公益协会、文体协会，凝聚和引领老同志自我服务、自我实现、自我展示。浙江中烟针对异地技改后的实际情况，采取租赁活动场所的方式，解决老同志开展政治学习和文体活动所需的场地问题。江苏中烟南京卷烟厂将原厂址办公楼分步改造，逐步建成集电教室、健身房、舞蹈室等多功能设施为一体的老年大学，并与省内金陵老年大学合作，结合企业特点，自行编写课程教材，建立多班次的小班化教学模式。山西太原市局（公司）把握新媒体时代传播特征，在工作中强化互联网思维，用飞信新平台，将老同志关心的热点、难点问题以飞信方式，及时发送到每一位离退休人员手上，同时以电话回访的方式了解老同志的精神文化需求。山东中烟按照“月月有活动、季季掀高潮”的要求，组织开展一系列适应离退休人员特点、有益身心健康的活动，引导离退休人员参加社区组织的老年文体比赛，参加省委老干部局组织的“庆十一、迎重阳”老年文艺联欢活动，为老同志拓宽沟通交流、展示自我风采的活动平台。国家局离退办、东方烟草报社和云南中烟红塔集团联合举办“红塔山（大师）杯”首届烟草行业离退休人员书画作品大赛，全行业有 717 名老同志极参与，征集书画作品 1312 件，其中，有 150 件作品获得一、二、三等奖。

离退休干部发挥作用有新作为。行业各单位注重发挥老同志在经济建设、政治建设、文化建设、社会建设、生态文明建设中的作用。广东省局（公司）离休干部叶发同志连续担任离退休党支部书记至今 21 年，兢兢业业抓好支部工作，勤勤恳恳为老同志无私奉献，被中组部评为“全国离退休干部先进个人”，他的事迹在《中国烟草》杂志和《东方烟草报》上进行专题宣传报道。广东省局（公司）在全省系统深入开展学习叶发同志先进事迹活动，教育在职人员爱岗敬业、奋发有为，鼓励离退休人员发挥余热、贡献力量。河南省局（公司）积极为离退休文体团队创造各种公益表演的平台，其机关缤纷晚霞艺术团被评选为郑州市金水区优秀公益表演团队，焦作市局（公司）太极拳表演队获得焦作市表演赛一等奖，并为省运会开幕式增光添彩。湖南省局（公司）开展“金秋”老年志愿服务活动，老同志自发组建义务巡逻队、照相队和帮扶队，其巡逻队坚持在院区巡逻，检视安全、制止不文明行为；照相队每逢高龄老人生日时，主动上门为其拍照，留下幸福瞬间；帮扶队在高龄、单身、独居老人生病时，主动上门照顾，践行爱的誓言。吉林省局（公司）退休干部姜国林同志自办“向雷锋同志学习”藏品展馆，省局（公司）机关配合“弘扬社会主义核心价值观”活动，组织全体离退休干部党员参观其展馆。山东省局（公司）注重发挥老同志的特长，全省系统门球比赛的裁判员均由系统内具有裁判资格的老同志担任，改变以往每逢比赛必聘社会裁判员的方式，一是节约费用，二是为老同志提供老有所为、奉献余热的平台，提高老同志“自我管理、自我服务”的水平。

离退休干部工作队伍有新建树。2014 年，行业各单位在提升离退休工作制度化水平方面：国家局离退办在反复论证并征求有关部门意见的基础上，对原有的规章制度进行修订完善，使内部的服务管理有章可循，有规可守，有标可依。北京市局（公司）将离退办岗位进行重新划分，明确岗位职责，责任落实到人，以严明的职责要求工作人员在工作中践行讲政治、重感情、业务精、作风好，以感恩之心，带着孝心、爱心、耐心把服务老同志的每一件事办好，每一个关切回应好，每一项活动组织好。在加强离退休干部队伍建设方面：一是各单位立足于“打基础、建机制、转作风”，以培养业务能手为目标，着力打造离退休干部工作行家里手。广东中烟坚持依托“四个千万”工作法，即为老人家解答问题时说千言万语，为老人家解决生活困难时想千方百计，为老人家送温暖时走千家万户，在做好离退休工作中吃千辛万苦，努力为老同志办实事解难事。四川省局（公司）以“1234567”工作法和“0245”工作目标，建立完善的离退休工作服务管理体系，用理念指导工作、凝聚人心、鼓舞士气，极大地调动离退休工作人员的工作热情和积极性。二是不断建立和完善行业离退休干部工作研讨交流和国家局离退办子网站工作信息共享机制，有效搭建学习、沟通、研讨的平台。国家局离退办举办行业部分单位离退休干部工作部门负责人座谈会，对参会单位2014年调研成果进行交流，对如何做好转型发展时期的离退休工作进行探讨，对参会单位开展离退休工作的亮点经验进行学习，为进一步做好行业离退休工作提供有益借鉴和帮助，起到有力的推动作用；举办行业离退休干部统计工作培训班，加强业务指导，提升业务技能，各单位认真做好月报和年报的统计工作，确保上报数据的及时性、准确性，行业离退休干部年报工作被评为“全国离退休干部统计年报全优报表单位”，连续第十年被中组部通报表扬。

国家局机关离退休干部工作。截至2014年底，国家局机关有离退休干部317人（含二级公司和1名代管干部），遗属22户；离退休党支部7个，活动站10个。

政治待遇。定期召开支部书记和委员会议，通报有关情况，研究工作思路。日常工作中，充分发挥基层党组织的积极作用，7个离退休干部党支部组织健全、制度完善、管理规范、活动经常。坚持以支部为单位组织政治学习和活动，参加人数占离退休干部的80%以上；按照国家局统一部署，明确支部学习内容，重点组织学习党的十八大、十八届三中、四中全会精神，全国烟草工作会议、全国烟草行业离退休干部工作会议、全国离退休干部“双先”表彰大会精神，以及中央出台的一系列新政策、新举措。坚持支部联系制度，派处级党员干部分别参加各支部政治学习，同时，向老同志通报中央及行业改革与发展的有关情况。坚持国家局老领导阅文制度，对年高体弱的老领导“送文上门，阅后取回”。组织国家局机关离退休干部座谈会。坚持为离退休干部每人订阅一份《中国烟草》杂志和《东方烟草报》；为每个活动站订阅老年报刊杂志。坚持党费收缴和党费返还制度。

生活待遇。坚持走访慰问制度，做到重大节日必访、生病住院必访、有困难必访，定期对离休干部，国家局老领导，生病住院、生活上有困难的离退休干部和遗属登门看望，全年走访慰问国家局机关老同志793人次。组织举办国家局机关离退休干部春节团拜会，国家局党组成员和各部门主要负责人参加；做好医疗保健的保障工作，组织离退休干部进行年度体检和注射流感疫苗，协助报销门诊医药费，对于体弱多病的老人安排工作人员上门收取医药费单据，报销后及时送到老同志手中；配合医务室每月一次送药上门；开展机关补充医疗保险工作，为离退休人员争取利益。做好日常服务管理工作，为老人发放物品11批次，合计3140份，办理和补发退休证31个，协助办理4名老人去世后的相关事宜，对离休干部、国家局老领导和行动不便的老同志看病就医提供人员和车辆保障。改变机关离退休人员的工资条的发放形式，按季度将工资条密封在小信封中发放到离退休人员手中。为全体离退休人员印制发放通讯录。体现个性化服务彰显组织关怀，全年处理和答复26名老人关于医保、工资、福利等问题。不断完善活动站建设，对老旧设备逐步进行更新。

精神文化生活。全年组织全体老同志参观游览2次，举办专题讲座2次。利用虎坊桥活动中心聘请专业老师定期组织开展太极、歌唱、摄影、乐器等文体活动，全年开展活动96次。合唱团参加中央国家机关工委举办的“庆祝新中国成立65周年歌唱祖国”合唱比赛，获得“精神文明奖”。引导和鼓励离退休干部参加社会老年大学学习。

（编辑：周　佳）

党建工作

国家局机关党建工作

2014年，国家局机关认真学习贯彻党的十八大、十八届三中、四中全会和习近平总书记系列重要讲话精神，围绕行业全年工作，谋划实践“三大课题”，着力提升“五个形象”，推进学习型服务型创新型党组织建设，巩固和拓展党的群众教育实践活动成果，有力促进国家局机关党建工作的持续健康发展。

【中国特色社会主义理论学习】 *学习习近平总书记系列重要讲话精神*。国家局机关坚持把深入学习习近平总书记系列重要讲话精神作为加强理论武装的重中之重，机关处级以上领导干部参加学习贯彻习近平总书记系列讲话精神集中轮训。以《习近平总书记系列重要讲话读本》作为学习材料，坚持领导干部为重点，结合《深入学习习近平同志重要论述》《习近平关于全面深化改革论述摘编》《学习习近平同志关于机关党建重要论述》等读本组织开展学习，更好地统一思想。

开展中国特色社会主义和中国梦宣传教育。国家局机关党员干部学习《中国特色社会主义理论体系学习纲要》《关于培育和践行社会主义核心价值观的意见》《习近平关于中华民族伟大复兴中国梦论述摘编》等读本，观看纪录片《永远的焦裕禄》和《大地赤子——史来贺》，参加中央国家机关践行社会主义核心价值观先进典型报告会。

推进国家局机关学习型党组织建设。发挥党组中心组龙头示范作用，国家局党组中心组每月至少学习1次，随时组织学习中央重要会议精神，全年学习24次，参加人员扩大到机关各部门各单位主要负责人。坚持定期举办专题讲座，组织《发挥市场在资源配置过程中的决定性作用》《坚定不移走中国特色社会主义法治道路》《中国经济新常态》等讲座。组织机关干部职工参加中央国家机关工委举办的专题讲座、辅导报告会和培训研讨。坚持开展主题读书活动，学习《毛泽东阅读史》《改革热点面对面》《国学开讲》等书籍，800余名干部参加中华优秀传统文化知识竞赛，参加中央国家机关12期“强素质、做表率”读书主题讲坛活动。开展党员教育培训工作，坚持处以上党员干部进党校学习培训制度，机关20名司处级干部参加国家局党校专题班和进修班的学习。

【服务型党组织建设】 开展服务型党组织建设。落实《关于加强基层服务型党组织建设的意见》，围绕服务型党组织建设的主要任务和要达到的“六有”目标，推动行业党组织服务改革、服务发展、服务社会、服务群众、服务党员。推广运用支部工作法，举办组织委员培训班，提高党支部整体工作水平。

落实党的各项组织生活制度。贯彻执行《中国共产党党和国家机关基层组织工作条例》，严格落实“三会一课”制度和民主集中制的各项具体制度。严肃党内组织生活，认真落实双重组织生活会。

机关党员管理、服务和发展工作。及时健全组织，对缺额的党总支、党支部委员会抓紧补选。全年机关有1个党总支和2个党支部进行改选，增补10名支部委员。开展党员发展工作，严格按照党员标准和发展程序，全年机关发展新党员8名，6名预备党员按期转正。举办入党积极分子培训班，20名入党积极分子参加学习。做好组织关系接转、党费的收缴、管理、使用和党内统计等基础工作。

【反腐倡廉建设】 2月，国家局下发《贯彻落实中共中央〈建立健全惩治和预防腐败体系2013—2017年工作规划〉的实施办法》（国烟党〔2014〕23号），加强对行业党风廉政建设和反腐败工作的统一领导。组织学习中纪委三次、四次全会，国务院第二次廉政工作会议和李克强总理在接见中央国家机关第二十八次党的工作会议暨第二十六次纪检工作会议全体代表时的重要讲话精神。加强政治纪律教育，严格执行党的组织纪律、工作纪律、财经纪律、生活纪律等各方面纪律。加强岗位廉政和警示教育，坚持“拒腐防变每月一课”教育制度，参观中央国家机关职工廉政文化建设“清风”主题画展、庆祝新中国成立65周年画展及反腐倡廉主题展览，引导党员干部筑牢拒腐防变思想防线。严格执行《中共国家烟草专卖局党组关于落实党风廉政建设主体责任的实施意见》（国烟党〔2014〕88号），认真对待群众来信来访，对机关群众来信进行及时处理。

【精神文明创建活动】 坚持开展“送温暖、献爱心”活动。全年看望慰问职工58人次，慰问送温暖183人次。组织机关干部职工向2013年感动人物姚厚芝捐款，组织国家局机关两个部门开展资助竹山、竹溪两县贫困学生活动，国家局领导带头捐款。坚持开展机关文体活动，成立机关书画协会，参加中央国家机关第十二届乒乓球比赛、书法培训班、乒乓球培训班等各类文体活动。开展纪念建党93周年、共青团成立92周年、“五四”运动95周年系列活动，组织23名青年骨干参加“根在基层·情系民生”调研实践活动，组织机关单身青年参加“青春之梦”主题活动，组织机关青年参加“国青社区”活动。开展纪念“三八”妇女节系列活动，组织电影欣赏，举办中医健康知识讲座；开展家庭建设好经验征集活动，3人获得最佳经验奖，15人获得好经验奖；开展“《动漫急救》进家庭”活动，促进家庭幸福和谐。

行业部分省级公司党建工作概况

天津市烟草专卖局（公司）：加强党组中心组理论学习，采取中心组学习、专家辅导、学习交流等形式，学习贯彻党的十八大、十八届三中、四中全会精神，先后聘请3名专家开展辅导讲座。采取设立宣传栏、征文、座谈会、图说价值观等多种形式，宣传贯彻社会主义核心价值观。以《中国烟草行业（商业企业）行为规范》和《天津烟草“精诚”服务品牌手册》为主要内容，市局（公司）从公共道德规范、职业行为规范、窗口岗位行为规范、礼仪行为规范等四个方面，开展行为规范培训，2014年开展培训活动

112次，参加培训1810人次，评选"'精诚'服务标兵"20人，"企业文化宣贯优秀教员"16人。

内蒙古自治区烟草专卖局（公司）：举办习近平总书记系列重要讲话精神轮训班3期，培训215人次。组织全自治区副处级以上干部轮训，并首次组织全自治区各旗县局"一把手"培训班。改进党组中心组理论学习制度，人员范围由原来的机关副处级以上干部扩大到直属单位主要负责人。加强基层党组织分类定级工作，下发《关于加强基层党组织分类定级工作的通知》。开展对入党积极分子的培养教育和考察工作，全年发展党员3名。加强工会建设，制定《内蒙古自治区烟草专卖局机关工会经费使用管理办法》，加强对工会经费的使用和管理。

江苏中烟工业有限责任公司：开展"道德讲堂"活动，先后在南京卷烟厂、徐州卷烟厂、淮阴卷烟厂举办三次"道德讲堂"现场会，并制定印发《"道德讲堂"建设实施要点》。成立江苏中烟职工思想政治工作研究会，加强烟草学会组织建设，新增技术研发等专业委员会。

安徽省烟草专卖局（公司）：制定出台省局（公司）《关于进一步加强和改进党组（党委）中心组学习实施细则》，规范党组中心组学习，推进全省系统党组（党委）中心组学习制度化、规范化、常态化。制定党组中心组学习计划，丰富学习内容，创新学习方式。组织基层党建标准化工作规程论证，形成规范性文本。有序开展党员发展工作，完成党费收缴、党员年报等基础性工作。做好省直工委党建工作考核迎检工作，省局（公司）党建工作在安徽省直100多个厅局中考评成绩位于前列，受到省直工委好评。

安徽中烟工业有限责任公司：开展党组中心组学习，制定《2014年党组中心学习计划》，确立习近平总书记系列讲话精神、党的十八届四中全会精神和行业党建精神等重点学习内容，采用集中学习、工作调研、个人自学相结合方式开展专题学习和研讨，2014年完成集中学习4期12天，专题讲座5场，组织观看专题视频4部、警示教育片4部，编印学习材料3期，参加学习人数累计800余人次。加强基层党组织建设，印发《关于加强"三型"党组织建设，着力发挥"两个作用"的实施意见》，提出4个方面五项主要措施，加强和完善企业基层党建路径。三是举办支部书记培训班。邀请知名党建专家授课为70余名基层政工、工会骨干暨党支部书记培训党建知识。2014年度公司机关党建工作顺利通过省直机关工委的专项考核。

福建省烟草专卖局（公司）：深入学习贯彻党的十八大、十八届三中、四中全会精神和习近平总书记系列重要讲话精神，开展党组中心组学习4次，举办专题辅导报告5场。强化基层组织建设，积极创建"1263"机制建设示范单位，制定下发《关于印发创建"1263"机制建设示范单位实施方案》，建立党建质量管理体系。省局（公司）党建质量体系被省直机关工委评为2014年机关党建创新项目一等奖。组织评选推荐省局（公司）机关2012—2013年度"两优一先"，召开纪念建党93周年暨"两先两优"表彰大会，组织省局（公司）机关22个党支部开展换届选举。开展中国特色社会主义和"中国梦"主题教育，举办全省烟草商业系统"凝聚正能量·共筑中国梦"职工演讲比赛。组织"我们的价值观知识竞答"活动，编撰《福建烟草商业系统先进道德故事集》《省局（公司）机关职工道德经典诵读汇编》。推进志愿服务活动，建立志愿服务队伍，举办"学雷锋"志愿服务培训班。

江西省烟草专卖局（公司）：制定《江西省局（公司）关于学习贯彻党的十八届四中全会精神实施方案》，并通过制作宣传栏、撰写心得体会、专题研讨等多种形式，学习贯彻党的十八大及十八届四中全会精神。定期发布机关支部学习月计划，组织机关党员干部开展2期党史教育培训班。制定《关于完善全省系统党员干部直接联系群众制度的实施方案》，要求机关各支部确定1个县级局作为联系点，每年至少到联系点2次，进一步密切党群干群关系。

山东省烟草专卖局（公司）：学习贯彻党的十八大、十八届三中、四中全会精神和习近平总书记系列重要讲话精神，开展党组理论中心组专题学习，举办专题培训班13期，培训处级干部及主要岗位科级干部1490余人。举办社会主义核心价值观和"中国梦"宣传教育活动627场，开展第五次解放思想大讨论活动。开展党员示范岗、党员责任区、党员承诺践诺等活动，设立"党员先锋岗""党员责任区"等1043个，党员与困难群众"一对一"结对帮扶3113对，5106名机关干部直接联系服务群众。

河南中烟工业有限责任公司：开展日常理论学习、党组中心组学习和举办专题讲座等工作，全年组织党组中心组集中学习3次，举办党的群众路线教育实践活动专题讲座7次，开展读书活动3次。开展《之江新语》学习和思想政治工作研讨，组织公司副处级以上领导干部撰写学习心得体会，并编撰《学习心得体会汇总本》。将深入开展"树旗帜、立标杆、做榜样，打造升级版，实现金叶梦"建功立业活动作为党建工作的主要载体和形式，组织召开两次活动座谈会与现场推进会，并开展"树立做活动正在进行中"专题系列宣传报道。组建成立公司工会委员会，召开公司工会第一次会员代表大会，选举成立5个委员会。

湖北省烟草专卖局（公司）：围绕贯彻落实党的十八大及十八届三中、四中全会精神，召开党组中心组学习（扩大）会议4次，举办专题讲座9场，累计6876人次参加。举办2期全省系统处级以上干部学习习近平总书记系列讲话精神专题培训班，培训147人次。注重创新学习平台，将每月最后一个周五定为“党员活动日”，开展“支部月月谈”活动。

海南省烟草专卖局（公司）：开展培育和践行社会主义核心价值活动，全省烟草商业系统各地市级单位组织举办“我们的价值观·我们的中国梦”主题PPT宣讲比赛，并于11月举办全省行业“我们的价值观·我们的中国梦”主题PPT宣讲总决赛。参与党风政风行风建设社会评价活动，在省局（公司）门户网站上公布《海南省烟草专卖局党风政风行风建设公开承诺书》，开展行业党风政风自查自纠活动。

四川省烟草专卖局（公司）：组织党员干部认真学习党的十八大和十八届三中、四中全会精神。开展党组书记抓党建述职测评工作，召开省局（公司）机关第五次党代会，完成机关党委、机关纪委换届选举。发挥职代会民主管理作用，召开两级职代会33次，审议通过74项职代会议案，并开展提案征集处理工作，收集提案55件，提案处理率达到100%。

陕西省烟草专卖局（公司）：印发《中共陕西省烟草专卖局（公司）党组关于建立和完善全省系统党员干部直接联系群众制度的实施意见》等文件。组织机关党员学习贯彻《党政机关厉行节约反对浪费条例》，并就机关在贯彻落实方面存在的问题提出改进措施。开展纪念建党93周年活动，组织观看纪录片《永远的焦裕禄》，听取专家教授作关于《国有企业职务犯罪的预防》的专题讲座。开展民主评议党员工作，组织党员学习《中国共产党发展党员工作细则》，促进学习型党组织建设。

宁夏回族自治区烟草专卖局（公司）：举办处级干部学习贯彻习近平总书记系列讲话精神专题培训班，贯彻落实党的十八大及十八届三中、四中全会精神。以创建“五个好”规范化党支部为目标，推进党建“堡垒工程”“强龙工程”；以提高党员队伍素质为重点，推进实施“先锋工程”；以建设基层服务型党组织为目标，深化道德讲堂、党员承诺践诺、民主评议等工作，充分发挥战斗堡垒作用；以“五有一好”为标准，深化党建服务品牌创建活动，提升党建工作制度化、规范化、科学化水平。

大连市烟草专卖局（公司）：深入学习贯彻党的十八大、十八届三中、四中全会和习近平总书记系列重要讲话精神，领导干部开展专题授课，处级以上干部进行集中脱产培训，各党支部组织党员干部读原著、听讲座、谈体会、写心得，深化理论研讨和读书交流成果，确保中央精神学深学透。市局（公司）工会被大连市总工会评为“3A级工会”。

（编辑：周　佳）

外事管理和对外贸易

【外事管理】　严格遵守《关于进一步加强因公出国（境）管理的若干规定》《关于坚决制止公款出国（境）旅游的通知》《外交部、中央外办、中央组织部、财政部关于进一步规范省部级以下国家工作人员因公临时出国的意见》等文件精神，做好因公出国（境）管理工作。

2014年，国家局、总公司机关出国（境）计划团组为57个，其中业务交流团组14个，贸易团组34个（全部为中烟国际和烟机公司派出），国际会议团组6个，境外培训团组3个，比2013年出国团组减少20个，同比下降35%。行业党组管理干部出国计划为57个，实际执行54个，比2013年减少8个，同比下降14%。经国家局批准的出国人员852人次，同比减少514人次。

中日、中韩烟草技术交流。2014年是中日烟草技术交流实施30周年、中韩烟草技术交流实施13周年。中日烟草技术交流方面，国家局共接待和出访团组43人次；中韩烟草技术交流方面，接待和出访团组41人次。国家局先后组织安徽烟草访问日本和韩国，并就国际化、物流管理等进行交流座谈。

参加《烟草控制框架公约》（简称《公约》）相关国际会议。按照外交部的统一安排，参加2月在瑞士日内瓦举行的《公约》第17、18条工作组会议，6月在德国、波兰举行的《公约》研讨会并调研烟草制品跟踪和追溯机制，10月在俄罗斯举行的《公约》第六届缔约方大会。参会前，多次组织相关人员准备谈判对案，同时与国内其他成员单位沟通，协调谈判立场，完成谈判任务。会后完成《公约》相关文件中文文本的翻译校对工作。

【拓展国际卷烟市场】 2014年，工业企业和中国烟草国际有限公司（简称中烟国际）围绕“千方百计拓展国际市场”战略方针和“基地建设年”中心任务，突出中心、着力重点、狠抓落实、扎实推进，主导与主体的互动机制基本建立，后台支持前台的服务机制得到加强，拓展卷烟国际市场工作成效显著。

境外卷烟产销总量保持增长。2014年，全行业实现境外卷烟总销量787.5亿支，同比增长13.6%，其中境外企业销量321.1亿支，同比增长23.4%；境外合作项目销量214.5亿支，同比增长21.1%；一般贸易出口251.9亿支，同比下降1.6%。境外企业销量和占总销量比例均保持增长，半数以上境外企业销售收入同比均实现增长。

推进境外卷烟产销基地建设。2014年，境外企业及境外合作项目实现卷烟总销量535.6亿支，同比增长22.5%，占境外卷烟总销量的68%，境外实体化已成为拓展卷烟国际市场的主要途径与方式。

威尼顿集团有限公司和老挝寮中红塔好运烟草有限公司为扩大产能进行异地技改。截至2014年底，威尼顿集团有限公司异地技改项目建设基本达到要求的目标，异地技改新厂全面生产运行，为将其“打造为中国烟草东南亚产销基地”奠定基础。10月起，威尼顿集团有限公司受托加工福建中烟的“金桥”品牌卷烟并销往泰国，截至年底，累计生产9079万支，筹备广西中烟“真龙”品牌委托加工项目。

6月，上海烟草集团北京卷烟厂和蒙古烟草有限责任公司就“中南海（图腾）”品牌的《商标联合协议》以及《共享品牌生产加工协议》的签署工作达成共识。随后，双方确定“中南海（图腾）”产品的包装设计方案。9月，“中南海（图腾）”卷烟正式投入生产，并开展新品推介会及各种营销活动。

7月，湖南中烟巴拿马项目工厂应巴拿马政府要求，进行短期的停产整改并于9月恢复生产，产销量均有所增加。湖南中烟继续推进巴拿马项目工厂扩容与中南美洲平台搭建工作。同时，加强与菲莫国际公司的合作，调整与韩国、巴西、阿根廷三个市场的合作形式，就商标许可协议与中烟菲莫国际有限公司重新协商、起草，并于年底签署新的协议。

7月，云南中烟正式启动“国际市场营销统一工作”，截至2014年底，完成国际市场营销资源统一和业务模式调整，“两红”集团涉及国际市场营销的人员、资产及业务整合到云南烟草国际有限公司。整合后，境内外卷烟加工厂将逐步实现通过云南烟草国际有限公司在全球布局的营销机构进行销售和结算，境外营销机构所辖市场范围的营销职能、运营职能和投融资职能逐步明确；完成对国际市场定价模式和利润分配方式的调整，建立各个价值链环节的成本和收益框架。

在有效推进境外产销基地建设方面，中烟国际发挥主导作用，编制《中国烟草境外卷烟产销基地建设规划方案》，对重点产销基地的下一步发展进行协调部署；根据工作中发生的问题和状况，多次组织相关工业公司召开会议，分析问题、研究对策；编印《境外卷烟产销基地建设季报》，供境外卷烟生产企业交流借鉴。

重点品牌销量持续增长。2014年，境外卷烟销量前五位品牌依次为“长白山”“摩登”“都宝”“R. G. D”“TS”，销量合计307亿支，比2013年境外卷烟销量前五位品牌合计销量增长19.0%；前五位品牌销量合计占境外销量的39.0%，同比上升2.1个百分点。“中华”“红塔山”“双喜”“摩登”“R. G. D”“金鹿”等6个国际品牌销量合计194.3亿支，占境外销量的24.7%。

重点市场拓展持续推进。2014年，东南亚市场实现销量216.8亿支，占境外总销量的27.5%，同比增长3%。东北亚市场实现销量125.2亿支，占境外总销量的15.9%，同比增长11%。中东市场实现销量121.2亿支，占境外总销量的15.4%，同比增长52%，其中“TS”销量同比增长明显。东欧市场实现销量102.5亿支，占境外总销量的13.0%，同比增长68%，其中中烟国际欧洲有限公司开拓罗马尼亚及其周边国家市场，与METRO旗下的罗马尼亚本土超市REAL建立合作意向，并逐步推进，同时对伊拉克等市场基础好、运输逐步顺畅的地区进行重点投入，对于摩尔多瓦、格鲁吉亚等销售受阻的市场，中烟国际欧洲有限公司保持与客户的沟通，全年销量有所提高。中南美市场实现销量82.5亿支，占境外总销量的10.5%，同比增长59%，其中，湖北中烟墨西哥项目经过三年多运作，消费者认可度逐渐提高，咖啡味“R. G. D”和香草味“R. G. D”新品于10月正式上市，在墨西哥城举办的新品发布会邀请墨西哥全国各地的重要分销商参加；浙江中烟、湖南中烟开拓力度较大，成效逐步显现，卷烟销量增加，其中湖南中烟派出既懂设备操作又懂当地语言的培训专员，到巴拿马项目工厂协助本地员工的培训工作，为技改扩容储备人员，推进人员本地化进程，初步完成巴拿马合资平台的方案，并与境外合作方进行协商。

深化与跨国烟草公司战略合作项目。2014年，中烟英美烟草国际有限公司完成各项经营指标，部分指标超额实现预期。中烟菲莫国际有限公司平稳发展，各方加强合作以促进中国卷烟品牌的健康发展。与帝国烟草的合作项目在签署合作意向书后，各项洽谈协商事宜稳步推进。

表1　2014年全国烟草行业卷烟出口排名

排名	品牌	销量（万支）	出口总量占比（%）	同比增长（%）
1	Taishan	353989.00	13.88	61.16
2	摩　登	278000.00	10.90	-33.81
3	中　华	253961.00	9.96	7.82
4	玉　溪	159780.00	6.26	24.72
5	金　鹿	152574.00	5.98	33.48
6	阿诗玛	134000.00	5.25	109.24
7	中南海	132508.00	5.19	1.86
8	云　烟	126046.00	4.94	-18.46
9	芙蓉王	125750.00	4.93	25.50
10	R.G.D	109827.50	4.31	-27.82
11	利　群	100450.00	3.94	33.84
12	红双喜	95492.00	3.74	-10.98
13	FARSTAR	86080.00	3.37	45.50
14	白　沙	56600.00	2.22	-20.07
15	SILVER ELEPHANT	33000.00	1.29	371.43
16	小熊猫	32890.00	1.29	-0.63
17	好日子	32820.00	1.29	-40.84
18	红塔山	30150.00	1.18	24.33
19	黄金叶	27720.00	1.09	352.94
20	熊　猫	25534.00	1.00	17.99
21	MARSHAL	24000.00	0.94	300.00
22	黄鹤楼	23130.00	0.91	47.04
23	马　宝	21600.00	0.85	-1.82
24	都　宝	18300.00	0.72	-65.82
25	金　桥	17508.00	0.69	-49.65
26	特美思	14880.00	0.58	-81.65
27	钓鱼台	10670.00	0.42	-0.28
28	帝　豪	9240.00	0.36	12.20

续表

排名	品牌	销量（万支）	出口总量占比（%）	同比增长（%）
29	NISE	9000.00	0.35	-60.87
30	苏　烟	8900.00	0.35	24.48
31	黄果树	6540.00	0.26	84.75
32	五叶神	6350.00	0.25	-76.95
33	妙　香	5240.00	0.21	52.33
34	新　兴	5000.00	0.20	-91.67
35	真　龙	4360.00	0.17	4260.00
36	人民大会堂	4200.00	0.16	10.53
37	南　京	3750.00	0.15	-6.25
38	GEM	2000.00	0.08	-33.33
39	红　河	1960.00	0.08	-56.30
40	红杉树	1900.00	0.07	11.76
41	娇　子	1894.00	0.07	12.94
42	贵　烟	1230.00	0.05	43.02
43	S|X	1010.00	0.04	55.38
44	CRAZYHORSE	1000.00	0.04	-66.67
45	长城雪茄	134.24	0.01	89.08

资料来源：中国烟草国际有限公司

【境外烟叶实体化运作和进口烟叶工作】　按照“原料保障上水平”的要求，境外烟叶实体化运作及烟叶进口工作服从大局、措施得力、工作扎实、运行稳定，初步实现掌控进口优质烟叶话语权的目标，基本完成中国烟草在世界主要烟叶产区的境外烟叶实体化布局。

烟叶进口保持稳定。中烟国际通过稳定供应商队伍，管理市场预期，进口均价同比下降3%。组织开展进口烟叶制样、监督加工和植物检疫工作，定向等级和共同等级数量稳中有升，更好地满足工业企业的原料需求。确保烟叶质量，草拟《进口烟叶供应商评估体系》，进一步理顺进口业务流程，与供应商建立互惠互利的合作关系。协调国家质量监督检验检疫总局开通坦桑尼亚、多米尼加、马其顿等国家和巴西两个州的烟叶进口许可，进一步扩充中国烟草的采购范围。2014年，烟草行业进口烟叶到货17.86万吨，同比增长19.0%，进口总额16.1亿美元，同比增长20.6%。

境外烟叶企业的生产经营。2014年，境外烟叶实体化运作工作重点围绕稳步扩大自营规模、提升运营管理水平、深化合资合作，增强境外企业在优质烟叶基地、优质烟叶资源、优质烟叶定价的话语权和竞争能力。全年烟叶自营数量4.627万吨，占比34%，自营比例稳步提升。

在津巴布韦，天泽烟草有限责任公司（简称“天泽公司”）合同种植规模再创新高。合同收购原烟总量2.28万吨，同比增长近60%，烟叶质量水平明显提升。在保证总量的前提下，合理控制拍卖场采购比例，进一步提高采买质量，在拍卖场采购原烟9884吨，同比减少1800吨。严格实行优质优价政策，降低中等及较差烟叶的收购价格和数量，通过天泽公司的行为来影响、稳定拍卖场的价格。加强质量监管，沟通协调津巴布韦其他12家供应商，做好制样和加工的质量监督、检查工作。2014年，天泽公司自营成品烟叶1.89万吨，占进口津巴布韦烟叶总量的30.2%，继续稳居中国烟草在南部非洲的头号供应商。经过多年的发展，天泽公司不但在生产经营规模上实现跨越式的增长，业务范围不断扩展，而且初步搭建境外烟叶专营公司框架，正逐步成为集合同种植、烟叶采购、复烤加工、储运销售为一体的境外烟叶实体化专营公司，在津巴布韦烟草界树立标杆形象。

中烟国际巴西有限公司（简称“中烟巴西公司”）以与联一国际公司深化合作为切入点，快速增强实力，掌控巴西烟叶市场，保障国内烟草工业发展。2014年2月，中烟巴西公司与联一国际巴西烟叶出口公司（简称“联一巴西公司”）正式签署《股东协议》和《决算文书》，中烟巴西公司从联一巴西公司收购中巴烟草出口股份有限公司51%的股份，并选举中烟巴西公司3人及联一巴西公司3人为董事，共同组成合资公司董事会，由中烟巴西公司负责人长期担任董事长。中烟巴西公司和合资公司在满足国内工业烟叶需求方面精益求精，通过制作共同等级、定向等级，减少进口等级个数，扩大单等级规模并尽可能缩小应商备货在外观质量、内在评吸、化学成分上的差距。2014年，中烟巴西公司和合资公司自营成品烟叶数量1.80万吨，占进口巴西烟叶总量的41.9%。

中烟国际（北美）股份有限公司迅速进入角色，从传统客户渠道、自有农户渠道、专业服务外包等几个层次分步开展烟叶实体化运作，在落户美国的第二年即实现4983吨的自营和合作成品经营数量，占进口美国烟叶总量的24.2%。强化内部管理和依法依规运作，初步完成烟叶实体化商业计划的编制，逐一归纳标注合同种植和农户签约设计的农药、施肥、土地、环境、劳工、反垄断等40余个法律法规，在零起点的基础上签约74户农户，收购原烟3100吨。根据中烟国际授权，保质保量完成进口美国、加拿大烟叶的采购任务。

中烟国际阿根廷有限责任公司（简称“阿根廷公司”）在进口烟叶计划调减和全球烟叶供求关系逆转的形势下，提出一切工作要以“有利于提高烟叶质量、有利于扩大自营规模、有利于控制价格成本、有利于增强话语权和掌控力”的工作原则，依托当地两家烟农合作组织和跨国烟叶经销商，有序组织监打备货，有力实施价格谈判，有效扩大自营业务，稳步推进合同种植收购的实体化运作项目。2014年，阿根廷公司自营出口成品烟叶4396吨，同比增长45.1%，占进口阿根廷烟叶总量的42.9%。

【境外并购】 2014年，中烟国际组建成立境外并购专项工作小组，对实施境外并购的指导思想、基本原则、总体目标、主要任务、实施路径等进行梳理分析。中烟国际还分别邀请中银国际控股有限公司、摩根大通集团等进行境外并购知识讲座和案例分析，并派有关人员赴摩根大通集团、中粮集团等就境外并购工作进行专题学习和经验交流。研究起草《中国烟草实施境外并购指导意见》和《中国烟草境外并购方案利弊分析》，印发《“走出去”发展战略专题调研报告》。

【进出口贸易】 2014年，实现进出口商品总值42.85亿美元，同比增长5.0%。其中进口总值29.48亿美元，同比增长7.1%；出口商品总值13.37亿美元，同比增长0.6%。

表2　2014年全国烟草行业主要进口商品情况

进口商品	数　量	同比增长（%）	金　额（万美元）	同比增长（%）
烟　叶	17.86万吨	19.0	160990	20.6
卷　烟	47.4亿支	12.2	10780	17.6
丝　束	10.38万吨	-10.4	58577	-9.7
滤　棒	47.5亿支	-12.6	4277	-12.6
卷烟纸	1.45万吨	-5.15	5078	-5.15
烟　机	177台		46379	-6.0

资料来源：中国烟草国际有限公司

表3　2014年全国烟草行业主要出口商品情况

出口商品	数　量	同比增长（%）	金　额（万美元）	同比增长（%）
烟　叶	12.33万吨	-1.9	54785	-6.83
烟叶副产品	3.41万吨	-22.1	1848	-22.2

续表

出口商品	数　量	同比增长（%）	金　额（万美元）	同比增长（%）
卷　烟	255.1 亿支	-0.3	53583	8.2
烟　丝	2.3 万吨	18.8	14643	10.7
烟　机			855	-76

资料来源：中国烟草国际有限公司

丝束、烟机进出口。国家局严格把握合同执行进度，协调各供应商延迟进口丝束交货安排，保证整体平稳运行。依据烟机进口计划和中烟工业公司的生产需求，中烟国际组织技术及商务谈判，保障各中烟工业公司生产需要和重大技改项目实施。2014 年，进口丝束到货 10.38 万吨，金额 5.86 亿美元；进口烟机到货 177 台，金额 4.64 亿美元。

烟叶出口。按照“出口 100 万担工业企业不适用烟叶库存”的要求，在国际市场持续低迷和出口备货库存高居不下的双重压力下，中烟国际、联一国际公司和相关中烟工业公司多方联系沟通，完成签约。进一步加强烟叶出口管理，各省进出口公司有针对性地做好新烟备货和出口，对内开展工商互动，理顺新烟置换流程，加强质量管理，提高服务水平；对外巩固重点市场和蓝筹客户，拓展中东等市场作为新的增长点。2014 年，烟叶出口签约 20.4 万吨，其中新烟 15.4 万吨、工业企业不适用烟叶库存 5 万吨。

卷烟进出口。根据“总量控制、聚焦重点品牌”和“支持有税市场、限制免税市场”的原则编制执行免税出口卷烟计划。加强对出口卷烟流向的跟踪和管理，建立有效的卷烟流向监管机制。同时，进一步理顺和规范卷烟进口的操作程序。

【基础管理】　*完善制度建设*。为推进拓展卷烟国际市场业务健康开展、规范运行，12 月，印发《中国烟草拓展卷烟国际市场管理办法》（中烟办〔2014〕310 号）。针对境外企业生产、生活等方面的安全问题，3 月，印发《中国烟草境外企业和人员安全管理规定》（国烟办〔2014〕131 号），确保境外公司人员、财产、经营的安全。

开展法律事务工作。开展行业卷烟商标境外保护调查工作，通报调查情况并敦促相关企业加强工作力度，提高卷烟境外商标保护工作水平。拓展多种渠道加强法律信息共享，搭建境外法律服务平台，组织开展有针对性的法律实务研究工作，并以中烟国际网站作为境外法律服务信息平台载体，为境外拓展工作提供实务指引。

加强人才队伍建设。加强与行业相关单位沟通协调，通过个人申请、单位选拔等多种形式，选派优秀人才派驻境外企业，充实驻外人才队伍。加强驻外人才培养力度，坚持开展外语、烟叶技术等综合类和专业类的培训，提高驻外人才综合素质和专业水平。

附一：

中国烟草国际有限公司成员企业及驻外机构

中国烟草国际有限公司于 2008 年 8 月 7 日正式挂牌，是由原中国烟草进出口（集团）公司改制而成的经济实体，注册资本 11.53 亿元。中国烟草国际有限公司按照“改制、转型、整合”的要求，稳步推进中烟国际转型，推进烟叶境外采购实体化运作和境外卷烟生产企业建设。

主要经营业务：卷烟（含雪茄烟）的进出口业务，烟叶的进出口业务，烟草专用设备和烟用辅料的进出口业务，境外投资及经贸合作，国家允许或中国烟草总公司委托的其他业务。

中国烟草国际有限公司以控股方式管理深圳烟草进出口有限公司，直接管理 10 个驻外机构。

深圳烟草进出口有限公司

深圳烟草进出口有限公司成立于 1997 年 12 月，是经原对外贸易经济合作部和国家烟草专卖局批准成立的深圳特区唯一经营烟草进出口业务的经贸公司。公司工商注册资本为 1000 万元。深圳烟草进出口有限公司是中国烟草国际有限公司的控股子公司，实行董事会领导下的总经理负责制。股东方为中国烟草国际有限公司、中国烟草总公司深圳市公司。主要经营烟草、烟草制品及卷烟行业机械设备、卷烟原辅材料的进口业务（具体按外经贸部〔96〕外经贸政审函第 3081 号文执行）；国内商业、物资供销业（不含专营、专控、专卖商品）。

2014 年，深圳烟草进出口有限公司实现出口商品总值 2037 万美元。实现商品销售收入 3.45 亿元，同比增长 10.58%。实现税利 2.59 亿元，其中利润 8257.31 万元，同比增长 8.65%。

天利国际经贸有限公司

天利国际经贸有限公司是中国烟草国际有限公司的全

资子公司，经原对外贸易经济合作部批准，于1989年在香港注册成立。主要职责是经营烟草及其制品、烟草机械设备及零部件、烟用辅料等进出口业务，开展烟草经济技术合作及交流活动，负责烟草行业海外机构的管理工作，负责国际烟草商情信息的收集、汇编工作，承担有关出国团组的接待安排工作。

中国烟草国际有限公司驻津巴布韦代表处 天泽烟草有限责任公司

代表处设立于1990年，注册地点为津巴布韦哈拉雷，前身为中国烟草进出口（集团）公司驻津巴布韦代表处，2008年8月更名为中国烟草国际有限公司驻津巴布韦代表处。代表处主要任务是收集、了解津巴布韦及周边国家烟叶种植、收购、加工、销售情况，协助中国烟叶采购、监督加工验货团组开展工作，协调、解决中国进口烟叶过程中的有关问题，接待国内团组。2005年4月1日，津巴布韦公司注册局颁发天泽烟草有限责任公司注册证书。英文名称 TIAN ZE TOBACCO COMPANY (PRIVATE) LIMITED，中文名称为天泽烟草有限责任公司。公司主要经营烟叶采购，烟草合同种植、烟草合同收购，烟叶加工、包装、出口等业务。

2014年，天泽烟草有限责任公司有签约合同农户312户，合同种植面积12.7万亩，合同收购总量2.27万吨，同比增长60%。在保证总量的前提下，合理控制拍卖场采购比例，进一步提高采买质量，2014年在拍卖场采购原烟9884吨，同比减少1813吨，拍卖场采购均价为4.18美元/千克，同比下降8.53%。

迪拜瑞世达贸易有限责任公司

迪拜瑞世达贸易有限责任公司成立于1997年，注册地点为阿联酋迪拜，注册资本30万美元。主要职责是开拓中东市场，经营中国卷烟、烟叶、烟梗在中东地区的销售业务。

中烟菲莫国际有限公司

中烟菲莫国际有限公司成立于2006年，注册地点为瑞士洛桑，前身是中国烟草进出口（集团）公司和菲莫国际公司的合资公司，2008年变更为中国烟草国际有限公司和菲莫国际公司的合资公司。中烟菲莫国际有限公司利用菲莫国际公司的渠道在国际市场经营中国卷烟品牌，在符合《烟草专卖法》有关规定的前提下，菲莫国际公司的“万宝路”在中国实现许可生产并销售。

中国烟草国际有限公司驻莫斯科代表处

中国烟草国际有限公司驻莫斯科代表处设立于1992年，注册地点为俄罗斯莫斯科，前身为中国烟草进出口（集团）公司驻莫斯科代表处，2008年8月更名为中国烟草国际有限公司驻莫斯科代表处。主要任务是收集、了解俄罗斯及独联体国家的烟草商情信息，宣传、推销中国烟草制品及烟草机械，协助开展中外烟草合作项目。

中国烟草日本株式会社

中国烟草日本株式会社成立于2001年4月21日，注册地点为日本东京，注册资本20万美元，其中，天利国际经贸有限公司占60%的股份，日本泰丰通商株式会社占40%的股份。主要任务是经营中国卷烟在日本市场的销售业务。

中烟国际巴西有限公司

中烟国际巴西有限公司成立于2002年6月6日，注册地点为巴西圣克鲁斯，注册资本40万美元。经过两次增资扩股后，注册资本达到1650万美元。主要工作是收集、了解巴西烟叶种植、收购、加工、销售信息，协助中国烟叶采购、监督加工验货团组开展工作，协调、解决中国进口烟叶过程中的有关问题，研究探索公司改革、开展实质性经营业务的方案。

2014年，中烟国际巴西有限公司第四次股东会暨第一届董事会第四次会议于4月在浙江召开，会议选举监事和新的董事会秘书，审议并原则同意中烟国际巴西有限公司资本公积转增注册资金、修改公司章程、向合资公司委派董事、为合资公司提供贷款担保等四项议题。

2014年，中烟国际巴西有限公司投资的中巴烟草进出口有限公司（即合资公司，中烟国际巴西有限公司占51%的股份）有签约合同农户9736户，烤烟种植面积为29.4万亩，烤烟产量达到3.85万吨，其中南大河州3.63万吨、桑塔卡塔琳娜州1033吨、巴拉那州1107吨。出口市场遍及20个国家和地区，其中向中国出口1.45万吨，占中国烟草在巴西采购总量的33.75%，成为中国烟草在巴西的第一大烟叶供应商。

中烟国际阿根廷有限责任公司

中烟国际阿根廷有限责任公司（简称阿根廷公司）成立于2008年，注册地点为阿根廷萨尔塔省。主要工作是收集、了解阿根廷烟叶种植、收购信息，协助开展中外烟草合作项目。

2014年，阿根廷公司在中国烟草行业实施对国内烟叶压库、进口烟叶减量的政策下，面对阿根廷经济持续恶化的不利形势，向当地烟叶供应商及时准确地传达需求减少、提升品质的信号，严格执行计划，控制备货数量，提高备货质量，降低成交价格，扩大自营合同种植、收购规模，增强烟叶资源调控力和定价话语权。阿根廷公司加强内部管理，控制费用开支。全年自营出口烟叶4396吨，占中国烟草在阿根廷采购总量的43%。

中烟国际（北美）股份有限公司

中烟国际（北美）股份有限公司（简称北美公司）成立于2012年7月16日，注册地在美国北卡罗莱纳州罗利市。主要代表中国烟草开展北美及加勒比海地区的烟草业务，包括烟叶采购、烟草合同种植和收购、烟叶加工、对外贸易、技术交流、培训等，以及全面搜集北美地区烟叶种植体系和市场信息，推进公司实体化经营。

2014年是北美公司成立后的第一个完整运营年度。按照“小公司、大格局”的标准加强公司治理和信息化建设，深化与国内工业公司和当地供应商合作，签订烟叶出运合同1.76万吨。

中烟英美烟草国际有限公司

中烟英美烟草国际有限公司成立于2012年10月31日，注册地在香港，由中国烟草总公司和英美烟草共同成立，双方各持股50%。中烟英美烟草国际有限公司在全球范围内拥有和管理“State Express 555（SE555）”品牌卷烟，并将在中国以外市场拥有和管理“双喜”品牌卷烟。

附二：

国家局领导重要外事活动

1月6日，国家局局长凌成兴、副局长李克明在北京会见德国虹霓机械制造股份公司总裁克里斯托弗·索姆（Christopher Somm）一行。

1月6日，国家局局长凌成兴、副局长李克明在北京会见菲莫国际公司首席执行官谭崇博一行。

2月20日，国家局副局长杨培森在北京会见益升华过滤产品公司（原菲尔创纳公司）总经理斯瑞库玛一行。

2月26日，国家局局长凌成兴、副局长杨培森在北京会见塔恩集团董事总经理特伦伯一行。

2月26日，国家局局长凌成兴、副局长杨培森在北京会见摩根大通全球烟草行业及欧洲消费品行业主管维森特一行。

3月31日，国家局局长凌成兴、副局长李克明在北京会见韩国烟草人参公社社长闵泳珍一行。

4月9日，中国烟草总公司与帝国烟草集团在北京签署合作意向书。国家局局长凌成兴、副局长李克明出席签字仪式。

4月29日，国家局副局长徐瓘在北京会见伊士曼化工有限公司首席国际项目执行官钟汉杰一行。

4月29日，国家局副局长徐瓘在北京会见施伟策－摩迪国际集团董事长兼首席执行官维卢泰、首席运营官邓密一行。

5月9日，国家局副局长李克明在北京会见保加利亚共和国农业和食品部部长格雷科夫、保加利亚驻华大使舒丘尔利埃夫一行。

7月28日至8月6日，国家局局长凌成兴出访意大利、德国、津巴布韦进行烟草机械及烟叶合作项目谈判。

8月21日，国家局副局长杨培森在北京会见马拉维共和国农业部部长阿兰J赤耶贝克扎（Allan J. Chiyembekeza）一行。

8月22日，国家局副局长徐瓘在北京会见津巴布韦财政部长帕特里克·齐纳马萨（Patrick Chinamasa）、工商部长迈克尔·毕马（Michael Bimha）一行。

9月3日，国家局局长凌成兴、副局长李克明在北京会见德国虹霓机械制造股份公司总裁克里斯托弗·索姆（Christopher Somm）一行。

9月16日，国家局副局长李克明在北京会见克罗地亚阿德里斯集团首席执行官安替·甫拉霍维奇（Ante Vlahovic）一行。

9月17日，国家局局长凌成兴、副局长李克明在北京会见德国苏威醋纤丝束公司总裁奥利维尔·法拉利（Olivier Ferrary）一行。

9月22日，国家局局长凌成兴在北京会见英国48家集团俱乐部主席斯蒂芬·佩里（Stephen Perry）一行。

10月24日，国家局局长凌成兴、副局长李克明在北京会见英美烟草集团首席执行官尼坎德罗·杜兰特（Nicandro Durante）一行。

11月3日，国家局局长凌成兴在北京会见德国佛克公司首席执行官约根·佛克（Jurgen Focke）一行。

11月19日，国家局局长凌成兴、副局长李克明在北京会见日本烟草产业株式会社社长小泉光臣一行。

11月24日，国家局副局长李克明在北京会见伊士曼化工公司首席国际项目执行官钟汉杰一行。

12月2日，国家局局长凌成兴在北京会见加拿大大河公司总裁史蒂文·威廉姆斯（Steve Williams）一行。

12月8日，国家局局长凌成兴、副局长李克明在北京会见环球烟叶公司主席兼首席执行官乔治·佛亦民（George Freeman）一行。

12月8日，中国烟草总公司与英美烟草集团在北京举行签字仪式，共同签署《中烟英美法律事务交流合作备忘录》。国家局副局长赵洪顺出席签字仪式。

12月17日，国家局局长凌成兴在北京会见SAP公司全球高级副总裁、大中华区总裁纪秉盟（Mark Gibbs）一行。

（编辑：王东旭）

多元化经营

全国烟草行业多元化经营发展概况

2014年，行业各级多元化工作机构紧紧围绕“实践三大课题，提升五个形象”战略部署，认真履行职责，加强管理监督，大力整合优化，努力提升效益。行业多元化管理水平与经济效益稳步提升。

截至2014年底，行业多元化投资611亿元（不含总公司、中国双维投资有限公司及中维地产公司投资），投资企业529家，形成总资产1120亿元。全资、控股企业365家，形成所有者权益896亿元，全年实现营业收入330.1亿元，同比增长9.1%；实现利润55.5亿元，同比增长23.9%。

【投资监管】 着力加强投资监管，规范管理水平进一步提升。2014年，各单位贯彻落实国家局“稳健经营、规范运作”的多元化工作方针，以加强管理为主线，以制度执行为抓手，事前监管、绩效监管、动态监管各项制度落实到位。

重大事项监管。规范项目管理，优化工作流程。通过合并前置性审查和技术审查，提高项目审批的效率和质量。在项目申报环节，各单位对上报把关更为严格，前期准备更为充分。所申报项目基本符合《烟草行业“十二五”时期多元化投资指引》要求，有利于推动资源的整合优化，突出主营业务。进一步加大多元化企业日常监管力度，积极运用行业多元化投资管理信息系统。组织《烟草行业多元化经营企业重大事项报告制度》专项检查，对制度下发以来的执行情况组织自查、抽查。对个别少报、漏报及报告不完整等现象进行整改。2014年，行业上报重大事项90份，其中，多元化企业改制、上市、增减注册资本类24份，人事变动类18份，股权变动类12份，新增投资计划类10份，重大经营决策类17份，其他类9份。上海烟草集团、福建省公司、云南中烟、内蒙古自治区公司等单位及时、准确上报，执行情况良好。同时，各单位更加重视多元化企业内部监管机制建设。福建海晟投资管理有限公司打通内部管理环节，着力发挥资金管理、审计监督、纪检监察、廉政建设的监管合力效应。重庆烟草投资管理公司积极构建经营风险防控体系，规定在项目投资、资产处置、劳动用工等重大事项决策前必须经过法律风险评估。浙江烟草投资管理公司通过发挥预算管理和管理审计的作用，加强对所属企业的监管。湖南省公司加强对多元化企业的经营和财务活动进行分析，探索建立财务预警机制。

评价考核。继续开展行业多元化经营管理评价工作。在数据填报和管理自查的基础上，从行业抽调人员进行集中审核评定。对40家省级公司、315家控股多元化企业2014年度经营管理情况进行综合评价。评价指标更加注重点面结合，考核的针对性和全面性进一步增强，客观反映行业多元化现状。在行业组织统一考核的同时，一些单位积极探索符合自身特点的考核机制。山东省公司创新考核方式，实行现场集中考核和分别考核结合，制定现场集中考核检查、现场

反馈、后期监督整改的闭环式考核程序，较好发挥考核激励作用。

清退工作。按照“瘦身”与“强身”并举的工作方针，重点关注连续三年以上亏损企业，坚持清退弱势多元化企业。按照《进一步抓好清理整顿工作的通知》要求，聚焦多元化企业经营情况，进一步摸清亏损企业状况。有关单位深入查找亏损原因，逐家明确处理办法，研究制定工作方案，进一步明确进度、落实责任。有关单位按照“态度要坚决、措施要有力、处理要合法、清退要稳定”的工作原则，妥善解决各类矛盾，清退5家企业。多元化清理整顿成果进一步巩固。

【体制改革】 深入推进体制改革，经营运作水平进一步提升。重点是通过加快实体化运作进程，加强法人治理结构建设，提高治理能力和运行效率，确保出资人职责履行到位。

实体化方向改革。按照实体化运作、集团化经营的体制改革方向，推动符合条件的多元化投资管理部门向投资管理公司转变。浙江中烟、河南中烟、陕西省公司在基本解决历史遗留问题的基础上，围绕体制、机制和支撑项目三大要素，研究上报体制改革方案，并获得国家局批复。部分单位理顺资产关系、压缩投资层级、突出主营业务，为下一步实体化运作打下基础。2014年，行业多元化工作实体化、专业化运作水平明显提升。

法人治理结构建设。系统加强法人治理结构建设于2013年启动，理顺产权关系、健全组织结构是2013年的工作重点。2014年，工作重心转移至加强董事会科学决策和管理监督作用方面。对全资、控股多元化企业董事会召开及决议执行情况开展专项检查。各单位上报自查报告43份，涵盖244家多元化企业。针对自查反映的主要问题，行业成立6个工作小组，深入39家企业进行重点抽查。抽查显示，大多数企业董事会机构较为健全、职能定位和运作较为清晰、规范。为进一步提升董事履职能力，行业举办多元化企业法人治理结构建设及董事会运作培训班。

云南中烟多元化资产整合。云南中烟在行业多元化投资中占有重要地位，投资项目大多资产优良、效益较好、回报稳定。为进一步推进多元化整合工作，云南中烟决定以组建合和集团的方式搭建统一多元化投资管理平台。合和集团由云南中烟、红塔集团、红云红河集团共同出资组建，主要负责云南中烟在金融业、房地产业、能源业、酒店业等领域所属多元化企业及股权的经营管理。云南中烟所属多元化企业及股权将统一划转至合和集团统一经营管理。合和集团将以实现“资产资本化，资本证券化”为方向，做强金融产业，做精配套产业，做实基础产业，做稳酒店地产，适度参与战略新兴产业，逐步实现从资产经营向资本经营的转变。2014年12月17日，国家局正式批复合和集团成立。

【对标工作】 正式启动对标工作，精益管理水平进一步提升。2014年，行业各级多元化机构借鉴主业经验，开展对标工作，明确追赶目标、挖掘发展潜力，全面提升企业管理水平，较好发挥对照标杆、寻找差距、改进短板、提升水平的作用。

启动对标工作。按照先易后难、由点及面、突出重点的工作思路，选择企业数量较多的烟包印刷与宾馆酒店企业为试点单位，以提高效率、降低成本为目标，以战略导向、目标引领、横向可比为原则，围绕效益、成本、费用、效率、节能五大方面建立指标体系。在前期调研、数据试填和组织研讨的基础上，制定工作方案，于5月正式启动多元化对标工作。颁布28条烟包印刷企业指标、12条宾馆酒店企业指标。指标选取上，以具有横向可比性为前提，以标准化、规范化为基础，以指标可量化、数据易获取、指标相对应为原则，主要选择能反映企业整体效率和重要运营环节、具有代表性的指标，推动企业把发展建立在节约资源、减少浪费、提高效率的基础上，推动管理创一流。

初步建立对标工作体系。27家省级公司所属的88家企业参与对标工作。在推进过程各个环节，组织调研座谈，集思广益，群策群力，将对标工作的实效性、导向性和系统性落到实处。参与各单位高度重视，成立对标工作领导小组，结合指标体系进行细化，分解并落实到各职能部门和基层员工。湖南中烟、山东中烟、湖北省公司、云南省公司专门印发文件，落实具体措施。福建中烟结合自身实际，在指标体系基础上进行扩充。各单位初步建立对标工作体系，通过定期召开工作例会、现场检查、交流协调、通报推广等方式，总结企业对标实践中形成的措施、方法和经验，巩固对标工作成果。上海烟草集团以对标为契机在卷烟配套企业全面推进精益管理，一方面通过抓生产，聚焦生产现场管理、生产流程优化；一方面通过抓服务，聚焦客户需求、标准执行。整体上看，对标工作取得初步成效：对标体系逐渐完善，工作机制初步形成，管理意识得以提升，管理水平逐步提高。

通报对标管理工作情况。12月，通报对标管理工作情况，公布各项指标的平均、最好、最差数值。督促各单位对比标杆、寻找差距、提升水平。从对标结果来看，行业烟包印刷企业整体利润水平较高，主要问题是规模普遍偏小、对主业依赖程度较高、成本控制水平差异较大、设备工艺有待升级。行业宾馆酒店企业通过推进整合、加强管理，在开拓市场、提升效益、降低成本上取得一定成绩，但部分企业处于亏损状态。在66家酒店中，昆明翠湖宾馆、青岛颐中国际大酒店、山东中豪大酒店、上海大酒店、长沙神农大酒店在经营利润率、经营费用率等指标上表现较好。

【酒店整合】 酒店整合是“十二五”时期行业多元化资产整合优化的重点工作。2014年，行业以中维酒店品牌建设为中心，积极探索多元化资产整合的有效途径。试点工作扎实推进，品牌推广成效明显。

*品牌标准体系。*按照“品牌导向、标准先行、试点总结、复制推广”的工作思路，云南中维酒店管理公司等单位，围绕中维品牌建设，完善品牌支撑系统，逐步建立培训体系。为推动《中维酒店品牌建设指南》落地，编制《中维酒店品牌及运营管理培训纲要》，涵盖酒店集团运行、酒店经营管理、酒店岗位实务三大模块。围绕中维品牌标准与文化，编写《品牌概念与表达》《品牌识别与应用》《品牌管理与运作》《品牌标准与执行》等4本专属系列教材。启动统一营销平台建设。研究建立以中央预定系统为核心的中维酒店一体化信息平台，软件开发、呼叫中心建设、中维酒店官网建设等工作初步完成。完善品牌文化体系。以昆明翠湖宾馆的服务文化为基础，丰富完善中维礼官、中维管家服务与文化，开发专属香氛。制作完成中维品牌歌曲，传播中维理念。

*品牌推广。*2014年初，国家局下发《中维酒店品牌标准推广工作计划》明确品牌推广的总体思路、方法步骤和保障措施。云南中维酒店管理公司制定《品牌导入实施方案》《中维酒店准入条件与评定》《品牌特许经营合同》等配套制度。统一规范从意向考察、前期准备、品牌辅导、标准导入到正式挂牌的一系列品牌申报工作程序。组织2期行业品牌导入培训班。品牌推广工作有序推进。陕西省公司、浙江省公司、山东省公司、福建中烟、重庆市公司等单位到云南烟草学习考察，建立多层次的培训合作机制。昆明翠湖宾馆与山东中豪大酒店交流餐饮文化，互办特色美食节。

*酒店管理。*云南中烟作为试点单位按照中维品牌标杆酒店的要求，抓好昆明翠湖宾馆建设。创造“挂牌管理、协作管理、指导管理”三种管理模式，推动所属13家酒店管理整合工作。云南中烟、山东省公司等单位探索统一采购酒店用品，建立物资采购和供应商目录，制定物资统一采购的管理规定。山东烟草投资管理公司在潍坊东方大酒店试点推行五步螺旋管理法，提升精益管理水平。

【中国双维投资有限公司】 2014年，中国双维投资有限公司（简称双维公司）新一届管理层平稳完成改制工作。坚持“稳健经营、规范运作”的指导方针，围绕谋划“三大课题”，提升“五个形象”的行业中心任务，稳步实施项目调整方案，探索踏足资本运作市场，深入挖掘各项管理效益，促进转型中的平稳可持续发展。

*年度投资情况和利润情况。*2014年，面对煤价下滑、房价下行、丝束供求关系变化的严峻形势以及改制转型中的新问题，双维公司经营管理整体保持稳定。实现净利润4.14亿元，同比增长50.55%。实现投资收益2.74亿元，同比增长372.44%。

*上海庙能源化工基地项目。*2014年，上海庙矿业公司销售煤炭84万吨，实现销售收入1.48亿元。按照“挖潜增效、控本增效、节流增效、开源增效”的工作思路，停止榆树井煤矿的生产活动，并将人员从4900人减至2600人。深入开展节支降耗和修旧利废工作，榆树井和新上海一号两矿节省材料费335.2万元。新上海一号煤矿通过自主加工制作锚索、铁鞋、锚索盘等，节约资金94.6万元；通过对选煤厂混块煤筛选及储运系统的改造升级，增收1080万元。榆树井煤矿根据专家提出的建议采用新技术进行支护实验，支护成本降低40%。通过一系列措施，上海庙矿业公司亏损从3.5亿元降至2.3亿元，减亏1.2亿元。7月，新上海一号煤矿发生突水事故。由于安全生产意识较强，安全设备投入足够，日常管理措施到位，加之应急措施启动及时、有力，没有造成人员伤亡。事故发生后，聘请专家对突水情况进行现场勘查和分析诊断，提出整改方案。分析突水原因，总结经验，制订更加严格的安全生产措施。

*推进国电双维获取项目“路条”工作。*严格控制内蒙古维华矿业有限责任公司的费用、人员和投资，投资只用在维护矿权勘探和资源价款上。督促维华矿业公司推进项目前期工作。4月，取得鹰骏一矿的“路条”，并按照股东会决议开展项目前期各项工作。

*房地产建设项目。*2014年，按照“收缩战线，分级管理，地方为主”十二字指导方针开展工作。终止原拟

定的2014年10个新上地产项目。对存量地产项目采取“以转股方式退出对子公司控股地位、简政放权”的操作路径。对中维地产公司及其子公司的人员数量进行控制，采取逐步分流措施，总部人员从年初的62人减至40人。

行业配套项目。2014年，双维伊士曼公司克服国内丝束市场供应出现的新情况以及一期项目投产第一年市场认知度低的严峻形势，基本完成“销售丝束28000吨并实现利润3000万元”的年度目标。加强与卷烟工业公司的沟通协调，提升服务水平和质量。派出5个工作组上门到机台一线介绍产品性能，指导服务使用方法。组建专业售后服务团队，24小时赶赴现场解决问题，与客户建立信息反馈和联络机制。通过技术创新，双维伊士曼公司丝束产品质量得到提升，纺丝速度由650米/分钟提升至710米/分钟。

宁夏弘德包装材料公司是国家局对宁夏自治区定点扶贫项目。2014年，宁夏弘德包装材料公司累计收到并生产烟标订单（含中试量）9.1万箱，累计销售烟标7.05万大箱，实现销售收入3640万元，实现净利润－192万元，完成董事会确定的生产经营目标。

资本运作项目。2014年，双维公司认购20亿元的中国银行优先股，出资10亿元参与中国石化销售公司增资扩股项目，获得总公司批复。中维地产公司认购30亿元的中国银行优先股。

加强对投资企业的监管。双维公司通过各投资企业“三会一层”的法人治理结构和董事会日常工作小组平台，参与投资企业决策，依法表达意志，保障权益。2014年，参加9家投资企业的股东会、董事会11次，审议议案逾百件。督促投资企业履行审议事项报批流程，跟踪监督决议事项执行情况，推动和改进投资企业的规范化管理水平。加强审计监督，强化风险控制。对上海庙矿业、维华矿业及国电双维等3家公司进行管理审计，通过审计中发现的问题，督促相关企业及时整改，监督其加快构建内部控制规范体系，强化对投资企业的风险控制。

精细化管理。通过严格预算管控，压缩一般性费用，严格控制重点费用等方式控制费用支出。2014年，双维公司业务招待费、会议费、业务宣传费、车辆运行费同比分别下降83%、93%、64%、29%。完成国家局下达的存量资金保值增值任务，2014年实现货币资金净收益6.07亿元，年度平均存款余额资金收益率为4.03%。

体制机制改革。依法依规开展公司更名改制工作。按照“坚持市场导向、注重经济效益、灵活稳健运营、严格规范管理”要求，中国双维投资公司更名改制为中国双维投资有限公司，成立董事会，组建新的经营管理班子，初步制订总经理工作规则、董事会议事规则。

省级公司多元化经营发展概况

【黑龙江烟草投资管理有限公司】 2013年7月，国家局、总公司正式批复设立黑龙江烟草投资管理有限公司（国烟法〔2013〕292号）。2013年10月进行工商注册，同月正式挂牌成立。注册资本1亿元，是中国烟草总公司黑龙江省公司的全资子公司。经营范围包括：实业投资、投资咨询、房地产开发、物业管理、自有房产经营、酒店管理、建筑工程施工、装饰工程施工、软件开发、货物进出口（国家禁止的项目除外、国营贸易或国家限制项目取得授权或许可证后方可经营）。截至2014年底，黑龙江烟草投资管理有限公司拥有总资产1.32亿元，资产负债率为0.8%。2014年，中国烟草总公司黑龙江省公司多元化企业实现营业收入3.08亿元，实现税利4985万元。黑龙江烟草投资管理有限公司本级实现税利434万元。

【上海海烟投资管理有限公司】 2007年2月，国家烟草专卖局正式批复设立上海海烟投资管理有限公司（国烟法〔2007〕60号）。2009年10月进行工商注册，同月挂牌成立。注册资本1亿元，是上海烟草集团有限责任公司的全资子公司，经营范围为实业投资（除股权投资和股权投资管理）、投资管理（除股权投资和股权投资管理）、工程项目管理、资产管理（除股权投资与股权投资管理）、企业管理咨询（不得从事经纪）、国内贸易（除专控）。后经二次增资，截至2014年底，上海海烟投资管理有限公司注册资本为33亿元，拥有3家全资企业，2家控股企业，并参股中国太平洋保险（集团）股份有限公司、中国太平洋人寿保险股份有限公司、中国太平洋财产保险股份有限公司、交通银行股份有限公司、东方证券股份有限公司、海通证券股份有限公司、上海金枫酒业股份有限公司、上海锦江国际实业投资有限公司、上海友谊集团股份有限公司、佛山东林包装材料有限公司，涉及房地产、酒店、金融三大业务。截至2014年底，上海海烟投资管理有限公司总资产为94.13亿元，净资产94.03亿元，资产负债率为0.1%。有本级员工15人、所属企业员工1556人。2014年，实现营业收入78400元，实现利润5.28亿元。

【浙江烟草投资管理有限责任公司】 2007年4月，国家局、总公司正式批复设立浙江烟草投资管理有限责任公司（国烟法〔2007〕192号）。2007年5月进行工商注册，同月挂牌成立。注册资本1亿元，是中国烟草总公司浙江省公司的全资子公司，经营范围为实业投资、项目管理、房地产开发、商业贸易、进出口贸易、酒店管理、典当服务、保险经纪等。截至2014年底，浙江烟草投资管理有限责任公司拥有浙江香溢房地产开发有限公司、杭州香溢酒店管理有限公司、杭州香溢浣纱宾馆、舟山香溢普陀宾馆4家全资企业，杭州香溢大酒店股份有限公司1家控股企业，香溢融通控股集团股份有限公司1家相对控股企业，湖州、台州、舟山3家市公司所属的投资公司，涉及房地产、酒店、金融三大业务。截至2014年底，浙江烟草投资管理有限责任公司总资产为36.29亿元，净资产34.74亿元，资产负债率为1.27%。有本级员工14人、所属企业员工461人。2014年，实现营业收入1.33亿元，实现利润0.92亿元。

【浙江中烟投资管理有限公司】 2014年5月，国家局、总公司批复设立浙江中烟投资管理有限公司（国烟法〔2014〕220号），同年6月，进行工商注册，并挂牌成立。注册资本2亿元，是浙江中烟工业有限责任公司的全资子公司，经营业务范围为投资管理、实业投资、投资咨询、经营进出口业务等。公司成立后，制定、修订《行政会议议事规则》《多元化投资管理暂行规定》等16个相关制度，履行出资人的监管和协管职能，推进多元化企业法人治理结构建设，并以《多元化经营企业重大事项报告制度》为规范和要求，向下构建逐级上报重大事项监管体系，确保多元化国有资产的监管质量。截至2014年底，浙江中烟投资管理有限公司拥有宁波大红鹰投资有限公司、宁波大红鹰运输有限公司、杭州歌德大酒店、杭州三润保险代理有限公司、杭州三润实业投资有限公司、杭州浙兴烟草物资有限公司等6家子公司，中维地产浙江有限公司、浙江伟博包装印刷品有限公司、上海中臣烟草机械配件有限责任公司、浙江天外包装印刷股份有限公司、宁波三润投资实业有限公司、杭州利群环保纸业有限公司、宁波上游包装实业有限公司、杭州利群经贸有限公司等15家参股企业。截至年底，浙江中烟投资管理有限公司总资产为8.84亿元，净资产8.84亿元，资产负债率0.01%。本级员工12人，所属企业员工585人。

【福建烟草海晟投资管理有限公司】 1993年10月，中国烟草总公司福建省公司向厦门海沧管委会工商局提交关于成立厦门海晟实业发展有限公司的报告，同年公司挂牌成立。2005年5月，中国烟草总公司福建省公司正式批复同意厦门海晟实业公司改制增资扩股成立福建海晟集团有限公司（闽烟司计〔2005〕65号、闽烟计〔2005〕61号），2006年12月更名为福建烟草海晟投资管理有限公司（闽烟人〔2006〕80号），注册资本26.47亿元，是中国烟草总公司福建省公司的全资子公司，经营范围为投资管理、酒店管理等。截至2014年底，福建烟草海晟投资管理有限公司拥有厦门海晟房地产开发有限公司、福州海晟房地产开发有限公司、泉州海晟房地产开发有限公司、武夷山海晟国际大酒店管理有限公司、福建海晟信息技术有限公司、福建省海晟文化传媒有限公司、福建省海晟物业管理有限公司、武夷山市通仙茶业有限责任公司、厦门烟草海晟物业服务有限公司等9家全资企业，福建海晟连锁营销发展有限公司1家相对控股企业，兴业银行股份有限公司、厦门中软海晟信息技术有限公司、福建华橡自控技术股份有限公司、三明海晟房地产开发有限公司等4家参股企业，涉及金融投资、房地产开发、信息技术开发、连锁经营、文化传媒、旅游酒店、物业管理等七大业务。截至2014年底，福建烟草海晟投资管理有限公司总资产为52.94亿元，净资产39.71亿元，资产负债率为24.99%。本级员工91人、所属企业员工1600人。2014年，实现营业收入4.29亿元，实现利润2.13亿元。

【福建鑫叶投资管理集团有限公司】 2009年12月，国家局、总公司正式批复设立福建鑫叶投资管理集团有限公司（国烟法〔2009〕518号）。2009年底，福建鑫叶投资管理集团有限公司由厦门鑫叶集团有限公司改制而成，主要负责经营管理福建卷烟工业系统多元化投资和企业，注册资本4.09亿元，是福建中烟工业有限责任公司下辖的多元化经营企业。主要经营印刷包装业、酒店、房地产开发等业务。截至2014年底，拥有总资产6.45亿元，员工总数1600余人。拥有14家子公司，其中，全资子公司10家。2014年，坚持"狠抓基础、持续创新、稳中求进"的生产经营方针，完善预算管理，深化对标工作，开展降本增效管理，印包企业节约成本费用2000多万元。2014年，福建鑫叶投资管理集团有限公司实现销售收入10.45亿元，实现税利3.45亿元，其中净利润1.88亿元。

【江西省锦峰投资管理有限责任公司】 2011年12月8日，国家局、总公司正式批复设立江西省锦峰投资管理有限责任公司（国烟法〔2011〕525 号）。2012 年 2 月进行工商注册，同月挂牌成立。注册资本 3.23 亿元，是中国烟草总公司江西省公司的全资子公司，经营范围为酒店经营管理、卷烟包装箱循环回收整理、烟叶包装物采供、物业管理服务、信息软件开发及服务、汽车租赁、金融领域投资等业务。截至 2014 年底，江西省锦峰投资管理有限责任公司拥有江西省锦峰物业管理有限公司、江西省锦峰软件科技有限公司和江西省锦峰汽车服务有限公司等 3 家全资子公司和锦峰大酒店 1 家非法人企业；持有国盛证券有限责任公司、江西大厦股份有限公司、南昌银行股份有限公司等 3 家企业的股份。截至 2014 年底，江西省锦峰投资管理有限责任公司总资产为 8.59 亿元，净资产 8.37 亿元，资产负债率为 2.58%。本级员工 20 人，所属企业员工 462 人。2014 年，实现营业收入 0.948 亿元，实现利润 0.057 亿元。

【山东烟草投资管理有限公司】 2010 年 3 月，国家局、总公司正式批复设立山东烟草投资管理有限公司（国烟法〔2010〕3 号），2010 年 3 月进行工商注册，同月挂牌成立。山东烟草投资管理有限公司注册资本 12.4 亿元，是中国烟草总公司山东省公司的全资子公司，经营范围为对外投资及管理、企业管理咨询，计算机系统服务及数据处理，应用软件服务，房地产开发、销售；房屋出租。截至 2014 年底，下辖济南、青岛、烟台、潍坊、日照 5 个区域化公司，1 个酒店管理集团（包括中维酒店管理公司、济南中豪、潍坊东方、临沂荣华、安丘新东方 4 家酒店），2 家肥业公司（包括黑龙江金博世纪肥业有限公司和绥化齐鲁隆福肥业有限公司），持有山东省融资担保有限公司、山东泰山壹伍叁贰物联供应链有限公司、交通银行股份有限公司部分股份，涉及房地产、酒店、金融、肥业等业务。截至 2014 年底，总资产 86.92 亿元，净资产 9.19 亿元，资产负债率 82.87%。有本级员工 78 人，所属企业员工 1616 人。2014 年，实现营业收入 17.87 亿元。

【河南烟草投资管理有限公司】 2013 年 5 月，国家局、总公司正式批复设立河南烟草投资管理有限公司（国烟法〔2013〕205 号）。2013 年 7 月进行工商注册，2013 年 8 月挂牌成立。注册资本 2 亿元，是中国烟草总公司河南省公司的全资子公司，经营范围包括：项目投资、投资管理、投资咨询；物业管理、房屋租赁；烟用配套物资经营；卷烟、雪茄烟零售等。截至 2014 年底，拥有总资产 2.67 亿元，净资产 2.65 亿元，长期股权投资 6043 万元，资产负债率为 0.44%，公司本级从业人员 16 人。2014 年，河南烟草商业系统多元化经营企业实现营业收入 3.83 亿元，同比增长 8.81%；实现税利 2833 万元，同比增长 63.66%，其中实现利润 1827 万元，同比增长 237.71%。河南烟草投资管理有限公司本级实现营业收入 1.16 亿元，实现税利 622 万元，其中利润 612 万元。

【河南黄金叶投资管理有限公司】 2014 年 5 月 5 日，国家局、总公司正式批复设立河南黄金叶投资管理有限公司（国烟法〔2014〕223 号）。2014 年 8 月成立。2014 年 9 月进行工商注册，注册资本 2 亿元，是河南中烟工业有限责任公司的全资子公司，经营范围为项目投资、投资管理、所属企业资产经营、装卸搬运服务、包装服务、清洁服务等。截至 2014 年底，河南中烟下属的多元化企业股权和资产尚未划转至河南黄金叶投资管理有限公司，注册资本亦未到位。2014 年，河南中烟下属的多元化企业有 14 家，其中，集体性质的多元化企业 8 家，全资多元化企业 2 家，控股多元化企业 3 家，参股多元化企业 1 家，涉及卷烟材料、物业服务、烟用香精香料等业务。截至 2014 年底，河南黄金叶投资管理有限公司本级员工 7 人。河南中烟下属的 14 家多元化企业总资产 20.06 亿元，实现营业收入 21.14 亿元，实现净利润 1.34 亿元。

【湖北烟草投资管理有限责任公司】 2006 年 11 月，国家局、总公司批复成立湖北烟草投资管理有限责任公司（国烟法〔2006〕794 号）。2007 年 4 月，湖北省烟草公司正式成立湖北烟草投资管理有限责任公司。2007 年 5 月进行工商注册，同月挂牌成立。2007 年原始注册资本 800 万元，后经多次资产划转，2012 年注册资金增至 12.08 亿元，是中国烟草总公司湖北省公司的全资子公司，经营范围为投资管理、资产经营及投资咨询（不含证券投资）；日用百货、服装、皮革、鞋帽、洗涤用品（不含危化品）、化妆品、工艺品、办公用品的批零兼营；摄影器材、音响设备、五金交电、电子产品、通信设备、通讯设备、机电机械设备、计算机软硬件及配件的批零兼营；塑料制品、金属制品、建筑材料、装潢材料、化工原料及产品（不含危化品）、酒店用品、家具的批零兼营；国内各类广告代理、设计、制作和发布；自有房租租赁、设备租赁；预包装食品批发兼零售。截至 2014 年底，湖北烟草投资管理有限责任公司拥有 9 家全资子公司，以及 1 家控股子公司，业务主要涉及化肥化工、建筑装饰、地产开发、IT 信息化、零售连锁、配套服务六大领域。截至 2014 年底，湖北烟草投资管理有限责任公司拥有总资产 26.12 亿元，其中固定资产 124.51 万元、流动资产 1.51 亿元，长期股权投资24.58亿元，所有者权益25.03亿元，资产负债率为4.18%。本级员工22人，所属企业员工757人。2014年，湖北烟草投资管理有限责任公司及10家子公司实现营业收入6.59亿元，实现税利7514万元，其中利润5271万元。

【红金龙（集团）有限公司】 红金龙（集团）有限公司于1990年12月完成工商注册。注册资本1.01亿元，是湖北中烟工业有限责任公司全资子公司，经营业务范围为瓦楞纸箱、材料回收加工，封口；金属结构件加工；销售百货、纺织品、五金交电、工艺美术品、土产品、家具、民用建材、文化用纸、印刷机械配件、烟机配件、食品添加剂、香精与香料；柜台出租；仓储服务（不含化学危险品的仓储服务）；机械设备安装及租赁；土石方工程、装饰工程、市政工程、园林工程施工；烟草行业管理咨询；IT规划服务；计算机硬件维护、运行维护及IT培训服务；提供企业信息化项目实施、监理服务；建筑智能化工程设计施工。截至2014年底，红金龙（集团）有限公司拥有7家子公司（其中武汉市外3家企业宜昌金叶工贸有限责任公司、湖北龙乡印刷包装股份有限公司、襄阳市鸿琰实业有限责任公司实行属地管理原则，由所在卷烟生产点代表湖北中烟履行经营管理责任，红金龙集团代表湖北中烟对其进行业务指导，行使烟草资产管理职责），8家参股企业。截至2014年底，红金龙（集团）有限公司总资产为25.24亿元，其中净资产24.83亿元，资产负债率1.63%。本级员工15人，所属企业员工193人（不含武汉市外3家企业）。2014年，实现营业收入4.04亿元（不含武汉市外3家企业），实现利润4.89亿元（含投资收益，不含武汉市外3家企业）。

【湖南中烟投资管理有限公司】 2011年7月27日，国家局、总公司正式批复设立湖南中烟投资管理有限公司（国烟法〔2011〕351号）。2011年10月进行工商注册，12月挂牌成立。注册资本2亿元，是湖南中烟工业有限责任公司的全资子公司，经营范围为国家法律法规允许的项目投资、投资管理及投资咨询服务（不含金融、证券、期货咨询）、纸张销售、供应链管理等。截至2014年底，湖南中烟投资管理有限公司对外投资金额5.93亿元，主要投资与主业生产相配套的烟标印刷、辅料生产企业，以及金融、广告、物业管理少数第三产业，有19家企业，包括：烟标印刷企业3家，辅料企业8家，其他型（包括物业、金融、文化传播等）企业8家；根据湖南中烟工业有限责任公司授权，湖南中烟投资管理有限公司归口管理宁夏弘德包装材料有限公司、琼海博鳌培训中心等6家多元化企业（其投资主体为湖南中烟工业有限责任公司）；湖南中烟投资管理有限公司本级总资产为15.97亿元，其中净资产15.18亿元，资产负债率为4.97%；本级员工35人，所属企业员工4918人。2014年，除兴业银行外，其他控股或参股企业完成汇总收入33.58亿元，同比增长6.5%；实现汇总利润总额8.19亿元，同比增长15%。

【广西天成投资管理有限责任公司】 2012年6月，国家局、总公司正式批复设立广西天成投资管理有限责任公司（国烟法〔2012〕164号）。2012年12月挂牌成立。注册资本3800万元。广西天成投资管理有限责任公司是广西中烟工业有限责任公司的全资子公司。2014年，广西中烟工业有限责任公司所属6家子公司的股权划转到广西天成投资管理有限责任公司。截至2014年底，广西中烟工业有限责任公司下属全资子公司有广西天成投资管理有限责任公司、广西真龙物流有限责任公司等2家公司，控股9家公司，形成“广西中烟—天成投资—多元化企业”的资本纽带。2014年，广西中烟工业有限责任公司多元化企业实现销售收入14.99亿元，其中税利3.82亿元，实现利润2.97亿元。2014年，广西天成投资管理有限责任公司本级实现营业收入2.66亿元，实现利润2.81亿元。

【重庆市烟草投资管理公司】 重庆市烟草投资管理公司前身是于2000年2月14日挂牌成立的重庆渝叶实业发展有限公司（重烟局多〔2000〕55号）。2010年11月，更名为重庆市烟草投资管理有限公司，注册资本由3000万元增至5.12亿元。重庆市烟草投资管理公司是中国烟草总公司重庆市公司的全资子公司，负责重庆市烟草多元化企业投资和经营管理。经营业务涉及卷烟连锁、有机肥产销、“两烟”物流、房地产开发、烟用配套物资产销、酒店经营及物业管理等。截至2014年底，重庆市烟草投资管理公司拥有总资产7.39亿元，其中固定资产2407.64万元、流动资产1.86亿元，资产负债率为11.25%。2014年，实现营业收入4.52亿元，同比增长3.93%。实现税利3779.90万元，同比增长3.19%；实现利润2593.66万元，同比下降6.53%。

【贵州烟草投资管理有限公司】 2010年12月，国家局、总公司正式批复设立贵州烟草投资管理有限公司（国烟法〔2010〕461号）。同月15日进行工商注册，正式挂牌成立。注册资本5000万元，系中国烟草总公司贵州省公司的全资子公司，承担全省烟草商业多元化投资经营归口管理，经营范围包括卷烟零售、保险代理、食品经营、酒店投资、房地产开发、农用物资、物业管理、旅游开发、广告开发、日杂用品等。截至2014年底，贵州烟草投资管理有限公司拥有贵州烟草投资管理有限公司卷烟销售分公司1家非法人企业，贵州科泰房地产开发有限公司1家全资企业，贵州赤天化集团遵义大兴复合肥有限责任公司、湖北香青化肥有限公司、贵阳海天园殡葬有限公司等3家参股企业，涉及零售连锁、房地产、复合肥、殡葬四大业务。截至2014年底，贵州烟草投资管理有限公司总资产为1.53亿元，其中净资产1.44亿元，资产负债率为6.04%。本级员工14人、业务外包人员84人。2014年，实现营业收入2亿元，实现利润2597万元。

【贵州福贵投资管理有限公司】 2013年3月，国家局、总公司正式批复设立贵州福贵投资管理有限公司（国烟法〔2013〕77号）。2013年10月，完成工商登记注册。公司注册资本5793.87万元，是贵州中烟工业有限责任公司的全资子公司，经营范围为项目投资和经营管理、商业贸易、包装印刷、绿色产业开发、房屋租赁、矿泉水生产等。截至2014年底，贵州福贵投资管理有限公司拥有台江矿泉水分公司和房屋租赁分公司2家分公司，贵州福贵传媒有限公司、贵州新贵物业管理有限公司、遵义银江生态农业开发有限公司等3家全资企业，控股贵阳黄果树纸业有限公司，参股贵州西牛王印务有限公司和贵州银行，投资企业涉及广告传媒、包装印刷、金融、农业种养殖等业务。截至2014年底，贵州福贵投资管理有限公司拥有总资产1.35亿元，净资产1.26亿元，资产负债率为8%。本级员工41人，所属企业员工225人。2014年，实现营业收入0.33亿元，实现利润0.15亿元。

【云南华叶投资有限责任公司】 2013年6月，国家局、总公司正式批复设立云南华叶投资有限责任公司（国烟法〔2013〕263号）。2013年9月进行工商注册，10月正式挂牌成立。注册资本3亿元。云南华叶投资有限责任公司是中国烟草总公司云南省公司的全资子公司。截至2014年底，中国烟草总公司云南省公司存续多元化企业35家，投资成本21.83亿元，其中全资和控股企业18家，投资成本8.89亿元，占多元化总投资成本40.7%；参股企业17家，投资成本12.94亿元，参股企业占多元化总投资成本59.3%。2014年全资控股企业资产总额19.1亿元，负债总额8.48亿元，所有者权益10.6亿元。资产保值增值率94.6%，资产负债率44.39%。18家全资和控股企业中，有11家宾馆酒店类企业、1家商业贸易类企业、3家物流服务类企业、3家生产经营类企业。主要有两大板块业务，烟用化肥经营业务及宾馆酒店经营管理业务。截至2014年底，云南华叶投资有限责任公司本级资产合计4.7亿元，负债131万元，所有者权益46884万元。2014年，实现税利2090万元，同比增加1893万元，增长960.91%。实现利润2068万元。

【陕西烟草投资管理有限公司】 2014年10月，国家局、总公司正式批复设立陕西烟草投资管理有限公司（国烟法〔2014〕252号）。经营范围包括：项目投资、投资管理、投资咨询、系统内业务培训、房地产开发、商业贸易、酒店经营及管理、物流配送、汽车租赁、物业管理、卷烟零售连锁、烟用配套物资机械、农业开发、高科技产品研制与开发、烟草种子和农药、肥料、农地膜销售、旅游文化产业开发与投资、预包装食品销售等，是隶属中国烟草总公司陕西省公司的全资子公司。2014年，陕西烟草投资管理有限公司主要完成公司设立调研及设立实施方案制定、公司章程制定等前置性工作和公司注册的前期准备工作。负责对陕西省烟草公司全资和参股的企业行使出资人权利，履行出资人职责。全省全资和参股的多元化企业经营范围涉及商业贸易、卷烟零售、酒店经营、金融、印刷、信托、烟草配套产品制造、纺织等行业。截至2014年底，全资多元化企业实现营业收入23495.42万元，实现利润616.29万元。

【陕西中烟投资管理有限公司】 2012年8月，国家局、总公司正式批复设立陕西中烟投资管理有限公司（国烟法〔2007〕192号）。陕西中烟投资管理有限公司是陕西中烟工业有限责任公司的全资子公司。2014年，陕西中烟投资管理有限公司投资400万元，设立陕西好猫商贸有限公司。作为陕西中烟投资管理有限公司的全资子公司，陕西好猫商贸有限公司主要经营好猫尚品生活超市，打造“好猫”品牌形象。截至2014年底，陕西中烟投资管理有限公司拥有总资产9.2亿元，其中，流动资产4.3亿元，资产负债率为13.83%。2014年，陕西中烟投资管理有限公司所属的全资、控股、参股多元化经营企业实现合并利润0.5亿元，同比增加504万元，增幅为11.3%。陕西中烟投资管理有限公司本部实现利润763万元，同比增长53.8%；全资企业实现利润1191万元，同比增长41.5%。

（编辑：李　昂）

企业文化

全国烟草行业企业文化概况

2014年，行业认真学习贯彻习近平总书记系列重要讲话精神，扎实推进行业企业文化建设，凝聚行业改革发展正能量，为行业提供坚强的文化保证。

【推进行业思想文化建设】 制订印发《关于加强行业基层服务型党组织建设的意见》《关于完善行业党员干部直接联系群众制度的意见》《关于学习贯彻党的十八届四中全会精神的通知》《关于广泛开展向彭义政同志学习活动的通知》等20余份重要文件。弘扬先进典型和劳模精神，2014年3月，在北京召开中国烟草职工思想政治工作研究会第七届年会暨第八届理事会，围绕践行社会主义核心价值观，履行社会责任进行专题部署，选举产生中烟政研会第八届理事会领导机构、理事和常务理事，表决通过《中烟政研会章程（修订稿）》。4月，第六届全国烟草行业先进集体、劳动模范表彰大会在北京召开，对为行业改革发展作出突出贡献的57个先进集体、119名劳动模范进行表彰。按照创建优秀基层单位活动的总体部署，对广西桂林市局（公司）开展创建优秀地市级局（公司）活动情况进行调研，并组织开展行业基层标兵单位评选工作，评选出136家基层创优活动标兵单位。

【加强行业工会工作】 组织召开国家局与中国财贸轻纺烟草工会第十次联席会，研究确定2014年工作任务；协助中国财贸轻纺烟草工会做好“全国五一劳动奖状”“全国五一劳动奖章”和“全国工人先锋号”的初审工作。推动行业工会组织建设，举办工会干部培训班，提高工会干部队伍素质，重点组织学习民主管理、工会组织建设、工会费用管理等课程，培训工会干部367人。推进省级公司工会建设，河南中烟、川渝中烟组建行业工会。

行业部分省级公司企业文化建设概况

北京市烟草专卖局（公司）：北京市烟草专卖局（公司）构建了完整的企业文化理念体系，打造“京烟首善”服务品牌。核心理念为“服务别人就是服务自己，提高效率就是提高效益”；工作目标为“树首都烟草形象，创一流工作业绩”；工作定位为“奋进在首善之区，微笑在北京烟草”；工作作风和工作标准为“想全想深、做精做细”；心态素质要求为“忠诚、敬业、知足，以忠诚之心对待事业，以宽容之心对待同事，以平淡之心对待名利，以博爱之心对待社会”；社会责任为“北京烟草与您共创美好未来”。

天津市烟草专卖局（公司）：天津市烟草专卖局（公司）构建完整的企业文化理念体系，并从战略层、策略层、执行层3个层面进行全面阐释。战略层方面，企业使命是“为国家创造财富、为社会提供价值、为员工成就事业”，企业愿景是“负责任的一流商业流通企业”，企业宗旨是“报效国家、成就员工、满足顾客”。策略层方面，以“国家利益至上，消费者利益至上”为核心价值观，企业精神为“精诚共进、和谐发展”。执行层方面，分别从行为理念、经营理念、管理理念、人才理念、服务理念、执法理念、学习理念等七个方面分别做出规定。

河北省烟草专卖局（公司）：河北省烟草专卖局（公司）着力构建“阳光”文化架构体系。“阳光”文化体系中，共同价值观是“国家利益至上，消费者利益至上”，企业愿景是“科学发展、争创一流”，企业使命是“严格规范、阳光运行、奉献国家、回报社会、成就员工”，企业战略是“以人为本、人才兴企、服务增效、发展第一”，企业精神是“谦虚谨慎、不骄不躁、艰苦奋斗、无私奉献”，行为信条是“阳光做人、阳光做事”，核心内涵是“阳光、感恩、服务、执行、创新、效率”，行为准则是“做人忠实、做事扎实、交友诚实、学习勤实、身体结实、心里踏实”，服务理念是“阳光雨露、和谐共赢”。

2014年，河北省局（公司）通过举行先进典型事迹巡回报告会、组织全省行业企业文化培训班、开展“加强行为自律和严格规范”大讨论、开展“阳光·善行”救助贫困卷烟零售客户等活动，加大企业文化宣贯力度。完善全省行业“阳光”文化架构体系和“阳光”服务品牌架构体系，编印《“阳光”文化宣贯手册（服务篇）》，并在河北省局（公司）OA系统开辟“阳光”文化专栏。

河北中烟工业有限责任公司：2014年，河北中烟工业有限责任公司通过深化质量文化、安全文化、品牌文化、精益文化等子文化系统的构建，丰富和提升“钻石”文化理念，促进文化落地。大力弘扬“严、细、实、和、搏、好”的企业精神，不断提升企业核心竞争力。以庆祝公司成立

11周年为契机，开展“十一年风雨路 、一曲奋进凯歌”系列活动。导入行业企业文化评价体系，结合公司发展战略调整，探索企业文化调整的方向和路径。

山西省烟草专卖局（公司）：山西省烟草专卖局（公司）加强企业文化建设，大力实施文化凝聚工程，逐步形成“境界”文化核心理念体系。在“境界”文化体系中，企业价值定位为“晋美境界”；企业使命“创造价值、成就员工、报效国家、奉献社会”；企业愿景为“用一流业绩成就幸福晋烟”；企业精神为“激情奋进、追求卓越”；企业发展理念为“勇于变革、勇于创新、永不僵化、永不停滞”。

内蒙古自治区烟草专卖局（公司）：内蒙古自治区烟草专卖局（公司）着力构建“拼搏、诚信、和谐、奉献”企业文化理念体系。企业使命为“改革创新、规范运作、真抓实干、再创辉煌”。企业精神中，以拼搏进取作为企业发展的动力源泉，以诚信之心与客户实现共赢，以和谐之心与员工、兄弟企业团结协作，以奉献之心切实维护“两个至上”。

辽宁省烟草专卖局（公司）：辽宁省烟草专卖局（公司）构建以“责任文化”为主题定位，以“国家利益至上，消费者利益至上”为核心价值理念，以“魂”“根”“形”为特色内容的企业文化架构体系。“魂”是责任，是辽宁烟草企业文化理念的精髓；“根”是制度，是辽宁烟草企业文化理念的支撑；“形”是服务品牌，是辽宁烟草企业文化理念的外显。“责任文化”涵盖六个方面的内容：企业价值观为“国家利益至上，消费者利益至上”；企业愿景为“责任烟草、诚信烟草、和谐烟草”；企业使命为“报效国家、回报社会、成就员工”；企业精神为“宽容开放、改革创新、敬业奉献、自律自强”；企业行为信条为“潜心做事、低调做人”；企业行为准则为“讲责任、讲诚信、讲效率、讲奉献”。

在“责任文化”引领下，2014年，辽宁省局（公司）通过举办第六届全国烟草行业先进集体和劳动模范先进事迹巡讲活动等多种载体和方式推进企业文化建设。

吉林省烟草专卖局（公司）：吉林省烟草专卖局（公司）深入推进“德文化”建设，确立“德”字在吉林烟草企业文化理念中的核心地位：把人的建设作为企业文化建设的核心，把道德建设作为人的建设的核心，坚持“以德为基、和谐发展”的总体原则。在“德文化”框架的基础上，提出“大德至爱、正心以求品，大德至道、明智以求是，大德入微、细致以求精，大德修为、笃行以立人”的文化定位，通过整合提升，把文化落地的根本点放在推动企业管理变革上。一是持续整合提升卷烟销售网络服务品牌，组织所属各市（州）局（公司）立足市场主体地位，结合卷烟零售终端建设，进一步丰富服务内容、创新服务策略、优化服务流程、升级服务体验、提升服务价值。二是开展学习宣传社会主义核心价值观活动，制定《吉林省烟草专卖局（公司）关于培育和践行社会主义核心价值观的实施意见》，起草《社会主义核心价值观宣讲提纲》（初稿），形成“寻找最美烟草人”系列评选活动初步方案，并利用电子大屏幕滚动字幕、张贴宣传画等方式，启动社会主义核心价值观的学习宣传活动。

黑龙江省烟草专卖局（公司）：黑龙江省烟草专卖局（公司）构建完整的企业文化理念体系。价值定位为“德·实”；使命为“展业兴邦，惠世维民”；愿景为“值得尊重的烟草企业和执法主体”；企业精神为“德·实·诚·本·拓”，即立德而宽厚、求实而敬业、重诚而有信、守本而律己、谋拓而图远。

上海市烟草专卖局、上海烟草集团有限责任公司：上海市烟草专卖局、上海烟草集团有限责任公司“和搏一流”文化架构体系包括：“和搏一流”企业精神；六大理念，分别为“两个至上、两个为荣”核心价值观，“国内一流、国际先进”企业愿景，“做中国人自己最好的卷烟”企业使命，“做精做强”战略思想，“一丝不苟、支支一流、一包一箱、不优不休”质量方针和“职业自觉、现场主动”行为信条。企业文化定位包括“质量和品质”“服务和诚信”“责任和效率”。

2014年，集团公司在建立健全“和搏一流”文化体系的基础上，着力推进文化落地和文化践行。持续推进母子文化建设，通过“文化上墙”活动，营造文化环境氛围。实施“创新驱动，转型发展”文化创新课题，探索实践“建模式、抓试点、搭平台”破题路径，初步形成“个人创新和团队创新互促共进、个人发展和团队发展互促共进”创建模式。组织行为规范“主题季”活动，开展行为陋习自查，并且从“行为规范准则、行为规范内容、行为评价标准”三个方面，组织集团公司文化教研组编写宣传贯彻教案，制作行为规范专题宣传片，初步形成集团公司行为规范制度建设体系架构。开展集团文化日活动，以“同一个梦想，同一首歌曲”为主题，增强企业的凝聚力，提升员工对企业的归属感。

江苏省烟草专卖局（公司）：江苏省烟草专卖局（公司）丰富完善“同心”企业文化架构体系。“同心”文化主要由共同价值观、发展战略、工作主线、文化追求、作风保障、企业精神等内容组成。共同价值观为“国家利益至上，消费者利益至上”；发展战略为“深化‘三大战略’、实践‘三大课题’、争当‘三个楷模’”；工作主线为“规范是生命线、创新是驱动力、发展是硬道理”；文化追求为“打造学习型、服务型、责任型企业；作风保障为”务实、服务、节俭、清廉”；企业精神为“戒浮戒躁、恒心恒行、至诚至善、共建共享”。“同心”企业文化包含五大工程，分别为文化载体推进工程、标识系统应用工程、文明行业创建工程、行为规范落地工程、服务品牌建设工程。

浙江省烟草专卖局（公司）：浙江省烟草专卖局（公司）着力加强“精实”文化建设，以“六和之塔”“五圆同心”架建“精实”企业文化。“六和之塔”，即将杭州名胜古迹六和塔作为物化载体，以专卖制度为基，“国内领先、国际一流”的浙烟愿景为领，“精实创和”的浙烟精神为魂，“对您负责让您满意”的浙烟宗旨为本，维护国家利益和消费者利益，协同工业企业、携手零售客户，成就员工、回报社会公众，达到六方和谐共生。“五圆同心”，即母子文化建设力求实现行业共同价值观、文化核心理念、企业伦理、经营管理理念、企业形象等五大基本元素统一，形成“整体协同、明确边界、共享核心、分层表述”的母子文化体系。

2014年是浙江烟草组建30周年，浙江省局（公司）通过开展“转型提升在岗位”青年微电影节、“接力三十年，开拓新发展”浙烟管理创新实践论坛、“传承浙烟精神、共绘浙烟新篇”主题征文、书画、摄影大赛等3项活动，献礼30周年，彰显“精实”文化理念。

浙江中烟工业有限责任公司：浙江中烟工业有限责任公司着力构建企业“平和文化”理念体系，包括价值文化、人格文化、发展文化、管理文化和用人文化五大方面。价值文化的核心是坚持“两个至上”行业共同价值观，保持企业持续健康发展，从而更好地维护“两个至上”；人格文化的核心是平和从容、敢想敢拼、善谋善为；发展文化的核心是企业、品牌、员工共同成长；管理文化的核心是市场驱动、跟进服务、五大滚动（即滚动预测、滚动生产、滚动供应、滚动维护、滚动服务）、严细实快；用人文化的核心是唯才是举、赛场赛马、能上庸下、鼓励创新。

2014年，浙江中烟继续推进“平和文化”的宣传贯彻工作。加强内训师培养工作，强化员工的集中培训。通过学习讨论、目标分解、措施落实等几个阶段，开展“应变图强促发展”主题教育活动，进一步坚定员工信念。发挥党工团组织优势，开展劳动竞赛、岗位练兵、合理化建议、师带徒和青年突出活动，调动职工积极性，促进经营目标完成。开展政研活动，撰写政研论文140余篇。利用浙江中烟成立10周年契机，宣传“七大成果”“五大启示”，推进文化服务品牌和典型示范引领。组织6场次“员工楷模”基层巡回报告会和楷模与员工恳谈会，引导广大职工以“员工楷模”“劳模”为标杆。

安徽省烟草专卖局（公司）：安徽省烟草专卖局（公司）自2006年10月起，系统开展企业文化建设，形成“成长”文化体系。“成长”文化体系架构由行业共同价值观、企业精神和企业五大理念三大部分组成，以“两个至上”统领全省系统价值观，秉承“创业、创新、创享”的企业精神，构筑“建设成长型企业，实现持续性发展”的企业愿景，怀揣“履行责任，奉献社会”的企业使命，树立“人本、科学、规范、精益”的管理理念，恪守“勤奋崇智，诚实守信，低调务实”的行为信条，践行“情暖江淮，徽映四方”的服务宗旨，逐步构建“成长”文化理念体系。

构建全省系统“成长”文化“161”母子文化架构体系，坚持“传承对接、统分结合，彰显特色、创新实践”的原则，以“四统一”（即统一核心理念、统一核心规范、统一服务品牌、统一评价体系）搭建“成长”文化的建设与管理平台；以“四自主”（即自主提炼特色理念、自主导入行为模式、自主开展主题活动、自主创新管理实践），促进各直属单位企业文化与“成长”文化实现有机对接。

2014年，编制“成长”文化建设和管理体系文件，拍摄《成长在春天的故乡》MTV。组织摄影协会会员参与烟叶复烤、精益管理现场会采风，召开省局（公司）“徽映”摄影协会年度会议。

安徽中烟工业有限责任公司：安徽中烟工业有限责任公司着力构建企业“攀登者”文化体系。“攀登者”文化的理念识别系统以“魂”“山”“道”“行”四字统领企业核心理念、品牌理念、管理理念和行为理念，其中，“厚德崇智、共创共享”是核心价值；“一山一世界”是品牌理念；“以人为本、严爱相济”是管理理念；“优化自我、天天向上”是行为理念。“攀登者”文化的理念识别系统以中国烟草的识别系统为基础，以“攀登”的首个拼音字母“pd”构建企业文化标识LOGO，规范企业的室外和室内的导示系统以及事务用品使用示例。

2014年，安徽中烟开展第三届“攀登者”文化节活动。活动设“致敬攀登者”先进人物宣传、“加油攀登者”微电影大赛、攀登者文化周和精益文化主题活动四大板块。

福建省烟草专卖局（公司）：福建省烟草专卖局（公司）于2007年开始系统构建企业文化，2009年9月发布建设成果。坚持以“两个至上”行业共同价值观为统领，确立“建设海西、责任烟草”的文化主旨和“创新、规范、奉献、廉洁、和谐”的经营理念。以“责任”母文化为纽带，由各直属单位结合实际提炼出“德、诚、实、宁、容、融、和、正、方、勤、智、精、严”13个子文化，构建“一株烟草不同叶，不同叶片皆属烟”的“母子文化”架构体系。

具体内容包括八个方面，其中，行业共同价值观为“国家利益至上，消费者利益至上”，企业愿景为“尽责诚信，和谐烟草”，企业使命为“益国利民，成就员工”，企业精神为“依法治企、惟国惟民、以德达人、重信重义”，企业经营思想为“创新、规范、奉献、廉洁、和谐”，企业作风为“精实服务，严谨高效”，企业行为信条为“潜心做事，低调做人”，企业服务理念为“至诚至信，全心全意”。

福建中烟工业有限责任公司：福建中烟工业有限责任公司深入推进“和·睿·行”企业文化建设，以“成为中国烟草重要一极”为企业愿景，传承“合心智搏、励志精进”的企业精神，形成经营观、品牌观、品质观、人才观、团队观、创新观、竞合观协同并进的文化核心理念架构。

2014年，福建中烟进一步推进行为规范建设，制订《行为规范建设实施意见》，并举办行为规范内训师培训班。以“巩固原有行为规范宣贯课件，进一步融合企业文化理念”为原则，完成《烟草行业行为规范建设概述》《烟草行业行为规范解读》《职场礼仪，你不可不知的四大误区》等课件开发，形成“行为规范1小时”课程体系。借助网络学习平台，推出“福建中烟·企业文化课程”网络学习课程，首次尝试讲师与听众分离的教学模式。加强项目研究，“企业文化管理创新项目”结项。开展《勇往直前》歌曲传唱活动，进一步凝聚人心。

江西省烟草专卖局（公司）：江西省烟草专卖局（公司）企业文化体系包含四方面内容。一是核心文化，文化内核是“系责于心、履责于心”，企业使命是“创造价值、报效国家”，企业愿景是“科学发展、更大作为”，企业精神是“勇于超越、追求卓越”，企业作风是“严谨务实、开拓进取”。二是经营文化，服务理念是“点滴满意、价值凝聚”，网建发展理念是“优于服务、胜在效率”，营销管理理念是“优化市场、成就品牌”，专卖管理理念是“谕之以理、律之以法”，物流管理理念是“心系客户、精益管理”，烟叶管理理念是“携手烟农、打造特色”。三是管理文化，决策管理理念是“广开言路、善谋慎决”，沟通管理理念是“真诚互信、理解包容”，员工成长理念是“志之向导、才之伯乐”，安全管理理念是“安全为天、平安共建”，成本管理理念是“全员参与、降本增效”，信息化理念是“数字烟草、支撑发展”，纪检监察理念是“正心、正行、正风”，思想政治工作理念是“关注心、关爱人”。四是形象文化，企业公众形象是“金的品质、叶的奉献”。

江西中烟工业有限责任公司：江西中烟工业有限责任公司重视推动文化创新，着力推进品类构建，加强品牌建设，从“魔烟金圣”的功能性诉求表达，到“金圣，功到自然成”的品牌理念升华，再到“金叶自然香、圣地中国红”的全新阐述，不断提升对“金圣”品牌内涵的提炼，着力构建与品牌发展相适应的特色文化体系，传播品牌特色，传递品牌价值，提升品牌形象。

2014年，江西中烟深入推进企业文化建设，在由各直属单位自主共同开发《金圣宣言》16条理念的宣传贯彻课件的基础上，根据公司“以我为主、外力为辅”的指示精神，聘请专业公司对课件雏形进行加工提炼，完成《金圣宣言》统一宣讲课件，并组织企业文化内训师开展课件宣讲的专题培训，有效规范企业核心理念的宣讲。2014年恰逢“金圣”品牌创牌20周年，公司成立10周年，江西中烟通过开展“辉煌金圣20年”第三届“金圣杯”文艺汇演、“我与金圣共成长”主题座谈会和征文比赛、“感谢有你，寻找金圣功勋员工”“金圣20年，与您同行”文化故事征集、第二届职工男子篮球比赛等系列活动，促进“金圣”文化理念内化于心、外化于行。

山东省烟草专卖局（公司）：山东省烟草专卖局（公司）从“两个至上”行业共同价值观、文化定位、核心理念层、应用理念层全面构建“情义”理念体系。在“情义”文化定位中，“情义”源起为“地域人文、历史文化、商业文明、烟草文化”；“情义”内涵为“责任、执行、规范、诚信、人本、和谐”；“情义”外延范围包括六部分，与国家社会“义不容辞　担当大义”，与消费者“关注需求　恪守公义”，与烟农“思源反哺　秉承道义”，与零售户“情

深意浓　坚守信义”，与工业企业“永续情谊　共担忠义”，与员工“融合情义　崇尚仁义”。核心理念层中，企业精神为“情义无限、责任永恒”；企业使命为“报效国家、回报社会、服务客户、成就员工”；企业愿景为“做有情有义、内外和谐、创新发展的烟草商业领跑者”；企业信念为“解放思想、转变观念、更新理念、提高执行力、执行能力和执行效果”；企业准则为“做结合文章、走创新之路”；企业红线为“规范、廉政、安全、稳定”；战略目标为“走在全国前列”。应用理念层方面，管理理念为“情义相融、严爱相济”；服务理念为“传责任大义、递服务真情”；行为理念为“堂堂正正做人、踏踏实实做事”。

2014年，山东省局（公司）明确“真情”服务品牌建设思路，逐步统一服务品牌名称、标志、建设模式，凝聚品牌合力，打造服务亮点。各所属单位依托山东省局（公司）《企业文化手册》（2013版），对现有文化体系进行重新审视，推进母子文化有效对接。将行为规范纳入培训计划，结合国家局《烟草行业行为规范》和山东省局（公司）《“情义”之行——情义行为规范》，抓好宣传贯彻工作。建立完善报刊、展厅、网站、微信等宣传阵地，拓宽企业文化宣贯面。

山东中烟工业有限责任公司：山东中烟工业有限责任公司深入推进“泰山”企业文化建设，融合所属单位各具特点的子文化（包括泰山·有为、泰山·担当、泰山·海岱、泰山·三尚、泰山·将军、泰山·颐中），共同搭建起“泰山”母子文化架构体系。形成完整的“泰山”文化理念体系，其中，文化主题为“我们就是泰山”，文化内涵为“厚重、坚韧、敢担当”，共同价值观为“国家利益至上，消费者利益至上”。

2014年，山东中烟利用文化展厅开展“泰山”文化传播交流，举办主题巡回演讲，启动党建宣教中心建设，创建山东中烟本部、济南卷烟厂2个道德示范基地。山东中烟连续三年获省级“文明单位”称号。

河南省烟草专卖局（公司）：河南省烟草专卖局（公司）以“三感三珍、三追三提”为核心，提炼形成全省系统的“感恩文化”，并发布《感恩文化》《感恩服务品牌手册》和《感恩服务品牌视觉识别系统手册》。“三感”即感恩制度、感激组织、感谢同志，是感恩文化的前提和基础；“三珍”即珍惜行业、珍惜岗位、珍惜待遇，是感恩文化凝聚的一种崇高精神；“三追”即追求信念、追求实干、追求业绩，是感恩文化的价值体现；“三提”即提升自身素质、提升工作水平、提升精神情趣，是感恩文化的目标和愿景。

河南中烟工业有限责任公司：河南中烟工业有限责任公司以“金的品质　叶的奉献　情的传递”为公司文化纲领，积极推进“金叶文化”建设，其中“金的品质”是为人信念，“叶的奉献”是处世准则，“情的传递”是行事目标。

2014年，河南中烟制定《企业文化建设三年规划》，明确深化河南中烟企业文化建设的指导思想、推进目标、实施原则、主题方案、推进步骤等内容。加强企业文化建设培训工作，组织18名员工参加2014年全国企业文化师培训，并在内部组织企业文化专题培训1期。制定河南中烟“品牌好、企业好、员工才好”“三好”理念宣贯方案，在内部全面开展“三好”理念宣贯活动，国家局局长凌成兴对河南中烟“三好”理念给予积极评价。开展“铸就伟大工厂　实现伟大梦想”“黄金叶”杯系列文化活动，征集征文类作品106篇、书法类作品115幅、绘画类作品39幅、摄影类作品167幅，推选演讲候选人13名。

湖北省烟草专卖局（公司）：湖北省烟草专卖局（公司）企业文化定位于“知行”文化。核心价值观为“国家利益至上，消费者利益至上”，企业愿景为“一流名企，基业长青”，企业精神为“知理力行，追求卓越”，企业使命为“精业报国，奉献社会，成就员工”，并包含学习理念、决策理念、经营理念、效益理念、执法理念、用人理念、规范理念、执行理念等“八大理念”，以及文化载体传播工程、标识系统应用工程、体系建设推进工程、服务品牌建设工程、行为规范提升工程“五大工程”。

湖北中烟工业有限责任公司：湖北中烟工业有限责任公司秉承“技术立企、文化兴企”的理念，以“思想力、行动力”为引领，以“名牌兴业回报社会”为宗旨，以“正规、高效、精炼、务实”为目标，大力倡导“自己的事情自己思考、自己的事情自己作主、自己的事情自己沟通、自己的事情自己负责”处事规则，践行“精心谋事、潜心干事、谨慎行事、坦荡处事”工作作风，全力打造“正直、宽容、远见、敬业”的团队品格，建设思行为主体的企业文化。

湖南省烟草专卖局（公司）：湖南省烟草专卖局（公司）坚持以践行行业文化架构体系为主线，以各市州公司构建子文化、打造企业特色名片为基础，明确将湖南烟草商业文化架构体系的核心定位在“践行”上，最终形成以“价值”为核心，以“行动”为导向的“践行”文化体系。

2014年，湖南省局（公司）坚持文化管理，以打造全省系统“636”服务品牌为核心，全面深化企业服务文化建设与管理。以“定位六类客户、履行三大职能、提供六星服务”为内涵，以“更近一步，更多一点”为宗旨，以“如你所愿。让客户满意，让客户惊喜，让客户信赖”为口号，以服务品牌理念系统、视觉识别系统、服务规范系统和管理系统建设为重点，印发《“636”品牌宣传手册》和《“636”VI手册》，统一服务品牌理念体系和视觉形象体系，开展“636”服务品牌培训，推进“636”服务品牌一体化建设。

湖南中烟工业有限责任公司：湖南中烟有限责任公司不断加强新常态下的企业文化建设，构建“13233”价值观文化体系，即以“和”的创业精神，打造世界级品牌、培育职业化团队、构建生态型系统，使企业由资源驱动向能力驱动转型、由“研产销”向“市场—研产销—市场”转型，坚持讲真话、做实事、守规则，实现共识、共创、共享，构建起湖南中烟的价值体系。构建“和21”执行力体系，指除1个精神、2个转型、三大战略外，还包括4S（在反思中学习，在学习中转型，在转型中超越的修炼模式）、五德（仁、义、礼、智、信的传统文化精髓）、六度（高度、厚度、密度、强度、限度和速度的评价标准），123456加起来正好为21。构建“和21”4.0发展力体系，即突出战略管理，让决策回归本源；突出经营思路，重视轻资产管理；突出智能化建设，实行全价值链创新；突出平台化运作，推进无边界的资源整合。

湖南中烟创建天下和书院文化传播平台，开展文化推广系列活动，推出“信商”新概念。2014年，在“芙蓉王”品牌成立20周年之际，开展品牌感恩活动并确定9月29日为品牌感恩日。10月，在岳麓书院举办首届“信在中国”论坛，邀请当代文化名人探讨诚信与法治、诚信与思想道德话题。运用轻APP、微信、微博等新媒体，传播诚信的力量。同时，编辑出版《天下和书院》报，新推天下和书院网站、公众号，联合度阴山出版《知行合一王阳明》、余秋雨《君子之道》等书籍，征集“芙蓉王”最美图腾作品，拍摄文化视频，制作文化笔记，诠释传播湖南中烟企业文化。

广东省烟草专卖局（公司）：广东省烟草专卖局（公司）构建了完整的企业文化理念体系。文化主题为“粤烟之道—从创造中找到自己”；企业价值观为“国家利益至上，消费者利益至上”；企业使命为“报效国家，回报社会，成就员工”；企业愿景为“有特色，现代化，员工好，企业兴”；企业精神为“先思敢为，行稳致高”；服务理念为“满意创造价值”；专卖理念为“依法行政，严格执法，文明执法”。

广东中烟工业有限责任公司：广东中烟工业有限责任公司的核心文化是“共创喜悦新生活”。2014年，围绕公司文化，开展“为‘双喜’服务”好点子大赛，促使企业文化落地生根。以“提结构、稳增长、降成本”为工作主线，鼓励员工献计献策，将生产、营销、机制等方面的合理化建议进行汇总，为企业新一轮改革发展注入新的活力，形成“人人思考品牌发展”的正能量，将职工的智慧与工作目标相结合，与工作计划相结合，并在实践中不断完善。

广西壮族自治区烟草专卖局（公司）：广西壮族自治区烟草专卖局（公司）坚持以“规范·共赢·和谐”为主要内容，持续推进“山水之道”企业文化体系建设。山水之道由核心理念、经营理念和子理念三大部分组成。核心理念是自治区局（公司）及下属各单位共同遵循的理念，包括三个内容，分别为至韧如山，上善如水的企业精神；同创企业和谐，共赢社会信任的企业愿景；专致服务，缔造价值的企业使命。经营理念是对核心理念的支撑，包括三个角度，分别为科学规范，求实高效的管理理念；八桂服务，尽善尽美的服务理念；严于律已，诚以待人的行为理念。子理念是经营理念的延展，包括三个方面，分别为协作分享，共生共荣的团队理念；创新用人机制，提升人文关怀的用人理念；以及预防在岗位，安全于心的安全理念。

广西中烟工业有限责任公司：广西中烟工业有限责任公司于2012年4月正式颁布“忠爱”文化理念体系，主题为“忠爱立企 气聚人和”。“忠爱”文化理念体系包含企业精神“拼搏、创新、卓越”，企业使命“为国家创税利、为社会创和谐”，企业愿景“绿色工业典范、基业长青企业”，品德修养“修身齐家、尊老爱幼”等十二方面理念，理念体系有着深厚中国传统文化底蕴，体现广西中烟自身文化特色。

2014年，广西中烟主抓“忠爱”文化深植工作有效推进。制订和下发《2014年“忠爱”文化与思想政治建设实施意见》，深入开展“忠爱”文化进部门、在岗位主题实践活动，推选出技术中心、市场营销中心等十个部门作为文化深植示范推进部门。做好践行文化典型人物宣传展示，编印《感恩十年——公司百名优秀员工践行忠爱文化风采录》彩色书刊，扩大先进典型人物的影响。加大企业文化宣贯队伍的培养力度，2014年5名员工通过企业文化师认证考试，公司企业文化师队伍总数20名。

海南省烟草专卖局（公司）：海南省烟草专卖局（公司）企业文化核心理念为“纳海于心、融川于行”。企业精神提炼为“精、卓、和、实”，企业愿景为“小有大为、有为有位”，企业使命为“同发展、共和谐”。营销理念为“满足需求、铸就品牌”，服务理念为“椰风海韵、情暖天涯”，专卖理念为“依法管理、服务并重”，物流理念为“物畅其流、效率优先”，员工管理理念为“成就价值、共同成长”，员工沟通理念为“以礼相待、以理相容”，成本管理理念为“效益与效率并重、预算与控制并举”。企业形象为“诚信规范、有责有为”。

2014年，海南省局（公司）以文体活动为载体，通过举办海南省烟草行业“宝岛杯”秋季运动会，丰富企业文化建设的内容，增强企业凝聚力。

重庆市烟草专卖局（公司）：重庆市烟草专卖局（公司）以“行动者”文化为引领，以行为规范建设为抓手，深化“三诚”服务品牌建设，强化员工投身改革发展的思想自觉和行为自觉；以打造高素质技能队伍为目标，搭建远程教育平台，加强岗位练兵，持续推进管理和服务创新。2014年，市局（公司）强化队伍建设，线上线下一体化远程教育平台在全国行业首创成功，并先后7次举办系统内专卖、营销、烟叶技能竞赛，推荐参加全国行业竞赛的选手在团体和个人成绩上均名列前茅。与重庆市总工会共同举办第二届全市烟草系统卷烟商品营销职业技能竞赛。

四川省烟草专卖局（公司）：四川省烟草专卖局（公司）进一步完善服务文化理念体系，打造“诚至诚”服务品牌，秉承“至诚同心 携手同行”的承诺，将“感恩、尽责、诚信、自律”的企业道德作为价值标准，始终坚持“国家利益至上，消费者利益至上”的行业共同价值观，牢固树立“人为本、法为准、德为先”的四川烟草核心价值观，恪守“携手客户，构建和谐并进的利益共同体”的企业使命，大力弘扬“以责任奉献社会，以真情回报客户，以创新超越自我”的企业精神，努力打造诚信烟草、责任烟草、和谐烟草。

2014年，四川省局（公司）正式启动“诚至诚”服务品牌省市一体化建设。促进企业文化与生产经营相结合，探索开展专题文化建设，将“质量重于数量、信誉重于效益”“两个重于”烟叶工作方针纳入企业文化架构体系。加强与中央驻川、四川当地主流媒体的联动协作，适应和运用新媒体，展示四川烟草行业改革发展成效和责任烟草形象。办好行业刊物，《四川烟草》杂志办刊质量不断提高；四川省烟草学会积极开展学术交流，为行业发展提供智力支持。加强新闻宣传舆论引导，四川省局（公司）网站建设被国家局评为先进。

贵州省烟草专卖局（公司）：贵州省烟草专卖局（公司）企业文化主题为“多彩贵州、至臻烟草”。企业价值观为“国家利益至上，消费者利益至上”，企业精神为“博思笃行、合智共创”，企业愿景为“立人立业、成就典范”，企业使命为“创多彩服务、塑阳光烟草”，行为准则为“思想力新、学习力勤、行动力快、创造力强、应变力好”。

贵州中烟工业有限责任公司：贵州中烟工业有限责任公司着力推进“创新进取、谦和诚信”企业文化建设，倡导创新进取做事，谦和诚信为人。创新包括产品创新、服务创新、管理创新、组织创新。进取即为不甘平庸，努力上进，力图有所作为。谦和是“贵烟人”的处事风格，诚信是“贵烟人”的经营品格。恪守承诺，言行一致，坦诚正直，具体体现在对同事、对消费者、对合作者、对社会严格履行承诺。

2014年，贵州中烟加大企业文化宣贯力度，制作《贵烟之旅——企业文化动漫宣传片》。

云南省烟草专卖局（公司）：云南省烟草专卖局（公司）着力构建以“利国惠民，至爱大成”为核心价值理念的全系统“大成”文化框架体系。“大成”文化框架体系坚持以“两个至上”行业共同价值观为统领，以增强全系统文化软实力为目标，从全系统核心价值理念、企业愿景、企业使命、企业精神、行为信条、行为准则、企业形象传播语、服务品牌、服务品牌传播语、烟叶品牌传播语等十个方面明确要义并确立规范。

2014年，云南省局（公司）深入推进“大成”文化提升工程和华叶大成公益文化工程，在昭通启动“大成学苑”教育扶贫项目。通过出版企业文化杂志《大成》、召开企业文化建设工作座谈会、利用云南省局（公司）机关大屏幕和户外公益LED屏加强文化形象宣传等方式，加强在全省系统的舆论导向和文化浸润作用。12月，在2014年全国烟草行业网站建设管理工作会上，云南省局（公司）会议代表进行了经验交流。纪念云南引进现代烟叶种植百年发展历史，举办“百年滇烟、永攀高峰——云南引进烟叶种植百年纪念系列活动”。12月17日，举行“云南烟草博览馆、云南烟草科技馆”开馆仪式。

云南中烟工业有限责任公司：云南中烟工业有限责任公

司围绕“两统一、两整合”改革任务，积极推进“合和”文化理念体系。“合和”文化理念体系中，企业价值观为“国家利益至上，消费者利益至上”，企业精神为“合力图强、和谐致远”，企业愿景为“国内争先、世界创优”，企业使命为“报国有责、惠民有爱、树人有方”，企业战略为“做精做优品牌、做大做强企业”，行为准则为“同心向力、同步同力”，管理理念为“规范出效率、人本创价值”，品牌理念为“云山玉水、清甜香醇”。

推进“合和”文化宣贯工作，2014 年，按照《云南中烟企业文化建设规划》《云南中烟企业文化理念体系》《云南中烟企业文化手册》等系列配套制度文件，组织开展 2014 年度企业文化宣贯月系列活动，策划并摄制《云南中烟企业文化团队篇（一）》及《云南中烟企业文化人物篇（二）》两部企业文化宣传片，完成标准课件开发、企业文化故事集、合和文化在身边摄影展，以及合和文化集中展演活动，推动合和文化落地。

西藏自治区烟草专卖局（公司）：西藏自治区烟草专卖局（公司）将“珠峰”文化作为服务品牌文化，将“珠峰文化、情暖雪域”定为服务理念，意为在这片高寒缺氧的雪域高原上，历练了西藏烟草人“特别能吃苦、特别能忍耐、特别能战斗、特别能创业、特别能奉献”的“老西藏精神”品质，成就西藏烟草人刻苦勤俭、不甘落后、积极上进的优秀品格。西藏烟草遵从“雪域文化”的核心价值观，倾心服务客户，提高服务品质。与客户一同携手，精诚合作、共谋发展、同创美好未来，以实现“西藏标杆企业”为企业愿景。

陕西省烟草专卖局（公司）：陕西省烟草专卖局（公司）着力构建以“两个至上”行业共同价值观为核心的具有陕西烟草特色的母子文化模式，统一导入行业视觉识别系统和行业行为规范，11 家地市级局（公司）形成各具特色的企业文化，分别为西安市局（公司）的“开元文化”，咸阳市局（公司）的“鼎诚文化”，渭南市局（公司）的“天路文化”，杨凌区局（公司）的“烛光文化”，宝鸡市局（公司）的“礼”文化，汉中市局（公司）的“天汉文化”，安康市局（公司）的“同心文化”，商洛市局（公司）的“商道文化”，铜川市局（公司）的“方圆文化”，延安市局（公司）的“火炬文化”，榆林市局（公司）的“心桥文化”。陕西省局（公司）企业文化建设的落脚点体现在“突出服务”上，服务品牌成为企业形象的表现形式。在“企业服务社会、领导服务员工、全员服务客户、机关服务基层、公司服务工业、上游服务下游”的大服务观理念统领下，各地市级局（公司）结合自身经营管理实际，建立“丝路情”“春雨万户行”“烛之缘”“泾渭情”“商道行”等子文化服务品牌。充实全省企业文化师培训队伍，开展文化宣贯活动。加大文明单位创建力度，有 54 家省级以上文明单位，其中，2014 年，渭南、大荔县烟草专卖局（分公司）新创省级“文明单位标兵”。

陕西中烟工业有限责任公司：陕西中烟工业有限责任公司深入推进“智行”企业文化建设，着力于“智行”文化落地生根，开展系列创建与实践活动。“开疆拓土、智行天下”是企业文化主题，其核心价值观是“崇智尚行、泾渭分明”；企业精神为“自信点燃激情、进取成就卓越”；企业愿景是“异军突起、书写长安”；企业战略是“突出差异、专业致胜”；管理理念是“人为源、业为先”；品牌理念是“让品牌说话、让品牌传递力量”；行为理念是“信以立身、诚以待人”；服务理念是“用真心‘营’未来”。陕西中烟所属的宝鸡、延安、汉中卷烟厂分别获得“全国文明单位”称号。

甘肃省烟草专卖局（公司）：甘肃省烟草专卖局（公司）完善“陇之情”文化体系，建成以“陇之情”为文化总冠名的省市两级母子文化架构体系，企业愿景为“创建具有甘肃文化魅力的流通服务品牌”，企业使命为“报效国家、回报社会、服务客户、成就员工”，企业精神为“求真、务实、敬业、奉献”，行为准则为“讲责任、讲诚信、讲效率、讲奉献”，行为信条为“潜心做事、低调做人”，并形成涵盖经营、管理、服务、人才培养、学习、廉政、执法、公共关系等方面的“陇之情”文化八大衍生理念。坚持将企业文化建设管理融入日常经营管理和经常性思想政治工作，实施“人知人晓”“人信人守”工程，注重搭建载体平台、完善文化设施，推进文化机制、行为规范、服务品牌一体化建设。探索新常态下丰富职工文化活动的有效措施，利用各类纪念日、节假日，广泛开展职工运动、兴趣小组等各类文化主题活动或宣传活动，促进文化建设和管理工作规范化、经常化，有效发挥“陇之情”企业文化对全省系统改革发展的价值引导力、文化凝聚力、精神推动力。

青海省烟草专卖局（公司）：青海省烟草专卖局（公司）以省级局（公司）统一规划、管理、指导，地市级局（公司）打造、推进、提升的原则，建立全省烟草系统统一的企业文化。青海烟草企业文化以“国家利益至上，消费者利益至上”作为共同价值观，以“追求卓越、营造和谐”的企业愿景、“发展自我、回报社会、成就员工”的企业使命、“团结凝聚人心、实干成就事业、创新挑战未来”的企业精神作为核心理念层，以“规范、民主、高效”的管理理念、“服务无止境、诚信到永远”的服务理念、“潜心做事、低调做人”的行为理念作为经营理念层。推进企业文化“148”建设发展模式，即“一个总体目标，四项支撑，八项工程建设”。“一个目标”是文化促发展、服务强实力；“四项支撑”是文化重宣贯、服务抓提升、管理促长效、传播树形象；“八项工程”是文化理念渗透工程、内训师队伍强化工程、服务队伍提升工程、客户服务亮点工程、工作成效评估工程、管理运行长效工程、内部形象打造工程以及外部形象塑造工程。

宁夏回族自治区烟草专卖局（公司）：宁夏回族自治区烟草专卖局（公司）推进“搏·为”企业文化建设，其精髓是“拼搏进取、奋发有为”，根源于“两个至上”行业共同价值观，汲取“不到长城非好汉”的六盘山红色文化精髓，体现宁夏个性鲜明的地域人文特征，整合宁夏烟草长期以来的文化积淀。

自治区局（公司）的企业哲学是“德为先、实为道、人为本、和为贵”，企业使命是“为发展拼搏、为家园尽责”，企业愿景是“管理规范化、效率最优化、团队职业化、服务品牌化的现代烟草商业流通企业”，企业精神是“小不自小、搏之有为”，管理理念是“精、细、严、实”，经营理念是“规范为纲、客户为本、服务为魂”，服务理念是“用心服务、感动常在”，执法理念是“法理并举、刚柔相济”，人才理念是“重德用能、有为有位”，学习理念是“处处留心皆学问”，安全理念是“安全在心中、平安每一天”。

新疆维吾尔自治区烟草专卖局（公司）：新疆维吾尔自治区烟草专卖局（公司）于2006年启动企业文化建设，逐步完成企业文化理念体系、评价体系、培训体系、保障体系和服务品牌传播体系构建任务，并实现逐步落地。企业文化建设过程中，自治区局（公司）以“感动”团队建设和“好习惯在岗位”活动为抓手，打造“感动”服务品牌，先后开展“十大感动人物”“十大感动团队”评选和“好习惯在岗位十佳单位”创建活动等，使“感动”理念深入人心，形成以“奉献”为核心的“感动”文化。

在自治区局（公司）感动文化架构中，品牌形象传播语为“用心创造感动、真情奉献社会”，品牌定位为“感动品牌”，服务定位为“感动服务”，核心定位为“感动文化”。以“维护国家利益，维护消费者利益”为企业宗旨，以“国家利益至上，消费者利益至上”为企业价值观，企业定位为“具有品牌影响力的中国现代物流服务商”，企业愿景为“网络一流、服务一流、效率一流”，企业精神为“责任、奉献、诚信、创新”，企业作风为“精、细、严、实”，企业座右铭为“无私奉献、追求卓越”。同时，围绕企业的各个层面，用服务理念、管理理念、执行理念、创新理念、团队理念、人才理念、学习理念等系统理念，形成自治区局（公司）感动文化独特的理念内涵。

大连市烟草专卖局（公司）：大连市烟草专卖局（公司）牢固树立“两个至上”行业共同价值观，始终坚持“让我们共同成长”企业文化核心理念，不断丰富“春天服务”品牌内涵，确立“打造现代卷烟流通企业领先者”的企业愿景，提炼出“拼搏求存、创新求进、精益求胜、乐业求成”的企业精神，“共同成长”企业文化体系和“春天服务”品牌体系已经形成。

2014年，开展大连烟草成立30周年纪念活动，相继完成企业《“成长文化”手册》《“春天服务”品牌手册》《企业文化画册》《大连烟草组建30周年纪实文学》等书籍的编制印刷工作，建成以“成长文化”和“春天服务”为内涵的企业文化架构。

深圳市烟草专卖局（公司）：深圳市烟草专卖局（公司）进一步推进企业文化建设，以“六有”工作目标努力开创企业文化建设新局面。一是“有队伍”，通过继续抓好教育培训、开展岗位锻炼、加强自学，夯实政工队伍的能力素质。二是“有阵地”，建设、完善好党建、特美思俱乐部等专门阵地，进一步规范阵地日常管理，发挥好行业良好风气凝聚剂、员工精神家园和健康成长助推器的作用。三是“有载体”，进一步发挥好宣传栏、内网、杂志等载体作用，并不断丰富创新载体。四是“有活动”，通过间断、不间断地举办党员团员、各类俱乐部、工会等活动，最大限度地调动员工的参与热情，增强企业的凝聚力、向心力和影响力。五是“有结合”，企业文化工作与行业中心工作有机结合，全方位地渗透到经营管理实践中，通过开展党员示范岗、党员亮身份、青年服务队、一线党团员在行动等活动，促进中心工作更好开展。六是“有成效”，烟草学会会员活动日、学术年会等活动广受员工欢迎和肯定，深圳烟草金叶合唱团获得深圳市直机关工委举办的“庆祝建党93周年”合唱比赛金奖。通过活动发现人才、培养人才，为实现烟草行业新的战略目标，提供强有力的智力支持、思想保证和精神动力。

（编辑：谢争艳）

国家烟草专卖局
中国烟草总公司
组织结构

国家局、总公司机关各部门、各单位

办公室（外事司）

【主要职责】

1. 拟订并组织实施机关政务管理的制度和工作规范，协调机关政务工作；负责国家局召开会议的计划管理和组织筹备工作；负责督办工作；负责全国人大代表建议和全国政协委员提案办理工作；负责国家局、总公司机关总值班工作。

2. 负责起草国家局、总公司的重要文件、会议报告及领导讲话；组织、协调行业重大问题调研工作；组织、协调行业电子政务建设；负责编发行业重要信息；负责国家局、总公司新闻、信息发布工作；组织、协调行业履行《烟草控制框架公约》有关工作。

3. 负责国家局、总公司机关公文核稿、收发传递和文件印制工作；指导行业公文处理工作；管理国家局党组、国家局、总公司印章；负责国家局、总公司机关各部门、各单位和行业各直属单位印章管理工作；指导、协调行业档案管理工作；承担国家局保密委员会的日常工作。

4. 负责烟草系统外事管理工作。

5. 负责行业信访、稳定和应急管理工作；负责国家局、总公司机关安全、保卫工作；指导行业社会治安综合治理工作。

6. 承办国家局、总公司交办的其他事项。

【负责人】

主任、司长：张修连

副主任、副司长：郭联君（—2014.2）、赵百东、徐维华（—2014.11）、徐　丹、汪世贵（2014.3—）

副巡视员：王　红

【内设处室】　设综合调研处、秘书处（值班室）、文秘档案处、新闻联络处、信访保卫处、外事处等6个内设处室。

发展计划司

【主要职责】

1. 拟订并组织实施行业发展战略、发展规划；拟订行业生产布局规划；编制行业投资规划，拟订并组织实施投资年度计划；拟订行业技术装备政策。

2. 拟订并组织实施烟草专卖品产供销、进出口的年度计划。

3. 拟订烟草专卖品管理名录；核定全国烟草专卖品生产、经营企业的生产规模。

4. 审核烟草系统投资项目和外资投资项目；负责行业投资项目管理和招投标工作；编制烟草专用机械设备分配计划；负责国家局定点扶贫工作。

5. 拟订烟草专卖品价格政策，管理烟草专卖品价格；收集、整理、分析、发布烟草专卖品价格信息。

6. 承办国家局、总公司交办的其他事项。

【负责人】

司　长：秦前浩

巡视员兼副司长：郭齐贵

副司长：王志江

副巡视员：刘　融、杨　宁（2014.12—）

【内设处室】　设综合处、计划处、投资处、价格处等4个内设机构。

专卖监督管理司

【主要职责】

1. 监督检查《中华人民共和国烟草专卖法》及《中华人民共和国烟草专卖法实施条例》的执行情况。

2. 拟订烟草专卖管理监督制度，监督检查烟草专卖品的生产经营活动。

3. 组织、指导并承办违反烟草专卖法律法规案件的查处，查禁、关停计划外烟厂，保护合法经营；会同国家有关部门取缔非法烟厂和烟草专卖品自由交易市场，打击假冒和走私烟草专卖品等违法活动。

4. 拟订烟草专卖许可证、烟草专卖品准运证管理制度；参与拟订名晾晒烟名录和烟草专卖机械名录。

5. 指导专卖行政执法和专卖队伍建设工作。

6. 承办国家局、总公司交办的其他事项。

【负责人】

司　长：程佳华

副司长：关宏梅（—2014.8）、张全在、张亚宾（2014.12—）

巡视员：蔡建文

副巡视员：白　明

【内设处室】　设综合处、内部监督管理处、市场监督管理处、打假打私处、证件管理处等5个内设处室。

经济运行司

【主要职责】

1. 承担行业生产、经营的统一调度工作，协调产供销的衔接；负责行业生产、经营的综合分析和预测监控；拟订并组织实施行业经济运行调控政策和方案。

2. 参与拟订烟草专卖品产供销年度计划，拟订并组织实施卷烟季度、月度生产进度计划；负责行业经济运行考核工作。

3. 负责行业产品结构调整工作；拟订并组织实施卷烟品牌发展规划，指导行业品牌维护与培育工作，组织开展品牌定向整合；依法实施烟草制品商标管理工作；组织开展中外烟草企业间生产技术合作工作。

4. 承担烟草专卖品卷烟材料供应管理工作；承担省级公司之间烟草专用机械设备的有偿转让、无偿划转、租借等管理事项。

5. 指导行业企业管理工作；承担行业质量管理工作，负责推行ISO 9000系列标准；组织开展行业节能减排工作；指导行业安全生产工作，依法处理重大安全事故；协调行业抗灾救灾工作。

6. 承办国家局、总公司交办的其他事项。

【负责人】

司　长：王　平（—2014.11）、徐维华（2014.11—）

副司长：李德义（—2014.11）、刘　艳、谢广军（挂职）（2014.3—）

副巡视员：谢云海（—2014.7）、孙姝军（2014.12—）

司长助理：徐小波（挂职）（—2014.8）

【内设处室】　设综合处、生产经营管理处、企业管理处、安全处等4个内设处室。

政策法规与体制改革司

【主要职责】

1. 组织起草行业相关法律法规、规章草案和重大政策；审查行业生产经营管理的重要制度、重大经济合同和国家局、总公司机关各部门、各单位拟订的规范性文件；建立和完善专卖管理法规体系和行业管理法规体系。

2. 拟订并组织实施行业体制改革和企业组织结构调整规划和工作方案；指导企业和专业性公司改革工作；承办行业企业设立、分立、合并与撤销工作；指导建立现代企业制度。

3. 调查研究《中华人民共和国烟草专卖法》及《中华人民共和国烟草专卖法实施条例》、国家有关法律法规在行业的执行情况和改革中存在的问题；监督检查行业依法行政，组织实施行政执法责任制工作；承担烟草专卖执法徽章、检查证的申领和批准工作①；负责行业普法依法治理工作。

4. 承担行业法律咨询工作，指导行业行政机关和企业法律顾问工作；组织推动行业法制建设工作；参与研究和审议行业对外经济技术合作的有关政策和制度；组织开展烟草专卖法规、政策方面的国际交流。

5. 指导、协调行业行政复议工作，承办相关行政复议、行政应诉工作。

6. 承办国家局、总公司交办的其他事项。

【负责人】

司　长：李　鸣

副司长：王玉麟、曹松林（2014.8—）、夏振林（挂职）（2014.3—）

司长助理：牛　千（挂职）（—2014.8）

【内设处室】　设综合处、政策法规处（行政复议处）、体制改革处等3个内设处室。

财务管理与监督司（审计司）

【主要职责】

1. 研究提出行业有关经济政策建议；拟订并组织实施行业财务管理、资产经营管理、会计核算、审计监督的制

---

① 根据国烟人〔2014〕303号文件，核发、管理烟草专卖检查执法证件相关职能由专卖监督管理司调整至政策法规与体制改革司。

度、办法。

2. 拟订并组织实施行业国有资产管理规定和国有资产保值增值考核办法、标准。

3. 监督管理行业资金，实施并管理重大金融投资项目；拟订行业税后利润分配政策及方案；拟订行业重大事项资金计划；编制并组织实施行业年度预算；组织行业所属企业上缴国有资本收益和财政专项税后利润，编报行业国有资本经营预算。

4. 负责行业各类财务会计报告的汇总、审核和编报工作；监督检查行业会计信息质量；参与拟订行业财务会计、审计信息化建设发展规划。

5. 负责行业内部审计工作；拟订并组织实施行业内部审计工作规定、办法，拟订行业内部审计发展规划和年度审计项目计划。

6. 承办国家局、总公司交办的其他事项。

【负责人】

司　长：万里明

巡视员兼副司长：张书东

副司长：罗明德、韩敬文（2014. 3—，之前任副巡视员）、陈哲平（2014. 3—）

【内设处室】　设综合处、财务处、预算处、会计处、国有资产管理处、审计一处、审计二处、审计三处、机关财务处等9个内设处室。

科技司

【主要职责】

1. 承担烟草制品减害降焦工作；拟订行业科技发展政策及战略规划、年度计划；参与拟订行业技术装备政策，参与技术引进和技术改造论证工作；组织国内外科技交流与合作。

2. 承担国家局、总公司科技领导小组、科学技术委员会、全国烟草标准化技术委员会的日常工作；负责行业创新体系建设及创新能力考核工作；负责行业科技成果评价、推广、奖励；负责科技信息、科技统计及有关知识产权管理工作；研究提出科技经费预算建议。

3. 拟订并组织实施行业科技项目年度计划；组织管理行业重大科技项目；审核烟草新品种和烟草基因工程事项。

4. 负责行业产品质量评价和监督工作；负责行业质量技术监督检验机构建设、审查和认定工作；负责烟草专卖品、烟用材料和相关产品的质量技术监督及质量市场准入工作。

5. 负责行业标准化管理工作；编制并组织实施行业标准制订项目年度计划，管理行业用标准物质和标准样品的制作与发布；组织开展烟草专用仪器计量检定工作。

6. 承办国家局、总公司交办的其他事项。

【负责人】

司　长：金忠理（—2014. 11）、张　虹（2014. 11—，之前任副司长）

副司长：雷樟泉（2014. 8—）

司长助理：周武庆（挂职）（—2014. 11）

【内设处室】　设综合处、科技开发处、技术监督处、标准化处等4个内设处室。

人事司

【主要职责】

1. 拟订烟草系统人事、劳动工资、思想政治、教育培训工作相关政策和制度；指导烟草系统人事、用工、分配制度改革工作。

2. 负责国家局党组管理干部、机关各部门、各单位干部的管理工作；组织、指导、监督检查烟草系统各级领导班子建设工作；指导烟草系统人事档案管理工作。

3. 负责烟草系统机构编制、人才队伍建设工作；审核各级烟草专卖局的设立、分立、合并与撤销。

4. 负责烟草系统劳动、工资、保障工作；编制烟草系统教育培训规划，指导烟草系统教育培训工作。

5. 指导烟草系统党的建设、思想政治、企业文化建设工作；负责中国烟草职工思想政治工作研究会的日常工作。

6. 承办国家局、总公司交办的其他事项。

【负责人】

司　长：孙晓莹

副司长：王劲栋（—2014. 4）、张　文、俞进祥（2014. 11—）

副巡视员：史惠民

【内设处室】　设综合处、系统干部处、机关人事处、劳动工资处、教育培训处、思想政治工作处等6个内设处室。

直属机关党委[①]

【主要职责】

1. 负责组织国家局、总公司机关政治理论、科学知识学习，宣传和贯彻党的路线、方针、政策。

2. 负责国家局、总公司机关党风廉政建设和纪律检查的相关工作；负责国家局、总公司机关思想政治工作，组织协调精神文明建设工作。

3. 领导机关各部门、各单位党组织开展各项组织活动。

4. 负责各部门、各单位党组织和党员的管理，开展党员表彰奖励工作；负责各部门、各单位党组织换届选举的指导工作，任免各部门、各单位党组织的负责人。

5. 指导国家局、总公司机关工会、共青团、妇女工作委员会工作。

6. 承办国家局、总公司交办的其他事项。

【负责人】

直属机关党委书记：高　林（兼）（—2014. 7）、李克明（兼）（2014. 7—）

机关党委常务副书记、纪委书记：申秋生（—2014. 2）

直属机关党委常务副书记：王劲栋（2014. 4—）

直属机关党委副书记、纪委书记：李　安（2014. 7—，之前任直属机关党委副书记）

【内设处室】　设办公室。

中央纪委、监察部驻国家烟草专卖局纪检组、监察局（中国烟草总公司监察局）

【主要职责】　中央纪委、监察部驻国家烟草专卖局纪检组、监察局是中央纪委、监察部派驻国家局的纪检监察机构，直接受中央纪委、监察部领导，与中国烟草总公司监察局合署办公。根据《驻国家烟草专卖局纪检组、监察局关于实行统一管理的实施方案》的规定，确定其主要职责。

1. 监督检查国家局及所属系统贯彻党的路线、方针、政策和决议，遵守国家法律、法规，执行国务院决定、命令的情况。

2. 监督检查国家局党组和行政领导班子及其成员维护党的政治纪律，贯彻执行民主集中制，选拔任用领导干部，贯彻落实党风廉政建设责任制和廉政勤政的情况。

3. 经中央纪委、监察部批准，初步核实国家局党组和行政领导班子及其成员违反党纪政纪的问题；参与调查国家局党组和行政领导班子及其成员违反党纪政纪的案件；调查国家局及所属系统司局级领导干部违反党纪政纪的案件及其他重要案件。

4. 受国家局党组和行政领导班子委托，继续履行组织协调国家局及所属系统党风廉政建设和反腐败工作的职责，管理和指导国家局所属系统各单位纪检监察机构及国家局直属机关纪委的业务工作，协助国家局人事司管理所属系统纪检监察机构和纪检监察干部。

5. 受理对国家局机关及所属系统党组织、党员和行政监察对象的检举、控告，受理国家局机关及所属系统党员和行政监察对象不服处分的申诉。

6. 承办中央纪委、监察部，国家局、总公司交办的其他事项。

【负责人】

驻局纪检组组长：高　林

驻局纪检组副组长、监察局局长：姜　凯（—2014. 9）、薛建平（2014. 9—）

驻局监察局副局长：刘　忠（2014 年 8 月明确为正司级）

中国烟草总公司监察局副局长：程春节（—2014. 8）、蔡振华（2014. 8—）

国家局党组巡视组副组长：叶建华（—2014. 12，2014 年 2—8 月任国家局党组巡视组副组长，8—12 月任巡视员）、郁　毅（2014. 3—）、冯京安（2014. 4—，之前任国家局党组巡视工作办公室主任）

副巡视员：王超英（—2014. 4）

【机关内机构】[②]　设一室（综合室）、二室（案件检查室）、三室（案件检查室）、四室（信访审理室）、巡视办等 5 个内设机构。

---

① 国家烟草专卖局直属机关党委与国家局人事司合署办公，内设机构为办公室。

② 2014 年 5 月 21 日，国家局党组印发《关于驻局纪检组监察局落实中央纪委“三转”要求有关事项的通知》（国烟党〔2014〕63 号），对驻局纪检组监察局内设机构职能、编制、人员进行了调整。调整后，一室仍为综合室，编制 5 名；原四室调整为二室，由党风纠风室调整为案件检查室，编制 4 名；原二室调整为三室，由监督检查室调整为案件检查室，编制 4 名；原三室调整为四室，仍为信访审理室，编制 3 名；党组巡视工作领导小组办公室正式列编，编制 4 名。

整顿和规范市场经济秩序领导小组办公室

【主要职责】 整顿办为临时性机构，在国家局整顿和规范市场经济秩序领导小组（简称“领导小组”）的直接领导下，承担领导小组的日常工作。

1. 负责向领导小组报告全行业整顿和规范市场经济秩序工作的重大事项，做好牵头、组织、协调、综合指导全行业整顿和规范市场经济秩序工作。

2. 根据烟草行业整顿和规范市场经济秩序的总体要求，做好整顿和规范市场经济秩序的调研工作，向领导小组提出整顿和规范市场经济秩序的工作建议。

3. 组织全国烟草行业整顿和规范市场经济秩序的有关会议。

4. 负责组织起草整顿和规范市场经济秩序工作的领导讲话和文件；组织协调烟草行业专项整治行动的实施，督办重大案件的查处工作。

5. 负责与全国整顿和规范市场经济秩序领导小组办公室的工作联系。

【负责人】

主　任：赵国臣

巡视员兼副主任：马　宁

副主任：叶建华（—2014.2）、张国宾（—2014.8）、庄怀成（2014.11—，之前任副巡视员）、胡炳辉（2014.11—）

副巡视员：郭秀云

【内设处室】 设综合组、业务组2个内设处室。

董事会工作办公室①

【主要职责】

1. 协调省级工业有限责任公司董事会的工作。

2. 负责国家局、总公司派任省级工业有限责任公司，南通醋酸纤维有限公司、昆明醋酸纤维有限公司和珠海醋酸纤维有限公司董事长、副董事长、董事的日常联络服务工作。

3. 承办国家局、总公司交办的其他事项。

【负责人】

主　任：王彦亭（—2014.2）、姜　凯（2014.11—）

董事长（部门正职）：姜　凯（2014.3—）、李根基（正厅级）（2014.3—）、卢瑞刚、汪世贵（—2014.3）、吴建明（2014.3—）、李德义（2014.11—）

巡视员：穆重林（—2014.10，2014年8月前任董事）

董事（部门副职）：李晓兵（—2014.2）、舒　明、秦　剑（2014.4—）、黄翠萍、马伶燕、朱湘海、王超英（2014.4—）、郭　勤（2014.4—）、张弘毅（2014.12—）

【内设处室】 设综合处、秘书处2个内设处室。

国家烟草专卖局职工培训中心（中共国家烟草专卖局党校）

【主要职责】 国家烟草专卖局职工培训中心（党校）是国家局直属的事业单位。

1. 负责行业司、处级党员领导干部党校教育，承担有关素质能力培训工作；组织开展相关教学课题研究。

2. 承办国家局、总公司组织的会议及业务培训。

3. 负责教育、培训、会议等服务保障工作。

4. 承办国家局、总公司交办的其他事项。

【负责人】

党校校长：高　林（—2014.7）、赵洪顺（2014.7—）

党校副校长、培训中心主任：何秀群

党校副校长、培训中心副主任：曾晓三

党校副校长、培训中心副主任：王丹丹（2014.12—）

【内设处室】 设办公室、教务处、总务处等3个内设处室。

烟草经济研究所

【主要职责】 烟草经济研究所是国家局直属的事业单位。

1. 研究行业改革发展的经济理论和行业经济政策、重大产业政策、发展战略。

---

① 2014年11月，根据《国家烟草专卖局　中国烟草总公司关于省级工业公司董事会工作办公室更名和工作职责调整的通知》（国烟人〔2014〕387号），省级工业公司董事会工作办公室更名为董事会工作办公室，其主要工作职责也做出相应调整。

2. 参与行业有关重大问题的调研工作。

3. 分析研究国际烟草经济与科技信息、国际烟草市场动态及有关国家烟草政策。

4. 分析研究国家经济体制改革和国民经济运行信息；承担行业软科学研究工作。

5. 承办国家局、总公司交办的其他事项。

【负责人】

所　长：郭联君（兼）（—2014. 2）、汪世贵（2014. 3—）

副所长：李印美、李保江（2014. 11—）

副巡视员：左　红

【内设处室】　设办公室、政策研究室、产业研究室等3个内设处室。

离退休干部办公室

【主要职责】

1. 拟订烟草系统离退休干部工作有关制度、规定，指导系统离退休干部工作。

2. 组织开展离退休干部工作人员业务培训；负责离退休干部统计工作。

3. 研究提出国家局、总公司机关离退休干部工作经费预算建议；负责机关离退休干部的服务管理工作；组织机关离退休干部的政治学习、文件传阅以及参加重大政治活动。

4. 承办国家局、总公司交办的其他事项。

【负责人】

主　任：张永军（—2014. 3）、付久海（2014. 3—）

副主任：杨章锁、高崇峰

副巡视员：宋永华

【内设处室】　设综合处、机关离退休干部处2个内设处室。

机关服务中心（机关服务局）

【主要职责】　机关服务中心（机关服务局）是国家局直属的事业单位。

1. 负责机关及广安门办公楼行政后勤管理工作，拟订并组织实施内部管理制度；负责内部聘用人员的人事、劳动工资管理工作；管理北京金叶园会议中心。

2. 负责机关及广安门办公楼固定资产的管理；负责机关办公用品的采购、保管和供应工作；负责机关及广安门职工食堂的管理及食品的采购供应工作。

3. 负责机关及广安门办公楼交通运输、机动车辆管理、使用及安全工作；负责机关及广安门职工的医疗、保健、计划生育工作；负责机关及广安门办公楼门前三包、绿化、美化工作。

4. 负责机关及广安门办公楼的基本建设、房地产、房改及相关物业管理工作。

5. 负责广安门办公楼的消防、安全保卫工作。

6. 承办国家局、总公司交办的其他事项。

【负责人】

主　任（局长）：张永军（—2014. 12）

副主任（副局长）：何绍青、付久海（—2014. 3）、綦振平、李卫东（2014. 12—，之前任副巡视员）

副巡视员：王连旺（2014. 12—）

【内设处室】　设办公室、综合服务处、财务处、生活福利处、基建房产处、广安门管理处等6个内设处室。

烟草经济信息中心

【主要职责】　烟草经济信息中心是国家局直属的事业单位，承担一定的行业宏观管理职能。

1. 拟订并组织实施行业信息化发展规划和管理制度、办法；拟订行业电子政务和电子商务建设的技术方案。

2. 拟订并组织实施行业信息化规范和标准；审核行业直属单位信息化规划和实施方案。

3. 负责行业统计工作；负责行业数据中心建设和管理工作。

4. 负责建设和管理行业网络通信系统；监督检查行业网络信息安全工作。

5. 承担行业信息系统运行维护管理工作；负责总公司上海容灾中心业务管理工作。

6. 负责国家局内、外网站的建设和管理；承担国家局机关信息化项目建设工作，办理设备购置等有关事项；指导行业直属单位网站的建设和管理；承担国家局信息化工作领导小组的日常工作。

7. 承办国家局、总公司交办的其他事项。

【负责人】

主　任：胡新华

副主任：高一军、潘　红

总工程师：江　涛

副巡视员：秦　剑（—2014.4）

【内设处室】 设综合处、信息统计分析处、系统运行处、网络通信安全处、运行维护管理处等5个内设处室。

中国烟草学会办事机构

【主要职责】 中国烟草学会是依法登记的全国性非营利性具有法人地位的学术性社会团体。

中国烟草学会办事机构在国家局、总公司领导下开展工作，接受民政部、中国科协的监督管理和业务指导，执行中国烟草学会理事会决议，处理日常事务。

1. 根据行业发展需要，组织行业科技工作者开展学术交流、科学普及和科技咨询活动，编印学术刊物。

2. 承担中国烟草学会的日常工作；负责协调上海中国烟草博物馆的业务工作。

3. 承办国家局、总公司交办的其他事项。

【负责人】

理事长：张　辉（—2014.5）、赵洪顺（2014.5—）

副理事长：潘家华（—2014.5）、金忠理（—2014.5）、董国智（—2014.5）、王建雪（部门正职）（2014.5—）、谢剑平（2014.5—）、刘建福、杨　俊、王元英、刘国顺（—2014.5）

秘书长：董国智（—2014.5）、王建雪（兼）（2014.5—）

副秘书长：韩希昌

副巡视员：哈君利

【内设处室】 设办公室、学术部、编辑部等3个专业处室。

中国烟叶公司

【主要职责】 中国烟叶公司是国家局、总公司直属的专业性公司，承担一定的行业宏观管理职能。

1. 组织、指导、协调、管理全国烟叶工作。

2. 研究提出并组织实施现代烟草农业的政策和发展规划；参与拟订烟叶种植、收购、储备、调拨和进口计划；参与拟订烟叶收购、调拨价格及打叶复烤加工费用标准。

3. 指导全国烟叶生产、收购和复烤加工工作；参与拟订烟叶国家标准、生产技术标准和打叶复烤技术标准；核准烟叶收购基准样品，组织烟草新品种审定工作；组织全国烟叶购销交易。

4. 研究提出行业水源工程、基础设施建设总体规划、年度计划；指导烟叶基层建设和打叶复烤企业管理；参与拟订打叶复烤企业技术改造规划；参与组织烟叶信息化工作。

5. 参与进口烟叶工作，负责进口烟叶国内流通管理，负责烟叶中外技术交流与合作工作。

6. 承办国家局、总公司交办的其他事项。

【负责人】

总经理：赵振山（—2014.2）

总经理兼水源工程建设办公室主任：陈江华（2014.3—，之前任副总经理兼水源工程建设办公室主任）

巡视员：包　勤（2014.8—，之前任副总经理）

副总经理：刘建利（2014.8—）、聂和平（—2014.2）、吴洪田（—2014.12）、关博谦（2014.11—）

总会计师：赵永红

水源工程建设办公室副主任：吴践志、赵素芬（2014.3—）

副巡视员：卞　卡、刘　昉、刘志强（—2014.7）

【内设机构】① 设办公室、综合计划部、生产管理部（技术推广部）、收购管理部、复烤企业管理部、财务部、经营部、水源工程建设办公室综合组、水源工程建设办公室基础组、水源工程建设办公室水源组等10个内设部门。

中国卷烟销售公司

【主要职责】 中国卷烟销售公司是国家局、总公司直属的专业性公司，承担一定的行业宏观管理职能。

1. 组织、指导、协调、管理全国卷烟销售工作，研究提出全国卷烟销售工作的政策和相关制度。

2. 指导全国卷烟销售网络建设和商业企业卷烟现代流通建设工作；拟订卷烟销售网络运行规范，参与拟订卷烟销售网络管理标准。

3. 组织实施全国卷烟市场需求预测工作，参与拟订卷烟销售计划；参与组织卷烟产销衔接和品牌定向整合工作，

① 根据《国家烟草专卖局关于成立水源工程建设办公室的通知》（国烟人〔2012〕418号）和《国家烟草专卖局关于中国烟叶公司增设水源工程建设办公室的通知》（国烟人〔2012〕316号），国家局决定在中国烟叶公司内部增设水源工程建设办公室，按照非常设机构实行管理。办公室下设3个组：综合组、基础设施组和水源工程组。办公室主任由中国烟叶公司领导兼任。

参与拟订卷烟品牌发展规划。

4. 组织、指导全国卷烟市场调查工作，采集、分析、发布卷烟市场信息；参与组织卷烟销售信息化工作，负责卷烟销售信息网络的管理与维护。

5. 组织、指导全国卷烟交易工作，拟订卷烟营销规则，监督、检查卷烟促销工作；参与拟订进口卷烟销售计划，拟订进口卷烟的国内销售管理办法；组织、协调中外合作国内生产卷烟品牌的市场销售工作；依法对公司的全资企业、参股企业行使出资人权利，经营和管理国有资产，承担保值增值的责任。

6. 承办国家局、总公司交办的其他事项。

【负责人】

总经理：曹华青

副总经理：李春滨、王　宏、崔　萍（2014. 11—）

总经理助理：杨荣生（挂职）（—2014. 8）

【内设机构】　设办公室、财务部、网建部、信息部、市场管理部、交易管理部等6个内设部门。

中国烟草投资管理公司

【主要职责】　中国烟草投资管理公司是国家局、总公司直属的专业性公司，承担一定的行业宏观管理职能。

1. 负责行业多元化投资经营工作的归口管理；参与编制行业多元化投资规划，参与审核多元化投资项目；参与审核多元化经营企业国有产权转让、国有资产无偿划转等事项。

2. 拟订行业多元化经营管理规定和企业退出机制，指导建立现代企业制度，完善公司治理结构；建立和完善行业多元化经营企业国有资产保值增值指标体系和目标考核制度。

3. 根据总公司的授权，对总公司直接投资及本公司投资的多元化企业行使出资人权利，履行出资人职责。

4. 负责行业战略性投资项目的规划、论证及组织实施工作。

5. 负责国产醋纤丝束经营，依法经营其他烟用材料；参与拟订醋纤丝束分配计划与价格。

6. 承办国家局、总公司交办的其他事项。

【负责人】

总经理：孙桂芳

副总经理：吴　益、张建华

总会计师：刘秋明

副巡视员：刘中华、杨伟生（2014. 12—）

【内设机构】　设办公室、企业管理部、行业指导管理部、事业发展部、财务管理部、经营部等6个内设部门。

中国烟草机械集团有限责任公司

【主要职责】　中国烟草机械集团有限责任公司是国家局、总公司直属的专业性公司，承担一定的行业宏观管理职能。

1. 参与拟订并组织实施烟草机械工业的发展规划、年度计划；参与拟订行业技术装备政策及烟草机械生产企业的生产布局、企业定点方案；拟订并组织实施行业设备管理制度，组织、协调行业生产设备的日常管理工作；负责推广新设备、新技术，发布淘汰设备目录。

2. 参与拟订国产烟草机械设备分配计划和价格政策；组织、协调全国烟草机械的购销管理工作；拟订并组织实施烟草机械产品生产经营业务的管理制度。

3. 负责行业设备大修理（翻修）的定点及布局工作，指导定点企业的生产经营和技术管理，拟订并组织实施设备大修理的年度计划；负责行业烟草机械零配件管理工作。

4. 负责烟草机械产品的技术管理工作；负责国内外烟草机械的技术交流、技术合作、对外技术谈判、技术培训和技术咨询服务工作；负责烟草机械引进技术的消化吸收和国产化工作；参与组织烟草机械新产品技术鉴定工作；拟订烟草机械产品的质量标准；参与拟订烟草机械设备进出口年度计划；参与组织烟草机械出口工作，负责组织货源和售后服务，参与组织国际市场开发工作。

5. 依法对控股企业行使出资人权利，经营和管理国有资产，承担保值增值的责任；按照国家局的授权，管理本公司及控股企业的人事、劳动工资及纪检监察工作。

6. 承办国家局、总公司交办的其他事项。

【负责人】

董事长、总经理、党组书记：王建法

副总经理、党组成员：于明芳、沈云龙、曲　伟

纪检组长、党组成员：吴　伟（2014. 11—）

副巡视员：凌卫民、赵美燕、廖默然、王　珩（2014. 12—）

【内设机构】　设办公室、综合计划部、人力资源部（纪

检监察部)、生产管理部、市场部、财务资产部、技术合作部、设备管理部等8个内设部门。

中国烟草国际有限公司

【主要职责】 中国烟草国际有限公司是国家局、总公司直属的专业性公司，承担一定的行业宏观管理职能。

1. 按照集中统一对外原则，组织、指导、协调、管理中国烟草的国际业务；研究提出行业国际业务工作总体规划，拟订并组织实施开拓国际市场战略规划。

2. 统一经营和管理烟草类国营贸易业务，拟订相关规章制度，规范经营秩序；参与拟订烟草进出口产品的年度计划并负责组织实施；参与拟订烟草进出口产品价格；组织实施进口烟叶境外实体化运作。

3. 拟订行业境外企业的发展规划、生产布局；指导、协调、管理行业境外企业及境外卷烟销售网络的生产经营工作；参与拟订开拓国际市场的奖励政策，研究提出相关奖励方案。

4. 统一管理烟草行业境外投资及经贸合作；审查、评估行业境外投资项目和境外企业的设立、分立、合并与撤销，报国家局审批；协调解决对外贸易中的法律纠纷。

5. 依法对公司的全资企业、控股企业、参股企业行使出资人权利，经营和管理国有资产，承担保值增值的责任；根据国家局的授权，管理公司及境外投资控股企业和驻外机构的人事、劳动工资工作。

6. 承办国家局、总公司交办的其他事项。

【负责人】

总经理、党组书记：张本甫

副总经理、党组成员：郭胜锁（部门正职级） （—2014. 10）、高学林（部门正职级）

巡视员兼副总经理、党组成员：梁占华、潘肖勇

副总经理、党组成员：谭小燕

总会计师、党组成员：张宏实

副总经理、党组成员：熊 斌（2014. 11—，之前任副巡视员）

纪检组长、党组成员：甘 宁（2014. 11—）

副巡视员：吴 伟（—2014. 11）

【内设机构】 设公共事务部、企划投资部、国营贸易部、烟叶运营部、市场拓展部、财务管理部、法律事务部、人力资源部等8个内设部门。

【驻境外机构】 公司以控股方式管理深圳烟草进出口有限公司。公司还直接管理10个驻外机构：天利国际经贸有限公司（所在地：中国香港）、中国烟草国际有限责任公司驻津巴布韦代表处（所在地：津巴布韦哈拉雷）/天泽烟草有限责任公司、中烟国际巴西有限公司（所在地：巴西圣克鲁斯）、中国烟草国际有限公司驻莫斯科代表处（所在地：俄罗斯莫斯科）、中国烟草日本株式会社（所在地：日本东京）、迪拜瑞世达贸易有限公司（所在地：阿联酋迪拜）、中烟国际阿根廷有限责任公司（所在地：阿根廷萨尔塔省）、中烟菲莫国际有限公司（所在地：瑞士洛桑）、中烟国际（北美）股份有限公司（所在地：美国北卡罗莱纳州）、中烟英美烟草国际有限公司（所在地：中国香港）。

中烟商务物流有限责任公司

【主要职责】 中烟商务物流有限责任公司是国家局、总公司直属的专业性公司，承担一定的行业宏观管理职能。

1. 拟订行业电子商务发展规划，负责烟草电子商务平台建设工作。

2. 组织、指导、协调、管理行业物流建设工作，拟订行业物流标准；承担行业现代物流工作领导小组的日常工作。

3. 负责烟草电子商务平台、行业卷烟生产经营决策管理系统和物流信息系统的运行维护、安全管理和技术支持工作；负责有关数据汇总、分析，提供信息服务。

4. 承办国家局、总公司交办的其他事项。

【负责人】

总经理：吕忠信

副总经理：董传国、范建治

总工程师：王金亮

副巡视员：李卫国

总经理助理：李文辉（挂职）（—2014. 10）

【内设机构】 设办公室、综合管理部、交易部、物流规划建设部、物流管理运行部、技术部（物流信息化部）、财务部等7个内设部门。

中国烟草实业发展中心[①]

【主要职责】 中国烟草实业发展中心是国家局、总公司直属的专业性公司。

1. 指导、协调、管理所属企业的生产经营活动；指导所属企业安全生产工作

2. 组织实施所属企业组织结构调整，指导企业改革。

3. 依法对所属企业的国有资产行使出资人权利，承担国有资产保值增值责任，管理监督所属企业财务资金，组织实施内部审计工作。

4. 管理所属企业人事、劳动工资工作，指导所属企业精神文明建设，负责所属企业纪检监察工作。

5. 承办国家局、总公司交办的其他事项。

【负责人】

总经理、党组书记：张建军（—2014.2）、董晓民（2014.2—）

副总经理、党组成员：李增林（—2014.2）、赵　琦、刘　龙、孔庆峰（2014.10—）

纪检组长、党组成员：马保军

总会计师：汪利华

巡视员：李立林（2014.7—8，之前任副巡视员）

副巡视员：秦　燕、郁　毅（—2014.3）、陈玉秋（2014.12—）

【内设机构】 设办公室（外事办公室）、人力资源部、生产部、安全监督管理部、企业管理部、财务部、审计部（监事室）、法律与改革部、市场营销部、物资供应部、纪检监察部等11个内设部门。

【所属企业】 下辖黑龙江烟草工业有限责任公司、红塔辽宁烟草有限责任公司、吉林烟草工业有限责任公司、甘肃烟草工业有限责任公司、内蒙古昆明卷烟有限责任公司、深圳烟草工业有限责任公司、山西昆明烟草有限责任公司、海南红塔卷烟有限责任公司等8家卷烟工业企业，以及吉林烟草进出口有限责任公司。

中国双维投资有限公司[②]

【主要职责】 中国双维投资有限公司是国家局、总公司直属的专业性公司。

1. 负责烟草行业重大战略性投资项目的规划、论证和可行性研究工作。

2. 组织实施经中国烟草总公司批准的投资项目。

3. 承担本公司直接投资企业和投资项目的经营管理工作。

4. 参与整合中国烟草总公司确定的行业多元化投资项目的优质资产。

5. 根据国家烟草专卖局授权，管理本公司的人事、劳动工资工作。

6. 承办国家局、总公司交办的其他事项。

【负责人】

董事会[③]

董事长：徐　瑺

董　事：郝和国、秦前浩、李　鸣、万里明、孙晓莹、栗新华

经理层

总经理、党组书记：吴建明（—2014.3）、郝和国（2014.3—）

巡视员兼副总经理、党组成员：王建雪（—2014.5）

巡视员：栗新华（2014.8—，此前任副总经理、党组成员）

副总经理、党组成员：王卫平（挂职）

纪检组组长、党组成员：成协科（2014.7—）

副总经理、党组成员：肖淑英（2014.11—）、翟　旭（2014.11—）

部门副职：孔庆峰（—2014.10）、徐晓新、易武军（—2014.10）

总经理助理：李　民（—2014.10，挂职）、周武庆（2014.11）

【内设机构】 设办公室、法律部、投资管理部、企业管

---

① 中国烟草实业发展中心成立于1999年1月。2004年11月，根据国烟法〔2004〕734号文件，国家局将原由省级局（公司）管理的兰州卷烟厂等4家卷烟生产企业调整为中烟实业管理，将原由省级公司持有的红塔辽宁烟草有限责任公司等4家卷烟工业企业的股权调整为中烟实业持有，调整后，中烟实业下辖8家卷烟生产企业。截至2014年底，中烟实业所属8家卷烟工业企业拥有总资产535.06亿元，其中，固定资产109.68亿元、流动资产376.08亿元，资产负债率为27.03%。共有从业人员15065人，其中在岗员工13598人。

② 6月，根据《中国烟草总公司关于中国双维投资公司更名改制有关事项的批复》（中烟办〔2014〕148号），中国双维投资公司更名改制为中国双维投资有限公司。

③ 7月，国家局 总公司下发《关于委派徐瑺等七名同志任职的通知》（国烟人〔2014〕306号），委派徐瑺为中国双维投资有限公司董事、董事长；委派郝和国、秦前浩、李鸣、万里明、孙晓莹、栗新华同志为中国双维投资有限公司董事。

理部、财务部等5个内设部门。

【分支机构】 设中国双维投资有限公司银川分公司1个分支机构。

《中国烟草》杂志社有限公司

【主要职责】 《中国烟草》杂志社有限公司是中国烟草总公司的全资子公司，具有独立的企业法人资格。

1. 编辑、出版、发行国家局的机关刊物《中国烟草》杂志（半月刊）。

2. 建设、维护、管理中国烟草资讯网。

3. 在国家局办公室指导下负责《中国烟草年鉴》编纂发行工作。

4. 编辑出版发行《新烟草》杂志（旬刊）。

5. 承办《烟草企业文化》杂志（月刊）编辑工作。

6. 管理和经营中烟广告公司。

7. 开展图书音像出版业务。

【负责人】

董事会

董事长：刘　杰

董事：王献生、任　静、赵百东、王劲栋

监　事：张书东

经理层

总经理、法人代表：刘　杰

总编辑：王献生

副总经理：任　静

【内设机构】 设主编室、编辑一部、编辑二部、记者部、美术摄影编辑部、网络部、《中国烟草年鉴》编辑部、《新烟草》编辑部、《烟草企业文化》编辑部、综合办公室、中烟广告公司（广告部）、财务部、发行部、市场部、考评部等15个内设部门。

直属事业单位

中国烟草总公司郑州烟草研究院

【主要职责】 综合性从事烟草科学研究与开发，是国际标准化组织烟草及烟草制品技术委员会（ISO/TC126）国内技术归口单位。主要从事烟草基因、烟草栽培调制及贮保、卷烟加工工艺和卷烟配方、烟草化学、烟用香精香料、卷烟减害降焦、再造烟叶等方面的应用基础研究和共性技术研究，卷烟厂和烟叶复烤厂的工程设计，行业相关检测仪器的研制、开发等。其学科范围覆盖烟草基因到卷烟生产的全过程。

【负责人】

院长、党组书记：闫亚明

副院长、党组成员：谢剑平

巡视员：赵继先（2014.12—，之前任副院长、纪检组长、党组成员）

副院长、党组成员：张建勋、罗登山

党组成员：胡清源

【内设机构】 设院长办公室、机关党委（人事处）、科研开发处、财务管理处等4个职能部门，烟草农业研究室、烟草工艺研究开发中心（烟草工艺重点实验室）、烟草化学重点实验室、烟草香料基础研究重点实验室等4个科研部门，国家烟草基因研究中心、中国烟草科技信息中心、中国烟草标准化研究中心等3个行业中心，河南新桥烟草科技服务有限公司、郑州嘉德机电科技有限公司2家多元化经营企业。

中国烟草总公司合肥设计院

【主要职责】 受国家局、总公司委托，承担烟草行业固定资产投资工程项目的技术审查职责，负责组织行业固定资产重大投资工程项目总体规划、项目申请报告、初步设计文件、工程超支分析报告等技术审查以及对重大项目和课题的专家论证、评估。在完成国家局委托的工程项目技术审查任务的基础上，保留部分经营职能，利用其技术优势，承接行业打叶复烤厂、烟用仓库等设计和部分项目初步设计文件、施工图第三方审查及设计咨询工作。

【负责人】

院长、党委书记：朱小平（正厅级）　（—2014.12）、卢安宁（正厅级）(2014.12—)

副院长、党委委员：陆　敏、葛　波

【内设机构】 设技术审查处、生产设计处、经营处、人力资源处、财务处、办公室等6个内设处室。

中国烟草总公司职工进修学院

【主要职责】 承担烟草行业高技术、高技能人才培训，承担行业远程培训任务，具体承办行业培训师资库和培训教材库的建设与管理；培训师资的培训，开展远程教育培训和职业技能竞赛，并为企业提供职业技能鉴定、培训开发设计、培训评估、培训师资、培训教材和培训案例建设、培训信息资源、培训业务和生产技术咨询及成人学历教育服务。

【负责人】

院长、党组成员：路鹏翔（2014.7—，之前任院长、党组书记）

党组副书记：连　飞（2014.7—，之前任副院长〈兼〉、党组成员）

副院长、党组成员：杨保吉、刘学义、李广才

纪检组长、党组成员：陈卫华

【内设机构】　设办公室、人事处、财务管理处、审计处（监察处）、安全保卫处（政策法规处）等5个行政管理部门，教务处、教研处、远程培训处、对外合作处、学员处、信息中心等6个教学服务部门，后勤处、物业部2个后勤服务部门，以及综合管理处、鉴定考核处、标准命题处3个职业技能鉴定部门。

中国烟草博物馆

【概　况】　中国烟草博物馆位于上海市长阳路，于2004年7月15日开馆，总投资1.8亿元。博物馆总建筑面积为9617平方米，其中占地面积为5511平方米，展示面积约3500平方米。它是一家反映中国烟草发展历史、传承中国烟草文化的专业博物馆，是上海首个国家级行业博物馆。根据国家烟草专卖局的有关文件精神，中国烟草博物馆开馆后的日常管理纳入上海烟草集团有限责任公司统一管理。

中国烟草博物馆有烟草历程、烟草农业、烟草工业、烟草经贸、烟草管理、烟草文化、吸烟与控烟、新世纪等8个展馆，参观者可以通过大量珍贵的文物、文献、模型、场景、真人蜡像及照片、多媒体等形式，全面了解中国烟草的起源及各发展阶段的概况和特征，了解吸烟与控烟的发展历史及中国烟草行业在控烟与减害降焦等方面的情况。

【负责人】

常务副馆长：唐　煦

馆长助理：陈　琳（2014.4—）

省级烟草专卖局（公司）

北京市烟草专卖局（公司）[①]

【概　况】　北京市烟草专卖局、中国烟草总公司北京市公司成立于1986年1月。1985年12月31日，北京市经济委员会与中国烟草总公司共同签署《关于北京市烟草公司上划交接协议书》；同日，北京市政府办公厅下发京政办发〔1985〕148号文件，决定北京市烟草专卖局、北京市烟草公司从1986年1月1日正式成立，上划并开展工作。北京市烟草公司更名为中国烟草总公司北京市公司。2014年，北京市局（公司）下辖东城、西城、朝阳、海淀、丰台、石景山、通州、顺义、延庆、怀柔、大兴、昌平、密云、门头沟、房山、平谷等16个区（县）烟草专卖局（公司），北京烟草营销中心，北京烟草物流中心，以及北京京烟卷烟零售连锁有限公司、金健恒通商贸有限公司和北京通大家园物业管理有限公司等3个全资子公司，北京黎马敦太平洋包装有限公司1家合资公司。市局（公司）机关下设11个职能处室，15个专业部门。截至2014年底，拥有总资产127.01亿元，其中，固定资产12.64亿元、流动资产109.63亿元，资产负债率为5.74%。有从业人员3380人。

【领导成员】

局长、总经理、党组书记：徐　瑝

巡视员：甄晓勇（—2014.10，2014年5月前任巡视员、副总经理、党组成员）

副局长、党组成员：刘根甫

纪检组长、党组成员：周　宾

副总经理、党组成员：殷　刚

副总经理、党组成员：江　涛

副巡视员：罗　莉（—2014.11）

副巡视员：李东梅

副巡视员：刘进民

副巡视员：臧卫东

---

① 《国家烟草专卖局、中国烟草总公司组织结构》栏目中，“××烟草专卖局（公司）”简称“××局（公司）”。

天津市烟草专卖局（公司）

【概　况】 天津市烟草专卖局、天津市烟草公司组建于1985年10月。1985年10月29日，天津市政府与中国烟草总公司共同签署了《关于天津市烟草行业上划交接协议书》，决定自协议书签订之日起上划中国烟草总公司，更名为中国烟草总公司天津市公司。2014年，天津市局（公司）下辖天津市区第一、第二、第三烟草专卖局（分公司），以及东丽区、津南区、西青区、北辰区等4家区烟草专卖局（分公司），滨海新区烟草专卖局塘沽、汉沽、大港等3家区烟草专卖分局（分公司），武清区烟草专卖局（有限公司）、宝坻区烟草专卖局（有限公司）、宁河县烟草专卖局（天津芦台烟草有限公司）、静海县烟草专卖局（有限公司）、蓟县烟草专卖局（天津渔阳烟草有限公司）等5家县级烟草专卖局（有限公司），天津市滨海新区烟草专卖局、天津烟草卷烟营销中心、天津烟草物流中心、天津市恒大实业公司、天津市津烟卷烟自营总店。市局（公司）机关下设11个处室、6个专业部门。截至2014年底，拥有总资产74.15亿元，其中，固定资产6.37亿元、流动资产67.51亿元，资产负债率为7.28%。从业人员2008人。

【领导成员】

局长、总经理、党组书记：王健男（—2014.10）

局长、总经理、党组书记：孙晓莹（2014.12—）

巡视员：陈　余（—2014.8）

副总经理、党组成员：李加春

党组成员：张立海

纪检组长、党组成员：宁书成

副局长、党组成员：徐小波（2014.8—）

副巡视员：周金超

副巡视员：王志涛

河北省烟草专卖局（公司）

【概　况】 河北省烟草专卖局成立于1984年3月，河北省烟草公司成立于1982年11月。1985年1月，河北省政府与中国烟草总公司签署协议，决定河北省烟草公司自签字之日起上划中国烟草总公司，更名为中国烟草总公司河北省公司。2014年，河北省局（公司）下辖邯郸、石家庄、保定、张家口、承德、唐山、廊坊、沧州、衡水、邢台、秦皇岛等11个地市级烟草专卖局（公司），134个县级烟草专卖局、136个营销部，河北平山温泉烟草职工培训中心、中维地产河北有限公司、河北步润商贸有限公司、廊坊开发区中天供水有限公司、葫芦岛市万家经济开发区实业开发总公司等5个多元化经营企业，22个派驻机构［分别为派驻11个市局（公司）的审计办公室和内部专卖管理监督办公室］。省局（公司）机关下设14个职能处室、6个专业部门，以及整顿和规范市场经济秩序领导小组办公室与烟草学会。截至2014年底，总资产197.73亿元，其中，固定资产15.87亿元、流动资产176.1亿元，资产负债率为10.19%。从业人员9920人。

【领导成员】

局长、总经理、党组书记：钱　江

副总经理、党组成员：马学雷（2014.4—，之前任纪检组长、党组成员）

副总经理、党组成员：俞关勇

副局长、党组成员：戴　勇（2014.4—）

巡视员：杨子辛（2014.5—，之前任巡视员、副总经理、党组成员）

副巡视员：王　辉

副巡视员：张宝月（2014.4—）

副巡视员：贾立业（2014.4—）

山西省烟草专卖局（公司）

【概　况】 山西省烟草专卖局成立于1983年7月，山西省烟草公司成立于1982年4月。1984年6月，山西省烟草公司上划中国烟草总公司，改制更名为中国烟草总公司山西省公司。2014年，山西省局（公司）下辖太原、大同、阳泉、长治、晋城、朔州、忻州、吕梁、晋中、临汾、运城等11个地市级烟草专卖局（公司），112个县级烟草专卖局（营销部）。省局（公司）机关下设16个职能处室、11个专业部门和机构。截至2014年底，总资产160.91亿元，其中，固定资产26.14亿元、流动资产129.02亿元，资产负债率为4.31%。从业人员7686人。

【领导成员】

局长、总经理、党组书记：李泽华（—2014.8）

局长、总经理、党组书记：宋政峰（2014.8—，2014年2—8月任副局长、副总经理、党组副书记）

副总经理、党组成员：王志毅（正厅级）（—2014.2）

副局长、党组成员：杜毓志

副总经理、党组成员：张亚林

副总经理、党组成员：冯小云

纪检组长、党组成员：张国宾（2014.8—）

副巡视员：董文彦［2014.2—，之前任副巡视员、太原市烟草专卖局（公司）局长、经理、党组书记］

副巡视员：闫　杰

内蒙古自治区烟草专卖局（公司）

【概　况】　内蒙古自治区烟草专卖局、内蒙古自治区烟草公司组建于1984年1月1日。1984年9月，内蒙古自治区烟草公司上划中国烟草总公司，更名为中国烟草总公司内蒙古自治区公司。2014年，内蒙古自治区局（公司）下辖满洲里、呼伦贝尔、兴安盟、通辽、赤峰、锡林郭勒盟、二连浩特、乌兰察布、呼和浩特、包头、鄂尔多斯、巴彦淖尔、乌海、阿拉善盟等14个地市级烟草专卖局（公司），107个县级烟草专卖局、6个分公司、77个营销部。自治区局（公司）机关内设15个职能处室，7个专业部门，2个临时机构。截至2014年底，总资产116.31亿元，其中，固定资产12.39亿元、流动资产101.16亿元，资产负债率为16.09%。从业人员5804人。

【领导成员】

局长、总经理、党组书记：董晓民（—2014.2）

局长、总经理、党组书记：王志毅（2014.2—）

副总经理、党组成员：乌力吉

副总经理、党组成员：王文忠

副局长、党组成员：赵德国

纪检组长、党组成员：董建华

副巡视员：郑子林

副巡视员：于小芹

辽宁省烟草专卖局（公司）

【概　况】　辽宁省烟草专卖局成立于1983年7月，辽宁省烟草公司成立于1983年5月。1984年9月2日，辽宁省政府与中国烟草总公司签署协议，决定辽宁省公司自签字之日起上划中国烟草总公司，更名为中国烟草总公司辽宁省公司。2006年，完成母子公司体制改革。2014年，辽宁省局（公司）下辖沈阳、鞍山、抚顺、本溪、丹东、锦州、营口、阜新、辽阳、铁岭、朝阳、盘锦、葫芦岛等13个地市级烟草专卖局（公司）①，53个县级烟草专卖局（营销部），9个县级烟叶分公司，15个审计派驻办公室，13个内部专卖管理监督派驻办公室，中国烟草辽宁进出口公司，丹东辽东烟草发展有限责任公司②。省局（公司）机关下设14个职能处室、8个专业部门（2014年1月，辽宁烟草教育培训中心与职业技能鉴定站分设），以及整顿和规范市场经济秩序领导小组办公室。截至2014年底，总资产135.12亿元，其中，固定资产11.58亿元、流动资产120.92亿元，资产负债率为4.62%。从业人员8628人。

【领导成员】

局长、总经理、党组书记：孙世夫

副总经理、党组成员：杜胜利（—2014.5）

纪检组长、党组成员：韩永斌

副总经理、党组成员：刘　宁

副总经理、党组成员：陈　彤

党组成员：李德贤

副巡视员：朱炳文

吉林省烟草专卖局（公司）

【概　况】　吉林省烟草专卖局、吉林省烟草公司成立于1983年7月。1984年9月，吉林省政府与中国烟草总公司签署协议，决定吉林省烟草公司自签字之日起上划中国烟草总公司，更名为中国烟草总公司吉林省公司。2014年，吉林省局（公司）下辖长春、吉林、四平、辽源、通化、白城、白山、松原、延边等9个地市级烟草专卖局（公司），39个县级烟草专卖局（分公司）、15个营销部、12个城区分局。省局（公司）机关下设14个职能处室、9个专业部门，以及金叶烟草有限责任公司、顺达房地产开发有限公司、金叶嘉园物业服务有限责任公司等3个直属公司。截至2014年底，总资产89.81亿元，其中，固定资产25.84亿元、流动资产63.97亿元，资产负债率为13.14%。从业人员6012人。

【领导成员】

局长、总经理、党组书记：曹东伟（—2014.2）

局长、总经理、党组书记：宋亚强（2014.2—）

巡视员：徐　智（2014.7—，之前任副总经理、党组成员）

副局长、党组成员：宋政峰（—2014.2）

副总经理、党组成员：何　成

---

① 2014年3月，省局印发《辽宁省烟草专卖局关于调整市级局（公司）机构设置和人员编制方案的意见》，对各市级局（公司）本部及下属单位机构设置的名称和数量进行规范，同时明确各市级局（公司）内设机构及下属单位的领导职数、非领导职数和人员编制总数的确定原则。

② 丹东辽东烟草发展有限责任公司详见《烟草工业》栏目“烟叶加工”分目。

副局长、党组成员：聂树忠（2014.7—，之前任纪检组长、党组成员）

副总经理、党组成员：曹松林（—2014.9）

纪检组长、党组成员：关宏梅（2014.7—）

副总经理、党组成员：牛　千（2014.8—）

副巡视员：杨永贤

黑龙江省烟草专卖局（公司）

【概　况】　黑龙江省烟草专卖局成立于1983年4月，黑龙江省烟草公司组建于1982年7月。1984年4月，黑龙江省政府与中国烟草总公司签署协议，决定自1984年1月1日起，黑龙江省烟草公司上划中国烟草总公司，更名为中国烟草总公司黑龙江省公司。2014年，黑龙江省局（公司）下辖哈尔滨、齐齐哈尔、大庆、牡丹江、佳木斯、绥化、鸡西、双鸭山、伊春、七台河、鹤岗、黑河、大兴安岭、绥芬河等14个地市级烟草专卖局（公司），82个县级烟草专卖局，78个县级营销部，以及哈尔滨烟叶公司、牡丹江烟叶公司、中国烟草黑龙江进出口有限责任公司、黑龙江烟叶复烤有限公司①和黑龙江烟草投资管理有限公司②。省局（公司）机关下设15个处室和11个专业部门。截至2014年底，总资产140.3亿元，其中，固定资产12.72亿元、流动资产123.36亿元，资产负债率为11.97%。从业人员10320人。

【领导成员】

局长、总经理、党组书记：迟焕发

巡视员、副局长、党组成员：牛中全（—2014.5）

党组成员：王殿贵

副总经理、党组成员：李　健（2014.5—）

纪检组长、党组成员：李捍红（2014.5—）

副巡视员：王乃信（—2014.2）

上海市烟草专卖局、上海烟草集团有限责任公司

【概　况】　上海市烟草专卖局成立于1984年2月。上海烟草集团有限责任公司（简称集团公司）的前身是上海烟草（集团）公司，于1993年11月由原上海市烟草公司及所属企业改制而成；2011年1月，根据《国家烟草专卖局 中国烟草总公司关于上海烟草（集团）公司更名改制和完善公司法人治理结构的批复》（国烟法〔2010〕405号），正式更名为上海烟草集团有限责任公司。2014年，上海市烟草专卖局、上海烟草集团有限责任公司下设30个处室（部门）。集团公司下辖黄浦分局和黄浦烟草糖酒有限公司一公司、二公司，虹口、静安、徐汇、杨浦、闸北、普陀、长宁、闵行、宝山、浦东新区、松江、青浦、嘉定、奉贤、金山、崇明等区（县）烟草专卖分局（有限公司），驻上海铁路专卖局（有限公司），上海烟草贸易中心有限公司、中国烟草上海进出口有限责任公司、上海卷烟厂、北京卷烟厂、天津卷烟厂、上海烟草储运公司、上海高扬国际烟草有限公司、上海海烟物流发展有限公司、上海烟草集团太仓海烟烟草薄片有限公司③、上海烟草集团苏州中华园大饭店有限公司、上海王宝和大酒店有限公司，并控股上海烟草包装印刷有限公司，上海白玉兰烟草材料有限公司、上海牡丹香精香料有限公司等多家企业。截至2014年底，集团公司总资产1111.87亿元，其中，固定资产57.14亿元、流动资产824.99亿元，资产负债率为5.63%。从业人员4048人，其中在岗员工3814人。

【领导机构】

董事会

董事长：施　超

副董事长：王彦亭（—2014.3）

副董事长：吴建明（2014.3—）

董　事：吴菊民、董秀明、穆重林（—2014.12）、张弘毅（2014.12—）、黄翠萍、刘晓晴（职工董事）

监　事：解建伟

班子成员

局长、总经理、党组书记：施　超

巡视员：吴菊民（2014.6—，之前任巡视员、副局长、党组成员）

副总经理、党组成员：董秀明（—2014.2）

副总经理、党组成员：周永森

副总经理、党组成员：郜　强

纪检组长、党组成员、工会主席：解建伟

党组成员：曲志刚

党组成员：李钢成

副总经理、党组成员：姜立功

---

① 黑龙江烟叶复烤有限公司详见《烟草工业》栏目“烟叶加工”分目。

② 黑龙江烟草投资管理有限公司详见《行业概览》栏目“多元化经营”。

③ 上海烟草集团太仓海烟烟草薄片有限公司详见《烟草工业》栏目“烟叶加工”分目。

中国烟草博物馆常务副馆长、副总经理、党组成员：唐　煦

党组成员：陆　捷

副巡视员：孙　平

副巡视员：杨伟康

江苏省烟草专卖局（公司）

【概　况】 江苏省烟草专卖局成立于1983年7月，江苏省烟草公司组建于1982年11月。1984年11月26日，江苏省政府与中国烟草总公司签订协议，决定自协议签署之日起，江苏省烟草公司上划中国烟草总公司，更名为中国烟草总公司江苏省公司。2014年，江苏省局（公司）下辖南京、苏州、无锡、常州、镇江、南通、扬州、泰州、盐城、淮安、宿迁、徐州、连云港等13个地市级烟草专卖局（公司），68个县级烟草专卖局（分公司），江苏金丝利集团公司。省局（公司）机关下设18个处室（部门）。截至2014年底，公司总资产637亿元，其中，固定资产35亿元、流动资产590亿元，资产负债率为2.39%。从业人员11342人。

【领导成员】

局长、总经理、党组书记：尉彭城（—2014.2）

局长、总经理、党组书记：董秀明（2014.2—）

巡视员、副总经理、党组成员：杨兴泉

副局长、党组成员：樊剑峰（—2014.2）

副总经理、党组成员：刘加荣

纪检组长、党组成员：朱亚涛

副巡视员：范　宁（—2014.6）

副巡视员：潘立慧

副巡视员：秦立华

总会计师：余慧强

浙江省烟草专卖局（公司）

【概　况】 浙江省烟草专卖局、浙江省烟草公司成立于1984年3月。1984年12月30日，浙江省计划经济委员会与中国烟草总公司签署协议，决定浙江省烟草公司自1985年1月1日起上划中国烟草总公司，更名为中国烟草总公司浙江省公司。2003年7月，浙江烟草完成工商分设。2008年底，完成母子公司体制改革。2014年，浙江省局（公司）下辖杭州、宁波、温州、嘉兴、湖州、绍兴、金华、衢州、丽水、台州、舟山等11个地市级烟草专卖局（公司），64个县级烟草专卖局（分公司），以及浙江烟草投资管理有限责任公司①、浙江烟草进出口有限公司（烟叶生产经营管理办公室）。省局（公司）机关下设13个职能处室和6个专业部门。截至2014年底，总资产610.44亿元，其中，固定资产36.61亿元、流动资产520.38亿元，资产负债率为6.98%。从业人员10566人。

【领导成员】

局长、总经理、党组书记：邱　萍

副局长、党组成员：于政雄

纪检组长、党组成员：王德源

副总经理、党组成员：李定晓

副巡视员：孙佳华

安徽省烟草专卖局（公司）

【概　况】 安徽省烟草专卖局成立于1984年5月，安徽省烟草公司组建于1980年10月。1983年10月，安徽省政府与中国烟草总公司签署协议，安徽省烟草公司上划中国烟草总公司，更名为中国烟草总公司安徽省公司。2006年，省公司完成母子公司体制改革。2014年，安徽省局（公司）下辖合肥、淮北、亳州、宿州、蚌埠、阜阳、淮南、滁州、六安、马鞍山、芜湖、宣城、铜陵、池州、安庆、黄山等16个地市级烟草专卖局（公司），89个县级烟草专卖局，85个县级卷烟营销部，华环国际烟草有限公司②及安徽皖南烟叶有限责任公司。省局（公司）机关下设15个职能部门，4个专业部门和1个非常设机构。截至2014年底，总资产284.35亿元，其中固定资产36.36亿元、流动资产184.72亿元，资产负债率为4.57%，从业人员11364人。

【领导成员】

局长、总经理、党组书记：问　武

巡视员、副总经理、党组成员：卓俭华

纪检组长、党组成员：鹿　军

副总经理、党组成员：董建江

副局长、党组成员：张靖江

总会计师：贾零霓

副巡视员：陈爱群

副巡视员：时玉玲

---

① 浙江烟草投资管理有限责任公司详见《行业概览》栏目“多元化经营”。

② 华环国际烟草有限公司详见《烟草工业》栏目“烟叶加工”分目。

福建省烟草专卖局（公司）

【概　况】　福建省烟草专卖局、中国烟草总公司福建省公司组建于1984年1月1日。1984年12月31日，福建省政府与中国烟草总公司签订协议，决定自协议签署之日起，福建省烟草公司上划中国烟草总公司，更名为中国烟草总公司福建省公司。2006年，完成母子公司体制改革。2014年，福建省局（公司）下辖福州、厦门、宁德、莆田、泉州、漳州、龙岩、三明、南平等9个地市级烟草专卖局（公司），76个县级烟草专卖局（分公司）［2014年，新设厦门市思明、湖里区烟草专卖局（分公司）；撤销泉州市城区烟草专卖局（分公司），设立泉州市鲤城、丰泽、洛江区烟草专卖局（分公司）］，三明金叶复烤有限公司①、福建武夷烟叶有限公司②，以及福建烟草海晟投资管理有限公司③和中国烟草福建进出口有限责任公司。省局（公司）机关下设15个职能处室，8个专业部门。截至2014年底，总资产359.19亿元，其中，固定资产38.33亿元、流动资产259.25亿元，资产负债率为10.19%。从业人员14331人，实行全员聘用制。

【领导成员】

局长、总经理、党组书记：卢金来
副局长、党组成员：张　卉（—2014.7）
副总经理、党组成员：揭柏林
副总经理、党组成员：李晓陆（—2014.3）
纪检组长、党组成员：黄星光
副总经理、党组成员：林则森

江西省烟草专卖局（公司）

【概　况】　江西省烟草专卖局、江西省烟草公司成立于1984年1月。1984年12月，江西省政府与中国烟草总公司签署协议，决定江西省烟草公司自签字之日起上划中国烟草总公司，更名为中国烟草总公司江西省公司。2014年，江西省局（公司）下辖南昌、九江、上饶、抚州、宜春、吉安、赣州、景德镇、萍乡、新余、鹰潭等11个地市级烟草专卖局（公司），以及驻南昌铁路烟草专卖局、中国烟草井冈山传统教育基地、江西省锦峰投资管理有限责任公司④、江西赣南烟叶复烤有限责任公司⑤。省局（公司）机关下设26个处室、部门。截至2014年底，总资产62.54亿元，其中，固定资产2.84亿元、流动资产22.39亿元，资产负债率为1.02%。从业人员10170人，其中在岗员工8266人，实行全员聘用制。

【领导成员】

局长、总经理、党组书记：魏　平
副总经理、党组成员：顾厚武
副总经理、党组成员：徐素珍
副局长、党组成员：胡义强
纪检组长、党组成员：章建华
副总经理、党组成员：李　民（2014.10—）
总会计师：陈建辉
副巡视员：罗建武（—2014.7）
副巡视员：辛焕荣（—2014.9）
副巡视员：熊也农

山东省烟草专卖局（公司）

【概　况】　山东省烟草专卖局成立于1983年10月，山东省烟草公司组建于1982年4月。1985年12月，山东省烟草公司正式上划中国烟草总公司，更名为中国烟草总公司山东省公司。2014年，山东省局（公司）下辖济南、青岛、淄博、枣庄、东营、烟台、潍坊、济宁、泰安、威海、日照、莱芜、临沂、德州、聊城、滨州、菏泽等17个地市级烟草专卖局（有限公司）、139家县级烟草专卖局（分公司、营销部）［2014年，济宁市市中区局（营销部）合并到任城区局（营销部）］，以及《东方烟草报》社有限公司、中国烟草山东进出口有限责任公司、中国烟草总公司青州中等专业学校、山东烟草投资管理有限公司⑥、山东烟叶复烤有限公司⑦、山东烟草研究院和山东泰山壹伍叁贰物联供应链有限公司、山东烟草汽车租赁有限公司（2014年新成立），17家专卖内管派驻机构，17家审计派驻办。省局（公司）

---

① 三明金叶复烤有限公司详见《烟草工业》栏目“烟叶加工”分目。

② 福建武夷烟叶有限公司详见《烟草工业》栏目“烟叶加工”分目。

③ 福建烟草海晟投资管理有限公司详见《行业概览》栏目“多元化经营”。

④ 江西省锦峰投资管理有限责任公司详见《行业概览》栏目“多元化经营”。

⑤ 江西赣南烟叶复烤有限责任公司详见《烟草工业》栏目“烟叶加工”分目。

⑥ 山东烟草投资管理有限公司详见《行业概览》栏目“多元化经营”。

⑦ 山东烟叶复烤有限公司详见《烟草工业》栏目“烟叶加工”分目。

机关下设 30 个处、室、部门。截至 2014 年底，总资产 378.85 亿元，其中，固定资产 68.94 亿元、流动资产 253.76 亿元，资产负债率为 14.39%。从业人员 22558 人，实行全员聘用制。

【领导成员】

局长、总经理、党组书记：孙公准

巡视员：陈毅力（2014.5—11，之前任副局长、党组成员）

巡视员、副总经理、党组成员：武梅华（—2014.3）

副总经理、党组成员：刘云生

纪检组长、党组成员：张克强

副总经理、党组成员：王永平

副总经理、党组成员：王卫平

副总经理、党组成员：宋新忠

副巡视员：邓志坚

副巡视员：韩春曦

河南省烟草专卖局（公司）

【概　况】　河南省烟草专卖局成立于 1983 年 7 月，河南省烟草公司组建于 1982 年 11 月。1984 年 8 月，河南省政府和中国烟草总公司签订协议，决定河南省烟草公司及所辖工商企业全部上划中国烟草总公司，更名为中国烟草总公司河南省公司。2006 年，取消县级烟草公司法人资格，完成母子公司体制改革。2014 年，河南省局（公司）下辖郑州、开封、洛阳、平顶山、安阳、鹤壁、新乡、焦作、濮阳、许昌、漯河、三门峡、南阳、商丘、信阳、周口、驻马店、济源等 18 个地市级烟草专卖局（公司），133 家县级烟草专卖局（分公司），天昌国际烟草有限公司①、河南烟草投资管理有限公司②、中国烟草河南进出口有限责任公司和河南省烟草职工培训中心。省局（公司）机关下设 16 个职能处室、10 个专业部门［2014 年，成立采购招标办公室、宣传中心（与烟草学会秘书处合署办公）、烟草科学研究所］、1 个临时性机构。截至 2014 年底，总资产 310.66 亿元，其中，固定资产 38.32 亿元、流动资产 246.38 亿元，资产负债率为 15.37%。从业人员 25545 人，其中聘用员工 6199 人。

【领导成员】

局长、总经理、党组书记：李孟顺

副总经理、党组成员：王志富

巡视员：李俊成（2014.12—，之前任副总经理、党组成员）

巡视员：徐德全（2014.12—，之前任副总经理、党组成员）

副局长、党组成员：张亚宾（—2014.12）

纪检组长、党组成员：程春节（2014.7—）

副局长、党组成员：卢俊良（2014.12—）

副巡视员：杨宇熙（2014.12—）

湖北省烟草专卖局（公司）

【概　况】　湖北省烟草专卖局成立于 1984 年 3 月，湖北省烟草公司组建于 1983 年 8 月。1984 年 11 月 12 日，湖北省政府与中国烟草总公司签署协议，决定湖北省烟草公司自协议书签订之日起上划中国烟草总公司，上划后更名为湖北省烟草专卖局、中国烟草总公司湖北省公司。2006 年，完成母子公司体制改革。2014 年，湖北省局（公司）下辖武汉、黄冈、襄阳、荆州、十堰、孝感、恩施、宜昌、咸宁、随州、黄石、荆门、鄂州等 13 个地市级烟草专卖局（公司），仙桃、天门、潜江等 3 个直管市烟草专卖局（公司）和神农架林区烟草专卖局（公司），以及湖北烟草金叶复烤有限责任公司③、中国烟草湖北进出口有限责任公司和湖北烟草投资管理有限责任公司④。省局（公司）下设 15 个职能处室，5 个专业部门，以及湖北省烟草学会、整顿办和基建办公室。截至 2014 年底，总资产 267.67 亿元，其中，固定资产 38.28 亿元、流动资产 201.70 亿元，资产负债率为 20.34%。从业人员 14408 人，其中聘用员工 4549 人。

【领导成员】

局长、总经理、党组书记：赵全意

巡视员、副局长、副总经理、党组成员：彭义政（—2014.3）

副总经理、党组成员：杨　树

副局长、党组成员：徐述舟

纪检组长、党组成员：夏汉林

副总经理、党组成员：刘裕堂

副总经理、党组成员：黄树立

① 天昌国际烟草有限公司详见《烟草工业》栏目“烟叶加工”分目。

② 河南烟草投资管理有限公司详见《行业概览》栏目“多元化经营”。

③ 湖北烟草金叶复烤有限责任公司详见《烟草工业》栏目“烟叶加工”分目。

④ 湖北烟草投资管理有限责任公司详见《行业概览》栏目“多元化经营”。

总会计师：周玉平（2014.7—）

副巡视员：钟存高

副巡视员：杜建平

副巡视员：陈武林（—2014.6）

湖南省烟草专卖局（公司）

【概　况】　湖南省烟草专卖局成立于1983年10月，湖南省烟草公司成立于1983年7月。1984年12月2日，湖南省政府与中国烟草总公司签署协议，决定湖南省烟草公司自1985年1月1日起上划中国烟草总公司，更名为中国烟草总公司湖南省公司。2014年，湖南省局（公司）下辖长沙、株洲、湘潭、岳阳、衡阳、郴州、常德、益阳、娄底、邵阳、张家界、怀化、湘西、永州等14个地市级烟草专卖局（公司），90个县级局（分公司），以及湖南烟叶复烤有限公司①和湖南省烟草职工培训中心（湘潭烟草中专学校）。省局（公司）机关下设17个职能处室、4个专业部门、1个临时性机构和1个专业公司。截至2014年底，总资产350.54亿元，其中，固定资产39.17亿元、流动资产264.49亿元，资产负债率为8.24%。从业人员17550人。

【领导成员】

局长、总经理、党组书记：杨先杰（—2014.7）

局长、总经理、党组书记：樊剑峰（2014.7—）

副局长、党组成员：张志刚

副总经理、党组成员：程晓邵

纪检组长、党组成员：罗高社

副总经理、党组成员：李民灯

副总经理、党组成员：徐文军

总农艺师：赵松义（—2014.10）

副巡视员：姜孝清（—2014.3）

副巡视员：柏承知

副巡视员：周三省（—2014.10）

广东省烟草专卖局（公司）

【概　况】　广东省烟草专卖局、广东省烟草公司成立于1983年。1985年11月20日，广东省政府和中国烟草总公司签署协议，决定广东省烟草公司自协议签订之日起上划中国烟草总公司，更名为中国烟草总公司广东省公司。2014年，广东省局（公司）下辖广州、中山、珠海、东莞、佛山、肇庆、江门、惠州、茂名、阳江、云浮、湛江、汕头、潮州、汕尾、揭阳、韶关、梅州、河源、清远等20个地市级烟草专卖局（公司），76个县级烟草专卖局（分公司），广东梅州烟叶复烤有限责任公司②、广东韶关烟叶复烤有限责任公司③。省局（公司）机关设15个职能处室，9个专业部门，2个专业公司，2个临时机构。截至2014年底，总资产426.07亿元，其中，固定资产46.33亿元、流动资产304.41亿元，资产负债率为6.13%。从业人员14218人。

【领导成员】

局长、总经理、党组书记：户春河

副总经理、党组成员：陈焕平

副局长、党组成员：刘依平

纪检组长、党组成员：周伟兵

副总经理、党组成员：何传国

副总经理、党组成员：张　力

副巡视员：黄　方

副巡视员：傅　斌

副巡视员：董志刚

广西壮族自治区烟草专卖局（公司）

【概　况】　广西壮族自治区烟草专卖局成立于1984年1月，广西壮族自治区烟草公司成立于1983年5月。1984年12月1日，广西区政府与中国烟草总公司签署协议，决定自1985年1月1日起，广西壮族自治区烟草公司上划中国烟草总公司，更名为中国烟草总公司广西壮族自治区烟草公司。2014年，广西壮族自治区局（公司）下辖南宁、柳州、桂林、河池、百色、钦州、北海、防城港、玉林、贵港、梧州、贺州、来宾、崇左等14个地市级烟草专卖局（公司），93个县级局（营销部），伊灵烟叶复烤有限责任公司④。自治区局（公司）机关下设23个部门。截至2014年底，总资产127.89亿元，其中，固定资产19.51亿元、流动资产98.59亿元，资产负债率为11.60%。从业人员7793人。

---

① 湖南烟叶复烤有限公司详见《烟草工业》栏目“烟叶加工”分目。

② 广东梅州烟叶复烤有限公司详见《烟草工业》栏目“烟叶加工”分目。

③ 广东韶关烟叶复烤有限公司详见《烟草工业》栏目“烟叶加工”分目。

④ 伊灵烟叶复烤有限责任公司详情见《烟草工业》栏目“烟叶加工”分目。

【领导成员】

局长、总经理、党组书记：赵同军

副总经理、党组成员：席亮文

副局长、党组成员：叶青峰（2014.5—，之前任纪检组长、党组成员）

副总经理、党组成员：霍文义（2014.5—）

纪检组长、党组成员：赵江波（2014.5—）

巡视员：张克勤（2014.5—，之前任巡视员、副总经理、党组成员）

副巡视员：何文丹

副巡视员：覃敏良

海南省烟草专卖局（公司）

【概　况】　海南省烟草专卖局、中国烟草总公司海南省公司成立于1988年6月。2014年，海南省局（公司）下辖海口、三亚、琼海、儋州等4个地市级烟草专卖局（公司），14个县级烟草专卖局（营销部），持有海南金沙岛卷烟销售有限责任公司30%的股份。省局（公司）机关下设13个职能处室和8个专业部门。截至2014年底，总资产53.24亿元，其中，固定资产4.28亿元、流动资产44.49亿元，资产负债率为8.12%。从业人员1294人，实行全员聘用制。

【领导成员】

局长、总经理、党组书记：张晓川（—2014.2）

局长、总经理、党组书记：金忠理（2014.2—）

副总经理、党组成员：林先德（—2014.2）

副局长、党组成员：闫玉岗

总会计师：徐丽芬

重庆市烟草专卖局（公司）

【概　况】　重庆市烟草专卖局、重庆市烟草公司成立于1983年。1984年7月14日，重庆市政府与中国烟草总公司签署协议，决定自1985年1月1日起，重庆市烟草公司上划中国烟草总公司，更名为中国烟草总公司重庆市公司。2014年，重庆市局（公司）下辖万州、涪陵、黔江、渝中、大渡口、江北、沙坪坝、九龙坡、南岸、北碚、万盛经济技术开发区、渝北、巴南、长寿、江津、合川、永川、南川、綦江、大足、璧山、铜梁、潼南、荣昌、梁平、城口、丰都、垫江、武隆、忠县、开县、云阳、奉节、巫山、巫溪、石柱、秀山、酉阳、彭水等39家区（县）烟草专卖局（分公司），重庆市烟草投资管理有限公司①1家多元化经营企业，中国烟草总公司重庆市公司销售分公司、物流分公司、烟叶分公司等3家专业分公司，重庆烟叶复烤有限公司②及重庆烟草科学研究所③。市局（公司）机关下设20个部门。截至2014年底，总资产142.13亿元，其中，固定资产12.25亿元、流动资产118.14亿元，资产负债率为15.62%。从业人员10068人，其中聘用员工3228人。

【领导成员】

局长、总经理、党组书记：李恩华

副总经理、党组成员：高兴华（正厅级）

副总经理、党组成员：李　江

副局长、党组成员：刘光洋

副总经理、党组成员：冉幕寿

副总经理、党组成员：刘建利

纪检组长、党组成员：智　力

副巡视员：李纯林

副巡视员：刘　劲

四川省烟草专卖局（公司）

【概　况】　四川省烟草专卖局成立于1983年3月，四川省烟草公司成立于1982年10月。1984年7月9日，四川省政府与中国烟草总公司签署《关于四川省烟草公司上划交接协议书》，规定自签订之日起，全省烟草工商企业上划中国烟草总公司，更名为中国烟草总公司四川省公司。2014年，四川省局（公司）下辖成都、自贡、攀枝花、泸州、德阳、绵阳、广元、遂宁、内江、乐山、南充、宜宾、广安、达州、巴中、雅安、眉山、资阳、凉山、阿坝、甘孜、都江堰等22个市（州）烟草专卖局（公司），181个县（市、区）烟草专卖局，169个分公司（营销部），以及中国烟草四川进出口有限责任公司1家全资子公司、四川烟叶复烤有限责任公司④1家控股公司。截

---

① 重庆市烟草投资管理有限公司详见《行业概览》栏目“多元化经营”。

② 重庆烟叶复烤有限公司详见《烟草工业》栏目“烟叶加工”分目。

③ 重庆烟草科学研究所详见《科研和教育培训》栏目“科研院所”分目。

④ 四川烟叶复烤有限责任公司详见《烟草工业》栏目“烟叶加工”分目。

至2014年底，总资产399.98亿元，其中，固定资产54.51亿元、流动资产325.61亿元，资产负债率为9.85%。从业人员14913人。

【领导成员】

局长、总经理、党组书记：胡存忠

副总经理、党组成员：杨永法（正厅级）（—2014.7）

副总经理、党组成员：陈　霖

副总经理、党组成员：陈　章

副总经理、党组成员：肖　瑞

总会计师、党组成员：石　磊

纪检组张、党组成员：唐　强

副总经理、党组成员：麻世强

副巡视员：商　波

副巡视员：陈东风

贵州省烟草专卖局（公司）

【概　况】　贵州省烟草专卖局组建于1983年9月，贵州省烟草公司组建于1981年11月。1985年11月13日，贵州省政府与中国烟草总公司签署协议，决定自1986年6月1日起，贵州省烟草公司上划中国烟草总公司，更名为中国烟草总公司贵州省公司。2004年1月，贵州烟草实行工商分设。2006年，取消县级公司法人资格，确立地市级公司市场经营主体地位，建立母子公司体制。2014年，贵州省局（公司）下辖贵阳、遵义、六盘水、安顺、毕节、铜仁、黔东南、黔南、黔西南等9个市（州）烟草专卖局（公司），85个县级烟草专卖局（分公司），中国烟草贵州进出口有限责任公司，贵州烟草投资管理有限公司①，贵州烟叶复烤有限责任公司②和贵州省烟草科学研究院③。省局（公司）机关下设24个机构。截至2014年底，总资产270.23亿元，其中，固定资产49.82亿元、流动资产207.82亿元，资产负债率12.37%。从业人员21725人。

【领导成员】

局长、总经理、党组书记：陈卫东

副局长、副总经理、党组成员：杨　俊（正厅级）

巡视员、副总经理、党组成员：李智勇

副局长、党组成员：任　林

纪检组长、党组成员：钟　勇

副总经理、党组成员：沈　宏

副巡视员：赵建忠

副巡视员：陈　军

云南省烟草专卖局（公司）

【概　况】　云南省烟草专卖局成立于1983年11月，云南省烟草公司成立于1982年4月。1985年1月，云南省政府与中国烟草总公司签署《关于云南省烟草公司上划交接协议书》，决定自1985年1月1日起，云南省烟草公司上划中国烟草总公司，更名为中国烟草总公司云南省公司。2014年，云南省局（公司）下辖昆明、玉溪、曲靖、楚雄、昭通、红河、大理、文山、保山、德宏、丽江、临沧、普洱、西双版纳、怒江、迪庆等16个地市级烟草专卖局（公司），128个县级局（分公司），云南省烟草烟叶公司④、云南省烟草实业公司、中国烟草云南进出口有限公司、云南烟叶复烤有限责任公司⑤、云南华叶投资有限责任公司⑥等5个直属企业和云南省烟草农业科学研究院⑦、云南省烟草质量监督检测站、云南省烟草专卖局机关服务中心3个直属事业单位。省局（公司）机关下设15个职能处室，8个专业部门，2个特设部门。截至2014年底，总资产898.72亿元，其中，固定资产75.92亿元、流动资产736.67亿元，资产负债率为15.50%。从业人员18004人。

2014年，省局（公司）被中共云南省委、省政府评为“2013年度社会扶贫先进单位”；曲靖市局（公司）罗平分公司被中华全国总工会授予“2014年全国工人先锋号”称号。

【领导成员】

局长、总经理、党组书记：余云东

巡视员、纪检组长、党组成员：温宁军（—2014.4）

巡视员：杨经建（2014.2—7，2014年2月前任巡视员、副总经理、党组成员）

副总经理、党组成员：高体仁

副局长、党组成员：赵　全

---

① 贵州烟草投资管理有限公司详见《行业概览》栏目“多元化经营”。

② 贵州烟叶复烤有限责任公司详见《烟草工业》栏目“烟叶加工”分目。

③ 贵州省烟草科学研究院详见《科研和教育培训》栏目“科研院所”分目。

④ 云南省烟草烟叶公司详见《烟草工业》栏目“烟叶加工”分目。

⑤ 云南烟叶复烤有限责任公司详见《烟草工业》栏目“烟叶加工”分目。

⑥ 云南华叶投资有限责任公司详见《行业概览》栏目“多元化经营”。

⑦ 云南省烟草农业科学研究院详见《科研和教育培训》栏目“科研院所”分目。

副总经理、党组成员：邵　岩

副总经理、党组成员：郝和国（—2014.3）

纪检组长、党组成员：许力为（2014.4—）

副总经理、党组成员：邓小刚

巡视员：郑天一

副巡视员：段应泽

副巡视员：包　毅

副巡视员：付昆生

副巡视员：杨世田

西藏自治区烟草专卖局（公司）

【概　况】　西藏自治区烟草专卖局、西藏自治区烟草公司成立于1998年1月，实行合署办公。2001年1月，西藏自治区烟草公司正式上划中国烟草总公司，更名为中国烟草总公司西藏自治区公司。2014年，西藏自治区局（公司）下辖拉萨、山南、日喀则、林芝、昌都、那曲、阿里等7个地市级烟草专卖局（公司），其中，那曲地区烟草专卖局（公司）体制尚未上划。自治区局（公司）机关下设12个职能处室，5个专业部门以及3个临时驻外机构。截至2014年底，总资产22.64亿元，其中，固定资产3.35亿元、流动资产17.81亿元，资产负债率为25.09%。从业人员1022人。

【领导成员】

局长、总经理、党委书记：杨桂选

副局长、纪检书记、党委委员：旺　啦

副总经理、党委委员、工会主席：乔建民

副局长、党委委员：岳远征（援藏）（—2014.6）

副总经理、党委委员：洛　桑

副巡视员：王永长

陕西省烟草专卖局（公司）

【概　况】　陕西省烟草专卖局成立于1984年9月，陕西省烟草公司组建于1984年7月，实行合署办公。1985年4月3日，陕西省政府与中国烟草总公司签署协议，决定自1985年1月1日起，陕西省烟草公司上划中国烟草总公司，更名为中国烟草总公司陕西省公司。2007年实施母子公司体制改革。2014年，陕西省局（公司）下辖西安、咸阳、宝鸡、渭南、铜川、商洛、汉中、安康、延安、榆林、杨凌示范区等11个地市级烟草专卖局（公司），以及陕西烟草进出口有限责任公司、陕西烟草投资管理有限公司①（2014年6月，国家局下发国烟法〔2014〕252号文件，西安尚德大厦、陕西烟草实业有限责任公司、陕西南湖物业管理有限责任公司划归陕西烟草投资管理有限公司管理），2家所属二级单位和西安铁路烟草专卖分局1家派驻单位。省局（公司）机关下设15个职能处室、7个专业部门、2个临时机构以及北京办事处。截至2014年底，总资产139.69亿元，其中，固定资产21.55亿元、流动资产94.54亿元，资产负债率为10.32%。从业人员10033人，实行全员聘用制。

【领导成员】

局长、总经理、党组书记：张天峰

副局长、党组成员：燕宏恩（—2014.5）

副局长、党组成员：吉应城（2014.4—，之前任纪检组长、党组成员）

副总经理、党组成员：梁培荣

副总经理、党组成员：姚宗东

副巡视员：胡金宝

甘肃省烟草专卖局（公司）

【概　况】　甘肃省烟草专卖局、甘肃省烟草公司成立于1984年9月，实行合署办公。1985年5月15日，甘肃省经济委员会与中国烟草总公司签署协议，决定从协议签定之日起甘肃省烟草公司上划中国烟草总公司，更名为中国烟草总公司甘肃省公司。2006年，完成母子公司体制改革。2014年，甘肃省局（公司）下辖兰州、天水、定西、酒泉、武威、张掖、庆阳、平凉、陇南、白银、金昌、嘉峪关、临夏、甘南等14个地市级烟草专卖局（公司），81个县级烟草专卖局（营销部），以及驻北京办事处、驻兰州铁路烟草专卖局2个派驻机构。省局（公司）机关下设15个职能处室、5个专业部门、1个临时机构，以及甘肃省烟草学会秘书处和审计派驻办、内管派驻办。截至2014年底，总资产79.14亿元，其中，固定资产7.15亿元、流动资产58.09亿元，资产负债率为4.03%。从业人员4544人，实行全员聘用制。

【领导成员】

局长、总经理、党组书记：武卫东

副总经理、党组成员：张　威

副总经理、党组成员：杨　洪

---

① 陕西烟草投资管理有限公司详见《行业概览》栏目“多元化经营”。

副局长、党组成员：蔺志宏

纪检组长、党组成员：甄　光（—2014.7）

副总经理、党组成员：蔡振华（—2014.9）

党组成员：刘　震

党组成员：田　成（2014.12—）

副巡视员：杨　卫

青海省烟草专卖局（公司）

【概　况】　青海省烟草专卖局、青海省烟草公司组建于1984年。1986年1月27日，青海省政府与中国烟草总公司签署协议，决定自1986年1月1日起，青海省烟草公司上划中国烟草总公司，更名为中国烟草总公司青海省公司。2007年，完成母子公司体制改革。2014年，青海省局（公司）下辖西宁、海东、海西、格尔木、海北、海南、黄南、玉树、果洛等9个地市级烟草专卖局（公司），35个县级烟草专卖局，33个县级营销部。省局（公司）机关下设13个职能部门、1个临时机构和3个专业部门。截至2014年底，总资产29.46亿元，其中，固定资产1.90亿元、流动资产27.07亿元，资产负债率为4.83%。从业人员1348人。

【领导成员】

局长、总经理、党组书记：宋亚强（—2014.2）

局长、总经理、党组书记：林先德（2014.2—）

副局长、党组成员：张超凡

副总经理、党组成员：秦　刚

巡视员：侯国昆（2014.5—，之前任巡视员、副总经理、党组成员）

副巡视员：刘海宁

宁夏回族自治区烟草专卖局（公司）

【概　况】　宁夏回族自治区烟草专卖局、宁夏回族自治区烟草公司经宁夏回族自治区人民政府批准于1983年10月成立，1984年4月挂牌，1986年1月上划中国烟草总公司，更名为中国烟草总公司宁夏回族自治区公司。2014年，宁夏回族自治区局（公司）下辖银川、石嘴山、吴忠、固原、中卫等5个地市级烟草专卖局（公司），15个县级烟草专卖局（分公司），宁夏润维商贸有限责任公司（2012年设立）1个多元化经营企业。自治区局（公司）机关下设13个职能部门，3个专业部门。截至2014年底，总资产26.75亿元，其中，固定资产1.48亿元、流动资产22.77亿元，资产负债率为3.37%。从业人员1336人，实行全员聘用制。

【领导成员】

局长、总经理、党组书记：师增建

副局长、党组成员：李光荣

副总经理、党组成员：罗增平（2014.10—，之前任纪检组长、党组成员）

纪检组长、党组成员：李文辉（2014.10—）

新疆维吾尔自治区烟草专卖局（公司）

【概　况】　新疆维吾尔自治区烟草专卖局、新疆维吾尔自治区烟草公司成立于1986年1月1日，同年，新疆维吾尔自治区烟草公司上划中国烟草总公司，更名为中国烟草总公司新疆维吾尔自治区公司。2011年，自治区局将各地、州、市烟草专卖局所属县级烟草专卖行政主管部门名称统一为“某某地、州、市某某县（市、区）烟草专卖局”，原县级卷烟经营机构主要任务是市场服务，不再具体从事卷烟的批发与零售及其他经营活动。2014年，新疆维吾尔自治区局（公司）下辖乌鲁木齐、昌吉、博尔塔拉、伊犁、克拉玛依、塔城、阿勒泰、吐鲁番、哈密、巴音郭楞、阿克苏、喀什、和田等13个地（州、市）烟草专卖局（公司），新疆维吾尔自治区烟草专卖局石河子市局、克孜勒苏柯尔克孜自治州烟草专卖局2个地（州、市）烟草专卖局①及新疆烟草进出口有限责任公司，87个县级烟草专卖局。自治区局（公司）机关下设10个职能处室和4个专业部门。截至2014年底，总资产71.01亿元，其中，固定资产5亿元、流动资产61.99亿元，资产负债率为9.06%。从业人员2191人。

【领导成员】

局长、总经理、党组书记：陈玉芳（—2014.12）

局长、总经理、党组书记：邱永春（2014.12—，之前任副总经理、总会计师、党组成员）

副局长、纪检组长、党组成员：多里坤·阿西木

副局长、党组成员：张小勇（—2014.1）

副总经理、党组成员：刘建昌

副局长、党组成员：曲卫东

① 喀什地区烟草专卖局与克孜勒苏柯尔克孜自治州烟草专卖局合署办公。新疆烟草兵团石河子有限公司是兵团国资公司下属企业，人、财、物属兵团国资公司，自治区公司仅对其经营管理工作进行指导。

副总经理、党组成员：孙　勇（2014.8—）

副巡视员：姜　涛

副巡视员：荆　仲

副巡视员：张树山

副巡视员：郑学义

副巡视员：张　力

副巡视员：陈跃敏

大连市烟草专卖局（公司）

【概　况】　大连市烟草专卖局、大连市烟草公司组建于1984年，1994年上划国家烟草专卖局，在烟草行业内计划单列，是国家局、总公司直接管理的省级烟草专卖局（公司）。2006年10月，国家局印发《国家烟草专卖局关于大连市烟草公司建立母子公司体制改革的批复》（国烟法〔2006〕754号），批复同意将大连市烟草公司的名称变更为中国烟草总公司大连市公司。2014年，大连市局（公司）下辖旅顺口、金州、瓦房店、普兰店、庄河等5个区（市）级烟草专卖局（分公司），1个市区分公司、大连经济技术开发区东方大厦有限公司1个全资子公司和大连春天物业管理有限公司1个控股子公司①。市局（公司）机关下设14个职能处（室）（2014年新设卷烟鉴别检验点）、5个专业部门（2014年新设客户服务中心）。截至2014年底，总资产59.57亿元，其中固定资产2.61亿元、流动资产54.75亿元，资产负债率为5.48%。从业人员752人，实行全员聘用制。

【领导成员】

局长、总经理、党组书记：王卫东

巡视员：潘洪革（2014.11—，之前任纪检组长、党组成员）

副总经理、党组成员：康　锵

副总经理、党组成员：杨际明

副局长、党组成员：顾　建（2014.11—）

副巡视员：孙成国（—2014.12）

深圳市烟草专卖局（公司）

【概　况】　深圳市烟草专卖局、深圳市烟草公司成立于1986年。1995年4月，深圳市烟草公司正式上划中国烟草总公司，更名为中国烟草总公司深圳市公司，享有省级烟草专卖管理权、经营权。2014年，深圳市局（公司）下辖福田、罗湖、南山、盐田、宝安、龙岗、光明、坪山、龙华、大鹏等10个区烟草专卖局（公司），中深烟草贸易中心1个直属公司，以及深圳烟草进出口有限公司②1个联营公司。市局（公司）机关下设13个职能处室和5个专业部门。截至2014年底，总资产113.69亿元，其中，固定资产8.06亿元、流动资产102.83亿元，资产负债率为2.86%。员工（不含深圳烟草进出口有限公司）1311人，实行全员聘用制。

【领导成员】

局长、总经理、党组书记：吴建荣

副总经理、党组成员：王　军

副局长、党组成员：吴镇丰

副总经理、党组成员：李新忠

纪检组长、党组成员：洪美宣

副巡视员：陈雪慧

副巡视员：孙晓红（—2014.6）

副巡视员：齐　岩（—2014.6）

（编辑：谢争艳）

省级中烟工业公司

河北中烟工业有限责任公司

【概　况】　河北中烟工业有限责任公司前身为河北烟草工商分设后成立于2003年6月的河北中烟工业公司。2010年12月，国家局、总公司批复同意河北中烟工业公司更名改制为河北中烟工业有限责任公司，并于2011年7月正式挂牌成立。公司下设张家口卷烟厂有限责任公司、河北白沙烟草有限责任公司2家具有独立法人资格的卷烟工业企业。公司总部下辖20个部门和北方烟机配件有限公司1个专业公司，以及河北烟草工业教育培训中心1家教育机构。截至2014年底，总资产140.87亿元，其中，固定资产32.82亿元、流动资产103.38亿元，资产负债率为14.99%。从业人员5364人，均为在岗员工③。

① 2014年10月，大连市公司和东方大厦购买大连秀慧商场持有的大连春天物业管理有限公司的59.17%股权，其中，市公司购买19.17%的股权，持股比例达到60%，东方大厦购买40%的股权。

② 深圳烟草进出口有限公司由中国烟草国际有限公司、深圳市烟草专卖局（公司）共同持股，详见《行业概览》栏目“外事管理和对外贸易”。

③ 2014年，河北中烟从业人员、在岗员工人数统计口径调整为不含内退人员。

【领导机构】

董事会

董事长：汪世贵（—2014.6）

董事长：姜　凯（2014.6—）

董　事：段铁力、杨　军、严金虎、马伶燕、朱湘海、王海峰（职工董事）（—2014.6）、贾保军（职工董事）（2014.6—）

监　事：李建新（—2014.6）、王海峰（2014.6—）

班子成员

总经理、党组书记：段铁力（—2014.12）

总经理、党组书记：刘依平（2014.12—）

巡视员兼副总经理、党组成员：杨　军

巡视员兼副总经理、党组成员：严金虎

副总经理、党组成员：李金祥

副总经理、党组成员：师进辉

纪检组长、党组成员：王海峰

副总经理、党组成员：陈昌鸿

副巡视员：李建新

副巡视员：杜为红

副巡视员：史雨民

江苏中烟工业有限责任公司

【概　况】　江苏中烟工业有限责任公司前身为江苏烟草工商分设后于2003年9月成立的江苏中烟工业公司。2008年5月，经国家烟草专卖局、中国烟草总公司批复同意，改制更名为江苏中烟工业有限责任公司。2009年9月，江苏中烟工业有限责任公司成立董事会，12月举行挂牌仪式。公司下辖南京卷烟厂、徐州卷烟厂、淮阴卷烟厂等3家不具有法人资格的卷烟生产厂，南通烟滤嘴有限责任公司、江苏鑫源烟草薄片有限公司2个全资子公司。公司总部下设22个职能部门。截至2014年底，总资产499.03亿元，其中，固定资产原值113.69亿元、流动资产395.96亿元，资产负债率为7.71%。从业人员5715人。

【领导机构】

董事会

董事长：王彦亭（—2014.5）

董事长：吴建明（2014.3—）

董　事：蒋洪喜（—2014.5）、曾献兵（2014.5—）、俞惠梅、黄翠萍、唐　健（—2014.5）、宣晓泉（2014.5—）、穆重林（—2014.9）、张弘毅（2014.12—）、李　鸣

监　事：马　健

班子成员

总经理、党组书记：蒋洪喜（—2014.2）

总经理、党组书记：曾献兵（2014.2—）

巡视员：俞惠梅（2014.5—，之前担任巡视员、副总经理、党组成员）

副总经理、党组成员：唐　健（—2014.2）

纪检组长、党组成员、工会主席：马　健

副总经理、党组成员：宣晓泉

副总经理、党组成员：周　涛

总会计师：王轩庭

副巡视员：余宗迎

副巡视员：王海龙

浙江中烟工业有限责任公司

【概　况】　浙江中烟工业有限责任公司最初为浙江烟草工商分设后于2003年7月成立的浙江中烟工业公司。2007年11月，浙江中烟工业公司改制更名为浙江中烟工业有限责任公司。2014年8月，公司撤销投资管理部，设立浙江中烟投资管理有限公司①。截至2014年底，公司下辖杭州、宁波卷烟厂和浙江中烟投资管理有限公司，参股甘肃烟草工业有限责任公司和环球烟草有限责任公司。2014年，公司本部下设15个部门。截至年底，总资产376.15亿元，其中，固定资产41.06亿元、流动资产270.25亿元，资产负债率为18.73%。从业人员3580人。

【领导机构】

董事会

董事长：卢瑞刚（—2014.5）

董事长：李根基（2014.3—）

董　事：刘建设、孟伟刚、许明忠、李晓兵（—2014.5）、舒　明（—2014.5）、秦　剑（2014.5—）、郭　勤（2014.5—）、韩春宁

监　事：潘志刚

班子成员

总经理、党组书记：刘建设

巡视员：孟伟刚

副总经理、党组成员：许明忠

副总经理、党组成员：杨柳军

纪检组长、党组成员：潘志刚

副总经理、党组成员：娄晓平

副总经理、党组成员：张思荣

副巡视员：刘亚平（—2014.7）

① 浙江中烟投资管理有限公司详见《行业概览》栏目“多元化经营”。

总经理助理：储国海

安徽中烟工业有限责任公司

【概　况】　安徽中烟工业有限责任公司最初为安徽烟草工商分设后于2003年4月成立的安徽中烟工业公司。2010年，经国家局、总公司批复同意，更名改制为安徽中烟工业有限责任公司。2011年6月15日，安徽中烟工业有限责任公司成立董事会。同年6月27日，正式挂牌成立。下辖蚌埠卷烟厂、芜湖卷烟厂、合肥卷烟厂、阜阳卷烟厂、滁州卷烟厂等5家不具有法人资格的卷烟生产厂，以及安徽中烟再造烟叶科技有限责任公司1家全资子公司、中烟国际欧洲有限公司1家控股公司和华环国际烟草有限公司、双维伊士曼纤维有限公司等2家参股公司。2014年，公司采购管理办和整顿办从合署办公转为独立办公，离退休人员管理办公室与人力资源部合署办公。2014年，公司本部下设19个部门，以及1个营销中心和1个物流中心。截至2014年底，总资产260.07亿元，其中，固定资产49.65亿元、流动资产190.55亿元，资产负债率为27.54%。在岗员工6496人。

【领导机构】

董事会

董事长：汪世贵

董　事：朱建华、卢安宁、赵　辉、马伶燕、朱湘海、朱化凤（职工董事）

监　事：张会廷

班子成员

总经理、党组书记：朱建华

副总经理、党组成员：卢安宁

副总经理、党组成员：赵　辉

纪检组长、党组成员、工会主席：张会廷

副总经理、党组成员：周恩海

副总经理、党组成员：张　力

总会计师：吴信芳（—2014.2）

副巡视员：杜　进

副巡视员：姜亚维

福建中烟工业有限责任公司

【概　况】　福建中烟工业有限责任公司最初为福建烟草工商分设后于2003年11月成立的福建中烟工业公司。2010年12月，经国家局、总公司批复同意更名改制为福建中烟工业有限责任公司，2011年7月8日正式挂牌成立。公司下辖龙岩、厦门烟草工业有限责任公司2家具有独立法人资格的卷烟生产企业，福建省龙岩金叶复烤有限责任公司1家打叶复烤企业，福建金闽再造烟叶发展有限公司①1家烟草薄片生产企业，以及福建鑫叶投资管理集团有限公司②1家多元化经营企业。2014年，公司本部下设19个部门。截至2014年底，总资产273.42亿元，其中，固定资产63.94亿元、流动资产183.86亿元，资产负债率为31.76%。从业人员4258人，其中在岗员工4185人。

【领导机构】

董事会

董事长：汪世贵（—2014.3）

董事长：吴建明（2014.3—）

董　事：李跃民、陈子强（—2014.7）、马伶燕（—2014.7）、朱湘海（—2014.7）、郑捍东（职工董事）（—2014.7）、王建勇（2014.7—）、邱全胜（2014.7—）、穆重林（2014.7—2014.12）、黄翠萍（2014.7—）、张弘毅（2014.12—）、张　伟（职工董事）（2014.7—）

监事：郭香灼

班子成员

总经理、党组书记：李跃民

巡视员：陈子强（—2014.12，2014年6月之前任巡视员兼副总经理、党组成员）

纪检组长、党组成员：郭香灼

副总经理、党组成员：王建勇

副总经理、党组成员：王道宽

副总经理、党组成员：邱全胜

副总经理、党组成员：伍达明（2014.12—）

副总经理、党组成员：林荣欣（2014.12—）

副巡视员：李长鲁（—2014.8）

副巡视员：赖鞍山（—2014.3）

江西中烟工业有限责任公司

【概　况】　江西中烟工业有限责任公司最初为江西烟草工商分设后于2004年10月成立的江西中烟工业公司。2007年12月，国家局、总公司批复同意江西中烟工业公司与所属南昌卷烟总厂合并重组为一个法人实体，企业名称为江西中烟工业公司。2009年10月，江西中烟工业公司更名改制为江西中烟工业有限责任公司。下辖南昌卷烟厂、赣州卷烟厂、广丰卷烟厂、井冈山卷烟厂等4家非法人卷烟生产厂。公司

① 福建省龙岩金叶复烤有限责任公司、福建金闽再造烟叶发展有限公司详见《工业企业》栏目“烟叶加工”分目。

② 福建鑫叶投资管理集团有限公司详见《行业概览》栏目“多元化经营”。

本部下设20个部门。截至2014年底，总资产127.95亿元，其中，固定资产26.85亿元、流动资产92.63亿元，资产负债率为21.74%。从业人员4757，其中在岗员工4632人。

【领导机构】

董事会

董事长：王彦亭（—2014.5）

董事长：李根基（2014.3—）

董　事：郑　伟、王志彬、王迪汗、穆重林（—2014.5）、黄翠萍（—2014.5）、秦　剑（2014.5—）、郭　勤（2014.5—）、叶华英

监　事：任用锴

班子成员

总经理、党组书记：郑　伟

副总经理、党组成员：王志彬

纪检组长、党组成员：任用锴

副总经理、党组成员：王迪汗

副总经理、党组成员：雷樟泉（—2014.9）

副总经理、党组成员：张胜健（2014.12—）

副总经理、党组成员：赵明强（2014.12—）

总会计师：罗丽珍

副巡视员：张志勇

山东中烟工业有限责任公司

【概　况】　山东中烟工业有限责任公司最初为山东烟草工商分设后于2004年2月成立的山东中烟工业公司。2009年9月，国家局、总公司批复同意山东中烟更名改制和建立董事会。2010年4月20日，山东中烟工业有限责任公司挂牌成立。下辖济南卷烟厂、青岛卷烟厂、青州卷烟厂、滕州卷烟厂等4家不具有法人资格的卷烟生产厂，将军烟草集团有限公司、颐中烟草（集团）有限公司①、山东省烟草物资设备有限公司等3个全资子公司。2014年，公司工会工作办公室与政工部、机关党委办公室合署办公，国际部（境外办厂筹备办公室）更名为国际运营中心。截至年底，公司本部共设有15个部门和6个相对独立运行中心。截至2014年底，总资产287.72亿元，其中，固定资产44.57亿元、流动资产189.60亿元，资产负债率为29.67%。从业人员5832人，其中在岗员工5803人。

【领导机构】

董事会

董事长：王彦亭（—2014.5）

董事长：吴建明（2014.3—）

董　事：韩　林、朱怡聆（—2014.4）、王众声、刘青文（2014.5—）、穆重林（—2014.9）、黄翠萍、张弘毅（2014.12—）、叶　逊

监　事：鹿广瑞

班子成员

总经理、党组书记：韩　林

巡视员兼副总经理、党组成员：朱怡聆（—2014.4）

副总经理、党组成员：王众声

纪检组长、党组成员：鹿广瑞

副总经理、党组成员：刘青文

副总经理、党组成员：周　健（2014.5—）

副总经理、党组成员：丛亮滋（2014.5—）

副总经理、党组成员：蒋海岩（2014.5—）

总会计师：李万灵（2014.5—）

巡视员：蒲　强（—2014.5）

副巡视员：徐长森（—2014.8）

副巡视员：刘　伟

副巡视员：卜晓东

河南中烟工业有限责任公司

【概　况】　河南中烟工业有限责任公司最初为河南烟草工商分设后于2003年10月成立的河南中烟工业公司。2009年8月，河南中烟工业公司改制更名为河南中烟工业有限责任公司。2011年8月，河南中烟工业有限责任公司揭牌。截至2014年底，公司下辖黄金叶生产制造中心、许昌、安阳、南阳、驻马店、漯河、洛阳卷烟厂等7家不具有法人资格的卷烟生产厂，河南卷烟工业烟草薄片有限公司②1家薄片生产企业，河南金瑞香精香料有限公司、河南金芒果印刷有限公司、广东汕头龙华印务有限公司、驻马店发时达工贸有限公司、许昌永昌印务有限公司、河南新郑金芒果实业总公司、许昌帝豪实业公司、郑州黄金叶实业总公司、安阳市红旗渠集团、南阳双龙实业公司、洛阳烟草服务中心、漯河沙河实业有限公司等12家卷烟辅助材料生产企业，1个行业级技术中心，1个博士后科研工作站，其中，黄金叶生产制造中心于2014年6月由郑州卷烟厂、新郑卷烟厂合并设立（国烟法〔2014〕271号）。公司本部设有21个部门，其中，机关党委于2014年7月与政工部分设，同时与机关工会合署办公；公司工会于2014年10月成立，同时与机关党委、机关工会合署办公。河南黄金叶投资管理有限公司③于2014年8月成立，同时撤销

① 将军烟草集团有限公司、颐中烟草（集团）有限公司详见《行业概览》栏目“多元化经营”。

② 河南卷烟工业烟草薄片有限公司详见《工业企业》栏目“烟叶加工”分目。

③ 河南黄金叶投资管理有限公司详见《行业概览》栏目“多元化经营”。

投资管理部。总资产 361.34 亿元，其中，固定资产 89.41 亿元、流动资产 254.42 亿元，资产负债率为 30.56%。在岗员工 11098 人。

2014 年，公司面对行业发展新常态和卷烟市场的深刻调整，紧紧围绕“奋力打造中原突破升级版”的中心任务，实施品牌升级、效益升级、能力升级“三大工程”，推进市场化、集约化、专业化“三项改革”，主动应对形势变化，坚持稳中求进，突出变中求胜，在较为复杂环境下实现整体经营稳中有进、品牌培育稳中有为，与河南省烟草专卖局（公司）携手顺利完成国家局提出的税利总额突破 500 亿元、新增税利 30 亿元的目标，受到河南省人民政府通报表彰。

【领导机构】

董事会

董事长：汪世贵（—2014.3）

董事长：姜　凯（2014.3—）

董　事：杨自业、杨志忠、吴明山、马伶燕、朱湘海、肖　洪（职工董事）

班子成员

总经理、党组书记：杨自业

副总经理、党组成员：杨志忠

副总经理、党组成员：吴明山

副总经理、党组成员：付顺卿

副总经理、工会主席、党组成员：孙志强（2014.11—，之前任副总经理、党组成员）

纪检组长、党组成员：刘学鲁（2014.11—）

副巡视员：许廷选

副巡视员：王志远

湖北中烟工业有限责任公司

【概　况】 湖北中烟工业有限责任公司最初为湖北烟草工商分设后于 2004 年 1 月 18 日成立的湖北中烟工业公司。2006 年，湖北中烟工业公司与武汉烟草（集团）有限公司、武汉卷烟厂实行双向合署办公，重组整合为一个法人实体。2007 年 11 月 28 日，湖北中烟工业公司正式更名改制为湖北中烟工业有限责任公司。公司下辖武汉卷烟厂、襄阳卷烟厂、三峡卷烟厂、广水卷烟厂、红安卷烟厂、恩施卷烟厂等 6 家不具有企业法人资格的卷烟生产厂，以及红金龙（集团）有限公司①1 家全资子公司。本部共设 15 个部门。截至 2014 年底，总资产 410.8 亿元，其中，固定资产 29.19 亿元、流动资产 313.7 亿元，资产负债率为37.09%。从业人员总数6223 人，其中聘用人员 304 人。

【领导机构】

董事会

董事长：卢瑞刚（—2014.11）

董事长：李德义（2014.11—）

董　事：李晓兵、舒　明、彭明权、吴　俊、谢伯卿、吕有农（职工董事）

监　事：姚　萌

班子成员

总经理、党组书记：彭明权

副总经理、党组成员：吴　俊

副总经理、党组成员：谢伯卿

副总经理、党组成员：康永胜（—2014.5）

副总经理、党组成员：彭传新

副总经理、党组成员：倪　华

纪检组长、党组成员：姚　萌

党组成员：聂广军

湖南中烟工业有限责任公司

【概　况】 湖南中烟工业有限责任公司最初为湖南烟草工商分设后于 2003 年成立的湖南中烟工业公司。2006 年 10 月，湖南中烟工业公司与所属长沙卷烟厂、常德卷烟厂合并重组为一个企业法人，取消长沙卷烟厂、常德卷烟厂法人资格；2007 年 11 月，湖南中烟工业公司改制更名为湖南中烟工业有限责任公司。下辖长沙卷烟厂、常德卷烟厂、郴州卷烟厂、零陵卷烟厂、四平卷烟厂、吴忠卷烟厂等 6 个不具有法人资格的卷烟厂，控股常德芙蓉烟叶复烤有限责任公司、湘西鹤盛原烟发展有限责任公司、浏阳天福打叶复烤有限责任公司等 3 个具有独立法人资格的烟叶加工企业，以及湖南金叶烟草薄片有限责任公司②1 个具有独立法人资格的烟草薄片加工企业，并持有河北白沙烟草有限责任公司 50% 的股权。截至 2014 年底，公司下设 23 个部门，以及湖南中烟投资管理有限公司③、湖南中烟物流有限责任公司。其中，生态型系统项目组、采购管理办公室为 2014 年新成立。截至 2014 年底，总资产 708.13 亿元，其中固定资产 81.21 亿元、流动资产 510.74 亿元，资产负债率为 15.98%。从业人员 11698 人，其中在岗员工 11694 人。

---

① 红金龙（集团）有限公司详见《行业概览》栏目“多元化经营”。

② 常德芙蓉烟叶复烤有限责任公司、湘西鹤盛原烟发展有限责任公司、浏阳天福打叶复烤有限责任公司、湖南金叶烟草薄片有限责任公司详见《工业企业》栏目“烟叶加工”分目。

③ 湖南中烟投资管理有限公司详见《行业概览》栏目“多元化经营”。

【领导机构】

董事会

董事长：卢瑞刚（—2014.11）

董事长：李德义（2014.11—）

董　事：周昌贡（—2014.1）、卢　平、曾献兵（—2014.5）、杨智敏（2014.1—）、刘　兴（2014.5—）、李晓兵（—2014.5）、舒　明、王超英（2014.5—）、熊丽萍（职工董事）

监　事：李曙光（—2014.1）

班子成员

总经理、党组书记：卢　平（2014.2—）

副总经理、党组成员：曾献兵（—2014.2）

纪检组长、党组成员：李曙光（2013年11月退休，留任至2014年12月）

副总经理、党组成员：杨智敏

副总经理、党组成员：刘　兴

副总经理、党组成员：栾永亮（2014.8—）

总工程师：刘建福

总会计师：郑则豪

副巡视员：白玉琦

副巡视员：涂清明

副巡视员：孔　敏

广东中烟工业有限责任公司

【概　况】　广东中烟工业有限责任公司前身是成立于2003年的广东中烟工业公司。2007年，改制更名为广东中烟工业有限责任公司，是全国烟草行业首家建立董事会的省级工业公司。公司本部共有21个部门，下设广州卷烟厂、梅州卷烟厂、韶关卷烟厂、湛江卷烟厂等4家不具有法人资格的卷烟生产厂，以及广东双喜投资管理有限公司1家全资子公司。截至2014年底，总资产407.02亿元，其中，固定资产50.44亿元、流动资产297.75亿元，资产负债率为24.52%。从业人员5101人。

【领导机构】

董事会

董事长：卢瑞刚（—2014.3）

董事长：李根基（2014.3—）

董　事：李根基（—2014.3）、李晓兵（—2014.5）、舒　明（—2014.5）、秦　剑（2014.5—）、郭　勤（2014.5—）、王　全、陈仲良、唐　健（2014.7—）、廖中浩、张穗强、王文祥（职工董事）

监　事：王国飞

班子成员

总经理、党组书记：李根基（—2014.8）

总经理、党组书记：唐　健（2014.8—，2014年2月至8月担任副总经理、党组成员）

巡视员、副总经理、党组成员：廖中浩

总会计师、党组成员：张穗强

副总经理、党组成员：林孟昌

副总经理、党组成员：区广安

副总经理、党组成员：袁汉辉

纪检组长、党组成员：王国飞

党组成员：张赤兵

副巡视员：邵卫国

副巡视员：李显万

副巡视员：符　敏

广西中烟工业有限责任公司

【概　况】　广西中烟工业有限责任公司，最初为2003年广西烟草工商分设后成立的广西中烟工业公司。2008年9月26日，广西中烟工业公司完成公司制改造，更名为广西中烟工业有限责任公司。下设南宁、柳州两个不具有独立法人资格的卷烟厂，广西天成投资管理有限责任公司①、广西真龙物流有限责任公司2家全资子公司及广西真龙彩印包装有限公司等9家控股公司，广东金科再造烟叶有限公司等4家参股公司。2014年，公司新成立互联网事业部、国际业务部。截至年底，公司本部下设26个部门。截至2014年底，总资产156.96亿元，其中，固定资产23.20亿元、流动资产106.31亿元，资产负债率为16.79%。从业人员3409人，其中在岗员工2977人。

【领导机构】

董事会

董事长：卢瑞刚（—2014.3）

董事长：李根基（2014.3—）

董　事：李晓兵（—2014.5）、秦　剑（2014.5—）、舒　明（—2014.5）、郭　勤（2014.5—）、张雨夏、刘湘源、覃　荣、廖中浩、张穗强、唐格莲（职工董事）

监　事：王　全

班子成员

总经理、党组书记：张雨夏

---

① 广西天成投资管理有限责任公司详见《行业概览》栏目“多元化经营”。

巡视员、副总经理、纪检组长、党组成员：王　全

副总经理、党组成员：刘湘源

副总经理、党组成员：覃　荣

副总经理、党组成员：陈　峰

副总经理、党组成员：张赤兵

副总经理、党组成员：阮泽锋

总会计师：陈仲良

副巡视员：陆建南

副巡视员：邓志忠

川渝中烟工业有限责任公司

【概　况】　川渝中烟工业有限责任公司前身为成立于2003年8月的川渝中烟工业公司，是全国烟草行业首家跨省组建的工业公司。2011年6月，更名为川渝中烟工业有限责任公司。下辖四川、重庆烟草工业有限责任公司2家具有独立法人资格的全资子公司，成都、什邡、西昌、绵阳、重庆、涪陵、黔江分厂等7家不具有法人资格的卷烟生产厂，以及长城雪茄烟厂和四川三联卷烟材料有限公司。2014年，公司企业管理部从信息中心分离新设。截至年底，公司总部下设19个部门。截至2014年底，总资产385亿元，其中，固定资产53亿元、流动资产298亿元，资产负债率为38%。从业人员8779人，其中在岗员工8779人。

【领导机构】

董事会

董事长：汪世贵（—2014.7）

董事长：姜　凯（2014.7—）

董　事：吴应禄、吴　宪、崔建华（2014.7—）、易从宽、马伶燕、朱湘海、樊宣刚（职工董事）

监　　事：郭瑞银

班子成员

总经理、党组书记：吴应禄

巡视员兼副总经理、党组成员：吴　宪（—2014.11）

副总经理、党组成员、重庆烟草工业有限责任公司党委书记、董事长：易从宽

副总经理、党组成员：崔建华

副总经理、党组成员：汤柱国

副总经理、党组成员：吴　钢

副总经理、党组成员：籍　涛

纪检组长、党组成员：郭瑞银

总会计师：程晓苏

副巡视员、工会主席：罗　维（—2014.9）

副巡视员：胡晓明

贵州中烟工业有限责任公司

【概　况】　贵州中烟工业有限责任公司最初为贵州烟草工商分设后于2003年7月成立的贵州中烟工业公司。2008年7月，国家局、总公司批复同意改制更名为贵州中烟工业有限责任公司。公司下辖贵阳卷烟厂、遵义卷烟厂、毕节卷烟厂、贵定卷烟厂、铜仁卷烟厂等5家不具备法人资格的卷烟生产厂和兴义烟叶储运站，控股具有法人资格的多元化企业福贵投资管理有限公司①。公司下设17个部门及技术中心、市场营销中心。截至2014年底，总资产234.04亿元，其中，固定资产40.93亿元、流动资产176.96亿元，资产负债率为30.75%。从业人员9336人，其中在岗员工8209人。

【领导机构】

董事会

董事长：汪世贵（—2014.8）

董事长：卢瑞刚（2014.8—2014.11）

董事长：李德义（2014.11—）

董　事：白云峰、徐东泰、方　静、马伶燕（—2014.8）、朱湘海（—2014.8）、李文刚（职工董事）（—2014.8）、舒　明（2014.8—）、王超英（2014.8—）、王光举（职工董事）（2014.8—）

监　事：杨　东（—2014.8）、冯立勤（2014.8—）

班子成员

总经理、党组书记：白云峰

副总经理、党组成员：徐东泰

副总经理、党组成员：杨　东

副总经理、党组成员：方　静

纪检组长、党组成员：冯力勤

副巡视员：吴晓江（—2014.8）

副巡视员：王礼昌

副巡视员：刘钟祥（—2014.10）

云南中烟工业有限责任公司

【概　况】　云南中烟工业有限责任公司最初为2003年

① 福贵投资管理有限公司详见《行业概览》栏目“多元化经营”。

10月云南烟草工商分设后成立的云南中烟工业公司。2004年1月1日，云南中烟工业公司举行挂牌仪式。2010年12月28日，国家局、总公司批复同意云南中烟工业公司更名改制为云南中烟工业有限责任公司。2011年1月27日，云南中烟工业有限责任公司挂牌成立。公司下辖红塔烟草（集团）有限责任公司和红云红河烟草（集团）有限责任公司，以及营销中心、技术中心（云南烟草科学研究院）、云南合和（集团）股份有限公司、云南中烟物资（集团）有限责任公司、云南烟草教育培训中心、云南烟草国际有限公司、云南中烟特有职业（工种）职业技能鉴定站等7家直属单位，并参控股云南烟草兴云投资股份有限公司、云南中维酒店管理有限责任公司、云南烟草机械有限责任公司等3家企业。2014年2月，公司撤销市场管理部；3月，撤销科技开发部。截至年底，公司总部内设17个部门。截至2014年底，总资产2097.91亿元，其中，固定资产326.64亿元、流动资产1355.21亿元，资产负债率为21.33%。从业人员22673人，其中在岗员工22278人。

2014年，公司在实施“两统一、两整合”改革上，公司全面启动了国内外市场营销统一、研发统一以及品牌整合、多元化整合，取得了重要的阶段性成果，分别成立了营销中心、技术中心、新国际公司、云南合和（集团）股份有限公司，并实现了实质性运转，各项工作正逐步走向正轨。

【领导机构】 董事会

董事长：夜礼斌（2014.4—）

副董事长：王彦亭（—2014.5）

副董事长：姜　凯（2014.3—）

董　事：朱绍明、姚庆艳（—2014.5）、李穗明（—2014.5）、李光林、夏开元（2014.5—）、武　怡（2014.5—）、穆重林（—2014.5）、黄翠萍（—2014.5）、马伶燕（2014.5—）、朱湘海（2014.5—）、许　泽

监　事：李新军（—2014.5）、温宁军（2014.5—）

班子成员

总经理、党组书记：朱绍明

党组副书记：夜礼斌（2014.4—）

巡视员：李新军（2014.4—2014.7，2014年4月之前任巡视员、纪检组长、党组成员）

巡视员、纪检组长、党组成员：温宁军（2014.4—）

副总经理、党组成员：姚庆艳

副总经理、党组成员：李穗明

副总经理、党组成员：李天飞

副总经理、党组成员：顾　波

副总经理、党组成员：李光林

副总经理、党组成员：谢昆或

副总经理、党组成员：高兴智

副巡视员：许　泽

副巡视员：赵子敏

副巡视员：赵　勇

副巡视员：陆　琪

副巡视员：程永照（2014.4—）

副巡视员：李光斗（2014.4—）

陕西中烟工业有限责任公司

【概　况】 陕西中烟工业有限责任公司最初为陕西烟草工商分设后于2003年12月成立的陕西中烟工业公司。2009年9月，经国家局、总公司批复同意，依法更名改制为陕西中烟工业有限责任公司。公司下辖宝鸡卷烟厂、延安卷烟厂、汉中卷烟厂、澄城卷烟厂和旬阳卷烟厂等5家不具有法人资格的卷烟生产厂，以及具有独立法人资格的陕西中烟投资管理有限公司①。公司本部下设19个部门。截至2014年底，总资产143.56亿元，其中，固定资产32.09亿元、流动资产97.95亿元，资产负债率为15.08%。从业人员6618人，其中在岗员工5579人。

【领导机构】

董事会

董事长：王彦亭（—2014.5）

董事长：卢瑞刚（2014.5—11）

董事长：李德义（2014.11—）

董　事：陈　晖、曹兴浪、赵德学、穆重林（—2014.5）、黄翠萍（—2014.5）、王乃志、舒　明（2014.5—）、王超英（2014.5—）

监　事：陈建利

班子成员

总经理、党组书记：陈　晖

副总经理、党组成员：曹兴浪

巡视员：陈建利（2014.8—11，2014年8月之前任纪检组长、党组成员）

副总经理、党组成员：赵德学

副总经理、党组成员：任　立

副总经理、党组成员：李　强（2014.8—）

① 陕西中烟投资管理有限公司详见《行业概览》栏目“多元化经营”。

总会计师：吴建玲

副巡视员：马文卷

副巡视员：李宝新

其他直属单位

南通醋酸纤维有限公司

【概　况】　南通醋酸纤维有限公司（简称南纤公司）成立于1987年3月，由中国烟草总公司与美国塞拉尼斯公司合资经营，是集化工、化纤、热电为一体的大型工业企业。南纤公司占地面积79.35万平方米，总投资7.59亿美元，其中中方投资占69.32%，美方占30.68%。南纤公司主要产品为烟用二醋酸纤维丝束（简称醋纤丝束）及其配套原料二醋酸纤维素片（简称醋片），其中，醋纤丝束销售到全国70多家卷烟及卷烟材料生产企业；醋片作为醋纤丝束的生产原料，除公司自用外，同时供应昆明和珠海两家醋酸纤维有限公司以及海外市场。截至2014年底，南纤公司总资产42.35亿元，其中，固定资产24.56亿元、流动资产14.06亿元，资产负债率为11.13%。在岗员工823人。

【领导机构】　南纤公司实行董事会领导下的总经理负责制，主要领导成员有：

董事长：刘敬如（—2014.11）

董事长：卢瑞刚（2014.11—）

副董事长：卢沛荣（Louis Eugene Purvis）

总经理、党委书记：孙桂泉

副总经理、党委委员：杨占平

副总经理、党委委员：茅　俊

副总经理、党委委员：张　杰

副总经理、党委委员：江建军

副总经理：王文庭（Wen Wang）

副总经理：雷明思（Erik Lamers）

党委委员、工会主席：韩振武（2014.9—）

珠海醋酸纤维有限公司

【概　况】　珠海醋酸纤维有限公司（简称珠纤公司）成立于1993年5月20日，由中国烟草总公司和美国塞拉尼斯公司合资兴建。珠纤公司占地面积约16万平方米，总投资8831万美元，其中中方投资比例占70%、美方占30%。珠纤公司专业生产烟用二醋酸纤维素丝束，年生产能力为3.5万吨。截至2014年底，珠纤公司总资产9.6亿元，其中，固定资产1.97亿元、流动资产7.59亿元，资产负债率为25%。在岗员工361人。

【领导机构】　珠纤公司实行董事会领导下的总经理负责制，主要领导成员有：

董事长：刘敬如（—2014.11）

董事长：卢瑞刚（2014.11—）

副董事长：卢沛荣（Louis Eugene Purvis）

总经理、党委书记：王　军

生产副总经理：查擎美（Charles Zha）

行政副总经理、党委委员：潘定益

工程副总经理、党委委员：刘　强

财务副总经理：叶志全（Marcus Yip）

维修副总经理、纪委书记、工会主席、党委委员：赵树春

总会计师、党委委员：武晓虹

昆明醋酸纤维有限公司

【概　况】　昆明醋酸纤维有限公司（简称昆纤公司）成立于1993年5月，由中国烟草总公司和美国塞拉尼斯公司共同投资兴建，占地面积19万平方米，总投资9171.3万美元，中方投资比例占70%，美方占30%。昆纤公司主要产品为烟用二醋酸纤维丝束，年生产能力为3.5万吨。截至2014年底，昆纤公司总资产10.65亿元，其中，固定资产6.01亿元、流动资产9.17亿元，资产负债率为24.12%。在岗员工338人。

【领导机构】　昆纤公司实行董事会领导下的总经理负责制，主要领导成员有：

董事长：刘敬如（—2014.11）

董事长：卢瑞刚（2014.11—）

副董事长：卢沛荣（Louis Eugene Purvis）

总经理：易瑰泽（Christi Eguiza）（—2014.5）

总经理：汪若泉（Bill Wang）（2014.6—）

党委书记、副总经理：温　明

党委委员、副总经理：夏　吕

党委委员、总会计师：陆晓红

副总经理：刘伦光（LK Liu）

副总经理：艾德利（Detlev Alm）

党委委员、工会主席：严　峰（2014.8—）

（编辑：李　昂）

烟草行业组织结构图

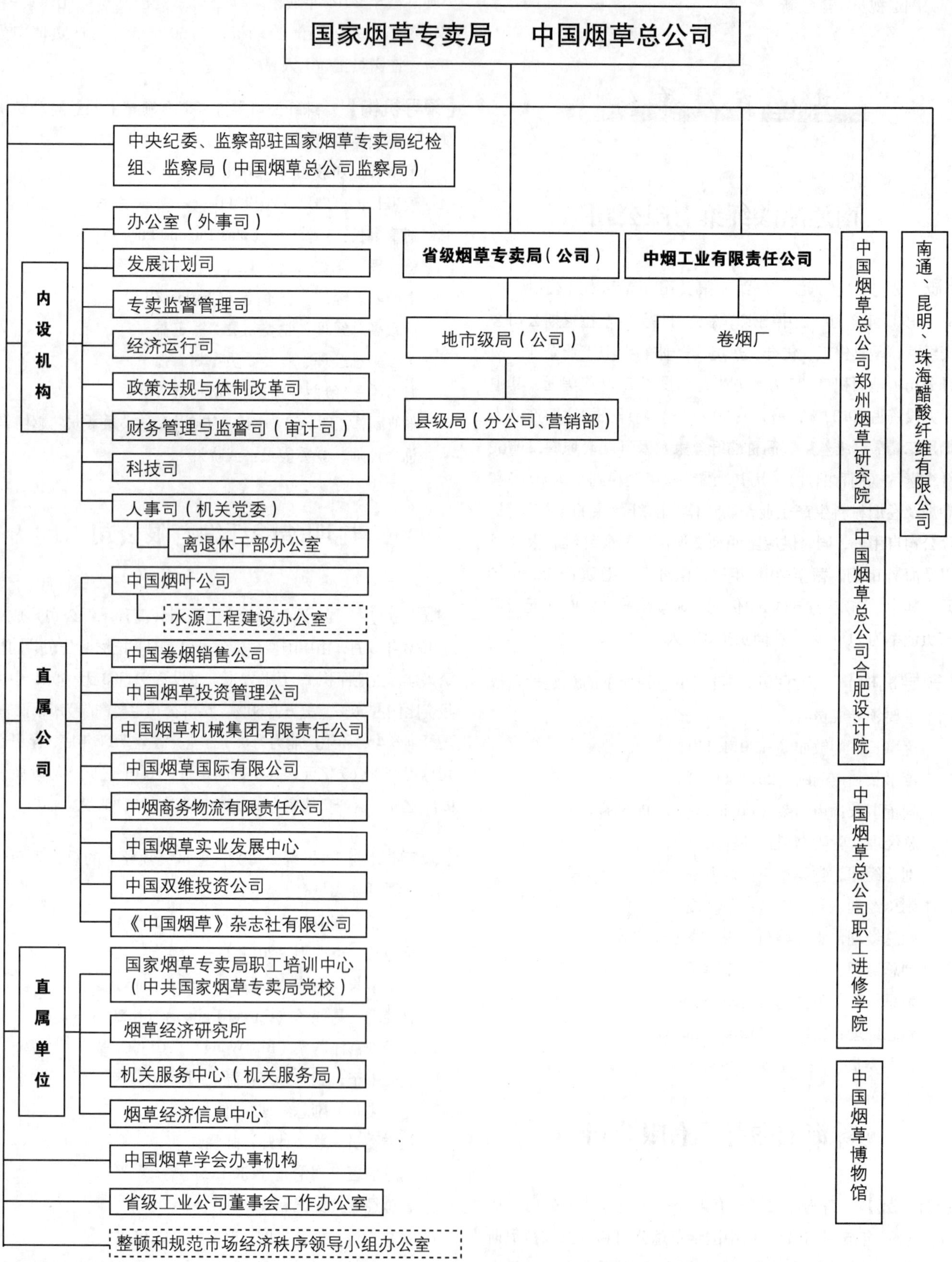
国家烟草专卖局　中国烟草总公司
中央纪委、监察部驻国家烟草专卖局纪检组、监察局（中国烟草总公司监察局）
内设机构
办公室（外事司）
发展计划司
专卖监督管理司
经济运行司
政策法规与体制改革司
财务管理与监督司（审计司）
科技司
人事司（机关党委）
离退休干部办公室
直属公司
中国烟叶公司
水源工程建设办公室
中国卷烟销售公司
中国烟草投资管理公司
中国烟草机械集团有限责任公司
中国烟草国际有限公司
中烟商务物流有限责任公司
中国烟草实业发展中心
中国双维投资公司
《中国烟草》杂志社有限公司
直属单位
国家烟草专卖局职工培训中心（中共国家烟草专卖局党校）
烟草经济研究所
机关服务中心（机关服务局）
烟草经济信息中心
中国烟草学会办事机构
省级工业公司董事会工作办公室
整顿和规范市场经济秩序领导小组办公室
省级烟草专卖局（公司）
地市级局（公司）
县级局（分公司、营销部）
中烟工业有限责任公司
卷烟厂
中国烟草总公司郑州烟草研究院
中国烟草总公司合肥设计院
中国烟草总公司职工进修学院
中国烟草博物馆
南通、昆明、珠海醋酸纤维有限公司

党的群众路线
教育实践活动

行业第二批党的群众路线教育实践活动概况[①]

第二批教育实践活动的基本情况和主要做法

2014年，全国烟草行业开展第二批党的群众路线教育实践活动，参加第二批教育实践活动的单位，包括446家地市公司、105家卷烟工业和烟机制造企业、56家烟叶复烤企业、140家其他单位和企业，涵盖7498个基层党组织、15.76万名党员。活动期间，各级党组（党委）认真学习贯彻习近平总书记系列重要讲话精神，按照“照镜子、正衣冠、洗洗澡、治治病”总要求，扎实开展教育实践活动。

【深入学习教育，广泛听取意见，奠定活动思想基础】 不断深化学习，提高思想认识。各单位组织党员、干部认真学习党的十八大和十八届三中全会精神，学习《党章》和中央规定必读书目，学习习近平总书记系列重要讲话精神，大力弘扬焦裕禄精神，广泛开展向全国优秀共产党员王胜、于海河、毕世祥、文朝荣同志，以及行业劳模典型彭义政同志学习活动，准确把握群众路线的精神实质，增强反对“四风”（形式主义、官僚主义、享乐主义和奢靡之风）的思想自觉和行动自觉。

广泛征求意见，找准突出问题。坚持开门搞活动，采取群众提、自己找、上级点、互相帮、集体议，通过随机调研、召开座谈会、个别访谈、民主测评、问卷调查、设置意见箱等多种方式，面向企业职工，面向烟农、零售客户，面向地方党政部门，广泛征求意见。在第二批教育实践活动中，全行业征求到“形式主义”方面的意见建议2.48万条，“官僚主义”方面的意见建议2.39万条，“享乐主义”方面的意见建议1.09万条，“奢靡之风”方面的意见建议7848条，其他方面的意见建议6.08万条。

领导率先垂范，班子集体会诊。行业各级领导班子和领导干部主动把自己摆进去，聚焦“四风”，对照“三严三实”要求，深入查找“四风”问题。各单位班子普遍召开2次以上党组（党委）会诊会，逐项梳理分析群众提出的意见、上级党组点明的问题和督导组、纪检、人事、巡视、信访反馈的情况，做到对号入座，清晰成像。

【发扬整风精神，严肃党内生活，开好专题民主生活会】 充分谈心交心，谈透问题、谈通思想。专题民主生活会会前准备充分，特别是谈心交心严格按照“四必谈”（对提拔任职的领导干部必须进行廉政教育谈话；发现领导干部不廉洁行为时必须进行诫勉谈话；对群众有反映的领导干部必须进行警示谈话；对离任退休的干部必须进行安慰谈话）要求，坚持把问题谈开、把思想谈通、把意见谈好，做到见人、见事、见思想。谈心谈话一般在2轮以上，多的达到7轮。各单位切实做到“七个谈透”，即集思广益把班子问题谈透，摆正心态把个人问题谈透，推心置腹把对方问题谈透，放下架子把群众反映的问题谈透，开诚布公把拟在会上批评的意见谈透，深挖根源把问题原因谈透，结合实际把整改措施谈透，达到消除隔阂、化解矛盾、加深了解、增进互信的目的。

深刻剖析检查，找准问题、找准根源。领导班子和班子成员聚焦“四风”查摆问题，联系岗位职责，联系个人思想和成长经历，对照理论理想、党章党纪、民心民声、先辈先进“四面镜子”深刻剖析，自我画像、自揭伤疤，反复修改形成对照检查材料。班子对照检查材料由“一把手”主持、班子集体研究起草，普遍召开3至4次党组（党委）会议集体讨论修改；班子成员个人对照检查材料自己动手、反复修改，一般修改6稿以上，多的达到20稿。

严肃开展批评，红脸出汗、加油鼓劲。专题民主生活会贯彻整风精神，普遍把批评和自我批评开展起来。“一把手”带头自我批评，带头开展批评，带头接受批评，班子成员相互批评不遮不掩、不评功摆好，比较尖锐，做到干部群众提问题、班子成员相互点问题、班子成员个人找问题相统一，班子集体查摆的问题与班子成员个人查摆的问题相统一，班子成员心里想提的意见、会前谈心沟通时提的意见、会上相互批评时提的意见相统一，在红脸出汗中达到“团结—批评—团结”的目的。

专题组织生活会，严格标准、严格程序。各基层党组织严格按照中央确定的标准、步骤和要求，召开专题组织生活会，扎实做好党员评议工作，严格党内政治生活。8月中旬，行业7498个基层党组织均召开专题组织生活会，15.76万名党员全部参加民主评议党员工作。参加民主评议的党员

---

① 国家烟草专卖局机关、中国烟草总公司郑州烟草研究院、中国烟草总公司合肥设计院、中国烟草总公司职工进修学院、南通醋酸纤维有限公司、珠海醋酸纤维有限公司、昆明醋酸纤维有限公司为第一批党的群众路线教育实践活动的参加单位，此次不再涉及。

中，评为“好”的占80.25%，评为“一般”的占19.71%，评为“差”的占0.036%。

【狠抓整改落实，着力解决问题，以整改成效取信于民】 *坚持以上率下，带头深化整改工作。*第一批教育实践活动单位带头落实“两方案一计划”（《党的群众路线教育实践活动整改落实方案》《党的群众路线教育实践活动专项整治方案》和《党的群众路线教育实践活动制度建设计划》），带头整治“四风”突出问题，带头做到“力争三个不发生”。5月上旬，国家局教育实践活动领导小组派出14个检查组督查深化整改工作。超缴住房公积金、超面积办公用房、违规超标车辆、“三公经费”开支过大等行业突出问题得到有效遏制。国家局党组整改方案确定的26项任务完成21项，专项整治方案确定的12项任务完成11项，制度建设计划确定的“1+12”项制度规定全部完成。行业各直属单位整改任务完成89.9%，制度建设计划完成82.7%。

*坚持问题导向，立行立改真改实改。*第二批教育实践活动单位从一开始就强化问题意识，积极回应群众关切，从具体事抓起、从身边事做起、从群众最不满意的事改起，边学边改，即知即改，立行立改，各单位边学边查边改解决突出问题1.05万项。各单位在边学边查边改基础上，按照“四个回应”要求，认真制定整改方案，及时兑现整改承诺，不断巩固活动成果。截至2014年10月，各单位整改方案确定的任务完成2.69万项，完成53.7%。

*强化正风肃纪，深入推进专项整治。*行业各单位坚持镜头不换、力度不减，深入落实中央部署的“7+4+10”专项整治任务，强化正风肃纪，开展专项整治，取得明显成效。1—9月，全行业查处违反中央“八项规定”精神的典型案件7起，处理7人，给予党纪政纪处分5人。查处“庸懒散拖”“吃拿卡要”问题77起、处理205人。对19名“裸官”［指配偶已移居国（境）外、或者没有配偶，子女均已移居国（境）外的国家工作人员］中4名在重点岗位工作的人员进行岗位调整。98名领导干部全部退出EMBA高收费培训。385人主动上交红包和购物卡，上交金额205.5万元。

*注重强本固基，服务群众畅通便捷。*以加强基层服务型党组织建设为抓手，着力解决联系服务群众“最后一公里”问题，充分发挥基层党组织战斗堡垒作用和党员先锋模范作用，实现党员干部在联系服务群众的实践中转作风、受教育，实现联系服务群众从“最后一公里”到“零距离”。中央第十二巡回督导组和国家局教育实践活动办公室9月下旬开展的群众测评结果显示，95.44%的党员和群众对开展教育实践活动总体评价为“好”，92.49%的党员和群众对解决“四风”问题的成效评价为“好”。

*加强制度建设，完善制度规定体系。*认真贯彻中央“八项规定”精神，认真贯彻《党政机关厉行节约反对浪费条例》和党员干部直接联系群众、加强基层服务型党组织建设以及国家局在第一批教育实践活动中出台的“1+12”个制度规定，认真做好制度配套衔接，确保中央和国家局、总公司的制度规定在基层落地生根。根据“两方案一计划”，全行业551家地市级单位新建制度规定6768项，完成65.2%；修订制度规定5916项，完成61.5%；废止制度规定4176项，完成88.8%。

【强化领导责任，加强督促指导，确保活动顺利开展】 *加强组织领导，扎实有序推进。*国家局党组和教育实践活动领导小组先后召开11次会议，学习习近平总书记重要讲话，传达中央精神，研究工作方案，制定工作措施。党组成员多次深入联系点，参加中心组学习，听取群众意见，参加专题民主生活会，听取活动情况汇报，为确保活动健康深入开展发挥示范带头作用。行业各直属单位领导班子成员深入联系点调研1772次，地市级领导班子成员深入基层调研2.76万余次。

*加强监督检查，确保活动实效。*中央巡回督导组组长邢元敏同志、副组长钟攸平同志带领其他同志先后10次深入烟草行业，召开动员会，建立联系点，深入第一线，注重搞调研，并亲自参加专题民主生活会和组织生活会等，及时传达中央精神、及时细化工作方案、及时“点拨”督导，既“唱黑脸”“当包公”，又“鼓实劲”“当高参”，有力指导行业教育实践活动全过程。在学习教育、听取意见环节，中央巡回督导组全体同志深入毕节联系点调研，点对点、面对面指导教育实践活动；在查摆问题、开展批评环节，中央巡回督导组先后到毕节市局（公司）、哈尔滨市局（公司）、兴平县局（分公司）和长沙卷烟厂指导专题民主生活会和组织生活会；在整改落实、建章立制环节，中央巡回督导组先后到张家口卷烟厂、南宁卷烟厂、南宁市局组织群众测评、召开座谈会，指导整改落实情况。国家局8个巡回督导组，抓住重点对象、重点环节和重点任务，坚持严督实导，确保活动实效。第一、第三、第六巡回督导组采取定点巡导、明察暗访等方式开展巡回督导工作。第二巡回督导组定期对自身督导工作回顾检查、查遗补缺，增强督导工作针对性。第四、第五巡回督导组先后与15家单位主要负责同志沟通70余次。第七巡回督导组建立联系点对标工作法，充

分发挥毕节联系点的示范带动作用。第八巡回督导组始终围绕抓领导带头作表率、抓规范动作保质量、抓改进作风求实效开展督导工作。第二批教育实践活动单位派出的1034个督导组，以“严、深、细、实”标准有效开展督导工作。

加强宣传引导，营造浓厚氛围。行业各类媒体及时宣传中央精神，宣传习近平总书记系列重要讲话精神，宣传行业教育实践活动的好经验、好做法。国家局党的群众路线教育实践活动领导小组办公室编发简报41期，《中国烟草》杂志印发教育实践活动专刊，《东方烟草报》开辟教育实践活动专栏，国家局网站及时报道教育实践活动动态，传达中央精神，交流活动经验，营造良好氛围，推动教育实践活动健康深入开展。

【第二批群众路线教育实践活动经验总结】 总结此次教育实践活动，主要有六个方面的经验：一是坚持问题导向、攻坚克难，聚焦“四风”突出问题，积极回应群众关切，及时兑现整改承诺，以解决作风问题的实效让群众看到变化、增强信心。二是坚持领导带头，层层传导压力、层层落实责任，形成上下同力纠“四风”、转作风的强大正能量。三是坚持从严要求、敢于碰硬，对重要节点的廉政规定、对行业查摆的突出问题、对日常发现的典型案例，早提醒、早防范、早处置。四是坚持典型引路、示范带动，形成见贤思齐的鲜明导向和良好氛围。五是坚持发动群众、开门整风，国家局党组对市局（公司）班子提出“五个满意”的要求，请群众参与、受群众监督、让群众评判，使基层组织建设经受群众检验、赢得群众满意。六是坚持两不误、两促进，把开展集中活动同行业中心工作紧密结合，推动谋划“三大课题”、推动提升“五个形象”、推动实现年度目标。

（摘自国家烟草专卖局局长凌成兴在全国烟草行业党的群众路线教育实践活动总结电视电话会议上的讲话）

各省级公司第二批党的群众路线教育实践活动概况[①]

参加第二批党的群众路线教育实践活动的行业各单位、各级党组（党委）认真学习贯彻习近平总书记系列重要讲话精神，按照“照镜子、正衣冠、洗洗澡、治治病”的总要求，坚持主题不变、镜头不换，以反对“四风”、改进作风、服务群众为重点，以“五个满意”为目标，着力解决“四风”突出问题，着力解决关系群众切身利益问题，着力解决联系服务群众“最后一公里”问题，较好地完成教育实践活动的目标任务。

北京市烟草专卖局（公司）

2014年2—10月，北京市局（公司）所属16个区、县局（公司）、547名党员参加行业第二批党的群众路线教育实践活动。

活动期间，各区、县局（公司）立足学习教育、广泛听取意见，认真查摆问题、严肃组织生活，狠抓整改落实、注重破立并举。根据“两方案一计划”，各区、县局（公司）新建制度规定126项，完成94.7%；修订制度规定63项，完成69.2%；废止制度规定117项。截至2014年9月，召开各类会议29次，同比减少14.7%，会议费支出58万元，同比下降72.8%；发文296件，同比减少45.59%；“三公”经费同比下降49.38%；因公出国批次、人数、费用均为零；梳理市局（公司）层面评比表彰活动19项，取消其中14项，保留5项；清理办公用房面积7161平方米，其中市局（公司）机关清理2840平方米，区、县局（公司）清理4321平方米，全面完成公务用车普查清理工作，封存超标车83辆。

天津市烟草专卖局（公司）

2014年3—11月，天津市局（公司）所属17家基层单位、605名党员参加行业第二批党的群众路线教育实践活动。

市局（公司）所属各基层单位党组（党委）通过深入学习教育、广泛听取意见，准确查摆问题、严肃开展批评，狠抓整改落实、推动建章立制，强化领导责任、加强督促指导等环节的工作，完成教育实践活动的目标任务。截至2014年底，第二批教育实践活动确定的359项整改任务完

① “各省级公司第二批党的群众路线教育实践活动概况”分目中，各省（市、自治区）烟草专卖局（公司）简称“省（市、自治区）局（公司）”，各中烟工业有限责任公司简称“公司”。

成321项，拟建立的214项制度完成188项，拟修订的61项制度完成45项，拟废止的22项制度全部废止。

通过第二批教育实践活动的开展，各单位发文数同比减少13.10%，召开会议数同比减少22.02%，公务招待费同比下降95.91%，公务车辆运行费同比下降10.34%，公务出国费同比下降100%。

河北省烟草专卖局（公司）

2014年2月，河北省局（公司）所属11个地市级局（公司）参加行业第二批党的群众路线教育实践活动。

省局（公司）所属各级党组把学习教育贯穿活动始终，广泛征询意见和建议，以整风精神召开专题民主生活会和专题组织生活会，严格开展督导工作，制订整改方案和制度建设计划，建立整改落实和作风建设长效机制，着力解决“四风”突出问题和联系服务群众“最后一公里”问题。

活动期间，组织集中学习3378场次，其中“一把手”上党课148课、专题讲座480场次；观看《焦裕禄》等教育片585场次，举办先进事迹报告会13场次，召开各类座谈会658场次，谈心谈话1188人次，征集意见建议1730条，立行立改问题366项。

河北中烟工业有限责任公司

2014年2—10月，河北中烟所属3家卷烟厂参加行业第二批党的群众路线教育实践活动。

公司坚持主题不变、镜头不换，严格方法步骤，切实做到规定动作不走样、自选动作有创新。结合实际，开展“三问”（入党为什么、当干部做什么、为后人留下什么）大讨论等活动，充分调动全体党员的主动性和积极性。3个卷烟厂领导班子通过多种方式，广泛征求意见建议，梳理汇总突出问题45项。

活动期间，制定整改措施93项，建立健全制度66项，在大力压缩文件简报数量、规范会议管理和公车配备使用、细化完善接待管理办法和标准、整改办公用房等方面不折不扣执行到位。

山西省烟草专卖局（公司）

2014年2月，山西省局（公司）所属11个地市级局（公司）、3000余名党员参加行业第二批党的群众路线教育实践活动。

坚持聚焦“四风”、领导带头、问题导向、严格标准、立行立改，广大党员干部自觉投入，以多种方式向群众问计、向基层请教，实事求是查找问题，认真开展批评和自我批评，做到教育实践活动与企业发展的两不误、两促进、两提高。

活动期间，省局（公司）党组成员分头全程参加各单位的专题民主生活会。截至2014年底，市局（公司）和县局（分公司）两级党组整改方案确定的417项任务完成373项，完成率为89.45%；专项整治方案确定的193项任务完成190项，完成率为98.45%；修订、新建制度728项，废止制度309项。

内蒙古自治区烟草专卖局（公司）

2014年2月，内蒙古自治区局（公司）所属14个地市级局（公司）、109个旗县局（营销部）、124个基层党组织、1864名党员参加行业第二批党的群众路线教育实践活动。

围绕“照镜子、正衣冠、洗洗澡、治治病”的总要求，以“钉钉子”的精神狠抓工作落实。大胆探索卷烟零售许可制度改革，秉公执法、文明执法，依法行政；将有效组织货源作为当前工作的重中之重，贴近市场、贴近消费者的真实需求，把卷烟营销工作建立在扎实工作和扎实的市场基础之上，充分发挥盟市局（公司）和旗县局（营销部）的市场引领、引导作用和基础作用；关心广大员工的切身利益问题，用“和员工坐在一条凳子”的思维方式考虑问题，设身处地、换位思考，倾听员工心声，回应群众关切，妥善解决员工的合理诉求。

活动期间，开展集中学习1560次；邀请各级党校专家作专题讲座70场，党组书记讲专题党课27次，征求意见1786条；废止制度267项，修订制度204项，新建制度347项。

辽宁省烟草专卖局（公司）

2014年2月，辽宁省局（公司）所属13个地市级局（公司）、1个进出口公司、1个打叶复烤厂，总计2274名党员参加行业第二批党的群众路线教育实践活动。

按照“照镜子、正衣冠、洗洗澡、治治病”的总要求，以“为民务实清廉”为主题，扎实做好学习教育、听取意见，查摆问题、开展批评，整改落实、建章立制各环节工作，着力解决“四风”突出问题、关系群众切身利益的问题和联系服务群众“最后一公里”问题。其间，省局（公司）组建3个教育实践活动督导组，对各单位全面开展督导工作。

各单位党组坚持“清单制”整改，截至2014年底，制定的“两方案一计划”中，整改方案565项，完成90%；专项整治方案184项，完成92%；制度建设计划362项，完成85%。2014年，举办各类会议424次，同比减少84次；发文数量为1167份，同比减少186份；会议费、业务招待费同比分别下降67.74%和51.48%。

吉林省烟草专卖局（公司）

2014年2月，吉林省局（公司）所属9个地市级局（公司）、40个县局（分公司）、95个基层党组织、1866名党员参加行业第二批党的群众路线教育实践活动。

在“学习教育、听取意见”环节，组织集中学习245次、专家辅导147次、观看影片294场次、交流研讨49次，征求到意见建议1430条。

在“查摆问题、开展批评”环节，党员干部之间累计谈心谈话2235人次，查摆出“四风”突出问题589个，党员干部之间共计提出批评意见2056条。

在“整改落实、建章立制”环节，坚持第一批教育实践活动整改与第二批教育实践活动开展并举，第一批教育实践活动中确定的19个整改项目、21条专项整治措施和18项制度建设任务全部得到落实。截至2014年底，第二批教育实践活动中确定的210个整改项目、169条专项整治措施和457项制度建设任务均完成95%以上。

黑龙江省烟草专卖局（公司）

2014年2—10月，黑龙江省局（公司）所属19个直属单位、146个基层党组织、3216名党员参加行业第二批党的群众路线教育实践活动。

在“学习教育、听取意见”环节，组织学习209次，学习交流175次，专家专题讲座197次。广泛征求群众原汁原味意见3252条，其中，“四风”意见建议2158条，其他意见建议1094条。

在“查摆问题、开展批评”环节，召开民主生活会和组织生活会，查摆领导班子存在“四风”问题1262条，班子成员查摆“四风”问题3471条，班子成员互相提出的意见建议2198条。

在“整改落实、建章立制”环节，根据“两方案一计划”，对现有制度进行全面梳理，废止制度规定92项，修订制度规定184项，新建制度规定397项。截至2014年底，各单位整改方案确定的1947项整改任务中，完成1145项，完成率为58.8%。全年业务招待费、会议费、差旅费、办公费同比分别下降53.25%、61.05%、26.44%、8.35%，超标车辆、办公用房全部整改到位。

上海市烟草专卖局、上海烟草集团有限责任公司

2014年2月，上海烟草集团所属31家工商企业、173个基层党组织、4128名党员参加行业第二批党的群众路线教育实践活动。

活动期间，各单位中心组学习127场，学习交流157场，专题讲座45场，主要领导上党课60次，培训基层党组织书记755人次，观看专题教育片200余场。累计召开各类座谈会326场次，征求意见4205人次，领导赴联系点调研300余次。征求到各类意见建议1570条，经梳理汇总1310条，其中“四风”方面的意见664条，涉及形式主义的意见270条，官僚主义的意见291条，享乐主义的意见54条，奢靡之风的意见49条。

截至2014年底，集团公司所属31家单位完成即知即改任务448项，确定整改任务889项，制度建设废、

改、立654项。“三公”经费支出、因公出国、往来活动等同比大幅下降，公车专项整治、办公用房超面积整治全面落实。在各级党组织和全体党员的共同努力下，集团公司“科学发展，群众满意”意识全面提升，服务群众“最后一公里”成效充分体现，作风建设长效机制不断健全。

江苏省烟草专卖局（公司）

2014年2月，江苏省局（公司）所属13个地市级局（公司）、192个基层党组织、2627名党员参加行业第二批党的群众路线教育实践活动。

活动期间，省局（公司）把反“四风”转作风，践行“务实、服务、节俭、清廉”意识作为教育实践活动的重要目标任务，突出“四个注重”，即注重程序、注重表率、注重问题、注重整改。全省系统组织中心组学习185次，开展学习交流224次，举办专题讲座95次，观看影片66场次，观看专题片104场次。征求到“形式主义”方面意见建议330条，“官僚主义”方面意见建议280条，“享乐主义”方面意见建议172条，“奢靡之风”方面的意见建议146条，其他方面的意见建议833条。各单位立知立行立改解决突出问题178项，截至2014年底，整改方案确定的942项整改任务全部完成，新建制度规定176项、修订制度规定218项、废止制度规定97项。

江苏中烟工业有限责任公司

2014年2—10月，江苏中烟所属3家卷烟厂和2家直属企业参加行业第二批党的群众路线教育实践活动。

活动期间，公司征集各类意见建议293条，确定整改任务186项，完成整改171项，完成率为91.94%；计划新建修订制度规定187项，完成167项，占89.3%，废止制度规定4项。

在开展第二批教育实践活动的同时，狠抓第一批教育实践活动的整改落实、建章立制环节工作，对查摆出的14个方面突出问题全部完成整改，对7个方面19项专项整治任务整治到位，29项制度计划建立修订完毕。通过教育实践活动的开展，党员干部宗旨意识和群众观念得到进一步提高。

浙江省烟草专卖局（公司）

2014年2—10月，浙江省局（公司）所属11个地市级局（公司）、64个县局（分公司）和浙江烟草投资管理有限责任公司、香溢融通控股集团股份有限公司77家单位参加行业第二批党的群众路线教育实践活动。

围绕“为民、务实、清廉”的主题，贯彻“照镜子、正衣冠、洗洗澡、治治病”的总要求，与第一批教育实践活动无缝对接，将从严从实贯穿始终，打通联系服务群众“最后一公里”。省局（公司）结合浙江省实际，在专卖和营销配送队伍中分别开展“五个一”正风肃纪和“三比三看”活动，基层队伍作风和形象有效提升。

活动期间，征集到“四风”意见912条，明确整改任务1443项，明确制度建设计划269项。全年各类会议同比减少21.7%，会议费同比下降42.27%，业务招待费同比下降50.99%；超缴公积金全部整改到位；超标公务用车完成处置审批、评估备案或公开拍卖工作；腾退办公用房面积8703平方米，其中腾退领导干部办公用房面积3234平方米。

浙江中烟工业有限责任公司

2014年2—10月，浙江中烟所属2家卷烟厂、28个基层党组织、892名党员参加行业第二批党的群众路线教育实践活动。

活动期间，开展专家辅导6场次，观看影片、专题片34场次，组织专题讨论14场次，党员撰写心得体会847篇。组织召开座谈会31个，直接听取群众意见600余条，梳理汇总作风建设方面的意见和建议76条，并按照“挂、对、销、留”（问题分类“挂”号，责任及时“对”号，群众满意的“销”号处理，效果不明显的“留”号督办）的原则加以改进、落实。

推进“两方案一计划”整改工作，研究制定班子整改任务84项，截至2014年底，完成整改41项。结合行业和企业实际，针对文山会海、公款吃喝、公车使用、办公用房超标、“三公”经费开支大等“四风”突出问题，推进中央部署的21个专项整治工作。结合实际健全完善联系服务群众、规范权力运行等方面的工作管理制度，新建制度5个，修订完善制度13个。

安徽省烟草专卖局（公司）

2014年2—11月，安徽省局（公司）所属16个地市级局（公司）和华环国际烟草有限公司、安徽皖南烟叶有限责任公司参加行业第二批党的群众路线教育实践活动。

学习教育扎实深入，开展集中学习599场次、学习研讨交流412场次，观看专家讲座70场次、电影教育警示片233场次，革命教育基地现场教学61场。听取意见广泛直接，召开座谈会511场次，征求意见6500余人次，走访基层县局、营销部、烟站、队所等322个，走访烟农、零售客户4891户，征集各类意见6300余条。查摆问题深入实在，安徽省烟草商业系统市、县两级领导班子成员交心谈心相互提出意见累计达3310条。认真撰写对照检查材料，班子对照检查材料普遍召开3次以上党组（党委）会议集体讨论修改。

注重立行立改，边学边查边改解决突出问题5493项，其中“四风”问题2033项。注重正风肃纪，深入推进专项整治，查处违反中央“八项规定”精神的典型案件4起。注重建章立制，新建制度规定415项，完成76.71%；修订制度规定316项，完成75.24%；废止制度规定133项，完成84.71%。

安徽中烟工业有限责任公司

2014年3—10月，安徽中烟所属5家卷烟厂、92个基层党组织、4200余名党员参加行业第二批党的群众路线教育实践活动。

活动期间，公司真学深学抓学习，领导带头学和支部组织学、党员自学相结合。真听深听找问题，召开各类征求意见座谈会77场次，2200余名员工参加座谈，收集职工群众意见1747条，对照反“四风”要求提炼为583条。真查深查强党性，班子带头谈心交心累计达189次，对照检查材料先后修改6次，所属单位班子查摆问题120条，班子成员查摆问题440条，互提批评意见379条。真改深改求担当，开展整改工作60余项，出台规范性管理规定23个。

福建省烟草专卖局（公司）

2014年1—10月，福建省局（公司）所属9个地市级局（公司）、161个基层党组织、4492名党员参加行业第二批党的群众路线教育实践活动。

省局（公司）党组成员发挥带头示范作用，分赴挂点单位开展调研19次，参加座谈会15场，并召开第一批教育实践活动“回头看”专题党组会，征求意见建议214条。认真抓好“回头看”，修订完善会议、差旅、接待及外事管理相关制度与经费标准，24项整改任务基本完成。

活动期间，各直属单位查找“四风”问题638个，全部制定了整改落实方案，制定整改措施519项，计划新建制度284个，计划修订制度137项。截至2014年10月，经完成整改任务346项，新建制度184项，修订制度79项。福建省烟草商业系统重点费用继续大幅度下降，业务招待费、会议费、业务宣传费、涉外费分别下降76%、48%、88%和70%，超标配备公车、多占办公用房、兴建楼堂馆所、超缴住房公积金等事项全部整改到位。

福建中烟工业有限责任公司

2014年2—10月，福建中烟所属2家卷烟生产企业、36个基层党组织、1502名党员参加行业第二批党的群众路线教育实践活动。

活动期间，各单位组织中心组学习16次，学习交流89次，专家讲座19场，主要领导上党课7次，观看影片99场，开展革命传统教育56次。征求职工群众意见1046条，其中“四风”方面83条。各单位共召开14次党委会，班子成员在相互批评中提出意见487条。研究制订“两方案一计划”98项，狠抓“四风”问题整改落实。截至年底，完成整改方案确定的任务98项，新建制度规定104项，修订制度规定56项，废止制度规定13项。2014年，业务接待费、会议费、涉外费、车辆运行费用同比分别下降88.35%、27.5%、10%、30.12%。

江西省烟草专卖局（公司）

2014 年1—10 月，江西省局（公司）所属11 个地市级局（公司）参加行业第二批党的群众路线教育实践活动。

省局（公司）成立4 个督导组，5 名党组成员分别选定1 个直属单位作为联系点，20 余次分别专程深入联系点调研。参加第二批教育实践活动单位的党组书记和党支部书记分别上党课，并充分利用江西红色资源优势，以“学习先辈先进，激活红色基因”为主题，分别组织开展各具特色的革命传统教育。

活动期间，新建相关制度规定235 项，修订完善制度规定119 项，废止制度规定26 项；确定整改任务1736 条，并把中央部署的“7 +4 +10”专项整治任务和解决群众反映强烈的突出问题作为重点任务来抓，整治任务全部完成。

江西中烟工业有限责任公司

2014 年2—10 月，江西中烟所属4 家卷烟厂、营销中心、技术中心，44 个基层党组织、1449 名党员参加行业第二批党的群众路线教育实践活动。

活动期间，先后召开6 次党组会议研究部署，并派出2 个督导组，组织4 次督导组培训暨工作部署会。公司领导分别挂点活动单位，开展调研17 次，与活动开展单位领导班子成员谈心交流，审定领导班子和班子成员对照检查材料。各单位由党政负责人牵头，召开党委专题会议，共查摆班子存在的“四风”问题168 个。截至第二批教育实践活动整改情况“回头看”阶段，第二批教育实践活动单位整改方案中确定的202 项整改任务完成195 项，完成率为96. 53%；专项整治方案中确定的78 项专项整治任务全部完成，完成率为100%。

山东省烟草专卖局（公司）

2014 年1—10 月，山东省局（公司）所属17 个地市级局（公司）、444 个基层党组织、1 万余名党员参加行业第二批党的群众路线教育实践活动。

省局（公司）认真贯彻落实中央和国家局党组的部署要求，做到“规定动作”做到位、“自选动作”有特色。截至2014 年底，第一批教育实践活动确立的162 项整改事项，除3 项需长期整改外，全部完成；24 项专项整治任务全部完成；新建制度37 项，修订制度15 项，废止16 项。第二批教育实践活动单位2630 项整改任务完成2443 项，完成率为92. 9%。在国家局督导组教育实践活动情况评议中，省局（公司）第二批教育实践活动群众总体评价为“好”的占97. 8%，较好的占2. 2%。

山东中烟工业有限责任公司

2014 年1—10 月，山东中烟所属4 家卷烟厂、149 个基层党组织、3125 名党员参加行业第二批党的群众路线教育实践活动。

公司成立3 个督导组和3 个检查组，加强对教育实践活动的指导和专项检查。活动期间，各单位发放征求意见调查表和调查问卷2118 份，召开座谈会91 次。征集意见建议5500 余条，其中涉及“四风”意见建议249 条。各单位领导班子根据征集到的“四风”意见，归纳为84 个方面的突出问题，并提出33 大项整改措施。领导班子成员间提出相互批评意见1140 余条。

各单位确定整改内容280 项，制定整改措施694 条，截至2014 年底，全部完成。在制度建设中，新制定制度规定86 项，修订制度规定285 项。通过整改落实，公司会议费同比下降35. 7%，业务招待费同比下降39. 9%，因公出国费同比下降12. 93%，清理清退超标办公用房和超标公务用车完成率100%。

河南省烟草专卖局（公司）

2014 年2—10 月，河南省局（公司）所属18 个地市级局（公司）、4 个直属单位、521 个基层党组织、1. 21 万名党员参加行业第二批党的群众路线教育实践活动。

活动期间，各级党组中心组组织学习3303 次，举办专题讲座527 次，上专题党课338 次，观看教育影片1433 场次，参加交流研讨974 人次，撰写学习心得体会3. 56 万篇。发放征求意见函和调查问卷3. 84 万份，召开各类座谈会1354次，收集梳理意见建议7047条，其中“四风”方面2320条。制定整改方案、专项整治方案和制度建设计划，明确2435项整改任务、1394项专项整治任务、585项制度建设计划，分别完成50.14%、68.58%、51.45%。简化审批手续，优化审批流程，省局（公司）取消和下放12.5%的行政审批事项。

开展公务用车、办公用房专项清理，河南省烟草商业系统停建楼堂馆所3.69万平方米，处置公务用车21辆，清退多占办公用房3.51万平方米；厉行节约，严格规范程序，2014年会议费同比下降63.97%，业务招待费同比下降49.15%，市场营销费同比下降79.74%。

河南中烟工业有限责任公司

2014年2—10月，河南中烟所属8家卷烟厂、1家烟草薄片公司和技术中心、营销中心、新郑州卷烟厂项目部等12家单位，132个基层党组织、6331名党员参加行业第二批党的群众路线教育实践活动。

公司成立3个督导组，安排公司领导联系点，下发《第二批党的群众路线教育实践活动指导意见》。召开活动领导小组会议15次，公司领导深入联系点听取群众意见、参加单位中心组学习和专题民主生活会、指导单位教育实践活动开展等55次，累计召开会议57次，公司督导组到活动单位开展指导、督导40次以上。

各单位征集到班子“四风”问题254条，班子成员查摆出“四风”问题659条，班子成员互相提出批评意见389条；确定整改任务294项，拟新建制度85项，新建制度32项，修订制度49项，废止61项，涉及单位办公用品管理、业务接待管理、领导干部婚丧喜庆事项办理，以及联系服务群众、规范权力运行等方面，初步构建起反对“四风”的长效机制。

湖北省烟草专卖局（公司）

2014年2—10月，湖北省局（公司）所属17家市级局（公司）、金叶复烤公司、3家二级单位及直属多元化企业、105家县级局单位、301个基层党组织、5335名党员参加行业第二批党的群众路线教育实践活动。

活动期间，进行集中学习1255次，撰写心得体会7959篇，举办讲座129次，组织观看教育片508次，主要领导讲授党课164次。收集意见建议9936条，其中“四风”方面5604条。以“三公四不”（即要求党员领导干部学习“包公、关公、公仆”精神，做到尖锐不尖刻、红脸不翻脸、出汗不出气、辣味不变味）精神召开专题民主生活会，5032名党员参加民主评议，各级领导班子查摆问题2182个。

在落实整改方面，湖北省烟草商业系统违规车辆和超标办公用房一律封存，办公用房建设和一般公务用车新增审批一律停止，超缴企业年金和住房公积金一律清退，投资计划一律从严从紧。2014年召开的全省系统会议31个，同比减少17个；举办的全省系统培训班17个，同比减少4个。重点控制费用同比减少4231万元，下降11.56%。针对基层和群众关心的问题，启动信息系统集成整合工作，精简文书作业内容，优化调整业绩考核方案，推广“双十承诺”（十日办理证件、十日入网配送），加大货源调控和高端卷烟扩点增量力度，协调合作银行为零售户存款开通“绿色通道”。

湖北中烟工业有限责任公司

2014年2月，湖北中烟所属6家卷烟厂参加行业第二批党的群众路线教育实践活动。

公司认真落实“三严三实”要求，抓好突出问题的整改落实。截至2014年底，完成突出问题整改288项，整改方案确定的173项任务完成156项，专项整治方案确定的110项任务完成107项，202项制度建设计划完成190项。公司会议费、业务招待费、宣传促销费同比分别下降90.36%、94.45%、64.99%；超缴公积金、企业年金全部整改到位；办公用房整改工作全面完成，清理腾退超标面积3853平方米。

湖南省烟草专卖局（公司）

2014年2—10月，湖南省局（公司）所属14个地市级局（公司）参加行业第二批党的群众路线教育实践活动。

省局（公司）深化学习教育，广泛听取意见，不断夯实思想基础，完成集中学习、党课学习等规定动作，深入基层开展调研，“面对面”征求基层群众和一线员工意见。坚持问题导向，贯彻整风精神，严肃认真开展批评与自我批评，查摆问题6468条，相互批评意见4975条。强化整改落实，各单位党组制定“两方案一计划”，全面梳理现有制度，形成规章制度“废改立”清单，完善出台配套措施和实施细则。

活动取得初步成效，广大党员干部受到深刻的思想政治洗礼，党内政治生活的原则性战斗性明显增强，“四风”得到有力整治，群众反映强烈的突出问题得到有效解决。

湖南中烟工业有限责任公司

2014年2—10月，湖南中烟所属6家卷烟厂、119个基层党组织、4368名党员参加行业第二批党的群众路线教育实践活动。

公司立足学习教育和听取意见，打牢思想基础，注重宣传引导，编发简报99期、板报143期、标语279条、内部媒体稿件688篇，运用会议、网站、微信，营造氛围。活动单位领导班子集中学习115场，班子成员带头授党课59人次，基层党支部集中学习1113场，党支部书记参加培训683人次，组织观看教育片137场，编印学习读物1.68万册，党员干部撰写学习心得体会2117篇，其中领导班子成员97篇。立足对照检查和开展批评，弘扬整风精神，活动单位领导班子相互谈心336人次、找他人谈心547人次，通过谈心交心收到批评意见574条。立足整改落实和建章立制，建设长效机制，第二批教育实践活动征集梳理的992条意见，整改落实696条。

截至2014年9月底，参加第二批教育实践活动单位腾退办公用房7685平方米，到位率为96.09%，发文件数量同比减少15.54%，发生招待费428万元、差旅费975万元、车辆使用费1051万元、会议费120万元，同比分别下降65.12%、29.10%、26.30%和55.36%。新建制度45项、修订制度156项、废除不适用制度42项。

广东省烟草专卖局（公司）

2014年2月，广东省局（公司）所属20个地市级局（公司）、86个县级局（分公司）、2个烟叶复烤厂参加行业第二批党的群众路线教育实践活动。

活动期间，省局（公司）建立教育实践活动领导小组，配合党组建立5个联系点单位，组织成立5个督导组。在“学习教育、听取意见”环节，积极推广“集中式、调研式、体验式”三式学习法，推动各级领导干部深入开展学习教育、认真听取意见；在“查摆问题、开展批评”环节，对领导对照检查材料、领导班子民主生活严格把关，推动各级领导干部深入查摆问题、真诚开展批评；在“整改落实、建章立制”环节，推动各单位分类分层解决问题、回应群众关切，深入开展建章立制，建立健全作风建设长效机制。

广东中烟工业有限责任公司

2014年2月，广东中烟所属4家卷烟厂参加行业第二批党的群众路线教育实践活动。

在“学习教育、听取意见”环节，公司各单位通过集中学与个人学、原文读与交流谈等多种形式，组织各级党员阅读规定书目。各单位开展38次专题辅导，集中学习交流240余次，3000余人次观看专题教育片，开展讨论交流186次，撰写心得体会1000余篇。聚焦“四风”以及关系职工群众切身利益的问题，收集“四风”意见建议116条、其他方面意见建议240条。

在“查摆问题、开展批评”环节，各级领导干部都先后开展多次谈心交心，各单位都召开专题民主（组织）生活会。各级领导班子认真对待班子对照检查材料，普遍召开3至4次的集体会议反复修改，撰写个人对照检查材料228篇。

在“落实整改、建章立制”环节，根据“两方案一计划”，新建制度20项，完成85%，修订制度26项，完成57.6%；废止制度规定18项，完成100%。2014年1—9月，公司会议费同比下降55%，因公出国（境）批次同比减少33.3%，因公出国（境）费用同比下降28.2%，公务接待费同比下降83%，公务车配置及运行费用同比下降16%。公积金整改以及领导干部办公用房全部清理到位，64辆超标车辆全部清退完毕。

广西壮族自治区烟草专卖局（公司）

2014年2—10月，广西壮族自治区局（公司）所属14个地市级局（公司）、伊灵烟叶复烤有限责任公司、93个县级局（营销部）、148个基层党组织、2794名党员参加行业第二批党的群众路线教育实践活动。

自治区局（公司）成立6个督导组对活动进行全程监督指导。创新形式，搞活学习氛围，通过观看宣教片、举办专题讲座等方式，学深学透中央规定的文件和内容。在此基础上，广泛听取意见，采取发放征求意见函、召开座谈会等办法，征求意见建议7453条。召开高质量的专题民主生活会和组织生活会，自治区局（公司）领导和督导组与各直属单位领导，单位领导之间，单位领导与部门主要负责人谈话636人次，提出相互批评意见791条。制定“两方案一计划”和个人整改措施，截至2014年10月，第一批教育实践活动制定的班子整改方案17个方面57项任务和专项整治方案7个方面27项任务基本完成。

经过两个批次教育实践活动，全自治区烟草商业系统取消评比表彰项目11个、清理办公用房8000余平方米、停建楼堂馆所6个、处理违规或视同违规车辆9辆；新建、修订规章制度488个；会议费、业务接待费、涉外费、车辆购置及运行费用同比分别下降40.43%、60.98%、58.02%和5.87%。

广西中烟工业有限责任公司

2014年2—10月，广西中烟所属2家卷烟厂、2家辅料公司、30个基层党组织、569名党员参加行业第二批党的群众路线教育实践活动。

公司将学习教育活动贯穿始终，组织党员、干部原原本本学习中央确定的必读书目，在采取三级党课引领学、专家辅导学、现场教育学、弘扬先进典型等传统方式基础上，借助信息化技术创新学习教育方式。坚持聚集“四风”找问题，征集意见建议596条，经归类整合后有176条，其中涉及“四风”问题102条。严肃开展批评与自我批评，各单位领导班子在会上查摆出“四风”问题52个，联系服务群众“最后一公里”问题18个，制定整改措施157项；班子成员查摆“四风”问题216条，班子成员间互相提出批评意见建议198条。强化整改落实，制定下发“两方案一计划”，体现“四个回应”要求。

第二批教育实践活动单位撤销领导小组或议事协调机构9个，清理超标办公用房920平方米。业务招待费、车辆运行费用、企业级别会议数量、下文数辆同比分别下降67.2%、23.54%、37.98%、17.61%。

海南省烟草专卖局（公司）

2014年2—9月，海南省局（公司）所属4个地市级局（公司）、14个县级局（营销部）参加行业第二批党的群众路线教育实践活动。

活动期间，各单位征集“四风”问题的意见170条，查摆出领导班子“四风”问题219条，领导班子成员个人“四风”问题522条。突出问题导向，坚持边学边改、边查边改、立行立改，其中，各地市级局（分公司）新建制度规定8项，修订制度规定7项，废止制度规定5项，对不适应作风建设要求的制度18项计划予以废止，54项计划予以修订，并提出44项制度新建计划。截至2014年9月，各市、县局召开会议同比减少45.65%，发文同比减少25.9%，业务招待费用同比下降63.58%，会议费同比下降66.4%，车辆购置及运行费用同比下降28.29%。清理超标办公用房面积1431.01平方米；省局（公司）机关会议费同比下降33.29%，业务招待费同比下降81.62%，车辆购置及运行费用同比下降28.26%，新出台作风制度规定14个。

重庆市烟草专卖局（公司）

2014年2—10月，重庆市局（公司）所属39个地市级局（分公司）、99个基层党组织、2644名党员参加行业第二批党的群众路线教育实践活动。

市局（公司）围绕“为民办实事、务实促发展、清廉保本色”主题，按照“照镜子、正衣冠、洗洗澡、治治病”总要求，坚持以学习教育、听取意见为基础，以查摆问题、开展批评为关键，以整改落实、建章立制为根本，扎实有序推进各项工作。活动中，各单位征集各方意见建议3000余条，查摆领导班子“四风”问题1206条，确定整改任务1087项。

活动期间，全市烟草商业系统开展专项治理活动，统一规范全市行业企业年金和住房公积金缴存比例；累计腾退超标办公用房面积6755.16平方米，清理超标公务用车62辆，并按程序分批进行公开拍卖；会议文件大幅精简，2014年文件简报同比减少19.2%，各类会议和检查评比分别减少31%和44%。同时，围绕“自选动作有特色”“创新动作有质量”，不断丰富活动成果，大力实施“客户更满意”“办事公开民主管理”“烟草惠民”“全面审计整改”“三诚慈善献大爱”等五大专项行动。完成3600千米烟区道路、3528座烤房、3.3万亩土地整理等烟叶基础设施建设。

四川省烟草专卖局（公司）

2014年2月，四川省局（公司）所属22个地市级局（公司）、184个县级局（分公司）、331个基层党组织、5470余名党员参加行业第二批党的群众路线教育实践活动。

坚持理论武装，各市州局（公司）集中学习12天以上，县局（分公司）集中学习6天以上，举办党课报告109场，专家辅导64场，专题影片展播844场，交流研讨189次，1300余人到革命老区和法纪基地接受现场教育。深刻对照检查，第二批教育实践活动单位的领导干部谈心交心均在6轮以上，修改对照检查材料均在5稿以上，查摆问题1.06万条，班子成员相互批评意见5068条。坚持开门活动，累计召开座谈会324场，发放调查问卷2万余份，征求群众意见2836条，梳理“四风”问题1232条。

坚持破立并举，省局（公司）党组完成整改任务44项，完成“废改立”130项，“两方案一计划”完成率达到86%。腾退超标办公用房4.08万平方米，停建楼堂馆所18个，业务招待费、会议费同比分别下降65.1%、41.3%。

川渝中烟工业有限责任公司

2014年2月，川渝中烟所属10个单位、92个基层党组织、3246名党员参加行业第二批党的群众路线教育实践活动。

学习教育过程中，各直属单位组织专题辅导、领导干部上党课52次，集中学习420余次，发放学习资料7783份，观看教育片20余部，讨论交流244次，撰写心得体会1000余篇，开展专题调研200余次，形成有价值的调研报告84篇。设置征求意见箱50余个，发放征求意见表7900余份，征求到领导干部“形式主义”方面的意见建议147条，其他方面建议467条。

以整改见成效，在解决突出问题上下功夫。各单位召开各类会议同比减少81次，下降27.55%；下发各类文件简报同比减少428份，下降22.73%；组织各类评比达标表彰同比减少5次，下降9.09%；业务招待费同比减少239.72万元，下降51.07%；车辆运营费同比减少139万元，下降15.69%；因公出国（境）同比减少7批次，下降58.33%；因公出国（境）同比减少37人，下降82.22%；超标车全部清退完毕；清理调整办公用房面积7825平方米。

贵州省烟草专卖局（公司）

2014年2—11月，贵州省局（公司）所属9个地市级局（公司）参加行业第二批党的群众路线教育实践活动。

以反对“四风”、巩固拓展活动成果为重点，坚持问题导向，坚持立行立改，狠抓专项整治，提升作风建设水平。第二批教育实践活动收集征求意见建议3189条，省局（公司）对集中反映的75个问题进行统一书面答复。开展交心谈话5819人次，专题民主生活会满意率达到98%以上。建立第二批教育实践活动整改台账，班子整改措施2484条、班子成员整改措施6204条，整改任务4028项。

贵州中烟工业有限责任公司

2014年2月，贵州中烟所属5家卷烟厂参加行业第二批党的群众路线教育实践活动。

公司切实巩固第一批教育实践活动成果，扎实开展第二批教育实践活动，持之以恒整治“四风”突出问题。坚持领导干部示范带动，先后开展党组中心组学习4次，副处级以上党员干部轮训2次，二级单位党委组织集中研讨82次。坚持开门搞活动，全公司共征求到职工意见建议653条，各单位贯彻落实公司“五必谈”要求，在专题民主生活会上班子成员查摆出“四风”问题441个。针对群众关心的热点难点问题，积极回应群众关切，通过充分调研，集中解决职工关注的热点问题236个。在第二批教育实践活动中，完善制度规定170项。在国家局第七巡回督导组组织的教育实践活动满意度测评中，总体评价为“好”。

云南省烟草专卖局（公司）

2014年2月，云南省局（公司）所属16个地市级局（公司）、126家县级局（分公司）、574个基层党组织、9887名党员参加行业第二批党的群众路线教育实践活动。

活动中，云南省烟草商业系统各单位认真学习领会习近平总书记重要讲话精神，按照“照镜子、正衣冠、洗洗澡、治治病”总要求，不折不扣抓好学习教育、听取意见，查摆问题、开展批评，整改落实、建章立制三个环节，既把中央的“规定动作”做到位，又结合全系统实际把“自选动作”抓扎实，活动达到预期目的。

各单位对反映强烈的突出问题集中精力重点整治，真情为群众办实事、办好事，让基层群众看到教育实践活动带来的变化。烟用化肥价格亩均降幅在50元左右；从加大投入、调整结构、技术服务、完善设施上多方着力，切实帮助烟农解决问题；出资3.16亿元援建的保山隆阳区西水东调大型水源工程实现试通渠。实施“彩虹水窖”有效解决烟农生产生活用水问题。

云南中烟工业有限责任公司

2014年2月，云南中烟所属红塔烟草（集团）有限责任公司和红云红河烟草（集团）有限责任公司参加行业第二批党的群众路线教育实践活动。

在“学习教育、听取意见”环节，各单位召开党委（党总支）集中学习会49次，开展学习交流103次，举办专题辅导讲座115次，领导干部带头讲党课124次，组织观看影视教育片226场次。建立班子成员联系点368个，发放征求意见表9120份，设立征求意见箱23个，开展基层调研469次，召开座谈会164次，组织个别访谈167人次，征集到“四风”方面的意见建议1826条。

在“查摆问题、开展批评”环节，认真对照“三严三实”，深入开展“六查”，查摆出“四风”突出问题1516个。各单位党组织召开专题组织生活会456次，单位班子成员参加所在支部专题组织生活会208人次，提出相互批评意见建议2.09万条。

在“整改落实、建章立制”环节，成立9个调研工作组，拟定整改方案。截至2014年底，云南烟草工业系统接待费同比下降68.95%，涉外费同比下降48.42%，广告宣传促销费同比下降22.35%，车辆运行费同比下降30.6%；会议数量同比减少9.22%，发文数量同比减少5.7%，评比表彰数量同比减少4.64%，各类领导小组和议事机构同比减少5.71%，因公出国（境）批次、人数同比减少23.81%、39.52%；超缴住房公积金已全部整改到位，251辆超标车全部清理完毕，清理经营业务用房9614平方米，清理腾退办公用房51569平方米。

西藏自治区烟草专卖局（公司）

2014年2—10月，西藏自治区局（公司）所属6个地市级局（公司）（不含那曲地区局）参加行业第二批党的群众路线教育实践活动。

活动期间，组织集中学习165次，开展专题辅导讲座25次，班子成员为党员干部职工讲党课，党员领导干部每人撰写学习心得体会，并开展专题讲座，组织观看教育影片。以教育实践活动为契机，废止制度59项，修改完善制度75项，建立新制度55项。组织召开各类座谈会73次、通过发放征求意见表3312份等形式，征求到意见建议614条。

各单位以整改见实效，注重文件实效，没有实质内容、可发可不发的文件一律不发，凡国家局和区党委、政府已明确部署，未提出结合本地本部门实际制定实施意见的，一律不再制发文件；能以电话、政务信息系统等方式解决问题或可通过内部网站发布的，不发文件。对于2011年和2012年企业年金多交部分在2012年、2013年所缴的企业年金中抵扣。封存、停止使用3辆超标配备的车辆。2014年“三公经费”同比下降41.6%，会议数量同比减少95.07%，会议费用同比下降57.45%。清理腾退多占用办公用房面积678平方米。

陕西省烟草专卖局（公司）

2014年2—10月，陕西省局（公司）所属11个地市级局（公司）、106个县级局（营销部）、151个基层党组织、2793名党员参加行业第二批党的群众路线教育实践活动。

以“学习教育、听取意见”为基础，组织各类专题讲座99场，学习交流242次，领导干部讲党课124次，组织观看电影88场，对处级干部进行2期学习贯彻习近平总书记系列重要讲话精神集中轮训。

以“查摆问题、开展批评”为关键，各级领导带头赴基层联系点调研走访247次，征求意见建议1406条，经梳理归纳为808条。市级局（公司）领导班子成员累计谈心谈话402人次，相互提出批评意见566条。分别召开高质量专题民主生活会和组织生活会，各级班子成员真刀真枪提出意见、开诚布公开展批评。

以“整改落实、建章立制”为根本，各单位聚焦“四风”问题，坚持边学边改、边查边改，累计整改具体问题1324个。认真制订整改工作方案、专项整治方案和制度建设计划。各活动单位提出整改项目337个，截至年底，完成率为27%；计划新建、修订、废止制度373项，完成率为50%。

陕西中烟工业有限责任公司

2014年2月，陕西中烟所属5家卷烟厂和陕西省卷烟材料厂参加行业第二批党的群众路线教育实践活动。

在“学习教育、听取意见”环节，各单位组织全体党员、干部集中观看《周恩来的四个昼夜》等9部中央指定的影视教育片百余场次，组织厂级领导班子集中学习41余次，邀请学者、专家作群众路线专题辅导讲座37场次，举行集体交流研讨6次。广开纳谏通道，6个单位共发出调查问卷3124份、意见征集表1700份。在第二批教育实践活动中，征求到“形式主义”方面的意见建议103条，“官僚主义”方面的意见建议131条，“享乐主义”方面的意见建议35条，“奢靡之风”方面的意见建议22条，其他方面的意见建议302条。

在“查摆问题、开展批评”环节，6个单位班子之间谈话达136人次，相互提出意见建议382条。班子对照检查材料由“一把手”主持、班子成员集体研究起草，普遍召开2次以上党委（党总支）会议集体讨论修改。各单位班子及个人对照检查材料反复修改均达10次以上。陕西烟草工业系统62个基层党组织均召开专题组织生活会，2855名党员全部参加民主评议党员工作，其中被评定为“好”的党员1755名，评定为“一般”的党员1098名，评定为“差”的党员2名，并按组织程序对不合格党员进行处理。

在“整改落实、建章立制”环节，2014年公司业务招待费、会议费、涉外费分别同比下降28.64%、17.43%和17.62%。截至年底，在第二批教育实践活动中梳理出的3个方面16项整改任务、30项制度建设计划全部整改落实到位；梳理出的46项干部群众提出的意见和建议，有45项整改完成。

甘肃省烟草专卖局（公司）

2014年2月，甘肃省局（公司）所属14个地市级局（公司）参加行业第二批党的群众路线教育实践活动。

坚持丰富载体抓学习，开展党组集中学习126次，领导干部讲党课121场次，学习习总书记系列重要讲话培训班3

期，专题讲座54场，观看影片289场次，支部学习288次。坚持广开大门听意见，深入联系点684人次，召开座谈会183场次，走访零售客户5284户、烟农20户、双联户439户次，听取意见建议4217条。

坚持开展批评有“辣味”，市级局（公司）班子成员累计提出批评意见1532条，县级局（营销部）等班子成员累计提出批评意见1311条，1405名基层党员被评定为“好”和“一般”的比例分别达到86.6%和13.4%。

坚持整改落实“四回应”，制定“两方案一计划”，明确整改措施684条，整改率93%；专项整治措施723条，整改率为95%；省局（公司）党组“两方案一计划”整改落实率达到100%，“四风”突出问题得到明显整治。坚持建章立制抓执行，制度建设计划完成率为86%，作风建设的长效化制度化机制明显完善。

青海省烟草专卖局（公司）

2014年2月，青海省局（公司）所属9个地市级局（公司）、46个基层党组织、425名党员参加行业第二批党的群众路线教育实践活动。

青海省烟草商业系统各州市局（公司）党组加强组织领导，坚持把学习教育贯穿始终，在保证学习时间、丰富学习内容、增强学习实效上下功夫。坚持聚焦“四风”问题，通过群众提、自己找、上级点、相互帮等方式，征求到“四风”意见建议496条。认真贯彻整风精神，党员干部深入开展谈心，起草对照检查材料，严肃召开专题民主生活会。突出问题导向，针对存在问题，结合落实专项整治任务，制定整改方案，及时兑现承诺，对119个突出问题做出整改。

教育实践活动使一大批群众关心的热点难点问题得到解决，干部队伍建设水平、基层组织建设水平、服务群众工作水平等进一步提高，形成推动青海烟草持续健康发展的强大动力。

宁夏回族自治区烟草专卖局（公司）

2014年2—10月，宁夏回族自治区局（公司）所属5个地市级局（公司）参加行业第二批党的群众路线教育实践活动。

在“学习教育、听取意见”环节，开展向焦裕禄等优秀共产党员学习活动，领导干部讲党课64次，举办专题讲座30场次，组织集中研讨交流76场次，集中观看教育影片108场。召开座谈会88场1800余人参加，发放征求意见表3000余份，征求到“形式主义”方面意见建议720条，“官僚主义”方面意见建议568条，“享乐主义”方面意见建议267条，“奢靡之风”方面意见建议130条，其他方面意见建议625条。

在“查摆问题、开展批评”环节，贯彻整风精神，把批评和自我批评真正开展起来，召开班子专题民主生活会20场，班子成员提出相互批评意见414条。参加第二批教育实践活动450名党员，经过民主评议评为“好”的占67.4%，被评为“一般”的占32.4%。

在“整改落实、建章立制”环节，截至2014年底，第二批教育实践活动单位整改方案确定的任务完成418项，完成率为90.28%；废改立制度301项，完成率为86.05%，群众满意度达到97.6%。

新疆维吾尔自治区烟草专卖局（公司）

2014年1—10月，新疆维吾尔自治区局（公司）所属14个地市级局（公司）、73个基层党组织、1078名党员参加行业第二批党的群众路线教育实践活动。

在“学习动员、听取意见”环节，组织党员、干部学习必学篇目、观看必看专题教育片、开展讲党课活动，组织干部职工、零售客户召开听取意见座谈会218场次，征集意见、建议1713条。

在“查摆问题、开展批评”环节，开展谈心交心活动，召开专题民主生活会、专题组织生活会，对自己的问题不回避，对他人的问题摆开谈，领导干部互相提出意见663条。通过比照、归纳，剔除交叉、重复等因素，梳理纳出党组存在的“四风”问题225项，领导班子成员存在的“四风”问题745项。

在“整改落实、建章立制”环节，采取座谈、个别访谈方式，听取群众意见，落实专项整改、问题整改、机制建设，全自治区上下联动，三项费用率同比下降2.02%，业务招待费支出同比下降80%，宣传促销费同比下降86.3%；腾退办公用房3828.4平方米；完成立行立改、即知即改任务411项，对2名领导干部进行诫勉谈话，对1名领导干部作出行政处理；废止制度209项、提出新建制度项目179项、修订制度项目261项。

大连市烟草专卖局（公司）

2014年2月，大连市局（公司）所属5个区（市）局（分公司）参加行业第二批党的群众路线教育实践活动。

坚持把学习教育摆在首要位置，围绕中央和国家局规定学习内容，区（市）局（分公司）党组主要负责人带头深入学习，累计讲党课22次，举办多种形式主题教育和专题研讨87次，组织党员干部撰写学习心得267篇。采取“面对面”和“背靠背”两种形式开门纳谏，先后召开各类座谈会41场，党组成员与基层员工交流628人次，走访零售客户2232户次，征求到原汁原味意见建议264条。

查找问题采取“三步法”，聚焦“四风”深刻查摆自身存在问题；各党组班子与员工深入开展谈心交流，亲自撰写对照检查材料，以整风精神召开领导班子专题民主生活会，深入开展批评与自我批评，查摆出“四风”问题58项。

坚持边查边改、立行立改，建立“整改责任制、职工代表评议制、整改情况通报制、明示承诺制”四个机制，细化98项具体措施对重点整改任务进行专项整治，建立完善相关规章制度35项，固化作风转变新成效。截至2014年底，完成第一批教育实践活动整改146项，推进整改2项，整改率96%；第二批教育实践活动整改205项，推进整改16项，整改率93%。

深圳市烟草专卖局（公司）

2014年2月，深圳市局（公司）所属10个区局（公司）参加行业第二批党的群众路线教育实践活动。

各基层单位围绕整治“四风”，着力在联系服务群众“最后一公里”问题上探索有效机制，出台一批见实效、管长远的制度规范，截至2014年底，重申实践证明行之有效、群众认可的101项制度，废止与现行法规、国家局规章制度相抵触、不一致的6项制度，修订完善与新形势新任务要求不适应的2项制度，对不适应密切联系群众、加强作风建设要求，提出拟定11项制度建议。

在落实整改方面，严格发文办会，严格规范“三公经费”开支，截至2014年底，各类文件同比减少56.3%，会议费同比下降30.98%，宣传促销费同比下降66.83%，涉外费同比下降68.18%，业务接待费同比下降57.09%，车辆运行费同比下降27.76%。

中国烟草实业发展中心

2014年3—11月，中烟实业所属9家单位、8个基层党组织、4900余名党员参加行业第二批党的群众路线教育实践活动。

中烟实业领导班子成员到联系点指导活动开展26次，两个督导组到企业督导36次。各企业组织党组（党委）中心组（扩大）集中学习24次，征集意见建议1024条，印发活动简报82期，新建立规章制度71项、修订156项、废止60项。

通过活动开展，所属企业领导班子作风明显改善，党员干部的宗旨意识、服务意识进一步加强，一批涉及群众利益和企业发展的突出问题得到有效解决，超缴住房公积金、超面积办公用房、超标车辆、“三公经费”开支偏大等重点问题得到有效整改。

黑龙江烟草工业有限责任公司。自2014年3月起，公司以“为民、务实、清廉”为主题，集中开展党的群众路线教育实践活动，活动历时7个月。活动共解决职工群众反映突出的问题28项，特别是建立职工大病医疗统筹制度。以作风建设新成效，激发动力、挖掘潜力、凝聚合力，为企业“危”中寻“机”、克难奋进，提供有力的精神支撑。

红塔辽宁烟草有限责任公司。自2014年3月起，公司开展党的群众路线教育实践活动。坚持“为民、务实、清廉”主题，聚焦“四风”，以整风精神搞活动，发扬民主开门搞教育。认真组织专题民主生活会，领导成员坦诚地进行了批评与自我批评。收集涉及群众切身利益和反映强烈的意见、建议120条，制定方案，认真整改。这次活动，使党员干部普遍接受一次党的理论教育，经受一次党性锻炼，进一步增强群众意识、群众观念，一些涉及群众利益和企业发展的实际问题得到有效解决。

吉林烟草工业有限责任公司。2014年3—11月，公司开展党的群众路线教育实践活动。按照“照镜子、正衣冠、洗洗澡、治治病”的总要求，结合落实中央“八项规定”和国家局党组“九条要求”，深入查摆、剖析领导干部在“四风”方面存在的问题及其根源和危害，组织党组中心组集中学习3次，征求意见建议223条，归纳整理为68条重点意见建议。坚持问题导向，边学边改、边查边改、立行立改，及时有效地解决职工群众反映强烈的突出问题，形成抓常、抓细、抓长的长效机制，作风建设取得明显成效。

甘肃烟草工业有限责任公司。自2014年3月起，公司按照“照镜子、正衣冠、洗洗澡、治治病”的总要求，扎实开展党的群众路线教育实践活动。全体党员干部认真学习党的十八大、十八届三中、四中全会精神和习近平总书记系列重要讲话精神，马克思主义群众观点和党的群众路线在全体党员干部中扎根。聚焦作风建设，着力查找和解决“四风”方面存在的问题，解决办公用房、公务用车、公务接待等方面存在的突出问题。2014年，公司业务招待费、会议费、涉外费分别同比下降30%、46%、56%。

内蒙古昆明卷烟有限责任公司。2014年，公司按照行业统一部署，组织开展党的群众路线教育实践活动，注重抓好各环节工作。组织党委中心组集中学习7次，专家讲座2次，讲党课1次，观看影片3次，征求意见座谈会14次，发放意见征集表372份。收集原始意见151条，经过梳理，汇总为“四风”问题意见14条，联系服务群众“最后一公里”方面意见6条。召开专题民主生活会，班子成员认真做对照检查，坦诚进行相互批评。针对查摆出的问题，制定122项整改措施，明确任务，责任到人，为职工办一系列实事。

深圳烟草工业有限责任公司。2014年3—10月，公司组织开展党的群众路线教育实践活动。在学习教育、听取意见阶段，认真学习、深刻领会习近平总书记一系列重要讲话精神以及上级相关文件精神、指定理论著作，办好党委书记讲党课、专家授课等四类课堂；坚持开门纳谏，广泛征求群众意见，通过党内外群众座谈会等多种形式，收集到各方面的意见建议86条，合并梳理后整理出意见建议38条；制定4个专项调研课题，公司领导牵头领题，形成客观深入、全面翔实的调研报告。在查摆问题、开展批评阶段，党委成员之间相互深入交心谈心，认真撰写对照检查材料，开展批评与自我批评，开好专题民主生活会。在整改落实、建章立制阶段，精心制定“两方案、一计划”，强化责任落实到人；对现行制度进行一次全面的梳理，新建制度1项，修订制度14项。

山西昆明烟草有限责任公司。2014年，公司按照“照镜子、正衣冠、洗洗澡、治治病”的总要求开展党的群众路线教育实践活动。组织党政领导班子成员及60余名中层以上党员干部赴太原市委党校参加专题培训，12个党支部、419名党员参加学习成果交流会。汇编学习资料《文化参考》22期、简报51期，组织教育实践知识200问答题活动，听取专家讲座12场，主要领导讲党课12次，观看《焦裕禄》等专题教育片16场。从查找“四风”问题入手，广泛征求意见、建议，召开47场不同层面的征求意见座谈会、支部书记座谈会、专题工作会议，征集意见建议154条。

海南红塔卷烟有限责任公司。2014年3—11月，公司按照“照镜子、正衣冠、洗洗澡、治治病”的总要求，开展第二批党的群众路线教育实践活动，完成“学习教育、听取意见”“查摆问题、开展批评”“整改落实、建章立制”3个环节的6项重点工作。刊出活动简报7期、专题宣传板报12期。征集到意见、建议62条，“四风”方面的突出问题14条、联系服务群众“最后一公里”问题4条。经过交心谈心，党委班子提出60条相互批评意见。整理出整改项18项、专项整治项10项，及时修订完善制度7项，新建制度15项，明确整改落实的路线图、任务书和时间表。通过教育实践活动开展，转变工作作风，解决突出问题，增强推动发展的共识。

（编辑：周　佳）

2014年4月18日，河北秦皇岛市局联合市公安部门查处一起非法经营卷烟案件

河北秦皇岛市局 薛文博 摄

2014年12月9日，河北衡水市局集中销毁假冒卷烟

河北省局 供稿

2014年10月13日，黑龙江哈尔滨市局第二分局破获“10·13”国标网络案件，案值达187.36万元

黑龙江哈尔滨市局 张子文 摄

2014年1月3日，湖北黄石市局破获“1·3”特大非法制售烟丝案件，现场收缴部分非法原材料

湖北黄石市局 供稿

2014年7月24日，重庆市局联合重庆市财政局开展销毁非法卷烟集中行动

重庆市局 涂金周 摄

陕西宝鸡市局在“9·25”曹某非法经营卷烟网络案件现场查获的涉案卷烟

陕西省局 供稿

2014年9月5日，新疆博尔塔拉蒙古自治州局查获假冒卷烟

新疆博尔塔拉蒙古自治州局 吕世明 摄

市场监管

2014年6月24日，天津滨海新区局大港分局专卖执法人员开展执法检查

天津滨海新区局大港分局 张海新 摄

2014年4月18日，辽宁辽阳市辽阳县局联合县公安部门开展卷烟市场清理整治工作

辽宁辽阳县局 高嵬嵬 摄

2014年1月16日，山东济宁微山县局联合县公安、工商等部门开展卷烟市场集中整治专项行动

山东济宁市局 王君章 摄

2014年8月28日，“中秋节”前，宁夏银川市局开展集中清理整治行动

宁夏银川兴庆区局 杨敏 摄

烟叶生产

【现代烟草农业】

2014年4月25日，辽宁阜新市局（公司）在阜蒙县太平乡召开烟叶标准化生产移栽现场会，图为演示机械化烟苗移栽

辽宁阜新市局 供稿

2014年6月25日，“河南农业大学作物学博士后科研流动站江西烟草创新工作站”和“国家烟草栽培生理生化研究基地江西烟草工程技术中心”揭牌仪式在江西省烟叶科学研究所举行

江西省局 刘勇 摄

2014年4月18日，江西吉安市峡江县局（分公司）技术人员将从油菜地里收集来的蚜茧蜂种移植到烟株上进行培育

江西峡江县局 程小强 摄

种植加工收购

2014年3月4日，辽宁丹东市宽甸县局（分公司）技术员指导烟农开展烟叶假植工作

辽宁丹东宽甸县局 黄成 摄

2014年8月30日，辽宁阜新市阜蒙县烟叶公司技术员现场指导烟农开展烟叶烘烤工作

辽宁阜新市局 供稿

黑龙江牡丹江烟叶公司宁安分公司全面实行工场化母床烟苗集中统育烟苗

黑龙江牡丹江烟叶公司 万德坤 摄

山东临沂市局（公司）物流分公司半自动卷烟分拣线

山东临沂市局 侯丕峰 摄

2014年4月15日，山东济宁市微山县局（营销部）送货员按照事先约定的时间和地点将卷烟送到零售客户手中

山东济宁市局 王君章 摄

2014年3月24日，甘肃平凉市局（公司）配送人员开展标准化定时送货服务

甘肃平凉市局 张谊 摄

2014年9月17日，湖北武汉市局（公司）送货员落实“知音”服务标准服务卷烟零售客户

湖北武汉市局 供稿

2014年9月29日，河南商丘豫烟物流有限责任公司揭牌成立

河南省局 冯忠海 摄

2014年5月20日，福建龙岩市长汀县局（分公司）烟草站组织烟农将不适用烟叶集中称重，统一造册登记并销毁

福建龙岩长汀县局 丘贵盛 摄

2014年10月27日，河南洛阳市汝阳县烟叶喜获丰收

河南汝阳县局 张晓红 摄

2014年8月11日，云南省烟叶产区津巴布韦风格特色优质烟叶开发研讨会在丽江召开，图为与会专家现场观摩“KRK26”田间长势

云南省局 李丽华 摄

2014年7月26日，甘肃庆阳烟农在使用编烟机

甘肃庆阳市局 付韶华 摄

2014年4月8日，江西峡江县局（分公司）农机维修服务人员正在进行农机维修服务

江西峡江县局 程小强 摄

2014年4月16日，云南曲靖市烟农将烟苗从膜下进行移植

云南曲靖市局 朱党强 摄

2014年9月22日，贵州遵义市局（公司）烟叶专业化分级散叶收购现场

贵州遵义市局 供稿

2014年7— 8月，陕西宝鸡遭遇严重旱情，宝鸡市局（公司）动员职工成立抗旱服务队，在烟田帮助烟农抗旱

陕西省局 供稿

2014年8月25日，云南文山州丘北县普者黑太阳能烘烤工场正在繁忙运作中

云南省局 供稿

2014年8月20日，宁夏固原彭阳县局（分公司）内管人员在烟田开展烟叶监管工作

宁夏固原市局 陈永强 摄

2014年8月11日，湖南永州市局（公司）全面开通散烟收购高清视频监控系统

湖南永州蓝山县局 李海翔摄

2014年11月26日，河北邢台市局（公司）送货员为卷烟零售客户送货，以实际行动落实“两好一满意”（质量好、服务好，客户满意度高）活动

河北省局 供稿

2014年6月6日，吉林松原市局（公司）专卖管理人员开展亲情服务，为卷烟零售客户整理烟草专卖许可证

吉林省局 供稿

截至2014年12月16日，山东临沂市兰山区市场成为全国首个鲁产100元/条及以上结构烟销量突破1.5万箱的区县级市场

山东中烟 供稿

2014年7月21日，贵州贵阳市卷烟零售客户通过手机学习使用“微商盟”，及时掌握卷烟销售情况

贵州省局 郑旭 摄

2014年7月28日，云南曲靖市局（公司）工作人员在服务大厅热情为卷烟零售客户服务

云南曲靖市局 王炳会 摄

2014年10月22日，云南德宏州局（公司）利用“微营销”平台积极探索二类烟品牌培育

云南瑞丽市局 瞿发朝 摄

2014年4月20日，宁夏固原市西吉县局（分公司）客户经理指导辖区老年卷烟零售客户学习手机网上订货

宁夏西吉县局 李鹏章 摄

宁夏银川市局（公司）开展“润夏”服务品牌志愿服务活动

宁夏银川市局 摆文云 摄

2014年4月12日，大连市局（公司）送货员向零售客户介绍移动送货系统

大连市局 陈岩 摄

物流配送

2014年10月23日，内蒙古巴彦淖尔市局（公司）迁建卷烟物流中心项目正式开工

内蒙古巴彦淖尔市局 刘彬 摄

2014年9月17日，浙江温州市洞头县局（分公司）送货员在海岛向准备出海的渔船送货

浙江省局 供稿

2014年1月20日，吉林白山市局（公司）配送人员冒雪为偏远商户送烟

吉林白山市局 杨澎 摄

专卖管理与“两烟”经营

北京市烟草专卖局（公司）①

【专卖管理】 *卷烟打假*。贯彻落实北京市烟草专卖局《行政执法工作规则》，坚持全面统筹、突出重点、技术支持、联合联动，加大案件经营、侦破中的信息技术支持力度，强化案件线索排查，组织开展深度经营，发挥联合执法机制优势，加大涉烟犯罪追刑力度，成功查办一批有影响的重大案件。2014 年，查处涉烟违法案件 4860 起，其中案值 5 万元以上的大要案 293 起；查获非法卷烟 1.45 亿支，其中假烟 2296 万支、走私烟 2015 万支；查处涉烟违法网络案件 13 起，其中 6 起被公安部、国家局列为部督案件。公安、司法机关依法刑拘 51 人，判刑 84 人。

市场监管。全面实行“三化合一”市场监管模式，加大市场监管信息化建设力度，转变市场监管方式。应用 APCD 工作法，组织开展“异地、隐身、交叉、错时”检查，增强市场监管的针对性、有效性。推进集中整治，继续加大涉烟集贸市场和物流场站整治力度，提升市场秩序。创新市场评价方式，完善评价机制，健全零售市场监测机制，制定《市场监管情况检查实施细则》，规范检查行为，提高检查数据的准确真实性。2014 年，全市平均市场净化率为 81.43%，无证经营率 7.64%，假私烟经营率 6.19%，非渠道烟经营率 19.69%，未亮证经营率 8.77%，整体市场环境较 2013 年有较大改善。

【经济效益】 2014 年，北京市烟草商业系统实现税利 56.71 亿元，同比增长 14.47%，其中利润 34.14 亿元，同比增长 16%。三项费用率为 4.33%。

【卷烟经营】 *卷烟销售*。2014 年，北京市烟草商业系统销售卷烟 457.78 亿支（91.56 万箱），同比增长 4.22%，其中，销售一类烟 91.57 亿支（18.31 万箱），同比增长 20.55%；二类烟 54.39 亿支（10.88 万箱），同比增长 27.96%；三类烟 216.83 亿支（43.37 万箱），同比增长 7.43%；四类烟 69.64 亿支（13.93 万箱），同比下降 17.92%；五类烟 25.35 亿支（5.07 万箱），同比下降 25.69%。本地区销量居前三位的品牌为“红塔山”“中南海”“白沙”，销量分别为 71.54 亿支（14.31 万箱）、54.47 亿支（10.89 万箱）、29.87 亿支（5.97 万箱）。

2014 年，实现卷烟销售收入 216.71 亿元，同比增长 12.01%。实现卷烟税利 56.46 亿元，同比增长 14.05%，其中利润 34.04 亿元，同比增长 15.95%。

雪茄烟销售。2014 年，全市烟草商业系统销售雪茄烟 2259.79 万支，同比增长 60.11%，其中，销售国产雪茄烟 2240.36 万支，同比增长 60.59%；销售进口雪茄烟 19.43 万支，同比增长 19.44%。

品牌培育。以市场化营销取向改革为总方针，为卷烟工业企业提供公平公正的竞争环境，逐步形成由制度管理向服务管理转变的工商协同培育品牌新格局。按照“全市主导、区县自主，突出重点、有的放矢，尊重规律、差异培育”的模式，建立拉动机制，推进全市的品牌培育工作，梳理出 25 个重点培育规格，累计销售 44.5 亿支（8.9 万箱），同比增长 16.5%，高于全市总量增幅 12.28 个百分点；对全市一至三类烟总量贡献度达到 16.5%，毛利贡献度达到 16.6%。加强重点品牌培育，销售重点品牌卷烟 421 亿支（84.2 万箱），同比增长 6.7%，实现销售收入 246.4 亿元，同比增长 14%。全市重点品牌的销量占比达到 92%。

加强对低焦油卷烟、细支卷烟的培育力度。销售 8 毫克/支及以下（含外烟）的低焦油卷烟 87.4 亿支（17.48 万箱），同比增长 1.5%，占全市总销量的 19.1%；销售 6 毫克/支及以下（含外烟）的低焦油卷烟 16.7 亿支（3.34 万箱），同比增长 36.8%，占全市总销量的 3.6%。销售细支卷烟 2.09 亿支（0.42 万箱），同比增长 159%。

创新营销方式，完成“面向市场导向的北京烟草‘京烟云商’系统”开发，该项目通过行业科技成果鉴定，获得 2014 年度中国烟草总公司科学技术进步奖三等奖。

现代卷烟零售终端建设。优化卷烟结算模式，3 月召开网上实时结算、跨行结算培训会，发放《关于“网上结算”致卷烟零售客户的一封信》和合作银行网上结算一览表。推广现代终端系统，截至年底，维护现代卷烟零售终端 2085 户，同比增长 15.6%。完善终端服务工具，开发完善客户经理移动工作台，于 8 月完成硬件的采购工作，9 月在区（县）公司试点，10 月在全市进行推广。创新终端服务方法，各区（县）公司通过发展品牌特色终端示范店，开展“支票结算户集中服务活动”，研究开发符合专卖、营销、配送、内管、法制“五员”需求的零售客户信息系统等。

① 《专卖管理与“两烟”经营》栏目“××省烟草专卖局（公司）”简称“××局（公司）”。

【特事要辑】 1月21日，北京市局（公司）召开2014年北京烟草工作会议。

1月23—24日，国家局局长凌成兴、副局长杨培森、驻局纪检组组长高林慰问北京市局（公司）、上海烟草集团北京卷烟厂的部分老党员、老劳模。

4月17日，国家局副局长赵洪顺到北京烟草调研。

6月30日，古巴驻华使馆商务参赞桑德拉·拉莫斯到北京烟草参观交流。

7月25日，国家局副局长徐瑩到东城区局（公司）调研。

10月14日，北京烟草、北京公安联合召开2014年北京市卷烟打假工作会议。国家局副局长徐瑩出席会议并讲话。

10月24日，菲莫国际公司中国战略合作部总裁安德杰到北京烟草物流中心参观交流。

12月18日，国家局局长凌成兴、副局长徐瑩在北京烟草调研。凌成兴强调，北京烟草要努力争当“四个典范”，即争当经济发展做加法、改革创新做乘法、控制烟草做减法、精益管理做除法的典范。

2014年北京市烟草专卖局（公司）所属企业主要情况统计

区、县局（公司）名称		东城区烟草专卖局（公司）	西城区烟草专卖局（公司）	朝阳区烟草专卖局（公司）	海淀区烟草专卖局（公司）	丰台区烟草专卖局（公司）
主要负责人/法人代表（含党政代表）		李　梅	王映刚	张子义(—2014.11)	李学治	杨　捷
所属县级单位		—	—	—	—	—
总资产（万元）		32596	37291	143601	113013	83251
资产负债率（%）		8.10	9.63	6.55	5.20	9.56
从业人员（人）		103	128	178	141	125
所属业务机构	营销机构	1个访销中心	1个访销中心	1个访销中心	1个访销中心	1个访销中心
	物流配送机构	—	—	—	—	—
	专卖稽查机构	1个稽查支队	1个稽查支队	1个稽查支队	1个稽查支队	1个稽查支队
	烟叶机构	—	—	—	—	—
销售卷烟	亿支	21.62	27.36	83.92	58.96	48.88
	2014年比2013年（%）	-4.11	-1.13	6.12	-1.11	4.33
卷烟销售收入（万元）		108357	134210	438527	309792	242851
实现税利	万元	21104	24268	96165	67715	52919
	2014年比2013年（%）	4.74	2.45	16.43	9.14	12.61
实现利润	万元	10994	11580	55384	38890	30354
	2014年比2013年（%）	5.41	-0.59	17.20	9.87	13.28
查处涉烟违法案件（起）		490	261	342	886	241
查处涉烟违法案件案值（万元）		395	391	870	472	811
2014年度烟草行业投入烟叶生产基础设施建设资金（万元）		—	—	—	—	—
全年烟叶生产基础设施新增受益面积（万亩）		—	—	—	—	—
烟叶种植（万亩）		—	—	—	—	—
烟叶收购（万担）		—	—	—	—	—
烟农户数（户）		—	—	—	—	—

续表

区、县局（公司）名称	东城区烟草专卖局（公司）	西城区烟草专卖局（公司）	朝阳区烟草专卖局（公司）	海淀区烟草专卖局（公司）	丰台区烟草专卖局（公司）
实现烟农总收入（万元）	—	—	—	—	—
零售客户数（户）	2013	2491	5432	4252	3362
零售客户销售毛利率（%）	13.37	13.21	13.04	12.86	12.94

区、县局（公司）名称		石景山区烟草专卖局（公司）	通州区烟草专卖局（公司）	顺义区烟草专卖局（公司）	延庆县烟草专卖局（公司）	怀柔区烟草专卖局（公司）	大兴区烟草专卖局（公司）
主要负责人/法人代表（含党政代表）		陈　平	夏建瓴	张秀武	张凤军（—2014.12）	孟庆伟	郑思贤
所属县级单位		—	—	—	—	—	—
总资产（万元）		18180	47184	37037	8619	14711	35675
资产负债率（%）		8.36	6.39	4.64	10.14	7.02	8.91
从业人员（人）		70	98	108	65	86	113
所属业务机构	营销机构	1个访销中心	1个访销中心	1个访销中心	1个访销中心	1个访销中心	1个访销中心
	物流配送机构	—	—	—	—	—	—
	专卖稽查机构	1个稽查支队	1个稽查支队	1个稽查支队	1个稽查支队	1个稽查支队	1个稽查支队
	烟叶机构	—	—	—	—	—	—
销售卷烟	亿支	11.97	36.56	28.24	7.99	10.44	33.34
	2014年比2013年（%）	2.98	9.24	5.05	-2.62	-3.24	20.36
卷烟销售收入（万元）		55402	164417	119731	31899	41949	146455
实现税利	万元	10537	34967	24281	5058	7049	28966
	2014年比2013年（%）	14.49	19.31	12.91	6.59	-1.88	28.44
实现利润	万元	5062	19959	13597	2148	3239	15551
	2014年比2013年（%）	11.09	20.23	14.34	6.72	-7.37	27.76
查处涉烟违法案件（起）		174	582	243	30	146	236
查处涉烟违法案件案值（万元）		69	360	103	26	43	598
2014年度烟草行业投入烟叶生产基础设施建设资金（万元）		—	—	—	—	—	—
全年烟叶生产基础设施新增受益面积（万亩）		—	—	—	—	—	—
烟叶种植（万亩）		—	—	—	—	—	—
烟叶收购（万担）		—	—	—	—	—	—
烟农户数（户）		—	—	—	—	—	—
实现烟农总收入（万元）		—	—	—	—	—	—
零售客户数（户）		880	3330	3293	1390	1733	3174
零售客户销售毛利率（%）		12.74	12.04	12.74	13.21	12.09	12.85

区、县局（公司）名称		昌平区烟草专卖局（公司）	密云县烟草专卖局（公司）	门头沟区烟草专卖局（公司）	房山区烟草专卖局（公司）	平谷区烟草专卖局（公司）
主要负责人/法人代表（含党政代表）		李路春	苏英明	訾学东	姚琴声	陈江华
所属县级单位		—	—	—	—	—
总资产（万元）		40281	15695	5577	32685	10879
资产负债率（%）		8.47	7.28	7.38	6.48	8.25
从业人员（人）		100	80	55	98	68
所属业务机构	营销机构	1个访销中心	1个访销中心	1个访销中心	1个访销中心	1个访销中心
	物流配送机构	—	—	—	—	—
	专卖稽查机构	1个稽查支队	1个稽查支队	1个稽查支队	1个稽查支队	1个稽查支队
	烟叶机构	—	—	—	—	—
销售卷烟	亿支	34.33	12.20	6.58	24.74	10.66
	2014年比2013年（%）	11.48	1.47	4.56	0.52	-1.68
卷烟销售收入（万元）		152677	46909	28006	103243	41105
实现税利	万元	31940	8261	4107	20989	7138
	2014年比2013年（%）	21.37	5.64	11.32	8.51	9.17
实现利润	万元	18014	4088	1512	11612	3375
	2014年比2013年（%）	22.10	6.95	11.91	8.55	9.00
查处涉烟违法案件（起）		392	85	71	301	154
查处涉烟违法案件案值（万元）		300	43	9	464	51
2014年度烟草行业投入烟叶生产基础设施建设资金（万元）		—	—	—	—	—
全年烟叶生产基础设施新增受益面积（万亩）		—	—	—	—	—
烟叶种植（万亩）		—	—	—	—	—
烟叶收购（万担）		—	—	—	—	—
烟农户数（户）		—	—	—	—	—
实现烟农总收入（万元）		—	—	—	—	—
零售客户数（户）		3275	2112	805	2475	1916
零售客户销售毛利率（%）		13.03	13.05	13.16	12.04	13.75

（撰稿：王智誉；编辑：谢争艳）

天津市烟草专卖局（公司）

【专卖管理】 卷烟打假打私。天津市烟草专卖局继续保持高压态势，根据形势变化调整工作方式，拓宽涉烟违法信息来源渠道，破获多起重大卷烟非法流通案件。2014年，破获涉烟违法案件2039起，捣毁制假售假窝点80余个，查获非法卷烟7048万支，总案值3629万元。严厉查处无证批发和跨区销售违法行为，各区（县）局严格执行“三员互控”制度，及时对预警信息进行调查核实，确保内部监管和案件查处的有效衔接。坚决打击无证批发行为，巩固非法批发市场治理成果，清理西市大街和千里堤2个批发市场，捣毁非法卷烟藏匿窝点9个，抓获违法嫌疑人9名，查获假冒卷烟136万支。加大打假破网力度，侦办破获“3·11”“8·15”“9·18”“12·13”等4起符合国家局标准的网络案件。

内部专卖管理监督。健全配套制度建设，明确监管职责和流程，调整优化内部专卖管理机构，明确区（县）局内管科与专卖科合署办公，设立专兼职专卖内管人员。制定《专卖内管工作暂行规定》《专卖内管工作职责及流程》等配套制度。推广应用专卖内管信息系统，加强对异常订单的实时监控和智能预警，逐步完善预警条件，实现对卷烟经营各环节的实时、动态监控，提升监管效率。开展卷烟非法流通治理，加强对卷烟外流案件的考核，健全完善奖罚机制，与营销部门及时沟通卷烟非法流通查处情况，对调整卷烟投放策略提出建议。2014年，全市非法流出卷烟同比下降25.56%，有效遏制卷烟非法流通势头。

市场监管。改进市场监管工作考核评价方式，将市场监管情况与区（县）局工作业绩挂钩，设定考核指标，制定《零售市场监管情况检查办法》，进行“异地、隐身、交叉、错时”检查，市场净化率从4月的63%提升到年底的90%。整治卷烟无证经营行为，市局联合市工商局等部门，开展为期3个月的无证经营治理专项行动，清理无证户745户，其中转化办证639户，取缔106户。探索建立“三种烟”（假烟、走私烟、非渠道烟）违法经营行为的综合治理机制，把守法经营情况作为客户评价的重要指标，提高零售客户违法成本。推进零售许可证办理工作，2014年，全市新办烟草专卖零售许可证4354个，持证零售客户3.06万户，占全市总人口的2.34‰。

专卖基础管理。加强岗位技能培训，开展专卖技能鉴定考试，1人获得二级专卖师资格，21人获得高级专卖管理员资格，2人获得中级专卖管理员资格。9月，市局举办首届专卖管理岗位技能竞赛。组织参加全国专卖管理岗位技能比武，3人被评为全国专卖管理岗位技术能手。加强优秀县级局创建工作，注重专卖管理工作规范化标准化建设。

【经济效益】 2014年，天津市烟草商业系统实现税利37.35亿元，同比增长9.68%，其中利润22.23亿元，同比增长12.73%。三项费用率为4.17%。

【卷烟经营】 *卷烟销售*。2014年，天津市烟草商业系统销售卷烟311.94亿支（62.38万箱），同比增长3.42%，其中，销售一类烟68.11亿支（13.62万箱），同比增长5.08%；二类烟23.68亿支（4.74万箱），同比增长31.33%；三类烟140.08亿支（28.02万箱），同比增长3.90%；四类烟50.39亿支（10.08万箱），同比下降3.65%；五类烟29.65亿支（5.93万箱），同比下降6.20%。本地区销量居前三位的品牌依次是“大前门”“红塔山”“云烟”，销量分别为27.07亿支（5.41万箱）、26.31亿支（5.26万箱）、25.65亿支（5.13万箱）。

2014年，天津市烟草商业系统实现卷烟销售收入142.19亿元，同比增长3.91%。实现卷烟税利37.03亿元，同比增长11.13%，其中利润22.04亿元，同比增长12.63%。

卷烟营销市场化取向改革。市局（公司）作为全国卷烟营销市场化取向改革试点单位，制定《天津烟草专卖局（公司）卷烟市场化取向改革实施方案》和《天津市烟草专卖局（公司）零售客户分类评价管理办法（试行）》，从需求预测、货源保障、客户分类、货源分配、货源调控、订单采集、终端建设、市场监测、品牌培育、系统升级等十大课题进行研究，确定在市区一局（分公司）、西青区局（分公司）、宁河县局（公司）等3个基层单位先行先试，9月在全市行业全面推广运行。

在市场化取向改革过程中，市局（公司）加大探索力度，优化需求预测流程，制定《天津市烟草公司卷烟需求预测管理规范》，将区（县）分公司作为需求预测的主体。重构市场监测体系，修订《天津烟草卷烟零售市场信息采集和分析应用管理规范》和《天津烟草卷烟零售终端信息采集点维护管理办法》，构建监测体系和数据分析系统。规范货源供应体系，修订《天津市烟草专卖局（公司）卷烟库存调控管理办法》，建立“全市统一、自动计算，两维管理、三级运行，状态监控、动态调整”的管理机制。优化货源投放体系，制定《天津市烟草专卖局（公司）货源投放管理办法》，优化货源分配工作流程，完善客户划分标准，制定货源投放策略。统一订单采集体系，建立全市集中订货平台，打通不同订货模式的壁垒，实现“全渠道、全货源、全订单、全过程”集中管理，做到实时生成订单、实时跨行结算、实时扣减库存。规范品牌评价引退标准，修订《天津市烟草专卖局（公司）品牌（规格）引入退出管理规则》，明确品牌引入退出规则，统一全市采购和在销品牌（规格）目录，保持品牌规格生态合理，优化卷烟品牌结构。

现代卷烟零售终端建设。制定《天津烟草2014年现代卷烟零售终端建设工作实施方案》《天津烟草零售终端营销信息平台推广实施方案》《天津烟草现代卷烟零售终端形象标准》，开展“典型示范引路”和“形象街（区）展示”活动，采取“一品一方法、一店一特色”终端育牌方法，打造品牌培育的终端窗口和窗口终端。开展多种经营试点，提升各自营店经营

销售、客户服务、日常管理、安全保障等工作。

现代物流建设。围绕设备降损提效开展技术攻关，物流中心自主研发的“堆垛机起升机构的双接触器保护装置”“堆垛机起升机构的机械制动控制装置”2项成果被授予国家专利。应对天津市机动车限行政策，实行错时送货，保障卷烟经营业务的正常开展。推进物流中心非法人实体化运作、物流综合监管调度系统对接、卷烟包装箱循环利用等工作。完成出库暂存区扩建项目建设。

【特事要辑】 1月24日，天津市局（公司）在天津召开2014年全市烟草工作会议。

4月2日，国家局副局长徐瑾在市局（公司）调研卷烟营销市场化取向改革试点推进情况，强调要坚定改革决心、突出改革重点、落实改革措施、破解改革难题。

4月23日，驻国家局纪检组组长高林在天津烟草调研，指出要认真贯彻落实行业经济运行工作会议各项部署要求，确保行业发展目标顺利实现；加强管理监督，抓好规范经营；扎实开展第二批党的群众路线教育实践活动；以中央“八项规定”为抓手，切实抓好本单位党风廉政建设。

2014年天津市烟草专卖局（公司）所属企业主要情况统计

区、县局（公司）名称		天津市区第一烟草专卖局（分公司）	天津市区第二烟草专卖局（分公司）	天津市区第三烟草专卖局（分公司）	东丽区烟草专卖局（分公司）	津南区烟草专卖局（分公司）
主要负责人/法人代表（含党政领导）		王健男（—2014.10） 孙晓莹（2014.12—）	王健男（—2014.10） 孙晓莹（2014.12—）	王健男（—2014.10） 孙晓莹（2014.12—）	王健男（—2014.10） 孙晓莹（2014.12—）	王健男（—2014.10） 孙晓莹（2014.12—）
所属县级单位		—	—	—	—	—
总资产（万元）		725	999	705	471	344
资产负债率（%）		—	—	—	—	—
从业人员（人）		86	91	87	66	63
所属业务机构	营销机构①	1个营销网建科	1个营销网建科	1个营销网建科	1个营销网建科	1个营销网建科
	物流配送机构	—	—	—	—	—
	专卖稽查机构	2个稽查大队	2个稽查大队	2个稽查大队	1个稽查大队	1个稽查大队
	烟叶机构	—	—	—	—	—
销售卷烟	亿支	32.98	37.71	39.09	14.74	13.82
	2014年比2013年（%）	3.63	3.29	3.41	3.60	3.58
卷烟销售收入（万元）		158661	186382	189636	70340	66318
实现税利	万元	39562	47026	48579	17513	16699
	2014年比2013年（%）	6.72	6.14	5.80	6.45	6.05
实现利润	万元	26458	31820	33053	11626	11098
	2014年比2013年（%）	6.76	7.24	6.46	6.75	5.55
查处涉烟违法案件（起）		223	68	139	112	25
查处涉烟违法案件案值（万元）		220	108	310	198	406
2014年度烟草行业投入烟叶生产基础设施建设资金（万元）		—	—	—	—	—
全年烟叶生产基础设施新增受益面积（万亩）		—	—	—	—	—
烟叶种植（万亩）		—	—	—	—	—
烟叶收购（万担）		—	—	—	—	—
烟农户数（户）		—	—	—	—	—
实现烟农总收入（万元）		—	—	—	—	—
零售客户数（户）		2840	3754	3460	1505	1429
零售客户销售毛利率（%）		8.00	8.00	8.00	8.00	8.00

区、县局（公司）名称		西青区烟草专卖局（分公司）	北辰区烟草专卖局（分公司）	滨海新区烟草专卖局塘沽分局、塘沽分公司	滨海新区烟草专卖局汉沽分局、汉沽分公司	滨海新区烟草专卖局大港分局、大港分公司
主要负责人/法人代表（含党政领导）		王健男（—2014.10） 孙晓莹（2014.12—）	王健男（—2014.10） 孙晓莹（2014.12—）	王健男（—2014.10） 孙晓莹（2014.12—）	王健男（—2014.10） 孙晓莹（2014.12—）	王健男（—2014.10） 孙晓莹（2014.12—）
所属县级单位		—	—	—	—	—
总资产（万元）		413	387	510	267	470
资产负债率（%）		—	—	—	—	—
从业人员（人）		67	61	124	44	69
所属业务机构	营销机构	1个营销网建科	1个营销网建科	1个客服中心	1个客服中心	1个客服中心
	物流配送机构	—	—	1个送货中心	1个送货中心	1个送货中心
	专卖稽查机构	1个稽查大队	1个稽查大队	2个稽查大队	1个稽查大队	1个稽查大队
	烟叶机构	—	—	—	—	—
销售卷烟	亿支	14.47	14.08	26.99	5.87	14.00
	2014年比2013年（%）	3.93	3.62	3.44	3.22	3.50
卷烟销售收入（万元）		67564	66616	130784	27406	68496
实现税利	万元	16573	16386	33695	6490	17313
	2014年比2013年（%）	6.03	6.42	5.14	6.16	5.60
实现利润	万元	10923	10812	22695	4209	11586
	2014年比2013年（%）	6.14	6.76	5.47	6.16	5.80
查处涉烟违法案件（起）		192	73	806	20	50
查处涉烟违法案件案值（万元）		197	114	1030	77	47
2014年度烟草行业投入烟叶生产基础设施建设资金（万元）		—	—	—	—	—
全年烟叶生产基础设施新增受益面积（万亩）		—	—	—	—	—
烟叶种植（万亩）		—	—	—	—	—
烟叶收购（万担）		—	—	—	—	—
烟农户数（户）		—	—	—	—	—
实现烟农总收入（万元）		—	—	—	—	—
零售客户数（户）		1564	1768	2419	716	1329
零售客户销售毛利率（%）		8.00	8.00	8.00	8.00	8.00

区、县局（公司）名称	武清区烟草专卖局（有限公司）	宝坻区烟草专卖局（有限公司）	宁河县烟草专卖局、芦台烟草有限公司	静海县烟草专卖局（有限公司）	蓟县烟草专卖局、渔阳烟草有限公司
主要负责人/法人代表（含党政领导）	王富忠	尹庆来	王　智	李家维	刘爱华
所属县级单位	—	—	—	—	—

续表

区、县局（公司）名称		武清区烟草专卖局（有限公司）	宝坻区烟草专卖局（有限公司）	宁河县烟草专卖局、芦台烟草有限公司	静海县烟草专卖局（有限公司）	蓟县烟草专卖局、渔阳烟草有限公司
总资产（万元）		6264	5346	2546	4563	9671
资产负债率（%）		11.20	11.99	15.08	15.55	36.77
从业人员（人）		128	106	72	73	108
所属业务机构	营销机构	1个营销网建科	1个营销网建科	1个营销网建科	1个营销网建科	1个营销网建科
	物流配送机构	1个送货中心	1个送货中心	1个送货中心	1个送货中心	1个送货中心
	专卖稽查机构	1个稽查大队	1个稽查大队	1个稽查大队	1个稽查大队	1个稽查大队
	烟叶机构	—	—	—	—	—
销售卷烟	亿支	24.16	21.03	12.91	16.52	23.56
	2014年比2013年（%）	2.94	3.19	3.48	3.38	3.34
卷烟销售收入（万元）		96574	83377	50022	66420	93325
实现税利	万元	11477	10051	5366	8179	12182
	2014年比2013年（%）	6.53	6.82	6.75	7.22	6.87
实现利润	万元	3427	3094	1281	2723	4562
	2014年比2013年（%）	11.19	10.00	10.22	14.69	12.19
查处涉烟违法案件（起）		59	79	33	80	42
查处涉烟违法案件案值（万元）		200	118	88	87	56
2014年度烟草行业投入烟叶生产基础设施建设资金（万元）		—	—	—	—	—
全年烟叶生产基础设施新增受益面积（万亩）		—	—	—	—	—
烟叶种植（万亩）		—	—	—	—	—
烟叶收购（万担）		—	—	—	—	—
烟农户数（户）		—	—	—	—	—
实现烟农总收入（万元）		—	—	—	—	—
零售客户数（户）		2340	1898	1438	1797	2210
零售客户销售毛利率（%）		8.00	8.00	8.00	8.00	8.00

注：① 2014年8月，天津市局下发《关于各区县局（分公司、有限公司）调整机构、岗位设置及人员编制的指导意见》，对各区（县）局机构、岗位设置和人员编制给出指导意见。在机构设置中，除滨海新区局保持现状，各区（县）局客户服务中心更名为营销网建科。

（撰稿：高栓龙；编辑：谢争艳）

河北省烟草专卖局（公司）

【专卖管理】 卷烟打假。河北省烟草专卖局以联席会议和案件督办为抓手，完善工作机制、加强案情交流、落实责任分工、强化联合督办，加强行政执法与刑事司法的衔接。加大涉烟违法案件的查办力度，2014年查获涉烟违法案件2.22万起，其中假烟案件3075起，查获非法卷烟1.95亿支，其中假烟3709.74万支，查获非法烟丝、烟叶563.01吨，涉案金额1.81亿元；侦破符合国家局标准的涉烟网络案件45起，其中部督案件7起；捣毁制假窝点7个，缴获各类制假机械13台。公安、司法机关依法刑拘284人、逮捕210人、判刑168人。

市场监管。探索实施APCD工作法，开展“护航一号”等专项整治行动，整治市场经营秩序。发挥省局稽查总队的作用，定期对各地市场进行检查考核。

专卖队伍建设。印发《专卖队伍纪律作风整顿活动实施方案》，在专卖队伍中开展纪律作风整顿活动。举办为期四天的专卖案件经营培训班，组织专卖管理岗位“双能”竞赛活动。在全国专卖管理技能竞赛中，省局（公司）代表队获团体第八名。

【经济效益】 2014年，河北省烟草商业系统实现税利102.9亿元，同比增长14.37%，其中利润57.32亿元，同比增长16.83%。三项费用率为5.4%，同比下降0.7个百分点。

【卷烟经营】 卷烟销售。2014年，销售卷烟1285.5亿支（257.1万箱），同比增长4.13%，其中，销售一类烟147.36亿支（29.47万箱），同比增长17.92%；二类烟93.78亿支（18.76万箱），同比增长45.47%；三类烟568.45亿支（113.69万箱），同比下降5.37%；四类烟316.66亿支（63.33万箱），同比增长8.52%；五类烟159.26亿支（31.85万箱），同比增长4.39%。本地区销量居前三位的品牌为“钻石”“云烟”“红塔山”，销量分别为324.7亿支（64.94万箱）、119.78亿支（23.96万箱）、106.81亿支（21.36万箱）。

2014年，实现卷烟销售收入441.92亿元，同比增长8.66%。实现卷烟税利102.65亿元，同比增长13.3%，其中利润57.11亿元，同比增长14.86%。实现卷烟单箱销售收入2.03万元，单箱税利4038.62元。

卷烟营销市场化取向改革。3月，省局（公司）启动卷烟营销市场化取向改革试点工作。成立5个专业课题组，以石家庄、保定、邢台市公司为试点单位，明确“一个导向、一个抓手、三个面向、一个保障”的“1131”总体改革思路。以电商模式为引领，以“大并发”为技术路线，建立省级卷烟营销平台，统一技术标准，统一集中部署，统一数据存储，对全渠道、全货源、全订单实施集中管理，做到“五实现、一满足”（即实现多种订货方式的互联互通、可用库存实时扣减、客户分档由系统自动完成、网上支付和在线扣款实时电子结算、工商信息共享，满足全省全部网订零售客户同时上线订货），理顺市场导向业务流程，初步构建工商零一体化营销新模式。形成市局（公司）层面的制度文件21份，涵盖整个营销链条，全省统一运行新模式初步建立。建立健全适应市场化取向改革的省、市两级监督管理机制。

提升零售客户服务水平。以构建“平等互利、长期合作、共同发展”的新型客我关系为目标，通过“一建设、一推广、一挖掘、一推进”，提升零售客户服务水平。搭建统一面向客户的综合性服务平台，建立客户需求导向的全员联动机制，形成从需求接受、处理到回访的闭环服务流程。推广终端管理信息系统，以客户自愿为前提，通过免费安装软件、提供扫码枪，促进零售终端经营管理水平提升。发挥商业企业的桥梁纽带作用，协同工业企业和零售客户共同开展终端资源利用，挖掘终端资源价值，提升店面形象，促进客户销售。推进直营体验店建设，完善2014年直营体验店购置工作方案和直营体验店建设实施方案，对直营体验店购置的选址原则、组织保障和购置流程等提出明确要求。截至2014年底，全省新建直营体验店48家，其中投入运营21家。

现代物流建设。全面深化物流非法人实体化建设，推进物流精益管理，卷烟包装箱循环利用、工商卷烟托盘联运等工作，提升科技物流、人本物流建设水平。全省11个市公司卷烟物流配送中心办理非法人企业营业执照，初步建立“物流资源统一管理、业务运作相对独立、物流费用自主管控、人事管理适度授权、运行成本与绩效挂钩”的物流非法人实体化运作的工作模式。

【烟叶产销】 烟叶种植与收购。2014年，河北省3个地市、6个县、26个乡镇种植烟叶2.3万亩，签订烤烟种植收购合同624份，同比减少104份。户均种植面积36.8亩，同比增加4.8亩。收购烟叶0.35万吨（7万担），烟叶收购均价为23元/千克，同比提高12%。全省实现烟农总收入8050万元。

先进适用技术推广。做好烟叶新品种试验示范，重点在特色品种的引进和选育中求突破，做好“翠碧1号”“红花大金元”“龙江981”“吉烟9号”等品种的推广示范。试验海藻烟草早发剂、节水灌溉等新技术，为烟叶生产新技术推广打下基础。

烟叶生产基础设施建设。加大烟叶基层工作站的硬件投入，蔚县配套建设烟叶散叶收购线、烟叶仓储车间、烟叶生产物资服务公司，具备5万担烟叶散叶收购能力和5万担烟叶室内存放条件，达到国家现代烟草农业基地单元建设标准。累计投资2400余万元，实施烟叶生产示范园区建设。累计投资3000余万元，对新增烟叶种植面积的农户实施以防雹网为主的烟叶防灾减灾体系建设。投入年度烟叶生产基础设施建设补贴资金640.46万元，推进烟田水利设施、烟叶调制设施、田间机械设备、土地整理等建设。

【特事要辑】 1月24—25日，河北省局（公司）在石家庄召开2014年全省烟草商业系统工作会议。

5月22—23日，驻国家局纪检组组长高林到河北烟草调研。

10月14—15日，国家局局长凌成兴到河北烟草调研，先后考察了河北中烟工业有限责任公司石家庄、张家口、保定等3地的卷烟生产企业，以及张家口、保定市局（公司）卷烟物流配送中心，走访石家庄市、保定市部分卷烟零售客户。其间，省委副书记、省长张庆伟会见凌成兴，副省长张杰辉等参加会见。

12月24日，国家局副局长赵洪顺到河北烟草调研。

12月24日，河北省局召开全省联合打击制售假冒卷烟违法犯罪活动领导小组年度会议，副省长张杰辉出席会议并讲话。

2014年河北省烟草专卖局（公司）所属企业主要情况统计

地市级局（公司）名称		石家庄市烟草专卖局（公司）	邯郸市烟草专卖局（公司）	保定市烟草专卖局（公司）	张家口市烟草专卖局（公司）	承德市烟草专卖局（公司）
主要负责人/法人代表（含党政领导）		王春怀（2014.4—）/罗明海（—2014.4）田茂军（2014.4—）	刘庆岩/毛建民（—2014.7）刘庆岩（2014.7—）	王　辉/刘书廷	付英乐/陆　军	成志忠/郭建永
所属县级单位①		辛集市、晋州市、藁城市、新乐市、鹿泉市、正定县、深泽县、无极县、赵县、栾城县、高邑县、元氏县、赞皇县、井陉县、平山县、灵寿县、行唐县等17个县级烟草专卖局（营销部）	大名县、魏县、曲周县、邱县、鸡泽县、广平县、成安县、临漳县、磁县、涉县、永年县、馆陶县、峰峰矿区、邯郸县、武安市等15个县级烟草专卖局（营销部）	曲阳县、安国市、安新县、定兴县、阜平县、博野县、满城县、蠡县、易县、顺平县、徐水县、涞水县、高阳县、唐县、容城县、涞源县、高碑店市、清苑县、望都县等19个县级烟草专卖局（营销部），以及涿州、雄县2个营销部	沽源县、尚义县、张北县、康保县、怀安县、怀来县、赤城县、万全县、涿鹿县、蔚县、阳原县等11个县级烟草专卖局（营销部）	平泉县、丰宁县、滦平县、承德县、围场县、隆化县、兴隆县、宽城县等8个县级烟草专卖局（营销部）
总资产（万元）		274422	148962	199287	93483	66271
资产负债率（%）		10.88	11.49	11.21	7.24	10.99
从业人员（人）		939	1223	1394	585	594
所属业务机构	营销机构	1个营销中心	1个营销中心	1个营销中心	1个营销中心	1个营销中心、1个电访中心
	物流配送机构	1个物流配送中心	1个物流配送中心	1个物流配送中心	1个物流配送中心	1个物流配送中心
	专卖稽查机构	1个稽查支队、17个稽查大队	1个稽查支队、16个稽查大队	1个稽查支队、22个稽查大队	1个稽查支队、11个稽查大队	1个稽查支队、9个稽查大队
	烟叶机构	—	—	3个烟叶收购站	1个烟叶管理科	—
销售卷烟	亿支	194.70	151.60	197.35	81.59	69.03
	2014年比2013年（%）	3.34	3.72	4.13	4.49	3.10
卷烟销售收入（万元）		721308	500759	648293	275159	241791
实现税利	万元	178917	110427	151254	61319	54397
	2014年比2013年（%）	14.88	14.76	15.42	12.10	14.36
实现利润	万元	107056	60532	81234	34770	28207
	2014年比2013年（%）	19.66	16.08	10.54	16.02	15.39
查处涉烟违法案件（起）		1656	7410	2902	1168	257
查处涉烟违法案件案值（万元）		815	427	2149	413	278

续表

地市级局（公司）名称	石家庄市烟草专卖局（公司）	邯郸市烟草专卖局（公司）	保定市烟草专卖局（公司）	张家口市烟草专卖局（公司）	承德市烟草专卖局（公司）
2014 年度烟草行业投入烟叶生产基础设施建设资金（万元）	126	—	104	345	—
全年烟叶生产基础设施新增受益面积（万亩）	0.06	—	0.25	2.07	—
烟叶种植（万亩）	0.46	—	0.16	1.64	—
烟叶收购（万担）	1.52	—	0.50	5.00	—
烟农户数（户）	122	—	40	464	—
实现烟农总收入（万元）	1700	—	526	5327	—
零售客户数（户）	31673	31416	33977	15756	15284
零售客户销售毛利率（%）	11.65	9.90	9.50	9.29	11.00

地市级局（公司）名称		唐山市烟草专卖局（公司）	廊坊市烟草专卖局（公司）	沧州市烟草专卖局（公司）	衡水市烟草专卖局（公司）	邢台市烟草专卖局（公司）	秦皇岛市烟草专卖局（公司）
主要负责人/法人代表（含党政领导）		闫福宽(—2014.12)/王友安(2014.12—)/范造来(—2014.12)王友安(2014.12—)	王春怀(—2014.4)/马宝平(2014.4—)/马宝平	张宝月/谈家俊	张根发/秦发亮(—2014.5)张根发(2014.7—)	王 文/丁作江	张生华/李淑芬
所属县级单位		丰润区、丰南区、滦县、滦南县、乐亭县、迁安市、迁西县、遵化市、玉田县、曹妃甸区等 10 个县级烟草专卖局（营销部）	三河市、大厂县、香河县、永清县、固安县、霸州市、文安县、大城县等 8 个县级烟草专卖局（营销部）	任丘市、泊头市、黄骅市、河间市、沧县、肃宁县、孟村县、东光县、海兴县、献县、青县、吴桥县、盐山县、南皮县等 14 个县级烟草专卖局(营销部)	桃城区[2]、冀州市、枣强县、武邑县、深州市、武强县、饶阳县、安平县、故城县、景县、阜城县等 11 个县级烟草专卖局（营销部）	邢台县、沙河市、内丘县、临城县、隆尧县、柏乡县、宁晋县、巨鹿县、平乡县、广宗县、南和县、任县、南宫市、新河县、威县、清河县、临西县等 17 个县级烟草专卖局（营销部）	抚宁县、昌黎县、卢龙县、青龙县等 4 个县级烟草专卖局(营销部)
总资产（万元）		234046	127779	139110	57583	115780	92351
资产负债率（%）		15.47	7.06	10.81	13.18	16.5	17.18
从业人员（人）		887	670	1095	748	1129	424
所属业务机构	营销机构	1 个营销中心、1 个电访中心	1 个营销中心、1 个电访中心	1 个营销中心、1 个电访中心	1 个营销中心、1 个电访中心	1 个营销中心、1 个电访中心	1 个营销中心
	物流配送机构	1 个物流中心、3 个中转站	1 个物流配送中心	1 个物流配送中心	1 个物流配送中心	1 个物流中心、3 个中转站	1 个物流配送中心
	专卖稽查机构	1 个稽查支队、14 个稽查大队	1 个稽查支队、9 个稽查大队	1 个稽查支队、14 个稽查大队	1 个稽查支队、11 个稽查大队	1 个稽查支队、18 个稽查大队	1 个稽查支队、5 个稽查大队
	烟叶机构	—	—	—	—	—	—
销售卷烟	亿支	137.03	81.63	133.29	71.79	111.40	56.09
	2014 年比 2013 年（%）	3.20	4.45	6.65	4.07	5.11	2.89
卷烟销售收入（万元）		528799	314129	424841	209794	345981	218016
实现税利	万元	134042	76742	95028	41608	72377	50301
	2014 年比 2013 年（%）	8.02	15.76	12.65	12.47	15.92	8.13
实现利润	万元	78662	43587	50924	20051	37098	28838
	2014 年比 2013 年（%）	9.69	16.27	13.62	14.65	16.46	19.07

续表

地市级局（公司）名称	唐山市烟草专卖局（公司）	廊坊市烟草专卖局（公司）	沧州市烟草专卖局（公司）	衡水市烟草专卖局（公司）	邢台市烟草专卖局（公司）	秦皇岛市烟草专卖局（公司）
查处涉烟违法案件（起）	2119	2106	1433	1050	2854	1145
查处涉烟违法案件案值（万元）	512	1298	1237	307	1308	869
2014年度烟草行业投入烟叶生产基础设施建设资金(万元)	—	—	—	—	—	—
全年烟叶生产基础设施新增受益面积（万亩）	—	—	—	—	—	—
烟叶种植（万亩）	—	—	—	—	—	—
烟叶收购（万担）	—	—	—	—	—	—
烟农户数（户）	—	—	—	—	—	—
实现烟农总收入（万元）	—	—	—	—	—	—
零售客户数（户）	28027	12227	29314	12715	22018	11321
零售客户销售毛利率（%）	11.42	12.01	9.36	10.05	12.75	11.78

注：①统计表未标注未上划的4个县级单位，分别为邯郸市局（公司）下辖的肥乡县烟草专卖局（经理部），保定市局（公司）下辖的定州卷烟经理部，张家口市局（公司）下辖的宣化县、崇礼县烟草专卖局（公司）。

②1996年9月5日，衡水市桃城区烟草专卖局（公司）由原衡水市烟草专卖局（公司）（县级）更名并成立。

（撰稿：苏维民；编辑：谢争艳）

山西省烟草专卖局（公司）

【专卖管理】 卷烟打假打私。2014年，山西省查处各类违法贩、售、藏假烟案件2141起，查获假烟1141.5万支，案值905.9万元，捣毁贩藏假烟窝点20个，查获案值5万元以上违法贩、售、藏假烟案件53起，打掉符合国家局标准的制售假烟网络案件19起。向公安机关移送涉烟刑事案件79起，公安、司法机关依法拘留52人，逮捕42人，判刑63人。查处各类非法流通卷烟案件6065起，查处非法流通卷烟8133.05万支。长治市局侦破"9·12"部督网络案件，该案为全国首例利用空港监管漏洞的涉烟案件。

市场监管。推进APCD工作法，以"信息分析准确，计划制定准确，检查执行准确，处理落实准确"为标准，监管销售大户，关注卷烟社会库存、零售价格等影响市场状态的关键因素。市场监管发现线索和稽查办案紧密衔接，对涉烟违法经营行为实行零容忍，确保卷烟零售市场规范、有序、可控、干净。

内部专卖管理监督。全面推行运用非现场监管模式，市、县级内管部门参与卷烟经营决策。2014年，各市级局提出意见建议150条，质询101次，下发整改通知书134份；各县级局提出意见建议800条，质询238次，下发整改通知书120份。

零售许可证管理。加强证件管理，严格依法行政，完善制度机制，注重后续监管，强化监督检查，提升工作质量效率和服务能力水平。各市、县级局重新修订烟草制品零售点合理布局规划。省局通过专卖信息系统进行在线监督，对发现的问题责令整改。在全省统一实行零售许可证申请人办证后培训办理流程，许可证到期前45天提前告知，"5+7"限时办结，形成管理与服务结合的长效监管机制。

【经济效益】 2014年，山西省烟草商业系统实现卷烟销售收入321.32亿元，同比增长6.79%。实现税利76.72亿元，同比增长9.62%，其中利润43.59亿元，同比增长14.89%。货币资金实现保值增值，2014年利息收入3.09亿元，同比增加1.21亿元，占全省税利增加额的17.98%。三项费用率为5.87%。

【卷烟经营】 卷烟销售。2014年，山西省烟草商业系统销售卷烟758.12亿支（151.62万箱），同比增长2.75%，其中，销售一类烟122.02亿支（24.4万箱）、二类烟36.98亿支（7.40万箱）、三类烟363.13亿支（72.63万箱）、四类烟159.39亿支（31.88万箱）、五类烟76.61亿支（15.32万箱）。本地区销量居前三位的品牌为"云烟""红塔山""红河"，销量分别为144.5亿支（28.90万箱）、69.64亿支（13.93万箱）、54.42亿支（10.88万箱）。

品牌培育。发布实施全省《品牌规格引入退出工作暂行办法》，完成21个新品规格引入评价和在销卷烟规格综合评测，清退品牌规格66个。开展品牌会诊，重点加强弱势品牌市场跟踪和地市衔接。太原市局（公司）突出品牌培育，挖掘潜力增长，推进"260卷烟品牌培育工程"（即2014年4月提出的260元批价卷烟精育工程，对于有品牌培育价值的一类及部分二类卷烟规格，在经过工业公司申请、品牌管理科研究讨论、"260精育小组"制定投放策略以后，产品可以被投放到"260终端"）的探索与实践，2014年发展"260客户"321户，"260品规"累计销售8035.8万支（1607.16箱），同比增长241.83%，卷烟零售客户月均盈利提升47.18%。

现代零售终端建设。全省烟草商业系统现代终端客户扩展到1.27万户，占卷烟零售客户总数的9.77%。优质终端集群效应初步体现，在培育品牌、引导消费、拉动销量等方面效果明显。探索直营终端建设，研讨直营终端建设工作意见，引导地市公司采取资产购置、自有用房改造等方式，开展直营终端选址及建设工作。

现代物流建设。加强物流配送中心建设，吕梁市公司新建配送中心项目通过初验；大同市公司配送中心改造项目通过验收；晋中市公司配送中心建设项目进展顺利；长治、忻州和运城市公司对配送中心建设项目开展前置性审查论证。推进卷烟包装箱循环利用工作，回收合格率93%以上，太原市公司率先在全行业探索开展高架库存放包装箱。基本完成配送中心非法人实体化初期建设任务，工作重点在向运行质量提升转移。加强工商物流一体化建设，太原、吕梁、晋中、临汾市公司等4家单位与浙江中烟、河南中烟开展整托盘联运。

【烟叶产销】 烟叶种植与收购。2014年，全省种植烤烟4.2万亩。签订烟叶种植收购合同1287份，同比下降13.2%。收购烟叶0.67万吨（13.4万担），其中上等烟0.29万吨（5.84万担）、中等烟0.38万吨（7.56万担）。加强工商交接质量管理，烟叶等级合格率在80%以上，质量总体好于往年。烟叶收购均价为23.26元/千克，比2013年提高2.09元/千克。实现烟农总收入1.56亿元，同比增加122万元。

清洁型烟叶生产。以运城、长治市公司作为吉林烟草工业有限责任公司清洁型烟叶试范点单位，围绕工业企业对原料的质量需求，结合试范点烟叶化学成分化验结果，重新调整2014年烟叶生产技术方案，从生产技术规范入手，抓好大田生产管理。

现代烟草农业建设。推进烟叶生产基础设施建设，重点完善综合型烟农专业合作社建设及烟农专业合作社农业机械配套。全省有工商注册烟农专业合作社16个，入社农户513户，服务环节包括育苗、机耕、植保、移栽、施肥等，服务覆盖面积1.51万亩，2014年烟农专业合作社烟叶收购0.219万吨（4.38万担）。在运城、临汾、长治等3个市局（公司）为11个烟农专业合作社配置烟草农业机械704台（套），其中通用机械99台（套），专用机械605台（套），行业补贴资金1356万元。

【特事要辑】 1月22—23日，山西省局（公司）在太原召开2014年全省烟草工作会议。

11月13日，在第十二届全国烟草行业职业技能竞赛暨第二届烟草专卖管理岗位技能竞赛上，山西省局（公司）代表队取得全国个人第一、团体第二，参赛的5名选手全部位列前30名的成绩。

12月4—5日，国家局局长凌成兴在山西烟草调研。其间，山西省委书记、省人大常委会主任王儒林，省委副书记、省长李小鹏会见凌成兴，省委秘书长王伟中、副省长付建华参加会见。

2014年山西省烟草专卖局（公司）所属企业主要情况统计

地市级局（公司）名称	太原市烟草专卖局（公司）	大同市烟草专卖局（公司）	阳泉市烟草专卖局（公司）	长治市烟草专卖局（公司）	晋城市烟草专卖局（公司）	朔州市烟草专卖局（公司）
主要负责人/法人代表（含党政领导）	董文彦（—2014.2） 董旭红（2014.2—）	支树华	程　智	李振芳	陈秀云（—2014.2） 张家驰（2014.3—）	蔡金平（—2014.12） 任守军（2014.12—）
所属县级单位	清徐县、古交市、阳曲县、娄烦县等4个县级烟草专卖局（营销部）	城区、矿区、南郊区、新荣区、大同县、天镇县、阳高县、浑源县、广灵县、灵丘县、左云县等11个县级烟草专卖局（营销部）	平定县、盂县2个县级烟草专卖局（营销部）	长治县、潞城市、屯留县、长子县、壶关县、平顺县、黎城县、武乡县、襄垣县、沁县、沁源县、城区、郊区等13个县级烟草专卖局（营销部）	城区、泽州县、高平市、阳城县、沁水县、陵川县等6个县级烟草专卖局（营销部）	朔城区、平鲁区、山阴县、怀仁县、应县、右玉县等6个县级烟草专卖局（营销部）

续表

地市级局（公司）名称		太原市烟草专卖局（公司）	大同市烟草专卖局（公司）	阳泉市烟草专卖局（公司）	长治市烟草专卖局（公司）	晋城市烟草专卖局（公司）	朔州市烟草专卖局（公司）
总资产（万元）		177146	112232	36418	96578	65780	40870
资产负债率（%）		4.44	4.96	3.61	11.06	11.90	10.55
从业人员（人）		781	713	253	745	392	349
所属业务机构	营销机构	1个营销中心	1个营销中心	1个营销中心	1个营销中心	1个营销中心	1个营销中心
	物流配送机构	1个物流配送中心	1个物流配送中心、1个配送中转站	1个物流配送中心	1个物流配送中心、5个配送中转站	1个物流配送中心、4个配送中转站	1个物流配送中心
	专卖稽查机构	1个稽查支队、10个稽查大队	1个稽查支队、11个稽查大队	1个稽查支队、3个稽查大队	1个稽查支队、13个稽查大队	1个稽查支队、6个稽查大队	1个稽查支队、6个稽查大队
	烟叶机构	—	—	—	1个烟叶总站、5个烟叶站	—	—
销售卷烟	亿支	102.64	71.93	25.75	69.45	45.79	33.27
	2014年比2013年（%）	2.10	1.85	2.24	3.45	3.92	5.77
卷烟销售收入（万元）		530523	321444	107952	294526	175791	137420
实现税利	万元	136036	78940	25209	69883	43508	31983
	2014年比2013年（%）	8.38	8.43	8.32	7.61	-0.32	8.89
实现利润	万元	78871	45335	13821	39908	25704	17752
	2014年比2013年（%）	10.05	10.44	14.30	11.91	-0.78	14.63
查处涉烟违法案件（起）		1155	590	420	1019	864	224
查处涉烟违法案件案值（万元）		1207	530	219	234	235	112
2014年度烟草行业投入烟叶生产基础设施建设资金（万元）		—	—	—	123	—	—
全年烟叶生产基础设施新增受益面积（万亩）		—	—	—	0.20	—	—
烟叶种植（万亩）		—	—	—	0.53	—	—
烟叶收购（万担）		—	—	—	1.70	—	—
烟农户数（户）		—	—	—	308	—	—
实现烟农总收入（万元）		—	—	—	1756	—	—
零售客户数（户）		13293	10225	5859	12416	7846	6552
零售客户销售毛利率（%）		10.58	10.11	10.28	8.07	9.23	9.40

地市级局（公司）名称		忻州市烟草专卖局（公司）	吕梁市烟草专卖局（公司）	晋中市烟草专卖局（公司）	临汾市烟草专卖局（公司）	运城市烟草专卖局（公司）
主要负责人/法人代表（含党政领导）		任川水（—2014.2） 陈秀云（2014.2—）	周润生	义晋瑞	赵新秋	姚　宏
所属县级单位		忻府区、原平市、代县、繁峙县、定襄县、五台县、宁武县、神池县、岢岚县、五寨县、保德县、静乐县、偏关县、河曲县等14个县级烟草专卖局（营销部）	离石区、汾阳市、孝义市、中阳县、柳林县、石楼县、交口县、方山县、临县、岚县、兴县、交城县、文水县等13个县级烟草专卖局（营销部）	榆次区、太谷县、祁县、平遥县、介休市、灵石县、榆社县、左权县、和顺县、昔阳县、寿阳县等11个县级烟草专卖局（营销部）	尧都区、侯马市、曲沃县、翼城县、襄汾县、洪洞县、霍州市、古县、吉县、安泽县、浮山县、乡宁县、蒲县、大宁县、永和县、隰县、汾西县等17个县级烟草专卖局（营销部）	盐湖区、临猗县、永济市、万荣县、河津市、新绛县、稷山县、铝厂厂区、绛县、闻喜县、夏县、垣曲县、平陆县、芮城县、风陵渡区等15个县级烟草专卖局（营销部）
总资产（万元）		81629	92960	89747	110772	114514
资产负债率（%）		11.71	9.23	4.55	5.48	10.36
从业人员（人）		746	863	773	816	1024
所属业务机构	营销机构	1个营销中心	1个营销中心	1个营销中心	1个营销中心	1个营销中心
	物流配送机构	1个物流配送中心	1个物流中心、2个配送中心、3个配送中转站	1个物流配送中心	1个物流配送中心、1个配送中转站	1个物流配送中心
	专卖稽查机构	1个稽查支队、14个稽查大队	1个稽查支队、13个稽查大队	1个稽查支队、11个稽查大队	2个稽查支队、17个稽查大队	1个稽查支队、15个稽查大队
	烟叶机构	—	—	—	—	—
销售卷烟	亿支	68.01	76.29	73.18	89.19	102.62
	2014年比2013年（%）	-0.52	4.48	0.82	3.93	3.60
卷烟销售收入（万元）		276910	310132	308243	383003	367283
实现税利	2014	64009	68894	72528	88837	83947
	2014年比2013年（%）	8.51	6.54	7.08	7.87	9.67
实现利润	万元	35914	37620	40528	50220	47277
	2014年比2013年（%）	14.65	8.15	9.98	14.54	14.62
查处涉烟违法案件（起）		1024	983	665	835	451
查处涉烟违法案件案值（万元）		174	579	334	250	343
2014年度烟草行业投入烟叶生产基础设施建设资金（万元）		—	—	—	492	738
全年烟叶生产基础设施新增受益面积（万亩）		—	—	—	0.80	1.00
烟叶种植（万亩）		—	—	—	0.95	2.72
烟叶收购（万担）		—	—	—	3.04	8.66
烟农户数（户）		—	—	—	461	518
实现烟农总收入（万元）		—	—	—	3793	9907
零售客户数（户）		10960	14513	12701	18344	16705
零售客户销售毛利率（%）		9.64	9.59	11.48	10.95	7.40

（撰稿：赵　钰；编辑：谢争艳）

内蒙古自治区烟草专卖局（公司）

【专卖管理】 打假打私。内蒙古自治区烟草专卖局深入开展卷烟打假，加强与公安部门的联合打假长效机制建设。卷烟打私方面，与呼和浩特海关、满洲里海关共同研究制定《进一步加强关于海关罚没卷烟管理的合作备忘录》，进一步规范走私烟罚没管理。会同海关等部门，对免税店经营行为进行检查，及时查处走私、贩私卷烟违法行为。2014年，查处涉烟违法案件5558起，其中假烟案件746起。查获假烟528.04万支，罚没款274.14万元。查获走私外烟112.23万支，出口回流卷烟1.73万支。破获制售假烟网络案件19起，其中达到国家局标准的18起。呼和浩特市局与河南漯河市局联合侦办的“12·25”假烟网络案件，被公安部、国家局列为联合督办案件；包头市局破获的“4·30”假烟网络案件，现场查扣假烟101.3万支，案值253.3万元，是2014年破获的涉烟网络案件中现场查扣实物最多的案件。公安、司法机关依法刑拘50人，逮捕48人，判刑12人。

市场监管。组织开展元旦春节期间清理整顿卷烟市场专项行动、治理卷烟非法流通专项行动、“利剑一号”清理整顿卷烟市场专项行动、“飓风六号”清理整顿卷烟市场专项行动等4次专项行动，并对全自治区8个单位销毁假冒卷烟活动进行实地监销。推进市场检查APCD工作法，落实“天价烟”治理长效工作机制建设。制定下发《烟草制品零售点合理布局指导意见》，实地参加指导监督11个盟（市）局召开的零售许可证合理布局规划听证会。

内部监管。深入推进内管委派机制建设，加大非法流通卷烟治理力度，坚决遏制非渠道烟非法流通蔓延势头。2014年，累计查扣各类非法流通卷烟4540.80万支，同比增长25.95%。

【经济效益】 2014年，内蒙古自治区烟草商业系统实现税利55.06亿元，同比增长8.09%，其中利润30.73亿元，同比增长14.70%。三项费用为15.45亿元，同比下降4.90%；三项费用率为6.47%。实现利息收入3.02亿元，同比增长55.30%。

【卷烟经营】 2014年，内蒙古自治区烟草商业系统销售卷烟570.1亿支（114.02万箱），同比增长1.77%，其中，销售一类烟73.8亿支（14.76万箱），同比增长6.98%；二类烟92.35亿支（18.47万箱），同比增长32.11%；三类烟214.35亿支（42.87万箱），同比下降3.61%；四类烟136亿支（27.20万箱），同比增长1.51%；五类烟53.25亿支（10.65万箱），同比下降17.80%。全自治区销量居前三位品牌分别为“云烟”“红塔山”“中华”，销量分别为154.5亿支（30.90万箱）、52.6亿支（10.52万箱）、21亿支（4.20万箱）。

加强重点品牌培育，2014年销售重点品牌卷烟485.6亿支（97.12万箱），同比增长1.92%。重点品牌卷烟单箱销售收入2.67万元，同比增长5.82%。销售高价位卷烟4.1亿支（0.82万箱），同比下降3.97%。销售8毫克/支及以下低焦油卷烟87.6亿支（17.52万箱），同比下降4.29%，其中，6毫克/支及以下低焦油卷烟销售20.05亿支（4.01万箱），同比增长13.23%。销售细支卷烟13.55亿支（2.71万箱），同比增长107.89%。

2014年，实现卷烟销售收入275.34亿元，同比增长7.68%。实现卷烟税利54.63亿元，其中利润30.74亿元。

内蒙古自治区烟草公司适应市场环境变化，开展“下基层、走市场、听意见、掌实情、办实事”大调研，建立“领导带队、分片包干、考核挂钩”联系点工作机制，突出“全员营销”，应对市场变化和下行压力，自我加压，与京津冀试点单位一起，探索市场化取向改革。经过一年的探索，基本形成符合内蒙古地区实际的工作模式。

【烟叶产销】 烟叶种植与收购。2014年，落实烟叶种植面积2.96万亩，签订种植收购合同1260份，收购烟叶0.69万吨（13.71万担），完成国家计划的87.89%，烟叶收购等级合格率达到80.72%，完成烟叶总量控制年度目标。烟叶收购均价为17.93元/千克。全自治区有烟农1260户，户均种植面积23.51亩。实现烟农总收入1.27亿元。2014年，实现烟叶税利0.14亿元，同比下降82.99%，其中利润－0.15亿元。

现代烟草农业建设。推进烟叶生产基础设施建设，2014年8月，自治区2013年度烟叶生产基础设施建设项目通过国家局验收。2014年度行业投入建设资金95.9万元，截至年底，63座密集式烤房设备改造项目建成并投入使用。加强烟农专业合作社建设，注册种植、机械等烟农专业合作社7个。

【特事要辑】 1月23日，内蒙古自治区局（公司）在呼和浩特召开2014年全区烟草工作会议。

4月1—2日，国家局副局长赵洪顺到内蒙古自治区局（公司）开展第二批党的群众路线教育实践活动专题调研。

6月16日，国家局副局长赵洪顺到内蒙古自治区局（公司）全程参加并指导呼和浩特市局（公司）党组班子专题民主生活会。

7月15—18日，驻局纪检组组长高林在内蒙古烟草调研第二批党的群众路线教育实践活动整改落实等。

8月26—27日，国家局局长凌成兴在内蒙古烟草调研。凌成兴要求，一是要围绕年初确定的总体要求、预期指标、重点任务，牵住卷烟销量这个“牛鼻子”，咬住税利总量这个核心指标，破解难题，远近结合，统筹安排，培育亮点。二是要做好本职工作，按照“两个至上”的行业共同价值观，把“八个着力”落到实处。三是要实现年度目标，内蒙古烟草工商税利在上年的基础上新增10亿元以上，2014年卷烟销售增量在1.5万箱以上，单箱结构在上年基础上增加1500元以上。其间，凌成兴与自治区党委书记、人大常委会主任王君，自治区党委副书记、主席巴特尔等就内蒙古烟草改革发展交换意见。

2014年内蒙古自治区烟草专卖局（公司）所属企业主要情况统计

地市级局（公司）名称		呼和浩特市烟草专卖局（公司）	满洲里市烟草专卖局（公司）	呼伦贝尔市烟草专卖局（公司）	兴安盟烟草专卖局（公司）	通辽市烟草专卖局（公司）
主要负责人/法人代表（含党政领导）		董德富	张若宇	王文兵	王化敏	郭东信
所属县级单位		土默特左旗、托克托县、和林格尔县、清水河县、武川县5个县级烟草专卖局（营销部）和新城区、赛罕区、回民区、玉泉区4个城区烟草专卖局	扎赉诺尔区烟草专卖局	海拉尔区、牙克石市、扎兰屯市、根河市、额尔古纳市、阿荣旗、莫力达瓦达斡尔族自治旗、鄂伦春自治旗、鄂温克族自治旗、新巴尔虎左旗、新巴尔虎右旗、陈巴尔虎旗、大杨树等13个旗、市、区烟草专卖局（营销部）	阿尔山市、扎赉特旗、科右前旗、科右中旗、突泉县等5个县级烟草专卖局（营销部）和乌兰浩特市烟草专卖局	科尔沁区、开鲁县、科左中旗、科左后旗、奈曼旗、库伦旗、扎鲁特旗、霍林郭勒市等8个旗、县、区烟草专卖局（营销部）
总资产（万元）		150861	10498	55117	43711	58296
资产负债率（%）		10.86	15.00	33.49	37.97	8.39
从业人员（人）		722	74	616	276	486
所属业务机构	营销机构	1个营销中心	1个营销中心	1个营销中心	1个营销中心	1个营销中心
	物流配送机构	1个配送中心	1个物流配送中心	1个配送中心	1个物流配送中心	1个物流配送中心
	专卖稽查机构	1个稽查支队、2个稽查大队	—	1个稽查支队	1个稽查支队	1个稽查支队
	烟叶机构	—	—	—	—	—
销售卷烟	亿支	77.35	6.12	51.21	34.24	62.90
	2014年比2013年（%）	3.84	-5.86	2.94	3.97	4.40
卷烟销售收入（万元）		430301	32343	199950	121698	235964
实现税利	万元	91107	5943	34446	21147	43164
	2014年比2013年（%）	17.75	15.47	16.90	18.23	17.40
实现利润	万元	54333	2968	16786	10496	23361
	2014年比2013年（%）	30.33	17.51	25.89	28.77	21.86
查处涉烟违法案件（起）		1123	65	246	485	407
查处涉烟违法案件案值（万元）		811	12	270	362	230

续表

地市级局（公司）名称	呼和浩特市烟草专卖局（公司）	满洲里市烟草专卖局（公司）	呼伦贝尔市烟草专卖局（公司）	兴安盟烟草专卖局（公司）	通辽市烟草专卖局（公司）
2014 年度烟草行业投入烟叶生产基础设施建设资金（万元）	—	—	—	—	—
全年烟叶生产基础设施新增受益面积（万亩）	—	—	—	—	—
烟叶种植（万亩）	—	—	—	—	—
烟叶收购（万担）	—	—	—	—	—
烟农户数（户）	—	—	—	—	—
实现烟农总收入（万元）	—	—	—	—	—
零售客户数（户）	11536	1317	10582	6827	12483
零售客户销售毛利率（%）	9.81	10.20	10.00	11.00	11.31

地市级局（公司）名称		赤峰市烟草专卖局（公司）	锡林郭勒盟烟草专卖局（公司）	二连浩特市烟草专卖局（公司）	乌兰察布市烟草专卖局（公司）	包头市烟草专卖局（公司）
主要负责人/法人代表（含党政领导）		王明新	王建胜	杜秀亭	李志军	刘 永
所属县级单位		阿鲁科尔沁旗、巴林左旗、巴林右旗、林西县、克什克腾旗等 5 个县级烟草专卖局（营销部），翁牛特旗、敖汉旗、喀喇沁旗、宁城县、元宝山区等 5 个县级烟草专卖局（分公司），红山区、松山区 2 个城区烟草专卖局和松山区烟叶分公司	锡林浩特市烟草专卖局，太仆寺旗、正蓝旗、多伦县、东乌珠穆沁旗、西乌珠穆沁旗、乌拉盖管理区、阿巴嘎旗、苏尼特左旗、苏尼特右旗、镶黄旗等 10 个县级烟草专卖局（营销部），以及未上划的正镶白旗烟草专卖局（公司）	—	丰镇市、凉城县、卓资县、兴和县、化德县、商都县、四子王旗、察右前旗、察右中旗、察右后旗 10 个县级烟草专卖局（营销部）和集宁区烟草专卖局	青山区、昆都仑区、东河区、九原区等 4 个城区烟草专卖局，土默特右旗、固阳县、石拐区、达尔罕茂明安联合旗、白云区等 5 个旗、县级烟草专卖局（营销部）
总资产（万元）		82239	18515	5485	67111	158523
资产负债率（%）		22.81	20.84	19.92	7.38	13.93
从业人员（人）		946	322	29	559	405
所属业务机构	营销机构	1 个营销中心	1 个营销中心	1 个营销中心	1 个营销中心	1 个营销中心
	物流配送机构	1 个配送中心、2 个物流中转站、2 个对接点	1 个配送配送中心	1 个物流配送中心	1 个配送中心	1 个物流配送中心
	专卖稽查机构	1 个稽查支队、12 个稽查大队	1 个稽查大队	1 个专卖监督管理科	1 个稽查支队	2 个稽查大队
	烟叶机构	7 个烟叶站、5 个烟叶收购点	—	—	—	—
销售卷烟	亿支	71.19	24.03	2.94	49.65	67.70
	2014 年比 2013 年（%）	6.02	6.87	-0.39	-1.19	-2.99
卷烟销售收入（万元）		280438	98903	16873	250622	389354
实现税利	万元	52993	14135	3040	50999	90585
	2014 年比 2013 年（%）	2.92	18.12	11.55	8.53	12.67

续表

地市级局（公司）名称		赤峰市烟草专卖局（公司）	锡林郭勒盟烟草专卖局（公司）	二连浩特市烟草专卖局（公司）	乌兰察布市烟草专卖局（公司）	包头市烟草专卖局（公司）
实现利润	万元	25732	5639	1578	27515	56113
	2014年比2013年（%）	-8.22	39.01	10.27	11.46	21.17
查处涉烟违法案件（起）		741	364	14	391	729
查处涉烟违法案件案值（万元）		361	89	43	228	912
2014年度烟草行业投入烟叶生产基础设施建设资金（万元）		96	—	—	—	—
全年烟叶生产基础设施新增受益面积（万亩）		0.10	—	—	—	—
烟叶种植（万亩）		2.96	—		—	—
烟叶收购（万担）		13.71	—	—	—	—
烟农户数（户）		1260	—	—	—	—
实现烟农总收入（万元）		12655	—	—	—	—
零售客户数（户）		17097	4270	437	8654	10136
零售客户销售毛利率（%）		10.50	11.15	10.00	9.77	14.01

地市级局（公司）名称		鄂尔多斯市烟草专卖局（公司）	巴彦淖尔市烟草专卖局（公司）	乌海市烟草专卖局（公司）	阿拉善盟烟草专卖局（公司）
主要负责人/法人代表（含党政领导）		邢宇波	刘先勇	齐翠敏	孟凡超
所属县级单位		准格尔旗、准格尔经济开发区、达拉特旗、伊金霍洛旗、杭锦旗、乌审旗、鄂托克旗、鄂托克前旗等8个县级烟草专卖局（营销部），东胜区、康巴什新区2个城区烟草专卖局，以及棋盘井经济开发区、乌兰木伦和上海庙经济开发区3个直属分局	乌拉特前旗、五原县、杭锦后旗、磴口县、乌拉特中旗、乌拉特后旗等6个县级烟草专卖局（营销部），临河区烟草专卖局	乌达区、海勃湾区、海南区等3个城区烟草专卖局	阿拉善右旗、额济纳旗2个县级烟草专卖局（营销部），阿拉善左旗烟草专卖局、乌斯太烟草专卖分局
总资产（万元）		135124	57903	35285	16153
资产负债率（%）		10.72	22.02	14.90	39.19
从业人员（人）		513	327	119	100
所属业务机构	营销机构	1个营销中心	1个营销中心	1个营销中心	1个营销中心
	物流配送机构	1个物流配送中心	1个配送中心	1个物流配送中心	1个物流中心
	专卖稽查机构	1个稽查支队、11个稽查大队	1个稽查支队	1个专卖管理科	1个稽查支队、4个稽查大队
	烟叶机构	—	—	—	—

续表

地市级局（公司）名称		鄂尔多斯市烟草专卖局（公司）	巴彦淖尔市烟草专卖局（公司）	乌海市烟草专卖局（公司）	阿拉善盟烟草专卖局（公司）
销售卷烟	亿支	60.30	39.93	13.98	8.59
	2014 年比 2013 年（%）	-1.16	0.90	2.40	-9.54
卷烟销售收入（万元）		380379	189926	85547	41151
实现税利	万元	84177	37832	19024	6591
	2014 年比 2013 年（%）	-11.53	12.25	11.83	-1.67
实现利润	万元	54000	20814	11518	2921
	2014 年比 2013 年（%）	-1.23	15.77	16.92	-12.77
查处涉烟违法案件（起）		680	437	128	119
查处涉烟违法案件案值（万元）		603	321	124	38
2014 年度烟草行业投入烟叶生产基础设施建设资金（万元）		—	—	—	—
全年烟叶生产基础设施新增受益面积（万亩）		—	—	—	—
烟叶种植（万亩）		—	—	—	—
烟叶收购（万担）		—	—	—	—
烟农户数（户）		—	—	—	—
实现烟农总收入（万元）		—	—	—	—
零售客户数（户）		9493	6004	1946	1456
零售客户销售毛利率（%）		8.66	8.50	5.80	12.10

（撰稿：关晓勇；编辑：谢争艳）

辽宁省烟草专卖局（公司）

【专卖管理】 卷烟打假打私。2014 年，全省查处涉烟违法案件 1.2 万起，查获非法卷烟 1.69 亿支，其中假烟 0.24 亿支，走私烟 0.65 亿支。公安、司法机关依法逮捕 57 人，判刑 63 人。破获非法经营卷烟等重大网络案件 25 起，其中符合公安部、国家局标准的网络案件 24 起，被公安部、国家局列为部督案件的有沈阳“1·4”互联网非法经营烟草网络案件、沈阳“1·9”非法经营烟草网络案件、抚顺关世广非法经营烟草案件、辽阳杜培松等人非法经营走私卷烟案件、葫芦岛“1·15”非法经营烟草网络案件、葫芦岛“7·17”销售假烟网络案件等 6 起案件。

市场监管。深入推进 APCD 工作法试点工作，以鞍山、沈阳、葫芦岛等 3 个市局试点为主，以新民、新宾、宽甸等 11 个县级局试点为辅。省局先后组织开展代号为“风暴 2014”“秋风”的 2 次卷烟市场整治专项行动，查处各类涉烟违法案件 5321 起，查获假烟 0.14 亿支、走私烟 0.26 亿支、非渠道卷烟 0.15 亿支；公安、司法机关依法拘留 32 人，逮捕 24 人。省局采取不预定时间、不预设线路、不预先通知的方式，2014 年暗访核查卷烟零售客户 1400 户，督导各市局提高卷烟市场净化率。

内部专卖管理监督。4 月，以遏制卷烟非法流通为重点，开展为期 1 个月的专卖内管专项检查，查处违规投放货源、虚拟客户、捆绑销售、不按规定打扫码等突出问题，共走访零售客户 390 家，向有关市局提出整改意见 40 条，并处理违规责任人 6 名。启动全省行业新内管信息化系统研发工作，截至 2014 年底，新系统增设省、市、县三级内管部门质询函、数据形成信息自动化上报等功能，其中卷烟监管模块设立预警点17个、烟叶监管模块设立预警点18个、工业监管模块设立查询统计监管点23个，基本涵盖“两烟”生产经营全过程。

证件管理。2014年，全省新办卷烟零售许可证9801份，停歇业6613份，注销5990份；办理各类生产经营类许可证42份；审批签发各类准运证6525份。截至2014年底，全省持有效许可证的卷烟零售客户13.9万余户。沈阳、鞍山、丹东、盘锦、铁岭等市局优化市场资源配置，重新修订卷烟零售点合理布局有关规定，同时通过简化材料、网上审批、缩短时限等方式，简化办证流程，提升客户满意度。联合各地工商行政执法部门，查处取缔无证照经营卷烟行为，取缔无证经营户1392户。

县级局标兵单位创建。开展县级局标兵单位创建活动，省局修订发布《2014年“全省县级烟草专卖局标兵单位”评价细则》，加大侦破重大网络案件、查扣违法卷烟、规范使用许可证等重点工作的考核权重。凌海、岫岩、北票、大洼、新宾等5个县级局被评为“2014年度全省县级局标兵单位”。

【经济效益】 2014年，全省烟草商业系统实现税利74.52亿元，同比增长12.27%，其中利润41.36亿元，同比增长15.08%。三项费用率为6.23%，同比降低0.7个百分点。

注重发挥企业资金规模优势，以实现货币资金收益最大化为目标，通过优化定期存款组合、协商活期存款利率和降低电子结算费率等措施挖掘资金潜力，实现货币资金净收益3.11亿元，为税利增长贡献1.49个百分点。

【卷烟经营】 卷烟销售。2014年，全省烟草商业系统销售卷烟738.5亿支（147.7万箱），同比增长1.75%，其中，销售一类烟96.57亿支（19.31万箱），同比增长15.16%；二类烟106.75亿支（21.35万箱），同比增长18.85%；三类烟337.31亿支（67.46万箱），同比下降5.2%；四类烟142.26亿支（28.45万箱），同比增长2.44%；五类烟55.61亿支（11.12万箱），同比下降3.2%。本地区销量居前三位的品牌为“七匹狼”“红塔山”“红梅”，销量分别为79.79亿支（15.96万箱）、67.71亿支（13.54万箱）、57.39亿支（11.48万箱）。

2014年，全省烟草商业系统实现卷烟销售收入291.43亿元，同比增长7.63%。实现卷烟税利70.36亿元，同比增长11.63%，其中利润39.38亿元，同比增长13.82%。

品牌培育。以市场化取向改革为方向，修改完善《全省卷烟品牌引入退出管理规定》。2014年，全省清退滞销卷烟品牌规格84个，引入前景看好、消费者满意度高的新品规格79个。2014年，累计销售重点品牌卷烟568.31亿支（113.66万箱），同比下降0.33%。有12个重点品牌销量同比上涨，其中，“长白山”“人民大会堂”“利群”等3个品牌销量均超过35亿支（7万箱），增幅分别达到42%、36%和32%。开展工商深入协同工作，重点与上海烟草集团开展以“一张纸协同、一张表分析、一条链保障”为主要内容的“中华”品牌精准营销。在2014年国家局组织的工商互评中，工业企业对辽宁烟草商业系统的满意度由全国第27位上升到第10位。

细支卷烟营销。将细支卷烟销售作为全省卷烟销售新的增长点，着力培育细支卷烟品牌。2014年，全省销售细支卷烟19.3亿支（3.86万箱），同比增长110%，销量全国排名第二位，增幅高于行业平均增幅16个百分点。2014年，本地区销量居前三位的细支卷烟规格分别为“南京（炫赫门）”“黄鹤楼（天下名楼）”“南京（十二钗烤烟）”，销量分别为6.8亿支（1.36万箱）、4.5亿支（0.9万箱）、2.85亿支（0.57万箱），同比分别增长88%、57%、76%。

终端建设。分批组织市局（公司）相关工作人员赴福建、安徽、江苏等地考察，学习终端建设先进经验。推进零售客户网上订货工作，与8家银行签订“直通协议”，降低结算费用；截至年底，网上订货率95.3%，同比提高2.4个百分点，高于行业平均水平7.1个百分点。完成全省卷烟市场信息采集与应用系统的建设工作，通过信息采集点提供的卷烟销售信息，实时监测重点品牌市场价格和社会库存情况，动态调整货源投放数量和节奏，提升卷烟市场调控能力，截至年底，建立卷烟零售信息采集点4200个。推进现代卷烟零售终端建设，累计建成8753户，占零售客户总数的6.73%。

【烟叶产销】 烟叶种植与收购。2014年，全省签订烤烟种植合同5207份，种植面积15.3万亩。收购烤烟2.57万吨（51.3万担），完成计划收购量的99.06%。烟叶收购均价21.27元/千克，同比增加0.87元/千克，上等烟比例为46.26%。收购金额5.46亿元，同比增加1331万元；烟叶平均亩产值为0.36万元，同比增加200元。烟叶收购期间，落实等级质量追溯制度和责任追究制度，进行3次烤烟收购质量等级检查，烤烟质量等级合格率分别为81.18%、82.66%和71.47%。10月，在中国烟叶公司的抽查中，烤烟质量等级合格率达到80%。

2014年，全省烟叶实现税利3.85亿元，同比增长

25.09%，其中利润1.83亿元，同比增长49.98%。

烟叶基地单元建设。以卷烟工业企业烟叶需求为导向，建设品牌导向型基地单元。在朝阳太平庄（贵州中烟）、朝阳北票（福建中烟）、丹东青椅山（云南中烟）3个基地单元实施烟叶订单种植，依据品牌需要确定烟叶种植品种。签订基地烟叶销售计划0.65万吨（13万担）。

现代烟草农业建设。2014年，省局（公司）以实现烟叶育苗环节智能化为目标，首期在全省烟区20处100座育苗大棚配套安装大棚温度远程监测系统。应用烟蚜茧蜂生物防治技术，在朝阳烟区建成蚜茧蜂保种基地1个，推广蚜茧蜂防治蚜虫技术1万亩，占全省植烟面积的6.5%。推广机械化种植，全省各烟区机耕起垄12.55万亩，机械施肥7万亩，机械覆膜10.6万亩，机械培土4万亩，分别占全省植烟面积的82%、46%、69%和26%。

烟叶生产基础设施建设。继续以密集烤房、烟草机械和育苗设施作为烟叶生产基础设施建设的重点，2014年，投入资金3100万元，其中国家局补贴资金963万元，省内烟草行业补贴资金2137万元。建设基础设施项目954项，其中机井2眼、育苗大棚24座，新建密集烤房22处375座，维修更换烤房设备80套，购买烟草农业机械471台。

【对外交流与合作】 中国烟草辽宁进出口公司通过“请进来、走出去”两种方式，开展“两烟”进出口业务。针对烟叶出口市场销售困难问题，主动与联合烟草公司、联一国际烟草公司、环球烟叶公司，香港南洋兄弟烟草公司等4家国际烟草公司联络烟叶销售事宜，2014年实现烟叶类产品出口4442吨。在卷烟进出口方面，先后与英美烟草（香港）公司、日本烟草（香港）公司、香港南洋兄弟烟草公司、韩国烟草株式会社等进行业务联系，销售进口卷烟5.05亿支；向韩国出口和通过中国免税品市场销售“人民大会堂”品牌卷烟4200万支。2014年，实现“两烟”进出口总值2589万美元，其中进口总值1094万美元，出口实现1495万美元。

【基础管理】 物流管理。推进全省行业物流中心非法人实体化运作，印发《全省行业卷烟物流中心非法人实体化运作实施方案》《辽宁省烟草行业关于加强市局（公司）物流组织体系的意见》和《辽宁省烟草商业企业卷烟物流费用核算实施细则》，明确物流中心非法人实体化运作的目标任务、责任分工、进度要求、保障措施，以及物流中心组织架构与岗位设置。建设精益物流，拓展对标指标体系，确定全省行业36项对标指标。2014年，全省行业平均配送效率为953.81箱/人，同比增加8.12箱/人；物流车辆456台，同比减少22台；送货总里程918.42万千米，同比减少31.09万千米。开展卷烟包装箱循环利用工作，2014年全省行业累计返还省内卷烟工业企业卷烟包装箱129.49万只，完成2014年循环利用计划任务的109.14%。

质量检测。完成对全省14个烟草质量监督检测工作点的审查验收工作。省烟草质量监督检测站2014年共完成真伪鉴别卷烟检测样品牌号5781个，其中假烟牌号1146个，出具检验报告863份；完成118个牌号抽检卷烟样品的感官评吸、硬度、通风率、吸阻等14项物理性能的检测，以及烟碱、焦油量、一氧化碳等3项烟气化学成分的检测；完成301个烟叶样品的糖、碱、氮、钾、氯和水分等化学成分的分析检测工作。

规范管理。8月，省局（公司）被国家局确定为全行业“应招尽招、真招实招”保障机制建设试点单位，负责组织开展“两重一定加一零”（即重大工程投资和重大物资采购的规范运作、定点采购规范管理、探索规范化采购惠及零售客户途径）试点工作。9月，省局（公司）下发《辽宁省烟草行业“应招尽招、真招实招”保障机制建设试点工作方案》，确定沈阳、阜新、锦州市局（公司）为试点单位。截至年底，制定完成重大物资、重大工程和定点采购等3个主体规程文件，形成7个配套文件，建立覆盖采购全过程的“两重一定”制度文件体系，并通过国家局验收。

信息化建设。2014年，省局（公司）以“辽宁烟草一体化综合应用集成平台”“辽宁烟草硬件虚拟化建设”和“辽宁烟草零售终端信息系统”等3个信息化项目建设为重点，推进系统集成整合、信息资源共享、信息安全运维管理等工作。其中，“辽宁烟草一体化综合应用集成平台”项目是近年来全省行业投入最大、涉及部门及人员最广、复杂度较高的项目。

【特事要辑】 1月26日，辽宁省局（公司）在沈阳召开2014年全省烟草工作会议。

9月11日，国家局局长凌成兴到辽宁烟草调研，并走访了沈阳部分卷烟零售客户。凌成兴强调，要坚定“两个一百亿”（商业税利总额到2016年要突破100亿元，工业税利总额到2018年要突破100亿元）目标，抓住“三大举措”（培育自主品牌、与“云烟”品牌合作生产、卷烟规范营销）不放，为实现东北老工业基地振兴发展、为行业实现“保八争十超万亿”年度目标作出新贡献。其间，凌成兴与辽宁省委副书记、代省长李希座谈。

2014 年辽宁省烟草专卖局（公司）所属企业主要情况统计

地市级局（公司）名称		沈阳市烟草专卖局（公司）	鞍山市烟草专卖局（公司）	抚顺市烟草专卖局（公司）	本溪市烟草专卖局（公司）	丹东市烟草专卖局（公司）
主要负责人/法人代表（含党政领导）		刘 涛/王韶波	蒋全波	李 力	姜振光	邱海波
所属县级单位[①]		和平区、沈河区、大东区、皇姑区、铁西区、于洪区、浑南区[②]、沈北新区、苏家屯区、新民市、辽中县、康平县、法库县等 13 个县级烟草专卖局（营销部），沈阳市金叶卷烟零售有限公司	海城市、台安县、岫岩县等 3 个县级烟草专卖局（营销部），鞍山市金叶卷烟零售总店	清原县、新宾县、抚顺县等 3 个县级烟草专卖局（营销部）和经济开发区稽查支队（营销部），抚顺市抚烟经贸有限公司	本溪县、桓仁县、南芬区等 3 个县级烟草专卖局（营销部）	东港市、凤城市、宽甸县等 3 个县级烟草专卖局（营销部）
总资产（万元）		341173	90545	57212	40223	71043
资产负债率（%）		3.00	2.57	7.25	6.12	8.13
从业人员（人）		1537	462	390	291	634
所属业务机构	营销机构	1 个营销中心、1 个电访中心	1 个营销中心、1 个电访中心	1 个营销中心、1 个电访中心	1 个营销中心、1 个电访中心	1 个营销中心、1 个电访中心
	物流配送机构	1 个物流配送中心、6 个中转站	1 个物流配送中心、3 个中转站、1 个工作站	1 个物流配送中心、2 个中转站	1 个物流配送中心、1 个中转站	1 个物流配送中心、3 个中转站、1 个工作站
	专卖稽查机构	1 个稽查支队、13 个稽查大队	1 个稽查支队、5 个稽查大队、2 个机动大队	2 个稽查支队、3 个直属大队、7 个稽查大队	1 个稽查支队、6 个稽查大队	1 个稽查支队、7 个稽查大队、1 个机动大队、1 个情报大队
	烟叶机构	—	—	—	—	凤城市、宽甸县 2 个烟叶分公司、11 个烟叶站
销售卷烟	亿支	192.85	65.87	43.47	32.04	44.68
	2014 年比 2013 年（%）	3.56	1.33	-0.79	1.26	1.30
卷烟销售收入（万元）		857728	270825	163240	123198	165238
实现税利	万元	225378	68930	40685	28038	52374
	2014 年比 2013 年（%）	18.08	16.17	14.99	13.63	15.21
实现利润	万元	135340	40131	21748	15489	28815
	2014 年比 2013 年（%）	22.51	17.13	12.25	20.16	23.44
查处涉烟违法案件（起）		2085	2934	493	376	586
查处涉烟违法案件案值（万元）		2363	848	195	98	571
2014 年度烟草行业投入烟叶生产基础设施建设资金（万元）		—	—	—	—	793
全年烟叶生产基础设施新增受益面积（万亩）		—	—	—	—	0.30
烟叶种植（万亩）		—	—	—	—	5.91
烟叶收购（万担）		—	—	—	—	15.00
烟农户数（户）		—	—	—	—	2459
实现烟农总收入（万元）		—	—	—	—	19382
零售客户数（户）		25650	10292	6476	5074	8753
零售客户销售毛利率（%）		11.05	10.62	10.89	10.73	10.90

地市级局（公司）名称		锦州市烟草专卖局（公司）	营口市烟草专卖局（公司）	阜新市烟草专卖局（公司）	辽阳市烟草专卖局（公司）
主要负责人/法人代表（含党政领导）		卜剑飞	张国梁（—2014.1） 孙向东（2014.1—）③	姜　新/ 王龙宪	付群利
所属县级单位		凌海市、北镇市、黑山县、义县等4个县级烟草专卖局（营销部），锦州直属烟草商店	盖州市、大石桥市、老边区、鲅鱼圈区、西市区等5个县级烟草专卖局（营销部）和直属熊岳稽查支队（营销部）	阜蒙县、彰武县等2个县级烟草专卖局（营销部）	灯塔市、辽阳县等2个县级烟草专卖局（营销部），辽阳市金叶烟草销售有限公司
总资产（万元）		79191	77597	50289	49785
资产负债率（%）		6.84	6.22	31.45	5.96
从业人员（人）		461	376	888	289
所属业务机构	营销机构	1个营销中心、 1个电访部	1个营销中心、 1个电访中心	1个营销中心、 1个电访中心	1个营销中心、 1个电访中心
	物流配送机构	1个物流配送中心、 4个配送站	1个物流配送中心、 4个中转站	1个物流配送中心、 1个中转站	1个物流配送中心、 2个中转站
	专卖稽查机构	1个稽查支队、 9个稽查大队	2个稽查支队、 7个稽查大队	1个稽查支队、 7个稽查大队	1个稽查支队、 1个机动大队、 7个稽查大队
	烟叶机构	—	—	阜蒙县、彰武县 2个烟叶分公司、 12个烟叶站	—
销售卷烟	亿支	57.32	50.58	36.86	38.58
	2014年比2013年（%）	0.40	-0.49	5.21	3.42
卷烟销售收入（万元）		215800	199268	128140	152238
实现税利	万元	54343	49736	32274	36521
	2014年比2013年（%）	15.88	5.38	12.35	14.08
实现利润	万元	31552	29075	16485	20566
	2014年比2013年（%）	19.35	9.12	24.18	18.82
查处涉烟违法案件（起）		761	601	736	881
查处涉烟违法案件案值（万元）		169	593	145	322
2014年度烟草行业投入烟叶生产基础设施建设资金（万元）		—	—	884	—
全年烟叶生产基础设施新增受益面积（万亩）		—	—	1.47	—
烟叶种植（万亩）		—	—	2.35	—
烟叶收购（万担）		—	—	8.91	—
烟农户数（户）		—	—	672	—
实现烟农总收入（万元）		—	—	8840	—
零售客户数（户）		11015	9295	6244	6611
零售客户销售毛利率（%）		10.55	10.32	10.45	10.78

地市级局（公司）名称		铁岭市烟草专卖局（公司）	朝阳市烟草专卖局（公司）	盘锦市烟草专卖局（公司）	葫芦岛市烟草专卖局（公司）
主要负责人/法人代表（含党政领导）		赵静波	刘　林/刘铁成	张进伟	曹志良
所属县级单位		开原市、调兵山市、昌图县、西丰县、清河区等5个县级烟草专卖局（营销部）	北票市、凌源市、建平县、朝阳县、喀喇沁左翼县等5个县级烟草专卖局（营销部）和直属分局（营销部），辽宁省烟草公司朝阳市公司零售总店	盘山县、大洼县等2个县级烟草专卖局和直属专卖稽查支队，盘锦金叶商贸有限公司	兴城市、绥中县、建昌县等3个县级烟草专卖局（营销部）
总资产（万元）		57859	45479	43729	58226
资产负债率（%）		32.72	5.53	11.59	2.13
从业人员（人）		846	959	237	385
所属业务机构	营销机构	1个营销中心、1个电访部	1个营销中心、1个电访部	1个营销中心、1个电访中心	1个营销中心、1个电访中心
	物流配送机构	1个物流配送中心、3个中转站、1个工作站	1个物流配送中心、5个中转站、1个工作站	1个物流中转站（沈盘区域物流）	1个物流配送中心、3个中转站
	专卖稽查机构	1个稽查支队、8个稽查大队	1个稽查支队、8个稽查大队	1个稽查支队、3个稽查大队	1个稽查支队、9个稽查大队
	烟叶机构	开原市、昌图县、西丰县3个烟叶分公司、22个烟叶站	北票市、建平县2个烟叶分公司、6个烟叶站	—	—
销售卷烟	亿支	53.53	49.63	25.65	47.45
	2014年比2013年（%）	2.09	-0.94	3.16	0.16
卷烟销售收入（万元）		176104	162271	119113	172003
实现税利	万元	46751	41805	30152	39529
	2014年比2013年（%）	16.04	13.28	19.89	7.00
实现利润	万元	22696	21567	17286	22835
	2014年比2013年（%）	21.61	17.82	22.34	16.15
查处涉烟违法案件（起）		291	456	509	1203
查处涉烟违法案件案值（万元）		121	120	133	247
2014年度烟草行业投入烟叶生产基础设施建设资金（万元）		1286	137	—	—
全年烟叶生产基础设施新增受益面积（万亩）		0.58	0.11	—	—
烟叶种植（万亩）		4.53	2.51	—	—
烟叶收购（万担）		16.61	10.78	—	—
烟农户数（户）		1004	1072	—	—
实现烟农总收入（万元）		17223	9128	—	—
零售客户数（户）		12145	12712	4889	8816
零售客户销售毛利率（%）		10.67	10.35	10.53	10.59

注：①2014年3月，根据《辽宁省烟草专卖局关于调整市级局（公司）机构设置和人员编制方案的意见》，对各市级局（公司）本部及下属单位机构设置的名称和数量进行规范，原区域市场部均调整为营销部，表中所列各县级单位名称均以规范后为准。

②2014年10月，经国家局批复（国烟人〔2014〕356号），沈阳市东陵区烟草专卖局（营销部）更名为沈阳市浑南区烟草专卖局（营销部）。

③2014年1月，根据辽烟党〔2014〕8号文件，孙向东任营口市烟草专卖局（公司）经理、党组成员，免去张国梁营口市烟草专卖局（公司）经理职务；同年3月，根据辽烟党〔2014〕50号文件，孙向东兼任营口市烟草专卖局（公司）局长、党组书记，免去张国梁营口市烟草专卖局（公司）局长、党组书记职务。

（撰稿：周明飞；编辑：谢争艳）

吉林省烟草专卖局（公司）

【专卖管理】 打假破网。吉林省烟草专卖局加强与公安、工商等部门合作，继续巩固打假打私协作机制。增强线索挖掘能力、案件经营能力和跨区域协同作战的能力，突出抓好“两控一清”专项行动，保持打假破网高压态势。2014年，办理各类涉烟违法案件1139起，查扣假烟2484件、走私烟1069件、非渠道烟730件，破获案值百万元以上的涉烟网络案件12起，其中吉林“1·9”网络案件涉案金额近千万元，被公安部、国家局列为部督案件。公安、司法机关依法刑拘48人，逮捕40人，追刑11人。

市场监管。推广应用APCD工作法，探索三员互动机制和商户信息员建设，综合采取多种监管手段，提高市场检查实效，加强重点区域市场监管。加大对销售大户、名烟名酒店、物流场所和农村集贸市场的检查力度。针对年初省内不规范经营行为频繁发生的情况，全省烟草系统提高规范自律意识，完善制度流程，改进供货方式，加强订单监控，加大对敏感品牌和经营大户的监管力度，落实打扫码规定，减少不规范行为，挤出市场水分和泡沫。

内部专卖管理监督。各内管派驻办严肃对待监管检查中发现的线索，调整异地隐身排查频率，加大对异常线索的督查核查力度。内管派驻办与纪检监察部门联合实行“一案双查”，加大案件查处力度。省局对长春市局等3个单位的违规经营行为进行查处，卷烟经营秩序明显好转。

【经济效益】 2014年，吉林省烟草商业系统实现税利41.57亿元，同比下降0.93%，其中利润20.99亿元，同比增长2.64%。提高资金运营水平，超额完成货币保值增值任务，2014年，货币资金利息净收益1.52亿元，同比增长64.93%。三项费用率为8.27%。

【卷烟经营】 卷烟销售。2014年，吉林省烟草商业系统销售卷烟497.28亿支（99.46万箱），同比下降3.46%，其中，销售一类烟53.23亿支（10.65万箱），同比增长18.46%；二类烟49.23亿支（9.85万箱），同比增长7.78%；三类烟256.63亿支（51.33万箱），同比下降3.01%；四类烟93.24亿支（18.65万箱），同比增长15.71%；五类烟44.95亿支（8.99万箱），同比增长11.22%。本地区销量居前三位的品牌为“长白山”“红塔山”“云烟”，销量分别为95.90亿支（19.18万箱）、44.60亿支（8.92万箱）、41.90亿支（8.38万箱）。2014年，实现卷烟销售收入213.62亿元，同比增长1.03%。实现卷烟税利39.15亿元，同比增长1.5%，其中利润21.29亿元，同比增长5%。

提升卷烟销售结构。2014年一、二类卷烟销量占总销量的20.6%，同比上升2.38个百分点。卷烟单箱销售收入2.15万元，同比增长4.66%。巩固重点品牌市场。累计销售行业“双十五”品牌卷烟278.2亿支（55.64万箱），同比增长3.68%；销售高价位卷烟1亿支（0.2万箱）、高端卷烟13.2亿支（2.64万箱），同比分别增长55.49%、17.92%，增幅均高于全国平均水平；销售细支烟19.8亿支（3.96万箱），同比增长67.47%。巩固和提高省产烟的销售，省内销售“长白山”卷烟95.9亿支（19.18万箱）。

卷烟物流建设。物流非法人实体化运作有序开展，以吉林市局（公司）为试点单位，试行物流资源垂直管理为重点的转换模式，并在全省烟草商业系统推广；整合市、县两级物流资产和人员，实现物流成本控制由部门控制向成本控制转变；以物流费用核算为重点，明确成本核算边界；以配送线路整合为重点，发挥物流整体优势；以物流管理适度制空权为重点，理顺物流机构。截至2014年底，全省物流非法人实体的资源清查完毕，组织机构和人员到位。开展卷烟包装箱循环利用工作，回收包装箱68.73万个，完成国家局下达的目标任务。

【烟叶产销】 烟叶种植与收购。严控烟叶种植规模，以合同管理为主线，严把合同签订、烟苗供应、物资发放、大田移栽、合同收购“五个关口”，层层落实责任。全省有种烟农户3876户，签订烤烟种植收购合同3876份。2014年，种植烤烟13.2万亩，收购1.98万吨（39.6万担）；种植晒烟1.3万亩，收购0.015万吨（0.3万担）。销售烤烟2.78万吨（55.55万担），其中出口烟叶0.1万吨（2万担）；销售晒烟0.84万吨（16.86万担）。全省烟叶收购均价23.2元/千克。上等烟收购比例为44.04%，同比提高8.16个百分点。

烟叶实现税利4.06亿元，同比增长5.10%，其中利润2.66亿元，同比增长13.06%。在收购量减少0.175万吨（3.5万担）的情况下，实现全省烟农总收入4.59亿元，同比增加0.3亿元（含调结构鲜烟补贴）。

现代烟草农业建设。2014年，投入烟叶生产基础设施建设资金4552万元，其中全省行业投入1821万元。新建江苏中烟舍利基地单元。截至年底，全省建有国家局基地单元3个、省局基地单元1个，有烟农专业合作社9个、专业化服务队伍45支。强化规模化种植、集约化经营、专业化服务，以烟叶工作站或烟农专业合作社为单位，建立育苗、机耕、植保等服务队，烤烟母床育苗全部由服务队统一管理经营，烟田整地、起垄、施肥、刨坑全部由机耕队实施。全省户均种植面积34.06亩；100亩以上连片烟田310块，产能占生产总量的65.7%。有育苗工场55处，集约化育苗、商品化供苗达到100%；烟田机械化整地、起垄、施肥、刨坑达到100%；有烘烤工场24处，烘烤面积占总种植面积的24.4%。种烟大户和家庭农场由植保队统一用药，防治面积达到50%左右。

2014年吉林省烟草专卖局（公司）所属企业主要情况统计

地市级局（公司）名称		长春市烟草专卖局（公司）	吉林市烟草专卖局（公司）	四平市烟草专卖局（公司）	辽源市烟草专卖局（公司）	通化市烟草专卖局（公司）
主要负责人/法人代表（含党政领导）		于显峰	范忠顺	包和平	穆　峰	王德友
所属县级单位		榆树市、农安县、德惠市、九台市等4个县级烟草专卖局（分公司），二道区、南关区、朝阳区、宽城区、绿园区、双阳区、净月区、高新区等8个县级烟草专卖局（营销部），经开、汽开2个分局（营销部）	永吉县、桦甸市、舒兰市、磐石市、蛟河市等5个县级烟草专卖局（分公司），船营区、昌邑区、丰满区、龙潭区等4个分局，吉林市金叶烟草有限公司1个控股企业	公主岭市、梨树县、伊通县、双辽市等4个县级烟草专卖局（分公司），金叶烟草有限责任公司1个全资子公司	东辽县、东丰县2个县级烟草专卖局（分公司）	辉南县、梅河口市、柳河县、通化县、集安市等5个县级烟草专卖局（分公司），1个城区分局（营销部）
总资产（万元）		253195	105294	66134	30764	52324
资产负债率（%）		11.73	9.85	13.65	14.63	9.04
从业人员（人）		1584	983	501	237	394
所属业务机构	访销机构	1个营销中心	1个营销中心	1个营销中心	1个营销中心	1个营销中心
	物流配送机构	1个物流配送中心	1个配送中心	1个配送中心	1个配送中心	1个物流配送中心
	稽查机构	3个专卖直属稽查队、1个专卖协管队、60个专卖管理所	1个稽查支队、3个稽查大队	1个稽查支队、5个稽查大队、25个专卖管理所	1个稽查支队、5个稽查大队	1个稽查支队、3个专卖管理所
	烟叶机构	7个县级烟叶公司、16个烟叶收购站、2个烟叶收购点	—	—	—	—
销售卷烟	亿支	144.34	79.41	59.00	22.87	41.58
	2014年比2013年（%）	-2.28	-4.59	-3.57	-5.90	-4.87
卷烟销售收入（万元）		694412	292763	197944	78015	147861
实现税利	万元	154131	61388	42356	15442	30741
	2014年比2013年（%）	3.54	-2.70	3.65	2.40	1.22
实现利润	万元	91593	33400	23252	7460	16112
	2014年比2013年（%）	8.38	0.43	8.63	1.38	3.35
查处涉烟违法案件（起）		388	108	147	201	76
查处涉烟违法案件案值（万元）		1006	270	202	26	36
2014年度烟草行业投入烟叶生产基础设施建设资金（万元）		1226	—	—	—	—
全年烟叶生产基础设施新增受益面积（万亩）		0.08	—	—	—	—

续表

地市级局（公司）名称	长春市烟草专卖局（公司）	吉林市烟草专卖局（公司）	四平市烟草专卖局（公司）	辽源市烟草专卖局（公司）	通化市烟草专卖局（公司）
烟叶种植（万亩）	4.70	—	—	—	—
烟叶收购（万担）	14.10	—	—	—	—
烟农户数（户）	1287	—	—	—	—
烟农总收入（万元）	17318	—	—	—	—
零售客户数（户）	28769	21366	15013	5127	11590
零售客户销售毛利率（%）	15.30	11.79	9.66	11.75	15.64

地市级局（公司）名称		白城市烟草专卖局（公司）	白山市烟草专卖局（公司）	松原市烟草专卖局（公司）	延边朝鲜族自治州烟草专卖局（公司）
主要负责人/法人代表（含党政领导）		车大光	郭　辉	谭继民	吴家伟
所属县级单位		大安市、洮南市、通榆县、镇赉县等4个县级烟草专卖局（分公司），白城市本级营业部	抚松县、靖宇县、临江市、长白县4个县级烟草专卖局（分公司），江源区、松江河镇2个直属专卖分局	扶余市、长岭县、乾安县等3个县级烟草专卖局（分公司），前郭尔罗斯县烟草专卖局，金叶烟草有限责任公司1个全资子公司	敦化市、珲春市、和龙市、龙井市、图们市、汪清县、安图县等7个县级烟草专卖局（分公司）
总资产（万元）		63496	28906	59182	84403
资产负债率（%）		32.63	12.16	22.09	21.79
从业人员（人）		417	391	480	528
所属业务机构	营销机构	1个营销中心	1个营销中心	1个营销中心	1个营销中心
	物流配送机构	1个配送中心	1个配送中心	1个配送中心、4个送货部	1个配送中心、5个配送部
	专卖稽查机构	1个稽查支队、3个稽查大队	1个稽查支队、1个稽查大队、1个机动大队	1个专卖稽查支队、1个特案大队、8个专卖稽查大队	1个稽查支队、1个特勤大队、10个稽查大队
	烟叶机构	1个烟叶生产经营管理部、11个烟叶收购站	—	—	4个烟叶生产管理部、16个烟叶收购站
销售卷烟	亿支	37.97	24.00	48.00	41.29
	2014年比2013年（%）	-2.70	-3.21	-2.54	-2.43
卷烟销售收入（万元）		123642	86426	157913	152622
实现税利	万元	33217	16645	32448	46097
	2014年比2013年（%）	1.54	1.16	1.67	1.46
实现利润	万元	17739	7782	17236	25257
	2014年比2013年（%）	7.03	6.00	4.49	4.94
查处涉烟违法案件（起）		115	28	21	83
查处涉烟违法案件案值（万元）		64	367	62	93
2014年度烟草行业投入烟叶生产基础设施建设资金（万元）		2654	—	—	—

续表

地市级局（公司）名称	白城市烟草专卖局（公司）	白山市烟草专卖局（公司）	松原市烟草专卖局（公司）	延边朝鲜族自治州烟草专卖局（公司）
全年烟叶生产基础设施新增受益面积（万亩）	0.70	—	—	—
烟叶种植（万亩）	3.93	—	—	4.57
烟叶收购（万担）	11.90	—	—	13.70
烟农户数（户）	840	—	—	1749
实现烟农总收入（万元）	12136	—	—	16478
零售客户数（户）	10843	5530	15646	9405
零售客户销售毛利率（%）	10.00	11.38	10.00	12.20

（撰稿：王兴谦；编辑：谢争艳）

黑龙江省烟草专卖局（公司）

【专卖管理】 卷烟打假打私。黑龙江省烟草专卖局加大打假打私力度，不断巩固与公安、工商、邮政、海关等部门建立的卷烟打假协作机制，开展“龙啸五号”“双节市场整治”等卷烟打假专项行动，对卷烟制假“南烟北移”的趋势坚持露头就打。2014 年，查处各类涉烟违法案件 7292 起，捣毁制假烟厂 1 个、贩藏窝点 362 个，查获各类非法卷烟 3517 万支，案值 3338 万元，收缴非法烟叶 349 吨。公安、司法机关依法逮捕 97 人，判刑 62 人。破获涉烟网络案件 21 起，符合国家局标准的 9 起，其中，牡丹江市局“4·17”案件被公安部、国家局列为部督案件。哈尔滨市局被公安部、国家局评为“全国卷烟打假先进集体”。

市场监管。坚持创新性监管和常态化监管并重，进一步规范卷烟市场经营秩序。强化对零售终端的日常监管，开展交叉互查、暗访暗查和个案专查，灵活调整检查的时间与方式，提升市场检查的实际效果。联合公安、工商等部门，查处无证经营户 2169 户，取缔违法经营户 1321 户，转化办证 1181 户。加快推进市场监管模式的转变，推广市场监管 APCD 工作法，哈尔滨市局 APCD 市场监管系统上线运行。健全监管工作机制，对省内原辅材料生产企业实施检查，严防原辅材料流入制假窝点。全面加强各区域的市场管理，开展农垦地区市场专项整治行动。

内部专卖管理监督。落实专卖内管检查制度，紧盯货源投放、订单采集、打码到条、仓储配送等卷烟经营重点环节，严肃查处违规行为。全省查获卷烟非法流通案件 762 起，案值 1014.22 万元，涉及非渠道卷烟 1458.68 万支，并对相关单位和责任人进行问责。

【经济效益】 2014 年，黑龙江省烟草商业系统实现税利 57.86 亿元，同比下降 1.76%，其中利润 31.22 亿元，同比增长 2.43%。三项费用率为 9.11%。

【卷烟经营】 卷烟销售。2014 年，黑龙江省烟草商业系统销售卷烟 605.53 亿支（121.1 万箱），同比下降 3.25%，其中，销售一类烟 61.91 亿支（12.38 万箱），同比增长 2.57%；二类烟 50.71 亿支（10.14 万箱），同比下降 1.67%；三类烟 278.03 亿支（55.61 万箱），同比下降 15.30%；四类烟 160.61 亿支（32.12 万箱），同比增长 20.86%；五类烟 54.27 亿支（10.85 万箱），同比增长 2.78%。本地区销量居前三位的品牌为“红塔山”“云烟”“林海灵芝”，销量分别为 69.55 亿支（13.91 万箱）、67 亿支（13.4 万箱）、66.85 亿支（13.37 万箱）。

2014 年，实现卷烟销售收入 209.9 亿元，同比下降 4.01%。实现卷烟税利 46.12 亿元，同比下降 5.99%，其中利润 24.82 亿元，同比下降 4.21%。单箱销售收入为 17332 元，单箱税利为 3770 元。

品牌培育。继续保持“一高、一低、突出重点品牌”的基本态势。2014年，高端品牌比重保持增长，一类烟销量比重同比提高0.58个百分点；二类烟销量比重同比提高0.13个百分点。加大低焦油卷烟品牌培育力度，2014年销售6毫克/支及以下低焦油卷烟14.1亿支（2.82万箱），同比增长43.63%。突出重点品牌培育，销售重点品牌卷烟432.95亿支（86.59万箱），占总销量比重的71.50%。

物流建设。实施新建物流项目，牡丹江市公司物流项目竣工投入使用。大庆、佳木斯、双鸭山、黑河等4家地市公司物流项目主体建设完成。推进精益物流和物流中心非法人实体化运作，召开全省精益物流推介会，推进现代物流体系建设，加大全省行业在服务增值、流程优化、核算精确、运营升级、管理提升等方面的精益物流工作力度。开展卷烟包装箱循环利用和同城托盘联运工作，年内累计返还黑龙江烟草工业有限责任公司卷烟包装箱比例达到74.98%。

【烟叶产销】 烟叶企业概况。省局（公司）下设哈尔滨烟叶公司和牡丹江烟叶公司，承担全省烟叶收购、加工与销售工作。

哈尔滨烟叶公司前身为2001年12月成立的黑龙江烟叶公司，2006年12月改制更名为哈尔滨烟叶公司。下辖11家烟叶分公司和双城直属烟叶经营站。截至2014年底，公司总资产17.02亿元，其中，固定资产1.16亿元、流动资产15.86亿元，资产负债率为51.65%。从业人员999人。2014年，收购烟叶3.12万吨（62.4万担），其中上等烟比例19.9%，中等烟比例77.09%。烟叶收购均价为20.94元/千克。2014年，实现销售收入16.54亿元，实现税利7.21亿元，其中利润4.76亿元。

牡丹江烟叶公司成立于2001年12月，2006年12月改制为省公司的全资子公司。下辖8个烟叶分公司，2个烟叶生产经营站。截至2014年底，总资产17.49亿元，其中，固定资产1.31亿元、流动资产15.99亿元，资产负债率为46.92%。从业人员762人。2014年，收购烟叶3.11万吨（62.26万担），中上等烟比例92.96%。烟叶收购均价为21.49元/千克。2014年，实现销售收入15.12亿元，实现税利6.72亿元，其中利润4.33亿元。

烟叶种植与收购。2014年，全省种植烤烟40.2万亩、晒烟1.1万亩，签订种植收购合同1.11万份，户均种植面积36.36亩。严格烟叶生产全过程管控，烟叶收购总量有效控制在“红线”以内。收购烤烟6.23万吨（124.66万担），收购均价21.22元/千克，其中，上等烟比例25.33%，中等烟比例69.65%，下等烟比例5.02%。收购晒烟0.20万吨（3.9万担），收购均价23.57元/千克。出口备货烤烟1万吨（20万担）。全省烟农总户数为11062户，实现烟农总收入13.22亿元。

2014年，实现烟叶销售收入31.67亿元，同比增长11.86%。实现烟叶税利12.6亿元，同比增长20.63%，其中利润7.77亿元，同比增长35.18%。

现代烟草农业建设。规模化种植、专业化生产、机械化作业水平进一步提高，全省千亩以上连片烟田14处，500亩以上连片烟田68处。在开展全程机械化试点的哈尔滨烟区，机械剪叶率达到76%、机械移栽率达到45%、机械植保率达到40%、机械拔杆率达到30%、机械采收率达到5%。加大合作化生产力度，成立各类烟农专业合作社111个，入社农户达到7542户。

烟叶生产基础设施建设。2014年，行业投入烟叶生产基础设施资金992.2万元，其中，国家局投入595.32万元，本省系统投入396.88万元。2014年，建设密集型烤房150座，购置移栽机、拔杆机等专用机械87台。

【特事要辑】 1月22日，黑龙江省局（公司）召开2014年全省烟草工作会议。

7月6日，中央党的群众路线教育实践活动办公室、中央第十二巡回督导组在哈尔滨市局（公司）指导召开党组班子专题民主生活会。国家局副局长杨培森出席并讲话。

7月29日，全国烟草行业部分省级局（公司）集中调研座谈会在哈尔滨市召开。国家局副局长徐瑩出席并讲话。

8月21—22日，国家局局长凌成兴到黑龙江烟草调研，先后考察绥化烟区、绥化市局（公司）、黑龙江烟草工业有限责任公司绥化卷烟厂和哈尔滨卷烟厂等。凌成兴指出，黑龙江烟草要继续发扬“铁人”精神，克服困难，把握政策，保证2014年销量不减少、税利不降低。工商企业要同心协力扭转滑坡势头，完成2014年各项指标，为实现全国烟草“保八争十超万亿”年度目标作出应有贡献。

9月2—4日，国家局总会计师张玉霞到黑龙江烟草考察，观看黑龙江省局（公司）全面预算管理系统演示，并考察大庆和平牧场现代烟草农业基地。

12月9—10日，国家局副局长赵洪顺到黑龙江烟草考察，并走访哈尔滨市部分卷烟零售客户。

2014 年黑龙江省烟草专卖局（公司）所属企业主要情况统计

地市级局（公司）名称		哈尔滨市烟草专卖局（公司）	大庆市烟草专卖局（公司）	齐齐哈尔市烟草专卖局（公司）	绥化市烟草专卖局（公司）	牡丹江市烟草专卖局（公司）
主要负责人/法人代表（含党政领导）		李　健（—2014.5） 王富民（2014.5—，主持工作）	贺志勤	王永权	高元杰	孙胜良
所属县级单位		五常市、双城市、尚志市、宾县、巴彦县、依兰县、延寿县、木兰县、通河县、方正县、阿城区等 11 个县级烟草专卖局（营销部），直属、第一、第二、第三、第四、第五分局等6个分局，以及第一、第二、第三营销部等3个卷烟营销部	肇源县、肇州县、杜尔伯特县、林甸县、萨尔图区、龙凤区、让胡路区、乘风庄区、大同区等9个县级烟草专卖局（营销部）①	讷河市、龙江县、甘南县、富裕县、依安县、拜泉县、泰来县、克东县、克山县、建华区、铁锋区、龙沙区、富拉尔基区、梅里斯区、昂昂溪区等 15 个县级烟草专卖局（营销部），齐齐哈尔铁路烟草专卖局	肇东市、安达市、海伦市、庆安县、绥棱县、望奎县、兰西县、青冈县、明水县、北林区等 10 个县级烟草专卖局（营销部）	海林市、宁安市、穆棱市、林口县、东宁县等5个县级烟草专卖局（营销部）②
总资产（万元）		341158	88235	90821	64277	48406
资产负债率（%）		13.81	10.79	10.65	24.36	17.91
从业人员（人）		1924	381	578	757	422
所属业务机构	营销机构	1 个营销中心、1 个电访中心	1 个营销中心	1 个营销中心	1 个营销中心、1 个电访中心	1 个营销中心
	物流配送机构	1 个物流配送中心	1 个配送中心	1 个物流配送中心	1 个物流配送中心	1 个物流中心
	专卖稽查机构	1 个稽查支队、19 个稽查大队	1 个稽查支队、3 个稽查大队	1 个稽查支队、15 个稽查大队	1 个稽查支队、4 个稽查大队	2 个稽查支队、4 个稽查大队
	烟叶机构	—	—	—	—	—
销售卷烟	亿支	181.30	49.63	76.12	72.11	38.42
	2014 年比 2013 年（%）	-1.13	-4.10	-1.41	-2.24	-7.21
卷烟销售收入（万元）		694769	190525	239380	214750	133950
实现税利	万元	163640	45339	55639	41781	25968
	2014 年比 2013 年（%）	-3.70	-10.34	-3.68	-2.90	-9.11
实现利润	万元	89502	25813	31781	21435	12147
	2014 年比 2013 年（%）	-5.01	-11.46	0.44	2.78	-11.68
查处涉烟违法案件（起）		2709	696	1336	480	405
查处涉烟违法案件案值（万元）		1285	213	344	179	364
2014 年度烟草行业投入烟叶生产基础设施建设资金（万元）		—	—	—	—	—
全年烟叶生产基础设施新增受益面积（万亩）		—	—	—	—	—
烟叶种植（万亩）③		—	—	—	—	—
烟叶收购（万担）		—	—	—	—	—
烟农户数（户）		—	—	—	—	—

续表

地市级局（公司）名称	哈尔滨市烟草专卖局（公司）	大庆市烟草专卖局（公司）	齐齐哈尔市烟草专卖局（公司）	绥化市烟草专卖局（公司）	牡丹江市烟草专卖局（公司）
实现烟农总收入（万元）	—	—	—	—	—
零售客户数（户）	46696	12403	20302	28757	10724
零售客户销售毛利率（%）	10.00	10.50	10.00	10.60	10.60

地市级局（公司）名称		佳木斯市烟草专卖局（公司）	鸡西市烟草专卖局（公司）	双鸭山市烟草专卖局（公司）	伊春市烟草专卖局（公司）	七台河市烟草专卖局（公司）
主要负责人/法人代表（含党政领导）		耿金波（—2014.6） 孙旭东（2014.10—）	于晓晨	孙旭东（—2014.10） 和发皓（2014.10—）	宁　辉	冯立群
所属县级单位		同江市、富锦市、桦南县、桦川县、汤原县、抚远县、建三江分局等7个县级烟草专卖局（营销部）[4]	密山市、虎林市、鸡东县等3个县级烟草专卖局（营销部），鸡冠区烟草专卖局	集贤县、宝清县、友谊县、饶河县等4个县级烟草专卖局（营销部）	铁力市、嘉荫县、伊春区、南岔区、汤旺河区等5个县级烟草专卖局（营销部）	桃山区、新兴区、茄子河区、勃利县等4个县级烟草专卖局（营销部）
总资产（万元）		49997	36914	32213	23688	20428
资产负债率（%）		18.97	8.48	15.06	6.13	12.88
从业人员（人）		467	328	322	146	192
所属业务机构	营销机构	1个营销中心	1个营销中心	1个营销中心	1个营销中心、1个电访中心	1个营销中心
	物流配送机构	1个物流中心	1个配送中心	1个物流中心	1个物流中心、1个配送中心	1个物流中心、1个配送中心
	专卖稽查机构	1个稽查支队、10个稽查大队	1个稽查支队、1个民航铁路检查站	1个稽查支队、7个稽查大队	1个稽查支队、7个稽查大队	1个稽查支队、2个稽查大队
	烟叶机构	—	—	—	—	—
销售卷烟	亿支	42.31	31.03	25.60	19.26	14.76
	2014年比2013年（%）	-1.55	-5.75	-5.07	3.26	-12.40
卷烟销售收入（万元）		142798	103994	85650	69646	49424
实现税利	万元	28957	20921	16300	16724	10316
	2014年比2013年（%）	-6.52	-14.43	-15.16	7.17	-17.81
实现利润	万元	14640	11191	8165	9725	5283
	2014年比2013年（%）	-5.90	-7.59	-10.82	11.67	-20.87
查处涉烟违法案件（起）		418	623	54	39	60
查处涉烟违法案件案值（万元）		231	196	52	107	96
2014年度烟草行业投入烟叶生产基础设施建设资金（万元）		—	—	—	—	—
全年烟叶生产基础设施新增受益面积（万亩）		—	—	—	—	—
烟叶种植（万亩）		—	—	—	—	—
烟叶收购（万担）		—	—	—	—	—
烟农户数（户）		—	—	—	—	—
实现烟农总收入（万元）		—	—	—	—	—
零售客户数（户）		15472	10402	9143	5749	4922
零售客户销售毛利率（%）		11.70	10.33	10.18	11.43	13.16

地市级局（公司）名称		鹤岗市烟草专卖局（公司）	黑河市烟草专卖局（公司）	大兴安岭地区烟草专卖局（公司）	绥芬河市烟草专卖局（公司）
主要负责人/法人代表（含党政领导）		孙育新	于荣庭	王俊超	和发皓（—2014.10） 牛　涛（2014.10—，主持工作）
所属县级单位		萝北县、绥滨县2个县级烟草专卖局（营销部），农林专卖分局	嫩江县、孙吴县、逊克县、北安市、五大连池市等5个县级烟草专卖局（营销部），爱辉区营销部	漠河县、呼玛县、塔河县、新林区等4个县级烟草专卖局（营销部）⑤	—
总资产（万元）		23966	23421	5773	3417
资产负债率（%）		13.61	7.56	22.03	17.96
从业人员（人）		211	369	118	56
所属业务机构	营销机构	1个营销中心	1个营销中心	1个营销中心	1个营销中心
	物流配送机构	1个配送中心	1个物流中心、1个配送中心	1个物流配送中心	1个配送中心
	专卖稽查机构	1个稽查支队、3个稽查大队、1个农林分局、1个铁路检查站	1个稽查支队、9个稽查大队	1个稽查支队、3个稽查大队	1个稽查支队
	烟叶机构	—	—	—	—
销售卷烟	亿支	19.55	24.42	7.96	3.04
	2014年比2013年（%）	-4.97	-10.20	-11.49	-6.22
卷烟销售收入（万元）		64530	70679	26496	12442
实现税利	万元	12937	12714	3823	2156
	2014年比2013年（%）	-16.89	-22.94	-16.29	-3.81
实现利润	万元	6756	6250	1200	910
	2014年比2013年（%）	-12.91	-21.40	-25.23	-0.66
查处涉烟违法案件（起）		326	129	95	26
查处涉烟违法案件案值（万元）		96	53	21	32
2014年度烟草行业投入烟叶生产基础设施建设资金（万元）		—	—	—	—
全年烟叶生产基础设施新增受益面积（万亩）		—	—	—	—
烟叶种植（万亩）		—	—	—	—
烟叶收购（万担）		—	—	—	—
烟农户数（户）		—	—	—	—
实现烟农总收入（万元）		—	—	—	—
零售客户数（户）		6711	10066	2030	727
零售客户销售毛利率（%）		12.20	10.00	12.57	13.50

注：①2014年11月，根据庆烟人〔2014〕140号文件，撤销新村分局（营销部）。

②原西安区、安东区、阳明区、爱民区等4个区局作为内设机构不再列入县级单位。

③全省烟叶收购、加工与销售工作由哈尔滨烟叶公司、牡丹江烟叶公司负责，烟叶相关数据详见文中“烟叶产销”条目。

④据黑政发〔1982〕235号文件，成立同江市、富锦市、桦南县、桦川县、汤原县、抚远县、建三江分局等7个县级烟草专卖局（营销部）；原永红区、向阳区、前进区、东风区、郊区等5个区局作为内设机构不再列入县级单位。

⑤2014年10月，根据大烟发〔2014〕42号文件，撤销呼中区局（营销部）。

（撰稿：吴　畏；编辑：谢争艳）

上海市烟草专卖局、上海烟草集团有限责任公司[①]

【专卖管理】 市场监管。上海市烟草专卖局围绕“网络终端无假烟”，注重“专销聚力”规范卷烟市场，加强对重点地区非法交易的排摸和监控，构建打击卷烟非法流通长效机制；巩固多部门合作机制，强化道口涉烟监管常态化，提高打私打假成效；制订发布上海市零售许可合理布局新规划，完善“目标同向、工作同力、信息同享、奖惩同步”的专卖内管格局。

2014 年，查获违法卷烟 52.7 万条，其中假冒卷烟 6.7 万条，总案值 8739 万元。破获符合国家局标准网络案件 23 起，其中部级督办案件 8 起。全市卷烟市场净化率为 98.3%。协助公安机关抓获涉烟犯罪嫌疑人 234 人，刑拘 126 人，211 人被依法追究刑事责任。

【经济效益】 2014 年，上海市烟草商业系统实现税利 67.35 亿元，同比增长 8.59 %，其中利润 39.9 亿元，同比增长 9.08%。实现卷烟单箱销售收入（不含税）2.75 万元，同比增长 4.95%；实现卷烟单箱税利 0.81 万元，同比增长 8.19%。三项费用率为 6.38%。

【卷烟经营】 卷烟销售。2014 年，上海市烟草商业系统销售卷烟 417.92 亿支（83.58 万箱），同比增长 1%，其中，销售一类烟 91.21 亿支（18.24 万箱）、二类烟 26.68 亿支（5.34 万箱）、三类烟 247.48 亿支（49.50 万箱）、四类烟 32.04 亿支（6.39 万箱）、五类烟 20.61 亿支（4.12 万箱）。本地区销量居前三位的卷烟品牌分别为“红双喜”“中华”“大前门”，销量分别为 212.07 亿支（42.41 万箱）、51.95 亿支（10.39 万箱）、16.48 亿支（3.30 万箱）。2014 年，实现卷烟销售收入（不含税）228.68 亿元，同比增长 5.34%。

品牌培育。针对不同区域、不同业态的消费需求特点，每周定期跟踪全市各区域存销比、户均库存、动销率、脱销面等指标，货源供应力求精准。研究消费者行为，注重创新与实践相结合，策划开展一系列形式多样的营销活动。开发品牌培育实操系列课程，着力发挥培训对品牌营销工作的支撑作用。制定“宽进严出”《上海市场卷烟品牌引入退出管理规定》，形成上海市场卷烟品牌替代方法，明确上海市场各类卷烟合理布局规则。

2011 年 12 月，“中华”品牌卷烟年度销售收入（含工、商销售）首次达到千亿元。2012 年，“中华”品牌卷烟年度销售收入突破千亿元的时间提前至 10 月。2013 年，提前至 9 月。2014 年，提前至 8 月 4 日。这是“中华”年度销售收入达到千亿元后的又一跨越，是实践“中华”品牌“升级版”“百年梦”进程中的里程碑。

终端建设。形成《现代终端管理办法》《现代终端评价标准》等，进一步优化完善现代终端信息维护、定期测评、动态调整等管理机制。加强与卷烟工业企业协同合作，进一步发挥现代终端培育品牌功能。制定《上海市直营终端达标创星方案》，通过对直营终端管理标准的完善，不断提高工作标准、改善工作质量；通过对标准贯彻验收、检查、考评，不断促进发挥直营终端在硬件方面的优势，维护上海烟草商业整体形象。

【特事要辑】 1 月 23 日，上海市地税局发布消息，上海烟草集团公司以累计上缴税费 647.3 亿元居上海市工业纳税百强企业榜首。

1 月 23 日，国家局副局长何泽华、赵洪顺到北京卷烟厂离休老党员宋文道、退休劳模王立成家中走访慰问。

3 月 20—21 日，国家局原局长倪益瑾到天津卷烟厂和北京卷烟厂调研。

3 月 26—27 日，国家局副局长赵洪顺到上海烟草调研。

4 月 23 日，驻国家局纪检组组长高林到天津卷烟厂调研。

5 月 7 日，上海烟草集团有限责任公司在上海市慈善基金会成立 20 周年座谈会上获得上海慈善事业“特别贡献奖”。

5 月 26—27 日，国家局局长凌成兴到上海烟草调研。其间，上海市委副书记、市长杨雄会见凌成兴，副市长周波参加会见。双方就上海烟草改革发展交换意见。

12 月 13 日，“爱我中华”慈善教育专项基金捐助仪式暨“知识改变命运”大型慈善报告会在集团公司中华会场举行。上海烟草集团有限责任公司向上海市慈善基金会捐赠 1000 万元。

12 月 24—25 日，国家局副局长杨培森到上海烟草调研。

---

① 上海烟草集团有限责任公司工业情况详见《烟草工业》栏目。

2014 年上海市烟草专卖局、上海烟草集团公司所属企业主要情况统计①

区、县局（公司）名称		上海市烟草专卖局黄浦分局、上海烟草集团黄浦烟草糖酒有限公司一公司	上海市烟草专卖局黄浦分局、上海烟草集团黄浦烟草糖酒有限公司二公司	上海市烟草专卖局虹口分局（有限公司）	上海市烟草专卖局静安分局（有限公司）	上海市烟草专卖局徐汇分局（有限公司）
主要负责人/法人代表（含党政领导）		黎辉婷	陆志明	汤连松	赵松高	管振毅
所属县级单位		—	—	—	—	—
总资产（万元）		113875	486015	37539	13891	16339
资产负债率（%）		1.91	8.42	6.83	12.47	4.92
从业人员（人）		260	564	485	175	167
所属业务机构	营销机构	1 个营销部	1 个营销部	1 个营销部	1 个营销部	1 个营销部、1 个电访中心
	物流配送机构	—	—	—	—	—
	专卖稽查机构	1 个稽查支队	1 个稽查支队	1 个稽查支队	—	1 个稽查支队
	烟叶机构	—	—	—	—	—
销售卷烟	亿支	20.95	7.54	18.75	5.72	10.82
	2014 年比 2013 年（%）	0.23	2.58	持平	-1.48	1.92
卷烟销售收入（万元）		144994	48751	117187	37155	63310
实现税利	万元	29966	18178	13692	6789	10713
	2014 年比 2013 年（%）	2.97	36.72	9.12	4.71	10.35
实现利润	万元	14933	12080	1902	2611	4633
	2014 年比 2013 年（%）	4.15	92.81	40.79	6.65	15.31
查处涉烟违法案件（起）		119	21	111	57	53
查处涉烟违法案件案值（万元）		379	103	109	95	122
2014 年度烟草行业投入烟叶生产基础设施建设资金（万元）		—	—	—	—	—
全年烟叶生产基础设施新增受益面积（万亩）		—	—	—	—	—
烟叶种植（万亩）		—	—	—	—	—
烟叶收购（万担）		—	—	—	—	—
烟农户数（户）		—	—	—	—	—
实现烟农总收入（万元）		—	—	—	—	—
零售客户数（户）		1011	528	1873	472	830
零售客户销售毛利率（%）		14.73	14.82	14.94	14.56	16.60

区、县局（公司）名称		上海市烟草专卖局杨浦分局（有限公司）	上海市烟草专卖局闸北分局（有限公司）	上海市烟草专卖局普陀分局（有限公司）	上海市烟草专卖局长宁分局（有限公司）	上海市烟草专卖局闵行分局（有限公司）
主要负责人/法人代表（含党政领导）		傅军海	许为平	陈维新（—2014.3） 张文江（2014.3—）	陆忠平（—2014.4） 张　定（2014.4—）	胡伟坚
所属县级单位		—	—	—	—	—
总资产（万元）		16116	15817	16206	13610	37644
资产负债率（%）		5.19	5.72	6.61	3.63	6.03
从业人员（人）		192	184	299	133	389
所属业务机构	营销机构	1个营销部	1个营销部	1个营销部	1个营销部	1个营销部
	物流配送机构	—	—	—	—	—
	专卖稽查机构	1个稽查支队	1个稽查支队	1个稽查支队	1个稽查支队	1个稽查支队
	烟叶机构	—	—	—	—	—
销售卷烟	亿支	15.16	12.22	13.62	9.90	19.49
	2014年比2013年（%）	0.26	2.16	4.44	0.81	1.17
卷烟销售收入（万元）		84285	68905	92407	62851	110629
实现税利	万元	12870	11073	11711	10367	20774
	2014年比2013年（%）	12.01	5.65	6.12	10.92	5.44
实现利润	万元	4909	4679	4101	4454	9900
	2014年比2013年（%）	19.50	6.06	9.74	15.27	6.18
查处涉烟违法案件（起）		211	119	174	127	546
查处涉烟违法案件案值（万元）		340	932	706	371	834
2014年度烟草行业投入烟叶生产基础设施建设资金（万元）		—	—	—	—	—
全年烟叶生产基础设施新增受益面积（万亩）		—	—	—	—	—
烟叶种植（万亩）		—	—	—	—	—
烟叶收购（万担）		—	—	—	—	—
烟农户数（户）		—	—	—	—	—
实现烟农总收入（万元）		—	—	—	—	—
零售客户数（户）		1037	866	904	673	2297
零售客户销售毛利率（%）		14.50	14.00	14.07	15.10	16.74

区、县局（公司）名称	上海市烟草专卖局宝山分局（有限公司）	上海市烟草专卖局浦东新区分局（有限公司）	上海市烟草专卖局松江分局（有限公司）	上海市烟草专卖局青浦分局（有限公司）	上海市烟草专卖局嘉定分局（有限公司）
主要负责人/法人代表（含党政领导）	吴俊春	李　俊（—2014.3） 陈宣民（2014.3—）	吴国权（—2014.1） 王伟家（2014.2—）	张文江（—2014.3） 郭　宇（2014.3—）	林镇南
所属县级单位	—	—	—	—	—
总资产（万元）	29075	78731	32895	19730	27852
资产负债率（%）	4.21	4.31	3.39	12.40	4.88
从业人员（人）	303	618	264	364	427

续表

区、县局（公司）名称		上海市烟草专卖局宝山分局（有限公司）	上海市烟草专卖局浦东新区分局（有限公司）	上海市烟草专卖局松江分局（有限公司）	上海市烟草专卖局青浦分局（有限公司）	上海市烟草专卖局嘉定分局（有限公司）
所属业务机构	营销机构	1 个营销部	1 个营销部	1 个营销部	1 个营销部	1 个营销部
	物流配送机构	—	—	—	—	—
	专卖稽查机构	1 个稽查支队	1 个稽查支队、5 个专卖管理署	1 个稽查支队	1 个稽查支队	1 个稽查支队
	烟叶机构	—	—	—	—	—
销售卷烟	亿支	15.70	50.52	16.58	15.70	20.74
	2014 年比 2013 年（%）	0.96	0.51	1.04	1.34	1.52
卷烟销售收入（万元）		83956	275188	86232	82390	115760
实现税利	万元	14664	37235	14912	12959	17973
	2014 年比 2013 年（%）	3.48	8.14	6.86	5.24	11.46
实现利润	万元	5930	13795	6786	4900	6528
	2014 年比 2013 年（%）	-0.34	9.58	8.54	7.89	3.59
查处涉烟违法案件（起）		156	166	146	141	77
查处涉烟违法案件案值（万元）		733	768	324	532	400
2014 年度烟草行业投入烟叶生产基础设施建设资金（万元）		—	—	—	—	—
全年烟叶生产基础设施新增受益面积（万亩）		—	—	—	—	—
烟叶种植（万亩）		—	—	—	—	—
烟叶收购（万担）		—	—	—	—	—
烟农户数（户）		—	—	—	—	—
实现烟农总收入（万元）		—	—	—	—	—
零售客户数（户）		1852	6339	2240	2515	2858
零售客户销售毛利率（%）		14.10	16.84	14.56	14.00	14.28

区、县局（公司）名称		上海市烟草专卖局奉贤分局（有限公司）	上海市烟草专卖局金山分局（有限公司）	上海市烟草专卖局崇明分局（有限公司）	上海市烟草专卖局驻上海铁路专卖局（有限公司）
主要负责人/法人代表（含党政领导）		朱永征	苗　慰	张品新（—2014.4） 蒋国政（2014.4—）	蒋仲麟
所属县级单位		—	—	—	—
总资产（万元）		34636	32020	18288	4905
资产负债率（%）		2.41	7.66	4.31	2.15
从业人员（人）		468	326	221	45
所属业务机构	营销机构	1 个营销部	1 个营销部	1 个营销部	1 个营销部
	物流配送机构	—	—	—	—
	专卖稽查机构	1 个稽查支队	1 个稽查支队、1 个专卖管理所	1 个稽查支队	1 个稽查队
	烟叶机构	—	—	—	—

续表

区、县局（公司）名称		上海市烟草专卖局奉贤分局（有限公司）	上海市烟草专卖局金山分局（有限公司）	上海市烟草专卖局崇明分局（有限公司）	上海市烟草专卖局驻上海铁路专卖局（有限公司）
销售卷烟	亿支	16.59	15.05	17.07	1.27
	2014年比2013年（%）	1.53	0.87	0.71	-0.08
卷烟销售收入（万元）		84158	79623	80757	9727
实现税利	万元	12399	12792	13128	2044
	2014年比2013年（%）	14.68	6.85	3.80	17.50
实现利润	万元	37866	4880	5513	1064
	2014年比2013年（%）	49.44	9.67	5.09	34.50
查处涉烟违法案件（起）		100	154	122	0
查处涉烟违法案件案值（万元）		512	376	198	0
2014年度烟草行业投入烟叶生产基础设施建设资金（万元）		—	—	—	—
全年烟叶生产基础设施新增受益面积（万亩）		—	—	—	—
烟叶种植（万亩）		—	—	—	—
烟叶收购（万担）		—	—	—	—
烟农户数（户）		—	—	—	—
实现烟农总收入（万元）		—	—	—	—
零售客户数（户）		2653	2779	3195	83
零售客户销售毛利率（%）		14.55	14.40	14.34	15.09

注：①上海烟草集团有限责任公司所属工业企业列表见《烟草工业》栏目。

（撰稿：李　燕　胡剑平；编辑：李　昂）

江苏省烟草专卖局（公司）

【专卖管理】 打假破网。江苏省烟草专卖局始终保持高压态势，卷烟打假破网工作实现新的突破。2014年，查处各类涉烟违法案件1.88万起，查获非法卷烟3.96万件，上缴罚没款5562万元。破获符合国家局标准的网络案件83起，其中4起为公安部、国家局挂牌督办案件，分别为扬州"3·01"特大制售假烟案件、徐州丰县"6·26"利用互联网销售假冒卷烟走私卷烟（烟丝）案件、宿迁宿豫区"2·15"利用邮政物流销售假烟案件、宿迁泗阳"3·1"销售假烟案件。公安、司法机关依法拘留309人、逮捕112人、判刑269人。省局连续第八次获国家局、公安部颁发的"卷烟打假特殊贡献奖"。

市场监管。推进市场监管方式转变，增强市场检查的针对性和有效性。推进"精准分析在市场监管中的应用""卷烟市场秩序综合评价体系"2个省级创新课题研究。坚持两手抓、两手硬，一手抓打假打私、一手抓打击非法经营。坚持日常检查和专项整治相结合，适时开展重点时段专项整治。于元旦、春节、五一、中秋、国庆期间，相继开展"冬季会战""闪电15号""闪电16号"市场集中整治专项行动，遏制卷烟违法活动的高发势头，卷烟市场净化率保持在96%以上。

专卖内管。着力完善委派制下内管工作运行机制。以盐城市局为试点，开展内管运行机制探索创新工作，江苏省局在全国烟草专卖管理工作会议上进行交流发言。依托内管信息系统、市场信息反馈、非渠道卷烟案件条码、各类投诉举报，搜集违法违规线索，排查问题风险，开展调查核实，加强内管日常监督。对全省16家工商企业规范生产经营情况加强内管定期检查，针对存在问题，提出整改意见。

证件管理。加强依法许可，组织修订完善《零售点合理布局办法》和证件管理系列制度，规范许可全过程管理。强化后续监管，开展为期半年的卷烟零售许可证清理工作。治理无证经营，2014 年减少无证经营户 278 户，在国家局证件管理重点检查中受到通报表扬。

专卖队伍建设。以江苏省烟草商业系统发展战略体系为统领，启动新一轮优秀县级局创建、示范中队创建工作。举办 9 期全省专卖人员教育培训班，培训 950 余人。组织 2 批次 911 名专卖管理人员技能鉴定，中级以上持证比例达到 73.43%。在加强“大监督”检查的同时，制定行政执法监督执行细则，推动全省专卖管理行政执法监督工作制度化、常态化。组织省级专卖管理创新课题专家评审，举办全省专卖管理工作创新论坛，按计划推进专卖管理的 2 个省级课题、6 个市级课题、109 个基层课题。

【经济效益】 2014 年，江苏省烟草商业系统实现税利 206 亿元，同比增长 9.67%，年度实现税利首次超过 200 亿元，其中利润 130 亿元，同比增长 11.52%。加强资金管理，实现货币资金利息收入 16.13 亿元，同比增长 40.3%。三项费用率为 2.29%。

【卷烟经营】 卷烟销售。2014 年，江苏省烟草商业系统共销售卷烟 1434.34 亿支（286.87 万箱），同比增长 1.71%，其中，销售一类烟 379.28 亿支（75.86 万箱）、二类烟 143.48 亿支（28.70 万箱）、三类烟 537.90 亿支（107.58 万箱）、四类烟 289.42 亿支（57.88 万箱）、五类烟 84.25 亿支（16.85 万箱）。2014 年，销售省产卷烟 666.76 亿支（133.35 万箱），同比增长 3.17%。本地区销量居前三位的品牌为“南京”“苏烟”“黄山”，销量分别为 465.06 亿支（93.01 万箱）、137.46 亿支（27.49 万箱）、64.28 亿支（12.86 万箱）。

2014 年，实现卷烟销售收入 712.69 亿元，同比增长 6.80%。卷烟单箱销售收入 2.92 万元，同比增长 5.50%。

营销管理。加强营销制度管理，以“市场化取向改革”为方向，探索推进营销改革试点工作。在省级层面，确立卷烟消费变化的跟踪与研判、货源精准投放机制建设、品牌诊断及培育策略体系以及推动零售客户真实扫码销售等 4 个省级创新课题；在地市层面，确立 20 余个市级课题进行分头攻关，初步建立全省营销创新的分级管理工作体系。按照“两个面向”的营销工作要求，面向工业企业，对接全国工业企业品牌发展规划、发展战略和工作思路，加强全省品牌培育工作；面向零售客户，积极响应客户需求，提升服务水平。

现代物流建设。在全省系统的配送中心开展“物流资源统一管理、业务运作相对独立、物流费用自主管控、人事管理适度授权”的配送中心非法人化试点工作，4 月 11 日，制定下发《中国烟草总公司江苏省公司关于印发江苏烟草商业系统卷烟物流配送中心非法人实体化运作实施意见的通知》。重点加强大市范围内的垂直管理，在界定资产，上划中转站、人员、车辆、工资、业务的基础上，加强配送中心的一体化管理；加快原有中转站的取消、整合；全面打破按县行政区划原则，实行配送线路融合优化；落实预算核算办法，实行物流费用定额管理，实现物流费用“算得清”“管得精”“控得住”；坚持配送中心牵头制定考核细则，提升成本意识和费用管控水平。截至年底，各单位基本完成资产界定工作，全省系统同比减少物流送货线路 10 条，整合中转站 5 个。

【规范与创新】 江苏省烟草商业系统落实“规范是生命线”，突出“教育、制度、规范”三个环节，以规范护航发展。省局（公司）就《反垄断法》《反不正当竞争法》等国家法律法规内容，开展专题培训辅导，各地市局（公司）通过明示承诺、学习考核、警示教育等多种形式、手段，加强全员教育培训工作。不断增强规范意识，按照构建“大监督”格局的要求，出台《“大监督”检查实施方案》，对盐城市局（公司）等 8 家单位和省公司所属多元化企业、关联企业进行检查。落实规范制度的制修订工作，印发《江苏烟草商业实践“三大战略”规范制度汇编》1 至 4 册。落实“创新是驱动力”，突出“目标引导、课题抓手、机制保障”三大举措，以创新驱动发展。确定省级创新课题 23 个、市级课题 73 个，基层课题 420 个，形成《江苏烟草商业系统争当“三个楷模”创新课题汇编》，并制定“创新一生管理”的配套制度。

【特事要辑】 4 月 9 日，国家局副局长赵洪顺到江苏烟草听取省局（公司）党组关于实践“三大课题”、争当“三个楷模”的汇报，并调研专卖管理、经济运行、市场营销等方面的工作。

5 月 7 日，国家局副局长赵洪顺到江苏南通、苏州市局（公司）调研。

5 月 15—17 日，国家局局长凌成兴到江苏烟草调研。凌成兴要求，要做到“三个着力搞好”，即着力搞好经济运行工作、着力搞好技术改造工作、着力搞好教育实践活动，在稳定销量、提升结构、增长税利等方面，不打折扣，多作贡献。

7 月 29—30 日，国家局总会计师张玉霞到江苏省局

（公司）调研全省系统财务审计工作开展情况。

9 月 17 日，国家局副局长杨培森到江苏烟草调研“三大课题”开展情况。

11 月 5 日，国家局副局长赵洪顺到江苏烟草调研行业“三大课题”在全省烟草商业的实践情况。

12 月 3—4 日，驻国家局纪检组组长高林到江苏烟草调研党风廉政建设及党的群众路线教育实践活动开展情况等。

2014 年江苏省烟草专卖局（公司）所属企业主要情况统计

地市级局（公司）名称		南京市烟草专卖局（公司）	苏州市烟草专卖局（公司）	无锡市烟草专卖局（公司）	常州市烟草专卖局（公司）	镇江市烟草专卖局（公司）
主要负责人/法人代表（含党政领导）		李潮江	许亚楠（—2014. 8） 董桂林（2014. 8—）	王玉平（—2014. 8） 杨思藻（2014. 8—）	杨增科	李成军
所属县级单位		浦口区、六合区、江宁区、溧水县、高淳县等 5 个县级烟草专卖局（分公司），以及第一、第二、第三、第四分局（分公司）	吴中（相城）区、吴江市、昆山市、太仓市、常熟市、张家港市等 6 个县级烟草专卖局（分公司）	江阴市、宜兴市、锡山区等 3 个县级烟草专卖局（分公司）	武进区、金坛市、溧阳市等 3 个县级烟草专卖局（分公司）	句容市、丹阳市、丹徒区、扬中市等 4 个县级烟草专卖局（分公司）
总资产（万元）		870760	796875	584371	380811	274160
资产负债率（%）		5. 15	6. 74	5. 63	14. 02	12. 05
从业人员（人）		1162	1348	810	672	565
所属业务机构	营销机构	1 个营销中心	1 个营销中心	1 个营销中心	1 个营销中心	1 个营销中心
	物流配送机构	1 个物流配送中心、4 个卷烟中转站	1 个物流中心、1 个配送中心	2 个物流配送中心	1 个物流中心	1 个物流中心
	专卖稽查机构	1 个稽查支队、9 个稽查大队	1 个稽查支队、9 个稽查大队	1 个稽查支队、4 个稽查大队	1 个稽查支队、7 个稽查大队	1 个稽查支队、3 个稽查大队
	烟叶机构	—	—	—	—	—
销售卷烟	亿支	176. 96	192. 11	121. 42	87. 81	66. 10
	2014 年比 2013 年（%）	2. 70	1. 90	0. 17	0. 34	3. 21
卷烟销售收入（万元）		1077852	1044823	714398	487342	359049
实现税利	万元	313523	307117	218133	140544	102254
	2014 年比 2013 年（%）	12. 27	8. 99	10. 19	3. 86	8. 30
实现利润	万元	199229	195234	140279	88715	62665
	2014 年比 2013 年（%）	16. 84	10. 93	11. 80	4. 28	7. 78
查处涉烟违法案件（起）		1861	1677	2157	1522	1577
查处涉烟违法案件案值（万元）		1135	4184	4523	3481	3368
2014 年度烟草行业投入烟叶生产基础设施建设资金（万元）		—	—	—	—	—
全年烟叶生产基础设施新增受益面积（万亩）		—	—	—	—	—
烟叶种植（万亩）		—	—	—	—	—
烟叶收购（万担）		—	—	—	—	—
烟农户数（户）		—	—	—	—	—

续表

地市级局（公司）名称	南京市烟草专卖局（公司）	苏州市烟草专卖局（公司）	无锡市烟草专卖局（公司）	常州市烟草专卖局（公司）	镇江市烟草专卖局（公司）
实现烟农总收入（万元）	—	—	—	—	—
零售客户数（户）	23046	33664	23071	18317	16252
零售客户销售毛利率（%）	13.03	11.00	12.40	10.05	10.03

地市级局（公司）名称		南通市烟草专卖局（公司）	扬州市烟草专卖局（公司）	泰州市烟草专卖局（公司）	盐城市烟草专卖局（公司）
主要负责人/法人代表（含党政领导）		秦立华	周强华	刘培峰（—2014.8） 余　彪（2014.8—）	张加成
所属县级单位		海安县、如皋市、如东县、通州区、海门市、启东市等6个县级烟草专卖局（分公司）	宝应县、高邮市、江都区、邗江区、仪征市等5个县级烟草专卖局（分公司）	靖江市、泰兴市、姜堰区、兴化市等4个县级烟草专卖局（分公司）	响水县、滨海县、阜宁县、射阳县、建湖县、大丰市、东台市等7个县级烟草专卖局（分公司）
总资产（万元）		479514	329019	322557	348140
资产负债率（%）		13.71	12.67	13.74	15.50
从业人员（人）		928	845	926	1066
所属业务机构	营销机构	1个营销中心	1个营销中心、1个电访中心	1个营销中心	1个营销中心
	物流配送机构	1个物流配送中心	1个物流中心、2个中转站	1个物流中心、4个中转站	1个物流中心、2个中转站
	专卖稽查机构	1个稽查支队、9个稽查大队	1个稽查支队、7个稽查大队	1个稽查支队、7个稽查大队	1个稽查支队、10个稽查大队
	烟叶机构	—	—	—	—
销售卷烟	亿支	131.85	88.52	89.60	124.04
	2014年比2013年（%）	3.02	1.24	1.40	-0.55
卷烟销售收入（万元）		693741	460740	463399	514030
实现税利	万元	202678	125792	129735	134503
	2014年比2013年（%）	10.41	8.84	11.52	10.10
实现利润	万元	128942	77323	79950	80901
	2014年比2013年（%）	11.69	10.66	12.36	11.47
查处涉烟违法案件（起）		775	1881	1220	1226
查处涉烟违法案件案值（万元）		1210	1124	1892	3306
2014年度烟草行业投入烟叶生产基础设施建设资金（万元）		—	—	—	—
全年烟叶生产基础设施新增受益面积（万亩）		—	—	—	—
烟叶种植（万亩）		—	—	—	—
烟叶收购（万担）		—	—	—	—
烟农户数（户）		—	—	—	—
实现烟农总收入（万元）		—	—	—	—
零售客户数（户）		34901	25736	29142	38304
零售客户销售毛利率（%）		11.00	10.00	10.03	10.02

地市级局（公司）名称		淮安市烟草专卖局（公司）	宿迁市烟草专卖局（公司）	徐州市烟草专卖局（公司）	连云港市烟草专卖局（公司）
主要负责人/法人代表（含党政领导）		李前效	李江苏	廉　文	杨思藻（—2014.8） 高　翔（2014.8—）
所属县级单位		淮安区、淮阴区、涟水县、洪泽县、金湖县、盱眙县等6个县级烟草专卖局（分公司）	沭阳县、泗阳县、泗洪县、宿豫区等4个县级烟草专卖局（分公司）	丰县、沛县、铜山区、睢宁县、邳州市、新沂市、贾汪区等7个县级烟草专卖局（分公司），以及直属公局（分公司）	东海县、赣榆县、灌云县、灌南县等4个县级烟草专卖局（分公司）
总资产（万元）		166963	129681	276477	149182
资产负债率（%）		5.79	14.90	6.97	14.91
从业人员（人）		703	670	1259	657
所属业务机构	营销机构	1个营销中心	1个营销中心、 1个电访中心	1个营销中心	1个营销中心、 1个电访中心
	物流配送机构	1个物流中心、 1个配送中心	1个物流中心	1个物流配送中心	1个物流中心、 1个配送中心
	专卖稽查机构	1个稽查支队、 10个稽查大队	1个稽查支队、 7个稽查大队	1个稽查支队、 13个稽查大队	1个稽查支队、 7个稽查大队
	烟叶机构	—	—	—	—
销售卷烟	亿支	75.65	65.46	143.85	70.96
	2014年比2013年（%）	3.04	2.04	1.70	2.78
卷烟销售收入（万元）		314944	229289	517893	257911
实现税利	万元	77178	54998	126104	62981
	2014年比2013年（%）	10.70	11.07	11.56	9.42
实现利润	万元	45348	31715	72754	36206
	2014年比2013年（%）	14.52	14.77	14.01	12.16
查处涉烟违法案件（起）		869	1015	1804	1185
查处涉烟违法案件案值（万元）		2673	1458	5481	2039
2014年度烟草行业投入烟叶生产基础设施建设资金（万元）		—	—	—	—
全年烟叶生产基础设施新增受益面积（万亩）		—	—	—	—
烟叶种植（万亩）		—	—	—	—
烟叶收购（万担）		—	—	—	—
烟农户数（户）		—	—	—	—
实现烟农总收入（万元）		—	—	—	—
零售客户数（户）		21952	24320	44541	23644
零售客户销售毛利率（%）		10.00	11.00	10.42	10.00

（撰稿：张　华；编辑：谢争艳）

浙江省烟草专卖局（公司）

【专卖管理】 打假打私。2014年，浙江省烟草专卖局共查处涉烟案件1.64万起，同比增长3.39%，其中假烟案件2376起，同比下降13%。查获违法卷烟1.95万件，同比增长2.77%，其中假烟3620件，同比下降19.49%。破获假烟国标网络案件78起，其中部督案件6起，判刑417人。破获杭州“1·1”制售假烟部督网络案，从终端销售、储存、运输环节向生产、供货源头追溯，长链条、多环节打击取得成效；破获永嘉“1·17”特大互联网制售假烟部督网络案，涉案金额3亿元，创浙江省互联网涉案金额之最；破获温岭“9·3”特大非法拼装、涉外销售烟机集群网络案，突出对非法经营烟机的持续打击，得到公安部、国家局通报表彰。省局第八次获得全国卷烟打假特殊贡献奖。

市场监管。全面推广APCD工作法，以分析、计划、检查、处理为主线流程，在绍兴市局试点基础上全面启动，通过分析明确重点对象，以有针对性的市场监管替代盲目性的市场巡查，相应减少对守法零售客户的过度检查，提高监管精准度。深化部门协作机制，与工商部门联合开展“蓝天1号”专项行动，保持对涉烟违法行为严防、严控、严打的高压态势。各地按照省局专项行动要求，集中打击一批有集群销假、非法卷烟回收、无证经营等违法行为的重点对象。专项整治期间，全省烟草、工商联合行动1661次，出动2.26万人次，检查场所2.98万个，发放责令整改通知书6704份，查处违法经营户3246户，取消经营资格51户，查扣非法卷烟2418件，案值2084万元。

专卖内管。完善内管工作机制，发挥监管职能作用；开展日常监管检查，发现生产经营中存在的不规范问题和隐患，推进规范经营内控制度执行到位。2014年，未发生重大违法违规生产经营案件。联合开展“卷烟非法流通综合治理专项行动”，规范内部经营行为，减少源头流出；规范大户、涉案零售客户管理，重点打击卷烟非法收购、倒卖行为，防范非渠道烟外流；加强市场监管，打击非法运输行为，查堵区域外流入，非法流通治理初见成效。2014年，全省查处案值5万元以上非渠道烟案件782起，同比增长41.41%；全省案值30万元以上非渠道烟案件地区间流动零发生、被省外单位零查获。

【经济效益】 2014年，浙江省烟草商业系统实现税利236.28亿元，同比增长9.34%，其中利润146.85亿元，同比增长10.32%。实现卷烟销售收入813.03亿元，同比增长6.4%。实现卷烟税利230.97亿元，同比增长8.97%，其中利润142.36亿元，同比增长9.67%。全省单箱销售额3.69万元，同比增长6.2%，单箱税利0.9万元。

三项费用率3.42%，同比下降0.49个百分点；五项重点费用同比下降20.12%。继续加强货币资金的集中规范运作，2014年实现利息收入16.17亿元，同比增长31.66%，物流费用6.08亿元，同比上升7.19%。

【卷烟经营】 卷烟销售。2014年，销售卷烟1299.78亿支（259.96万箱），同比增长1.01%，其中，销售一类烟517.64亿支（103.53万箱），同比增长10.01%；二类烟118.33亿支（23.67万箱），同比增长4.82%；三类烟441.09亿支（88.22万箱），同比增长5.92%；四类烟190.18亿支（38.04万箱），同比下降22.50%；五类烟32.54亿支（6.51万箱），同比下降21.91%。一类烟销量首次突破100万箱，占比39.82%。高端卷烟销售197.60亿支（39.52万箱），同比增长17.17%；高价位卷烟销售7.55亿支（1.51万箱），同比增长4.34%。销量居前三位的品牌分别是“利群”“红双喜”“白沙”，销量分别为393.26亿支（78.65万箱）、111.64亿支（22.33万箱）、84.92亿支（16.98万箱）。销售全国重点品牌卷烟1067.5亿支（213.50万箱），同比增长4.61%，占总销量的82.12%。国产雪茄烟销售1699.72万支（339.94箱）。

品牌培育。制定《全省品牌培育指导意见》，形成全省卷烟品牌规格的梯次架构，突出主销规格，培育潜力产品，明确全省重点培育方向和具体规格。各地市每季度制定培育方案，明确进度，落实责任，开展品牌培育和临柜导购指导，注重品牌陈列、自主推介等经营习惯的养成，加强终端广告资源投入，提高零售客户终端推介和培育重点品牌的经营能力。湖州市公司创新培育方式，让消费者对新品“看得到，找得到，买得到”；丽水市公司开通微信公众平台，借助“信息推送、经营分析、在线问答”等功能，增加客我互动的机会，丰富品牌培育的手段；台州市公司、温州市公司打造140多家“一店一品”终端店。修订《品牌进退管理办法》，对18家工业企业的品牌规格进行分类，在全省现有品牌规格247个（不包括细支烟规格）的总数内实行“进一退一”，加大地市公司品牌引入的自主权，并对成长性差的存量规格明确退出机制。抓住国产细支烟和国产雪茄烟的投放和销售，引入国产雪茄烟9个、国产细支烟5个规格。杭州市公司开展雪茄烟消费趋势研究，温州市公司分析细支烟消费趋势，为全省探索培育方式方法。2014年，实现国产雪茄烟销售2801.29万元，同比增长29.84%；国产细支烟销售804箱，同比增长88%。

*现代终端建设。*制定现代终端建设基本标准，注重扩面提质和功能发挥，全省建成现代终端3.89万户，比重12.72%。突出终端品牌培育，现代终端重点品牌销售比重达到84.27%。推进“四网合一”，全省网上订货户25.62万户，占比83.7%；网上配货户近2万户，占比6.51%；网上结算户7694户，占比2.51%。

*物流建设。*建立并实施项目法人责任制、领导联系制和进度定期通报制，加快物流项目建设。宁波项目投入使用；杭州、金华、丽水项目基本实现工程建设进度；温州项目完成土建施工单位招标前期工作；湖州项目获得国家局初步设计批复；衢州项目完成设备招标；台州项目发布设备招标公告。注重降本增效，加强对标管理，全省物流总费用为6.10亿元，其中剔除人工和折旧后的物流费用为1.35亿元，同比减少249万元，下降1.81%。

【烟叶产销】 2014年，全省种植烟叶4039.1亩，收购烟叶415吨（8300担）。全省烟农户数3233户，实现烟农总收入1120.6万元。烟叶出口1.91万吨（38.20万担），出口实现6015.73万美元。完成绍兴香料烟大棚项目实施与验收工作，建大棚4957座，投入资金957.69万元，惠及32个乡镇305个自然村3761户烟农。

开展不适用烟叶出口工作，在中国烟草国际有限公司统一对外谈判、统一定价的前提下，开拓“经销形式、开放平台、联合运作”出口新模式，出口不适用烟叶1.89万吨（37.80万担），实现收入5891万美元，提高生产要素使用效率。

【特事要辑】 1月27—28日，浙江省局（公司）在杭州召开全省烟草专卖商业工作会议。党组书记、局长、总经理邱萍作题为《主动适应“新常态”、全力冲刺“十二五”，推动浙江烟草专卖商业可持续稳健发展》的工作报告。

4月2—3日，驻国家局纪检组组长高林到宁波市局（公司）调研指导第二批党的群众路线教育实践活动开展情况。

5月28日，国家局副局长赵洪顺到浙江烟草商业系统调研，指出要把保持良好市场状态作为经济运行的重中之重，把内部监管和打击非渠道烟非法流通作为市场监管的重中之重，进一步坚持严格规范管理，促进企业长治久安。

6月17日，驻国家局纪检组组长高林全程参加并指导宁波市局（公司）党组群众路线教育实践活动领导班子专题民主生活会。

6月23—24日，国家局局长凌成兴到浙江烟草调研，指出要坚定谋划“三大课题”、提升“五个形象”、实现“保八争十超万亿”年度目标的信心，实现工商产销结构水平、精益管理水平、国际市场开拓水平“三个不断提升”。

11月17—18日，国家局副局长徐瑛到浙江省烟草商业系统调研，指出要努力保持销量稳定，努力完成增收节支任务，努力探索非烟商务物流，努力协调好中维地产项目。

2014年浙江省烟草专卖局（公司）所属企业主要情况统计

地市级局（公司）名称	杭州市烟草专卖局（公司）	宁波市烟草专卖局（公司）	温州市烟草专卖局（公司）	嘉兴市烟草专卖局（公司）
主要负责人/法人代表（含党政领导）	林少华	包诚善	丁春生（—2014.5） 蒋仲泉（2014.5—）	陈月华
所属县级单位	萧山区、余杭区、富阳区、临安市、桐庐县、建德市、淳安县等7个县级烟草专卖局（分公司）	余姚市、慈溪市、奉化市、宁海县、象山县、鄞州区、镇海区、北仑区等8个县级烟草专卖局（分公司）	瑞安市、乐清市、苍南县、永嘉县、平阳县、泰顺县、文成县、洞头县等8个县级烟草专卖局（分公司）	嘉善县、平湖市、海宁市、海盐县、桐乡市等5个县级烟草专卖局（分公司）
总资产（万元）	804184	666093	568060	354015
资产负债率（%）	6.52	7.49	7.99	12.64

续表

地市级局（公司）名称		杭州市烟草专卖局（公司）	宁波市烟草专卖局（公司）	温州市烟草专卖局（公司）	嘉兴市烟草专卖局（公司）
从业人员（人）		1285	1419	1454	839
所属业务机构	营销机构	1个营销中心	1个营销中心	1个营销中心	1个营销中心
	物流配送机构	1个配送中心、1个配送分中心	1个配送中心	1个配送中心	1个配送中心
	专卖稽查机构	1个稽查支队、7个稽查大队、34个专卖所	1个稽查支队、8个稽查大队、27个专卖所	1个稽查支队、10个稽查大队、30个专卖所	1个稽查支队、9个稽查、15个专卖所
	烟叶机构	—	—	—	1个烟叶科
销售卷烟	亿支	209.99	199.71	193.39	100.01
	2014年比2013年（%）	0.58	0.89	0.78	1.36
卷烟销售收入（万元）		1428308	1243586	1149333	691225
实现税利	万元	419481	366914	319579	198121
	2014年比2013年（%）	8.99	9.78	9.01	10.35
实现利润	万元	263123	231096	196140	124043
	2014年比2013年（%）	9.60	10.07	9.88	14.32
查处涉烟违法案件（起）		2159	2188	2920	1533
查处涉烟违法案件案值（万元）		3261	2442	2210	1805
2014年度烟草行业投入烟叶生产基础设施建设资金（万元）		—	—	—	—
全年烟叶生产基础设施新增受益面积（万亩）		—	—	—	—
烟叶种植（万亩）		—	—	—	0.16
烟叶收购（万担）		—	—	—	0.37
烟农户数（户）		—	—	—	1254
实现烟农总收入（万元）		—	—	—	440
零售客户数（户）		38775	47282	49871	23408
零售客户销售毛利率（%）		12.38	12.06	12.35	10.00

地市级局（公司）名称	湖州市烟草专卖局（公司）	绍兴市烟草专卖局（公司）	金华市烟草专卖局（公司）	衢州市烟草专卖局（公司）
主要负责人/法人代表（含党政领导）	龚一正	潘昵琥（—2014.9） 许才庆（2014.9—）	郑敏强	邵作民
所属县级单位	德清县、长兴县、安吉县等3个县级烟草专卖局（分公司）	诸暨市、上虞区、嵊州市、新昌县等4个县级烟草专卖局（分公司）	义乌市、东阳市、永康市、兰溪市、浦江县、武义县、磐安县等7个县级烟草专卖局（分公司）	江山市、龙游县、常山县、开化县等4个县级烟草专卖局（分公司）
总资产（万元）	229206	343449	362733	139819
资产负债率（%）	10.66	9.96	13.49	10.47

续表

地市级局（公司）名称		湖州市烟草专卖局（公司）	绍兴市烟草专卖局（公司）	金华市烟草专卖局（公司）	衢州市烟草专卖局（公司）
从业人员（人）		710	859	1139	556
所属业务机构	营销机构	1个营销中心	1个营销中心	1个营销中心	1个营销中心
	物流配送机构	1个配送中心	1个配送中心	1个配送中心、1个配送分中心	1个配送中心
	专卖稽查机构	1个稽查支队、5个稽查大队、19个专卖所	1个稽查支队、6个稽查大队、25个专卖所	1个稽查支队、9个稽查大队、25个专卖所	1个稽查支队、6个稽查大队、18个专卖所
	烟叶机构	—	2个烟叶科	—	—
销售卷烟	亿支	72.11	109.49	129.44	50.82
	2014年比2013年（%）	1.67	1.30	1.30	0.44
卷烟销售收入（万元）		476877	697869	760708	312223
实现税利	万元	133273	200975	213785	83634
	2014年比2013年（%）	9.91	9.10	8.76	8.09
实现利润	万元	81267	124090	130736	49143
	2014年比2013年（%）	12.55	8.95	10.00	7.43
查处涉烟违法案件（起）		2593	886	1239	383
查处涉烟违法案件案值（万元）		1374	1159	1782	1295
2014年度烟草行业投入烟叶生产基础设施建设资金（万元）		—	—	—	—
全年烟叶生产基础设施新增受益面积（万亩）		—	—	—	—
烟叶种植（万亩）		—	0.22	—	—
烟叶收购（万担）		—	0.33	—	—
烟农户数（户）		—	1829	—	—
实现烟农总收入（万元）		—	500	—	—
零售客户数（户）		21971	28096	32528	14839
零售客户销售毛利率（%）		9.20	10.00	14.08	10.23

地市级局（公司）名称	丽水市烟草专卖局（公司）	台州市烟草专卖局（公司）	舟山市烟草专卖局（公司）
主要负责人/法人代表（含党政领导）	张　和（—2014.9） 沈伏恒（2014.9—）	陈修年	宋建国
所属县级单位	青田县、缙云县、龙泉市、遂昌县、松阳县、庆元县、云和县、景宁县等8个县级烟草专卖局（分公司）	玉环县、温岭市、黄岩区、临海市、天台县、仙居县、三门县等7个县级烟草专卖局（分公司）	普陀区、岱山县、嵊泗县等3个县级烟草专卖局（分公司）
总资产（万元）	113359	430167	96185
资产负债率（%）	18.18	11.04	15.06
从业人员（人）	749	1017	352

续表

地市级局（公司）名称		丽水市烟草专卖局（公司）	台州市烟草专卖局（公司）	舟山市烟草专卖局（公司）
所属业务机构	营销机构	1 个营销中心	1 个营销中心	1 个营销中心
	物流配送机构	1 个配送中心	1 个配送中心	1 个配送中心、1 个配送分中心
	专卖稽查机构	1 个稽查支队、8 个稽查大队、14 个专卖所	1 个稽查支队、9 个稽查大队、27 个专卖所	1 个稽查支队、4 个稽查大队、8 个专卖所
	烟叶机构	1 个烟叶站	—	—
销售卷烟	亿支	54.68	149.15	31.16
	2014 年比 2013 年（%）	1.58	0.87	1.95
卷烟销售收入（万元）		310683	862163	203201
实现税利	万元	72233	246119	55654
	2014 年比 2013 年（%）	10.03	8.95	10.04
实现利润	万元	38747	152049	32938
	2014 年比 2013 年（%）	11.81	9.51	10.95
查处涉烟违法案件（起）		463	1486	508
查处涉烟违法案件案值（万元）		405	2639	321
2014 年度烟草行业投入烟叶生产基础设施建设资金（万元）		—	—	—
全年烟叶生产基础设施新增受益面积（万亩）		—	—	—
烟叶种植（万亩）		0.03	—	—
烟叶收购（万担）		0.13	—	—
烟农户数（户）		150	—	—
实现烟农总收入（万元）		181	—	—
零售客户数（户）		16220	39318	7856
零售客户销售毛利率（%）		12.24	13.99	12.70

（撰稿：黄　凯；编辑：李　昂）

安徽省烟草专卖局（公司）

【专卖管理】　安徽省烟草专卖局推进联合执法，密切与公安部门协作，实现涉烟案件联合督办、联合查办、联合外调、办案人员联合培训。首次建立与交通部门协作关系，各市、县局先后建立二级配套的烟草和交通部门联合执法机制。建立与海关部门联合打私协作机制。进一步明确与工商部门协作关系。2014 年，破获国标网络案件 6 起，省标网络案件 25 起。组织开展烟草专卖品运输市场整治“百日行动”，做好专项行动，带动整体市场保持稳定。推进“精益专卖管理年”各项工作，APCD 工作法成效初显，专卖管理信息化稳步推进。开展标兵单位评选，继续深入推进基层创优，基层所队建设继续加强。2014 年，查处各类涉烟违法案件 18460 起，同比下降 9.5%，案值 7412 万元，同比下降 7.5%；查获各种违法卷烟 8453 万支，同比下降 5.7%。移送司法机关判刑 159 人，拘留 228 人。

【经济效益】　2014 年，安徽省烟草商业系统实现税利 127.05 亿元，同比增长 16.16%，其中利润 73.75 亿元，同比增长19.86%。单箱卷烟销售收入24313元，实现单箱税利6296元。三项费用率为5.26%。

【卷烟经营】 卷烟销售。2014年，安徽省烟草商业系统共销售卷烟1008.23亿支（201.65万箱），同比增长1.86%，其中，销售一类烟219.69亿支（43.94万箱）、二类烟252.14亿支（50.43万箱）、三类烟285.42亿支（57.08万箱）、四类烟191.28亿支（38.26万箱）、五类烟59.70亿支（11.94万箱）。2014年，实现含税卷烟销售收入573.70亿元，同比增长11.93%。实现卷烟税利122.46亿元，同比增长14.91%，其中利润71.81亿元，同比增长17.44%。本地区销量居前三位的品牌是“黄山”“利群”“红三环”，销量分别为598.30亿支（119.66万箱）、47.62亿支（9.52万箱）、40.86亿支（8.17万箱）。

品牌培育。集中全省市场资源，与工业企业统一协商，客户订单满足率保持在90%以上。建立在销品牌规格评价指标体系，持续优化品牌生态，大力培育知名品牌，将市场资源优先向知名品牌集聚。2014年，累计销售重点品牌卷烟890.6亿支（178.12万箱），同比增长5.52%。

构建烟草精益供应链。以“市场驱动精益、协同创造价值”为理念，以“需求拉动商流、订单驱动物流、协同贯穿信息流”为主要特征，安徽烟草精益供应链系统构建完成并运行。

工商物流一体化。推进工商物流一体化建设，工商双方按照物流一体化思路，统筹规划阜阳、蚌埠、芜湖三地新建卷烟物流中心，启动蚌埠市公司卷烟工商物流一体化仓储中心建设。

【烟叶产销】 烟叶产销。2014年，销售烟叶2.66万吨（53.2万担），其中省内销售0.915万吨（18.3万担），省外销售1.645万吨（32.9万担），出口0.1万吨（2万担）。烟叶收购均价25.41元/千克，同比增长13.84%。实现烟叶销售收入14.8亿元，实现烟叶税利5.62亿元，同比增长60%，其中利润1.98亿元，同比增长175%。

2014年，落实烟叶种植面积22.9万亩，同比持平；落实“焦甜香”特色优质烟叶面积12.5万亩。签订烟叶种植收购合同4307份，户均种植面积53亩，同比增加8.5亩。其中，皖南烟区户均85亩，位于全国前列。全省收购烟叶2.925万吨（58.5万担），其中，收购“焦甜香”特色优质烟叶2万吨（40万担），同比增长30%，占皖南烟叶收购总量80%。投入烟叶生产基础设施建设资金2.75亿元，其中本省系统投入1.7亿元。

特色优质烟叶开发。突出皖南“焦甜香”特色烟叶开发，实践烟叶“一生管理”和GAP生产理念，编著出版《烤烟一生技术管理》，研究建立《安徽省烤烟生产加工标准体系》，制定发布《“焦甜香”烤烟系列标准体系》，填补行业品类烟标准空白。开展“皖南‘焦甜香’烟叶特色风格彰显关键技术研究与开发”项目，通过国家局鉴定。启动《土壤农残生物降解与重金属钝化机制及其应用研究项目》。

烟叶收购暨现代烟草农业建设现场会。推进现代烟草农业建设，承办2014年度全国烟叶收购暨现代烟草农业建设现场会，展示皖南特色烟叶开发和现代烟草农业建设成果和在推进科技创新、管理创新、制度创新，在职业化烟农培育、“焦甜香”烟叶开发、烟农专业合作社建设、工商深度合作、科技进步与管理创新等五个方面工作亮点和经验做法。

【精益管理】 探索推进精益管理，提出“顶层设计、分层实施、操作到位”总要求，以“提升服务价值、降低成本费用、提高效益效率”为目标，以“精益营销、精益物流、精益烟叶、精益专卖、精益机关”为主要内容，突出“理念引领、全员覆盖、顶层设计、试点先行、项目带动、评价考核”六个环节，强化“队伍、信息”两个支撑，科学构建统一、规范、高效的精益管理体系，打造安徽烟草商业企业管理升级版。联合安徽中烟承办行业企业管理现场会，向全行业展示安徽烟草企业精益管理成果。

【特事要辑】 1月23日，安徽省局（公司）在合肥召开2014年工作会议。

6月17—18日，2014年全国烟叶收购暨现代烟草农业建设现场会在安徽宣城召开。会议总结全国烟叶生产情况，交流了现代烟草农业建设经验，并对烟叶生产、收购工作及现代烟草农业建设进行安排部署。国家局副局长杨培森出席会议并讲话。

7月7—8日，国家局局长凌成兴在安徽烟草调研。安徽省委副书记、省长王学军会见凌成兴，安徽省副省长杨振超参加会见并陪同调研。凌成兴充分肯定安徽烟草各项工作取得的成绩。他指出，面对行业改革发展“四大难题”，安徽烟草工作扎实、成绩显著，保持了好的发展势头，树立了“两个典范”、创造“三条经验”。“两个典范”，即华环国际烟草有限公司是行业打叶复烤企业的典范，规模大、体制新、水平高、专利多；“北烟南移”是烟叶布局调整的典范，皖南烟区烟叶收购的政策、土地流转的方法、基地单元的建设得人心。“三条经验”：一是培育自主品牌至关重要，在“黄山”品牌第三次创业中，工商协同共育品牌成效明显；二是提升卷烟结构至关重要，在发展困难时期，重视发挥调整卷烟单箱结构对经济运行的稳定作用；三是加强企业管理至关重要，注重货币资金保值增值、注重精细管理、注重投资项目建设的质量、进度和概算管理。对安徽烟草下一步工作，凌成兴强调，要坚定信心、迎难而上，扎实推进各项工作。坚定信心，就是要坚定谋划“三大课题”、提升“五个形象”、实现“保八争十超万亿”年度目标的信心。迎难而上，就是促销量要迎难而上，千方百计稳行情、扩销量、压库存；调结构要迎难而上，重视卷烟销售结构与社会消费品零售总额、城乡居民人均收入增长幅度的正相关效应，挖掘结构提升的潜力；增税利要迎难而上，保持税利增长的好势头，为实现年度目标任务多做贡献。

10 月 14—15 日，行业打叶复烤企业建设和管理现场会在安徽滁州召开。会议交流行业打叶复烤工作先进经验，对下一阶段重点工作任务进行安排部署。国家局副局长杨培森出席会议并讲话。

10 月 28—29 日，2014 年全国烟草行业企业管理现场会在安徽合肥召开。会议的主要任务是总结一年来企业精益管理工作情况，交流工商企业推进精益管理好的做法和经验，明确下一阶段行业精益管理工作目标任务和重点。国家局局长凌成兴作出批示，安徽省副省长杨振超到会致辞，国家局副局长李克明出席会议并讲话。

12 月 10—11 日，国家局副局长徐瑝在安徽烟草调研。其间，徐瑝考察安徽中烟工业有限责任公司合肥卷烟厂、合肥市烟草专卖局（公司）卷烟物流配送中心、双维伊士曼纤维有限公司生产车间，并听取安徽烟草工商企业、双维伊士曼公司的工作汇报。

2014 年安徽省烟草专卖局（公司）所属企业主要情况统计

地市级局（公司）名称		合肥市烟草专卖局（公司）	淮北市烟草专卖局（公司）	亳州市烟草专卖局（公司）	宿州市烟草专卖局（公司）
主要负责人/法人代表（含党政领导）		张丙利	张雪松（—2014.9） 蒋跃进（2014.9—）	李成贵	丁惠萍
所属县级单位		巢湖市、庐江县、肥东县、肥西县、长丰县、瑶海区、包河区、庐阳区、蜀山区等 9 个县级烟草专卖局（营销部）	濉溪县烟草专卖局（营销部）、1 个直属分局（营销部）	涡阳县、蒙城县、利辛县等 3 个县级烟草专卖局（营销部）、1 个直属分局（营销部）	灵璧县、泗县、萧县、砀山县等 4 个县级烟草专卖局（营销部）、1 个直属分局（营销部）
总资产（万元）		341183	59795	57735	103412
资产负债率（%）		2.35	3.35	12.56	7.89
从业人员（人）		1336	313	996	839
所属业务机构	营销机构	1 个营销中心	1 个营销中心	1 个营销中心	1 个营销中心
	物流配送机构	1 个物流中心、2 个中转站	1 个物流中心、1 个中转站	1 个卷烟配送中心、3 个中转站	1 个物流中心、4 个配送站
	专卖稽查机构	9 个稽查队、32 个专卖管理所	2 个稽查队、6 个专卖管理所	1 个稽查支队、4 个稽查队、14 个专卖管理所	5 个稽查队、17 个专卖管理所
	烟叶机构	—	—	1 个烟叶经理部、5 个烟叶工作站、1 个烟叶物资库	—
销售卷烟	亿支	142.42	32.25	67.37	81.32
	2014 年比 2013 年（%）	2.65	1.93	1.98	1.82
卷烟销售收入（万元）		979796	148642	318067	357799
实现税利	万元	226916	29613	51767	68208
	2014 年比 2013 年（%）	13.66	8.27	13.59	12.21
实现利润	万元	136672	16432	23335	37795
	2014 年比 2013 年（%）	13.54	8.52	20.91	16.08

续表

地市级局（公司）名称	合肥市烟草专卖局（公司）	淮北市烟草专卖局（公司）	亳州市烟草专卖局（公司）	宿州市烟草专卖局（公司）
查处涉烟违法案件（起）	2537	527	2118	2564
查处涉烟违法案件案值（万元）	1699	102	352	866
2014年度烟草行业投入烟叶生产基础设施建设资金（万元）	—	—	362	—
全年烟叶生产基础设施新增受益面积（万亩）	—	—	—	—
烟叶种植（万亩）	—	—	1.98	—
烟叶收购（万担）	—	—	4.78	—
烟农户数（户）	—	—	1596	—
实现烟农总收入（万元）	—	—	4821	—
零售客户数（户）	29286	8725	19892	25438
零售客户销售毛利率（%）	10.94	11.55	11.20	12.05

地市级局（公司）名称		蚌埠市烟草专卖局（公司）	阜阳市烟草专卖局（公司）	淮南市烟草专卖局（公司）	滁州市烟草专卖局（公司）
主要负责人/法人代表（含党政领导）		童学根	胡志刚	孙太勇	程旭东（—2014.1） 孙志强（2014.1—）
所属县级单位		怀远县、五河县、固镇县等3个县级烟草专卖局（营销部）、1个直属分局（营销部）	临泉县、阜南县、太和县、颍上县、界首县等5个县级烟草专卖局、1个直属分局（营销部）	风台县1个县级烟草专卖局（营销部）、田家庵大通、谢家集八公山、潘集等3个分局（营销部），毛集、山南等2个分局	来安县、全椒县、天长市、定远县、凤阳县、明光市等6个县级烟草专卖局（营销部）、1个直属分局（营销部）
总资产（万元）		84823	142867	97339	129376
资产负债率（%）		9.50	10.71	4.21	9.72
从业人员（人）		523	1204	405	701
所属业务机构	营销机构	1个营销中心	1个营销中心	1个营销中心	1个营销中心
	物流配送机构	1个物流配送中心	1个物流中心、3个配送站	1个物流中心	1个物流中心、4个配送站
	专卖稽查机构	4个稽查队、10个专卖管理所	7个稽查队、24个专卖管理所	4个稽查队、6个管理所	1个稽查队、7各稽查队、14个专卖管理所
	烟叶机构	—	1个烟叶生产经营中心（下设1个烟叶站）	—	—
销售卷烟	亿支	59.04	117.55	44.06	71.16
	2014年比2013年（%）	1.83	1.92	1.73	1.92
卷烟销售收入（万元）		297115	540203	260456	401903
实现税利	万元	58762	113356	59918	80593
	2014年比2013年（%）	14.47	23.40	13.86	9.89
实现利润	万元	32472	64882	36472	46247
	2014年比2013年（%）	15.80	29.27	15.75	13.51

续表

地市级局（公司）名称	蚌埠市烟草专卖局（公司）	阜阳市烟草专卖局（公司）	淮南市烟草专卖局（公司）	滁州市烟草专卖局（公司）
查处涉烟违法案件（起）	848	1169	508	586
查处涉烟违法案件案值（万元）	373	614	274	551
2014 年度烟草行业投入烟叶生产基础设施建设资金（万元）	—	249	—	—
全年烟叶生产基础设施新增受益面积（万亩）	—	0.42	—	—
烟叶种植（万亩）	—	0.42	—	—
烟叶收购（万担）	—	1.55	—	—
烟农户数（户）	—	49	—	—
实现烟农总收入（万元）	—	1011	—	—
零售客户数（户）	13550	26403	9812	16128
零售客户销售毛利率（%）	11.63	11.62	12.00	9.78

地市级局（公司）名称		铜陵市烟草专卖局（公司）	池州市烟草专卖局（公司）	安庆市烟草专卖局（公司）	黄山市烟草专卖局（公司）
主要负责人/法人代表（含党政领导）		王　凯	吴兰田	范家福（—2014.8） 梁跃华（2014.8—）	刘新华
所属县级单位		铜陵县烟草专卖局（营销部）、铜都分局	东至县、石台县、青阳县、贵池区等 4 个县级烟草专卖局（营销部）	桐城市、怀宁县、枞阳县、潜山县、岳西县、太湖县、望江县、宿松县、宜城区等 9 个县级烟草专卖局（营销部）	歙县、休宁县、祁门县、黟县、黄山区、屯溪区、徽州区等 7 个县级烟草专卖局（营销部）
总资产（万元）		52575	61310	185736	85640
资产负债率（%）		2.04	2.23	3.69	3.01
从业人员（人）		175	565	1050	380
所属业务机构	营销机构	1 个营销中心	1 个营销中心	1 个营销中心	1 个营销中心
	物流配送机构	1 个物流中心、1 个配送中心	1 个物流中心、1 个配送站	1 个物流中心	1 个物流中心
	专卖稽查机构	2 个稽查队、4 个专卖管理所	4 个稽查队、11 个专卖管理所	9 个稽查队、29 个专卖管理所	1 个稽查支队、7 个稽查大队、13 个稽查中队
	烟叶机构	—	1 个烟叶工作站	—	—
销售卷烟	亿支	15.65	27.37	86.11	26.61
	2014 年比 2013 年（%）	2.49	1.37	1.62	0.42
卷烟销售收入（万元）		117731	174364	489360	169163
实现税利	万元	27437	35454	103589	34415
	2014 年比 2013 年（%）	13.18	19.83	11.20	10.31
实现利润	万元	16837	18463	61098	19840
	2014 年比 2013 年（%）	14.64	41.13	13.29	15.05

续表

地市级局（公司）名称	铜陵市烟草专卖局（公司）	池州市烟草专卖局（公司）	安庆市烟草专卖局（公司）	黄山市烟草专卖局（公司）
查处涉烟违法案件（起）	152	1748	2798	268
查处涉烟违法案件案值（万元）	1000	141	766	116
2014 年度烟草行业投入烟叶生产基础设施建设资金（万元）	—	1142	—	—
全年烟叶生产基础设施新增受益面积（万亩）	—	0.50	—	—
烟叶种植（万亩）	—	2.70	—	—
烟叶收购（万担）	—	6.82	—	—
烟农户数（户）	—	568	—	—
实现烟农总收入（万元）	—	9176	—	—
零售客户数（户）	4291	8693	26038	9245
零售客户销售毛利率（%）	13.90	11.09	10.00	13.49

（撰稿：李　胜；编辑：李　昂）

福建省烟草专卖局（公司）

【专卖管理】　打假打私。福建省烟草专卖局坚持全省打假一盘棋，省局稽查总队发挥情报收集、案件经营、协调督促职能；全省各地保持高压态势，把制假活动消灭在萌芽状态。2014 年，全省查处假烟案件 1335 起，其中 5 万元以上假烟案件 150 起，查获假烟 6746 件、卷接机 52 台、烟叶烟丝原料 298 吨。继续与云霄县政府签订《卷烟打假综合治理协议书》，以“无假乡镇”创建为突破口，推动当地政府落实卷烟打假责任制，保持全方位、不间断高压打击态势，遏制卷烟制假行为，基本实现国家局提出的“三年摘掉云霄制假重灾区帽子”预期目标。2012 年以来，云霄县境内查获制假烟机从 76 台减少到零；查获假烟从 1.64 万件减少到 2626 件，下降 84%；查获烟叶烟丝从 975 吨减少到 49.03 吨，下降 95%。2012—2014 年，破获 119 个国标网络案件，三年判刑人数分别为 436 人、678 人、349 人，其中判处 3 年以上有期徒刑分别为 113 人、194 人、132 人。云霄县 10 个乡镇中，7 个乡镇保持“零查获”记录，“无假村”数量从 127 个增加到 167 个，占当地行政村的比例从 66% 上升到 87%。

专卖内管。制定《专卖内管部门参与“两烟”生产经营管理制度制定及监督执行办法》，开展全省商业系统规范经营、工业系统内管定期检查和卷烟打扫码情况专项检查。2014 年，查办内部不规范经营案件 24 起，处理违规经营责任人 87 人。加强案值 5 万元以上非渠道卷烟大案的统计上报工作和数据分析应用，每月分析通报全省查获非渠道卷烟的结构和流向，继续实行非渠道卷烟外流“双向考核”。各地通过市场非渠道卷烟案件追溯内部规范问题，遏制卷烟非法流通，卷烟非法流通情况实现“双降”。全省查获非渠道卷烟 6312 件，同比减少 546 件，下降 8%；累计上报非渠道卷烟大要案 208 起，同比减少 11 起。

公安部、国家局挂牌督办案件。福建漳州“6·27”制售假烟网络案件查获假烟 350 件、盘纸 7.19 万盘、烟丝 47.2 吨、假烟标识 98.5 万张、自制烤烟丝锅炉 1 台（套），涉案总金额 1300 余万元。漳州市平和县“4·28”制售假烟网络案，5 名犯罪嫌疑人分别被判刑，查获 YJ14－22 卷接机 1 台（套）、假烟 135.74 件，涉案金额 257 万元。福建南安“10·22”生产销售伪劣产品案查获 YJ14－22 卷接机组 1 台（套）、烟丝 95 袋（净重 1721 千克）、滤棒 19 件等涉假物品，现场抓获犯罪嫌疑人 8 人，涉案总金额 360 万元。福建浦城“7·29”非法经营案破获以广东汕头潮阳区胪岗镇新名村为假烟生产基地、通过物流从广东汕头、福建云霄两地向全国 16 个省市批发假烟的特大型假烟生产销售网络案件，涉案总金额为 2400 余万元。福建福清“9·26”制售假烟案件查获涉案非法卷烟2636条、伪劣烟丝2098千克、假烟标包装物26.5万张，以及用于伪装烟丝包装的压板机等设备两台，涉案总金额为1100余万元。

【经济效益】 2014年，福建省烟草商业系统实现税利130.78亿元，同比增长11.29%，其中，利润76.23亿元，同比增长17.71%。卷烟单箱销售收入2.69万元，卷烟单箱税利0.58万元。三项费用率为7.09%，同比下降0.63个百分点。

【卷烟经营】 卷烟销售。2014年，福建省烟草商业系统销售卷烟864亿支（172.8万箱），同比增长1.18%，其中，销售一类烟143.7亿支（28.75万箱），同比增长12.05%；二类烟202.43亿支（40.49万箱），同比增长10.76%；三类烟352.85亿支（70.57万箱），同比下降2.59%；四类烟125.97亿支（25.19万箱），同比下降15.37%；五类烟28.37亿支（5.67万箱），同比增长10.51%。卷烟实现销售收入397.7亿元，同比增长5.93%；卷烟实现税利99.49亿元，同比增长10.75%，其中利润57.86亿元，同比增长14.57%。本地区销量居前三位的品牌依次为“七匹狼”“双喜·红双喜”“中华”，销量分别为524.52亿支（104.9万箱）、36.8亿支（7.36万箱）、30.1亿支（6.02万箱）。

品牌培育。2014年，销售重点品牌卷烟753.43亿支（150.69万箱），同比增长1.46%，占总销量的87.2%；销售额444.05亿元，同比增长6.42%，占比95.09%。其中，省产品牌“七匹狼”销售524.52亿支（104.9万箱），同比增长3.92%，占全省销量的61%。高端卷烟逆势上扬，累计销售44.45亿支（8.89万箱），同比增长14.34%。高价位卷烟高速增长，累计销售2.36亿支（0.47万箱），同比增长39.21%。焦油含量在6毫克/支及以下的低焦油品牌规格保持较快增长的势头，累计销售19.28亿支（3.86万箱），同比增长29.77%。

终端建设。深化零售终端网络建设，开展培育优胜重点品牌、培植优质零售客户、培养优秀营销人员“三培三优”工作，初步建立“四网合一”电子商务应用体系，网上订货率为80%，网上配货率为4.8%，网上结算零售客户占比10.7%，网络营销参与率为30%。全省累计建成现代终端1.88万户，占客户总数10.5%，其中，优质卷烟零售客户3199户。

物流建设。工商物流、两烟物流、非烟物流取得新突破，两烟物流一体化获得行业重点科技立项，精益物流在行业精益管理工作会上作经验介绍。2014年，卷烟包装箱累计返还110.63万个，返还比例99.45%，循环利用70.91万个，返还比例和循环利用数均排名行业第一。

【烟叶产销】 烟叶种植与收购。国家局下达烟叶种植收购计划11.73万吨（234.6万担），抵扣上年丰产0.05万吨（1.0万担）后为11.68万吨（233.6万担）。全省种植烟叶93.13万亩，比上年减少16.58万亩；收购烟叶11.21万吨（224.22万担），比上年减少2万吨（40.09万担），其中收购“翠碧一号”4.58万吨（91.66万担）、“K326”2.47万吨（49.33万担）、“红花大金元”0.15万吨（3.01万担），特色优质烟叶品种占全省总量64.2%。烟叶种植面积和收购总量均控制在计划红线以内，烟叶生产连续17年平稳发展。国家局检查烟叶收购等级合格率81.4%；工商交接检查等级合格率69.1%，工商交接等级质量连续第9年获国家局通报表彰。修订专业化分级散叶收购管理规范，全省收购散叶7.7万吨（154万担），占总量68.7%。福建烟叶基层建设和原收原调工作在全国烟叶工作会上作典型发言。两家复烤企业技改工作顺利推进，整合优化烟叶加工资源，2014年加工烟叶7.25万吨（145万担）。拓展出口市场，2014年出口烟叶烟梗3174吨。全省烟农户数为5.54万户，烟农实现售烟收入31.45亿元（不含产前补贴），烟农户均种烟收入5.67万元，户均收入保持稳定。

2014年，实现烟叶税利24.38亿元，同比增长14.39%，其中，利润13.77亿元，同比增长33.74%。

现代烟草农业建设。2014年，投入资金7.67亿元，新增烟叶生产基础设施建设项目2.56万项，实施烟田土地整理2.18万亩，推进烟基建设全过程信息化管理。新增6个通过国家局评审的水源工程项目，审定援建资金2.67亿元，全省累积总数为31个，援建资金为18.57亿元。加强烟农专业合作社规范建设，出台烟农专业合作社财务管理若干意见，推进示范社创建工作，提升专业化服务水平。全省注册并实际运营的烟农专业合作社118个，入社烟农2.9万户，占烟农总数的52%。探索利用烟叶生产设施闲置期开展食用菌种植试点。

【对外交流与合作】 中国烟草福建进出口有限责任公司前身是成立于1985年1月1日的中国烟草进出口公司福建分公司。1991年，更名为中国烟草福建进出口公司，同年，公司由福州迁址到厦门。2001年11月，改制更名为中国烟草福建进出口有限责任公司，股东方分别是中国烟草进出口（集团）公司、福建省烟草公司、福建中烟工业公司、龙岩卷烟厂、厦门卷烟厂等5家公司。2006年12月，改制为有限责任公司，成为中国烟草总公司福建省公司的全资子公司。公司经营范围涵盖烟叶出口和卷烟进口两项，其中烟叶、烟梗出口销售到印度尼西亚、中国香港、埃及、印度、德国、俄罗斯、荷兰、葡萄牙等国家或地区，并负责为福建、天津、内蒙古三省（市、自治区）提供包括英美“555”、南洋“红双喜”、日烟“七星”、怡通“大卫杜夫”、韩国“爱喜”、国际脉络“长寿”等品牌在内的进口卷烟和德国“Livarde”、古巴“CHICOS”等品牌雪茄烟。截至2014年底，总资产3.11亿元，其中，固定资产775.12万元、流动资产2.52亿元，资产负债率为19.07%。现有从业人员49人。

2014年，实现进出口贸易总额2626.42万美元，实现销售收入2.88亿元，同比增长3.99%。实现税利1.51亿元，同比增长5.34%；其中实现利润6313.22万元，同比增长14.08%。出口烟叶（含烟梗）3174.4吨，出口实现1217.34万美元。进口卷烟（含雪茄烟）6.65亿支，进口额1415.46万美元，销售进口卷烟6.27亿支，销售额2.13亿元。

【特事要辑】 1月20日，福建省局（公司）在福州召开全省烟草商业系统工作会议。

7月30日，国家局副局长赵洪顺到福建云霄调研卷烟打假工作，强调云霄“三年摘帽”工作已进入最后冲刺收尾阶段，应着重巩固成果、防止反弹、着眼长效、彻底根除，全力做到保持重视程度不变，除假务尽，守土有责；保持工作力度不变，省打假队继续驻守，市县考核指标、追责力度不减；保持各项支持政策不变，在原有基础上继续商讨进一步的扶持政策，以更符合云霄实际，更具操作性。

9月26—28日，国家局副局长杨培森到福建烟草调研，要求福建烟草工商继续加强协同，努力实现卷烟扩销，继续保持良好市场状态，掌握卷烟销售的主动权。对福建烟叶生产工作提出五点要求：一是继续抓好烟叶计划总量控制；二是继续打造福建特色优质烟叶；三是继续抓好复烤企业建设；四是继续抓好烟田基础设施和水源工程建设；五是努力探索烟农增收的新路子，拓展新的经营服务理念。

11月29日至12月1日，国家局局长凌成兴在福建烟草调研，强调福建烟草要认真学习贯彻党的十八届四中全会精神和习近平总书记系列重要讲话精神，特别是习近平总书记考察福建时的重要讲话精神，为建设“机制活、产业优、百姓富、生态美”的新福建作出烟草行业的特殊贡献。坚定一个新目标，即坚定“进位赶超”这一新目标，分步实施往前赶。第一步单箱结构进三位，第二步单箱税收进三位，第三步税利总额进三位。打造“三个升级版”，即打造“七匹狼”品牌的升级版，打造烟叶生产的升级版，打造“云霄打假”的升级版。

2014年福建省烟草专卖局（公司）所属企业主要情况统计

地市级局（公司）名称	福州市烟草专卖局（公司）	厦门市烟草专卖局（公司）①	宁德市烟草专卖局（公司）	莆田市烟草专卖局（公司）	泉州市烟草专卖局（公司）②
主要负责人/法人代表（含党政领导）	孔祥统	黄端启	石建闽	尤清河	詹小强
所属县级单位	城北、城南、福清市、长乐市、闽侯县、连江县、平潭县、罗源县、闽清县、永泰县等10个县级烟草专卖局（分公司）	第一分局、集美区、思明区、湖里区等4个县级烟草专卖局（分公司）	蕉城区、福安市、福鼎市、霞浦县、古田县、屏南县、寿宁县、周宁县、柘荣县等9个县级烟草专卖局（分公司）	仙游县、城厢区、涵江区、秀屿区等4个县级烟草专卖局（分公司）	鲤城区、丰泽区、洛江区、泉港区、晋江市、石狮市、南安市、惠安县、安溪县、永春县、德化县等11个县级烟草专卖局（分公司）
总资产（万元）	318627	235031	130848	139403	445151
资产负债率（%）	5.91	7.73	5.18	5.05	3.43
从业人员（人）	1310	470	744	615	1411

续表

地市级局（公司）名称		福州市烟草专卖局（公司）	厦门市烟草专卖局（公司）	宁德市烟草专卖局（公司）	莆田市烟草专卖局（公司）	泉州市烟草专卖局（公司）②
所属业务机构	营销机构	1个营销中心、10个客户服务中心	1个营销中心、1个电访中心、7个客户服务部	1个营销中心、1个订单部、9个客户服务中心	1个营销中心、1个服务响应部、4个客户服务中心	1个营销中心、1个多媒体呼叫中心、11个客户服务中心
	物流配送机构	1个物流公司、6个中转站	1个物流公司	1个物流公司、7个中转站	1个物流公司	1个物流公司、5个中转站
	专卖稽查机构	1个稽查支队、10个稽查大队、30个专卖管理所	1个稽查支队、7个稽查大队、2个行动大队	1个稽查支队、9个稽查大队、16个专卖管理所	1个稽查支队、5个稽查大队、14个专卖管理所	1个稽查支队、11个稽查大队、37个专卖管理所
	烟叶机构	—	—	—	—	—
销售卷烟	亿支	152.57	97.85	64.00	68.93	189.23
	2014年比2013年（%）	1.39	1.46	-1.69	2.00	0.61
卷烟销售收入（万元）		732210	459821	306247	318299	894791
实现税利	万元	184804	119486	70554	82536	230712
	2014年比2013年（%）	7.73	10.46	3.17	8.91	8.72
实现利润	万元	107920	69717	39949	48471	137643
	2014年比2013年（%）	9.58	11.07	5.38	10.88	10.85
查处涉烟违法案件（起）		2568	595	757	530	1506
查处涉烟违法案件案值（万元）		2211	1503	446	804	911
2014年度烟草行业投入烟叶生产基础设施建设资金（万元）		—	—	—	—	—
全年烟叶生产基础设施新增受益面积（万亩）		—	—	—	—	—
烟叶种植（万亩）		—	—	—	—	—
烟叶收购（万担）		—	—	—	—	—
烟农户数（户）		—	—	—	—	—
实现烟农总收入（万元）		—	—	—	—	—
零售客户数（户）		29474	15825	15034	13406	39632
零售客户销售毛利率（%）		9.80	9.13	8.30	8.00	7.90

地市级局（公司）名称	漳州市烟草专卖局（公司）	龙岩市烟草专卖局（公司）	三明市烟草专卖局（公司）	南平市烟草专卖局（公司）
主要负责人/法人代表（含党政领导）	游文忠	姜林灿	张清明	白万明
所属县级单位	城区、龙海市、云霄县、漳浦县、诏安县、长泰县、东山县、南靖县、平和县、华安县等10个县级烟草专卖局（分公司）	新罗区、永定县、上杭县、武平县、长汀县、连城县、漳平市等7个县级烟草专卖局（分公司）	城区、永安市、沙县、将乐县、宁化县、尤溪县、建宁县、泰宁县、清流县、明溪县、大田县等11个县级烟草专卖局（分公司）	延平区、武夷山市、邵武市、建阳市、建瓯市、光泽县、顺昌县、浦城县、松溪县、政和县等10个县级烟草专卖局（分公司）

续表

地市级局（公司）名称		漳州市烟草专卖局（公司）	龙岩市烟草专卖局（公司）	三明市烟草专卖局（公司）	南平市烟草专卖局（公司）
总资产（万元）		242031	230281	375806	290311
资产负债率（%）		3.99	8.15	16.07	36.76
从业人员（人）		1046	2066	2256	2439
所属业务机构	营销机构	1个营销中心、1个订单部、10个客户服务中心	1个营销中心、1个电访中心、7个客户服务中心	1个营销中心、1个电访中心、11个客户服务中心	1个营销中心、10个客服中心
	物流配送机构	1个物流公司、7个中转站	1个物流公司、7个中转站	1个物流公司、8个中转站	1个物流公司、10个中转站
	专卖稽查机构	1个稽查支队、10个稽查大队、24个专卖管理所	1个稽查支队、7个稽查大队、26个专卖管理所	1个稽查支队、11个稽查大队、28个专卖管理所	1个稽查支队、11个稽查大队、27个专卖管理所
	烟叶机构	—	1个烟科分所（烟叶生产技术中心）、1个烟叶生产部、1个烟叶购销部、1个基础办、46个烟草站、18个收购点、4个生产工作点、5个试验站	1个烟科分所（烟叶生产技术中心）、1个烟叶生产部、1个烟叶购销部、1个基础办、93个烟草站（点）、1个田间试验场、3个试验站	1个烟科分所（烟叶生产技术中心）、1个烟叶生产部、1个烟叶购销部、1个烟基办、75个烟草站（点）、3个试验站
销售卷烟	亿支	122.93	55.62	53.44	59.31
	2014年比2013年（%）	1.26	0.05	-1.02	-1.14
卷烟销售收入（万元）		580440	261810	215575	236978
实现税利	万元	141871	118005	181113	119660
	2014年比2013年（%）	9.50	14.73	10.16	9.04
实现利润	万元	80443	63361	107957	63949
	2014年比2013年（%）	10.89	30.82	16.59	21.68
查处涉烟违法案件（起）		1390	395	297	796
查处涉烟违法案件案值（万元）		352	820	1128	1534
2014年度烟草行业投入烟叶生产基础设施建设资金（万元）		—	26737	12172	25232
全年烟叶生产基础设施新增受益面积（万亩）		—	13.37	14.08	12.62
烟叶种植（万亩）		—	25.54	38.27	29.32
烟叶收购（万担）		—	61.02	88.65	74.57
烟农户数（户）		—	14620	26420	14384
实现烟农总收入（万元）		—	84515	146757	102200
零售客户数（户）		29647	14044	12908	13655
零售客户销售毛利率（%）		12.00	8.45	8.90	10.40

注：① 2014年，新设厦门市思明区、湖里区烟草专卖局（分公司）。

② 2014年，撤销泉州市城区烟草专卖局（分公司），设立泉州市鲤成区、丰泽区、洛江区烟草专卖局（分公司）。

（撰稿：傅积恩；编辑：李　昂）

江西省烟草专卖局（公司）

【专卖管理】 打假打私。江西省烟草专卖局（公司）与公安部门在江西省范围内开展“金网8号”打击制售假烟网络专项行动。继续开展对走私烟、雪茄烟治理专项行动，加强与其他执法部门的协作，对辖区娱乐服务类业态及周边卷烟零售点进行重点监管。2014年，查处各类涉烟案件2.65万起，查获各类卷烟1.63亿支；查办案值在5万元以上的案件629起，同比增长8.82%；查处国标网络案件27起，省标网络案件24起；公安、司法机关依法拘留175人，逮捕89人，判刑123人。省局获得公安部、国家局授予的“全国卷烟打假工作成绩突出集体”称号。

市场监管。在江西省开展精准监管试点工作。按照行政违法、卷烟购销、内部规范、区域乱码、区域特点等因素，将辖区经营户进行监管对象类别细分，对不同类别零售客户制定不同的监管频率和监管方式。依照“网上数据分析、明确检查对象、合理安排计划、带着问题检查、结果分类处理”的思路，整合资源信息，开发运用精准监管系统。通过试点探索，精准监管工作的思路更加清晰，市场检查的对象更加明确，监管的效能得到一定提升。

行政许可。坚持依法行政，规范后续监管，制定烟草专卖许可证管理工作考核方案和《许可证管理工作检查表》，建立定期检查制度，要求县级局每季度、市局每半年、省局每年开展一次许可证管理检查工作，并将检查结果纳入专卖管理量化对标考核内容。高度重视后续监管，分摸底自查、清理取缔和检查验收三个阶段组织开展为期4个月的专项整治，清理零售许可证不规范使用行为。清理取缔存在无证经营、证照不符、证址不符、人证不符、一证多摊、一户多证、有证无照、中小学附近50米内经营等违法违规行为的经营户。

专卖内管。完成与国家局信息监管平台对接，完善系统功能，提升监管效率。建立全省举报投诉管理体系，提高服务水平，提升窗口形象。开展内管人员“跟车作业”，各市级局（公司）内管人员跟随卷烟配送车辆对辖区内所有卷烟零售客户是否存在人证不符、证址不符、代订代扣、送货不到位等六个方面的情况进行摸排，摸清了潜在的不规范经营问题。优化监管制度，强化源头控制，细化监管措施，继续实行不规范经营行为“零容忍”，严格责任追究，查处较大不规范经营行为16起，查处104人次，其中行政处罚24人次。

法治烟草建设。制定《江西省烟草专卖局全面深入推进法治烟草建设实施方案》，以完善依法行政、依法管理、依法组织生产经营为突破口，突出构建和完善法律风险防控、普法宣传教育、法规服务保障三大体系，推进法治烟草建设。开展法律风险自查，基本完成风险识别阶段工作，对涉及新《商标法》和反垄断、反不正当竞争等方面的相关管理文件进行清理。江西省局开办“法治烟草”讲堂151次，制作专版专栏104个。开展“法律六进”活动，举办两期合同管理和案卷制作培训班。加强法规服务，开展执法监督，实地回访查处的外地市卷烟流入案件。优化简易案卷制作程序，在九江、萍乡市局开展试点。制定管理规范备案审查办法，江西省局审核合同1049份，标书497份，管理规范41份。

【经济效益】 2014年，江西省烟草商业系统实现销售收入367.60亿元，同比增长11.73%。实现税利93.68亿元，同比增长16.09%，其中利润53.68亿元，同比增长20.35%。公司三项费用率为6.12%。

【卷烟经营】 卷烟销售。2014年，销售卷烟731.5亿支（146.3万箱），同比增长1.27%，其中，销售一类烟151.45亿支（30.29万箱），同比增长17.74%；二类烟87.2亿支（17.44万箱），同比增长17.88%；三类烟271.5亿支（54.29万箱），同比增长8.23%；四类烟165亿支（33万箱），同比下降13.9%；五类烟56.35亿支（11.27万箱），同比下降27.04%。本地区销量居前三位的品牌为“金圣”“庐山”“利群”，销量分别为163.35亿支（32.67万箱）、125.85亿支（25.17万箱）、82.75亿支（16.55万箱）。2014年，实现卷烟销售收入337.73亿元（不含税），同比增长10.81%。

市场营销。开展卷烟营销市场化取向改革。根据国家局改革方案和要求，结合江西卷烟区域市场实际情况，在九江、抚州市局（公司）开展试点。省局（公司）全程参与，安排专人督促指导，积极探索适应市场化改革要求的客户分级分档方式和货源供应模式，对需求预测、货源组织等业务流程进行优化，坚持预测与订单分离的原则，坚持自下而上流程，建立“订单驱动、滚动配货、实时合同”模式，依据需求滚动签订购销合同，快速响应市场变化，初步实现客户经理在工作方式上由“关注销量目标”向“指导客户经营”的转变。加强品牌培育，加强货源组织和保障力度，根据市场缺口有针对性地走访8家工业企业，缓解市场供需矛盾，减少因市场货源缺口造成的非渠道烟非法流通、低价倒卖、无证经营等不规范行为出现。加大省产重点品牌培育力度，与江西中烟联合成立“金圣”品牌培育工作领导小组，指导策略制定和卷烟经营工作。与江西中烟密切协同，制定出台面向消费者、零售客户和内部员工的协同营销方案，组织开展全省“金圣”金牌零售客户评选活动。建立“金圣”卷烟市场状态评价指标，设定主销监控规格，定期采集市场价格、社会库存、市场反映情况等信息，对出现的价格和库存异动情况及时调控。建立市、县两级公司的销售激励措施，实现“金圣”卷烟份额稳步提升。

零售终端建设。继续加强现代零售终端建设，江西省公司下发《“金圣”品牌现代终端建设实施方案》，以加强“金圣”品牌培育、树立“金圣”品牌良好形象为核心，按“一店一品”“一店一特色”的工作思路，搭建以“金圣”为主推品牌的整体消费体验平台，发挥新型卷烟零售终端品牌卷烟销售、形象展示、品牌培育、宣传促销、信息采集和消费者跟踪的作用。在上饶市公司试点推广客户经理移动工作平台，组织开展针对市场经理、客户经理以及营销中心相关人员的巡回宣讲活动，累计宣讲14场次，1316人次参与。截至2014年底，已有1.49万户零售终端装机使用，占正常经营户的8.13%。

物流管理。推行物流配送中心非法人实体化运作模式。整合物流作业子系统信息资源，研发实施覆盖省市两级物流管理全过程的卷烟物流综合管控平台项目，为物流运营管理提供信息支撑。推进精益物流建设，制定实施方案，从烟草供应链管理入手，抓好精化流程、精确核算、精准运营、精到服务、精细管理五项重点工作，重点安排赣州、宜春、吉安、南昌、抚州市公司等五家单位开展相应课题的研究和试点。截至2014年底，“精化流程”“精准运营”“精细管理”3项课题的研究和试点工作基本完成。

【烟叶产销】 种植与收购。2014年，种植烤烟39.51万亩，同比增加7.81万亩，收购烟叶5.31万吨（106.2万担），同比增加0.89万吨（17.97万担），收购均价24.18元/千克，烟农种烟总收入15.77亿元（含补贴2.94亿元）。调拨烟叶5.28万吨（105.6万担）。签订烟叶种植收购合同2.04万份。2014年，实现烟叶销售收入26.79亿元（不含税），同比增长24.03%。实现烟叶税利9.45亿元，其中利润4.25亿元。

对口援建。落实《国家烟草专卖局关于落实国务院有关文件精神及对口支援兴国县的意见》（国烟计〔2013〕326号）文件精神，援建工作持续推进。烟叶生产基础设施建设方面，2013年度项目全面完成并通过国家局验收，2014年度项目全面启动，多数项目已开工建设；水源工程建设方面，2012年度3个水源工程项目全面实施，2013年度5个水源工程项目已通过国家局审查。2013年度、2014年度新农村建设同步启动。国家局援建的兴国县2013年度新农村建设58个项目点全部完工，2014年度62个项目点基本完工。其他产区2013年度、2014年度项目点进入全面建设阶段。

特色优质烟叶开发。突出烟叶质量特色，深化适用技术应用，强化烟叶安全生产。依托浓香型重大专项、特色风格区域定位等课题，邀请评吸专家对江西省烟叶特色进行挖掘，初步明确“甘甜浓香”烟叶风格特征，基本摸清各产区生态、品种、技术实际情况。石城、广昌、信丰、安福等县分公司通过工商共建特色单元和示范区建设，集成特色优质烟叶生产关键技术，推动全省特色烟开发进程。

烟叶生产基础设施建设。江西省烟草商业系统投入2013年度项目资金1.38亿元，完善50个重点产烟村、5万亩基本烟田配套水利设施建设，建设机耕路78.4千米，新建密集烤房936座，购置农机1585台（套），建设育苗设施676座。积极开展水源工程建设，黎川德胜惠民水库、瑞金拔英水库、安福洋溪田里水库3个第一批援建水源工程，总投资1.65亿元，其中洋溪田里水库已完成主体大坝及部分配套设施建设。加快基层烟站建设，2014年省局批复基层烟站建设项目22个，批复资金2.1亿元，是批复数量和资金最多的一年。截至年底，瑞金壬田中心烟站、安福寮塘中心烟站等已进入土建施工阶段。

烟叶生产管理。加强节令调度，狠抓阶段现场培训，开展施肥方案审定，加强气象信息服务。各产区开展“三性五比”活动，强化标准过程考核，推广“一烤一方案”和“一烤一曲线”，推动烟叶标准化生产上水平。翻耕起垄、施肥盖膜、育苗、移栽时间明显集中，亩施氮量同比下降0.8千克，全省烟叶营养更趋合理、长势整体均衡。江西共安排6万亩良好农业规范GAP示范区建设。各产区认真制定GAP体系规范，加强空气、水源、土壤和烟叶重金属、农残检测，推广蚜茧蜂等生物物理防治措施，加强生产环节非烟物质控制。

【特事要辑】 1月26日，江西省副省长李贻煌对《江西省烟草专卖局关于2013年主要工作情况及2014年工作打算的报告》作出批示：“2013年，江西省烟草专卖局在培育‘金圣’品牌和建设烟叶生产基地方面成绩显著，为江西经济社会发展作出积极贡献。我代表省政府向你们表示感谢，并希望你们抓住‘223’发展机遇，再创新业绩。”

2月7日，江西省委常委、常务副省长莫建成参加在江西中烟召开的工商两家调研座谈会。要求确保2014年上缴税金同比增长达到13%，强调江西烟草工商两家要加强协调，相互信任、相互配合、相互帮助，省局（公司）要加大支持力度，制定有力措施，力争2014年“金圣”省内销售增加5万箱。

3月17日，《江西省人民政府办公厅关于促进烟草产业发展的意见》出台，明确到2015年，全省卷烟产销量达到150万箱以上，其中“金圣”品牌卷烟产销量达到60万箱以上；烟叶种植收购达到120万担以上，烟草工商企业实现销售收入400亿元以上，税利达到220亿元以上。

9月24—26日，国家局副局长杨培森到江西烟草调研。详细了解赣州市兴国县烟草企业援建项目点建设、使用情况和当地烟叶收购情况，考察江西中烟技术中心、南昌卷烟厂、赣州卷烟厂及南昌市局（公司）配送中心、赣南烟叶复烤公司，听取江西烟草工商企业的工作汇报。要求江西烟草工商企业发挥优势促发展，打造特色促发展，科技兴烟促发展，增强实力促发展；同时，继续做好对赣南等原中央苏区振兴发展的各项扶持工作。

11月26—28日，国家局局长凌成兴到江西烟草调研。其间，江西省委副书记、省长鹿心社会见凌成兴，双方就江西烟草改革发展交换意见。凌成兴指出，2014年以来，江西烟草奋发有为、扎实工作，开创“三个好局面”，攀登“一个大台阶”。“三个好局面”，一是开创“金圣”品牌多年盼望的好局面，二是开创烟叶生产多年盼望的好局面，三是开创对口支援赣南原中央苏区振兴发展的好局面。“一个大台阶”，即2014年江西烟草工商税利总额有望跨越200亿元大台阶。对下一步工作，凌成兴强调，必须要有所作为、人一我十、争创特色，“坚定一个发展目标”，做到“三个稳扎稳打”，推动江西烟草持续健康发展。坚定“一个发展目标”，即坚定到2020年，卷烟销量达到200万箱，烟叶生产达到200万担，上缴利税300亿元的“223”发展目标。做到“三个稳扎稳打”，一是稳扎稳打培育“金圣”品牌，二是稳扎稳打发展烟叶生产，三是稳扎稳打推进技术改造。

2014年江西省烟草专卖局（公司）所属企业主要情况统计

地市级局（公司）名称		南昌市烟草专卖局（公司）	九江市烟草专卖局（公司）	上饶市烟草专卖局（公司）	抚州市烟草专卖局（公司）
主要负责人/法人代表（含党政领导）		李　文	揭东轲	岑　俭	袁　球（—2014.1） 熊尚彬（2014.1—）
所属县级单位		东湖区、西湖区、青山湖区、青云谱区、南昌县、新建县、进贤县、安义县等8个县级烟草专卖局（分公司）	城区、九江县、瑞昌市、武宁县、修水县、湖口县、都昌县、彭泽县、星子县、庐山、永修县、德安县、共青城市等13个县级烟草专卖局（分公司）	信州区、上饶县、广丰县、玉山县、横峰县、铅山县、弋阳县、余干县、鄱阳县、万年县、德兴市、婺源县等12个县级烟草专卖局（分公司）	临川区、崇仁县、乐安县、宜黄县、南丰县、南城县、黎川县、金溪县、广昌县、资溪县、东乡县等11个县级烟草专卖局（分公司）
总资产（万元）		214889	150044	178660	145355
资产负债率（%）		5.55	6.02	7.04	19.93
从业人员（人）		890	786	986	1080
所属业务机构	营销机构	1个营销中心	1个营销中心、1个电访部	1个营销中心	1个营销中心
	物流配送机构	1个配送中心	1个配送中心、8个中转站	1个配送中心	1个配送中心、3个物流中转站
	专卖稽查机构	1个稽查支队、8个稽查大队	1个稽查支队、13个稽查大队	1个稽查支队、13个稽查大队	1个稽查支队、11个稽查大队
	烟叶机构	—	—	—	45个烟站
销售卷烟	亿支	95.32	80.50	100.40	54.55
	2014年比2013年（%）	2.40	0.63	2.02	4.80
卷烟销售收入（万元）		480698	397913	483792	258656

续表

地市级局（公司）名称		南昌市烟草专卖局（公司）	九江市烟草专卖局（公司）	上饶市烟草专卖局（公司）	抚州市烟草专卖局（公司）
实现税利	万元	127118	101118	126858	91395
	2014年比2013年（%）	13.66	11.71	14.35	13.28
实现利润	万元	76913	60157	76292	48476
	2014年比2013年（%）	16.47	15.39	18.11	7.05
查处涉烟违法案件（起）		3605	1682	2066	760
查处涉烟违法案件案值（万元）		252	768	1600	636
2014年度烟草行业投入烟叶生产基础设施建设资金（万元）		—	—	—	5066
全年烟叶生产基础设施新增受益面积（万亩）		—	—	—	1.67
烟叶种植（万亩）		—	—	—	12.30
烟叶收购（万担）		—	—	—	33.50
烟农户数（户）		—	—	—	5210
实现烟农总收入（万元）		—	—	—	40400
零售客户数（户）		19977	20900	26348	13922
零售客户销售毛利率（%）		10.50	13.00	10.00	10.00

地市级局（公司）名称		宜春市烟草专卖局（公司）	吉安市烟草专卖局（公司）	赣州市烟草专卖局（公司）	景德镇市烟草专卖局（公司）
主要负责人/法人代表（含党政领导）		詹国华	刘光辉	卢卫铭	吴玉祯
所属县级单位		袁州区、丰城市、樟树市、高安市、万载县、铜鼓县、上高县、宜丰县、奉新县、靖安县等10个县级烟草专卖局（分公司）	吉州区、青原区、吉安县、吉水县、峡江县、新干县、永丰县、泰和县、遂川县、万安县、安福县、永新县、井冈山市等13个县级烟草专卖局（分公司）	章贡区、赣县、南康市、大余县、信丰县、上犹县、崇义县、安远县、龙南县、定南县、全南县、于都县、宁都县、兴国县、瑞金市、会昌县、寻乌县、石城县等18个县级烟草专卖局（分公司）	城区、乐平市、浮梁县等3个县级烟草专卖局（分公司）
总资产（万元）		148360	151456	223333	63450
资产负债率（%）		7.31	20.72	10.90	6.69
从业人员（人）		875	986	1499	318
所属业务机构	营销机构	1个营销中心	1个营销中心	1个营销中心、1个电访部	1个营销中心、1个电访部
	物流配送机构	1个配送中心	1个配送中心	1个配送中心、8个物流中转站	1个配送中心
	专卖稽查机构	1个稽查支队、10个稽查大队	1个稽查支队、15个稽查大队	1个稽查支队、18个稽查大队	1个稽查支队、3个稽查大队
	烟叶机构	1个烟叶科	8个烟站	72个烟叶工作站	—

续表

地市级局（公司）名称		宜春市烟草专卖局（公司）	吉安市烟草专卖局（公司）	赣州市烟草专卖局（公司）	景德镇市烟草专卖局（公司）
销售卷烟	亿支	93.29	69.82	133.01	30.85
	2014年比2013年（%）	1.57	0.60	3.10	1.82
卷烟销售收入（万元）		398647	303018	501829	151725
实现税利	万元	100016	102655	166397	38200
	2014年比2013年（%）	13.66	23.67	19.69	13.72
实现利润	万元	57492	58198	98833	22256
	2014年比2013年（%）	13.83	30.92	26.28	16.41
查处涉烟违法案件（起）		1051	6089	7417	547
查处涉烟违法案件案值（万元）		1116	520	2012	253
2014年度烟草行业投入烟叶生产基础设施建设资金（万元）		150	2607	6096	—
全年烟叶生产基础设施新增受益面积（万亩）		—	0.74	2.58	—
烟叶种植（万亩）		0.04	11.29	15.88	—
烟叶收购（万担）		0.09	30.09	42.45	—
烟农户数（户）		12	6327	8839	—
实现烟农总收入（万元）		108	36530	51237	—
零售客户数（户）		22581	18663	38854	7209
零售客户销售毛利率（%）		10.00	10.00	13.56	10.67

地市级局（公司）名称		萍乡市烟草专卖局（公司）	新余市烟草专卖局（公司）	鹰潭市烟草专卖局（公司）	铁路运输烟草专卖分局
主要负责人/法人代表（含党政领导）		熊尚彬（—2014.1） 饶小林（2014.1—）	殷亚军	凌路平（2014.1—，之前为副经理，主持工作）	刘文国
所属县级单位		安源区、湘东区、芦溪县、上栗县、莲花县等5个县级烟草专卖局（分公司）	渝水区、分宜县2个县级烟草专卖局（分公司）	月湖区、贵溪市、余江县等3个县级烟草专卖局（分公司）	—
总资产（万元）		61026	42348	48117	1169
资产负债率（%）		4.99	14.24	10.00	4.00
从业人员（人）		347	242	236	36
所属业务机构	营销机构	1个营销中心、1个电访中心	1个营销中心、1个电访部	1个营销中心	—
	物流配送机构	1个物流配送中心	1个配送中心	1个配送中心	—
	专卖稽查机构	1个稽查支队、6个稽查大队	1个稽查支队、4个稽查大队	1个稽查支队、3个稽查大队	—
	烟叶机构	—	—	—	—
销售卷烟	亿支	36.75	23.30	19.68	—
	2014年比2013年（%）	2.08	1.70	1.55	—
卷烟销售收入（万元）		175045	119356	108582	—

续表

地市级局（公司）名称		萍乡市烟草专卖局（公司）	新余市烟草专卖局（公司）	鹰潭市烟草专卖局（公司）	铁路运输烟草专卖分局
实现税利	万元	43712	29472	28023	—
	2014 年比 2013 年（%）	12.00	17.62	24.20	—
实现利润	万元	25948	16879	16228	—
	2014 年比 2013 年（%）	18.05	21.47	25.70	—
查处涉烟违法案件（起）		1462	1010	962	148
查处涉烟违法案件案值（万元）		394	350	354	281
2014 年度烟草行业投入烟叶生产基础设施建设资金（万元）		—	—	—	—
全年烟叶生产基础设施新增受益面积（万亩）		—	—	—	—
烟叶种植（万亩）		—	—	—	—
烟叶收购（万担）		—	—	—	—
烟农户数（户）		—	—	—	—
实现烟农总收入（万元）		—	—	—	—
零售客户数（户）		8520	4631	4256	—
零售客户销售毛利率（%）		11.87	10.00	11.04	—

（撰稿：王　萱；编辑：李　昂）

山东省烟草专卖局（公司）

【专卖管理】　联合执法。山东省烟草专卖局争取地方党委政府的领导和支持，山东省综治委完善规范烟草市场秩序联席会议制度，继续将烟草市场治理工作纳入 2014 年全省综治工作暨“平安山东”建设考核体系。山东省政府把省局列为省打击侵犯知识产权和制售假冒伪劣商品工作领导小组、省查处取缔无证无照经营行为联席会议、省防范和打击经济违法犯罪协调会商机制、省打击走私领导小组等四个专项工作组成员单位，并将烟草市场治理作为重要工作进行部署。加强制度建设，协调省打私办、公安、海关、邮政等部门，制定市场监管、打假打私等方面的一系列文件规定，为深化联合执法协作机制建设创造条件。

打假打私。发挥省“打网办”的作用，健全公安、海关、烟草联合办案机制，完成国家局打假打私工作任务。2014 年，山东省查处涉烟案件 3.81 万起，查获非法卷烟 2.96 亿支，烟丝（烟叶）403.29 吨，总案值 1.44 亿元；拘留涉烟违法犯罪人员 1547 人，逮捕 493 人，判刑 532 人；破获符合公安部、国家局标准的制售假烟走私烟网络案件 84 起，其中 5 起案件被公安部、国家局列为部级督办案件。济南市槐荫区“8・16”非法经营烟草制品网络案现场查获多种品牌走私高档雪茄烟 640 支，案值 5.93 万元，该案涉案金额 3700 万元。济南市章丘市“7・16”销售假冒卷烟网络案件在物流快递领域查获假冒卷烟，抓获涉案人员 18 人，刑拘 7 人，逮捕 4 人，网上追逃 2 人。济宁市邹城市“12・10”非法经营假冒卷烟网络案件涉及生产、存储、运输、销售等环节，涉案金额 1.3 亿元。泰安市东平县“10・17”非法经营假烟网络案件是一起产、供、销一体化的假烟案件，具有完整的制售假冒伪劣卷烟网络，涵盖生产、包装、仓储、运输、分销、零售等环节，涉案金额 1700 余万元。日照市莒县“7・19”非法经营烟叶网络案件涉案非法经营烟叶 80 余吨，案值 300 余万元。省局被公安部、国家局评为全国卷烟打假先进单位。

市场监管。推广应用烟草零售市场检查 APCD 工作法，促进市场监管从“被动粗放”向“主动精准”转变。建立并完善涉烟案件"黑名单"制度，建成涉烟违法车辆、人员等5个信息数据库，在全省实现信息共享，增强打击涉烟违法犯罪的针对性。开展专项整治活动，7月，省综治委牵头制定实施方案，9家单位共同参与，在全省范围内开展为期一年的打击互联网和物流快递渠道涉烟违法犯罪活动专项行动；8月，部署开展依法严厉打击非渠道烟非法流通专项整治行动，全省查处非渠道烟案件数量、涉案卷烟数量、案值同比分别增长40.89%、47.34%、34.63%。加强烟草专卖许可管理，完成全省近40万卷烟零售客户的烟草专卖零售许可证延续换发工作。

依法行政。坚持省公、检、法、烟四部门协调会商机制，11月，四部门联合举办全省涉烟案件法律适用培训班，学习贯彻党的十八届四中全会精神，统一执法思想和执法标准，推进两法衔接。制定下发《关于依法公开制售假冒伪劣烟草专卖品行政处罚案件信息的意见》，不断提升依法行政工作水平。加大对专卖执法人员培训力度，2014年举办培训班3347期，累计培训7.43万人次。在国家局举办的第十二届全国烟草行业职业技能竞赛暨第二届烟草专卖管理岗位技能竞赛中，山东有4名参赛选手进入竞赛总成绩前30名，省局获优秀团队奖。

【经济效益】 2014年，山东省烟草商业系统实现税利187.74亿元，同比增长4.47%；实现利润94.42亿元，同比增长6.97%。单箱销售收入2.58万元，单箱税利5029元。加强全面预算管理，管好用好货币资金，落实审计整改，三项费用率8.63%，同比下降0.41个百分点；货币资金净收益率2.78%；开展各类审计项目3489个，节约资金1.57亿元。

【卷烟经营】 卷烟销售。2014年，销售卷烟1884.8亿支（377万箱），同比增加40.06亿支（8.01万箱），增长2.17%。总销量居全国首位，占全国总销量的比重为7.39%。销售一类烟352.93亿支（70.59万箱），同比增长17.38%；二类烟176.67亿支（35.33万箱），同比增长19.92%；三类烟866.37亿支（173.27万箱），同比下降12.85%；四类烟345.61亿支（69.12万箱），同比增长36.91%；五类烟143.22亿支（28.64万箱），同比下降4.62%。本地区卷烟销量居前三位的品牌为"泰山""哈德门""利群"，其中"泰山"销售563.44亿支（112.69万箱），同比下降16.09%；"哈德门"销售257.56亿支（51.51万箱），同比增长115.91%；"利群"销售146.82亿支（29.36万箱），同比增长35.59%。2014年，实现卷烟销售收入831.23亿元，同比增长8.21%。

市场化取向改革。学习京津冀市场化改革经验，在济南、青岛试点市场化取向改革工作，实现"三取消""三转型"，即取消基层单位卷烟销量、结构指标，取消客户经理销量、结构指标，取消基层单位货源策略调控权；实现管理模式转型，营销模式转型，客户经理队伍转型。

品牌培育。以结构调整为主线，加大重点品牌市场培育力度，2014年，全省销售重点品牌卷烟1544.55亿支（308.91万箱），重点品牌销售比重为81.93%。批发价78元/条以上卷烟重点品牌规格成长态势良好，2014年销售945.2亿支（189.04万箱），同比增长23.9%。积极培育"泰山"品牌，"泰山"品牌单箱销售额2.11万元，同比增加2701元，增长14.66%；销售批发价78元/条以上"泰山"品牌卷烟321.65亿支（64.33万箱），同比增加87亿支（17.4万箱），增长37.08%。加大细支烟市场引导力度，2014年，销售细支烟32.88亿支（6.58万箱），同比增加12.52亿支（2.5万箱），增长61.53%。山东细支烟销量居全国第一位，占全国总销量的23.53%。

农村市场开发。推广济宁市农村市场开发经验，加大农村市场开发力度，围绕节庆、民俗市场，有针对性地开展营销活动，促进农村市场结构提升。2014年，全省农村市场单箱销售额2.09万元，同比增加2097元，增长11.2%，增幅比城区高9.9个百分点。

营销信息化升级。与浪潮集团合作研发的浪潮V6营销信息系统，在上年3个单位完成营销信息系统升级试点的基础上，继续完善功能，优化流程，2014年7月底全面推广实施，全省17个地市级公司全部部署应用并正常运行。以营销信息系统升级为契机，优化工作流程，规范质量标准体系。7月，国家局将山东确定为新版"新商盟"系统升级试点单位，对新版"新商盟"系统进行升级。

【烟叶产销】 烟叶种植与收购。2014年，种植烤烟30万亩。收购烟叶4.43万吨（88.70万担），同比减少3.64万吨（72.70万担）。上等烟比例40.44%，中等烟比例59.56%，上中等烟比例100%。烟叶收购等级合格率82.8%，工商交接等级合格率63.1%。签订烟叶种植收购合同1.22万份。收购均价23.57元/千克，同比提高0.24元/千克。烟农种烟总收入11.7亿元，同比减少9.4亿元。户均种植24.7亩，同比减少8.0亩。户均收入9.6万元，同比减少2.7万元。调拨烟叶5.80万吨（116.01万担），同比下降16.8%，实现烟叶销售收入30.765亿元，同比下降5.1%。实现烟叶税利4.24亿元，同比下降16.6%。

烟叶生产基础设施建设。投资1.13亿元建设烟叶生产基础设施项目5147个，其中省局（公司）系统投入0.69亿元，国家局补贴0.44亿元。投入资金1127万元，在烟叶生态村实施公益帮扶项目53项，生态村综合配套水平进一步提升。生态村种植烤烟面积17.7万亩，占全省总种烟面积的59%。援建的日照市五莲县龙潭沟水库大坝主体工程完工。临沂市费县三和水源工程基本完工。潍坊诸城市墙夼水库供水工程——干渠引水工程5月通过国家局评审，核定烟草援建资金6555.22万元。

现代烟草农业建设。加强现代烟草农业综合配套，推进规模化、专业化、机械化、信息化建设。全省烟叶家庭农场1477个，种植专业户6224户，农场和专业户种烟面积27.4万亩，占总面积的91.3%。优化整合形成综合服务型烟农专业合作社38个，创建行业示范社7个，评定省级示范社7个，烟农入社率94.5%，配备各类服务专业队463个，专业化服务人员1.27万人，培育职业烟农5833户。“家庭农场（专业户）+合作社”的烟叶生产组织模式进一步完善。全省补贴配套农机2498台（套），烟田冬耕、起垄、覆膜、中耕培土机械化作业率分别达到84%、74%、57%、50%。

烟叶品质特色化。优化品种结构，“NC系列”“K326”“鲁烟1号”等特色优质品种种植面积24.7万亩，占比达82.3%。集成推广先进适用技术，推广机械化直播育苗13.5万亩、漂浮育苗技术2.3万亩；推广小苗膜下移栽17.7万亩，示范井窖式移栽3057亩。启动实施“卷烟导向型山东特色优质烟叶开发”重大专项，全省建立核心示范区27个、推广区28个，特色优质烟叶开发体系初步建立。“沪鲁中华基地单元烟草GAP管理模式研究与应用”“山东浓香低害烟叶研究与开发”“烟叶生产全程机械化装备与标准体系研究”等项目进展顺利。开展优化结构工作，全省处理下部不适用鲜烟叶3.3万吨、折合干烟0.41万吨（8.2万担）；在4个基地单元开展烟叶订单生产试点，订单等级收购量0.264万吨（5.27万担）。

基地单元建设。新建高密五龙河、费县朱田、沂南双堠3个国家局基地单元。全省16个国家局基地单元烟叶种植面积18.1万亩，收购量2.72万吨（54.3万担）。在诸城程贾等4个基地单元开展烟叶精益生产试点。推行专业化分级散叶收购模式，投入1151万元，升级改造74处站点，组建分级服务队113个、专业化分级人员6500名。推进烟站整合与标准化建设，全省站点数量由上年的131个整合到115个，新建烟站3个，改扩建6个，创优达标烟站87个。完善复烤公司运行机制，推进重点基建技改项目与科技创新，加强综合标准化建设，拓宽经营渠道，提升客户服务水平。2014年，复烤加工原烟10.1万吨（202.16万担），产出片烟6.68万吨；累计生产薄片0.56吨。实现营业总收入4.79亿元。实现税利1.04亿元，同比增长11.6%；其中利润4074万元，增长15.3%。

【对外交流与合作】 *卷烟进口*。2014年，累计进口卷烟总量2.33万件，创历史新高；其中进口“555”卷烟1.375万件。2014年，累计销售进口卷烟2.18万件，同比增加4835件，增长28.48%，其中销售“555”卷烟8680件，同比增加3275件，增长60.59%。

卷烟出口。与山东中烟全力合作，践行卷烟“走出去”发展战略，开拓市场、广开渠道、内外联动，发挥中东公司海外销售平台作用。从区域管理规定、消费习惯、客户周围商圈三个维度细分区域市场，满足客户不同的需求，加强对摩尔多瓦、柬埔寨等新兴市场和富胜公司、JK国际等免税市场的开拓，为“泰山（TS）”卷烟进入更多的海外市场起到了宣传和带动作用。调研境外加工项目，已基本确定境外加工的产品。2014年，实现卷烟出口35.40万件，同比增长61.16%。

烟叶出口。积极拓展中烟外销业务，努力做好工商双向调剂工作，全力争取代理其他省份中烟库存不适用烟叶出口业务，做好相关产品出口、装运工作。在稳定现有客户和市场的前提下，有目标、有针对性地制定新客户、新市场开拓方案。2014年，出口烟叶、烟梗3980吨，在全国烟叶类产品出口低迷的严峻形势下，取得恢复性发展。

【特事要辑】 4月16—17日，驻国家局纪检组组长高林在山东烟草调研。其间，高林走访济南市部分卷烟零售客户，实地考察山东中烟济南卷烟厂生产车间，并与烟厂干部职工座谈，分别听取省局（公司）和山东中烟工作情况汇报。

7月1—3日，国家局副局长徐瑆在山东烟草调研。徐瑆深入济南、青岛两地，走访部分卷烟零售客户，考察济南市烟草专卖局（公司）物流中心和山东中烟济南、青岛卷烟厂，听取山东烟草工商企业的工作汇报，重点了解和研讨卷烟营销工作情况。

10月16日，驻国家局纪检组组长高林在山东烟草调研。其间，高林走访济南市部分卷烟零售客户，考察济南市烟草专卖局（公司）卷烟物流配送中心，详细了解卷烟销售、信息化终端使用和现代物流建设等情况。

10月28—29日，国家局局长凌成兴在山东烟草调研。其间，山东省委书记、省人大常委会主任姜异康，省委副书记、省长郭树清会见凌成兴。双方就山东烟草改革发展交换意见。调研期间，凌成兴走访青州市、滕州市卷烟市场，考察山东中烟青州卷烟厂、中国烟草总公司青州中等专业学校、山东中烟滕州卷烟厂，详细了解卷烟销售、卷烟生产、职业培训、易地技改等情况，并听取省局（公司）和山东中烟的工作汇报。

11月7日，山东省委副书记、省长郭树清到山东烟草调研。其间，郭树清实地考察山东中烟济南卷烟厂生产车间，了解卷烟生产情况，并听取山东烟草工商双方工作汇报。

12月25日，国家局副局长赵洪顺到山东烟草调研。其间，赵洪顺走访济南市部分零售客户，听取省局（公司）和山东中烟的工作汇报。

2014年山东省烟草专卖局（公司）所属企业主要情况统计

地市级局（公司）名称		济南市烟草专卖局（公司）	青岛市烟草专卖局（公司）	淄博市烟草专卖局（公司）	枣庄市烟草专卖局（公司）	东营市烟草专卖局（公司）
主要负责人/法人代表（含党政领导）		宋洪润	徐立国	谢　云	马宏伟	杨献营（—2014.4） 姜自谦（2014.4—）
所属县级单位		历下区、市中区、天桥区、槐荫区、历城区、长清区、章丘市、平阴县、济阳县、商河县等10个县级烟草专卖局（营销部）	市北区、黄岛区、平度市、胶州市等4个县级烟草专卖局（分公司）和市南区、李沧区、崂山区、城阳区、即墨市、莱西市等6个县级烟草专卖局（营销部）	张店区、周村区、临淄区、桓台县、高青县等5个县级烟草专卖局（营销部）和博山区、淄川区、沂源县等3个县级烟草专卖局（分公司）	滕州市、市中区、薛城区、山亭区、峄城区、台儿庄区等6个县级烟草专卖局（营销部）	东营区、河口区、广饶县、垦利县、利津县等5个县级烟草专卖局（营销部）
总资产（万元）		288501	355760	123023	113166	78017
资产负债率（%）		9.87	4.09	10.85	9.53	12.25
从业人员（人）		1058	1223	1031	964	479
所属业务机构	营销机构	1个电话网络定单采集中心	1个营销中心	1个营销中心	1个营销中心、1个电访中心	1个营销中心
	物流配送机构	1个配送中心	1个配送中心、5个配送站	1个卷烟物流中心	1个配送中心、1个物流中转站	1个配送中心
	专卖稽查机构	1个稽查支队、10个稽查大队	1个稽查支队、10个稽查大队	1个稽查支队、8个稽查大队、21个专卖管理所、34个稽查中队	1个稽查支队、6个稽查大队、22个稽查分队	1个稽查支队、6个稽查大队、12个专卖管理所
	烟叶机构	—	1个烟叶工作中心站、5个生产收购指导站	1个烟叶生产经营中心	—	—
销售卷烟	亿支	164.18	186.61	88.62	76.00	48.67
	2014年比2013年（%）	5.14	4.50	3.15	1.35	2.45
卷烟销售收入（万元）		845201	896280	391657	408326	238250
实现税利	万元	207899	227515	83838	77021	54226
	2014年比2013年（%）	7.88	11.22	6.97	1.77	2.43
实现利润	万元	122165	132911	41964	41215	29462
	2014年比2013年（%）	13.06	20.78	5.32	3.49	4.36
查处涉烟违法案件（起）		2706	1557	782	4399	977
查处涉烟违法案件案值（万元）		2179	1019	501	588	309
2014年度烟草行业投入烟叶生产基础设施建设资金（万元）		—	921	330	—	—
全年烟叶生产基础设施新增受益面积（万亩）		—	0.60	0.06	—	—

续表

地市级局（公司）名称	济南市烟草专卖局（公司）	青岛市烟草专卖局（公司）	淄博市烟草专卖局（公司）	枣庄市烟草专卖局（公司）	东营市烟草专卖局（公司）
烟叶种植（万亩）	—	0.53	0.65	—	—
烟叶收购（万担）	—	1.42	1.96	—	—
烟农户数（户）	—	289	233	—	—
实现烟农总收入（万元）	—	1827	2735	—	—
零售客户数（户）	31557	32037	18164	13594	8491
零售客户销售毛利率（%）	11.86	11.60	11.12	11.20	12.26

地市级局（公司）名称		烟台市烟草专卖局（公司）	潍坊市烟草专卖局（公司）	济宁市烟草专卖局（公司）	泰安市烟草专卖局（公司）
主要负责人/法人代表（含党政领导）		王春山	曹红祥	崔志民	孙德育
所属县级单位		芝罘区、莱山区、福山区、牟平区、蓬莱市、龙口市、招远市、莱州市、莱阳市、栖霞市、海阳市、长岛县等12个县级烟草专卖局（营销部）	诸城市、安丘市、昌乐县、临朐县、高密市、青州市等6个县级烟草专卖局（分公司）和奎文区、寒亭区、潍城区、昌邑市、寿光市、坊子区等6个县级烟草专卖局（营销部）	任城区、兖州市、曲阜市、泗水县、邹城市、微山县、鱼台县、金乡县、嘉祥县、汶上县、梁山县等11个县级烟草专卖局（营销部）	泰山区、岱岳区、新泰市、肥城市、宁阳县、东平县等6个县级烟草专卖局（营销部）
总资产（万元）		267337	227374	210754	116526
资产负债率（%）		12.16	20.82	7.52	12.29
从业人员（人）		1416	2795	1243	844
所属业务机构	营销机构	1个营销中心	1个营销中心	1个营销中心、1个电访中心	1个营销中心
	物流配送机构	1个配送中心、11个配送站	1个配送中心	1个配送分公司	1个配送中心
	专卖稽查机构	1个稽查支队、11个稽查大队、23个稽查分队（所）	1个稽查支队、12个稽查大队、49个专卖管理所	1个稽查支队	1个稽查支队、6个稽查大队
	烟叶机构	—	12个烟叶工作中心站、24个烟叶收购站（点）	—	—
销售卷烟	亿支	146.08	173.66	154.88	100.02
	2014年比2013年（%）	1.44	1.85	1.88	0.03
卷烟销售收入（万元）		674005	861307	776033	419925
实现税利	万元	158140	165245	159348	92268
	2014年比2013年（%）	7.15	7.32	9.00	8.25
实现利润	万元	90741	70187	89091	49308
	2014年比2013年（%）	22.09	26.10	10.74	10.68
查处涉烟违法案件（起）		2618	1343	3687	2081
查处涉烟违法案件案值（万元）		1151	1048	1322	480

续表

地市级局（公司）名称	烟台市烟草专卖局（公司）	潍坊市烟草专卖局（公司）	济宁市烟草专卖局（公司）	泰安市烟草专卖局（公司）
2014 年度烟草行业投入烟叶生产基础设施建设资金（万元）	—	5439	—	—
全年烟叶生产基础设施新增受益面积（万亩）	—	8.20	—	—
烟叶种植（万亩）	—	12.54	—	—
烟叶收购（万担）	—	37.80	—	—
烟农户数（户）	—	4674	—	—
实现烟农总收入（万元）	—	50922	—	—
零售客户数（户）	29148	33675	38186	20606
零售客户销售毛利率（%）	11.27	11.80	11.53	11.55

地市级局（公司）名称		威海市烟草专卖局（公司）	日照市烟草专卖局（公司）	莱芜市烟草专卖局（公司）	临沂市烟草专卖局（公司）
主要负责人/法人代表（含党政领导）		邓基刚	李　峰	渠庆忠	董　梅
所属县级单位		市区、荣成市、乳山市等 3 个县级烟草专卖局（营销部）和文登区局（分公司）①	东港区、岚山区、莒县、五莲县等 4 个县级烟草专卖局（分公司）	莱城区、钢城区等 2 个县级烟草专卖局（营销部）	兰山区、罗庄区、河东区等 3 个县级烟草专卖局（营销部）和郯城县、兰陵县、沂水县、沂南县、平邑县、费县、蒙阴县、莒南县、临沭县等 9 个县级烟草专卖局（分公司）
总资产（万元）		98640	94231	39335	260208
资产负债率（%）		3.30	14.09	34.30	14.41
从业人员（人）		629	148	308	2723
所属业务机构	营销机构	1 个市场部、1 个销售部（含 1 个电访中心）	1 个营销中心、1 个电访中心	1 个营销中心、1 个电访中心	1 个营销中心
	物流配送机构	1 个物流配送中心、2 个配送对接站	1 个物流经营管理中心	1 个配送中心	1 个配送中心
	专卖稽查机构	专卖监督管理科 5 个、专卖管理所 16 个、稽查大队 5 个（含 1 个港站大队）、稽查中队 20 个	1 个专卖科（稽查支队）、4 个稽查大队、14 个专卖管理所	2 个稽查大队、7 个专卖管理所	1 个稽查支队、12 个稽查大队、63 个稽查分队（所）
	烟叶机构	—	1 个烟叶生产经营中心、8 个中心烟站	1 个烟叶生产经营中心	1 个烟叶生产经营中心、45 个烟叶站、1 个收购点
销售卷烟	亿支	59.66	57.10	24.19	187.01
	2014 年比 2013 年（%）	1.12	1.95	-0.07	1.36
卷烟销售收入（万元）		281720	255328	132663	775772

续表

地市级局（公司）名称		威海市烟草专卖局（公司）	日照市烟草专卖局（公司）	莱芜市烟草专卖局（公司）	临沂市烟草专卖局（公司）
实现税利	万元	64983	61796	25005	195949
	2014 年比 2013 年（%）	6.59	7.78	-0.50	8.78
实现利润	万元	35515	30306	11004	97076
	2014 年比 2013 年（%）	9.07	30.20	-2.15	11.48
查处涉烟违法案件（起）		956	723	329	7737
查处涉烟违法案件案值（万元）		486	208	91	3863
2014 年度烟草行业投入烟叶生产基础设施建设资金（万元）		—	862	687	3064
全年烟叶生产基础设施新增受益面积（万亩）		—	0.86	0.08	15.00
烟叶种植（万亩）		—	4.61	0.76	10.92
烟叶收购（万担）		—	13.62	2.29	31.59
烟农户数（户）		—	1515	693	4756
实现烟农总收入（万元）		—	18931	3051	40938
零售客户数（户）		11500	12153	5683	37174
零售客户销售毛利率（%）		11.05	11.95	12.00	12.77

地市级局（公司）名称		德州市烟草专卖局（公司）	聊城市烟草专卖局（公司）	滨州市烟草专卖局（公司）	菏泽市烟草专卖局（公司）
主要负责人/法人代表（含党政领导）		孙力君（—2014.6） 陈　豪（2014.6—）	王淑敏	巩红卫	丁锡汉
所属县级单位		德城区、禹城市、乐陵市、宁津县、齐河县、陵县、临邑县、平原县、武城县、夏津县、庆云县等 11 个县级烟草专卖局（营销部）	东昌府区、临清市、冠县、莘县、阳谷县、东阿县、茌平县、高唐县等 8 个县级烟草专卖局（营销部）	滨城区、邹平县、博兴县、惠民县、无棣县、阳信县、沾化县等 7 个县级烟草专卖局（营销部）	牡丹区、定陶县、曹县、成武县、单县、巨野县、郓城县、鄄城县、东明县等 9 个县级烟草专卖局（营销部）
总资产（万元）		119718	96543	79986	135558
资产负债率（%）		13.76	8.38	3.24	8.76
从业人员（人）		778	813	798	1520
所属业务机构	营销机构	1 个营销中心、1 个电访中心	1 个营销中心	1 个营销中心、1 个电访中心	1 个营销中心、1 个电访中心
	物流配送机构	1 个配送中心	1 个物流中心、1 个配送中转站	1 个配送中心	1 个配送中心
	专卖稽查机构	1 个稽查支队、11 个稽查大队、27 个稽查分队（所）	1 个稽查支队	1 个稽查支队、7 个稽查大队、23 个专卖管理所	1 个稽查支队、9 个稽查大队、30 个专卖管理所
	烟叶机构	—	—	—	—
销售卷烟	亿支	101.19	102.65	74.28	140.37
	2014 年比 2013 年（%）	2.21	1.63	1.50	0.80

续表

地市级局（公司）名称		德州市烟草专卖局（公司）	聊城市烟草专卖局（公司）	滨州市烟草专卖局（公司）	菏泽市烟草专卖局（公司）
卷烟销售收入（万元）		476117	422459	313035	533892
实现税利	万元	88479	91941	69254	115335
	2014 年比 2013 年（%）	7.63	7.98	8.09	6.13
实现利润	万元	48255	46476	38505	59248
	2014 年比 2013 年（%）	10.18	7.81	18.05	5.00
查处涉烟违法案件（起）		2870	2314	1880	1981
查处涉烟违法案件案值（万元）		525	357	636	546
2014 年度烟草行业投入烟叶生产基础设施建设资金（万元）		—	—	—	—
全年烟叶生产基础设施新增受益面积（万亩）		—	—	—	—
烟叶种植（万亩）		—	—	—	—
烟叶收购（万担）		—	—	—	—
烟农户数（户）		—	—	—	—
实现烟农总收入（万元）		—	—	—	—
零售客户数（户）		20634	22407	16134	38462
零售客户销售毛利率（%）		13.06	11.46	11.08	11.00

注：① 2014 年，文登市烟草专卖局（营销部）变更为威海市文登区烟草专卖局（分公司）。

（撰稿：蔡世龙；编辑：李　昂）

河南省烟草专卖局（公司）

【专卖管理】　卷烟打假。河南省烟草专卖局建立由省委政法委牵头的涉烟案件联席会议制度、以各级政府为主导的多部门联合打假机制、毗邻省份及省内重点地区打假联动机制，形成联合作战、狠打深打的局面。在驻马店市局探索卷烟打假防控体系建设，实现重心下移、关口前移、源头防控，省委政法委牵头召开现场会推广驻马店市局经验。开展“雷霆”三号、四号专项行动，2014 年，捣毁大型制假烟机窝点 16 个、其他制假窝点 161 个；查处案值 5 万元以上的假烟案件 127 起；收缴大型烟机 36 台、制假设备 110 台，查获假烟 1.02 亿支；依法拘留 455 人、逮捕 269 人、判刑 485 人，判刑人数居全国第一位。侦破符合公安部、国家局标准的制售假烟网络案件 54 起。4 起重大制售假烟网络案件被公安部、国家局列为部督案件。南阳市“2·19”案件涉及福建、贵州、云南、吉林、河北、湖北、江苏、广西、四川、河南等省（自治区），查获假冒卷烟 212.46 万支、烟叶 2.93 吨，查扣车辆 10 台，刑拘 17 人、逮捕 13 人、判刑 11 人，涉案金额 1013 万元。洛阳市“5·6”案件查获 YJ14－22 型卷接机 2 台、八刀切丝机 1 台、真空回潮机 1 台、假冒卷烟 5299 万支，刑拘 18 人、逮捕 15 人，涉案金额 3155 万元。安阳市“12·21”案件查获 YJ14－22 型卷接机 2 台、假冒卷烟 287 万支，以及烟丝、滤棒、卷烟纸等原辅材料，刑拘 7 人、逮捕 6 人，涉案金额 136 万元。漯河市“12·31”案件查获假冒卷烟 198 万支、卷烟纸 240 千克、制假模板 242 个，刑拘 2 人、逮捕 1 人、判刑 1 人，涉案金额 320 万元。2014 年，河南省局被公安部、国家局授予“全国卷烟打假特殊贡献单位”称号。

市场监管。转变市场监管方式，在南阳市局抓了 APCD 工作法试点，研究解决存在问题，为向河南全省推广奠定基础。坚持零售客户守法经营分类动态管理，丰富监管手段，开展错时检查、交叉检查、暗访检查，提高监管检查效果。按照省局、省工商局《关于进一步完善协作机制 加强烟草市场联合监管工作的实施意见》，定期召开联席会，分析问题，总结经验，强化对无证经营行为的联合监管。印发《关于加强中秋和国庆期间卷烟市场监管工作的通知》，加大重大节日、重点市场、重要区域专项整治力度，与公安、工商、交通等部门联合进行市场清理整顿。2014 年，组织各类卷烟市场集中整顿活动 630 次，出动执法人员 13.51 万人次，查处各类案件 2.44 万起，取缔无证商户 4631 户。

内部监管。制定治理卷烟非法流通规定，突出“四个管好一个从严”（管好源头、管好订单、管好品牌、管好大户，从严执纪），强化对卷烟经营的事前预防、事中监管、事后处理和责任追究等环节的监管。加强对异常预警订单的筛查、分析、处理，落实非渠道烟非法流通定期分析通报制度，查处卷烟违规经营案件，处理相关责任人员。2014 年，办理国家局督办案件 8 件，省局督办案件 29 件，各市局自办案件 71 件，对 420 名相关责任人进行处理，全国查获涉及河南的非渠道烟数量同比下降 24.7%。加强废弃烟草专卖品处理监管，审批废弃烟草专卖品 455 批次，现场监销 602 批次，监销废弃烟草专卖品 4.46 万吨、设备 170 台（套）。

依法行政。履行行政许可职责，严格执行法定程序，依法受理各项业务，公开透明实施行政许可。2014 年，新办烟草专卖零售许可证 4.82 万份，办理生产经营类许可证 415 份，审批签发各类烟草专卖品准运证 4.38 万份，审核 367 个烟叶收购站（点）并换发收购证 197 份。制定“法治豫烟”建设实施方案，开展法律风险防控体系建设和服务型执法建设试点。省局、信阳市局、南阳城区局被河南省全面推进依法行政工作领导小组办公室评为“2012—2014 年度河南省服务型行政执法建设先进单位”，信阳浉河区局被作为“全省推进服务型执法建设工作观摩宣传表彰活动”的现场观摩点。

【经济效益】 2014 年，河南省烟草商业系统实现税利 179.08 亿元，同比增长 12%，其中利润 93.05 亿元，同比增长 18.67%。三项费用率为 8.97%，同比下降 0.75 个百分点。

【卷烟经营】 卷烟销售。2014 年，河南省烟草商业系统销售卷烟 1623.25 亿支（324.65 万箱），同比增长 2.38%。销售一类烟 269.60 亿支（53.92 万箱），同比增长 16.01%；二类烟 108.65 亿支（21.73 万箱），同比增长 17.02%；三类烟 918.95 亿支（183.79 万箱），同比下降 0.20%；四类烟 249.55 亿支（49.91 万箱），同比增长 8.52%；五类烟 76.50 亿支（15.30 万箱），同比下降 30.20%。本地区销售居前三位的品牌是“黄金叶”“红旗渠”“利群”，销量分别为 684.9 亿支（136.98 万箱）、257 亿支（51.40 万箱）、75.15 亿支（15.03 万箱）。

2014 年，实现卷烟销售收入 836.85 亿元，同比增长 8.87%。单箱销售收入 2.58 万元，同比增加 1350 元。实现卷烟销售利润 84.26 亿元，同比增长 18.08%。

品牌培育。坚持“卖好的产品、扶大的品牌、服务一流企业”思路，突出重点品牌培育，营造公平竞争环境，加强工商协同，组织开展婚庆、节日、事件营销活动，行业重点品牌实现“规模扩大、结构优化、规格精简、价值提升”。2014 年，重点品牌销售 1271.65 亿支（254.33 万箱），占总销量的 78.42%，同比增长 2.53%。

营销管理。推广驻马店市公司“定点供应、动态管理、公平分配、均衡销售”的做法，把销量增长和结构优化目标均衡分配到每季、每月、每个单位，严格按进度抓好落实，实现卷烟营销均衡平稳运行。在濮阳市公司抓了卷烟营销市场化取向改革试点，探索创新市场需求预测、客户经营能力把握、客户类别划分和货源公开公平供应等工作，试点单位各项指标稳步提升。把农村市场作为销量增长、结构提升的潜力点，在平顶山、南阳市公司积极推行专卖、卷烟人员“双下沉”服务，提高客户服务水平，挖掘市场潜力。实施亲情和增值服务，推行卷烟经营贷记卡和跨行支付工作，降低客户经营成本。2014 年，零售客户满意度 90.98 分，提高 0.02 分。组建豫烟物流有限责任公司，在安阳、焦作、商丘市公司试点，探索发展非烟物流，实现非烟商品销售额 69 万元、毛利 7.5 万元。推进卷烟包装箱循环使用工作，向河南中烟返运卷烟包装箱 768 万个，返运比例 88.03%。重视工商协同营销工作，为工业企业在豫开展业务及产品销售提供公平环境、优质服务与支持帮助。2014 年，全国工商协同营销互评中，河南省公司总分名列第一。

【烟叶产销】 烟叶种植与收购。2014 年，全省烟叶种植面积 93.87 万亩，较上年减少 46.13 万亩。收购烟叶 13.02 万吨（260.4 万担），完成“坚守红线”工作任务。种烟农户 4.62 万户，户均种植面积 20.32 亩。签订烟叶种植收购合同 4.62 万份。实现烟农种烟收入 30.1 亿元，户均收入 6.5 万元，亩均收入 3206 元，同比增加 196 元。全省烟叶实现利润6.8亿元，同比增长22.51%；实现烟叶税6.6亿元，同比减少2.5亿元。烟叶收购均价为23.12元/千克，较上年提高0.32元/千克。

烟叶生产。围绕“浓香型特色烟叶品种筛选”“促进烟株根系发育”“测土配方施肥”“涵养烟叶成熟度”“烟草病虫害统防统治”等课题，加大技术推广力度，安排集约化育苗面积93.87万亩，配方测土平衡施肥面积82.6万亩，烟蚜茧蜂防治技术推广4.3万亩，小苗深栽烟26.4万亩。加快浓香型重大专项推进步伐，建设浓香型特色优质烟叶示范园区13个，规划基本烟田面积16.5万亩，种植烟叶5.79万亩，收购烟叶0.75万吨（15.01万担）。开展浓香型特色优质烟叶开发，参与7个专题、20项试验，涉及32个产烟县，提升浓香型特色优质烟叶开发与适用技术集成推广水平。召开河南浓香型烟叶特色新品种现场观摩会，推广种植豫烟系列特色新品种17万亩，“豫烟10号”“豫烟11号”通过全国特色烟叶品种评审会评审。启动“移动式热泵密集烤房烘烤和装备研发技术成果示范应用”项目并加大推广力度，全省建设26个热泵烤房烘烤工场，新建热泵密集烤房600余座，改造燃煤烤房200余座。

现代烟草农业建设。2014年，行业投入资金5.7亿元，其中国家局补贴资金1.48亿元，省内烟草行业配套资金4.22亿元，完成河南省内烟叶生产基础设施建设项目2.01万个。国家局批准河南水源工程项目1个，援建资金1.36亿元。截至2014年底，累计建设水源工程项目6个，累计援建资金7.13亿元。截至2014年底，已开工建设5个，其中襄城“八七”龙兴水源工程建设进度达到92%。2014年，新建现代烟草农业基地单元（列入国家局计划）9个，累计建设36个（列入国家局计划）；新增特色烟叶基地单元1个，累计建设10个。初步实现原料供应基地化、烟叶品质特色化、生产方式现代化。河南省建成综合服务型烟农专业合作社109个，其中工商注册91个，入社农户数1.83万户。建成综合服务型烟农专业合作示范社14个，其中，行业级11个，省级3个。

【对外交流与合作】 中国烟草河南进出口有限责任公司成立于1985年7月，2006年12月完成股权划转，调整为中国烟草总公司河南省公司的全资子公司，投资参股企业有天昌国际烟草有限公司、许昌京昌包装有限公司和郑州市商业银行。截至2014年底，总资产3.33亿元，其中固定资产0.2亿元、流动资产1.86亿元，资产负债率为20%，有从业人员43人。

2014年，出口烟叶及烟叶副产品3470吨，同比下降42.47%。出口实现720万美元。进口卷烟1.96亿支（0.392万箱），同比增长4.26%。实现税利4802万元，同比增长58.48%，其中利润949万元，同比下降1.15%。

【特事要辑】 5月30日，河南省副省长张维宁到河南省局（公司）调研，考察郑州市局（公司）卷烟物流配送中心，主持召开河南卷烟产品结构升级专题会，强调要继续把握基础、装备、技术和市场较好优势，发挥合力，进一步细化充实卷烟产品结构升级工作方案，积极推进河南卷烟产品结构升级，努力培育新的经济增长点。

6月30日至7月2日，国家局副局长杨培森在河南烟草调研，深入三门峡烟区了解烟叶生产情况，要求河南省局（公司）围绕控制总量、优化布局、彰显特色、提高质量四个方面，提高烟叶生产水平。

7月16—18日，国家局副局长徐瑆在河南烟草调研，走访郑州、平顶山市部分卷烟零售客户和物流中心，要求力保销量稳定增长，力保市场状态良好，力保“黄金叶”品牌发展势头，力保全年目标任务完成。

8月28日，《烟草控制框架公约》履约协调会在河南漯河召开，展示中国履行《公约》、打击烟草制品非法贸易取得的成绩。国家局局长凌成兴批示：“协调会开得很好。宣传了烟草专卖，宣传了履约工作，宣传了卷烟打假。”

9月17—19日，国家局总会计师张玉霞在河南烟草调研，查看许昌襄城县颍阳烟站烟叶收购情况，考察开封物流中心建设情况，了解资金管理、预算管理、烟叶生产投入、增收节支、合作生产等工作。强调加大降本增效力度，加大烟基管理力度，加大资金管理力度。

10月16—17日，国家局局长凌成兴在河南烟草调研，并前往兰考县焦裕禄同志纪念馆参观学习。凌成兴强调，要进一步落实习近平总书记关于“深学、细照、笃行”焦裕禄精神、争做焦裕禄式好干部的要求，牢记总书记教导，笃行焦裕禄精神，坚定超万亿目标。一是同舟共济牵住卷烟销售这个“牛鼻子”，二是同舟共济破解计划增量这个“两难命题”，三是同舟共济抓住税利总额这个核心指标，出色完成“保八争十超万亿”年度目标。

11月4日，国家局副局长赵洪顺在河南省局（公司）调研，听取卷烟打假、内部监管、卷烟销售等方面工作汇报。强调要保持高压态势，全力巩固打假成果，积极探索长效机制；保持高压态势，紧紧扭住非渠道烟流通治理这个中心任务，改善提高河南卷烟经营水平。

2014年河南省烟草专卖局（公司）所属企业主要情况统计

地市级局（公司）名称		郑州市烟草专卖局（公司）	开封市烟草专卖局（公司）	洛阳市烟草专卖局（公司）	平顶山市烟草专卖局（公司）	安阳市烟草专卖局（公司）
主要负责人/法人代表（含党政领导）		赵建州	刘　兵	张　宏（—2014.8） 王泽宗（2014.8—）	胡宏超（—2014.1） 张五庆（2014.1—）	殷建立
所属县级单位		登封市、新密市、荥阳市、巩义市、新郑市、中牟县、上街区、北城区、南城区、西城区、航空港区等11个县级烟草专卖局（分公司）	兰考县、通许县、杞县、尉氏县、城区、祥符区等6个县级烟草专卖局（分公司）	偃师市、孟津县、新安县、宜阳县、伊川县、汝阳县、嵩县、洛宁县、栾川县、城区、吉利区等11个县级烟草专卖局（分公司）	郏县、叶县、宝丰县、鲁山县、汝州市、舞钢市、石龙区、市区直属分局等8个县级烟草专卖局（分公司）	安阳县、汤阴县、内黄县、滑县、林州市、城区等6个县级烟草专卖局（分公司）
总资产（万元）		311155	94145	176520	140189	124604
资产负债率（%）		8.58	7.29	12.25	34.44	-0.23
从业人员（人）		1794	834	2088	2500	791
所属业务机构	营销机构	1个营销中心	1个营销中心	1个营销中心	1个营销中心	1个营销中心
	物流配送机构	1个配送中心、4个配送中转站	1个物流配送中心	1个配送中心	1个物流配送中心、3个物流配送中转站	1个物流公司、2个区域中转站
	专卖稽查机构	1个稽查支队、11个打私打假队、32个市场监管队	1个稽查支队、6个稽查大队、29个专卖管理所	11个打私打假稽查队、11个内部监管稽查队、43个市场监管稽查队	1个稽查支队、8个稽查大队、13个打私打假稽查队、41个市场监管稽查队（所）	1个稽查支队、6个稽查大队、18个专卖管理所
	烟叶机构	1个烟叶工作站、3个烟叶收购点	—	77个烟叶工作站	1个烟叶营销中心、28个烟叶工作站、19个烟叶收购点	—
销售卷烟	亿支	199.92	83.64	114.86	82.42	91.54
	2014年比2013年（%）	3.90	3.00	2.10	2.39	1.71
卷烟销售收入（万元）		1158519	403671	609600	446327	473884
实现税利	万元	244599	77802	128988	100883	98167
	2014年比2013年（%）	17.85	19.47	4.24	2.02	9.75
实现利润	万元	136900	41926	64074	44232	59580
	2014年比2013年（%）	18.04	26.57	19.30	-1.98	19.83
查处涉烟违法案件（起）		1714	860	2813	1595	1628
查处涉烟违法案件案值（万元）		882	237	560	188	428
2014年度烟草行业投入烟叶生产基础设施建设资金（万元）		500	—	8800	7900	—
全年烟叶生产基础设施新增受益面积（万亩）		0.25	—	4.60	3.90	—
烟叶种植（万亩）		1.00	—	18.60	11.67	—
烟叶收购（万担）		0.92	—	30.06	33.22	—
烟农户数（户）		467	—	9317	4605	—
实现烟农总收入（万元）		719	—	29202	38762	—
零售客户数（户）		28000	20637	23513	17490	19333
零售客户销售毛利率（%）		10.10	12.76	10.00	10.61	11.90

地市级局（公司）名称		鹤壁市烟草专卖局（公司）	新乡市烟草专卖局（公司）	焦作市烟草专卖局（公司）	濮阳市烟草专卖局（公司）	许昌市烟草专卖局（公司）
主要负责人/法人代表（含党政领导）		刘学中	李晓海	王孝亭	尹宏伟（—2014.1） 张　军（2014.1—）	蒋笃彪（—2014.1） 黄银甫（2014.1—）
所属县级单位		浚县、淇县、城区等3个县级烟草专卖局（分公司）	新乡县、原阳县、延津县、封丘县、长垣县、卫辉市、辉县市、获嘉县、城区等9个县级烟草专卖局（分公司）	修武县、武陟县、温县、孟州市、沁阳市、博爱县、城区等7个县级烟草专卖局（分公司）	濮阳县、清丰县、南乐县、台前县、范县、城区等6个县级烟草专卖局（分公司）	魏都区、禹州市、襄城县、长葛市、许昌县、鄢陵县等6个县级烟草专卖局（分公司）
总资产（万元）		36000	127219	61933	67415	124450
资产负债率（%）		12.96	6.90	5.45	5.31	17.87
从业人员（人）		328	816	521	648	1740
所属业务机构	营销机构	1个营销中心	1个营销中心	1个营销中心	1个营销中心	1个营销中心
	物流配送机构	1个卷烟物流中心	1个物流配送中心、2个配送站	1个配送中心	1个卷烟配送中心	1个物流配送中心
	专卖稽查机构	1个稽查支队、3个稽查大队、9个专卖管理所	1个稽查支队、11个稽查大队、26个专卖管理所	1个稽查支队、7个稽查大队、18个专卖管理所	1个稽查支队、6个稽查大队、7个打假打私稽查队、18个市场监管稽查队	1个稽查支队、43个稽查队
	烟叶机构	—	—	—	—	12个烟叶工作站、23个烟叶收购点
销售卷烟	亿支	25.30	91.79	58.67	57.97	76.99
	2014年比2013年（%）	3.48	3.13	2.92	2.06	1.97
卷烟销售收入（万元）		134662	480667	293920	283056	396742
实现税利	万元	28995	103775	55301	56199	102015
	2014年比2013年（%）	23.91	16.46	18.15	13.94	7.14
实现利润	万元	15699	60264	29770	31560	49689
	2014年比2013年（%）	21.95	16.33	24.57	20.00	12.15
查处涉烟违法案件（起）		744	1358	1265	1109	925
查处涉烟违法案件案值（万元）		114	451	226	398	1790
2014年度烟草行业投入烟叶生产基础设施建设资金（万元）		—	—	—	—	8631
全年烟叶生产基础设施新增受益面积（万亩）		—	—	—	—	5.04
烟叶种植（万亩）		—	—	—	—	12.40
烟叶收购（万担）		—	—	—	—	34.86
烟农户数（户）		—	—	—	—	5806
实现烟农总收入（万元）		—	—	—	—	44063
零售客户数（户）		6393	18930	11389	11598	18691
零售客户销售毛利率（%）		16.34	11.00	10.00	12.00	11.39

地市级局（公司）名称		漯河市烟草专卖局（公司）	三门峡市烟草专卖局（公司）	南阳市烟草专卖局（公司）	商丘市烟草专卖局（公司）
主要负责人/法人代表（含党政领导）		李广良	李　琦（—2014.1） 蒋笃彪（2014.1—）	王振海	左东升（—2014.8） 陈保军（2014.8—）
所属县级单位		林颍县、舞阳县、城区等3个县级烟草专卖局（分公司）	卢氏县、灵宝市、陕县、渑池县、义马市、湖滨区等6个县级烟草专卖局（分公司）	镇平县、内乡县、西峡县、淅川县、邓州市、唐河县、新野县、社旗县、方城县、桐柏县、南召县、油田、城区等13个县级烟草专卖局（分公司）	梁园区、睢阳区、永城市、夏邑县、虞城县、宁陵县、民权县、睢县、拓城县等9个县级烟草专卖局（分公司）
总资产（万元）		72529	137728	235696	154916
资产负债率（%）		38.13	12.94	19.33	16.02
从业人员（人）		1162	1358	3182	1507
所属业务机构	营销机构	1个营销中心	1个营销中心	1个营销中心	1个营销中心
	物流配送机构	1个物流配送中心	1个物流配送中心	1个物流配送中心	1个物流配送中心、 3个配送中转站
	专卖稽查机构	1个稽查支队、 21个稽查中队	1个稽查支队、 6个稽查大队、 19个专卖管理所	1个稽查支队、 40个稽查大队、 117个专卖管理所	1个稽查支队、 9个稽查大队、 44个稽查中队
	烟叶机构	1个烟叶营销中心、 12个烟叶站、 17个烟叶收购点	1个烟叶营销中心、 18个烟叶总站、 60个烟叶站（点）	1个烟叶营销中心、 19个烟叶总站、 46个烟叶站	5个烟叶工作站、 3个烟叶收购点
销售卷烟	亿支	41.92	45.49	169.02	124.39
	2014年比2013年（%）	0.65	-9.92	2.75	3.23
卷烟销售收入（万元）		227952	238154	842565	627005
实现税利	万元	51442	90389	191761	124526
	2014年比2013年（%）	0.13	-4.82	9.84	14.07
实现利润	万元	22215	53092	96973	68744
	2014年比2013年（%）	3.79	15.73	19.65	24.56
查处涉烟违法案件（起）		200	401	3977	2629
查处涉烟违法案件案值（万元）		1299	41	543	802
2014年度烟草行业投入烟叶生产基础设施建设资金（万元）		4415	10783	10043	500
全年烟叶生产基础设施新增受益面积（万亩）		1.10	8.12	3.88	0.38
烟叶种植（万亩）		5.90	20.40	10.30	2.10
烟叶收购（万担）		20.32	45.00	61.30	5.79
烟农户数（户）		1712	14630	5570	339
实现烟农总收入（万元）		26259	42973	76290	7133
零售客户数（户）		7993	10291	37866	26174
零售客户销售毛利率（%）		11.20	10.31	21.61	14.36

地市级局（公司）名称		信阳市烟草专卖局（公司）	周口市烟草专卖局（公司）	驻马店市烟草专卖局（公司）	济源市烟草专卖局（公司）
主要负责人/法人代表（含党政领导）		苏永士（2014.1—）	赵友亮（2014.1—）	马　聪（—2014.1） 宋守晔（2014.1—）	张芦敏
所属县级单位		浉河区、平桥区、罗山县、息县、淮滨县、潢川县、光山县、商城县、新县、固始县等10个县级烟草专卖局（分公司）	淮阳县、商水县、项城市、郸城县、太康县、西华县、扶沟县、沈丘县、鹿邑县、城区等10个县级烟草专卖局（分公司）	遂平县、西平县、上蔡县、汝南县、平舆县、新蔡县、正阳县、确山县、泌阳县、驿城区等10个县级烟草专卖局（分公司）	—
总资产（万元）		131968	100199	113220	15535
资产负债率（%）		8.00	14.57	13.18	8.89
从业人员（人）		1054	1827	2211	223
所属业务机构	营销机构	1个营销中心	1个营销中心	1个营销中心	1个营销中心
	物流配送机构	1个物流配送中心、3个配送站	1个物流配送中心、3个配送站	1个物流配送中心	1个物流配送中心
	专卖稽查机构	1个稽查支队、10个稽查大队、54个专卖管理所	1个稽查支队、24个打私打假稽查队、48个专卖管理所、10个内部监管稽查队	1个稽查支队、10个稽查大队、83个专卖管理所	1个稽查支队、7个稽查大队
	烟叶机构	2个烟叶站、1个烟叶工作站点	1个烟叶购销公司、12个烟叶收购站（点）	12个烟叶总站、11个烟叶站	4个烟叶工作站
销售卷烟	亿支	101.38	133.47	113.35	11.13
	2014年比2013年（%）	2.40	2.67	3.05	2.11
卷烟销售收入（万元）		543560	611900	535050	61274
实现税利	万元	105450	107136	95618	12584
	2014年比2013年（%）	12.52	17.37	14.30	3.19
实现利润	万元	54724	50380	43462	5847
	2014年比2013年（%）	15.10	21.44	5.23	-1.51
查处涉烟违法案件（起）		2913	1185	1545	200
查处涉烟违法案件案值（万元）		437	1629	315	82
2014年度烟草行业投入烟叶生产基础设施建设资金（万元）		541	800	3800	287
全年烟叶生产基础设施新增受益面积（万亩）		0.18	0.50	1.50	0.27
烟叶种植（万亩）		1.00	2.10	6.90	1.50
烟叶收购（万担）		2.80	5.15	18.59	2.37
烟农户数（户）		348	606	1921	875
实现烟农总收入（万元）		3168	5906	24278	2260
零售客户数（户）		25829	28363	24340	3615
零售客户销售毛利率（%）		13.34	12.80	11.98	10.96

（撰稿：范素娟；编辑：李　昂）

湖北省烟草专卖局（公司）

【专卖管理】 打假破网。2014年，湖北省烟草专卖局查处各类涉烟违法案件2.5万起，查获非法卷烟2.98亿支，其中假冒卷烟0.37亿支、非渠道卷烟2.52亿支，总案（标）值1.68亿元。捣毁制假售假窝点63个，打击涉烟犯罪分子731人，其中判刑263人、拘留468人。2014年，办理网络案件160起，其中国标案件38起，省标案件122起。黄冈“4·8”制售假烟网络案、武汉“1·5”贩售假烟案、黄石“1·3”特大非法制售烟丝网络案、十堰“6·9”非法经营卷烟案、荆州“10·5”非法制售烟丝案等5起案件被列为公安部、国家局督办案件。

卷烟打假协作机制。与湖北省公安厅就打击涉烟违法犯罪活动和开展专项行动达成共识，湖北省公安厅专门下发通知，要求充分发挥公安机关职能作用，严打涉烟犯罪活动。协调湖北省交通运输厅创新打击公路客运、物流、托运等环节非法运输卷烟的机制。与省检察院建立有效衔接机制，开通工作平台。召开鄂豫两省八市卷烟打假协作区座谈会，与湖南、河南、江西、重庆等毗邻地区进行执法协作。

证件管理。加强许可证管理，湖北省新办证卷烟经营户1.79万户，持证经营户22.40万户，持证户占总人口比率3.88‰；全省停业整顿588户，取消经营资格210户，依法注销2259户，纠正部分持证户转借证、异地经营、证照不符等违规使用许可证行为。

依法行政。对烟草专卖行政执法依据、执法内容和执法程序要求进行全面梳理，列出专卖行政执法3个类别41项烟草行政权力和政务服务清单，要求各市级局公开发布，推进行政权力公开透明运行。

内部管理监督。强化卷烟非法流通治理，将其纳入市级局（公司）领导工作业绩考核，严格执行非渠道卷烟案件卷烟条码抄录、非法流通案件情况通报、重大案件督办等制度。围绕烟叶种植、烟叶收购、卷烟打（扫）码、品牌（规格）引进退出、典型预警分析调查等环节，加大监督力度。开展废弃烟梗处理情况调研，规范废弃烟草专卖品管理。

【经济效益】 2014年，湖北省烟草商业系统实现税利118.47亿元，同比增长10.79%，其中利润61.05亿元，同比增长12.01%。卷烟单箱销售收入2.38万元，同比增长9.62%。单箱税利5559元，同比增长11.38%。三项费用率7.93%。重点控制费用同比下降4231万元，降幅11.56%。业务招待费3380万元，同比下降48.22%；会议费1468万元，同比下降44.44%；业务宣传费194万元，同比下降90.55%；因公出国费用62万元，同比下降71.55%。

【卷烟经营】 卷烟销售。2014年，湖北省烟草商业系统销售卷烟989.83亿支（197.97万箱），同比增长3.04%，其中，销售一类烟328.54亿支（65.71万箱），同比增长22.13%；二类烟35.47亿支（7.09万箱），同比增长62.92%；三类烟369.52亿支（73.90万箱），同比下降2.78%；四类烟176.96亿支（35.39万箱），同比下降8.81%；五类烟79.34亿支（15.87万箱），同比下降17.08%。本地区销量居前三位的品牌依次为“红金龙”“黄鹤楼”“红河”，其中“红金龙”销量442.96亿支（88.59万箱），同比下降10.85%；“黄鹤楼”销量324.12亿支（64.82万箱），同比增长23.63%；“红河”销量21.38亿支（4.28万箱），同比增长0.51%。

2014年，实现卷烟销售收入472亿元，同比增长12.55%。实现卷烟税利110.37亿元，同比增长14.36%，其中利润61.09亿元，同比增长16.18%。

品牌培育。首次将“黄鹤楼（1916）”“黄鹤楼（软珍品）”“黄鹤楼（硬珍品）”“中华（软）”“中华（硬）”“利群（新版）”6个规格列为关键品牌规格调控对象，建立月度工商衔接机制，确保货源科学配置。全省6个品牌规格销量74.5亿支（14.9万箱），同比增加16.5亿支（3.3万箱），增长28.4%，市场价格达到近年来最高。组织开展全省卷烟品牌偏好和货源供应稳定性调查，以及万名卷烟消费者调查，把握品牌动态走向和卷烟消费趋势。全省统一需求预测流程、周期和内容，建立两轮“一对一”评审衔接机制，促进品牌、结构等与市场需求相匹配。全省销售重点品牌卷烟922.58亿支（184.52万箱），同比增加23.31亿支（4.66万箱），增长2.59%。重点品牌卷烟销量占全省销量的93.21%。销售8毫克/支及以下低焦油卷烟246.9亿支（49.38万箱），同比减少86.75亿支（17.35万箱），下降25.99%。

“按需供货”试点。学习京津冀市场化取向改革精神，在全省“一市九县七部”开展按需供货试点，货源供不应求、供过于求、供非所求和求无所供的矛盾得到一定程度缓解。17家试点单位2014年销售卷烟同比增加9.5亿支（1.9万箱），增长3.46%，超出全省平均增幅0.42个百分点。

全省零售客户满意度81.4分，同比提高0.6分。

现代物流建设。将黄石市烟草物流正式纳入武汉区域物流配送，形成武汉“1+5”区域物流体系，区域物流建设又向前迈进一步。全面启动物流非法人实体化工作，精益物流、科技物流、人本物流工作扎实推进。

【烟叶产销】 种植与收购。2014年，湖北省签订烟叶种植收购合同4.55万份，移栽烟叶59.49万亩。实际收购烟叶5.74万吨（114.82万担），其中烤烟5.01万吨（100.17万担）、晾晒烟0.73万吨（14.65万担）。全省烟农总收入15.4亿元。烟农户均收入3.37万元，亩均收入0.26万元。

2014年，实现烟叶税利9.77亿元，同比下降1.70%，其中利润2.77亿元，同比增长1.53%。

严格落实国家局关于严控规模的要求，坚决控总量、压库存。省局（公司）党组多次开展专题研究，及时召开全省系统会议，明确相关要求。省局（公司）党组集体与湖北中烟党组集体面对面协商，省局（公司）主要领导亲自与有关工业企业协调，分管领导带队赴外省协调落实烟叶销售计划。全面建立“一把手”负责制，明确“四个一律”工作纪律，严把合同签订、物资发放、育苗移栽等关口，坚决把责任落实到人、到片区、到田块。烟叶库存从年初预计的4万吨（80万担）降至0.05万吨（1万担），库存风险得到有效化解。

烟叶技术推广。推进“烟叶免检”工作，强化烟叶标准化生产，突出先进适用技术推广，实现大灾之年烟叶质量平稳。全省推广特色品种“K326”11.3万亩，“金神农1号”2.8万亩；烤烟、白肋烟100%推广井窖式小苗移栽技术；推广“双行凹形”结合垄保水节水技术10万亩。烤烟上中等烟率89.72%，收购均价22.23元/千克。国家局检查烟叶收购和工商交接等级合格率分别为83%、61.87%，均高于全国平均水平，位居全国前列。

烟叶生产基础设施建设。2014年，投入烟叶生产基础设施建设资金4.75亿元，其中国家局投入资金3.88亿元，全省系统投入资金0.87亿元，建设项目1.06万个。突出抓好水源工程、土地整理和烟叶生产机械化，向国家局申报水源工程项目3个，在9个基地单元开展田间机械化配套。

现代烟草农业建设。全省新建基地单元5个，累计建设31个，对口9家工业企业、服务11个卷烟品牌。利川汪营、宣恩晓关特色烟叶基地单元受到国家局通报表扬。利川柏杨作为国家局精益生产试点单元，通过国家局评审。累计建设基地单元烟农专业合作社31个，创建行业示范社10个，组建专业化服务队777支，烟农入社率达到96.2%。烤烟单元育苗、机耕、植保、烘烤、分级专业化服务覆盖率分别达到93.22%、71.64%、72.86%、59.97%、79.08%。借鉴安徽皖南经验，在全省推进技术员转岗转责工作，进一步促进技术、服务和生产相融合。

【对外交流与合作】 中国烟草湖北进出口有限责任公司为中国烟草总公司湖北省公司的全资子公司。截至2014年底，总资产4.78亿元，其中，固定资产0.31亿元，流动资产4.32亿元，资产负债率为82.22%。

2014年，公司出口烟叶类产品1.14万吨，实现销售收入4025万美元；进口卷烟销售1.80万件，同比增加0.39万件，增长28%；卷烟零售、进口设备仪器、进口红酒三项拓展经营毛利润402万元，同比增加147万元，同比增长57.7%。

2014年，公司主动实施“走出去”战略，多次赴中国香港、东南亚、欧洲等地推销烟叶，拜访客户13批次，向16家目标客户送样推销，请进客户35批次；围绕降低库存，新开发日本烟草、南洋烟草订单744吨，推销陈烟3781吨，马里兰烟实现零库存。协助全省各卷烟销区研判市场、培育品牌，做好进口卷烟计划申报，协调解决卷烟调剂，帮助销区消化库存，实现购进增长、落地销售增长、库存下降。大力拓展业务，做好行业进口仪器使用单位的联系和服务工作，全面建立进口采购规范机制。

【特事要辑】 3月31日至4月2日，国家局副局长杨培森深入第二批党的群众路线教育实践活动联系点恩施州恩施市局（营销部）和湖北中烟恩施卷烟厂调研，强调要提高认识，认识到全心全意为人民服务是党的根本宗旨；要突出重点，以反对“四风”为重点；要联系实际，结合烟草行业实际反对“四风”；要务求实效，做到统筹兼顾，确保“两不误、两促进”。

6月19—20日，国家局副局长杨培森深入第二批党的群众路线教育实践活动联系点恩施州局（公司），参加并指导州局（公司）专题民主生活会，强调要提高思想认识，克服松懈情绪；总结有益经验，加强班子自身建设；抓好整改落实，解决突出问题；加强制度建设，固化活动成果；坚持统筹兼顾，确保“两不误、两促进”。

9月16日，国家局总会计师张玉霞到湖北省局（公司）调研，强调继续加大降本增效力度，继续提升预算管理水平，针对涉及财务的所有业务事项进行风险分析。

9月26日，全省系统精益管理暨“知音”服务品牌建设现场会在武汉市局（公司）召开，会议主要任务是推广武汉市局（公司）精益管理暨“知音”服务品牌建设的经验，全面推动全省烟草商业系统基础管理上水平。

11月14日，全省烟草商业系统“知音·三万行”活动总结表彰大会暨“知行杯”企业文化故事演讲会在武汉举行，来自各单位的参赛选手对基层一线员工的真实事迹进行演绎。

11月17—18日，国家局局长凌成兴到湖北省局（公司）调研，强调要瞄准新目标，做到“三个乘势而上”，新乘势而上超额完成2014年工作任务，乘势而上努力实现明年良好开局，乘势而上积极谋划“十三五”规划目标，推动湖北烟草改革发展取得更大成效。调研期间，凌成兴慰问了行业劳动模范典型彭义政同志遗属。

12月25日，公安部、国家局在武汉组织召开联合打击利用铁路非法运输烟草专卖品违法犯罪活动工作座谈会，分析卷烟打假工作新形势，专题探讨省际间情报共享、跨区合作、定期会商的方式方法。

2014年湖北省烟草专卖局（公司）所属企业主要情况统计

地市级局（公司）名称		武汉市烟草专卖局（公司）	黄冈市烟草专卖局（公司）	襄阳市烟草专卖局（公司）	荆州市烟草专卖局（公司）
主要负责人/法人代表（含党政领导）		梁　斌	张俊初	吴天植（—2014.6） 龚春竹（2014.6—）	马　力
所属县级单位		江岸区、江汉区、硚口区、汉阳区、武昌区、青山区、洪山区、蔡甸区、江夏区、黄陂区、新洲区、东西湖区、汉南区等13个区烟草专卖分局（营销部）	黄州区、团风县、红安县、麻城市、罗田县、英山县、浠水县、蕲春县、武穴市、黄梅县等10个县级烟草专卖局（营销部）和龙感湖分局（公司）	老河口市、襄州区、谷城县、宜城市、保康县、南漳县、枣阳市、樊城区、襄城区等9个县级烟草专卖局（营销部）和南漳县、保康县等2个烟叶分公司	荆州区、沙市区、江陵县、松滋市、公安县、石首市、监利县、洪湖市等8个县级烟草专卖局（营销部）
总资产（万元）		517679	168858	116566	153834
资产负债率（%）		18.08	37.38	27.08	36.00
从业人员（人）		1462	992	1204	930
所属业务机构	营销机构	1个营销中心	1个营销中心、 1个电访中心	1个营销中心、 1个电访中心	1个营销中心、 1个电访中心
	物流配送机构	1个物流配送中心	1个配送中心、 8个中转站	1个物流配送中心	1个配送中心
	专卖稽查机构	1个稽查支队、 16个稽查大队、 47个专卖管理所	1个稽查支队、 12个稽查大队、 42个专卖管理所	1个稽查支队、 13个稽查中队、 1个口子稽查大队、 35个专卖管理所	1个稽查支队、 8个稽查大队、 43个专卖管理所
	烟叶机构	—	—	12个烟叶站、 38个烟叶收购组	—
销售卷烟	亿支	214.36	97.66	94.10	92.88
	2014年比2013年（%）	4.56	1.98	4.20	4.29
卷烟销售收入（万元）		1184258	412817	381505	444711
实现税利	万元	283129	95471	96802	100064
	2014年比2013年（%）	9.45	10.39	19.32	30.26
实现利润	万元	159300	54049	51348	53340
	2014年比2013年（%）	4.71	15.51	35.75	44.86
查处涉烟违法案件（起）		6813	2313	1283	4009
查处涉烟违法案件案值（万元）		6161	760	707	1583

续表

地市级局（公司）名称	武汉市烟草专卖局（公司）	黄冈市烟草专卖局（公司）	襄阳市烟草专卖局（公司）	荆州市烟草专卖局（公司）
2014 年度烟草行业投入烟叶生产基础设施建设资金（万元）	—	—	4151	—
全年烟叶生产基础设施新增受益面积（万亩）	—	—	3.52	—
烟叶种植（万亩）	—	—	5.92	—
烟叶收购（万担）	—	—	11.32	—
烟农户数（户）	—	—	4451	—
实现烟农总收入（万元）	—	—	15454	—
零售客户数（户）	36179	26041	15515	19054
零售客户销售毛利率（%）	13.74	13.25	13.08	13.46

地市级局（公司）名称		十堰市烟草专卖局（公司）	孝感市烟草专卖局（公司）	恩施土家族苗族自治州烟草专卖局（公司）	宜昌市烟草专卖局（公司）
主要负责人/法人代表（含党政领导）		赵建成	张禾炎	谭志平	赵传良
所属县级单位		城区、郧县、竹溪县、丹江口市、房县、竹山县、郧西县等 7 个县级烟草专卖局（营销部）和竹山县、郧西县、竹溪县、房县等 4 个烟叶分公司	孝南区、孝昌县、大悟县、云梦县、安陆市、应城市、汉川市等 7 个县级烟草专卖局（营销部）	恩施市、利川市、建始县、巴东县、宣恩县、咸丰县、来凤县、鹤峰县等 8 个县级烟草专卖局（营销部）、8 个烟叶分公司	城区、夷陵区、枝江市、宜都市、当阳市、远安县、秭归县、兴山县、长阳县、五峰县等 10 个县级烟草专卖局（营销部）
总资产（万元）		115033	148431	237761	125710
资产负债率（%）		45.98	41.13	56.86	28.79
从业人员（人）		1002	826	2471	1216
所属业务机构	营销机构	1 个营销中心	1 个营销中心	1 个卷烟营销中心	1 个营销中心
	物流配送机构	1 个物流中心、1 个配送中心	1 个物流配送中心	1 个物流中心	1 个配送中心
	专卖稽查机构	1 个稽查支队、7 个稽查大队、4 个中队、29 个专卖管理所	1 个稽查支队、8 个稽查大队、32 个专卖管理所	1 个专卖稽查大队、27 个专卖管理所	1 个稽查支队、10 个稽查大队、33 个专卖管理所
	烟叶机构	8 个烟叶中心站、34 个烟叶收购组	—	51 个烟草站、224 个烟叶收购组	10 个烟叶工作站、32 个烟叶收购组
销售卷烟	亿支	52.81	71.13	52.21	76.20
	2014 年比 2013 年（%）	1.95	1.60	-1.02	1.95
卷烟销售收入（万元）		231319	357011	225111	343415
实现税利	万元	66040	90207	111514	83343
	2014 年比 2013 年（%）	11.13	18.15	-0.49	4.55

续表

地市级局（公司）名称		十堰市烟草专卖局（公司）	孝感市烟草专卖局（公司）	恩施土家族苗族自治州烟草专卖局（公司）	宜昌市烟草专卖局（公司）
实现利润	万元	33046	49423	43623	40260
	2014年比2013年（%）	13.80	19.05	1.50	5.53
查处涉烟违法案件（起）		887	2289	751	1304
查处涉烟违法案件案值（万元）		896	1200	810	604
2014年度烟草行业投入烟叶生产基础设施建设资金（万元）		3283	—	38231	1855
全年烟叶生产基础设施新增受益面积（万亩）		3.66	—	44.91	1.90
烟叶种植（万亩）		9.96	—	37.71	5.88
烟叶收购（万担）		20.82	—	66.87	15.79
烟农户数（户）		6414	—	28742	5914
实现烟农总收入（万元）		29850	—	92408	19017
零售客户数（户）		13379	15438	11471	16668
零售客户销售毛利率（%）		13.70	13.32	12.82	12.94

地市级局（公司）名称		咸宁市烟草专卖局（公司）	随州市烟草专卖局（公司）	黄石市烟草专卖局（公司）	荆门市烟草专卖局（公司）
主要负责人/法人代表（含党政领导）		游爱民	刘洪明	邓良启	雷培榜（—2014.1） 李远宏（2014.1—）
所属县级单位		咸安区、嘉鱼县、赤壁市、通城县、崇阳县、通山县等6个县级烟草专卖局（营销部）	随县、广水市、曾都区3个县级烟草专卖局（营销部）	大冶市、阳新县等2个县级烟草专卖局（营销部）、1个直属分局（营销部）	钟祥市、京山县、沙洋县、城区等4个县级烟草专卖局（营销部）
总资产（万元）		65075	58374	88076	76527
资产负债率（%）		25.30	41.24	30.83	31.69
从业人员（人）		527	360	375	418
所属业务机构	营销机构	1个营销中心、1个电访中心	1个营销中心	1个营销中心	1个营销中心
	物流配送机构	1个配送中心	1个物流配送中心	1个配送中心	1个配送中心
	专卖稽查机构	1个稽查支队、15个稽查大队、14个专卖管理所	1个稽查支队、4个稽查大队、6个稽查中队、15个专卖管理所	1个稽查支队、6个稽查中队、13个专卖管理所	1个稽查支队、4个稽查大队、15个专卖管理所
	烟叶机构	—	—	—	—
销售卷烟	亿支	42.02	35.63	39.88	44.11
	2014年比2013年（%）	4.19	1.79	4.22	3.43
卷烟销售收入（万元）		204547	153012	207387	202002
实现税利	万元	45452	34495	51611	47430
	2014年比2013年（%）	21.79	17.85	11.84	16.85

续表

地市级局（公司）名称		咸宁市烟草专卖局（公司）	随州市烟草专卖局（公司）	黄石市烟草专卖局（公司）	荆门市烟草专卖局（公司）
实现利润	万元	23158	18095	30018	26979
	2014 年比 2013 年（%）	23.73	18.46	16.67	23.52
查处涉烟违法案件（起）		874	562	1473	979
查处涉烟违法案件案值（万元）		1496	515	759	480
2014 年度烟草行业投入烟叶生产基础设施建设资金（万元）		—	—	—	—
全年烟叶生产基础设施新增受益面积（万亩）		—	—	—	—
烟叶种植（万亩）		—	—	—	—
烟叶收购（万担）		—	—	—	—
烟农户数（户）		—	—	—	—
实现烟农总收入（万元）		—	—	—	—
零售客户数（户）		9103	7641	9327	9666
零售客户销售毛利率（%）		12.81	13.61	14.03	13.22

地市级局（公司）名称		鄂州市烟草专卖局（公司）	仙桃市烟草专卖局（公司）	天门市烟草专卖局（公司）	潜江市烟草专卖局（公司）	神农架林区烟草专卖局（公司）
主要负责人/法人代表（含党政领导）		郑祖雄（—2014.1） 徐伟斌（2014.1—）	罗建勋	胡泽文	魏晓敏	韩　敏
所属县级单位		—	—	—	—	—
总资产（万元）		38821	48827	42395	30122	5480
资产负债率（%）		35.04	37.73	42.21	32.58	49.11
从业人员（人）		175	179	186	140	38
所属业务机构	营销机构	1 个营销中心、 1 个电访中心	1 个营销中心、 1 个电访中心	1 个营销中心	1 个营销中心	1 个营销中心
	物流配送机构	1 个物流配送中心	1 个配送中心	1 个配送中心	1 个配送中心	1 个配送部、 1 个配送站
	专卖稽查机构	1 个稽查支队、 5 个专卖管理所	1 个稽查大队、 1 个稽查中队、 7 个专卖管理所	1 个稽查大队、 6 个专卖管理所	1 个稽查大队、 2 个稽查中队、 4 个专卖管理所	1 个稽查大队
	烟叶机构	—	—	—	—	1 个烟叶产销经营部
销售卷烟	亿支	17.94	20.85	20.33	16.21	1.50
	2014 年比 2013 年（%）	3.32	2.17	1.14	4.26	0.97
卷烟销售收入（万元）		98255	104921	91878	83925	8827
实现税利	万元	25872	26908	22010	18677	2377
	2014 年比 2013 年（%）	22.11	11.66	10.47	12.40	-0.15
实现利润	万元	14317	15884	13174	11230	1319
	2014 年比 2013 年（%）	16.63	17.23	19.23	28.92	16.11
查处涉烟违法案件（起）		390	457	321	232	9

续表

地市级局（公司）名称	鄂州市烟草专卖局（公司）	仙桃市烟草专卖局（公司）	天门市烟草专卖局（公司）	潜江市烟草专卖局（公司）	神农架林区烟草专卖局（公司）
查处涉烟违法案件案值（万元）	179	195	102	128	1
2014年度烟草行业投入烟叶生产基础设施建设资金（万元）	—	—	—	—	40
全年烟叶生产基础设施新增受益面积（万亩）	—	—	—	—	0.12
烟叶种植（万亩）	—	—	—	—	0.01
烟叶收购（万担）	—	—	—	—	0.03
烟农户数（户）	—	—	—	—	1
实现烟农总收入（万元）	—	—	—	—	99
零售客户数（户）	4158	4136	3676	2820	555
零售客户销售毛利率（%）	14.28	12.59	13.39	13.58	14.12

（撰稿：李菲菲；编辑：李　昂）

湖南省烟草专卖局（公司）

【专卖管理】 卷烟打假打私。湖南省烟草商业系统2014年查处涉烟违法案件15086起，其中非渠道卷烟案件12029起，查获非渠道卷烟38262万支；查处假冒商标卷烟案件3057起，查获假冒卷烟6208万支。查获非法烟丝烟叶774.85吨、卷烟纸0.35吨、滤棒0.05吨。捣毁制售假烟窝点4个，查获制假烟机16台。查处网络案件133起，其中符合公安部、国家局标准的网络案件108起，部督案件4起，国标网络案数量排全国第一位。移送追刑案件1112起，公安、司法机关拘留470人，逮捕430人，法院判决案件40起，判刑224人。

市场监管。创新市场监管方法，开展分类管理、错时检查、重点监管、网格化管理等市场监管方法的探索，岳阳、怀化、长沙、株洲、衡阳5家市局试点单位推进APCD工作法取得初步成效。加强专卖执法监督，通过国家局案卷评查，全省系统举办“法治烟草”讲堂107次、发布专卖执法优秀案例99个、清查2005年以来的法律纠纷案件201件、依法办理零售许可证25366份。

重大案件查处。2014年，湖南省查办的84个网络案件得到国家局通报表彰，邵阳市2013年“9·20”特大非法生产销售卷烟纸案因打击有力、案例经典、效果明显，入选中国烟草博物馆展示。

2014年，湖南省有4起涉烟重大案件被公安部、国家局列为挂牌督办案件。桂阳县非法经营烟叶网络案，查实通过银行转账用于非法经营烟叶的交易资金482.32万元，估算非法经营的烟叶超过21万千克，案值1000余万元，该案涉及湖南、贵州、福建、广东、江西等多个制假重点省份；汨罗市李铁柱等非法经营网络案，所涉卷烟均为走私烟，查获216.02万支，案值达到2700余万元。衡阳县2014年“4·1”制售假烟网络案，涉及湖南、福建、云南、广东、广西、河南、湖北、河北、四川、贵州、西藏等多个省（自治区），查获涉案假冒卷烟101.23万支、捣毁涉烟窝点3个，查实涉案金额1329.39万元。新田县陈小县等人生产销售假烟案，是集假烟制造、运输、储存、销售、配送于一体的集团性犯罪团伙生产销售假烟案，涉案金额巨大、涉案人员众多，刑拘12人，批捕6人。

【经济效益】 2014年，湖南省烟草商业系统实现税利169.36亿元，同比增长10.72%，其中利润88.94亿元，同比增长14.8%。三项费用率为8.11%。

【卷烟经营】 卷烟销售。2014年，湖南省烟草商业系统销售卷烟1383.65亿支（276.73万箱），同比增长1.37%，其中，销售一类烟296.45亿支（59.29万箱），同比增长18.09%；二类烟58.75亿支（11.75万箱），同比增长11.73%；三类烟660.75亿支（132.15万箱），同比下降

1.26%；四类烟265.7亿支（53.14万箱），同比下降4.79%；五类烟101.95亿支（20.39万箱），同比下降9.83%。2014年，实现卷烟销售收入715.93亿元，同比增长7.67%。2014年，重点品牌销量1245.95亿支（249.19万箱），同比增长2.59%，本地区销量居前三位的品牌分别为“白沙”“芙蓉王”“双喜”，销量分别为664.75亿支（132.95万箱）、234.85亿支（46.97万箱）、153.65亿支（30.73万箱）。

品牌培育。按照“品牌要做大、规格要做精、价格要上扬”的要求，把推动“两个延伸”作为品牌培育工作的着力点，通过开展事件营销、体验营销等多种形式，深入挖掘集镇、农村市场的消费潜力，省外重点品牌和低焦油卷烟品牌进一步发展。2014年，召开新品发布会3次，组织事件营销3000余场，推动品牌培育向农网延伸、向消费者延伸。根据品牌测评结果，退出16个不适销的卷烟规格，将6个规格列入观察，促进品牌的合理竞争、优胜劣汰。2014年，全省“芙蓉王”销量增长37.5亿支（7.5万箱），精品类“白沙”销量增长12.5亿支（2.5万箱）；“中华”销量增幅超过15%，“玉溪”销量增幅超过10%，“黄鹤楼”“贵烟”“苏烟”“黄金叶”等品牌保持较快增长。同时，全省细支烟销量增长173%，高端卷烟增长18%，高价位卷烟增长18.4%，成为全省卷烟销售的一大亮点。

卷烟销售市场改革。稳步推进卷烟营销市场化取向改革，组织营销人员前往京津冀地区学习改革先进经验，设计全省市场化取向改革整体框架，出台改革实施方案，并在娄底市公司试点。通过完善信息采集综合分析体系和开展市场调研，着力构建运行调控操作模型，工商调入调出衔接更加顺畅，重点品牌断货现象大为减少；通过动态实施包括平调、快调、缓调、停调、协议调整和增投、减投、缓投、停投等购销调控措施，非渠道卷烟无序流动现象得到有效控制。与此同时，长沙、株洲、衡阳、湘西等市州公司也结合本地实际，在客户评价、货源供应、工商配货等方面探索推进市场化取向改革，取得积极成效。

终端建设。按照全省终端建设三年（2013—2015年）规划，加快构建以直营终端为标杆、现代终端为支撑、普通终端为基础的“金字塔”体系。截至2014年底，全省累计建设“636”自营店273家、现代终端2.42万家，其中星级店2304家，现代终端占比达到10%。加大零售客户培训力度，2014年全省举办零售客户培训2578场，培训15.9万人次。

运行调控。全省系统按照“全程、精准、动态”调控要求，根据卷烟市场状态，合理确定月度卷烟投放量，动态调整投放进度。结合内管、专卖每月通报，积极调减流动大、落地少的卷烟规格。同时，加大适销货源组织力度，根据市场需求变化积极调整已签协议，2014年，调减28亿支（5.6万箱）不适应市场的卷烟货源。根据第三方监测，全省价格指数全年保持在96以上，总体保持平稳，客户满意度得分同比提高4.3分。

【烟叶产销】 烟叶生产经营。2014年，全省签订烤烟种植收购合同8.13万份，落实烤烟合同种植面积133.20万亩，收购烤烟16.52万吨（330.38万担），其中上等烟比例60.37%，同比提高3.37个百分点；中等烟比例39.63%，同比下降2.15个百分点。烤烟收购均价为25.62元/千克，同比增加1.39元/千克。收购晾晒烟0.22万吨（4.44万担），收购均价为24.44元/千克，同比提高0.17元/千克。烤烟收购等级合格率为82.09%，同比基本持平；工商交接合格率69.98%，同比提高1.38个百分点。

2014年，销售烟叶17.66万吨（353.24万担），同比下降6.46%。实现烟叶销售收入108.68亿元，同比增长20.97%；实现烟叶税收9.43亿元。实现烟农收入56.01亿元，同比下降3.2%。烟农户均收入6.38万元，同比基本持平。

烟叶生产管理。推进烟叶资源配置改革，完善烟叶计划管理办法，推进生产布局优化，保障优势产区优先发展，产区烟叶计划调整幅度最大达到22.86%。改革烟叶技术推广模式，推行精益生产示范园区制，落实国家局精益生产试点单元2个、省局试点单元40个。开发特色优质烟叶5.75万吨（115万担），占全国总量的14%，开发规模居全国第二位；落实订单生产3.75万吨（75万担），占全国总量的23%。率先在全国开展烟叶种植政策性保险工作，参保率达到100%，兑现保险理赔款8311万元，受益烟农3.15万户。

基础设施建设。重点推进田间机械化、土地整理、水源性工程建设，突出配套完善、规范管理和提升效益，烟田基础设施建设取得新进展。完成2013年度烟基建设项目，建成项目38157件，新增受益面积15万亩，年度投入基础设施建设行业补贴资金15.60亿元，其中国家局补贴资金10.36亿元、省内行业配套5.24亿元。推进基本烟田土地整理4.6万亩，全程机械作业15个国家局试点单元，试点面积25.3万亩。

现代烟草农业。以工业需求为导向，充分发挥基地单元的载体作用，全面统筹精益生产试点、烟叶生产基础设施建设和烟农专业合作社建设等各项工作，2014年，全省新增10个国家局基地单元、4个省局基地单元，国家局基地单元数量累计达到 49 个，占规划建设总量的 55.68%。引导烟农专业合作社加快自我整合，全省烟农专业合作社整合为 120 家，其中验收合格的行业示范社 23 家、省级示范社 27 家。

【技术创新】 2014 年，全省烟草商业系统获得省部级科技进步奖 3 项、市厅级科技进步奖 36 项、市厅级以上鉴定成果 42 项。获得授权专利 57 件，其中发明专利 13 件；出版科技著作 3 部，登记软件著作权 26 件。

健全科技创新体系机制，初步建成以省烟科所、中国烟草中南农业试验站和 5 个市州公司技术中心为主体的“2 + 5”烟草农业协同创新体系。加强科技项目与经费管理，2014 年批准省公司立项科技项目 12 个，同比减少 21 个；备案审查直属单位自立项目 137 个，批复 103 个；全面推行“二维预算制”“项目组负责制”“台账登记制”和“结题决算审计制”，制定《湖南省烟草公司科研经费财务管理办法》，修订省公司科技奖励办法，明确奖励标准与程序，项目经费得到有效规范。提升科技成果应用水平，制定《湖南省烟草公司科技成果管理办法》，规范成果评价、登记和知识产权管理；制定全省系统《全面推进标准化工作实施方案》《企业标准制修订工作管理规定》，并在长沙、娄底、岳阳和郴州市局（公司）4 家单位试点开展标准化示范企业创建。

【特事要辑】 5 月 7—9 日，国家局局长凌成兴到湖南省局（公司）调研，并与湖南省委书记、省人大常委会主任徐守盛，省委副书记、省长杜家毫就湖南烟草改革发展交换意见。凌成兴先后考察了湘西花垣县、郴州桂阳县烟叶工作，走访了长沙市卷烟市场。他要求湖南烟草“咬住两个千亿目标，抓好三项工作重点”，为行业实现“保八争十超万亿”的年度目标多作贡献。“咬住两个千亿目标”，就是从 2013 年算起，湖南工商企业利用三年时间，确保工商税利达到 1000 亿元；再用三年时间，力争工业税利达到 1000 亿元；“抓好三项工作重点”，即以“和天下”作为引领“白沙”品牌提升的重点、以常德卷烟厂技改作为“芙蓉王”品牌硬件建设的重点、以烟叶生产稳健发展作为湘西自治州烟草扶贫的重点。

5 月 12 日，湖南省委副书记、省长杜家毫到“永州烤烟第一镇”——宁远县最大的优质烟生产基地仁和镇调研烟叶工作。

5 月 21—22 日，国家局副局长杨培森到湖南省局（公司）调研，考察烟草援建工程郴州江源水库和长沙浏阳市烟农专业合作社建设情况，并指出湖南根据市场需求配置烟叶计划的做法走在行业前列。

8 月 19—20 日，国家局副局长赵洪顺到湖南省局（公司）调研。

8 月 26—28 日，国家局副局长徐瑝到湖南省局（公司）调研，考察长沙、株洲市烟草物流配送中心，走访卷烟零售市场，要求认真思考如何推进市场化取向改革，积极探索卷烟营销新方式、探索物流管理新思路、探索增收节支新举措。

11 月 3 日，工业和信息化部电子工业标准化研究院组织对湖南烟草“大型企业信息资源集成云管理平台”进行国家《信息技术云计算参考架构》（等同采用国际标准 ISO/IEC 17789）标准符合性评估，并给予通过评测。该平台是湖南省局（公司）、长沙市局（公司）和邵阳市局（公司）自主研发的云计算管理平台，特别适合行业和大型企业在广域网多数据中心环境下，构建统一的云计算管理平台，属国内首创。其有力地支撑了全省业务系统从分散部署到省级大集中的转变，承载了全省所有核心业务系统，设备资源节省 50% 以上。

11 月 28 日，湖南省政府在长沙召开全省烟叶工作会议，传达贯彻全国烟叶工作会议精神，全面总结 2014 年全省烟叶工作，安排部署 2015 年的工作任务。湖南省长助理袁建尧出席会议并讲话。

2014 年湖南省烟草专卖局（公司）所属企业主要情况统计

地市级局（公司）名称	长沙市烟草专卖局（公司）	株洲市烟草专卖局（公司）	湘潭市烟草专卖局（公司）	衡阳市烟草专卖局（公司）	岳阳市烟草专卖局（公司）
主要负责人/法人代表（含党政领导）	谢建宏	高志强	邓少文	万　伟	吴奇林
所属县级单位	长沙县、宁乡县、浏阳市、望城区等 4 个县级烟草专卖局（分公司）	株洲县、醴陵市、攸县、茶陵县、炎陵县等 5 个县级烟草专卖局（分公司）	湘潭县、湘乡市、韶山市 3 个县级烟草专卖局（分公司）	衡阳县、衡南县、耒阳市、常宁市、衡东县、祁东县、衡山县、南岳区等 8 个县级烟草专卖局（分公司）	岳阳县、华容县、汨罗市、临湘市、湘阴县、平江县等 6 个县级局（分公司）

续表

地市级局（公司）名称		长沙市烟草专卖局（公司）	株洲市烟草专卖局（公司）	湘潭市烟草专卖局（公司）	衡阳市烟草专卖局（公司）	岳阳市烟草专卖局（公司）
总资产（万元）		394951	188359	130647	241833	204172
资产负债率（%）		9.94	3.36	5.30	11.58	9.60
从业人员（人）		1391	410	304	736	553
所属业务机构	营销机构	1个营销中心、1个服务中心	1个营销中心	1个营销中心	1个营销中心	1个营销中心
	物流配送机构	1个物流配送中心	1个物流中心	1个物流配送中心	1个物流中心、1个配送中心	1个配送中心
	稽查机构	1个稽查支队、6个大队	1个稽查支队、9个稽查大队	1个稽查支队、5个稽查大队	1个稽查支队、11个稽查大队	1个稽查支队、10个稽查大队
	烟叶机构	1个烟草生产经营部、1个烟基办、1个技术中心	2个烟叶站	—	7个烟叶站	—
销售卷烟	亿支	172.25	93.40	71.00	132.50	116.55
	2014年比2013年（%）	0.61	0.11	0.07	持平	0.26
卷烟销售收入（万元）		863332	455826	321685	561213	516207
实现税利	万元	241866	121333	84525	149876	121556
	2014年比2013年（%）	10.58	6.12	10.00	10.11	9.04
实现利润	万元	135781	70135	50881	80150	67985
	2014年比2013年（%）	16.08	6.16	12.50	14.06	10.73
查处涉烟违法案件（起）		2841	950	546	635	1418
查处涉烟违法案件案值（万元）		6328	1127	546	1998	1465
2014年度烟草行业投入烟叶生产基础设施建设资金（万元）		9724	5795	—	13102	—
全年烟叶生产基础设施新增受益面积（万亩）		3.89	2.32	—	5.24	—
烟叶种植（万亩）		13.09	2.20	—	10.20	—
烟叶收购（万担）		34.27	7.46	—	29.95	—
烟农户数（户）		12358	1573	—	4407	—
实现烟农总收入（万元）		53771	12405	—	36535	—
零售客户数（户）		26040	13900	10418	22821	22498
零售客户销售毛利率（%）		10.10	10.00	10.00	11.82	10.00

地市级局（公司）名称	郴州市烟草专卖局（公司）	常德市烟草专卖局（公司）	益阳市烟草专卖局（公司）	娄底市烟草专卖局（公司）	邵阳市烟草专卖局（公司）
主要负责人/法人代表（含党政领导）	黄国联	肖纲超	付依良	周志成	宾　波
所属县级单位	桂阳县、嘉禾县、永兴县、宜章县、安仁县、临武县、资兴市、桂东县、汝城县等9个县级烟草专卖局（分公司）	安乡县、汉寿县、澧县、临澧县、桃源县、石门县、津市市等7个县级烟草专卖局（分公司）	南县、沅江市、桃江县、安化县等4个县级烟草专卖局（分公司）	双峰县、涟源市、冷水江市、新化县等4个县级烟草专卖局（分公司）	邵东县、新邵县、隆回县、洞口县、绥宁县、城步县、武冈市、新宁县、邵阳县等9个县级烟草专卖局（分公司）

续表

地市级局（公司）名称		郴州市烟草专卖局（公司）	常德市烟草专卖局（公司）	益阳市烟草专卖局（公司）	娄底市烟草专卖局（公司）	邵阳市烟草专卖局（公司）
总资产（万元）		215293	197132	156407	126304	180422
资产负债率（%）		25.83	5.11	6.85	6.03	13.10
从业人员（人）		1654	672	480	412	786
所属业务机构	营销机构	1个营销中心	1个营销中心	1个营销中心	1个营销中心、4个市场服务分部	1个营销中心
	物流配送机构	1个物流配送中心	1个物流中心、1个配送中心	1个物流配送中心	1个物流中心、3个配送分部	1个物流中心
	专卖稽查机构	1个稽查支队、9个稽查大队、1个专卖管理所	1个稽查支队、4个稽查大队	1个稽查支队、4个稽查大队	1个稽查支队、6个稽查大队	1个稽查支队、11个稽查大队
	烟叶机构	20个烟叶工作站、62个收购点	4个烟叶工作站、11个烟叶收购点	—	—	6个烟叶站、18个烟叶点
销售卷烟	亿支	91.25	126.80	95.35	80.00	118.00
	2014年比2013年（%）	0.16	0.04	0.05	0.69	0.13
卷烟销售收入（万元）		383319	539280	426856	358090	502260
实现税利	万元	142455	133525	106801	86305	124534
	2014年比2013年（%）	24.49	10.54	11.23	7.86	12.81
实现利润	万元	59108	71062	62016	49534	62672
	2014年比2013年（%）	54.92	13.71	11.94	13.42	15.60
查处涉烟违法案件（起）		1172	1400	1032	608	1057
查处涉烟违法案件案值（万元）		2221	1877	2567	855	1335
2014年度烟草行业投入烟叶生产基础设施建设资金（万元）		28879	9311	—	—	12553
全年烟叶生产基础设施新增受益面积（万亩）		11.55	3.72	—	—	5.02
烟叶种植（万亩）		39.84	5.00	—	—	6.60
烟叶收购（万担）		99.01	11.73	—	—	20.32
烟农户数（户）		23542	2980	—	—	8949
实现烟农总收入（万元）		162810	18617	—	—	30191
零售客户数（户）		17024	20717	17854	12745	25693
零售客户销售毛利率（%）		10.40	10.67	7.92	12.20	10.00

地市级局（公司）名称		湘西土家族苗族自治州烟草专卖局（公司）	张家界市烟草专卖局（公司）	怀化市烟草专卖局（公司）	永州市烟草专卖局（公司）
主要负责人/法人代表（含党政领导）		陆中山	谭 志	吴胜波	李刚华
所属县级单位		龙山县、永顺县、花垣县、凤凰县、古丈县、保靖县、泸溪县等7个县级烟草专卖局（分公司）	慈利县、桑植县、武陵源区等3个县级烟草专卖局（分公司）	沅陵县、辰溪县、溆浦县、麻阳县、新晃县、芷江县、洪江市、洪江区、会同县、靖州县、通道县等11个县级烟草专卖局（分公司）	零陵区、双牌县、祁阳县、东安县、江永县、江华县、宁远县、道县、新田县、蓝山县等10个县级烟草专卖局（分公司）
总资产（万元）		144518	85398	118335	192509
资产负债率（%）		31.16	29.45	13.57	23.88
从业人员（人）		737	1419	930	1494
所属业务机构	营销机构	1个营销中心	1个营销中心、3个市场服务分部	1个营销中心	1个营销中心
	物流配送机构	1个物流配送中心	1个物流中心、1个配送中心	1个物流中心、6个中转站	1个物流配送中心
	专卖稽查机构	1个稽查支队、9个稽查大队	1个稽查支队、5个稽查大队	1个稽查支队、11个稽查大队	1个稽查支队、12个稽查大队
	烟叶机构	1个烟叶生产经营部、1个烟叶生产技术中心	6个中心烟叶工作站、27个烟叶收购点	3个烟叶站	16个烟叶中心站、27个收购站
销售卷烟	亿支	50.90	37.50	85.40	98.80
	2014年比2013年（%）	0.69	-0.66	0.12	1.54
卷烟销售收入（万元）		211961	163525	349225	412609
实现税利	万元	77053	47191	77169	133658
	2014年比2013年（%）	8.49	8.03	2.50	7.80
实现利润	万元	33824	20920	38058	62435
	2014年比2013年（%）	31.36	13.20	-1.71	2.65
查处涉烟违法案件（起）		417	533	1353	1124
查处涉烟违法案件案值（万元）		1954	803	2652	4929
2014年度烟草行业投入烟叶生产基础设施建设资金（万元）		14344	9767	4280	31004
全年烟叶生产基础设施新增受益面积（万亩）		5.74	3.91	1.71	12.40
烟叶种植（万亩）		22.40	8.40	2.16	24.40
烟叶收购（万担）		43.00	21.14	3.95	64.00
烟农户数（户）		14272	4918	1624	13217
实现烟农总收入（万元）		61957	33882	5551	101423
零售客户数（户）		9328	5900	16654	18520
零售客户销售毛利率（%）		10.06	10.00	6.00	10.20

（撰稿：张 仕；编辑：王东旭）

广东省烟草专卖局（公司）

【专卖管理】 打假打私。2014年，广东省烟草专卖局加强与省政府及各重点地区政府联系，多层次、多渠道与地方党委、政府进行沟通，不断增强卷烟打假合力，推动政府落实打假责任制。省公安厅、省工商局等职能部门积极配合，主动联合研判、分析卷烟打假形势，部署联合卷烟打假措施。

广东省各级烟草专卖局以省公安厅部署深入推进打击整治涉食药假等犯罪“六大专项行动”为契机，进一步保持卷烟打假高压态势。在打击假烟生产加工方面，坚持科学打击，相继侦破一系列大要案。在打击假烟运输分销方面，充分利用已建立起来的工作机制，转入常态化管理。广州市局积极协调政府有关部门，在白云区等地进一步健全货运市场联合监管长效机制，探索实施物流寄递业实名制，并连续开展“雷霆1号”“雷霆2号”打击非法仓储运输卷烟专项行动，取得显著成效。在区域打假合作方面，各级局继续履行闽粤边界合作协议，省局于7月22日在梅州召开闽粤两省四市边界合作会议，进一步完善机制。在督导督办方面，省局会同省打假联席单位对重点区域和重点市场警示区域专项整治工作进行考核验收，督促市、县两级政府落实打假责任制。严厉打击卷烟走私活动，形成由省海防打私办牵头，海关、公安、工商、烟草等部门组成的职能体系。

2014年，广东省出动专卖执法人员11.53万人次，查处制售假烟案件5168起，查获大型制假烟机135台、假烟2.29亿支、烟丝烟叶1135.26吨，假烟商标标识印刷设备84台，假烟商标标识2499万张，截获非法运输车辆226台。公安、司法机关依法刑拘660人，判刑217人。破获符合国家局标准的网络案件61起。

内部专卖管理监督。突出源头治理，按照国家局的有关要求，对“需求预测、货源组织及分配”等5个重点环节进行监管。严查流入，省局组织各单位调查地下卷烟销售网络，开展“雷霆一号”等打击非渠道卷烟流通专项行动，封堵非渠道卷烟流通运输分销途径。加强专项检查，全省烟草商业系统不断开展自查和卷烟规范经营大检查。

市场监管体系。2014年，广东省各级局实施市场分类管理办法和APCD工作法，探索建立全方位市场监管体系，持续加大对各类烟草专卖品的监管力度。一是夯实基础，持续加大市场监管力度。为进一步提高市场监管的实效和水平，实现精细化管理，全省各级局建立统一的市场监管体系，进一步明确工作目标，细化工作流程落实考核。二是深化机制，持续增强市场联合监管合力。全省各级局进一步加强市场监管协作机制建设，不断提升市场监管合力。三是专项整治，开展各类市场清理整治行动。四是打建并举，探索建设烟草专卖品市场监管体系。

【经济效益】 2014年，广东省烟草商业系统实现税利209.56亿元，同比增长11.92%，其中利润119.09亿元，同比增长14.42%。三项费用率为5.58%。

【卷烟经营】 卷烟销售。2014年，广东省烟草商业系统销售卷烟1753.7亿支（350.74万箱），同比增长3.23%，其中销售一类烟336.8亿支（67.36万箱），同比增长20.05%；二类烟256.75亿支（51.35万箱），同比增长21.36%；三类烟890.3亿支（178.06万箱），同比下降3.33%；四类烟167.5亿支（33.5万箱），同比下降3.46%；五类烟101.7亿支（20.34万箱），同比下降9.29%。本地区销量居前三位的品牌是“双喜·红双喜”“芙蓉王”“黄鹤楼”，销量分别为954.3亿支（190.86万箱）、140.1亿支（28.02万箱）、42.95亿支（8.59万箱）。

品牌培育。建立品牌引入和退出机制、品牌监控调节机制以及品牌促销管理流程，进一步发挥市场对品牌培育的积极作用。出台《广东烟草商业系统卷烟重点品牌培育工作考核办法》，在突出“双喜”品牌培育激励的同时，兼顾其他重点品牌的培育。同时，以开展现代零售终端建设为契机，有针对性地开展品牌陈列、宣传促销和经营指导等工作，有力拉动品牌成长。

2014年，广东省销售重点品牌卷烟1570.2亿支（314.04万箱），同比增长4.09%，占全省总销量的89.54%，同比提高1个百分点；销售“全国卷烟累计交易量前15名品牌（三类以上）”卷烟1425.45亿支（285.09万箱），同比增长4.94%，占全省三类以上卷烟销量比重的96.06%，高出行业平均水平12.93个百分点；“全国卷烟累计交易金额前15名品牌”卷烟实现销售收入910.91亿元，同比增长9.91%，占总销售额比重为94.19%，高出行业平均水平11.70个百分点。

零售终端建设。2014年，省公司分别在韶关、佛山组织召开广东烟草商业系统现代卷烟零售终端建设推进会和现场会，指导全省烟草商业系统各单位按照“12345”工作思路（即明确一个战略、突出两个原则、把握三个关系、实现四个统一、加强五个保障）开展各项工作，全面推进卷烟现代零售终端建设，取得规模性突破和阶段性成果。全省共签约现代终端38116家，其中按“粤烟”VI系统完成店面形象改造的现代终端达24307户，安装使用终端系统的现代终端34040户，客户终端系统扫码销售数据上传率达73.76%。

【烟叶产销】 烟叶种植和收购。2014年，广东省签订烟叶种植收购合同8572份，落实种植面积21.97万亩。收购烟叶2.991万吨（59.81万担），完成计划的99.68%，其中上等烟比例为54.66%，中等烟比例为43.01%。收购均价为24.59元/千克，同比增长3.92%。国家局抽检的烟叶工商交接合格率中，把烟合格率为70.1%，散烟合格率为64.5%。2014年，实现烟农种烟收入7.35亿元。

烟叶生产基础设施建设。2014年，安排建设烟叶生产基础设施项目4013个，其中沟渠50条、塘坝1座、砂石机耕路14条、硬化道路4条、密集式烤房1531座、烤房设备维修更换178座、烟夹2000套、烟用机械234台（套）、土地整理1900亩。行业预算补贴资金1.23亿元，其中省内行业投入资金5917万元。

现代烟草农业建设。2014年，开展韶关南雄乌迳基地单元建设。截至年底，全省通过验收的有湖口、水口、马市、黄坑、古市、蕉岭和大埔7个基地单元。引导烟农进行土地流转，推行适度规模化种植，大力发展种植专业户、家庭农场等新型种植主体。全省种植专业户4906户，种植面积10.83万亩，占总面积的49.31%；面积50亩以上家庭农场1198个，种植面积9.75万亩，占总面积的44.37%；户均种植面积25.63亩。

烟农专业合作社建设。加强政策扶持和协调指导，烟农专业合作社建设水平持续提高，在制度完善、规范运作、财务管理、服务能力等方面取得较为明显的效果。截至年底，全省成立16家综合服务烟农专业合作社，入社农户7053户。专业化育苗19.22万亩，覆盖率为87.5%；专业化机耕起垄18.09万亩，覆盖率为82%；专业化植保9.7万亩，覆盖率为44%；专业化烘烤0.454万吨（9.08万担），占比15.1%，专业化分级0.545万吨（10.9万担），占比18.1%。

【特事要辑】 1月23—24日，广东省局（公司）在广州召开2014年全省烟草商业系统工作会议。

4月27—28日，国家局局长凌成兴、副局长赵洪顺到广东烟草调研。

4月29日，国家局和海关总署在广东省湛江市联合举行“中国执法查没走私烟公开销毁活动”。这是中国近年来规模最大的一次公开销毁走私卷烟活动，有37万余条走私烟被彻底销毁。国家局局长凌成兴、海关总署副署长兼广东分署主任吕滨、国家局副局长赵洪顺、广东省政府副秘书长林英出席活动。

7月21—22日，国家局副局长徐瑄到广东烟草调研。

8月14日，全省烟草商业系统专卖局长、总经理座谈会在广州召开。

2014年广东省烟草专卖局（公司）所属企业主要情况统计

地市级局（公司）名称	广州市烟草专卖局（有限公司）	中山市烟草专卖局（有限责任公司）	珠海市烟草专卖局（有限公司）	东莞市烟草专卖局（有限公司）
主要负责人/法人代表（含党政领导）	陈秉恒	刁百尧	谢春雷（2014.1—12）/ 黄　方（2014.1—3） 谢春雷（2014.4—12）	管伟华
所属县级单位	越秀区、荔湾区、海珠区、白云区、天河区、黄埔区、萝岗区、番禺区、南沙区、花都区、从化市和增城市等12个县级烟草专卖分局	—	斗门区局（分公司）	—
总资产（万元）	688979	65585	50549	143102
资产负债率（%）	52.89	13.28	24.51	13.99
从业人员（人）	1258	259	235	866

续表

地市级局（公司）名称		广州市烟草专卖局（有限公司）	中山市烟草专卖局（有限责任公司）	珠海市烟草专卖局（有限公司）	东莞市烟草专卖局（有限公司）
所属业务机构	营销机构	1个营销管理中心	1个营销中心	1个营销中心、1个电访中心	1个营销中心
	物流配送机构	1个物流配送中心	1个物流配送中心	1个配送中心、1个配送站	1个物流配送中心
	稽查机构	1个稽查支队、12个稽查大队	1个稽查支队、4个稽查大队	1个稽查支队、7个稽查大队	1个稽查支队、7个稽查大队
	烟叶机构	—	—	—	—
销售卷烟	亿支	240.02	60.95	43.69	162.70
	2014年比2013年（%）	4.49	4.94	5.74	3.26
卷烟销售收入（万元）		1146648	295271	235198	727584
实现税利	万元	300382	78643	63015	189124
	2014年比2013年（%）	12.67	12.53	15.80	12.93
实现利润	万元	179548	48188	37634	112487
	2014年比2013年（%）	14.85	15.32	14.70	11.74
查处涉烟违法案件（起）		5030	569	516	1748
查处涉烟违法案件案值（万元）		16652	1076	444	1914
2014年度烟草行业投入烟叶生产基础设施建设资金（万元）		—	—	—	—
全年烟叶生产基础设施新增受益面积（万亩）		—	—	—	—
烟叶种植（万亩）		—	—	—	—
烟叶收购（万担）		—	—	—	—
烟农户数（户）		—	—	—	—
实现烟农总收入（万元）		—	—	—	—
零售客户数（户）		33001	9696	7799	28015
零售客户销售毛利率（%）		13.90	11.46	11.81	11.18

地市级局（公司）名称	佛山市烟草专卖局（有限责任公司）	肇庆市烟草专卖局（有限责任公司）	江门市烟草专卖局[①]（有限公司）	惠州市烟草专卖局（有限责任公司）
主要负责人/法人代表（含党政领导）	范　波	罗春华	林　显	刘志斌
所属县级单位	南海区、顺德区、三水区、高明区等4个县级烟草专卖局（分公司）和1个直属分局	高要市、四会市、怀集县、广宁县、德庆县、封开县等6个县级烟草专卖局（分公司）	新会区、台山市、鹤山市、恩平市、开平市等5个县级烟草专卖局（分公司）	博罗县、惠东县、龙门县、惠阳区、大亚湾区等5个县级烟草专卖局（分公司）
总资产（万元）	114646	47197	74835	87532
资产负债率（%）	9.01	11.81	12.25	9.96
从业人员（人）	711	631	723	624

续表

地市级局（公司）名称		佛山市烟草专卖局（有限责任公司）	肇庆市烟草专卖局（有限责任公司）	江门市烟草专卖局（有限公司）	惠州市烟草专卖局（有限责任公司）
所属业务机构	营销机构	1个营销管理中心	1个营销管理中心	1个营销中心、1个电访中心	1个营销管理中心
	物流配送机构	1个物流配送中心	1个物流配送中心	1个物流配送中心、1个物流配送分中心、2个中转站	1个物流配送中心
	专卖稽查机构	1个稽查支队、5个稽查大队	1个稽查支队、9个稽查大队	1个稽查支队、9个稽查大队	1个稽查支队、5个稽查大队
	烟叶机构	—	—	—	—
销售卷烟	亿支	144.16	69.05	103.01	82.37
	2014年比2013年（%）	5.38	5.00	2.64	3.34
卷烟销售收入（万元）		708734	310860	468441	388927
实现税利	万元	184704	73705	115568	96434
	2014年比2013年（%）	16.55	15.31	11.33	12.43
实现利润	万元	111252	40564	66633	56266
	2014年比2013年（%）	19.40	16.02	12.84	16.40
查处涉烟违法案件（起）		1752	1548	1388	1537
查处涉烟违法案件案值（万元）		1736	3443	460	1729
2014年度烟草行业投入烟叶生产基础设施建设资金（万元）		—	—	—	—
全年烟叶生产基础设施新增受益面积（万亩）		—	—	—	—
烟叶种植（万亩）		—	—	—	—
烟叶收购（万担）		—	—	—	—
烟农户数（户）		—	—	—	—
实现烟农总收入（万元）		—	—	—	—
零售客户数（户）		21385	14193	16032	14778
零售客户销售毛利率（%）		12.58	11.33	13.35	15.38

地市级局（公司）名称	茂名市烟草专卖局（有限责任公司）	阳江市烟草专卖局（有限责任公司）	云浮市烟草专卖局（有限责任公司）	湛江市烟草专卖局（有限公司）
主要负责人/法人代表（含党政领导）	李仕文	翁　飞	黄小健	周联际
所属县级单位	信宜市、高州市、化州市、电白区等4个县级烟草专卖局（分公司）	阳春市、阳东区、阳西县等3个县级烟草专卖局（分公司）	罗定市、郁南县、云安县、新兴县等4个县级烟草专卖局（分公司）	雷州市、吴川市、徐闻县、廉江市、濉溪县等5个县级烟草专卖局（分公司）
总资产（万元）	54990	30548	30640	63468
资产负债率（%）	32.00	14.46	13.67	24.01
从业人员（人）	689	425	401	615

续表

地市级局（公司）名称		茂名市烟草专卖局（有限责任公司）	阳江市烟草专卖局（有限责任公司）	云浮市烟草专卖局（有限责任公司）	湛江市烟草专卖局（有限公司）
所属业务机构	营销机构	1个营销管理中心	1个营销管理中心、1个电访中心	1个营销中心、1个电访中心	1个营销管理中心
	物流配送机构	1个物流配送中心	1个物流配送中心	1个配送中心	1个物流配送中心、5个配送中转站
	专卖稽查机构	1个稽查支队、7个稽查大队	1个稽查支队、8个稽查大队	1个稽查支队、6个稽查大队	1个稽查支队、10个稽查大队
	烟叶机构	—	—	—	—
销售卷烟	亿支	69.04	39.76	43.15	91.96
	2014年比2013年（%）	1.30	3.68	3.07	0.41
卷烟销售收入（万元）		363921	186752	197763	427865
实现税利	万元	68900	40612	45437	98416
	2014年比2013年（%）	10.42	14.71	11.37	5.07
实现利润	万元	36700	22371	24811	56881
	2014年比2013年（%）	16.31	22.82	12.74	13.96
查处涉烟违法案件（起）		1019	597	529	1308
查处涉烟违法案件案值（万元）		579	140	420	629
2014年度烟草行业投入烟叶生产基础设施建设资金（万元）		—	—	—	—
全年烟叶生产基础设施新增受益面积（万亩）		—	—	—	—
烟叶种植（万亩）		—	—	—	—
烟叶收购（万担）		—	0.25[2]	—	—
烟农户数（户）		—	—	—	—
实现烟农总收入（万元）		—	—	—	—
零售客户数（户）		14351	8922	8051	17143
零售客户销售毛利率（%）		21.00	12.80	11.20	11.10

地市级局（公司）名称	汕头市烟草专卖局（有限责任公司）	潮州市烟草专卖局（有限责任公司）	汕尾市烟草专卖局（有限公司）	揭阳市烟草专卖局（有限公司）
主要负责人/法人代表（含党政领导）	林香存	许暖镇	黄壮强	曾忠良
所属县级单位	澄海区、潮阳区、龙湖区3个县级烟草专卖局（分公司）以及南澳县1个县级烟草专卖局（公司）	潮安区、饶平县2个县级烟草专卖局（分公司）	陆丰市、海丰县、陆河县等3个县级烟草专卖局（分公司）和1个直属分局	普宁市、揭东区、揭西县、惠来县等4个县级烟草专卖局（分公司）

续表

地市级局（公司）名称		汕头市烟草专卖局（有限责任公司）	潮州市烟草专卖局（有限责任公司）	汕尾市烟草专卖局（有限公司）	揭阳市烟草专卖局（有限公司）
总资产（万元）		76180	34105	49357	95557
资产负债率（%）		8. 83	11. 50	6. 15	22. 81
从业人员（人）		866	521	563	954
所属业务机构	营销机构	1 个营销中心	1 个营销管理中心	1 个营销中心	1 个营销中心
	物流配送机构	1 个物流配送中心、3 个配送分中心	1 个物流配送中心	1 个物流配送中心	1 个配送中心
	专卖稽查机构	1 个稽查支队、6 个稽查大队	1 个稽查支队、4 个稽查大队	1 个稽查支队、5 个稽查大队	1 个稽查支队、9 个稽查大队
	烟叶机构	—	—	—	—
销售卷烟	亿支	105. 34	52. 98	57. 97	118. 47
	2014 年比 2013 年（%）	41. 93	3. 25	0. 65	1. 67
卷烟销售收入（万元）		520823	260060	321427	674270
实现税利	万元	127670	60566	63136	144931
	2014 年比 2013 年（%）	68. 59	14. 86	11. 56	12. 38
实现利润	万元	73274	33105	34477	82414
	2014 年比 2013 年（%）	73. 70	16. 13	13. 68	12. 91
查处涉烟违法案件（起）		1003	646	879	1177
查处涉烟违法案件案值（万元）		109	2993	1554	3689
2014 年度烟草行业投入烟叶生产基础设施建设资金（万元）		—	—	—	—
全年烟叶生产基础设施新增受益面积（万亩）		—	—	—	—
烟叶种植（万亩）		—	—	—	—
烟叶收购（万担）		—	—	—	—
烟农户数（户）		—	—	—	—
实现烟农总收入（万元）		—	—	—	—
零售客户数（户）		15742	7156	9703	18654
零售客户销售毛利率（%）		10. 00	11. 43	11. 23	11. 68

地市级局（公司）名称		韶关市烟草专卖局（有限公司）	梅州市烟草专卖局（有限公司）	河源市烟草专卖局（有限责任公司）	清远市烟草专卖局（有限公司）
主要负责人/法人代表（含党政领导）		杨伟平	谢平华	赖科东	张辉明
所属县级单位		南雄市、曲江区、始兴县、仁化县、翁源县、乳源瑶族自治县、新丰县、乐昌市等8个县级烟草专卖局（分公司）	梅县区、兴宁市、五华县、大埔县、蕉岭县、平远县、丰顺县等7个县级烟草专卖局（分公司）	东源县、龙川县、紫金县、连平县、和平县等5个县级烟草专卖局（分公司）	英德市、佛冈县、清新县、阳山县、连州市、连南县、连山县等7个县级烟草专卖局（分公司）
总资产（万元）		83947	65272	52436	65172
资产负债率（%）		48.61	12.47	9.72	11.40
从业人员（人）		1440	1255	592	847
所属业务机构	营销机构	1个营销中心、1个电访中心	1个营销中心	1个营销中心	1个访销中心
	物流配送机构	1个配送中心	1个物流配送中心、6个配送中转站	1个物流中心、4个配送中转站	1个物流中心、2个中转站
	专卖稽查机构	1个稽查支队、10个稽查大队	1个稽查支队、8个稽查大队	1个稽查支队、8个稽查大队	1个稽查支队、11个稽查大队
	烟叶机构	9个烟叶工作站、20个烟叶工作点	5个烟叶工作站、26个烟叶工作点	—	1个烟叶工作站
销售卷烟	亿支	58.08	80.36	62.05	68.56
	2014年比2013年（%）	0.19	0.84	2.31	2.56
卷烟销售收入（万元）		268440	419464	287809	310860
实现税利	万元	81876	93344	66695	68469
	2014年比2013年（%）	-26.52	11.28	12.23	4.38
实现利润	万元	38146	49096	36800	36842
	2014年比2013年（%）	-37.97	15.19	13.58	8.75
查处涉烟违法案件（起）		1111	616	1070	1182
查处涉烟违法案件案值（万元）		2144	1686	1683	233
2014年度烟草行业投入烟叶生产基础设施建设资金（万元）		5526	7262	—	132
全年烟叶生产基础设施新增受益面积（万亩）		5.77	3.36	—	0.07
烟叶种植（万亩）		14.85	6.52	—	0.60

续表

地市级局（公司）名称	韶关市烟草专卖局（有限公司）	梅州市烟草专卖局（有限公司）	河源市烟草专卖局（有限责任公司）	清远市烟草专卖局（有限公司）
烟叶收购（万担）	41.53	16.78	—	1.50
烟农户数（户）	4248	3944	—	380
实现烟农总收入（万元）	50700	24400	—	1705
零售客户数（户）	10840	13586	12830	13056
零售客户销售毛利率（%）	14.14	11.14	10.20	11.42

注：① 2013 年，广东烟草汕头澄海有限公司、广东烟草普宁市有限责任公司、广东烟草开平市有限公司、广东烟草新兴县有限公司和广东烟草南雄市有限公司等5家县级烟草公司依法撤销，分别与所在地市级烟草有限公司广东烟草江门市有限公司、广东烟草云浮市有限责任公司、广东烟草汕头市有限责任公司、广东烟草揭阳市有限公司、广东烟草韶关市有限公司合并重组，5家县级烟草分公司仍然实行独立财务核算，相关数据未并入所在地市级烟草公司。2014 年起和所在地市级烟草公司进行统一核算。为保持口径一致，计算 2014 年和 2013 年同比情况时，将已撤销的5家县级烟草公司的销售卷烟、实现税利、实现利润等指标并入所属地市级烟草公司。

② 阳江市烟草专卖局（有限责任公司）不负责本辖区烟叶的种植和销售，其收购的烟叶为计划外烟叶。

（撰稿：张　慧；编辑：王东旭）

广西壮族自治区烟草专卖局（公司）

【专卖管理】 案件查处。2014 年，广西壮族自治区局查处涉烟违法案件 8907 起，其中符合公安部、国家局标准的制售假烟、走私烟网络案件 27 起，涉案金额 7.4 亿元，是广西查处大案要案数量最多、涉案金额最大的一年。查获各类非法卷烟 1.25 亿支；捣毁制假窝点 2 个，查获非法烟草机械 2 台（套）、烟叶烟丝 1186.95 吨。追究刑事责任 388 人，刑拘 238 人，逮捕 193 人，判刑 132 人。

天网专项行动。4—9 月，广西壮族自治区局联合公安、工商等部门开展代号为“天网”的卷烟市场综合整治专项行动，重点整治无证经营、非法转让许可证和非法经营卷烟行为。其间，出动执法人员 4.4 万人次，检查各类卷烟经营户 7.9 万户次，查处无证经营案件 2302 起，取缔无证名烟名酒店 35 户，取消非法转让许可证 56 户，拆除非法涉烟广告牌 67 块。查处北海“8·7”、桂林“9·4”、贵港“6·13”等系列利用互联网非法经营烟草制品案件，其中北海“8·7”利用微信非法经营卷烟网络案件，案值 679 万元。

打假打私。烟草、海关、公安等部门进一步健全联合协作机制，完善罚没走私卷烟管理及费用开支、重大案件奖励等保障制度，促进打假打私工作深入开展。与南宁海关联合销毁走私卷烟 1.21 亿支、雪茄烟 1.6 万支，解决罚没走私烟处理历史遗留问题。重点打击辐射能力强、对辖区有重大影响的制售假烟、走私烟网络大案要案，相继侦破防城港“1·7”、河池“1·8”、玉林“5·30”、南宁“8·12”等涉案金额超过 100 万元的特大案件。防城港“1·7”走私贩私网络案件，抓获涉案人员 23 人，当场查扣走私卷烟 105 万支，涉案金额 1600 万元；河池“1·8”案件涉案金额 6 亿余元，逮捕 16 人，网络涉及广西、山西、河北、北京、上海等地区，是 2014 年公安部、国家局联合督办的第一起打私网络案件。2014 年，查获假烟 1902.68 万支，走私卷烟 6244.36 万支。

市场监管。加强对品牌引进、货源组织、货源分配等关键环节的监督检查，严肃查处不规范经营行为。以点带面，总结推广河池市局“APCD + E”单元制市场监管模式，强化重点零售客户数据信息动态管理，提高零售市场分析能力，初步取得市场检查频次下降、查处案件数量和卷烟数量上升“一降双升”的良好效果。桂林市局结合 APCD 工作法形成“8542”工作模式，日常监管与打假破网紧密结合，有效提高日常监管工作效率。玉林市局持续完善“164”市场监管体系，月、周、日的监管工作安排进一步细化。

基层所（队）建设。自治区局制定创建优秀专卖管理所（队）实施方案，明确达标标准和时间要求。召开基层所（队）建设现场会，推广桂林市局标准化所（队）建设工作经验。加强对设施陈旧的基层所（队）装修维护，执法装备和生活设施配备到位，基层所（队）办公、生活条件明显改善。广西自治区的达标基层所（队）共208个，达标率89.66%，超出预期目标。

【经济效益】 2014年，广西壮族自治区烟草商业系统实现税利75.89亿元，同比增长16.49%，其中利润39.81亿元，同比增长20.56%。三项费用率为7.49%。

【卷烟经营】 *卷烟销售*。2014年，广西壮族自治区烟草商业系统销售卷烟810.53亿支（162.11万箱），同比增长3.52%，其中，销售一类烟122.20亿支（24.44万箱）、二类烟78.25亿支（15.65万箱）、三类烟393.69亿支（78.74万箱）、四类烟145.92亿支（29.18万箱）、五类烟70.48亿支（14.10万箱）。本地区销量居前三位品牌为"真龙""双喜""红塔山"，销量分别为240.18亿支（48.04万箱）、108.93亿支（21.79万箱）、74.52亿支（14.90万箱）。2014年，销售"双十五"品牌卷烟（含鼓励培育品牌）695.82亿支（139.16万箱），同比增长8.15%。

2014年，实现卷烟销售收入377.22亿元，同比增长11.92%。实现卷烟税利73.56亿元，同比增长15.24%，其中利润39.43亿元，同比增长16.59%。

品牌培育。加强卷烟品牌规格管理，建立卷烟经营品牌规格目录和卷烟品牌优胜劣汰的市场化退出机制，合理确定品牌组合宽度，解决因订货品种过多过滥造成营销资源浪费的问题。对重点卷烟品牌规格合理地确定上柜目标，并纳入地市级公司年度综合考核，与地市级局（公司）领导年度薪酬直接挂钩，逐月通报上柜情况，定期评价效果。重点培育"真龙"品牌，与广西中烟协同制定年度"真龙"品牌营销策划方案。专题召开"真龙"品牌培育工作布置会，工商协同举办"真龙宣传月"活动。2014年销售重点品牌卷烟695.82亿支（139.16万箱），同比增长8.15%，占比85.83%，其中销售8元/包以上"真龙"121.25亿支（24.25万箱），同比增长41.07%。

优化卷烟销售结构。引导结构梯次化提升，推动品牌培育实现"三个转变"，即从注重集团消费、高端引领转向更加关注民企和民间消费，从过度倚重销量考核转向更加注重上柜率等过程性指标考核，从重点打造"三高"品牌转向积极向中端市场扩容。2014年一、二类烟销量同比增加45.32亿支（9.06万箱），同比增长29.22%，占总销量24.73%，一类烟增幅全国排名第六位，二类烟增幅全国排名第四位。

现代零售终端建设。以举办桂南、桂北"两个现场会"为契机，做到舍得投入资金、舍得投入人力、舍得投入精力"三个舍得"，全面推进现代零售终端建设。把终端亮化与"清洁广西、美丽乡村"行动相结合，引导零售客户加大投入、改善形象、自主提升、自我发展，提升终端形象。2014年累计改造烟柜4.36万个，其中，客户出资改造3.16万个，占比72.5%；客户自主装修店面3737家，拓展卷烟陈列面积6万余平米；培训零售客户1.26万场次、39.4万人次；投放广告2.41万户，面积超过10万平方米；建成并验收合格的现代终端2.26万户。

客户服务。在完善标准化服务、突出个性化服务的基础上，探索完善亲情服务、增值服务的内容和实现方式，使"四种服务"的内涵不断得以丰富和深化。推进网上订货、网上配货、网上结算和网上营销，借助信息化技术手段，不断提高客户需求响应速度，提高客户服务效率。来宾市公司利用手机"终端助手"，与"135"工作法较好地融为一体。贺州市公司通过"手持终端"的应用，加强客户经理拜访工作过程跟踪和痕迹化管理。百色市公司简化"135"工作法流程表单，使工作重点更加突出。广西自治区客户平均毛利率为13.87%，在全国排名第三位；客户满意度82.3分，同比提高1.1个百分点。

现代物流建设。以"降本、增效、提服务"为重点，通过物流费用精确核算、全面预算、定额管理、QC等途径，提高物流成本管控水平。选取南宁、钦州和河池三个公司物流配送中心作为试点，开展物流非法人实体化运作。加强物流信息化建设，推广应用RFID技术和配送线路优化系统、物流视频监控系统等项目，实现卷烟实时滚动出库打码和库区及车载监控的实时视频监控。8个市公司实现今访明送，撤并物流中转站2个，减少配送车辆28辆，减少配送劳动用工47人，平均送货响应时间同比减少4.24个小时，人均配送效率同比提高2.82%。

【烟叶产销】 *烟叶种植和收购*。2014年，广西壮族自治区烤烟合同种植面积为21.28万亩，收购烤烟2.39万吨（47.79万担），完成国家局下达计划的91.85%，调拨烤烟2.25万吨（44.98万担），实现销售收入10.76亿元。晒黄烟合同种植面积为0.47万亩，收购晒烟0.021万吨（0.42万担）。广西壮族自治区有18个县（区）、125个乡镇、638个村、2151个屯种植烟叶，种植烤烟烟农数量为16023户，种植晒黄烟烟农数量为2544户。2014年，实现种烟收入6.63亿元（含补贴），烟农户均收入3.57万元（含补贴）。烤烟收购上等烟比例54.82%、中等烟比例38.10%、下低等烟比例7.08%。

2014年，实现烟叶税利2.67亿元，同比下降0.74%，其中利润0.94亿元，同比增长23.68%。

专业化服务。广西壮族自治区成立综合型烟农专业合作社20个，9714户烟农加入烟农专业合作社。依托烟农专业合作社组建专业化服务队伍，在育苗、机耕、植保等环节开展专业化服务，服务面积分别达到17.62万亩、14.87万亩、10.04万亩。改善烟田生态条件，实施绿肥还田9万亩，引导自行沤制有机肥10万亩。开展病虫害统防统治工作，推广烟蚜茧蜂防治烟蚜新技术。推行机械化作业，广西壮族自治区机械化起垄比例达到94%，机械化中耕培土比例达到54%。严格标准要求，下部2片和上部2片不适用鲜烟叶在田间打掉或不采，2014年处理不适用下部叶21.28万亩，折合干烟0.12万吨（2.34万担）；上部叶11.99万亩，折合干烟0.11万吨（2.11万担）。

分级散叶收购。开展“四即”收购模式试点，推行即烤即分、称重封签、造册登记的管理方式。改造升级专业化分级设施22处，配备分级台0.3万个、装烟筐1.07万个、标准光源1万套。组建专业分级队130个、分级人员3245人，每人日均分级2.48担。广西散叶收购1.73万吨（34.56万担），占比达到72%。国家局工商交接检查合格率62.89%，同比提高1.42个百分点。

基础设施建设。按照“一站四线”的总体要求，实施烟站整合，39个烟站整合为19个，站点区域布局进一步优化。2014年投入1.13亿元，完成烟叶生产基础设施项目5256个，新增设施受益面积7.3万亩，其中，水池54座、容量6281立方米；管网10条、长4.89千米；沟渠152条、长63千米；提灌站1座；小塘坝1座、容量11778立方米；机耕路98条、长81.24千米，受益面积1.71万亩；新建2.7米×8米规格的密集烤房2348座，烘烤工场附属设施2个，更换维修烤房设备751套；采购烟草农机具1515台（套），新建育苗设施324处。

【特事要辑】 5月14日，广西壮族自治区政府副主席陈刚在北京会见国家局副局长杨培森，双方就促进广西烟草发展交换意见。

6月4日，广西壮族自治区副主席陈刚出席广西区卷烟市场清理整顿工作会议，明确提出要充分发挥各级政府组织领导作用，以广西区烟草市场清理整顿长效机制为基础，建立健全公安、工商、海关、烟草等部门联合参与的卷烟打假打私工作机制。

6月24—26日，国家局副局长赵洪顺到防城港东兴市和北海市了解中越边境卷烟打私以及市场监管工作情况。

9月25日，广西壮族自治区党委书记、人大常委会主任彭清华，自治区主席陈武等领导在南宁会见中央第十二巡回督导组组长邢元敏、副组长钟攸平和国家局局长凌成兴、副局长徐瑳一行，并就如何扎实深入开展教育实践活动，推动广西烟草改革发展交换意见。

9月26日，国家局局长凌成兴在柳州市听取广西壮族自治区局（公司）、柳州市局（公司）教育实践活动和有关行业改革发展工作汇报，要求广西烟草商业进一步巩固教育实践活动成果，持之以恒抓好自主品牌培育和零售终端建设，坚定全年发展目标，确保工商税利保持两位数增长。

10月15日，广西壮族自治区党委书记、人大常委会主任彭清华，广西壮族自治区副主席陈刚等一行到广西壮族自治区局（公司）机关调研，要求广西烟草按照国家局的布置，认真思考谋划实践“三大课题”，主动适应经济发展新常态，坚定信心，攻坚克难，不断提升广西烟草整体效益。

2014年广西壮族自治区烟草专卖局（公司）所属企业主要情况统计

地市级局（公司）名称	南宁市烟草专卖局（公司）	柳州市烟草专卖局（公司）	桂林市烟草专卖局（公司）	梧州市烟草专卖局（公司）	北海市烟草专卖局（公司）
主要负责人/法人代表（含党政领导）	凌为民	韦毓云	李　斌	何奇枢	许　宁
所属县级单位	青秀区、兴宁区、江南区、西乡塘区、良庆区、邕宁区、武鸣县、宾阳县、横县、隆安县、上林县、马山县等12个县级烟草专卖局（营销部）	城区、柳江县、柳城县、鹿寨县、融安县、融水苗族自治县、三江侗族自治县等7个县级烟草专卖局（营销部）	城区、临桂县、灵川县、永福县、兴安县、全州县、灌阳县、阳朔县、荔浦县、平乐县、资源县、恭城瑶族自治县、龙胜各族自治县等13个县级烟草专卖局（营销部）	城区、苍梧县、岑溪市、藤县、蒙山县等5个县级烟草专卖局（营销部）	城区、合浦县2个县级烟草专卖局（营销部）

续表

地市级局（公司）名称		南宁市烟草专卖局（公司）	柳州市烟草专卖局（公司）	桂林市烟草专卖局（公司）	梧州市烟草专卖局（公司）	北海市烟草专卖局（公司）
总资产（万元）		187811	101429	148858	47540	48153
资产负债率（%）		18.06	9.09	10.27	6.90	9.61
从业人员（人）		941	529	716	443	252
所属业务机构	营销机构	1个营销中心	1个营销中心	1个营销中心	1个营销中心	1个营销中心
	物流配送机构	1个物流中心、6个中转站	1个物流中心、5个中转站	1个物流中心、9个中转站	1个物流中心、3个送货部	1个物流中心
	专卖稽查机构	1个稽查支队、14个稽查大队	1个稽查支队、9个稽查大队	1个稽查支队、10个稽查大队	1个稽查支队、5个稽查大队	1个稽查支队、4个稽查大队
	烟叶机构	—	—	—	—	—
销售卷烟	亿支	134.51	76.34	102.58	50.25	34.08
	2014年比2013年（%）	4.11	3.59	2.97	2.62	2.69
卷烟销售收入（万元）		686022	375894	505453	215944	184921
实现税利	万元	139925	76780	103303	41676	39998
	2014年比2013年（%）	13.23	15.94	14.58	19.47	14.83
实现利润	万元	77864	44208	57438	21886	21249
	2014年比2013年（%）	17.29	21.42	16.16	26.18	8.05
查处涉烟违法案件（起）		2342	678	994	443	472
查处涉烟违法案件案值（万元）		1144	1002	1205	91	2350
2014年度烟草行业投入烟叶生产基础设施建设资金（万元）		—	—	—	—	—
全年烟叶生产基础设施新增受益面积（万亩）		—	—	—	—	—
烟叶种植（万亩）		—	—	—	—	—
烟叶收购（万担）		—	—	—	—	—
烟农户数（户）		—	—	—	—	—
实现烟农总收入（万元）		—	—	—	—	—
零售客户数（户）		26436	18157	24416	12365	7974
零售客户销售毛利率（%）		14.69	14.53	12.00	13.40	14.60

地市级局（公司）名称		防城港市烟草专卖局（公司）	钦州市烟草专卖局（公司）	贵港市烟草专卖局（公司）	玉林市烟草专卖局（公司）	百色市烟草专卖局（公司）
主要负责人/法人代表（含党政领导）		吕郁全	张太玉	郑　刚	孙中标	王五权
所属县级单位		城区、上思县、东兴市等3个县级烟草专卖局	城区、灵山县、浦北县等3个县级烟草专卖局（营销部）	城区、桂平市、平南县等3个县级烟草专卖局（营销部）	城区、北流市、容县、陆川县、兴业县、博白县等6个县级烟草专卖局（营销部）	城区、田阳县、田东县、平果县、德保县、靖西县、那坡县、西林县、凌云县、乐业县、田林县、隆林各族自治县等12个县级烟草专卖局（营销部）
总资产（万元）		28016	48344	53920	64004	103136
资产负债率（%）		12.47	13.49	15.60	17.95	11.58
从业人员（人）		174	389	471	612	1276
所属业务机构	营销机构	1个营销中心	1个营销中心	1个营销中心	1个营销中心	1个营销中心
	物流配送机构	1个物流中心、1个中转站	1个物流中心、3个中转站	1个物流中心、1个送货部、2个中转站	1个物流中心、7个中转站	1个物流中心、12个客服办公室
	专卖稽查机构	1个稽查支队、4个稽查大队	1个稽查支队、4个稽查大队	1个稽查支队、5个稽查大队	1个稽查支队、7个稽查大队	1个稽查支队、13个稽查大队
	烟叶机构	—	—	—	—	1个烟叶生产收购科、1个烟叶营销科、1个烟叶科研所、1个现代烟草农业办公室、8个烟站
销售卷烟	亿支	21.49	49.02	56.72	58.87	56.01
	2014年比2013年（%）	0.18	4.24	4.05	4.11	3.69
卷烟销售收入（万元）		111644	213451	238842	273208	241623
实现税利	万元	21766	41295	44551	50529	64280
	2014年比2013年（%）	2.60	15.19	18.98	17.79	13.54
实现利润	万元	11828	22254	23724	25463	33061
	2014年比2013年（%）	3.38	16.14	16.96	17.02	36.25
查处涉烟违法案件（起）		174	430	471	612	569
查处涉烟违法案件案值（万元）		697	1000	538	1075	2528
2014年度烟草行业投入烟叶生产基础设施建设资金（万元）		—	—	—	—	2841
全年烟叶生产基础设施新增受益面积（万亩）		—	—	—	—	4.26

续表

地市级局（公司）名称	防城港市烟草专卖局（公司）	钦州市烟草专卖局（公司）	贵港市烟草专卖局（公司）	玉林市烟草专卖局（公司）	百色市烟草专卖局（公司）
烟叶种植（万亩）	—	—	—	—	13.68
烟叶收购（万担）	—	—	—	—	30.26
烟农户数（户）	—	—	—	—	9949
实现烟农总收入（万元）	—	—	—	—	40461
零售客户数（户）	4432	14030	16642	20828	16703
零售客户销售毛利率（%）	14.30	12.87	13.64	14.22	14.52

地市级局（公司）名称		贺州市烟草专卖局（公司）	河池市烟草专卖局（公司）	来宾市烟草专卖局（公司）	崇左市烟草专卖局（公司）
主要负责人/法人代表（含党政领导）		覃忠达	范东升	龚志华	卢达坚
所属县级单位		城区、钟山县、富川瑶族自治县、昭平县等4个县级烟草专卖局（营销部）	金城江区、宜州市、罗城仫佬族自治县、环江毛南族自治县、南丹县、天峨县、东兰县、巴马瑶族自治县、凤山县、都安瑶族自治县、大化瑶族自治县等11个县级烟草专卖局（营销部）	城区、忻城县、合山市、象州县、武宣县、金秀瑶族自治县等6个县级烟草专卖局（营销部）	江州区、扶绥县、宁明县、大新县、龙州县、天等县、凭祥市等7个县级烟草专卖局（营销部）
总资产（万元）		49670	66836	36579	35290
资产负债率（%）		23.70	9.80	17.02	19.39
从业人员（人）		533	673	346	368
所属业务机构	营销机构	1个营销中心	1个营销中心	1个营销中心	1个营销中心
	物流配送机构	1个物流中心、3个中转部	1个物流中心、11个中转站	1个物流中心、5个中转站	1个物流中心、7个中转站
	专卖稽查机构	1个稽查支队、5个稽查大队	1个稽查支队、11个稽查大队	1个稽查支队、3个稽查中队	1个稽查支队、7个稽查大队
	烟叶机构	1个烟叶科、1个现代烟草农业办公室、17个收购站	1个烟叶生产营销科、5个烟站	—	—
销售卷烟	亿支	35.06	57.08	40.38	38.15
	2014年比2013年（%）	3.09	3.30	3.52	4.50
卷烟销售收入（万元）		150487	250567	165816	158369
实现税利	万元	32175	49146	29621	27351
	2014年比2013年（%）	4.85	17.18	14.42	19.06

续表

地市级局（公司）名称		贺州市烟草专卖局（公司）	河池市烟草专卖局（公司）	来宾市烟草专卖局（公司）	崇左市烟草专卖局（公司）
实现利润	万元	15133	21401	14964	13219
	2014 年比 2013 年（%）	1.73	4.97	13.51	18.06
查处涉烟违法案件（起）		533	771	346	368
查处涉烟违法案件案值（万元）		246	59522	600	18
2014 年度烟草行业投入烟叶生产基础设施建设资金（万元）		5479	3008	—	—
全年烟叶生产基础设施新增受益面积（万亩）		0.54	2.50	—	—
烟叶种植（万亩）		4.47	3.60	—	—
烟叶收购（万担）		10.86	7.09	—	—
烟农户数（户）		6307	2311	—	—
实现烟农总收入（万元）		15735	10150	—	—
零售客户数（户）		9675	16554	11343	10713
零售客户销售毛利率（%）		13.75	14.19	14.08	13.87

（撰稿：黄祥进；编辑：王东旭）

海南省烟草专卖局（公司）

【专卖管理】 卷烟打假打私。海南省烟草专卖局强化“政府领导、部门联合、多方参与、密切协作”的打假打私工作体系。年初，省局与海口海关联合制定出台《关于加强海关罚没走私卷烟管理的实施办法》；10 月，省局与海口海关缉私局签订《联合打击走私烟草专卖品违法犯罪活动工作备忘录》。推动“省双打办两法衔接信息工作平台”在全省烟草系统的应用，卷烟打假工作被省“双打办”作为重要内容纳入全省打假工作要点。省局制定《2014 年全省烟草行业打击涉烟走私工作要点》，年末在海口、三亚重点地区组织开展 1 次打私专项行动。强化专项整治，省局稽查总队统一部署实施小规模专项检查行动 3 次，在海口和三亚地区组织开展了为期半个月的大规模打假打私专项行动 1 次；省局先后在“元旦春节”“3·15”“5·1”以及“中秋”“国庆”期间组织大规模专项整治行动 4 次；持续保持对重要路段、重点部位、关键区域的严密监管。

2014 年，查处涉烟违法案件 2047 件，其中假烟案件 753 件，非渠道卷烟案件 1294 件。查处案值 5 万元以上假烟案件 29 件；查获非法卷烟 1826.82 万支，其中假冒卷烟 830.34 万支，非渠道卷烟 869.31 万支，走私烟 84.99 万支，出口倒流卷烟 42.18 万支。公安机关依法拘留 56 人、逮捕 33 人、判刑 28 人。

打击制售假烟网络。海南省烟草商业系统按照“打击制假源头、切断入岛渠道、净化零售终端”的工作思路，持续深入开展打击制售假烟网络工作，2014 年，侦破完成部督案件 1 件，查处符合公安部、国家局标准的假烟案件 4 件，符合省局、省公安厅标准的假烟案件 4 件。文昌市局破获的“4·2”销售假烟网络部级督办案件作出一审判决，主犯被判处有期徒刑 15 年。三亚市局联合三亚公安破获符合公安部、国家局标准的“10·12”网络案件，现场查扣假冒卷烟200万余支，为三亚市历年来查获假烟现货数量和金额最大的涉烟案件。海口市局与省公安厅技侦总队、海口市公安局联合查处王某销售假冒伪劣卷烟案，刑拘26人，初步估计案值达到千万元以上。儋州市局联合公安部门破获“5·27”“9·10”等2件符合公安部、国家局标准的网络案件。

专卖基础工作。拓宽烟草专卖投诉举报信息渠道。7月，省局在门户网站开通行政执法举报邮箱，用于收集烟草专卖执法队伍违法违纪行为和涉烟违法行为线索，2014年根据邮箱举报线索查处涉烟案件2件，处理咨询1件；加强“12313”举报投诉电话管理，将“有线索细心收集、有纠纷迅速解决、有案件现场处置、有投诉尽早反馈、有咨询耐心解答”作为“12313”举报投诉电话使用和管理的基本要求，落实专人接听、专人管理值班制度，规范接听用语，快速响应，使“12313”成为收集情报线索、倾听零售客户和消费者呼声、疏导合理诉求的重要通道，2014年“12313”电话共受理举报投诉和咨询1718件。

加强许可证管理。强化对烟草专卖零售许可证的后续监管，重点解决许可证到期后零售客户不主动申请延续，停业、歇业不及时办理相关手续等问题；推行烟草专卖许可证办证场所首问责任制、一次告知制、限时办结制、岗位责任制、服务承诺制、否定报备制、政务公开制等服务制度。

内部专卖管理监督。对商业企业卷烟购进、货源分配、订单采集、卷烟配送和工业企业卷烟计划管理和废弃烟草专卖品处理重点环节实行全过程监管，严格规范工商企业生产经营行为。加大治理非渠道卷烟流通力度，查获5万元以上非渠道卷烟非法流通案件34件。

专卖队伍建设。3月，省局制定下发《烟草专卖文明执法用语规范》，对接听电话、案件查办、市场监管各环节常见情形下的执法用语进行规范，细化文明执法的要求和标准。通过开展专卖岗位技能竞赛、真假卷烟鉴别培训和法律法规培训等形式，不断提高专卖队伍业务素质和工作能力。

【经济效益】 2014年，海南省烟草商业系统实现税利27.23亿元，同比增长18.65%，其中利润15.89亿元，同比增长20.56%。

【卷烟经营】 卷烟销售。全省烟草商业系统销售卷烟219.44亿支（43.89万箱），同比增长5.25%，其中，销售一类烟49.46亿支（9.89万箱），同比增长15.54%；二类烟27.55亿支（5.51万箱），同比增长20.19%；三类烟113.36亿支（22.67万箱），同比增长3.93%；四类烟24.41亿支（4.88万箱），同比增长0.72%；五类烟4.65亿支（0.93万箱），同比下降50.79%。

实现卷烟销售收入124.74亿元，同比增长9.40%。实现卷烟税利27.23亿元，同比增长18.65%，其中利润15.89亿元，同比增长20.56%。

本地区销量居前三位的品牌为“红塔山”“芙蓉王”“云烟”，销量分别为49.34亿支（9.87万箱）、26.88亿支（5.38万箱）、23.49亿支（4.70万箱）。

品牌培育。按照“促销量、调结构、控库存”的工作要求，在满足市场需求的前提下，强化品牌整合。2014年，引入试销新品54个，其中细支卷烟9个、低档烟8个、雪茄烟6个；同时，清退25个滞销品牌。规范促销活动管理，2014年审批13次宣传促销推广活动。建立合理的卷烟需求信息采集点，加强市场信息收集汇报和应用，2014年开展4次卷烟需求预测，把握卷烟市场需求信息。利用“新商盟”系统开展卷烟品牌培育和市场营销，全国重点品牌保持较快增长，品牌集中度进一步提高。2014年，销售全国重点品牌193.47亿支（38.69万箱），同比增长9.70%，占销售总量的88.16%，其中“中华”“云烟”“芙蓉王”“白沙”“红塔山”“双喜·红双喜”“玉溪”“黄鹤楼”“黄山”“利群”等10个重点品牌销售180.32亿支（36.06万箱），同比增长10.99%，占销售总量的82.18%。

现代物流建设。全省系统卷烟物流建设实行“六个统一”（统一组织架构、统一流程标准、统一设备选型、统一配送车辆、统一包装物和统一信息系统）。开展烟箱循环利用工作，4月，省局（公司）制定下发《卷烟纸箱循环利用标准》，对全省系统包装箱循环利用操作流程进行统一。推进卷烟物流非法人实体化运作，3月，省局（公司）就卷烟物流非法人实体化运作的员工思想动态、组织架构、岗位设置等15个重点问题深入基层开展调研；11月，省局（公司）制定下发《全省商业系统卷烟物流配送中心非法人实体化运作的指导意见》。开展同城卷烟托盘联运工作，海口公司卷烟仓库初步具备卷烟托盘联运硬件条件。加快全省系统物流综合管控系统建设，已初步完成系统开发设计。初步开展“一个物流中心覆盖全省”的全省卷烟物流集中配送模式的可行性论证。

【优质雪茄烟叶生产】 按照“稳步推进、高端高档、市场导向”的原则和国家局下达的计划，海南优质雪茄烟叶种植面积 2250 亩。继续开展以降氯为中心的科研项目，组织协调实施海南优质茄衣生产关键技术研究与应用，初步掌握海南雪茄烟叶氯离子含量高的来源，初步明确土壤和烟株中氯离子含量动态变化规律、有机肥矿化释放规律。

【特事要辑】 1 月 24 日，海南省局（公司）在海口召开 2014 年全省烟草工作会议。

7 月 21 日，国家局副局长杨培森到海南烟草调研指导抗风救灾工作。杨培森先后察看海南省局（公司）、海口市局（公司）和海南红塔卷烟有限责任公司在“威马逊”台风中的受灾情况，看望慰问一线抗灾自救干部职工，并要求海南烟草积极开展灾后恢复工作，切实做好卫生防疫，有效预防次生灾害发生；全面解受灾情况，积极帮助受灾职工解决实际困难；及时修复受损的生产、生活设施，确保企业生产经营和职工生活正常有序。

9 月 27—28 日，国家局局长凌成兴到海南烟草调研，要求海南烟草工作要做到“两个出色完成”，抓好“三个精心谋划”。“两个出色完成”，即出色完成全年目标任务，出色完成党的群众路线教育实践活动任务。“三个精心谋划”，即精心谋划 2015 年发展计划，精心谋划海南雪茄烟发展思路，精心谋划“十三五”发展规划。

2014 年海南省烟草专卖局（公司）所属企业主要情况统计

地市级局（公司）名称		海口市烟草专卖局（公司）	三亚市烟草专卖局（公司）	琼海市烟草专卖局（公司）	儋州市烟草专卖局（公司）
主要负责人/法人代表（含党政领导）		赵江波（—2014.9） 王斌斌（2014.10—）	王斌斌（—2014.9） 李　云（2014.9—）	陈益峰	李宏伟
所属县级单位		澄迈县、文昌市、定安县、临高县等 4 个县级烟草专卖局（营销部）	乐东县、陵水县、保亭县、五指山市等 4 个县级烟草专卖局（营销部）	万宁市、屯昌县、琼中县等 3 个县级烟草专卖局（营销部）	东方市、昌江县、白沙县等 3 个县级烟草专卖局（营销部）
总资产（万元）		76071	28641	32069	18539
资产负债率（%）		9. 43	11. 56	10. 75	8. 85
从业人员（人）		449	280	228	191
所属业务机构	营销机构	1 个营销中心	1 个营销中心	1 个营销中心	1 个营销中心
	物流配送机构	1 个物流中心、 2 个物流配送中转站	1 个物流中心	1 个配送中心	1 个物流中心、 2 个物流配送中转站
	专卖稽查机构	1 个稽查支队、 10 个稽查大队	1 个稽查支队、 9 个稽查大队	1 个稽查支队、 7 个稽查大队	1 个稽查支队、 8 个稽查大队
	烟叶机构	—	—	—	1 个烟叶科
销售卷烟	亿支	97. 66	45. 61	42. 57	33. 55
	2014 年比 2013 年（%）	5. 24	5. 75	4. 54	5. 47
卷烟销售收入（万元）		502801	213833	196827	152419
实现税利	万元	72609	28496	27594	20640
	2014 年比 2013 年（%）	14. 89	11. 41	17. 86	55. 68
实现利润	万元	30706	10001	10475	7612
	2014 年比 2013 年（%）	26. 94	21. 21	13. 50	237. 71
查处涉烟违法案件（起）		1186	447	213	201

续表

地市级局（公司）名称	海口市烟草专卖局（公司）	三亚市烟草专卖局（公司）	琼海市烟草专卖局（公司）	儋州市烟草专卖局（公司）
查处涉烟违法案件案值（万元）	4257	734	65	1803
2014 年度烟草行业投入烟叶生产基础设施建设资金（万元）	—	—	—	—
全年烟叶生产基础设施新增受益面积（万亩）	—	—	—	—
烟叶种植（万亩）	—	—	—	0.18
烟叶收购（万担）	—	—	—	—
烟农户数（户）	—	—	—	—
实现烟农总收入（万元）	—	—	—	—
零售客户数（户）	17084	7207	8371	6002
零售客户销售毛利率（%）	11.72	12.97	12.01	12.80

（撰稿：孙　云；编辑：王东旭）

重庆市烟草专卖局（公司）

【专卖管理】 打假破网。2014 年，重庆市烟草专卖局进一步深化与公安、检察、海关、工商、财政等部门协作，联合海关、工商、财政等部门印发正式工作制度文件，建立长效机制。加强与公安各警种的深度合作，不断强化区域联合打假协作机制，做到新型犯罪有应对、传统措施有丰富、区域协作有提升。

在打假模式方面，形成公安侦查、技术侦查、网络安全、大情报、海关缉私和烟草执法“5＋1”模式，并建立西南五省市联合打假协作机制和渝粤、渝闽协作机制，推动打假工作开展。

2014 年，查处各类涉烟违法案件 8580 起，破获符合国家局标准的网络案件 29 起，其中部督案件 4 起，涉案金额近 4.5 亿元。公安、司法机关依法刑拘 147 人、逮捕 107 人、直诉 54 人。“2·16”利用微信、QQ 等工具贩卖假冒卷烟案件被中央电视台专题报道，抓获涉案人员 67 人，刑拘 43 人，取保候审 6 人，涉案交易金额逾 2 亿元，涉税价值上千万元。公安部、海关总署均将该案查办作为经典案例予以推广，国家局专门发文全国通报表彰，重庆市长黄奇帆对案件予以批示并在全市打私工作会上进行通报，《法制日报》等主流媒体对案件进行了报道。

卷烟市场监管。市局联合市公安局，以战代训组织“春雷 1 号”和“春雷 2 号”区域性行动，对 200 家烟酒店进行集中突击检查，有力净化卷烟市场，提升基层队伍的应急响应和协同作战能力。针对铁路沿线背包客非法运烟团伙化的情况，市局联合云南省局、昆明铁路公安处和重庆铁路公安处，共同构筑“内昆线”联合整治防线，堵截暗流烟入渝通道。2014 年，全市查处此类非法流通案件 3000 余起，较上年大幅增加。

行政许可。2014 年，市局与市工商局召开联席会达成共识，并下发《关于烟草专卖零售许可证办理与工商登记制度改革衔接指导意见》，简化审批手续、缩短办证时限。首次开展零售许可证管理专项检查工作，从零售点合理布局、后续监管机制建设、行政执法责任考评、许可证日常管理、基础管理、信息公开等角度全面检验基层专卖局履职履责情况。修订合理布局条件，继续加大对许可证异常情况的清理力度，妥善解决 1 万余户人证不符、证址不符、证照不符的问题。

【经济效益】 2014年，重庆市烟草商业系统实现税利72.99亿元，同比增长13.71%，其中利润39.41亿元，同比增长17.89%。三项费用率为7.73%。

【卷烟经营】 卷烟销售。2014年，重庆市烟草商业系统销售卷烟568.95亿支（113.79万箱），同比增长1.67%，其中，销售一类烟130.15亿支（26.03万箱），同比增长28.1%；二类烟57.0亿支（11.4万箱），同比增长5.26%；三类烟250.3亿支（50.06万箱），同比基本持平；四类烟112.55亿支（22.51万箱），同比下降17%；五类烟16.25亿支（3.25万箱），同比下降13.53%。本地区销量居前三位的品牌分别为“娇子”“云烟”“玉溪”，销量分别为241.45亿支（48.29万箱）、52.95亿支（10.59万箱）、46.85亿支（9.37万箱）。

2014年，实现销售收入309.32亿元，同比增长31.39%。实现卷烟税利61.95亿元，同比增长15.43%，其中利润34.21亿元，同比增长17.68%。

重点品牌销售。按照“积极作为、科学调控、顺应市场、规范管理、客户满意”的营销思路，重点加大“中华”“玉溪”“云烟”“芙蓉王”“娇子”等重点品牌培育力度，促进重点品牌的较快成长。2014年，销售重点品牌卷烟448.3亿支（89.66万箱），同比增长7.6%，占总销量的比重为78.79%，同比提高4.4个百分点。销售低焦油品牌卷烟24.5亿支（4.9万箱）。

卷烟营销策略。坚持“积极作为，科学调控，顺应市场，积极作为”工作思路，在坚持“总量供应稍紧平衡，市场需求基本满足，零售客户有所选择”基础上，着力做实货源投放“三个细分”，即细分市场、细分客户、细分品类，使货源投放更加精准，货源投放工作取得良好成效。

细分市场，把握需求。根据各市场的消费水平、经济结构、人口流向和主销品牌规格等因素，结合调研情况，在原渝中、渝西、万州、涪陵、黔江五大片区市场基础上，进一步细分三个市场。

细分品牌，准确定位。根据在销卷烟品牌规格特点，结合品牌发展规划和品牌管理的需要，根据满足市场程度的不同，将全市品牌划分为大宗品牌（含雪茄烟）、定量品牌（含高端卷烟）和新品牌三个类别；根据零售指导价，将价位相近的大宗品牌划分为五个价区；根据高端卷烟投放需求，将纳入高端卷烟范畴的品牌规格划分为“中一类”和“高一类”；根据卷烟产地不同的投放要求，将全市品牌规格划分为地产和市外。实施后，全市投放策略调整频次下降18%。

细分客户，精准投放。在市场和客户细分基础上，按照客户销售规模，将客户划分成1～8档客户；以零售客户7个经营业态为基础，对高档卷烟目标客户进行划分供区县分公司选择，从而更有效地锁定目标客户，满足客户需求，确保货源投放的针对性和有效性。

2014年，全市以“三个细分”作为各类卷烟品规的投放依据，实施多维度、差异化分配，基本实现货源的科学、合理、均衡、公平投放，基本满足客户正常需求。全市销量预测吻合度由92%提高到95%，客户货源满意度提高到85%，较2013年提高7个百分点。

【烟叶产销】 烟叶种植和收购。2014年，重庆市签订烟叶种植合同1.87万份。烟叶种植面积为61.99万亩，其中烤烟61.07万亩、白肋烟0.92万亩。收购烟叶6.026万吨（120.52万担），其中烤烟5.92万吨（118.37万担）、白肋烟0.108万吨（2.15万担）。全市烟农户数为18739户，实现烟农总收入13.64亿元，烟农户均收入6.42万元，同比减少1.22万元。

2014年，实现烟叶税利10.60亿元，同比增长14.59%，其中利润4.87亿元，同比增长50.77%。

现代烟草农业建设。2014年，市局（公司）借助国家局拨付的10亿元专项资金，开展第二轮“惠民工程”项目建设，其中完成援建烟区道路资金投入2.1亿元、水源工程建设资金投入0.83亿元。

2014年，投入2.8亿元用于常规烟叶生产基础设施建设，工场化育苗大棚、烟田机耕路、烟水配套等基础设施惠及烟叶产业及地方大农业发展，其中全市烟草系统投入资金1.57亿元。推进规模化种植，全市烟农户均种植规模为29.18万亩，同比增加0.5亩；全市发展40～120亩烤烟种植专业户、培育120亩以上烤烟家庭农场，两者数量合计4940户，同比增加136户。

继续推进标准化生产技术落地，全市亩均移栽1085.1株，同比增加15.8株；井窖式小苗移栽率为93.25%，同比提高20.22个百分点；改良土壤28.05万亩，占总种植面积的45%。开展流程创新，“采烤分”一体化率达到10%以上，其中6座以上烤房群达到34.57%，烘烤工场达到100%；专业化分级散叶收购占总量的78.55%，同比提高13.62个百分点。

基地单元建设。截至2014年底，重庆市烟叶基地单元数量累计达到30个，其中国家局基地单元21个、市局基地单元9个，基地化供应率90%以上。累计注册成立烟农专业合作社61家，其中行业示范社7个、市级示范社6个，专业化育苗面积占比 94.1%、机耕面积占比 46.4%、植保面积占比 38.1%、烘烤面积占比 32.3%、分级面积占比 63.9%。

【特事要辑】 1月4日，重庆市委书记孙政才到重庆市酉阳县龚滩镇调研扶贫开发工作，强调要把烤烟产业培育成山区扶贫支撑产业。

3月12日，重庆市副市长谭家玲调研重庆烟叶复烤有限公司“十二五”易地技改项目建设情况，现场研究解决项目用地等问题。

5月19—23日，国家局副局长徐瑩到重庆烟草调研，要求重庆市局（公司）努力做到卷烟营销持续向好、完成增收节支任务、推进工商一体化工作、探索中维地产新的运行方式。

9月12日，国家局局长凌成兴对《农民日报》头版题为《为烟农插上致富“金翅膀”——重庆市“烟草惠民工程”调查》的新闻报道作出批示：重庆烟草的宣传工作做法值得行业学习借鉴。

12月2—3日，国家局副局长赵洪顺到重庆烟草调研，要求重庆烟草商业认真思考未来发展，追求良好发展状态，要保持良好的政治生态、健康的运行状态、可靠的市场基础、严格规范的管理。

2014 年重庆市烟草专卖局（公司）所属企业主要情况统计

区、县局（公司）名称		万州区烟草专卖局（分公司）	涪陵区烟草专卖局（分公司）	黔江区烟草专卖局（分公司）	渝中区烟草专卖局（分公司）	大渡口区烟草专卖局（分公司）
主要负责人/法人代表（含党政领导）		李　明	张光伟（—2014.11） 李　伟（2014.11—）	袁力平	谢小波	程念民
所属县级单位		—	—	—	—	—
总资产（万元）		151327	3493	13848	2835	1083
资产负债率（%）		—	—	—	—	—
从业人员（人）		489	255	415	86	59
所属业务机构	营销机构	1个客户服务部、8个区域客户服务部	1个客户服务部、5个区域客户服务部	1个客户服务部、3个区域客服部	1个客户服务部	1个客户服务部
	物流配送机构	万州卷烟物流配送中心	涪陵卷烟物流配送中心	黔江卷烟物流配送中心	—	—
	专卖稽查机构	1个稽查支队、8个稽查大队	1个稽查支队、5个稽查大队	1个稽查支队、5个稽查大队	1个稽查支队、4个稽查大队	1个稽查支队、2个稽查大队
	烟叶机构	2个烟叶站	1个烟叶站、7个烟叶收购点	4个烟叶站、13个烟叶收购点	—	—
销售卷烟	亿支	25.18	19.25	8.52	17.91	8.87
	2014年比2013年（%）	2.15	-1.77	-1.80	3.16	2.57
卷烟销售收入（万元）		137113	96416	46683	125940	43754
实现税利	万元	16599	13861	14899	19389	7363
	2014年比2013年（%）	61.29	24.60	38.89	6.06	16.89
实现利润	万元	3596	4740	6627	9925	3344
	2014年比2013年（%）	2350.89	48.00	185.56	9.70	21.41
查处涉烟违法案件（起）		415	213	79	1050	174
查处涉烟违法案件案值（万元）		1220	56	53	190	35
2014年度烟草行业投入烟叶生产基础设施建设资金（万元）		1720	105	1749	—	—

续表

区、县局（公司）名称	万州区烟草专卖局（分公司）	涪陵区烟草专卖局（分公司）	黔江区烟草专卖局（分公司）	渝中区烟草专卖局（分公司）	大渡口区烟草专卖局（分公司）
全年烟叶生产基础设施新增受益面积（万亩）	1.85	2.03	1.33	—	—
烟叶种植（万亩）	1.76	1.25	6.25	—	—
烟叶收购（万担）	3.78	2.10	11.09	—	—
烟农户数（户）	2748	366	2012	—	—
实现烟农总收入（万元）	3248	2127	14399	—	—
零售客户数（户）	6557	4337	2141	2320	1026
零售客户销售毛利率（%）	10.00	9.00	7.00	8.00	9.00

区、县局（公司）名称		江北区烟草专卖局（分公司）	沙坪坝区烟草专卖局（分公司）	九龙坡区烟草专卖局（分公司）	南岸区烟草专卖局（分公司）	北碚区烟草专卖局（分公司）
主要负责人/法人代表（含党政领导）		江　波	李兴奇	楚　鹰	窦梓铭	郭　敏
所属县级单位		—	—	—	—	—
总资产（万元）		3130	2812	3412	2843	1933
资产负债率（%）		—	—	—	—	—
从业人员（人）		101	99	109	105	100
所属业务机构	营销机构	1个客户服务部	1个客户服务部、1个区域客服部	1个客户服务部、4个区域客服部	1个客户服务部	1个客户服务部
	物流配送机构	—	—	—	—	—
	专卖稽查机构	5个稽查大队	1个稽查支队、3个稽查大队	1个稽查支队、4个稽查大队	1个稽查支队、3个稽查大队	4个稽查大队
	烟叶机构	—	—	—	—	—
销售卷烟	亿支	21.78	27.11	33.31	22.65	16.13
	2014年比2013年（%）	0.96	3.55	2.81	1.66	0.87
卷烟销售收入（万元）		103904	157225	168293	141867	84246
实现税利	万元	22386	26783	32465	22527	12315
	2014年比2013年（%）	16.41	18.09	12.34	9.73	11.24
实现利润	万元	11477	13046	16985	11377	5663
	2014年比2013年（%）	18.58	12.15	12.54	9.67	12.78
查处涉烟违法案件（起）		293	425	439	578	318
查处涉烟违法案件案值（万元）		527	149	271	172	70
2014年度烟草行业投入烟叶生产基础设施建设资金（万元）		—	—	—	—	—

续表

区、县局（公司）名称		江北区烟草专卖局（分公司）	沙坪坝区烟草专卖局（分公司）	九龙坡区烟草专卖局（分公司）	南岸区烟草专卖局（分公司）	北碚区烟草专卖局（分公司）
全年烟叶生产基础设施新增受益面积（万亩）		—	—	—	—	—
烟叶种植（万亩）		—	—	—	—	—
烟叶收购（万担）		—	—	—	—	—
烟农户数（户）		—	—	—	—	—
实现烟农总收入（万元）		—	—	—	—	—
零售客户数（户）		2095	3135	3932	2418	2972
零售客户销售毛利率（%）		11.00	10.10	8.50	9.00	9.00

区、县局（公司）名称		万盛经济技术开发区烟草专卖局（分公司）	渝北区烟草专卖局（分公司）	巴南区烟草专卖局（分公司）	长寿区烟草专卖局（分公司）	江津区烟草专卖局（分公司）
主要负责人/法人代表（含党政领导）		何明川	唐维生	张琼华 李锦福	刘　晗	李长中（—2014.8） 范　毅（2014.8—）
所属县级单位		—	—	—	—	—
总资产（万元）		748	3946	9792	1707	5238
资产负债率（%）		—	—	—	—	—
从业人员（人）		52	150	90	100	132
所属业务机构	营销机构	1个客户服务部	1个客户服务部、4个区域客服部	1个客户服务部、3个区域客服部	1个客户服务部	1个客户服务部
	物流配送机构	—	—	—	—	—
	专卖稽查机构	1个稽查大队	1个稽查支队、4个稽查大队	1个稽查支队、3个稽查大队	1个稽查支队、4个稽查大队	7个稽查大队
	烟叶机构	—	—	—	—	—
销售卷烟	亿支	5.85	41.81	21.70	13.76	23.02
	2014年比2013年（%）	5.47	5.18	2.84	-2.54	10.39
卷烟销售收入（万元）		30092	225330	111484	59821	11106
实现税利	万元	3870	44002	17564	9480	15772
	2014年比2013年（%）	16.42	17.14	14.27	5.31	19.34
实现利润	万元	1495	23307	8759	3998	7025
	2014年比2013年（%）	21.29	18.13	14.95	1.89	20.57
查处涉烟违法案件（起）		80	1305	352	113	386
查处涉烟违法案件案值（万元）		6	397	217	22	98

续表

区、县局（公司）名称	万盛经济技术开发区烟草专卖局（分公司）	渝北区烟草专卖局（分公司）	巴南区烟草专卖局（分公司）	长寿区烟草专卖局（分公司）	江津区烟草专卖局（分公司）
2014 年度烟草行业投入烟叶生产基础设施建设资金（万元）	—	—	—	—	—
全年烟叶生产基础设施新增受益面积（万亩）	—	—	—	—	—
烟叶种植（万亩）	—	—	—	—	—
烟叶收购（万担）	—	—	—	—	—
烟农户数（户）	—	—	—	—	—
实现烟农总收入（万元）	—	—	—	—	—
零售客户数（户）	1053	5736	3224	3257	3783
零售客户销售毛利率（%）	10.50	8.30	9.00	8.00	6.40

区、县局（公司）名称		合川区烟草专卖局（分公司）	永川区烟草专卖局（分公司）	南川区烟草专卖局（分公司）	綦江区烟草专卖局（分公司）	大足区烟草专卖局（分公司）
主要负责人/法人代表（含党政领导）		谷　华	杨智中	周　建	徐　建	李朝彬
所属县级单位		—	—	—	—	—
总资产（万元）		2321	2221	7078	1850	1911
资产负债率（%）		—	—	—	—	—
从业人员（人）		123	110	172	99	104
所属业务机构	营销机构	1 个客户服务部、7 个区域客服部	1 个营销部门、5 个区域客服部	1 个客户服务部	1 个客户服务部	1 个客户服务部、6 个区域客服部
	物流配送机构	—	—	—	—	—
	专卖稽查机构	1 个稽查支队、6 个稽查大队	1 个稽查支队、6 个稽查大队	3 个稽查大队	1 个稽查支队、5 个稽查大队	1 个稽查支队、4 个稽查大队
	烟叶机构	—	—	1 个烟叶站	—	—
销售卷烟	亿支	22.31	20.07	11.27	16.23	15.50
	2014 年比 2013 年（%）	2.45	1.96	-1.08	-4.19	0.32
卷烟销售收入（万元）		104475	95626	45173	79144	77000
实现税利	万元	14388	13875	8146	10928	10624
	2014 年比 2013 年（%）	11.55	10.22	31.73	5.85	9.66
实现利润	万元	6245	6281	3244	4659	4552
	2014 年比 2013 年（%）	10.82	9.99	205.41	5.45	10.47
查处涉烟违法案件（起）		279	413	99	265	185

续表

区、县局（公司）名称		合川区烟草专卖局（分公司）	永川区烟草专卖局（分公司）	南川区烟草专卖局（分公司）	綦江区烟草专卖局（分公司）	大足区烟草专卖局（分公司）
查处涉烟违法案件案值（万元）		39	68	11	93	52
2014年度烟草行业投入烟叶生产基础设施建设资金（万元）		—	—	675	—	—
全年烟叶生产基础设施新增受益面积（万亩）		—	—	0.60	—	—
烟叶种植（万亩）		—	—	1.67	—	—
烟叶收购（万担）		—	—	3.43	—	—
烟农户数（户）		—	—	338	—	—
实现烟农总收入（万元）		—	—	3986	—	—
零售客户数（户）		4738	3638	2850	3280	3382
零售客户销售毛利率（%）		8.00	8.00	10.00	9.00	6.00

区、县局（公司）名称		璧山区烟草专卖局（分公司）	铜梁区烟草专卖局（分公司）	潼南县烟草专卖局（分公司）	荣昌县烟草专卖局（分公司）	梁平县烟草专卖局（分公司）
主要负责人/法人代表（含党政领导）		罗晓庆	王东生	杨万长	王　平	雷　放
所属县级单位		—	—	—	—	—
总资产（万元）		1637	1281	1341	1748	1522
资产负债率（%）		—	—	—	—	—
从业人员（人）		81	82	72	76	97
所属业务机构	营销机构	1个客户服务部、4个区域客户服务部	1个客户服务部、2个区域客服部	1个客户服务部、3个片区市场	1个客户服务部	1个客户服务部、2个片区市场
	物流配送机构	—	—	—	—	—
	专卖稽查机构	1个稽查大队	1个稽查大队	1个稽查大队	4个稽查大队	1个稽查大队
	烟叶机构	—	—	—	—	—
销售卷烟	亿支	13.25	11.73	10.81	12.15	11.21
	2014年比2013年（%）	2.00	-0.66	0.93	-5.32	4.77
卷烟销售收入（万元）		64190	55767	45865	51839	47581
实现税利	万元	8998	7624	7256	8464	5697
	2014年比2013年（%）	7.30	11.46	17.75	7.52	14.33
实现利润	万元	4010	3277	3093	3837	2047
	2014年比2013年（%）	6.55	10.83	19.97	9.39	21.64
查处涉烟违法案件（起）		232	66	123	180	139
查处涉烟违法案件案值（万元）		28	16	28	62	7
2014年度烟草行业投入烟叶生产基础设施建设资金（万元）		—	—	—	—	—
全年烟叶生产基础设施新增受益面积（万亩）		—	—	—	—	—

续表

区、县局（公司）名称	璧山区烟草专卖局（分公司）	铜梁区烟草专卖局（分公司）	潼南县烟草专卖局（分公司）	荣昌县烟草专卖局（分公司）	梁平县烟草专卖局（分公司）
烟叶种植（万亩）	—	—	—	—	—
烟叶收购（万担）	—	—	—	—	—
烟农户数（户）	—	—	—	—	—
实现烟农总收入（万元）	—	—	—	—	—
零售客户数（户）	2012	2579	2401	2037	2559
零售客户销售毛利率（%）	10.00	10.00	8.70	9.00	8.00

区、县局（公司）名称		城口县烟草专卖局（分公司）	丰都县烟草专卖局（分公司）	垫江县烟草专卖局（分公司）	武隆县烟草专卖局（分公司）	忠县烟草专卖局（分公司）
主要负责人/法人代表（含党政领导）		黎 明	杨通华	邬 俊	熊向东	夏刚东
所属县级单位		—	—	—	—	—
总资产（万元）		552	17104	1545	26560	1547
资产负债率（%）		—	—	—	—	—
从业人员（人）		35	227	87	313	108
所属业务机构	营销机构	1个客户服务部	1个客户服务部、3个区域客户服务部	1个客户服务部	1个客户服务部、2个电访部门	1个客户服务部、5个区域客户服务部
	物流配送机构	—	—	—	—	—
	专卖稽查机构	1个稽查大队	1个稽查大队	1个稽查大队	1个稽查大队	1个稽查大队
	烟叶机构	—	2个烟叶站	—	4个烟叶站	—
销售卷烟	亿支	2.67	8.34	9.96	6.02	8.63
	2014年比2013年（%）	持平	-0.71	97.50	-1.92	5.89
卷烟销售收入（万元）		16836	34840	47162	27971	34356
实现税利	万元	1756	9287	5273	17199	4069
	2014年比2013年（%）	5.37	-0.59	104.82	58.06	24.43
实现利润	万元	448	2642	2086	8263	926
	2014年比2013年（%）	-2.30	0.61	131.08	251.76	96.19
查处涉烟违法案件（起）		2	54	49	41	147
查处涉烟违法案件案值（万元）		5	18	19	12	16
2014年度烟草行业投入烟叶生产基础设施建设资金（万元）		—	1386	—	596	—
全年烟叶生产基础设施新增受益面积（万亩）		—	0.31	—	2.00	—
烟叶种植（万亩）		—	4.20	—	7.50	—
烟叶收购（万担）		—	8.49	—	16.95	—
烟农户数（户）		—	1421	—	2293	—
实现烟农总收入（万元）		—	9940	—	20500	—
零售客户数（户）		1146	3030	2223	2240	2477
零售客户销售毛利率（%）		10.00	7.00	8.00	10.00	10.50

区、县局（公司）名称		开县烟草专卖局（分公司）	云阳县烟草专卖局（分公司）	奉节县烟草专卖局（分公司）	巫山县烟草专卖局（分公司）	巫溪县烟草专卖局（分公司）
主要负责人/法人代表（含党政领导）		骆大元	潘吉祥	张明礼	邱先勋	解昌盛
所属县级单位		—	—	—	—	—
总资产（万元）		2414	1662	17845	41826	18482
资产负债率（%）		—	—	—	—	—
从业人员（人）		114	102	289	453	206
所属业务机构	营销机构	1个客户服务部、6个区域客户服务部	1个客户服务部、4个区域客户服务部	1个客户服务部	1个客户服务部	1个客户服务部
	物流配送机构	—	—	—	—	—
	专卖稽查机构	1个稽查大队	1个稽查大队	4个稽查大队	1个稽查大队	1个稽查大队
	烟叶机构	—	—	2个烟叶站	4个烟叶站	1个烟叶科、3个烟叶站
销售卷烟	亿支	15.94	10.55	10.71	8.48	5.39
	2014年比2013年（%）	1.04	1.80	-3.16	-1.83	-4.74
卷烟销售收入（万元）		88343	56700	63220	53223	31522
实现税利	万元	12505	6947	11599	20371	12031
	2014年比2013年（%）	14.86	14.12	2.97	6.97	31.66
实现利润	万元	5680	2559	4114	9350	5861
	2014年比2013年（%）	16.90	19.07	9.12	28.59	103.72
查处涉烟违法案件（起）		135	92	143	55	53
查处涉烟违法案件案值（万元）		297	15	27	19	8
2014年度烟草行业投入烟叶生产基础设施建设资金（万元）		—	—	5993	2037	1523
全年烟叶生产基础设施新增受益面积（万亩）		—	—	1.20	2.46	2.71
烟叶种植（万亩）		—	—	4.08	7.40	4.17
烟叶收购（万担）		—	—	7.49	15.99	8.77
烟农户数（户）		—	—	1511	1855	1282
实现烟农总收入（万元）		—	—	8732	18700	10191
零售客户数（户）		4064	3131	2825	2370	1846
零售客户销售毛利率（%）		9.00	10.00	6.00	9.00	8.00

区、县局（公司）名称		石柱县烟草专卖局（分公司）	秀山县烟草专卖局（分公司）	酉阳县烟草专卖局（分公司）	彭水县烟草专卖局（分公司）
主要负责人/法人代表（含党政领导）		李　伟（—2014.11） 徐小洪（2014.11—）	吴　静	张文平	谭　璋（—2014.11） 吴树成（2014.11—）
所属县级单位		—	—	—	—
总资产（万元）		15070	1426	28995	45674
资产负债率（%）		—	—	—	—
从业人员（人）		216	119	311	423
所属业务机构	营销机构	1个客户服务部	1个客户服务部、4个区域客户服务部	1个客户服务部、4个区域客服部	1个客户服务部
	物流配送机构	—	—	—	—
	专卖稽查机构	1个稽查大队	1个稽查大队	1个稽查大队	3个稽查大队
	烟叶机构	2个烟叶站	—	1个烟叶科、5个烟叶站	6个烟叶站

续表

区、县局（公司）名称		石柱县烟草专卖局（分公司）	秀山县烟草专卖局（分公司）	酉阳县烟草专卖局（分公司）	彭水县烟草专卖局（分公司）
销售卷烟	亿支	6.69	8.30	8.39	7.31
	2014 年比 2013 年（%）	0.45	-1.93	-2.13	10.30
卷烟销售收入（万元）		30521	45704	39848	35033
实现税利	万元	8785	4646	17251	22364
	2014 年比 2013 年（%）	-18.39	6.45	4.93	38.80
实现利润	万元	2541	1063	7806	10224
	2014 年比 2013 年（%）	-37.99	-4.10	14.16	324.40
查处涉烟违法案件（起）		80	52	123	79
查处涉烟违法案件案值（万元）		10	19	176	30
2014 年度烟草行业投入烟叶生产基础设施建设资金（万元）		2070	—	3654	2637
全年烟叶生产基础设施新增受益面积（万亩）		1.00	—	2.00	1.90
烟叶种植（万亩）		4.17	—	7.71	11.83
烟叶收购（万担）		8.32	—	13.69	20.43
烟农户数（户）		1562	—	2352	3624
实现烟农总收入（万元）		11082	—	19100	22660
零售客户数（户）		1939	1719	2305	2239
零售客户销售毛利率（%）		9.75	10.00	9.00	11.00

（撰稿：王凌容；编辑：王东旭）

四川省烟草专卖局（公司）

【专卖管理】 打假打私。2014 年，四川省烟草专卖局会同四川省政府打私办、省公安厅、成都海关、云南省局等单位，在全省组织开展以“天府利剑”为代表的四次大规模、全省范围的专项行动，烟草、公安、海关等多部门、跨区域的联合执法、协同作战能力得到持续提升，取得重大成果。

2014 年，查处假烟案件 8743 起，其中案值 5 万元以上的假烟案件 307 起。查获假冒卷烟 1.11 亿支。破获网络案件 83 起，其中符合国家局标准的网络案件 41 起，案值在 100 万元以上的 66 起、1000 万元以上的 13 起，4 起案件列为部级督办案件。公安、司法机关依法刑拘 427 人，逮捕 241 人，判刑 206 人。

市场监管。推进转变市场监管方式，以信息系统为支撑，扩大 APCD 工作法的实施范围。四川省各地在推广工作中继续推进烟草零售市场检查方法创新应用，将 APCD 工作法与现有工作模式相结合，以分析环节为突破口，探索适应当地的实际情况的市场监管分析模型，实现监管方式的再创新，提升市场检查的针对性。各地级局会同公安、工商、质监等部门，加强联合执法，清理整顿市场，遏制卷烟非法流通。2014 年，查处无证经营案件 2.23 万起，非渠道卷烟进货案件 2.43 万起，无证运输案件 1773 起，查获非渠道卷烟 1.23 亿支。

证件管理。2014 年，四川省完成 24.19 万份烟草专卖零售许可证的集中延续与换发以及辖区内 8 家企业的生产企业许可证新办与延续工作，签发有效准运证 5.74 万份，开展许可证集中整治，强化后续监管，为卷烟生产经营提供保障。通过创新管理办法、提高办理效率、规范档案管理等措施，后续监管效能增益明显。

队伍建设。强化专业培训和技能鉴定，2014 年，全省专卖人员岗位鉴定持证率达到 81.36%，中级以上持证率达到 60.77%。加强稽查中队建设，有 108 个稽查中队通过标准化稽查中队验收，占到全省稽查中队总数的 1/4。

【经济效益】 2014 年，四川省烟草商业系统实现税利 190.62 亿元，同比增长 12.02%，其中利润 110.29 亿元，同比增长 16.08%。三项费用率为 6.61%。

【卷烟经营】 2014 年，四川省烟草商业系统销售卷烟 1280.1 亿支（256.02 万箱），同比增长 1.09%，其中一类烟 329.60 亿支（65.92 万箱），同比增长 18.12%；二类烟 154.35 亿支（30.87 万箱），同比下降 1.0%；三类烟 466.15 亿支（93.23 万箱），同比增长 4.77%；四类烟 279.2 亿支（55.84 万箱），同比下降 16.28%；五类烟 50.85 亿支（10.17 万箱），同比下降 3.92%。本地区销量居前三位品牌是“娇子”“云烟”“玉溪”，销量分别为 303.55 亿支（60.71 万箱）、207.15 亿支（41.43 万箱）、129.1 亿支（25.82 万箱）。

2014 年，实现卷烟销售收入 723.13 亿元，同比增长 8.87%。实现卷烟税利 157.31 亿元，同比增长 12.82%，其中利润 93.48 亿元，同比增长 12.21%。

品牌培育。不断拓展品牌培育的力度和深度，加大对地产烟的培育力度。2014 年销售重点品牌卷烟 966.3 亿支（193.26 万箱），同比增长 6.48%，占总销量比重达到 75.5%。“娇子”销量突破 300 亿支（60 万箱），其中一类“娇子”实现销量 38.65 亿支（7.73 万箱），同比增长 10.6%。销售标准雪茄烟 4229.4 万支，同比增长 82.4%，排名居全国第三位；雪茄烟实现销售收入 4481 万元，同比增长 49.4%，排名居全国第二位。

卷烟网络建设。围绕“一流卷烟营销网络”建设目标，加快现代卷烟零售终端建设，现代终端推广户数达到 2.3 万户，完成 3000 户现代终端资源配置工作，第一批规划的直营店全面启动。推进跨行结算工作，“行业提供平台，中国银联统一清算、收单银行承担费用、零售客户自主支付”的结算新模式基本形成，“烟草易付”注册用户 7 万户。

卷烟销售管理。不断强化市场信息监测和消费者动态研究，全面掌握市场状况，科学研判消费动向，引导消费、满足消费的能力和水平进一步提升。先后下发 11 个规范性文件，促进营销工作的体系化、制度化、标准化和科学化。持续提升队伍能力和素质，省级内训师达到 62 人，具有营销师资格 2122 人，在整个队伍中的占比上升到 84%，其中一级营销师 2 人，二级营销师 67 人。

【烟叶产销】 烟叶种植和收购。2014 年，四川省共种植烤烟 138.43 万亩、白肋烟 1.88 万亩、晒烟 0.84 万亩。落实种烟农户 11.58 万户，同比减少 1.4 万户；户均种烟面积 11.96 亩，同比减少 0.11 亩。签订种烟合同 11.58 万份，收购烤烟 17.059 万吨（341.17 万担）、白肋烟 0.25 万吨（5 万担）、0.275 万吨（晒烟 5.5 万担）。烤烟收购均价为 25.44 元/千克，上等烟比例 50.17%。国家局烟叶收购检查等级合格率为 81.7%，国家局工商交接检查合格率 61.6%。全省处理不适用烟叶 138.43 万亩，处理不适用鲜烟叶 699.19 万担，折合干烟 3.848 万吨（76.96 万担），烟叶等级结构得到进一步优化。

2014 年，实现烟农总收入 54.81 亿元，同比增长 9.2%；户均收入 4.73 万元，同比增长 21.3%，在收购量同比减少 2.09 万吨（41.85 万担）的情况下，烟农收入突破历史最好水平。

烟叶生产技术。坚持工业需求导向，调减和取消工业不适用品种，种植特色品种“红花大金元”和“K326”54.75 万亩，收购“红花大金元”6.65 万吨（133.06 万担），“五十万亩特色优质烟叶工程”和“百万担红大工程”顺利实现。适用技术推广率进一步提高。全省绿肥种植比例 42.14%，农家肥积造面积比例 70.64%。凉山、宜宾组织烟农专业合作社研发、生产生态有机肥，示范面积 12.24 万亩，全省有机肥使用面积同比增长 36.2%。小苗“井窖式”和“膜下移栽”推广 77.05 万亩，占种植面积的 55.66%，其中泸州推广比例达到 81.44%，移栽期提前 7 天以上。全省设立烟叶生态安全监测点 104 个，检测烟叶农残样品 53 个、重金属样品 63 个。

烟叶基地单元建设。强化烟叶基地单元管理，成立四川省烟叶基地单元建设领导小组，进一步完善《四川省工商共建基地单元管理办法》，建立烟叶基地单元工商联络机制。

四川省烟叶基地单元建设突出“工商共建、深度协同”，开展“升级版”基地单元建设。2014 年，新建 11 个基地单元，其中国家局基地单元 10 个（含 1 个特色烟叶单元），省局基地单元 1 个。安排 6 个烟叶精益生产试点基地单元，其中凉山会理南阁基地单元作为国家局试点单元已通过国家局评审。探索“紧密协作型”基地单元试点，与川渝中烟深度协同，在凉山州盐源干海基地单元合作探索

“全收全调”模式。建立110个综合服务型烟农专业合作社，成立各类专业化服务队535支，烟农入社率36%。

烟叶基础设施建设。围绕“突出重点、突出配套、突出领先”的建设思路，将建设重点向基本烟田土地整理转移，将项目计划向核心基地单元集中，科学规划，系统配套，推广成熟烟草农用机械，统一规划、统一设计、统一招标、统一实施、统一监管、统一验收，打造现代烟草农业综合设施保障体系。全省行业投入资金13.08亿元，建设5.1万件烟叶生产基础设施项目，实施土地整理13.44万亩。

【特事要辑】 7月17—19日，国家局局长凌成兴到四川烟草调研。对四川烟草下一步工作，凌成兴强调，要发动干部职工，抓好三个用心对照：用心对照年度目标、用心对照行业排位、用心对照典型经验，进一步提振精神，着力促进卷烟销量。做到三个千方百计，即在整合品规、提升结构上下功夫，千方百计培育“娇子”品牌；借鉴其他省份的成功经验，千方百计提高自主品牌比重；本着川、渝齐头并进的思路，千方百计培育好省产烟市场。

11月15—18日，环球烟叶公司副总裁吉姆·纳吉和约翰·科罗那一行到四川烟草考察。

12月4日，国家局副局长赵洪顺到四川烟草调研，要求四川烟草商业系统坚持市场化取向改革方向，积极营造良好的卷烟市场秩序，不断提高烟草行业法治化水平，保持企业发展定力，提高干部队伍素质。

2014年四川省烟草专卖局（公司）所属企业主要情况统计

地市级局（公司）名称		成都市烟草专卖局（公司）	自贡市烟草专卖局（公司）	攀枝花市烟草专卖局（公司）	泸州市烟草专卖局（公司）
主要负责人/法人代表（含党政领导）		宋 俊	陈青川	郭明全	徐忠良
所属县级单位		一分公司（辖青羊区、金牛区）、二分公司（辖武侯区、高新区）、三分公司（辖成华区、锦江区）等6个区烟草专卖局、3个分公司，以及龙泉驿区、青白江区、新都区、温江区、彭州市、邛崃市、崇州市、金堂县、双流县、郫县、大邑县、蒲江县、新津县等13个县级烟草专卖局（分公司）	富顺县、荣县烟草专卖局（分公司），自流井区烟草专卖局（直属分公司），以及贡井区、大安区、沿滩区等3个县级烟草专卖局	米易县、盐边县、仁和区等3个县级烟草专卖局（分公司）和1个直属分公司，以及东区、西区2个县级烟草专卖局	江阳区、龙马潭区、纳溪区、泸县、合江县、叙永县、古蔺县等7个县级烟草专卖局（分公司）
总资产（万元）		783748	72622	110680	150083
资产负债率（%）		9.47	7.46	25.20	19.00
从业人员（人）		1660	282	669	1199
所属业务机构	营销机构	1个营销中心	1个营销中心	1个营销中心	1个营销中心
	物流配送机构	1个物流公司	1个物流中心	1个物流中心	1个物流中心
	专卖稽查机构	1个稽查支队、21个稽查大队、10个专卖管理所	1个稽查支队、7个稽查大队	1个稽查支队、5个稽查大队	1个稽查支队、7个稽查大队
	烟叶机构	—	—	12个烟叶中心站、38个烟点	14个烟叶站、83个烟点、2个仓储管理中心
销售卷烟	亿支	276.48	40.76	22.96	72.23
	2014年比2013年（%）	1.70	1.54	1.92	-2.61
卷烟销售收入（万元）		1566659	196745	113022	327155

续表

地市级局（公司）名称		成都市烟草专卖局（公司）	自贡市烟草专卖局（公司）	攀枝花市烟草专卖局（公司）	泸州市烟草专卖局（公司）
实现税利	万元	413766	49426	58880	79529
	2014 年比 2013 年（%）	7.83	14.10	18.97	12.34
实现利润	万元	254287	28739	33029	37851
	2014 年比 2013 年（%）	9.84	11.83	23.89	29.25
查处涉烟违法案件（起）		11200	2017	1038	3175
查处涉烟违法案件案值（万元）		14026	467	670	9620
2014 年度烟草行业投入烟叶生产基础设施建设资金（万元）		—	—	6731	7537
全年烟叶生产基础设施新增受益面积（万亩）		—	—	22.58	3.00
烟叶种植（万亩）		—	—	12.40	12.50
烟叶收购（万担）		—	—	28.80	21.27
烟农户数（户）		—	—	10123	7243
实现烟农总收入（万元）		—	—	36900	31645
零售客户数（户）		37251	6598	3947	12856
零售客户销售毛利率（%）		13.40	9.28	14.00	11.44

地市级局（公司）名称		德阳市烟草专卖局（公司）	绵阳市烟草专卖局（公司）	广元市烟草专卖局（公司）	遂宁市烟草专卖局（公司）	内江市烟草专卖局（公司）
主要负责人/法人代表（含党政领导）		宋　平（—2014.11） 刘兴红（2014.11—）	王广生	肖　勇	袁　成	易　伟
所属县级单位		旌阳区、广汉市、什邡市、绵竹市、中江县、罗江县等6个县级烟草专卖局（分公司）	涪城区、江油市、三台县、安县、梓潼县、盐亭县、北川羌族自治县、平武县等8个县级烟草专卖局（分公司），以及游仙区烟草专卖局	苍溪县、旺苍县、剑阁县、青川县、利州区、元坝区、朝天区等7个县级烟草专卖局（分公司）	射洪县、蓬溪县、大英县、船山区、安居区等5个县级烟草专卖局（分公司）	市中区、东兴区、资中县、威远县、隆昌县等5个县级烟草专卖局（分公司）
总资产（万元）		121709	151147	97265	71092	80076
资产负债率（%）		10.44	8.80	41.00	21.17	16.29
从业人员（人）		629	620	744	319	494
所属业务机构	营销机构	1 个营销中心	1 个营销中心	1 个营销中心	1 个营销中心	1 个营销中心
	物流配送机构	1 个物流中心	1 个物流配送中心、1 个物流中转站	1 个物流中心、2 个中转站、1 个对接点	1 个配送中心	1 个物流中心
	专卖稽查机构	1 个稽查支队、6 个稽查大队	1 个稽查支队、8 个稽查大队	1 个稽查支队、7 个稽查大队	1 个稽查支队、6 个稽查大队	1 个稽查支队、5 个稽查大队
	烟叶机构	1 个烟叶中心	—	1 个烟叶中心	—	—

续表

地市级局（公司）名称		德阳市烟草专卖局（公司）	绵阳市烟草专卖局（公司）	广元市烟草专卖局（公司）	遂宁市烟草专卖局（公司）	内江市烟草专卖局（公司）
销售卷烟	亿支	53.15	73.45	38.16	42.25	48.35
	2014年比2013年（%）	1.19	-0.14	1.75	1.21	1.79
卷烟销售收入（万元）		286532	415697	174962	190379	270217
实现税利	万元	70123	89039	44278	46541	56607
	2014年比2013年（%）	7.58	8.10	0.24	20.96	23.10
实现利润	万元	39525	52316	19500	26614	31979
	2014年比2013年（%）	7.09	8.78	-0.68	22.33	27.97
查处涉烟违法案件（起）		5091	2427	1391	2156	1998
查处涉烟违法案件案值（万元）		2676	607	35800	780	521
2014年度烟草行业投入烟叶生产基础设施建设资金（万元）		—	—	5255	—	—
全年烟叶生产基础设施新增受益面积（万亩）		—	—	8.12	—	—
烟叶种植（万亩）		4.50	—	5.78	—	—
烟叶收购（万担）		2.11	—	14.89	—	—
烟农户数（户）		17300	—	5099	—	—
实现烟农总收入（万元）		2416	—	15640	—	—
零售客户数（户）		13083	17481	9651	7565	8761
零售客户销售毛利率（%）		10.24	13.16	6.70	9.36	9.93

地市级局（公司）名称		乐山市烟草专卖局（公司）	南充市烟草专卖局（公司）	宜宾市烟草专卖局（公司）	广安市烟草专卖局（公司）	达州市烟草专卖局（公司）
主要负责人/法人代表（含党政领导）		尹　柯	钟　智	赵屹峰	刘丹云	蒲　适
所属县级单位		市中区、峨眉山市、五通桥区、犍为县、井研县、夹江县、沙湾区、峨边彝族自治县、金口河区、马边彝族自治县、沐川县等11个县级烟草专卖局（分公司）	顺庆区局（直属分公司），西充县、阆中市、仪陇县、营山县、蓬安县等5家县级烟草专卖局（分公司）以及高坪区、嘉陵区2个县级烟草专卖局	翠屏区、宜宾县、南溪区、江安县、长宁县、高县、筠连县、珙县、兴文县、屏山县等10个县级烟草专卖局（分公司）	广安区、岳池县、武胜县、邻水县、华蓥市等5个县级烟草专卖局（分公司）	通川区、达县、宣汉县、开江县、万源市、大竹县、渠县等7个县级烟草专卖局（分公司）
总资产（万元）		98688	113550	136200	56466	94327
资产负债率（%）		5.60	13.70	18.03	8.88	13.11
从业人员（人）		394	697	654	359	839
所属业务机构	营销机构	1个营销中心	1个营销中心	1个营销中心	1个营销中心	1个营销中心
	物流配送机构	1个物流中心	1个物流公司	1个物流中心、3个配送站	1个物流中心、1个配送中心	1个物流配送中心、3个物流中转站
	专卖稽查机构	1个稽查支队、11个稽查大队	1个稽查支队、9个稽查大队、38个稽查中队	1个稽查支队、10个稽查大队	1个稽查支队	1个稽查支队、7个稽查大队
	烟叶机构	—	—	9个烟叶站、40个烟叶点	—	1个烟叶中心、1个烟科所、7个烟叶站

续表

地市级局（公司）名称		乐山市烟草专卖局（公司）	南充市烟草专卖局（公司）	宜宾市烟草专卖局（公司）	广安市烟草专卖局（公司）	达州市烟草专卖局（公司）
销售卷烟	亿支	54.07	79.01	80.35	46.20	69.70
	2014年比2013年（%）	-2.00	2.00	0.83	-0.75	1.16
卷烟销售收入（万元）		254605	346747	363100	181000	280274
实现税利	万元	64308	82544	84000	40500	58591
	2014年比2013年（%）	3.91	20.26	1.23	14.42	7.01
实现利润	万元	37349	47093	38700	22300	27667
	2014年比2013年（%）	4.02	22.14	-4.21	14.11	5.12
查处涉烟违法案件（起）		1714	5024	4094	2702	3457
查处涉烟违法案件案值（万元）		501	894	3752	992	1182
2014年度烟草行业投入烟叶生产基础设施建设资金（万元）		—	—	1132	—	2523
全年烟叶生产基础设施新增受益面积（万亩）		—	—	0.77	—	1.00
烟叶种植（万亩）		—	—	8.00	—	2.45
烟叶收购（万担）		—	—	19.40	—	6.33
烟农户数（户）		—	—	2321	—	10863
实现烟农总收入（万元）		—	—	27200	—	5417
零售客户数（户）		10890	18091	10332	9790	15955
零售客户销售毛利率（%）		10.95	10.36	9.60	10.49	11.08

地市级局（公司）名称	巴中市烟草专卖局（公司）	雅安市烟草专卖局（公司）	眉山市烟草专卖局（公司）	资阳市烟草专卖局（公司）
主要负责人/法人代表（含党政领导）	熊良政	何梦皓	四朗彭措	骆　敏
所属县级单位	巴州区、通江县、南江县、平昌县、恩阳区等5家县级专卖局（分公司）	雨城区、名山县、荥经县、汉源县、石棉县、天全县等6个县级烟草专卖局（分公司），以及芦山县烟草专卖局、雅安市烟草公司芦宝（芦山）分公司，宝兴县烟草专卖局、雅安市烟草公司芦宝（宝兴）分公司	东坡区、仁寿县、洪雅县、彭山县、青神县、丹棱县等6个县级烟草专卖局（分公司）	雁江区、简阳市、安岳县、乐至县等4个县级烟草专卖局（分公司）
总资产（万元）	49030	55360	83665	59152
资产负债率（%）	10.50	1.80	4.38	5.52
从业人员（人）	400	249	399	511

续表

地市级局（公司）名称		巴中市烟草专卖局（公司）	雅安市烟草专卖局（公司）	眉山市烟草专卖局（公司）	资阳市烟草专卖局（公司）
所属业务机构	营销机构	1个营销中心	1个营销中心	1个营销中心	1个营销中心
	物流配送机构	1个物流中心	1个物流中心	1个物流中心	1个物流中心
	专卖稽查机构	1个稽查支队、5个稽查大队	10个稽查中队、1个稽查支队	1个稽查支队、6个稽查大队	1个稽查支队、4个稽查大队
	烟叶机构	—	—	—	—
销售卷烟	亿支	38.95	23.50	47.22	51.49
	2014年比2013年（%）	3.04	3.30	-1.48	1.16
卷烟销售收入（万元）		177772	96848	240474	224283
实现税利	万元	41768	22214	61417	49429
	2014年比2013年（%）	13.59	22.05	9.53	12.29
实现利润	万元	23570	11909	36255	27303
	2014年比2013年（%）	14.70	23.77	9.58	18.09
查处涉烟违法案件（起）		2133	837	1834	2199
查处涉烟违法案件案值（万元）		1216	300	1135	898
2014年度烟草行业投入烟叶生产基础设施建设资金（万元）		—	—	—	—
全年烟叶生产基础设施新增受益面积（万亩）		—	—	—	—
烟叶种植（万亩）		—	—	—	—
烟叶收购（万担）		—	—	—	—
烟农户数（户）		—	—	—	—
实现烟农总收入（万元）		—	—	—	—
零售客户数（户）		8496	3971	7511	11414
零售客户销售毛利率（%）		11.32	12.35	10.78	10.27

地市级局（公司）名称	凉山彝族自治州烟草专卖局（公司）	阿坝藏族羌族自治州烟草专卖局（公司）	甘孜藏族自治州烟草专卖局（公司）	都江堰市烟草专卖局（公司）
主要负责人/法人代表（含党政领导）	杜如万	苏王福（—2014.12） 秦高华（2014.12—）	陈志学	王　春
所属县级单位	会理县、会东县、德昌县、西昌市、宁南县、普格县、盐源县、冕宁县、越西县、金阳县、布拖县、雷波县、美姑县、甘洛县、昭觉县、喜德县、木里藏族自治县等17个县级烟草专卖局（分公司）	阿坝县、金川县、理县、茂县、汶川县、马尔康县、若尔盖县、松潘县、黑水县、九寨沟县、红原县、壤塘县、小金县等13个县级烟草专卖局（分公司）	康定县、泸定县、丹巴县、九龙县、理塘县、雅江县、巴塘县、乡城县、稻城县、得荣县、炉霍县、道孚县、色达县、甘孜县、新龙县、石渠县、德格县、白玉县等18个县级烟草局（分公司）	—
总资产（万元）	711432	35914	26981	35301
资产负债率（%）	32.51	14.05	9.80	7.03

续表

地市级局（公司）名称		凉山彝族自治州烟草专卖局（公司）	阿坝藏族羌族自治州烟草专卖局（公司）	甘孜藏族自治州烟草专卖局（公司）	都江堰市烟草专卖局（公司）
从业人员（人）		3324	220	246	137
所属业务机构	营销机构	1 个营销中心	1 个营销中心、1 个电访中心	1 个营销中心	1 个营销中心、1 个电访中心
	物流配送机构	1 个物流中心、13 个配送中转站	1 个物流中心	1 个物流中心、1 个配送中心、2 个中转站	1 个物流中心、1 个配送中心
	专卖稽查机构	1 个稽查支队、17 个稽查大队	1 个稽查支队、13 个稽查大队	1 个稽查支队、18 个稽查大队	1 个稽查支队
	烟叶机构	38 个烟叶工作站、249 个烟叶收购点	—	—	—
销售卷烟	亿支	77.05	16.10	15.10	14.07
	2014 年比 2013 年（%）	2.72	3.72	2.02	-2.02
卷烟销售收入（万元）		322265	98238	79984	84876
实现税利	万元	389360	22069	10076	21624
	2014 年比 2013 年（%）	19.52	19.03	-27.76	5.71
实现利润	万元	241827	12151	7515	13036
	2014 年比 2013 年（%）	30.18	24.28	12.70	11.34
查处涉烟违法案件（起）		3496	404	76	671
查处涉烟违法案件案值（万元）		1161	34	148	839
2014 年度烟草行业投入烟叶生产基础设施建设资金（万元）		53594	—	—	—
全年烟叶生产基础设施新增受益面积（万亩）		12.00	—	—	—
烟叶种植（万亩）		100.00	—	—	—
烟叶收购（万担）		257.00	—	—	—
烟农户数（户）		90551	—	—	—
实现烟农总收入（万元）		333616	—	—	—
零售客户数（户）		11512	3612	2746	1616
零售客户销售毛利率（%）		10.66	13.73	14.09	13.15

（撰稿：张羽翔；编辑：王东旭）

贵州省烟草专卖局（公司）

【专卖管理】 涉烟行政执法和刑事司法衔接。2014 年，贵州省高级人民法院、省检察院、省公安厅和贵州省烟草专卖局加强涉烟“两法”衔接实践，组成联合调研工作组，在各层面开展调查研究，就涉烟刑事案件办理中涉及的非法经营罪认定、烟草专卖品价值认定、证据固定、共犯认定、涉案物品处理等方面，全面收集、整理具体案例和合理建议，客观分析影响打假工作的深层次因素，在 10 个方面形成共识，消除执法过程中的认识、实践分歧。

互联网涉烟网络案件查办工作。2014 年，贵州省烟草专卖局加大对利用互联网从事非法经营烟草专卖品的打击力度，增加资源投入和保障，抽调具有相应办案经验和技能的人员组成专项工作组，协调公安网络监管部门，应用技术手段，对网上有价值的涉烟信息及时分析、研判和跟踪，在多地开展调查，收集、固定证据。遵义市局“4·22”互联网非法经营烟草专卖品网络案件，查获涉案卷烟100万支，涉案金额304.1万元，刑拘8人，逮捕3人，实现查获互联网案件“零”的突破。

跨区域卷烟打假工作。进一步突出卷烟打假跨区协作。贵州省局与云南、广西、重庆、四川建立五省（市、区）联合打击涉烟违法犯罪协作机制。同时，强化与黑龙江、河北、河南等远距离涉案地区合作，加强案件信息通报、移交、协办、联办等方面工作，形成紧密联动，增强执法力量，进一步提升调查取证和抓捕追刑工作水平。安顺“3·26”非法经营烟叶网络案件，贵州、云南省局成立联合专案组，成功捣毁位于云南省泸西县的非法生产经营烟片、烟丝窝点。查获非法烟叶、烟丝和烟片481.38吨，查获烟叶加工设备2套，涉案金额2659.38万元，刑拘19人，批捕7人，逮捕6人。毕节“10·12”非法经营烟叶网络案件，涉及黑龙江省和贵州省，在当地相关部门配合下，多次开展异地调查和抓捕工作，成功捣毁跨省非法经营烟叶网络，查获非法烟叶30.65吨，案值112.67万元，批捕6人，逮捕6人。

2014年，查处涉烟违法案件3828起，其中假烟案件559起，网络案件38起，符合国家局标准的网络案件占比68.42%，2起为部督案件。查获非法烟叶、烟丝1682.90吨，非渠道卷烟4338.91万支，假冒卷烟870.62万支。公安、司法机关依法拘留186人，逮捕93人，判刑106人。

【经济效益】 2014年，贵州省烟草商业系统实现税利126.32亿元，其中利润63.94亿元。三项费用率为10.85%。

【卷烟经营】 卷烟销售。2014年，贵州省烟草商业系统销售卷烟723.75亿支（144.75万箱），同比增长4.27%，其中，销售一类烟131.95亿支（26.39万箱），同比增长29.96%；二类烟57.55亿支（11.51万箱），同比增长44.86%；三类烟458.55亿支（91.71万箱），同比增长2.43%；四类烟24.15亿支（4.83万箱），同比下降43.26%；五类烟51.35亿支（10.27万箱），同比下降17.93%。本地区销量居前三位的品牌是“贵烟”“黄果树”“遵义”，销量分别为286.4亿支（57.28万箱）、231.95亿支（46.39万箱）、50.9亿支（10.18万箱）。

2014年，实现卷烟销售收入405.44亿元。实现卷烟税利79.79亿元，其中利润44.65亿元。

品牌培育。创新开展品牌营销策划活动，探索线上、线下一体化品牌培育方法，深入推进精准营销，定期开展品牌诊断，加大对低焦油卷烟、细支烟、雪茄烟等的培育力度，重点品牌成长较快。2014年，销售6毫克/支及以下低焦油卷烟4.25亿支（0.85万箱），同比增长45.22%。引入雪茄烟规格4个，实现销售收入2546万元，同比增长76.21%。销售重点品牌卷烟429亿支（85.8万箱），同比增长16.62%。

零售终端建设。运用网上营销平台、移动互联网等现代工具，形成线上、线下双向互补。开展现代卷烟零售终端建设，标准化管理、数字化评价，促进软硬件同步提升，加大终端现代性、体验性特征的打造，通过形象改善、典型示范、整体推广、综合培训，现代终端标杆引领作用初步显现。建设现代卷烟零售终端1.78万户。

【烟叶产销】 烟叶种植和收购。2014年，贵州省签订烟叶购销协议31.32万吨（646.3万担），签订烟叶种植收购合同15.54万份，种植烟叶280.43万亩，户均种植面积18.05亩，同比提高2亩，100亩以上连片种植面积201万亩。收购烟叶29.58万吨（591.65万担），出口烟叶1.05万吨（20.84万担）。实现烟农总收入81亿元，户均实现收入5.2万元，同比增长10.64%。在国家局收购检查和工商交接检查中，烟叶等级合格率分别为82.3%和61.64%。

2014年，实现烟叶税利46.68亿元，同比增长25.82%，其中利润21.38亿元，同比增长100.19%。

烟叶生产基础设施建设。2014年，烟草行业投入烟叶生产基础设施建设资金16.5亿元，其中贵州烟草商业系统投入资金10.9亿元。完成实施烟水配套工程26.56万亩，建设机耕路1569条，长度2727千米；新建密集烤房1.61万座，配置农机设备6.8万台。建设育苗设施596个。实施土地整理项目62个、4.99万亩。

现代烟草农业建设。完善“小集中、大串联”珍珠项链式现代烟草农业建设模式，形成以设施装备、关键技术、生产组织、基层管理为重点的山区基地单元现代烟草农业建设体系，有效推动了现代烟草农业建设。截至2014年底，贵州省累计建设基地单元147个，其中国家局基地单元80个、省局基地单元67个。

加强标准化生产，全面推行井窖式移栽、专业打孔移栽和机械起垄、平衡施肥、抢雨覆膜等技术，推广面积249万亩，推广比例为89%。推广自制有机肥集中堆制发酵技术，集中堆制有机肥13.2万吨，施用面积176万亩，占烤烟种植面积的63%，同比提高23个百分点。绿色防治技术应用发展迅速，全省推广蚜茧蜂、杀虫灯、色板等生物和物理防治技术，初步构建烟叶品质安全生产技术体系。年推广蚜茧蜂防治烟蚜115万亩，占烤烟种植面积的41%。推广应用烟叶GAP管理、黄板诱芽、太阳能杀虫灯等先进适用技术，遵义进化、毕节秀水、铜仁煎茶、黔东南天柱、黔西南白碗窑等烟区获得国家局好评。

烟农专业合作社建设。坚持“一基一社、综合服务”，推进烟农专业合作社示范社创建，依据不同的烟区交通、设施条件、组织方式和管理模式，优化形成各环节专业化服务模式。深入推动烟叶生产专业化分工，贵州省建成烟农专业合作社148家，其中省级示范社50家，烟农专业合作社综合服务能力达到300万亩以上。以育苗、有机肥、烘烤、分级四个工场和机耕、井窖式移栽两个环节工序化作业为重点，在11个基地单元，开展精益生产试点。

特色优质烟叶开发。重点推进遵义、铜仁乌江河谷中间香型特色优质烟区和毕节、黔西南乌蒙山区清香型特色优质烟区建设。坚持品牌导向，加大特色品种种植，“K326”和“红花大金元”种植面积43.2万亩，占比15.4%。推广集成移栽、施肥、成熟采烤、病虫害生物防治等关键技术，推动特色优质烟叶开发。全省新增4个、累计建成21个特色优质烟叶基地单元，种植面积44.8万亩，收购烟叶105万担。

【对外交流与合作】 2014年，协助联一国际公司完成菲莫国际公司对贵州烟草2014年GAP（良好农业示范）评估。和台湾苗栗烟厂探索双方长期合作的发展模式，在黔西南州安龙县建立台湾苗栗烟厂烟叶生产基地，2014年烤季收获样品得到客户的肯定评价，并主动提出下一烤季扩大项目面积。开拓向菲莫加拿大公司销售的新业务，并拓展印尼针标烟草出口等级。

【特事要辑】 1月10日，贵州省政府组织召开全省烟农专业合作社表彰会。会议表彰全省27个省级示范社，分别奖励10万元发展扶持资金。

3月25—30日，中央第十二巡回督导组组长邢元敏、副组长钟攸平和国家局局长凌成兴一行，到第二批党的群众路线教育实践活动共同联系点贵州省毕节市局（公司）和贵州中烟毕节卷烟厂调研指导教育实践活动。其间，贵州省委书记、省人大常委会主任赵克志，省委副书记、省长陈敏尔等会见邢元敏、钟攸平和凌成兴一行。

5月7—9日，国家局副局长杨培森在贵州烟草调研。其间，杨培森先后考察了黔东南苗族侗族自治州岑巩县思州基地单元、岑巩县金叶烤烟综合服务型烟农专业合作社、施秉县烟草专卖局（分公司）。杨培森对贵州烟草近年来取得的工作成绩给予肯定，要求贵州烟草严控烟叶种植面积，优化烟叶结构，加强烟基建设和水利建设，积极探索烟农专业合作社建设模式，服务好烟农和零售客户。

5月13日，台湾阿里山卷烟厂、香港天地华发展有限公司、深圳大百汇技术有限公司等到贵州省黔西南州安龙县钱相基地单元参观考察。台湾阿里山卷烟厂拟在安龙县建立1000亩的出口烟基地，并与黔西南州局（公司）签订出口烟基地建设框架协议。

5月26日，中国烟草学会名誉理事长、国家局原副局长何泽华，中国智善公益基金会理事长袁恩泽一行到湄潭县红田幸福农场调研。其间，何泽华一行先后走访天城镇红田幸福农场基地茶区、烟区，皂角村慈善互助会，德荣村慈善互助会等地。何泽华指出，互助会的发展要靠全社会的共同参与，大家来共同献爱心，给予社会更多的正能量；红田幸福农场与互助会的合作发展，是一个新颖而且可行的方法，要深抓生产经营，让产生的效益帮扶到更多人。

2014年贵州省烟草专卖局（公司）所属企业主要情况统计

地市级局（公司）名称	贵阳市烟草专卖局（公司）	遵义市烟草专卖局（公司）	六盘水市烟草专卖局（公司）	安顺市烟草专卖局（公司）	毕节市烟草专卖局（公司）
主要负责人/法人代表（含党政领导）	龙丽琴	丁 伟	张拥军	周 华	陈文相
所属县级单位	修文县、息烽县、开阳县、清镇市等4个县级烟草专卖局（分公司），和南明区、云岩区、观山湖区、花溪区、乌当区、白云区等6个县级烟草专卖局	市区、务川仡佬族苗族自治县、湄潭县、遵义县、仁怀市、习水县、道真仡佬族苗族自治县、余庆县、桐梓县、正安县、绥阳县、凤冈县、赤水市等13个县级烟草专卖局（分公司）	六枝特区、盘县、水城县等3个县级烟草专卖局（分公司）和钟山区烟草专卖局	西秀区、紫云苗族布依族自治县、镇宁布依族苗族自治县、平坝县、普定县、关岭布依族苗族自治县等6个县级烟草专卖局（分公司）	七星关区、大方县、黔西县、金沙县、织金县、纳雍县等6个县级烟草专卖局（分公司），威宁彝族回族自治县、赫章县2个县级烟草专卖局，以及高原烟海管理区

续表

地市级局（公司）名称		贵阳市烟草专卖局（公司）	遵义市烟草专卖局（公司）	六盘水市烟草专卖局（公司）	安顺市烟草专卖局（公司）	毕节市烟草专卖局（公司）
总资产（万元）		295902	491435	119840	110319	338952
资产负债率（%）		15.68	22.29	13.63	16.41	26.84
从业人员（人）		1298	3972	982	929	3690
所属业务机构	营销机构	1个营销中心、1个订单中心	1个卷烟营销中心	1个营销中心	1个营销中心	1个卷烟营销中心
	物流配送机构	1个物流配送中心、4个中转站	1个配送中心	1个物流中心、1个物流分库、1个物流中转站	1个卷烟物流中心	1个物流中心
	专卖稽查机构	1个稽查支队、11个稽查大队	1个稽查支队、13个稽查大队	1个稽查支队、4个稽查大队	1个稽查支队、7个稽查大队	1个稽查支队、8个稽查大队
	烟叶机构	14个烟叶站	1个烟叶营销中心、50个烟叶站	25个烟叶站	7个烟叶站	1个烟叶营销中心、47个烟叶站
销售卷烟	亿支	127.41	124.86	57.13	54.90	113.34
	2014年比2013年（%）	6.31	3.93	3.34	3.76	3.95
卷烟销售收入（万元）		842792	702579	332160	296654	589200
实现税利	万元	201654	283746	84425	74007	192763
	2014年比2013年（%）	26.00	41.91	8.14	10.79	5.62
实现利润	万元	115105	147189	45082	39600	85378
	2014年比2013年（%）	30.33	117.04	15.48	10.53	3.58
查处涉烟违法案件（起）		657	610	683	199	306
查处涉烟违法案件案值（万元）		1770	2977	678	247	1334
2014年度烟草行业投入烟叶生产基础设施建设资金（万元）		6568	56232	5297	4109	14480
全年烟叶生产基础设施新增受益面积（万亩）		1.41	10.80	5.05	9.34	20.36
烟叶种植（万亩）		11.50	74.83	11.50	9.70	70.90
烟叶收购（万担）		26.00	166.56	19.80	18.12	138.90
烟农户数（户）		7586	34938	6955	3364	50660
实现烟农总收入（万元）		34900	225000	24510	24900	176690
零售客户数（户）		22000	33089	14106	161871	28943
零售客户销售毛利率（%）		13.02	25.88	12.47	14.57	13.70

地市级局（公司）名称	铜仁市烟草专卖局（公司）	黔东南苗族侗族自治州烟草专卖局（公司）	黔南布依族苗族自治州烟草专卖局（公司）	黔西南布依族苗族自治州烟草专卖局（公司）
主要负责人/法人代表（含党政领导）	马　健	李明海	朱贵川	伍崇峰
所属县级单位	江口县、松桃苗族自治县、印江土家族苗族自治县、德江县、思南县、沿河土家族自治县、石阡县等7个县级烟草专卖局（分公司）和碧江区、万山特区、玉屏侗族自治县等3个县级烟草专卖局	凯里市、麻江县、黄平县、施秉县、镇远县、岑巩县、天柱县、丹寨县、台江县、剑河县、三穗县、锦屏县、黎平县、从江县、榕江县、雷山县等16个县级烟草专卖局（分公司）	瓮安县、福泉市、贵定县、龙里县、长顺县、惠水县、平塘县、三都水族自治县、荔波县、罗甸县、独山县、都匀市等12个县级烟草专卖局（分公司）	兴义市、兴仁县、普安县、晴隆县、贞丰县、安龙县、册亨县、望谟县等8个县级烟草专卖局（分公司）

续表

地市级局（公司）名称		铜仁市烟草专卖局（公司）	黔东南苗族侗族自治州烟草专卖局（公司）	黔南布依族苗族自治州烟草专卖局（公司）	黔西南布依族苗族自治州烟草专卖局（公司）
总资产（万元）		166491	151942	166586	235447
资产负债率（%）		37.16	34.22	32.03	35.19
从业人员（人）		1795	1407	1739	1407
所属业务机构	营销机构	1个营销中心	1个卷烟营销中心	1个营销中心	1个营销中心
	物流配送机构	1个物流配送中心	1个物流中心、1个物流中心库、10个中中转站	1个物流配送中心、10个物流中转站	1个物流配送中心、5个物流中转站
	专卖稽查机构	1个稽查支队、10个稽查大队	1个稽查支队、16个稽查大队	1个稽查支队、12个稽查大队	1个稽查支队、8个稽查大队
	烟叶机构	34个烟叶站	12个烟叶站	96个烟叶站	35个烟叶站
销售卷烟	亿支	60.29	66.28	65.95	53.65
	2014年比2013年（%）	5.02	4.19	3.65	2.68
卷烟销售收入（万元）		333543	337076	347715	255444
实现税利	万元	117270	102258	99425	116116
	2014年比2013年（%）	5.57	28.44	19.67	22.42
实现利润	万元	63766	56805	49558	59905
	2014年比2013年（%）	8.36	52.72	32.37	53.39
查处涉烟违法案件（起）		250	278	311	105
查处涉烟违法案件案值（万元）		1247	605	4430	1640
2014年度烟草行业投入烟叶生产基础设施建设资金（万元）		8371	11948	7000	23143
全年烟叶生产基础设施新增受益面积（万亩）		15.67	2.78	4.40	20.99
烟叶种植（万亩）		26.40	18.90	21.56	35.20
烟叶收购（万担）		55.15	41.02	46.00	80.00
烟农户数（户）		9498	8306	10689	23312
实现烟农总收入（万元）		74117	55400	62190	106300
零售客户数（户）		14803	21441	18345	16288
零售客户销售毛利率（%）		14.97	13.20	14.00	13.80

（撰稿：王　冕；编辑：王东旭）

云南省烟草专卖局（公司）

【专卖管理】 2014年，云南省烟草专卖局推动打击涉烟违法犯罪工作从区域内、局部打击向省际间、全面打击深化，建打击涉烟违法犯罪无缝衔接网络和“大专卖、大市场”格局。12月，和四川省、重庆市、贵州省、广西壮族自治区烟草专卖局在昆明召开联席会议，总结协作机制运行情况，讨论研究省际间联合打击涉烟违法犯罪工作事项。

2014年，云南省出动打假人员19.73万人次，查处各类涉烟违法案件1.14万件，其中案值在5万元以上的案件1142起。查获假冒卷烟6242万支、走私烟2236万支、出口回流烟2679万支，罚没非渠道烟1.32亿支，查获非法烟叶、烟丝8316吨，破获涉烟网络案件37起。公安、司法机关依法刑拘740人、逮捕265人、判刑314人。

在烟叶专项整治中，突破省际联动瓶颈，和贵州省局联动查处红河“3·26”、文山“11·25”案件。发挥信息化监管的作用，2014年烟叶收购期间，省局下达核实预警信息4个批次，处理预警信息3.79万条。

2014年，省局对烟草专卖品生产经营企业组织实施十次专项检查，全省调查处理内部违纪违规生产经营案件11起，其中烟叶8起、卷烟3起，处罚18人，处分14人。

【经济效益】 2014年，云南省烟草商业系统实现税利384.08亿元，同比增长11.65%，其中利润233.19亿元，同比增长19.52%。三项费用率为8.89%。

【卷烟经营】 2014年，云南省烟草商业系统销售卷烟890.2亿支（178.04万箱），同比增长2.90%，其中，一类烟174.71亿支（34.94万箱），同比增长17.57%；二类烟44.87亿支（8.95万箱），同比增长41.01%；三类烟551.11亿支（110.22万箱），同比增长3.96%；四类烟108.20亿支（21.64万箱），同比下降20.09%；五类烟11.11亿支（2.22万箱），同比下降41.65%。本地区销量居前三位的品牌分别为“云烟”“红塔山”“红河”，销量分别为364.18亿支（72.84万箱）、196.55亿支（39.31万箱）、170.40亿支（34.08万箱）。

2014年，实现卷烟销售收入489.42亿元，同比增长9.18%。实现卷烟税利100亿元，同比增长11.11%，其中利润59.8亿元，同比增长13.26%。

品牌培育。2014年，云南省卷烟销售保持销量增加、结构提升、效益增长的势头，云产卷烟销量规模基本稳定，结构和价值得到优化提升。2014年，云南省销售重点品牌卷烟813.2亿支（162.64万箱），同比增长8.29%，占总量比重91.35%。销售云产卷烟833.2亿支（166.64万箱），同比增长3.47%，其中“云烟”“玉溪”“红塔山”共实现销量606.2亿支（121.24万箱），同比增长12.21%；“红河”“红梅”“红山茶”实现销量同比减少37.9亿支（7.58万箱），品牌集中度进一步提高。

2014年，全国卷烟累计交易量前15位品牌（三类以上）在云南实现销量634.86亿支（126.97万箱），全国卷烟累计交易金额前15位品牌在云南实现销售收入405.1亿元。

网络建设。加大品牌宣传和培育力度，开展网上营销活动，提升零售客户参与网上营销的积极性和主动性。制定下发《关于推进现代卷烟零售终端建设创新工程的指导意见》《现代卷烟零售终端建设实施方案》等文件，推进现代卷烟零售终端建设。截至2014年底，云南省实际建设现代终端数量为1.1万户，占全省终端总数的6.6%。网上订货率为97.54%，同比提高11.74个百分点。“一户一机”自主网上订货比例超过50%。电子结算率为97.32%，同比提高11.03个百分点。现代终端网上结算开通率超过90%的有11家州（市）公司。

【烟叶产销】 *种植与收购*。2014年，云南省共种植烟叶751.73万亩，其中，种植烤烟734万亩、晾晒烟17.73万亩。签订烤烟种植收购合同104.81万份，晾晒烟种植收购合同4.6万份。收购烟叶93.32万吨（1866.5万担），其中烤烟90.485万吨（1809.7万担）、晾晒烟2.84万吨（56.79万担）。烤烟上等烟比例为66.6%。收购均价为27.57元/千克。

2014年，国内销售烟叶84.155万吨（1683.1万担），出口烟叶9.78万吨（195.6万担）。烟农户数共计109.41万户，其中烤烟种植烟农104.81万户，晾晒烟种植农户4.6万户。实现烟农总收入282亿元（含政策性补贴），同比增加2.13亿元。优化烟叶结构，将留叶数严格控制在18～20片，不适用烟叶清除到位率达到95%以上，清除鲜烟叶折合干烟近300万担。

2014年，实现烟叶税利269.3亿元，其中晾晒烟3.4亿元，同比增长12.2%。实现利润162.7亿元，其中晾晒烟0.8亿元，同比增长23.1%。

烟叶种植技术。2014年，云南省推广膜下小苗移栽352万亩，占栽种面积48%，曲靖、红河、昭通、玉溪推广比例均在70%以上，为实现最佳节令移栽提供有力保障。推广烟蚜茧蜂生物防治602万亩，覆盖82%的烟田，带动生态防控技术的应用，提高烟叶的安全性。

推进烘烤管理改革，省、市、县、站四级烘烤管理人员794人竞聘上岗。探索开展业主专业化烘烤、烟农专业合作社专业队烘烤、专业队指导烟农联烤等多种专业化烘烤模式，实现责、权、利统一，促进科学烘烤工艺落实，云南省使用密集烤房专业化烘烤占比40.1%。2014年，云南省烟叶烘烤损失比例由2013年的15.7%降低到13.6%，青烟、杂烟收购比例由5.1%降至4.7%。德宏州、临沧市临翔区全面推行业主专业化烘烤模式，烘烤质量明显提升；昭通市鲁甸帮助地震重灾区烟农开展异地专业烘烤，实现“不让一片烟叶烂在田里”。

2014年，云南省烟草行业投入资金6546万元，改造收购站点392个、烘烤工场4个，配套分级点1279个，组建分级队伍1803支，71%的烟叶实行专业化分级散叶收购。

特色优质烟叶开发。2014年，云南省落实“红花大金元”和“K326”特色烟叶品种种植面积382.3万亩，实际收购45.84万吨（916.79万担），占烤烟收购总量的50.6%，其中玉溪的“K326”种植比例达到80.4%，大理的“红花大金元”种植比例为63.1%。省局制定特色品种单独的生产管理和技术方案，印发技术手册10万册，组织农艺和烘烤专家进行巡回指导。加强云南省67个烟叶基地单元16.75万吨（335万担）特色优质烟叶开发工作，并在德宏遮放和丽江黎明进行试点，开发0.5万吨（10万担）具有津巴布韦风格的烟叶，在技术和管理上取得突破，大田烟株长势、烤后烟叶质量与津巴布韦烟叶的相似性大大提高。

现代烟草农业建设。2014年，云南省烟草行业投入烟叶生产基础设施建设资金23.29亿元，其中国家局补贴12.77亿元。安排烟叶生产基础设施项目16.82万件，其中烟水配套工程9万件（含彩虹水窖8.73万口），机耕路308.91千米，烟叶调制设施6.18万座，烟草农业机械1.53万台（套），土地整理10万亩。

烟叶基地单元。2014年，新建烟叶基地单元50个，全省烟叶基地单元数量累计达到223个、调拨计划55.1万吨（1102万担），基地化率67.4%。对2010年建设的60个单元开展“回头看”检查验收，提升单元建设水平。加大改革创新力度，全省烟农专业合作社重组合并到752个，入社农户65.4万户，推动8家工业企业参与30个合作社建设，构建新型工农关系；推进基层劳务承包改革，解决近10万人的辅助用工问题，“两头工场化、中间机械化、服务专业化”的现代生产方式加快形成。

【特事要辑】 4月22—24日，国家局副局长杨培森到云南烟草调研。其间，到红河哈尼族彝族自治州弥勒县、昆明市石林县、曲靖市陆良县调研烟叶生产情况，到云南中烟技术中心、云南烟草科学研究院调研。杨培森对云南烟草近年来取得的工作成绩给予肯定，要求云南省局（公司）严控烟叶种植面积，探索建立新型烟叶生产组织形式，抓好烟草基因组技术研究；要求云南中烟加强工商合作，大力开展新型烟草制品研究，深入系统规划研发、营销等工作，保持良好经济运行状态。

6月5—7日，国家局局长凌成兴到云南烟草调研。其间，到昭通、曲靖等地调研指导“两烟”生产情况，指出云南烟草发展实现“三个良好开局”，即：云南中烟“两统一、两整合”实现良好开局，云南省局（公司）落实烟叶生产总体要求实现良好开局，云南烟草第一批党的群众路线教育实践活动整改落实实现良好开局。强调要坚定“一个战略目标”，做到“三个同舟共济”。“一个战略目标”，即努力保持行业“领头羊”，争创全球新纪录。“三个同舟共济”，即一是同舟共济推进“两统一、两整合”改革方案，理直气壮抓改革，追赶目标抓运行，发挥优势抓后劲。二是同舟共济落实烟叶生产关键举措，重点抓好严控种植面积、优化烟叶结构、落实补贴政策、完善烟基工程等工作。三是同舟共济提高货币资金增值水平，为实现全行业货币资金利息净收益率保三争四、总公司保四争五的目标作出积极贡献。

6月9—12日，国家局副局长赵洪顺到云南烟草调研，其间，到昆明、玉溪、保山等地了解市场监管、规范管理、法治烟草建设等方面工作。赵洪顺对云南烟草近年来取得的成绩给予肯定，要求云南省局（公司）严格规范管理，注重法律风险防控，保持烟叶经营、卷烟营销和经济运行良好状态。

7月3日，驻国家局纪检组组长高林在云南曲靖烟草调研。其间，考察曲靖市局（公司）卷烟物流配送中心，走访曲靖市部分卷烟零售客户。高林对曲靖烟草工商企业近年来改革发展取得成绩给予肯定，要求曲靖烟草认真落实国家局工作要求和部署，扎实工作，强化规范经营能力，提升精益管理水平，严格执行中央“八项规定”，切实加强作风建设，落实好党风廉政建设的主体责任和监督责任，保证企业持续健康发展。

8月3日，云南省昭通市鲁甸县发生6.5级地震。灾情发生后，云南省局党组连夜召开党组会议，安排部署烟草系统抗震救灾工作，成立抗震救灾领导工作组。8月4日，省局（公司）向鲁甸地震灾区捐款1000万元。8月6日，省局（公司）副总经理邓小刚带领工作组赶赴鲁甸灾区指导抗震救灾工作。8月8日，省局（公司）召开专题办公会议，再次对抗震救灾工作进行安排部署。8月18日，省局（公司）抗震救灾工作现场办公会在鲁甸灾区召开，进一步研究部署抗震救灾和灾后恢复重建工作，会议要求，昭通、曲靖市局（公司）把恢复生产经营和恢复重建作为主要任务，坚决夺取烟草抗震救灾工作的全面胜利。省局党组积极动员、号召全系统干部职工踊跃捐款350万元帮助支持灾区抗震救灾。省局（公司）成立抗震救灾宣传报道组，奔赴灾区宣传报道烟草抗震救灾工作。按照国家局局长凌成兴关于抗震救灾重要指示精神，在省委、省政府的统一部署下，省局（公司）夺取抗震救灾和恢复重建的重要胜利，得到各级党委政府、受灾烟农和零售客户的高度肯定。

12月25—27日，国家局局长凌成兴到西双版纳和楚雄烟草调研。凌成兴指出云南烟草做到“两个出色完成”和“三个攻坚克难”。“两个出色完成”，一是出色完成烟叶生产“双控”年度任务，为行业烟叶提质增效作出重要贡献。二是出色完成卷烟销售年度任务，为全国卷烟销售超过5000万箱作出重要贡献。“三个攻坚克难”即：云产卷烟品牌规模扩张攻坚克难、卷烟结构调整攻坚克难、税利总额增长攻坚克难。对云南烟草下一步工作，凌成兴强调要坚持稳中求进总基调，适应经济发展新常态，坚定“一个战略目标”，保持“三个基本格局”。坚定“一个战略目标”，即坚定“保持行业领头羊，争创全球新纪录”的战略目标。保持“三个基本格局”，一是保持“一公司、两集团”的架构格局，坚定不移地推动“两统一、两整合”改革。二是保持市场化取向改革的营销格局，逐步扩大试点范围和重点市场覆盖面。三是保持略高于国民经济年度发展目标的增长格局，发挥云南作为“两烟”大省、强省的应有水平和支撑作用。

12月27日，华叶大成文化中心的云南烟草博览馆、云南烟草科技馆、云南烟草艺术馆正式开馆。总体布展面积875平方米，其中，云南烟草博览馆以云南烟草历史发展为主线，将百年历史划分为“峥嵘岁月”“蓄势待发”“雄势崛起”和“永攀高峰”四个重要发展阶段，充分展现云南烟草人在历史长河中走过的艰难、曲折发展历程，展示取得的辉煌发展成就；云南烟草科技馆以云南烟草在基因研究、品种选育等各方面取得的重大科技成果为重点，充分展现科技创新对云南烟草发展的支撑和引领作用；云南烟草艺术馆以弘扬“大成”文化为主题，集中展示一批全国知名艺术家和系统内职工创作的书法、绘画作品，为全系统广大干部职工提供一个宝贵的文化艺术交流平台。

2014年云南省烟草专卖局（公司）所属企业主要情况统计

地市级局（公司）名称		昆明市烟草专卖局（公司）	玉溪市烟草专卖局（公司）	曲靖市烟草专卖局（公司）	红河哈尼族彝族自治州烟草专卖局（公司）
主要负责人/法人代表（含党政领导）		吴永明	田泽华	吴立著	梁　兵
所属县级单位		安宁市、五华区、盘龙区、西山区、官渡区、东川区、呈贡区、晋宁县、富民县、宜良县、嵩明县、石林彝族自治县、禄劝彝族苗族自治县、寻甸回族彝族自治县等14个县级烟草专卖局（分公司）	红塔区、通海县、江川县、新平彝族傣族自治县、澄江、峨山彝族自治县、华宁县、元江哈尼族彝族傣族自治县、易门县等9个县级烟草专卖局（分公司）	麒麟区、宣威市、沾益县、陆良县、师宗县、罗平县、富源县、会泽县、马龙县等9个县级烟草专卖局（分公司）	弥勒县、泸西县、个旧市、开远市、蒙自市、建水县、石屏县、屏边苗族自治县、红河县、元阳县、河口瑶族自治县、金平苗族瑶族傣族自治县、绿春县等13个县级烟草专卖局（分公司）
总资产（万元）		903495	628013	1156147	671497
资产负债率（%）		24.19	20.29	36.19	25.76
从业人员（人）		1661	6449	2723	1240
所属业务机构	营销机构	1个营销中心	1个营销中心	1个营销中心	1个营销中心
	物流配送机构	1个物流配送中心	1个物流中心、8个配送中转站	1个物流中心、9个卷烟中转站	1个物流配送中心、4个物流中转站
	专卖稽查机构	14个稽查支队	1个稽查支队、9个稽查大队	1个稽查支队、9个稽查大队	1个稽查支队
	烟叶机构	60个烟叶站	51个烟叶收购站、44个烟叶收购点	92个烟叶站、364个收购点	44个烟叶站、101个烟叶收购点
销售卷烟	亿支	167.30	42.65	108.00	78.00
	2014年比2013年（%）	2.42	3.12	2.27	1.83
卷烟销售收入（万元）		1058492	200770	613400	438897

续表

地市级局（公司）名称		昆明市烟草专卖局（公司）	玉溪市烟草专卖局（公司）	曲靖市烟草专卖局（公司）	红河哈尼族彝族自治州烟草专卖局（公司）
实现税利	万元	475069	270113	620113	339508
	2014 年比 2013 年（%）	6.75	3.78	13.67	2.81
实现利润	万元	305379	170610	360224	213378
	2014 年比 2013 年（%）	9.72	8.22	20.52	1.86
查处涉烟违法案件案值（万元）		12692	5552	3377	1726
2014 年度烟草行业投入烟叶生产基础设施建设资金（万元）		26564	24071	38248	17633
全年烟叶生产基础设施新增受益面积（万亩）		5.80	7.72	13.92	13.47
烟叶种植（万亩）		59.24	65.93	146.20	62.00
烟叶收购（万担）		144.92	161.29	371.12	152.21
烟农户数（户）		83176	96263	224201	80505
实现烟农总收入（万元）		203144	246346	588600	239400
零售客户数（户）		22954	9486	22276	12681
零售客户销售毛利率（%）		13.45	15.92	10.74	11.69

地市级局（公司）名称		大理白族自治州烟草专卖局（公司）	楚雄彝族自治州烟草专卖局（公司）	昭通市烟草专卖局（公司）	保山市烟草专卖局（公司）
主要负责人/法人代表（含党政领导）		樊在斗	晏　飞	孔垂武	周　锋
所属县级单位		大理市、祥云县、宾川县、弥渡县、漾濞彝族自治县、南涧彝族自治县、巍山彝族回族自治县、永平县、云龙县、洱源县、剑川县、鹤庆县等 12 个县级烟草专卖局（分公司）和云南烟草宾川白肋烟有限责任公司	楚雄市、双柏县、牟定县、南华县、姚安县、大姚县、永仁县、武定县、禄丰县、元谋县等 10 个县级烟草专卖局（分公司）	昭阳区、鲁甸县、巧家县、镇雄县、彝良县、威信县、盐津县、大关县、永善县、绥江县、水富县等 11 个县级烟草专卖局（分公司）	隆阳区、施甸县、腾冲县、龙陵县、昌宁县等 5 个县级烟草专卖局（分公司）
总资产（万元）		503349	541300	348589	355060
资产负债率（%）		42.52	37.28	42.13	45.01
从业人员（人）		1268	1198	1847	875
所属业务机构	营销机构	1 个营销中心	1 个营销中心	1 个营销中心	1 个营销中心
	物流配送机构	1 个物流配送中心、12 个物流中转站	1 个物流配送中心	1 个物流中心	1 个物流中心
	专卖稽查机构	1 个稽查支队、12 个稽查大队	1 个稽查支队	1 个稽查支队	1 个稽查支队、5 个稽查大队
	烟叶机构	81 个烟叶站	79 个烟叶站	61 个烟叶站	40 个烟叶站

续表

地市级局（公司）名称		大理白族自治州烟草专卖局（公司）	楚雄彝族自治州烟草专卖局（公司）	昭通市烟草专卖局（公司）	保山市烟草专卖局（公司）
销售卷烟	亿支	65.60	51.80	86.73	45.85
	2014 年比 2013 年（%）	0.38	1.27	1.33	1.67
卷烟销售收入（万元）		296083	226100	364399	234153
实现税利	万元	272243	354931	160617	264311
	2014 年比 2013 年（%）	2.70	10.91	7.05	18.47
实现利润	万元	164475	227977	84140	163097
	2014 年比 2013 年（%）	9.70	24.34	12.36	36.62
查处涉烟违法案件案值（万元）		2820	369	882	1399
2014 年度烟草行业投入烟叶生产基础设施建设资金（万元）		16180	18103	17140	17569
全年烟叶生产基础设施新增受益面积（万亩）		18.62	9.00	6.22	14.83
烟叶种植（万亩）		61.53	74.43	34.60	53.00
烟叶收购（万担）		140.08	186.40	84.91	132.46
烟农户数（户）		106602	126100	35974	91136
实现烟农总收入（万元）		214493	286100	123887	18484
零售客户数（户）		12081	9991	12815	8383
零售客户销售毛利率（%）		8.00	10.10	9.10	10.87

地市级局（公司）名称		丽江市烟草专卖局（公司）	文山壮族苗族自治州烟草专卖局（公司）	德宏傣族景颇族自治州烟草专卖局（公司）	西双版纳傣族自治州烟草专卖局（公司）
主要负责人/法人代表（含党政领导）		徐元飞（—2014.12） 毛天有（2014.12—）	张树锋（—2014.12） 何文炜（2014.12—）	廖世勇	彭　川（—2014.12） 尤　辉（2014.12—）
所属县级单位		玉龙县、永胜县、华坪县、宁蒗县、古城区等 5 个县级烟草专卖局（分公司）	文山县、砚山县、西畴县、麻栗坡县、马关县、丘北县、广南县、富宁县等 8 个县级烟草专卖局（分公司）	芒市、瑞丽市、陇川县、盈江县、梁河县等 5 个县级烟草专卖局（分公司）和姐告边境贸易区烟草专卖分局 1 个直属分局	景洪市、勐海县、勐腊县等 3 个县级烟草专卖局
总资产（万元）		214485	361121	38407	54637
资产负债率（%）		68.69	43.99	26.23	26.61
从业人员（人）		445	1018	222	169
所属业务机构	营销机构	1 个营销中心	1 个营销中心	1 个营销中心	1 个营销中心
	物流配送机构	1 个物流中心	1 个物流中心	1 个物流中心、1 个配送中心、5 个中转站	1 个物流配送中心
	专卖稽查机构	1 个稽查支队	1 个稽查支队	1 个稽查支队、5 个稽查大队	1 个稽查支队
	烟叶机构	24 个烟叶站、4 个烟叶点	53 个烟叶站	—	—

续表

地市级局（公司）名称		丽江市烟草专卖局（公司）	文山壮族苗族自治州烟草专卖局（公司）	德宏傣族景颇族自治州烟草专卖局（公司）	西双版纳傣族自治州烟草专卖局（公司）
销售卷烟	亿支	26.85	52.00	24.37	29.95
	2014年比2013年（%）	3.30	2.77	6.80	3.29
卷烟销售收入（万元）		165378	203025	130347	155876
实现税利	万元	123802	230613	23637	38872
	2014年比2013年（%）	20.99	31.75	19.78	9.97
实现利润	万元	72303	136279	12478	22775
	2014年比2013年（%）	39.22	62.58	32.14	14.24
查处涉烟违法案件案值（万元）		289	1150	1010	1561
2014年度烟草行业投入烟叶生产基础设施建设资金（万元）		10486	9181	—	—
全年烟叶生产基础设施新增受益面积（万亩）		5.71	4.73	—	—
烟叶种植（万亩）		25.40	49.90	—	—
烟叶收购（万担）		63.62	126.80	—	—
烟农户数（户）		32023	38500	—	—
实现烟农总收入（万元）		8213	181000	—	—
零售客户数（户）		6143	12489	6208	8825
零售客户销售毛利率（%）		14.16	11.61	15.24	11.00

（撰稿：曾永春；编辑：王东旭）

西藏自治区烟草专卖局（公司）

【专卖管理】 *卷烟打假*。西藏自治区烟草专卖局坚决遏制卷烟非法流通蔓延势头，制定专卖管理工作重点；切实做好"治源头、打转移、防扩散"工作。发挥烟草、公安、海关联合打假的作用，及时通报线索，主动联系，协调到位，形成全方位信息共享和协作办案机制。2014年，全自治区查处各类涉烟违法案件160起，查获非法卷烟603.8万支，涉案金额达到616万元；抓获涉案嫌疑人14人，上缴罚没款34.28万元。

市场监管。通过APCD工作法，获取、分析、应用监管对象的各类信息，有针对性地进行市场监管，全面提升专卖市场监管效率。组织对拉萨市局、日喀则地区局、山南地区局、林芝地区局、昌都地区局、阿里地区局的市场监管、零售许可证的使用、后续监管、卷宗管理、归档等情况进行交叉检查，针对查出的问题限期进行整改。根据对各地（市）局抽查结果，持证、亮证经营率达到95%以上，市场净化率普遍达到90%以上。

严格规范。围绕加强和完善内部监管长效机制建设，梳理不符合要求的制度和流程，及时调整内管信息平台监管参数。有针对性地完善经营管理和监管制度，提高监管效率。对全自治区7个地（市）级市场和16个县级市场的卷烟经营、内管内控制度、规范执法等情况进行大检查，针对查出的问题限时整改。切实抓好"六个严禁、一个严控"及"六个坚决禁止"各项要求落到实处，坚决防止"天价烟"问题反弹。

【经济效益】 2014年，自治区烟草商业系统实现销售收入37.53亿元，同比增长14.84%。实现卷烟税利7.45亿元，同比增长25.16%，其中利润3.05亿元，同比增长27.17%。单箱销售收入3.56万元，单箱税利6995元。公司三项费用率为9.88%，同比下降1.11个百分点。

【卷烟经营】 卷烟销售。2014年，自治区烟草商业系统共销售卷烟53.3亿支（10.66万箱），同比增长7.74%，其中，一类烟17.0亿支（3.40万箱），同比增长15.56%；二类烟3.05亿支（0.61万箱），同比下降1.48%；三类烟20.1亿支（4.02万箱），同比增长12.79%；四类烟8.55亿支（1.71万箱），同比下降20.16%；五类烟4.4亿支（0.88万箱），同比增长8.74%；销售进口卷烟（含雪茄烟）0.24亿支，同比下降20%。本地区销量居前三位的卷烟品牌是“云烟”“白沙”“天下秀”，销量分别是18.6亿支（3.72万箱）、5.6亿支（1.12万箱）、4.25亿支（0.85万箱）。

品牌培育工作。形成“以全国性知名品牌为主导、区域性优势品牌为依托、创新型特色品牌为引领”的品牌竞争发展格局总思路，精心选择32个品牌，80余个有市场、有潜力的规格，加强“全覆盖、不断档、不积压、稳价格、促销售”的精准营销工作。低焦油卷烟及细支烟的销售形势向好。全自治区销售低焦油品牌卷烟4.25亿支（0.85万箱），同比增长4.5%，销售收入4.91亿元，同比增长6.19%；单箱均价5.78万元，同比增长6.45%，低焦油卷烟的销量、结构以及品牌规格数量都呈现加速发展的态势。新引进“利群（西子阳光）”“黄鹤楼（名楼）”“南京（雨花石）”等5个细支烟品牌规格。

库存结构。健全库存管理机制，按高端、紧俏、常规、新品、过度五个区间制定存销比，原则上单品牌规格存销比最高不得超过1.5。根据卷烟的动销率、存销比及市场价格等因素，加大对品牌规格清退及过度品牌的清理工作，确保库存结构持续优化。

网络建设。继续开展“新商盟”网上订货推广工作，针对比较落后的阿里地区和那曲地区实际制定《新商盟网上订货推广实施方案》。将“135”工作法的优化完善作为切入点，积极开展零售终端建设工作。截至2014年底，全自治区网上订货户达到1865户，占城区零售客户的36%，网上订货成功率100%。

【特事要辑】 7月16日，西藏自治区局（公司）与中国农业银行西藏分行签订业务合作框架协议，双方将在金融咨询、融资授信、现金管理等方面开展深度合作。

8月18日，自治区政府副主席姜杰到西藏烟草调研。他指出要立足本职，胸怀全局，为西藏的稳定大局作出应有的贡献；要加强自身建设，提高队伍素质；要加强内部管理、队伍、制度等建设；要抓好“反对分裂、维护稳定、增进民族团结”教育。

2014年西藏自治区烟草专卖局（公司）所属企业主要情况统计

地市级局（公司）名称		拉萨市烟草专卖局（公司）	日喀则地区烟草专卖局（公司）	山南地区烟草专卖局（公司）	林芝地区烟草专卖局（公司）	昌都地区烟草专卖局（公司）	阿里地区烟草专卖局（公司）
主要负责人/法人代表（含党政代表）		普　布	巴　桑	张连海	扎　西	尼　加（—2014.4） 曾　涛（2014.4—）	赵崇文（—2014.10） 张建军（2014.10—）
所属县级单位		—	—	—	—	—	—
总资产（万元）		31455	8512	8195	10554	13949	5193
资产负债率（%）		6.10	16.05	6.10	4.06	6.64	36.98
从业人员（人）		147	120	96	93	80	42
所属业务机构	营销机构	1个营销中心	1个营销中心、5个县级营销网点	1个营销中心、5个县级营销网点	1个营销中心、4个县级网点	1个营销中心、7个县级网点	1个营销中心、3个县级网点
	物流配送机构	1个配送中心	1个配送中心	1个配送中心	1个配送中心	1个配送中心	1个配送中心
	专卖稽查机构	3个专卖稽查分局、2个稽查支队	1个稽查支队、3个稽查大队	3个稽查大队	1个稽查支队	1个稽查支队、6个稽查大队	1个稽查科
	烟叶机构	—	—	—	—	—	—
销售卷烟	亿支	21.40	8.06	5.29	5.42	7.11	1.86
	2014年比2013年（%）	6.47	0.25	7.30	12.92	21.75	5.68
卷烟销售收入（万元）		158129	51521	41317	38411	47253	14637

续表

地市级局（公司）名称		拉萨市烟草专卖局（公司）	日喀则地区烟草专卖局（公司）	山南地区烟草专卖局（公司）	林芝地区烟草专卖局（公司）	昌都地区烟草专卖局（公司）	阿里地区烟草专卖局（公司）
实现税利	万元	20461	4620	3714	3789	4433	532
	2014 年比 2013 年（%）	18.64	26.54	22.94	-2.14	42.95	-6.17
实现利润	万元	7978	812	635	873	1302	-431
	2014 年比 2013 年（%）	-7.10	68.12	4.96	-41.49	65.86	-41.78
查处涉烟违法案件（起）		80	60	36	19	2	3
查处涉烟违法案件案值（万元）		579	40	61	4	4	1
2014 年度烟草行业投入烟叶生产基础设施建设资金（万元）		—	—	—	—	—	—
全年烟叶生产基础设施新增受益面积（万亩）		—	—	—	—	—	—
烟叶种植（万亩）		—	—	—	—	—	—
烟叶收购（万担）		—	—	—	—	—	—
烟农户数（户）		—	—	—	—	—	—
实现烟农总收入（万元）		—	—	—	—	—	—
零售客户数（户）		2536	3255	2028	1194	1212	595
零售客户销售毛利率（%）		14.58	10.00	8.00	13.00	10.00	21.35

（撰稿：王佳敏；编辑：周　佳）

陕西省烟草专卖局（公司）

【专卖管理】 卷烟打假。持续巩固和完善省际间卷烟打假协作机制，陕西省烟草专卖局与陕西省公安厅联合印发《关于建立健全卷烟打假长效协作机制的实施意见》，与河南省局签订《卷烟打假长效协作机制备忘录》。加大与公、检、法机关协作力度，2014 年查处各类涉烟违法案件 1.49 万起，其中假烟案件 2789 起，查获非法卷烟 1.39 亿支，其中假烟 2537 万支。破获符合国家局标准的网络案件 31 起，其中案值千万元以上重大网络案件 10 起。公安、司法机关依法拘留 254 人、逮捕 142 人、判刑 112 人。

西安“9·2”特大假烟网络案件，涉及北京、天津、福建、甘肃、山西、陕西等 15 个省市，出动警力 40 余人、烟草稽查 270 余人次，抓获涉案嫌疑人 19 人，刑拘 17 人，批捕 13 人。查获违法卷烟 227.2 万支，标值 229.55 万元，其中假烟 199.47 万支，标值 103.24 万元；制假烟叶 30 担，标值 7.47 万元，涉案金额 2.3 亿余元。

市场监管。各级专卖管理部门坚持守土有责，加大对重点区域、重点地段、重点对象及无证经营户的监管力度。8 月，启动为期半年的非法卷烟治理专项行动，针对物流货运场站、名烟名酒店、大型集贸市场等地集中整治非渠道卷烟、假冒卷烟对陕西省卷烟市场的冲击，该行动累计查获非法卷烟 4776 万支。

综合治理取得实效，咸阳市局集中环保销毁近三年查获的 1700 余万支假冒走私卷烟。西铁分局加大对过往车辆检查频次，2014 年检查客车 700 余趟、行李车 300 余辆、集装箱 1000 余个，查处夹带违法卷烟案件 44 起。各烟叶产区在收购季节，抽调专人团队蹲守收购站点和交通要道，加大对非法烟叶流入流出治理。5 月、11 月陕西省重点区域卷烟市场抽查净化率分别达到 97.3% 和 98.34%。

专卖内管。突出内部专卖管理监督重点，加大奖罚考核力度，陕西省局把卷烟非法流通情况纳入市级局主要领导的工作业绩考核。2014 年下发重大非渠道卷烟案件督办函和调查函 14 份，各市局派驻办下发调查函和整改通知书 117 份，并对 199 名相关责任人进行经济处罚。

加强日常监管，每月组织派驻办对商业企业卷烟打码到条、卷烟销售大户、搭配销售、落地销售等工作进行检查。与陕西中烟联合对中烟营销中心、卷烟厂、技术中心等8个单位检查18次。对各烟叶产区烟叶种植收购电子合同签订、烤烟大田移栽、严控规模、收购规范工作进行2次为期40余天专项检查。

证件管理。印发《陕西省烟草专卖许可证后续监督管理办法》《陕西省申办烟叶收购专卖许可证有关事项的通知》，规范许可证管理和烟叶收购站点专卖许可工作。2014年，共受理卷烟零售许可证新办、变更、延续、停歇业等事项7.3万份，取缔无证经营户4103户，审批签发各类专卖品准运证2.11万份。截至年底，有持证正常经营卷烟零售客户13.73万户，占陕西省常住人口总数的3.65‰。

【经济效益】 2014年，陕西省烟草商业系统实现税利84.74亿元，同比增长20.42%，其中利润45.8亿元，同比增长27.05%。2014年卷烟单箱销售收入2.5万元，实现单箱税利0.48万元。三项费用率为7.8%。

【卷烟经营】 卷烟销售。2014年，陕西省烟草商业系统销售卷烟795.22亿支（159.04万箱），同比增长2.49%，其中，销售一类烟128.42亿支（25.68万箱），同比增长18.27%；二类烟62.43亿支（12.49万箱），同比增长24.47%；三类烟323.78亿支（64.76万箱），同比增长8.16%；四类烟234.27亿支（46.85万箱），同比下降11.7%；五类烟46.33亿支（9.27万箱），同比下降11.69%。本地区销量居前三位的品牌为“好猫”“猴王”“芙蓉王”，销量分别为176.2亿支（35.24万箱）、153.3亿支（30.66万箱）、57.29亿支（11.46万箱）。2014年累计销售行业重点品牌卷烟553.64亿支（110.73万箱），同比增长8.52%，占陕西省卷烟总销量的69.62%。高价位卷烟、低焦油卷烟、细支卷烟和雪茄烟分别销售4.21亿支（0.84万箱）、58.51亿支（11.7万箱）、4.43亿支（0.89万箱）、0.45亿支（0.09万箱），同比分别增长20.98%、8.44%、190%、11.33%。

2014年，实现卷烟销售收入335.74亿元，同比增长10.63%。实现卷烟税利75.78亿元，同比增长16.85%，其中利润41.41亿元，同比增长18.74%。

品牌管理。持续推进重点卷烟品牌健康成长，支持“好猫”品牌稳步发展，实现“卷烟品牌有序竞争、重点品牌健康成长、工商企业共同发展”的发展态势。完善品类管理、品牌引入和退出等机制，推进品牌质量建设，组织开展“好猫（长乐）”新品上市培育专项活动。工商协同深度拓展，与工业企业运用“1+1”终端育牌模式面向消费者共育品牌，建立工商协同QQ群，提升服务。

西安作为陕西省卷烟营销的先进典型，以“打造四个一流的现代卷烟营销网络”为整体目标，统筹规划，做到“五个到位”，即认识到位、组织到位、规划到位、培训到位、保障到位，全面推进全市现代卷烟零售终端建设。12月，西安市辖区开始实施“今访今配明送”工作模式，即当天采集零售客户卷烟需求订单后，当天配货，第二日内将卷烟送货上门，实现24小时送货响应。2014年，西安市公司销售卷烟216.35亿支（43.27万箱），同比增长2.95%；单箱实现销售收入2.78万元，同比增长6.99%。

零售终端建设。12月，在宝鸡召开陕西省烟草商业系统现代卷烟零售终端建设现场会暨经济运行座谈会，促进已建成现代终端运营水平不断升级，同时，逐步扩大现代终端零售客户规模，确保建设一家、运营一家、成功一家。截至2014年底，陕西省建成现代终端1.86万户，占陕西省客户总数的13.2%。网上配货零售客户1.65万户，占陕西省客户总数的11.7%，比重较全国平均水平（2.1%）高9.6个百分点。网上订货客户（网订加网配）占陕西省客户总数的98.6%，比重较全国平均水平（88.2%）高10.4个百分点，继续保持行业领先。

客户服务。持续优化服务项目、流程和方法，全面落实“四项服务”，在做实标准化服务、丰富个性化服务的同时，重点在亲情式服务和增值性服务的深化上下功夫。加强“乐访”系统的推广应用，该系统由2013年的3家单位推广至11家，陕西省烟草商业系统有1000余名客户经理应用“乐访”移动工具服务办公。陕西省卷烟零售客户综合满意度为85.3分，较上年提高0.5分，比全国平均水平高0.4分。

【物流建设】 围绕推进物流管理体制改革，优化配送网络布局，加快精益物流建设。截至2014年底，陕西省10个市公司物流中心全部改制为物流分公司。陕西省卷烟单箱物流费用为169.94元/箱，同比下降2.47%；单箱配送费用为76.73元/箱，同比下降4.21%；物流从业人员1377人，同比减少116人；配送车辆396辆，同比减少35辆；中转站和对接点有24个，同比减少14个。

卷烟包装箱循环利用工作有新突破，在全国烟草行业物流重点工作推进会上作了经验交流。西安市公司编制的《烟草商业企业卷烟物流配送中心质量管理规范》通过全国烟草标准化技术委员会物流分技术委员会的技术审定，成为陕西省烟草商业系统制定的首个行业标准。

【烟叶生产】 烟叶种植与收购。2014年，陕西省共种植烤烟36.2万亩，收购烟叶4.39万吨（87.8万担），完成年计划的89.4%，其中环秦岭四市收购烟叶4.03万吨(80.51万担)，占陕西省收购总量的91.68%。陕西省调拨烟叶4.39万吨（87.8万担），其中国内销售3.93万吨(79.54万担)，出口备货0.41万吨（8.25万担）。陕西省有烟农2.07万户，2014年实现烟农总收入9.03亿元。在大灾之年，陕西省行业累计投入1900余人次、1889万元抗灾救灾，烟农实现户均收入4.4万元。

2014年，烟叶实现税利8.84亿元，同比增长71%，其中利润4.295亿元，同比增长374%。

烟叶技术质量。抓质量、求特色，秦巴烟区种植面积达到陕西省烟叶总种植面积的93%。“K326”“云烟”系列品种种植面积达到秦巴烟区总面积的63%。小苗深栽、增施有机肥、密集式烘烤等关键技术普及率进一步提高。在国家局烟叶收购检查中，陕西省烟叶收购等级质量合格率为82.7%。

现代烟草农业建设。2014年投入现代烟草农业补贴资金2.69亿元，建设基础设施项目9180个，新建3个国家局基地单元。陕西省专业化育苗、机耕、植保、烘烤、分级比例分别为95%、83%、40%、35%、70%。专业化服务、机械化作业比率大幅提高，基地单元烟农亩均用工下降至22个。2014年，商洛市洛南县惠农烟农专业合作社被全国农民合作社发展部际联席会认定为国家农民合作社示范社，宝鸡市陇县盛大烤烟烟农专业合作社被陕西省农业厅评定为陕西省农民合作社示范社。

【对外交流与合作】 2014年，陕西省公司实现进出口商品总值1525万美元。烟叶出口0.4万吨（8.25万担），完成年计划的119%；销售进口卷烟1.03亿支（0.21万箱），完成年计划的128%；烟机配件及辅料出口113万美元。实现销售收入1.2亿元人民币。实现税利0.24亿元人民币，完成年计划130%，其中，实现利润0.05亿元人民币，完成年计划111%。

【特事要辑】 1月21日，陕西省局（公司）设立陕西烟草投资管理有限公司，深化多元化投资管理体制改革。

7月21日，中央第十二巡回督导组组长邢元敏和国家局局长凌成兴参加指导咸阳市兴平市局（分公司）党支部专题组织生活会。其间，陕西省委书记、省人大常委会主任赵正永，省委副书记、省长娄勤俭会见邢元敏、凌成兴一行。双方表示，要坚持向中央基准看齐，扎实抓好第二批党的群众路线教育实践活动，分类压茬推进，持续传导压力，确保活动取得群众满意的效果。凌成兴强调，要做好六个方面工作：一是加强理论武装，坚定理想信念；二是建强基层组织，提高服务能力；三是加强班子建设，带好职工队伍；四是抓好整改落实，解决突出问题；五是加强制度执行，固化活动成果；六是坚持统筹兼顾，确保两不误、两促进。

12月31日，中国烟草总公司印发《中国烟草总公司关于陕西省公司投资入股西安银行的批复》（中烟办〔2014〕356号），同意陕西省公司出资认购西安银行股份有限公司股份6亿股，持有西安银行15%股权，认购股份投资控制在18亿元以内。

2014年陕西省烟草专卖局（公司）所属企业主要情况统计

地市级局（公司）名称	西安市烟草专卖局（公司）	咸阳市烟草专卖局（公司）	宝鸡市烟草专卖局（公司）	渭南市烟草专卖局（公司）
主要负责人/法人代表（含党政领导）	王万勋	王云彪	张永军	杨　斐
所属县级单位	新城区、碑林区、莲湖区、未央区、灞桥区、雁塔区、高新区等7个城区烟草专卖局（营销部）和长安区、临潼区、高陵区、阎良区、蓝田县、户县、周至县等7个区（县）烟草专卖局（分公司）	兴平市、长武县、彬县、淳化县、永县寿、旬邑县、礼泉县、乾县、武功县、三原县、泾阳县等11个县烟草专卖局（分公司），以及秦都、渭城2个分局	陇县、千阳县、扶风县、麟游县、凤县、岐山县、太白县、凤翔县、眉县、陈仓区等10个县级烟草专卖局（分公司），以及1个市区直属分局（营销部）	富平县、合阳县、华县、华阴市、韩城市、澄城县、大荔县、蒲城县、白水县、潼关县、城区等11个县级烟草专卖局（分公司）

续表

地市级局（公司）名称		西安市烟草专卖局（公司）	咸阳市烟草专卖局（公司）	宝鸡市烟草专卖局（公司）	渭南市烟草专卖局（公司）
总资产（万元）		350419	106527	88438	74800
资产负债率（%）		6.93	15.55	8.22	12.58
从业人员（人）		1518	1275	916	1260
所属业务机构	营销机构	1个营销中心	1个营销中心	1个营销中心	1个营销中心
	物流配送机构	1个物流配送中心	1个物流配送中心	1个物流配送中心	1个物流配送中心
	专卖稽查机构	1个稽查支队、3个稽查大队	1个稽查支队、13个稽查大队	1个稽查支队、12个稽查大队	1个稽查支队、11个稽查大队
	烟叶机构	—	1个烟叶分公司、1个烟叶总库、6个收购站点	1个烟叶分公司、1个烟叶总库、1个烟叶集中库、15个收购站点	—
销售卷烟	亿支	218.30	97.71	69.75	101.04
	2014年比2013年（%）	3.87	2.01	2.56	1.91
卷烟销售收入（万元）		1217693	441028	331892	447299
实现税利	万元	263432	80654	70194	71668
	2014年比2013年（%）	14.00	26.68	20.02	14.32
实现利润	万元	153559	40126	36541	32293
	2014年比2013年（%）	12.86	35.10	22.09	19.21
查处涉烟违法案件（起）		10398	1377	1518	1439
查处涉烟违法案件案值（万元）		4809	159	693	732
2014年度烟草行业投入烟叶生产基础设施建设资金（万元）		—	180	2392	—
全年烟叶生产基础设施新增受益面积（万亩）		—	0.40	3.80	—
烟叶种植（万亩）		—	0.72	4.30	—
烟叶收购（万担）		—	2.00	10.75	—
烟农户数（户）		—	501	2486	—
实现烟农总收入（万元）		—	2162	9959	—
零售客户数（户）		32019	16393	10786	17406
零售客户销售毛利率（%）		12.00	13.16	10.51	10.02

地市级局（公司）名称	铜川市烟草专卖局（公司）	安康市烟草专卖局（公司）	商洛市烟草专卖局（公司）	汉中市烟草专卖局（公司）
主要负责人/法人代表（含党政领导）	惠　宁	奚柏龙	崔传斌	黄　嵬
所属县级单位	直属分局、耀州区局、宜君县局等3个县级烟草专卖局（分公司）	汉滨区、汉阴县、石泉县、宁陕县、紫阳县、岚皋县、平利县、镇坪县、旬阳县、白河县等10个县级烟草专卖局（分公司）	商州区、洛南县、镇安县、山阳县、丹凤县、柞水县、商南县等7个县级烟草专卖局（分公司）	南郑县、城固县、洋县、西乡县、勉县、略阳县、宁强县、镇巴县、留坝县、佛坪县等10个县级烟草专卖局（分公司）和汉台直属分局

续表

地市级局（公司）名称		铜川市烟草专卖局（公司）	安康市烟草专卖局（公司）	商洛市烟草专卖局（公司）	汉中市烟草专卖局（公司）
总资产（万元）		20405	106370	82706	75762
资产负债率（%）		7.47	13.09	20.16	12.81
从业人员（人）		234	1078	759	831
所属业务机构	营销机构	1个营销中心	1个营销中心	1个营销中心	1个营销中心
	物流配送机构	1个物流配送中心	1个物流配送中心	1个物流配送中心	1个物流配送中心
	专卖稽查机构	1个稽查支队、3个稽查大队	10个稽查大队	1个稽查支队、7个稽查大队	1个稽查支队、11个稽查大队
	烟叶机构	—	1个烟叶分公司、1个烟叶总库、1个烟叶集中库、90个收购站点	1个烟叶分公司、1个烟叶总库、1个烟叶集中库、18个收购站点	1个烟叶分公司、1个烟叶总库、18个烟叶站点
销售卷烟	亿支	17.89	45.13	39.05	61.78
	2014年比2013年（%）	1.94	3.70	2.09	2.11
卷烟销售收入（万元）		92362	224008	176206	293880
实现税利	万元	15354	78198	62333	62882
	2014年比2013年（%）	13.19	32.56	34.30	23.33
实现利润	万元	7074	48703	36707	33501
	2014年比2013年（%）	19.52	54.74	52.65	46.43
查处涉烟违法案件（起）		197	438	515	355
查处涉烟违法案件案值（万元）		258	7700	343	5341
2014年度烟草行业投入烟叶生产基础设施建设资金（万元）		—	4162	5415	3118
全年烟叶生产基础设施新增受益面积（万亩）		—	6.10	6.60	3.23
烟叶种植（万亩）		—	13.28	11.00	5.10
烟叶收购（万担）		—	31.58	26.53	11.66
烟农户数（户）		—	8294	6056	2444
实现烟农总收入（万元）		—	34526	25805	12319
零售客户数（户）		2554	13452	8630	14465
零售客户销售毛利率（%）		11.02	9.00	10.60	9.50

地市级局（公司）名称	延安市烟草专卖局（公司）	榆林市烟草专卖局（公司）	杨凌示范区烟草专卖局（公司）
主要负责人/法人代表（含党政领导）	王进录	孙宏哲（—2014.11）	王绥延
所属县级单位	吴起县、志丹县、安塞县、宝塔区、甘泉县、子长县、延川县、延长县、宜川县、富县、洛川县、黄陵县、黄龙县等13个县级烟草专卖局（分公司）	神木县、绥德县、榆阳区、府谷县、定边县、靖边县、横山县、米脂县、子洲县、清涧县、佳县、吴堡县、神府煤田等13个县级烟草专卖局（分公司）	—
总资产（万元）	50711	118906	6010
资产负债率（%）	7.09	13.00	17.02
从业人员（人）	1017	847	47

续表

地市级局（公司）名称		延安市烟草专卖局（公司）	榆林市烟草专卖局（公司）	杨凌示范区烟草专卖局（公司）
所属业务机构	营销机构	1个营销中心	1个营销中心	1个营销中心
	物流配送机构	1个物流配送中心	1个物流配送中心	1个物流配送中心
	专卖稽查机构	1个稽查支队、13个稽查大队	1个稽查支队、13个稽查大队	1个稽查大队
	烟叶机构	1个烟叶分公司、1个烟叶总库、7个收购站点	—	—
销售卷烟	亿支	58.45	81.20	4.93
	2014年比2013年（%）	1.65	0.65	3.23
卷烟销售收入（万元）		284906	432511	26716
实现税利	万元	48511	88726	5224
	2014年比2013年（%）	19.76	15.56	20.94
实现利润	万元	21449	49767	2801
	2014年比2013年（%）	29.98	16.18	24.18
查处涉烟违法案件（起）		510	1012	45
查处涉烟违法案件案值（万元）		1746	862	24
2014年度烟草行业投入烟叶生产基础设施建设资金（万元）		375	—	—
全年烟叶生产基础设施新增受益面积（万亩）		0.76	—	—
烟叶种植（万亩）		1.80	—	—
烟叶收购（万担）		5.30	—	—
烟农户数（户）		930	—	—
实现烟农总收入（万元）		5663	—	—
零售客户数（户）		9655	13550	638
零售客户销售毛利率（%）		9.90	7.98	11.40

（撰稿：王　玉；编辑：周　佳）

甘肃省烟草专卖局（公司）

【专卖管理】 *卷烟打假。*3月，甘肃省烟草专卖局印发《甘肃省联合打击走私烟草专卖品违法犯罪活动工作制度》，与公安、海关联合办案的工作机制进一步巩固。制定《甘肃省烟草专卖商业系统打假打私大要案件和专项行动奖励办法》，相关各方参与卷烟打假的积极性进一步提升。加强与交通运输、邮政、网监等部门的合作，物流运输环节和互联网贩销假烟的监控力度不断加大，2014年查处假烟案件201件，查获假冒、走私卷烟114.48万支。公安、司法机关依法逮捕12人、拘留15人、判刑29人。

武威市局和嘉峪关市局联合侦办的“6·20”网络案件与重庆“2·16”特大网络售假贩私卷烟案案情关联，涉案人员交织，为确保办成大案要案，“6·20”专案组发挥跨区域协作机制作用，与重庆市公安、烟草达成联合办案协议，该案是甘肃省侦办的首起利用互联网贩销假烟网络案件。

*卷烟市场监管。*全面推行APCD工作法，促进市场管理从一般性检查向重点问题监管转变、从市场上发现问题向带着线索处理问题转变、从查处案件本身向延伸案件经营转变。坚持“守土有责、守土尽责”，开展卷烟市场清理整顿，先后组织“陇剑2号”和“陇剑3号”专项行动，遏制了扰乱卷烟市场秩序的突出问题。以打击非法流通为重点，开展全省系统“冬季会战”专项行动，市场秩序保持规范有序，2014年卷烟市场净化率达到97.6%以上。坚持许可证准入监管与后续监管并重

的原则，开展2014年全省烟草专卖许可证管理工作专项检查，重点解决“人证不符”“证照不符”证件转让及无证经营等问题。推进优秀县级局创建工作，全省81个县级局全部通过创建达标验收，实现100%达标。

内部专卖管理监督。开展卷烟非法流通治理，严格规范“两烟”生产经营秩序，制定《甘肃省烟草专卖商业系统卷烟经营问题及认定标准》，印发《关于进一步加强卷烟零售客户举报投诉工作的通知》，组织规范经营专项检查2次，对辖区内工商企业卷烟打扫码执行情况开展专项检查6次。加强对烟叶合同签订、烟苗发放移栽和烟叶收购工作的实地监督核实，防范超计划、无合同种植和收购烟叶问题的发生。

法治烟草建设。开展“三创三征”法治烟草建设主题活动。“三创”，即“法治烟草”讲堂创建活动、“法治烟草”专版专栏创建活动、“依法行政示范单位”和“诚信守法示范企业”创建活动；“三征”，即“百案鉴评”专卖执法典型案例征集活动、“百案鉴评”涉法涉诉典型案例征集活动、“百案鉴评”法治烟草主题征文活动。全省烟草商业系统普遍建立法治烟草建设专版专栏，广泛征集涉法涉诉典型案例，参加“3·15”“12·4”宣传活动。强化行政制度体系建设，修订《制度管理规定》《规范性文件管理办法》《管理规范审查细则（试行）》等制度办法485件。制定《甘肃省烟草专卖商业系统法律风险防控体系建设指导意见》，法律风险防控体系建设工作稳步推进。

【经济效益】 2014年，甘肃省烟草商业系统实现税利37.9亿元，同比增长12.5%，其中利润20.43亿元，同比增长16.26%。2014年卷烟单箱销售收入1.87万元，实现单箱税利0.41万元。三项费用率为6.28%。

【卷烟经营】 卷烟销售。2014年，甘肃省烟草商业系统销售卷烟449.69亿支（89.94万箱），同比增长3.09%，其中，销售一类烟34.35亿支（6.87万箱），同比增长8.6%；二类烟82.8亿支（16.56万箱），同比增长19.34%；三类烟171.95亿支（34.39万箱），同比增长2.95%；四类烟132.1亿支（26.42万箱），同比下降3.88%；五类烟28.35亿支（5.67万箱），同比下降6.47%。本地区销量居前三位的品牌为“兰州”“红塔山”“云烟”，其中，销售“兰州”250.6亿支（50.12万箱），同比增长7.02%；销售“红塔山”46.85亿支（9.37万箱），同比下降1.67%；销售“云烟”23.5亿支（4.7万箱），同比增长17.95%。

2014年，实现卷烟销售收入167.95亿元，同比增长8.24%。实现卷烟税利37.62亿元，同比增长15.15%，其中利润20.38亿元，同比增长19.18%。

卷烟市场调控。始终坚持“总量控制、稍紧平衡”方针，分析经济发展中出现的新情况、新变化和新趋势，突出市场运行调控，积极组织适销货源，科学把握投放节奏。编写《零售终端市场信息分析应用手册》，收集整理应用案例，构建全省市场信息分析应用框架。加强卷烟投放分区、分类、分品牌调控，强化重点卷烟规格价格监测，优化全省1%零售样本点监测网络运行管理，全省市场盒价指数保持在100，条价指数保持在99.8以上。

重点品牌培育。甘肃省公司着眼提结构与调状态的有机统一，将培育三类以上重点品牌作为提结构的着力点，突出零售价300～700元/条品牌和低焦油、低害创新型特色品牌的营销；坚持稍紧平衡，关注尊重各结构卷烟需求，确保市场状态良好。着眼满足市场与引导消费的有机统一，尊重市场实际，加大适销货源组织力度，提高供需吻合度，客户订单需求满足率83.30%，同比提高7.93个百分点；加强市场消费引导，为结构提升创造条件。着眼挖掘潜力与涵养市场的有机统一，关注经济形势，准确把握市场脉搏，挖掘市场潜力；树立可持续发展理念，考虑当地经济发展水平，保持合理的增长速度。

完善精准营销手段和策略，加强工商协同营销，开展精准营销、网上营销、文化营销、事件营销和喜庆营销，营销形式和内容不断丰富。加强品牌发展态势分析研究，制定《关于进一步加强卷烟品牌培育相关工作的意见》。形成《品牌引入退出管理办法》，规范品类管理、品牌引入、品牌评价及退出等工作。2014年，全省销售重点品牌卷烟412.95亿支（82.59万箱），同比增长2.81%；销售全国卷烟累计交易量前15名品牌（三类以上）和销售金额前15名品牌卷烟149.2亿支（29.84万箱），同比增长0.84%；销售8毫克/支及以下低焦油卷烟274.75亿支（54.95万箱），同比增长5.24%。

营销网络建设。把零售终端作为培育品牌的重要平台，推进现代终端建设向乡镇客户、中小客户、食杂店客户延伸。深入优化“135”工作法，通过问题倒逼机制，优化工作程序和作业流程，不断丰富工作法的内涵和外延，形成“135”工作法应用规范。2014年，全省建成现代零售终端1.86万户，比重达到17.1%。

客户服务。坚持以“按需服务”为核心，实施标准化服务，重点解决货源供应、营销指导、库存管理、信息沟通及客户抱怨化解等问题；实施个性化服务，重点帮助现代终端增强品牌培育、信息采集、消费跟踪的能力；实施亲情式服务，投入资金139.4万元，从硬件设施改造、营销技能培训、亲情关怀服务等方面重点帮扶困难零售客户；实施增值性服务，重点推广网上自主支付、贷记卡办理等金融增值服务。积极开发运用客户经理现场移动营销系统。2014年，全省卷烟零售客户户均毛利2.39万元，同比增长7.8%；客户满意度为88分。

物流建设。全面推行物流配送中心非法人实体化运作，构建统一的组织管理体系、高效的业务流程体系、健全的现代物流标准体系、精确的物流费用管控体系和卓越的绩效考核体系。加快精益物流建设，全面推广“1445”精益物流工作法。全面推进纸质卷烟包装箱循环利用工作，返还省内工业包装箱43.2万箱，占总量的86%。同时，在行业率先开展跨省包装箱循环利用工作，返还陕西中烟包装箱1.5万箱。加快推进物流项目建设，截至2014年底，兰白临区域物流配送中心单体完工。

【烟叶产销】 烟叶种植与收购。2014年种植烟叶3.33万亩，同比减少1.36万亩；签订烟叶种植收购合同1838份，同比减少942份；户均种烟面积18.12亩，同比增长1.22亩。2014年收购烟叶0.37万吨（7.4万担），完成收购计划的61%。上中等烟比例78%，收购均价18.75元/千克。收购等级合格率81%。全省实现烟农总收入6863.23万元，烟农户均收入2.94万元。销售烟叶0.46万吨（9.22万担）。烟叶实现税利0.62亿元，其中利润0.36亿元。

特色优质烟叶开发。开展特色优质烟叶研究开发，建立烟叶病虫害精准综合立体防控技术。成功实现烟蚜茧蜂人工筛选和繁殖的本地化，成本大幅度降低。狠抓烟叶质量安全性评价与控制研究，以成熟度为中心抓好关键栽培技术研究，开展烟叶成熟采收、密集烘烤关键技术研究和开发。加强优良品种的引进、试验和推广，烟叶生产与工业需求适应程度不断提高。

烟叶精细化管理。开展精益烟叶生产，制定《2014年度烟叶生产精益管理工作实施方案》和《2014年特色优质烟叶精益生产技术方案》，开发示范面积3000亩。建立烟田肥力、气象等资料档案，搭建生产技术、气候变化、病虫害情报发布信息平台，加强育苗工场、密集烤房智能化控制，制定以烟为主的耕作制度，举办育苗、移栽、大田管理、烘烤等各类培训班80余场次，累计培训3000余人次。

现代烟草农业建设。大力推进烟叶生产基础设施建设，投入资金862万元（申请总公司补贴276万元，省内行业配套586万元），确立建设项目209个，已完成209个。总投资6118万元的正宁县嘉峪川引水枢纽工程完成总工程量的50%。完善烟农专业合作社的综合职能，以提升育苗、机耕、植保、烘烤、分级五个环节的专业化服务水平为重点，不断激发烟农专业合作社的活力。

2014年，全省工商注册的烟农专业合作社由11个整合至9个，入社农户增加至715户，同比增加260户。发展50～200亩家庭农场19个，同比增加3个，种植面积0.3万亩、增加0.12万亩，收购量0.06万吨（1.11万担），占收购总量的15.16%；20～50亩种植专业户400户，种植面积1.03万亩，占总面积的31%。全省建成育苗工场5个，供苗能力1.58万亩，占全省供苗总量的47.4%；建成5座以上密集烤房群87处、798座，占烤房总量的38%。

【特事要辑】 1月24日，甘肃省局（公司）在兰州召开全省烟草专卖商业系统工作会议。

11月8—10日，国家局局长凌成兴到甘肃烟草调研指导工作。其间，与甘肃省委书记王三运，省委副书记、省长刘伟平会谈。凌成兴对甘肃烟草各项工作取得的成绩给予肯定。对下一步工作，凌成兴强调，甘肃烟草工商两家要认真描绘发展目标，同舟共济牵住卷烟销量这个“牛鼻子”，出色完成销量任务；同舟共济破解计划增量这个两难命题，出色完成增量计划；同舟共济抓住税利总额这个核心指标，出色完成年度目标，为行业发展多作贡献。要切实做到“三个保持”，即保持“兰州”品牌的强劲增长势头；保持税利总量两位数的增长速度；保持甘肃烟草工业在中烟实业所属8家单位的“领头羊”地位和在全省纳税大户中的“领头羊”地位。

2014年甘肃省烟草专卖局（公司）所属企业主要情况统计

地市级局（公司）名称	兰州市烟草专卖局（公司）	天水市烟草专卖局（公司）	定西市烟草专卖局（公司）	酒泉市烟草专卖局（公司）	武威市烟草专卖局（公司）
主要负责人/法人代表（含党政领导）	刘　震	李　明（—2014.1） 孙　军（2014.1—）	张维杰	王进立	向　阳
所属县级单位	城关区、七里河区、安宁区、西固区、红古区、永登县、榆中县、皋兰县等8个县级烟草专卖局（营销部）	秦州区、麦积区、张家川县、清水县、甘谷县、秦安县、武山县等7个县级烟草专卖局（营销部）	安定区、临洮县、陇西县、岷县、通渭县、渭源县、漳县等7个县级烟草专卖局（营销部）	敦煌市烟草专卖局（公司），瓜州县、玉门市、肃州区、金塔县等4个县级烟草专卖局（营销部）	凉州区、民勤县、古浪县、天祝县等4个县级烟草专卖局（营销部）

续表

地市级局（公司）名称		兰州市烟草专卖局（公司）	天水市烟草专卖局（公司）	定西市烟草专卖局（公司）	酒泉市烟草专卖局（公司）	武威市烟草专卖局（公司）
总资产（万元）		178345	58958	41225	41646	30060
资产负债率（%）		3.27	3.69	2.46	6.59	3.43
从业人员（人）		630	471	376	236	306
所属业务机构	营销机构	1个营销中心	1个营销中心	1个营销中心	2个营销中心	1个营销中心
	物流配送机构	1个物流配送中心	1个物流中心、1个配送中心	1个物流配送中心	1个物流配送中心	1个物流配送中心
	专卖稽查机构	1个稽查支队、8个稽查大队	1个稽查支队、5个稽查大队	1个稽查支队、7个稽查大队	1个稽查支队、5个稽查大队	1个稽查支队、4个稽查大队
	烟叶机构	—	—	—	—	—
销售卷烟	亿支	80.83	50.50	44.41	23.85	28.98
	2014年比2013年（%）	2.81	2.83	4.03	2.66	1.45
卷烟销售收入（万元）		372996	175476	142600	98522	99298
实现税利	万元	95905	38049	30967	22792	20318
	2014年比2013年（%）	9.30	18.47	17.32	12.80	2.09
实现利润	万元	57165	20675	16463	12260	10868
	2014年比2013年（%）	11.24	18.89	23.11	12.67	11.04
查处涉烟违法案件（起）		1383	664	451	210	541
查处涉烟违法案件案值（万元）		371	153	221	33	113
2014年度烟草行业投入烟叶生产基础设施建设资金（万元）		—	—	—	—	—
全年烟叶生产基础设施新增受益面积（万亩）		—	—	—	—	—
烟叶种植（万亩）		—	—	—	—	—
烟叶收购（万担）		—	—	—	—	—
烟农户数（户）		—	—	—	—	—
实现烟农总收入（万元）		—	—	—	—	—
零售客户数（户）		13891	14715	11466	6334	7418
零售客户销售毛利率（%）		13.48	11.35	11.26	11.79	11.88

地市级局（公司）名称	张掖市烟草专卖局（公司）	庆阳市烟草专卖局（公司）	平凉市烟草专卖局（公司）	陇南市烟草专卖局（公司）	白银市烟草专卖局（公司）
主要负责人/法人代表（含党政领导）	朵守红	魏小敏	王来云	牛　军	刘在云
所属县级单位	甘州区、高台县、临泽县、山丹县、民乐县等5个县级烟草专卖局（营销部）	西峰区、合水县、华池县、环县、宁县、庆城县、镇原县、正宁县等8个县级烟草专卖局（营销部）	崆峒区、泾川县、灵台县、崇信县、华亭县、庄浪县局、静宁县等7个县级烟草专卖局（营销部）	成县、徽县、两当县、西和县、礼县、文县、宕昌县、康县、武都区等9个县级烟草专卖局（营销部）	白银区、平川区、靖远县、景泰县、会宁县等5个县级烟草专卖局（营销部）
总资产（万元）	27882	57460	35522	47487	38433
资产负债率（%）	2.36	4.42	23.95	2.52	2.29
从业人员（人）	237	449	323	408	301

续表

地市级局（公司）名称		张掖市烟草专卖局（公司）	庆阳市烟草专卖局（公司）	平凉市烟草专卖局（公司）	陇南市烟草专卖局（公司）	白银市烟草专卖局（公司）
所属业务机构	营销机构	1个营销中心	1个营销中心	1个营销中心	1个营销中心	1个营销中心
	物流配送机构	1个仓储配送中心	1个物流配送中心	1个物流配送中心	1个物流配送中心	1个物流配送中心
	专卖稽查机构	1个稽查支队、5个稽查大队	1个稽查支队、8个稽查大队	1个稽查支队、7个稽查大队	1个稽查支队、9个稽查大队	1个稽查支队、1个稽查大队、12个专卖管理所
	烟叶机构	—	3个烟叶收购站	—	1个烟叶收购站	—
销售卷烟	亿支	21.30	36.84	31.58	45.81	30.81
	2014年比2013年（%）	1.53	5.25	2.66	3.70	2.71
卷烟销售收入（万元）		75754	149995	102960	150129	110571
实现税利	万元	16449	37149	22249	34783	25114
	2014年比2013年（%）	4.74	10.69	11.91	15.73	10.35
实现利润	万元	9019	20058	11444	18239	13930
	2014年比2013年（%）	10.13	10.98	14.57	16.83	14.65
查处涉烟违法案件（起）		221	324	811	227	186
查处涉烟违法案件案值（万元）		26	100	65	33	63
2014年度烟草行业投入烟叶生产基础设施建设资金（万元）		—	640	—	222	—
全年烟叶生产基础设施新增受益面积（万亩）		—	0.54	—	0.15	—
烟叶种植（万亩）		—	1.91	—	1.42	—
烟叶收购（万担）		—	3.47	—	3.85	—
烟农户数（户）		—	1729	—	605	—
实现烟农总收入（万元）		—	3080	—	3783	—
零售客户数（户）		5877	10208	8323	10845	7946
零售客户销售毛利率（%）		11.32	11.00	11.02	11.36	11.40

地市级局（公司）名称	金昌市烟草专卖局（公司）	嘉峪关市烟草专卖局（公司）	临夏回族自治州烟草专卖局（公司）	甘南藏族自治州烟草专卖局（公司）
主要负责人/法人代表（含党政领导）	赵普忠	和 平	金 明	苏斌成
所属县级单位	永昌县烟草专卖局（营销部）	—	临夏市、永靖县、临夏县、和政县、康乐县、广河县、东乡族自治县、积石山保安族东乡族撒拉族自治县等8个县级烟草专卖局（营销部）	舟曲县、临潭县、卓尼县、夏河县、迭部县、碌曲县、玛曲县等7个县级烟草专卖局（营销部）
总资产（万元）	16593	14759	28147	9942
资产负债率（%）	4.09	1.20	2.24	6.92
从业人员（人）	115	59	256	217

续表

地市级局（公司）名称		金昌市烟草专卖局（公司）	嘉峪关市烟草专卖局（公司）	临夏回族自治州烟草专卖局（公司）	甘南藏族自治州烟草专卖局（公司）
所属业务机构	营销机构	1个营销中心	1个营销中心	1个营销中心	1个营销中心
	物流配送机构	1个物流配送中心	—	1个物流配送中心（与营销中心合署办公）	1个物流配送中心（与营销中心合署办公）
	专卖稽查机构	1个稽查支队、1个稽查大队	1个稽查支队、1个专卖管理所	1个稽查支队、8个稽查大队	1个稽查支队、7个稽查大队
	烟叶机构	—	—	—	—
销售卷烟	亿支	10.52	7.23	25.91	11.12
	2014年比2013年（%）	1.22	3.63	3.63	3.87
卷烟销售收入（万元）		40592	31634	87321	41567
实现税利	万元	9457	7734	19405	7762
	2014年比2013年（%）	5.61	8.98	15.73	14.69
实现利润	万元	5248	4294	10565	3457
	2014年比2013年（%）	8.42	8.98	22.70	20.05
查处涉烟违法案件（起）		145	13	1086	258
查处涉烟违法案件案值（万元）		19	11	105	51
2014年度烟草行业投入烟叶生产基础设施建设资金（万元）		—	—	—	—
全年烟叶生产基础设施新增受益面积（万亩）		—	—	—	—
烟叶种植（万亩）		—	—	—	—
烟叶收购（万担）		—	—	—	—
烟农户数（户）		—	—	—	—
实现烟农总收入（万元）		—	—	—	—
零售客户数（户）		2238	1349	6437	3747
零售客户销售毛利率（%）		11.60	12.04	10.94	11.78

（撰稿：毕耜栋；编辑：周　佳）

青海省烟草专卖局（公司）

【专卖管理】 卷烟打假打私。青海省烟草专卖局落实专卖法律法规，抓好打假打私体系、专卖内管体系和市场监管体系“三大体系”建设，加强对重点区域、重点环节的监管，严厉打击涉烟违法行为。2014年，查处各类涉烟违法案件335起，其中假烟案件128起，查获假烟42.04万支，走私烟30.83万支。破获符合国家局标准的网络案件1起，符合省局标准的网络案件3起。公安、司法机关依法刑拘5人，逮捕7人，判刑10人。

格尔木市局在破获“9·17”跨地区贩售假烟网络案件基础上，联合西宁市局加强案源研判继续深挖线索，最终破获了跨重庆、福建、广东、吉林等7省（市）的1起重大网络案件。该案查实涉案人员18人，逮捕4人，判刑3人；查获非法卷烟34.9万支，涉案金额254万余元。

市场监管。全面推广APCD工作法，促进卷烟零售市场监管方式转变。开展节日期间卷烟市场清理整顿专项行动，有力维护卷烟市场秩序。促进内管派驻办深度参与卷烟经营管理，保持对卷烟非法流通的监督查处力度不放松。2014年，查处非渠道卷烟案件210起，查获非渠道卷烟410万支。

证件管理。加强烟草专卖零售许可证日常监管和后续监管，针对卷烟零售点合理布局、零售许可证总量变化等情况深入市场调查，核查和研究解决证址不符、人证不符、许可证闲置及非法转让许可证等后续监管工作存在的问题。优化办证流程，提高办证效率，打通服务群众“最后一公里”，提高客户满意度。截至2014年底，青海省持证零售客户为2.22万户，持证数量占人口数量比例为3.95‰。

加大对无证经营户的整治力度。2014年，查处取缔无证户125户，转化办证206户。截至年底，无证户数量为177户，同比下降39.18%。在2014年青海省政府组织召开的全省无证无照经营整治联席工作会议上，青海省局因卷烟无证经营查处取缔工作取得较好成绩，被推荐为典型单位作经验交流发言。

【经济效益】 2014年，青海省烟草商业系统实现卷烟销售收入53.56亿元，同比增长9.96%。实现税利12.65亿元，同比增长11.16%，其中利润7.05亿元，同比增长14.63%。卷烟单箱销售收入为2.30万元，高于行业平均水平，同比增长6.21%。实现单箱税利0.54万元。三项费用率为5.96%。

【卷烟经营】 *卷烟销售*。2014年，青海省烟草商业系统销售卷烟116.24亿支（23.25万箱），同比增长3.13%，其中，销售一类烟22.49亿支（4.50万箱）、二类烟12.41亿支（2.48万箱）、三类烟41.40亿支（8.28万箱）、四类烟38.41（7.68万箱）、五类烟1.53亿支（0.31万箱）。本地区销量居前三位的品牌依次为“兰州”“云烟”“延安”，销量分别为26.72亿支（5.34万箱）、13.92亿支（2.78万箱）、9.43亿支（1.89万箱）。

品牌培育。青海省局（公司）按照营销工作部署，围绕稳价增量和品牌培育等一些重点难点问题，针对性地开展市场调研，通过与客户深入交流、与基层营销人员座谈，掌握各地区市场实际情况，为卷烟经营决策提供可靠依据。注重卷烟品牌的市场分布与培育，注重高端低焦油卷烟品牌的消费引导，全省重点品牌和低焦油品牌卷烟销售保持增长。积极营造公平竞争市场环境，行业重点品牌活力增强。2014年，销售重点品牌卷烟98.95亿支（19.79万箱），同比增长4.52%，占总销量比重85.13%。

卷烟营销网络建设。青海省公司统一规划，对现有卷烟经营管理信息系统（V3）、新商盟网上订货系统、“135”工作法等经营分析与决策支持系统进行一体化整合再造，建立现代卷烟流通管控平台，从需求预测、货源组织、货源供应、品牌培育、客户服务、信息采集、库存管理到消费跟踪进行全过程管控。制订《2011—2015年全省现代卷烟零售终端建设指引与规划》《全省2014—2015年现代卷烟零售终端建设工作意见》等规范性文件，进一步明确全省现代卷烟零售终端建设工作目标和思路。截至2014年底，全省卷烟网上订货率达到97.76%，同比增长5.52个百分点；电子结算率达到94.23%，同比增长19.5%。

现代物流体系建设。开展卷烟物流非法人实体化运作工作，做好机构建设、人员调整、工作衔接等前期工作。与甘肃烟草工业有限责任公司协同开展卷烟包装箱循环利用工作，2014年累计返还包装箱16.97万只，比例达到63.53%。制定《2014年全省烟草物流评价考核细则》，从规范管理、精益管理、贯标对标、指标控制、员工培训、资格认证、安全管理等方面量化考核评价指标，并将其纳入到统一的绩效考核体系。

【特事要辑】 1月20日，青海省局（公司）在西宁召开全省烟草工作会议。

2月17日，国家局副局长李克明到青海烟草调研指导工作。其间，李克明考察西宁卷烟物流配送中心，并与省局（公司）新一届领导班子座谈。

7月7日，国家局副局长赵洪顺到青海烟草调研指导工作。其间，赵洪顺先后考察西宁市卷烟物流中心、卷烟零售直营店，走访西宁市湟中县和海南州贵德县农牧区的部分卷烟零售客户。

9月15—16日，国家局局长凌成兴到青海烟草调研。其间，凌成兴考察了国家局在海东市援建的项目，走访了乐都区、玉树市的部分卷烟零售客户。

2014年青海省烟草专卖局（公司）所属企业主要情况统计

地市级局（公司）名称	西宁市烟草专卖局（公司）	海东市烟草专卖局（公司）	海西蒙古族藏族自治州烟草专卖局（公司）	格尔木市烟草专卖局（公司）	海北藏族自治州烟草专卖局（公司）
主要负责人/法人代表（含党政领导）	刘海宁	钟建平	戴岳鹏	李安益	董长吉
所属县级单位	大通回族土族自治县、湟中县、湟源县等3个县级烟草专卖局（营销部）	平安县、互助土族自治县、循化撒拉族自治县、化隆回族自制县、民和回族土族自治县、乐都区等6个县级烟草专卖局（营销部）	都兰县、乌兰县、天峻县、茫崖行委、大柴行委等5个县级烟草专卖局（营销部）和冷湖行委1个烟草专卖局	—	刚察县、祁连县、门源回族自治县等3个县级烟草专卖局（营销部）和海晏县1个县级烟草专卖局

续表

地市级局（公司）名称		西宁市烟草专卖局（公司）	海东市烟草专卖局（公司）	海西蒙古族藏族自治州烟草专卖局（公司）	格尔木市烟草专卖局（公司）	海北藏族自治州烟草专卖局（公司）
总资产（万元）		28790	13345	7123	3920	3176
资产负债率（%）		18.29	5.98	7.83	17.09	17.41
从业人员（人）		393	211	116	69	95
所属业务机构	营销机构	1个营销中心	1个营销中心	1个营销中心	1个营销中心	1个营销中心
	物流配送机构	1个配送中心	—	6个物流中转站	—	2个物流中转站
	专卖稽查机构	1个稽查支队、8个稽查大队	1个稽查支队、8个稽查大队	1个稽查支队、6个稽查大队	1个稽查支队、2个稽查大队	1个稽查支队、3个稽查大队
	烟叶机构	—	—	—	—	—
销售卷烟	亿支	53.87	21.74	8.08	7.63	5.85
	2014年比2013年（%）	5.23	3.92	2.22	2.76	2.19
卷烟销售收入（万元）		299244	78986	37692	40382	21654
实现税利	万元	33065	13395	6340	4492	2964
	2014年比2013年（%）	12.70	12.58	5.74	7.64	8.85
实现利润	万元	9969	6022	2749	1138	893
	2014年比2013年（%）	12.55	13.23	5.23	6.44	5.08
查处涉烟违法案件（起）		80	138	13	32	16
查处涉烟违法案件案值（万元）		212	48	9	25	4
2014年度烟草行业投入烟叶生产基础设施建设资金（万元）		—	—	—	—	—
全年烟叶生产基础设施新增受益面积（万亩）		—	—	—	—	—
烟叶种植（万亩）		—	—	—	—	—
烟叶收购（万担）		—	—	—	—	—
烟农户数（户）		—	—	—	—	—
实现烟农总收入（万元）		—	—	—	—	—
零售客户数（户）		9343	5411	1664	1248	1194
零售客户销售毛利率（%）		14.57	13.53	12.83	13.88	12.58

地市级局（公司）名称	海南藏族自治州烟草专卖局（公司）	黄南藏族自治州烟草专卖局（公司）	玉树藏族自治州烟草专卖局（公司）	果洛藏族自治州烟草专卖局（公司）
主要负责人/法人代表（含党政领导）	张国明	李映元	王洪胜	孙永珍（—2014.7） 刘存德（2014.7—）
所属县级单位	共和县、贵德县、兴海县、贵南县、同德县等5个县级烟草专卖局（营销部）	泽库县、河南蒙古族自治县、同仁县、尖扎县等4个县级烟草专卖局（营销部）	称多县、杂多县、治多县、囊谦县、曲麻莱县等5个县级烟草专卖局（营销部）	久治县、达日县2个县级烟草专卖局（营销部）
总资产（万元）	45520	3251	8041	2685
资产负债率（%）	8.66	46.55	5.02	32.00
从业人员（人）	99	78	98	53

续表

地市级局（公司）名称		海南藏族自治州烟草专卖局（公司）	黄南藏族自治州烟草专卖局（公司）	玉树藏族自治州烟草专卖局（公司）	果洛藏族自治州烟草专卖局（公司）
所属业务机构	营销机构	1个营销中心	1个营销中心	1个营销中心	1个营销中心
	物流配送机构	2个物流中转站	—	1个营销中心	1个物流中转站
	专卖稽查机构	1个稽查支队、5个稽查大队	1个稽查支队、4个稽查大队	1个稽查支队、5个稽查大队	1个稽查支队
	烟叶机构	—	—	—	—
销售卷烟	亿支	8.09	3.94	4.37	2.67
	2014年比2013年（%）	0.79	3.35	-15.16	4.36
卷烟销售收入（万元）		28972	15925	20957	11733
实现税利	万元	4429	2848	4151	2281
	2014年比2013年（%）	0.73	10.72	-9.25	12.20
实现利润	万元	1730	1287	1931	1038
	2014年比2013年（%）	-4.04	-19.09	-32.12	10.48
查处涉烟违法案件（起）		26	12	9	9
查处涉烟违法案件案值（万元）		5	5	4	14
2014年度烟草行业投入烟叶生产基础设施建设资金（万元）		—	—	—	—
全年烟叶生产基础设施新增受益面积（万亩）		—	—	—	—
烟叶种植（万亩）		—	—	—	—
烟叶收购（万担）		—	—	—	—
烟农户数（户）		—	—	—	—
实现烟农总收入（万元）		—	—	—	—
零售客户数（户）		1696	766	549	366
零售客户销售毛利率（%）		11.00	14.26	11.27	12.73

（撰稿：葛建宝；编辑：周　佳）

宁夏回族自治区烟草专卖局（公司）

【专卖管理】 卷烟打假。针对跨区域网络化贩假打击难等突出问题，宁夏回族自治区烟草专卖局强化与公安、海关、工商、检察院、法院等部门开展联合办案、协同打假、信息共享、区域合作、司法衔接和刑事打击，打假破网取得成效。2014年，宁夏回族自治区破获符合国家局标准的网络案件5起，查获假烟99.6万支；抓获涉烟违法嫌疑人14人，追刑11人。银川市局坚持“围绕线索找源头、围绕源头串线索、围绕线索打网络”的卷烟打假新思路，确定人口密集、业态复杂、消费特点突出的兴庆区为卷烟打假主战场，先后破获“6·25”“11·28”“12·11”等3起符合国家局标准的网络案件，其中“6·25”销售假烟案件抓捕犯罪嫌疑人4人，查获假烟80余万支，涉案金额逾千万元。

市场监管。全面推广卷烟零售市场检查APCD工作法，调整监管策略，探索零售市场大网格式管理，深化零售客户自律小组功能，加强对重点地区、重点领域、重点对象的监督检查。自治区局开展的“打假治非”“维权使命2014—I”专项行动受到国家局通报表彰，各市局先后开展“破冰风暴”“塞上春雷”“烈焰攻势”“围猎行动”“攻坚行动”等专项治理行动，宁夏回族自治区卷烟市场净化率始终保持在

98%以上，市场管理满意度为92.5分。同时，石嘴山市局分批次开展终端建设展示牌入户活动，统一卷烟零售客户自律小组制度规定、成员资料、走访记录等标准，城网、农网自律小组比率分别达到96.6%、91.4%。

内部专卖管理监督。坚持“眼睛向内、管好自己”，健全完善专卖内管制度，突出源头监管、过程监管、专项检查，落实专卖内管部门及人员参与卷烟经营重大决策，加大卷烟非法流通治理力度，开展卷烟经营活动专项摸底检查。2014年，查处案值5万元以上或涉案卷烟数量20万支以上非渠道卷烟案件18起、195.5万支。2014年，未发生不规范经营案件和被国家局通报、督查、追责的卷烟外流案件。

证件管理。制定印发《烟草专卖零售许可证办理指导意见》《烟草专卖政务大厅管理办法》《烟草专卖生产、批发企业许可证管理办法》，从申请、受理、审批、发证、装卷等环节进一步规范行政许可管理行为，纠正集中受理、集中审批、集中发证等工作效率不高的问题，许可证受理审批时限由法定的20个工作日压缩至10个工作日，受理审批程序更加公开透明。

专卖队伍建设。持续抓好专卖队伍述职述廉、作风评议、体能训练、思想道德教育、职业资格鉴定、技能竞赛培训等工作。宁夏回族自治区中、高级以上技能鉴定持证率分别达到89.7%、53.7%，二级专卖管理师为14人。

【经济效益】 2014年，宁夏回族自治区烟草商业系统实现税利13.07亿元，同比增长14.24%，其中利润7.31亿元，同比增长15.98%。2014年卷烟单箱销售收入2.07万元，实现单箱税利4974元。三项费用率为5.62%。

【卷烟经营】 卷烟销售。2014年，宁夏回族自治区烟草商业系统销售卷烟131.31亿支（26.26万箱），同比增长2.67%，其中，销售一类烟19.63亿支（3.93万箱），同比增长14.59%；二类烟12.37亿支（2.47万箱），同比增长16.55%；三类烟54.99亿支（10.99万箱），同比增长6.73%；四类烟38.66亿支（7.73万箱），同比下降3.04%；五类烟5.66亿支（1.13万箱），同比下降35.29%。本地区销量居前三位的品牌为“兰州”“白沙”“红塔山”，销量分别为25.69亿支（5.14万箱）、21.1亿支（4.22万箱）、13.15亿支（2.63万箱）。

品牌培育。以“支撑市场需求、支撑盈利水平”为出发点，按照“规模要做大、规格要做精、价格要上移”要求，优化完善品牌布局规划，确定主力品牌和特色品牌、主销规格和辅助规格，统一管理配置。推进“141”品牌培育方法实践应用，形成“线上新品申购、文化宣传拉动和线下陈列展示、宣传促销推动”的组合营销方式，调动工商零共同培育品牌的积极性。2014年，销售重点品牌卷烟111.59亿支（22.32万箱），同比增长4.39%，集中度84.98%，同比提高1.4个百分点。销售高端品牌卷烟4.98亿支（0.997万箱），同比增长12.73%；细支卷烟5300万支（1064.6箱），同比增长106.9%；低焦油卷烟31.2亿支（6.24万箱），同比增长2.94%。

创新营销模式。7月，正式运行“统购分销”卷烟经营模式，发挥自治区公司宏观调控和市公司主体地位作用，有效解决市场资源规模化、集约化配置问题，初步形成自治区公司“统一采购、统一调拨、统一仓储”，市公司“自主预测、自主分销、自主管理”的新格局。制定《全自治区营销市场化取向改革指导意见》，探索并改革品牌管理、货源供应、市场调控、营销管理模式、营销队伍转型，更好地将市场、品牌、终端资源覆盖到卷烟消费市场。

零售终端建设。继续坚持“现代性+功能性”建设方法，强化“四网合一”现代经营模式推广应用，开展现代终端经营能力竞赛，完善客户服务平台功能。妥善处置卷烟零售客户投诉，落实零售客户意见建议，修订完善《零售客户满意度管理办法》《客户关系管理办法》，统一整合全自治区满意度调查。截至2014年底，宁夏回族自治区网上订货率达到99%，网上结算率为30%。宁夏回族自治区零售客户满意度为94.2分。

现代物流建设。稳步推进信息系统开发、制度标准完善、基础设施建设、工艺设计优化、体制改革审批等工作，为银川区域卷烟物流配送中心2015年正式运行打基础。制定完善“统购分销”模式下物流业务流程、操作规范和工作标准，完成卷烟包装箱循环利用任务。加强精益物流管理和物流费用重点控制，其中，人均卷烟配送效率1222箱/人，同比提高1.67%。

【特事要辑】 1月25日，宁夏回族自治区局（公司）在银川召开2014年全自治区烟草工作会议。

6月20—21日，国家局副局长徐瑆在宁夏烟草调研，要求进一步强化市场观念，尊重市场、遵循规则，着力深化统购分销、区域物流等市场化取向改革；进一步优化业务流程，探索完善符合自身实际的需求预测模式、客户分类办法、货源分配规则和品牌培育方法；进一步落实工作责任，明确区市两级在品牌培育、市场调控、终端建设方面的职责分工，实现企业持续平稳健康发展。

7月1日，宁夏烟草“统购分销”卷烟经营模式正式运行，标志着宁夏回族自治区烟草系统内部经营管理体制改革迈出关键一步，进入实质性阶段。

2014 年宁夏回族自治区烟草专卖局（公司）所属企业主要情况统计

地市级局（公司）名称		银川市烟草专卖局（公司）	石嘴山市烟草专卖局（公司）	吴忠市烟草专卖局（公司）	固原市烟草专卖局（公司）	中卫市烟草专卖局（公司）
主要负责人/法人代表（含党政领导）		虎治富	甄宗伟	金　伟	邹振军	李俊国
所属县级单位		永宁县、灵武市、贺兰县、兴庆区等4个县级烟草专卖局（分公司）	平罗县、惠农区2个县级烟草专卖局（分公司）	青铜峡市、盐池县、同心县等3个县级烟草专卖局（分公司）	西吉县、彭阳县、隆德县、泾源县等4个县级烟草专卖局（分公司）	中宁县、海原县2个县级烟草专卖局（分公司）
总资产（万元）		88840	33400	35293	19336	21886
资产负债率（%）		2.75	3.61	2.71	3.45	4.09
从业人员（人）		396	187	257	224	182
所属业务机构	营销机构	1个营销中心	1个营销中心	1个营销中心	1个营销中心	1个营销中心
	物流配送机构	1个物流配送中心	1个物流配送中心	1个物流配送中心	1个物流配送中心	1个物流配送中心
	专卖稽查机构	1个稽查支队、6个稽查大队	1个稽查支队、3个稽查大队	1个稽查支队、5个稽查大队	1个稽查支队、5个稽查大队	1个稽查支队、4个稽查大队
	烟叶机构	—	—	—	—	—
销售卷烟	亿支	54.41	18.44	23.38	18.10	16.98
	2014年比2013年（%）	3.97	-2.53	2.86	2.78	4.16
卷烟销售收入（万元）		246048	74214	95106	64871	63742
实现税利	万元	59912	16872	20862	12740	14056
	2014年比2013年（%）	4.87	-3.25	4.92	10.31	11.44
实现利润	万元	34573	9110	10777	5956	7208
	2014年比2013年（%）	2.87	-8.41	-1.93	3.68	3.30
查处涉烟违法案件（起）		675	37	115	139	65
查处涉烟违法案件案值（万元）		313	25	178	82	23
2014年度烟草行业投入烟叶生产基础设施建设资金（万元）		—	—	—	—	—
全年烟叶生产基础设施新增受益面积（万亩）		—	—	—	—	—
烟叶种植（万亩）		—	—	—	—	—
烟叶收购（万担）		—	—	—	—	—
烟农户数（户）		—	—	—	—	—
实现烟农总收入（万元）		—	—	—	—	—
零售客户数（户）		8853	3657	5117	5125	4444
零售客户销售毛利率（%）		12.42	12.77	12.27	12.02	12.27

（撰稿：潘　亮；编辑：周　佳）

新疆维吾尔自治区烟草专卖局（公司）

【专卖管理】 打假打私。新疆维吾尔自治区烟草专卖局与乌鲁木齐市海关联合制定《乌鲁木齐海关与新疆烟草专卖局走私卷烟处置联系配合暂行办法》，下发《“亮剑Ⅴ”卷烟市场清理整顿专项行动实施方案》《关于加强亚欧博览会和“中秋、国庆”两节期间卷烟市场监管工作的通知》等文件，组织开展“亮剑Ⅴ”“两节”整顿专项行动，规范市场秩序。2014年，全自治区查处各类涉烟违法案件2409起，其中互联网案件1起。查获各类非法卷烟1100.7万支，查扣莫合烟33.7吨。查处符合自治区局标准的网络案件7起。移送司法机关追究刑事责任案件24起，拘留18人，逮捕2人，判刑25人。

市场监管。整合专卖管理和营销服务资源，逐步形成“123专销结合工作法”[“1”指县局长负责制，“2”指两员片区责任制，“3”指第三支队伍建设（即以三型终端为基本格局的现代终端建设）]，形成以卷烟市场为核心，以卷烟营销为目标，以“县局长责任制”为依托，以“两员片区责任制”为支撑，以绩效管理为手段，以有效激励为动力，以第三支队伍建设为重点的专销结合工作局面。明确“两员管片区，县局管市场”工作格局，调动专销人员积极性、主动性。发挥“12313”服务电话作用，开展专题分析，为客户管理服务工作提供信息支持。2014年，全自治区受理投诉、举报、咨询等事项305起，办结率100%。

证件管理。完成9家地、州、市公司批发企业许可证换发工作，开展烟草专卖零售许可证检查活动，规范行政许可工作。截至年底，新疆维吾尔自治区有持证零售客户7.04万户。

【经济效益】① 2014年，新疆维吾尔自治区烟草商业系统实现销售收入179.42亿元，同比增长8.4%。实现税利35.83亿元，同比增长8.98%，其中利润20.14亿元，同比增长7.88%。卷烟单箱销售收入为2.21万元，同比增长7.74%；卷烟单箱税利0.45万元，同比增长9.3%。三项费用率为4.79%。

【卷烟经营】 卷烟销售。2014年，新疆维吾尔自治区烟草商业系统共销售卷烟402.85亿支（80.57万箱），同比增长0.5%，其中，销售一类烟53.93亿支（10.79万箱），同比增长21.8%；二类烟22.48亿支（4.5万箱），同比增长27.6%；三类烟166.83亿支（33.37万箱），同比下降3.3%；四类烟145.24亿支（29.05万箱），与上年持平；五类烟14.29亿支（2.86万箱），同比下降31.5%。全自治区销量居前三位的品牌依次为“红河”“雪莲”“云烟”，销量分别为90.46亿支（18.09万箱）、58.5亿支（11.67万箱）、53.49亿支（10.7万箱）。

品牌培育。落实“进一退一、进一退二”要求，退出31个卷烟规格，引入25个卷烟规格，将品类由5个价类细化至12个价位区间，确定各品类主导、护卫、潜力规格，确定重点培育品牌。对全自治区在销卷烟规格开展全面评估，收集各地、市、州公司建议和意见，按照评估结果，制定针对性培育方法。挖掘和宣传品牌特色卖点，将卷烟品牌与文化元素、消费者生活习惯相结合，通过借助婚庆营销、事件营销等方式，将品牌延伸至消费群体。2014年，全自治区销售重点品牌卷烟373.09亿支（74.62万箱），同比增长0.7%，占全自治区卷烟总销量的92.61%。

终端建设。落实“发展同向、工作同心、服务同步、利益同体”工作要求，持续增强现代终端六项功能，形成以“一店一品”为基本模式，“三型终端”（诚信型、服务型、价值型）梯次化发展的终端建设格局。客户综合毛利率由11.95%提高到12.25%；客户综合满意度得分由91.2提高到92.0。全自治区建成价值型终端8002户、服务型终端1.51万户、诚信型终端4.78万户，分别占客户总数的11.65%、21.35%、66.74%。

【对外交流与合作】 2014年，新疆烟草进出口有限责任公司发挥新疆的地缘优势，对国际市场开展调查，优先考虑有市场销售渠道、经济能力强、信誉好的企业。向格鲁吉亚、哈萨克斯坦出口卷烟821万支（164.2箱），实现公司卷烟出口“零”的突破。

【特事要辑】 2月8—9日，新疆区局（公司）在乌鲁木齐市召开全自治区烟草工作会议。

7月21—22日，全自治区烟草专卖局长、公司经理座谈会在乌鲁木齐市召开。

9月9—12日，国家局副局长赵洪顺到新疆区局（公司）调研，指出要按国家局年初工作会议的安排部署，按照凌局长对新疆烟草提出的“瞄准一百亿、确保翻一番”的工作要求，稳步推进新疆烟草的各项工作；切实牢固树立大局意识，把新疆烟草的各项工作自觉融入服从服务于新疆工作的大局当中，强化专卖管理，打牢内部管理和市场监督的基础、提高严格管理的水平、提高科学领导水平，推进营销市场化和规范化、提高风险防范能力和水平、提高干部员工素质，构建和谐稳定的新疆烟草，持续推进新疆烟草发展的大好局面，为行业实现税利总额“保八争十超万亿”年度目标发挥更大作用。

11月6—7日，国家局局长凌成兴到新疆维吾尔自治区局（公司）调研，指出要精彩完成年度任务，确保生产指标、销售指标、税利指标顺利实现；要努力瞄准五年目标，发挥新厂优势，培育“雪莲”品牌，单箱税利过万元，实现税利到“十二五”末“瞄准一百亿、确保翻一番”的目标；要精心谋划“十三五”规划，充满信心、奋发有为、敢于担当，在行业经济发展上做加法、改革创新上做乘法、控制烟草上做减法。

① 新疆烟草兵团石河子有限公司是兵团国资公司下属企业，人、财、物属兵团国资公司，此数据不含兵团烟草公司数据。此外，全自治区烟草商业系统销售收入数据中包含进出口公司烟叶出口收入。

2014 年新疆维吾尔自治区烟草专卖局（公司）主要情况统计

地市级局（公司）名称		乌鲁木齐市烟草专卖局（公司）	昌吉回族自治州烟草专卖局（公司）	新疆维吾尔自治区烟草专卖局石河子市局、新疆烟草兵团石河子有限公司	博尔塔拉蒙古自治州烟草专卖局（公司）	伊犁哈萨克自治州烟草专卖局（公司）
主要负责人/法人代表（含党政领导）		秘秀峰	商志刚	党委书记：杨 武（2013.11—） 局 长：郭毅明 经 理：李 栋	李 方	白玉龙
所属县级单位		—	昌吉市、五家渠市、阜康市、呼图壁县、玛纳斯县、吉木萨尔县、奇台县、木垒县等 8 个县级烟草专卖局	—	博乐市、阿拉山口市、精河县、温泉县等 4 个县级烟草专卖局	伊宁市、伊宁县、霍城县、察布查尔锡伯县、巩留县、新源县、特克斯县、昭苏县、尼勒克县等 9 个县级烟草专卖局
总资产（万元）		44953	15028	17839	7506	16557
资产负债率（%）		28.30	54.94	12.25	70.77	76.17
从业人员（人）		482	326	132	112	269
所属业务机构	营销机构	1 个营销管理中心	1 个营销中心	1 个营销管理中心	1 个营销中心	1 个营销中心
	物流配送机构	1 个物流配送中心	1 个物流配送中心	1 个物流配送中心	1 个物流配送中心	1 个物流配送中心
	专卖稽查机构	1 个稽查大队	1 个稽查支队、8 个稽查大队	1 个稽查支队	1 个专卖管理所	1 个稽查支队
	烟叶机构	—	—	—	—	—
销售卷烟	亿支	86.53	39.38	15.96	10.91	37.15
	2014 年比 2013 年（%）	3.00	3.00	1.10	-0.40	-5.00
卷烟销售收入（万元）		453124	174307	72791	45744	144588
实现税利	万元	46064	17503	10506	3793	13062
	2014 年比 2013 年（%）	15.05	17.44	21.32	10.18	-1.90
实现利润	万元	14253	5467	4437	318	2769
	2014 年比 2013 年（%）	16.94	22.85	17.32	1.74	-9.56
查处涉烟违法案件（起）		541	198	10	14	10
查处涉烟违法案件案值（万元）		876	38	14	1	21
2014 年度烟草行业投入烟叶生产基础设施建设资金（万元）		—	—	—	—	—
全年烟叶生产基础设施新增受益面积（万亩）		—	—	—	—	—
烟叶种植（万亩）		—	—	—	—	—
烟叶收购（万担）		—	—	—	—	—
烟农户数（户）		—	—	—	—	—
实现烟农总收入（万元）		—	—	—	—	—
零售客户数（户）		12716	7791	2729	2461	7540
零售客户销售毛利率（%）		12.96	12.50	11.94	11.67	11.19

地市级局（公司）名称		克拉玛依市烟草专卖局（公司）	塔城地区烟草专卖局（公司）	阿勒泰地区烟草专卖局（公司）	巴音郭楞蒙古自治州烟草专卖局（公司）
主要负责人/法人代表（含党政领导）		杨文德	李卫东	张新兵	瞿小玲
所属县级单位		克拉玛依区、白碱滩区乌尔禾区、独山子区等3个县级烟草专卖局	塔城市、额敏县、沙湾县、乌苏市、奎屯市、托里县、裕民县、和布克赛尔蒙古自治县等8个县级烟草专卖局	阿勒泰市、北屯市、布尔津县、福海县、富蕴县、吉木乃县、哈巴河县、青河县等8个县级烟草专卖局	库尔勒市、铁门关市、焉耆回族自治县、博湖县、和静县、和硕县、轮台县、尉犁县、若羌县、且末县等10个县级烟草专卖局
总资产（万元）		6725	14401	6593	16138
资产负债率（%）		74.40	69.64	64.31	35.45
从业人员（人）		82	217	133	259
所属业务机构	营销机构	1个营销中心	1个营销中心	1个营销中心	1个营销中心
	物流配送机构	1个物流配送中心	1个物流配送中心	1个物流配送中心	1个物流配送中心
	专卖稽查机构	—	1个稽查支队、8个稽查大队	1个稽查支队	1个稽查支队
	烟叶机构	—	—	—	—
销售卷烟	亿支	10.41	30.91	15.22	34.66
	2014年比2013年（%）	-2.10	0.90	3.10	-3.30
卷烟销售收入（万元）		52577	129419	59462	153340
实现税利	万元	4786	12561	5084	14908
	2014年比2013年（%）	11.56	11.88	23.19	10.21
实现利润	万元	955	3528	777	3806
	2014年比2013年（%）	8.16	20.83	52.27	11.41
查处涉烟违法案件（起）		56	434	190	553
查处涉烟违法案件案值（万元）		16	22	21	92
2014年度烟草行业投入烟叶生产基础设施建设资金（万元）		—	—	—	—
全年烟叶生产基础设施新增受益面积（万亩）		—	—	—	—
烟叶种植（万亩）		—	—	—	—
烟叶收购（万担）		—	—	—	—
烟农户数（户）		—	—	—	—
实现烟农总收入（万元）		—	—	—	—
零售客户数（户）		1915	6458	3157	6663
零售客户销售毛利率（%）		12.45	12.15	12.13	12.13

地市级局（公司）名称	吐鲁番地区烟草专卖局（公司）	哈密地区烟草专卖局（公司）	阿克苏地区烟草专卖局（公司）	喀什地区烟草专卖局（公司）	和田地区烟草专卖局（公司）
主要负责人/法人代表（含党政领导）	岳　坤	王　勇	金新民	郑学义	包　利

续表

地市级局（公司）名称		吐鲁番地区烟草专卖局（公司）	哈密地区烟草专卖局（公司）	阿克苏地区烟草专卖局（公司）	喀什地区烟草专卖局（公司）	和田地区烟草专卖局（公司）
所属县级单位		吐鲁番市、托克逊县、鄯善县等3个县级烟草专卖局	哈密市、巴里坤哈萨克自治县、伊吾县等3个县级烟草专卖局	库车县、沙雅县、新和县、拜城县、阿瓦提县、温宿县、乌什县、柯坪县、阿克苏市、阿拉尔市10个县级烟草专卖局	叶城县、泽普县、莎车县、英吉沙县、伽师县、岳普湖县、麦盖提县、疏勒县、喀什市、疏附县、巴楚县、图木舒克市、阿克陶县、乌恰县、阿图什市等15个县级烟草专卖局	皮山县、墨玉县、和田市、洛浦县、策勒县、于田（民丰）县等6个县级烟草专卖局
总资产（万元）		5710	6510	13117	17106	5481
资产负债率（%）		49.41	63.70	53.46	72.64	88.44
从业人员（人）		119	125	263	252	125
所属业务机构	营销机构	1个营销中心	1个营销中心	1个营销中心	1个营销中心	1个营销管理中心
	物流配送机构	1个物流配送中心	1个物流配送中心	1个物流配送中心	1个物流配送中心、2个配送站	1个物流配送中心
	专卖稽查机构	1个稽查支队、3个稽查大队	1个稽查支队、1个专卖管理所	1个稽查支队	1个稽查支队、12个稽查大队	1个稽查支队
	烟叶机构	—	—	—	—	—
销售卷烟	亿支	14.56	17.03	38.30	39.59	12.25
	2014年比2013年（%）	2.80	3.10	-2.40	1.60	3.00
卷烟销售收入（万元）		57981	80690	159197	162382	48572
实现税利	万元	5124	8087	16843	17105	3617
	2014年比2013年（%）	22.14	16.27	4.94	14.15	15.01
实现利润	万元	717	2179	5203	5030	178
	2014年比2013年（%）	22.63	17.13	6.55	2.37	181.78
查处涉烟违法案件（起）		31	51	212	65	44
查处涉烟违法案件案值（万元）		19	18	31	67	12
2014年度烟草行业投入烟叶生产基础设施建设资金（万元）		—	—	—	—	—
全年烟叶生产基础设施新增受益面积（万亩）		—	—	—	—	—
烟叶种植（万亩）		—	—	0.03	—	—
烟叶收购（万担）		—	—	0.13	—	—
烟农户数（户）		—	—	150	—	—
实现烟农总收入（万元）		—	—	181	—	—
零售客户数（户）		2781	2641	6072	5413	2013
零售客户销售毛利率（%）		12.24	12.31	11.60	11.76	11.80

（撰稿：韩　敏；编辑：周　佳）

大连市烟草专卖局（公司）

【专卖管理】 卷烟打假。大连市烟草专卖局两级专卖管理部门坚持政府主导、区域联动，强化线索收集、情报经营，注重本地发起、网络打击，加大移动监管系统建设力度，拓宽与公安、海关合作监管渠道，与大连市公安局、大连市人民法院等15家单位联合制定下发《关于在打击制售假冒伪劣商品违法犯罪工作中进一步加强公安机关与行政执法机关衔接配合的意见》（大公发〔2014〕109号），健全多点触控打假打私网络机制。2014年，查处各类涉烟违法案件421件，查获非法卷烟660余万支，涉案金额1500

余万元；破获案值万元以上案件81起，符合国家局标准的网络案件3起。公安、司法机关依法逮捕18人。

市场监管。推进市场监管现代化，加大对重要时点、重点部位及核心区域市场监管力度，以坚持户籍化管理为基础，突出联合交叉互检成效。2014年，先后开展“飞鲨”等专项整治行动3次，停业整顿77户，取消经营资格5户，市场净化率达到98%。重点整治“三证不符”难点问题，确保卷烟许可证管理合法合规。截至2014年底，大连市有持证卷烟零售客户2.46万户，年内新办1571户，暂停2324户，注销2817户。

内部专卖管理监督。升级内部监管信息系统，加强与上海、江苏等地专卖内管协作机制建设，重点打击非渠道卷烟流通。2014年，开展内管专项集中检查3次，检查准运证2969份、购销合同2981份，抽查合同执行数、准运证到货数、实物扫码数三方数据是否一致12次，抽查到货确认90个品种，检查自营终端规范经营12户次，检查零售客户271户次，跟踪访送线路24条，监督检查客户经理24人次，参与卷烟库存盘点12次、残次烟清点12次。

法治烟草建设。深入推进“六五”普法，先后开展“3·15”“12·4”等国际消费者权益日全国法制宣传日、国家宪法日暨全国法制宣传日系列宣传活动，发放普法宣传手册、挂图等资料5000余份。针对领导干部、专卖管理人员和经营管理人员累计举办专题性法律法规培训38场次。制定《合同审查办法》《招标文件审查办法》等文件，进一步规范合同文本审核，严防企业法律风险。深化卷烟真伪咨询服务，2014年开展法律宣传活动51次，接待消费者真假烟咨询288人次，鉴别卷烟1200余条。先后举办真假烟识别培训14场次，参训人员达366人次。

【经济效益】 2014年，大连市烟草商业系统实现税利21.04亿元（含主业及多元化经营），同比增长4.53%，其中利润13.19亿元（含主业及多元化经营），同比增长4.89%。2014年，卷烟单箱销售收入2.82万元，同比增长7.29%；实现单箱税利0.69万元，同比增长9.52%。三项费用率为1.84%。

【卷烟经营】 卷烟销售。2014年，大连市烟草商业系统销售卷烟（含国外卷烟）152.95亿支（30.59万箱），同比下降3.66%，其中，销售一类烟30.68亿支（6.14万箱），同比增长10.01%；二类烟19.67亿支（3.93万箱），同比增长6.62%；三类烟76.62亿支（15.32万箱），同比下降11.97%；四类烟18.11支（3.62万箱），同比增长19.87%；五类烟7.85亿支（1.57万箱），同比下降23.5%。本地区卷烟销量居前三位的品牌是“红塔山”“长白山”“玉溪”，销量分别为22.17亿支（4.43万箱）、16.53亿支（3.31万箱）、11.15亿支（2.23万箱）。

2014年，实现卷烟销售收入86.34亿元，同比增长3.38%。实现卷烟税利21.04亿元，同比增长4.99%，其中利润13.25亿元，同比增长5.49%。

品牌培育。大连市公司坚持“保销量、提结构、稳价格、增税利、探新路”方针，依托客户属性整合货源投放组别，优化品牌规格提升品类层级，拓宽品牌培育路径激活市场潜能，注重向城市发展机遇、地缘市场优势和潜在消费能力要结构，高档卷烟销量保持快速增长，一、二类卷烟销量达50.35亿支（10.07万箱），同比增长8.66%，占全部卷烟销量32.92%，比上年提高3.73个百分点。全国重点品牌卷烟销量为132.8亿支（26.56万箱），占大连市卷烟销量86.85%。高档、高端、高价位品牌销量同比分别增长10.01%、19.19%、46.01%。

创新营销模式。探索实践卷烟营销市场化取向改革，注重加强市场需求和计划资源有效衔接，促进市场需求和科学调控有机结合，构建起“③+3卷烟营销模式”。“③”代表三位一体预测流程，具体指分公司消费和销售需求预测、销售管理部门对环比投放评估和订单满足程度预测、计划管理部门对地区市场发展状况及企业效益目标预测；“3”代表货源组织、投放策略和品牌培育三项工作，具体指建立多级库存分类管理的采购业务模式、建立以客户经营特征为基础的精准投放模式和完善品牌培育机制、搭建工商协同培育品牌平台。“③+3卷烟营销模式”确立起市场需求预测主体地位，真实反映出卷烟销售实际，能够更加准确把握客户需求，促进货源有效供应，拓宽增值服务渠道，保持客户良好状态，当年户均赢利实现同比增长。

大连市公司在明确全域营销促销品牌规格范围的基础上，有序组织卷烟品牌规格促销和上柜活动，鼓励分公司根据区域实际情况开展个性营销、综合营销、顾问式营销。继续推广贷记卡业务，完善客户培训体系，构筑“工商零”互联互助绿色服务通道。

启动电子商务系统再建设。以构建工、商、零共同面向消费者的现代营销体系为核心，系统整合现代营销、现代物流、专卖管理、专卖内管、客户服务中心、管控中心、质量体系、移动应用和公共技术平台等九大模块功能，打造具备系统性、完整性、集成性和前瞻性的一体化应用平台。升级“新商盟”订货网站，推进网上跨行结算，进一步改善零售客户订货体验，提升网上信息发布、客户便利服务和营销活动开展水平。创新运用移动互联技术，全岗位覆盖的移动办公系统基本建成，推广安卓和IOS版移动订货系统应用，持续拓展零售客户订货渠道和服务手段，营销智慧化建设取得新进展。

【特事要辑】 7月1日，大连市局（公司）举行成立30周年纪念大会。大会回顾大连烟草30年主要发展历程，总结“五大跨越”辉煌成就，提炼“五个始终坚持”发展经验，明确“四个毫不动摇”工作新要求。

9月12日，国家局局长凌成兴到大连市局（公司）调研指导工作。凌成兴认为，多年来大连烟草管理基础扎实、工作业绩较好，多项管理指标在行业名列前茅，2014年在困难面前表现出信心、定力和勇气，能够强化举措落实、狠抓调控运行，呈现出“四个提升，三个稳定”回暖局面，即主要效益指标同比提升、卷烟销售结构同比提升、“三高”卷烟销量同比提升、细支卷烟销量同比提升，零售客户赢利基本稳定、市场动销基本稳定、社会库存和价格基本稳定。凌成兴强调，要在困难中积极寻找“新亮点”“增长点”和“着力点”，做到销量少滑坡、结构稳水平、税利有增长，进一步调整状态、鼓舞士气、提振精神、激发动力，克服困难，保持增长。

（撰稿：贾效伟；编辑：周 佳）

深圳市烟草专卖局（公司）

【专卖管理】 卷烟打假。2014年，深圳市烟草专卖局继续健全完善“政府领导、部门联合、多方参与、密切协作”的打假打私体系。继续加强“立体式”联动机制建设，打击制假的力度和效率得到增加和提升。调整打私策略，执行打私经费开支细则，提高打私工作水平。2014年，查处卷烟制假、走私案件701件，同比增长6.7%，其中，案值5万元以上73件，案值25万元以上40件，案值100万元以上10件；捣毁大型制假窝点1个，查获假烟、走私烟1.01亿支，同比增加85.17%。公安、司法机关依法拘留87人，逮捕45人，判刑24人。

市场监管。继续构建“打击严厉、管理到位、疏导及时、服务周到”的市场监管体系。建成专卖管理信息系统，借助信息化手段，落实APCD工作法；推进“打假打私首善之区”创建活动；加强对互联网售烟动向的监控。促进市场全面净化，2014年全市市场净化率为96.49%。

证件管理。依法履行行政许可审批职责，严格“两证”管理。2014年，办理生产经营类许可证21份、零售许可证1.87万份（包括延续），审批签发各类烟草专卖品准运证1534份。截至2014年底，全市有持证卷烟零售客户4.39万户，入网（正常经营零售客户）3.82万户，同比增长1.32%。

专卖队伍建设。狠抓作风建设，2014年专卖执法队伍未发生违反“八项规定”和“十不准”纪律规定的情况。开展第一届全市卖管理岗位技能竞赛。

【经济效益】 2014年，深圳市烟草商业系统实现税利42.63亿元，同比增长15.84%，其中，利润26.37亿元，同比增长17.62%。进出口总值为4110万美元，同比下降10%，其中出口总值2037万美元，同比下降31%；进口总值2073万美元，同比增长30%。三项费用率为2.66%。

【卷烟经营】 卷烟销售。2014年，全市烟草商业系统销售卷烟273.32亿支（54.66万箱），同比增长4.56%，其中，销售一类烟74.35亿支（14.87万箱），同比增长17.99%；二类烟39.45亿支（7.89万箱），同比增长24.06%；三类烟120.65亿支（24.13万箱），同比下降2.48%；四类烟31.35亿支（6.27万箱），同比下降9.39%；五类烟7.55亿支（1.51万箱），同比下降9.9%。本地区销量居前三位的品牌为“双喜·红双喜”“芙蓉王”“白沙”，销量分别为111.85亿支（22.37万箱）、33.65亿支（6.73万箱）、21.92亿支（4.38万箱）。

2014年，实现卷烟销售收入174.5亿元，同比增长11.11%。实现税利42.63亿元，同比增长15.84%，其中利润26.37亿元，同比增长17.62%。

品牌培育。2014年，深圳市公司创新品牌培育工作，搭建重点培育、小组协同和单兵培育三层级架构，精选符合辖区市场特点的“双十五”品牌作为培育对象，适时调整培育周期，实时监控跟进，有效形成自主培育、自主监督、自主考核的品牌培育新体系。进一步完善品牌评分制度，深化工商协同营销，形成月度系统自动评分、重点品牌动态诊断、工商企业信息联动机制，2014年引进各类新品规格48个（含雪茄），退出33个，整体结构进一步优化。建立完善品牌经理考核走访管理机制，全面加强品牌市场专题分析，2014年形成在销品牌分析报告20份。

现代零售终端建设。打造“深圳特专”自营店品牌，进行全系列商标注册，提出“三专”，即“专一、专业、专享”服务口号。完成全新视觉识别系统，开展手册、视频、车体广告、移动APP等多方式品牌宣传，完成9户直营店和部分现代终端的形象提升。推广终端信息系统，推出终端经营pos系统、终端信息采集系统和终端流程建设等3套系统。明确建设利益关系，探索品牌授权、品店对接的新模式，明确工、商、零、消四方“共建、共享、共赢、共发展”的利益关系。建立终端建设机制，形成流程指引、1+X建设实施方案、体系管理手册等机制文件，率先在宝安区公司开展终端建设试点工作。2014年，召开建设信息系统推广培训会22场，终端建设协调会10场，试点现场会1场。

现代卷烟物流建设。4月，深圳市局物流中心全面启动非法人实体化运作，优化配置、健全制度、调整机构设置，撤销客户服务部，设立安全保卫部和财务部。开展包装箱同城循环利用工作，2014 年返还卷烟包装箱 27.85 万箱，比年度目标高出 11.4%。推进新物流中心项目建设。加强物流员工队伍建设，1 人获得中级 QC 诊断师证书，2 人获得初级 QC 诊断师证书，3 人获得烟草物流师内训师资格，4 人获得烟草物流师考评员资格。完成深圳市烟草行业首次烟草物流师（三至五级）鉴定，鉴定合格率为 48.8%。物流中心卷烟入库准确率、扫码率均为 100%，商业企业在途系统到货确认率、开锁率均为 100%，卷烟破损率小于 0.01‰，卷烟分拣差错率为 0，订单差错率小于 0.1‰。

【特事要辑】 2 月 26 日，国家局副局长赵洪顺一行到深圳烟草调研指导工作。

3 月 26 日，国家局第八巡回督导组到深圳烟草开展第二批党的群众路线教育实践活动督导工作。

2014 年深圳市烟草专卖局（公司）所属企业主要情况统计

地市级局（公司）名称		福田区烟草专卖局（公司）	罗湖区烟草专卖局（公司）	南山区烟草专卖局（公司）	盐田区烟草专卖局（公司）	宝安区烟草专卖局（公司）	龙岗区烟草专卖局（公司）
主要负责人/法人代表（含党政领导）		林永金	纪振辉	李志威	张　玲	罗求安	邹山鹰
总资产（万元）		29181	28839	24705	21710	41671	38271
资产负债率（%）		9.81	10.99	10.57	10.77	10.63	10.13
所属县级局（个）		—	—	—	—	—	—
所属县级公司/分公司（个）		—	—	—	—	—	—
所属县级营销部（个）		—	—	—	—	—	—
从业人员（人）		86	100	89	59	142	131
所属业务机构	营销机构	—	—	—	—	—	—
	物流配送机构	—	—	—	—	—	—
	专卖稽查机构	—	1 个稽查队、5 个稽查组	3 个稽查大队	1 个稽查队	1 个稽查队	—
	烟叶机构	—	—	—	—	—	—
销售卷烟	亿支	29.68	28.11	25.15	22.27	49.10	45.94
	2014 年比 2013 年（%）	3.71	1.70	1.21	3.63	4.50	1.59
卷烟销售收入（万元）		170715	160051	140408	121060	264153	241186
实现税利	万元	22757	21431	17730	15860	35040	32136
	2014 年比 2013 年（%）	11.37	12.88	7.96	13.61	13.23	10.95
实现利润	万元	9010	8285	6256	5956	13796	12340
	2014 年比 2013 年（%）	12.28	16.77	3.78	14.74	17.09	9.28
查处涉烟违法案件（起）		67	37	60	18	180	93
查处涉烟违法案件案值（万元）		857	1142	604	62	918	2887
2014 年度烟草行业投入烟叶生产基础设施建设资金（万元）		—	—	—	—	—	—
全年烟叶生产基础设施新增受益面积（万亩）		—	—	—	—	—	—
烟叶种植（万亩）		—	—	—	—	—	—
烟叶收购（万担）		—	—	—	—	—	—
烟农户数（户）		—	—	—	—	—	—
实现烟农总收入（万元）		—	—	—	—	—	—

续表

地市级局（公司）名称	福田区烟草专卖局（公司）	罗湖区烟草专卖局（公司）	南山区烟草专卖局（公司）	盐田区烟草专卖局（公司）	宝安区烟草专卖局（公司）	龙岗区烟草专卖局（公司）
零售客户数（户）	3186	2610	2686	3091	8113	7872
零售客户销售毛利率（%）	12.77	13.07	12.89	12.89	12.84	12.83

地市级局（公司）名称		光明新区烟草专卖局（公司）	坪山新区烟草专卖局（公司）	龙华新区烟草专卖局（公司）	大鹏新区烟草专卖局（公司）	深圳中深烟草贸易中心
主要负责人/法人代表（含党政领导）		尤树深	赖远彪	黄喜扬	童　彬	胡武雄
总资产（万元）		6573	5611	9191	3118	1724
资产负债率（%）		22.87	25.78	30.00	39.30	1.48
所属县级局（个）		—	—	—	—	—
所属县级公司/分公司（个）		—	—	—	—	—
所属县级营销部（个）		—	—	—	—	—
从业人员（人）		60	51	96	51	29
所属业务机构	营销机构	—	—	—	—	—
	物流配送机构	—	—	—	—	—
	专卖稽查机构	1个稽查队	1个稽查队	1个稽查队、6个稽查组	1个稽查队	—
	烟叶机构	—	—	—	—	—
销售卷烟	亿支	16.24	14.67	29.25	12.40	0.49
	2014年比2013年（%）	7.26	1.33	10.33	27.80	-7.55
卷烟销售收入（万元）		86175	78858	15289	65486	4549
实现税利	万元	10224	9337	19897	7485	1175
	2014年比2013年（%）	19.26	7.55	20.95	46.88	59.00
实现利润	万元	3197	2900	7126	2230	427
	2014年比2013年（%）	28.44	15.40	29.28	183.18	871.89
查处涉烟违法案件（起）		92	19	153	17	—
查处涉烟违法案件案值（万元）		994	85	222	44	—
2014年度烟草行业投入烟叶生产基础设施建设资金（万元）		—	—	—	—	—
全年烟叶生产基础设施新增受益面积（万亩）		—	—	—	—	—
烟叶种植（万亩）		—	—	—	—	—
烟叶收购（万担）		—	—	—	—	—
烟农户数（户）		—	—	—	—	—
实现烟农总收入（万元）		—	—	—	—	—
零售客户数（户）		2496	2471	4368	2252	—
零售客户销售毛利率（%）		12.81	12.82	12.86	12.80	—

（撰稿：陈洁莹；编辑：周　佳）

2014年8月25日，上海烟草集团有限责任公司与上海出入境检验检疫局举行“检企合作协议”签约仪式，推进品牌的国际市场培育和发展

上海烟草集团 供稿

2014年 9月10日，河北中烟工人在精选用于生产“荷花”的片烟

河北白沙烟草有限责任公司
王蕾 摄

2014年1月1日零点，江苏中烟启动“零点行动”，当日调拨卷烟近14万箱

江苏中烟 王晓伟 摄

科技创新

2014年11月17日，中国工程院院士袁隆平访问郑州烟草研究院并签字留念

郑州烟草研究院 张敬一 摄

2014年9月28日，上海烟草集团有限责任公司举行浦东科技创新园区建设项目（北区）土建施工总承包工程启动会

上海烟草集团 供稿

2014年9月18日，郑州烟草研究院科研人员在混配实验用溶液

郑州烟草研究院 张敬一 摄

2014年1月，广西中烟南宁卷烟厂开展“维保工具发明制作大赛”，推进TnPM自主维护活动

广西中烟南宁卷烟厂 黄雪梅 摄

2014年5月23日，广西中烟技术人员在观察玉米淀粉颗粒

广西中烟 钟颖 摄

2014年12月，为“贵烟”独有醇香风格而设计制造的“特殊烟叶处理线”在贵州中烟贵阳卷烟厂一车间安装落户

贵州中烟 毕克 摄

2014年11月18日，600包/分钟软盒硬条包装机组引进技术消化吸收项目鉴定会在江苏徐州召开

上海烟草机械有限责任公司 供稿

对外交流合作

2014年8月，浙江中烟“MODERN（摩登）”卷烟参加秘鲁塔拉波托的产品博览会

浙江中烟 林珂 摄

2014年11月10日，浙江中烟营销团队走访印尼巴厘岛“利群”形象店

浙江中烟 林珂 摄

2014年6月19日，菲莫国际公司（Philip Morris International Inc.）首席工艺师到安徽中烟芜湖卷烟厂进行技术交流

安徽中烟 供稿

2014年4月，山东烟草进出口有限责任公司参加在迪拜举办的中东烟草展会

山东省局 赵晓明 摄

2014年4月20日，荷兰访华团在云南玉溪现代农业庄园了解灌溉水净化循环利用系统

云南中烟 供稿

2014年7月7日，德国虹霓公司（HAUNI）总裁克里斯托夫·索姆到红云红河集团红河卷烟厂访问

红云红河集团红河卷烟厂 李钰 摄

2014年11月26日，云南中烟与施伟策-摩迪国际公司签订联合实验室合作协议

云南中烟 供稿

2014年11月25日，贵州中烟与韩国KT&G公司在贵阳签署技术合作意向书

贵州中烟 谢广荣 摄

2014年2月26日，意大利G.D公司技术人员在许昌烟草机械有限责任公司指导ZL28型样机装配

许昌烟草机械有限责任公司 供稿

2014年10月29日，科马斯公司（COMAS）总裁（前排右二）到秦皇岛烟草机械有限责任公司交流访问

秦皇岛烟草机械有限责任公司 供稿

技术改造

2014年8月29日，江西中烟井冈山卷烟厂易地技改项目桩基工程全面动工

江西中烟井冈山卷烟厂 黄健华 摄

2014年6月30日，河南中烟许昌卷烟厂老厂设备搬迁工作全部顺利完成

河南中烟许昌卷烟厂 倪慧彩 摄

2014年8月25日，建设中的河南中烟黄金叶生产制造中心

河南中烟 冀峰 摄

2014年3月28日，湖南中烟郴州卷烟厂易地技改及"三路一河"项目开工

湖南中烟 李长军 摄

黑龙江烟草工业有限责任公司哈尔滨卷烟厂新厂包装车间

黑龙江烟草工业 易洪涛 摄

建设中的甘肃烟草工业有限责任公司天水卷烟厂易地技术改造项目

甘肃烟草工业 供稿

烟草工业

境内卷烟和雪茄烟生产[①]

河北中烟工业有限责任公司

【卷烟生产经营】 2014年，河北中烟工业有限责任公司生产卷烟（含合作生产）863.5亿支（172.7万箱），同比增长1.89%，其中，生产一类烟10.54亿支（2.11万箱），同比增长101.19%；二类烟36.5亿支（7.3万箱），同比增长151.36%；三类烟448.17亿支（89.63万箱），同比下降11.52%；四类烟318.35亿支（63.67万箱），同比增长17.15%；五类烟49.95亿支（9.99万箱），同比增长0.9%。合作生产卷烟395.37亿支（79.07万箱）。

实现卷烟销售861.41亿支（172.28万箱），同比增长2.56%，其中，一类烟9.6亿支（1.92万箱），同比增长100.15%；二类烟31.14亿支（6.23万箱），同比增长108.06%；三类烟446.25亿支（89.25万箱），同比下降11.43%；四类烟324.6亿支（64.92万箱），同比增长21.67%；五类烟49.83亿支（9.97万箱），同比增长0.66%。

实现卷烟销售收入180亿元，同比增长3.39%。实现税利127.58亿元，同比增长2.13%，其中利润23.49亿元，同比下降8.95%。三项费用率为8.33%。

万元产值综合能耗为15.09千克标煤，万支卷烟综合能耗为3.2千克标煤。烟叶、滤棒、盘纸平均消耗分别为6.88千克/万支、2099支/万支、595米/万支。水、电平均消耗分别为0.1吨/万支、7.26千瓦时/万支。

【主要产品与品牌建设】 2014年，公司生产的卷烟品牌有"钻石""新石家庄""北戴河"等3个，合作生产的品牌有"白沙""七匹狼""红塔山""利群""雄狮"等5个。有品牌规格45个，其中"钻石"品牌有31个规格。

2014年，生产"钻石"418.2亿支（83.64万箱），实现销售420.5亿支（84.1万箱）。生产"新石家庄"46亿支（9.2万箱），"北戴河"4亿支（0.8万箱）。合作生产湖南中烟的卷烟品牌"白沙"300.3亿支（60.06万箱），实现销售301.1亿支（60.22万箱），其中，自销105.65亿支（21.13万箱），湖南中烟回购195.45亿支（39.09万箱）。合作生产福建中烟"七匹狼"25亿支（5万箱），云南中烟"红塔山"40亿支（8万箱），浙江中烟"利群"22.6亿支（4.52万箱）、"雄狮"7.4亿支（1.48万箱）。"七匹狼""红塔山""利群""雄狮"品牌全部由各中烟公司回购。

2014年，河北中烟主动适应市场化取向改革，实行全员营销，深化领导包片、部门包点工作，加强工商协同和零售终端建设，与省内商业企业建立不同层次的沟通机制，优化省外市场产品布局。相继推出"钻石（荷花）""钻石（大福元）""钻石（软绿）""钻石（大好河山）""钻石（一品荷花）"等新品，得到市场初步认可，"钻石"品牌一类烟销量同比增长82.2%。继续执行规格退出机制，2014年退出8个规格。

【"荷花"品牌卷烟】 "荷花"原为石家庄卷烟厂于1959年上市的品牌。2013年，河北中烟在忠于其独有配方和原香基础上，应用现代卷烟工艺技术重新开发完善，于2014年春节期间正式上市销售。该产品突出"高配方、低价格"特征，精选津巴布韦、巴西和中国云南优质烟叶，是河北中烟配方价值最高的产品；同时采用手工选叶，确保原料品质。外观设计以绿色为主基调，以荷花为主图案，风格古朴清新。通过营销理念与方式创新，产品受到零售客户和消费者认可，市场零售价长期保持在500元/条以上（批发价260元/条，建议零售价300~350元/条）。截至2014年底，石家庄市场"钻石（荷花）"零售客户利润超过50万元的25户，其中超过100万元的有5户；10~20万元的上百户。北京京烟卷烟零售连锁有限公司每月"钻石（荷花）"销售利润超过300万元，占其零售店总毛利1/3以上。2014年，"钻石（荷花）"累计商业销售2.96亿支（0.59万箱），在其带动下，"钻石"品牌一类烟销量同比增长82.2%。2014年12月1日，"钻石（一品荷花）"首发式在石家庄举行。

【原辅材料保障】 2014年，福建龙岩漳平双洋、南平顺昌埔上、湖南永州蓝山早禾和重庆巫溪文峰等4个自建烟叶基地单元升级为国家局烟叶基地单元。截至2014年底，公司烟叶基地单元总数达到14个，其中，国家局烟叶基地单元达到10个，基地化供应率达到80%，基本实现原料供应基地化。主产区烟叶调入3.75万吨（75万担），其中，云南调入1.54万吨（30.7万担），美国、巴西、津巴布韦等进口优质烟叶调入0.27万吨（5.35万担），占调入总量的83%。新增云南玉溪优质烟叶供应，烟叶结构进一步优

① 《境内卷烟和雪茄烟生产》栏目中，"××有限责任公司"简称"公司"或"××中烟"。

化。同时，公司辅料供应按新商标法规定顺利完成辅材换版工作，并做好合作加工品牌物资供应，努力实现外采项目及合作品牌向本地化生产采购转变。

【技术创新】 开发完成“钻石（软绿）”“钻石（大福元）”“钻石（一品荷花）”等新产品，“钻石（细支荷花）”基本定型；储备5毫克/支等低焦油系列卷烟；开展“钻石（灵芝）”“钻石（佳宾）”“钻石（北戴河）”等新品开发储备工作。自主开展“烟叶冷藏质量变化及应用研究”“高温浸泡处理烟叶的研究”“制丝过程烟草及烟草制品水分的测定”等9个项目的研究；与科研院所合作开展“烟用醇甜香型糖酯、糖苷类酶催化合成及其应用研究”“烟用糖苷、糖酯类香料前体的合成及其应用研究”“多级孔碳材料选择性降低卷烟烟气中苯酚的研究”等6个项目研究；参加国家局、郑州烟草研究院牵头组织的“烟用材料分析用邻苯二甲酸酯混合溶液标准物质”“卷烟包装标识”“卷烟和滤棒硬度检测设备通用技术条件”等10余个项目的研究。2014年申请“一种快速检测烟草水分的方法”“8－甲氧基香豆素－3－甲酸葡萄糖酯的制备方法及其应用”等10项专利，其中发明专利8项，实用新型专利2项；“测定烟用白乳胶中邻苯二甲酸酯的方法”“一种超低焦油烤烟型卷烟制备方法”等4项专利获得授权，其中发明专利2项；在《烟草科技》《化学研究与应用》等核心期刊发表论文10余篇。

【特事要辑】 5月22—23日，驻国家局纪检组组长高林到河北中烟调研，要求扎实推进第二批群众路线教育实践活动，把执行中央“八项规定”常态化，认真落实“三转”要求，持之以恒地反对“四风”，不断加大党风廉政建设和案件惩处力度。

10月14—15日，国家局局长凌成兴在河北中烟调研。凌成兴强调要以认真学习贯彻习近平总书记系列重要讲话为动力，善始善终抓活动，在落实“两方案一计划”上下功夫；聚精会神抓党建，在落实坚持从严治党要求上下功夫；一心一意谋发展，在落实年度目标上下功夫。

所属企业

张家口卷烟厂有限责任公司

【卷烟生产经营】 2014年，张家口卷烟厂有限责任公司生产卷烟455亿支（91万箱），同比持平，其中，生产一类烟1.8亿支（0.36万箱）、二类烟30.2亿支（6.04万箱）、三类烟178.85亿支（35.77万箱）、四类烟214.5亿支（42.9万箱）、五类烟29.65亿支（5.93万箱）。2014年生产合作品牌卷烟95亿支（19万箱）。

实现卷烟销售454.1亿支（90.82万箱），同比增长2.34%，其中，一类烟1.7亿支（0.34万箱）、二类烟25.2亿支（5.04万箱）、三类烟177.05亿支（35.41万箱）、四类烟220.6亿支（44.12万箱）、五类烟29.55亿支（5.91万箱）。

实现卷烟销售收入79.56亿元，同比增长4.53%。实现税利50.89亿元，同比增长0.96%，其中利润3.05亿元，同比下降46.09%。

万元产值综合能耗为16.46千克标煤，万支卷烟综合能耗为3.1千克标煤。烟叶、滤棒、盘纸平均消耗分别为6.91千克/万支、2101支/万支、597米/万支。水、电平均消耗分别为0.096吨/万支、7.11千瓦时/万支。

【主要产品】 2014年，公司在产卷烟品牌有“钻石”“北戴河”“七匹狼”“利群”“红塔山”“雄狮”“新石家庄”等7个，其中，“钻石”“北戴河”“新石家庄”为自有品牌，其余为合作加工品牌。

【品牌建设】 面对行业整体卷烟库存偏高、品牌竞争加剧的市场形势，公司遵循市场规律，注重新品研发，深化工商协同，加大品牌宣传推广力度，增强品牌发展活力。加强品牌建设，开展市场调研对“钻石（景泰）”“钻石（硬红120）”“钻石（硬蓝10支120mm）”等重点规格进行品牌维护，“钻石（大好河山）”推新入市，市场反应热烈。加强市场培育，立足目标市场，把握市场需求，贴近消费群体，开展阳光服务和体验式营销。服务品牌发展，开展课题攻关，从标准制定、参数优化、质量控制、品质提升、设备创新、节能降耗等方面入手，确保产品质量持续改进。

【技术创新】 开展精益理念培训和管理咨询，修订课题管理制度，完成课题181个，新培养精益六西格玛黑带专家5名、绿带专家11名，采纳合理化建议398条，实现经济效益1523.94万元。开展课题攻关，从标准制定、参数优化、质量控制、品质提升、设备创新、节能降耗等方面入手，有效利用数理统计分析工具，确保产品质量持续改进。公司获得“全国优秀质量管理小组”称号1个、“河北省优秀科技质量成果奖”7项，获得“河北省质量效益型企业”称号。2014年，公司实施的4.8万平方米片烟醇化立体库建设工程完成交付并投入试运行。

【特事要辑】 2月25日，公司启动党的群众路线教育实践活动。

9月1日，中央党的群众路线教育实践活动第十二巡回督导组副组长钟攸平一行到公司调研指导。

10月14日，国家局局长凌成兴一行到公司调研指导工作。

河北白沙烟草有限责任公司

【卷烟生产经营】 2014年，河北白沙烟草有限责任公司生产卷烟408.5亿支（81.7万箱），同比增长4.08%，其中，生产一类烟8.75亿支（1.75万箱）、二类烟6.32亿支（1.26万箱）、三类烟269.31亿支（53.86万箱）、四类烟103.85亿支（20.77万箱）、五类烟20.28亿支（4.05万箱）。

实现卷烟销售407.38亿支（81.48万箱），同比增长2.81%，其中，一类烟7.93亿支（1.59万箱）、二类烟5.93亿支（1.19万箱）、三类烟269.24亿支（53.85万箱）、四类烟104.01亿支（20.80万箱）、五类烟20.27亿支（4.05万箱）。

实现卷烟销售收入90.66亿元，同比增长3.13%。实现税利65.27亿元，同比增长2.16%，其中利润11.75亿元，同比下降2.65%。

万元产值综合能耗为13.88千克标煤，万支卷烟综合能耗为3.29千克标煤。烟叶、滤棒、盘纸平均消耗分别为6.67千克/万支、2097支/万支、593米/万支。水、电平均消耗分别为0.1吨/万支、7.63千瓦时/万支。

【主要产品】 2014年，公司主要生产“钻石”“白沙”“新石家庄”系列产品，其中，“白沙”为合作生产品牌。2014年生产“钻石”87.87亿支（17.57万箱）、“白沙”300.35亿支（60.07万箱）、“新石家庄（软）”20.28亿支（4.06万箱）。实现销量分别为“钻石”86.01亿支（17.20万箱）、“白沙”301.1亿支（60.22万箱）、“新石家庄（软）”20.27亿支（4.05万箱）。

【品牌建设】 响应河北中烟“钻石”品牌营销策略，以稳定产品质量为基础，以“钻石（荷花）”上市为契机，深入挖掘亮点，通过批条销售限量供应、排队领取制造声势、微信传播品牌形象等新颖的营销方式，在市场引发“荷花效应”，“钻石（荷花）”卷烟的知名度和美誉度高涨，并得到消费者的认同，“今日荷花别样红”“一品荷花、一品青莲”的品牌宣传理念广为流传。经过精心培育，“钻石（荷花）”卷烟在卷烟市场普遍低迷的情势下逆势而上，保持较为强劲的势头。2014年，“钻石（荷花）”销售1448.89万支（7244.4箱），实现税利2.22亿元。

【技术创新】 公司通过不断完善激励机制、加大资金投入、丰富活动载体，提高技术创新能力。2014年共获得实用新型专利15项、发明专利1项，计算机软件著作权6项。

【特事要辑】 10月15日，国家局局长凌成兴一行到公司考察指导工作。他指出，面对2014年严峻复杂的市场环境，“钻石（荷花）”卷烟产销能够保持快速增长的强劲势头，实属不易，希望公司在河北中烟的正确领导下，取得更大更辉煌的发展。

2014年河北中烟工业有限责公司所属企业/生产厂情况统计

		张家口卷烟厂有限责任公司	河北白沙烟草有限责任公司	所属卷烟厂 保定卷烟厂
法人资格		独立法人	独立法人	非独立法人
主要负责人/法人代表（含党政领导）		董事长：段铁力 总经理、党委副书记：胡自强 党委书记：李奎英	董事长：段铁力 总经理、党委副书记：杜为红 副总经理、党委书记：丁付起	党委书记：杜为红 厂长、党委副书记：马立志
成立时间		1939年	1948年	1902年
从业人员（人）		2586	2647	1011
卷烟生产能力（亿支）		500	602	302
卷烟品牌	自有品牌	钻石、北戴河、新石家庄	钻石、新石家庄	钻石、新石家庄
	合作生产品牌	七匹狼、利群、红塔山、雄狮	白沙	白沙
卷烟总产量（亿支）		455.00	408.50	147.50
雪茄烟品牌			—	—
雪茄烟总产量（万支）			—	—

（撰稿：张　彬；编辑：周　佳）

上海烟草集团有限责任公司

【卷烟生产经营】 2014年，上海烟草集团有限责任公司（简称集团公司）生产卷烟（不含出口、不含来牌加工）1331亿支（266.2万箱），其中，生产一类烟734.15亿支（146.83万箱）、二类烟35.3亿支（7.06万箱）、三类烟464.90亿支（92.98万箱）、四类烟7.6亿支（1.52万箱）、五类烟89.1亿支（17.82万箱）。生产出口卷烟64.2亿支（12.84万箱）。来牌加工“七星”品牌卷烟1.57亿支（0.31万箱）。与安徽中烟、山东中烟、河南中烟合作生产“红双喜”品牌卷烟124亿支（24.8万箱）。

工业销售卷烟（不含出口和回购卷烟）1441.2亿支（288.24万箱），其中，销售一类烟726.35亿支（145.27万箱）、二类烟33.7亿支（6.74万箱）、三类烟583.35亿支（116.67万箱）、四类烟7.55亿支（1.51万箱）、五类烟90.25亿支（18.05万箱）。

商业销售卷烟1465.46亿支（293.09万箱），同比增长5.3%，其中，销售一类烟735.81亿支（147.16万箱）、二类烟33.53亿支（6.7万箱）、三类烟593.53亿支（118.71万箱）、四类烟11.72亿支（2.34万箱）、五类烟90.87亿支（18.17万箱）。

【主要产品与品牌建设】 坚持“发展、改革、规范”工作主线，坚持“稳中求进”总基调，深入推进集团公司“1+3”重点品牌发展。把保持品牌良好市场状态放在突出位置，深化精准营销向地市级以下市场延伸，实施“一地一策”互动，进一步夯实品牌发展的市场基础。深化驱动营销从方法创新向体系创新转变，深入开展消费研究与竞争分析、产品策划与市场测试，进一步增强新品培育水平。

2014年，生产“中华”738.8亿支（147.76万箱），同比增长12.5%；工业销售729.45亿支（145.89万箱），同比增长12.3%，实现商业销售收入1518.80亿元，保持“产销增长、份额稳定、价格坚挺、库存合理”的状态。“中南海”品牌以“提结构、增效益、稳份额”为目标，不断深化消费研究，优化市场布局，加快升级换代，生产“中南海”168.7亿支（33.74万箱），同比下降13.9%。工业销售165.25亿支（33.05万箱），同比下降16.2%，实现商业销售收入68.61亿元。“红双喜”品牌以“提升结构、彰显特色、丰富市场”为目标，加大产品培育推广力度，深化品牌发展合作，实现稳步发展。2014年，生产“红双喜”（不含合作生产）331.6亿支（66.32万箱），同比下降12.8%。工业销售455.55亿支（91.11万箱），同比下降3.0%，实现商业销售收入164.23亿元。生产“熊猫”4.05亿支（0.81万箱），同比增长6.9%。工业销售4.15亿支（0.83万箱），同比增长10.6%，实现商业销售收入5.78亿元。“熊猫（经典）”上市，保持品牌的市场地位和价值。“恒大（全开式烟魁）”实现市场价格千元、销售千箱“两个1000”的工作目标。

【原辅材料保障】 以“打造国内最具竞争力的原辅材料采购供应链”为目标，积极推进皖南科技示范园建设，加强烟叶基地单元建设，合理控制原辅材料库存，与时俱进做好烟叶原料、烟用材料和五金零配件的保障供应工作。集团公司2014年采购“中华”烟叶原料7.2万吨（144万担），为品牌持续健康发展奠定重要基础。

【技术创新】 集团公司技术中心本部设立产品研究室、原料研究室、工艺材料研究室、烟草化学研究室、理化实验室、标准化室、综合管理部等7个科室；另设北京、天津两个工作站及烟草薄片研究室、滤棒技术研究室、包装设计印刷研究室和烟叶储存养护研究室等4个专业研究室，形成“七科两站四室”的技术中心机构设置。有员工187人，其中硕士研究生以上学历98人，中级以上职称101人。

2014年，技术中心承接历年接转项目70项，新立项目42项，年度科技项目数112项，其中，主持或参与4个国家局科技项目以及8个重大专项子项目的研究工作。2014年，申请专利37项，其中发明专利31项；获得专利授权33项，其中发明专利13项；技术秘密6项，国际专利申请（PCT）1项。发表文章25篇，其中影响因子3.0以上国际期刊3篇，国内核心期刊16篇，会议交流论文4篇。集团公司技术中心主持的“津巴布韦烟叶烟气中关键香味物质的剖析”项目获中国烟草总公司科学技术进步奖三等奖。

坚持技术创新，产品开发维护取得新成果。以13项重大技术专项为龙头，在数字化配方技术、减害降焦、增香保润、原料保障等关键技术领域取得阶段性成果，一批重大专项进入技术应用、验证阶段。“中华”薄片项目通过集团公司验证评审。加快推进产品研发储备，研发新产品16个，“中南海（祥和132）”“红双喜（3mg铂派）”“牡丹（软蓝）”实现上市销售，“中华（6mg 5000）”“中华（短支）”“中南海（8mg亚金系列）”“牡丹（10mg天香）”“恒大

（记忆1949）”“金鹿（薄荷型）”等一批产品形成技术储备。2014年，成立新型烟草制品工程中心，开展无烟气烟草制品和无添加剂卷烟的研发，初步形成一批技术专利，为集团公司未来发展提供科技支撑。加强产品质量监督和标准化工作，抓好卷烟减害降焦和烟盒警语改版。卷烟焦油量加权平均值为10.43毫克/支，实测烟气一氧化碳加权平均值为11.17毫克/支。申报专利135项，其中发明专利74项。

【对外交流与合作】　中国烟草上海进出口有限责任公司为集团公司的全资子公司，注册资本为4028万元。截至2014年底，进出口公司的实收资本为5846万元。

2014年，进出口公司进出口贸易总额为2.83亿美元，出口实现2.22亿美元。实现利润1.92亿元人民币。卷烟境外实现销售91.51亿支，其中一般贸易出口66.01亿支，出口实现2亿美元。境外落地生产销售25.5亿支。卷烟、设备、辅料等进口到货总额为0.61亿美元。烟草机械、烟用物资国营贸易总额为1.23亿美元。烟草机械、烟用物资、烟草废料等出口实现0.22亿美元。

2014年，注重规划引领，转变经营理念。编写《上烟集团卷烟国际市场拓展规划（2014—2020年）》，提出在海外建设标杆有税市场、战略免税机场的理念，指导业务工作。聚焦标杆市场，转变经营管理方式。以培育标杆有税市场为核心，以巩固战略免税机场为保障，逐步打造以有税市场为主体的集团公司卷烟国际市场结构。创新卷烟国际市场开拓模式，打破以往单一市场由单一经销商经营的常规，形成市场经营合力，提出并探索“总经销制”，促进不同经销商在同一市场的合作，合理市场布局和共享资源配置，为做深做实目标市场提供保障。强调经营规范，注重管理流程固化。出台《关于卷烟经销商规范经营及管理处置办法》《出口卷烟计划管理规定》《出口卷烟价格管理规定》《出口卷烟佣金管理规定》《海外经销商引入管理办法》《海外经销商拓展市场准入管理办法》。推进重心外移，实现境外落地产销。在持续推进俄罗斯“金鹿”、中国香港南洋“红双喜”、美国“金鹿”等项目的基础上，丰富集团公司境外生产点，提出蒙古“中南海（图腾）”项目。2014年，实现“中南海（图腾）”品牌在蒙古的落地生产和落地销售，投放至蒙古有税及机场免税市场，使其成为继“金鹿”“红双喜”之后，集团公司第三个实现境外落地产销的卷烟品牌。为加强“金鹿”品牌出口成本控制和一般贸易出口计划空间的释放，组织赴菲律宾克拉克工厂就“金鹿”品牌在当地开展落地产销合作进行现场调研，完成项目可行性报告。

2014年，“中华”品牌实现境外销售25.4亿支，同比增长7.82%；“中南海”品牌实现境外销售13.27亿支，同比增长41%；“红双喜”品牌实现境外销售21.53亿支，同比下降0.07%；“熊猫”品牌实现境外销售2.55亿支，同比增长17.99%；“金鹿”品牌实现境外销售28.76亿支，同比增长5.35%。截至2014年底，“中华”“中南海”“红双喜”“熊猫”“金鹿”等5个品牌覆盖全球55个国家和地区的26个有税市场和50个免税市场。

所属企业

上海烟草集团有限责任公司上海卷烟厂

【卷烟生产】　2014年，上海烟草集团有限责任公司上海卷烟厂主要生产的卷烟品牌有“熊猫”“中华”“红双喜”“牡丹”“大前门”“孟菲斯”。生产卷烟867.59亿支（173.52万箱），同比增长6.16%，其中，一类烟744.43亿支（148.89万箱）、二类烟6.64亿支（1.33万箱）、三类烟29.16亿支（5.83万箱）、五类烟87.36亿支（17.47万箱）。生产“熊猫”4.05亿支（0.81万箱）、“中华”738.78亿支（147.76万箱）、“红双喜”23.11亿支（4.62万箱）、“牡丹”14.05亿支（2.81万箱）、“大前门”87.36亿支（17.47万箱），“孟菲斯”0.25亿支（0.05万箱）。

万元产值综合能耗为2.82千克标煤，万支卷烟综合能耗为2.99千克标煤。烟叶、滤棒、盘纸平均消耗分别为6.76千克/万支、2097.78支/万支、598.72米/万支。水、电平均消耗分别为0.10吨/万支、11.26千瓦时/万支。

【技术改造】　开展733号生产区1号制丝线改造工作，2014年7月，1号制丝线启动设备带料调试。做好内部卷包设备布局调整，对新增卷包、成型设备进行调试和验收，完成卷包机组的出厂以及厂内移位搬迁。截至2014年底，733号生产区卷包车间有31台（套）卷包设备，787号生产区卷包车间有20台（套）卷包设备。

【技术创新】　申报公司科技项目3项，厂级质量改进项目52项。运行QC课题128个，参加课题1004人次。在构建具有工厂特色的“精益屋”基础上，深化对17项精益管理工具的应用，确立并实施精益创新项目53项。2014年，卷烟厂获得“上海市质量管理小组活动优秀企业”称号。

【质量管理】　持续推进SPCD、六西格玛、防差错等精益质量工具的应用，搭建两地制丝线控制模式框架，深化SPCD应用。建立制丝二级防差错验证机制。持续优化检验模式。

上海烟草集团北京卷烟厂

【卷烟生产】 2014年，上海烟草集团北京卷烟厂主要生产的卷烟品牌有“中南海”“红双喜”。生产卷烟189.20亿支（37.84万箱），其中，一类烟16.25亿支（3.25万箱）、二类烟22.40亿支（4.48万箱）、三类烟104.10亿支（20.82万箱）、四类烟7.55亿支（1.51万箱）、五类烟1.70亿支（0.34万箱）。生产内销“中南海”152.00亿支（30.40万箱），生产出口“中南海”18亿支（3.60万箱），生产“红双喜”19.50亿支（3.90万箱）。

实现卷烟销售收入48.92亿元。实现税利35.07亿元，同比增长9.32%，其中利润3.85亿元，出口实现2064万美元。

万元产值综合能耗为13.79千克标煤，万支卷烟综合能耗为3.66千克标煤。烟叶、滤棒、盘纸平均消耗分别为6.09千克/万支、2100.79支/万支、593.16米/万支。水、电平均消耗分别为0.097吨/万支、11.46千瓦时/万支。

【新产品开发】 完成“中南海（祥和壹叁贰）”“中南海（超然）”研发上市。完成“中南海（清凉茶韵）”申报，“中南海（领翔）”评审，“中南海（浓味混合型新品）”包装和配方中试，完成“中南海（金色亚混3mg）”“中南海（金色亚混8mg）”中试。完成“中南海（特高）”降焦配方调整，价位为350元/条的一类烤烟型“中南海”进入开题评审。完成“中南海（祥和出口）”软包硬化包装设计，以及国内4个免税店15个规格改版。国家局“选择性降低卷烟主流烟气中NNK释放量研究”重大专项和集团“低危害混合型卷烟的研究”重大专项取得实质进展，发表研究论文2篇（EI检索源1篇，CORESTA大会1篇），申请7项发明专利。

【技术改造】 完成全部建筑主体结构封顶，成品辅料高架库及综合库室外工程施工完毕，生产辅助用房外装工程全部完成，机电、设备安装有序推进，职工餐厅室内装修完成60%，营销中心室内装修完成50%，技术中心实验室建设专业放线和风管吊装全部完成。公开招标签订合同7项。

上海烟草集团有限责任公司天津卷烟厂

【卷烟生产】 2014年，上海烟草集团有限责任公司天津卷烟厂主要生产“恒大”“红双喜”“江山”“牡丹”等4个卷烟品牌9个规格产品。生产卷烟236.0亿支（47.20万箱），其中，一类烟0.69亿支（0.14万箱）、二类烟1.96亿支（0.39万箱）、三类烟233.35亿支（46.67万箱）。生产“恒大”0.60亿支（0.12万箱），生产“红双喜”211.92亿支（42.38万箱），生产“江山”0.09亿支（0.02万箱），生产“牡丹”23.39亿支（4.68万箱）。

万元产值综合能耗为15.67千克标煤，万支卷烟综合能耗为3.36千克标煤。烟叶、滤棒、盘纸平均消耗分别为6.78千克/万支、2093.41支/万支、597.12米/万支。水、电消耗分别为0.07吨/万支、11.08千瓦时/万支。

【品牌建设】 “恒大”品牌保持快速、强劲的发展态势，2014年产量为6012万支（1202.4箱），同比增长68.64%；工业实现销售5655万支（1131箱），同比增长123.52%。全国市场拓展顺利，省外销量占比为46%，销区由2013年的3个增至15个。在天津市场同价位卷烟中占有率保持第一，上海市场占有率接近10%，排名第三，有5个城市的市场份额排名前8名。“恒大（烟魁1903）”规格“覆盖北方、辐射南方”的格局初步形成。“恒大”卷烟被授予2014年度“天津市名牌产品”称号，“恒大”商标连续第六次被评为“天津市著名商标”。

【技术创新】 2014年，工厂承担技术创新项目11项，承担的项目数量创历史新高；技术中心天津工作站完成的2项科技项目获得集团公司2014年度科技进步奖。9项专利获得受理，其中发明专利5项，发明专利的输出占比达历史最高；人均QC成果数0.178个；获得全国层面QC荣誉6项；获得天津市QC荣誉11项，技术创新的群众性基础不断夯实。

上海高扬国际烟草有限公司

【卷烟生产经营】 上海高扬国际烟草有限公司以委托加工生产低焦油卷烟产品“红双喜”“牡丹”“金鹿”等为主，2014年10月起一部分“红双喜”卷烟品牌转变为“自营产销”生产模式，并与日本烟草产业株式会社合作，来料加工生产“七星（4mg）”“七星（8mg）”“七星（10mg）”卷烟。2014年卷烟产量合计103.96亿支（20.79万箱），其中，生产委托加工卷烟89.56亿支（17.91万箱），生产自营产销卷烟12.83亿支（2.57万箱），生产“七星”1.57亿支（0.31万箱）。2014年实现销售收入4.86亿元。实现税利10.23亿元（包括代加工业务缴纳的税金），其中利润2031万元。

万元产值综合能耗为44.27千克标煤，万支卷烟综合能耗为2.07千克标煤。烟叶、滤棒、盘纸平均消耗分别为

6.70 千克/万支、2098.73 支/万支、598.78 米/万支。水、电平均消耗分别为 0.06 吨/万支、8.08 千瓦时/万支。

【精益管理】 搭建高扬公司精益管理架构（精益屋），制订公司《实践精益管理三年主推动计划（2015—2017年）》。2014 年，公司现场主动主题小组数量增至 32 个，收集到合理化建议 1392 条，人均 3.5 条，采纳实施率 82%，形成管理类项目 16 个，申报专利 3 项，QC 成果 32 项。

【自营产销】 2014 年，变更一定数量的委托加工产品为自营产销方式，进一步提高对地方的税收贡献。新增两个制丝牌号、辅料专用条码，完成生产经营决策系统、MES 系统、财务管理系统等八大系统的调整工作，财务方面全面完善成本分摊与核算，配备专人负责开据发票。

上海烟草集团有限责任公司上海烟草储运公司

【生产经营】 上海烟草集团有限责任公司上海烟草储运公司完成卷烟吞吐 1988.89 亿支（397.78 万箱），同比增长 2.94%；烟叶吞吐 29.85 万吨，同比下降 7.21%；辅料吞吐 5.01 万吨，同比增加 4.38%；汽车运输 693.65 万吨千米，同比增加 5.86%。2014 年柴油油耗 7.26 升/百吨千米，综合能耗 1348.71 吨标煤。市内外卷烟配送订单执行率达到 100%。

【非法人实体化建设】 公司以财务成本为核心，加强工业物流非法人实体化建设。对现有业务流程进行系统梳理，归集分类成本要素目录；对成本账表进行科学合理设计，围绕烟叶原料、卷烟成品、烟用材料三大主业核算成本费用，形成物流成本定额和实施细则，初步构建起公司成本管理体系。为今后财务业务一体化流程再造、业务社会化提供财务依据。

【物流运营】 公司积极探索烟叶原料外租库自主管理新模式。从“流程一体化”“质量一体化”“信息一体化”“现场一体化”四个方面着手，加强内外部物流资源整合，统一调度，统一业务流程、服务标准和管理规范，为多点一体化管理积累经验。同时，为了加大对卷烟市外配送承运单位运输车辆的管理力度，公司制订车辆户籍制、安全准入制、编队行驶制等三项制度，严格监管承运车辆，提高卷烟市外运输的安全性，全力支撑“中华”品牌“精准营销”。

上海海烟物流发展有限公司

【生产经营】 2014 年，上海海烟物流发展有限公司共分拣配送卷烟 415.15 亿支（83.03 万箱），同比增长 0.32%。销售卷烟 111.88 亿支（22.38 万箱），同比下降 0.21%。实现主营业务收入 69.72 亿元，同比下降 1.40%。实现税利 7.04 亿元，同比增长 0.08%，其中利润 2.21 亿元，同比下降 22.86%。三项费用率为 1.97%。

【卷烟营销】 以品牌建设为重点，发挥企业新品培育的孵化器作用，将现代商超和大型终端作为新品培育的主战场，服务集团公司新品培育，促进结构提升。在新品推广活动上，策划开展 8 种形式的营销活动 40 次，活动范围涉及全市 18 个区域，基本实现对时间维度和区域维度的全覆盖。在营销手段策划上，公司总结提炼通俗易懂的广告宣传语用于品牌推介，以驻店营销的载体为零售客户提供示范。制定《零售终端分业态形象标准》，引导客户出资改造门店品牌形象，自觉整理陈列出样，整体提升卷烟销售形象。

2014 年上海烟草集团有限责任公司所属企业/生产厂情况统计

	上海烟草集团有限责任公司上海卷烟厂	上海烟草集团北京卷烟厂	上海烟草集团有限责任公司天津卷烟厂	上海高扬国际烟草有限公司	上海烟草集团有限责任公司上海烟草储运公司	上海海烟物流发展有限公司
法人资格	非独立法人	独立法人	非独立法人	独立法人	非独立法人	独立法人
主要负责人/法人代表（含党政领导）	厂长、党委委员：陆　捷 党委书记、副厂长：张　燕（—2014.4） 党委书记、副厂长：朱洪武（2014.4—）	厂长、党委副书记、党委委员：曲志刚 党委书记、党委委员：马庆林（—2014.3） 党委书记、副厂长、党委委员：蔡继东（2014.3—）	厂长、党委委员：李钢成 党委书记、副厂长：唐　涛	总经理、党总支书记：徐国强（—2014.4） 集团公司副总经济师、总经理、党总支书记：张　燕（2014.4—）	总经理、党委委员：汤福刚 党委书记、副总经理：刘晓晴	总经理、党委委员：刘正渝 党委书记、副总经理：汤　健（2014.4—，之前任党委书记、纪委书记、副总经理）

续表

		上海烟草集团有限责任公司上海卷烟厂	上海烟草集团北京卷烟厂	上海烟草集团有限责任公司天津卷烟厂	上海高扬国际烟草有限公司	上海烟草集团有限责任公司上海烟草储运公司	上海海烟物流发展有限公司
成立时间		1925年	1970年	1919年	1992年	1986年	2002年
从业人员（人）		1918	888	890	390	545	671
卷烟生产能力(亿支)		900	419	350	125	—	—
卷烟品牌	自有品牌	熊猫、中华、红双喜、牡丹、大前门、孟菲斯	中南海、红双喜	恒大、红双喜、江山、牡丹	红双喜、牡丹、金鹿	—	—
	来牌加工	—	—	—	七星	—	—
卷烟总产量（亿支）		867.59	189.20	236.00	103.96	—	—
雪茄烟品牌		—	—	—	—	—	—
雪茄烟总产量(万支)		—	—	—	—	—	—

（撰稿：李　燕　胡剑平；编辑：李　昂）

江苏中烟工业有限责任公司

【卷烟生产经营】　2014年，江苏中烟工业有限责任公司生产卷烟（不含合作生产和出口）1037.5亿支（207.5万箱），其中，生产一类烟434.67亿支（86.93万箱）、二类烟128.39亿支（25.68万箱）、三类烟378.21亿支（75.64万箱）、四类烟80.27亿支（16.05万箱）、五类烟16.00亿支（3.20万箱）。生产细支卷烟75.82亿支（15.16万箱）。与国内卷烟生产企业合作生产卷烟185.5亿支（37.1万箱）。生产出口卷烟1.46亿支（0.29万箱）。

实现卷烟销售（不含合作生产和出口）1037.5亿支（207.49万箱），其中，一类烟431.2亿支（86.24万箱）、二类烟128.4亿支（25.67万箱）、三类烟380.8亿支（76.16万箱）、四类烟81.1亿支（16.22万箱）、五类烟16亿支（3.2万箱）。细支卷烟实现销售74.8亿支（14.96万箱）。合作生产卷烟实现销售185.5亿支（37.1万箱）。出口卷烟实现销售1.46亿支（0.29万箱）。

实现卷烟销售收入（不含合作生产）501.2亿元，同比增长8.42%。实现税利457.53亿元，同比增长8.02%，其中利润90.60亿元，同比增长1.41%。三项费用率为3.2%。

万元产值综合能耗为5.98千克标煤，万支卷烟综合能耗为2.81千克标煤。烟叶、滤棒、盘纸平均消耗分别为6.75千克/万支、2094支/万支、595米/万支。水、电平均消耗分别为0.09吨/万支、9.1千瓦时/万支。

【主要产品与品牌建设】　主要产品。2014年，公司在产卷烟有“苏烟”“南京”“红杉树”“一品梅”“华西村”“大丰收”等6个品牌、44个规格（含5个出口规格）。自产“苏烟”326.25亿支（65.25万箱），11个规格（含1个出口规格）；自产“南京”648.25亿支（129.65万箱），25个规格（含3个出口规格）。与山东、广西、江西中烟，吉林、黑龙江烟草工业有限责任公司累计合作生产“南京（红）”155.5亿支（31.1万箱），“南京（佳品）”20亿支（4万箱）、“南京（紫树）”10亿支（2万箱）。

2014年，“苏烟”实现销售（不含出口）322.9亿支（64.58万箱），其中，省内135.9亿支（27.19万箱），省外187亿支（37.39万箱）；出口0.89亿支（0.18万箱）。“南京”（含合作生产、不含出口）实现销售835.5亿支（167.1万箱），其中，省内458.4亿支（91.67万箱），省外377.1亿支（75.42万箱）；出口0.38亿支（0.08万箱）。

品牌培育。公司设立品牌管理委员会，加强品牌策略研究，强化品牌统筹管理，加大消费者行为和消费趋势分析研究，2014年开展50余次专项调研、17个课题研究，初步形成产品线梳理优化方案和品牌文化建设意见，明确产品研、培、优、退、储的具体办法，建立起“一个核心、四个方面”的品牌文化框架。推进特色品类建设，把细支烟作为破解发展瓶颈的有效路径，使苏产细支烟在品类、规模、价值和标准等方面形成行业引领优势，成为苏产烟品牌新的增长点和亮点。开发“南京（软九五）”。对“苏烟（一品梅）”进行改造，首先在淮安市场销售，市场反应良好。通过新品管理小组对新品开展不定期调研，按照市场状况及时调整宣传推广、货源投放策略。

营销管理。建立独立运行、专人负责的价格监测和第三方价格采集反馈等多渠道并行体系，在江苏中烟确立的47个重点城市选取61个信息点对江苏产烟及竞品的26个重点规格市场价格进行监测。贴近市场需求编排调拨计划，在4个地市试点开展到货日倒排发货日期，提高货源到达准时性。上线运行大数据营销分析系统和移动营销办公平台系统。强化品牌宣传推广，对“苏烟”“南京”品牌文化内涵不断进行丰富，围绕重点规格和目标市场，利用苏商、微信等平台加强传播。探索现代终端营销引导需求模式，在山东、安徽、四川、重庆、西藏等市场展开现代终端营销工作，2014年建设现代零售终端3920户。召开品牌分析会议105场次，目标受众近万人次。更新完善卷烟售后服务管理及顾客满意度测量管理程序，调整800客服热线升级为400热线。开通客服系统的客服端，缩减质量烟调换周期，投诉咨询满意度达到95%以上。

【原辅材料保障】 推进烟叶采购工作，2014年各类烟叶采购计划为11.9万吨（237.6万担），其中国内烟叶10.9万吨（217.5万担），进口片烟成品1.0万吨（20.1万担）。截至2014年底，有库存烟叶18.3万吨（365.6万担）。以“基地单元创优”为目标，全面提升基地建设水平，新增国家局烟叶基地单元9个，截至年底，累计拥有国家局烟叶基地单元32个，其中特色优质烟叶基地单元13个。

持续强化供应商管理，坚持“应招尽招、真招实招”原则。通过招标，烟标、烟膜、接装纸、内衬纸、烟箱、香精香料等9类烟用材料采购总金额下降约3.1%，卷接机、包装机、电器、辅机、刀类、带类、胶辊、有机板等八大类1.5万余种烟机零配件采购单价平均下降1.2%。2014年，节约烟用物资采购费用约6500万元。

【技术创新】 推进创建行业优秀技术中心工作，与郑州烟草研究院、云南省烟草农业科学研究院等科研院校共建3个科研平台。围绕减害降焦、增香保润两大专项主线，在烟叶原料、配方技术、特色工艺、烟草化学、烟用材料、行业标准项目等方面加大科研项目研究力度，开展11项行业重大专项和面上项目，承担和参与13项行业标准项目，实施43项公司科研项目。2014年公司获得发明专利授权23项、实用新型专利94项、外观专利1项。截至年底，公司拥有有效专利累计达354项。2014年，公司在国际及国内会议宣读论文2篇，中文核心期刊发表论文8篇。

推动产品创新，加快新品研发工作，完成“南京（软九五）”新品研发上市和“苏烟（一品梅）”升级改造。着力推进新型烟草制品专项研究，重点围绕“细支烟的粗支烟效应”构建细支烟质量保障技术支撑体系。截至2014年底，公司卷烟焦油加权平均值为10.57毫克/支，与上年持平。推进配方维护制度建设，健全“三层级两对照”评审制度；强化技术标准维护和控制力度，提高质量稳定性，重点加强卷烟产品七项危害性指标和三种烟用材料质量安全指标的监控。产品质量合格率和产品质量安全指标合格率达双百。

【特事要辑】 4月10日，国家局副局长赵洪顺到江苏中烟调研，要求江苏中烟把保持良好运行状态作为工作重点，把优化品牌结构作为工作着力点，牢牢守住规范经营管理的生命线。

5月14—16日，国家局局长凌成兴到江苏烟草调研，强调江苏烟草要在稳定销量、提升结构、增长税利等方面，始终保持领先地位、发挥带动作用，为行业实现“保八争十超万亿”目标任务作贡献。其间，江苏省委副书记、省长李学勇会见凌成兴。

7月，在全省烟草工业系统内开展“建设符合时代要求的现代烟草企业”专题研讨，研究企业今后一段时期改革发展的基本方向和主要任务，该活动历时半年。

9月，江苏中烟被国家局选定为行业“非公开招标采购”保障机制建设试点单位。

9月17—18日，国家局副局长杨培森到江苏烟草调研，要求江苏中烟调整优化原料规划布局、提升配方工艺技术、推动合作加工发展、打造优势特色品牌，在细支烟发展上站稳全国高端市场。

11月4—5日，国家局副局长赵洪顺到江苏烟草调研，要求江苏中烟继续保持良好运行状态，持续优化品牌结构，严格规范经营管理，精心谋划未来发展。

12月3—5日，驻国家局纪检组组长高林到江苏烟草调研，要求江苏烟草严格落实党风廉政建设主体责任和监督责任，加快推进三转工作，突出执纪监督和案件查办；结合企业实际，积极探索廉洁经营、阳光营销；立足整改、听取意见，巩固扩大党的群众路线教育实践活动成果。

2014 年江苏中烟工业有限责任公司所属生产厂情况统计

		江苏中烟工业有限责任公司南京卷烟厂	江苏中烟工业有限责任公司徐州卷烟厂	江苏中烟工业有限责任公司淮阴卷烟厂
法人资格		非独立法人	非独立法人	非独立法人
主要负责人（含党政领导）		党委书记：李　鸣 党委副书记、厂长：朱卫星	党委书记：强　青 党委副书记、厂长：边　姜	党委书记、厂长：关　军
成立时间		1948 年	1939 年	1945 年
从业人员（人）		1371	1557	1456
卷烟生产能力（亿支）		400	500	400
卷烟品牌	自有品牌	南京、苏烟	苏烟、南京、红杉树、大丰收	一品梅、苏烟、南京、华西村、红杉树、大丰收
	合作生产品牌	—	—	—
卷烟总产量（亿支）		341.41	357.57	338.53
雪茄烟品牌		—	—	—
雪茄烟总产量（万支）		—	—	—

（撰稿：徐　璐；编辑：周　佳）

浙江中烟工业有限责任公司

【卷烟生产经营】　2014 年，浙江中烟工业有限责任公司共生产卷烟（含合作生产回购，不含出口烟）1647.74 亿支（329.55 万箱），同比增长 16.3%，其中，生产一类烟 479.91 亿支（95.98 万箱），同比增长 28.1%；二类烟 839.19 亿支（167.84 万箱），同比增长 30.3%；三类烟 42.82 亿支（8.56 万箱），同比下降 6.2%；四类烟 194.67 亿支（38.93 万箱），同比下降 23.2%；五类烟 91.16 亿支（18.23 万箱），同比下降 7.9%。

浙江中烟自产卷烟 897.5 亿支（179.5 万箱），同比增长 3.2%。与省外企业合作生产卷烟 750.24 亿支（150.05 万箱），同比增长 37.2%。生产出口卷烟 33.54 亿支（6.71 万箱），同比下降 37.3%。

实现销售收入 715.37 亿元，同比增长 19.19%。实现税利 357.26 亿元，同比增长 7.83%，其中利润 36.74 亿元，同比下降 12.83%。三项费用率为 7.05%。

【主要产品与品牌建设】　主要产品。2014 年，生产的主要卷烟品牌为“利群”“大红鹰”“雄狮”三大系列。在产规格 27 个。在国际市场销售的在产品牌有“摩登”“利群”。

“利群”系列有 21 个规格，其中，外香型 1 个，其余均为烤烟型；一类烟 15 个、二类烟 6 个。2014 年，生产“利群”（含出口烟）1329.24 亿支（265.85 万箱），同比增长 29.5%，其中自产 726.18 亿支（145.24 万箱），同比增长 17.5%；合作生产 603.06 亿支（120.61 万箱），同比增长 47.7%。2014 年，实现工业销售 1238.06 亿支（247.61 万箱），同比增长 19.7%，其中省内实现销售 393.32 亿支（78.66 万箱），同比增长 4.8%；境外销售 10.05 亿支（2.01 万箱），同比增长 33.8%。

2014 年，“利群”品牌发展稳健，继续呈现出结构和价格“两个顺向”、省际间交易和市场覆盖“两个提升”、库存和存销比“两个稳定”的基本状态。“两个顺向”：一是结构顺向调整，继续保持结构越高、增速越快的发展趋势，即“高价快于高端，高端快于一类”；二是价格保持顺差，各规格的市场价总体均保持在高于批发价的水平上。“两个提升”：一是省际间交易比重持续提升，省际市场“利群”销量增速处于行业前列，省际间交易比重达到 67.93%；二是排位持续提升，2014 年，“利群”在行业“双十五”的销量与销售额排位均列行业第四位。“两个稳定”指库存和存销比两者保持稳定，“利群”的社会存销比均低于同类竞争产品，商业存销比始终保持在10～15天。

“大红鹰”系列有1个规格，为烤烟型、三类烟。2014年，生产“大红鹰”42.82亿支（8.56万箱），同比下降6.1%，其中自产7.78亿支（1.56万箱），同比增长68.6%；与柳州卷烟厂合作生产卷烟35.04亿支（7.01万箱），同比下降14.5%。2014年，实现工业销售44.62亿支（8.92万箱），同比增长2.6%，其中省内实现销售44.62亿支（8.92万箱），同比增长2.6%。

“雄狮”系列有5个规格，其中，烤烟型4个，外香型1个；四类烟3个，五类烟2个。2014年，生产“雄狮”系列285.82亿支（57.16万箱），同比下降18.9%，其中自产173.68亿支（34.74万箱），同比下降31.9%；合作生产112.14亿支（22.43万箱），同比增长15.1%。2014年，实现工业销售286.11亿支（57.22万箱），同比下降14.5%，其中省内销售120.43亿支（24.09万箱），同比下降21.5%。

品牌覆盖更加立体。为巩固“利群”品牌发展的结构动能，推进“利群”一类、高端、高价和双低产品的“短板补短”工作，公司推进产品引入工作，提出“221、111”的产品底限布局，即每个省级市场引入普一类“利群”（一类烟里剔除高端、高价位的“其他价位）规格2个、高端“利群”（含税调拨价171元/条以上）规格2个、高价位“利群”规格（含税调拨价414元/条以上）1个；每个地级市场引入普一类“利群”规格1个、高端“利群”规格1个、高价位“利群”规格1个，产品引入工作做到有要求、有指导、有推进。

区县（线）延伸品牌更有深度。形成以省、地市公司为主导，逐步深入区县公司基层工作面的工作模式。省外以“利群”品牌县级市场、访销线全覆盖、不断提高上柜率为目标，业务团队营销工作延伸至区县公司乃至访销线。省内在区县延伸基础上进一步向访销线延伸，通过每月完成商业市场全覆盖走访，推进月度访销线产品全覆盖协同。

2014年省外规格引入达成情况统计表

	“利群”		高价位“利群”		高端“利群”		普一类“利群”	
	实现数（个）	同比（个）	实现数（个）	同比（个）	实现数（个）	同比（个）	实现数（个）	同比（个）
省份规格叠加	286	23	49	3	82	12	66	10
地市规格叠加	1653	215	260	23	418	106	399	74

终端营销扎实推进。在全国大市场推进终端营销，并通过对终端类别的系统梳理和识别进一步聚焦目标终端，打造“利群”品牌终端营销竞争力。2014年，梳理识别出包括机场、风景旅游区、城市连锁便利店等在内的10种类型细分终端，在此基础上进一步展开进货、陈列展示和环境布置工作。省外市场着重从上柜、主推一类“利群”规格上柜两个层面有针对性推进，省内市场持续细分终端推进“利群”全系列上柜工作。同时，以“五个一”（一套静态形象、一套出样展示、一套体验素材、一段视频广告、一堂客户讲座）的形式，跟进商业现代终端建设。

消费引导更接地气。一是创新驱动消费者营销。持续开展高端“利群”“点菜吃饭”方式的婚庆市场消费者营销活动探索。高端“利群”全结构供应，由消费者自主选择，通过贴近消费需求，扩大“利群”品牌影响力；以座谈会、驻店评吸等活动形式，重点对千元价位、高端产品进行宣传和推介，并逐步建立企业家消费领袖档案。二是以乡情营销作为浙商营销的着力方向。围绕“一店一品牌，一品一方法”的核心思想，结合“利群”品牌文化特征、企业品牌发展战略，发挥浙商这一独特资源，探索建立乡情营销模式。三是品牌宣贯推进品牌文化传播。2014年，在“一个灵魂三篇文章”“利群”品牌文化宣讲的推进上，突出两个变化，即宣讲素材的更新策划设计和宣讲“向更深一级市场延伸”。同时，通过协同商业流通企业，进一步提高资源整合能力，从销售到营销，赋予宣贯工作更大的内涵和活力。

营销水平不断提升。不断推进工商信息对接，在省内全面实现对接的基础上，与省外15个省的151个协议单位实现工商信息对接，其中北京、河北等14个省级单位实现全面对接，并跟进国家局省级集中订货平台推广工作。跟进工商协同网上配货的行业要求，努力实现“工—商—零”一体化流程，在省内全部实现的基础上，4月开始重点对省外网上配货工作进行专门布置，制定工商协同网上配货的流程，截至年底，省外市场所有协议主体单位均实现网上配货。

公司推进整托盘运输，在全国316家协议客户单位中，实施电子托盘运输对接的有26个省的181家单位。2014年，整托盘运输量为1300亿支（260万箱），占总调拨量的83.4%。

【原辅材料保障】 原料采购。2013烟叶年度（2013年7月1日至2014年6月30日）共计采购烟叶总量为17.02万吨（340.45万担）（按原烟口径，片烟按65%折回原烟），同比下降12.19%，其中，国内烤烟14.12万吨（282.35万担），晾晒烟0.33万吨（6.5万担）；工业调剂片烟0.38万吨（7.56万担）；进口片烟1.3万吨（25.98万担），同比增长5.9%。截至2014年6月底，公司库存烤烟片烟22.51万吨（450.26万担），同比增长5.16%，其中国内烤烟20.19万吨（403.86万担），进口烤烟2.32万吨（46.39万担）。

采购“利群”可用等级12.88万吨（257.69万担），可用等级比例91%；总体“利群”使用意向适配率为74.63%。截至2014年6月底，“利群”烟叶库存12.98万吨（259.61万担），同比增长11.44%；“利群”动态保障月份为19.41个月，同比减少0.6个月。

烟叶基地单元建设。截至2014年6月，公司共建成烟叶基地单元51个，范围覆盖全国10个省级“利群”产区的30个市（州）、44个县，烟叶产量总体规模达到12.03万吨（240.72万担），其中，国家局基地单元40个，产能9.57万吨（191.32万担）；自建基地单元11个，产能2.47万吨（49.4万担）。2014年，公司新增特色优质烟叶基地单元2个，总数达到13个，新增产能0.59万吨（11.82万担），达到3.29万吨（65.82万担）。截至年底，浙江中烟基本实现品牌、原料、基地的有效对接。

【技术创新】 新品研发。2014年，公司设计开发卷烟新产品19个，设计更改卷烟产品包装35个规格，其中境内研发新产品“利群（薄荷）”“利群（西子阳光）”2个规格，境外及境外工厂环球烟草有限责任公司生产新产品的包装及烟支配套设计17个。

科研创新。2014年，公司获得科技成果42个，其中，“提高再造烟叶卷烟配方适用性的调控技术研究与应用”等4项通过省部级（行业）科技成果鉴定，“浙江杭州造纸法再造烟叶生产线技术升级”项目通过国家局重大专项验收。2014年申报省部级（行业）各类科技计划项目4项，其中“烟梗过热蒸汽—微波协同膨胀技术在卷烟中的应用研究”和“美拉德反应中间体的可控制设备及其在卷烟中的应用研究”2个项目获总公司重点计划立项。

知识产权工作。2014年，公司申请专利190件，其中发明专利92件；获得授权专利111件，其中发明专利33件。截至年底，公司累计申请专利740件，其中发明专利303件；获得授权专利416件，其中发明专利84件。2014年，申请著作权37件，获得授权8件，累计获得著作权授权79项。主持参与行业标准制定7项，其中主持标准项目3项，申报2015年行业标准6项。

【对外交流与合作】 2014年，出口卷烟37.85亿支（7.57万箱），同比下降23.55%，其中，出口“摩登”27.8亿支（5.56万箱），同比下降33.81%；出口“利群”10.05亿支（2.01万箱），同比增长33.84%。委托阿联酋MTC、巴拿马海外联合工厂加工生产“摩登”品牌卷烟49.31亿支（9.86万箱），同比增长126.62%，其中阿联酋项目生产44.24亿支（8.85万箱），同比增长125.73%，巴拿马项目生产5.07亿支（1.01万箱），同比增长134.71%。

【特事要辑】 4月2—3日，驻国家局纪检组组长高林一行对浙江中烟宁波卷烟厂的教育实践活动开展情况进行调研。

4月11日，浙江中烟召开“利群”品牌网站正式上线发布会。“利群”品牌网站是面向渠道客户、零售客户和消费者，以“利群”品牌文化传播和产品信息发布为核心的品牌专题网站。

5月19日，2014年，“利群”阳光助学行动在全国17个省（市）启动。截至8月底，该行动助学金全部送到全国1700名学子手上。

5月27日，国家局副局长赵洪顺一行到浙江中烟杭州卷烟厂考察，参观生产车间，并听取公司及卷烟厂的运行情况汇报。

6月16—17日，驻国家局纪检组组长高林到浙江中烟宁波卷烟厂调研并指导厂党委班子专题民主生活会。

6月23—24日，国家局局长凌成兴一行到浙江烟草调研，其间，到浙江中烟宁波卷烟厂考察“十二五”易地技改项目。

11月18日，国家局副局长徐瑄一行到浙江中烟杭州卷烟厂考察。徐瑄对浙江中烟的稳健发展以及杭州卷烟厂先进的生产工艺和高效的管理给予肯定，希望浙江中烟继续为提高浙产烟水平而努力。

12月，浙江中烟宁波卷烟厂“邵坚铭技能大师工作室”获得“国家级技能大师工作室”称号，成为烟草行业首家国家级技能大师工作室。

2014 年浙江中烟工业有限责任公司所属生产厂情况统计

	浙江中烟工业有限责任公司杭州卷烟厂	浙江中烟工业有限责任公司宁波卷烟厂
法人资格	非独立法人	非独立法人
主要负责人（含党政领导）	厂　长：倪雄军 党委书记：张立新	厂　长、党委书记：徐兆良
成立时间	1949 年	1925 年
从业人员（人）	1314	1063
卷烟生产能力（亿支）	749	348
卷烟品牌	利群、雄狮	利群、雄狮、大红鹰
卷烟总产量（亿支）	571.85	359.20
雪茄烟品牌	—	—
雪茄烟总产量（万支）	—	—

（撰稿：孙　琦；编辑：周　佳）

安徽中烟工业有限责任公司

【卷烟生产经营】　2014 年，安徽中烟工业有限责任公司生产卷烟（不含出口烟）1328 亿支（265.6 万箱），同比增长 1.53%，其中，生产一类烟 128.1 亿支（25.62 万箱），同比增长 45.78%；二类烟 230.8 亿支（46.16 万箱），同比增长 35.64%；三类烟 330.55 亿支（66.11 万箱），同比下降 23.34%；四类烟 545.15 亿支（109.03 万箱），同比增长 6.62%；五类烟 93.4 亿支（18.68 万箱），同比下降 13.12%。合作生产上海烟草集团卷烟品牌“红双喜”40 亿支（8 万箱）。生产出口卷烟 1.83 亿支（0.37 万箱）。

实现卷烟销售（不含合作生产）1236.67 亿支（247.33 万箱），其中，一类烟 118.07 亿支（23.61 万箱）、二类烟 213.42 亿支（42.68 万箱）、三类烟 282.6 亿支（56.52 万箱）、四类烟 526.8 亿支（105.36 万箱）、五类烟 95.78 亿支（19.16 万箱）。合作生产的上海烟草集团卷烟品牌“红双喜”实现销量 40 亿支（8 万箱）。境外销售卷烟 62.66 亿支（12.53 万箱），同比增长 108%。

实现卷烟销售收入（含合作生产和出口烟）386.72 亿元，同比增长 7.26%。实现税利 249.31 亿元，同比增长 8.32%，其中利润 30.88 亿元，同比下降 10.65%。三项费用率为 7.62%。

万元产值综合能耗为 9.82 千克标煤，万支卷烟综合能耗为 2.68 千克标煤。烟叶、滤棒、盘纸平均消耗分别为 6.69 千克/万支、1673 支/万支、593 米/万支。水、电平均消耗分别为 0.08 吨/万支、8.41 千瓦时/万支。

【主要产品与品牌建设】　*卷烟品牌*。2014 年，公司生产的烤烟型卷烟品牌有“黄山”“红三环”“盛唐”，混合型卷烟品牌有“都宝”，雪茄烟品牌有“王冠”。

2014 年，生产“黄山”1181 亿支（236.2 万箱），同比增长 3.13%；实现销售 1128.5 亿支（225.7 万箱），其中省内实现销售 602.5 亿支（120.5 万箱），省外实现销售 526 亿支（105.2 万箱）。生产“都宝”（不含出口）55.92 亿支（11.18 万箱），实现销售 55.65 亿支（11.13 万箱）。生产“王冠”雪茄 1.21 亿支，实现销售 1.25 亿支。

品牌建设。2014 年，“黄山”品牌发展思路是聚焦“黄山（天都）”“黄山（红方印）”，继续培育新品成长，维护老品增长，突出主导规格，优化市场布局，强化高端引领、中端占位、低端攀升营销策略，打造品牌建设升级版。

市场培育。安徽中烟增加对省内市场的资源投入，将工作重心进一步下移，更加关注县级市场和乡镇市场发展，使皖北市场快速发展，皖中市场继续在结构提升上发挥“领头羊”作用，皖南部分基础薄弱市场也通过调整实现恢复。2014 年，省内市场累计实现“黄山”批发销量 598.5 亿支（119.7 万箱），同比增长 4.6%。

同时，结合不同市场的现状，对江苏、内蒙古、辽宁等具备一定规模的省外市场，继续夯实基础，稳定规模，并在此基础上提升结构；对山东、河北、广东、北京、深圳等规模结构兼具的市场，在计划资源等方面给予扶植，促进规模、结构双发展；对新品发展态势向好的市场进行产品树立；对基础薄弱的市场给予重新定位，突出特色产品。抓好安徽周边市场的拓展，对省内市场形成防护层，抵御省外产品的渗透。2014 年，省外市场一类烟批发销量 26 亿支（5.2 万箱），同比翻番；二类烟批发销量 8.5 亿支（1.7 万箱），同比增长 7 倍。江苏市场批发销量为 66.5 亿支（13.3 万箱），省外万箱地级市场达到 31 个。

【原辅材料保障】 2014 年，公司签订国内烤烟交易计划合同 10.24 万吨（204.85 万担）、晾晒烟交易计划合同 0.07 万吨（1.38 万担）。

烟叶基地单元建设。2014 年，公司开展 30 个国家局烤烟现代烟草农业建设及特色优质烟叶开发基地单元的建设，基地单元采购量为 7.72 万吨（154.33 万担），占烤烟总计划采购量 75.34%。2014 年，在烟叶基地单元建设中，公司围绕“黄山”品牌“焦甜香”品类构建拟定原料需求规划：一是围绕“黄山”品牌发展规划滚动调整烟叶基地建设中的长期规划；二是先后与 25 家国家局烟叶基地单元的地级市公司签订 2014 年度基地单元建设协议以保障基地建设；三是组织人员赴云南、贵州、四川、湖南、福建等烟叶产区，反馈当年工业质量评价，并商定 2014 年基地烟叶生产技术方案；四是坚持“高标准、高水平、高要求”的烟叶基地建设标准，确保生产技术方案有效执行。

烟用材料供应。推进烟用材料公开招标采购，以规范促效率，将合同期满的烟用材料采购面向社会公开招标，完成 2014 年度卷烟纸、拉线、胶带等烟用材料公开招标。省内推行回收再利用烟箱，降低企业成本，公司相关部门合作回收烟箱数量超出原定目标，实现省内回收烟箱的再利用。推行供应链管理向上游延伸，保障多家供应的同一材料实现同质化采购，烟用材料的安全供应为卷烟产品质量的稳定和企业柔性化生产提供持续稳定的保障。

【技术创新】 2014 年，公司“黄山”品牌研发上市有“黄山（中国画）”“黄山（大黄山）”等 6 个规格，研发储备“黄山（小天都）”等 6 个规格，升级改造“黄山（大壹品）”等 7 个规格。中国境内“都宝”品牌研发上市有“都宝（蓝莓细支）”，研发储备“都宝（010）”等 5 个规格。

大力推进创新平台建设，以“安徽中烟—中国科大烟草化学联合实验室”为基础，全面推进烟草化学安徽省重点实验室建设，筹建烟草行业燃烧化学重点实验室。以承检能力和检测质量提升为目标，持续推进“安徽中烟检测实验室”建设。与国内高校强强联合，推动安徽省博士后科研工作站的实质运行。整合卷烟工业、商业和科研机构三方资源，稳健推进烟叶科技示范园建设。

基础研究和应用性技术研究工作取得多项进展。2014 年，公司发表科技论文 72 篇，其中国际权威期刊和国内核心期刊发表论文 41 篇；申请专利 69 项，获得专利授权 48 项，其中发明专利 5 项；发布行业标准 2 项。公司承担并完成国家局科技项目 7 项，开展公司级科技项目 67 项。科技创新成果促进产品质量的提升，公司卷烟产品焦油量加权平均值降至 10.2 毫克/支。

【对外交流与合作】 推进罗马尼亚中国国际欧洲有限公司（简称 CTIEC）卷烟产销基地建设。落实国家局“境外卷烟产销基地建设年”战略，2014 年推进罗马尼亚 CTIEC 卷烟产销基地建设。一是拓展 CTIEC 市场促销资金渠道；二是按时保质完成 CTIEC 各类原辅材料发运；三是调运芜湖卷烟厂 1 台（套）圆角卷包机组，发运实验室相关仪器设备，提升 CTIEC 生产和研发能力；四是发现并反馈中国和欧盟的膨胀烟丝关税代码差异，防范法律风险，减少经济损失。

与菲莫公司合作联合品牌“DUBLISS - NEXT”项目进展顺利。安徽中烟与菲莫公司合作的“DUBLISS - NEXT”联合品牌项目进展顺利，销售“DUBLISS - NEXT”品牌卷烟 47.37 亿支（9.47 万箱），其中，俄罗斯市场销售 42.34 亿支（8.47 万箱），同比增长 200%；乌克兰市场销售 3.48 亿支（0.7 万箱），同比增长 55%；塞尔维亚市场销售 1.31 亿支（0.26 万箱）。

境外市场拓展。2014 年，公司境外市场销售卷烟 62.66 亿支（12.53 万箱），同比增长 108%，其中，销售“都宝” 61.98 亿支（12.4 万箱），同比增长 115%，销量居行业境外品牌第三位。2014 年，“都宝”境外市场销量首次超过境内市场。同时，2014 年“都宝”在东南亚市场的销量比 2013 年有较大增幅，其中印尼市场调拨、销售平稳，产品市场正在逐步拓展中；缅甸市场因合作方梳理分销商及调整经销策略，产品销售有停滞；中国台湾市场产品因新旧版警示图引发的包装更换全部完成，库存产品继续消化中，更换包装后的产品陆续投放中。

【特事要辑】 4 月 28—29 日，国家局副局长杨培森在安徽烟草考察调研，先后考察皖南烟叶基地单元、芜湖卷烟厂，并在安徽中烟听取工作汇报。

5月26—27日，国家局副局长赵洪顺在安徽烟草调研，走访黄山市部分卷烟零售客户，考察双维伊士曼公司醋纤项目建设及生产情况，并听取安徽中烟和黄山市局（公司）的工作汇报。

7月7—8日，国家局局长凌成兴在安徽烟草调研，安徽省副省长杨振超陪同调研。调研期间，凌成兴先后考察宣城市黄渡烟农专业合作社、黄渡烟叶工作站、黄山“焦甜香”高科技示范园、蚌埠卷烟厂及其异地技改新址、华环国际烟草有限责任公司，走访皖南烟区部分烟农，并听取安徽中烟工作汇报。

12月10—11日，国家局副局长徐瑩在安徽烟草调研，其间，徐瑩考察了合肥卷烟厂。

2014年安徽中烟工业有限责任公司所属卷烟厂情况统计

		安徽中烟工业有限责任公司蚌埠卷烟厂[①]	安徽中烟工业有限责任公司芜湖卷烟厂	安徽中烟工业有限责任公司合肥卷烟厂	安徽中烟工业有限责任公司阜阳卷烟厂	安徽中烟工业有限责任公司滁州卷烟厂
法人资格		非独立法人	非独立法人	非独立法人	非独立法人	非独立法人
主要负责人（含党政领导）		厂长、党委书记：王茂林	厂长、党委书记：王龙明	厂长、党委书记：程华良	厂长、党委书记：何小敏	厂长、党委书记：李金广
成立时间		1942年	1949年	1949年	1948年	1949年
从业人员（人）		1293	1036	1054	841	836
卷烟生产能力（亿支）		400	350	300	200	289
卷烟品牌	自有品牌	黄山、红三环	黄山、都宝	黄山、红三环、盛唐	黄山、红三环、盛唐	黄山、红三环、盛唐
	合作生产品牌	—	—	红双喜	—	—
卷烟总产量（亿支）		333.32	324.38（不含出口）	292.94	189.53（含加工烟）	187.83
雪茄烟品牌		王冠	—	—	—	—
雪茄烟总产量（万支）		1.21	—	—	—	—

注：①安徽中烟工业有限责任公司蚌埠卷烟厂下设雪茄烟生产部，负责安徽中烟雪茄烟生产。2014年，主要生产的雪茄烟品牌是“王冠”。

（撰稿：陈卫红；编辑：周　佳）

福建中烟工业有限责任公司

【卷烟生产经营】 2014年，福建中烟工业有限责任公司生产卷烟（不含合作生产、不含出口）967.5亿支（193.5万箱），同比增长2.38%，其中，生产一类烟90.05亿支（18.01万箱），同比增长23.18%；二类烟210.65亿支（42.13万箱），同比增长23.44%；三类烟401.25亿支（80.25万箱），同比增长6.11%；四类烟241.5亿支（48.3万箱），同比下降17.97%；五类烟24亿支（4.8万箱），同比下降16.25%。生产出口卷烟2.25亿支（0.45万箱），同比下降38.23%。

内销卷烟实现销售（含合作生产）1006.7亿支（201.34万箱），同比下降4.98%，其中，一类烟82.45亿支（16.49万箱），同比增长16.25%；二类烟217.65亿支（43.53万箱），同比增长12.96%；三类烟448.9亿支（89.78万箱），同比下降6.3%；四类烟231.6亿支（46.32万箱），同比下降21.03%；五类烟26.1亿支（5.22万箱），同比增长11.5%。出口卷烟2.25亿支（0.45万箱），同比下降40%。

实现卷烟销售收入（不含合作生产和出口）253.38亿元，同比增长5.03%。实现税利195.08亿元，同比增长4.98%，其中利润27.08亿元，同比增长3.85%。三项费用率为8.78%。

万元产值综合能耗为8.65千克标煤，万元增加值综合能耗为10.56千克标煤，万支卷烟综合能耗为2.5千克标煤。烟叶、滤棒、盘纸平均消耗分别为6.59千克/万支、2506支/万支、587米/万支。水、电平均消耗为0.06吨/万支、11.47千瓦时/万支。

【主要产品与品牌建设】 2014 年，公司生产的卷烟品牌有“七匹狼”“金桥”“石狮”“土楼”等，许可生产的卷烟品牌有“万宝路”，其中“七匹狼”“金桥”被列为全国重点品牌。生产“七匹狼”（含合作生产）996.2 亿支（199.24 万箱），同比下降 2.4%，其中，自有计划生产 912.25 亿支（182.45 万箱），同比增长 3%；与江西中烟、河南中烟、河北中烟合作生产“七匹狼”卷烟 83.95 亿支（16.79 万箱）。生产“金桥”（不含出口）19.4 亿支（3.88 万箱），同比下降 2.35%。

2014 年，“七匹狼”实现销售 951.45 亿支（190.29 万箱），同比下降 5.35%。“七匹狼”省内实现销售 531.1 亿支（106.22 万箱），省外实现销售 420.35 亿支（84.07 万箱）。“七匹狼”实现商业批发销售收入 410.04 亿元，同比增长 0.7%。国内实现销售“金桥”18.15 亿支（3.63 万箱），同比下降 8.22%，其中，省内 1.75 亿支（0.35 万箱），同比下降 14.93%；省外 16.4 亿支（3.28 万箱），同比下降 7.4%。“金桥”境外实现销售 1.75 亿支（0.35 万箱），同比下降 50%。

*品牌发展思路。*2014 年，公司坚持把“七匹狼”上水平作为中心任务，按照“稳住规模，提升结构，聚焦规格，寻求突破”的要求，落实“一品一策、一地一策”的营销工作方针，着力调控好市场状态，针对行业经济运行形势的新变化、新特征，及时调整投放策略，推进品牌价值提升，努力开创“七匹狼”上水平新局面。

*市场培育。*优化市场调研模式，系统分析数据，完善卷烟存销比管理，规范存销比控制和货源调拨流程，挖掘“三维五率”（以时间、区域、分类为三个维度，实施覆盖率、铺货率、动销率、断货率、成长率的精确分析）和零售客户订单数据，启动市场状态监控及预警机制。开展专属定制和商会营销，2014 年参与 41 场全国商会活动。

*品牌文化建设。*围绕“吐纳有度，享受自然的呼吸”“勇往直前，追寻自由的梦想”两条文化主线，明确定位，强化市场区隔，完善品牌文化体系，建立品牌核心价值。推动微信营销平台建设，利用“通仙之星”“二维码 APP”等活动创新品牌传播方法，创新品牌传播活动，提升品牌传播效果。

*新产品开发。*更加注重技术与营销协同，组成产品项目组，探索产品研发新模式，形成“产品开发需求从市场中来、定型由市场来选择、改进听消费者意见”的工作机制，注重新产品市场测试工作，提高新产品开发准确性。2014 年，开发上市“古田（1929）”和细支烟“七匹狼（纯翠）”等新产品。

【原辅材料保障】 *原料采购。*综合考虑品牌发展与原料匹配、采购成本等因素，按照“重点产区全等级调拨、其他产区低成本采购”的原则，坚守规模调控红线，2014 年入库原烟 8.9 万吨（178 万担），同比减少 2.9 万吨（58 万担），其中国内烤烟 7.68 万吨（153.6 万担），同比减少 2.4 万吨（48 万担）。加强监督加工控制管理，优化原料加工布局，10 万担以上集中加工比例达到 69%。

*原料基地建设。*发挥基地员、业务员、原料研究员、配方员、监督加工管理员“五员”联动机制，夯实原料基地建设。新增国家局烟叶基地单元 4 个。扩大专业化分级散叶收购范围，在全国 27 个基地产区开展试点工作，2014 年，完成散烟收购 5.71 万吨（114.2 万担）。搭建原料基地管理信息系统，实现从烟苗育苗到采摘、烘烤全过程跟踪数据共享，初步实现基地技术实时集成管控。截至年底，公司累计拥有 27 个基地单元，分布在全国 8 个省份、18 个地市、21 个县，合计调拨烟叶 6.26 万吨（125.28 万担）。

*辅料供应。*2014 年，实际采购烟用丝束 1.2 万吨，其中国产丝束 8430 吨，进口丝束 3720 吨。采购卷烟纸 4097 吨、成型纸 1870 吨。全面推行香精香料公开招标采购，有效降低采购成本，招标比例接近 100%，提前完成行业要求 2015 年达到 80% 的目标。

【技术创新】 *福建中烟技术中心概况。*中心成立于 2006 年。2011 年 1 月，获得国家局行业级技术中心认定，同年 11 月，获得国家级技术中心认定，按非法人实体化运作，实行扁平化管理和开放式运行，下设 13 个职能部门。2013 年 8 月，博士后科研工作站建站获批准设立，同年 9 月，中心搬迁至厦门市集美区杏林湾科教园区。中心共有员工 167 人，其中，博士研究生学历 6 名，硕士研究生学历 36 名，1 人被评为行业第二批学科带头人，10 人被聘为福建中烟第一批专业带头人和技术专家。

*创新体系建设。*从企业创新战略与规划、科技资源投入、创新产出及效率和创新组织与管理四方面加强技术创新能力建设。完成博士后科研工作站建站工作，全面启动科技报告厅建设，推进糖香料调配中心建设，完成中心实验室的搬迁工作，建成烟叶分级评价实验室。

*产品质量管控。*开展市场调研分析，成立感官质量提升小组。推进“统一标准、分级管理”项目建设，进行质量数据分析，梳理制丝过程关键流程控制模式、关键工序控制逻辑，制订卷烟生产品质控制文件总体框架。2014 年卷烟焦油量加权平均值 10.35 毫克/支，一二类烟焦油量加权平

均值10.85毫克/支。

科研及成果。开展各类科技研究项目128项，推荐申报11个国家局项目，完成24个企业科技项目立项、36个项目验收工作。2014年申请专利257项，其中发明专利89项。截至年底，公司拥有授权专利692项，其中发明专利74项。

技术合作。以“七匹狼品牌烟草工艺联合实验室”为平台，与郑州烟草研究院开展技术交流与合作；与华南理工大学开展“烟支霉变微生物的分离与成因研究”国家局面上项目研究工作；2014年，组织5场与厦门大学、郑州院等合作单位的技术交流和项目阶段总结会议，邀请外部专家124人次进行技术咨询指导。

【对外交流与合作】 境外市场拓展。推进授权许可境外加工销售。2014年，在与马来西亚环球公司合作的基础上，与广东中烟柬埔寨威尼顿集团有限公司合作，10月开始加工生产“金桥”卷烟。在柬埔寨加工生产3批次“金桥”卷烟共9079万支，在马来西亚加工生产“金桥”卷烟4批次共6060万支。3月，在泰国曼谷举办“金桥”上市推荐发布，加大品牌形象的宣传和推广力度。2014年，泰国市场销售“金桥”卷烟13158万支。

【特事要辑】 7月29—31日，国家局副局长赵洪顺到福建中烟本部调研，要求福建中烟认真研判行业发展新形势和市场变化新特点，找准定位，理清发展思路。

9月27日，国家局副局长杨培森在福建烟草调研，要求福建烟草正确认识卷烟经营形势，准确把握烟叶工作形势，认真做好“两烟”工作。

11月29日至12月1日，国家局局长凌成兴在福建烟草调研，肯定福建烟草取得的成绩，要求福建烟草“坚定一个新目标，打造三个升级版”，即坚定“进位赶超”目标，分步实施往前赶；打造“七匹狼”品牌升级版，打造烟叶生产升级版，打造云霄打假升级版。

所属企业

龙岩烟草工业有限责任公司

【卷烟生产经营】 2014年，龙岩烟草工业有限责任公司生产卷烟513.75亿支（102.75万箱）（不含出口），同比增长3.27%，其中，生产一类烟81.94亿支（16.39万箱）、二类烟124.61亿支（24.92万箱）、三类烟143.35亿支（28.67万箱）、四类烟142.82亿支（28.56万箱）、五类烟21.03亿支（4.21万箱）。卷烟实现销售486.82亿支（97.36万箱），同比增长0.36%。

实现销售收入134.54亿元，同比增长5.54%。实现税利108.77亿元，同比增长4.74%，其中利润11.99亿元，同比下降2.34%。卷烟单箱实现税利1.12万元，同比增长4.36%。

【企业管理】 管理创新。围绕效率、质量、消耗、库存、生产现场管理五大课题，将精益管理理念与运营系统、企业文化相融合，统筹策划“精益十佳”创建方案，推进精益管理。2014年，节约生产成本费用6457万元。完善“卓越1.0”管理系统，推动公司从职能管理向流程管理转变，从局部优化向系统最优转变。2014年，第二次入围福建省政府质量奖现场评审。

生产管理。与销售部门搭建互通平台，及时掌握市场订单，制订生产调度计划。运用标准操作程序SOP，推行全员规范化生产维护TnPM，搭建设备五阶六维管理体系。推进批次质量管控模式，建立生产过程关键工艺参数控制稳定性实时报警和处理机制。

【技术改造】 一区生产线改造项目初步设计得到国家局批复，确定设备选型布局方案，编制2015年停产改造计划；片烟醇化库项目征地进入土地收储阶段；1140千克/小时二氧化碳膨胀烟丝生产线运行顺畅，具备总体竣工验收条件。

厦门烟草工业有限责任公司

【卷烟生产经营】 2014年，厦门烟草工业有限责任公司生产卷烟（含出口）455.46亿支（91.09万箱），同比增长1.04%，其中，生产一类烟8.13亿支（1.63万箱）、二类烟86.06亿支（17.21万箱）、三类烟257.92亿支（51.58万箱）、四类烟98.73亿支（19.75万箱）、五类烟4.63亿支（0.93万箱）。卷烟实现销售（含出口烟）432.71亿支（86.54万箱），同比下降3.15%。出口卷烟实现销售1.71亿支（0.34万箱）。

实现卷烟销售收入106.63亿元，同比增长3.82%。实现税利78.46亿元，同比增长5.14%，其中利润10.99亿元，同比增长5.37%。三项费用率为5%。

万元产值综合能耗为9.26千克标煤，万支卷烟综合能耗为2.48千克标煤。烟叶、滤棒、盘纸平均消耗分别为6.69千克/万支、2091支/万支、91米/万支。水、电平均消耗分别为0.07吨/万支、9.53千瓦时/万支。

【企业管理】 战略管理。开展2014年战略评估和2015年战略规划滚动调整，以方针目标展开计划、创新项目总体计划、精益管理集成计划“三大计划”为主要抓手，整合战略关键举措，落实战略落地工作。全面启动信息化规划项目，探索“工业4.0”新技术与企业业务的深度融合，推动信息化与企业管理、信息化与自动化的融合。

精益管理。坚持“理念导入、注重基础、试点先行、以点带面、全面推广、形成体系”的思路，通过“自上而下、自下而上”双向驱动，构建基于精益的柔性生产体系、质量保障体系和成本管控体系。完善创新体系建设，加大精益活动和日常运营改进的开展力度，全面推行精益管理。

安全管理。开展岗位达标工作，加大重点工程项目风险管控，实现“八个零、一控制，一个百分百”的安全管理目标。

【技术改造】 东孚烟叶仓库三期工程项目全面实现封顶；一区制丝片烟库项目投入使用；糖香料调配中心技术改造项目有序推进；全功能卷烟制造平台持续完善，产品实现能力和产品保障能力持续提升。

2014年福建中烟工业有限责任公司所属企业情况统计

		龙岩烟草工业有限责任公司	厦门烟草工业有限责任公司
法人资格		独立法人	独立法人
主要负责人/法人代表（含党政领导）		总经理、党委副书记：廖材河 党委书记、副总经理：姜志强	总经理、党委副书记：林荣欣 党委书记、副总经理：吴志文
成立时间		1951年	1948年
从业人员（人）		1710	1398
卷烟生产能力（亿支）		657	600
卷烟品牌	自有品牌	七匹狼、石狮	七匹狼、石狮、金桥
	代加工品牌	妙香、万宝路	—
卷烟总产量（亿支）		513.75	455.46
雪茄烟品牌		—	—
雪茄烟总产量（万支）		—	—

（撰稿：卢金德；编辑：李 昂）

江西中烟工业有限责任公司

【卷烟生产经营】 2014年，江西中烟工业有限责任公司生产卷烟（含合作生产）676.5亿支（135.3万箱），同比增长5.87%，其中，生产一类烟44.14亿支（8.83万箱），同比增长46.67%；二类烟87.22亿支（17.44万箱），同比增长74.28%；三类烟329.57亿支（65.91万箱），同比增长8.13%；四类烟145.96亿支（29.19万箱），同比下降13.85%；五类烟69.61亿支（13.92万箱），同比下降17.78%。合作生产卷烟241.13亿支（48.23万箱），同比增长30.37%。

实现卷烟销售641.29亿支（128.26万箱），同比增长3.17%，其中，一类烟38.77亿支（7.75万箱），同比增长28.09%；二类烟74.81亿支（14.96万箱），同比增长76.12%；三类烟312.30亿支（62.46万箱），同比增长4.29%；四类烟145.41亿支（29.08万箱），同比下降12.97%；五类烟70.01亿支（14万箱），同比下降14.97%。

实现卷烟销售收入160.41亿元，同比增长14.87%。公司实现卷烟税利116.93亿元，同比增长16.66%，其中利润17.24亿元，同比增长8.2%。三项费用率为6.76%。

万元产值综合能耗为11.79千克标煤，万支卷烟综合能耗为3.03千克标煤。烟叶、滤棒、盘纸平均消耗分别为6.97千克/万支、1879支/万支、605米/万支。水、电平均消耗分别为0.15吨/万支、8.68千瓦时/万支。

【主要产品与品牌建设】 主要产品。2014年，公司生产的自有卷烟品牌有“金圣”“庐山”“赣”“月兔”，合作生产福建中烟“七匹狼”、浙江中烟“利群”“雄狮”、云南中烟“红塔山”、广东中烟“双喜”等卷烟品牌。

品牌建设。2014年，“金圣”品牌实现工业调拨214.9亿支（42.98万箱），同比增加14.85亿支（2.97万箱），增长7.42%。“金圣”品牌规格单箱销售额为1.64万元，同比增加827元，增长5.3%，单箱结构多年来首次实现增长。“金圣”品牌规格一、二、三类烟销量分别增长27.2%、40.9%、4.2%，高端卷烟增长76.43%，高于行业平均水平60.8个百分点。“金圣”品牌对公司年度利润的贡献比重达到64.32%，同比提高2.32个百分点。重点市场持续增长，省内新增3个“金圣”万箱县，超过5000箱的区县市场达到20个。“金圣”品牌规格在山东、广东、浙江3个省份销量过万箱，形成17个超千箱、7个超2000箱的市级市场，其中广东东莞市销量达到4100箱。

2014年，全面启动“金圣”产品规格布局调整工作，导入新品规格、高端规格，淘汰滞销规格，形成搭配合理的产品布局。截至2014年底，“金圣”在全国形成高、中、低规格搭配布局的市级市场76个，同比增加22个，占“金圣”全国市级市场总数的33%。加大新品上市培育力度，2014年“金圣”新品销量达34.15亿支（6.83万箱），其中，“金圣（智圣出山）”“金圣（原生工坊）”“金圣（硬黑老虎）”调拨量分别达到1000箱、5000箱和4600箱。抓牢现代终端、现代媒体等创新宣传促销工具，2014年建设功能终端店近5000家，积极推进“金圣”微信平台建设。围绕“金圣”创牌20周年，组织开展征文、零售客户评选、召开座谈会等系列活动。深入开展全员营销，通过站点促销、婚庆营销、空盒回收、下乡镇营销、节假日高速公路服务区宣传以及大客户开发、商会协会交流等活动提升“金圣”品牌形象。

【原辅材料保障】 原料保障。以“控总量、调结构”为原则，2014年烟叶调拨计划合同约定量为3.92万吨（78.39万担），耗用原料4.63万吨（92.51万担），调拨入库原料5.05万吨（100.94万担），库存原料7.07万吨（141.42万担）。截至2014年底，完成原烟调拨3.66万吨（73.29万担）。采购巴西烟叶792吨（15840担）、美国烟叶495吨（9900担）、津巴布韦烟叶1723吨（34452担）。

深入开展烟叶专业化分级散叶收购工作，散叶调拨量为3.31万吨（66.2万担），占2014年烟叶采购计划的86.2%。2014年，在“金圣”品牌原料核心产区新建3个国家局基地单元，分别为云南昆明寻甸功山单元、云南大理剑川剑湖单元、江西赣州石城横江单元。截至年底，建立国家局基地单元11个，年度基地单元烟叶采购数量达到2.4万吨（48.1万担）。除2014年新建的基地单元外，其余8个已建国家局基地单元全部通过国家局评价验收，其中云南曲靖宣威基地单元在国家局评价验收中获评优秀。

辅料采购。推进非专卖品烟用材料网上交易工作，非专卖品烟用材料采购计划、合同（协议）、订单、到货确认、付款结算等环节单据录入和审核全面实现网上运行。2014年完成丙纤丝束、香精香料、商标纸、封签等12个项目的公开招标工作。2014年，采购烟用物资共计21.2亿元。

【技术创新】 江西中烟工业有限责任公司技术研发中心成立于2007年1月，是“江西省省级企业技术中心”“烟草行业认定企业技术中心”和“江西省本草烟用减害工程技术研究中心”省部级科技创新平台。中心占地面积6600余平方米，有30余间专业实验室，设立博士后科研工作站，拥有价值近1.21亿元的研发仪器设备。在岗员工74人，其中，博士研究生2人、研究员1人、高级工程师4人。

技术创新。以加快“金圣”品牌发展为核心，加快产品研发，推进本草研究，重点加强工艺、材料、原料研究。2014年，开展项目研究57项，其中，国家局重大专项课题1项、重点项目1项，取得科技成果12项。加强本草减害技术研究，开展梗丝酶解、本草提取物、国内卷烟品牌特征、本草增香材料等方面研究。加强新工艺、新材料和原料保障体系探索，研究使用金圣“本草香”品类特色工艺、原料保障数据库以及细支香线滤棒等多种三纸一棒材料。加强产品降焦研究，“金圣”焦油含量加权平均值从2013年的10.76毫克/支下降到10.56毫克/支。

新产品开发。以“求新、求异、求变”思想为引领，加强产品开发过程管理。开发200元/条、300元/条价位细支烟，推出“金圣（本草瑞香）”；瞄准100元/条价位，改进卷烟口感和吸味，推出“金圣（锦绣）”；围绕加强四、五类烟竞争力目标，完成40元/条价位“庐山（大红运）”新品开发。

特色品类构建。加快本草品类体系建设，进行香精平台搭建工作，开展第五代金圣香抗焦虑系统研究，发挥金圣香在本草减害中的主体作用，形成具有特色风格的香气品类和香精香料原料库。加快推进金圣本草香原料优良品种筛选及标准化生产基地建设项目，金圣本草特色庄园搭建初见规模。加快基础理论研究，开展《本草香作用机理的系统生物学研究》项目，探讨卷烟烟气对呼吸系统和心血管系统的影响。

【技术改造】 2014 年，重点推进赣州卷烟厂易地技改项目、井冈山卷烟厂易地技改项目和赣州卷烟厂仓储设施建设项目。赣州卷烟厂易地技改项目建设进入扫尾阶段，各建筑单体土建工程及综合办公楼和倒班宿舍的精装修工程全部完成，108 个子项目已完成交验。6 月，井冈山卷烟厂易地技改项目获得国家局初步设计批复，进行土方工程、桩基工程、临时道路和临时板房工程等项目施工，12 月底启动主体建筑工程施工，计划 2015 年 7 月实现主体建筑封顶，2016 年 6 月底前竣工试生产。2014 年 7 月，赣州卷烟厂仓储设施建设项目向国家局提交项目立项申请，11 月下旬通过国家局组织的专家论证。

【特事要辑】 1 月 26 日，江西中烟召开 2014 年工作会议。

9 月 24—26 日，国家局副局长杨培森到江西烟草调研。

11 月 26—28 日，国家局局长凌成兴到江西烟草调研。对于下一步的工作，凌成兴指出江西烟草要坚定“223”目标，做到三个“稳扎稳打”：即稳扎稳打培育“金圣”品牌、稳扎稳打发展烟叶生产、稳扎稳打推进技术改造。

2014 年江西中烟工业有限责任公司所属生产厂情况统计

		江西中烟工业有限责任公司南昌卷烟厂	江西中烟工业有限责任公司赣州卷烟厂	江西中烟工业有限责任公司井冈山卷烟厂	江西中烟工业有限责任公司广丰卷烟厂
法人资格		非独立法人	非独立法人	非独立法人	非独立法人
主要负责人（含党政领导）		厂长、党委书记：张胜健	厂长、党委副书记：何善懋 党委书记：黄　平	厂长、党委副书记（主持工作）：刘沪明	厂长、党委副书记：毛小东 党委书记、副厂长：徐辉广
成立时间		1950 年	2013 年	1982 年	1988 年
从业人员（人）		1553	1184	511	1218
卷烟生产能力（亿支）		370	200	75	100
卷烟品牌	自有品牌	金圣、庐山	金圣、庐山、赣	金圣、庐山	金圣、庐山、赣、月兔
	合作生产品牌	利群、双喜、红塔山	七匹狼、双喜	雄狮	—
卷烟总产量（亿支）		406.00	157.00	43.50	70.00
雪茄烟品牌		—	—	—	—
雪茄烟总产量（万支）		—	—	—	—

（撰稿：夏晨娣；编辑：李　昂）

山东中烟工业有限责任公司

【卷烟生产经营】 2014 年，山东中烟工业有限责任公司生产内销卷烟（含合作生产）1412.96 亿支（282.6 万箱），同比增长 1.9%，其中，合作生产 220 亿支（44 万箱）。生产一类烟 47.35 亿支（9.47 万箱），同比下降 31.51%；二类烟 59.57 亿支（11.91 万箱），同比增长 37.57%；三类烟 822.29 亿支（164.46 万箱），同比下降 15.17%；四类烟 361.79 亿支（72.36 万箱），同比增长 95.33%；五类烟 121.96 亿支（24.4 万箱），同比下降 6.02%。生产出口卷烟 34.16 亿支（6.83 万箱），同比增长 47.62%。

内销卷烟实现销售（含合作生产）1441.52 亿支（288.30 万箱），同比增长 5.23%，其中，合作生产 221.93 亿支（44.39 万箱）。一类烟实现销售 47.73 亿支（9.55 万箱），同比下降 29.27%；二类烟实现销售 59.54 亿支（11.91 万箱），同比增长 39.72%；三类烟实现销售 844.66 亿支（168.93 万箱），同比下降 11.06%；四类烟实现销售 363.45 亿支（72.69 万箱），同比增长 97.3%；五类烟实现销售 126.13 亿支（25.23 万箱），同比增长 0.13%。出口卷烟实现销售 35.4 亿支（7.08 万箱），同比增长 61.16%。

实现卷烟销售收入 321.09 亿元，同比增长 4.14%。实现卷烟税利222.85亿元，同比增长3.31%，其中利润36.48亿元，同比下降1.88%。三项费用率为9.03%，同比下降0.32个百分点。

万元产值综合能耗为13.01千克标煤，万支卷烟综合能耗为2.93千克标煤。烟叶、滤棒、盘纸平均消耗分别为6.65千克/万支、2366支/万支、597米/万支。水、电平均消耗分别为0.06吨/万支、9.19千瓦时/万支。

【主要产品与品牌建设】 *主要产品*。公司生产卷烟品牌主要为“泰山”“将军”“哈德门”。“泰山”实现销售（不含出口）728.46亿支（145.69万箱），同比下降14.73%，其中省内实现销售563.2亿支（112.64万箱）。“泰山”实现出口35.39亿支（7.08万箱）。“将军”实现销售1.55亿支（0.31万箱），同比下降60.62%。“哈德门”实现销售489.58亿支（97.92万箱），同比下降57.84%。

生产的雪茄烟品牌为“将军”“泰山”，生产雪茄烟1034.16万支，同比增长119.8%，雪茄烟实现销售891.28万支，同比增长118.47%。生产雪茄型卷烟1.44亿支（0.28万箱），同比下降63.76%；雪茄型卷烟实现销售1.55亿支（0.31万箱），同比下降60.62%。

合作生产上海烟草集团“红双喜”品牌41.5亿支（8.3万箱），湖南中烟“白沙”品牌75亿支（15万箱），红塔集团“红塔山”品牌23.5亿支（4.7万箱），红云红河集团“云烟”品牌15亿支（3万箱），江苏中烟“南京”品牌65亿支（13万箱）。

创新营销管理手段。强化销售信息管理，建设客户关系和消费市场开发管理系统，集成市场、销售及客户服务关键信息，实行流程化集中管理，实现全方位数据化管理与服务。强化销售物料管理，按照“统筹规划、全面覆盖、分类管理、层级管控”的原则，对宣传促销物料实行全过程无缝管理，提高可调控性、可评估性，提升费用使用效率。强化市场价格监控功能，通过客户经理和零售客户两个渠道，实时提报市场变化趋势和价格波动信息，互相验证纠偏，确保价格分析与监控的准确性。强化市场督导，优化督导模式，围绕中心工作，建立联合交叉督导、暗访与呼叫跟踪相结合的综合监督检查体系，确保规范、高效运行。

工商协同。贯彻“战略上统一、战术上吻合、行动上一致”的原则，深化工商协同，共同培育“泰山”品牌。省内市场以落实国家局“两保持三提高”指导意见为纲，以“‘泰山’品牌培育建功立业活动”为抓手，在产品研发、品牌培育、货源投放、人员培训等方面高度协同，深入到县区级市场，解决品牌培育工作中“最后一公里”的问题，持续巩固省内市场“根据地”地位。省外市场通过突出重点市场，合理组织货源投放，加快“泰山”品牌协议执行进度，稳定鲁产烟在省外市场的基本面；通过关注细支烟新增长点，制定专项方案，集中费用资源，集中使用，全程跟踪督导，突出实际效果。

品牌文化。加强“泰山”品牌文化的挖掘和传播，优化各种宣传资源，搭建立体交互的销售引领运作和品牌文化传播体系。突出品牌文化内涵。挖掘产品历史基因，立足产品功能定位、情感定位和细分市场，策划“泰山（红锡包）”“泰山（好客细支）”上市营销方案。突出品牌推广效果。以品牌宣传为主题，与省内零售客户致富工程相结合、与农村市场开发相结合，统筹开展百场品鉴会、百场培训机构推广会等活动。突出自媒体品牌传播功能。立足于公司报纸、周刊、网站等成熟自媒体，拓展微博、微信和积分商城等新兴网络自媒体，报网配合联动，优势互补，开设品牌培育专版，开展“保八争十”等主题征文活动，深度运营微博、微信宣传平台，其中微博粉丝总量23万人，位居行业第一位，为公司和泰山品牌发展营造良好舆论氛围。

【原辅材料保障】 调布局控总量，调减非适宜烟叶计划0.5万吨（10万担），国产烤烟计划降至10.25万吨（205万担）。重点产区中部上等烟叶调拨比例提高至54%，重点产区上部上等烟叶、非重点产区上等烟叶调拨比例分别下降6.1和16.1个百分点。承建国家局烟叶基地单元27个，其中2014年新增6个，产能规模6.75万吨（135万担）。

降低烟用材料、备品备件及烟机设备大项修采购成本2730万元。符合条件的烟用材料公开招标比率保持100%。烟用材料与备品备件入库检验合格率、质量问题反馈整改率、质量监督检验合格率均为100%。

加强仓储烟叶提质养护管理，优化整合烟叶仓储资源，库容率提高10个百分点，节约租赁费410万元。实现卷烟包装箱循环利用工作常态化，2014年使用回收烟箱生产包装卷烟38.58万箱。

【技术创新】 *产品研发*。以“做好一包烟”为目标，坚持“老产品无优不休、新产品无特不出”原则。通过加强叶组配伍研究，探索建立起基于“产品分档、原料分层”的大配方模块化设计模式，初步实现单等级配方向模块化配方的转变。确立基础料、功能料、特征香的模块设计思路，通过开展比对试验，强化香料配伍研究，“泰山（好客细支）”等产品部分模块实现自主调香，2014年，自主调香比例为11%。

新型烟草制品。颐中烟草（集团）有限公司、山东中烟工业有限责任公司技术中心联合研制30余款电子烟烟液，6款进入生产环节，并取得电子烟、口含烟设计等5项技术储备。将军烟草集团有限公司组织研制的加棉线及爆珠滤棒投入应用，颐中烟草（集团）有限公司组织开展的植物香原料萃取和香料集中调配等技术研究取得新进展。

减害降焦。通过开展“减害降焦”综合技术集成研究，以技术中心为主体，4家卷烟厂配合，卷烟焦油释放量和7种有害成分释放量稳步降低。2014年，“泰山”品牌焦油量和危害性评价指数分别降至10.34毫克/支和7.9，同比降低0.34毫克/支和0.5。“泰山”品牌卷烟危害性评价指数下降5.95%。焦油含量在6毫克/支以下的低焦油卷烟销量33.5亿支（6.7万箱），居行业第六位。

创新体系建设。构建三级协同创新平台，协同创新体系基本形成。健全自主研发体系，优化技术中心组织机构，构建起以“产品研发为核心、技术研发为支撑”的新型自主创新协同平台。加强“产学研”合作，突出“借脑引智、为我所用”，与郑州烟草研究院等科研单位的“产学研”合作不断深入。深化公司“产销研供”协同创新，建立“产销研供”月度例会制度，协同开展项目研究14项。

科研项目管理。按“问题就是课题”的管理思路，强化立项引导和成果转化。通过调整研究方向，科技项目进一步聚焦产品质量主题。通过强化成果可转化的结题标准，提高研究成果对产品的贡献度。2014年，组织立项31项，其中与产品质量直接相关的项目为24项，占比77.42%。取得科研成果58项，转化应用39项，成果转化率67.24%。获得专利授权29项，公司累计获得专利授权440项。

技术标准。以提高产品感官质量为目标，突出关键技术指标控制，完成感官KQI（关键质量指标）技术标准体系框架设计，制订和发布感官KQI技术标准78项。参与行业标准制修订工作，参与《卷烟制造过程标准体系 构成与要求》《烤烟烟叶质量风格特色感官评价方法》等行业标准的制修订工作。围绕原料和香料质量检控，开展标准项目研究工作，完成3项标准项目研究工作。

质量监督。启动国家实验室认证工作，完善公司计量管理体系，实施实验与检测站改造和搬迁，公司实验与检测中心建成并正常运行。完善卷烟成品和重点烟用材料月度监督检验制度，强化对感官和主流烟气的稳定性、符合性管控，完善产品质量安全管控体系，优化检测方法和检验规程，对烟用材料、再造烟叶实施全覆盖监督检验，有效保障产品质量安全。

山东中烟工业有限责任公司技术中心。山东中烟工业有限责任公司技术中心成立于2006年10月，2007年通过国家发展改革委、科技部、财政部、海关总署、税务总局五部委联合组织的国家认定企业技术中心的认定。在岗员工155人，博士研究生学历3人、硕士研究生学历29人，中级职称113人、高级职称29人。2014年，组织科技立项31项，取得成果58项，国家局项目结题2项，申报专利53项，至年底累计有效专利440项，发表科技论文112篇。

【对外交流与合作】 2014年，落实行业“走出去”战略，拓展国际市场，出口数量快速突破。“泰山（TS）”卷烟同比增长61.16%，实现机制雪茄出口零的突破。“泰山（TS）”卷烟品牌在行业单品牌一般贸易出口数量中排位列第一名，居烟草行业单品牌境外销量排名第五位。

市场拓展。把自主品牌国际化培育放在国际市场开拓的首位，提升“泰山（TS）”的品牌影响力。赴德国多特蒙德参加第36届国际烟草博览会，展示“泰山（TS）”品牌形象，了解国际市场行情，建立合作联系。深入走访市场一线，指导经销商分销渠道建设。先后组织3个团组，分别走访南非、坦桑尼亚、印尼、柬埔寨、阿联酋等多个市场，取得大量市场一手资料，为市场拓展奠定基础；克服中东地区动荡局势负面影响，协助客户做好市场开发和维护工作，在东欧、东南亚等地区开拓3个新市场。推进机制雪茄产品在中东市场的测试和推广，实现雪茄烟境外销售的实质性突破；推动电子烟在国际市场的启动准备工作，设计开发一期六款不同口味的便捷式电子烟，二期六款不同风格的多烟弹、注液式电子烟完成设计制作。发挥山东烟草（中东）贸易公司的境外运行平台的功能，成功拓展阿富汗、埃及、乌克兰等市场。

国际合作。推进与墨西哥雪茄烟项目的合作，为国内雪茄烟进口原料保障服务，为“泰山（TS）”雪茄烟的海外市场铺设渠道。3月，与墨西哥客商在济南举行会谈，就雪茄烟合作事宜沟通交流。6月，派人赴墨西哥驻华大使馆，推进墨西哥雪茄烟叶输华事宜。7月，组团到美国参加国际优质雪茄与烟斗贸易展览会（IPCPR），展示“泰山（TS）”高档手工雪茄和机制雪茄产品。

6月，与印尼合作方及新加坡客户在青岛举行会谈，三方代表就“泰山（TS）”品牌卷烟在印尼委托加工、在印尼和马来西亚市场及其周边地区销售等事宜进行探讨交流，达成初步意见。7月，第一批6400件“泰山（TS）”97mm细支混合型卷烟出口中东市场。谋划与印尼卷烟委托加工项目，提升“泰山（TS）”在海外市场的竞争力。

【生产管理】 精益管理。导入精益思想，系统开展课题研究和精益改善活动。2014年，立项研究精益课题110项。国家局公布的34项对标指标，公司有15项优于行业平均水平，其中1项达到行业先进水平。国家局公布的15项对标指标，济南卷烟厂15项、青岛卷烟厂14项、青州卷烟厂9项、滕州卷烟厂9项指标水平优于行业平均水平，青岛卷烟厂"烘丝机出口水分偏差"指标达到行业先进水平。济南卷烟厂制丝、卷包车间被评为制造业全国五星级现场，济南、滕州卷烟厂各1个班组获全国质量信得过班组。

成本管控。建立原辅材料价格资料信息库，制定主要原辅材料设计成本标准定额，建立考核费用与产品销量挂钩的运行机制，构建相对完善的营销费用管理制度体系。探索建立总分管理体制下以"模拟利润责任制"为核心的新型财务管理机制。公务招待费、车辆运行费、修理费、会议费同比分别下降39.9%、45.6%、29.5%、35.7%。卷烟单箱费用同比下降5.5%。

【特事要辑】 1月21日，山东烟草工业系统2014年工作会议在济南召开。

4月16—17日，驻国家局纪检组组长高林在山东烟草调研。

5月7日，中国财贸轻纺烟草工会主席秦鲁隼到济南卷烟厂调研指导工作。

7月1—4日，国家局副局长徐瑾到山东烟草调研。

10月28—29日，国家局局长凌成兴到山东烟草调研。调研期间，凌成兴听取山东省局（公司）和山东中烟的工作汇报，考察青州卷烟厂、滕州卷烟厂等单位。凌成兴要求山东烟草下一步做到"一个努力完成，三个坚定不移"。"一个努力完成"，即同舟共济牵住卷烟营销这个"牛鼻子"、同舟共济破解计划增量这个两难命题、同舟共济实现税利总额这个核心指标，努力完成年度目标。"三个坚定不移"：一是坚定不移抓好专卖管理，对不规范经营行为的苗头，发现一起查处一起，持续做好专卖内管、打假打私工作；二是坚定不移培育"泰山"品牌，认真谋划、稳扎稳打，通过开发新产品、恢复总产量、提高单箱值，深入挖掘市场潜力；三是坚定不移落实烟叶三年调控目标，提高烟叶单产，增加烟农收入，并抓好复烤企业降本增效工作。

11月7日，山东省委副书记、省长郭树清到济南卷烟厂调研。

12月25日，国家局副局长赵洪顺到山东烟草调研。

2014年山东中烟工业有限责任公司所属生产厂情况统计

		山东中烟工业有限责任公司济南卷烟厂①	山东中烟工业有限责任公司青岛卷烟厂	山东中烟工业有限责任公司青州卷烟厂	山东中烟工业有限责任公司滕州卷烟厂
法人资格		非独立法人	非独立法人	非独立法人	非独立法人
主要负责人（含党政领导）		厂长、党委副书记：秦日伦（—2014.11）、刘爱国（2014.11—） 党委书记、副厂长：王洪祥（—2014.4）、张　鹏（2014.4—）	厂长、党委副书记：周　健 党委书记、副厂长：赵善强	厂长、党委副书记：肖春菊 党委书记、副厂长：廖旭东	厂长、党委副书记：张　鹏（—2014.4） 厂长、党委书记：傅　军（2014.4—，之前任党委书记、副厂长）
成立时间		1928年	1919年	1948年	1951年
从业人员（人）		1726	1534	1209	608
卷烟生产能力（亿支）		662	690	300	150
卷烟品牌	自有品牌	泰山、哈德门、将军	泰山、哈德门	泰山、哈德门	泰山、哈德门
	合作生产品牌	红塔山、云烟	—	南京、白沙	红塔山、白沙
卷烟总产量（亿支）		540.60	560.30	231.00	115.00
雪茄烟品牌		将军、泰山	—	—	—
雪茄烟总产量（万支）		1034.16	—	—	—

注：①山东中烟工业有限责任公司下设雪茄烟制造中心。雪茄烟生产具体由济南卷烟厂雪茄烟生产车间承担。车间由济南卷烟厂和雪茄烟制造中心共同管理。2014年，主要生产的雪茄烟品牌有"将军""泰山"。

（撰稿：秦日旭　郭　勇；编辑：李　昂）

河南中烟工业有限责任公司

【卷烟生产经营】 2014年，河南中烟工业有限责任公司生产卷烟（不含出口、含合作生产）1721亿支（344.2万箱），同比增长0.94%，其中，生产一类烟41.35亿支（8.27万箱），同比下降7.77%；二类烟107.46亿支（21.49万箱），同比增长2.23%；三类烟1130.08亿支（226.02万箱），同比下降3.68%；四类烟304.53亿支（60.91万箱），同比增长29.2%；五类烟137.58亿支（27.52万箱），同比下降5.8%。生产出口卷烟12.25亿支（2.45万箱），同比增长53.87%。生产合作品牌卷烟194.99亿支（39万箱），同比下降20.41%。生产高价位卷烟10.21亿支（2.04万箱），同比增长55.49%；高端卷烟16.7亿支（3.34万箱），同比增长73.54%；细支烟3.73亿支（0.75万箱）。

实现卷烟销售（不含出口）1698.35亿支（339.67万箱），同比增长1.32%，其中，一类烟40.1亿支（8.02万箱），同比下降7.15%；二类烟102.49亿支（20.5万箱），同比下降0.81%；三类烟1113.73亿支（222.75万箱），同比下降2.66%；四类烟302.98亿支（60.6万箱），同比增长27.19%；五类烟139.03亿支（27.81万箱），同比下降5.67%。出口卷烟实现销售12.42亿支（2.48万箱），同比增长62.18%。

实现卷烟销售收入439.26亿元，同比增长2.13%。实现税利338.19亿元，同比增长2.99%，其中利润75.77亿元，同比下降1.41%。三项费用率为8.50%。财务费用4529万元，宣传促销费34276万元，分别比国家局下达的增收节支目标任务降低2271万元、224万元。业务招待费、会议费均低于国家局批复的预算额。

【主要产品与品牌建设】 主要产品。2014年，公司生产的内销卷烟品牌主要有“黄金叶”“红旗渠”“散花”。生产“黄金叶”1014.71亿支（202.94万箱），同比增长0.93%；“黄金叶”实现销售992.86亿支（198.57万箱），同比增长2.8%，其中省内682.85亿支（136.57万箱），省外310.02亿支（62万箱）。生产“红旗渠”445.34亿支（89.07万箱），同比增长20.25%；“红旗渠”实现销售440.42亿支（88.08万箱），同比增长18.01%，其中省内250.04亿支（50.11万箱）、省外189.88亿支（37.98万箱）。

合作生产云南中烟的卷烟品牌“红塔山”52.5亿支（10.5万箱）、“云烟”27.5亿支（5.5万箱），上海烟草集团的卷烟品牌“红双喜”42.5亿支（8.5万箱），浙江中烟的卷烟品牌“利群”40亿支（8万箱）、“雄狮”10亿支（2万箱），福建中烟的卷烟品牌“七匹狼”22.47亿支（4.49万箱），江苏中烟的卷烟品牌“南京”105万支（21箱），湖北中烟的卷烟品牌“红金龙”42万支（8.4箱）。

2014年，向缅甸、菲律宾、越南、马来西亚、柬埔寨、澳大利亚、新加坡、巴拿马、智利、伯利兹、土耳其、中国澳门等国家和地区出口“FARSTAR（发时达）”“CRAZY-HORSE（野马）”“GOLDENLEAF（黄金叶）”“帝豪”品牌卷烟，出口额1757.48万美元，同比增长118.43%。

产品开发。以推进精益研发为重点，实现技术平台、创新能力、体制机制等要素的有机对接和融合，缩短研发周期，降低研发成本，使产品定位更加清晰、风格特色得以彰显，精益研发试点工作受到国家局通报表扬。在做精规格上下功夫，2014年开发推出“黄金叶（天叶细支）”“黄金叶（天香细支）”“黄金叶（天韵）”“黄金叶（爱尚）”“黄金叶（金尚酷）”5款新品，维护改造“黄金叶（硬福满堂）”“红旗渠（新开元）”2款产品，研究储备6款产品。研发出2款新型卷烟加热实验装置和袋装、含化型口含烟，5款电子烟烟液配方。

品牌营销。积极适应行业市场化取向改革，落实《河南省卷烟产品结构优化升级工作方案》，推进结构优化升级试点工作，实施销售与营销职能分设机制改革，深化营销分中心建设，完善省外三个大区组织架构，工作推进效率、资源使用效率、市场保供效率得到提升。创新新品培育，实施市场引入竞标模式，建立新品信息周报制度。持续发力终端，深入推进“133”（围绕“在终端着力、靠终端发力”一条主线，做实“终端建设、终端活动、终端服务”三项工作，构建“队伍、资源、机制”三个支撑）终端营销模式和“美丽终端”建设，优化渠道终端，服务零售终端，拉动消费终端，终端活力持续增强。

运行调控。坚持“增销量、调结构、稳价格、降库存”调控方针，实现供求平衡、价格稳定、库存合理。注重品牌管理，加强信息分析研究，突出价格和存销比，保持品牌发展整体稳健。实施分类调控，重视“黄金叶（天叶）”引领作用，确保价格坚挺、价值提升、形象良好，2014年销售“黄金叶（天叶）”8.2亿支（1.64万箱），同比增长104.15%。“黄金叶（天叶）”和“黄金叶（小天叶）”合计销售突破 10 亿支（2 万箱），约占行业同价区卷烟销量10%，比 2013 年提高近 4 个百分点；突出一、二类烟调控，实施“一品一策”“一地一策”“一时一策”，整体实现稳中有进。稳定零售价 100 元/条价位产品地位，坚持稳扎稳打、良性扩张、健康发展，“黄金叶”在该价位 2014 年实现销售 889.59 亿支（177.92 万箱），实现销量居该价位品牌全国第 2 位。

市场建设。省内市场突出提结构、促转型、增效益，自有品牌实现销售 998.96 亿支（199.79 万箱），比 2013 年增加30.1 亿支（6.02 万箱），培育 20 万箱以上市场 2 个、15 万箱以上市场 2 个、10 万箱以上市场 7 个；省外突出扩规模、增销量、促发展，自有品牌实现销售 503.23 亿支（100.65 万箱），比 2013 年增加 47.77 亿支（9.55 万箱），培育 10 万箱以上市场 4 个、5 万箱以上市场 1 个、2 万箱以上市场 9 个。

【原辅材料保障】 原料保障。明确“321”原料工作思路，即“三提两控一转变”。“三提”是提升计划管控能力，提升质量管控能力，提升基础管理水平；“两控”是控制库存总量，控制原料成本费用；“一转变”是基地建设由数量规模型向质量特色型转变。2014 年，签订国内烟叶合同总量 225 万担，原烟加工点从 2013 年的 24 家减少到 19 家，在 9 个产烟省区实现跨区域调拨和模块化加工，在省内实现跨区域调拨和分模块加工。2014 年，新增国家局烟叶基地单元 7 个，总数达到 31 个，其中现代烟草农业基地单元 23 个，特色烟基地单元 8 个；重点省份云南、河南分别达到 7 个、9 个。原料供应基地化比率达到 70%，高于全国平均水平。在福建邵武基地单元开展国家局首批“推行精益生产，打造升级版基地单元”试点工作，通过构建精准信息、集成精良技术、落实精细管理、打造精干队伍，实现精益烟叶生产，试点工作通过国家局评审。

物资保障。全面研究、部署和推进卷烟材料授权改革工作，制定发布改革意见、实施办法以及配套文件，通过授权改革的策划、设计和实施，卷烟厂保障供应责任主体地位从制度层面得到确立，精益采购、生产保供和物资管理职能得到强化，授权改革取得阶段性成效。积极适应公司“黄金叶”品牌发展和市场增量扩销需要，统筹安排烟用材料采购，实现优质、高效、安全保供，材料保供率 100%。

强化供应商管理，开展近 30 次供应商培训交流。进行 2013 年烟用材料供应商的年度评价和考核，并将年度评价结果应用到公司 2014 年烟用材料采购招标项目中。发布《烟用材料月度评价考核办法》，以月度评价、季度考核兑现的模式，从质量、交付、服务、规范等方面对供应商进行业绩评价，奖优罚劣。继续开展“突出前瞻保障的物资供应链管理研究”，初步形成供应商管理、采购模式模型、烟用材料消耗清单、质量信息反馈、材料质量风险控制等模块解决方案，在采购模式创新、供应商评价等方面得到应用。推进卷烟厂质量信息反馈机制建设试点工作。

【技术创新】 创新体制机制，推进精益研发、协同创新和联合研发，构建规范化、常态化的产学研创新合作平台；与郑州烟草研究院联合成立新型烟草制品工程中心，推进新型烟草制品研发。深化项目研究，开展科技攻关，加快转化应用；“彰显黄金叶品牌风格特征关键技术研究”项目获中国烟草总公司科技进步一等奖，两个项目获河南省 2014 年科技进步二等奖。突出重点项目建设，黄金叶生产制造中心、新许昌卷烟厂顺利建成达产，国家局局长凌成兴考察后评价两个项目“规模大、品位高、工艺新、格局好、进展快，创造了行业大、中型烟厂技改的一流水平”。强化信息化支撑，开展工业 4.0 理论和互联网应用等管理知识学习研究，推进信息化建设，提升信息化对业务工作的支撑能力。

河南中烟工业有限责任公司技术中心。技术中心成立于 2007 年 3 月，为行业级技术中心。设有烟气超净、常规分析、理化分析、香精香料分析及卷烟物测等标准实验室，拥有先进大型仪器设备 30 余台（套），总价值 4000 余万元。截至 2014 年底，技术中心有员工 113 人，平均年龄 37 岁，其中，获得博士研究生学位 3 人，获得硕士研究生学位 16 人；中高级以上专业技术资格 80 人，其中 1 人取得行业研究员高级专业技术职务任职资格，高级职称 13 人；有 1 名国家局科技委员会委员、5 名国家卷烟感观质量评吸委员会委员、1 名标准化委员会委员、1 名中国烟草品种审定委员会委员、2 名国家烟叶等级质量检验委员会委员。2014 年，河南中烟技术中心的行业科技创新能力评价排名较 2013 年前进 6 位，通过行业安全管理二级企业达标验收。

【对外交流与合作】 落实国家局“走出去”战略，起草《关于成立河南中烟拓展国际市场领导小组及办公室》的文件，统筹把握“走出去”发展战略的重大问题和专项政策。起草《河南中烟拓展国际市场 3—5 年规划》，谋划境外建网、建厂和委托加工卷烟业务。与香港天利公司、尼日尔 NAMATA 家族、巴基斯坦 MILANO 公司、澳门协港集团、柬埔寨榆林达集团、马来西亚北合公司商讨烟草贸易合作及投资建厂、建网合作。稳步推进与马来西亚合作生产烟丝、梗丝以及授权加工卷烟等业务。

【特事要辑】 1月18日，河南省委书记郭庚茂对河南中烟工作作出重要批示："成绩非凡显著，谨致祝贺！在新的一年里请乘胜前进，争取更好更快发展！"

1月19日，河南省省长谢伏瞻对河南中烟工作作出批示："过去的一年，中烟工业公司着力调整结构，培育自主品牌，打造拳头产品，增加经济效益，成绩喜人，要围绕打造千亿级产业的目标，进一步提升中烟在行业中的地位，为全省发展再作新的更大贡献。"

1月20日，国家局局长凌成兴在河南中烟报送的工作汇报材料上作批示："黄金叶品牌去年创造了全行业重点品牌卷烟增量第一位，很不容易。这是河南烟草'重振雄风'的重要标志、得力举措和宝贵经验。望再接再厉，稳健发展。"

5月30日，河南省副省长张维宁主持召开河南卷烟产品结构升级专题会，强调要积极推进全省卷烟产品结构升级，努力培育新的经济增长点。

7月2日，国家局副局长杨培森到河南烟草调研，要求河南中烟夯实基础，发挥优势，打造特色，稳健经营，将"黄金叶"打造成以特取胜的优势品牌。

7月16—18日，国家局副局长徐瑩到河南烟草调研。

9月9日，河南中烟举行市场营销中心郑州分中心授牌仪式，标志着公司营销体制机制改革取得阶段性成效，以市场营销中心为主体、以7个分中心为支撑的省内市场营销体制初步建成。

9月17—19日，国家局总会计师张玉霞到河南烟草调研。

9月21日，易地技改后的新许昌卷烟厂正式投产运行。

9月28日，河南中烟黄金叶科技园项目奠基，桩基工程正式开工，项目建设进入全面施工阶段。

10月16—17日，国家局局长凌成兴在河南烟草调研，强调要牢记总书记教导，笃行焦裕禄精神，坚定超万亿目标，为行业持续健康发展作出河南烟草应有的贡献。凌成兴先后考察安阳卷烟厂、投产试运行的新许昌卷烟厂和黄金叶生产制造中心等，详细了解经济运行、卷烟生产、技术技改等情况，强调下一步要重点抓好三项工作。一是抓住好时机。抓住烟厂技改的好时机，抓住专卖打假的好时机，抓住烟叶生产的好时机。二是打牢"黄金叶"。"黄金叶"这个品牌就是烟草的代名词，是河南烟草发展的重大引擎，必须把这个基础打牢。三是两年一台阶。河南省委、省政府统筹协调，提出今后三年烟草税利总额要增加260亿的目标，这个目标总体可行，可以按照"两年一台阶"分步实施。

11月4日，国家局副局长赵洪顺到河南中烟黄金叶生产制造中心调研，充分肯定项目建设取得的成绩，要求黄金叶生产制造中心按照国家局党组的要求，加紧施工建设，早日全面建成，早日取得成效，促进"黄金叶"品牌更大发展，为行业持续健康发展作出新的贡献。

11月10日，新郑、郑州卷烟厂易地搬迁完成，黄金叶生产制造中心正式投产运行。黄金叶生产制造中心是2009年国家局批复的行业重大专项工程，被河南省政府列入"8511"投资促进计划。由新郑卷烟厂和郑州卷烟厂合并而成，总用地约1107亩，总投资额41.83亿元。

2014年河南中烟工业有限责任公司所属生产厂情况统计

	河南中烟工业有限责任公司黄金叶生产制造中心	河南中烟工业有限责任公司许昌卷烟厂	河南中烟工业有限责任公司安阳卷烟厂	河南中烟工业有限责任公司南阳卷烟厂	河南中烟工业有限责任公司驻马店卷烟厂	河南中烟工业有限责任公司漯河卷烟厂	河南中烟工业有限责任公司洛阳卷烟厂
法人资格	非独立法人	非独立法人	非独立法人	非独立法人	非独立法人	非独立法人	非独立法人
主要负责人	总经理：李彦伟（2014.8—）党委书记：司书贵（2014.8—）	厂长：崔少卿 党委书记：陈书政	厂长：张国显 党委副书记（主持工作）：范国民（2014.2—）	厂长：刘金福 党委书记：杨玉良［2014.8—，之前任党委副书记（主持工作）］	厂长：武超伟 党委书记：张建民（—2014.2）党委副书记（主持工作）：董建兴（2014.2—）	厂长：邵宏杰（—2014.8）、吕飞(2014.8—) 党委书记：丁恒杰（—2014.11）党委副书记（主持工作）：王秋领(2014.11—)	厂长：徐合军 党委副书记（主持工作）：齐建华（2014.2—）
成立时间	2014年	1949年	1945年	1950年	1949年	1949年	1981年
从业人员(人)	2627	1498	1273	1119	797	954	866
卷烟生产能力（亿支）	730	390	270	215	150	215	215

续表

		河南中烟工业有限责任公司黄金叶生产制造中心	河南中烟工业有限责任公司许昌卷烟厂	河南中烟工业有限责任公司安阳卷烟厂	河南中烟工业有限责任公司南阳卷烟厂	河南中烟工业有限责任公司驻马店卷烟厂	河南中烟工业有限责任公司漯河卷烟厂	河南中烟工业有限责任公司洛阳卷烟厂
卷烟品牌	自有品牌	黄金叶、红旗渠	黄金叶	黄金叶、红旗渠	黄金叶、红旗渠	黄金叶、红旗渠、散花	黄金叶、红旗渠、散花	红旗渠
	合作生产品牌	—	—	云烟、七匹狼	红双喜	—	利群、雄狮	红塔山、红金龙、南京
卷烟总产量（亿支）		651.71	299.03	226.20	157.00	113.35	155.96	130.00
雪茄烟品牌		—	—	—	—	—	—	—
雪茄烟总产量		—	—	—	—	—	—	—

（撰稿：张　宇；编辑：李　昂）

湖北中烟工业有限责任公司

【卷烟生产经营】 2014年，湖北中烟工业有限责任公司生产卷烟（不含合作生产和出口）1395.9亿支（279.18万箱），其中，一类烟662.13亿支（132.43万箱），二类烟218.68亿支（43.74万箱），三类烟178.08亿支（35.62万箱），四类烟209.2亿支（41.84万箱），五类烟127.8亿支（25.56万箱）。公司与省外卷烟工业企业合作生产卷烟257.4亿支（51.48万箱）。生产出口卷烟11.66亿支（2.33万箱）。

实现卷烟销售（含合作生产，不含出口）1592.09亿支（318.42万箱），其中，一类烟587.74亿支（117.55万箱），二类烟186.3亿支（37.26万箱），三类烟177.16亿支（35.43万箱），四类烟223.9亿支（44.78万箱），五类烟132.54亿支（26.51万箱）。

实现卷烟销售收入627.04亿元，同比增长0.67%。实现税利487.73亿元，同比增长19.92%，其中利润73.88亿元，同比增长36.03%。三项费用率为5.57%，同比下降0.99个百分点。

万元产值综合能耗为5.37千克标煤，万支卷烟综合能耗为2.47千克标煤。烟叶、滤棒、盘纸平均消耗分别为7.11千克/万支、2098支/万支、603米/万支。水、电平均消耗分别为0.09吨/万支、6.4千瓦时/万支。

【主要产品与品牌建设】 2014年，公司把培育“黄鹤楼”卷烟品牌作为经济运行的首要任务，落实“稳产量、促销量、调结构、控库存、守红线、增税利”等举措，适应行业市场化取向改革，推进营销工作的转型升级，精耕市场，精准营销，品牌发展总体保持平稳健康势头。

主要产品。2014年，公司生产的卷烟品牌主要有“黄鹤楼”“红金龙”。生产“黄鹤楼”（含合作生产）970.24亿支（194.05万箱），同比增长16.59%。与黑龙江烟草工业有限责任公司合作生产“黄鹤楼”45亿支（9万箱）；与川渝中烟工业有限责任公司合作生产“黄鹤楼”45.5亿支（9.1万箱）。“黄鹤楼”实现销售871.62亿支（174.32万箱），同比增长11.23%。“黄鹤楼”品牌主导规格“黄鹤楼（软蓝）”“黄鹤楼（金砂）”“黄鹤楼（硬红）”等销量居前三名的品牌规格销量共计547.38亿支（109.48万箱），占品牌总销量比重的62.8%。

2014年，生产“红金龙”（含合作生产）691.38亿支（138.28万箱），同比下降33.03%。与黑龙江烟草工业有限责任公司合作生产“红金龙”90亿支（18万箱）；与川渝中烟工业有限责任公司合作生产“红金龙”77亿支（15.4万箱）。实现销售“红金龙”714.16亿支（142.83万箱），同比下降29.55%。

2014年，公司生产雪茄烟2.19亿支，同比增长128.1%，其中，三峡卷烟厂雪茄烟分厂生产1.487亿支。手工雪茄实现销售1.3亿支，同比增长37.37%。

卷烟实现境外销售12.34亿支，手工雪茄实现境外销售0.25亿支。实现境外销售收入1.09亿元。

品类建设。加强以“淡雅香”品类为“中心”、以“雪雅香”品类和细支烟为“两个支点”的“黄鹤楼”品牌体系建设，挖掘卷烟消费的新需求、新热点，加大产品创新力度，丰富品类内涵。新品“黄鹤楼（雪雅香）”系列2014年实现销售46.4亿支（9.28万箱），增长近5倍。细支烟快速上量，“黄鹤楼”细支烟实现销售39.5亿支（7.81万箱），增长117%，其中，“黄鹤楼（天下名楼）”单规格销量35.6亿支（7.12万箱），增长106%；“红金龙（爱你）”细支烟实现销售5.45亿支（1.09万箱）。

品牌培育。更加注重品类化和梯次性，推进“高端引领、中端突破、低端做实”的发展思路，对不同价位采取不同策略。更加注重区域优化性和规格优化性，按照“错位投放、选点控量、差价为王”原则，精细培育品牌，强化对“黄鹤楼”品牌重点规格的整体布局，做到产品投放因地制宜和因品制宜。

【原辅材料保障】 2014年，公司共调拨国内烟叶（不含行业内调剂）8.925万吨（178.5万担），调拨进口成品片烟0.857万吨（17.13万担）。

烟叶调控。及时调整采购计划，优化基地单元布局，严把调拨质量关，确立“控量、提质、调结构”的工作思路，2014年度签订烟叶采购合同计划11万吨（220万担），同比减少5.25万吨（105万担），减少采购资金7亿元左右，降低原料库存约4万吨（80万担）。

原料保障。公司着眼于品牌可持续发展，对烟叶库存、等级结构、产区布局等进行全面分析，突出烟叶质量和使用价值，发挥企业技术优势，加强生态烟叶、特色原料、优质重组烟叶和配方工艺等技术研究应用，走出一条不过分依赖某地某种类烟叶的路子。

【技术创新】 2014年，公司继续发挥黄鹤楼科技园平台作用，推进产学研融合。截至2014年底，公司累计申报专利2064项，获得专利授权1576项。

围绕核心领域、关键技术开展攻关。开发天然香精40种、优质重组烟叶27种、功能型滤棒20种。截至2014年底，公司天然香精、优质重组烟叶、功能型滤棒成果和储备累计数量分别为897种、118种、104种。加强新一代烟草制品技术研究。开发出储备电加热、碳加热、电子烟等产品20种。

【对外交流与合作】 1月，克罗地亚TDR公司CEO扎德罗先生访问湖北中烟，洽谈双方合作事宜。6月，湖北中烟与菲莫国际公司合作的“RGD”小雪茄产品在捷克市场上市。8月，“RGD”产品在沙特阿拉伯有税市场上市。9月，参加德国INTER－TBAC烟草博览会，重点推介湖北中烟雪茄烟产品。10月，“RGD”巧克力和香草味产品在墨西哥市场上市。11月，与金叶卷烟厂（澳门）有限公司开展委托加工合作，生产出首批“黄鹤楼”产品。

【特事要辑】 6月20日，国家局副局长杨培森参加指导群众路线教育实践活动联系点湖北中烟恩施卷烟厂党委专题民主生活会并讲话。

9月2日，中国企业联合会、中国企业家协会发布“2014中国企业500强榜单”，湖北中烟位列500强榜单第189位，较上年排名提升1位。在2014中国制造业100强榜单中排名第84位，较上年排名提升5位。

11月17—18日，国家局局长凌成兴到湖北中烟调研，先后考察广水卷烟厂、红安卷烟厂和武汉卷烟厂易地技改工程项目。其间，湖北省委书记、省人大常委会主任李鸿忠会见凌成兴，湖北省委副书记张昌尔和许克振参加会见，双方就湖北烟草改革发展交换意见。

2014年湖北中烟工业有限责任公司所属生产厂情况统计

	湖北中烟工业有限责任公司武汉卷烟厂	湖北中烟工业有限责任公司襄阳卷烟厂	湖北中烟工业有限责任公司三峡卷烟厂①	湖北中烟工业有限责任公司广水卷烟厂	湖北中烟工业有限责任公司红安卷烟厂	湖北中烟工业有限责任公司恩施卷烟厂
法人资格	非独立法人	非独立法人	非独立法人	非独立法人	非独立法人	非独立法人
主要负责人（含党政领导）	党委书记：聂广军（—2014.7）、吕有农（2014.7—2014.12）、聂广军（2014.12—） 厂长：吕有农（—2014.7）、程思军（2014.8—）	厂长、党委书记：姚　萌（—2014.8） 厂长：张道义（2014.8—） 党委书记：姚　萌（2014.8—11）、张志生（2014.11—）	厂长、党委书记：刘兴国（—2014.11） 厂长：刘兴国（2014.11—） 党委书记：何中柱（2014.11—）	党委书记、厂长：彭涛鸣	厂长、党委书记：方战先（—2014.11） 厂长：方战先（2014.11—） 党委书记：张小平（2014.11—）	厂长、党委书记：李卫（—2014.8） 厂长：谭文峰（2014.8—） 党委书记：李　卫（2014.8—11）、戚新平（2014.11—）
成立时间	1916年	1944年	1998年	1970年	1981年	2009年
从业人员（人）	1561	1206	759	976	753	703

① 湖北中烟工业有限责任公司三峡卷烟厂下辖雪茄烟分厂，负责湖北中烟雪茄烟生产。2014年，主要生产的雪茄烟品牌有“黄鹤楼”“茂大”“顺百利”“三峡”。

续表

	湖北中烟工业有限责任公司武汉卷烟厂	湖北中烟工业有限责任公司襄阳卷烟厂	湖北中烟工业有限责任公司三峡卷烟厂①	湖北中烟工业有限责任公司广水卷烟厂	湖北中烟工业有限责任公司红安卷烟厂	湖北中烟工业有限责任公司恩施卷烟厂
卷烟生产能力（亿支）	682	535	180	104	157	339
卷烟品牌	黄鹤楼、红金龙	黄鹤楼、红金龙	黄鹤楼、红金龙	黄鹤楼、红金龙	黄鹤楼、红金龙	黄鹤楼、红金龙、黄金龙
卷烟总产量（亿支）	668.04	277.56	128.78	87.16	70.71	175.41
雪茄烟品牌	—	—	黄鹤楼、茂大、顺百利、三峡	—	—	—
雪茄烟总产量（万支）	—	—	14871.00	—	—	—

（撰稿：黄　帅；编辑：李　昂）

湖南中烟工业有限责任公司

【卷烟生产经营】　2014年，湖南中烟工业有限责任公司生产卷烟（不含出口）1881.0亿支（376.20万箱），其中，生产一类烟970.82亿支（194.16万箱）、二类烟10.61亿支（2.12万箱）、三类烟360.80亿支（72.16万箱）、四类烟455.71亿支（91.14万箱）、五类烟83.06亿支（16.61万箱）。

实现卷烟销售（含落地销售，不含出口）2443.60亿支（488.72万箱），其中，一类烟944.68亿支（188.94万箱）、二类烟13.71亿支（2.74万箱）、三类烟808.70亿支（161.74万箱）、四类烟490.70亿支（98.14万箱）、五类烟81.85亿支（16.37万箱）。

与陕西中烟、河北中烟、山东中烟、贵州中烟、川渝中烟等5个工业公司合作生产“白沙”卷烟662.85亿支（132.57万箱），同比增长19.16%，占全国定向整合总量的17.45%。合作生产卷烟实现销量664.45亿支（132.89万箱），其中回购销售实现销量559.04亿支（111.81万箱），落地销售实现销量105.42亿支（21.08万箱）。

自产卷烟实现销售收入842.80亿元，同比增长9.61%；出口实现5749.90万美元，同比增长19.97%。实现税利745.81亿元，同比增长10.09%，其中利润（税前）122.31亿元，同比增长4.74%。三项费用率为5.26%。

万支卷烟综合能耗为3.25千克标煤，万元产值综合能耗为7.19千克标煤。平均消耗烟叶6.64千克/万支、滤棒1678.45支/万支、盘纸606.01米/万支、水0.12吨/万支、电7.72千瓦时/万支。

【主要产品】　内销卷烟。2014年，公司内销卷烟品牌主要有“白沙”“芙蓉王”“芙蓉”和“相思鸟”。年内自产“白沙”849.0亿支（169.80万箱），合作生产“白沙”662.85亿支（132.57万箱），实现销量1466.95亿支（293.39万箱）；生产“芙蓉王”939.44亿支（187.89万箱），实现销量793.72亿支（158.74万箱）；生产“芙蓉”48.71亿支（9.74万箱），实现销量54.79亿支（10.96万箱）；生产“相思鸟”34.35亿支（6.87万箱），实现销量28.72亿支（5.74万箱）。

出口卷烟。2014年，公司出口卷烟生产分为境外合作生产与境内生产两个部分。境外生产部分由巴拿马合作工厂承担，主要生产“白沙（Marshal）”“白沙（Silver Elephant）”“白沙（NISE）”3个品牌规格，年内生产卷烟13.45亿支（2.69万箱），全部供应南美市场。境内生产部分分别由长沙卷烟厂、常德卷烟厂和郴州卷烟厂负责，主要生产“白沙”“利事”“芙蓉王”等品牌系列，年内生产出口卷烟25.34亿支（5.07万箱），同比增长20.65%，库存0.90亿支（0.18万箱），全部发运出口。

新品上市。2014年，公司共有11个内销与出口卷烟新品上市。先后有“白沙（软和天下）”“白沙（硬细支和天下）”“芙蓉王（硬君信）”3个内销卷烟新品上市，实现销量0.15亿支（0.03万箱）。并有“白沙（和天下香港有税）”“白沙（和天下香港免税）”“芙蓉王（东帝汶专供）”“芙蓉王（台湾有税）彩警”“芙蓉王（蓝日本专供）”“芙蓉王（蓝台湾有税）彩警”“芙蓉王（软蓝荷兰专供）”“芙蓉王（软蓝法国专供）”等8个新规格出口。

【品牌建设】 2014年，公司聚焦打造世界级品牌目标，以提升高端卷烟、高价位卷烟为抓手，加快新品开发与老品升级；以加强“和”文化、“成功”文化、“诚信”文化发掘与落地为手段，推进品牌文化建设与传播；以互联网思维为牵引，借助现代信息化宣传媒介与工具，加快营销创新。开发培育“和天下（软）”“和天下（硬细支）”“芙蓉王（钻石）”升级版等新品先后上市；优化创新预热式、预购式、抢购等营销策略，创新推出烟王大赛、圈层营销、微信营销等营销举措，持续制造消费热点，促进新品销售；以“芙蓉王”创牌20周年为契机，开展庆典、感恩营销；开展营销推广，通过中国企业家亚布力论坛冠名与芙蓉王商学院、白沙创想中国行和芙蓉学子等活动，提升品牌影响力；加强品牌诊断，以顾客满意度调查为品牌发展策略优化提供参考。

“芙蓉王”创牌20周年系列纪念活动。2014年，公司开展以“感恩与诚信”为主题的“芙蓉王”品牌创牌20周年系列纪念活动。主要包括“转型发展献礼活动、文化产品献礼活动、主题活动”3个大项、“开源节流新环保、员工职业技能竞赛、芙蓉王新品营销、芙蓉王醇和品类系统建设、多层面内外沟通汇报会议、《点燃人生——芙蓉王与香烟艺术》微电影、《寻找芙蓉王最美图腾》艺术作品征集、诚信主题论坛、感恩主题典礼”等10个子项目。9月29日，“芙蓉王”20周年品牌发展感恩会在长沙举行。会议追寻品牌发展足迹，表达感恩祖国、感恩时代、感恩政府和行业、感恩消费者的心声。《寻找芙蓉王最美图腾》艺术作品征集活动共收到公司内外人士投稿4623份，其中内网2939份，外网作品1684份。

主办“信在中国”2014中国诚信论坛。10月23日，由岳麓书院与公司创立的天下和书院主办，唯众传媒协办的“信在中国”2014中国诚信论坛在长沙岳麓书院举行，当代著名哲学家和作家周国平、复旦大学历史系教授钱文忠、财经作家吴晓波先后开坛布道，聚焦诚信主题，探讨诚信价值，开创“信商”概念。

【原辅材料保障】 原料保障。2014年，公司原料采购中心以资源有效性为核心，加强专项攻关，推动库存优化。2013年7月1日至2014年6月31日，调拨国内烟叶23.27万吨（465.40万担），进口烟叶2万吨（40万担）。2014年6—12月，调拨国内烟叶15.60万吨（310.52万担），进口烟叶0.52万吨（10.41万担）。完成库存烟叶优化0.57万吨（11.36万担）。库存总量44.65万吨（893.08万担）。在重点基地单元试点“四类技术、一项管理”为主的适用技术，结合特色优质烟叶开发，示范面积30万亩。加强质量把控，烟叶年度国检合格率63.20%，同比上升0.2个百分点，高于全国平均水平1.5个百分点。组织不适用烟叶消化专项攻关，推广烟叶仓储新技术，改进烟叶养护手段，综合仓损率0.82%，同比下降17个百分点。

辅料保障。2014年，公司围绕生态化系统与捷净供应链开展物资采购制度建设，采取“两级两类”的采购管理模式，重点推进代码香精招标采购和非烟物资网上采购，年内烟用材辅料物资采购资金64.86亿元，非烟用物资采购金额501.20万元，采取暗标、盲评的方式进行代码香精香料的招标采购，招标金额1.70亿元，占代码香精香料采购资金比例的75%。组织进货检验10647批次，合格10645批次，2批次不合格，合格率99.98%。年内下达质量整改通知书2份，质量问题整改率100%；下达质量问题情况通报60份。辅料配送及时到位率100%。

【技术创新】 技术研发中心概况。湖南中烟工业有限责任公司技术研发中心原名湖南中烟工业公司技术中心，成立于2006年12月，2007年通过国家级企业技术中心复评，2010年6月更名为技术研发中心。下设综合管理办公室、知识产权与科技项目管理办公室、监察室等3个办公室，产品研究所、新型烟草制品研究所（2014年7月设为二级部门）、工艺研究所、烟叶研究所、烟草化学研究所、香精香料研究所等6个专业研究所，1个烟草质量监督检测站和1个博士后科研工作站。员工平均年龄42岁，有博士研究生学历22人，硕士研究生学历56人，在站博士后2人。2014年，以湖南中烟为第一完成单位，发表在中文核心期刊以上刊物以及在全国一级学术会议上交流的论文29篇。

科研成果。2014年，公司技术研发中心完成“白沙（软和天下）”等7个卷烟新规格的研制，设计“芙蓉王（5毫克）”“白沙（3毫克）”“白沙（精品三代）”“白沙（珍品）”软包硬化等新品；完成“利事”“元帅（3毫克、6毫克）”等一系列出口卷烟的研发，试制“利事（混合型长支）”“利事（混合型细支）”“利事（薄荷型细支）”。推进新型烟草研究，开发三款电子烟测试产品，完成两款具有自主知识产权的低温烟烟具的研发。“芙蓉王”“白沙”品牌焦油含量平均值10.24毫克/支，同比下降0.32毫克/支，卷烟危害性指数8.01，同比下降0.07。2014年，产生科研成果41项，其中省部级成果5项、行业标准8项；申请国家专利104项，获得授权专利96项。美术作品版权登记14项。公司主持的“卷烟燃吸温度分布影响因素及其与有害成分释放量关系的研究”项目获得中国烟草总公司科学技术进步奖二等奖。完成推广应用79项，转化率80.60%。公司技术研发中心创新能力在行业综合评价中排位第二。

【对外合作交流】 境外合作生产。巴拿马工厂生产规模20亿支（4万箱），7月，应巴拿马政府要求，巴拿马工厂进行短期的停产整改，9月恢复生产。2014年，巴拿马工厂生产销售“白沙（Marshal）”“白沙（Silver Elephant）”“白沙（NISE）”卷烟13.45亿支（2.69万箱），合作生产浙江中烟工业有限责任公司“摩登”品牌卷烟5.07亿支（1.01万箱）。推进巴拿马工厂项目工厂扩容和中南美洲平台搭建工作；加强与菲莫国际公司的合作，调整韩国、巴西、阿根廷3个市场的合作形式，就商标许可协议与CTPM国际有限公司重新协商、起草，并于年底签署新的协议。

国际市场开拓。引进泓宇国际（香港）贸易公司、亚非金叶国际有限责任公司两家境外卷烟经销商，填补公司品牌在东南亚市场和非洲市场的空白。协助境外客户开辟台湾地区有税、中国大陆免税等新市场，扩大销售区域。在欧洲、东亚、澳洲、中南美洲等市场增加新的卷烟规格的供应。平稳发展卷烟一般贸易出口、境外合作生产和国际合作，提高市场和品牌集中度。

【企业管理】 组织绩效管理新模式。2014年，公司全面推行“三类四维四阶段管理”组织绩效管理新模式，三类即战略性目标、经营性目标、日常基础性工作绩效，四维即财务、客户、内部运营、学习与成长，四阶段即月度考核、季度评价、半年诊断、年度总结检讨。年内，按照该模式，公司提炼《组织绩效管理与价值分配思路》，确立公司未来组织绩效管理的目标任务、工作重点、实现路径与方法。组织开展首轮季度目标诊断与绩效辅导。举办一期绩效管理研讨培训班，30余人参加。完成《综合管理考核细则》的整合修订工作，全面执行月度常态化奖惩，从鼓励创新、强化劳动纪律、加强数据信息管理、加快投诉处置等环节入手，全面推动日常基础性工作绩效的即时管理。

员工职业技能竞赛。3月27日至11月27日，公司组织开展8项大型员工职业技能竞赛，内容涵盖通讯创作、电气技术、烟叶分级、营销6P，办公自动化、烟机维修、财务知识、厨艺烹饪等8个方面。公司系统2418名不同层面员工参与选拔赛，636名员工参与总决赛。

【生态型系统项目建设】 2014年，公司开始生态型系统项目建设。6月24日，举行项目启动仪式，与华为技术有限公司、埃森哲咨询公司签订战略合作协议。年内，生态型系统建设项目组全面规划生态型系统建设的目标、思路、内容及推进计划，优化设计战略计划预算评价联动体系、卓越营销体系、捷净供应链体系、财务管理平台、职业化团队、全面风险防控体系及信息化规划7个领域的核心建设内容，形成管控及组织模式、专业管理提升及业务流程优化的设计方案、ERP（企业资源计划）蓝图及实施详细设计方案。

生态型系统项目建设是公司实现从传统烟草制造企业向以中国传统“和”文化为核心，结合西方生态管理思想的“生态型”企业转型，提升企业生存能力与核心竞争力的重要一步。项目的启动，标志着公司朝着“打造世界级品牌、培育职业化团队、构建生态型系统”三大战略迈出重要步伐。

【“和21”4.0战略执行力体系】 2014年，公司构建“和21”4.0战略执行力体系。该体系分为取势、明道和优术三个部分，“和21”是工业4.0背景下，公司“123456”（一种精神、两个转型、三大战略、4S修炼模型、君子五德、六度评价标准）的统称，其内涵主要包括“和”的创业精神；资源驱动向能力驱动转型，“研产销”向“市场—研产销—市场”转型；打造世界级品牌、培育职业化团队和构建生态型系统；坚持在反思（Self - examination）中学习（Study），在学习中转型（Switch），在转型中超越（Surpass）；仁、义、礼、智、信；高度、厚度、密度、强度、限度和速度。

年内完成前3个阶段性工作。反思阶段：4—5月，公司组织对战略及执行进行深刻反思，通过专题剖析与问责近年来审计发现、合作生产与“两烟”互动等方面的问题，查找出战略与执行体系存在脱节的症结。学习阶段：借鉴德国工业4.0战略精髓，多次通过走出去、请进来等方式，学习华为、小米、百度等公司及SAP大数据、互联与物联网、项目集模式，收集宏观经济、行业形势信息资料、数据，做好战略纲要修订准备。转型阶段：7月下旬，成立战略项目小组，从取势、明道、优术三大版块进行“头脑风暴”和反复研讨、模拟推演；8月下旬，形成《湖南中烟“和21”4.0》和《品牌、团队、系统的象数理器占分析》；8月底至9月初，在一定范围组织征求意见后，提交公司总经理办公会审议通过，上传公司内网“天下百科”专栏。该体系在9—12月开展的“2015年度战略计划预算评价联动评价和年度创新目标项目设计”中开始应用。

【特事要辑】 1月22日，全国烟草行业第一台（套）德国虹霓公司制造的M5 - 14K超高速卷接设备在长沙卷烟厂正式投入成品烟试生产。

4月21日，“芙蓉王”创牌20周年汇报会在长沙举行。

5月7—9日，国家局局长凌成兴在湖南烟草调研。期间，凌成兴现场考察郴州卷烟厂易地技改项目，听取公司工作汇报，提出咬住两个千亿目标（从2013年起，湖南工商企业利用三年时间，确保工商税利达到1000亿元；再用三年时间，力争工业税利达到1000亿元），抓好三项工作重点（以“和天下”作为引领“白沙”品牌提升的重点，以常德卷烟厂技改作为“芙蓉王”品牌硬件建设的重点，以烟叶生产稳健发展作为湘西自治州烟草扶贫的重点），办好三件事情的工作要求。

6月6日，全国人大常委会副委员长艾力更·依明巴海一行先后考察常德卷烟厂、常德金鹏印务有限公司，了解“芙蓉王”卷烟生产工艺流程、品牌质量维护、经济运行及“芙蓉王”品牌发展规划等情况，询问“芙蓉王”商标生产经营和一线员工的工作生活情况。肯定公司和“芙蓉王”品牌在推进新型工业化进程和地方经济发展所作的贡献，对企业的现代化经营管理模式和先进的设备工艺技术表示赞赏。希望公司继续加快转型发展，为地方经济发展作出更大贡献。

6月24日，公司与华为公司、埃森哲公司签订战略合作协议，开始生态型系统项目建设。生态型系统项目建设是公司实现从传统烟草制造企业向以中国传统“和”文化为核心，结合西方生态管理思想的“生态型”企业转型，提升企业生存能力与核心竞争力的重要一步。

7月3日，湖南中烟投资管理有限公司所属常德金鹏印务有限公司研发的“卷筒纸圆压圆凹版工艺技术”，在第二届全国印刷行业科技创新成果评选活动中，获得中国印协全国印刷行业“讲理想、比贡献”竞赛活动组委会授予的“优秀发明专利创新成果”奖。

8月19日，国家局副局长赵洪顺考察公司，要求公司继续深化市场化取向改革，加大市场化程度，用最短的时间、最高的效率、最小的成本供给，最大限度地满足商业需求，实现整体效益最大化。

8月21日，国家局局长凌成兴考察四平卷烟厂。凌成兴先后参观四平卷烟厂易地技改工程现场，与四平市委书记刘杰喜，市委副书记、市长石国祥等进行座谈交流，希望四平卷烟厂以易地技改为契机，努力提升产品结构。

8月26—28日，国家局副局长徐瑾考察湖南烟草。要求工业企业增强品牌创新驱动的能力、营销适应市场的能力和财务抵御风险的能力。

10月23日，由岳麓书院、湖南中烟创立的天下和书院主办的“信在中国”2014中国诚信论坛在长沙举行，论坛推出“信商”概念。

2014年湖南中烟工业有限责任公司所属生产厂情况统计

		湖南中烟工业有限责任公司长沙卷烟厂	湖南中烟工业有限责任公司常德卷烟厂	湖南中烟工业有限责任公司郴州卷烟厂	湖南中烟工业有限责任公司零陵卷烟厂	湖南中烟工业有限责任公司四平卷烟厂	湖南中烟工业有限责任公司吴忠卷烟厂
法人资格		非独立法人	非独立法人	非独立法人	非独立法人	非独立法人	非独立法人
主要负责人（含党政领导）		厂长、党委书记：范康君	厂长、党委书记：邹纲强	厂长、党委书记：刘军	厂长、党委书记：刘正宇	党委书记：白玉琦 厂长：衣文友（—2014.5）、孙贤军（2014.11—）	厂长、党委书记：李朝辉
成立时间		1947年	1951年	1939年	1976年	1948年	1970年
从业人员（人）		2279	4088	1817	1173	794	384
卷烟生产能力（亿支）		750	800	284	250	150	108
卷烟品牌	自有品牌	白沙	芙蓉王	芙蓉王、白沙、芙蓉、相思鸟	芙蓉王、白沙、芙蓉	白沙	白沙
	出口品牌	利事、万宝路	—	银象、元帅、利事	—	—	—
卷烟产量（亿支）		663.06	787.55	174.20	119.00	85.00	77.50
雪茄烟品牌		—	—	—	—	—	—
雪茄烟总产量（万支）		—	—	—	—	—	—

（撰稿：盛晓燕、周腾浪；编辑：李　昂）

广东中烟工业有限责任公司

【卷烟生产经营】 2014年，广东中烟工业有限责任公司生产卷烟（含出口，不含合作生产）1214.6亿支（242.92万箱），同比增长1.49%，其中，生产一类烟69.1亿支（13.82万箱）、二类烟213.7亿支（42.75万箱）、三类烟826.2亿支（165.24万箱）、四类烟36.1亿支（7.22万箱）、五类烟69.5亿支（13.91万箱）。

实现卷烟销售（含出口和合作生产）1604.1亿支（320.82万箱），同比下降0.70%，其中一类烟63.7亿支（12.73万箱）、二类烟204.3亿支（40.86万箱）、三类烟1223.1亿支（244.63万箱）、四类烟36.1亿支（7.22万箱）、五类烟76.9亿支（15.38万箱）。出口卷烟0.6亿支（0.12万箱）。

实现境外销售74.2亿支（含境外工厂生产和出口），同比增长0.27%。威尼顿集团有限公司销售卷烟57.68亿支，同比增长3.96%；实现销售收入6296万美元，同比增长18.35%；实现利润761万美元，同比增长17.12%。金叶卷烟厂（澳门）有限公司销售卷烟13.80亿支，同比下降9.38%；实现销售收入2.78亿港元，同比下降12.57%；实现利润1821万港元，同比下降72.17%。

自产卷烟实现销售收入345.61亿元，同比增长6.54%。实现税利251.69亿元，同比增长7.13%，其中利润35.90亿元，同比下降0.52%。公司三项费用率为6.96%。

万元产值综合能耗为6.47千克标煤，万支卷烟综合能耗为1.99千克标煤。烟叶、滤棒、盘纸平均消耗分别为6.70千克/万支、2092支/万支、592米/万支。水、电平均消耗分别为0.07吨/万支、8.24千瓦时/万支。

【主要产品与品牌建设】 2014年，公司生产的内销卷烟有“双喜”“椰树”“羊城”“红玫”4个品牌37个规格。“双喜（硬国际）”1个规格停产。新增“双喜（邮喜）”“双喜（鸿喜）”“双喜（硬红1906）”“双喜（经典工坊）”“双喜（花悦）”等5个规格。

生产“双喜”（不含合作生产）1108.3亿支（221.67万箱），同比增长3.47%。销售“双喜”（含生产者购进）1490.5亿支（298.1万箱），同比下降0.48%，其中省外销量651.1亿支（130.22万箱），同比下降2.06%。销量达到50亿支（10万箱）的省级市场有4个，其中湖南、广西销量分别为145亿支（29万箱）和106亿支（21.2万箱）。继续优化销售结构，2014年“双喜（硬经典1906）”销量为187.6亿支（37.52万箱），“双喜（硬金五叶神）”销量为129.6亿支（25.92万箱），“双喜（硬经典）”销量为274.1亿支（54.82万箱），“双喜（软经典）”销量为218.8亿支（43.76万箱）。2014年，新增卷烟规格“双喜（邮喜）”“双喜（鸿喜）”“双喜（硬红1906）”销量分别为1.6亿支（0.32万箱）、0.3亿支（0.06万箱）、0.4亿支（0.08万箱）。

合作生产“双喜”413.9亿支（82.77万箱），同比减少25.2亿支（5.04万箱），其中与广西中烟柳州卷烟厂合作生产“双喜”254.5亿支（50.9万箱），与陕西中烟宝鸡卷烟厂合作生产“双喜”84.5亿支（16.9万箱），与江西中烟南昌卷烟厂合作生产“双喜”49.9亿支（9.97万箱），与深圳烟草工业有限责任公司合作生产“双喜”25亿支（5万箱）。

生产“椰树”53.4亿支（10.68万箱）、“羊城”18.6亿支（3.72万箱）、“红玫”33.5亿支（6.70万箱）。

市场拓展。2014年，广东市场销售省产烟967亿支（193.4万箱），同比增长3%；销售“双喜”878亿支（175.6万箱），同比增长3.6%。深圳市场销售49亿支（9.8万箱）。省外市场稳中有进，湖南市场销售“双喜”142亿支（28.4万箱），继续保持省外最大市场地位；广西市场销售“双喜”104.5亿支（20.9万箱）；江西市场销售“双喜”66.5亿支（13.3万箱），同比增加10.5亿支（2.1万箱），同比增长18.6%，增量居省外市场之首。北京市场继续保持快速增长势头，实现销售12.5亿支（2.5万箱），同比增加2亿支（0.4万箱），增长19.6%。

协同营销。开展全员协同营销，创新营销模式，各卷烟厂、各部门、各中心与广东及深圳的21家商业企业挂点“结对子”，保持每月最少面对面沟通一次，有意见及时反馈，有问题及时解决，做到助力营销、服务市场，在人力、物力、财力和工作机制上，为市场和品牌提供全方位支持，进一步深化工商协同，提高市场响应速度。

品牌国际化。公司逐步理顺中烟英美烟草国际有限公司（CTBAT）经营模式，推动“双喜”品牌国际化。加快“双喜”产品的研发和市场推广工作，“双喜”产品在中国香港和澳门市场、俄罗斯远东地区、秘鲁市场投放上市，并研发出“双喜”MPP（MPP是Most Popular Product的缩写，中文为最受欢迎价格）产品，陆续在波兰、巴基斯坦、俄罗斯、柬埔寨和捷克上市。

商标注册。公司做好“双喜”品牌商标的海外注册相关事务，实施“双喜”商标全球布局申请注册方案，为

"双喜"品牌的海外拓展奠定法律基础。"双喜"境外商标已授权注册范围涵盖欧洲、亚洲、非洲、非洲、大洋洲等各大洲的188个国家和地区。2014年，中烟英美烟草国际有限公司（CTBAT）也逐步开展新"双喜"商标在全球范围内的商标注册事务。

【原辅材料保障】 2014年，购进原料20.99万吨（419.77万担），其中国内烟叶18.46万吨（369.10万担），进口烤烟1.76万吨（35.20万担），薄片13.80万担。购进的国内烟叶中主料烟产区调拨比例达到84%，区域结构进一步向主产区集中；国内烤烟上等烟叶占69%；中部叶53%，上部烟40.2%，等级结构和部位结构更趋合理。

2014年，新增6个基地单元，国家局基地单元总数累计达到40个，基地烟供应比例达到64.81%，其中33个分布在云、贵、川、湘、粤、闽、渝等七大主料烟产区。

不断深化基地单元合作，科研项目合作进一步发展。"适用于'双喜'高端卷烟的郴州烟叶开发与研究""烟叶管理信息化系统的研究"等项目完成结题工作。新开展"梅州五华优质烤烟烟叶结构优化控制技术开发""湘西山地特色烟叶开发关键技术研究""临沧基地配套生产技术研究""福建武平基地优质烟叶适用生产技术体系开发研究"等四个项目。

*加强复烤管理。*截至2014年底，广东中烟复烤加工点达到28个，为进一步加强复烤重点环节管理，原料供应中心成立加工管理部，加大沟通、现场指导和管理力度，在复烤加工环节保障提升烟叶质量。

【技术创新】 *广东中烟技术中心概况。*广东中烟技术中心成立于2005年，2008年被认定为国家级企业技术中心，下设11个研究所和7个管理室。截至2014年底，广东中烟技术中心有员工151人，其中博士研究生学历8人、硕士研究生学历64人，高级职称19人、中级职称93人。

2014年，技术中心大力组织科技项目研究，促进技术创新发展，科技项目118项，其中公司内部107项、国家局11项，内容涉及烟草农业、卷烟材料、减害技术、产品信息技术、烟草薄片、增香保润等多个研究领域。

*创新环境建设。*进一步完善科技创新奖励机制，优化奖励评价方法与评价指标内涵，强化产品导向和应用导向，有效将创新活动引向有利于产品技术能力提升的方向发展。2014年，评选出科技进步奖16项、产品创新奖1项、优秀项目奖6项、专利奖134项、论文论著奖31项。

*产学研合作。*完成"植物资源化学与化工"广东省工程实验室的验收材料编制及建设审计的公开招标等各项联络工作，实验室通过省发改委的验收评审。

*知识产权管理。*2014年，公司组织申报专利144项，其中发明专利73项；获得授权专利138项，其中发明专利61项，专利申报和发明专利授权的数量均稳步增长。

*产品质量管理。*通过编制产品加工标准、输入方标准培训等一系列措施，促进品牌生产均质化，"双喜（硬）""双喜（硬经典）"均已实现落地生产，生产情况良好。制定卷制包装工艺技术标准及配套的生产技术标准，不断优化工艺设备参数，成立质量工作专项小组，对关键节点加强控制，及时掌握质量情况，有效保障"双喜（邮喜）"的产品质量。加快质检机构建设进程，制定了实验室管理体系文件，广东中烟产品质量监督检验站于2014年底通过中国合格评定国家认可委员会（CNAS）评审组的现场初评检查，得到较高的评价。2014年，卷烟顾客有效投诉率为0.096ppm，同比下降44%。

*工艺平台建设。*启动广州卷烟厂6400千克/小时制丝旧线局部技术改造，完成小流量特色加工模式的工艺设计及设备选型，有效提升工艺技术对产品特色的支撑能力。完成中支烟、细支烟卷接包设备的工艺技术改造，为扩大中支烟、细支烟生产规模打下基础。建立广东中烟香料库，搭建起规范有序的香料库管理系统和工作流程，截至年底，香料库有实物样品3000余个，2014年完成12个核心在用香精的单体和板块化拆分替代研究工作，技术上实现可自主调香的卷烟数量或产量比例达到50%。

*配套技术研发。*完成16个牌号的滤棒由20毫米调整到25毫米的整体工艺指标调整，自产卷烟焦油量加权平均值同比下降2.6%，"双喜"系列危害性指数加权平均值同比下降2.5%。

【对外交流与合作】 3月，中烟英美烟草国际有限公司总经理白民邦到广东中烟调研，就国际"双喜"新品研发与生产、信息和技术资源共享等方面达成共识。6月，德国虹霓公司远东总裁米卢斯到广东中烟走访，双方就烟机设备订购和售后服务等事项进行磋商并达成合作共识。

【特事要辑】 4月27日，国家局局长凌成兴、副局长赵洪顺到广东中烟梅州卷烟厂调研，凌成兴要求广东烟草做到"一个带头，三个支持"，"一个带头"，即带头落实行业一季度经济运行电视电话会议精神，带头稳产量、促销量、调结构、控库存、守红线、增税利；"三个支持"，即支持梅州卷烟厂技术改造，支持"双喜（五叶神）"品牌增值，支持梅州地区烤烟发展。

4月28日，广东省委副书记、省长朱小丹在广州会见国家局局长凌成兴，双方就广东烟草改革发展交换意见。

7月21日，国家局副局长徐瑩到广东烟草调研，用“风景这边独好”高度评价广东烟草上半年成绩，要求广东烟草认真总结卷烟营销、工商协同、物流管理的好方法和好经验，为行业发展作出更大贡献。

9月11日，国家局总会计师张玉霞到广东中烟调研，高度肯定广东中烟企业管理基础好，品牌规模大，为行业发展作出积极贡献，要求广东中烟人在新一轮改革发展中敢于创新求发展，进一步提高降本增效能力。

2014年广东中烟工业有限责任公司所属生产厂情况统计

	广东中烟工业有限责任公司广州卷烟厂	广东中烟工业有限责任公司韶关卷烟厂	广东中烟工业有限责任公司梅州卷烟厂	广东中烟工业有限责任公司湛江卷烟厂
法人资格	非独立法人	非独立法人	非独立法人	非独立法人
主要负责人（含党政领导）	厂长、党委书记：李显万	厂长、党委书记：张卓研	厂长、党委书记： 刁东田（—2014.11） 饶智华（2014.11—）	厂长、党委书记： 符敏（—2014.9） 郑树平（2014.9—）
成立时间	2012年①	1950年	1939年	1978年
从业人员（人）	2191	749	905	618
卷烟生产能力（亿支）	1000	301	235	226.8
卷烟品牌	双喜、椰树	双喜	双喜	双喜、椰树、红玫、羊城
卷烟总产量（亿支）	666.00	215.00	191.00	142.00
雪茄烟品牌	—	—	—	—
雪茄烟总产量（万支）	—	—	—	—

注：广州卷烟厂由原广州卷烟二厂生产一部、生产二部和南海生产部合并而成。2011年，广州卷烟厂进入了边建设、边搬迁、边调试、边生产的阶段，11月，三个生产部全部设备搬迁完毕，成为广东中烟非法人卷烟生产厂。2012年1月1日起正式运行。

（撰稿：郑泽敏；编辑：王东旭）

广西中烟工业有限责任公司

【卷烟生产经营】 2014年，广西中烟工业有限责任公司生产卷烟（不含出口，含合作生产）783.5亿支（156.7万箱），同比增长1.95%，其中，生产一类烟26.74亿支（5.35万箱），同比增长55.46%；二类烟166.66亿支（33.33万箱），同比增长43.99%；三类烟428.46亿支（85.69万箱），同比下降3.05%；四类烟102.67亿支（20.53万箱），同比下降23.92%；五类烟58.97亿支（11.79万箱），同比增长1.05%。

实现卷烟销售781.56亿支（156.31万箱），同比增长3.00%，其中，一类烟25.45亿支（5.09万箱），同比增长48.11%；二类烟174.24亿支（34.85万箱），同比增长62.48%；三类烟424.61亿支（84.92万箱），同比下降4.41%；四类烟98.73亿支（19.75万箱），同比下降24.56%；五类烟58.52亿支（11.7万箱），同比下降0.56%。

生产出口卷烟品牌“真龙”0.51亿支（0.1万箱），同比增长4960%；销售出口卷烟0.44亿支（0.09万箱），同比增长4260%。

实现卷烟销售收入213.34亿元，同比增长13.67%。实现卷烟税利165.17亿元，同比增长14.57%，其中利润26.49亿元，同比下降2.29%。公司三项费用率为5.70%，同比降低0.34个百分点。

万元产值综合能耗为9.72千克标煤，万支卷烟综合能耗为2.7千克标煤。烟叶、滤棒、盘纸平均消耗分别为6.99千克/万支、2445支/万支、602米/万支。水、电平均消耗分别为0.103吨/万支、8.09千瓦时/万支。

【主要产品和品牌建设】 卷烟生产和销售。2014年，公司自主品牌为“真龙”“甲天下”2个品牌29个规格（不含出口卷烟）。生产“真龙”系列卷烟295.03亿支（59.01万箱），同比增长11.47%；“真龙”系列卷烟实现销售282.96亿支（56.59万箱），同比增长7.25%，其中，自治区内实现销售238.44亿支（47.69万箱），自治区外实现销售44.52亿支（8.9万箱）。“真龙”高价位卷烟生产量为0.82亿支（0.16万箱）；“真龙”高端卷烟生产量为14.86亿支（2.97万箱）；“真龙”细支卷烟生产量为0.45亿支（0.09万箱）。生产“甲天下”系列卷烟58.5亿支（11.7万箱），“甲天下”系列卷烟实现销售58.05亿支（11.61万箱），其中，自治区内实现销售57.47亿支（11.49万箱），自治区外实现销售0.58亿支（0.12万箱）。

合作生产。2014年，生产429.5亿支（85.9万箱），其中合作生产江苏中烟“南京”10亿支（2万箱）；浙江中烟“利群”122.92亿支（24.58万箱）、“大红鹰”35.04亿支（7.01万箱）、“雄狮”7.04亿支（1.41万箱）；广东中烟“双喜”254.5亿支（50.9万箱）。按类别分，合作生产二类烟127.92亿支（25.58万箱）、三类烟294.54亿支（58.91万箱）、四类烟7.04亿支（1.41万箱）。

创新营销方式。坚持以市场为导向，以品牌为核心，努力提升“真龙”品牌的品质、品位与价值，积极推进“真龙”品牌“高端引领、中端突破、低端抬高”发展战略的实施。加快营销模式快速转型步伐，重点开展网络营销、文化营销及差异化营销。

在网络营销方面，着力在提升顾客体验上做文章，在已有“‘真龙’营销大数据平台”的基础上，逐步构建起以二维码大数据营销平台为体、微信微博新商盟为用的“真龙”特色立体式营销体系，并依托体系的多平台联动，开启网络营销新时代。

在文化营销方面，充分挖掘产品特色，提炼文化因子，丰富品牌文化内涵，扩大品牌特色影响力，利用新媒体资源开展线上线下整合传播，同时借助互联网载体渗透到目标受众圈子，实现消费者快速引流。

在差异化营销方面，重点放在消费终端上，在自治区内坚持“两端”（服务端和客户端）入手，结合“235”教育实践活动、“真龙”品牌宣传月活动，提升现代零售终端建设水平。自治区外把握三个要素（资源、客户、市场），增强区外营销工作的整体规划和资源整合利用，实施“百城百店”工程，加快样板市场建设，夯实品牌培育基础。

国内市场布局。2014年，自治区内“真龙”市场占有率进一步提高，自治区内“万箱市、千箱县”范围迅速扩大。单价8元/包以上“真龙”销量万箱地市达到9个，同比增长4个，单价8元/包以上“真龙”销量千箱区县扩大到72个，同比增长13个，自治区内县覆盖面达到77%，同比提高14个百分点。自治区外“真龙（巴马天成）”实现全国省级市场全覆盖，全国133个地市落地销售，“真龙（中国龙）”实现30个省（自治区、直辖市）114个地市销售。

国际市场开拓。2014年，实现一般性贸易出口“真龙”卷烟0.44亿支（0.088万箱），实现“量”“价”双突破，超额完成出口卷烟目标任务，同比增长30倍；在柬埔寨合作加工“真龙（娇子）”0.6亿支（0.12万箱）。

【原辅材料保障】 原料采购。围绕广西中烟品牌的发展思路，提高原料保障水平，优化烟叶产地和等级结构。2014年，采购自主品牌烤烟3.2万吨（64万担），其中云南烟叶1.69万吨（33.7万担），占调拨总量的52.66%；上等烟叶调拨量2.13万吨（42.68万担），占调拨总量的66.68%；中部烟叶调拨量2.07万吨（41.47万担），占调拨总量的64.8%。采购进口烟叶0.14万吨（2.89万担）。完善烟叶精选管理流程，全面铺开原烟复烤加工前的精片选工作，2014年完成精片选烟叶0.9万吨（18.01万担），同比增加0.506万吨（10.11万担），增幅为127.97%。

烟叶基地单元建设。推进烟叶基地单元建设，提高“原料供应基地化、烟叶品质特色化、生产方式现代化”的融合程度。与烟叶产区共同谋划基地建设发展，新增云南保山珠街、湖南郴州欧阳海、贵州正安班竹3个国家局基地单元。截至2014年底，广西中烟国家局烟叶基地单元有9个，国家局基地单元烟叶年调拨量2.12万吨（42.4万担），年供应率为68.4%。投入科研经费1430余万元，联合科研院校开展“曲靖罗平精益烟草生产关键技术研究与推广示范”等科技课题攻关。与烟叶产区共同在烟叶基地单元推进精益化生产，强化基本烟田建设优化、养分资源高效利用、基地区域绿色植保整体解决方案、循环型烟叶种植体系等关键技术的田间推广示范工作。探索工业企业参与烟叶合作社建设模式，全面推行专业化分级、散叶收购先进生产方式，持续提升基地单元烟叶质量，以精益烟叶生产满足“真龙”品牌更丰富的优质原料需求。

【技术创新】 技术中心概况。广西中烟工业有限责任公司技术中心（以下简称技术中心）是国家局和广西壮族自治区认定的技术中心，是自治区级研发中心。技术中心内设产品研究一所、产品研究二所、工艺标准与监督所、材料研究所、基础研究所、原料研究所、非燃烧卷烟研究所（2014年成立）、综合管理科和检测中心等“七所一科一中心”，检测中心通过中国合格评定国家认可委员会（CNAS）认证。企业博士后科研工作站挂靠技术中心，工作站建有中草药研究室、纳米技术应用研究室、增香保润研究室、减害降焦研究室、生物发酵研究室。公司与郑州烟草研究院联合建立“真龙品牌烟草工艺联合实验室”、与复旦大学联合建立“复旦—真龙材料化学研究联合实验室”等合作创新平台。截至2014年底，技术中心有员工105人，其中博士研究生学历8人、硕士研究生学历23人，大专以上人员比例96%，高级职称9人、中级职称40人，烟叶分级技师6人。

产品研发。技术中心紧扣品牌发展战略，以减害降焦、增香保润、特色工艺、特色材料等应用研究为核心，打造“真龙升级版”，不断研发“龙芯、龙艺、龙装”关键技术，全面提升真龙品牌竞争力。开发“真龙（美人香草）”“真龙（燃情时光）”“真龙（真男儿）”等3个新产品，完成“真龙（海韵）”“真龙（鸿韵）”“真龙（轩云）”“真龙（祥云）”等4个老产品的提质改造。

项目研究。2014年，开展科技项目研究59项，其中参与“滚筒干燥过程模拟软件开发与控制系统研制”1项国家科技部项目，参与“烟梗内在成分与烟气成分特征研究”等2项国家局重点项目，承担和参与“烟用材料中甲基异噻啉酮类杀菌剂残留量及迁移量分析研究”等15项行业标准制修订项目，组织实施“新型咖啡滤棒的研发与应用”等8个自治区科技项目，“多孔玉米淀粉颗粒的研制及应用”等12项成果通过省部级科技成果鉴定。加强新型烟草制品的研究，建立非燃烧卷烟研究所，申报电子烟类专利7项（发明专利1项，实用新型专利2项，外观设计专利4项），获得专利授权2项。

2014年，申报专利80项（发明专利41项，实用新型专利32项，外观设计专利7项），获得专利授权38项，包括“一种珍珠粉复合多孔淀粉晶状颗粒的制备方法及在卷烟滤棒中的应用”等21项发明专利和“一种粘贴重复开启式封签的软盒卷烟包装盒”等17项实用新型专利。发表科技论文35篇，被SCI收录4篇。

【特事要辑】 4月9日，国家局副局长徐瑝到柳州卷烟厂调研第二批党的群众路线教育实践活动开展情况。

6月26日，国家局副局长赵洪顺到广西中烟调研，参观南宁工业园区新建制丝车间生产线，并听取公司生产经营情况的汇报。

9月25日，中央党的群众路线教育实践活动第十二巡回督导组组长邢元敏、副组长钟攸平，国家局局长凌成兴一行6人，到广西中烟南宁卷烟厂调研督导第二批党的群众路线教育实践活动。

10月15日，广西壮族自治区党委书记、自治区人大常委会主任彭清华到广西烟草调研，自治区副主席陈刚一同调研。在听取广西烟草工商两家的工作汇报后，彭清华对烟草给地方政府增加税收、扩大就业、帮助烟农和零售客户增收致富，有效推动广西经济的社会发展等方面给予充分肯定，鼓励广西中烟要主动适应经济新常态，坚定信心，攻坚克难，不断提升广西烟草的整体效益，为广西经济社会发展作出更大的贡献。

2014年广西中烟工业有限责任公司所属生产厂情况统计

		广西中烟工业有限责任公司南宁卷烟厂	广西中烟工业有限责任公司柳州卷烟厂
法人资格		非独立法人	非独立法人
主要负责人（含党政领导）		厂长、党委书记：李江宁	厂长、党委书记：郭志宏
成立时间		1975年筹建，1978年正式生产	1946年
从业人员（人）		1212	1090
卷烟生产能力（亿支）		397	454
卷烟品牌	自有品牌	真龙、甲天下	真龙、甲天下
	合作生产品牌	南京、利群	双喜、大红鹰、南京

续表

	广西中烟工业有限责任公司南宁卷烟厂	广西中烟工业有限责任公司柳州卷烟厂
卷烟总产量（亿支）	392.26	391.75
雪茄烟品牌	—	—
雪茄烟总产量（万支）	—	—

（撰稿：周丽霞；编辑：王东旭）

川渝中烟工业有限责任公司

【卷烟生产经营】 2014年，川渝中烟工业有限责任公司（简称川渝中烟）生产卷烟（含合作生产和雪茄型卷烟）1579.7亿支（315.94万箱），同比增长0.65%，其中，生产一类烟106.6亿支（21.32万箱），同比下降13.74%；二类烟266.5亿支（53.3万箱），同比增长15.07%；三类烟845.2亿支（169.04万箱），同比增长2.02%；四类烟313.5亿支（62.7万箱），同比下降7.92%；五类烟47.9亿支（9.58万箱），同比增长5.74%。生产标准雪茄烟5.63亿支。合作生产卷烟462.4亿支（92.48万箱），其中，合作生产湖南中烟的“白沙”50亿支（10万箱），合作生产浙江中烟的“利群”79亿支（15.8万箱）、“雄狮”13.5亿支（2.7万箱），合作生产云南中烟的“云烟”25亿支（5万箱）、“红塔山”170亿支（34万箱）、“红河”2.5亿支（0.5万箱），合作生产湖北中烟“红金龙”77亿支（15.4万箱）、“黄鹤楼”45.4亿支（9.08万箱）。

实现卷烟销售（不含出口烟）1557.7亿支（311.55万箱），同比下降0.19%，其中一类烟103.4亿支（20.68万箱），同比下降14.60%；二类烟269.3亿支（53.87万箱），同比增长18.26%；三类烟839.2亿支（167.84万箱），同比增长1.30%；四类烟299.2亿支（59.84万箱），同比下降11.06%；五类烟46.6亿支（9.32万箱），同比下降0.86%。出口卷烟0.19亿支（0.04万箱）。实现雪茄烟销售4.6亿支。

卷烟及雪茄烟实现销售收入432.2亿元，同比增长3.96%。实现税利324亿元，同比增长2.22%，其中利润42亿元。三项费用率为7.6%。

万元产值综合能耗为10.14千克标煤，万支卷烟综合能耗为2.8千克标煤。烟叶、滤棒、盘纸平均消耗分别为6.8千克/万支、2093支/万支、593米/万支。水、电平均消耗分别为0.08吨/万支、8.3千瓦时/万支。

【主要产品与品牌建设】 2014年，川渝中烟主要生产的卷烟品牌有“娇子”“龙凤呈祥”“宏声”“天下秀”“五牛”“山城”等6个，主要生产的雪茄烟品牌有“长城”“工字”“狮牌”等3个。

2014年，“娇子”品牌保持持续稳定增长。“娇子”在全国三类以上卷烟销量排名同比上升1位，居全国卷烟销售收入排名第15位，6毫克/支及以下低焦油“娇子”实现商业销量55亿支（11万箱），居全国低焦油卷烟销量排名第二位，同比上升1位。高端产品保持高位增长，“娇子”品牌单箱批发均价2.5万元，居重点品牌销量排名第11位，高一类“娇子”实现商业销售同比增幅达15%，高三类“娇子”实现商业销售243亿支（48.6万箱），同比增长33亿支（6.6万箱）。

【雪茄烟生产和销售】 2014年，川渝中烟在各省设置专职雪茄烟经理，在全国36个重点城市设置雪茄烟专管员。夯实主导规格的市场基础，手工雪茄烟主导规格“长城（10支132秘制）”“长城（传奇1号）”“长城（传奇3号）”及“长城（盛世5号）”进入123家协议单位销售，同比增加31家。“长城（醇雅）”系列中细支进入217家协议单位销售。雪茄烟品牌继续保持国产雪茄品牌领跑地位，取得在中细支细分市场新突破。

2014年，生产标准雪茄烟5.63亿支，同比增长136.55%。标准雪茄烟（含中细支）实现销售4.6亿支，同比增长74.9%；实现销售收入4.14亿元，同比增长49.3%。手工雪茄烟实现销量76.1万支，同比增长37.4%；实现销售收入2816万元，同比增长33.5%。

【原辅材料保障】 烟叶采购调拨。2014年，川渝中烟完成烟叶调拨总量9.71万吨（194.19万担），其中烤烟9.63万吨（192.58万担）。进口烤烟0.689万吨（13.79万担)。调拨云南烟叶2万吨（40万担)。调拨上等烟5.83万吨（116.55万担)，占比60.52%。

烟叶基地单元建设。2014年，川渝中烟新增国家级烟叶基地单元6个。截至年底，累计建立35个烟叶基地单元，其中国家局基地单元26个、省局基地单元9个，特色品种单元21个。基地单元烟叶调拨量为7.5万吨（150万担)，基地化供应率在75%以上。

烟用材料供应。2014年，烟用材料采购金额58.55亿元，公开招标比例在93%以上，累计降低采购成本7869万元。材料供应及时率100%，进货抽检合格率99.93%。

【技术创新】 产品研发。川渝中烟以自主调香技术为支撑，2014年，开发“娇子（雅韵天娇)”“娇子（龙韵天娇)”“娇子（禧缘龙凤)”等新产品。完成“长城（醇雅可可)”“长城（醇雅奶香)”“长城（醇雅薄荷)”三款中细支和“长城（子龙)”“长城（丝路)”“长城（天龙)”三款超细支雪茄烟的开发。储备开发果味香韵、烟草本香和龙涎香韵等超低焦油的产品。推进“龙涎香”卷烟产品风格品类构建，完成“娇子（盛世天娇)”“娇子（红天之娇子)”“娇子（蓝天之娇子)”等产品的“龙涎香”改造。继续开展产品降焦研究，完成“娇子（硬龙凤世纪朝)”“娇子（X龙韵)”“娇子（金沙神韵)”降焦配方调整，开发“娇子（雅韵天娇)”“娇子（龙韵天娇)”和“娇子（软喜缘龙凤)”等新产品。焦油量低于6毫克/支的卷烟产量达62亿支（12.4万箱)。

原料研究。完成35个基地单元的108份烟叶样品的质量评价工作，开展凉山模块配方验证，强化模块打叶质量监控。完成13次质量监督巡检工作，合格率100%。

工艺管理。围绕产品设计质量，深化设备加工特性研究，加强重点工序控制，不断优化工艺参数，强化技术标准持续改进和严格执行，建立以产品感官质量为前提，以烟气指标合规为基础，以消费者最为关注的指标作为过程管控要点的考核办法，促进各卷烟工厂在生产过程中逐步建立以感官质量为核心的生产质量管控模式，初步实现生产现场连接市场的有机对接。开展“‘娇子’品牌‘高质低焦’造纸法再造烟叶关键技术研究与应用”等项目研究工作，系统开展“三纸一棒”试验研究。在工艺管理方面，获得发明专利授权3项，实用新型专利授权6项。

项目研究。加强5个省部级项目的研究工作，“不同地区红大烟叶中糖苷潜香物研究”建立糖苷类化合物LC－MS/MS液质检测方法，“烟丝不同膨胀状态对卷烟主流烟气有害成分释放量的关系研究”完成低害工艺参数应用，“基于‘娇子’品牌的低焦低害膨胀丝优化技术研究及应用”完成降蛋白和烟碱的微生物八批次发酵实验。推动新型烟草产品的研发。完成新型口含烟特色烟叶提取物的提取、工艺流程、包装设计；电子烟烟液提取方案制定，配方设计、筛选；加热不燃烧卷烟项目材料筛选和电路设计。

科技项目管理。组织完成公司2006—2012年度科技项目奖励工作。继续推进关键技术研究，强化科技项目管理，2014年，申报发明专利86项，获得授权21项。获得中国烟草总公司科技进步奖三等奖1项和四川省科技进步奖三等奖1项。

【特事要辑】 2月23—24日，川渝中烟2014年工作会在成都召开。会议提出，紧紧围绕转型提升、攻坚决战主题，坚持稳中求进、进中图强，抢抓机遇、超常作为，奋力推进川渝烟草工业可持续发展。四川省常务副省长钟勉出席会议并讲话。

5月21—23日，国家局副局长徐瓘到川渝中烟调研。徐瓘希望川渝中烟要努力实现三个提高：一是提高制造水平，控制消耗，提高作业效率，提升产品质量；二是提高营销水平，要从适应市场变化、调整营销策略、保持良好市场状态三个方面下功夫；三是提高税利水平。

6月5日，国家局副局长杨培森到川渝中烟调研。杨培森指出，川渝中烟经受住“5·12”汶川特大地震的考验，抓住机遇，“娇子”品牌实现全国布局，知名度不断提高，得到快速发展。面对全国卷烟市场严峻形势，川渝中烟要采取切实措施加以应对。要坚定信心，发挥优势，奋力创新，鼓起勇气渡过难关，推动公司持续稳定发展。

7月17—20日，国家局局长凌成兴到川渝中烟调研。其间，重庆市市长黄奇帆会见凌成兴一行，并就进一步推进川渝烟草产业改革发展交换意见。

10月21日，在东京闭幕的2014 Pentawards全球顶级包装设计大赛官方颁奖典礼上，“娇子（功夫细支)”包装设计作品获2014 Pentawards金奖。这是中国烟草行业迄今为止首次获得全球最高包装设计奖项，填补中国烟标在国际领域金奖的空白。

12月2—4日，国家局副局长赵洪顺到川渝中烟调研。赵洪顺强调，川渝中烟2015年要稳品牌，坚定不移发展自主品牌。要稳主场，用品牌稳住川渝市场。要稳合作，确保加工合作保持稳定。要稳队伍，以奋发有为的精神状态，共同面对今后的挑战。要稳增长，在完成2014年工作任务的基础上，布局好2015年工作。

所属企业

四川烟草工业有限责任公司

【卷烟生产经营】 2014年，四川烟草工业有限责任公司（简称四川公司）生产卷烟（含合作生产）971.19亿支（194.24万箱），其中，生产一类烟74.24亿支（14.85万箱）、二类烟225.08亿支（45.02万箱）、三类烟432.15亿支（86.43万箱）、四类烟207.16亿支（41.43万箱）、五类烟32.56亿支（6.51万箱）。

实现卷烟销售961.08亿支（192.22万箱），其中，一类烟74.17亿支（14.83万箱）、二类烟228.02亿支（45.60万箱）、三类烟444.88亿支（88.98万箱）、四类烟183.22亿支（36.64万箱）、五类烟30.79亿支（6.16万箱）。

实现卷烟销售收入257.86亿元，同比增长3.74%。实现税利193.02亿元，同比增长2.75%，其中利润13.72亿元，同比下降18.6%。

万支卷烟综合能耗为2.47千克标煤，万元产值综合能耗为8.78千克标煤。烟叶、滤棒、盘纸平均消耗分别为6.86千克/万支、2512支/万支、592米/万支。水、电平均消耗分别为0.076吨/万支、7.71千瓦时/万支。

【主要产品与品牌建设】 2014年，四川公司自有品牌有“娇子”“天下秀”“五牛”，其中“娇子”产量为510.85亿支（102.17万箱）。合作生产卷烟311.59亿支（62.32万箱），其中合作生产红塔集团“红塔山”46.75亿支（9.35万箱），合作生产湖北中烟“黄鹤楼”45.4亿支（9.08万箱）、“红金龙”77亿支（15.4万箱），合作生产浙江中烟“利群”79亿支（15.8万箱）、“雄狮”13.5亿支（2.7万箱），合作生产湖南中烟“白沙”50亿支（10万箱）。生产出口烟0.19亿支（0.04万箱），销售0.19亿支（0.04万箱）。

【原辅材料保障】 四川公司加强仓储管理关键环节，原辅材料管理做到“三严”：严把入库质量检验关，对不符合质量要求的烟叶治理指标达标后方能进入日常管护库；严格养护操作规程，加强定期检查和日常巡查，保证资产安全；严把出库质量验证关，有质量问题烟叶不得出库，不合格烟叶不得进入生产环节。开展烟叶储存养护技术研究，推广烟叶储存先进适用技术，加大烟叶气调剂储存、富氮低氧储存的推广力度。

重庆烟草工业有限责任公司

【卷烟生产经营】 2014年，重庆烟草工业有限责任公司（简称重庆公司）生产卷烟（含合作生产）576.0亿支（115.19万箱），同比增长0.87%，其中，生产一类烟32.45亿支（6.49万箱），同比增长15.27%；二类烟40.65亿支（8.13万箱），同比下降6.01%；三类烟384.25亿支（76.85万箱），同比增长7.83%；四类烟103.05亿支（20.61万箱），同比下降19.21%；五类烟15.55亿支（3.11万箱），同比下降0.96%。

实现卷烟销售575.3亿支（115.06万箱），同比增长0.7%，其中，一类烟29.25亿支（5.85万箱）、二类烟41.3亿支（8.26万箱）、三类烟389.9亿支（77.98万箱）、四类烟100.3亿支（20.06万箱）、五类烟14.55亿支（2.91万箱）。

实现销售收入155.4亿元，同比增长4.30%。实现税利118.7亿元，同比增长3.84%，其中利润21.4亿元，同比增长1.42%。三项费用率为6.09%。

万支卷烟综合能耗为2.69千克标煤，万元产值综合能耗为9.88千克标煤。烟叶、滤棒、盘纸平均消耗分别为6.77千克/万支、2097支/万支、596米/万支。水、电平均消耗分别为0.08吨/万支、7.88千瓦时/万支。

【主要产品与品牌建设】 2014年，重庆公司生产“娇子（天子）”系列26.45亿支（5.29万箱），“娇子（龙凤呈祥）”系列279.65亿支（55.93万箱），“宏声”系列66.1亿支（13.22万箱）。合作生产卷烟150.75亿支（30.15万箱），其中合作生产红塔集团的“红塔山”123.25亿支（24.65万箱），生产红云红河集团的“云烟”25亿支（5万箱）、“红河”2.5亿支（0.5万箱）。

2014年，“娇子（天子）”实现销量23.05亿支（4.61万箱），“娇子（龙凤呈祥）”和“宏声”分别实现销量284亿支（56.8万箱）、63.75亿支（12.75万箱）。

【技术创新】 重庆公司推进基础研究，“一种固液过滤器”等3项发明专利获得授权。1个QC小组获得质量信得过班组称号；1个QC小组在全国烟草行业QC发布会获得三等奖；12个QC成果分别获得川渝中烟和重庆市QC评比一、二、三等奖。

【原辅材料保障】 重庆公司加强对原辅材料供给管理，2014年完成烟叶购进计划3.487万吨（69.74万担）。烟用物资计划采购项目共计14项，计划资金总额3063万元。备品备件库存金额1792.31万元，占库存总额的52.94%，同比降低2个百分点。

2014 年川渝中烟工业有限有限责任公司所属企业/生产厂情况统计

		四川烟草工业有限责任公司	所属生产厂			
			成都分厂	什邡分厂	西昌分厂	绵阳分厂
法人资格		独立法人	非独立法人	非独立法人	非独立法人	非独立法人
主要负责人/法人代表（含党政领导）		总经理、党委副书记： 邓　权 副总经理、党委书记： 陆　伟	厂长、党委书记： 甘忠德（—2014. 7） 厂长、党委副书记： 罗　诚（2014. 9—） 副厂长、党委书记： 余　强（2014. 9—）	厂长、党委书记： 黄若强（—2014. 9） 厂长、党委副书记： 黄若强（2014. 9—） 副厂长、党委书记： 张　楠（2014. 9—）	厂长、党委书记： 周　冰	厂长、党委书记： 秦富炳
成立时间		2006 年	2006 年	2006 年	2006 年	2006 年
从业人员（人）		9835	1692	1329	650	879
卷烟生产能力（亿支）		1314	550	325	189	250
卷烟品牌	自有品牌	娇子、天下秀、五牛	娇子	娇子	娇子、天下秀、五牛	娇子
	合作生产品牌	黄鹤楼、白沙、 红塔山、利群	—	黄鹤楼、白沙	—	红塔山、利群
卷烟总产量（亿支）		971. 19	340. 19	311. 50	159. 50	160. 00
雪茄烟品牌		—	—	—	—	—
雪茄烟总产量（万支）		—	—	—	—	—

		重庆烟草工业有限责任公司	所属生产厂			川渝中烟工业有限责任公司长城雪茄烟厂
			重庆分厂	涪陵分厂	黔江分厂	
法人资格		独立法人	非独立法人	非独立法人	非独立法人	非独立法人
主要负责人/法人代表（含党政领导）		董事长、党委书记： 易从宽（—2014. 12） 董事长、总经理、 党委副书记： 张建华（2014. 12—， 之前任总经理、 党委副书记） 副总经理、党委书记： 曾　俚（2014. 12—，之前任副总经理、党委委员）	厂长、党委副书记： 何　强（—2014. 12） 党委书记：张云义 厂长：刘大富 （2014. 12—）	厂长、党委书记： 张正念（—2014. 12） 厂长、党委书记： 陈　瑜（2014. 12—）	厂长、党委书记： 余建华（—2014. 12） 厂长、党委书记： 李大学（2014. 12—）	厂长：张建伟 （2014. 7—， 之前任厂长、 党委书记） 党委书记：刘朝科 （2014. 7—）
成立时间		1998 年	1938 年	1982 年	1975 年	2007 年
从业人员（人）		2658	922	732	781	470
卷烟生产能力（亿支）		676	266	210	200	—
卷烟品牌	自有品牌	娇子、龙凤呈祥、 宏声、天下秀	娇子、龙凤呈祥、宏声	娇子、龙凤呈祥、 宏声、天下秀	娇子、龙凤呈祥	—
	合作生产品牌	红塔山、红河、云烟	红塔山、红河、云烟	—	—	—
卷烟总产量（亿支）		576. 00	210. 35	182. 50	183. 15	—
雪茄烟品牌		—	—	—	—	长城、狮牌、工字
雪茄烟总产量（万支）		—	—	—	—	5. 63

（撰稿：晏　钢；编辑：王东旭）

贵州中烟工业有限责任公司

【卷烟生产经营】 2014年，贵州中烟工业有限责任公司生产卷烟（含合作生产，不含出口）1291亿支（258.2万箱），同比增长1.57%，其中，生产一类烟111.63亿支（22.33万箱）、二类烟189.90亿支（37.98万箱）、三类烟522.8亿支（104.56万箱）、四类烟383.91亿支（76.78万箱）、五类烟82.75亿支（16.55万箱）。生产出口烟0.78亿支（0.155万箱）。

合作生产卷烟269亿支（53.8万箱），其中，合作生产浙江中烟的品牌卷烟“利群”“雄狮”共179亿支（35.8万箱），合作生产云南中烟的品牌卷烟“红塔山”45亿支（9万箱），合作生产湖南中烟的品牌卷烟“白沙”45亿支（9万箱）。

实现卷烟销售（不含出口）1245.57亿支（249.11万箱），同比下降0.56%，其中，一类烟102.95亿支（20.59万箱）、二类烟181.04亿支（36.21万箱）、三类烟517.80亿支（103.56万箱）、四类烟363.45亿支（72.69万箱）、五类烟80.32亿支（16.06万箱）。出口卷烟0.78亿支（0.155万箱）。

实现销售收入352.45亿元，同比增长6.37%。实现税利275.42亿元，同比增长8%，其中利润43.84亿元，同比增长0.53%。三项费用率为6.82%。

万元产值综合能耗为12.38千克标煤，万支卷烟综合能耗为3.53千克标煤。烟叶、滤棒、盘纸平均消耗分别为6.90千克/万支、2122支/万支、595米/万支。水、电平均消耗分别为0.12吨/万支、8.67千瓦时/万支。

【主要产品与品牌建设】 2014年，公司生产的自有卷烟品牌有“贵烟”“黄果树”“遵义”，合作生产的卷烟品牌有“利群”“雄狮”“红塔山”“白沙”。

以“面向消费者”为目标，实施营销模式改革，创新实施品牌小组制向品牌项目制的管理转变，初步建立品牌培育驱动型和市场驱动型相结合的营销组织结构，地区级千箱市场168个，省级万箱市场19个。“贵烟”品牌不断突破，覆盖全国337个地级市场。提升“贵烟”品牌高端引领作用，销量保持稳定增长，2014年生产“贵烟”（不含出口）360.25亿支（72.05万箱），同比增长18.04%；“贵烟”实现销售341.30亿支（68.26万箱），同比增长13.28%，其中省外市场实现销售54.68亿支（10.94万箱）。出口“贵烟”1234万支（246.8箱）。“贵烟”新产品显示出较强的发展后劲，“贵烟（玉液1号）”“贵烟（玉液2号）”“贵烟（硬小国酒香）”“贵烟（新贵）”“贵烟（甜乡洞藏）”等5个规格投放市场，新开发“贵烟（思味）”。

【原料保障】 完善“贵烟”品牌发展的原料保障体系，优质烟叶产区扩展为21个，“贵烟”品牌原料的特色化、专门化、功能化进一步显现。年度采购烟叶9.085万吨（181.69万担），采购烟叶等级合格率为68.2%，高于全国行业平均水平4.5个百分点，居行业第二位。进口烟叶（片烟）3639吨，是公司历史上采购数量最多的一年。

开发完成行业首套烟叶特殊处理设备，对质量缺陷、配伍性较差的配方组分烟叶进行特殊料液处理，提升烟叶使用性，降低用叶成本，形成自主核心技术，取得开创性的突破。

基地单元工商协同管理系统、烟叶原料规划子系统EAS上线并投入使用，提升系统管理和流程控制的信息化水平。“烟叶洞藏醇化”和“‘国酒香’烟叶酒窖醇化”技术更加成熟，其中酒窖醇化初具规模，并申请专利技术，该项目基地成为“国酒香”烟叶醇化工艺及品牌文化的展示窗口。

加强烟叶基地单元建设，以烟叶基础管理标准化建设为主线，完成22个国家局基地单元协议签订。按照“贵烟”品牌发展目标，基地单元优质烟叶产区扩展为21个，通过基础信息采集共享，对基地单元实施分类管理，实现生产技术运用、种植移栽、除虫养护、基地单元管理评价的全程管控，“贵烟”品牌特色化、专门化和功能化的原料保障体系初具规模。

【技术创新】 实施“投入一批、研发一批、储备一批”的创新战略体系。技术中心实体化运作步入正轨。完善博士后科研工作站的配套建设，与中国博士后网合作开展网络招聘。2014年，申请专利48件，其中发明专利44件，实用新型专利3件，外观设计专利1件。构建完善“贵烟”品牌产品标准体系，制修订产品技术等标准634项。

加大科技项目研发力度，2014年，公司在研科技项目74项，其中5项国家局项目和1项省级项目，有2项成果获省级鉴定。各项技术创新成果不断涌现，低温载香和特殊载香技术日臻完善，无线加香、沟槽中线、纳米材料、梗颗粒、微胶囊、自然透气水松纸、三线微胶囊复合滤棒等技术成功转化为生产运用。加强研发储备，完成“贵烟”品牌

“甜香”新品类、“国酒香 50”高端产品、新型“混合型”卷烟、咖啡香型细支烟等十余个新品，开发完成 6 种形式的电子烟、2 种形式的口含烟。成功攻克低成本沉头滤棒、空心滤棒、细支烟微胶囊等十余项专有技术，特种滤棒研发及生产居行业领先水平。

【对外交流与合作】 2014 年，公司出口卷烟 0.78 亿支，出口实现 142.7 万美元，分别同比增长 76%、142%。新增出口规格 1 个，新增澳门（有税）、珠海（免税）、深圳（免税）等 3 个出口市场。开展跨国、跨地区多维度的技术交流，3 月 23 日，奇华顿新加坡香精香料有限公司高级调香师到贵州中烟进行技术交流，探讨“贵烟”品牌风格提炼、“国酒香”胶囊等关键技术；11 月 24—25 日，与韩国烟草人参公社进行技术交流并签订技术合作战略协议。

【特事要辑】 2 月 12 日，贵州省副省长王江平到贵州中烟贵阳卷烟厂调研，并考察贵州中烟技术中心和贵阳卷烟厂的实验线和制丝、卷包车间。

4 月 8 日，在中国国际高端瓶装饮用水博览会组委会、中国民族卫生协会健康饮水专业委员会主办的“2014 第五届中国国际高端瓶装饮用水博览会”上，贵州中烟全资子公司贵州福贵投资管理有限公司生产的“盛世贵”天然矿泉水，获得“优质水源地奖”和中国最佳泡茶水“梅花雪奖”。

8 月 4 日，贵州省副省长刘远坤、副秘书长张家团到贵州中烟调研。

9 月 5 日，贵州省人大常委会副主任禄智明率省经济和信息化委、省国税局等部门到贵州中烟贵定卷烟厂调研，并考察易地技改项目。

2014 年贵州中烟工业有限责任公司所属生产厂情况统计

		贵州中烟工业有限责任公司贵阳卷烟厂	贵州工业有限责任公司遵义卷烟厂	贵州中烟工业有限责任公司毕节卷烟厂	贵州中烟工业有限责任公司贵定卷烟厂	贵州中烟工业有限责任公司铜仁卷烟厂
法人资格		非独立法人	非独立法人	非独立法人	非独立法人	非独立法人
主要负责人（含党政领导）		厂长：王光举 党委书记：龙志远	厂长、党委书记：余　文	厂长、党委书记：罗　军	厂长、党委书记：马　亚	厂长、党委书记：李　柏
成立时间		1940 年	1978 年	1974 年	1952 年	1977 年
从业人员（人）		2976	1433	1247	833	541
卷烟生产能力（亿支）		500	300	229	150	100
卷烟品牌	自有品牌	贵烟、黄果树	贵烟、黄果树、遵义	贵烟、黄果树、遵义	贵烟、黄果树、遵义	黄果树、遵义
	合作生产品牌	—	利群、红塔山	利群、红塔山、雄狮	白沙	—
卷烟总产量（亿支）		564.00	278.00	229.00	150.00	70.00
雪茄烟品牌		—	—	—	—	—
雪茄烟总产量（万支）		—	—	—	—	—

（撰稿：高　雕；编辑：谢争艳）

云南中烟工业有限责任公司

【卷烟生产经营】 2014 年，云南中烟工业有限责任公司在卷烟产销总量、税利总额、一类烟产销量、全国市场覆盖率、国际市场销量等多项指标上均位居行业第一。云南中烟共生产卷烟［含省内出口卷烟、省外全资卷烟厂（新疆卷烟厂、乌兰浩特卷烟厂），不含合作生产、境外卷烟产量］4183.05 亿支（836.61 万箱），同比增长 2.08%，其中，省内卷烟生产厂生产 3848.05 亿支（769.61 万箱），同比增长 1.59%；省外卷烟生产厂生产 335 亿支（67 万箱），同比增长 8.06%。内销卷烟实现销售 4130 亿支（826 万箱），同比增长 2.04%。出口卷烟 53.05 亿支（10.61 万箱），同比增长 5.57%。

在省内卷烟生产厂生产的卷烟中，生产一类烟 1179.5 亿支（235.9 万箱），同比增长 8.51%；二类烟 58.4 亿支（11.68 万箱），同比增长 21.68%；三类烟 2054.85 亿支

(410.97 万箱)，同比增长 4.31%；四类烟 359.4 亿支(71.88 万箱)，同比下降 15.59%；五类烟 195.9 亿支(39.18 万箱)，同比下降 23.78%。

2014 年，云产卷烟品牌实现全国商业销量 5464.65 亿支（1092.93 万箱），同比增长 0.98%。高端卷烟实现商业销量 79.3 亿支（15.86 万箱），同比增长 10.67%，其中，高价位卷烟实现商业销量 19.55 亿支（3.91 万箱），同比增长 7.18%。高价位卷烟中，“云烟（软大重九）”实现商业销量 8.2 亿支（1.64 万箱），同比增长 36.24%，列全国高价位卷烟规格第四位；“玉溪（硬庄园 16 支）”实现商业销量 19085 万支（3817 箱），同比下降 9.58%。

2014 年，云南中烟实现税利 1358.56 亿元，同比增长 3.85%，其中，省内系统实现税利 1143.54 亿元，同比增长 3.26%。省内卷烟企业三项费用率为 7.39%。

万元产值综合能耗为 8.79 千克标煤，万支卷烟综合能耗为 2.73 千克标煤。烟叶、滤棒、盘纸平均消耗分别为 6.33 千克/万支、2127 支/万支、596 米/万支。水、电平均消耗分别为 0.06 立方米/万支、6.6 千瓦时/万支。

中烟实业、河北中烟、江西中烟、山东中烟、河南中烟、川渝中烟、贵州中烟、陕西中烟等省外企业合作生产云南中烟的卷烟品牌 1365.8 亿支（273.16 万箱），同比增长 7.21%。

【主要产品与品牌建设】 2014 年，云南中烟在产卷烟品牌中，红云红河烟草（集团）有限责任公司有“茶花”“钓鱼台”“福”“红河”“红山茶”“小熊猫”“雪莲”“云烟”“钓鱼台”“紫气东来”“冬虫夏草”“大青山”等 12 个品牌，红塔烟草（集团）有限责任公司有“阿诗玛”“宝石”“红梅”“红塔山”“新兴”“玉溪”“马宝”等 7 个品牌。云南中烟坚持把品牌发展作为“卷烟上水平”的核心，大力实施品牌发展战略，以市场需求为导向，以品牌结构提升为主线，推动品牌整合创新、提质增效和转型升级，增强品牌竞争力，塑造品牌优势。品牌结构由低向高走，2014 年云产卷烟商业单箱批发销售收入 25190 元，同比增长 5.44%，一类烟实现商业销量 1255.45 亿支（251.09 万箱），同比增长 13.61%；二类烟实现商业销量 111 亿支（22.2 万箱），同比增长 33.09%。重点品牌发展稳健，将品牌培育的重心进一步聚焦“玉溪”“云烟”“红塔山”三大重点骨干品牌，三大品牌继续保持销量及销售额排名稳定、效益增长、状态平稳的良好态势，其中，“玉溪”实现商业销量 835.35 亿支(167.07 万箱)，同比增长 15.08%，实现商业销售收入 834.51 亿元，首次突破 800 亿元；“云烟”实现商业销量 1881.75 亿支（376.35 万箱），同比增长 10.45%，实现商业销售收入 1071.17 亿元，首次跨上千亿台阶，排名全国第二位；“红塔山”实现商业销量 1506.15 亿支（301.23 万箱），实现商业销售收入 523.37 亿元。新品拓市走向看好，“云烟（印象烟庄）”“云烟（软印象烟庄）”“云烟（神秘花园）”“云烟（云龙）”“红塔山（传奇）”等新品投放市场后共实现销量 3.98 亿支（0.797 万箱）。

【“两统一、两整合”改革工作】 继续推进“两统一、两整合”（即在现行“一公司、两集团”管理体制不变的前提下，实施统一营销、研发业务，整合卷烟品牌、多元化经营业务的改革思路）改革工作。截至年底，红塔、红云红河“两红集团”的营销、技术、国际市场拓展的职能、职责，以及人员、资产、物资、费用等统一划转云南中烟，各项业务和内外关系基本理顺，机构运转步入正轨。

改革的进展和成效具体体现为“实施 5 项改革、成立 4 家机构、取得 3 个成效”。实施 5 项改革，即国内营销率先启动，技术研发快速跟进，国际营销后来居上，品牌整合同步进行，多元化整合稳中求进。成立 4 家机构，即营销中心、技术中心、云南烟草国际有限公司（2014 年，红塔集团、红云红河集团的国际市场业务并入原云南烟草国际有限公司，成立新云南烟草国际有限公司）、云南合和（集团）股份有限公司。3 个成效主要体现在：一是促进资源整合，优化资源配置。国内、国际市场营销实现一个“拳头”、一致对外，科技创新资源实现集中统筹、优势互补，品牌存量资源进一步向三大品牌集中，多元化存量资产配置走向优化。二是设立一批业务机构。2 月 11 日，云南中烟 2014 年市场营销工作会议暨营销中心挂牌仪式在昆明举行。营销中心按销量大小设立 8 个分中心、24 个省区市场部，实现国内市场的全覆盖、强辐射。技术中心搭建一批创新平台，在国内 5 个区域 8 个城市设立分中心（联合研发中心），完成韩国、老挝、中国香港等国家和地区的研发布局；探索实行小微创新，组建 10 个面向不同区域市场的产品研发小微团队。云南烟草国际有限公司开展香港天成和香港玉成的股权划转、合并吸收以及缅甸天成公司的关闭工作，建立统一的营销网络体系，明确境外生产与一般贸易出口的职能定位，商定同帝国烟草在香港组建合资公司的合作框架协议。三是降低成本费用，促进增收节支。整合后营销中心减少协销人员 400 余名，节约人力成本 1800 万元；减少宣传促销、终端营销等方面的重复投入，降低信息系统建设、办公行政运行等方面的费用支出，节约费用 3.5 亿元。

【基础管理】 适应“两统一、两整合”改革要求，推进公司职能从“战略管控型”向“经营管控型”转变，基础管理更加扎实。实施企业管理体系建设，制定云南中烟管理创新制度，完善对各卷烟集团、各直属单位综合绩效的系统评价机制。推进精益管理，开展“精益十佳”创建活动。推进贯标、对标、创优等基础性工作，提升节能减排创新水平，加强工程投资管理，继续实施“十二五”技术装备规划。落实货币资金保值增值任务，三项费用率同比下降0.69个百分点。实施一批重点信息化建设项目，打造“智能化工厂”，曲靖卷烟厂3D可视化系统得到国家局的肯定。加强审计整改，对审计提出的问题100%整改，在全系统开展贯彻执行中央“八项规定”，严肃财经纪律，以及“小金库”专项治理自查工作。推进阳光采购，深化“应招尽招、真招实招”，2014年实施“三项工作”项目1921个，涉及金额138.46亿元，其中公开招标采购金额122.71亿元，占比88.63%，同比提升7.93个百分点。

【原料保障】 对云南省内7个生产点进行烟叶库存核查，并形成库存核查报告，并在此基础上起草云南中烟2015—2016年烟叶需求计划草案。在提升原料质量和优化结构上下功夫，优化省内、省外烟叶配置，提高基地烟叶调拨比例。2014年，烤烟实际调拨47.19万吨（943.8万担），其中省内烟叶34.95万吨（698.9万担）、省外烟叶12.25万吨（244.9万担）。加强涉烟废弃原料管控，制订实施《涉烟废弃原料再利用管理办法》。

加强基地单元建设，以品牌需求为导向，完善工业企业、商业企业、地方政府三方基地共建、生产共抓、资源共享的建设机制，拓展合作范围和深度，加强技术指导，调整优化主栽品种、技术方案、配套标准，因企制宜改善等级结构，巩固提高基地单元建设质量。2014年，云南中烟新增基地单元33个，基地单元总数达99个，其中省内76个、省外23个，单元调拨量达24.43万吨（488.5万担），基地化供应比例同比提高17个百分点。

加强对烟草庄园建设的管理，解决已建成的部分项目存在未按规定上报审批、建设费列支不规范等问题，开展烟草庄园整改验收，组建整改验收委员会，制定整改指导意见。截至年底，4个已建庄园和1个在建庄园的整改验收材料通过整改验收委员会初审。

【物资配套工作】 *云南中烟物资（集团）有限责任公司概况*。公司成立于2006年，由云南中烟物资配套公司改制而成，是云南中烟的全资子公司。主要从事全省烟草工业生产所需的卷烟材料、烟机零配件以及仓储运输的经营业务；履行全省卷烟材料、烟机设备和零配件以及非烟用物资行政管理职能。下辖云南烟草机械有限责任公司1家管理企业，控股云南云成印务有限公司、大理市古榕会馆旅游有限责任公司等2家企业，参股云南浩鑫铝箔有限公司、交通银行股份有限公司、中国太平洋保险（集团）股份有限公司等3家企业。公司本部员工325人，其中在岗员工126人。截至2014年底，总资产27.60亿元，其中，固定资产1.02亿元、流动资产24.58亿元，资产负债率为27.42%。

2014年，实现主营业务收入113.09亿元，同比下降8.3%；实现利润2.1亿元，同比增长6.53%。

物资供应管理。加强丝束货源控制和计划管理，稳定丝束使用规格，保障丝束正常供给。加强对烟用物资的统筹安排和计划调整，发挥ERP信息系统的桥梁纽带作用，加强与供需方的沟通交流，确保烟用物资按照需求采购供应。加强运输队伍管理，规范运费结算工作。在ERP系统中建立物料组，修订完善非烟物资的物料编码归类，进一步明确、统一非烟物资类别归属。开展2013年度卷烟材料和烟机零配件采供管理工作检查评价，组织各卷烟企业物资工作人员进行交流讨论。加强与行业先进企业量本利数据的分析对比，优化《云南中烟卷烟材料统计分析》。强化产品质量控制，配合开展卷烟材料内控检工作，对13类572个规格卷烟材料进行质量内控检查。2014年，保障服务能力持续增强，烟用物资按时按质按量采购供应，顾客满意率为99.56%、投诉率为零。

设备管理。牵头制定《中国烟草总公司打叶复烤设备精益化管理指导意见》，推进打叶复烤设备精益化管理。研究制定并组织实施云南中烟设备精益化管理方案。推进云南中烟设备价值管理体系建设，以《云南中烟设备ABC分类管理办法》为实施载体，在各卷烟企业推行设备分类分级管理，建立设备关键功能台账，促进设备管理工作再次优化。2014年，云南中烟设备完好率继续维持在100%，卷接设备运行效率91.70%，包装设备运行效率89.17%，滤棒成型设备运行效率92.70%，制丝设备故障停机率0.23%，打叶复烤设备故障停机率0.49%。

规范招标采购。实施香精香料公开招标采购，香精香料公开招标比例不低于65%。对公开招标的商标用纸、防伪全息膜及商标进行价格谈判，下调采购价格，年度采购成本同比下降3%。对到期的5种机型烟机零配件，实施新一轮两年期的公开招标，确保招标采购率超过80%的目标值。招标确定云南中烟机关及各直属单位招标代理机构库，发布2014年集中采购目录，并按此目录组织公开招标，确定中标供应商并签订采购框架协议。制定《云南中烟物资采购工作考核评价办法（试行）》，细化年度物资采购工作评价内容。加强供应商管理，制定《云南中烟卷烟材料新增供

应商管理办法》。开展2013年卷烟材料供应商综合分析，按照卷烟材料的不同类别对供应商进行多维度分析。修订完善供应商资质等级评价体系，对资质到期的142家供应商及新增供应商进行资质认证。

【技术创新】 科技创新体系建设。作为国家局首批精益研发试点单位之一，云南中烟启动并着力打造“投入减少，产出增加”的精益研发体系，在研发链条各环节，导入精益理念，建立精益组织，运用精益方法，塑造精益流程。深化产学研创新平台建设，相继在上海、河南、辽宁、内蒙古、山西、河北、海南等省（市、自治区）、中国香港以及韩国、老挝、德国等国家和地区，建立联合研发中心或分中心，实现科技创新“走出去”发展战略。依托行业卷烟调香和工艺装备2个重点实验室，与四川大学、秦皇岛烟机公司等9家单位深化合作，锁定13项前沿技术研究，为重点实验室发展提供新的动力。强化重大专项引领机制，启动原料系统、卷烟工艺、新型烟草制品、一二类卷烟新品开发等4个重大专项研究。截至年底，公司累计布局15个重大专项项目，研究类型包括关键技术研发、推广应用和技术升级，研究领域覆盖高端产品研发、烟叶原料利用、新型烟用材料、卷烟自主调香、新型烟草制品、特色工艺装备和再造烟叶等。实施科技管理开放评审，在专家库构建环节，遴选、聘任云南大学、中科院昆明植物所等高校、科研院所的31位系统外相关领域专家，参与立项评审、中期检查和成果鉴定、评奖工作；在评审形式上，利用移动终端评审系统将评审过程开放化、电子化。创新人才结构不断优化，2014年，公司1人被认定为行业科技领军人才，在大师级人才培养上取得重大突破。3人被认定为行业卷烟高级调香师，4人获评“云南省有突出贡献的优秀专业技术人才、享受云南省政府特殊津贴人员”专家，1人入选“云岭产业技术领军人才”，1人入选云南省创新人才培养计划，1个团队被认定为“云南省创新团队”。公司形成了以行业科技领军人才、行业学科带头人和高级调香师为引领，中、高级职称技术人员为骨干的梯次化人才队伍。

科研成果。在材料开发领域，首次将卷烟调香技术和减害技术结合，开发出一系列天然植物多孔材料，对氰化氢和巴豆醛降低率分别达34.1%和16.4%，危害性指数同比降低7.6%，为减害技术在卷烟中的应用提供新思路、新途径。在再造烟叶领域，在国内率先建设车速达到206米/分钟的高水平中试生产线，实现造纸法再造烟叶加工技术的革新。在原料应用领域，应用品牌导向的模块组配技术，完成“低库存、低适用性”烟叶提质模块100余万担，有效提高库存烟叶的可用性，改善库存烟叶原料结构。加强产品研发，完成“云烟（神秘花园）”“红塔山（传奇）”等7个新产品的开发，上市初期累计实现销量3.98亿支（0.797万箱）。聚焦三大品牌，研发50余个储备产品，其中，开发储备近10款细支卷烟。开展低温卷烟、电子烟及无烟气烟草制品的设计研发，颁布实施《电子烟感官评价方法》等4项企业标准，开发10个新型烟草产品。推进节本降耗研究，加强新型梗丝、再造烟叶、回掺烟丝梯次化利用、省外烟叶的品质评价和配伍性研究，在确保重点规格产品质量稳定的同时，使掺配物和省外烟叶使用比例分别提升5%和10%以上。

2014年，云南中烟获省（部）级科技进步奖二等奖3项、三等奖8项，牵头发布行业标准13项，评出云南中烟科技进步奖一等奖6项、二等奖6项，发表SCI/EI刊源和中文核心期刊148篇，申报发明专利262件，获得授权71件。获国家自然科学基金项目资助1项，省科技厅项目立项4项，总公司计划项目8项，云南中烟项目立项33项。

产品质量监督。对行业烟用材料、烟用添加剂进行安全风险识别与测试评估，完成行业各项测试评估任务。开展“两红集团”46个成品卷烟的重金属、农残抽检，完成173个烟叶样本的农残和无机元素的普查分析，梳理、制修订云南中烟卷烟产品质量管控系列标准12个、烟用材料标准5个、香精香料产品技术标准19个。在全国烟草行业上半年产品质量监控抽检中，一类烟综合质量前五名全部为云南中烟产品，其中“云烟（软大重九）”综合质量、感官质量均排名第一；下半年抽检中，一类烟综合质量前三名全部为云南中烟产品，其中“玉溪（软境界）”综合质量排名第一。

【对外交流与国际拓展】 云南烟草国际有限公司概况。公司成立于2006年，是云南中烟工业有限责任公司的全资子公司，主要承担云南烟草工业系统拓展国际市场的经营管理与服务保障职能，在中国香港设有天成（太平洋）有限公司1家子公司。公司主要经营卷烟、烟丝、烟草专用机械设备和零配件及其他烟用辅料出口，烟丝、丝束、烟草专用机械设备和零配件及其他辅料进口配套服务，烟草经济技术交流与合作等业务。截至2014年底，拥有总资产20.86亿元。公司本部有从业人员90人。

2014年，实现卷烟境外销量198亿支，占行业境外总销量的25.5%，继续保持行业境外销量第一，其中，卷烟一般贸易出口52.4亿支，境外生产销售卷烟145.6万件。国际市场实现销量198.15亿支（39.63万箱），同比增长4.13%，其中一般贸易出口52.4亿支（10.48万箱）、境外生产销售卷烟145.75亿支（29.15万箱）。

2014年，实现进出口总值2.54亿美元，实现收入23.69亿元，实现利润总额1.19亿元。实现境外市场销售总收入23.69亿元，其中，老挝寮中红塔好运烟草有限公司实现销售收入3.67亿元、香港红塔国际烟草有限公司实现销售收入4.06亿元、红塔瑞士罗马尼亚子公司实现销售收入2.65亿元、香港天成（太平洋）有限公司实现销售收入3.43亿元。2014年，云南中烟被云南省人民政府评为“云南省2014年完成外贸进出口目标任务先进单位”。

2014年，公司围绕云南中烟“国际市场营销统一”的工作重心，构建国际市场营销体系，完善适应国际市场发展的运营管理体系，抓住国际市场营销统一改革的契机，依靠文化引领、规划定向、管理支撑、资源优化、模式创新，推进境外市场统一运营，推动拓展国际市场转型升级，探索从规模驱动向价值驱动转变。7月9日，国际市场营销统一启动大会在昆明召开。

国际市场品牌培育。按照《中国烟草拓展卷烟国际市场实施方案（2011—2015年）》确定的国际市场品牌发展目标。通过品牌聚焦、品牌推广和产品知识培训等多种手段，加大力度培育“云烟”“玉溪”“红塔山”“ASHIMA”“WIN”“BRASS”“GEM”等重点品牌，2014年重点品牌国际市场实现销量143.6亿支。推进产品线建设，完成“云烟（大重9+1）”“玉溪（软小庄园）”“红塔山（大师）”等高端新品卷烟上市方案，与中国香港、新加坡和中国澳门等机场免税运营零售商洽谈，扩充价值驱动品牌在国际免税渠道的产品线。2014年，针对国际市场完成新产品开发15项，产品工艺标准维护32项。

国际市场拓展。加快境外现有渠道资源的整合开发进度，深化与跨国烟草公司的合作，加快国际市场拓展步伐。重新设立重组区域境外营销平台。完成缅甸市场的调研工作，制定缅甸营销机构设立方案，推进“以我为主”营销模式在缅甸的试点。以香港天成公司为境外营销平台，调整其定位及市场、品牌、经销商范围，新增其与境外生产点销售结算职能，突出区域市场营销职能。启动对非洲营销机构的前期调研和了解工作。依托红塔瑞士罗马尼亚子公司、迪拜瑞世达公司，探索在东欧和中东市场建立营销机构。

有税市场方面，通过依托境外公司资源，加深与经销商的合作关系，加强销售渠道建设，2014年实现销量87.25亿支，重点市场的卷烟境外销量均实现大幅增长，其中，缅甸市场探索建立境外营销机构，加快实现公司营销实体的中心外移，实现销量26亿支；抓住老挝市场机遇，拓展销售渠道，覆盖老挝95%的销售终端，实现销量18.78亿支；阿根廷市场自建销售网络，丰富混合型品牌产品线，实现销量9.2亿支；中国香港、中国澳门市场注重品牌组合的优化与管理，完善产品结构，加强渠道建设与推广，实现销量1.15亿支。

免税市场方面，稳固和发展与国内免税零售商联系，加强与国际免税零售商合作力度，2014年实现销量110.76亿支。在免税店渠道，“云烟”“玉溪”“红塔山”“ASHIMA”等品牌进入国内外88个重点机场免税店上架销售，实现销量29.3亿支。

提升经销商管理水平。推动以消费者需求为导向的“契约型”新型经销关系，优化整合经销商资源。分类管理经销商，建立大客户机制。通过产品、销售服务、交付、沟通与支持4个方面评价、27个具体指标进行满意度调查，提升境外经销商服务质量。加强对卷烟销售流向管理力度，参与编制国家局《免税出口和自有品牌境外生产卷烟回流处罚管理规定（试行）》，配合相关烟草专卖管理机构完成走私回流卷烟的调查工作，并对涉及回流的经销商进行排查。

境外卷烟生产与烟叶种植情况。积极推动境外产销平台和项目的重组整合，形成3家有资产关系的境外生产点，即香港红塔国际烟草有限公司、老挝寮中红塔好运烟草有限公司、中烟国际欧洲有限公司，以及5家境外合作生产点，即云南越南升龙项目、云南缅甸环球项目、云南印尼ROCK项目、云南阿根廷项目、云南纳米比亚项目境外产销基地。逐步关停有潜在投资风险和运营风险的缅甸果敢卷烟厂。完成老挝寮中红塔好运烟草有限公司的易地技改工程，该厂的年卷烟加工能力达到40亿支。推动老挝和纳米比亚卷烟生产基地和烟叶种植基地建设，打造中国烟草行业在东南亚和非洲主要的生产加工和烟叶种植基地。

【特事要辑】 1月21日，云南中烟召开2014年工作会议，提出2014年要以“推改革、调结构、促规范、上水平、强素质”为主要工作任务。

3月3日，国家局与云南省委省政府在北京举行座谈会。国家局局长凌成兴，云南省委书记、省人大常委会主任秦光荣出席会议。云南省副省长丁绍祥汇报云南烟草工作情况。国家局副局长何泽华、杨培森、赵洪顺，驻局纪检组组长高林、总会计师张玉霞，云南省政协主席罗正富，省委常委、常务副省长李江，省委常委、省委秘书长曹建方出席会议。

3月14日，德国佛克公司首席执行官约根·佛克访问红云红河集团并参观昆明卷烟厂。

4月1日，韩国烟草人参公社社长闵泳珍到云南中烟考察。

4月8日，德国虹霓远东有限公司总裁米罗斯一行到红云红河集团考察。

4月11日，工业和信息化部部长苗圩到红塔集团调研。

4月21日，云南省省长李纪恒、副省长丁绍祥、省政府秘书长卯稳国到云南烟草调研。

4月23日，国家局副局长杨培森到云南中烟考察技术中心建设情况，云南省副省长丁绍祥一同调研。

5月5日，帝国烟草全球营运及工程总裁莱纳·艾伯莱到红塔集团进行业务交流。

5月16日，云南省副省长丁绍祥率省政府“稳增长保安全”督查组到昭通卷烟厂调研。

5月17日，内蒙古自治区人大常委会常务副主任、自治区总工会主席呼尔查到红云红河集团乌兰浩特卷烟厂调研。

6月4—6日，2014年下半年云产卷烟品牌培育座谈会在红河州弥勒市召开，国家局局长凌成兴、副局长徐瑄、云南省副省长丁绍祥出席会议。其间，凌成兴调研红塔集团昭通卷烟厂、红云红河集团曲靖卷烟厂，听取云南烟草工商企业工作汇报。

6月9—12日，国家局副局长赵洪顺先后到红塔集团、红云红河集团、红云红河集团昆明卷烟厂调研。

6月20日，云南省副省长丁绍祥到云南中烟调研。

7月3日，驻局纪检组组长高林到红云红河集团曲靖卷烟厂调研。

7月3日，中华全国总工会副主席、书记处书记李世明到红云红河集团调研。

7月9日，德国虹霓公司CEO萨姆到云南中烟访问。

7月16日，国家局总会计师张玉霞到云南中烟调研。

8月19日，云南省副省长丁绍祥到云南烟草调研。

8月27日，施伟策－摩迪国际集团董事长兼首席执行官维卢泰一行到云南中烟访问。

8月29日，内蒙古自治区党委书记王君、自治区主席巴特尔与自治区推动科学发展现场观摩检查组到红云红河集团乌兰浩特卷烟厂考察。

9月11日，国家局副局长赵洪顺到红云红河集团新疆卷烟厂调研。

10月9日，阿根廷胡胡伊烟草合作社副主席布鲁诺访问红云红河集团并参观昆明卷烟厂。

10月14日，德国虹霓远东有限公司总裁米罗斯到红云红河集团昆明卷烟厂开展技术交流。

10月28日，云南省常务副省长李江到红塔集团调研。

11月5日，2015年云产卷烟品牌培育座谈会在昆明召开。国家局副局长徐瑄、云南省副省长丁绍祥出席会议并讲话。

11月6日，国家局局长凌成兴到红云红河集团新疆卷烟厂调研。

11月8日，中共中央政治局委员、新疆维吾尔自治区党委书记张春贤到红云红河集团新疆卷烟厂调研。

12月25—27日，国家局局长凌成兴在云南烟草调研，考察红塔集团楚雄卷烟厂、西双版纳烟草种子冬繁基地，并走访部分卷烟零售客户，调研市场化取向改革试点情况。其间，云南省委书记李纪恒，省委副书记、代省长陈豪会见凌成兴；省委常委、常务副省长李江，省委常委、省委秘书长曹建方，省政府秘书长卯稳国参加会见。副省长丁绍祥陪同调研。

所属企业

红塔烟草（集团）有限责任公司

【卷烟生产经营】 2014年，红塔烟草（集团）有限责任公司（简称红塔集团）境内外卷烟总产量（包括集团省内四厂内销与出口、合作生产、境外生产）3021.75亿支（604.35万箱），同比增长7.04%。

集团省内4个卷烟厂共生产卷烟（不含合作生产，含出口烟）1915.35亿支（383.07万箱），同比增长2.65%。生产内销卷烟1879.5亿支（375.9万箱），同比增长2.37%，其中一类烟760.85亿支（152.17万箱），同比增长9.77%；二类烟7.8亿支（1.56万箱），同比增长14.71%；三类烟709.35亿支（141.87万箱），同比增长9.66%；四类烟262.05亿支（52.41万箱），同比下降17.06%；五类烟139.45亿支（27.89万箱），同比下降19.51%。生产出口烟35.85亿支（7.17万箱），同比增长19.7%。

合作生产卷烟1007.05亿支（201.41万箱），同比增长15.88%，其中，与中烟实业合作生产“玉溪”37.4亿支（7.48万箱）；与中烟实业、川渝中烟、河南中烟、贵州中烟、河北中烟、陕西中烟、江西中烟、山东中烟、红云红河集团合作生产“红塔山”868.05亿支（173.61万箱）；与中烟实业合作生产“红梅”101.6亿支（20.32万箱）。

实现卷烟销售（含集团省内四厂内销与出口、合作方销售、回购销售、境外加工生产销售）2974.75亿支（594.95万箱），同比增长1.16%。省内四厂内销卷烟实现销售1925.20亿支（385.04万箱），同比下降0.49%，其中一类烟800.65亿支（160.13万箱），同比增长10.07%；二类烟8.25亿支（1.65万箱），同比增长39.83%；三类烟710.25亿支（142.05万箱），同比增长2.64%；四类烟266.50亿支（53.30万箱），同比下降19.66%；五类烟

139.55 亿支（27.91 万箱），同比下降 21.47%。出口卷烟 35.25 亿支（7.05 万箱），同比增长 16.92%。

2014 年，红塔集团本部及省内四厂实现销售收入 666.1 亿元，同比增长 2.56%。实现税利 583.69 亿元，同比增长 4.61%，其中利润 81.11 亿元。三项费用率为 6.19%。

万元产值综合能耗为 7.24 千克标煤，万支卷烟综合能耗为 2.67 千克标煤。烟叶、滤棒、盘纸平均消耗分别为 6.13 千克/万支、2504 支/万支、591 米/万支。水、电平均消耗分别为 0.09 吨/万支、6.59 千瓦时/万支。

【主要产品】 2014 年，红塔集团生产的卷烟品牌有“阿诗玛”“宝石”“红梅”“红塔山”“新兴”“玉溪”“马宝”等 7 个品牌。

“玉溪”品牌实现商业销售 835.35 亿支（167.07 万箱），同比增长 15.07%，位居行业一类烟销量第二位，其中，零售价 300 元/条及以上高端烟实现销售 40.4 亿支（8.08 万箱），同比增长 11.1%；零售价 800 元/条及以上的高价位烟销售 3.85 亿支（0.77 万箱），同比下降 15.39%。

“红塔山”品牌实现商业销售 1506.15 亿支（301.23 万箱），同比增长 0.99%，为全国卷烟销量的第三大品牌，其中零售价 100 元/条及以上实现销售 453.15 亿支（90.63 万箱），同比下降 1.69%。

8 毫克/支及以下低焦油卷烟实现商业销售 82.5 亿支（16.5 万箱），同比下降 29.15%。“红梅”品牌实现商业销售 492.95 亿支（98.59 万箱），同比下降 11.91%。

【原辅材料保障】 2014 年，红塔集团新成立原料部，重新调整工作重心、加快职能转变，以“围绕品牌做原料”为理念，落实“三级管理”模式，即烟叶工作基地人员提出品牌导向型需求，质检人员严把工商交接质量关，复烤监打人员严把烟叶加工质量关。落实烤烟采购计划 23.28 万吨（465.66 万担），白肋烟采购计划 0.24 万吨（4.8 万担），晒烟采购计划 0.59 万吨（11.8 万担）。

加强烟叶入库工商交接管理。落实“快调、快检、快入库、快烤”要求，截至 10 月 31 日，省内四厂入库烟叶的进度较同期提前 15 天，100% 完成烟叶入库。

推进烟叶基地单元建设。将集团采购调拨所辖的省内外烟区，划分为 8 个片区和 2 个工作组，突出专业化团队作用，深化工商协同、基地共建、生产共抓，2014 年新增 16 个烟叶基地单元。截至年底，在全国 8 省 23 市 38 县累计建设国家局基地单元和特色优质烟叶基地单元 53 个。

开发特色优质烟叶。按照烟叶品质特色化的要求，落实生产扶持政策，以烟叶基地建设为载体，以品牌导向为目标，以科研力量为支撑，以品质提升为主线，继续推进有机烟叶生产，为卷烟品质的稳定和清香型风格的彰显提供支撑和保障。

【经济运行管理】 加强战略研究分析，做好品牌服务，增强计划运行调控，不断提升集团管控水平。强化内部管理，以精益管理为驱动，加强“两化”融合，探索管理新模式，推动企业转型发展。推进精益改善项目，实现降本增效，推进精益管理，挖掘企业发展潜力。加强专卖内管和整顿规范，完善采购管理制度，严格管理涉烟废弃原料，加强合同法律风险控制。加强对标、创优工作，提升成本控制能力。探索建立目标指标体系，推动绩效管理信息化，深化标准体系建设。组织修订集团《管理大纲》，开展管理成熟度评价。推动管理与信息化的深度融合工作，提升管理信息化水平。

红云红河烟草（集团）有限责任公司

【卷烟生产经营】 2014 年，红云红河烟草（集团）有限责任公司（简称红云红河集团）生产卷烟［含控股企业山西昆明烟草有限责任公司（简称山昆）、内蒙古昆明卷烟有限责任公司（简称蒙昆）产量，不含出口烟］2624 亿支（524.8 万箱），同比增长 2%，其中生产一类烟 424.75 亿支（84.95 万箱）、二类烟 109.4 亿支（21.88 万箱）、三类烟 1769.20 亿支（353.84 万箱）、四类烟 230.8 亿支（46.16 万箱）、五类烟 89.85 亿支（17.97 万箱）。生产出口烟 17.2 亿支（3.44 万箱）。

红云红河集团省内省外全资卷烟厂共生产卷烟（不含合作生产，含出口烟）2267.7 亿支（453.54 万箱），同比增长 1.61%。

2014 年无资产纽带方合作生产卷烟 90 亿支（18 万箱），其中，与河南中烟合作生产“云烟”27.5 亿支（5.5 万箱），与川渝中烟合作生产“云烟”25 亿支（5 万箱）、“红河”2.5 亿支（0.5 万箱），与山东中烟合作生产“云烟”15 亿支（3 万箱），与红塔辽宁烟草有限责任公司合作生产“云烟”10 亿支（2 万箱），与海南红塔卷烟有限责任公司合作生产“云烟”10 亿支（2 万箱）。

实现卷烟销售（含控股企业山昆、蒙昆销量，不含出口烟）2622.85 亿支（524.57 万箱），同比增长 1.34%，其中销售一类烟 418.2 亿支（83.64 万箱）、二类烟 106.5 亿支（21.3 万箱）、三类烟 1779.95 亿支（355.99 万箱）、四类烟 230.35 亿支（46.07 万箱）、五类烟 87.8 亿支（17.56 万箱）。出口烟实现销售 17.15 亿支（3.43 万箱）。

实现卷烟销售收入806.05亿元、同比增长0.88%。实现税利654.06亿元，同比下降1.35%，其中利润102.97亿元，同比下降24.26%。三项费用率为5.4%。

万元产值综合能耗为8.38千克标煤，万支卷烟综合能耗为2.73千克标煤。烟叶、滤棒、盘纸平均消耗分别为7.1千克/万支、2096支/万支、593米/万支。水、电平均消耗分别为0.05吨/万支、7.67千瓦时/万支。

【主要产品与品牌建设】 2014年，红云红河集团生产的卷烟品牌有“云烟”“红河”“红山茶”“茶花”“钓鱼台”“福”“雪莲”“小熊猫”“紫气东来”“冬虫夏草”“大青山”“红塔山”等12个品牌87个规格。“云烟”规模稳步增长，商业销量1881.75亿支（376.35万箱），同比增长10.45%，高于行业重点品牌平均增幅，单品牌规模居行业第二位；商业批发销售收入1071.17亿元，同比增长11.04%，成为行业又一个千亿元品牌。高端卷烟实现销售41.8亿支（8.36万箱），同比增长9.98%；高价位卷烟实现销售18.75亿支（3.75万箱），同比增长12.97%，其中，“云烟（大重九）”实现销售8.25亿支（1.65万箱），同比增长37.18%。结构持续提升，“云烟”单箱销售收入2.85万元，同比增加151元；“红河”单箱销售收入1.67万元，同比增加781元。低焦油卷烟及新产品稳步成长，低焦油卷烟实现销售239.8亿支（47.96万箱），同比增长9.21%，“云烟（印象烟庄）”“云烟（神秘花园）”“云烟（清甜香）”“云烟（云龙）”等新产品实现销售5.55亿支（1.11万箱）。

【原辅材料保障】 把好基地建设关，整改规范烟庄建设，优选固化省内外基地，国家局基地单元扩大至47个。在云南省局“回头看”抽检中，腾冲凤凰山基地单元居全省第一位。把好烟叶采购关，2014年国内烤烟采购计划23.10万吨（461.94万担），截至年底，完成采购20.25万吨（405万担）。调入烟叶中，上等烟比例71.5%、中等烟比例28.4%。落实进口烟叶采购计划1.11万吨，其中，巴西烟叶2692.8吨、阿根廷烟叶3069吨、津巴布韦烟叶3306.6吨、美国烟叶613.8吨、赞比亚烟叶1405.8吨。把好库存优化关，统计分析原料库存，加强对外调剂置换，配合云南中烟技术中心深化应用研究，注重在线产品配方调整，提升库存原料的综合利用率。

【生产保障】 严格质量管控，细化标准、落实责任，2014年集团无重大质量事故，产品市场投诉2个制造缺陷单位，万箱市场投诉率0.005。在2014年行业内四次各级抽检中，“云烟（软大重九）”综合质量、感官质量均排第一。提升设备产能，申报引进先进烟机35台（套）获得批复。加强设备维保维修，卷接设备、硬包设备、软包设备运行效率同比分别提升1.42%、2.77%、1.73%。统筹合作生产，兼顾各方利益，合理确定品牌结构，提高均质化加工水平。推进物流建设，加强运输组织、仓储管理等基础工作，2014年完成卷烟包装箱回收517.1万只，实现循环利用374.15万只。

推进精益管理，成立精益管理推进机构，制定实施方案明确10个方面的精益内容，开展知识培训、组织外出学习，促进全员树牢精益理念。持续开展对标重点专项攻关，在行业15项工厂对标指标中，集团有12项指标进入前十，其中有2项列第一位。各生产厂探索创新思路，昆明卷烟厂提出“精益屋”思路，红河卷烟厂试行TPM试点，曲靖卷烟厂推行“3D可视化”项目等。

【技术保障】 修订完善《科技创新管理办法》，抓好项目研究和成果转化应用，6个项目分获云南省、云南中烟科技进步奖，获国家专利授权42件。推进技改工作，昆明卷烟厂技改通过国家局总体竣工验收，红河卷烟厂技改制定初步规划方案，曲靖卷烟厂技改组织专业项目验收，会泽卷烟厂技改进入设备安装阶段，新疆卷烟厂技改整体搬迁并投入生产，乌兰浩特卷烟厂技改填平补齐完成联合工房脱壳搬迁改造并恢复生产，推进昆明、红河、曲靖的打叶复烤和原料仓储等建设项目。2014年，集团工程项目投资22.01亿元，投资完成率79.73%。推进与云南中烟的信息整合，集团ERP项目通过验收，完成外围系统改造，启动数据中心建设。

【基础管理】 完善法人治理结构，设立董事会预算、薪酬和工程投资、物资采购、服务采购管理委员会。加快职能调整，集团跨部门机构从32个精简调整为22个。加强与云南中烟相关部门沟通，理顺计划衔接、生产安排等工作流程和接口。深化制度建设，修订完善21项基本管理制度和114项管理规定。加强法治建设，以昆明卷烟厂为试点启动法律风险防控工作，依法处理4起纠纷案件。严格执行中央“八项规定”、行业“九条要求”，2014年集团公务接待费同比下降86.6%、会议费同比下降85.23%、涉外费同比下降70.94%、车辆运行费同比下降47.31%，清理并公开拍卖超标车辆40辆，清理腾退超标办公用房1.85万平方米。配合开展专项检查和审计，做好行业审计中涉及集团工程投资项目管理等10项问题的整改落实。强化监督，2014年完成经济合同汇审2522项、工程结算审核1130项，审减金额7894万元。推进“应招尽招、真招实招”，公开招标771项、招标金额75.95亿元，分别占采购项目和资金总额的79.48%、90.34%。

2014 年云南中烟工业有限责任公司所属企业/生产厂情况统计

	红塔烟草（集团）有限责任公司	所属生产厂			
		玉溪卷烟厂	楚雄卷烟厂	大理卷烟厂	昭通卷烟厂
法人资格	独立法人	非独立法人	非独立法人	非独立法人	非独立法人
主要负责人/法人代表（含党政领导）	董事长：王　勇(2014.9—) 总裁、党委书记：李穗明（—2014.4）、夏开元（2014.4—）	厂长：马云参 党委书记：陈俊松（—2014.8）、朱雄伟（2014.9—）	厂长：李泽良（—2014.12）、彭黎明（2014.12—） 党委书记：王敏慧（—2014.9）、范　斌（2014.9—）	厂长：杨煜文（—2014.9）、袁国旺（2014.9—） 党委书记：吕　坚	厂长：胡发明 党委书记：张学忠
成立时间	1956 年	1956 年	1974 年	1950 年	1970 年
从业人员（人）	9292	2985	1781	1343	2014
卷烟生产能力（亿支）	2200	1250	300	250	400
卷烟品牌	玉溪、红塔山、红梅、阿诗玛、马宝、新兴、GEM	玉溪、红塔山、红梅、阿诗玛、马宝、新兴、GEM	玉溪、红塔山、红梅	玉溪、红塔山、红梅	玉溪、红塔山、红梅
卷烟总产量（亿支）	1915.35	1056.52	320.00	229.50	309.35
雪茄烟品牌	—	—	—	—	—
雪茄烟总产量（万支）	—	—	—	—	—

	红云红河烟草（集团）有限责任公司	所属生产厂					
		昆明卷烟厂	红河卷烟厂	曲靖卷烟厂	会泽卷烟厂	新疆卷烟厂	乌兰浩特卷烟厂
法人资格	独立法人	非独立法人	非独立法人	非独立法人	非独立法人	非独立法人	非独立法人
主要负责人/法人代表（含党政领导）	董事长：姚庆艳（—2014.5）、谷　宏(2014.5—) 总裁：武　怡 党委书记：许力为（—2014.4）、武　怡(2014.4—)	厂长：范　晓 党委书记：杨校平（—2014.3）	厂长：许永明 党委书记：谷　宏（兼，—2014.5）、刘　豪(2014.9—)	厂长：李　林 党委书记：马　珍	厂长：郭柱荣 党委书记：肖亚泽（—2014.8）、罗　琼（2014.9—）	厂长：张树山（—2014.7）、程振西（2014.7—） 党委书记：白九重	厂长：王保佳（—2014.7）、王力家（2014.9—） 党委书记：胡　霈（—2014.12）
成立时间	2008 年	1922 年	1985 年	1966 年	1973 年	1960 年	1981 年
从业人员（人）	11143	4210	1187	2645	754	776	938
卷烟生产能力(亿支)	3485	1250	725	725	170	355	260
卷烟品牌	云烟、红河、茶花、钓鱼台、红山茶、福、小熊猫、雪莲	云烟、红河、茶花、钓鱼台	云烟、红河、红塔山	云烟、红河、红山茶、福	云烟、红河、小熊猫	云烟、红河、雪莲	云烟、红河、红山茶
卷烟总产量(亿支)	2267.68	744.31	512.47	550.00	125.90	190.00	145.00
雪茄烟品牌	—	—	—	—	—	—	—
雪茄烟总产量（万支）	—	—	—	—	—	—	—

（撰稿：王宏先　曹晓军　朱　懿；编辑：谢争艳）

陕西中烟工业有限责任公司

【卷烟生产经营】 2014年，陕西中烟工业有限责任公司共生产卷烟（含合作生产）914.5亿支（182.9万箱），同比增长1.67%，其中，一类烟13.44亿支（2.69万箱）、二类烟90.45亿支（18.09万箱）、三类烟484.79亿支（96.96万箱）、四类烟252.15亿支（50.43万箱）、五类烟73.67亿支（14.73万箱）。生产高价位卷烟0.40亿支（0.08万箱），其中“好猫（天赋）”0.34亿支（0.07万箱）。生产高端卷烟1.04亿支（0.21万箱）、细支卷烟0.35亿支（0.07万箱）。品牌合作生产399.5亿支（79.9万箱）。

实现卷烟销售903.21亿支（180.64万箱），实现销售收入211.87亿元，同比增长10.34%。实现税利151.18亿元，同比增长10.03%，其中利润17.86亿元，同比增长0.22%。三项费用率为7.52%。

万支卷烟综合能耗为15.89千克标煤。烟叶、滤棒、盘纸平均消耗分别为6.75千克/万支、2088支/万支、593米/万支。水、电平均消耗分别为0.08吨/万支、6.87千瓦时/万支。

【主要产品与品牌建设】 2014年，公司生产的自有卷烟品牌有“好猫”“猴王”“延安”等3个品牌19个规格。生产重点品牌卷烟“好猫”199.84亿支（39.97万箱），同比增长24.77%；销售“好猫”194.14亿支（38.83万箱），同比增长22.24%，其中省外销量20.32亿支（4.06万箱）。实现“好猫”销售收入62.77亿元，同比增长21.3%。

合作生产浙江中烟的卷烟品牌“利群”65.89亿支（13.18万箱）、“雄狮”9.11亿支（1.82万箱）；湖南中烟的卷烟品牌“白沙”192.5亿支（38.5万箱）；云南中烟的卷烟品牌“红塔山”47.5亿支（9.5万箱）；广东中烟的卷烟品牌“双喜”84.5亿支（16.9万箱）。

修订完善《陕西中烟贯彻落实“三个60%”实施意见》《陕西中烟2014—2016年品牌发展规划》《陕西中烟2017年生产力布局规划》等指导性文件，对自有品牌格局进行调整和整合，着力提升产品结构。突出“好猫”品牌发展核心，重点发展省内核心市场，大力拓展环陕市场。着力塑造品牌形象，挖掘“好猫”品牌文化内涵，将“好猫”文化逐步演绎为三秦文化，提升“好猫”品牌影响力。强化品牌宣传，开展创建“陕西好猫”微信公众号、组织工商零重点客户代表赴宝鸡卷烟厂参加“好猫”品牌体验等。召开“好猫”品牌营销培训会、乡镇座谈会、上市品鉴会等。开展婚庆营销1.89万场次，直接带动“好猫”销售0.89亿支（0.18万箱）；实施集团采购6284批次，促进“好猫”销售16.2亿支（3.24万箱）。加强终端建设，建立1.87万家“好猫”“一店一品”卷烟示范零售店；招聘423名终端维护人员，将终端维护工作向重点乡镇市场转移。

【原辅材料保障】 *原料保障*。抢抓烟叶调拨复烤进度，以“好猫”品牌需求为导向，以技术需求为依据，结合生产品牌的结构和烟叶库存情况，兼顾储运能力和周期，细化成品烟叶的分配方案，合理安排产区片烟调拨。截至6月底，调拨2014年度烟叶3.35万吨（67.05万担），合同履约率100%。加强烟叶基地单元建设，新增云南省临沧市凤庆县、陕西省安康市旬阳县2个行业基地单元。2014年，基地烟叶调拨总量1.95万吨（38.9万担），平均收购等级合格率在80%以上，上等烟比例达到67%。

辅料供应。2014年，烟用材料预算金额30.83亿元，采购入库金额29.31亿元，预算执行率95.08%，烟用材料公开招标采购比例达到93.76%，节约资金8443.81万元。完善供应商管理基础资料，评审发布104家烟用材料合格供应商名录。规范烟机零配件招标采购行为，2014年烟机零配件采购合同涉及金额1.18亿元，其中以招标方式采购合同涉及金额8192.41万元，以非招标方式采购合同涉及金额3615.62万元。

【技术创新】 *产品研发*。2014年，新产品“好猫（长乐）”“好猫（长乐细支）”成功上市。“好猫（丝路情）”“好猫（炫蓝）”低焦油改造产品基本定型。完成“好猫（非常）”“好猫（天赋细支）”“好猫（千年帝都细支）”等产品的储备研究。

项目研究。加强烟用功能性生物资源的收集、筛选与功能评价，建立烟用微生物菌种库。优化微生物发酵和烘丝工艺，“好猫（天赋）”烟丝微生物发酵产量提升50%。加强减害降焦综合技术研究与应用，加大功能性再造烟叶和“三纸一棒”技术研究，卷烟焦油量加权平均值为10.37毫克/支，同比降低0.48毫克/支；卷烟危害性指数8.18，同比降低0.53。加强卷烟自主调香核心技术研究，建立香精香料板块。加强卷烟产品质量安全监测，卷烟质量检测中心正式运行。召开“卷烟制造过程能力测评方法”标准论证会与现场测试，统一全省卷烟过程能力测评方法。开展“好猫（天赋）不同切丝宽度烟丝对卷烟感官质量的影响”“‘好猫’品牌卷烟低焦油功能性模块及特征工艺技术研究”

等44个项目研究。

技术改造。2014年，完成旬阳卷烟厂整体技术改造项目的设计招标及完标工作，澄城卷烟厂易地技术改造建设项目基建工程开工。12月19日，公司技术中心科研用房正式投入运行。

【对外交流与合作】 公司继续推进与英美烟草公司合作的二氧化碳膨胀烟丝产品供应项目，2014年累计出口二氧化碳膨胀烟丝222吨，实现出口创汇221万美元。

【特事要辑】 1月23—24日，2014年全省烟草工业系统工作会议在西安召开。会上宣读陕西省副省长李金柱对公司2013年工作的批示。公司党组书记、总经理陈晖作题为《推进发展方式转变、做强做大“好猫”品牌，为陕西烟草工业在新起点上实现新跨越而努力奋斗》的工作报告。报告强调，2014年公司要坚持稳中求进、坚持改革创新，突出抓好技术研发和市场营销工作，努力提高“四个水平”，加快推进发展方式转变，做强做大好猫品牌，奋力实现全年产销卷烟179.9万箱以上（其中自有品牌100万箱以上，“好猫”品牌力争销售40万箱）、销售收入210亿元以上、税利150亿元以上目标，推动实现“三个60%”，为陕西烟草工业在新起点上实现新跨越奠定坚实基础。

7月13—17日，2014年陕西省职工技能大赛（陕西中烟赛区）“好猫杯”岗位练兵技术比武在宝鸡卷烟厂举行。

7月20—22日，国家局局长凌成兴到陕西烟草调研。22日，实地考察澄城卷烟厂易地技改工地，查看车间生产组织及运行情况，并听取陕西烟草工商企业的工作汇报。其间，省委书记赵正永、省长娄勤俭、省政协主席马中平等在西安会见凌成兴一行，双方就陕西烟草改革发展交换意见。

9月15日，陕西中烟第六届职工运动会暨第四届老年人运动会在宝鸡举行。

9月26日，工业和信息化部副部长苏波一行到宝鸡卷烟厂调研。

12月11日，陕西省副省长李金柱到宝鸡卷烟厂调研，实地考察工厂卷包和制丝车间，参观“好猫（长乐）”新品的卷包生产过程并听取汇报。

2014年陕西中烟工业有限责任公司所属生产厂情况统计

		陕西中烟工业有限责任公司宝鸡卷烟厂	陕西中烟工业有限责任公司延安卷烟厂	陕西中烟工业有限责任公司汉中卷烟厂	陕西中烟工业有限责任公司澄城卷烟厂	陕西中烟工业有限责任公司旬阳卷烟厂
法人资格		非独立法人	非独立法人	非独立法人	非独立法人	非独立法人
主要负责人（含党政领导）		厂长：蒋东凯 党委书记：王乃志	厂长：赵启斌 党委书记：牛长有	厂长：付斌 党委书记：马唯峰	厂长：白　丰 党委书记：李　义	厂长：仝智强 党委书记：陈新仕
成立时间		1949年	1970年	1975年	1976年	1976年
从业人员（人）		1923	1042	1118	1078	714
卷烟生产能力（亿支）		500	250	250	60	173
卷烟品牌	自有品牌	好猫、猴王	好猫、延安	好猫、猴王	猴王、延安	猴王、延安
	合作生产品牌	双喜	白沙、红塔山	利群、雄狮、白沙	—	—
卷烟总产量（亿支）		367.75	190.50	217.50	39.25	99.50
雪茄烟品牌		—	—	—	—	—
雪茄烟总产量（万支）		—	—	—	—	—

（撰稿：张建华；编辑：谢争艳）

中国烟草实业发展中心

【卷烟生产经营】2014年，中国烟草实业发展中心（简称中烟实业）所属企业生产卷烟（含品牌合作生产，不含出口）2424.2亿支（484.84万箱），同比增长4.03%，其中，生产一类烟136.1亿支（27.22万箱），同比增长12.59%；二类烟391.7亿支（78.34万箱），同比增长4.54%；三类烟1380.45亿支（276.09万箱），同比增长7.23%；四类烟330.45亿支（66.09万箱），同比下降10.74%；五类烟185.5亿支（37.1万箱），同比增长

4.64%。生产出口卷烟5.2亿支（1.04万箱），同比下降63.02%。

2014年，中烟实业所属企业合作生产卷烟1205.6亿支（241.12万箱），同比增长4.02%。合作生产的品牌主要有"红塔山""玉溪""云烟""利群""南京""黄鹤楼""红金龙""双喜"等。合作生产云南中烟的"红塔山"品牌409.65亿支（81.93万箱）、"玉溪"品牌37.35亿支（7.47万箱）、"云烟"品牌271.25亿支（54.25万箱）、"红河"品牌62.7亿支（12.54万箱）、"红梅"品牌101.6亿支（20.32万箱）；合作生产浙江中烟的"利群"品牌85亿支（17万箱）；合作生产湖北中烟的"黄鹤楼"品牌45亿支（9万箱）、"红金龙"品牌78.85亿支（15.77万箱）；合作生产江苏中烟的"南京"品牌78亿支（15.6万箱）；合作生产广东中烟的"双喜"品牌25亿支（5万箱）。

2014年，中烟实业所属企业实现卷烟工业销量（含合作生产，不含出口）2378.7亿支（475.74万箱），同比增长2.33%，其中，一类烟132.55亿支（26.51万箱），同比增长11.55%；二类烟386.35亿支（77.27万箱），同比增长3.55%；三类烟1360.7亿支（272.14万箱），同比增长5.92%；四类烟319.3亿支（63.86万箱），同比下降13.72%；五类烟179.85亿支（35.97万箱），同比增长1.10%。出口烟实现销售5.19亿支（1.04万箱），同比下降63.23%。高端卷烟实现销售12.85亿支（2.57万箱），同比下降2.47%，高价位卷烟实现销售3.5亿支（0.70万箱），同比下降4.14%，细支烟实现销售1.3亿支（0.26万箱）。

实现卷烟销售收入747.83亿元，同比增长5.46%。实现卷烟税利476.90亿元，同比增长4.81%，其中利润70.48亿元，同比下降5.30%。三项费用率为6.99%。中烟实业机关本级和所属企业2014年货币资金净收益增收实现3795万元，首次实现所属企业由利息净支出转为利息净收入。

万元产值综合能耗为17.53千克标煤，同比下降4.62%；万支卷烟综合能耗为3.9千克标煤，同比下降2.74%。烟叶、滤棒、盘纸平均消耗分别为6.55千克/万支、2100支/万支、596米/万支。水、电平均消耗分别为0.092吨/万支、10千瓦时/万支。

【主要产品与品牌建设】 *主要产品*。2014年，中烟实业所属企业主要生产"兰州""长白山""人民大会堂""冬虫夏草""椰王""哈尔滨"等自有品牌，其中，"长白山"和"兰州"品牌被国家局列为全国重点品牌，"人民大会堂"品牌在辽宁省内视同行业鼓励培育品牌进行考核。培育细支烟品牌，"兰州（桥）""长白山（777）""双喜（硬祥和好日子）"等细支烟上市销售。"紫气东来"品牌成功上市。"宝岛"自有品牌通过国家局批复，恢复生产。

重点品牌建设。"兰州"卷烟坚持"绵香"品类定位，突出"干燥我适合、湿润更绵香"的风格特色，以"润生活、润心田"为品牌核心价值，以敦煌壁画"飞天"作为品牌形象载体和文化图腾，发挥"减害降焦"和"保润增香"技术优势，推动品牌持续健康发展。开展全方位、多角度营销宣传，抓好重点市场终端建设。"兰州"在销15个规格焦油量全部为8毫克/支及以下的低焦油卷烟，品牌覆盖全国32个省级市场，基本实现国内市场全覆盖。县级市场月均覆盖率达62.9%，较2013年明显上升。在甘肃省内市场销售50余万箱，有5个省级市场销量超过5万箱，分别为内蒙古、青海、新疆、陕西、宁夏等。2014年，"兰州"实现卷烟工业销量415亿支（83万箱）。8月，推出一类细支烟"兰州（桥）"，市场态势良好，2014年销售0.25亿支（0.05万箱）。

"长白山"卷烟坚持低焦低害发展方向，推进以自主创新为核心的差异化战略，以品类创新带动市场创新，打造低焦油烤烟型卷烟代表品牌。突出品牌风格特色，对重点规格进行升级改造，先后推出"长白山（金香魁）"、细支烟"长白山（777）"等4款卷烟新品。2014年，"长白山"卷烟共实现工业销量384.47亿支（76.89万箱），同比增长0.44%；单箱销售收入1.3万元，同比增长1.27%。在销23个规格均为三类以上卷烟。2014年，部分重点市场，如吉林、黑龙江、山东等，出现销量下滑、结构下降、库存增加、市场态势不稳的困难局面，其中，吉林市场销量同比下降10.89%；省外市场销售稳中有升，卷烟销量同比增长5.5%，销售比重占总销量的72.73%，同比增长3.48%，辽宁、北京、天津、河北等重点区域市场呈现良好的增长态势。加大境外卷烟生产企业的产销力度，吉林烟草工业有限责任公司在朝鲜的3家企业2014年实现销售"长白山"品牌卷烟100.5亿支（20.1万箱），同比增长11.1%。

【原料保障】 2014年，采购烤烟10.9万吨（218万担）、进口烟叶0.56万吨（11.29万担）。增强品牌发展的原料保障能力，烟叶基地单元建设取得新突破，所属企业新增10个烟叶基地单元，且全部在烟叶主产区。截至2014年底，所属企业烟叶基地单元总数20个，基地单元烟叶采购量4.55万吨（91万担），占年度采购计划的50%，比2013年度增长100%。

【技术创新】 减害降焦。2014年，所属企业自有品牌焦油量加权平均值降至8.99毫克/支，低于行业平均水平。生产8毫克/支及以下低焦油卷烟917.5亿支（183.5万箱），占行业同类产品总产量的25.26%，其中，“兰州”品牌焦油量全部为8毫克/支及以下。8毫克/支及以下和6毫克/支及以下卷烟产量分别为415亿支（83万箱）和98.95亿支（19.79万箱），分别位列行业同类产品产量的第二位和第一位。

技术改造。2014年，黑龙江烟草工业有限责任公司哈尔滨卷烟厂易地技改项目投产运行；甘肃烟草工业有限责任公司天水卷烟厂易地技改项目、精品“兰州”卷烟专用生产线技改项目，以及山西昆明烟草有限责任公司易地技改项目按计划推进。

卷烟包装箱循环利用。优化工作流程，做好工商衔接，每季度对各所属企业卷烟包装箱循环利用进展情况进行分析、通报。到重点企业开展调研，协调解决循环利用工作中存在的问题。2014年回收卷烟包装箱453.47万只，完成目标任务的114.8%。

【特事要辑】 1月22日，中烟实业召开2014年总经理工作视频会议，传达贯彻全国烟草工作会议精神，安排部署全年工作。

1月27日，黑龙江烟草工业有限责任公司召开2014年工作会议，黑龙江省副省长张建星出席会议并讲话。

2月19日，国家局副局长李克明到吉林烟草工业有限责任公司长春卷烟厂调研。

4月1日，国家局副局长赵洪顺到内蒙古烟草调研党的群众路线教育实践活动开展情况。其间，赵洪顺参加内蒙古昆明卷烟有限责任公司党委中心组专题学习，并召开公司干部职工座谈会。

4月3日，在甘肃省政府举行的新闻发布会上，甘肃烟草工业有限责任公司以96.07亿元的纳税额首次荣登全省2013年度纳税百强名单榜首，占全省税收收入10.36%。

6月16—17日，国家局副局长赵洪顺到内蒙古昆明卷烟有限责任公司调研，与公司党委班子集体谈心并指导党委专题民主生活会。

6月22日，甘肃省委副书记、省长刘伟平到甘肃烟草工业有限责任公司天水卷烟厂易地技改工地调研。

7月15—18日，驻国家局纪检组组长高林在内蒙古烟草调研，考察内蒙古昆明卷烟有限责任公司。高林要求要抓好第二批党的群众路线教育实践活动整改落实工作。

7月16日，海南省委常委、海口市委书记陈辞到海南红塔卷烟有限责任公司调研。

7月21日，国家局副局长杨培森在海南烟草调研指导抗击台风救灾工作，并考察海南红塔卷烟有限责任公司，看望慰问一线抗灾自救的干部职工。

7月29日，国家局副局长徐瑾到黑龙江烟草工业有限责任公司哈尔滨卷烟厂调研。

8月6日，海南省副省长李国梁到海南红塔卷烟有限责任公司调研企业灾后恢复生产工作。

8月8日，全国财贸轻纺烟草工会主席、分党组书记秦鲁隼到黑龙江烟草工业有限责任公司哈尔滨卷烟厂调研。

8月12日，甘肃省委常委、常务副省长罗笑虎，省人大常委会副主任马青林带领省调研组到甘肃烟草工业有限责任公司天水卷烟厂易地技改工地调研。

8月20—21日，国家局局长凌成兴在吉林烟草调研，考察吉林烟草工业有限责任公司长春卷烟厂。凌成兴要求吉林烟草工业要保持良好发展势头，坚定不移发展“长白山”品牌，力争实现年产量100万箱的目标。

8月21—22日，国家局局长凌成兴在黑龙江烟草调研，考察黑龙江烟草工业有限责任公司哈尔滨卷烟厂、绥化卷烟厂。凌成兴指出，哈尔滨卷烟厂要充分发挥易地技改的优势，同时要做大做强自有品牌，争取每年自有品牌的产量有所增加、单箱结构有所提升。

8月26—27日，国家局局长凌成兴在内蒙古烟草调研，考察内蒙古昆明卷烟有限责任公司。凌成兴强调，要围绕牵住卷烟销量这个“牛鼻子”、咬住税利总额这个核心指标、破解计划增量这个“两难命题”，切实抓好卷烟生产经营管理工作。

9月3日，国家局总会计师张玉霞到黑龙江烟草工业有限责任公司调研。

9月10—11日，国家局副局长杨培森在吉林烟草调研，考察吉林烟草工业有限责任公司长春卷烟厂、延吉卷烟厂。

9月11日，国家局局长凌成兴在辽宁烟草调研，考察红塔辽宁烟草有限责任公司营口卷烟厂。凌成兴强调，辽宁烟草要坚定“两个一百亿”目标，抓住“三大举措”不放，稳打稳扎，持续发展，努力跟上辽宁经济发展步伐，为实现东北老工业基地振兴发展、为行业实现“保八争十超万亿”年度目标作出新的贡献。

9月27—28日，国家局局长凌成兴在海南烟草调研，听取海南红塔卷烟有限责任公司工作汇报。凌成兴强调，要做到出色完成全年目标任务，出色完成党的群众路线教育实践活动任务；精心谋划2015年发展计划，精心谋划海南雪茄烟发展思路，精心谋划“十三五”发展规划。

10月10日，吉林省代省长蒋超良到吉林烟草工业有限责任公司延吉卷烟厂调研。

10月12日，甘肃省政协主席冯健身考察甘肃烟草工业有限责任公司天水卷烟厂易地技改项目。

11月8—10日，国家局局长凌成兴在甘肃烟草调研，并考察甘肃烟草工业有限责任公司天水卷烟厂及一期技改项目。凌成兴强调，要努力保持"兰州"品牌的强劲势头，保持税利总额两位数的增长速度，保持甘肃烟草工业公司在中烟实业所属企业中的"领头羊"地位和在全省纳税大户中的"领头羊"地位。甘肃省副省长李荣灿一同调研。

12月1日，山西省委常委、副省长付建华一行考察山西昆明烟草有限责任公司易地技改项目现场。

12月4—5日，国家局局长凌成兴在山西烟草调研，考察山西昆明烟草有限责任公司易地技改项目现场。凌成兴强调，山西烟草工商两家要适应新常态，抓住新机遇，经济发展做加法，改革创新做乘法，控制烟草做减法。狠抓一个技改，抓好山昆公司易地技改，打造精品工程；培育一个品牌，做好"紫气东来"品牌上市工作；保持一个速度，山西烟草工商税利总额要保持略高于全行业平均水平的增长速度。

12月9—11日，国家局副局长赵洪顺在黑龙江、吉林烟草调研，考察黑龙江烟草工业有限责任公司哈尔滨卷烟厂、吉林烟草工业有限责任公司长春卷烟厂。

所属企业

黑龙江烟草工业有限责任公司

【卷烟生产经营】 2014年，黑龙江烟草工业有限责任公司生产卷烟（含合作生产）450亿支（90万箱），同比增长2.39%，其中，一类烟0.72亿支（0.14万箱）、二类烟45.68亿支（9.14万箱）、三类烟181.75亿支（36.35万箱）、四类烟129.98亿支（25.99万箱）、五类烟91.87亿支（18.37万箱）。

合作生产卷烟280.5亿支（56.1万箱），其中，合作生产湖北中烟"黄鹤楼（硬金砂）"45亿支（9万箱）、"红金龙"90亿支（18万箱）；合作生产云南中烟"红塔山"系列87.55亿支（17.51万箱）、"红梅"系列22.45亿支（4.49万箱）；合作生产江苏中烟"南京"35.5亿支（7.1万箱）。

实现卷烟销售440.35亿支（88.07万箱），同比增长1.3%，其中一类烟0.60亿支（0.12万箱）、二类烟45.55亿支（9.11万箱）、三类烟183.32亿支（36.66万箱）、四类烟121.86亿支（24.37万箱）、五类烟89.05亿支（17.81万箱）。

实现卷烟销售收入89.95亿元，同比下降7.73%。实现税利59.99亿元，同比下降18.64%，其中利润总额7.99亿元，同比下降35.11%。三项费用率为8.86%。

万元产值综合能耗为30.59千克标煤，万支卷烟综合能耗为6.14千克标煤。烟叶、滤棒、盘纸平均消耗分别为6.96千克/万支、2412支/万支、600米/万支。水、电平均消耗分别为0.12吨/万支、7.87千瓦时/万支。

【主要产品与品牌建设】 2014年，公司生产的自有卷烟品牌有"哈尔滨""林海灵芝"2个品牌，合作生产的卷烟品牌有"黄鹤楼""红金龙""红塔山""红梅""南京"等5个品牌。

坚持"快、准、奇、特"研发思路，重点完成新产品"哈尔滨（龙烟万福）"开发和"哈尔滨（龙烟金安）"产品品质稳定工作。通过精益研发，逐步构建起以烤烟型"哈尔滨"品牌为根基，以混合型"林海灵芝"品牌为塔中，以"哈尔滨（龙烟）"品牌为塔尖的"金字塔"型品类构建格局。"哈尔滨（龙烟金安）7mm"细支卷烟于6月上市，2014年实现销售3525万支（705箱）。

【技术创新】 加强新品研发，在"哈尔滨（龙烟金安）7mm"细支规格卷烟研发过程中，通过采用烟叶二次加料技术、保润保湿技术、在线加工联合控制技术等加工工艺，使烟气香味成分进一步透发，提升烟气饱满程度。提升专利工作水平，"一种利用微生物节杆菌处理白肋烟向烤烟香型转化的方法"获得发明专利授权，"一种防伪镭射卡纸"获得实用新型专利授权。商标设计方面，"哈尔滨（龙烟金安）7mm"获得全国十大烟标评选金奖，"哈尔滨（龙烟万福）"获得最佳绿色环保奖。

【技术改造】 2014年，黑龙江烟草工业有限责任公司哈尔滨卷烟厂实施易地技改搬迁。6月20日，哈尔滨卷烟厂"十一五"易地搬迁技术改造（一期）项目建安工程竣工验收。全员以"保生产、紧技改、快搬迁"为中心，"生产、技改、搬迁"三位一体互联互动、相辅相成，仅用78天完成新厂搬迁，节约资金600万元，在搬迁过程中没有发生一起人身事故和安全事故。在搬迁过程中做到生产、搬迁"两不误"，"南京""红塔山""红金龙"等7个合作生产品牌实现落地制丝。

红塔辽宁烟草有限责任公司

【卷烟生产经营】 2014年，红塔辽宁烟草有限责任公司生产卷烟（含合作生产）290 亿支（58 万箱），同比增长 4.1%，其中，生产一类烟 37.3 亿支（7.46 万箱），同比增长 22.41%；二类烟 51.15 亿支（10.23 万箱），同比增长 33.2%；三类烟 146.8 亿支（29.36 万箱），同比下降 11.94%；四类烟 25.85 亿支（5.17 万箱），同比增长 20.3%；五类烟 28.9 亿支（5.78 万箱），同比下降 34.5%。

合作生产卷烟 238.5 亿支（47.7 万箱），其中，合作生产云南中烟“玉溪”37.2 亿支（7.44 万箱）、“红塔山”134.6 亿支（26.92 万箱）、“红梅”54.75 亿支（10.95 万箱）。

实现卷烟销售 280.15 亿支（56.03 万箱），同比增长 1.2%。实现卷烟销售收入 77.14 亿元，同比增长 4.75%。实现税利 55.5 亿元，同比增长 8.02%，其中利润 3.41 亿元，同比下降 28.21%。

万元产值综合能耗为 13.22 千克标煤，万支卷烟综合能耗为 3.64 千克标煤。烟叶、滤棒、盘纸平均消耗分别为 7.16 千克/万支、1684 支/万支、606 米/万支。水、电平均消耗分别为 0.09 吨/万支、9.34 千瓦时/万支。

【主要产品】 2014 年，公司生产的自有卷烟品牌有“人民大会堂”，合作生产的卷烟品牌有“玉溪”“红塔山”“红梅”。生产“人民大会堂”60 亿支（12 万箱），同比增长 28.3%；实现销售 57.9 亿支（11.58 万箱），同比增长 28.4%。“人民大会堂”实现销售收入 23.65 亿元，同比增长 23.41%；实现税利 19.12 亿元。

【技术创新】 完成新产品“人民大会堂（缘香）”的研发并上市。以烟草品质数字化评价技术为辅助，实现烟叶原料的精准调拨，降低配方成本。在国家局质检中心和辽宁省局（公司）二级站、红塔集团多次对产品质量监督抽检中，抽检合格率均为 100%。在合作生产的卷烟产品中，进一步加大晒烟和辽宁烟叶的使用比例，优化原料配置，降低晒烟和辽宁烟叶的库存量，降低成本。8 月 7 日，“东北特色优质晒烟关键生产技术研究”项目通过田间评议，为制定优质晒烟生产技术规范提供依据。

【对标创优】 在 34 项对标指标中，公司有 18 项优于 2013 年，其中全员人均销售收入 1 项指标优于同期 10% 以上；有 8 项优于行业平均水平，其中，总资产贡献率、一类卷烟盒皮单位成本、三类卷烟盒皮单位成本、一类卷烟滤棒单位成本等 4 项指标优于行业平均水平 10% 以上。在创建优秀卷烟工厂 13 项指标中，营口卷烟厂有 13 项达标，沈阳卷烟厂有 12 项达标。

吉林烟草工业有限责任公司

【卷烟生产经营】 2014 年，吉林烟草工业有限责任公司生产卷烟（含合作生产）500 亿支（100 万箱），同比增长 3%，其中，一类烟 11.15 亿支（2.23 万箱），同比增长 1.96%；二类烟 15.1 亿支（3.02 万箱），同比下降 36.01%；三类烟 473.75 亿支（94.75 万箱），同比增长 5.17%。

合作生产卷烟 112.5 亿支（22.5 万箱），其中，合作生产云南中烟“红塔山”70 亿支（14 万箱）、江苏中烟“南京”42.5 亿支（8.5 万箱）。

实现卷烟销售 500 亿支（100 万箱），同比增长 4.23%，全部为三类以上卷烟，其中，一类烟 10.3 亿支（2.06 万箱），同比增长 9.49%；二类烟 13.7 亿支（2.74 万箱），同比下降 38.38%；三类烟 476 亿支（95.2 万箱），同比增长 6.24%。

实现卷烟销售收入 153.38 亿元，同比增长 6.58%。实现税利 90.78 亿元，同比增长 6.03%，其中利润 17.03 亿元，同比增长 6.33%。三项费用率为 10.24%。

万元产值综合能耗为 13.24 千克标煤，万支卷烟综合能耗为 3.17 千克标煤。烟叶、滤棒、盘纸平均消耗分别为 6.39 千克/万支、2319 支/万支、556 米/万支。水、电平均消耗分别为 0.06 吨/万支、7.51 千瓦时/万支。

【主要产品与品牌建设】 2014 年，公司生产的自有卷烟品牌有“长白山”，合作生产的卷烟品牌有“红塔山”“南京”。梳理“长白山”品牌产品线，按照“香魁系列、人参系列、低焦系列”的脉络，打造以“长白山（香魁）”“长白山（金香魁）”“长白山（小香魁）”为代表的“香魁系列”高端规格卷烟；以“长白山（人参）”“长白山（黄人参）”“长白山（红人参）”为代表的“人参系列”中档卷烟；以“长白山（硬神韵）”“长白山（神韵）”“长白山（5mg）”为代表的“5mg 系列”低焦卷烟。

2014 年，受宏观经济形势和市场因素影响，“长白山”品牌卷烟产销量增速减缓。针对严峻的市场形势，公司以稳定“长白山”品牌市场状态为首要任务，提品质、调货源、稳价格、拓市场，促使状态逐步恢复。先后引入“长白山（金香魁）”“长白山（黄人参）”“长白山（777）”“长白山（好运）”等 4 个新品，并实现“长白山（天韵）”“长白山（鸿运）”“长白山（8mg）”“长白山（炫）”等老产品平稳退市。品牌投放区域达31个省（市、区），覆盖278个城市，年销量1万箱以上的省份有12个。“长白山”实现卷烟工业销量384.47亿支（76.89万箱），同比增长0.44%，其中省内实现销量104.85亿支（20.97万箱），同比下降10.89%；省外实现销量279.6亿支（55.92万箱），同比增长5.5%。

境外“长白山”品牌卷烟继续保持快速发展的势头，公司所属的3家境外卷烟生产企业实现销售100.5亿支（20.1万箱），其中，平壤白山烟草有限责任公司实现销售63.5亿支（12.7万箱），同比增长0.8%；大同江烟草有限公司实现销售20.03亿支（4.01万箱），同比增长32.85%；罗先新兴烟草会社实现销售17.01亿支（3.4万箱），同比增长33.21%。

【原料保障】　2014年，公司调入原烟4.58万吨（91.6万担），其中联营产品调入原烟0.75万吨（15万担）；调入薄片2500吨。针对“长白山”品牌配方需要，签订进口烟叶合同2769吨。截至2014年底，累计建设烟叶基地单元8个，主要分布在河南、湖南、福建、云南、贵州等烟叶主产区，其中基地烟叶调拨量占公司烟叶调拨总量的49.5%。通过建设烟叶基地单元，有效稳定公司原料来源，保证主产区优质烟叶的持续有效供应。大幅提高调入烟叶的质量，提高基地烟叶与公司卷烟产品的匹配度，满足“长白山”品牌的特性需求。山西特色烟叶基地作为公司清洁烟叶的试点，通过系统研究土壤生态、清洁生产、农药化肥污染等关键性理论和技术，逐步建立“长白山”卷烟品牌导向型清洁烟叶原料技术体系，有效促进“长白山”品牌低害低焦的发展方向。

【技术创新】　以增强产品的市场适应性和技术领先性为目标，加强卷烟新品研发，突出品牌风格特色，对重点规格进行升级改造，先后推出“长白山（金香魁）”“长白山（777）”细支烟等4款不同特色的卷烟新品。推进新型烟草制品的研发，与郑州烟草研究院等科研单位合作，进行电子雾化器的优化及多种口味电子烟油的研发及配制。2014年，公司向国家知识产权局申报专利19项，并有2项发明专利获得授权。

【企业技改】　公司技术研发中心和营销中心建设项目施工总包完工，项目主体工程通过初验。推进长春卷烟厂烟叶仓库建设项目、再造梗丝生产线项目和打叶复烤生产线易地技术改造项目。

甘肃烟草工业有限责任公司

【卷烟生产经营】　2014年，甘肃烟草工业有限责任公司生产卷烟（含合作生产）500亿支（100万箱），同比增长6.38%，其中，生产一类烟67.2亿支（13.44万箱）、二类烟156.55亿支（31.31万箱）、三类烟109.5亿支（21.9万箱）、四类烟129.25亿支（25.85万箱）、五类烟37.55亿支（7.51万箱）。合作生产浙江中烟“利群”85亿支（17万箱）。

实现卷烟销售（含合作生产）500亿支（100万箱），同比增长6.38%。实现销售收入153.21亿元，同比增长12.18%。实现税利125.39亿元，同比增长12.73%，其中利润16.24亿元，同比增长4.64%。三项费用率为3.63%。

万支卷烟综合能耗为3.5千克标煤。烟叶、滤棒、盘纸平均消耗分别为6.73千克/万支、2096支/万支、593米/万支。水、电平均消耗分别为0.09吨/万支、7.95千瓦时/万支。

【主要产品与品牌建设】　2014年，公司生产的自有卷烟品牌有“兰州”，合作生产的卷烟品牌有“利群”。“兰州”实现销售415亿支（83万箱），其中西北五省、自治区实现销量350亿支（70万箱），占“兰州”总销量的84%。在西北五省、自治区，以及内蒙古自治区，“兰州”年实现销售量均达到25亿支（5万箱）以上。“兰州（硬珍品）”销量114.05亿支（22.81万箱），在甘肃省占同类别卷烟销量的89%；“兰州（硬精品）”销量97.5亿支（19.5万箱），在西北五省、自治区占同类别卷烟销量的73%。

【技术创新】　坚持突出特色的品牌发展思路，致力于“绵香”品类构建，探索研究“保润”技术。2014年“兰州”卷烟焦油量加权平均值为7.9毫克/支，8毫克/支及以下低焦油卷烟销量415亿支（83万箱），同比增长7.75%，占全国8毫克/支及以下低焦油卷烟销量的11.73%，居第三位；6毫克/支及以下低焦油卷烟销量为101.9亿支（20.38万箱），同比增长10.17%，占全国6毫克/支及以下低焦油卷烟销量的22.45%，继续位居第一位。“兰州”品牌危害性指数6.3，在国家局公布的《2014年度国产卷烟主流烟气7种有害成分检测通报》中，连续第五年为全国最低。细支卷烟研发取得突破，“兰州（桥）”上市；高端形象产品“兰州（飞天梦）”获得国家局批复，在国家局2014年下半年卷烟产品质量监督市场抽查情况的通报中，“兰州（飞天梦）”感官质量检验得分位居第一位。

【原料保障】 2014 年，调入国产烟叶 4.296 万吨（85.92 万担），同比增加 0.596 万吨（11.92 万担）；进口烟叶 0.09 万吨（1.703 万担）。新增云南富源墨红、湖南道县祥林铺、四川宁南倮格和福建沙县夏茂基地单元，均为国家局烟叶基地单元。截至 2014 年底，公司有 7 个国家局基地单元，原料基地供应量 40.39%。

【企业技改】 2014 年，天水卷烟厂易地技术改造项目进入冲刺阶段，联合工房、动力中心、综合库等土建工程收尾，主要设备到货安装并开始调试。精品“兰州”卷烟专用生产线技术改造项目生产工房主体地下部分完工。新建技术中心及生产指挥中心项目基本完工。两组 M8－F8 进口超高速卷接包设备相继投入生产，两组 ZJ116－ZB48 国产超高速卷接包设备安装就位。

内蒙古昆明卷烟有限责任公司

【卷烟生产经营】 2014 年，内蒙古昆明卷烟有限责任公司生产卷烟（含合作生产）210 亿支（42 万箱），同比增长 3.70%，其中，生产一类烟 3.80 亿支（0.76 万箱），同比增长 15.14%；二类烟 60.60 亿支（12.12 万箱），同比增长 63.63%；三类烟 108.35 亿支（21.67 万箱），同比下降 1.53%；四类烟 13.10 亿支（2.62 万箱），同比下降 58.54%；五类烟 24.15 亿支（4.83 万箱），同比增长 17.44%。

合作生产云南中烟的品牌卷烟 182.95 亿支（36.59 万箱），其中“云烟”135.80 亿支（27.16 万箱）、“红河”24.70 亿支（4.94 万箱）、“红塔山”22.50 亿支（4.50 万箱）。

实现卷烟销售 195.65 亿支（39.13 万箱），同比下降 0.48%。合作生产品牌实现销售 169.64 亿支（33.93 万箱）。实现销售收入 56.42 亿元，同比增长 8%。实现税利 43.78 亿元，同比增长 9.08%，其中利润 5.86 亿元，同比下降 10.41%。加强货币资金管理，提高货币资金保值增值率，2014 年实现利息收入 4362 万元，比 2013 年增加 2980 万元。三项费用率为 5.79%，同比下降 0.55 个百分点。

万元产值综合能耗为 12.10 千克标煤，万支卷烟综合能耗为 3.49 千克标煤。烟叶、滤棒、盘纸平均消耗分别为 6.98 千克/万支、2103 支/万支、596 米/万支。水、电平均消耗分别为 0.09 吨/万支、6.95 千瓦时/万支。

【主要产品与品牌建设】 2014 年，公司生产的自有卷烟品牌有“云烟（苁蓉）”“冬虫夏草”，合作生产的卷烟品牌有“云烟”“红河”“红塔山”。

公司以“做强‘云烟（苁蓉）’，做精‘冬虫夏草’，做好‘云烟’‘红河’等云产烟联营品牌”为总体思路进行品牌建设。以“提结构、调状态”为主线，进行资源整合，协调产销关系和工商关系，提高市场竞争力。坚持高端引领、中端突破、低端收缩的品牌发展策略，按照“需求适度满足”的原则，提高市场营销的精准度。2014 年“冬虫夏草”实现销售 2.86 亿支（0.57 万箱），同比下降 4.40%；“云烟（软苁蓉）”实现销售 14 亿支（2.8 万箱），同比增长 19.51%；“云烟（12mg 苁蓉）”实现销售 45.97 亿支（9.20 万箱），同比增长 75.85%。

【技术创新】 2014 年，云南中烟技术中心蒙昆公司分中心挂牌成立。做好自有品牌维护，对“冬虫夏草”“云烟（苁蓉）”系列卷烟开展细致化产品维护，保证 2 个主打产品的质量稳定性，并有效降低配方成本。按照同质化生产要求，完成“云烟（红）”“红河（硬甲）”“红塔山（硬经典）”等合作生产品牌卷烟的配方衔接和产品维护工作，使各产品内在质量稳定。进行“冬虫夏草”“云烟（苁蓉）”细支烟的研制开发，完成叶组配方、香料配方、卷烟包装卷接材料的初步设计工作。2014 年完成科技项目成果 3 项，其中“增强再造烟叶适配性的制丝工艺研究和应用”在中烟实业科技项目验收评审会上获得科技项目三等奖。开展卷烟包装箱循环利用工作，卷烟包装箱循环利用 63 万只，完成循环利用任务的 250%。

【企业技改】 完成公司二期技改项目手续的审批。截至 2014 年底，完成新建成品库土建工程基础，地下消防水池、连廊基础，以及一层主体工程，换热站主体结构完工。

深圳烟草工业有限责任公司

【卷烟生产经营】 2014 年，深圳烟草工业有限责任公司生产卷烟（不含出口烟）187.4 亿支（37.5 万箱），同比增长 3.8%，其中，生产一类烟 12.4 亿支（2.5 万箱）、二类烟 56.8 亿支（11.4 万箱）、三类烟 118.2 亿支（23.6 万箱）。生产出口卷烟 4.8 亿支（0.95 万箱）。合作生产广东中烟的品牌卷烟“双喜”25 亿支（5 万箱）。

实现卷烟销售（不含出口烟）182.9 亿支（36.6 万箱），同比增长 1.8%。出口卷烟实现销售 4.8 亿支（0.95 万箱）。

实现卷烟销售收入 61.5 亿元，同比增长 5.9%；实现税利 49.7 亿元，同比增长 6.6%，其中利润 8.6 亿元，同比下降4.0%。三项费用率为4.06%。加强货币资金保值增值，优化存款组合，提高协议存款收益率，货币资金净收益超过4000万元，宣传促销费用总额控制在预算数以下，完成增收节支的各项任务目标。

万元产值综合能耗为6.21千克标煤，万支卷烟综合能耗为2.06千克标煤。烟叶、滤棒、盘纸、水平均消耗分别为6.9千克/万支、2101支/万支、595米/万支、0.06吨/万支。

【主要产品与品牌建设】 2014年，公司在产的自有卷烟品牌为“双喜（好日子）”，合作生产的卷烟品牌为“双喜”。加大对省内、省外市场走访、调研力度，加强与商业公司的沟通。细分市场，做好县一级市场工作，强化服务意识，维护卷烟品牌在商业公司和零售客户中的口碑。依托CRM系统，关注工商存销比，做好货源调控，保持市场价格稳定。提升一、二类烟结构，挖掘和提升品牌发展潜力，保持一类烟主导规格“双喜（好日子·金樽）”的发展势头，一、二类烟占内销卷烟的比重由2013年的32.0%提高到36.9%。稳固深圳市场、广东省内市场，开拓新市场，重点开拓具有一定基础的周边省份，在湖南等省开辟多个新的地级市场。2014年，在湖南、江苏、江西等主要省外市场，“双喜（好日子）”保持市场份额。谋划“走出去”战略，组织召开出口客户座谈会。抓好去牌香港地区加工工作，2014年香港地区去牌加工4000箱，做好加工产品的落地营销工作。开展有针对性的品牌文化宣传，加大喜庆市场消费引导，不断提升品牌知名度和影响力。“双喜（好日子）”实现销售158亿支（31.6万箱），同比增长2.1%。

【原辅材料保障】 *烟叶基地单元建设特色化。*加大科研力度，推进烟叶基地单元建设。对建成的4个烟叶基地单元加强特色烟叶研究，注重原料风格特色与“双喜（好日子）”产品风格特色、配方需求的对接，其中，云南昆明烟叶基地于上半年通过国家局验收，获得云南省2014年“十佳”优秀基地称号。2014年上半年，国家局批准公司在贵州黔东南建立1个新的烟叶基地单元。截至2014年底，公司烟叶基地单元达到5个，在基地单元内可采购调拨烟叶1.06万吨（21.2万担），国产烟叶基地化比例达70%。

*库存结构优质化。*2014年，公司共采购国产烟叶1.53万吨（30.6万担），其中云南烟叶0.48万吨（9.6万担），占采购量的31%。采购进口烟叶0.11万吨（2.2万担）。库存片烟能保证28个月左右的醇化时间，上等烟库存比例保持在75%以上。

【技术创新】 加强新产品研发储备，采用“微蓝”复合滤棒新材料，完成“双喜（好日子·软盛世）”的研发；完成细支烟新产品“双喜（好日子·祥云）”的研发。2个新产品均通过国家局审批。在新型烟草制品方面，对烟油提取物等核心技术加大研究力度，力求掌握自有知识产权。执行公司品牌维护制度，技术中心与销售中心联手展市场调研，征求消费者的意见建议，有针对性地做好产品内质维护，进一步突出特色，提升品牌的科技含量与竞争力。抓好重点科研项目，国家局科技项目“5mg好日子开发”正式结题并通过验收鉴定。开展卷烟包装箱循环利用，与深圳市局（公司）加强协同，制定年度方案，2014年累计循环利用回收烟箱31万只，完成全年目标的124%。

山西昆明烟草有限责任公司

【卷烟生产经营】 2014年，山西昆明烟草有限责任公司生产卷烟（含合作生产）163.5亿支（32.7万箱），同比增长3.15%。合作生产云南中烟“云烟”115.44亿支（23.09万箱）、“红河”38.02亿支（7.60万箱）、“红塔山”10.04亿支（2.01万箱）。

实现卷烟销售159.85亿支（31.97万箱），同比增长2.34%。实现销售收入43.71亿元，同比增长8.17%；实现税利32.25亿元，同比增长9.48%，其中利润7.5亿元，同比增长6.95%。三项费用率为5.74%。

万元产值综合能耗为13.1千克标煤，万支卷烟综合能耗为3.57千克标煤。烟叶、滤棒、盘纸平均消耗分别为6.94千克/万支、2038支/万支、580米/万支。水、电平均消耗分别为0.09吨/万支、7.29千瓦时/万支。

【主要产品与品牌建设】 2014年，公司主要生产“紫气东来（1928）”“云烟”“红河”“红塔山”等4个品牌10个规格，其中，新产品“紫气东来（1928）”于12月上市。

公司坚持“规模结构效益型”的品牌发展之路，围绕“44151”发展规划（即到2015年，公司产销规模达到40万箱，实现税利达到40亿元，单箱税利达到1万元，集团品牌山西市场份额达到50%以上，规划启动易地技术改造1项重点工程），贯彻“稳价是前提、销量是基础、结构是关键、创新是动力”的营销策略，领会市场化取向改革精神，坚持市场导向，完善品类构建，把满足市场真实需求作为卷烟销售的出发点，增加适销货源的有效供应。把培育重点品牌作为营销工作的重中之重，开展微信营销、文化宣讲等营销创新活动，推进卷烟品牌培育迈上新台阶，加快形成以

"全国性知名品牌为主导、区域性优势品牌为依托、创新型特色品牌为引领"的品牌竞争发展格局。

【两大战略工程】 易地技术改造。推进易地技术改造，征得规划用地404.21亩，其中净用地341.30亩，代征道路62.91亩。截至2014年底，完成总体规划设计、第三方设计审查、环境影响评价等14项招标工作，并对场地进行初步平整。

自有品牌研发。2014年5月，公司自有品牌"紫气东来（1928）"初步确定配方设计。"紫气东来（1928）"采用低温保香特色制丝工艺，综合运用复合滤棒添加天然植物颗粒和多级调香技术，在广泛征求商业公司、市场消费者的意见的基础上，进行50余次优化改进，于12月正式上市，适应特色高端品牌市场需求。细支烟"紫气东来（祥瑞）"完成初步研发设计。

【技术创新】 开展QC活动，以"产品质量技术改进和创新月"等群众性技术攻关活动，作为推动企业质量管理的切入点和解决工艺、质量、消耗等问题的手段。"降低松散回潮入口流量的波动值""降低接收机料斗滤棒排列不齐次数"2项QC成果在中烟实业成果发布会上分别获得二、三等奖。中烟实业立项项目"利用GC指纹图谱技术评价异地加工卷烟产品均质化研究""烟草工业企业物流费用精确核算及对标指标研究"分别获得中烟实业科技项目二、三等奖。《不同烟草种质中富含甘氨酸RNA结合蛋白基因克隆及表达分析》《Si－1分子筛的形貌控制合成和吸附性能研究》2篇论文分别被CORESTA大会和SCI国际期刊《Materials Letters》录用。

海南红塔卷烟有限责任公司

【卷烟生产经营】 2014年，海南红塔卷烟有限责任公司生产卷烟（含合作生产）122.5亿支（24.5万箱），同比增长6.52%，其中，生产一类烟0.7亿支（0.14万箱），同比下降69.12%；二类烟4.65亿支（0.93万箱），同比增长34.52%；三类烟92.8亿支（18.56万箱），同比增长3.76%；四类烟21.35亿支（4.27万箱），同比增长75.38%；五类烟3亿支（0.6万箱），同比下降60.98%。

合作生产云南中烟的品牌卷烟117.55亿支（23.51万箱），其中，与红塔集团合作生产卷烟107.5亿支（21.51万箱），占公司生产总量的87.81%；加工生产红云红河集团"云烟（紫）"10亿支（2万箱）。

实现卷烟销售120.85亿支（24.17万箱），同比增长6.96%。实现销售收入26.82亿元，同比增长9.41%。实现税利19.46亿元，同比增长15.29%，其中利润3.8亿元，同比增长16.39%。三项费用率为5.86%。

万元产值综合能耗为14.67千克标煤，万支卷烟综合能耗为3.30千克标煤。烟叶、滤棒、盘纸平均消耗分别为7.04千克/万支、2090支/万支、594米/万支。

【主要产品与品牌建设】 2014年，公司主要生产的卷烟品牌有"玉溪""红塔山""红梅""椰王""宝岛""云烟"等。加强自有品牌建设，"宝岛"卷烟品牌经国家局批复，恢复生产，使用"保香增润、香气补偿、减害降焦"等先进工艺，以清代琼州府的《宝岛—琼郡与地全图》作为装潢图案，展现海南岛的自然生活环境和人文风俗景致。12月21日，"宝岛"卷烟正式下线。自有品牌"椰王"实现销售4.95亿支（0.99万箱），同比增长47.22%。合作生产品牌中，"玉溪（硬）"上柜率持续上升，达到71%左右；"红塔山""云烟"等品牌发展态势稳定，市场份额持续上升。加强工商协同营销，省内市场卷烟销售品牌结构明显提升，一、二类烟实现销售4.75亿支（0.95万箱），同比增长43.72%；三类烟实现销售90.9亿支（18.18万箱），同比增长3.59%；四、五类烟实现销售15亿支（3万箱），同比下降40%。

【生产管理】 2014年，公司连续出台《推进精益生产管理工作实施方案》《精益质量管理活动实施方案》《精益设备管理推进方案》，全面启动精益管理工作。持续改进三标一体、质量管理、生产管理、6S管理、设备管理等工作，提高基础管理水平和柔性化加工能力，平均日产量同比增幅4.11%，生产综合能耗同比下降6.67%。开展卷烟包装纸箱循环利用，公司2014年回收卷烟包装箱69.74万只，上机使用43.59万只，完成下达任务的174%。

【易地技改】 公司技改工程项目总投资11.3亿元，截至2014年底，累计完成投资9.84亿元，完成全部单项（位）工程验收。

【抗击台风灾害】 2014年7月，海南遭遇41年不遇超强台风"威马逊"的袭击，海口市全城停水停电，通讯和交通基本处于瘫痪状态。公司预先防范到位，及时启动《防台风、暴雨专项应急预案》，实现无人员伤亡，技改主体工程、设备、物资、成品没有受损，仅户外的路灯、职工倒班宿舍走廊吊顶及景观绿化、树木受损。在各方支持下，公司在较短的时间内恢复正常生产，受损部位在灾后1个月的时间内基本恢复到灾前的状况。

吉林烟草进出口有限责任公司

【生产经营】 2014年，吉林烟草进出口有限责任公司出口烟丝7459.41吨，同比下降18.67%；出口滤棒6.95亿支，同比下降33.56%；出口盘纸569.43吨，同比下降16.39%；出口丝束629.49吨，同比下降0.7%。其他烟用辅料出口实现692.99万美元，同比下降22.75%。出口实现4191.06万美元，同比下降13.96%。

【预算管理】 加强预算编制，采用零基预算的编制方法，分析每项费用支出的合理性，以费用标准和业务需要为依据，综合平衡编制费用预算。重新制定并调整招待费、电话费、差旅费等费用的开支标准，加强预算的基础工作。重点费用控制有力，其中，业务招待费同比减少20万元，下降64%；福利费同比减少16万元，下降67%；会议费同比减少2万元，下降35%；涉外费同比减少10.5万元，下降60%，实现预算管理工作目标。

【规范管理】 在专卖品出口方面，完善从出口发货通知开始直到出口报关各个环节和流程，全部建立统计台账，实现对全部专卖品从发货到海关出口的所有节点监控。通过专卖品出口全过程动态闭合式监管模式，确保出口业务的全程规范。

2014年中国烟草实业发展中心所属企业/生产厂情况统计

<table>
<tr><th colspan="2" rowspan="2"></th><th rowspan="2">黑龙江烟草工业有限责任公司</th><th colspan="4">所属生产厂</th></tr>
<tr><th>哈尔滨卷烟厂</th><th>海林卷烟厂</th><th>穆棱卷烟厂</th><th>绥化卷烟厂</th></tr>
<tr><td colspan="2">法人资格</td><td>独立法人</td><td>非独立法人</td><td>非独立法人</td><td>非独立法人</td><td>非独立法人</td></tr>
<tr><td colspan="2">主要负责人/法人代表（含党政领导）</td><td>董事长：张建军（—2014.7）、董晓民（2014.7—）
总经理、党组书记：王殿贵</td><td>厂长：谢东升
党委书记：安　毅</td><td>厂长、党委书记：宋延彬</td><td>厂长：曲　礼
党委书记：袁　波</td><td>厂长、党委书记：阮　见</td></tr>
<tr><td colspan="2">成立时间</td><td>2007年</td><td>1902年</td><td>1970年</td><td>1977年</td><td>1970年</td></tr>
<tr><td colspan="2">从业人员（人）</td><td>3690</td><td>1202</td><td>683</td><td>638</td><td>668</td></tr>
<tr><td colspan="2">卷烟生产能力(亿支)</td><td>500</td><td>290</td><td>80</td><td>70</td><td>60</td></tr>
<tr><td colspan="2">法人资格</td><td>独立法人</td><td>非独立法人</td><td>非独立法人</td><td>非独立法人</td><td>非独立法人</td></tr>
<tr><td rowspan="2">卷烟品牌</td><td>自有品牌</td><td>哈尔滨、林海灵芝</td><td>哈尔滨、林海灵芝</td><td>林海灵芝</td><td>林海灵芝、哈尔滨</td><td>哈尔滨</td></tr>
<tr><td>合作生产品牌</td><td>黄鹤楼、红金龙、红梅、南京、红塔山</td><td>黄鹤楼、红金龙、红梅、南京、红塔山</td><td>红金龙</td><td>—</td><td>红金龙</td></tr>
<tr><td colspan="2">卷烟总产量（亿支）</td><td>450.00</td><td>277.83</td><td>78.20</td><td>64.09</td><td>29.88</td></tr>
<tr><td colspan="2">雪茄烟品牌</td><td>—</td><td>—</td><td>—</td><td>—</td><td>—</td></tr>
<tr><td colspan="2">雪茄烟总产量(万支)</td><td>—</td><td>—</td><td>—</td><td>—</td><td>—</td></tr>
</table>

<table>
<tr><th rowspan="2"></th><th rowspan="2">红塔辽宁烟草有限责任公司</th><th colspan="2">所属生产厂</th><th rowspan="2">吉林烟草工业有限责任公司</th><th colspan="2">所属生产厂</th></tr>
<tr><th>沈阳卷烟厂</th><th>营口卷烟厂</th><th>延吉卷烟厂</th><th>长春卷烟厂</th></tr>
<tr><td>法人资格</td><td>独立法人</td><td>非独立法人</td><td>非独立法人</td><td>独立法人</td><td>非独立法人</td><td>非独立法人</td></tr>
<tr><td>主要负责人/法人代表（含党政领导）</td><td>董事长：李穗明（—2014.7）、赵　琦（2014.7—）
总经理、党组书记：李德贤</td><td>厂长：李　军
党委书记：裴禄军</td><td>厂长：高延迪
党委书记：白龙潭</td><td>董事长：张建军（—2014.7）、董晓民（2014.7—）
总经理、党组书记：孙国伟</td><td>厂长：丁昌禄（—2014.1）、金光泽（2014年2—9月任代理厂长，2014.9—）
党委书记：梁宝君（—2014.1）、杨国栋（2014年2—9月任代理党委书记，2014.9—）</td><td>厂长：张玉良
党委书记：张利军</td></tr>
<tr><td>成立时间</td><td>2003年</td><td>1908年</td><td>1909年</td><td>2006年</td><td>1975年</td><td>1933年</td></tr>
<tr><td>从业人员（人）</td><td>1512</td><td>571</td><td>655</td><td>3292</td><td>1730</td><td>1242</td></tr>
<tr><td>卷烟生产能力(亿支)</td><td>582</td><td>280</td><td>302</td><td>661</td><td>359</td><td>302</td></tr>
</table>

续表

		红塔辽宁烟草有限责任公司	所属生产厂		吉林烟草工业有限责任公司	所属生产厂	
			沈阳卷烟厂	营口卷烟厂		延吉卷烟厂	长春卷烟厂
卷烟品牌	自有品牌	人民大会堂	—	人民大会堂	长白山	长白山	长白山
	合作生产品牌	玉溪、红塔山、红梅	玉溪、红塔山、红梅	玉溪、红塔山、红梅	红塔山、南京	—	红塔山、南京
卷烟总产量（亿支）		290.00	125.00	165.00	500.00	300.00	200.00
雪茄烟品牌		—	—	—	—	—	—
雪茄烟总产量（万支）		—	—	—	—	—	—

		甘肃烟草工业有限责任公司	所属生产厂		内蒙古昆明卷烟有限责任公司	深圳烟草工业有限责任公司
			兰州卷烟厂	天水卷烟厂		
法人资格		独立法人	非独立法人	非独立法人	独立法人	独立法人
主要负责人/法人代表（含党政领导）		董事长：李增林（—2014.7）、赵　琦（2014.7—） 总经理、党组书记：田　成	廖国太	王乐平	董事长：李增林（—2014.7）、刘　龙（2014.7—） 总经理：李建平 党委书记：夏家全	董事长：董晓民（2014.7—）、张建军（—2007.7） 总经理、党委书记：梁　强
成立时间		1936 年	1936 年	1970 年	2003 年	1988 年
从业人员（人）		2546	944	684	1458	632
卷烟生产能力(亿支)		605	410	195	250	200
卷烟品牌	自有品牌	兰州	兰州	兰州	云烟（苁蓉）、冬虫夏草	双喜·好日子
	合作生产品牌	利群	利群	—	云烟、红河、红塔山	双喜
卷烟总产量（亿支）		500.00	334.45	165.55	210.00	187.40
雪茄烟品牌		—	—	—	—	—
雪茄烟总产量（万支）		—	—	—	—	—

		山西昆明烟草有限责任公司	海南红塔卷烟有限责任公司	吉林烟草进出口有限责任公司
法人资格		独立法人	独立法人	独立法人
主要负责人/法人代表（含党政领导）		董事长：李增林（—2014.7）、刘　龙（2014.7—） 总经理：陈景云 党委书记：刘根栓	董事长：张建军（—2014.7）、董晓民（2014.7—） 总经理：郑中文 党委书记：梁生龙	总经理：李维新
成立时间		1930 年	1978 年	1999 年
从业人员（人）		1071	595	17
卷烟生产能力(亿支)		286	150	—
卷烟品牌	自有品牌	紫气东来（1928）	椰王、宝岛	—
	合作生产品牌	云烟、红河、红塔山	玉溪、红塔山、红梅、云烟	—
卷烟总产量（亿支）		163.50	122.50	—
雪茄烟品牌		—	—	—
雪茄烟总产量（万支）		—	—	—

（撰稿：曹建平；编辑：谢争艳）

2014 年在产卷烟品牌（规格）名录[①]

河北中烟工业有限责任公司

品牌	规格	焦油量	备注	规格	焦油量	备注
钻石	钻石（软景泰）	8mg/支	一类烟、烤烟型	钻石（金石）	11mg/支	二类烟、烤烟型
	钻石（避暑山庄）	8mg/支	一类烟、烤烟型	钻石（时尚）	6mg/支	二类烟、烤烟型
	钻石（时尚景泰）	6mg/支	一类烟、烤烟型	钻石（软绿）	10mg/支	二类烟、烤烟型、2014 年新产品
	钻石（硬蓝 10 支 120mm）	8mg/支	一类烟、烤烟型	钻石（红石 2 代）	11mg/支	三类烟、烤烟型
	钻石（软珍品）	11mg/支	一类烟、烤烟型	钻石（软红如意）	11mg/支	三类烟、烤烟型
	钻石（硬珍品）	11mg/支	一类烟、烤烟型	钻石（硬玫瑰紫）	11mg/支	三类烟、烤烟型
	钻石（硬红 120）	8mg/支	一类烟、烤烟型	钻石（硬玫瑰 8mg）	8mg/支	三类烟、烤烟型
	钻石（荷花）	10mg/支	一类烟、烤烟型 2014 年新产品	钻石（硬红）	11mg/支	三类烟、烤烟型
	钻石（大好河山）	10mg/支	一类烟、烤烟型 2014 年新产品	钻石（硬蓝新一代）	8mg/支	三类烟、烤烟型
	钻石（一品荷花）	8mg/支	一类烟、烤烟型 2014 年新产品	钻石（绿石 2 代）	11mg/支	三类烟、烤烟型
	钻石（细支荷花）	6mg/支	一类烟、烤烟型 2014 年新产品	钻石（银玉兰）	11mg/支	三类烟、烤烟型
	钻石（烟波致爽）	10mg/支	一类烟、烤烟型	钻石（大福元）	10mg/支	三类烟、烤烟型 2014 年新产品
	钻石（扁蓝时尚）	6mg/支	一类烟、烤烟型	钻石（硬蓝）	11mg/支	四类烟、烤烟型
	钻石（软中国红）	8mg/支	一类烟、烤烟型	钻石（硬特醇）	11mg/支	四类烟、烤烟型
	钻石（硬中国红）	8mg/支	二类烟、烤烟型	钻石（软红）	11mg/支	四类烟、烤烟型
	钻石（金玉兰）	11mg/支	二类烟、烤烟型			
新石家庄	新石家庄（软）	11mg/支	五类烟、烤烟型			
北戴河	北戴河（软）	11mg/支	五类烟、烤烟型			

上海烟草集团有限责任公司

品牌	规格	焦油量	备注	规格	焦油量	备注
熊猫	熊猫（5 盒礼盒出口）	12mg/支	烤烟型、出口烟	熊猫（硬时代版）	11mg/支	一类烟、烤烟型
	熊猫（硬经典）	10mg/支	一类烟、烤烟型 2014 年新产品	熊猫（硬 5 盒时代版出口）	11mg/支	烤烟型、出口烟
中华	中华（大中华）	8mg/支	一类烟、烤烟型	中华（硬 10mg 12 支）	10mg/支	一类烟、烤烟型
	中华（软）	11mg/支	一类烟、烤烟型	中华（硬 10mg 5 支）	10mg/支	一类烟、烤烟型
	中华（硬）	11mg/支	一类烟、烤烟型	中华（5000）	10mg/支	一类烟、烤烟型
	中华（硬 10mg）	10mg/支	一类烟、烤烟型	中华（全开式）	11mg/支	一类烟、烤烟型
江山	江山（硬一统）	10mg/支	一类烟、烤烟型			
恒大	恒大（全开式烟魁）	10mg/支	一类烟、烤烟型			
红双喜	红双喜（硬铂派）	3mg/支	一类烟、烤烟型 2014 年新产品	红双喜（硬津门恒大）	8mg/支	二类烟、烤烟型
	红双喜（硬晶派）	11mg/支	一类烟、烤烟型	红双喜（硬）	11mg/支	三类烟、烤烟型

① 除特别说明外，收录品牌均为境内企业生产的企业自有品牌。

续表

品牌	规格	焦油量	备注	规格	焦油量	备注
红双喜	红双喜（硬江山珍品）	11mg/支	二类烟、烤烟型	红双喜（硬8mg）	8mg/支	三类烟、烤烟型
	红双喜（硬精品）	10mg/支	二类烟、烤烟型	红双喜（硬百顺）	11mg/支	三类烟、烤烟型
	红双喜（硬尚派）	5mg/支	二类烟、烤烟型	红双喜（硬江山精品）	11mg/支	三类烟、烤烟型
	红双喜（硬星派）	5mg/支	二类烟、烤烟型	红双喜（硬上海）	11mg/支	三类烟、烤烟型
	红双喜（硬荷派）	5mg/支	二类烟、烤烟型	红双喜（硬特）	10mg/支	三类烟、烤烟型
	红双喜（硬晶喜）	11mg/支	二类烟、烤烟型	红双喜（软8mg）	8mg/支	三类烟、烤烟型
中南海	中南海（3mg）	3mg/支	一类烟、混合型	中南海（硬酷爽风尚）	8mg/支	二类烟、混合型
	中南海（祥和壹叁贰）	10mg/支	一类烟、烤烟型	中南海（5mg）	5mg/支	三类烟、混合型
	中南海（领越）	6mg/支	一类烟、混合型	中南海（软蓝色时光）	6mg/支	三类烟、混合型
	中南海（软精品）	10mg/支	一类烟、烤烟型	中南海（5mg细支）	5mg/支	三类烟、混合型
	中南海（硬1mg）	1mg/支	一类烟、混合型	中南海（金8mg）	8mg/支	三类烟、混合型
	中南海(硬94mm浪漫风情)	5mg/支	一类烟、混合型	中南海（8mg）	8mg/支	三类烟、混合型
	中南海（蓝色风尚）	5mg/支	二类烟、混合型	中南海（10mg）	10mg/支	四类烟、混合型
	中南海（特高）	11mg/支	二类烟、烤烟型	中南海（浓味）	11mg/支	五类烟、混合型
孟菲斯	孟菲斯（硬红）	11mg/支	三类烟、烤烟型	孟菲斯（硬蓝）	9mg/支	三类烟、烤烟型
牡丹	牡丹（软）	10mg/支	三类烟、烤烟型			
大前门	大前门（软）	11mg/支	五类烟、烤烟型	大前门（硬）	9mg/支	五类烟、烤烟型

江苏中烟工业有限责任公司

品牌	规格	焦油量	备注	规格	焦油量	备注
南京	南京（雨花石）	5mg/支	一类烟、烤烟型	南京（红华西）	10mg/支	二类烟、烤烟型
	南京（十二钗薄荷）	6mg/支	一类烟、薄荷型	南京（佳品）	11mg/支	二类烟、烤烟型
	南京（十二钗烤烟）	6mg/支	一类烟、烤烟型	南京（金砂）	11mg/支	二类烟、烤烟型
	南京（84mm金陵十二钗）	8mg/支	一类烟、烤烟型	南京（硬金星）	11mg/支	二类烟、烤烟型
	南京（壹品）	8mg/支	一类烟、烤烟型	南京（硬林）	11mg/支	二类烟、烤烟型
	南京（九五）	11mg/支	一类烟、烤烟型	南京（红一品）	8mg/支	三类烟、烤烟型
	南京（硬珍品）	11mg/支	一类烟、烤烟型	南京（绿梦都）	8mg/支	三类烟、薄荷型
	南京（喜庆）	11mg/支	一类烟、烤烟型	南京（紫晶）	8mg/支	三类烟、烤烟型
	南京（出口喜庆）	11mg/支	烤烟型、出口烟	南京（紫树）	10mg/支	三类烟、烤烟型
	南京（臻品）	11mg/支	一类烟、烤烟型	南京（红）	11mg/支	三类烟、烤烟型
	南京（精品）	11mg/支	一类烟、烤烟型	南京（红C）	11mg/支	烤烟型、出口烟
	南京（出口精品）	11mg/支	烤烟型、出口烟	南京（绿）	8mg/支	四类烟、烤烟型
	南京（炫赫门）	8mg/支	二类烟、烤烟型			
苏烟	苏烟（沉香）	6mg/支	一类烟、烤烟型	苏烟（七星）	11mg/支	一类烟、烤烟型
	苏烟（瑞星）	10mg/支	一类烟、烤烟型	苏烟（软金砂）	11mg/支	一类烟、烤烟型
	苏烟（一品梅）	10mg/支	一类烟、烤烟型 2014年新产品	苏烟（天星）	11mg/支	一类烟、烤烟型
	苏烟（吉祥）	11mg/支	一类烟、烤烟型	苏烟（五星红杉树）	11mg/支	一类烟、烤烟型
	苏烟（金砂2）	11mg/支	一类烟、烤烟型	苏烟（新星）	11mg/支	一类烟、烤烟型
	苏烟（金砂C）	11mg/支	烤烟型、出口烟			
大丰收	大丰收（硬）	10mg/支	五类烟、烤烟型、国家局共有品牌	大丰收（软）	10mg/支	五类烟、烤烟型、国家局共有品牌
红杉树	红杉树（森C）	11mg/支	烤烟型、出口烟	红杉树（硬新）	10mg/支	四类烟、烤烟型
	红杉树（木）	10mg/支	四类烟、烤烟型	红杉树（软红）	10mg/支	五类烟、烤烟型
华西村	华西村（经典）	11mg/支	一类烟、烤烟型			
一品梅	一品梅（淡黄）	10mg/支	四类烟、烤烟型			

浙江中烟工业有限责任公司

品牌	规格	焦油量	备注	规格	焦油量	备注
利群	利群（休闲）	11mg/支	一类烟、烤烟型	利群（环球阳光）	8mg/支	一类烟、烤烟型
	利群（阳光）	8mg/支	一类烟、烤烟型	利群（神州）	8mg/支	一类烟、烤烟型
	利群（软长嘴）	11mg/支	一类烟、烤烟型	利群（薄荷）	9mg/支	一类烟、外香型、2014年新产品
	利群（硬）	10mg/支	一类烟、烤烟型	利群（西子阳光）	5mg/支	一类烟、烤烟型、2014年新产品
	利群（长嘴）	11mg/支	一类烟、烤烟型	利群（蓝天）	11mg/支	二类烟、烤烟型
	利群（软红长嘴）	11mg/支	一类烟、烤烟型	利群（软蓝）	11mg/支	二类烟、烤烟型
	利群（逍遥）	6mg/支	一类烟、烤烟型	利群（老版）	11mg/支	二类烟、烤烟型
	利群（8mg长嘴）	8mg/支	一类烟、烤烟型	利群（新版）	11mg/支	二类烟、烤烟型
	利群（软5mg）	5mg/支	一类烟、烤烟型	利群（软老版）	6mg/支	二类烟、烤烟型
	利群（金色阳光）	8mg/支	一类烟、烤烟型	利群（8mg新版）	8mg/支	二类烟、烤烟型
	利群（软金色阳光）	8mg/支	一类烟、烤烟型			
大红鹰	大红鹰（软蓝）	8mg/支	三类烟、烤烟型			
雄狮	雄狮（新）	8mg/支	四类烟、烤烟型	雄狮（薄荷）	8mg/支	五类烟、外香型
	雄狮（红老版）	8mg/支	四类烟、烤烟型	雄狮（红）	8mg/支	五类烟、烤烟型
	雄狮（硬）	8mg/支	四类烟、烤烟型			
大丰收	大丰收（硬）	11mg/支	五类烟、烤烟型、国家局共有品牌			

安徽中烟工业有限责任公司

品牌	规格	焦油量	备注	规格	焦油量	备注
黄山	黄山（天都）	8mg/支	一类烟、烤烟型	黄山（红皖烟）	11mg/支	二类烟、烤烟型
	黄山（智者010）	8mg/支	一类烟、烤烟型	黄山（锦绣）	10mg/支	二类烟、烤烟型
	黄山（新视界）	10mg/支	一类烟、烤烟型	黄山（大黄山）	10mg/支	二类烟、烤烟型 2014年新产品
	黄山（经典皖烟）	11mg/支	一类烟、烤烟型	黄山（中国画）	10mg/支	二类烟、烤烟型
	黄山（新概念）	10mg/支	一类烟、烤烟型	黄山（中国画细支）	8mg/支	二类烟、烤烟型 2014年新产品
	黄山（硬新概念）	6mg/支	一类烟、烤烟型	黄山（新制皖烟）	11mg/支	二类烟、烤烟型
	黄山（大红方印）	10mg/支	一类烟、烤烟型	黄山（中国松）	11mg/支	三类烟、烤烟型
	黄山（喜庆红方印）	10mg/支	一类烟、烤烟型	黄山（大壹品）	8mg/支	三类烟、烤烟型
	黄山（小红方印）	10mg/支	一类烟、烤烟型	黄山（贵宾迎客松）	8mg/支	三类烟、烤烟型
	黄山（小红方印6mg）	6mg/支	一类烟、烤烟型	黄山（硬）	11mg/支	三类烟、烤烟型
	黄山（大黄山细支）	10mg/支	一类烟、烤烟型 2014年新产品	黄山（中国风）	11mg/支	三类烟、烤烟型
	黄山（金皖烟）	11mg/支	一类烟、烤烟型	黄山（金纯和）	11mg/支	三类烟、烤烟型
	黄山（软金皖）	10mg/支	一类烟、烤烟型	黄山（硬中国风）	8mg/支	三类烟、烤烟型
	黄山（国宾迎客松）	11mg/支	一类烟、烤烟型	黄山（嘉宾迎客松）	8mg/支	三类烟、烤烟型
	黄山（万象）	10mg/支	一类烟、烤烟型	黄山（软一品）	10mg/支	三类烟、烤烟型
	黄山（软红）	10mg/支	一类烟、烤烟型	黄山（硬一品）	10mg/支	四类烟、烤烟型
都宝	都宝（蓝莓细支）	6mg/支	二类烟、混合型 2014年新产品）	都宝（台湾4号）	4mg/支	混合型、出口烟 2014年新产品
	都宝（吉祥）	6mg/支	三类烟、混合型	都宝（台湾6号）	6mg/支	混合型、出口烟
	都宝（纯正9号）	8mg/支	四类烟、混合型	都宝（3mg台湾）	3mg/支	混合型、出口烟

续表

品牌	规格	焦油量	备注	规格	焦油量	备注
都宝	都宝（新）	8mg/支	五类烟、混合型	都宝（6号台湾）	6mg/支	混合型、出口烟
	都宝（5mg台湾）	5mg/支	混合型、出口烟	都宝（台湾3mg）	3mg/支	混合型、出口烟
	都宝（薄荷细支台湾）	6mg/支	混合型、出口烟 2014年新产品	都宝（银时尚台湾）	7mg/支	混合型、出口烟
	都宝（蓝莓细支台湾）	6mg/支	混合型、出口烟 2014年新产品			
红三环	红三环（红）	10mg/支	四类烟、烤烟型	红三环（软黄）	8mg/支	五类烟、烤烟型
	红三环（渡江）	8mg/支	五类烟、烤烟型			
盛唐	盛唐（金）	10mg/支	四类烟、烤烟型	盛唐（吉祥）	8mg/支	五类烟、烤烟型

福建中烟工业有限责任公司

品牌	规格	焦油量	备注	规格	焦油量	备注
七匹狼	七匹狼（大通仙）	10mg/支	一类烟、烤烟型	七匹狼（通运）	10mg/支	一类烟、烤烟型
	七匹狼（通仙）	10mg/支	一类烟、烤烟型	七匹狼（纯雅）	6mg/支	二类烟、烤烟型
	七匹狼（雅典）	11mg/支	一类烟、烤烟型	七匹狼（纯翠）	6mg/支	二类烟、烤烟型 2014年新产品
	七匹狼（通仙纯）	9mg/支	一类烟、烤烟型 2014年新产品	七匹狼（红）	11mg/支	二类烟、烤烟型
	七匹狼（16支纯香）	5mg/支	一类烟、烤烟型	七匹狼（软红）	10mg/支	二类烟、烤烟型
	七匹狼（通仙300）	10mg/支	一类烟、烤烟型	七匹狼（纯境）	5mg/支	二类烟、烤烟型
	七匹狼（厦门）	11mg/支	一类烟、烤烟型	七匹狼（大富贵）	10mg/支	二类烟、烤烟型 2014年新产品
	七匹狼（通福）	11mg/支	一类烟、烤烟型	七匹狼（豪迈）	8mg/支	三类烟、烤烟型
	七匹狼（软灰）	11mg/支	一类烟、烤烟型	七匹狼（豪运）	10mg/支	三类烟、烤烟型
	七匹狼（新圣典）	11mg/支	一类烟、烤烟型	七匹狼（白）	10mg/支	三类烟、烤烟型
	七匹狼（16支通仙）	10mg/支	一类烟、烤烟型	七匹狼（君如意）	10mg/支	三类烟、烤烟型
	七匹狼（通仙3mg）	3mg/支	一类烟、烤烟型	七匹狼（鸿福）	10mg/支	三类烟、烤烟型
	七匹狼（通仙境）	10mg/支	一类烟、烤烟型 2014年新产品	七匹狼（金）	11mg/支	三类烟、烤烟型
	七匹狼（小通仙）	10mg/支	一类烟、烤烟型	七匹狼（蓝）	8mg/支	三类烟、烤烟型
	七匹狼（尚品）	11mg/支	一类烟、烤烟型	七匹狼（豪情）	10mg/支	四类烟、烤烟型
	七匹狼（16支通泰）	11mg/支	一类烟、烤烟型	七匹狼（古田）	10mg/支	四类烟、烤烟型
	七匹狼（纯典）	5mg/支	一类烟、烤烟型			
万宝路	万宝路（软金）	8mg/支	一类烟、混合型 来牌加工	万宝路（软红）	11mg/支	二类烟、混合型 来牌加工
金桥	金桥（英伦奶香）	6mg/支	三类烟、混合型	金桥（台湾84）	7mg/支	混合型、出口烟
	金桥（软混）	10mg/支	三类烟、混合型	金桥（Avolon94）	7mg/支	混合型、出口烟
	金桥（硬）	7mg/支	三类烟、混合型	金桥（台湾94）	5mg/支	混合型、出口烟
	金桥（竹）	6mg/支	混合型、出口烟	金桥（kengirlik）	10mg/支	混合型、出口烟
	金桥（台湾97）	5mg/支	混合型、出口烟			
石狮	石狮（软富健）	10mg/支	五类烟、烤烟型			
土楼	土楼（神韵）	10mg/支	一类烟、烤烟型			
妙香	妙香	12mg/支	烤烟型、出口烟			

江西中烟工业有限责任公司

品牌	规格	焦油量	备注	规格	焦油量	备注
金圣	金圣（智圣出山）	10mg/支	一类烟、烤烟型	金圣（硬黑老虎）	10mg/支	二类烟、烤烟型 2014年新产品
	金圣（典藏本草香）	11mg/支	一类烟、烤烟型	金圣（硬时代）	8mg/支	二类烟、烤烟型
	金圣（典藏花开富贵）	10mg/支	一类烟、烤烟型	金圣（硬）	11mg/支	三类烟、烤烟型
	金圣（本草瑞香）	8mg/支	一类烟、烤烟型 2014年新品	金圣（井冈山圣地）	8mg/支	三类烟、烤烟型
	金圣（吉品）	11mg/支	一类烟、烤烟型	金圣（软）	11mg/支	三类烟、烤烟型
	金圣（盛世典藏）	11mg/支	一类烟、烤烟型	金圣（硬红）	8mg/支	三类烟、烤烟型
	金圣（硬典藏）	11mg/支	一类烟、烤烟型	金圣（时代福）	10mg/支	三类烟、烤烟型
	金圣（原生工坊）	10mg/支	一类烟、烤烟型 2014年新品	金圣（硬时代祥和）	11mg/支	三类烟、烤烟型
	金圣（大吉品）	10mg/支	一类烟、烤烟型 2014年新产品	金圣（鸳鸯喜）	10mg/支	三类烟、烤烟型
	金圣（软天成）	6mg/支	一类烟、烤烟型	金圣（软红）	11mg/支	三类烟、烤烟型
	金圣（大赢家）	10mg/支	二类烟、烤烟型	金圣（庐山）	8mg/支	三类烟、烤烟型
	金圣（赣）	11mg/支	二类烟、烤烟型			
庐山	庐山（黄精品）	11mg/支	四类烟、烤烟型	庐山（硬）	10mg/支	五类烟、烤烟型
	庐山（银）	11mg/支	四类烟、烤烟型	庐山（新）	10mg/支	五类烟、烤烟型
	庐山（精品）	11mg/支	四类烟、烤烟型			
赣	赣（佳品）	11mg/支	四类烟、烤烟型	赣（蓝）	10mg/支	四类烟、烤烟型
月兔	月兔（硬）	10mg/支	五类烟、烤烟型			

山东中烟工业有限责任公司

品牌	规格	焦油量	备注	规格	焦油量	备注
泰山	泰山（拂光）	11mg/支	一类烟、烤烟型	泰山（硬功勋）	11mg/支	二类烟、烤烟型
	泰山（好客）	10mg/支	一类烟、烤烟型	泰山（心悦）	6mg/支	二类烟、烤烟型
	泰山（儒风）	11mg/支	一类烟、烤烟型	泰山（大鸡）	10mg/支	二类烟、烤烟型
	泰山（拂光细支）	6mg/支	一类烟、烤烟型	泰山（青秀）	8mg/支	二类烟、烤烟型
	泰山（领秀）	10mg/支	一类烟、烤烟型	泰山（绿孔府）	8mg/支	二类烟、烤烟型
	泰山（乐章）	5mg/支	一类烟、烤烟型	泰山（沂蒙）	11mg/支	三类烟、烤烟型
	泰山（新品）	11mg/支	一类烟、烤烟型	泰山（东方）	11mg/支	三类烟、烤烟型
	泰山（将军）	11mg/支	一类烟、烤烟型	泰山（宏图）	11mg/支	三类烟、烤烟型
	泰山（八喜）	8mg/支	一类烟、烤烟型	泰山（平安）	6mg/支	三类烟、烤烟型
	泰山（硬神秀）	11mg/支	一类烟、烤烟型	泰山（华贵）	11mg/支	三类烟、烤烟型
	泰山（红秀）	8mg/支	一类烟、烤烟型	泰山（白将军）	11mg/支	三类烟、烤烟型
	泰山（好客细支）	6mg/支	一类烟、烤烟型 2014年新产品	泰山（红将）	11mg/支	三类烟、烤烟型
	泰山（红锡包）	11mg/支	一类烟、烤烟型 2014年新产品	泰山（哈德门）	10mg/支	三类烟、烤烟型 2014年新产品
	泰山（望岳）	8mg/支	一类烟、烤烟型	泰山（红将军）	11mg/支	三类烟、烤烟型
	泰山（颜悦）	6mg/支	一类烟、烤烟型	泰山（硬红八喜）	8mg/支	三类烟、烤烟型
将军	将军（100）	10mg/支	二类烟、雪茄型	将军（潘萨）	11mg/支	三类烟、雪茄型
	将军（雪豹）	10mg/支	二类烟、雪茄型			
哈德门	哈德门（纯香）	11mg/支	四类烟、烤烟型	哈德门（软）	11mg/支	五类烟、烤烟型
	哈德门（精品）	11mg/支	四类烟、烤烟型			

河南中烟工业有限责任公司

品牌	规格	焦油量	备注	规格	焦油量	备注
黄金叶	黄金叶（天叶）	11mg/支	一类烟、烤烟型	黄金叶（硬大金圆双十支）	11mg/支	一类烟、烤烟型
	黄金叶（天叶细支）	8mg/支	一类烟、烤烟型 2014 年新产品	黄金叶（硬福满堂）	10mg/支	二类烟、烤烟型
	黄金叶（小天叶）	10mg/支	一类烟、烤烟型	黄金叶（软福满堂）	8mg/支	二类烟、烤烟型
	黄金叶（上河图）	10mg/支	一类烟、烤烟型	黄金叶（爱尚）	6mg/支	二类烟、烤烟型 2014 年新产品
	黄金叶（茗仕之风）	11mg/支	一类烟、烤烟型	黄金叶（红南阳）	10mg/支	二类烟、烤烟型
	黄金叶（天香细支）	6mg/支	一类烟、烤烟型 2014 年新产品	黄金叶（龙门）	10mg/支	二类烟、烤烟型
	黄金叶（天韵）	8mg/支	一类烟、烤烟型 2014 年新产品	黄金叶（黄金眼）	10mg/支	二类烟、烤烟型
	黄金叶（天香）	6mg/支	一类烟、烤烟型	黄金叶（金尚酷）	10mg/支	二类烟、烤烟型 2014 年新产品
	黄金叶（红旗渠）	10mg/支	一类烟、烤烟型	黄金叶（尚酷）	8mg/支	二类烟、烤烟型
	黄金叶（百年浓香）	8mg/支	一类烟、烤烟型	黄金叶（金满堂）	10mg/支	三类烟、烤烟型
	黄金叶（金如意）	10mg/支	一类烟、烤烟型	黄金叶（硬帝豪）	11mg/支	三类烟、烤烟型
	黄金叶（软大金圆）	11mg/支	一类烟、烤烟型	黄金叶（硬红旗渠）	10mg/支	三类烟、烤烟型
	黄金叶（软红大金圆）	10mg/支	一类烟、烤烟型	黄金叶（世纪之星）	11mg/支	三类烟、烤烟型
	黄金叶（软盛世金典）	11mg/支	一类烟、烤烟型	黄金叶（硬黄出口）	10mg/支	烤烟型、出口烟
	黄金叶（软蓝出口）	8mg/支	混合型、出口烟	黄金叶（硬红出口）	10mg/支	烤烟型、出口烟
	黄金叶（吉祥如意出口）	10mg/支	烤烟型、出口烟	黄金叶（硬帝豪出口）	10mg/支	烤烟型、出口烟
红旗渠	红旗渠（天行健）	11mg/支	三类烟、烤烟型	红旗渠（银河之光）	10mg/支	四类烟、烤烟型
	红旗渠（新开元）	11mg/支	三类烟、烤烟型	红旗渠（软红）	11mg/支	五类烟、烤烟型
散花	散花（软蓝）	11mg/支	五类烟、烤烟型			
发时达	发时达（硬金出口）	11mg/支	混合型、出口烟	发时达（硬白出口）	10mg/支	混合型、出口烟
	发时达（硬蓝出口）	8mg/支	混合型、出口烟	发时达（硬红出口）	10mg/支	混合型、出口烟
	发时达（薄荷出口）	8mg/支	混合型、出口烟	发时达（硬红出口）	10mg/支	烤烟型、出口烟
	发时达（软金出口）	8mg/支	混合型、出口烟	发时达（黄金叶出口）	10mg/支	烤烟型、出口烟
帝豪	帝豪（硬金出口）	10mg/支	烤烟型、出口烟			
野马	野马（硬金出口）	10mg/支	混合型、出口烟			

湖北中烟工业有限责任公司

品牌	规格	焦油量	备注	规格	焦油量	备注
黄鹤楼	黄鹤楼（软 1916）	10mg/支	一类烟、烤烟型	黄鹤楼（硬好运）	11mg/支	一类烟、烤烟型
	黄鹤楼（硬 1916）	10mg/支	一类烟、烤烟型	黄鹤楼（软红珍品）	10mg/支	一类烟、烤烟型
	黄鹤楼（硬感恩）	8mg/支	一类烟、烤烟型	黄鹤楼（硬满天星）	10mg/支	一类烟、烤烟型
	黄鹤楼（硬为了谁）	6mg/支	一类烟、烤烟型	黄鹤楼（硬大彩）	6mg/支	一类烟、烤烟型
	黄鹤楼（硬红景天）	6mg/支	一类烟、烤烟型	黄鹤楼（硬心兰）	8mg/支	一类烟、烤烟型
	黄鹤楼（硬 15）	10mg/支	一类烟、烤烟型 2014 年新产品	黄鹤楼（硬奇景）	10mg/支	一类烟、烤烟型 2014 年新产品
	黄鹤楼（硬平安）	8mg/支	一类烟、烤烟型 2014 年新产品	黄鹤楼（软红）	8mg/支	一类烟、烤烟型
	黄鹤楼（硬品道）	7mg/支	一类烟、烤烟型	黄鹤楼（软雅韵）	6mg/支	一类烟、烤烟型
	黄鹤楼（硬漫天游）	10mg/支	一类烟、烤烟型	黄鹤楼（硬雅韵）	8mg/支	一类烟、烤烟型

续表

品牌	规格	焦油量	备注	规格	焦油量	备注
黄鹤楼	黄鹤楼（软漫天游）	10mg/支	一类烟、烤烟型	黄鹤楼（硬天下胜景）	8mg/支	一类烟、烤烟型
	黄鹤楼（硬问道）	6mg/支	一类烟、烤烟型	黄鹤楼（硬雅香）	11mg/支	一类烟、烤烟型
	黄鹤楼（硬梯杷）	6mg/支	一类烟、烤烟型	黄鹤楼（硬红）	8mg/支	一类烟、烤烟型
	黄鹤楼（硬天骄圣地）	10mg/支	一类烟、烤烟型	黄鹤楼（软天香）	8mg/支	一类烟、烤烟型
	黄鹤楼（软紫金）	5mg/支	一类烟、烤烟型	黄鹤楼（硬鸿运）	10mg/支	一类烟、烤烟型
	黄鹤楼（软珍品）	8mg/支	一类烟、烤烟型	黄鹤楼（硬雪香）	10mg/支	一类烟、雪茄型
	黄鹤楼（软论道）	8mg/支	一类烟、烤烟型	黄鹤楼（硬祝福）	10mg/支	一类烟、烤烟型
	黄鹤楼（硬知音）	11mg/支	一类烟、烤烟型 2014 年新产品	黄鹤楼（硬嘉禧缘）	10mg/支	一类烟、烤烟型
	黄鹤楼（硬同心）	10mg/支	一类烟、烤烟型	黄鹤楼（软蓝）	11mg/支	一类烟、烤烟型
	黄鹤楼（硬雪之韵）	11mg/支	一类烟、雪茄型 2014 年新产品	黄鹤楼（软鸿运）	11mg/支	二类烟、烤烟型
	黄鹤楼（硬珍品）	8mg/支	一类烟、烤烟型	黄鹤楼（硬金砂）	8mg/支	二类烟、烤烟型
	黄鹤楼（硬全家福）	10mg/支	一类烟、烤烟型	黄鹤楼（软金砂）	6mg/支	二类烟、烤烟型
	黄鹤楼（硬金带）	10mg/支	一类烟、烤烟型	黄鹤楼（天下名楼）	8mg/支	二类烟、烤烟型
	黄鹤楼（硬生态）	8mg/支	一类烟、烤烟型 2014 年新产品	黄鹤楼（硬万年红）	10mg/支	二类烟、烤烟型
	黄鹤楼（软满天星）	8mg/支	一类烟、烤烟型	黄鹤楼（硬雪之景）	11mg/支	二类烟、雪茄型
	黄鹤楼（硬论道）	8mg/支	一类烟、烤烟型	黄鹤楼（软雪之景）	11mg/支	二类烟、雪茄型
红金龙	红金龙（晓楼）	9mg/支	二类烟、烤烟型	红金龙（硬南洋）	8mg/支	三类烟、烤烟型
	红金龙（硬晓楼金）	10mg/支	二类烟、烤烟型	红金龙（软红九州腾龙）	10mg/支	四类烟、烤烟型 2014 年新产品
	红金龙（硬晓楼）	9mg/支	二类烟、烤烟型	红金龙（硬九州腾龙）	10mg/支	四类烟、烤烟型
	红金龙（硬楚风）	11mg/支	三类烟、雪茄型 2014 年新产品	红金龙（硬红龙）	11mg/支	四类烟、雪茄型 2014 年新产品
	红金龙（硬火之舞）	10mg/支	三类烟、烤烟型	红金龙（小楚风）	10mg/支	四类烟、烤烟型
	红金龙（软精品）	11mg/支	三类烟、烤烟型	红金龙（硬红）	10mg/支	四类烟、烤烟型
	红金龙（硬红火之舞）	11mg/支	三类烟、烤烟型	红金龙（软九州腾龙）	10mg/支	四类烟、烤烟型
	红金龙（硬爱你）	10mg/支	三类烟、烤烟型 2014 年新产品	红金龙（软蓝九州腾龙）	10mg/支	四类烟、烤烟型
	红金龙（晓信天游）	10mg/支	三类烟、烤烟型	红金龙（软双龙）	10mg/支	四类烟、烤烟型
	红金龙（硬蓝爱你）	8mg/支	三类烟、烤烟型 2014 年新产品	红金龙（硬虹之彩）	9mg/支	四类烟、烤烟型
	红金龙（硬晓楼银）	7mg/支	三类烟、烤烟型	红金龙（硬喜）	9mg/支	五类烟、烤烟型
	红金龙（硬祥龙）	9mg/支	三类烟、烤烟型	红金龙（软虹之彩）	9mg/支	五类烟、烤烟型
	红金龙（硬神州腾龙）	10mg/支	三类烟、烤烟型	红金龙（软金蝶）	8mg/支	五类烟、烤烟型
	红金龙（硬佳品）	9mg/支	三类烟、烤烟型	红金龙（软长城）	8mg/支	五类烟、烤烟型
	红金龙（硬黄佳品）	9mg/支	三类烟、烤烟型	红金龙（硬南洋）	8mg/支	三类烟、烤烟型
黄金龙	黄金龙（硬）	9mg/支	五类烟、烤烟型			
红双喜（武汉）	红双喜（硬）	9mg/支	五类烟、烤烟型			

湖南中烟工业有限责任公司

品牌	规格	焦油量	备注	规格	焦油量	备注
芙蓉	芙蓉（软红）	11mg/支	五类烟、烤烟型	芙蓉（黄）	10mg/支	五类烟、烤烟型
相思鸟	相思鸟（软）	11mg/支	五类烟、烤烟型			
利事	利事（薄泰）	11mg/支	混合型、出口烟	利事（混泰）	10mg/支	混合型、出口烟
白沙	白沙（和天下）	11mg/支	一类烟、烤烟型	白沙（红和）	6mg/支	三类烟、烤烟型
	白沙（软和天下）	10mg/支	一类烟、烤烟型 2014年新产品	白沙（软香槟）	11mg/支	三类烟、烤烟型
	白沙（硬细支和天下）	6mg/支	一类烟、烤烟型 2014年新产品	白沙（8mg精品）	8mg/支	三类烟、烤烟型
	白沙（和钻石）	11mg/支	一类烟、烤烟型	白沙（精品二代）	10mg/支	三类烟、烤烟型
	白沙（珍品）	11mg/支	一类烟、烤烟型	白沙（8mg绿和）	8mg/支	三类烟、烤烟型
	白沙（硬紫瑞）	6mg/支	二类烟、烤烟型	白沙（绿和）	10mg/支	三类烟、烤烟型
	白沙（硬黄金版）	10mg/支	二类烟、烤烟型	白沙（精品）	8mg/支	三类烟、烤烟型
	白沙（硬红尚品）	10mg/支	二类烟、烤烟型	白沙（硬）	10mg/支	四类烟、烤烟型
	白沙（硬蓝尚品）	11mg/支	二类烟、烤烟型	白沙（软）	10mg/支	四类烟、烤烟型
	白沙（和天下香港免税）	11mg/支	烤烟型、出口烟	白沙（元帅薄荷中美）	9mg/支	混合型、出口烟
	白沙（和天下香港有税）	11mg/支	烤烟型、出口烟	白沙（元帅浓俄罗斯）	9mg/支	混合型、出口烟
	白沙（和天下国际）	11mg/支	烤烟型、出口烟	白沙（元帅浓蓝俄罗斯）	9mg/支	混合型、出口烟
	白沙 （和天下澳门专供国警）	11mg/支	烤烟型、出口烟	白沙（元帅浓红伯利兹）	11mg/支	混合型、出口烟
	白沙（和天下澳门有税）	11mg/支	烤烟型、出口烟	白沙（元帅浓中美）	9mg/支	混合型、出口烟
	白沙（利事硬蓝）	13mg/支	烤烟型、出口烟	白沙（元帅中美6mg）	6mg/支	混合型、出口烟
	白沙（利事硬蓝印尼）	13mg/支	烤烟型、出口烟	白沙（元帅浓尼加拉瓜）	9mg/支	混合型、出口烟
	白沙（利事硬蓝康龙）	13mg/支	烤烟型、出口烟	白沙（银象薄荷南美）	13mg/支	混合型、出口烟
	白沙（利事硬混国际13）	13mg/支	混合型、出口烟	白沙（银象浓巴拿马）	13mg/支	混合型、出口烟
	白沙（利事硬混康龙6）	6mg/支	混合型、出口烟	白沙（银象浓哥斯达黎加）	13mg/支	混合型、出口烟
	白沙（利事硬混康龙13）	13mg/支	混合型、出口烟	白沙（银象浓尼加拉瓜） 彩警	13mg/支	混合型、出口烟
	白沙（利事硬薄康龙）	9mg/支	混合型、出口烟	白沙（银象浓尼加拉瓜）	13mg/支	混合型、出口烟
芙蓉王	芙蓉王（香港专供国警）	10mg/支	烤烟型、出口烟	芙蓉王（蓝香港专供国警）	10mg/支	烤烟型、出口烟
	芙蓉王（香港免税国警）	10mg/支	烤烟型、出口烟	芙蓉王（蓝香港免税国警）	10mg/支	烤烟型、出口烟
	芙蓉王（香港免税彩警1）	10mg/支	烤烟型、出口烟	芙蓉王（蓝香港免税彩警）	10mg/支	烤烟型、出口烟
	芙蓉王（香港有税彩警1）	10mg/支	烤烟型、出口烟	芙蓉王(蓝香港有税彩警1)	10mg/支	烤烟型、出口烟
	芙蓉王(澳大利亚专供)	11mg/支	烤烟型、出口烟	芙蓉王(蓝香港有税彩警2)	10mg/支	烤烟型、出口烟
	芙蓉王（澳大利亚有税）	11mg/支	烤烟型、出口烟	芙蓉王(蓝澳门有税彩警1)	10mg/支	烤烟型、出口烟
	芙蓉王（印尼专供）	11mg/支	烤烟型、出口烟	芙蓉王（蓝巴拿马专供）	10mg/支	烤烟型、出口烟
	芙蓉王（巴拿马专供）	11mg/支	烤烟型、出口烟	芙蓉王（蓝日本专供）	10mg/支	烤烟型、出口烟
	芙蓉王（阿联酋专供）	11mg/支	烤烟型、出口烟	芙蓉王（蓝台湾有税）彩警	10mg/支	烤烟型、出口烟
	芙蓉王（钻石）	8mg/支	一类烟、烤烟型	芙蓉王（蓝）	10mg/支	一类烟、烤烟型
	芙蓉王（软蓝）	8mg/支	一类烟、烤烟型	芙蓉王（软黄）	8mg/支	一类烟、烤烟型
	芙蓉王（蔚蓝星空）	8mg/支	一类烟、烤烟型	芙蓉王（硬）	11mg/支	一类烟、烤烟型
	芙蓉王（软金）	8mg/支	一类烟、烤烟型	芙蓉王（硬天源）	6mg/支	一类烟、烤烟型
	芙蓉王（硬君信）	10mg/支	一类烟、烤烟型 2014年新产品			

续表

品牌	规格	焦油量	备注	规格	焦油量	备注
芙蓉王	芙蓉王（马来西亚免税）	11mg/支	烤烟型、出口烟	芙蓉王（软蓝香港免税国警）	8mg/支	烤烟型、出口烟
	芙蓉王（新加坡专供）	11mg/支	烤烟型、出口烟	芙蓉王（软蓝香港免税彩警）	8mg/支	烤烟型、出口烟
	芙蓉王（菲律宾专供）	11mg/支	烤烟型、出口烟	芙蓉王（软蓝巴拿马专供）	8mg/支	烤烟型、出口烟
	芙蓉王（日本专供）	11mg/支	烤烟型、出口烟	芙蓉王（软蓝印尼专供）	8mg/支	烤烟型、出口烟
	芙蓉王（韩国专供）	11mg/支	烤烟型、出口烟	芙蓉王（软蓝日本专供）	8mg/支	烤烟型、出口烟
	芙蓉王（越南专供）	11mg/支	烤烟型、出口烟	芙蓉王（软蓝英国专供）	8mg/支	烤烟型、出口烟
	芙蓉王（荷兰专供）	11mg/支	烤烟型、出口烟	芙蓉王（软蓝荷兰专供）	8mg/支	烤烟型、出口烟
	芙蓉王（东帝汶专供）	11mg/支	烤烟型、出口烟	芙蓉王（软蓝法国专供）	8mg/支	烤烟型、出口烟
	芙蓉王（台湾有税彩警）	10mg/支	烤烟型、出口烟			

广东中烟工业有限责任公司

品牌	规格	焦油量	备注	规格	焦油量	备注
双喜	双喜（邮喜）	10mg/支	一类烟、烤烟型 2014年新产品	双喜（硬红1906）	10mg/支	一类烟、烤烟型
	双喜（鸿喜）	10mg/支	一类烟、烤烟型 2014年新产品	双喜（硬经典1906）	10mg/支	二类烟、烤烟型
	双喜（典藏逸品）	8mg/支	一类烟、烤烟型	双喜（传奇）	8mg/支	二类烟、烤烟型
	双喜（硬逸品）	8mg/支	一类烟、烤烟型	双喜（硬金五叶神）	11mg/支	二类烟、烤烟型
	双喜（硬世纪经典）	10mg/支	一类烟、烤烟型	双喜（软蓝红玫王）	8mg/支	二类烟、烤烟型
	双喜（盛世）	6mg/支	一类烟、烤烟型	双喜（软珍品好日子）	10mg/支	二类烟、烤烟型
	双喜（珍藏）	8mg/支	一类烟、烤烟型	双喜（硬经典）	11mg/支	三类烟、烤烟型
	双喜（典藏五叶神）	5mg/支	一类烟、烤烟型	双喜（软经典）	11mg/支	三类烟、烤烟型
	双喜（硬红逸品）	8mg/支	一类烟、烤烟型	双喜（硬）	11mg/支	三类烟、烤烟型
	双喜（软金1906）	8mg/支	一类烟、烤烟型	双喜（软）	11mg/支	三类烟、烤烟型
	双喜（软红五叶神）	11mg/支	一类烟、烤烟型	双喜（硬01）	11mg/支	三类烟、烤烟型
	双喜（硬红五叶神）	11mg/支	一类烟、烤烟型	双喜（软01）	11mg/支	三类烟、烤烟型
	双喜（硬绿五叶神）	11mg/支	一类烟、烤烟型	双喜（硬祥和好日子）	8mg/支	三类烟、烤烟型 2014年新产品
	双喜（硬蓝红玫王）	8mg/支	一类烟、烤烟型	双喜（软国际）	11mg/支	三类烟、烤烟型
	双喜（硬盛世好日子）	10mg/支	一类烟、烤烟型	双喜（硬红玫王）	8mg/支	三类烟、烤烟型
	双喜（硬金樽好日子）	11mg/支	一类烟、烤烟型	双喜（硬精品好日子）	11mg/支	三类烟、烤烟型
	双喜（软锦绣好日子）	8mg/支	一类烟、烤烟型	双喜（硬吉祥好日子）	11mg/支	三类烟、烤烟型
	双喜（软卓越好日子）	8mg/支	一类烟、烤烟型	双喜（软如意好日子）	10mg/支	三类烟、烤烟型
	双喜（硬珍品好日子）	10mg/支	一类烟、烤烟型 2014年新产品	双喜（硬阳光好日子）	8mg/支	三类烟、烤烟型
红玫	红玫（硬金）	11mg/支	四类烟、烤烟型	红玫（软）	11mg/支	五类烟、烤烟型
椰树	椰树（硬）	11mg/支	四类烟、烤烟型	椰树（软）	11mg/支	五类烟、烤烟型
羊城	羊城（硬红）	11mg/支	四类烟、混合型	羊城（软白）	11mg/支	五类烟、混合型
	羊城（软红）	11mg/支	五类烟、混合型			

广西中烟工业有限责任公司

品牌	规格	焦油量	备注	规格	焦油量	备注
真龙	真龙（巴马天成）	6mg/支	一类烟、烤烟型	真龙（轩云）	11mg/支	二类烟、烤烟型
	真龙（金韵）	11mg/支	一类烟、烤烟型	真龙（清云）	6mg/支	二类烟、烤烟型
	真龙（巴马天和）	10mg/支	一类烟、烤烟型	真龙（前程似锦）	10mg/支	二类烟、烤烟型
	真龙（神韵）	11mg/支	一类烟、烤烟型	真龙（馨云）	8mg/支	二类烟、烤烟型
	真龙（海韵）	11mg/支	一类烟、烤烟型	真龙（致青春）	8mg/支	二类烟、烤烟型
	真龙（中国龙）	8mg/支	一类烟、烤烟型	真龙（祥云）	11mg/支	二类烟、烤烟型
	真龙（真男儿）	10mg/支	一类烟、烤烟型 2014年新产品	真龙（珍品）	11mg/支	三类烟、烤烟型
	真龙（龙天下）	11mg/支	一类烟、烤烟型	真龙（福禄寿喜）	11mg/支	三类烟、烤烟型
	真龙（佳韵）	11mg/支	一类烟、烤烟型	真龙（珍品）	11mg/支	三类烟、烤烟型
	真龙（起源）	11mg/支	一类烟、烤烟型	真龙（天翔）	11mg/支	三类烟、烤烟型
	真龙（燃情时光）	8mg/支	一类烟、烤烟型 2014年新产品	真龙（甲天下）	8mg/支	三类烟、烤烟型
	真龙（鸿韵）	11mg/支	一类烟、烤烟型	真龙（软娇子）	11mg/支	三类烟、烤烟型
	真龙（一带山河）	11mg/支	一类烟、烤烟型	真龙（娇子）	11mg/支	四类烟、烤烟型
	真龙（美人香草）	6mg/支	一类烟、外香型 2014年新产品	真龙（娇子8mg）	8mg/支	四类烟、烤烟型
甲天下	甲天下（山水）	11mg/支	五类烟、烤烟型			

川渝中烟工业有限责任公司

品牌	规格	焦油量	备注	规格	焦油量	备注
娇子	娇子（传奇天子）	10mg/支	一类烟、烤烟型	娇子（软红）	10mg/支	二类烟、烤烟型
	娇子（软龙涎香）	9mg/支	一类烟、烤烟型 2014年新产品	娇子（红新概念）	10mg/支	二类烟、烤烟型
	娇子（龙韵天娇）	10mg/支	一类烟、烤烟型 2014年新产品	娇子（X星座）	6mg/支	二类烟、烤烟型
	娇子（雅韵天娇）	10mg/支	一类烟、烤烟型 2014年新产品	娇子（金沙神韵）	10mg/支	二类烟、烤烟型
	娇子（软传奇天子）	8mg/支	一类烟、烤烟型	娇子（软金沙神韵）	10mg/支	二类烟、烤烟型
	娇子（软金天娇）	10mg/支	一类烟、烤烟型	娇子（X2013）	7mg/支	二类烟、烤烟型
	娇子（红传奇天子）	10mg/支	一类烟、烤烟型	娇子（软禧缘龙凤）	10mg/支	二类烟、烤烟型 2014年新产品
	娇子（盛世天娇）	10mg/支	一类烟、烤烟型	娇子（X2）	5mg/支	二类烟、烤烟型
	娇子（软红天之娇子）	10mg/支	一类烟、烤烟型	娇子（红）	11mg/支	二类烟、烤烟型
	娇子（蓝天之娇子）	10mg/支	一类烟、烤烟型	娇子（蓝）	11mg/支	二类烟、烤烟型
	娇子（软蓝天之娇子）	10mg/支	一类烟、烤烟型	娇子（硬龙凤呈祥）	11mg/支	二类烟、烤烟型
	娇子（X生肖）	6mg/支	一类烟、烤烟型	娇子（硬龙凤经典）	11 mg/支	二类烟、烤烟型
	娇子（软黄天子）	11mg/支	一类烟、烤烟型	娇子（硬红逸品）	8mg/支	二类烟、烤烟型
	娇子（天之娇子）	8mg/支	一类烟、烤烟型	娇子（硬绿逸品）	8mg/支	二类烟、烤烟型
	娇子（黄天之娇子）	10mg/支	一类烟、烤烟型	娇子（X）	6mg/支	三类烟、烤烟型
	娇子（红天子娇子）	10mg/支	一类烟、烤烟型	娇子（新概念）	8mg/支	三类烟、烤烟型
	娇子（精品）	10mg/支	一类烟、烤烟型	娇子（时代阳光）	11mg/支	三类烟、烤烟型
	娇子（X玫瑰）	6mg/支	一类烟、烤烟型	娇子（绿时代阳光）	11mg/支	三类烟、烤烟型
	娇子（X金桂）	6mg/支	一类烟、烤烟型	娇子（硬阳光）新	11mg/支	三类烟、烤烟型

续表

品牌	规格	焦油量	备注	规格	焦油量	备注
娇子	娇子（锦绣）	11mg/支	一类烟、烤烟型	娇子（软阳光）	11mg/支	三类烟、烤烟型
	娇子（国宝）	11mg/支	一类烟、烤烟型	娇子（硬阳光100）	11mg/支	三类烟、烤烟型
	娇子（硬龙凤珍品）	11mg/支	一类烟、烤烟型	娇子（软龙凤呈祥）	11mg/支	三类烟、烤烟型
	娇子（硬功夫）	10 mg/支	一类烟、烤烟型	娇子（软龙凤魅力朝）	11mg/支	三类烟、烤烟型
	娇子（硬功夫7）	7mg/支	一类烟、烤烟型	娇子（硬龙凤喜庆）	11mg/支	三类烟、烤烟型
	娇子（硬正黄天子）	8mg/支	一类烟、烤烟型	娇子（硬龙凤喜庆新）	11mg/支	三类烟、烤烟型
	娇子（硬黄天子）	8mg/支	一类烟、烤烟型	娇子（硬龙凤世纪朝）	11mg/支	三类烟、烤烟型
天下秀	天下秀（金）	11mg/支	四类烟、烤烟型	天下秀（红）	10mg/支	五类烟、烤烟型
	天下秀（红名品）	9mg/支	四类烟、烤烟型	天下秀（软红）	10mg/支	五类烟、烤烟型
	天下秀（佳品）	11mg/支	四类烟、烤烟型			
五牛	五牛（硬金）	11mg/支	五类烟、烤烟型	五牛（硬绿新）	10mg/支	五类烟、烤烟型
	五牛（绿）（软）	10mg/支	五类烟、烤烟型			
龙凤呈祥	龙凤呈祥（佳品）	11mg/支	四类烟、烤烟型			
宏声	宏声（精品）	11mg/支	四类烟、烤烟型	宏声（软特）	11mg/支	五类烟、烤烟型
	宏声（硬特）	11mg/支	四类烟、烤烟型	宏声（硬）	11mg/支	五类烟、烤烟型

贵州中烟工业有限责任公司

品牌	规格	焦油量	备注	规格	焦油量	备注
贵烟	贵烟（国酒香30）	10mg/支	一类烟、烤烟型	贵烟（蓝色的爱）	11mg/支	一类烟、烤烟型
	贵烟（盛世）	11mg/支	一类烟、烤烟型	贵烟（5mg喜格）	5mg/支	一类烟、烤烟型
	贵烟（扁盒印第安火种）	11mg/支	一类烟、烤烟型	贵烟（国酒香玉液）	9mg/支	一类烟、烤烟型
	贵烟（小国酒香）	9mg/支	一类烟、烤烟型	贵烟（黄金方）	10mg/支	一类烟、烤烟型
	贵烟（福天下）	10mg/支	一类烟、烤烟型	贵烟（喜）	11mg/支	二类烟、烤烟型
	贵烟（福）	11mg/支	一类烟、烤烟型	贵烟（好彩）	11mg/支	二类烟、烤烟型
	贵烟（硬小国酒香）	10mg/支	一类烟、烤烟型 2014年新产品	贵烟（硬黄精品）	11mg/支	三类烟、烤烟型
	贵烟（国酒香5）	10mg/支	一类烟、烤烟型	贵烟（新贵）	11mg/支	三类烟、烤烟型 2014年新产品
	贵烟（软高遵）	11mg/支	一类烟、烤烟型	贵烟（多彩）	10mg/支	三类烟、烤烟型
	贵烟（玉液2号）	11 mg/支	一类烟、烤烟型 2014年新产品	贵烟（软多彩）	11mg/支	三类烟、烤烟型
	贵烟（硬高遵）	11 mg/支	一类烟、烤烟型			
黄果树	黄果树（佳遵）	11mg/支	三类烟、烤烟型	黄果树（长征）	11mg/支	四类烟、烤烟型
	黄果树（长征红星照耀）	11mg/支	三类烟、烤烟型	黄果树（佳品）	10mg/支	四类烟、烤烟型
	黄果树（长征1935）	11mg/支	三类烟、烤烟型	黄果树（软）	11mg/支	五类烟、烤烟型
	黄果树（蓝佳品）	10mg/支	三类烟、烤烟型			
遵义	遵义（软）	11mg/支	五类烟、烤烟型			
桫椤	桫椤（红）	11mg/支	五类烟、烤烟型			

云南中烟工业有限责任公司

品牌	规格	焦油量	备注	规格	焦油量	备注
玉溪	玉溪（软境界）	10mg/支	一类烟、烤烟型	玉溪（软小庄园）	8mg/支	一类烟、烤烟型
	玉溪（椰王）	8mg/支	一类烟、烤烟型	玉溪（软和谐）	8mg/支	一类烟、烤烟型
	玉溪（硬和谐）	10mg/支	一类烟、烤烟型	玉溪（软弘毅）	8mg/支	一类烟、烤烟型
	玉溪（硬庄园16支）	8mg/支	一类烟、烤烟型	玉溪（硬）	10mg/支	一类烟、烤烟型
	玉溪（软尚善）	10mg/支	一类烟、烤烟型	玉溪（软）	11mg/支	一类烟、烤烟型

续表

品牌	规格	焦油量	备注	规格	焦油量	备注
云烟	云烟（软礼印象）	10mg/支	一类烟、烤烟型	云烟（黄清甜香）	6mg/支	一类烟、烤烟型
	云烟（9+1大重九）	8mg/支	一类烟、烤烟型	云烟（超细支清甜香）	6mg/支	一类烟、烤烟型 2014年新产品
	云烟（5mg印象）	5mg/支	一类烟、烤烟型	云烟（软珍品）	11mg/支	一类烟、烤烟型
	云烟（94mm印象）	10mg/支	一类烟、烤烟型	云烟（软珍品zj）	11mg/支	一类烟、烤烟型
	云烟（印象烟庄）	8mg/支	一类烟、烤烟型 2014年新产品	云烟（WIN）	6mg/支	一类烟、烤烟型
	云烟（清甜香）	8mg/支	一类烟、烤烟型	云烟（小熊猫）	10mg/支	一类烟、烤烟型
	云烟（红清甜香）	8mg/支	一类烟、烤烟型	云烟（云龙）	10mg/支	二类烟、烤烟型 2014年新产品
	云烟（神秘花园）	8mg/支	一类烟、烤烟型 2014年新产品	云烟（大紫）	8mg/支	二类烟、烤烟型
	云烟（呼伦贝尔6mg）	6mg/支	一类烟、烤烟型	云烟（软苁蓉）	8mg/支	二类烟、烤烟型
	云烟（软小熊猫）	10mg/支	一类烟、烤烟型	云烟（12mg苁蓉）	11mg/支	二类烟、烤烟型
	云烟（大云）	8mg/支	一类烟、烤烟型	云烟（福）	10mg/支	三类烟、烤烟型
	云烟（绿呼伦贝尔）	11mg/支	一类烟、烤烟型	云烟（软如意）	8mg/支	三类烟、烤烟型
	云烟（软大重九）	8mg/支	一类烟、烤烟型	云烟（双龙）	10mg/支	三类烟、烤烟型
	云烟（金呼伦贝尔）	10mg/支	一类烟、烤烟型	云烟（软紫）	8mg/支	三类烟、烤烟型
	云烟（印象）	10mg/支	一类烟、烤烟型	云烟（紫）	11mg/支	三类烟、烤烟型
	云烟（软金雪莲）	10mg/支	一类烟、烤烟型	云烟（红）	10mg/支	三类烟、烤烟型
	云烟（软印象烟庄）	8mg/支	一类烟、烤烟型 2014年新产品			
红塔山	红塔山（大师）	8mg/支	一类烟、烤烟型	红塔山（软世纪）	8mg/支	三类烟、烤烟型
	红塔山（硬大经典）	8mg/支	一类烟、烤烟型	红塔山（软经典100）	8mg/支	三类烟、烤烟型
	红塔山（硬经典150）	8mg/支	二类烟、烤烟型	红塔山（硬新势力）	11mg/支	三类烟、烤烟型
	红塔山（传奇）	10mg/支	二类烟、烤烟型 2014新产品	红塔山（硬欣经典）	10mg/支	三类烟、烤烟型
	红塔山（HTS都市）	6mg/支	二类烟、烤烟型	红塔山（硬国际100）	7mg/支	三类烟、烤烟型
	红塔山（硬经典100）	11mg/支	三类烟、烤烟型	红塔山（硬世纪）	8mg/支	三类烟、烤烟型
	红塔山（软新）	8mg/支	三类烟、烤烟型			
红河	红河（道）	10mg/支	一类烟、烤烟型	红河（软88）	11mg/支	三类烟、烤烟型
	红河（硬V8）	10mg/支	一类烟、烤烟型	红河（硬66）	10mg/支	三类烟、烤烟型
	红河（软99）	8mg/支	二类烟、烤烟型	红河（硬）	11mg/支	三类烟、烤烟型
	红河（硬99）	8mg/支	二类烟、烤烟型	红河（软甲）	11mg/支	四类烟、烤烟型
	红河（硬88）	11mg/支	三类烟、烤烟型	红河（硬甲）	11mg/支	三类烟、烤烟型
	红河（小熊猫世纪风）	10mg/支	三类烟、烤烟型	红河（硬乙）	11mg/支	四类烟、烤烟型
	红河（小熊猫清和风）	10mg/支	三类烟、烤烟型			
红梅	红梅（硬春）	11mg/支	四类烟、烤烟型	红梅（硬蓝春）	11mg/支	四类烟、烤烟型
	红梅（硬黄）	10mg/支	四类烟、烤烟型	红梅（软黄）	10mg/支	四类烟、烤烟型
	红梅（软白）	11mg/支	四类烟、烤烟型	红梅（软顺）	10mg/支	五类烟、烤烟型
雪莲	雪莲（岁月）	8mg/支	一类烟、烤烟型	雪莲（蓝精品）	11mg/支	三类烟、烤烟型
	雪莲（软蓝）	10mg/支	一类烟、烤烟型	雪莲（红新品）	10mg/支	五类烟、烤烟型
	雪莲（红精品）	11mg/支	一类烟、烤烟型			

续表

品牌	规格	焦油量	备注	规格	焦油量	备注
钓鱼台	钓鱼台（硬景泰蓝94mm）	6mg/支	一类烟、烤烟型			
茶花	茶花（94mm）	8mg/支	三类烟、烤烟型			
红山茶	红山茶（软）	11mg/支	五类烟、烤烟型			
MARBLRE（马宝）	MARBLRE（GOLD）	10mg/支	混合型、出口烟	MARBLRE（FULL FLAVOR）	12mg/支	混合型、出口烟
PLAZA（天堂）	PLAZA	13mg/支	混合型、出口烟			
XINXING（新兴）	XINXING（84mm）	12mg/支	混合型、出口烟	XINXING（94mm）	12mg/支	混合型、出口烟
WEST（威斯）	威斯（硬经典）	11mg/支	许可生产	威斯（软珍享）	8mg/支	许可生产

陕西中烟工业有限责任公司

品牌	规格	焦油量	备注	规格	焦油量	备注
好猫	好猫（天赋）	8mg/支	一类烟、烤烟型	好猫（好运来）	10 mg/支	二类烟、烤烟型
	好猫（非常）	10 mg/支	一类烟、烤烟型	好猫（金延安）	11 mg/支	二类烟、烤烟型
	好猫（盛世）	10 mg/支	一类烟、烤烟型	好猫（长乐）	10 mg/支	二类烟、烤烟型 2014年新产品
	好猫（如意）	8 mg/支	一类烟、烤烟型	好猫（细支长乐）	6 mg/支	二类烟、烤烟型 2014年新产品
	好猫（吉祥）	11 mg/支	一类烟、烤烟型	好猫（步步高）	11 mg/支	三类烟、烤烟型
	好猫（炫蓝）	11 mg/支	二类烟、烤烟型	好猫（猴王磨砂）	11 mg/支	三类烟、烤烟型
猴王	猴王（金）	10mg/支	四类烟、烤烟型	猴王（软蓝）	11mg/支	五类烟、烤烟型
	猴王（软红）	11mg/支	四类烟、烤烟型			
延安	延安（红色记忆）	10mg/支	一类烟、烤烟型	延安（硬红）	10mg/支	五类烟、烤烟型
	延安（软）	10mg/支	四类烟、烤烟型			

中国烟草实业发展中心

黑龙江烟草工业有限责任公司

品牌	规格	焦油量	备注	规格	焦油量	备注
林海灵芝	林海灵芝（8mg）	8mg/支	四类烟、混合型	林海灵芝（蓝色经典）	8mg/支	四类烟、混合型
	林海灵芝（如意）	9mg/支	四类烟、烤烟型	林海灵芝（软白）	8mg/支	五类烟、混合型
哈尔滨	哈尔滨（祥和龙烟）	8mg/支	一类烟、烤烟型	哈尔滨（硬红）	8mg/支	三类烟、烤烟型
	哈尔滨（禧龙）	8mg/支	一类烟、烤烟型	哈尔滨（世纪）	8mg/支	四类烟、烤烟型
	哈尔滨（龙烟万福）	10mg/支	一类烟、烤烟型	哈尔滨（锦绣）	8mg/支	四类烟、烤烟型
	哈尔滨（龙烟金安）	10mg/支	一类烟、烤烟型	哈尔滨（软黄）	10mg/支	五类烟、烤烟型
	哈尔滨（太阳岛）	8mg/支	三类烟、烤烟型			

红塔辽宁烟草有限责任公司

品牌	规格	焦油量	备注	规格	焦油量	备注
玉溪	玉溪（软红人民大会堂）	11mg/支	一类烟、烤烟型	玉溪（人民大会堂本香）	8mg/支	一类烟、烤烟型
人民大会堂	人民大会堂（御廷□香）	6mg/支	一类烟、烤烟型	人民大会堂（红星）	8 mg/支	二类烟、烤烟型
	人民大会堂（软红出口）	11mg/支	一类烟、烤烟型	人民大会堂（硬红）	11 mg/支	二类烟、烤烟型
	人民大会堂（软红出口中免）	11mg/支	一类烟、烤烟型	人民大会堂（硬红出口）	11 mg/支	二类烟、烤烟型
	人民大会堂（缘香）	10mg/支	一类烟、烤烟型、2014 年新品	人民大会堂（硬红出口中免）	11 mg/支	二类烟、烤烟型
	人民大会堂（国典 1959）	11mg/支	二类烟、烤烟型			

吉林烟草工业有限责任公司

品牌	规格	焦油量	备注	规格	焦油量	备注
长白山	长白山（香魁）	6mg/支	一类烟、烤烟型	长白山（777）	7mg/支	二类烟、烤烟型 2014 年新产品
	长白山（高山流水）	1mg/支	一类烟、烤烟型	长白山（金人参）	10mg/支	二类烟、烤烟型
	长白山（德容天下）	3mg/支	一类烟、烤烟型	长白山（黄人参）	10mg/支	二类烟、烤烟型 2014 年新产品
	长白山（原味）	8mg/支	一类烟、烤烟型	长白山（人参）	8mg/支	二类烟、烤烟型
	长白山（5mg）	5mg/支	一类烟、烤烟型	长白山（红人参）	10mg/支	三类烟、烤烟型
	长白山（金香魁）	10mg/支	一类烟、烤烟型 2014 年新产品	长白山（软红）	8mg/支	三类烟、烤烟型
	长白山（硬神韵）	5mg/支	一类烟、烤烟型	长白山（好运）	10mg/支	三类烟、烤烟型 2014 年新产品
	长白山（神韵）	5mg/支	一类烟、烤烟型	长白山（银）	8mg/支	三类烟、烤烟型
	长白山（天韵）	6mg/支	一类烟、烤烟型	长白山（硬红）	8mg/支	三类烟、烤烟型
	长白山（揽胜）	8mg/支	一类烟、烤烟型	长白山（悦）	10mg/支	三类烟、烤烟型
	长白山（小香魁）	10mg/支	一类烟、烤烟型 2014 年新产品			

甘肃烟草工业有限责任公司

品牌	规格	焦油量	备注	规格	焦油量	备注
兰州	兰州（硬经典）	8mg/支	一类烟、烤烟型	兰州（硬珍品）	8mg/支	二类烟、烤烟型
	兰州（硬吉祥）	8mg/支	一类烟、烤烟型	兰州（硬如意）	7mg/支	三类烟、烤烟型
	兰州（16 支吉祥）	8mg/支	一类烟、烤烟型	兰州（硬精品）	6mg/支	三类烟、烤烟型
	兰州（硬飞天）	8mg/支	一类烟、烤烟型	兰州（硬蓝）	8mg/支	四类烟、烤烟型
	兰州（软飞天）	6mg/支	一类烟、烤烟型	兰州（硬黄）	8mg/支	四类烟、烤烟型
	兰州（软珍品）	8mg/支	一类烟、烤烟型	兰州（软黄）	8mg/支	四类烟、烤烟型
	兰州（丝绸之路）	8mg/支	一类烟、烤烟型	兰州（硬红）	8mg/支	五类烟、烤烟型
	兰州（桥）	6mg/支	一类烟、烤烟型 2014 年新产品			

内蒙古昆明卷烟有限责任公司

品牌	规格	焦油量	备注	规格	焦油量	备注
冬虫夏草	冬虫夏草	11mg/支	一类烟、烤烟型			

续表

品牌	规格	焦油量	备注	规格	焦油量	备注
云烟	云烟（软珍品）	11mg/支	一类烟、烤烟型	云烟（12mg 苁蓉）	11mg/支	二类烟、烤烟型
	云烟（软苁蓉）	8mg/支	二类烟、烤烟型	云烟（紫）	11mg/支	三类烟、烤烟型
	云烟（大紫）	8mg/支	二类烟、烤烟型	云烟（红）	10mg/支	三类烟、烤烟型
红河	红河（硬甲）	11mg/支	三类烟、烤烟型	红河（软甲）	11mg/支	四类烟、烤烟型
红塔山	红塔山（硬经典 100）	11mg/支	三类烟、烤烟型			
大青山	大青山（红）	10mg/支	五类烟、烤烟型	大青山（软）	10mg/支	五类烟、烤烟型

深圳烟草工业有限责任公司

品牌	规格	焦油量	备注	规格	焦油量	备注
双喜	双喜（硬盛世好日子）	10mg/支	一类烟、烤烟型	双喜（硬精品好日子）	11mg/支	三类烟、烤烟型
	双喜（软卓越好日子）	8mg/支	一类烟、烤烟型	双喜（硬阳光好日子）	10mg/支	三类烟、烤烟型
	双喜（硬金樽好日子）	11mg/支	一类烟、烤烟型	双喜（硬祥和好日子）	8mg/支	三类烟、烤烟型
	双喜（软锦绣好日子）	8mg/支	一类烟、烤烟型	双喜（硬吉祥好日子）	11mg/支	三类烟、烤烟型
	双喜（硬珍品好日子）	10mg/支	一类烟、烤烟型	双喜（软如意好日子）	10mg/支	三类烟、烤烟型
	双喜（软珍品好日子）	11mg/支	二类烟、烤烟型			

山西昆明卷烟有限责任公司

品牌	规格	焦油量	备注	规格	焦油量	备注
紫气东来	紫气东来（1928）	8mg/支	一类烟、烤烟型 2014 年新产品			
云烟	云烟（软珍）	11mg/支	一类烟、烤烟型	云烟（紫）	11mg/支	三类烟、烤烟型
	云烟（大紫）	8mg/支	二类烟、烤烟型	云烟（福）	10mg/支	三类烟、烤烟型
红河	红河（硬 66）	10mg/支	三类烟、烤烟型	红河（软甲）	11mg/支	四类烟、烤烟型
	红河（硬）	11mg/支	三类烟、烤烟型			
红塔山	红塔山（硬经典 100）	11mg/支	三类烟、烤烟型			

海南红塔卷烟有限责任公司

品牌	规格	焦油量	备注	规格	焦油量	备注
云烟	云烟（紫）	11mg/支	三类烟、烤烟型			
玉溪	玉溪（硬）	10mg/支	一类烟、烤烟型	玉溪（椰王）	8mg/支	一类烟、烤烟型 2014 年新产品
红塔山	红塔山（软经典）	11mg/支	三类烟、烤烟型	红塔山（硬经典 100）	11mg/支	三类烟、烤烟型
	红塔山（硬经典）	11mg/支	三类烟、烤烟型			
宝岛	宝岛（硬）	10mg/支	一类烟、烤烟型 2014 年新产品			
红梅	红梅（软黄）	11mg/支	四类烟、烤烟型	红梅（软顺）	10mg/支	五类烟、烤烟型
椰王	椰王（硬金）	10mg/支	一类烟、烤烟型	椰 王	11mg/支	二类烟、烤烟型

2014年在产雪茄烟品牌（规格）名录①

安徽中烟工业有限责任公司

品牌	品名	风格特征	尺寸规格②	包装规格	类别
王冠	王冠（20支）	中度浓味	88mm×9．2mm	20支装硬盒	手工雪茄
	王冠（塑10支）	中度浓味	130mm×15．3mm	10支装塑盒	手工雪茄
	王冠（原味1号）	中度浓味	130mm×14．8mm	10支装硬盒	手工雪茄
	王冠（原味塑10支）	中度浓味	130mm×14．8mm	10支装塑盒	手工雪茄
	王冠（原味9号）	中度浓味	88mm×9．2mm	10支装硬盒	手工雪茄
	王冠（原味9号塑嘴）	中度浓味	110mm×9．2mm	5支装硬盒	手工雪茄
	王冠（原味9号塑嘴十支）	中度浓味	110mm×9．2mm	10支装硬盒	手工雪茄
	王冠（原味3号）	中度浓味	110mm×9．2mm	5支装硬盒	手工雪茄
	王冠（原味9号迷你塑嘴）	中度浓味	90mm×9．2mm	10支装硬盒	手工雪茄
	王冠（原味3号铁盒）	中度浓味	110mm×9．2mm	10支装铁盒	手工雪茄
	王冠（奶香5支）	香味雪茄	80mm×7．8mm	5支装硬盒	手工雪茄
	王冠（奶香10支）	香味雪茄	80mm×7．8mm	10支装铁盒	手工雪茄
	王冠（经典8号）	中度浓味	136mm×14mm	10支装硬盒	机制雪茄
	王冠（塑2支全叶卷）	中度浓味	120mm×13mm	2支装硬盒	手工雪茄
	王冠（10支全叶卷）	中度浓味	150mm×17．8mm	10支装木盒	手工雪茄
	王冠（经典铝2支）	中度浓味	150mm×17．8mm	2支装硬盒	手工雪茄
	王冠（智者010十支）	中度浓味	150mm×20mm	10支装木盒	手工雪茄
	王冠（智者010五支）	中度浓味	158mm×20mm	5支装木盒	手工雪茄

山东中烟工业有限责任公司

品牌	品名	风格特征	尺寸规格	包装规格	类别
将军	将军（大力神）	中式	150mm×56mm	5支装纸盒礼品装	手工雪茄
	将军（战神）	中式	120mm×56mm	5支装纸盒礼品装	手工雪茄
	将军（巴哈马）	中式	90mm×25.5mm	10支装纸盒	机制雪茄
	将军（3G）	中式	100mm×28mm	10支装铁盒	机制雪茄
	将军（黑3G）	中式	71mm×27mm	20支装铁盒	机制雪茄
泰山	泰山（3Go水蜜桃）	中式	70mm×26mm	16支装纸盒	机制雪茄 2014年新产品
	泰山（3Go咖啡）	中式	98mm×28mm	10支装纸盒	机制雪茄 2014年新产品

湖北中烟工业有限责任公司

品牌	品名	风格特征	尺寸规格	包装规格	类别
三峡	三峡（MX10）	香型	84mm×7.8mm	10支装硬盒	手工雪茄
	三峡（MY10）	香型	84mm×7.8mm	10支装硬盒	手工雪茄

① 除特别说明外，收录品牌均为境内企业生产的企业自有品牌。
② 安徽中烟、湖北中烟雪茄烟尺寸规格为“长度×直径”；山东中烟、川渝中烟雪茄烟尺寸规格为“长度×周长”。

续表

品牌	品名	风格特征	尺寸规格	包装规格	类别
顺百利	顺百利（10支LP）	原味	132mm×16.2mm	10支装木盒	手工雪茄
	顺百利（3支X）	原味	132mm×13.8mm	3支装硬盒	手工雪茄
	顺百利（5支XY）	原味	105mm×12.5mm	5支装纸盒	手工雪茄
	顺百利（2支）	原味	132mm×16.2mm	2支装纸盒	手工雪茄
茂大	茂大（25支XLP）	原味	132mm×13.10mm	25支装木盒	手工雪茄
	茂大（5支XY）	原味	105mm×12.5mm	5支装纸盒	手工雪茄
	茂大（25支LP）	原味	132mm×16.2mm	25支装硬盒	手工雪茄
	茂大（世家）	原味	84mm×7.7mm	10支装硬盒	手工雪茄
	茂大（盛世）	原味	84mm×7.8mm	10支装硬盒	手工雪茄
黄鹤楼	黄鹤楼（公爵）	原味	150mm×21mm	10支装铝盒	手工雪茄 2014年新产品
	黄鹤楼（雪之景2号）	香型	84mm×5.25mm	10支装纸盒	手工雪茄 2014年新产品
	黄鹤楼（雪之景3号）	香型	88mm×7.16mm	10支装纸盒	手工雪茄 2014年新产品
	黄鹤楼（雪之景5号）	香型	84mm×7.7mm	10支装纸盒	手工雪茄 2014年新产品
	黄鹤楼（南洋伍号）	原味	88mm×8.8mm	10支装纸盒	手工雪茄 2014年新产品

川渝中烟工业有限责任公司

品牌	品名	风格特征	尺寸规格	包装规格	类别
长城	长城（导师2号）	原味、温和	130mm×53.4mm	25支装木盒	手工雪茄
	长城（2号）	原味、温和	130mm×53.4mm	5支装纸盒	手工雪茄
	长城（3号）	原味、温和、中等浓郁	150mm×50mm	5支装纸盒	手工雪茄
	长城（经典2号）	原味、中等浓郁	130mm×53.4mm	5支装纸盒	手工雪茄
	长城（经典3号）	原味、中等浓郁	150mm×50mm	5支装纸盒	手工雪茄
	长城（3支传奇1号）	原味回甜、温和	105mm×72mm	3支装木盒	手工雪茄
	长城（5支传奇1号）	原味回甜、温和	105mm×72mm	5支装木盒	手工雪茄
	长城（10支132秘制）	原味回甜、温和	110mm×47mm	10支装木盒	手工雪茄
	长城（20支132秘制）	原味回甜、温和	110mm×47mm	20支装木盒	手工雪茄
	长城（盛世3号）	中等浓郁、饱满、回甜	140mm×58mm	10支装纸盒	手工雪茄
	长城（盛世6号）	原味、温和、中等浓郁	110mm×45mm	5支装纸盒	手工雪茄
	长城（盛世5号）	中等浓郁	150mm×56mm	2支装纸盒	手工雪茄
	长城（揽胜2号精选）	原味、中等浓郁	130mm×53.4mm	10支装纸盒	手工雪茄
	长城（揽胜2号经典）	原味、中等浓郁	130mm×53.4mm	10支装纸盒	手工雪茄
	长城（汇通天下2号）	原味、中等浓郁	152mm×60mm	10支装木盒	手工雪茄
	长城（传奇3号）	原味、中等浓郁	178mm×58.7mm	5支装木盒	手工雪茄
	长城（导师3号）	原味、中等浓郁	142mm×52.3mm	10支装木盒	手工雪茄
	长城（大号铝管5支）	奶油香味、温和	160mm×55mm	5支装纸盒	机制雪茄
	长城（骑士2号）	桂香味、温和	100mm×34mm	10支装纸盒	机制雪茄

续表

品牌	品名	风格特征	尺寸规格	包装规格	类别
长城	长城（骑士3号）	香草味、温和	100mm×35mm	10支装纸盒	机制雪茄
	长城（骑士国际原味1号）	原味、温和	100mm×35mm	5支装纸盒	机制雪茄
	长城（骑士国际香草1号）	香草味、温和	100mm×35mm	5支装纸盒	机制雪茄
	长城（骑士国际原味2号）	原味、温和	100mm×35mm	10支装纸盒	机制雪茄
	长城（骑士国际香草2号）	香草味、温和	100mm×35mm	10支装纸盒	机制雪茄
	长城（金南极）	水蜜桃味、温和	120mm×34mm（带木嘴）	5支装纸盒	机制雪茄
	长城（金南极苹果）	苹果味、温和	120mm×34mm（带塑料嘴）	5支装纸盒	机制雪茄
	长城（金南极葡萄）	葡萄味、温和	120mm×34mm（带塑料嘴）	5支装纸盒	机制雪茄
	长城（迷你原味）	原味、温和	95mm×26mm	10支装铁盒	机制雪茄
	长城（迷你咖啡）	淡味、咖啡味	75mm×26mm	10支装铁盒	机制雪茄
	长城（迷你香草）	淡味、香草味	75mm×26mm	10支装铁盒	机制雪茄
	长城（迷你甜橙）	淡味、甜橙味	75mm×25.5mm	10支装铁盒	机制雪茄
	长城（迷你樱桃）	淡味、樱桃味	75mm×25.5mm	10支装铁盒	机制雪茄
	长城（迷你甜干邑）	淡味、甜干邑味	75mm×25.5mm	10支装铁盒	机制雪茄
	长城（50支迷你樱桃）	淡味、樱桃味	75mm×25.5mm	50支装纸盒	机制雪茄
	长城（迷你国际原味1号）	原味、温和	75mm×26mm	10支装铁盒	机制雪茄
	长城（迷你国际香草1号）	淡味、香草味	75mm×26mm	10支装铁盒	机制雪茄
	长城（骑士1号原味）	原味	99mm×28.6mm	10支装纸盒	机制雪茄
	长城（骑士4号原味）	原味	95mm×31.4mm	10支装纸盒	机制雪茄
	长城（迷你极光）	原味	66mm×22.6mm	16支装铁盒	机制雪茄
	长城（醇雅薄荷）	薄荷	94mm×19.5mm	18支硬盒	机制雪茄 2014年新产品
	长城（醇雅奶香）	奶香	94mm×19.5mm	18支硬盒	机制雪茄 2014年新产品
	长城（醇雅COCO）	可可	94mm×19.5mm	18支硬盒	机制雪茄 2014年新产品
	长城（132醇味）	果香、回甜	70mm×24.2mm	20支硬盒	机制雪茄 2014年新产品
	长城（天龙）	龙涎香	97mm×17mm	20支硬盒	机制雪茄 2014年新产品
	长城（丝路）	人参香	97mm×17mm	20支硬盒	机制雪茄 2014年新产品
	长城（子龙）	木香	97mm×17mm	20支硬盒	机制雪茄 2014年新产品
狮牌	狮牌（5支小号）	原味、中等浓郁	112mm×31mm	5支装纸盒	机制雪茄
	狮牌（谜你1号）	淡味、咖啡香草味	98mm×25.5mm（带嘴）	10支装纸盒	机制雪茄
	狮牌（大S）	烘烤香	84mm×24.2mm	20支硬盒	机制雪茄 2014年新产品
	狮牌（微型）	香草咖啡味	84mm×24.2mm	20支装硬盒	机制雪茄
	狮牌（草莓）	草莓味	84mm×24.2mm	20支软盒	机制雪茄
	狮牌（特香）	烟草特香味	84mm×24.2mm	20支装硬盒	机制雪茄
	狮牌（原味新版）	坚果味	84mm×24.4mm	20支装硬盒	机制雪茄
	狮牌（雄风）	原味	84mm×24.4mm	20支装硬盒	机制雪茄
	狮牌（10支完美时光）	奶茶味、温和	84mm×24.6mm	10支装硬盒	机制雪茄
	狮牌（谜你3号）	奶香草味	84mm×24.5mm	20支装硬盒	机制雪茄
工字	工字（红）	奶香草味	84mm×34mm	10支装硬盒	机制雪茄
	工字（1号）	奶香草味	84mm×34mm	10支装纸盒	机制雪茄

（编辑：李　昂）

境外卷烟生产①

威尼顿集团有限公司

【概　况】　威尼顿集团有限公司位于柬埔寨首都金边市，成立于1993年7月，由原广州卷烟一厂（现划归广东中烟工业有限责任公司）与亚细安国际有限公司共同出资组建，初始投资160万美元，其中，原广州卷烟一厂占股份的60%，亚细安国际有限公司占40%。2003年，经过利润转增资本、股权内部转让及增资，公司投资总额为1327.2万美元，其中广东中烟工业有限责任公司占股份的80%，亚细安国际有限公司占20%。截至2014年底，总资产7505万美元，其中，固定资产2958万美元、流动资产4434万美元，资产负债率为28.15%。异地技改项目于2014年底基本完成，新厂区占地面积为18.5万平方米，拥有5000千克/小时制丝线1条、高速卷烟机6台、包装机6台、成型机3台，年卷烟生产能力75亿支。公司拥有员工782人，其中中方派员52人，当地雇员730人。公司董事长：廖中浩；总经理：刘道新。

【生产经营】　2014年，公司生产卷烟58.8亿支，同比增长6.0%。销售卷烟57.68亿支，同比增长2.96%。实现销售收入6296万美元，同比增长18.35%。实现净利润761万美元，同比增长17.12%。

【品牌战略与产品介绍】　2014年，公司生产和销售涵盖高、中、低档次的卷烟品牌6个："吴哥""利是""椰树""双喜""皇冠""金宝"。

"吴哥"被誉为柬埔寨王国的国烟，年销量为0.37亿支；"利是"成为畅销柬埔寨的知名卷烟品牌，年销量为16.44亿支；"椰树"是由广东中烟授权公司在柬埔寨生产销售，逐渐发展成为另一个较为成熟的结构型支撑品牌，年销量为9.29亿支；"双喜"是由CTBAT授权公司在柬埔寨生产销售的重点培育中端品牌，年销量为0.16亿支；"金宝"和"皇冠"是覆盖柬埔寨的规模型基础品牌，两个系列产品年销量分别为26.31亿支、5.11亿支。经过多年的努力，公司逐渐构建战略统一、结构清晰、特点突出、布局合理、能满足不同消费者需求的产品体系。

根据广东中烟对公司的品牌发展定位，结合柬埔寨市场的实际情况，公司实施多品牌发展策略。细分市场方面，差异化市场定位，以"低端烟为基础，中高端烟为突破"为核心，一品一策，多品牌协同参与市场竞争。

强化高端引领。突出"吴哥"系列在高端市场的引领作用，全面启动品牌价值提升工程，注重价值维护，强化品牌展示，提升品牌形象。

实现结构转型。重点培育"利是""椰树""双喜"系列，全面拉升销售结构，以优质而快速的铺货为基础，以维护品牌良好市场状态为保证，与代理、大客户高效协同，有力提升整体品牌的结构档次。

夯实市场基础。着力做好"金宝""皇冠"系列，不断提升相对高价的低档烟的销售比重，布局上向全覆盖迈进，实现市场底座渐次抬升，全力壮大基础产品，做大总量规模。

【技术改造】　2012年2月，公司异地技术改造项目奠基，项目总体预算金额2500万美元。截至2014年底，公司异地技改项目建设基本达到公司要求的目标，实现异地技改新厂全面生产运行。土建方面，各单体建筑物施工基本完成，给水处理房、土建配套工程分别在10月、11月率先完成交工验收；制丝生产线设备在10月底完成工艺中样测试并验收合格，同时被公司列入正常生产的安排；卷接包设备完成2组硬盒卷包机及2组软盒卷包机的安装和调试，正常生产卷烟产品；动力设备及其附联设备同步配合生产的需求，均提前投入试运行，并完成项目预验收；电气工程安装和综合管线安装两大机电安装项目基本完工。

金叶卷烟厂（澳门）有限公司

【概　况】　金叶卷烟厂（澳门）有限公司位于中国澳门特别行政区，成立于1992年，初始投资2476万港元，由原广州卷烟二厂（现划归广东中烟工业有限责任公司）、中国烟草总公司广东省公司、香港永发烟草有限公司、澳门南粤（集团）有限公司共同出资组建，分别占股份的27%、20%、28%、25%。1993年，香港永发烟草有限公司将14%的股份转让给金叶（香港）烟草国际有限公司，股东变为5家。2001年，香港永发烟草有限公司、澳门南粤（集团）有限公司收回投资，股权由金叶卷烟厂（澳门）有

① 《境外卷烟生产》分目"××有限公司"和"××有限责任公司"简称"公司"。

限公司收回。经过两次股东变更，公司股东为广东中烟工业有限责任公司、中国烟草总公司广东省公司、金叶（香港）烟草国际有限公司，投资8501万港元，分别占股份的55%、26%、19%。截至2014年底，公司拥有总资产3.89亿港元，其中，固定资产0.25亿港元、流动资产3.62亿港元，资产负债率为18.92%。拥有4980平方米的厂房、200平方米的产品配送中心，有员工66人，其中广东中烟派员26人。拥有2台PROTOS卷接机和2台GD包装机，年卷烟生产能力30亿支。公司董事长：廖中浩；总经理：袁炜。

【生产经营】 2014年，公司生产卷烟13.80亿支，同比下降9.40%。销售卷烟12.33亿支，同比下降18.99%。主要市场为中国香港、中国澳门，以及越南、新加坡、南非、澳大利亚、巴拿马、秘鲁、韩国等国家。

实现销售收入2.78亿港元，同比下降12.57%。实现利润1821万港元，同比下降72.17%。

【品牌战略与产品介绍】 2014年，公司把引入新品牌作为公司发展的支撑点，引入“五叶神”品牌，生产“五叶神（硬红）”1.42亿支、“五叶神（硬金）”6391万支。在产品结构调整方面，引入“双喜（逸品）”，实现产销量1440万支，实现销售收入939万港元。

【技术改造】 公司完成CDX2包装机小包、条盒激光打码、封箱机条盒贴标、烟箱机贴标、CDX1成像检测及条玻美容器、烟支规格、残烟机等项目的改造，以及ZL27滤棒成型机吊装及调试安装验收，并购置烟支在线检测设备。

中烟国际欧洲有限公司

【概　　况】 中烟国际欧洲有限公司的英文名称S. C. CHINA TOBACCO INTERNATIONAL EUROPE COMPANY S. R. L.，简称CTIEC，企业注册地原位于罗马尼亚布泽乌县（BUZAU）巴尔斯果夫镇（PARSCOV），2013年5月30日，注册地改为罗马尼亚伊尔霍夫县（ILFOV）班德里蒙（PANDELIMON），经营范围主要为卷烟生产及销售。是中国烟草在欧洲的唯一生产基地，也是截至2014年底中国国企业在罗马尼亚投资额最大的一个合资公司。

1997年4月，由中国烟草总公司陕西省公司、原宝鸡卷烟厂（现划归陕西中烟工业有限责任公司）、原中国烟草进出口（集团）公司（现中国烟草国际有限公司）与西安丰佳科技实业发展有限公司（现为丰佳国际集团）共同出资注册成立罗马尼亚宝丰烟草公司。主要卷烟产品为“金丝猴（GOLDEN MONKEY）”和“双马（DOUBLE HORSE）”。2003年，中国烟草进出口（集团）公司（现中国烟草国际有限公司）退出，丰佳国际通过收购其股权后股份提高到50%。2007年8月公司更名为中烟国际欧洲有限公司（CHINA TOBACCO INTERNATIONAL EUROPE COMPANY S. R. L.）。2009年9月，公司完成第二轮变更的全部商业登记程序，注册资本为3000万美元，其中安徽中烟工业公司（现安徽中烟工业有限责任公司）股权为60.5%，红塔烟草（集团）有限责任公司为25%，陕西中烟工业有限责任公司为12%，外方丰佳国际集团LEMNKING为2.5%。2012年，公司接受第三轮投资975万美元，股权结构组成中，中国烟草的总股权比例达到99.24%，其中安徽中烟工业有限责任公司61.58%，红塔烟草（集团）有限责任公司25.44%，陕西中烟工业有限责任公司12.21%，外方丰佳国际集团LEMNKING 0.76%。

公司下设“一厂七部”：工厂、国际市场拓展部、境内销售部、财务部、综合管理部（法务部）、行政管理部、产品研发部。工厂占地面积为39117平方米。截至2014年底，员工175人，其中中方员工20人、罗方员工155人（包含工人112人）。截至2014年底，总资产3742万美元，其中，固定资产1169万美元，流动资产2347万美元，资产负债率为41.67%。拥有3000千克/小时叶丝线1条，1000千克/小时梗丝线1条，1000千克/小时白肋烟处理线1条，800千克/小时香料烟处理线1条，高速卷包机组4台（套）。年卷烟生产能力45亿支。公司董事长：朱建华；监事会主席：赵西纯；总经理：赵冬清。

【生产经营】 2014年，公司生产卷烟14.97亿支，自有品牌（“DUBLISS”系列和“MONKEY”系列）12.16亿支，其中，“金丝猴（GOLDEN MONKEY）”0.33亿支、“都宝（DUBAO）”0.2亿支、“都宝（D&B）”0.004亿支、“都宝（出口）”11.619亿支；委托加工“马宝（MARBLE）”1.76亿支、“BRASS”0.93亿支、“ASHIMA”0.12亿支。2014年，自有品牌在罗马尼亚本土市场销售0.9亿支，其中销售“金丝猴（GOLDEN MONKEY）”0.68亿支、“都宝（DUBAO）”0.21亿支、“都宝（D&B）”0.008亿支；出口“都宝（D&B）”12.36亿支。

实现销售收入5236万美元，上缴税金4038万美元。实现利润30万美元。

【品牌战略与产品介绍】 公司生产的自主卷烟品牌包括"DUBLISS"系列和"MONKEY"系列。其中，主导品牌"DUBLISS"根据不同区域市场，在保持统一品牌标识的前提下，采取不同的品牌表现形式：在罗马尼亚本土及欧洲周边、中东非洲市场有"D&B""DUBAO""DUBLISS"子品牌，在中国台湾及东南亚市场有"D&B""都宝"子品牌。2014年，公司主导品牌"DUBLISS"系列产品合计销售12.6亿支。

今后五年内，公司将坚持"立足本土、拓展周边、辐射中东非洲"的生产经营思路，坚持"以我为主、深度培育、做实市场"的品牌发展战略，通过品牌转换、联合、整合，力争2019年实现"DUBLISS"品牌系列产品年销售80亿支，将"DUBLISS"品牌真正打造为中东欧、独联体以及中东北非国家具有较大影响力和较强竞争力、局部区域市场处于领导者地位的中国烟草国际化品牌。

"DUBLISS"品牌作为中国烟草海外市场拓展的首推品牌之一，其市场定位为中端、中高端价位，其中，"DUBAO"作为"DUBLISS"系列的中低端子品牌，目标消费群体为中低收入消费者，所瞄准的竞争品牌为"MORE""Lucky Strike"等三大公司中低端品牌；"D&B"作为"DUBLISS"中端子品牌，目标消费群体为成熟的中等收入消费者，所瞄准的竞争品牌为"Winston""Pall Mall""CHESTERFIELD"等三大公司中端品牌；"DUBLISS"作为中高端品牌，目标消费群体为忠诚度高的中高收入消费阶层，通过持续、稳步的品牌传播和事件营销，提升品牌档次和形象，将之打造成"Parliament""Marlboro""Kent"等全球知名品牌的同台竞技者。"MONKEY"作为本土低端过渡性品牌，目标消费群体为农村集镇的低收入消费阶层，通过"低价位、高品质、广结网"的销售策略，打造分销渠道，提升企业影响力；后期逐步向"DUBAO"中低端产品过渡。

蒙古烟草有限责任公司

【概　况】 蒙古烟草有限责任公司位于蒙古国首都乌兰巴托市，成立于2001年。公司是由陕西中烟工业有限责任公司控股并与蒙古阿哈木德音呼其公司、蒙古新大陆公司、中国烟草总公司陕西省公司合资组建的卷烟加工贸易企业，注册资本137.7万美元，中方投资占51%，蒙方投资占49%。截至2014年底，公司拥有总资产1389.66万美元，其中，固定资产441.67万美元、流动资产946.18万美元，资产负债率为35.25%。公司占地面积6700平方米，员工107人，其中中方管理技术人员10人。拥有卷接包设备4台（套）。年卷烟生产能力20亿支，占蒙古国38%卷烟市场份额，位居蒙古烟草行业第一位。公司董事长：任立；总经理：李宝新。

【生产经营】 2014年，公司生产卷烟12.53亿支，同比下降0.48%，其中，生产主导品牌"红鹰"9.05亿支、重点品牌"都宝（DUBLISS）"0.57亿支。销售卷烟11.70亿支，同比增长0.34%，其中销售"红鹰"8.80亿支、"都宝（DUBLISS）"0.35亿支、"金叶丛"1.34亿支、"蒙古包"0.85亿支、"金鹰"0.14亿支、"图腾"0.01亿支，出口烟0.22亿支。公司产销量占蒙古卷烟市场份额的38%。

实现销售收入4092万美元。实现税利3280万美元，其中利润92.80万美元。

【品牌战略与产品介绍】 公司生产的卷烟品牌有"金叶丛""蒙古包""红鹰""都宝（DUBLISS）""金鹰""图腾"和"猴王"，其中，主导品牌"红鹰"市场销量连续多年居蒙古卷烟市场第一位。2014年，公司坚持"抓管理、稳渠道、调结构"的工作思路，全面推进各项工作。增加较先进的PASSIM卷烟机，又对原有包装设备进行大修与改造，加强生产组织管理，提高设备运行效率和卷烟产品质量。通过与国内卷烟工业企业合作，开发、拓展产品线，提高产品结构，新产品"图腾"于年内上市，销售147.22万支。推进卷烟销售，维护和重建卷烟销售网络，增加经销商数量，维持市场占有率。

平壤白山烟草有限责任公司

【概　况】 平壤白山烟草有限责任公司位于朝鲜平壤市龙城区，成立于2008年4月23日，是由吉林烟草工业有限责任公司与朝鲜烟草进出口商社合资组建的卷烟生产企业，投资总额为400万欧元，其中，中方以设备折价出资，股份占51%；朝方以土地、厂房等配套设施折价出资，股份占49%。截至2014年底，总资产2310.58万美元，其中，固定资产698.22万美元、流动资产1612.36万美元，资产负债率为59.71%。占地面积4940平方米，共有员工526人，其中中方人员32人。公司拥有8台MK9卷烟机组、5台MK9－5/PA8卷烟机组、7台ZB43A硬盒机组、5台SASIB软包机组、1台ZJ17卷接机组、1台ZB45硬盒机组、12台YL21/YL11滤棒成型机、3台90千克/小时薄片机组。年卷烟生产能力100亿支。公司董事长：金洪天；社长：董明哲（—2014.7）、朴永浩（2014.10—）。

【生产经营】 2014年，公司生产卷烟58.1亿支（11.62万箱），同比下降12.30%。销售卷烟63.5亿支（12.7万箱），同比增长0.80%。实现销售收入4891万美元，实现利润409万美元。

【品牌战略与产品介绍】 公司作为吉林烟草工业有限责任公司在朝鲜投资成立的主要卷烟生产企业，依托产品开发和原辅材料优势，积极培育中式卷烟，兼顾高、中、低档卷烟市场，快速扩大在朝鲜的市场份额。公司生产的主要卷烟品牌有高档烟“长白山（平壤）”，中档烟“长白山（普通江）”，低档烟“长白山（白山）”等。

大同江烟草有限公司

【概　况】 大同江烟草有限公司位于朝鲜平壤市乐浪区，成立于2000年。公司是由吉林烟草工业有限责任公司与朝鲜双林贸易会社合资组建的卷烟生产企业，投资总额为120万美元，其中中方占51%，朝方占49%。截至2014年底，公司拥有总资产714.99万美元，其中，固定资产62.76万美元、流动资产652.24万美元，资产负债率为57.43%。公司占地面积5100平方米，共有员工134人，其中中方员工9人。公司拥有2台YJ14卷烟机组、3台MK9－5/PA8卷烟机组、2台ZB41硬盒机组、1台ZB43A硬盒机组、1台YB22软包机组。年卷烟生产能力27亿支。公司董事长：金洪天；社长：吴永哲。

【生产经营】 2014年，公司生产卷烟20.05亿支（4.01万箱），同比增长29.18%。销售卷烟20.03亿支（4.01万箱），同比增长32.85%。实现销售收入1295万美元，实现利润150万美元。

【品牌战略与产品介绍】 公司充分利用朝鲜合作方的政策优势，重点开拓中、低档卷烟市场，努力将公司培育为中朝经贸合作的典范企业。生产的主要卷烟有高档烟“长白山（大同江）”，低档烟“长白山（闪电）”等。

罗先新兴烟草会社

【概　况】 罗先新兴烟草会社位于朝鲜罗先特别市，成立于2001年，是吉林烟草工业有限责任公司在朝鲜独资设立的卷烟生产企业，注册资本为305万美元。截至2014年底，公司拥有总资产865.02万美元，其中，非流动资产294.2万美元、流动资产570.82万美元，资产负债率39.89%。公司占地面积8400平方米，有员工54人，其中中方员工18人。公司拥有1台PASSIM70卷烟机组、4台MK95卷烟机组、1台ZB43A硬盒包装机组、1台FK硬盒包装机组、3台SASIB软盒包装机组、2台YB22A软盒包装机组。年卷烟年生产能力20亿支。公司董事长：金洪天；社长：金明孙。

【生产经营】 2014年，公司生产卷烟12.34亿支（2.47万箱），同比下降36.80%；销售卷烟17.01亿支（3.4万箱），同比增长33.21%。实现销售收入995.35万美元，实现利润98.25万美元。

【品牌战略与产品介绍】 公司作为吉林烟草工业有限责任公司卷烟出口加工基地，利用经济特区政策优势和独资企业的经营优势，在开拓朝鲜北部市场的同时，通过自主品牌出口、来牌加工等多种形式，开拓韩国、中东、东南亚等国际市场。生产的主要卷烟有高档烟“长白山（出口）”，中档烟“长白山（罗津）”，低档烟“长白山（丰收）”等。

老挝寮中红塔好运烟草有限公司

【概　况】 1992年，寮中好运烟草有限公司在老挝万象市成立。2008年7月28日，资产重组更名为老挝寮中红塔好运烟草有限公司，红塔集团控股61%，中国烟草总公司海南省公司持股30%，老挝因得·沙伯服装厂占股份6%，老挝D.D建筑有限公司占股份3%。2012年12月在经过第十一届股东第九次会议、第十六届董事会第五次会议后，中国烟草总公司海南省公司将所占30%股份转让给红塔集团，红塔集团占股份91%，沙湾万里进出口有限公司持股6%，老挝道沙湾投资建筑集团有限公司持股3%。截至2014年底，总资产7392万美元，其中，固定资产3740万美元、流动资产3652万美元，资产负债率为42.60%。公司占地面积为3.1万平方米，员工454人，其中中方员工74人。公司下设动力、复烤、制丝、卷接包4个车间，拥有梗叶混合制丝生产线1条、简易打叶线1条、卷包机组4台（套）、滤棒成型机2台。年卷烟生产能力60亿支。公司董事长：王勇；总经理：周应奎。

2014年，公司围绕董事会下达的有税市场销售目标，从原料落实、生产管理、技术研发、内部管理等多个方面进行配套保障工作。继续稳步推进烟叶种植工作，确保质量的同时，为卷烟生产提供原料保障；顺利完成异地技改项目，占地3.1万平方米，为云南中烟规模设施最齐全、面积最大的境外生产企业，上半年正常投入生产，产品质量和产能得到显著提升。关注结构调整和新产品研发工作，成立云南中烟技术中心老挝红塔分中心，改变烟叶原料和卷烟产品结构不平衡、产品结构过多集中于低端的局面。着重提升企业内部管理，优化工作流程、加强人力资源管理。

【生产经营】 2014年，公司生产卷烟36.44亿支（7.29万箱），同比下降2.16%；销售卷烟36.59亿支（7.32万箱），同比增长2.42%。实现卷烟销售收入5906万美元，同比下降0.72%，其中，内销烟实现销售收入2085万美元，同比增长34.98%；出口烟实现销售收入3822万美元，同比下降13.24%。

实现利润总额714.62万美元，同比下降5.97%。实现净利润571.69万美元，同比下降6.39%。

【品牌战略与产品】 2014年，公司主要生产品牌有“玉溪”“红塔山”“阿诗玛”“红梅”“恭贺新禧”等烤烟型卷烟，以及“GEM”系列混合型卷烟。“GEM”主要在老挝有税市场销售，少量在免税市场销售，结构定位为中低端产品，消费人群主要为老挝人，合法市场占有率超过35%；“玉溪”“红塔山”“阿诗玛”“红梅”品牌卷烟同时在老挝有税、免税市场以及海外市场销售，“红塔山”主要销售到越南、柬埔寨、新加坡、马来西亚，“阿诗玛”主要销售到新加坡和中东地区，“红梅”主要销售到新加坡、马来西亚、印尼、菲律宾。

2014年，生产“玉溪”346万支，销售288万支；生产“红塔山”11.63亿支，销售12.23亿支；生产“阿诗玛”2.50亿支，销售2.32亿支；生产“红梅”1.54亿支，销售1.5亿支；生产“GEM”19.72亿支，销售19.49亿支；生产“恭贺新禧”8783万支，销售8593万支。

香港红塔国际烟草有限公司

【概　况】 1992年，楚雄卷烟厂在中国香港创建控股企业雄伟（国际）烟草有限公司。1998年，国家局批准将楚雄卷烟厂的资产划转给红塔集团，同年12月9日，雄伟（国际）烟草有限公司更名为香港红塔国际烟草有限公司（简称“香港红塔公司”），红塔集团控股55%，仁恒国际投资有限公司持股30%，云南烟草国际有限公司持股15%。香港红塔公司是持有香港特别行政区香烟生产许可证的3家公司之一。截至2014年底，香港红塔公司总资产3.71亿港元，其中，固定资产1.06亿港元、流动资产2.65亿港元，资产负债率为28.47%。公司占地7440平方米（自有房产3830平方米，其余为租用），有5条卷接包生产线，2台KDF2滤棒成型机。有员工94人。年卷烟生产能力46亿支。

2014年，香港红塔公司以聚焦精益管理为牵引，以细化内部运营为抓手，立足公司境外区位优势，拓展视野、强化基础、优化资源、提升管理，强化“风险管控、组织保障、系统运作、技术创新”四个能力建设。在生产方面，以打造精益生产体系为目标，力求在现有设备空间的条件下实现多品种和高质量产品的低成本高效生产；在管理方面，外延发展积极融合国际思路，内延管控型本土化方向发展；在发展目标上，则以文化为引领，努力创出“合力、和谐”的“云南模式”，打造一流的境外精品卷烟加工基地。公司董事长：夏开元；总经理：李宁（—2014.12），张进武（2014.12—）。

【生产经营】 2014年，香港红塔公司生产卷烟46.19亿支（9.24万箱），同比增长14.64%。销售卷烟46.39亿支（9.28万箱），同比增长15.25 %。实现卷烟销售收入5.08亿港元，同比增长5.37%。实现利润总额5558万港元，同比增长3.53%。实现净利润4612万港元，同比增长3.40%。

【品牌战略与产品】 香港红塔公司主要生产云南中烟下属“两红”集团品牌，包括红塔集团的“玉溪”“红塔山”“红梅”“阿诗玛”品牌；红云红河集团的“云烟（紫）”“云烟（软珍）”等传统烤烟型品牌；另外，生产混合型口味的“MARBLE”“ESTON”“STRAND”“BRASS”“SONBONG”等品牌。产品主要销往东南亚、中东、东欧、南美等地区。

2014年，生产“红塔山”3.30亿支，销售3.36亿支；生产“玉溪”9.82亿支，销售9.87亿支；生产“阿诗玛”2.05亿支，销售2.03亿支；生产“ESTON”450万支，销售450万支；生产“BRASS”5.04亿支，销售5.1亿支；生产“STRAND”2698万支，销售2700万支；生产“MARBLE”14.48亿支，销售14.48亿支；生产“恭贺新禧”300万支，销售300万支；生产“GEM”1.55亿支，销售1.55亿支；生产“红梅”7.31亿支，销售7.35亿支；生产“云烟”2.27亿支，销售2.28亿支。

缅甸掸邦第一特区果敢卷烟厂

【概　况】　1993年，国家局批准建立缅甸掸邦第一特区果敢卷烟厂。1994年卷烟厂正式挂牌成立，位于缅甸掸邦第一特区果敢昔娥寨。注册资本430万元，其中红云红河集团股权比例为64%，天成（太平洋）有限公司股权比例为18.5%，缅甸掸邦第一特区果敢政府股权比例为17.5%。卷烟厂占地面积约10000平方米，员工28人（含集团外派人员3人）。截至2014年底，卷烟厂拥有总资产1147万元，其中，固定资产7.38万元、流动资产1140万元，资产负债率为13%。拥有国产卷烟机2台和小包机1台。卷烟厂董事长：雷海涛；厂长：罗志雄（主持工作）。

【生产经营】　卷烟厂生产经营由红云红河集团委派的经营班子负责，生产单一品牌“昔娥（70mm无嘴卷烟）”。2014年，生产卷烟1.94亿支，销售1.7亿支。实现销售收入741.8万元，实现利润0.44万元。

环球烟草有限责任公司

【概　况】　环球烟草有限责任公司成立于2013年12月1日，所在地为阿联酋富查伊拉自由区。前身为环球烟草企业，系2012年成立、由瓦达尼亚贸易有限责任公司全额控股、具有卷烟生产许可的自由区企业。2013年，浙江中烟与瓦达尼亚共同对环球烟草企业进行增资，并将其改组为环球烟草有限责任公司，作为双方合资经营的企业，主要从事卷烟生产。环球烟草有限责任公司总投资500万美元，其中瓦达尼亚占股60%（厂房设备为主300万美元），浙江中烟占股40%（两套设备200万美元）。年卷烟生产能力为60亿支。公司占地面积1万平方米，员工人数144人。截至2014年底，总资产6518万元，其中，固定资产3566万元、流动资产2952万元，资产负债率为38.4%。公司董事长：Badar Rashid Tahir Al Balooshi；总经理：Hristo Latchev。

2014年，合作双方积极谋划环球烟草二期易地技改工作，计划引进浙江中烟5000千克/小时产能制丝线，将环球烟草打造成行业在中东地区的生产平台，使其具备较全面的生产能力、一定的装备水平和生产规模，以及较现代的生产组织和管理水平。

【生产经营】　2014年，生产卷烟30.5亿支，全部为“摩登”，其中普通规格为17.2亿支，超细规格为8.6亿支，细支规格为4.7亿支。销售卷烟27.93亿支。实现卷烟销售收入11502.18万元，实现利润936.10万元。

【品牌战略与产品介绍】　环球烟草有限责任公司的发展思路是稳固伊朗市场，拓展非洲市场，恢复也门市场，扩大“摩登”销售。“摩登”品牌市场定位为中低端消费群体，主销市场为伊朗市场，主销规格为“摩登（中东EU）”。2014年新开发的产品规格有：“摩登（细支YL）”“摩登（超细YL）”“摩登（中东EU－YL）”“摩登（细支GCC）”“摩登（Q－S银）”“摩登（菲律宾）”“摩登（菲律宾H）”。

（编辑：王东旭）

烟草机械工业

烟机工业概况

2014年，全国烟草机械工业企业思想更加统一、工作更加扎实、工作思路更加明确。围绕行业对烟机发展提出的新目标、新任务、新要求，进一步完善烟机工业改革发展工作的新思路。转变工作方式，加强开拓创新，聚焦能力建设，追赶国际烟机制造公司的排头兵。

工作思路更加灵活，开拓创新能力进一步提升，加快烟机转型发展。在经济新常态下，把握烟机市场形势变化的苗头，积极做出变化调整，逐步形成“坚持稳中求进、强化创新驱动、加快转型发展”等一系列思路。以“三大中心”建设为抓手，深入推进集团化管理和系统化集成，整合、优化、利用资源，加强技术完整性研究与产品系列化工作，开发创新个性化设备，响应市场需求。

持续提升烟机制造技术水平，完善优化产品类型。2014年11月，国家局在江苏徐州组织召开“600包/分钟软盒硬条包装机组引进技术消化吸收”项目鉴定会。项目由中国烟草机械集团有限责任公司牵头，中烟机械技术中心有限责任公司、上海烟草机械有限责任公司联合承担。12月3日，国家局在许昌组织召开由中国烟草机械集团有限责任公司牵头，中烟机械技术中心有限责任公司、常德烟草机械有限责任公司共同承担的新型8000支/分钟卷接机组（ZJ118型）研发项目鉴定会，该项目集成国内外烟机发展的前沿技术及多项基础技术研究成果，研制的样机是集成创新与自主研发相结合的新一代卷接机组。

转变服务保障模式，营销服务更有成效。“大营销中心”继续完善、固化“整体营销、系统服务”工作模式。在整体营销方面，积极推动超高速卷接包机组整体营销与协同服务工作；中国烟草机械集团有限责任公司主动走访调研10家有技改需求的卷烟工业企业，提前介入技改项目，实地了解、把握、创造市场需求。与技改项目主要设计单位展开专题对接，推动双方资源互补，共同服务行业用户。

生产协调与企业管理更有成效。“大生产管理协调中心”正式建立并试运行，强化对生产计划的管控能力，初步建立中国烟草机械集团有限责任公司生产计划管理体系。加强重点产品和新产品的协同生产，完成10组国产超高速卷接包机组成线产品以及其他重点产品、新产品的生产任务，进一步提高产品质量，缩短安装调试周期。自主设计开发“生产数据采集分析系统”并投入试运行，实现对企业生产过程的实时跟踪监控。引入精益管理理念、贯彻精益思想，推动企业精益管理水平不断提高。

规范运行，优化模式，农机供应服务水平进一步提高。2014年，中国烟草机械集团有限责任公司立足服务支撑保障，主动与烟叶公司、各省局（公司）及烟叶产区地市公司沟通协调，进一步规范运行，强化产品质量管理，采取按省集中统一签订供应合同，优化组织供应模式，缩短采购周期，提高模式运行效率，完成国家局下达的烤房装烟器具供应任务，烟叶田间移栽机项目取得突破性进展。

深入推动设备管理精益化。中国烟草机械集团有限责任公司制订并发布《卷烟工业企业设备管理精益化指导意见》，明确精益化的目标和主要措施，采取综合技术经济管理措施，系统化推进设备管理精益化的各项工作，实现设备运行综合价值最大化。高效推进行业设备管理信息系统建设，完成系统的软件设计与开发、试点企业的测试应用、培训，对系统进行全面检验和设计优化，总结出一套科学、适用、有效的行业推广模式。深化设备管理专题研究，完成“卷烟工厂设备状态监控”“卷烟工厂设备健康管理”等两个专题结题，为设备状态管理、设备健康管理提供可操作的管理工具，为科学管理提供方法。

持续完善烟机零配件和大修管理体系。推进落实零配件仓储管理系统建设，加强零配件仓储管理效率，梳理并完善管理工作中涉及的相关工作流程。中国烟草零配件交易监管网运行稳定，2014年实现交易16.64亿元，月均成交1.38亿元。完成“中国烟草总公司烟草专用机械大修项修改造信息管理系统”运行工作的一期建设，并如期上线运行。

进一步加强烟机各类人才队伍建设。中国烟草机械集团有限责任公司开展第一届先进集体和个人推荐评选工作。5月，在湖南大学举办烟草机械产品设计与生产管理人员研修班，10月举办中国烟草机械集团有限责任公司智慧装备与智能工厂高级研讨班，加强人才队伍培训力度，提高整体素质水平。

截至2014年底，全国烟草专用机械持证生产企业有33家。

中国烟草机械集团有限责任公司

【概　况】 中国烟草机械集团有限责任公司（简称集团公司）组建于1999年，由中国烟草总公司、上海烟草集团和中国烟草总公司云南省公司、山东省公司、河南省公司共同出资组建，是烟草行业内第一家按现代企业制度框架组建的专业化集团公司。后经股权变更，集团公司由中国烟草总公司控股，上海烟草集团及云南中烟、山东中烟、河南中烟等4家工业公司参股。2008年，经中国烟草总公司批准（中烟办〔2008〕305号），集团公司新增湖南中烟、湖北中烟、江苏中烟、安徽中烟、广东中烟等5家股东。增资扩股后，中国烟草总公司股权比例占67%，上海烟草集团占5%，云南中烟、河南中烟、山东中烟、湖南中烟、湖北中烟、江苏中烟、安徽中烟、广东中烟分别占3.5%。集团公司是中国烟机工业核心企业，对全国烟草专用机械的生产经营担负一定的行业管理职能。2011年，中国烟草总公司对集团公司增加投资10亿元（中烟办〔2011〕178号），总公司所占股权比例增至74.69%，上海烟草集团股权比例占3.87%，云南中烟、河南中烟、山东中烟、湖南中烟、湖北中烟、江苏中烟、安徽中烟、广东中烟分别占2.68%。

集团公司下辖7家控股企业，包括上海烟草机械有限责任公司、常德烟草机械有限责任公司、许昌烟草机械有限责任公司、秦皇岛烟草机械有限责任公司等4家烟机生产企业，北京达特集成技术有限责任公司、中烟烟机零配件采购服务中心有限责任公司2家专业公司，以及设在上海专门从事烟机产品开发的中烟机械技术中心有限责任公司。同时，集团公司持有云南烟草机械有限责任公司30%的股份。集团公司本部下设8个部门。

截至2014年底，集团公司资产总额123.22亿元，负债总额36.30亿元，所有者权益总额86.92亿元。

【领导机构】

董事会

董事长：王建法

副董事长：周永森

董　　事：于明芳、曲　伟、顾　波、朱怡聆（—2014.12）、刘青文（2014.12—）、杨志忠、郑则豪、吴　俊、俞惠梅、卢安宁、林孟昌、李捍红（职工董事，—2014.12）、齐　琳（职工董事，2014.12—）

财务负责人：沈云龙

监事会

主　席：张书东

监　事：王玉麟、陈俊奎（职工监事）

班子成员

总经理、党组书记：王建法

副总经理、党组成员：于明芳

副总经理、党组成员：沈云龙

副总经理、党组成员：曲　伟

纪检组长、党组成员：吴　伟（2014.11—）

享受公司副职待遇：付　嘉、胡淼炯、郭冬青、张彦岭

副巡视员：凌卫民

副巡视员：赵美燕

副巡视员：廖默然

【生产经营】　2014 年，中国烟草机械集团有限责任公司实现营业收入 65.26 亿元，同比下降 4.13%；实现税利 13.09 亿元，同比增长 5.47%；实现利润 9.16 亿元，同比增长 8.15%。

2014 年，集团公司四家控股生产企业实现销售收入 47.78 亿元，同比下降 0.75%，其中，实现整机销售收入 34.93 亿元，同比下降 4.26%。实现大修收入 5.73 亿元，同比增长 39.39%。实现零配件业务收入 6.78 亿元，同比下降 7.67%。烟机出口实现 3251.9 万元，同比下降 69.46%。

【产品介绍】　2014 年，集团公司主要产品有：7000 支/分钟、8000 支/分钟、10000 支/分钟、16000 支/分钟卷接机组；400 包/分钟软盒硬条包装机组、400 包/分钟硬盒硬条包装机组、550 包/分钟硬盒硬条包装机组、800 包/分钟硬盒硬条包装机组；400 米/分钟和 600 米/分钟纤维滤棒成型机组；卷烟储存输送系统；滤棒储存输送装置；制丝生产线；打叶复烤线、二氧化碳膨胀烟丝生产线等。

【技术创新】　重大科技专项。2014 年 11 月，“600 包/分钟软盒硬条包装机组引进技术消化吸收”（ZB28 型）项目样机在江苏徐州通过国家局鉴定，技术性能指标达到进口同类机型 X6S 水平，填补国产高速软盒包装设备的空白，实现国产软盒包装机组由中速向高速发展的跨越。12 月，“新型 8000 支/分钟卷接机组研制”（ZJ118 型）项目样机在许昌通过国家局鉴定，项目集成国内外烟机发展的前沿技术及多项基础技术研究成果，是依靠自身技术积累、集成创新研发的一款全新的卷接机组，是集成创新与自主创新相结合的典范。

技术交流与合作。深化技术合作与交流，1000 米/分钟 DF10 滤棒成型机组、600 米/分钟 KDF4 滤棒成型机组技术转让工作顺利开展，具备鉴定条件。与德国 HAUNI（虹霓）公司联合研发柔性叶片松散回潮系统运行情况良好，各项指标均达到设计目标。推进 M5 卷接机组的合作生产，与德国 HAUNI（虹霓）公司继续 M5 卷接机组合作生产洽谈。2 月，与意大利 COMAS 公司签署《新型立式加料设备联合研发协议》，正式启动新型立式加料设备的联合研发。5 月，与美国门泽费斯本公司签署《高速预压打包设备技术合作备忘录》，就预压打包设备开展合作生产。11 月，与 FOCKE 公司致力于建立战略合作伙伴关系，在市场开拓、生产制造和技术研发三个领域的合作进行深入探讨。与 ITM 公司就睿思复合滤棒成型机、土星先进先出卷包连接设备以及滤棒库等产品技术交流与全面技术合作探讨。

【“三大中心”建设】　“大技术中心”建设。探索研究、制订并发布《技术中心技术委员会组织架构及职责》《科技项目管理办法》《科技项目预算管理办法》《人员异地工作管理规定》等四项制度，初步建立符合分中心工作模式的相关运行机制，加强“大技术中心”体系下科技研发项目的全过程监督管理。制定《集团公司标准件及外购件编码和技术资料管理方案》，推进“异地协同并行研发设计平台项目”建设。

“大营销中心”建设。营销服务卓有成效。继续完善、固化“整体营销、系统服务”的工作模式。在整体营销方面，针对有技改需求的卷烟工业企业开展专项调研，走访卷烟企业，提前介入技改项目，实地了解市场需求，主动做到“产品上门、服务上门”。与设计单位开展专题对接，探索服务保障工作前移的有效途径，推动双方资源互补，共同服务行业用户。在系统服务方面，协调上海、常德、许昌烟机，顺利完成河南中烟新郑州卷烟厂、许昌卷烟厂“三厂两地”搬迁项目，搬迁各类设备 314 台（套），改造 95 台（套），翻新 179 台（套），实现零安全事故、零设备损坏、零质量事故的优异成绩，为河南中烟黄金叶生产制造中心、许昌卷烟厂的顺利复产作出积极贡献。项目的顺利完成既取得直接经济效益，打造新的经济增长点，更是集团公司首次集合所属企业力量完成的一项交钥匙工程，体现专业化、标准化、集成化的系统解决方案的有效实施，为下一步在全行业推广系统集成的服务新模式

总结经验、扩大影响、奠定基础。

“大生产管理协调中心”建设。2014年度指令性生产计划和指导性生产计划得到有效落实，生产计划顺利完成。对集团公司控股生产企业生产制造能力的现状、问题、趋势和发展方向进行分析和梳理，明确下一步提升制造能力的具体措施和要求。建设并试运行集团公司生产数据采集分析系统，逐步完善、拓展新的管理模块。制定《中国烟草机械集团有限责任公司生产管理协调中心运行管理办法》《生产计划管理办法》《生产数据采集分析系统数据采集规则》《中国烟草机械集团有限责任公司关于推进企业精益管理的指导意见》，对集团公司生产管理协调中心的职能、集团公司生产计划的管理、生产数据采集分析系统的建设和集团公司推进精益管理工作进行明确。开展集团公司大宗生产物资采购管理和精益设备管理调研，为推进集团公司大宗生产性物资采购和精益设备管理奠定基础。

【设备管理与服务保障】 行业设备管理。2014年，集团公司制定并发布《卷烟工业企业设备管理精益化指导意见》，明确精益化的目标和主要措施。高效推进行业设备管理信息系统建设，完成系统的软件设计与开发、试点企业的测试应用、培训，对系统进行全面检验和设计优化，总结出一套科学、适用、有效的行业推广模式。召开推广实施现场会，明确行业设备管理信息系统的建设任务，确定推广工作时间计划，为项目在全行业的部署打下扎实的基础。印发《2014年卷烟工业企业设备管理对标工作方案》，用对标来客观评价设备管理工作、发现差距和不足、提出改进措施，促进设备管理水平的提升。深化设备管理专题研究，完成“卷烟工厂设备状态监控”“卷烟工厂设备健康管理”等两个专题结题，为设备状态管理、设备健康管理提供可操作的管理工具，为科学管理提供方法。

烟草农机专项工作。立足服务支撑保障，积极沟通协调，注重规范运行，强化质量管理，按省集中统一签订供应合同，优化组织供应模式，完成全国53750座烤房装烟器具的供应任务，涉及全国15个省（区、市）52个地市公司81个基地单元。发挥优势，重点攻关，在自主研发的基础上，分别衍生出自行式汽油膜上、膜下、井窖3种移栽机，自行式电动移栽机3种，以及龙门式履带多功能植保车等7种机型；重点针对烤房配套辅助设备，推出单体烟夹提升机、烤房整体提升机、烤房余热回收等装置，为有效降低烟农劳动强度，节约烟叶烘烤成本，作出积极探索。

烟机零配件与大修管理。根据烟草机械零配件管理工作的规范要求，梳理并完善管理工作中涉及的相关工作流程。完成中国烟草总公司烟草专用机械大修项修改造信息管理系统运行工作的一期建设，并如期上线运行，录入行业设备台账9333台（套），1170个项目。行业烟草专用机械大修项修改造信息化管理框架基本形成。

【国际业务市场拓展】 按照“走出去”战略要求，加快烟机工业“走出去”步伐，在符合国家、行业的相关规定和整体战略的前提下，拓展国际市场，选取重点区域进行业务推广，选取重点客户进行针对性的售后服务。加强合作代理，拓宽烟机出口渠道，完善烟机出口档案库和国际业务流程。组织各控股企业调研论证、重新界定出口受限制国家和地区的可行性；组织控股企业与中烟国际探讨、研究、协商突破烟机出口业务瓶颈的方法与可行性，梳理烟机国际业务流程；组织完成国际客户信息库搭建与应用，进行国际市场产品宣传资料的整理升级。为贯彻落实“走出去”战略，扩大中国烟机的影响力，在国际市场上宣传“中烟机械”品牌，集团公司2014年启动参加2015年英国伦敦国际烟草博览会的各项准备工作。

所属企业

上海烟草机械有限责任公司

【概　况】 上海烟草机械有限责任公司（简称上海烟机）前身为始创于1952年的上海烟草公司机械厂。1959年更名为上海轻工业机械制造厂；1970年更名为上海烟草工业机械厂，公司是中国第一家烟草机械专业生产企业；1999年成为中烟机械集团公司控股企业；2002年改制更名为上海烟草机械有限责任公司。下辖上海烟草机械新场铸造有限责任公司、上海中臣烟草机械配件有限责任公司、上海中臣烟草数控技术有限公司、上海英国莫林斯烟草机械零备件寄售站有限公司以及上海烟机综合生活服务部等5家企业。截至2014年底，总资产30.34亿元，其中，固定资产5.54亿元、流动资产21.5亿元，资产负债率为29.33%。从业人员1112人。公司董事长、总经理、党委副书记：胡森炯；党委书记：王志祥（—2014.4）、郭宏斌（2014.4—）。

【生产经营】 2014年，上海烟草机械有限责任公司整机共出产57台，销售54台。实现工业总产值14.26亿元，实现工业增加值7.01亿元。产品销售收入14.38亿元，出口销售收入932万元。实现税利1.78亿元，其中利润1.0亿元。公司三项费用率为18.8%，万元产值综合能耗为8.32千克标煤。

【品牌战略与主要产品】 2014 年，主要产品有 ZB45 型硬盒硬条包装机组、ZB25 型软盒硬条包装机组、ZB47 型硬盒硬条包装机组、ZB48 型硬盒硬条包装机组及 ZB28 型软盒硬条包装机组。公司服务品牌为“中臣”。

【技术创新】 2014 年 11 月，600 包/分钟软盒高速包装机组引进技术消化吸收项目（ZB28 型机组）在徐州顺利通过国家局鉴定，填补国产高速软盒包装设备的空白，实现国产软盒包装机组由中速向高速发展的跨越，标志着中国烟草机械技术发展的又一次重大突破。ZB48 型超高速包装机组通过中烟机械集团公司小批量试制鉴定，标志着进入规模化生产阶段。

初步搭建 Windchill 系统平台，实现二维设计向三维设计的转换；推进超高速卷接包机组重大专项第二阶段任务，主机四个课题完成试验，辅机项目按计划有序推进；根据国内用户需求自主开发的超高速包装机硬条与条外透明纸系统和 YB618 型包装机金拉线反向功能等在多组在线设备进行调试验证。

积极响应市场需求，利用成熟技术平台，合理配置技术资源，完成细支双排、八角、独立条透、五包平装、两列五包堆叠等高难度的异型包装设备开发，并通过新机改制和大修改造等生产组织方式缩短供货周期，满足用户急需。细支烟设备涉及 10 余种规格，有效形成系列化，打破进口烟机在该领域的垄断局面，实现与进口设备的、同台竞技，为行业 2014 年细支烟的快速发展提供切实有效的支撑保障。

2014 年，获得发明专利授权 2 项，获得实用新型专利授权 12 项，新申请发明专利 2 项和实用新型专利 5 项。

【技术改造】 数字化制造基地。完成 1 号厂房主体钢结构施工，2 号厂房实现建筑结构封顶，立足打造国产烟机数字化样板工厂，系统规划新厂区基础数据、业务流程、物流模式、信息化系统和运行模式等，开展机加工零件技术路线、工艺优化和试制，实施 ZB48 型机组柔性装配 BOM 编制、实物装配验证和三维可视化装配工艺制作。

【特事要辑】 6 月 27 日，国家局总会计师张玉霞一行到上海烟机调研。

常德烟草机械有限责任公司

【概　况】 常德烟草机械有限责任公司（简称常德烟机）成立于 1969 年，1999 年完成公司制改造，地址位于湖南省常德市武陵区长庚路 99 号，是中国最早从事烟草机械产品研发和生产制造的企业之一，下辖常德烟机配件经销服务有限责任公司、常德金叶机械有限责任公司、常德旺达物业服务有限责任公司（分别简称“配件公司”“金叶公司”“旺达公司”）。截至 2014 年底，公司总资产 19.59 亿元，其中，固定资产 2.90 亿元、流动资产 14.31 亿元，资产负债率为 14.33%。有从业人员 1127 人。公司董事长、总经理：周诗伟；党委书记：秦继玉。

【生产经营】 2014 年，常德烟机生产烟草机械整机 150 台（套），其中，烟机整机 122 台（套），烟机大修 28 台（套）；销售烟草机械整机 146 台（套），其中，烟机整机 119 台（套），烟机大修 27 台（套）。实现工业总产值 15.61 亿元，工业增加值 6.1 亿元。产品销售收入 14.42 亿元，出口实现销售收入 990 万元。实现税利 2.86 亿元，其中利润 2.19 亿元。公司三项费用率为 19.09%，万元产值综合能耗为 10 千克标煤。

【产品介绍】 主要产品包括 ZJ116 型卷接机组、ZJ118 型卷接机组、ZJ112 型卷接机组、ZJ17 型卷接机组、YF27B 型滤棒气力输送系统、FY113 型废烟支处理机、YF13 型卷烟储存输送系统、YF14 型卷烟储存输送系统、YF171A 型滤棒储存输送装置、ZL26A 型纤维滤棒成型机组、YF26A 型滤棒接收装置、YF26B 型滤棒接收装置、LOGA Ⅱ 机改造。

【技术创新】 2014 年 9 月，ZJ116 型卷接机组通过小批试制鉴定，标志着该产品从小批试制阶段正式转入批量生产阶段，该产品升级改造项目得到稳步推进，机械部分已完成降噪、废烟收集装置等 4 项设计改进和验证，电气部分改进进展顺利。公司自主研发的 ZJ118 机组于 12 月 4 日通过国家局组织的样机鉴定，有效作业率达到 97.52%，整体技术性能指标达到中速卷接机组国际先进水平。具有自主知识产权的新型 12000 支/分钟卷接机组总体技术方案通过专家评审。自主研制的 ZJ112 型细烟支卷接机组和具有国内领先水平的 YF27C 型滤棒气力输送装置样机均已在客户处试用。

2014 年，公司申请专利 9 项，其中发明专利 4 项。获得专利授权 8 项，其中发明专利 3 项。

【技术改造】 2014 年，“超高速、高速卷接机组技术改造及厂区扩建项目”工程建设接近尾声，进入项目验收准备阶段。3 号、4 号联合厂房、地下车库、1 号联合站房、新购的 18 台（套）工艺装备陆续投入使用。

许昌烟草机械有限责任公司

【概　况】 许昌烟草机械有限责任公司（简称许昌烟机）位于河南省许昌市，于1958年经国家经济委员会批准创建，1965年划归中国烟草工业公司管理，1969年划归国家轻工部管理，1987年划归中国烟草总公司管理，1999年划归中国烟草机械集团有限责任公司，2002年改制更名为许昌烟草机械有限责任公司。下辖许昌富思特烟机配件有限公司1个全资子公司。截至2014年底，总资产14.85亿元，其中，固定资产3.8亿元、流动资产8.8亿元，资产负债率为33.05%。从业人员1241人，其中在岗员工1139人。公司董事长、党委书记：张彦岭；总经理、党委副书记：董秀明。

【生产经营】 2014年，许昌烟机生产烟机产品308台，销售烟机产品305台。实现工业总产值6.48亿元，工业增加值2.45亿元。实现销售收入7.57亿元，出口销售收入215万美元。实现税利1.1亿元，利润0.82亿元。公司三项费用率为25.77%，万元产值综合能耗为21.6千克标煤。

【产品介绍】 2014年，产品主要为三大类。滤棒成型类产品：ZL26C型纤维滤棒成型机组，ZL27型滤棒成型机，ZL22D型滤棒成型机，YL43型复合滤棒成型机组，ZL41型复合滤棒成型机组。辅联物流类产品：ZF12B型卷烟储存输送系统，YF17型卷烟储存输送装置，ZF25型滤棒自动发射与接收装置，YF71型盘纸自动更换机，YF611型条盒储存输送系统，YF611A型条盒输送系统，YF63型盒包储存输送系统，YF172型滤棒固化储存输送装置，FY114型废烟处理机，FY36型废烟处理机，FY115型废烟支处理机，YP19装封箱机，YJ36滤棒装盒机。卷接类产品：ZJ19B、ZJ15、ZJ114型卷接机组。

【技术创新】 2014年10—12月，ZL29型纤维滤棒成型机组（AF－KDF4转化）、ZL28型纤维滤棒成型机组（DF10转化）技术吸收项目样机试制完成并顺利出厂。ZJ19B综合技术改进项目在铜仁卷烟厂通过样机交验验收。YF712/713包装机组物料站技术引进试制项目样机在昆明卷烟厂、济南卷烟厂通过样机交验验收。YF17A卷烟储存输送装置新产品样机在芜湖、大理卷烟厂通过样机交验验收。YF72卷接机组物料站项目在红河卷烟厂通过样机交验验收。2014年，获得实用新型专利授权5项。

【技术改造】 2014年，易地技改项目主要建筑主体工程完工，进口设备及公用设备到货并进行安装调试，厂房进入室内安装阶段。公司于11月开始大型加工设备的搬迁，12月进行整体搬迁。2014年，技改项目公开招标13项。截至年底，易地技改项目计划公开招标的63个项目全部完成，招标总额共计4.01亿元。

【对外交流与合作】 6月19日至24日，德国虹霓公司指派质检员Harald先生对公司试制的两组ZL29纤维滤棒成型机组（国外型号为KDF4纤维滤棒成型机组）样机进行现场检验，样机主要指标全部合格，顺利通过验收。该机型是继ZL28纤维滤棒成型机组样机之后又一个通过公司内部验收的拳头产品，对公司未来发展具有重要的意义。

秦皇岛烟草机械有限责任公司

【概　况】 秦皇岛烟草机械有限责任公司（简称秦皇岛烟机）最初为中国轻工业机械总公司秦皇岛轻工业机械厂，1989年4月划归中国烟草总公司管理，更名为中国烟草总公司秦皇岛烟草工业机械厂，2002年3月组建秦皇岛烟草机械有限责任公司。下辖秦皇岛弘和机械有限责任公司、秦皇岛金叶物流有限责任公司2家企业。公司本部下设18个部门。截至2014年底，公司拥有总资产13.65亿元，其中，固定资产3.75亿元、流动资产8.60亿元，资产负债率28.97%。从业人员1125人（含辅业公司）。公司董事长、总经理、党委副书记：郭冬青；党委书记：赵德玉。

【生产经营】 2014年，秦皇岛烟机生产烟草机械整机1441台（套），销售烟草机械整机1508台（套）。实现工业总产值9.17亿元，工业增加值2.72亿元。产品销售收入9.45亿元。实现税利1.83亿元，其中利润1.09亿元。公司三项费用率为19.28%，万元产值综合能耗为21.72千克标煤。

【主要产品】 主要产品包括制丝产品、打叶复烤产品、二氧化碳膨胀烟丝产品。制丝产品：SB155白肋烟烘干机、KLD滚筒式烘丝机（虹霓合作设备）、WF3216（WQ3212）型滚筒式叶丝回潮机、SH35C（SH35E）型滚筒管板式烘丝机、TSV垂直切片机（虹霓合作设备）、SIROX膨胀单元（虹霓合作设备）、KAS加料滚筒（虹霓合作设备）、FLT加香机（虹霓合作设备）、TB松散回潮（虹霓合作设备）、

SJ16D（SJ11D）型加料机、SJ23C（SJ293A）加香机、SY222A型压梗机、FT6311机械式垂直分切机、WQ3114E（F）型滚筒式叶片回潮机、WQ711A/WQ712A隧道式叶丝回潮机、SJ14C型加料机、WQ3122型滚筒式叶片回潮机、TOBSPIN切丝机（虹霓合作设备）、FJ51A型振动滑槽、WQ52A型刮板式烟梗回潮机、SQ36X型切丝机及配套电气控制系统等。打叶复烤产品：KG236C型叶片复烤机、KG325A型烟梗复烤机、KG431D碎片干燥机、KG278型叶片复烤机、AW9469卧分卧式打叶机、AW941卧分卧式打叶机及配套电气控制系统。二氧化碳膨胀烟丝产品：SP66型升华装置、SP26型浸渍装置、WQ396型滚筒式叶丝回潮机、SP27型浸渍装置、SP67型升华装置、WQ397型滚筒式叶丝回潮机及配套电气控制系统等。

【技术创新】 *产品立项*。在中国烟草总公司立项“1000千克/小时烟叶水洗处理工艺技术研究与设备研制项目”“基于散叶收购模式下打叶复烤新工艺及装备研制项目”；在中烟机械集团公司立项“500千克/小时雪茄烟生产线设备研制”“隧道式烟丝回潮工艺及设备研究”“中式打叶复烤工艺及关键设备研究与技术集成”；在重点实验室立项“直料管式加香设备研制”“烟片真空松散回潮系统研究”“风抛式风分器技术优化研究”。

申请专利情况。2014年，有48项实用新型专利获得国家知识产权局授权，此外有3项发明专利得到受理。

新产品结题。2014年7月29—30日，“移动式箱内片烟密度偏差率检测仪研制”“高温气流式烟丝干燥系统的研究”“16000千克/小时烟片复烤机研制”“基于机器视觉技术的烟叶分级色度指标检测原理研究”“复烤线叶片湿团检测剔除系统的研制”“SD5切丝机引进技术消化吸收国产化”等6个项目通过集团公司组织的新产品验收。2014年12月24日，SIROX膨胀装置的国产化研制、总体设计平台开发2个项目通过秦皇岛烟机组织的新产品结题。

【对外交流与合作】 1月7日，德国虹霓机械制造股份公司董事长索姆（Somm）来访，并就流程优化、技术转让、关键件本地化、合作产品用户验收、加强联合研发工作等问题进行讨论。5月22日，荷兰CE公司代表艾瑞克·德·威尔德一行来访，与秦皇岛烟机举行光电除杂技术合作洽谈会，双方就合作条款及相关细节进行商谈，达成一致意见，并形成合作协议文本草案。

中烟机械技术中心有限责任公司

【概　况】 中烟机械技术中心有限责任公司（简称技术中心）成立于1999年。2012年11月，国家局批复同意技术中心成为中国烟草机械集团有限责任公司的全资子公司，上海、常德、许昌、秦皇岛烟草机械有限责任公司等4家烟机生产企业所持有的中烟机械技术中心的股权无偿划转给集团公司。主要职责是负责国产烟机研发与设计。技术中心本部下设8个部门。截至2014年底，总资产2.98亿元，其中，固定资产1.01亿元、流动资产1.97亿元，资产负债率为3.59%。在岗员工84人。公司执行董事：曲伟；总经理、党总支书记：杜国锋。

【生产经营】 2014年，技术中心实现营业收入4893万元，实现利润321万元，其中技术使用费收入347万元，技术研发收入4538万元。公司三项费用率为21.62%。

【技术创新】 2014年，技术中心承担15个科研项目，其中国家局科研项目11个、集团公司科研项目4个，其中，“600包/分钟软盒硬条包装机组引进技术消化吸收”项目于2014年11月18日通过国家局鉴定。机组样机的成功研制填补国产高速软盒包装设备的空白，实现国产软盒包装机组由中速向高速发展的跨越，是我国烟草行业烟机技术发展的又一次重大突破。

2014年，技术中心申报专利8项，获得授权专利6项，其中发明专利3项。发表13篇论文，其中有8篇论文发表在核心期刊。

【大技术中心建设】 为有效整合技术研发、人才配置、科研经费等资源，建立统一的项目管理办法和研发项目评价决策机制，技术中心制定印发《大技术中心人员异地工作管理规定》《大技术中心科技项目管理办法》《大技术中心2014年度绩效考核管理办法》《大技术中心技术委员会组织架构及职责》等规章制度。

北京达特集成技术有限责任公司

【概　况】 北京达特集成技术有限责任公司（简称达特公司）成立于1998年3月，原名北京达特膨胀烟丝成套设备工程有限责任公司。2002年10月，更名为北京达特烟草成套设备技术开发有限责任公司。2013年2月，更名为北京达特集成技术有限责任公司。公司由中国烟草机械集团有限责任公司、五洲工程设计有限公司、秦皇岛烟草机械有限责任公司共同投资组建，2013 年 11 月，公司注册资本增至 2000 万元。公司集科、工、贸于一体，实施机、光、电、控一体化的成套设备工程，并承揽烟草工、商物流设计（咨询）与集成业务。公司本部下设 10 个部门。截至 2014 年底，总资产 5.58 亿元，其中，固定资产 366.87 万元、流动资产 5.53 亿元，资产负债率为 81.48%。从业人员 97 人，全部为在岗员工。公司董事长：凌卫民；总经理：于忠泉；党支部书记、副总经理、总工程师：尉培旭。

【生产经营】 2014 年，达特公司膨胀烟丝系统集成、制丝线管控一体化及物流系统集成三项主业稳发展，烟草农业机械业务有了较快增长。2014 年，达特公司实现营业收入 7.51 亿元，同比增长 70.56%；实现利润 8260.9 万元，同比增长 76.33%。

【主要产品】 主要产品包括二氧化碳膨胀烟丝生产线系统集成，膨胀烟丝生产线热风装置 SP91，物流系统咨询与系统集成，制丝线设备控制与系统集成，烟草农用机械。

【技术创新】 2014 年，达特公司进行的科技开发项目 19 项，其中续研项目 3 项（公司级），新项目 16 项（其中集团公司级 3 项，公司级 13 项）。2014 年，公司有结题项目 4 项（公司级），撤销项目 2 项（公司级）。2014 年，获得发明专利授权 3 项，实用新型专利授权 3 项；提交申请并被受理的实用新型专利 2 项。

中烟烟机零配件采购服务中心有限责任公司

【概　况】 中烟烟机零配件采购服务中心有限责任公司前身为成立于 1995 年的北京特思达机电技术开发有限责任公司，最初由中国烟草机械集团有限责任公司控股，上海、常德、许昌、秦皇岛烟机公司共同出资组建。2012 年 9 月 26 日，北京特思达公司经转股、更名、增资、变更经营范围，由中国烟草机械集团有限责任公司独资组建并更名为中烟烟机零配件采购服务中心有限责任公司，担负行业烟机零配件集中采购管理与服务职责。公司本部下设 3 个部门。截至 2014 年底，拥有总资产 3.33 亿元，其中，固定资产 394 万元、流动资产 3.27 亿元，资产负债率为 32%。从业人员 24 人。公司董事长：王建法；总经理：付嘉。

【生产经营】 2014 年，中烟烟机零配件采购服务中心有限责任公司实现销售收入 4.3 亿元。实现税利 356 万元，其中利润 328 万元。公司三项费用率为 2.42%。

云南烟草机械有限责任公司

【概　况】 云南烟草机械有限责任公司前身为成立于 1991 年的云南烟草机械厂。2008 年 3 月，国家局批复同意云南中烟工业公司以云南烟草机械厂优良资产出资（股份比例占 70%），中国烟草机械集团有限责任公司以现金方式出资（股份比例占 30%），在云南昆明组建云南烟草机械有限责任公司。2008 年 6 月，云南烟草机械有限责任公司正式注册成立。公司经营范围主要包括烟机修理、配套件加工、零配件销售及技术改造、烟用农业机械等。公司本部下设 16 个部门。截至 2014 年底，拥有总资产 2.86 亿元，其中，固定资产 4132 万元、流动资产 2.35 亿元，资产负债率 32.91 %。从业员工 337 人。公司董事长：张俊；总经理、党委副书记：张年（—2014.5）；总经理、党委委员：殷伟刚（2014.5—）；党委书记、副总经理：杨建东。

【生产经营】 2014 年，云南烟草机械有限责任公司实现工业总产值 5.12 亿元，工业增加值 1.35 亿元。实现销售收入 5.12 亿元。实现税利 6480 万元，其中利润 3592 万元。公司三项费用率为 11.94%，万元产值综合能耗为 2.48 千克标煤。

【品牌战略】 加快建设云南烟草工业设备服务保障基地。推进高速、超高速烟机零配件开发，开展高速烟机实修与维保工作，抓好中速烟机的改造开发，做好烟机修理服务。打造行业烟草农业机械制造基地。完成年度烟夹项目生产任务，建设农机售后服务体系，完善产品检验及人员绩效考核。

【技术创新】 *加快研发小型烟苗移栽机。*结合多种烟叶种植区域农艺的需求，优化设计结构，完成六种机型的设计、制造、组装与厂内部试验验证工作。

*开发新型烤房用具。*根据用户需求，结合烤房烘烤新工艺的需求，开发出新型 L 型散叶板及配套的装烟工作台、提升机，提高装烟、烤烟生产效率，降低劳动强度。

*加强技术研发。*自主研发的“一种四柱油压方管冲槽设备”“一种四柱油压方管冲孔设备”“一种组框式散叶烘烤分风板”先后获得实用新型专利授权，扩展公司在烟用农机技术领域的成果。

烟草专用机械持证生产企业名单

序号	企业名称	企业住所
1	上海烟草机械有限责任公司	上海市浦东新区云间路2555号
2	常德烟草机械有限责任公司	湖南省常德市武陵区三岔路办事处长庚路社区长庚路99号
3	许昌烟草机械有限责任公司	河南省许昌市工农路南端
4	秦皇岛烟草机械有限责任公司	河北省秦皇岛市经济技术开发区龙海道67号
5	天津华一有限责任公司	天津市红桥区丁字沽三号路8号
6	昆明船舶设备集团有限公司	云南省昆明市人民东路3号
7	颐中（青岛）烟草机械有限公司	山东省青岛市崂山区株洲路88号
8	贵州平水机械有限责任公司	贵州省安顺市平坝县210信箱
9	北京长征高科技公司	北京市丰台区科兴路7号210室［园区］
10	张家口市通用机械有限责任公司	河北省张家口市桥西区新村南路14号
11	杭州萧山烟草机械设备有限公司	浙江省杭州市萧山区临浦镇通一村（后沈）
12	沈阳飞机工业（集团）有限公司	辽宁省沈阳市皇姑区陵北街1号
13	西安东风仪表厂①	陕西省西安市东仪路
14	武汉船用机械有限责任公司	湖北省武汉市青山区武东街9号
15	昆明风动新技术集团发展有限公司	云南省昆明市高新区科泰路
16	中国船舶工业总公司七一五研究所宜昌分部	湖北省宜昌市绿萝路43号
17	巩义市建设机械制造有限公司	河南省巩义市城东石灰务工业区
18	云南烟草机械有限责任公司	云南省昆明市高新技术开发区科医路43号
19	昆明烟机集团二机有限公司	云南省昆明市东郊金马寺
20	昆明烟机集团三机有限公司	云南省昆明经济技术开发区信息产业基地拓翔路235/237号
21	宝应仁恒实业有限公司	江苏省扬州市宝应县苏中北路18号
22	江苏恒森烟草机械有限公司	江苏省徐州市经济开发区杨山路99号
23	宁波轻工机械制造有限公司	浙江省宁波市镇海区骆驼工业区南一西路78号
24	智思控股集团有限公司②	江苏省武进市高新技术产业开发区凤鸣路18号
25	北京达特集成技术有限责任公司	北京市经济技术开发区地盛北街1号25号楼
26	东方机器制造（昆明）有限公司	云南省昆明市经济技术开发区昌宏路88号
27	南京大树智能科技股份有限公司	江苏省南京市江宁区经济技术开发区把淮街8号
28	机科发展科技股份有限公司	北京市海淀区首体南路2号
29	扬州市天宝自动化工程有限公司	江苏省宝应县柳堡镇仁里工业园区
30	合肥安大电子检测技术有限公司	安徽省合肥市高新技术开发区天达路2号安大科技园电子楼
31	云南紫金科贸有限公司	云南省昆明市金星广场A幢3楼
32	上海兰宝坤大智能技术有限公司	上海市奉贤区金汇镇金碧路228号6幢1层
33	开封东方机械有限公司	河南省通许县北工业园区丽星路中段
34	深圳市格雷柏机械有限公司	深圳市福田区天安数码城创新科技广场B1710

注：① 2014年4月，西安东风仪表厂持证到期未延续。

② 2014年4月，江苏智思机械集团有限公司更名为智思控股集团有限公司。

（撰稿：马钰淏；编辑：李　昂）

卷烟辅助材料生产

南通醋酸纤维有限公司

【生产经营】 2014年，南通醋酸纤维有限公司生产丝束10.25万吨，同比增长4.48%；销售丝束10.1万吨，同比增长5.01%。生产醋片17.07万吨，同比下降3.28%；销售醋片7.71万吨，同比增长1.10%。实现利润22.78亿元，同比增长4.34%。

【辅料生产供应】 公司确保辅料生产供应，辅料主要为醋纤丝束油剂，用于醋纤丝束生产润滑、集束、防静电。醋纤丝束油剂以白油、乳化剂为主要原料，根据醋纤丝束的生产特点和要求配制。生产油剂2133吨，除自用外，还向昆明和珠海两家醋酸纤维有限公司销售油剂863吨。

【技术创新】 公司以机制建设为重点，建立“快出人才、快出成果”的绩效考核机制和课题负责人制。推进知识产权标准化贯标，公司获得“江苏省知识产权管理标准化企业”称号。以重大专项为突破，在原料开发方面，形成“一主二辅”多元供应格局，并成功开展550吨棉浆大生产试验；在增产提效方面，实现纺丝9号机800米/分钟可纺性稳定生产。以群众创新为基础，开展创新创意乐享活动，“锅炉镁法烟气脱硫循环经济关键技术研究及应用”项目获得江苏省职工“十大科技创新成果”二等奖。

2014年，公司获得授权专利17项，其中发明专利8项、实用新型专利8项、日本发明专利1项，“低旦醋酸纤维制备关键技术及产业化”项目获得中国纺织工业联合会科学技术进步一等奖。

【精益生产】 公司实施首批七个精益六西格玛项目，丝束总旦CV由0.29稳定至0.26，创造历史最好水平；BAHIA木浆反应周期由97分钟缩短至93分钟，突破了产能瓶颈；能耗物耗成本降低700余万元。全面推进全员生产维护（TPM），组织TPM活动25次，关键设备问题整改率达到100%；针对全部597台关键设备，制定67份维护基准书，编制194份维修SOP；建立关键设备定期维护和预测性维护体系。2014年，设备故障率下降47%，醋片和丝束设备综合效率（OEE）分别达到93.49%和94.13%，再创历史新高。

【品牌营销】 为满足“降低‘中华’卷烟焦油含量”“可替代菲尔创纳滤棒”等个性化需求，公司为上海烟草集团、浙江中烟、红塔集团等重点用户开发多个规格的新品种丝束。同时，生产、销售、服务、技术等多部门整体联动，2014年走访用户100余次，及时搜集需求信息、主动解决生产问题。丝束用户满意度、忠诚度的得分分别达到92.94分和97.40分，双双突破历史最好水平。

【节能减排】 坚持“环保是生存线”的理念，公司一方面加强环保设施的基础建设和管理。通过日常维护、保养和标定，保证化学需氧量（COD）、二氧化硫等在线监测系统全年运行正常，数据准确无误；实施国内首创的旋风炉脱硝和除尘改造，投入1亿元，推进环保项目建设。另一方面，探索节能减排新举措。实施蒸汽冷凝液预热回用研究，降低蒸汽损耗；实施醋酐装置酸味治理，减少酸气泄漏；实施废水硫酸根脱除研究，降低出水所需COD。

2014年，公司二氧化硫、氮氧化物、烟尘等污染物的排放浓度远低于7月1日起实施的国家新标准；COD排放总量仅占年度指标的1/4；节能率达到8.15%，累计节约标煤37384吨。公司在江苏省环保年度信用评级中，获得“绿色企业”称号。

【信息化建设】 公司组织编制《信息化总体规划报告》，确定未来五年的信息化项目和实施路线图。完成PI实时数据采集二期项目，接入控制系统27套，累计采集数据85809点，为生产运营提供数据支撑。RFID仓储管理系统投入运营，缩短提货时间，减少设备和人力投入，降低丝束包装成本，提高仓储的精细化管理水平；开发LIMS条码应用，实现检验样品的全生命周期管理。

【特事要辑】 5月7日，公司增资扩建（五期）项目总体竣工通过验收。国家局副局长赵洪顺在竣工验收会议上评价南纤五期项目做到“三个典范”：投资管控的典范，科学技改的典范，中外双方密切合作的典范，为行业固定资产投资和投资项目技改提供很好的借鉴。

5月15日和11月28日，中华全国总工会副主席刘国中、范继英先后到南纤公司考察调研，充分肯定南纤工会工作的特色和成绩，认为南纤工会落实习近平总书记在全国总工会的讲话精神，以职工为本，尊重职工的主体地位，把职工当主人，依靠职工办企业。工会的各项职能得到充分的履行，提高员工素质，为企业发展和员工发展作出贡献。尤其是高度重视企业文化建设，注重价值观培育，“眼中的的花园、心中的家园、成长的乐园”令人印象深刻。

（撰稿：陈丹彤；编辑：王东旭）

珠海醋酸纤维有限公司

【生产经营】 2014年，珠海醋酸纤维有限公司主要生产3.0/35000（A0）、3.0/35000（A3）、3.0/32000（C0）、3.0/32000（C1）、3.9/31000（G1）、3.9/31000（G0）、2.7/35000（D0）7种规格醋酸丝束。生产醋纤丝束3.58万吨，销售醋纤丝束3.54万吨，产品销往全国10个省（自治区、直辖市）。实现利润3.77亿元，同比增长2.1%。

【质量管理】 公司优化浆液配置工艺，提高生产系统对多品种醋片的适应能力，各项质量指标达到行业标杆水平，其中丝束断头率为0.091个/吨，丝束线密度CV（标准差系数）为0.19%，丝束合格率为99.52%。

以丝束生产为内部客户，开展生产与服务系统的融合研究与实践，提出“态度融合、流程融合、能力融合”的“三融合”要求，对“欠融合事件、15分钟响应率、24小时派单率”等关键指标进行考核，打造高效的金牌丝束制造系统。

【客户服务】 全力满足客户需求，维护良好的客户关系，促进产品销售。2014年走访用户113厂次，举办专题技术交流会议4次；向用户免费提供自行研发的专用工具“滤棒测切器”126个；公司高管带队走访所有中烟用户两轮次，有力地促进丝束销售。2014年，顾客契合度92.6分，同比上升2.5%。

【技术创新】 开展群众性创新活动。2014年，员工汇报项目43个，其中26个被评为创新项目。公司“喷丝帽酸洗装置”获得实用新型专利授权。

不断完善创新机制，加强创新项目结题评价。对创新项目进行为期1年的经济效益跟踪核算。2014年，公司创新项目实现经济效益676万元。

【管理创新】 改进仓储管理流程，有效管控库存物资。开展库存物资清理整顿工作，取消各个部门的二级库，建立公司零价值仓库及其管理制度，通过SAP系统入账零价值仓库物资700万元。

密切跟踪重油市场行情，分批锁定2014年重油2.8万吨，采购成本较预算减少671万元。严格预算管理，强化部门单项费用科目管控，剔除大修费用及利息收入后，2014年可控费用2950万元，同比减少5%。

【节能减排】 强化节能降耗管理，2014年，节能2046吨标准煤，超额完成年度目标，其中，吨丝束消耗标煤0.89吨，同比下降6%；吨丝束消耗重油0.57吨，同比下降8%。2014年，综合能耗成本较预算节省709万元。12月，珠纤公司“水吸收法丙酮回收工业化试验”项目获得2014年珠海市节能专项资金补助30万元。

【搬迁扩建】 3月21日，珠纤搬迁扩建项目《搬迁补偿协议》《投资协议书》《供汽合同》三项协议正式签署。5月28日，国家局下发《关于珠海醋酸纤维有限公司搬迁扩建项目核准的批复》（国烟计〔2014〕246号），正式核准珠纤搬迁扩建项目。12月5日，中美双方股东正式签署《珠海醋酸纤维有限公司合资经营合同修改协议Ⅱ》《珠海醋酸纤维有限公司章程修正案Ⅱ》和《土地使用权租赁合同》，对注资、生产能力、新的合资期限等进行约定。

【特事要辑】 4月28日，国家局局长凌成兴、副局长赵洪顺到珠纤公司考察调研，对珠纤各项工作给予充分肯定。

8月21日，驻国家局纪检组组长高林考察珠纤公司时指出，珠纤整体发展势头良好，人心稳定，呈现出“生机盎然、奋发向上、积极干事业”的风貌。

9月26日，中国财贸轻纺烟草工会主席秦鲁隼在珠纤公司调研时表示，珠纤工会取得的成效是中国特色社会主义的“道路自信、理论自信、制度自信”的成功实践，具有良好的典型和示范作用，值得在地方和行业内推广。

（撰稿：万 顷；编辑：王东旭）

昆明醋酸纤维有限公司

【生产经营】 2014年，昆明醋酸纤维有限公司生产丝束3.51万吨；销售丝束3.47万吨。实现利润3.62亿元。

【技术创新】 2014年，公司持续推进创新工作，年人均合理化建议4.6个。获得发明专利授权3项，实用新型专利授权3项。公司通过云南省创新性试点企业的中期验收和昆明市知识产权试点企业的最终验收。

推进信息与业务的两化融合，探索关键系统上的技术突破。通过建设强大数据收集、分析及处理应用的PI系统，为推动公司数据驱动的管理和创新，为企业发展和员工成长提供新的平台，项目于2014年通过验收并获得政府科技资助。

【节能减排】 2014年，公司在节能降耗方面持续取得进步。通过深入挖掘潜力，吨丝束消耗标煤1.18吨，吨丝束消耗电同比下降3.7%；吨丝束消耗水同比下降4.3%。截至2014年底，昆纤公司“十二五”累计实现节约标煤1.32万吨，提前超额完成8000吨标煤的指标。

【客户服务】 本着以“市场化为导向，客户为中心”的理念，围绕“访问规范化、反馈及时化、结果有效化”的客户服务要求，2014年访问客户102次，组织4次与客户的技术交流活动，涉及客户80余人次；另外自主开发客户关系管理信息系统并投入使用，有效地支持客户对公司产品的使用和客户意见的收集处理。在中国烟草投资管理公司发布的2014年全国丝束销售客户满意度评比中，公司获得产品质量和销售质量两个第一名。

【特事要辑】 6月10日，国家局副局长赵洪顺到昆纤公司调研，并对昆纤近年来的生产经营成绩给予肯定。

（撰稿：李如音；编辑：王东旭）

其他卷烟辅助材料生产企业

辅料生产企业名称	出资人（烟草企业）（全资、参股、控股）	总资产（万元）	总产值（万元）	总利润（万元）	主要经营项目
中烟摩迪（江门）纸业有限公司	中国烟草总公司参股	76800	39025	7445	主要经营卷烟纸、成型纸、其他用于烟草制造业的各种纸类制品的加工、生产和销售及其他特定用途纸，并提供与此相关的服务
张家口钻石工贸有限责任公司	张家口卷烟厂有限责任公司子公司	6170	2593	56	主要经营纸箱、水松纸、铝箔纸加工，卷烟零售、物业管理
石家庄钻石卷烟材料有限责任公司	河北白沙烟草有限责任公司子公司	2479	5609	208	主要生产水松纸、铝箔纸、薄片胶、纸箱，卷烟、日用百货零售
上海烟草包装印刷有限公司	上海烟草集团有限责任公司控股	174700	130620	19716	主要生产中高档卷烟商标及包装装潢印刷品、画册、样本等
上海白玉兰烟草材料有限公司	上海烟草集团有限责任公司控股	19302	17259	262	主要负责滤棒的研发制造和纸箱的制造
上海烟草集团太仓海烟烟草薄片有限公司	上海烟草集团有限责任公司控股	40765	12179	-964	主要经营烟草薄片委托加工，烟叶购进、烟草薄片生产销售，烟草薄片生产相关的技术咨询服务，烟草薄片仓储和香料销售
南通烟滤嘴有限责任公司	江苏中烟工业有限责任公司子公司	120840	115257	17215	主要负责烟滤棒的加工、销售
蚌埠卷烟材料厂	隶属安徽中烟工业有限责任公司（集体企业）	52217	45159	-139	主要经营纸箱、铝箔纸、接装纸、卡纸、滤棒等卷烟辅材
芜湖卷烟材料厂	隶属安徽中烟工业有限责任公司（集体企业）	27518	16734	1263	主要经营纸箱、铝箔纸、接装纸、卡纸、滤棒等卷烟辅材
合肥烟草工贸总公司	隶属安徽中烟工业有限责任公司（集体企业）	8902	12900	3378	主要经营纸箱、铝箔纸、接装纸、卡纸、滤棒等卷烟辅材
阜阳卷烟材料厂	隶属安徽中烟工业有限责任公司（集体企业）	8752	10700	556	主要经营纸箱、铝箔纸、接装纸、卡纸、滤棒等卷烟辅材
滁州卷烟材料厂	隶属安徽中烟工业有限责任公司（集体企业）	24800	12000	212	主要经营纸箱、铝箔纸、接装纸、卡纸、滤棒等卷烟辅材
厦门鑫叶印务有限公司	福建鑫叶投资管理集团有限公司子公司	15783	23937	4331	主要经营卷烟商标
厦门五福印务有限公司	福建鑫叶投资管理集团有限公司参股	15763	18474	4048	主要经营卷烟商标

续表

辅料生产企业名称	出资人（烟草企业）（全资、参股、控股）	总资产（万元）	总产值（万元）	总利润（万元）	主要经营项目
厦门鑫叶包装材料有限公司	福建鑫叶投资管理集团有限公司子公司	8657	15510	1954	主要经营铝箔复合纸、烟用框架纸、烟用接装纸（水松纸）、纸箱等的生产销售
福建三华彩印有限公司	福建鑫叶投资管理集团有限公司参股	24239	18540	6708	主要经营卷烟商标印制等，兼营装潢设计
厦门富华兴印刷有限公司	福建鑫叶投资管理集团有限公司控股	12682	2225	7399	主要经营包装装潢及烟草制品商标的印刷业务等
福建省石狮市富兴包装材料有限公司	福建鑫叶投资管理集团有限公司参股	16809	11969	1399	主要经营水松纸、铝箔纸、卡纸等卷烟辅料的经营与管理等
山东鲁烟莱州印务有限公司	将军烟草集团有限公司子公司	22312	27365	3266	主要经营包装装潢印刷品印刷
山东将军开元纸业有限公司	将军烟草集团有限公司子公司	7751	6469	288	主要经营瓦楞纸、纸箱、铝箔纸、卡纸及包装制品生产、销售，包装装潢印刷
将军集团济南包装材料分公司	将军烟草集团有限公司直属	8382	12991	805	主要经营纸张、纸制品、塑料制品、卷烟包装材料的加工、销售，包装装潢印刷品印刷
济南泉永印务有限公司	将军烟草集团有限公司控股	19656	15084	1775	主要经营印制卷烟商标、包装箱（盒）及其他包装制品，本册制造
将军集团临清纸业分公司	将军烟草集团有限公司直属	5927	5572	1295	主要经营包装装潢印刷品印刷，批发、零售纸张、纸制品，烟用辅助材料、烟用配件、机械零部件、机械设备及配件，房屋租赁
颐中烟草（集团）有限公司烟台分公司	颐中烟草（集团）有限公司直属	3329	829	1	加工、制造、销售：丝束成型助剂、添加剂、化工助剂
颐中（青岛）实业有限公司	颐中烟草（集团）有限公司子公司	25217	21980	1167	主要经营铝箔纸、卷烟辅料及下脚料、包装物的制造、加工，香精香料的生产、销售
颐中（潍坊）实业有限公司	颐中烟草（集团）有限公司子公司	15207	9624	336	主要经营卷烟配套的原辅材料（烟草专卖品除外）的加工销售
颐中（滕州）实业有限公司	颐中烟草（集团）有限公司子公司	1557	1360	169	主要经营烟用滤棒、铝箔复合、乳胶、水松纸、薄片的加工
青岛黎马敦包装有限公司	颐中烟草（集团）有限公司参股	52045	—	8686	主要经营包装制品的生产和销售
青岛嘉泽包装有限公司	颐中烟草（集团）有限公司参股	43778	—	4626	主要经营烟用接装纸、内衬纸、拆封拉线、BOPP 薄膜、卡纸、烟标、礼品盒、滤棒及其他包装材料、胶粘剂（不含危险品）的生产、销售
烟台颐中包装有限公司	颐中烟草（集团）有限公司控股	2180	2738	53	主要经营纸箱、纸板、包装物料的制造和批发
青州新华包装制品有限公司①	颐中烟草（集团）有限公司子公司	7555	11220	263	主要经营卷烟商标、水松纸等卷烟辅料的生产
许昌永昌印务有限公司	河南中烟工业有限责任公司参股	21841	18195	2033	主要经营烟标装潢的印制

① 青州新华包装制品有限公司于2014年10月完成股权变更工商登记，成为颐中烟草（集团）有限公司的子公司。

续表

辅料生产企业名称	出资人（烟草企业）（全资、参股、控股）	总资产（万元）	总产值（万元）	总利润（万元）	主要经营项目
驻马店发时达工贸有限公司	河南中烟工业有限责任公司控股	6346	8162	15	主要经营滤棒加工、薄片加工、铝箔纸复合、水松纸印刷、纸箱、胶、BOPP 薄膜、卡纸、主业物业服务等
广东汕头龙华印务有限公司	河南中烟工业有限责任公司控股	9679	2581	-658	主要经营烟标装潢的印制
河南金瑞香精香料有限公司	河南中烟工业有限责任公司全资	4449	4535	103	主要生产、销售烟用香精香料
河南金芒果印刷有限公司	河南中烟工业有限责任公司控股	16345	9489	535	主要经营烟标装潢的印制
河南新郑金芒果实业总公司	隶属河南中烟工业有限责任公司管理（集体企业）	20808	14955	1607	主要经营滤棒、白卡纸、内衬纸、接装纸、黏合剂、纸箱等生产
许昌帝豪实业公司	隶属河南中烟工业有限责任公司管理（集体企业）	20448	19903	133	主要经营铝箔纸复合，以及水松纸、BOPP 薄膜、内衬纸、黏合剂、纸箱等生产
郑州黄金叶实业总公司	隶属河南中烟工业有限责任公司管理（集体企业）	44017	45305	4987	主要经营滤棒加工、包装装潢及其他印刷品印刷
安阳市红旗渠集团	隶属河南中烟工业有限责任公司管理（集体企业）	15922	27065	78	主要经营滤棒、白卡纸、内衬纸、水松纸、接装纸等生产
南阳卷烟厂双龙实业公司	隶属河南中烟工业有限责任公司管理（集体企业）	13260	20813	1397	主要经营卷烟商标印刷，BOPP 薄膜、白卡纸、内衬纸、接装纸、黏合剂、纸箱等生产
洛阳烟草服务中心	隶属河南中烟工业有限责任公司管理（集体企业）	14000	15031	499	主要经营滤棒、包装装潢、白卡纸、内衬纸等生产
漯河沙河实业有限公司	隶属河南中烟工业有限责任公司管理（集体企业）	11804	17457	2565	主要经营卷烟商标印刷，BOPP 薄膜、白卡纸、内衬纸、接装纸、纸箱等生产
红金龙（集团）有限公司	湖北中烟工业有限责任公司子公司	250000	40400	10100	主要经营瓦楞纸箱、材料回收加工、封口，金属结构件加工，销售百货、纺织品、五金交电、工艺美术品、土特品、家具、民用建材、文化用纸、印刷机械配件、烟机配件、食品添加剂、香精与香料，柜台出租，仓储服务、机械设备安装及租赁，土建、装饰、市政、园林工程、烟草行业管理咨询，IT 规划、培训服务，计算机硬件、运行维护，提供企业信息化项目实施、监理服务，建筑智能化工程设计施工

续表

辅料生产企业名称	出资人（烟草企业）（全资、参股、控股）	总资产（万元）	总产值（万元）	总利润（万元）	主要经营项目
常德金鹏印务有限公司	湖南中烟投资管理有限公司参股	165964	200025	72024	主要经营卷烟商标生产
湖南九子龙印务有限公司	湖南中烟投资管理有限公司参股	4554	7023	518	主要经营卷烟商标生产
湖南永怡印刷包装有限公司	湖南中烟投资管理有限公司参股	5209	6017	21	主要经营卷烟商标生产
常德芙蓉大亚化纤有限公司	湖南中烟投资管理有限公司控股	11309	27666	2892	主要经营滤棒生产
四平芙蓉纸品有限责任公司	湖南中烟投资管理有限公司子公司	2209	4077	301	主要经营水松纸、铝箔纸、框架纸、纸箱生产
常德市芙蓉实业发展有限责任公司	湖南中烟投资管理有限公司参股	42843	71984	6743	主要经营水松纸、铝箔纸、框架纸、纸箱生产经营
湖南永州九子龙经贸有限公司	湖南中烟投资管理有限公司子公司	1419	2266	-379	主要经营纸箱生产
湖南零陵金秋实业有限责任公司	湖南中烟投资管理有限公司子公司	2036	3317	17	主要经营水松纸、铝箔纸、框架纸生产
湖南永安包装材料有限公司	湖南中烟投资管理有限公司控股	14633	3746	84	主要经营卷烟纸、BOPP 薄膜、纸箱生产
湖南永和包装有限公司	湖南中烟投资管理有限公司控股	789	260	-67	主要经营纸制品（纸箱、纸盒、纸袋）、其他包装材料、包装制品及产品自销
郴州永旺包装材料有限公司	湖南中烟投资管理有限公司子公司	1791	3345	-422	主要经营生产包装用纸箱、铝箔纸、水松纸及相关包装材料和透明纸、白卡纸的分切加工
广西真龙彩印包装有限公司	广西中烟工业有限责任公司控股	62741	85801	21554	主要经营烟用接装纸的制版和印刷
广西真龙实业有限责任公司	广西中烟工业有限责任公司子公司	17656	16452	890	主要经营烟用铝箔纸复合、销售，烟用盘纸、成型纸加工（分切）、销售，烟用丝束定向购进，滤棒生产，定向销售，金拉线、纸箱生产、销售，烟用薄膜分切、销售，精细化工类生产、销售
广西甲天下水松纸有限公司	广西中烟工业有限责任公司控股	7767	9266	2849	主要经营烟用接装纸的制造
广西真龙天瑞彩印包装有限公司	广西中烟工业有限责任公司子公司	8744	14089	2622	主要经营卷烟用条盒和小盒生产、销售

续表

辅料生产企业名称	出资人（烟草企业）（全资、参股、控股）	总资产（万元）	总产值（万元）	总利润（万元）	主要经营项目
四川三联卷烟材料有限公司	川渝中烟工业有限责任公司控股	34513	65997	4845	主要生产、经营卷烟滤棒及有关配套产品
陕西省卷烟材料厂	陕西中烟工业有限责任公司子公司	19341	9882	1207	主要负责全省行业部分滤棒和烟箱的生产
宁波大安化学工业有限公司	陕西中烟工业有限责任公司参股	139984	77214	12917	主要生产经营醋片生产
西安惠大化学有限公司	陕西中烟工业有限责任公司参股	4896278	93089	15021	主要生产经营醋酸丝束
陕西金叶科教集团股份有限公司	陕西中烟工业有限责任公司参股	176346	58940	7159	主要经营包装装潢印刷品印刷，卷烟过滤材料生产销售，高新数字印刷技术及高新技术广告制作，高新技术产业、教育、文化产业、基础设施、房地产的投资、开发等
陕西金叶滤材有限公司	陕西中烟工业有限责任公司参股	302	0	-20	主要生产聚丙烯丝束
宝鸡好猫实业集团有限公司	陕西中烟工业有限责任公司参股	40392	27655	4344	主要经营卡纸、内衬纸、接装纸、烟箱、BOPP 薄膜生产
宁夏弘德包装材料有限公司	陕西中烟工业有限责任公司参股	41547	3668	-192	主要经营盒皮印刷销售

（编辑：王东旭）

烟叶加工

打叶复烤

截至 2014 年底，全国烟草行业有打叶复烤企业 34 家（含 8 家工业企业复烤车间），生产点 64 个，打叶复烤生产线 79 条。按自然年度统计（2014 年 1 月 1 日至 12 月 31 日），全国打叶复烤企业加工烟叶 240.88 万吨（4817.58 万担），其中，26 家独立法人打叶复烤企业加工烟叶 208.75 万吨（4174.99 万担）。实现加工费收入 75.39 亿元，平均吨烟加工费收入为 5167.93 元，成品片烟综合能耗平均值为 174.76 千克标煤/吨。

截至 2014 年底，26 家独立核算的打叶复烤企业资产总额为 338.02 亿元。

丹东辽东烟草发展有限责任公司

【概　况】　丹东辽东烟草发展有限责任公司位于辽宁省丹东凤城市，成立于 1996 年 7 月 9 日，隶属于辽宁省烟草专卖局（公司）。公司占地面积 7.05 万平方米，拥有年储存烟叶 1.5 万吨（30 万担）的物流中心 1 个，年打叶复烤能力 3 万吨（60 万担）的现代化生产线 1 条。截至 2014 年底，公司拥有总资产 1.89 亿元，资产负债率 8.05%。从业人员 638 人。公司法人代表、总经理：姜明春（—2014.6）、张敬波（2014.6—）。

【生产经营】　2014 年，公司复烤加工烟叶 3.14 万吨（62.8 万担），加工产出成品片烟 2.04 万吨（40.8 万担）。实现加工收入 9890 万元，实现税利 3097 万元，其中利润 1441 万元。

【基础管理】 2014年，公司延续三班生产运行模式，整个加工周期主要质量指标均达到行业相关标准和工业客户要求，其中，大中片率最高达到91%、叶中含梗1.8%以下、梗中含叶1.0%以下、长梗率达85%以上、包装完好率达100%。

2014年，片烟生产能耗为162千克标煤/吨、片烟综合能耗为202千克标煤/吨，达到国家一级企业标准，设备运行率为96.4%，客户满意度为98.99%。

延边友利打叶复烤有限责任公司

【概　况】 延边友利打叶复烤有限责任公司位于吉林省延吉市，成立于2003年9月，隶属于吉林烟草工业有限责任公司，注册资金6054万元，有整套打叶设备及叶片复烤设备，年复烤加工能力3万吨（60万担）。有员工319人，其中本科、专科人员38人，各类专业技术人员97人。公司法人代表：金洪天；总经理：王开敏。

【生产经营】 2014年，公司复烤加工烟叶1.5万吨（30万担），产出片烟0.91万吨（18.15万担），片烟产出率为60.65%。实现加工收入4370万元。实现税利1460万元，其中利润460万元。

黑龙江烟叶复烤有限公司

【概　况】 黑龙江烟叶复烤有限公司位于黑龙江省哈尔滨市，2012年6月经国家烟草专卖局、中国烟草总公司批准成立，是由中国烟草总公司黑龙江省公司、红塔烟草（集团）有限责任公司、湖南中烟工业有限责任公司、湖北中烟工业有限责任公司、广东中烟工业有限责任公司等5家烟草工商企业投资经营的打叶复烤企业，由黑龙江省烟草专卖局（公司）控股管理，实行董事会领导下的总经理负责制，下设勃利、绥化、林口等3家复烤厂。公司注册资本为6.59亿元，拥有3条12000千克/小时打叶复烤生产线，年复烤加工能力13.5万吨（270万担）以上。截至2014年底，公司拥有总资产6.33亿元，其中，固定资产1.06亿元、流动资产5.03亿元，资产负债率7.1%。有从业人员764人。公司法人代表：王乃信；总经理：徐志敏。

【生产经营】 2014年，公司复烤加工烟叶7.09万吨（141.82万担），产出成品片烟4.71万吨（94.2万担）。实现营业收入1.78亿元。实现税金3191万元。

华环国际烟草有限公司

【概　况】 华环国际烟草有限公司成立于1994年5月，历经中外合资、行业内工商合资等多次变革，发展成为由中国烟草总公司安徽省公司、上海烟草集团有限责任公司和安徽中烟工业有限责任公司共同投资建设、共同经营的现代化打叶复烤企业，隶属于安徽省烟草专卖局（公司）。公司下设华环生产加工中心、涡阳烟叶复烤厂和蚌埠储运分公司等3个分支机构。华环生产加工中心位于安徽省凤阳县门台工业园区，拥有2条打叶复烤生产线，其中1条9000千克/小时打叶复烤生产线，年设计生产能力2.25万吨（45万担）；1条12000千克/小时打叶复烤生产线，年设计生产能力3万吨（60万担）。涡阳烟叶复烤厂位于安徽省涡阳县，占地总面积19万平方米，拥有6000千克/小时打叶复烤生产线和年中转能力100万担烟叶的铁路专用线各1条。截至2014年底，公司拥有总资产16.76亿元，其中，固定资产8.61亿元、流动资产8.04亿元。共有从业人员408人。公司总经理、董事、党委副书记：王辉（2014.9之前任公司总经理、董事、党委书记）；党委书记：王新胜（2014.9—）。

【生产经营】 2014年，复烤加工烟叶9.18万吨（183.55万担），同比下降0.84%。加工产出成品片烟6.11万吨（122.2万担），同比下降0.76%。实现主营业务收入3.46亿元，同比增长14%。实现税利5278万元，同比下降35.58%，其中利润3019万元，同比下降30.90%。

【技术创新】 健全完善创新平台，以“中华”品牌原料样品管理中心、理化检测中心、打叶复烤技术研究中心为目标定位，提高技术中心硬件装备水平。实施项目带动战略，系统推进“高架库在打叶复烤均匀性配方中应用研究”等10个科研项目。加强标准研究室建设，提升标准研发能力，《复烤产品包装 内衬聚乙烯薄膜袋》《打叶复烤生产车间现场管理规范》两项行业标准经国家局批准发布。

福建武夷烟叶有限公司

【概　况】 福建武夷烟叶有限公司位于福建省邵武市，成立于2000年12月。有中国烟草总公司福建省公司、福建省烟草公司南平市公司、浙江中烟工业有限责任公司、上海烟草集团有限责任公司、江苏中烟工业有限责任公司、红塔烟草（集团）有限责任公司、安徽中烟工业有限责任公司、山东中烟工业有限责任公司、川渝中烟工业有限责任公司等9家股东，隶属于福建省烟草专卖局（公司）管理。2014年，公司易地技改项目一期工程正式投入运营。截至2014年底，公司拥有总资产13.46亿元，占地面积35万平方米，年复烤加工能力3万吨（60万担）。从业人员227人。公司法人代表、董事长、总经理：林则森（—2014.3）、白万明（2014.3—）

【生产经营】 2014年，公司复烤加工烟叶3.26万吨（65.2万担），产出片烟2.30万吨（46万担）。实现销售收入1.46亿元，其中加工收入1.25亿元。实现税利3362万元，其中利润1845万元。

【技术改造】 2014年8月，12000千克/小时新生产线正式投入生产。全年易地技改完成投资5267万元，截至年底，累计完成投资5.08亿元，完成金额占总投资的78%。

福建省龙岩金叶复烤有限责任公司

【概　况】 福建省龙岩金叶复烤有限责任公司位于福建省永定县，2003年4月，由原龙岩卷烟厂打叶复烤分厂改制而来，隶属于福建中烟工业有限责任公司。公司股东有福建中烟工业有限责任公司、龙岩烟草工业有限责任公司、厦门烟草工业有限责任公司、福建省烟草公司龙岩市公司、上海烟草集团有限责任公司、湖北中烟工业有限责任公司、广东中烟工业有限责任公司等7家股东。公司拥有总资产12.96亿元，其中固定资产11.26亿元。拥有2条12000千克/小时打叶复烤生产线。员工397人，其中有大学学历以上的专业技术人员和管理人员180人，高级职称2人，中级职称21人。公司总经理、党委书记：姜林忠。

【生产经营】 2014年，公司复烤加工烟叶4.63万吨（92.6万担），产出片烟3.01万吨（60.21万担）。实现销售收入1.98亿元。实现税利2633万元，亏损658万元。

福建省三明金叶复烤有限公司

【概　况】 福建省三明金叶复烤有限公司位于福建省三明市，成立于1998年10月。有中国烟草总公司福建省公司、福建省烟草公司三明市公司、湖北中烟工业有限责任公司、上海烟草集团有限责任公司、江苏中烟工业有限责任公司、厦门烟草工业有限责任公司、贵州中烟工业有限责任公司、川渝中烟工业有限责任公司、红云红河烟草（集团）有限责任公司、湖南中烟工业有限责任公司等10家股东，注册资本9.13亿元，隶属于福建省烟草专卖局（公司）管理。公司占地面积7.5万平方米，有2条加工能力6000千克/小时的打叶复烤生产线以及在线配备加香加料机、自动喷洒机、烟叶精选台及配方柜等设备，主要负责承担国内卷烟工业企业在三明地区的烟叶委托复烤加工任务，年复烤加工能力4.5万吨（90万担）以上。截至2014年底，公司拥有总资产9.7亿元，其中，固定资产1.15亿元、流动资产7.62亿元，资产负债率为3.72%。有从业人员224人。公司法人代表、董事长、总经理：林则森（—2014.7）、张清明（2014.7—）。

【生产经营】 2014年，公司复烤加工烟叶3.37万吨（67.4万担），产出成品片烟2.27万吨（45.4万担）。实现加工收入1.04亿元。实现税利3289万元，其中利润1225万元。

【技术改造】 2014年1月，公司易地技改项目初设方案通过国家局审批，8月完成施工图设计及审查工作，11月完成场地强夯和平整工作，12月中旬正式开始生产管理用房等工程建设，确定联合工房及配套工程施工单位，烟草专用机械购置请示通过国家局批复。

江西赣南烟叶复烤有限责任公司

【概　况】 江西赣南烟叶复烤有限责任公司位于赣州市开发区香港工业园内，成立于2009年10月，隶属于中国烟草总公司江西省公司管理并控股。由中国烟草总公司江西省公司，江西省烟草公司赣州、抚州、吉安市公司，江西中烟工业有限责任公司，红塔烟草（集团）有限责任公司，川渝中烟工业有限责任公司，山东中烟工业有限责任公司，湖南中烟工业有限责任公司，上海烟草集团有限责任公司，浙江中烟工业有限责任公司，广东中烟工业有限责任公司等12家烟草工商企业共同出资组建，注册资金7.8亿元。公司占地面积26.67万平方米，有1条12000千克/小时打叶复烤生产线，年复烤加工能力3万吨（60万担）。截至2014年底，公司拥有总资产8.66亿元，其中，固定资产4.05亿元、流动资产4.61亿元，资产负债率为8.05%。从业人员116人。公司法人代表、董事长、总经理：韩爱平。

【生产经营】　2014年，公司复烤加工烟叶3.13万吨（62.58万担），产出成品片烟2.01万吨（40.18万担）。实现税利2124万元，其中利润1470万元。

【技术改造】　开展“提高除尘碎烟利用率”“降低电器设备故障率”“减少解把机堵料频率”“减少落料器故障时间”等QC课题研发，与湖北中烟合作开展“提高江西烟叶加工有效得率下出片率的研究”科技创新项目实施工作。

山东烟叶复烤有限公司

【概　况】　山东烟叶复烤有限公司位于山东省济南市，成立于2011年1月，由中国烟草总公司山东省公司与上海烟草集团有限责任公司共同投资组建，隶属于中国烟草总公司山东省公司。2012年，公司完成重组整合，下辖山东烟叶复烤有限公司诸城复烤厂、沂水复烤厂、潍坊复烤厂、临沂办事处和山东瑞博斯烟草有限公司1个全资子公司。公司拥有4条打叶复烤生产线和1条造纸法再造烟叶生产线，年复烤加工能力7.5万吨（150万担），年薄片生产能力5000吨。截至2014年底，公司拥有总资产10.13亿元，资产负债率为13.92%。共有员工1446人。公司法人代表、董事长、分党组副书记：刘继学；分党组书记：刘云生。

【生产经营】　2014年，公司复烤加工烟叶10.11万吨（202.16万担），产出片烟6.68万吨（133.6万担），生产薄片5551吨。实现营业总收入4.79亿元。实现税利1.04亿元，其中利润4074万元。

【技术改造】　2014年，投资1.93亿元的诸城复烤厂仓储设施建设项目（一期）竣工并投入使用。按照《国家烟草专卖局关于压缩复烤产能延长作业周期的指导意见》要求，对临沂烟叶复烤企业异地技术改造项目建设规模、内容及投资进行调整，按照年产2.25万吨（45万担）规模上报国家局审批。争取行业上级及当地政府支持，加快推进山东瑞博斯烟草有限公司造纸法再造烟叶建设项目立项审批。

天昌国际烟草有限公司

【概　况】　天昌国际烟草有限公司位于河南省许昌市。2011年9月，根据《国家烟草专卖局 中国烟草总公司关于河南省打叶复烤企业重组整合的批复》（国烟法〔2011〕48号），天昌国际烟草有限公司吸收合并三门峡金红烟草有限责任公司、宝丰金叶烟草有限责任公司、南阳金业烟草有限责任公司，重组整合为新的天昌国际烟草有限公司，隶属于河南省烟草专卖局（公司）管理。公司投资总额18.5亿元，注册资本15.25亿元，有中国烟草总公司河南省公司、河南中烟工业有限责任公司、上海烟草集团有限责任公司、浙江中烟工业有限责任公司、湖北中烟工业有限责任公司、中国烟草河南进出口有限责任公司、江苏中烟工业有限责任公司、贵州中烟工业有限责任公司、红云红河烟草（集团）有限责任公司、安徽中烟工业有限责任公司、川渝中烟工业有限责任公司、吉林烟草工业有限责任公司、红塔烟草（集团）有限责任公司、天利国际经贸有限公司、广东中烟工业有限责任公司等15家股东。公司下辖天昌复烤厂、三门峡复烤厂、宝丰复烤厂、南阳复烤厂等4家打叶复烤生产厂，有6条打叶复烤生产线，年设计复烤加工能力12万吨（240万担）。在岗员工987人。公司总经理：李彰；党委书记：李柏杰。

【生产经营】　2014年，公司复烤加工烟叶13.08万吨（261.6万担），产出片烟8.63万吨（172.6万担）。实现加工经营收入6.01亿元。实现税利1.66亿元，其中利润5593万元。

【技术改造】 天昌复烤厂易地技改项目获得国家局批复，并与许昌中原电气谷签订合作协议。三门峡复烤厂易地技改项目获国家局批复。南阳复烤厂“十一五”技改项目二期工程获得河南省局批复。

湖北烟草金叶复烤有限责任公司

【概　况】 湖北烟草金叶复烤有限责任公司位于湖北省恩施州经济开发区。2009年12月，根据《国家烟草专卖局 中国烟草总公司关于湖北省公司打叶复烤企业体制改革的批复》（国烟法〔2009〕512号），恩施金叶有限责任公司、襄樊金叶有限责任公司重组整合为湖北烟草金叶复烤有限责任公司；湖北烟草金叶复烤有限责任公司是中国烟草总公司湖北省公司控股管理的子公司，公司下设非独立法人的湖北烟草金叶复烤有限责任公司恩施复烤厂、湖北烟草金叶复烤有限责任公司襄樊复烤厂。2010年1月，公司正式挂牌成立。公司有中国烟草总公司湖北省公司、湖北中烟工业有限责任公司、湖南中烟工业有限责任公司、浙江中烟工业有限责任公司、红云红河烟草（集团）有限责任公司、红塔烟草（集团）有限责任公司、山东中烟工业有限责任公司、川渝中烟工业有限责任公司、广西中烟工业有限责任公司、安徽中烟工业有限责任公司等10家股东，注册资本11.74亿元。下辖恩施复烤厂、襄阳复烤厂2个打叶复烤生产厂。截至2014年底，公司拥有总资产12.75亿元，资产负债率为5.78%。有2条12000千克/小时打叶复烤生产线，1条6000千克/小时打叶复烤生产线，年复烤加工能力为9万吨（180万担）。从业人员509人。公司董事长、法人代表：杨树（—2014.12），黄树立（2014.12—）；党组书记、总经理：钟元兵。

【生产经营】 2014年，公司复烤加工烟叶7.57万吨（151.46万担），产出片烟4.95万吨（99万担）。实现加工收入2.76亿元。实现税利8691万元，其中利润3675万元。

【技术改造】 恩施复烤厂仓储区建设项目于2014年3月在恩施市发展和改革局登记备案，截至年底，完成审批环境影响、地质灾害危险性、压覆矿产资源调查等评估报告，并上报国家局待批复。襄阳复烤厂易地技术改造项目按规定完成技改前期准备工作，并于2014年7月对初步设计方案进行重新论证，对项目建设方案和投资控制方案进行进一步优化完善。

湖南烟叶复烤有限公司

【概　况】 湖南烟叶复烤有限公司位于湖南省郴州市，于2011年9月29日注册登记，同年10月正式运作，由中国烟草总公司湖南省公司控股并管理。根据《国家烟草专卖局 中国烟草总公司关于湖南省公司打叶复烤企业体制改革的批复》（国烟法〔2011〕356号）文件，郴州天泰烟叶复烤有限责任公司、永州天顺烟叶复烤有限责任公司重组整合为湖南烟叶复烤有限责任公司，取消郴州天泰烟叶复烤有限责任公司、永州天顺烟叶复烤有限责任公司法人资格，变更为湖南烟叶复烤有限责任公司所属的非独立法人分支机构。公司有18家烟草工商企业股东，其中工业企业股东17家，注册资金22.89亿元。实行“一个法人，两点生产加工”的经营模式，下设郴州复烤厂、永州复烤厂2家打叶复烤生产厂。公司有3条打叶复烤生产线，年加工能力9万吨（180万担）。截至2014年底，公司拥有总资产25.02亿元。在岗员工607人。公司法人代表、总经理、党组书记：周国生。

【生产经营】 2014年，公司复烤加工烟叶11.45万吨（228.98万担）。实现营业收入3.75亿元，同比增长17.74%。实现税利1.60亿元，同比增长28.56%，其中利润1.06亿元。

【技术创新】 围绕工艺改进、设备管理、节能减排等重难点问题，开展创新项目15项、QC活动10项，其中国家局重点创新项目1项，获得湖南省烟草商业系统对标课题/QC小组项目评审比赛二等奖1个、三等奖1个。

常德芙蓉烟叶复烤有限责任公司

【概　况】 常德芙蓉烟叶复烤有限责任公司位于湖南省常德市鼎城高新区灌溪工业园内（公司于2014年8月搬迁至此）。2005年11月注册成立，隶属于湖南中烟工业有限责任公司管理。由湖南中烟工业有限责任公司，湖南省烟草公司常德、张家界市公司共同出资组建，注册资本3721万元。公司占地面积1.7万平方米。有6000千克/小时打叶线2条（其中1条为租赁）、12000千克/小时复烤线1条、12000千克/小时打包设备线1条、12000千克/小时选叶生产线2条，年复烤加工能力3万吨（60万担）。截至2014年底，公司拥有总资产5.37亿元。从业人员188人，其中在岗员工158人。公司总经理：王红刚；党总支书记：徐宇翔。

【生产经营】 2014年，公司复烤加工烟叶3.07万吨（61.47万担）。实现销售收入1.34亿元。全年亏损985.77万元。

【技术改造】 公司易地搬迁技术改造项目于2007年底立项，2009年7月获国家局批复，是湖南省及常德市重点工程，由湖南中烟投资。项目占地面积15.7万平方米，建筑面积5万平方米，分两期投资。一期投资5亿元，新建1条12000千克/小时打叶复烤生产线，年加工原烟3万吨（60万担），工艺技术与“芙蓉王”品牌专线对接，该项目是常德卷烟厂“芙蓉王”品牌的主要原料加工基地，项目投产后，可实现年产值2.5亿元。2014年10月，技改项目正式投产，截至2014年底，实现产值6000万元，入库税金400万元。

湘西鹤盛原烟发展有限责任公司

【概　况】 湘西鹤盛原烟发展有限责任公司位于湖南省吉首市，成立于1999年，隶属于湖南中烟工业有限责任公司管理。由湖南中烟工业有限责任公司、湖南省烟草公司湘西土家族苗族自治州公司共同出资组建，注册资本9000万元。公司占地面积11.2万平方米，12000千克/小时打叶线1条、9600千克/小时烤片线1条、3600千克/小时烤梗线1条、12000千克/小时真空回潮机1台、12000千克/小时打包线1条，年复烤加工能力3万吨（60万担）。截至2014年底，公司拥有总资产2.78亿元。在岗员工1222人。公司总经理：张其龙。

【生产经营】 2014年，公司复烤加工烟叶3.68万吨（73.54万担），产出片烟2.39万吨（47.8万担）。实现销售收入1.01亿元。实现利润4018万元。

【技术改造】 设备改造。2014年，公司计划投入技改资金86.6万元，实际完成技改投资17.34万元，完成生物质锅炉改造，解决废弃烟叶、烟梗的处理问题。改进4000～12000千克/小时真空回潮机技能，利用螺杆真空泵＋罗茨泵联合抽空新技术替代真空回潮机原全蒸汽抽空系统，实现节能降耗，吨烟叶耗汽由上半年的1.40吨/吨下降到0.98吨/吨，年节约60万元。

“十二五”技改项目。公司在2012年12月申请立项的“十二五”易地技改项目于2014年启动，计划3年完成，该项目初步概算总投资约7.6亿元。年内，搭建技改项目内部管理机构，完成新厂选址、勘探，制定工业园区“六通一平”实施方案及进度计划。11月，向国家局提交技改项目申报书，技改用地桥梁工程动工。12月，按照国家局建设规模调整要求（年处理初烤烟60万担调整为45万担）修订项目申请报告和设计方案，并于12月17日再次向国家局提交修改后的项目申报书。

浏阳天福打叶复烤有限责任公司

【概　况】 浏阳天福打叶复烤有限责任公司位于湖南省浏阳市，注册成立于2004年10月，注册资本1.6亿元，由湖南中烟工业有限责任公司，湖南省烟草公司长沙、衡阳市公司共同出资组建，隶属于湖南中烟工业有限责任公司管理。公司占地面积10.67万平方米，有12000千克/小时分类加工打叶复烤生产线1条，年复烤加工能力3万吨（60万担）。截至2014年底，公司拥有总资产3.39亿元。有员工172人。公司总经理：李昌平。

【生产经营】 2014年，复烤加工烟叶3.92万吨（78.48万担），产出片烟2.59万吨（51.8万担）。实现加工收入1.37亿元。实现税利0.55亿元，其中利润0.36亿元。

【技术改造】 2014年，公司投资613.2万元用于技术改造。4月，投资20万元进行办公信息化建设，逐步实现无纸化办公。8月，投资101.6万元将预处理一润筒加水方式由手动加水改为自动加水，提高润叶加水比例的精确性；投资77万元改造烤片机进料方式，变提升带喂料为皮带直接喂料，降低烟叶造碎；投资9.6万元改造打叶比例分料器调节方式；投资135万元在生产线增加一套叶片结构在线检测设备，及时对打叶、烤片大中片率进行检查；投资40万元整改打叶DP网络，将DP网络改为以太网；投资30万元改造打叶机落料器，将落料器网鼓透风孔孔径改为2.5毫米；投资40万元改造打叶器，更换新型打辊，节约维修换件时间。9月，投资80万元，将车间变压器由1600千伏安增容至2500千伏安，解决负荷不能满足现有设备容量需求问题。10月，投资80万元在预压打包段增加烟箱密度自动调节装置，改善烟箱内烟叶密度分布的均匀性。

广东韶关烟叶复烤有限公司

【概　况】　广东韶关烟叶复烤有限公司位于广东省韶关市，成立于1992年，2003年改制为有限公司，由中国烟草总公司广东省公司、广东中烟工业有限责任公司和深圳烟草工业有限责任公司共同出资组建。公司有1条12000千克/小时打叶复烤生产线，年复烤加工能力3万吨（60万担）。截至2014年底，公司拥有总资产1.52亿元，占地面积9万余平方米。员工176人。公司法人代表、总经理、党委书记：卢道明。

【生产经营】　2014年，公司复烤加工烟叶2.81万吨（56.2万担），产出片烟1.82万吨（36.44万担）。实现营业收入1.02亿元，实现加工收入8620万元。实现税利2246万元，其中利润507万元。

【设备改造】　通过加长仓式喂料机提升带耙钉长度，在每一排耙钉上加装挡板，提升挂烟能力和拆除拨叶辊上80%的拨叶钉，减少提升带的料厚限制以及增加一段延时程序。将仓式喂料机底带电机M27在提升喂料电机M25料满信号后再工作6秒停止，尽可能增加对提升带的供料量，有效解决散叶加工时提升带提升效率不高的问题。将中、上部散烟的流量由改造前的10000千克/小时提升到12000千克/小时，下部散烟的流量由改造前的约8600千克/小时提升到9800千克/小时以上，有效提升整条生产线的生产效率，降低人工和能源成本。

广东梅州烟叶复烤有限公司

【概　况】　广东梅州烟叶复烤有限公司位于广东省梅州市，成立于1999年12月，隶属于中国烟草总公司广东省公司，由中国烟草总公司广东省公司、广东中烟工业有限责任公司和深圳烟草工业有限责任公司共同投资组建。公司占地面积5.71万平方米，拥有4万平方米的烟叶仓库，拥有6000千克/小时的打叶复烤生产线，年加工能力1.5万吨（30万担）。截至2014年底，公司拥有总资产1.63亿元，资产负债率为8.64%。员工196人（含离退休员工），其中助理级以上职称45人，中级工以上79人。公司总经理、党委书记：方文青。

【生产经营】　2014年，公司复烤加工烟叶2.49万吨（49.78万担），产出片烟1.61万吨（32.1万担）。实现营业总收入9620万元。实现税利2652万元，其中利润1200万元。

【技术改造】　开展公司“‘十二五’打叶复烤生产线技术改造”项目和“天然气动力锅炉建设”项目的规划论证和方案设计工作，截至2014年底，2个项目处在立项审批阶段。

广西伊灵烟叶复烤有限责任公司

【概　况】　广西伊灵烟叶复烤有限责任公司位于广西南宁市郊武鸣县城厢镇兴武大道，是广西唯一的烟叶打叶复烤企业。公司最初为筹建于2000年的南宁伊灵打叶复烤厂，2002年6月正式投产。2003年6月，中国烟草总公司广西壮族自治区公司、百色市烟草公司、贺州市烟草公司、南宁卷烟厂、柳州卷烟厂等4个股东单位共同出资改制成立广西伊灵烟叶复烤有限责任公司，2007年10月新增河池市烟草公司、桂林市烟草公司两个股东单位，隶属于中国烟草总公司广西壮族自治区公司管理，注册资本4.25亿元。经营业务范围包括烟叶打叶加工和纸箱加工，其中6000千克/小时打叶复烤生产线年加工能力为1.5万吨（30万担），采用三班制生产可达2.5万吨（50万担）；纸箱年加工能力可达300万只以上。截至2014年底，公司拥有总资产5.17亿元。

共有员工663人。公司法人代表：张克勤；总经理、党总支书记：覃伟。

【生产经营】 2014年，公司复烤加工烟叶1.73万吨（34.55万担），产出片烟1.13万吨（22.6万担）。纸箱加工量159.14万只，实现销售收入8226万元，产品交付合格率达到100%。实现税利1659.66万元，其中利润278.28万元。

四川烟叶复烤有限责任公司

【概 况】 四川烟叶复烤有限责任公司成立于2011年12月，由原四川三益烟草有限责任公司、四川三友打叶复烤有限公司、宜宾三原烟叶复烤有限责任公司3家公司整合而成，公司有11家股东单位，其中卷烟工业企业股东9家（川渝中烟工业有限责任公司、湖北中烟工业有限责任公司、广东中烟工业有限责任公司、湖南中烟工业有限责任公司、浙江中烟工业有限责任公司、安徽中烟工业有限责任公司、山东中烟工业有限责任公司、上海烟草集团工业有限责任公司、中国烟草实业发展中心），四川省内烟草商业企业股东2家（中国烟草总公司四川省公司、中国烟草四川进出口有限责任公司），由中国烟草总公司四川省公司控股管理。公司实行“一个法人、多点加工”的组织模式和现代企业股份制管理模式，下辖会理、德昌、会东、泸州、宜宾等5个复烤厂，有6条打叶复烤生产线，具有13.5万吨（270万担）的年设计生产能力、17万吨（340万担）的年实际加工能力。在岗员工608人。公司法人代表、总经理：步克。

【生产经营】 2014年，公司复烤加工烟叶13.93万吨（287.54万担），产出片烟9.21万吨（184.2万担）。实现主营业务收入5.01亿元。实现税利1.6亿元，其中利润8221万元。

贵州烟叶复烤有限责任公司

【概 况】 贵州烟叶复烤有限责任公司位于贵州省贵阳市，成立于2010年1月12日，隶属于贵州省烟草公司控股并管理。公司由中国烟草总公司贵州省公司、上海烟草集团有限责任公司、湖南中烟工业有限责任公司、江苏中烟工业有限责任公司、浙江中烟工业有限责任公司、广东中烟工业有限责任公司、贵州中烟工业有限责任公司、安徽中烟工业有限责任公司、湖北中烟工业有限责任公司、山东中烟工业有限责任公司、福建中烟工业有限责任公司、红塔烟草（集团）有限责任公司、红云红河烟草（集团）有限责任公司、河南中烟工业有限责任公司、广西中烟工业有限责任公司、陕西中烟工业有限责任公司、甘肃烟草工业有限责任公司、江西中烟工业有限责任公司、河北中烟工业有限责任公司等19家单位出资组建，注册资本31.56亿元，下设贵州烟叶复烤有限责任公司毕节、遵义、铜仁、黔南、湄潭、黔西南、贵阳复烤厂等7家打叶复烤厂。公司有12000千克/小时打叶复烤生产线8条，其中毕节复烤厂2条，其余6家复烤厂各1条，年复烤加工能力32万吨（640万担）。截至2014年底，公司拥有总资产45.28亿元，其中固定资产12.18亿元、流动资产25.32亿元，资产负债率为0.35%。员工1150人。公司法人代表、总经理：张健；党委书记：张忠敏。

【生产经营】 2014年，公司复烤加工烟叶24万吨（480万担），产出片烟15.78万吨（315.65万担）。实现加工收入7.31亿元。实现税利2.25亿元，其中利润1.03亿元。

【技术改造】 2014年，公司“十二五”复烤技改项目建设稳步推进，贵阳复烤厂易地技术改造项目获得国家局立项批复。截至年底，遵义、湄潭、铜仁等3家复烤厂技术改造项目完成初步设计。

云南省烟草烟叶公司

【概 况】 云南省烟草烟叶公司位于云南省昆明市，成立于1982年7月1日，是中国烟草总公司云南省公司的全资子公司。公司占地面积39.27万平方米，是集烟叶购进、加工、销售、仓储及技术研发为一体的国有中型企业，执行储备烟叶计划，担负着云南省及国内各大卷烟工业企业的烟叶调拨任务，拥有1条12000千克/小时和2条6000千克/小时的打叶复烤生产线，年复烤加工能力10万吨（200万担）。截至2014年底，公司拥有总资产39.13亿元。在岗员工527人。

【生产经营】 2014年，公司购进烟叶10.21万吨

（204.26万担），复烤加工烟叶9.24万吨（184.73万担），产出片烟5.72万吨（114.84万担）。销售烟叶27.5万吨（137.50万担）。实现主营业务收入39.81亿元，其中销售烤烟收入39.13亿元，复烤加工收入0.68亿元。实现税利5.7亿元，其中利润3.05亿元。

云南烟叶复烤有限责任公司

【概　况】　云南烟叶复烤有限责任公司位于云南省昆明市，成立于2009年12月16日，由8家打叶复烤企业重组整合后组建，2010年1月1日正式运行。公司股东单位18家，注册资本金为40.72亿元，中国烟草总公司云南省公司所占的股权比例为36.19%，实行董事会领导下的总经理负责制。公司下辖楚雄、文山、临沧、普洱、泸西、大理、师宗、宣威、陆良、保山等10家复烤厂，有10条打叶复烤生产线，分布在全省7个州（市），年设计加工能力27万吨（540万担）。在岗员工1316人。

【生产经营】　2014年，公司复烤加工烟叶55.53万吨（1110.5万担），产出片烟36.497万吨（729.95万担）、烟梗14.852万吨（297.05万担）（包含长、短梗）、碎烟0.38万吨（7.5万担），综合出片率为65.73%、综合出梗率为26.75%、碎烟率为0.68%。实现税利12.8亿元，其中利润9.12亿元。

【技术改造】　2014年，完成泸西、楚雄复烤厂的库房建设，并投入使用；投入1600余万元用于改善各厂生产配套设施。全面启动保山复烤厂技改项目场地平整工作，办理完成文山复烤厂易地技改项目用地的出让购入手续。截至年底，新建临沧复烤厂项目和石林复烤厂就地技改项目通过国家局专家组评审，新建普洱复烤厂项目通过云南省局（公司）组织的专家评审。

红河烟叶复烤有限公司

【概　况】　红河烟叶复烤有限公司位于云南省红河州弥勒市，成立于2003年8月8日，由云南省烟草公司红河州公司和红云红河集团共同出资，由云南省烟草公司红河州公司控股，注册资本为2亿元。公司占地面积51.33万平方米，拥有2条12000千克/小时打叶复烤生产线，年复烤加工能力10万吨（200万担）。截至2014年底，公司拥有总资产10.15亿元。在册员工150人。

【生产经营】　2014年，公司复烤加工烟叶5.66万吨（113.14万担），产出片烟3.9万吨（77.99万担）。实现营业收入2.16亿元。实现税利1.52亿元。

曲靖天福烟叶复烤有限责任公司

【概　况】　曲靖天福烟叶复烤有限责任公司位于云南省曲靖市，成立于2003年11月，由曲靖卷烟厂、曲靖市烟草专卖局（公司）共同出资组建。2008年，公司股权划转红云红河烟草（集团）有限责任公司和云南中烟工业有限责任公司，注册资本2.46亿元，红云红河集团持有95%的股份，云南中烟持有5%的股份。公司占地面积7.4万平方米，有12000千克/小时打叶复烤生产线2条，年复烤加工能力6万吨（120万担）。截至2014年底，公司拥有总资产4.60亿元，其中，固定资产6244万元、流动资产3.93亿元，资产负债率15.15%。在岗员工203人。公司法人代表：高文。

【生产经营】　2014年，公司复烤加工烟叶5.36万吨（107.28万担），产出片烟产品3.51万吨（70.19万担）。实现主营业务收入2.49亿元。实现税利1.5亿元，其中利润1.09亿元。

咸阳烟叶复烤有限责任公司

【概　况】　咸阳烟叶复烤有限责任公司位于陕西省咸阳市，始建于1978年。2003年划归咸阳市烟草专卖局（公司）管理，更名为咸阳烤烟复烤厂。2007年企业完成改制，注册资本9000万元。2008年增资扩股7000万元，注册资本达到1.6亿元。公司有中国烟草总公司陕西省烟草公司，陕西中烟工业有限责任公司，四川烟草工业有限责任公司，湖南中烟工业有限责任公司，陕西省烟草公司咸阳、宝鸡、商洛、汉中、延安、安康市公司等10家股东，隶属于陕西省烟草专卖局（公司）管理。拥有9000千克/小时打叶复烤生产线1条。截至2014年底，公司拥有总资产3.58亿元，其中固定资产1.04亿元、流动资产1.89亿元。员工148名。公司董事长、党总支书记：王云彪；副董事长、总经理、党总支副书记：张晓军。

【生产经营】 2014年，公司复烤加工烟叶3.15万吨（63万担），产出片烟3万吨（60万担）。实现加工收入9498万元。实现税利4051万元，其中利润2435万元。

【技术创新】 按照客户配方加工的要求，成立工艺技术中心，完成配方打叶工作站检测设备和技术人员的配备，依据烟叶特性和客户需求，开展“一企一策”工艺策划，组织实施精细化、均质化、标准化配方打叶。与陕西中烟、陕西烟草进出口公司合作，并成功进入甘肃、湖南、浙江、川渝等省外加工市场，与全国12家工业公司和12家商业公司建立业务关系。

重庆烟叶复烤有限公司

【概　况】 重庆烟叶复烤有限公司成立于2013年9月，注册资本3.32亿元，由中国烟草总公司重庆市公司、重庆烟草工业有限责任公司、湖南中烟、江苏中烟，隶属于重庆市烟草专卖局（公司）管理。公司实行“一司两厂”管理体制，下辖公司本部、彭水复烤厂、万州复烤厂。有在岗员工202人。

公司本部位于重庆巴南区；彭水复烤厂位于彭水苗族土家族自治县，占地面积13.33万平方米，建筑面积12万平方米，其中标准仓储面积4.8万平方米，烟叶整选场地0.88万平方米，拥有12000千克/小时打叶复烤生产线1条；万州复烤厂位于万州区，占地面积7.48万平方米，仓库面积5.07万平方米，整选用地7875平方米。公司法人代表、总经理黄玉平；党组书记：陶云辉。

【生产经营】 2014年，公司复烤加工烟叶6.5万担（130万担），其中，彭水厂加工3.65万吨（73万担），万州厂加工2.85万吨（57万担）。结算加工收入2.28亿元。实现税利7238万元，其中利润3401万元。

薄片生产

上海烟草集团太仓海烟烟草薄片有限公司

【概　况】 上海烟草集团太仓海烟烟草薄片有限公司成立于2004年1月，2007年7月开始试生产。公司由原上海烟草（集团）公司、广东省金叶烟草薄片技术开发有限公司共同出资组建，注册资金3.9亿元。公司占地面积14.85万平方米，年生产能力为1万吨造纸法烟草薄片。员工193人。公司法人代表、总经理、党支部书记：周栋。

【生产经营】 2014年，公司生产薄片成品2671.65吨，其中为上海烟草集团有限责任公司生产薄片产品1826.1吨（纸质薄片产品951.48吨、纸质薄片S产品612.72吨、“中华”薄片产品261.9吨），为其他企业生产薄片产品845.55吨。销售薄片2957.1吨。实现销售收入1.22亿元。实现税利78.39万元，亏损963.8万元。

江苏鑫源烟草薄片有限公司

【概　况】 江苏鑫源烟草薄片有限公司成立于2011年10月，为江苏中烟工业有限责任公司全资子公司，位于淮安市清浦区。公司拥有2000千克/小时造纸法再造烟叶生产线和50千克/小时造纸法再造烟叶试验线，于2014年8月投入试运行，年生产再造烟叶能力1万吨。公司内设8个职能部门，其中2014年9月单设纪检监察处、审计处。截至2014年底，公司拥有总资产8.43亿元，其中，固定资产5.73亿元，流动资产1.35亿元，资产负债率17.29%。从业人员231人。公司董事长：王轩庭；党委书记：郁雨昌；总经理、党委副书记：金殿明。

【生产经营】 2014年8月至12月，公司试生产再造烟叶763吨，实现销售收入4641万元，实现税利196.91万元，实现利润61.70万元。

公司确定“立足省内，开拓省外”的营销思路，按照

“优先开拓江苏中烟卷烟品牌合作加工省份，其次逐步向尚无薄片企业的省份拓展”的思路，积极推介公司薄片产品，截至2014年底，与2家省外卷烟工业企业达成250吨外销计划。

【项目建设】 精心组织，全方位做好造纸法再造烟叶项目投入试运行保障工作。严格产品质量控制，加强工艺研究，依照省公司再造烟叶研究所确立的工艺指标，组织开展薄片产品配方上线试验，优化调整生产线设备系统和工艺参数；与省公司原料供应部、省中烟公司3家卷烟厂协调原料收集采购，并主动介入打叶复烤厂联系货源，2014年累计采购原料1983吨；严格执行在建工程“五个关口”和“应招尽招、真招实招”的要求，建立物资采购专家库，加强全过程把控力度；开展试验小线调试工作，试验小线纸机实现全幅印纸。

统筹协调，同步推进再造梗丝验证生产线配套工程项目。按照总公司在梗丝再造科技重点项目科研导向方面提出的新理念和要求，及时组织对项目工艺方案、布局和流程进行调整，并形成调整报告上报。截至2014年底，项目完成地方手续备案、节能评估、环境评价、职业病危害预评价、安全预评价、试验设备和专卖设备的购置合同签订等工作。

安徽中烟再造烟叶科技有限责任公司

【概　况】 安徽中烟再造烟叶科技有限责任公司位于安徽省蚌埠市高新区姜桥路1166号，占地面积13.33万平方米，是安徽中烟工业公司的全资子公司。公司遵循市场化运作，独立开展生产经营活动，实行自负盈亏，建立并实行独立的薪酬体系和标准。公司于2011年4月8日正式注册成立，注册资本1亿元。2012年2月，公司正式开工建设，2012年底土建及设备安装基本完成。2013年4月中旬完成水、电、气、汽等各项公用设施调试，5—6月生产线设备调试、机电联动工作基本结束，7月中旬进入带料调试阶段。公司设计年加工生产能力10000吨，拥有瑞典ANDRITZ公司生产的YANKEE 1台，荷兰Alfa Laval公司生产的Decanter Centrifuge 2台以及上海高新纸机等众多先进生产设备。一期投资4.18亿元，是全国规模较大、技术最为先进的造纸法烟草薄片生产基地之一。截至2014年底，公司拥有总资产4.22亿元，其中固定资产3.69亿元、流动资产0.53亿元，资产负债率为7.5%。从业人员180人。公司董事长：卢安宁；法人代表、总经理、党委书记：张玲珑。

【生产经营】 2014年，公司试生产加工薄片3291.6吨。

福建金闽再造烟叶发展有限公司

【概　况】 福建金闽再造烟叶发展有限公司位于福建省罗源县，创建于2003年3月，注册资金1.5亿元，由福建中烟工业有限责任公司、厦门烟草工业有限责任公司、龙岩烟草工业有限责任公司共同投资成立，隶属于福建中烟工业有限责任公司管理。公司占地面积6.52万平方米。截至2014年底，公司拥有总资产3.67亿元，一期生产线设计产能5000吨，主要设备有仿法国ABK公司纸机技术制造的纸机、引进日本技术制造的双效浓缩蒸发器、独创滚筒式提取设备和先进的磨浆机等。员工321人。公司法人代表、总经理、党委书记：林书玉。

【生产经营】 2014年，公司生产再造烟叶1.0万吨，销售再造烟叶1.01万吨。实现销售收入3.31亿元。实现税利7214万元，其中利润4524万元。

【技术创新】 围绕国家局造纸法再造烟叶技术升级重大专项，重点实施生产线梗叶末线、制浆系统、操造系统等17项综合改造，开展生产线工艺改进、装备优化等技术革新60余项。完成1个国家局立项项目，2个福建中烟立项项目取得阶段性成果，6个企业自主立项项目结项验收并实现成果转化应用。实施精益研发，开展原料均质处理、烟醇香基提取、新型助剂与新型辅料等应用研究系统，实现产品配方模块化生产。“‘七匹狼’专用再造烟叶生产线技术改造”项目初步设计方案和投资概算上报国家局审批。2014年，获得国家授权实用新型专利3项。

山东瑞博斯烟草有限公司

【概　况】 山东瑞博斯烟草有限公司位于山东省沂水县，成立于2002年2月，为山东烟叶复烤有限公司的全资子公司。公司占地面积18.11万平方米，经营范围为烟草薄片委托加工、生产销售、生产技术服务，烟草专用机械购进，烟叶购进，仓储等。公司有1条造纸法再造烟叶生产线，年生产加工能力5000吨。截至2014年底，公司拥有总资产1.42亿元，资产负债率35.78%。从业人员199人，其中劳务派遣人员35人。公司法人代表、总经理、党委书记：赵长友。

【生产经营】　2014年，公司生产再造烟叶5550.81吨，销售再造烟叶5244吨。实现营业总收入1.10亿元，其中主营业务收入1.08亿元。实现税利1233万元，其中利润150万元。

【技术改造】　2014年，公司投资938万元对1575型造纸机提质降耗、浓缩系统改造和预压打包机系统进行改造，产品质量稳定性增强，综合能耗进一步降低，生产线产能进一步提高。

河南卷烟工业烟草薄片有限公司

【概　况】　河南卷烟工业烟草薄片有限公司位于河南省许昌县工业园区，成立于2006年7月，是河南中烟工业有限责任公司的全资子公司。截至2014年底，公司拥有总资产4.71亿元。有浸取罐、浓缩设备、幅宽2640毫米烟草薄片长网纸机、卧式螺旋沉降式离心机、高浓磨浆机、滚筒式薄片烘干机、预压式打包机等主要设备，年生产能力为1万吨造纸法烟草薄片。在岗员工262人。公司法人代表、董事长、党委书记：卿平。

【生产经营】　2014年，公司生产造纸法烟草薄片8242吨，销售8183吨。实现销售收入2.43亿元。实现税利1.02亿元，其中利润6701万元。

【技术创新】　参与国家局造纸法再造烟叶技术升级重大专项研究工作，主持再造烟叶重大专项中3个子项目，参与4个子项目研究工作。主持“再造烟叶（造纸法）生产用白水细菌总数”和“再造烟叶（造纸法）合成着色剂测定高效液相色谱法”等2个造纸法再造烟叶标准研究项目，参与2个标准项目的研究工作。承担河南中烟科研项目4项，其中“造纸法再造烟叶涂布液净化技术研究与应用”项目通过河南省科技厅鉴定，并获得河南中烟科技成果二等奖。承担许昌市科技局项目1项。研制开发“清香型”新产品两个规格，并在“黄金叶”产品改造上得到应用。2014年申报1项发明专利，获得5项实用新型专利授权。完成生产线技改项目初步设计的报批，持续开展生产线技改项目方案的论证优化工作，推进生产线技改项目工艺设备的招标准备工作；完成薄片单独制丝项目投资计划申报及立项申请报告编制；完成醇提取及片烟预处理项目的考察，组织开展申请报告编制和理想审查工作，并建立健全项目过程管理制度。

湖南金叶烟草薄片有限责任公司

【概　况】　湖南金叶烟草薄片有限责任公司位于湖南省祁东县，注册成立于2004年4月，是湖南中烟工业有限责任公司所属的具有法人资格的烟草薄片加工企业。公司由湖南中烟工业有限责任公司、广东省金叶烟草薄片技术开发有限公司共同出资组建，注册资本7250万元，其中，湖南中烟占90%股份，广东省金叶科技开发有限公司占10%股份。公司占地面积11.05万平方米，有年产6000吨的造纸法烟草薄片生产线1条，年设计生产能力1万吨。截至2014年底，公司拥有总资产1.50亿元。从业人员360人，其中在岗员工319人。公司总经理：龙奇华（—2014.6），杜晖（2014.6—）；党委书记：雷显元。

【生产经营】　2014年，公司生产薄片3848吨，销售薄片3851吨。实现销售收入1.21亿元。实现税利3670万元，其中利润1866万元。

【技术改造】　公司易地技改进入湖南中烟项目统一管理，2014年8月开始纳入湖南中烟技改项目一站式服务会的范畴；与衡阳市政府协作，组织征地拆迁和用地规划的组卷报批工作；异地技改项目申请报告经中国烟草总公司合肥设计院预审后完成修改工作，2014年底通过湖南中烟办公会评审。

（编辑：周　佳）

科研和教育培训

科研院所①

2014 年全国烟草行业主要科研机构（排名不分先后）：

中国烟草总公司郑州烟草研究院

中国烟草总公司合肥设计院

中国烟草科技信息中心

中国烟草标准化研究中心

国家烟草基因研究中心

中国烟草育种研究（南方）中心（云南省烟草农业科学研究院）

中国烟草东北农业试验站（中国烟草进出口烟叶检测站、中国烟草总公司黑龙江省公司牡丹江烟草科学研究所）

中国烟草东南农业试验站（福建省烟草专卖局烟草农业科学研究所）

中国烟草白肋烟试验站（湖北省烟草科学研究院）

中国烟草西南农业试验站（贵州省烟草科学研究院）

中国烟草中南农业试验站（湖南省烟草科学研究所）

云南烟草科学研究院

中国农业科学院烟草研究所［中国烟草总公司青州烟草研究所、中国烟草遗传育种研究（北方）中心］

国家烟草栽培生理生化研究基地

广东省烟草南雄科学研究所

江西省烟叶科学研究所

河南省烟草科学研究所

河南省烟草公司烟草研究所（河南省农业科学院烟草研究所）

山东烟草研究院

重庆烟草科学研究所

陕西省烟草研究所

安徽省烟草公司烟草研究所（安徽省农业科学院烟草研究所）

中国烟草总公司郑州烟草研究院

【概　况】 中国烟草总公司郑州烟草研究院（简称郑州院）位于河南省郑州市，始建于 1958 年，是国家局、总公司直属管理的烟草科学研究与开发机构。主要从事烟草基因、烟草栽培调制及贮保、卷烟加工工艺和卷烟配方、烟草化学、烟用香精香料、卷烟减害降焦、再造烟叶等方面的应用基础和共性技术研究，卷烟厂和烟叶复烤厂的工程设计、行业相关检测仪器的研制、开发等。学科范围覆盖从烟草基因到卷烟生产的全过程。郑州院是国际标准化组织烟草及烟草制品技术委员会（ISO/TC 126）国内技术归口单位。郑州院下设 4 个科研部门、3 个行业中心和 2 家多元化经营企业。2014 年，在职员工 325 人，其中各类专业技术人员 284 人，包括中国工程院院士 1 人，享受国务院政府特殊津贴专家 8 人，烟草行业学科带头人 7 人，研究员 32 人，硕士研究生和博士研究生学历人员 184 人。

郑州院院长、党组书记：闫亚明

【科研项目与成果】 2014 年，郑州院有 1 项牵头承担项目、6 项参与承担项目获得省部级奖励，其中，“不同香型烟叶典型产区生态特征研究”获得中国烟草总公司科学技术进步奖三等奖。

全年有 2 个项目通过国家局鉴定、2 个项目通过国家局验收，24 项行业和企业标准批准发布，19 个项目通过院内验收。2014 年，郑州院被确定为第一批国家级知识产权优势企业，《企业知识产权管理规范》贯标工作正式启动。全年申请专利 238 项，获得授权 101 项；发表、交流论文 149 篇，其中被《科学引文索引》《工程索引》收录论文 107 篇。

2014 年，新立科技项目 94 项，其中含 4 项国家自然科学基金项目、1 项科技部支持项目、14 项国家局重大专项和重点项目。在研项目进展良好，在国家局组织的检查评估中，11 个项目被评为“优”。

【行业科技重大专项】 2014 年，以郑州院为依托单位的“中式卷烟制丝生产线”重大专项主机设备研发工作基本完成，8 条品牌专线建成并通过评审。“卷烟减害技术”重大专项完成行业降焦减害形势分析报告，完成《2014 版降低危害性技术体系》报告。“卷烟增香保润”重大专项深入企业进行调研，持续改进完善专项管理，专项成果在行业的影响力进一步提升。“烟草基因组计划”重大专项相关平台硬件水平持续提升，中国烟草基因组数据库 3.0 版成功升级，烟草代谢物检测覆盖度达到国内领先水平。“新型卷烟研制”重大专项完成新型烟草制品专利、市场

---

① 科研院所中中国烟草育种研究（南方）中心（云南省烟草农业科学研究院）、中国烟草东北农业试验站（中国烟草进出口烟叶检测站、中国烟草总公司黑龙江省公司牡丹江烟草科学研究所）、中国烟草东南农业试验站（福建省烟草专卖局烟草农业科学研究所）、中国烟草白肋烟试验站（湖北省烟草科学研究院）、中国烟草西南农业试验站（贵州省烟草科学研究院）、中国烟草中南农业试验站（湖南省烟草科学研究所）、中国农业科学院烟草研究所［中国烟草总公司青州烟草研究所、中国烟草遗传育种研究（北方）中心］、河南省烟草公司烟草研究所（河南省农业科学院烟草研究所）、安徽省烟草公司烟草研究所（安徽省农业科学院烟草研究所）等单位实行“两块牌子、一套机构”管理模式，其名称为中国烟草总公司和地方政府分别授予，括号内名称为省政府授予，领导成员职务按照当地省政府授予的名称规范。

及政策分析研究，牵头承担相关基础性和标准类研究项目。

【合作与交流】 产学研合作。与云南中烟签署战略合作框架协议、共建联合研发中心，与山东中烟续签战略合作协议，与江苏中烟组建“卷烟原料综合利用工艺联合实验室”，与河南中烟联合成立“河南新型烟草工程技术中心”。

国际交流。积极参与CORESTA组织各层面管理和学术活动，与菲莫中国公司签署合作谅解备忘录，与英美烟草公司、雷诺烟草公司、美国密歇根州立大学开展深入合作研究；与韩国烟草人参公社中央研究院举办第九届烟草科技联合会议。

国际标准化工作。牵头制定的第二项国际标准进入技术规范投票阶段。2014年，国际标准化组织/烟草及烟草制品技术委员会/烟叶分技术委员会（ISO/TC126/SC2）联合秘书处正式在郑州院设立。

【科研团队建设】 2014年，郑州院引进各类专业技术人员11人。与郑州大学签署《企业联合培养博士后研究人员协议》，2位博士后到院工作。33人通过任职资格评审，高级和中级分别为16人和12人，助理工程师5人。2014年公开选拔任用调研员1人、副处级干部5人。组织116人次参加国家局和郑州院内举办的培训班；郑州院内开展科研学术讲座38期。

2014年，录取硕士研究生12人，毕业硕士研究生12人。现有在读硕士研究生36人，联合培养博士研究生7人。

中国烟草总公司合肥设计院

【概　况】 中国烟草总公司合肥设计院（简称合肥设计院）成立于1990年6月，是国家局直属管理的专业设计院。合肥设计院具有国家住房和城乡建设部批准的“轻纺行业（食品发酵烟草工程）专业甲级”和“建筑行业（建筑工程）乙级”“轻型钢结构工程设计专项乙级”设计资质，可从事资质证书许可范围内相应的建筑工程总承包业务以及项目管理和相关的技术与管理服务。2010年是合肥设计院履行技术审查职责的“职能调整年”，根据国家局《关于中国烟草总公司合肥设计院职能调整的批复》（国烟人〔2009〕454号）文件精神，合肥设计院的主要职能由从事烟草行业大中型技术改造建设工程设计和服务，调整为受国家局、总公司委托，承担烟草行业固定资产投资工程项目的技术审查职责，负责组织行业固定资产重大投资工程项目总体规划、项目申请报告、初步设计文件、工程超支分析报告等技术审查以及对重大项目和课题的专家论证、评估。在完成国家局委托的工程项目技术审查任务的基础上，合肥设计院保留部分经营职能，利用技术优势，承接行业打叶复烤厂、烟用仓库设计和部分项目初步设计文件、施工图第三方审查及咨询工作。合肥设计院下设6个处室。截至2014年底，在职员工57人，其中，高级职称17人、中级职称27人，国家一级注册建筑师1人，国家一级注册结构师6人，注册机械设备及公用工程师3人，注册造价师2人，注册咨询师7人。

合肥设计院院长、党委书记：朱小平

【技术审查工作】 2014年，完成国家局委托的工程技术审查项目18项，总投资额128亿元，核减总投资3.6亿元。在进行技术审查工作的同时，初步设计和施工图设计第三方审查工作也进一步拓展，业务范围覆盖全国大部分省市，并成功入围四川省公司和安徽省公司咨询服务设计院备选库，全年完成17个项目的第三方审查工作。

【设计研究项目】 2014年从事工程设计及技术服务项目50项，其中完成申请报告等待批复的有广东梅州和韶关复烤厂技改、云南8家复烤厂技改、山东临沂复烤厂技改等20个项目；批复正在等待设计方案招标或正在招标的有四川烟叶复烤有限责任公司下属的4个打叶复烤厂技改、贵州烟叶复烤有限责任公司贵阳复烤厂技改、广东中烟韶关仓库、延吉复烤厂技改等8个项目；中标或签订合同，进行初步设计和施工图设计或施工的有郴州复烤厂技改、保定卷烟厂技改、涡阳复烤厂技改、大理卷烟厂技改、玉溪复烤厂技改、重庆复烤厂易地技改等22个项目。新签定设计合同和第三方审查项目合同16项，洽谈待签合同7项。

中国烟草科技信息中心

【概　况】 中国烟草科技信息中心（简称科技信息中心）位于河南省郑州市，是国家局批准建立的行业信息机构，其前身为原国家轻工业部烟草工业科技情报站。1986年4月，经总公司批准更名为全国烟草科技情报站，1989年3月更名为全国烟草科技情报中心，1994年更名为中国烟草科技信息中心。业务上由国家局科技司领导和指导，部分业务与行政管理工作由郑州院管理。主要承担国内外烟草科技、经济等烟草类信息的搜集、研究、加工、报道、交流以及烟草行业信息资源建设工作；承担《烟草科技》期刊的编辑出版工作；承担软科学研究、情报调研、科技评估评价、科技政策研究、烟草知识产权研究、科技查新和信息咨询服务与创新体系建设咨询服务等工作；承担中国烟草科教网的建设、维护与对外服务，承担国家局科技业务管理系统开发与维护，承担郑州院信息化建设、管理与维护等工作。科技信息中心下设6个部门，郑州院信息化工作领导小组办公室设在科技信息中心。2014年，在职员工27人，其中，高级职称13人（正高2人）、中级职称13人、高级工1人。

科技信息中心主任：郑新章

【编辑出版】 2014年，编辑出版发行中文版《烟草科技》12期，发表论文220篇，基金论文数量同比增加5个百分点，收到稿件763篇。《烟草科技》期刊再次成为《工程索引》收录期刊和中国科技核心期刊，首次进入国家新闻出版广电总局第一批认定学术期刊名单，首次编辑出版1期《烟草科技》英文版。期刊综合影响因子和复合影响因子同比分别增长7%和5.34%，综合影响因子位居23种轻工业类期刊的第一位，复合影响因子位居第二位，技术研究类影响因子位居首位。同时，在期刊出版网络化、期刊科学管理与规范化、对外科技服务与广告经营、科技培训服务等方面也取得较大进步。

【信息资源建设】 2014年，拓展国内外烟草类信息资源搜集渠道，加工入库并发布的信息资源总量大幅增加，四大类数据库系统内容更加充实。烟草科技文献数据库群共增加各类文献3.64万篇（条），同比增长104.8%，其中全文2.82万篇，同比增长228.07%，文献类数据库资源总量达到46万条（篇）。中国烟草数字图书馆完成烟草类46本中文期刊和32本图书的制作，选购电子图书1679册，数字图书总量达到2万册，其中烟草类1279册。中国烟草知识产权信息资源系统共检索、采集、标引中国烟草专利7543条，国外烟草专利1857条。

【中国烟草科教网和信息化建设】 中国烟草科教网作为行业科技类专业网站，成为行业烟草信息资源服务和科技业务管理服务的重要平台。除四大类信息资源外，国家局科技业务管理系统也在网站上运行良好，进一步提高行业科技管理的效率和有效性。通过中国烟草科教网、院内外网站等平台，全年加工、审核并发布综合性信息1万条（篇）以上，其中每天发布国外烟草动态类信息（翻译后）4条左右，是行业了解国外烟草业发展动态的主要来源。

在郑州院信息化建设、管理与运维等方面，完成各项管理制度的制修订、安全管理、信息化系统完善、业务系统运维、院内外网站建设与维护和院信息化采购管理多项工作，保证院电子院务系统、对外网站（中英文）的正常运行。

【科研项目、情报研究与科技评估评价】 2014年，科技信息中心牵头提出并获批国家局新型卷烟研制重大专项项目1项，主持烟草基因组重大专项分项项目2项。完成院长基金项目1项并通过验收。承担或参与省级局（公司）和中烟公司项目4项。组织申报郑州烟草研究院自立项目2项，院长基金项目2项（各有1项通过院学术委员会评审）。

参与完成“新型烟草制品产业政策研究分析”及“两高司法解释”相关技术论证和专题宣传，完成《烟草行业新型烟草制品专利分析报告》等5份报告。协助科技司完成：行业《“十三五”科技发展规划》《行业科技统计》的撰写工作；卷烟工业企业技术中心年度评价和行业重点实验室年度评估等工作；2014年度中国烟草总公司科学技术进步奖资料准备、网上填报、汇总分析、网上评审以及会议评审等筹备工作；行业科技查新与专题检索服务工作。全年完成科技立项、科技成果鉴定查新项目142项。

【科技咨询服务】 2014年，以《烟草科技》理事会为服务平台，科技信息中心向18家卷烟工业企业提供综合服务，其中河北中烟和陕西中烟为新增企业。完成对广东、湖北、浙江、上海、山东等5家中烟公司的信息咨询服务工作。中国烟草科教网信息资源用户数量增加9家，总数达到51家。此外，对工商企业提供科技计划项目立项、科技成果申奖、科技论文撰写、软科学研究方法、信息资源检索与有效利用等专题培训服务，促进相关单位科研能力的提升。

【技术成果】 2014年，科技信息中心获得发明专利授权3项，获得计算机软件著作权3项（含合作申请1项），出版著作1部，发表学术论文3篇。

中国烟草标准化研究中心

【概　况】 中国烟草标准化研究中心（简称标准化中心）位于河南省郑州市，成立于1995年1月，是国家局批准建立的行业标准化、计量专业机构，隶属于郑州烟草研究院，业务上受国家局科技司和郑州院领导，国家质量监督检验检疫总局、国家标准化管理委员会参与指导工作。主要职责是负责全国烟草标准化技术委员会的日常工作，专门从事烟草标准化的研究及推广，组织重大标准的制（修）订，为行业提供标准体系框架，引导行业科学地制（修）订标准、积极地采用国际标准；作为ISO/TC126烟草和烟草制品技术委员会在国内的技术归口单位，承担国际标准日常投票工作，为行业及时提供国际标准最新信息，组织专家对国际标准项目进行试验验证，积极开展国内烟草标准向国际标准上升的提案、制定工作；负责烟草行业计量标准（基准）的建立、专用检测仪器的量值溯源以及标准物质的制定，负责行业计量体系和计量网络的建立；负责烟草行业卷烟条码的审查、备案工作。标准化中心下设4个部门。2014年，在职员工22人，其中，研究员4人、高级工程师9人、工程师7人、助理工程师2人。

标准化中心主任：范　黎

【产品质量安全工作】　2014年，标准化中心主持完成《烟用接装纸非挥发性物质总迁移量的测定》及《烟用接装纸耐唾液色牢度的测定》两项总公司企业标准；牵头承担的《烟用纸张微生物状况分析研究》《邻苯二甲酸酯混合溶液标准物质》两项标准项目获得国家局、总公司标准项目立项。对卷烟品牌合作生产的3个输入方50个样品进行重点安全性指标的分析测试。拟订《卷烟相关产品使用物质安全性评估管理办法》等管理文件。

【国际标准化工作】　国标委正式向郑州院颁发ISO/TC126/SC2联合秘书处匾牌及联合秘书证书，与土耳其联合承担的ISO/TC126/SC2秘书处正式落户郑州院；牵头制定的第二项国际标准ISO 3550－3“卷烟 端部掉落烟丝的测定 第3部分 振动法”于2014年11月15日正式进入投票阶段。编制和发放4期行业内部交流期刊《国际标准化动态》；完成国际标准投票16项，2014年投票完成率为100%；组织并完成翻译100余个文件1000余页；继续收录WTO、WHO、欧盟、中东等国家、国际组织、大企业的技术法规及规定，截至2014年底，收录技术法规1289条，标准1302项，有关烟草的WTO/TBT通报230条。完成ISO/TC 92/SC 1/WG 15“卷烟引燃倾向”工作组第5次会议和ISO/TC126/WG10“深度抽吸模式”工作组第13次会议的任务；参与制定的ISO/TR 19478－1：2014 ISO“抽吸参数和加拿大深度抽吸参数 第1部分：吸烟机抽吸国际研究”结果发布。

【商业标准化推进工作】　主持完成《烟草商业企业标准化建设指南》行业标准；配合国家局科技司完成《国家烟草专卖局关于印发烟草行业商业标准化示范企业认定办法（试行）的通知》的制定和下发；参与完成首批烟草行业商业标准化示范企业认定。

【烟草专用仪器计量工作】　配合国家局科技司完成《烟草行业专用计量器具管理目录（第一批）》并下发，明确所有列入《目录》的计量器具须开展技术审核。主持完成《常规分析用吸烟机技术条件对烟气捕集影响的研究》《烟用恒温干燥箱检定规程》《纸张透气度测定仪检定规程》等3项行业计量类标准项目；依托“卷烟和滤棒物理性能综合测试台检定装置”等7个行业最高计量标准，对4500余件相关计量器具开展计量检定。

【新型烟草制品标准化工作】　配合郑州院完成烟草制品定义司法解释的前期准备工作；牵头承担的《新型烟草制品质量安全控制标准体系 构建与验证研究》、参与承担的《电子烟》等两项标准项目获得总公司标准项目立项。参与完成能够反映细支烟品类特点的《细支卷烟》产品标准。

【标准宣贯工作】　参与国家局科技司组织的对12个省（市）13个烟叶产区推进烟叶标准化生产工作实效的现场考评，以及对第六批国家级烟叶标准化生产示范区的复验，配合国家局对烟叶标准化生产取得的主要成效和经验以及存在的主要问题进行总结和分析。开展《卷烟品牌合作生产质量保障规范》（YC/T 198—2012）行业标准执行情况现场管理评价。涉及5家品牌输出方，3家品牌输入方，6组合作生产组合，质量一致性评价共涉及87组合作生产产品；《卷烟企业清洁生产评价准则》（YC/T 199—2011）行业标准执行情况的自评，涉及18家省级工业公司及所属94家卷烟生产厂，现场调研和综合评价涉及6家卷烟生产厂及所隶属的省级工业公司。

【标准化委员会秘书处及安全风险评估委员会办公室工作】　配合国家局科技司举办五期标准化培训班。承担全国烟草标准化技术委员会及烟草行业产品质量安全风险评估委员会安排的相关工作，配合国家局完成2014年64项标准项目合同（YC类40项、YQ类24项）审查、初审226项标准项目（2015年）申请书。配合各分标委、国家局审定、发布行业标准及计量检定规程61项，总公司企业标准14项，结题行业标准预研项目20项，制作审定2014年度烟叶标准样品153套，其中烤烟135套、白肋烟11套、香料烟7套，发布卷烟感官标准样品24个、行业烟气分析标准样品2个。

【科研成果】　2014年，在《烟草科技》等核心期刊发表论文12篇；获得发明专利授权5项、实用新型专利3项，申报发明专利11项；正式发布或通过审定的标准及标准化科研项目13项。

国家烟草基因研究中心

【概　况】　国家烟草基因研究中心（简称基因研究中心），位于河南省郑州市，成立于2010年12月，隶属于郑州院，业务上接受国家局科技司指导和管理。基因研究中心主要负责开展烟草基因组研究工作，整合利用行业内外科技资源，搭建具有公益性、基础性、战略性的烟草基因研究共享平台，在行业内长期发挥指导、推动、支撑和纽带作用，逐步建成国内一流、国际先进、行业共享的知识创新和人才培养基地。基因研究中心下设4个部门。2014年，在职员工26人，其中博士研究生学历14人、硕士研究生学历8人、大学学历1人；具有海外留学经历9人。

基因研究中心主任：林福呈

【科研项目】　2014年，基因研究中心承担各类科研项目31项，其中，国家自然科学基金项目2项，国家局重大专项项目12项、重点项目1项，郑州院科技项目2项，院长科技发展基金项目9项，横向合同项目5项。截至2014年底，项目均按计划顺利实施中，其中，“烟草基因序列生物信息学分析”“烟草香型风格的代谢组学研究”“烟草全基因组表达图谱构建和分析”等3项烟草基因组计划重大专项项目完成合同规定的全部指标，于2014年7月通过国家局验收。同时，“普通烟草紫黄质脱环氧化酶基因的克隆和功能分析”“烟草实时荧光定量PCR内参基因的鉴定与验证”等2项院长基金项目通过郑州院学委会验收。

【核心研究平台建设】　烟草生物信息学平台瞄准国际前沿，开发完成中国烟草基因组数据库3.0版，持续导入重大专项新产生的数据，开发新的数据分析工具，数据库月均访问量比2013年提高1倍，促进烟草基因组数据的使用。聚焦烟草基因组四倍化科学问题，研究发现栽培烟草T和S亚基因组的进化存在不平衡的现象，为揭示栽培烟草中的遗传进化规律提供理论支撑。进一步面向行业需求，提升硬件建设水平，加强与行业其他单位合作，有效发挥生物信息学平台的基础服务作用。

烟草代谢组学平台发现3种典型香型间的差异代谢物，逐步揭示香型本质；揭示香型形成的气候生态成因，其对烟草品质的影响逐渐明确；开展表达谱分析，找到3种典型香型的差异基因及其代谢途径；开展多组学整合分析，为关键代谢物的调控研究提供候选基因。烟草代谢组学数据库进一步完善，实现行业内对烟草代谢组学数据的存储、查询和数据分析，成为烟草代谢组学研究领域最为全面、数据最为详尽的代谢组学数据库。

烟草基因芯片平台研制第一张高密度烟草基因分型SNP芯片，将有利于烟草育种过程中优良性状筛选和聚合、重要性状相关功能基因定位及关联分析，提高烟草育种效率和加快烟草育种进程。绘制“红花大金元”生长发育/品质形成过程中最全面、系统的全基因组表达谱，扫描烟碱、类黄酮、木质素、类胡萝卜素、萜类、不饱和脂肪酸、生长素、茉莉酸等物质合成代谢途径重要限速节点基因表达特征，锚定生物技术调控的靶向基因位点，为烟草品质性状相关重要功能基因研究提供坚实数据基础。

【战略合作及学术交流】　2014年，基因研究中心组织学术活动19场，邀请多位国内外从事基因研究领域的专家、学者来郑州院作报告。组织科研骨干参加第三届国际分析大会、北京色谱年会、植物代谢国际会议；组团考察美国西海岸代谢组学研究中心、宾夕法尼亚大学生物统计系和美国Metabolon公司，向业界专家抛出同基因研究中心开展多种形式交流、合作的橄榄枝，提升基因研究中心的国际认知度和学术影响力。

【科研成果】　2014年，基因研究中心发表各类论文16篇，提交国际会议墙报论文3篇。申报发明专利28项，获得发明专利授权11项；申请计算机软件著作权5项，获得授权3项。

中国烟草育种研究（南方）中心
（云南省烟草农业科学研究院）

【概　况】　云南省烟草农业科学研究院位于云南省昆明市，前身是成立于1955年的云南省烟草科学研究所，2009年3月更名为云南省烟草农业科学研究院，是云南省烟草专卖局（公司）的直属科研机构；中国烟草育种研究（南方）中心（简称南方中心）成立于1995年，与云南省烟草农业科学研究院实行合署办公。2012年，南方中心由玉溪市搬迁至昆明市。围绕“一高一实”发展目标，实施“研究一粒种子、集成一项技术、解读一片烟叶”攻关，在烟草育种、栽培、植保、烘烤、烟叶质量分析等方面，开展基础研究、应用研究和成果转化推广，特别在生物技术、品种选育、功能基因研究、种子繁育技术、节本增效栽培技术、烟叶安全性领域处于行业引领地位。拥有博士后科研工作站、国家烟草基因工程研究中心、烟草行业烟草生物技术育种重点实验室、云南省烟草农业工程技术中心、中美烟草分子育种联合实验室、烟草种质资源库和世界烟草品种园等创新平台。组建生物技术育种、常规育种与种子技术、烟草功能基因、烟草栽培、烟草植保、特色优质烟叶开发、烟草烘烤与调制等7个研究团队。南方中心下设8个部门。2014年，有在职员工103人，其中正高级职称8人、副高级职称33人，博士研究生学历31人、硕士研究生学历43人，烟草行业学科带头人2人，享受国务院政府特殊津贴1人。

云南省烟草农业科学研究院党委书记、院长、主任：顾华国

【技术创新】 烟草功能基因研究及品种改良。基因克隆方面，克隆烟碱合成、腋芽形成、抗旱、类黄酮合成等一批关键候选基因，获得1个调控烟碱合成的关键基因。材料创制方面，利用"基因型+表现型"的突变体鉴定技术，筛选出低镉突变体材料，迈出利用非转基因技术培育低镉烟草品种的最关键一步；深入开展低烟草特有亚硝胺（TSNA）、抗旱、抗马铃薯Y病毒病等突变体材料筛选，获得一批突变体材料。品种改良方面，利用分子标记辅助选择技术，培育获得含有98%以上"红花大金元"基因组片段的抗黑胫病红大改良高世代材料；深入开展"Coker176"与"K326""云烟87"的回交，获得抗烟草普通花叶病毒病（TMV）的育种材料。平台建设方面，获批建设国家烟草基因工程研究中心，建成基因功能快速鉴定平台、转基因技术平台、基因组编辑技术平台、突变体库创制及筛选技术平台，基因组编辑技术TALEN和CRISPR技术成功获得有症状的植株。

烟草新品种选育。"云烟116""NC196"和"白肋烟0A1011"通过全国农业评审，"云烟207""云烟210""云烟211"等在全国区试和云南省区试中表现良好，"NC-YATAS6"等与美国北卡州立大学合作选育新品系具有较好推广潜力。

烟叶安全性研究。建立《烟叶农药最大残留限量》"123"检测技术方法，完善烟叶农药残留检测分析技术体系，搭建全省烟叶农药残留监督检测和内控检测的统一平台。

清香型特色优质烟叶开发。剖析明确不同生态区风格分异的生态基础和物质代谢特征，集成推广特色品种、定向栽培技术和品牌导向型烘烤工艺；全面开展膜下小苗移栽、病虫害绿色防控、特色烟叶烘烤等关键技术研究，进一步明确光、热、水、膜、肥等关键技术因子对膜下小苗移栽影响的理论基础，提出性引诱剂防治烟草害虫技术规范，制定"红花大金元""KRK26"特色品种烘烤工艺技术图。

【技术服务】 指导新烟区烟叶生产，服务全省88个烟叶基地单元；组织5个专家服务团，按农时、分地域、分环节开展巡回指导，解决"K326"和"红花大金元"的施肥、烘烤等薄弱环节技术问题；在育苗、移栽、施肥等关键时期和重点环节，累计派出50批230余人次专家开展技术指导。在德宏、丽江两州市开展津巴布韦特色优质烟叶开发工作，提出"三优选（品种、区域和地块）、五优化（田间水肥管理、个体群体结构、封顶留叶、成熟采烤和绿色防控）、两调整（施肥方式和烟叶存储方式）"核心生产技术。开展现场指导、发放手册、在线答疑、远程诊断等多形式的科技服务，编写发放绿色防控、密集烘烤等5本生产技术手册11.2万册，发布膜下小苗移栽、节水抗旱等生产科技意见50余条，发布《烤烟病虫情报》12期、《云南特色优质烟叶生产技术指导》12期。

【科研成果】 2014年，南方中心获得科技成果奖励12项，其中云南省政府科学技术进步奖2项，中国烟草总公司2014年度科学技术进步奖4项，云南省局（公司）科学技术进步奖7项。获授权专利25项，其中发明专利12项、实用新型专利13项。编辑出版专著1部。主持制定12项地方标准通过审定并颁布实施，发表《科学引文索引》论文5篇。

【国际合作与交流】 利用中美烟草分子育种联合实验室平台，引进24份种质资源和6份育种材料；邀请德国马普化学生态学研究所、美国加州大学等机构开展前沿学术讲座30余场次、培训交流1000余人次，邀请美国科学院院士印·鲍德温教授为云南省烟草农业科学研究院高级学术顾问，聘请2名国外知名专家担任客座研究员。派遣2名科研骨干赴美国北卡罗莱纳州立大学开展合作研究，派遣1人到津巴布韦开展生产技术交流；3篇论文入选、2人参加2014年CORESTA大会。

中国烟草东北农业试验站（中国烟草进出口烟叶检测站、中国烟草总公司黑龙江省公司牡丹江烟草科学研究所）

【概　况】 中国烟草东北农业试验站（简称东北站）位于黑龙江省牡丹江市，是经国家局批准，于1995年3月在黑龙江省烟草科学研究所的基础上建立。1998年6月1日，经国家局批准，依托东北站成立中国烟草进出口烟叶检测

站。2008年1月，黑龙江省烟草科学研究所变更为中国烟草总公司黑龙江省公司牡丹江烟草科学研究所，隶属黑龙江省烟草专卖局（公司）。承担烤烟新品种选育、生物技术、烤烟生产配套栽培技术、烤烟生产配套机械、植物营养与肥料、病虫害防治技术、烘烤技术研究及全国进出口烟叶及其制品的转基因检测和监测工作。东北站下设6个科研业务科室和2个后勤管理服务科室。2014年，有在职员工26人，其中博士研究生学历4人、硕士研究生学历12人；研究员3人、副研究员及高级农艺师10人、中级职称6人。

中国烟草总公司黑龙江省公司牡丹江烟草科学研究所所长：郭兆奎；党委书记：栾　双

【技术创新】 2014年，东北站承担国家局、省局各类科研项目32项，其中省部级以上课题5项，基因组重大专项协作课题2项，省局课题15项。申报立项国家局重点科技项目1项，申报省局重点项目4项，在国家局科技司组织的科研课题中期评估中，东北站承担的3项国家局课题评价均为“优”，另有5项课题完成合同内容，4项课题通过鉴定。

育种研究。安排种植育种组合后代材料612份，品系试验材料19份，株系材料45份，杂交圃材料61份，赤星病圃和角斑病圃安排种植鉴定材料各27份，PVY病圃种植抗性鉴定试验材料64份。新品系“LJ986”参加全国烤烟品种区域试验。7个品系材料参加全省烤烟品种区域试验，2个品系材料参加全省烤烟品种生产试验。启动“龙江911”和3个新品系的良种南繁工作。

栽培研究。开展以烟为主合理轮作技术研究、烤烟减氮施肥对烟叶产质量的影响、生物降解膜对土壤环境及烟叶产质量影响、烤烟高茎壮苗技术研究、打顶留叶数对烤烟产质量的影响、种植密度对烤烟产质量的影响、井窖式栽烟对烤烟产质量的影响、中间香型特色“质烟叶物质代谢基础研究等研究工作。同时，对黑龙江省烟区的烟叶品质进行区别划分。

病虫害防治。开展植物源农药对烟草苗期病害猝倒病、野火病、炭疽病的防治工作；分离获得对烟草野火病、角斑病具有裂解作用的噬菌体各3株以上，成功申报国家局重点项目。

土壤肥料研究。系统研究有机肥对植烟土壤环境和烟株营养变化规律，开发具有促进烤烟前期根系发育的有机肥料，提升烟叶品质结构，解决烤烟生产的重茬障碍问题。为产区化验土壤样品3368份，烟叶样品1569份。

生物技术研究。完成2种三联疫苗的构建，进行苗床盆栽及大田疫苗抗病性试验。克隆与PVY抗性相关的eIF4E－6和eIF4E－10基因，完成2个基因的过表达载体、RNAi载体及VIGS载体构建，并进行烟草转化，获得转化材料200余份，进行抗性基因功能验证，确定eIF4E－6基因与PVY抗性相关。针对eIF4E－6和eIF4E－10基因构建TALENS、CAS9表达载体对“中烟100”进行突变，截至2014年底，正在进行基因转化及筛选。

【技术服务】 2014年，东北站科技服务工作实现技术指导的点面结合，管理指导和技术指导并重的服务模式。一是科研人员先后到宁安、勃利、东宁等10个产县进行调研，分析各产县生产情况，指出存在的问题，提出生产建议和解决方案，并找准年度科技服务的重点问题，明确工作重点。二是调研8个烤烟专业合作社的运行情况，总结分析现有合作社从合作社组建、人员构成、机构设施、运行管理、规章制度建立等方面的特点，提出合作社建设存在的问题。三是加大对全省烟叶产区技术人员和烟农的培训力度，全年开办培训班8场，培训烟农、生产技术人员800余人次，内容涵盖现代烟草农业集成技术、标准化生产技术、烟叶生产风险管理意识等方面的培训，提高烟叶生产技术人员和烟农的生产技术水平和质量意识。四是撰写《黑龙江省烟叶质量现状分析与发展对策》，总结黑龙江烟叶的优势和问题；分析《中国烟叶质量白皮书》中指出的黑龙江省烟叶质量存在的主要问题，剖析影响黑龙江烟叶质量的根本因素。

【转基因检测】 2014年，完成95份国内烟叶、种子样品，63份卷烟和180份进口烟叶样品的转基因检测。

【科研成果】 2014年，获得黑龙江省局（公司）科学技术进步奖一等奖1项、二等奖1项、三等奖2项。

中国烟草东南农业试验站（福建省烟草专卖局烟草农业科学研究所）

【概　况】 中国烟草东南农业试验站（简称东南站）于1995年5月在福建三明成立，2002年初迁到福州，与福建省烟草专卖局烟草农业科学研究所实行“一套班子，两块牌子”管理，隶属福建省烟草专卖局（公司）。2004年，全面完成东南站的异地搬迁工作，站址位于福州市，在福州市晋安区宦溪镇设科研基地，在龙岩、南平、三明等3个主产烟区设立省烟科所分所（烟叶生产技术中心）。福建省烟草农业科研形成以省烟科所（东南站）为龙头，龙岩、三明、南平3个分所（烟叶生产技术中心）和9个产烟县的烤烟生产技术试验推广站组成的科研试验网络。东南站下设6个研究室和福建省烟草病虫害预测预报及综合防治站。2014年，在职员工12人，其中博士研究生学历2人、硕士研究生学历7人，研究员2人、高级农艺师5人、农艺师4人。

福建省烟草专卖局烟草农业科学研究所所长：陈顺辉

【科研工作】 特色烤烟品种选育研究。选育烤烟新品系“FJ312”（拟命名“闽烟12号”）报请全国烟草品种审定委员会审定。继续开展国家局重点课题“福建清香型烤烟新品种选育研究”，1个新品系提交全国区域试验，6个新品系参加福建省区域试验，3个新品系进入福建省生产试验。开展国家局基因组重大专项“烟草突变体库”子项目——“翠碧1号”抗青枯病定向改良研究，初步筛选出316个抗青枯病突变单株。完成“全国烟草种质资源平台建设”试验任务。参加行业标准“烟草品种试验技术规程”起草。

清香型烟叶生态基础和生产技术研究。参加全国特色优质烟叶开发重大专项研究。完成“福建生态条件下品种、栽培措施与烟叶风格关系研究”，阐释影响福建烟叶风格质量形成的生态气候因子、品种适应性以及配套栽培技术，构建一套彰显福建清香型特色烟叶的技术体系，制定一套适合福建清香型风格烟叶生产的栽培技术规范。继续开展提高福建植烟土壤质量及测土配方施肥技术研究。开展烟秆等废弃物生物黑炭转化及其在烟田改良上的应用、植烟土壤微生物群落结构及烟草根际生态效应、微量元素营养等试验研究。参加行业标准《土地整治区烤烟配套栽培技术规范》《烟草行业农业标准体系》起草。

无公害烟叶和有机烟叶开发研究。参加全国“低危害烟叶开发”重大专项研究。承担农业部公益性行业（农业）科研专项“烤烟增香减害关键技术集成与示范”的研究任务。继续开展植烟土壤和烟叶重金属控制技术试验。完成《福建烟区有机肥资源及其施用效益和安全性评估》项目报告。

福建烤烟生育期研究。从适时早栽、促进烟株早生快发、适施氮肥、根茎病害综合防治、烟叶正常成熟采收等方面开展研究，提出调整移栽期、提高移栽质量、适施氮肥等配套技术措施，完成项目总结报告。

烟叶病虫害综合治理技术体系研究。开展烟草病虫害预测预报及综合防治工作，发布全省病虫情报6期，及时指导烟区病虫害综合防治工作，并做好烟草病虫害防治技术培训工作。继续开展烟蚜茧蜂基地建设。开展烟草根茎病害生物防治研究。开展烟草病虫害预测预报，发布《烟草病虫情报》42期，及时指导烟区病虫害综合防治工作。举办病虫害测报及防治技术现场培训80场次，培训人数达到3125人次，进一步提高基层技术人员的植保知识和技能。继续开展烟蚜茧蜂防治烟蚜技术推广工作，全年推广烟蚜茧蜂防治烟蚜面积9.82万亩，防治面积占全省烤烟种植面积的10.55%，平均防治效果达到76.4%，平均防治成本降幅达到71.1%。完成“烟草冰核细菌鉴定及冻害成因和防治技术”“有机烟草生产中病虫害生防菌资源开发利用”等项目的研究和国家局新型农药试验的年度工作任务。完成“烟草根茎病害的发生规律和无公害防治技术”项目工作总结和技术报告。参加制订“烟草除草剂药害分级及调查方法”行业标准。

不同部位烟叶保香去杂密集烘烤技术研究。初步明确“翠碧1号”“K326”和“云烟87”等3个主栽品种下、中、上三个部位烟叶密集烘烤适宜采收成熟度特征，研究形成各品种不同部位、不同采收成熟度烟叶保香去杂密集烘烤技术。综合烤后烟叶外观质量、化学成分和感官评吸结果，结合不同工业企业对基地烟叶的质量要求，提出拟修改3个主栽品种密集烘烤技术规程的建议。

【技术创新】 东南站承担国家局重点项目“东南烟区烟叶生产机械化关键技术装备研究与开发”的研究；完成拔烟秆机设计与制造工作，截至年底，准备项目结题验收。与福建工程学院联合研发起垄、施肥、覆膜一体机的研制，截至年底，进行样机田间试验。2014年，东南站获得中国烟草总公司科学技术进步奖三等奖1项。申报发明专利2项；获得授权发明专利1项。

【技术服务】 作为技术依托单位，承担福建、上海、云南、浙江、江苏、广东、贵州、湖南、河南等中烟公司在永定、长汀、连城、宁化、永安、建阳、武夷山、浦城、明溪、清流、建宁等县市烟叶基地单元的科技服务工作。根据卷烟工业企业对烟叶原料的质量要求，协助产区制订生产技术方案。分别在烤烟生长的不同时期到基地单元县开展技术培训和指导工作。结合重大专项和重点课题研究，在基地单元开展相关技术试验研究和示范推广工作，为基地单元烟叶产质量的稳定和提升提供技术支持。

中国烟草白肋烟试验站（湖北省烟草科学研究院）

【概　况】 中国烟草白肋烟试验站（湖北省烟草科学研

究院）是全国唯一的白肋烟农业科研单位，其前身为成立于1986年的湖北省鄂西烟草科研所，1991年5月组建湖北省白肋烟研究所，1997年6月更名为湖北省烟草科研所；1997年7月，国家局决定在湖北省建立中国烟草白肋烟试验站（简称白肋烟站），并与湖北省烟草科研所合署办公，隶属湖北省烟草专卖局（公司）；2002年8月，白肋烟站由湖北省恩施市搬迁到武汉市；2013年7月更名为湖北省烟草科学研究院。承担全国白肋烟和全省烤烟及其他晾晒烟的农业技术等方面的科学研究，承担国家局、湖北省烟草专卖局（公司）下达的科研任务，承担全省烟叶和土壤样品的重点指标的化验检测任务，负责全国白肋烟和全省烟草良种繁殖、包衣加工、计划调拨与经营，负责湖北省烟叶生产新技术推广的咨询、培训等科技服务工作，指导湖北省烟区病虫害预测预报及综合防治和先进实用烟叶生产技术推广。白肋烟站下设4个研发中心、4个研发服务部门和2个综合管理部门。2014年，在职员工34人，其中，行业学科带头人1人、研究员2人、副研究员2人、高级农艺师10人、中级技术职称14人；博士研究生学历6人、硕士研究生学历16人。

湖北省烟草科学研究院院长：李进平（2014.5—，之前任调研员兼副院长）

【科研工作】 2014年，白肋烟站以聚焦“提升烟叶质量”为总目标开展35个科研项目和示范推广任务，其中在品种选育、烟叶减害等方面研究有新突破。引进的白肋烟品种“TN90LC”通过全国烟草品种审定委员会农业评价，自主选育的“HB023”“HB032”“HB112”等3个烤烟新品系通过湖北省烟草品种审评委员会农业评价。主持承担的湖北省局重大专题“‘清江源’‘金神农’烟叶减害降焦的农业关键技术研究与应用”成效显著，即在宣恩县晓关乡初步建立1个富硒低危害烟叶生产基地单元试点，推广面积1.7万亩；完成湖北省植烟土壤的肥力状况评价工作，制定适合湖北省烟叶适宜性种植的土壤养分质量标准，提出应对措施；开展湖北省烟叶主产区土壤中重金属和农残状况的评估工作，以及近十年来烟叶质量演变趋势的评价工作；建立系统的烟叶质量安全性指标体系和基于GIS的全省烟叶质量安全性数据库，并对质量安全性数据进行图形化展示。积极拓展农残检测能力，截至年底，白肋烟站具备123种农残的检测能力，并对检测方法进行优化，缩短检测时间，提高分析检测效率。

【科研成果】 2014年，白肋烟站获中国烟草总公司科学技术进步奖一等奖1项、三等奖1项，湖北省技术发明奖一等奖1项。通过湖北省局（公司）鉴定成果1项，验收成果1项。参与制定行业标准1项。获得专利授权13项，其中发明专利7项（1项发明专利获得美国授权）、实用新型专利5项、软件著作权1项。发表核心期刊论文23篇，其中1篇获得湖北省科协优秀论文三等奖，3篇获得湖北省烟草学会优秀论文二、三等奖。

【良种繁育】 完成种子调拨任务，2014年调拨包衣种61.53万袋，满足湖北省烟叶生产的需要。组织2015年烟叶生产用种包衣加工45万袋，种子质量100%达到行业质量标准。

【成果转化与科技服务】 2014年，在环神农架烟区扩大示范推广“金神农1号”2.89万亩，同比增加5000亩，该品系在竹山、竹溪、房县、郧西、兴山、保康等烟叶生产县主要经济性状表现出明显优势。为适应市场降焦减害的需要，湖北省100%推广应用白肋烟改良品种，烟碱转化率大幅度降低。湖北省落实推广“双行凹型垄保水栽培技术”面积10.12万亩，在气候不利条件下，双行凹型垄保水栽培技术烟株长势优于单垄。应用改进完善的抽屉式烟夹烤房，烤后烟叶淀粉含量明显降低，内在化学成分更加协调。依托湖北烟草病虫害预测预报及综合防治网络成员单位，在湖北省设立12个重点调查观测点，建立病虫害综合防控核心示范区面积2万余亩，烟蚜茧蜂防治烟蚜示范区3100亩，有效带动湖北省烟草病虫害防治水平提升。分产区组织专班，配合产区强化培训指导，进行技术咨询和现场指导。

中国烟草西南农业试验站（贵州省烟草科学研究院）

【概　况】 中国烟草西南农业试验站（简称西南站）于1999年在贵阳成立，与贵州省烟草科学研究院合署办公，隶属贵州省烟草专卖局（公司）。西南站主要从事烟草农业科技知识创新，以应用研究为主，强化基础研究，引领贵州烟草农业发展。西南站总部在贵阳，在福泉、龙岗设有两个基地。西南站下设3个研究中心、3个科研业务部门和7个管理后勤部门。2014年，在职员工148人，其中科技人员88人，博士研究生学历21人、硕士研究生学历31人、高级职称42人、中级职称48人。

贵州省烟草科学研究院党委书记：王秀龙；院长、党委副书记：冯勇刚

【技术创新】 2014年，承担各级各类科技项目63项，其中国家级项目3项，国家局重大专项3项，省部级项目37项，省局（公司）项目18项，工业企业委托科技服务项目7项。获科技计划立项16项，其中，国家自然基金项目2项、贵州省农业科技重大专项1项、国家局基因组重大专项1项、重点项目3项、省战略联盟平台项目1项，省基金项目2项，省局（公司）项目4项，行业重点实验室项目2项。

【科研成果】 发表论文63篇，其中SCI期刊9篇，国内权威期刊17篇；CORESTA、TSRC会议宣读论文5篇，墙报论文2篇，第一届噬菌体国际会议论文1篇。获得专利授权43项，其中发明专利12项、实用新型专利31项。获得省部级科学技术进步奖二等奖1项、三等奖3项，地厅级科学技术进步奖一等奖1项、二等奖2项。

【合作交流】 西南站有4人次分别赴美国、加拿大参加TSRC、CORESTA大会学术交流。邀请中国农业大学、中国农业科学院烟草研究所、上海烟草集团、加拿大圭尔夫大学、上海生命科学院、军事医学科学院等合作单位的专家到西南站做学术讲座。

中国烟草中南农业试验站（湖南省烟草科学研究所）

【概　况】 中国烟草中南农业试验站（简称中南站）位于湖南省长沙市，是国家局批准成立的5个烟草农业试验站之一，于1997年初开始筹建，2000年7月正式授牌成立。2007年，为优化整合烟草农业科技资源，构建湖南烟草农业科技创新平台，提高自主创新能力和烟叶原料有效供应水平，湖南省烟草专卖局（公司）、湖南中烟工业有限责任公司和湖南农业大学三方联合共建中南站。2013年9月，中南站成立学术委员会，下设育种与基因、栽培与营养、植保与安全、烘烤与品质四个分会，为湖南烟草农业科技创新提供决策支撑作用。湖南省烟草科学研究所成立于2013年12月，直属于湖南省局（公司），代表湖南省局（公司）参与中南站的科研活动，于2014年与中国烟草中南农业试验站合署办公。中南站下设6个部门和5个试验基地。2014年，在职员工48人，其中，高级职称36人、中级职称9人、初级职称3人、博士研究生学历15人、硕士研究生学历28人。

湖南省烟草科学研究所站长：赵松义

【技术创新与服务】 2014年，中南站主持或参与在研科技项目17项，其中国家局重大专项或重点项目4项，湖南省公司和湖南中烟项目13项。提供农业类科研项目申报指南4项。继续配合国家局重大科技专项实施，做好湖南浓香型烟叶、湘西山地特色烟叶、低危害烟叶的研究开发等项目的结题工作，继续加强彰显浓香型特色优质烤烟品种筛选，建立以生物防治为主的湖南烟草病、虫害绿色防控体系，开展湖南烟区土壤保育研究。

烤烟育种工作取得较大突破，应用单倍体育种技术，成功构建烟草花药培养批量诱导DH群体的技术体系，筛选出20余个极有希望的优良株系。截至2014年底，中南站自育烤烟品种“湘烟3号”在全国累计推广60万亩。烟草病虫害生物防治综合技术得到大力推广，截至2014年底，在湖南省烟区累计推广施用防治烟草青枯病XQ生防菌剂10万亩，累计推广施用植物源杀蚜剂6万亩，烟叶增香提质剂1万亩，均取得良好效果。烤房新材料与烘烤新工艺技术稳步推进，新材料密集式烤房累计推广3.5万座。

【科研成果】 2014年，中南站获得中国烟草总公司科学技术进步奖三等奖1项，湖南省公司科学技术进步奖一等奖1项，湖南省烟草公司科学技术进步奖三等奖1项。

【合作交流】 2014年，中南站湘西基地与青州烟草研究所签订长期战略联盟科研合作协议。与中国农业科学院烟草研究所、湖南农业大学一起承担国家局2014年度重点项目“适宜武陵山区钾高效抗黑胫病烤烟新品种选育”；与郑州大学合作共同承担国家局重点项目“烤烟高温逼熟成因、指标体系及防控技术研究”。截至2014年底，中南站与湖南中烟、上海烟草集团、广东中烟、河南中烟、安徽中烟、浙江中烟等多家工业公司达成技术合作协议，作为技术依托单位为相关卷烟工业企业在湖南省的20个烟叶原料基地提供科技服务。

云南烟草科学研究院

【概　况】 云南烟草科学研究院（简称云南院）成立于1998年，位于云南省昆明市高新技术开发区，隶属于云南中烟工业有限责任公司，是专门从事基础性、前瞻性、共性技术研究的综合科研机构。2014年3月，在云南中烟“两统一、两整合”改革部署下，与云南中烟科技开发部、红塔集团技术中心和红云红河集团技术中心组建云南中烟技术中心，对外不再以云南院的名义承接项目。2014年，在职员工464人，其中博士研究生学历43人、硕士研究生学历148人；高级技术职称62人；拥有行业学科带头人4人；

云南中烟科技领军人才5人，云南中烟学科带头人8人；享受国务院政府津贴、云南省政府津贴和被评为云南省有突出贡献优秀专业技术人才13人；云南省学术技术带头人及后备人才、云南省科技创新人才14人；昆明市中青年学术和技术带头人及后备人选5人。

云南院院长、党委副书记：李光斗（—2014.5）；党委书记、副院长：程永照（—2014.5）；院长、党委书记：李天飞（2014.5—）

中国农业科学院烟草研究所［中国烟草总公司青州烟草研究所、中国烟草遗传育种研究（北方）中心］

【概　况】　中国农业科学院烟草研究所始建于1958年，原址位于山东省青州市，1959年4月更名“山东省烟草研究所”，1987年经国家科委批准增挂“中国烟草总公司青州烟草研究所”牌子（简称青州所），2004年10月搬迁至青岛，受中国农业科学院、中国烟草总公司和山东省政府领导，主要开展烟草农业科学研究和成果转化工作。中国烟草遗传育种研究（北方）中心成立于1999年，为非独立法人科研事业机构，挂靠青州所。青州所下设4个职能部门、8个研究室（中心）、3个服务机构及2个产业转化机构；有19个国内创新平台与1个中加国际共建平台挂靠青州所；青岛中烟种子有限责任公司、上海烟草集团有限责任公司原料研究一室、山东中烟工业有限责任公司原料研发中心、川渝中烟工业有限责任公司原料研发中心等科技成果转化平台也设在青州所。

2014年，在职员工206人，其中专业技术人员169人。高级职称专家78人，研究生以上学历112人。享受国务院政府特殊津贴17人，中组部联系专家1人，农业部突贡专家3人，烟草行业学科带头人2人，国家公益性行业（农业）科研专项首席科学家1人，中国农业科学院科技创新团队首席科学家6人，特聘长江学者1人，泰山学者1人。

青州所所长、党委副书记：王元英；党委书记：许发辉

【科研工作】　科技项目。2014年，新增立项各类纵向科研项目29项，其中主持农业部财政专项4项，国家自然科学基金项目4项，山东省自然科学基金1项，农业部、科技部种质资源项目2项，国家局科技重大专项、科技重点项目6项，烟叶公司技改项目4项，中国农业科学院基本科研业务费项目6项。

项目过程管理。截至2014年底，承担的农业部行业公益性专项、948、863、国家自然科学基金等国家科技计划和烟草突变体库、特色优质烟叶开发等重大行业专项均通过项目下达单位年度总结和考核评估，并在烟草腋芽发育与植物衰老分子调控机制、烟草有害物质合成代谢研究等方面取得较大进展。修订《烟草研究所科技奖励办法》，加大对重点项目、重大成果、高水平论文等重要产出的奖励力度。

【技术服务】　打造“工商研农”合作新亮点。与上海烟草集团、安徽皖南烟叶公司共同承建沪皖现代烟草农业高科技示范园项目，与安徽中烟共建“黄山”焦甜香皖南科技示范园项目。全程参与策划、实施全国烟叶收购暨现代烟草农业建设现场会。

挖掘合作深度广度。通过拓展服务领域、强化与优势企业协调沟通、开辟新合作伙伴等措施，不断提升技术推广工作可持续发展能力，实现原有合作工业企业资助全部提升的目标，与江苏中烟探索性地建立合作关系。

创新转化协调发展。与福建省烟草公司南平市公司共同完成的“‘武夷’清香优质烟叶研究与开发项目”通过国家局组织的鉴定验收，并被推荐参评中华农业科技奖。策划并实施GAP、CRTM等创新性项目，青州所首次开发的甘肃烟区取得阶段性成效。逐渐积累“微生物扩繁制剂”等一批新成果、新专利，其中“烟青虫、棉铃虫性信息素诱捕器”以合作开发的形式成功转让。

【创新平台建设】　2014年，国家农作物种质资源平台烟草种质资源子平台在青州所正式挂牌，农业部质检中心顺利通过“2+1”现场复查评审，农业部烟草质量安全风险评估实验室召开第一次技术委员会会议，完成“烟草基因资源利用”和“烟草病虫害监测与综合治理”两个行业重点实验室的年度考核及评估工作，考核结果均为优秀。组织“中国农业科学院烟草遗传改良与生物技术重点开放实验室”和中国农业科学院青岛、西昌烟草资源与环境野外科学观测试验站三个创新平台的考核自评估工作。

【技术成果】　2014年，青州所获得省部级以上技术成果2项，其中中国农科院技术成果二等奖、中国烟草总公司科学技术进步奖三等奖各1项，获山东省局（公司）科学技术进步奖一等奖1项。鉴定成果15项，其中主持11项。育成烤烟新品种“CF225”和“CT141”，分别通过全国农业评审和山东省农业评审。2个烤烟新品系参加全国区试，5个烤烟新品系参加山东省区试。作为第一完成单位发表SCI、EI论文25篇，中文核心期刊79篇；出版著作5部，颁布行业标准2项。获得发明专利授权14项、实用新型专利6项、软件著作权14项。

【合作交流】 中加烟草病虫害监测与综合治理联合实验室在植物病理、昆虫生态、生物防治等方面开展全面合作研究。组织申报外专局培训项目2项，参加中国农业科学院主持的国家外国专家局“中澳动植物种质资源培训”项目1项。邀请美国康奈尔大学、挪威国家作物和环境研究所、美国佛罗里达大学、美国生物能源公司团队等7批12人次来所进行学术交流、洽谈合作。派出8批17人次出国学习、考察。郭永峰研究员以高票当选CORESTA科学委员会委员，并担任农艺学组的副主席，这是中国代表首次在农艺学组任职。

国家烟草栽培生理生化研究基地

【概　况】 国家烟草栽培生理生化研究基地（简称“生理生化基地”）于1997年组建，位于河南省郑州市，受国家局和河南农业大学领导，是从事烟草生产理论和技术创新研究，开展技术推广和服务，培养高层次人才的科学研究机构。生理生化基地下设5个部门，并拥有烟草行业烟草栽培重点实验室和河南省烟叶技术研究与推广中心。此外，在生理生化基地基础上，建设有烟草行业烟草栽培重点实验室。生理生化基地立足于整合全校与烟草专业相关科技资源，做强烟草学科，拥有烟草栽培生理、烟草遗传育种、烟草调制加工、烟草化学、烟草品质生态、烟草工艺和烟草生物技术等7个学术团队。

2014年，从事烟草专业教学和科研工作的教师70人，享受国务院政府特殊津贴专家1人，烟草行业学科带头人2人，河南省管优秀专家1人，河南省学术技术带头人2人，国家局科技委委员2人，校级教学名师3人，教授15人，副教授（含高级实验师）27人，博士生导师10人，硕士生导师18人。具有博士学位（含在读博士）的教师34人，占职工总数的69.4%。此外，在国内外、行业内外聘请名誉教授、兼职教授、兼职硕士生导师20余人。

生理生化基地主任：刘国顺（—2014.4）

【技术创新】 2014年，生理生化基地开展的“弹射式蒸汽爆破木质纤维素的表征分析及其对乙醇发酵的影响”“非生物胁迫应答基因TaSnRK2.7启动子的分离及调控区段分析”2项国家自然基金项目获得国家自然科学基金委资助，2项国家局重点科研项目获准立项，20余项省级烟草商业和工业企业科技攻关项目获准立项。“浓香型特色优质烟叶开发”重大专项取得较大突破，通过江西、陕西、河南3个试区田间鉴评工作。重大专项“降低白肋烟、马里兰烟NNK理论与技术研究”项目组围绕降低NNK含量开展大量创新性研究，取得阶段性成果，研究论文在加拿大召开的国际烟草科学大会会议上宣读。

【成果转化】 新品种选育与推广。“豫烟6号”“豫烟10号”“豫烟11号”“豫烟12号”等4个品种在河南省烟区大面积示范，得到卷烟工业企业认可。

新型能源设备研发与新型肥料的推广。结合现代烟草农业建设和中国烟叶公司关于优化烟叶等级结构的工作要求，在产品和技术方面着力创新：一是生物质燃料集中供热密集烘烤设备的研发和应用；二是优化结构中废弃烟叶的无害化处理和综合利用技术；三是高碳基土壤修复肥的研制与开发。

烟田废弃物无害化处理技术推广与应用。在云南大理、贵州毕节等地区开展利用田间不适用烟叶生产有机肥料的场地建设、废弃物收集、粉碎、初步处理物料堆放等。高温发酵设备研发基本成型，高温发酵生产工艺已成规范，应用效果显著。

【重点实验室建设】 烟草栽培重点实验室建设稳步推进，2014年12月29日至30日，国家局科技司组织评估专家组在北京对烟草栽培等5家行业重点实验室2011年至2013年的整体运行状况进行综合评估，烟草栽培实验室顺利通过验收。

【学术交流与国际合作】 加强与美国弗吉尼亚理工大学、美国肯塔基大学、美国北卡罗来纳州立大学、英国莱斯特大学、英美烟草公司、帝国烟草公司、美国孟山都生物技术公司联系。参加国际土壤科学大会，两篇论文在会议上交流。受国家留学基金委资助，委派1名教师赴英国莱斯特大学作为访问学者。

【技术成果】 2014年，生理生化基地获中国烟草总公司科学技术进步奖三等奖1项，获得河南省局、贵州省局科学技术进步奖3项，通过省部级鉴定和验收成果5项。截至2014年底，以第一作者或通讯作者发表在各级各类学术期刊发表研究论文180余篇，其中SCI、EI论文31篇。获得专利授权3项。组织编写《中国烟叶生产技术指南（2014）》。“白肋烟烟碱转化株鉴定规程”（YC/T 524—2015）经国家局批准，将于2015年颁布实施。

广东省烟草南雄科学研究所

【概　况】 广东省烟草南雄科学研究所（简称南雄烟科所）是广东省烟草商业系统唯一的科研机构，其前身是成立于1963年的广东南雄烟草试验站，1987年更名为“广东省南雄烟草研究所”，2002年更名为“广东省烟草南雄科学研究所”。2012年12月，广东省局（公司）成立广东烟草粤北烟叶生产技术中心，与南雄烟科所合署办公。南雄烟科所下设5个部门。南雄烟科所的主要工作职责是：围绕烟叶生产发展需求，开展烟草品种选育、栽培、调制、植保、现代烟草农业建设等科技项目的研究和成果转化工作；结合烟叶生产实际，组织开展烟叶生产先进适用技术的引进、吸收、消化和推广应用工作；负责全省烟草良种繁育与病虫害预测预报工作；负责全省烟叶产区烟叶质量评价、烟叶产品安全性指标的内控标准制定和检验工作；开展烟叶生产科技服务和相关技术培训工作；承担行业科研单位及广东省局（公司）安排布置的科研、试验示范项目，参与区域性科技项目研究，做好相关横向项目的协同攻关工作。2014年，共有在职员工32人，其中，高级农艺师4人、中级农艺师7人、博士研究生学历1人、硕士研究生学历4人。

南雄烟科所所长：邱妙文

【技术创新】 2014年，南雄烟科所承担国家局科技项目4项，广东省局（公司）科技项目24项，广东中烟科技项目4项。按照各科技项目2014年度实施方案的要求，全面部署落实各科技项目试验示范研究工作，在浓香型特色优质烟叶开发、烤烟新品种选育、测土配方施肥、病虫害综合防治、密集烘烤工艺优化等方面取得一定的成果。

【技术服务】 参与全省现代烟草农业建设工作。作为技术依托单位，参与广东省特色优质烟叶开发工作。在烟叶生产期间，派出专业技术人员到产区进行巡回技术指导。做好全省烟草病虫害预测预报和全省烟叶生产安全性监测工作。协助广东省局（公司）烟叶管理处，做好全省烟叶生产调查与评价工作。做好全省烤烟育苗配套物资服务工作。完成2015年全省烤烟良种繁育及包衣加工工作，烤烟育苗基质、肥料配制工作。

【技术成果】 2014年，南雄烟科所获广东省局（公司）科学技术进步奖二等奖1项，韶关市科学技术进步奖三等奖1项。获得实用新型专利授权5项。出版学术专著1本，发表国内外学术刊物论文12篇。

【成果转化】 南雄烟科所收集、整理近年来取得的最新科技成果，筛选出符合广东省实际的烟叶生产实用新技术，加大烟叶生产新技术推广力度。开展“烤烟新品种粤烟98”“小苗膜下深栽”“烟蚜茧蜂防治烟蚜”“‘前膜后草’覆盖”“烟夹烘烤技术”等烟叶生产新技术示范推广工作。

【合作交流】 与河南农业大学、华南农业大学、广东省农科院、广东省生态环境与土壤研究所等省内外、行业内外的高等院校、科研院所建立良好的科研协作关系，同时联合广东省各烟叶产区公司、相关中烟公司，以科技项目为载体，共同开展技术攻关研究与开发，产学研合作开展烟草科技创新与技术推广工作。

江西省烟叶科学研究所

【概　况】 江西省烟叶科学研究所（简称江西烟科所）成立于1994年，是江西省烟草专卖局（公司）直属科研机构，位于江西省南昌市。建设之初，所址设在江西农业大学。2009年，江西省局（公司）将江西烟科所单设。江西烟科所是全省烟叶科学研究的龙头单位，负责烟草实用技术研发和相关基础研究，开展全省烟叶三级技术研发服务体系的组织、协调和指导工作，组织全省烟叶科技协作，主持全省烟草病虫害预测预报工作，开展烟叶生产技术指导。2014年，在职员工15人，其中博士研究生学历2人，硕士研究生学历8人。

江西烟科所所长：何宽信

【科研工作】 2014年，江西烟科所按照“突出重点、兼顾实施”的原则，重点开展6个方面的科研任务，主要包括江西省浓香型特色优质烟叶研究与开发、以成熟度为中心的瑞金特色优质烟叶生产技术研究与应用、具有江西特色的烟叶质量评价指标探索与技术体系构建、江西旱地紫色土土壤改良与生物修复技术研究、烟蚜茧蜂防治蚜虫技术研究与推广和江西烟夹和散叶烘烤质量成因及配套技术研究。

注重加强成果转化，加大科技示范推广工作。2014年，应用6个科研项目取得的阶段成果，开展试验示范。一是重点建设浓香型特色优质烟叶示范区，分别在信丰、瑞金、广昌、安福等4个主产区建设2000亩的浓香型烟叶核心示范区，开发高香气浓香型烟叶。在集成浓香型项目研究成果的基础上，重点围绕土壤修复、营养调控、自主烘烤、节能环保，推广应用高碳基修复肥料和新型液体燃料烤房等方面开展技术集成示范，取得显著成效，示范区烟叶质量明显优于非示范区烟叶质量。2014年6月在安福召开的全国浓香型特色优质烟叶开发项目2014年现场评议会上，江西浓香型核心示范区建设成效获得全国相关鉴定专家的一致好评。二是搞好其他重点项目的生产示范。应用优质高抗新品种筛选及其配套技术、烤烟商品有机肥筛选评价与示范、烟草有害生物调查、密集烘烤工艺与烟叶质量关系研究和密集烤房烘烤节能降耗试验与推广等5个项目的研究成果，在江西省主要烟区建立高标准生产示范区，为今后大面积推广提供实践依据。

【技术服务】 2014年，江西烟科所着力从技术培训、基地建设和技术指导等方面做好科技服务工作。一是搞好技术培训。先后举办烟叶大田管理暨基地单元建设培训、浓香型特色优质烟叶综合示范区关键生产技术培训、全省烟草田间试验方法和统计培训等，并赴多个主产烟区开展烤房建设及烘烤技术。二是搞好基地建设服务。作为技术依托单位，深度介入基地单元建设，加强与上海烟草集团、广东中烟、湖南中烟、福建中烟和江西中烟的合作，共建黎川德胜、瑞金壬田、广昌头陂、安福寮塘、石城丰山和石城特色优质烟叶等基地。三是加强技术指导。深入各产区开展烟叶生产技术培训，搞好科技试验技术指导，优化江西密集烤房结构。

【技术成果】 2014年，发表科技论文15篇，其中核心期刊论文5篇。获得专利授权3项，其中发明专利1项、实用新型专利2项。

河南省烟草科学研究所

【概　况】 河南省烟草科学研究所位于河南省郑州市，于2014年12月10日成立。2014年9月，国家局、总公司下发《国家烟草专卖局 中国烟草总公司关于设立河南省烟草科学研究所的批复》（国烟人〔2014〕327号），同意设立河南省烟草科学研究所，为河南省烟草专卖局（公司）的专业部门。河南省烟草科学研究所主要职责是：承担全省系统科技创新、管理创新等重点科研项目攻关，重点开展烟草新品种培育、烟叶栽培、植物保护、烘烤调制、资源环境等烟草农业科学和应用技术研究，承担国家局和省局（公司）下达的烟草农业科研任务和本系统重大科技成果推广与应用，提供烟草农业新技术、新工艺、新方法技术示范及培训服务等。河南省烟草科学研究所下设4个研究室和综合办公室。人员编制为30人。

河南省烟草科学研究所所长：王宏超（2014.12—）

河南省烟草公司烟草研究所（河南省农业科学院烟草研究所）

【概　况】 河南省烟草公司烟草研究所（河南省农业科学院烟草研究所），位于河南省许昌市，是全国建立最早的烟草研究机构之一。1979年归并河南省农业科学院，更名为河南农业科学院烟草研究所，2006年更名为河南省农业科学院烟草研究中心，2013年4月更名为河南省农业科学院烟草研究所。2008年，增挂河南省烟草公司烟草研究所（简称河南烟草所）牌子，业务上归河南省农科院和河南省烟草专卖局（公司）管理。河南烟草所下设8个部门，河南省烟草病虫害预测预报网及综合防治站和河南省农科院烟草学重点实验室均挂靠在河南省农业科学院烟草研究所。2014年，有在职员工55人，其中科技人员31人、熟练试验技工24人，研究员2人、副研究员10人、助理研究员14人，博士研究生学历6人、硕士研究生学历8人。

河南省农业科学院烟草研究所所长、主任：陈廷贵

【科研工作】 2014年，河南烟草所承担各类项目40项，其中农业部重大专项1项，河南省科技攻关项目2项，中国烟草总公司重大专项3项、重点项目2项，河南省农业科学院项目10项，河南省公司重点项目13项，中烟公司及其他项目9项。

【技术服务】 2014年，河南烟草所继续与上海烟草集团、吉林烟草工业有限责任公司、浙江中烟、红云红河集团等卷烟工业企业协作在河南烟叶主产区10个市（县）开展优质烟示范与推广，示范面积16.1万亩。全年召开各类培训会223次，培训烟农1.96万人次，印发技术资料4.6万份。通过这些科技服务，提高河南省烟区的新技术、新成果的普及率和到户率。

【技术成果】 2014年，河南烟草所获得河南省科学技术进步奖三等奖1项，河南省烟草系统科学技术进步奖三等奖1项，红云红河集团科学技术进步奖二等奖1项。获得授权发明专利2项、实用新型专利5项。在中文核心期刊发表论文11篇。

山东烟草研究院

【概　况】 山东烟草研究院始建于2011年，位于山东省济南市，隶属于山东省烟草专卖局（公司），主要从事烟草农业、卷烟营销、电子商务与现代物流、经济运行、现代企业管理、信息技术、造纸法再造烟叶技术等方面的研究开发。山东烟草研究院下设4个职能部门和4个研究中心。2014年，有在职员工33人，其中，享受国务院津贴2人，烟草行业有突出贡献专家1人，高级职称6人；博士研究生学历4人，硕士研究生学历13人。

山东烟草研究院院长、分党组书记：邓志坚（兼）

【技术创新】 山东烟草研究院以满足工业需求为导向，集成烟叶生产实用技术，构建山东烟区生态烟叶生产规范，烟叶质量和工业可用性明显提高。加快烟草农机研发与推广工作，研制出烟田整治、起垄施肥、田间管理、打顶采收等各类机械10种。探索面向消费者的卷烟微营销策略与实现方式，运用“互联网思维”和大数据技术创新卷烟营销模式，增强行业服务零售客户及消费者的能力和水平。开展虚拟化技术应用研究，以J2EE应用服务器动态集群技术为支撑建立企业级应用平台云，提升全系统信息资源的利用率。制定卷烟品牌培育评价标准，开发卷烟品牌培育评价软件并投入使用。开发形成山东省局（公司）系统营销岗位胜任力测评软件平台，为下一步开展营销岗位胜任力测评资质建设打下基础。开展造纸法再造烟叶在“泰山”卷烟新产品中的研发与提质优化研究。针对川渝中烟“高质低焦”造纸法再造烟叶需求，成功研发“娇子龙涎香”系列专用再造烟叶产品，在“娇子”品牌一类烟中应用比例达到10%。

【技术服务】 推进科技成果转化，服务烟叶生产。烟草农机研发与推广项目先后定型产品10个，全省推广2114台（套）；“8点式”精准密集烘烤工艺累计示范推广59.82万亩；引进推广“NC55”烤烟新品种，累计推广46.43万亩，成为山东主栽品种。开展软件评测和安全检测，对山东省烟草系统197个信息系统进行拉网式排查，分析系统潜在安全弱点并及时进行整改，历经多次黑客扫描、探测和攻击尝试，未出现一起网页篡改、网站挂马等安全事件。开展调查、下乡咨询指导等450天次，技术培训20余场次，培训人员2000余人。“博士大讲堂”活动交流授课6次。

【技术成果】 2014年，山东烟草研究院承担科技项目23项，其中，新立项目8项。国家局、山东省局（公司）组织鉴定验收项目15项；获得中国烟草总公司科学技术进步奖三等奖1项，山东省局（公司）科学技术进步奖一等奖1项、二等奖1项、专利奖2项，标准贡献奖4项。获得专利授权6项，获得软件著作权5项。

【合作交流】 山东烟草研究院坚持“开门办院”方针，继续与山东大学、中国农科院烟草研究所等6所大专院校、科研单位开展合作。与河南农业大学合作建立的作物学博士后流动站山东烟草创新工作站有效运转，博士后团队承担“土壤微生态改良”等2项科研开发工作。6名中国农科院烟草研究所挂职科技人员全面参与科研开发和烟叶生产技术服务工作。与山东中烟合作成立“泰山品牌再造烟叶联合实验室”。2014年，与川渝中烟联合创办“川渝中烟工业有限责任公司、山东烟草研究院造纸法再造烟叶技术研究开放实验室”，开展造纸法再造烟叶技术（薄片技术）的系统研发工作。

重庆烟草科学研究所

【概　况】 重庆烟草科学研究所（简称重庆烟科所）成立于2011年6月9日，位于重庆市，由西南大学和重庆市局（公司）共同设立，属校企双方共建非法人单位，主要负责开展烟草科研、试验示范、烟叶生产技术培训与推广等工作，着力于提升全市烟叶科技水平和科研能力。重庆烟科所下设3个业务管理部门和6个科研部门。在巫山县、彭水县分别建立1个科技试验示范工作站。2014年，在职员工40人，其中博士研究生学历18人、硕士研究生学历14人，研究员7人、副研究员11人。

重庆烟科所名誉所长：李加纳；所长：陈中玉

【技术创新】 *农机研发*。2014年，重庆烟科所试制出新型起垄机样机，进行田间试验和改进定型，完成起垄机操作维护使用规程的编写。研发的烟田小型深耕机经田间试验验证完成定型，生产中试机10台，计划小批量生产。

土壤和营养研究。开展新型肥料、基肥减量、氮肥减量及优化配比研究，结果表明，全生育期氮肥减施5%～15%，在基肥减量20%～30%的条件下，适量补充磷钾肥能显著增加烤烟的产质。开发重庆烟草土壤肥料信息管理系统，完成每个县养分分区和施肥分区图192幅，提出不同区域的肥料配方和施肥方案。

品种选育。在武隆县和巫山县建立烤烟品种展示园，种植示范品种20个。建立亲本圃1个、选种圃1个、鉴定圃3个。通过选种，获得高世代株系和新组合15个，创制杂交组合103个，筛选出黑胫病抗病材料34份。

育苗与移栽。围绕小苗井窖式移栽技术的应用推广，开展井窖式小苗的快速培育技术研究，设计并研发新型制穴播种盖种一体化精确播种器，提高烟草漂浮育苗的播种精度，减少间苗、补苗带来的用工成本，提升烟苗质量，并在全市8个产烟区县开展烟草封闭式育苗技术的应用探索，使小苗井窖式移栽、“321”小苗直栽技术得到进一步推广，技术覆盖率由2013年的70%提升至94%。针对性地开展双行凹形垄、宽窄行起垄等起垄方式研究，并结合湖南中烟“4+1”项目开展群体调控技术示范。

植保研究。在彭水、奉节、巫溪、武隆等烟区开展烟草

植保技术综合集成与应用研究，形成基地单元烟草有害生物系统控制的技术方案1套。在渝东北烟区建立200亩烟草叶部病害综合防控示范区，在渝东南烟区建立100亩烟草根茎病害综合防控示范区。推行绿色生态防控烟蚜茧蜂防治技术，建设保种室2座，全市推广3万亩。

监控系统完善。对育苗工场远程监测、植保预警监控、烤房群（烘烤工场）远程监测、烟区气象监测系统等四大现代烟草农业监控信息系统的远程传输和网页显示进行优化。2014年发布烟田气候气象信息39期，发布病虫情报12期。

【技术服务】 2014年，在重庆市示范推广封闭式育苗供苗1.08万亩，在巫山县和武隆县建立烟草品种展示园，引进20个烤烟新品种进行展示种植。组织重庆市12个种烟区县烟叶种植合作社、烟叶科负责人、技术员开展为期3天的现代烟草农业监控系统及科学施肥技术培训会，培训232人次，涉及现代烟草农业监控系统应用技术、科学施肥、烟草植保预警系统、以品牌为导向的烟叶生产关键技术。开展重庆市实用技术培训1次，培训160人次，主要涉及育苗、烟蚜茧蜂防治等技术。

【科研成果】 2014年，承担新立科技项目15项，其中，国家局项目1项，重庆市局（公司）项目12项，自立项目2项。获得授权专利38项，其中发明专利1项。公开发表学术论文18篇，其中SCI和EI收录3篇，被国内核心期刊接受科研论文4篇。获得省部级以上科技成果1项，中国烟草总公司科学技术进步奖三等奖1项。

陕西省烟草研究所

【概　况】 陕西省烟草研究所（简称陕西烟草所）成立于1992年8月，位于陕西省西安市，隶属陕西省烟草专卖局（公司），实行事业单位企业管理。主要从事烟草育（引）种、栽培、植保、土壤肥料方向的课题研究，承担陕西省良种繁育种、种子加工，负责全省烟叶科技服务。陕西烟草所下设5个课题组和位于陕西省泾阳县兴隆镇的烟草实验站。2014年，在职员工7人，其中，研究员1人、高级农艺师4人、农艺师2人。

陕西烟草所副所长：成巨龙

【技术创新】 育种研究。承担全国烤烟品种区域试验和生产示范试验陕西点的工作，编印《2014年陕西省烤烟品种区域试验方案》《烤烟品种试验方法》《烤烟品种试验田间调查记载方法与标准》等技术资料，开展烤烟品种生产试验和特色品种的挖掘筛选工作。

栽培研究。开展“不同井窖式移栽方式对烤烟生长发育及产质量的影响”“施氮量与有机肥配施对烤烟生长发育及产质量的影响”“中间香型特色优质烟叶的生长发育模型研究”“浓香型烤烟生长发育规律研究及指标系建立”等项目研究。

植保研究。2014年，有害生物调查范围覆盖全省植烟面积的90%以上。经过4年时间的调查研究，明确陕西烟草有害生物发生和危害情况。首次查清陕西烟田杂草共有40科127种，包括单子叶杂草5科19种；双子叶杂草34科106种；蕨类杂草1科2种，其中恶性杂草14种。陕西烟田昆虫86种：害虫63种，隶属6目24科；天敌14种，隶属5目7科；软体动物2种，隶属柄眼目，巴蜗牛科，昆虫新纪录种17种。完成烟蚜茧蜂防治烟蚜本地化技术研究的8个子课题的研究，取得阶段性成果，已经在陕西省两个地市推广应用。

烘烤调制研究。开展“四段三温”分层烘烤工艺阶段的优化与推广、“四段三温”烘烤工艺在烟夹烘烤的烟叶质量与普通挂竿烘烤的比较、集中供热烘房相关配套技术等相关研究，并将研究成果在宝鸡市局推广应用。

【技术服务】 2014年，陕西烟草所为宝鸡、延安、汉中、商洛烤烟生产技术员培训各1次，培训人员330余人次。完成“秦烟96”和“秦烟98”良种繁育任务，种质质量经过检测均符合国家一级良种标准。

【技术成果】 2014年，陕西烟草所发表研究论文6篇，编著专著1部。

安徽省烟草公司烟草研究所（安徽省农业科学院烟草研究所）

【概　况】 安徽省烟草公司烟草研究所成立于1947年。1962年划归安徽省农业科学院管理，1992年实行安徽省农业科学院、安徽省烟草专卖局（公司）双重领导，隶属关系不变，增挂“安徽省烟草公司烟草研究所”牌子（简称安徽烟草所）。2005年12月，安徽烟草所从凤阳县回迁至合肥院部，2008年安徽省农业科学院玉米研究中心挂靠该所。该所是全国成立较早的三个省级烟草研究所之一，是安徽省从事烟草农业科学研究的专业机构，长期承担着安徽省烟草育种、栽培、植保、测试分析、烘烤等方面的研究工作，以及烟叶生产技术和科技成果的推广应用工作，是安徽省烟叶生产的技术支撑和咨询平台。安徽烟草所设有烟草育种、栽培、植保、烘烤4个专业学科和测试分析中心、生物技术中心2个试验平台，拥有省内凤阳、合肥、宣城及海南省乐东县（南繁基地）4个试验基地，保存烟草种质资源800余份。安徽烟草所下设7个机构。作为安徽省局（公司）的技术依托单位，设有安徽省烟叶土壤测试分析中心、安徽省烟草病虫害预测预报及综合防治中心，负责全省烟叶生产测土配方、烟草病虫害预测预报，以及安徽省烟草品种区域试验等工作。2014年，在职员工75人，其中专业技术人员37人，包括研究员5人、副研究员10人、助理研究员22人。博士研究生学历（含在读博士）14人、硕士研究生学历4人。

安徽烟草所所长：高正良

【技术创新】 2014年，安徽烟草所承担总公司、安徽省公司、安徽中烟、浙江中烟等单位的科研项目28项，在基础材料创制、应用基础研究、安徽省烟草有害生物调查研究、特色烤烟研究与开发等方面取得进展。

在基础材料创制与育种方面，育成的烤烟新品系“6527”于2014年6月11日在广东南雄通过全国烟草品种审定委员会的农业评审；比较鉴定出2个烤烟新组合提交2015年安徽省烤烟品种区域试验；育成6个新品系进入2015年品系比较试验，烟草抗干旱突变体研究进展顺利。

在特色烟研究与开发方面，开展池州市土壤硒资源调查、硒代谢机理、硒的迁移规律、富硒烟叶“减害降焦”作用、富硒生态安全烟叶规模化开发、富硒烟后晚稻的研究等各项研究内容。

在烟草有害生物调查研究方面，基本明确安徽烟区烟草有害生物的主要种类、危害情况以及分布区域。近20年来首次发现烟草白绢病在皖南烟区发生危害，烟草脉带花叶病毒病（TVBMV）和烟草根结线虫病在皖北烟区发生危害；烟草菌核病在东至烟区苗床发生危害；首次发现天敌昆虫广翅目花边星齿蛉在安徽烟田发生，首次在亳州烟区确诊有镰刀菌根腐病发生危害。明确安徽烟区侵染性病害23种，烟田昆虫114种，烟田杂草145种。明确TMV、CMV、PVY是安徽烟区的主要病毒种类；采用小RNA高通量测序技术，检测到芜菁黄化病毒（TuYV）及一种新病毒MLV（暂定名）。鉴定出一种生防菌粘质沙雷氏菌和对青枯病具有拮抗作用的菌株蜡样芽孢杆菌。开展烟草病毒病损失估计研究和杀菌剂毒力比较研究。

【技术服务】 2014年，编发《安徽烟草病虫信息》简报8期，提供测土施肥配方4份。12人服务于烟叶生产第一线，主要涉及两家烟草工业企业、6家地市级公司，服务形式是作为技术依托单位参与基地单元建设和烟叶生长期驻点技术指导。在烤烟生产关键环节，所农艺推广中心组织相关专家对烟农进行栽培、植保、采烤、分级等技术培训，就烤烟生产中的突出问题进行答疑解惑，培训烟技员、烟农2000人次。

【科研成果】 2014年，在国家级、省级核心期刊上发表学术论文20篇，其中SCI论文4篇；申报国家发明专利2项，其中，获得授权发明专利1项；培育的烤烟新品系“6527”通过全国烟草品种审定委员会组织的农业评审。

【学术交流与对外合作】 2014年，40人次先后参加中国作物学会学术年会、全国植物基因组学大会、安徽省作物学会学术年会、安徽省遗传学会学术年会等学术会议进行学术交流活动。依托项目开展，继续加强和中国农科院烟草研究所、江西省公司、浙江中烟等单位的交流合作。

（撰稿：石昌盛；编辑：周　佳）

烟草行业科技领军人才和学科带头人专家库成员名单

姓　名	工作单位
陈江华	中国烟叶公司
杜国锋	中国烟草机械集团有限责任公司
刘国顺	国家烟草栽培生理生化研究基地、河南农业大学
王元英	中国烟草总公司青州烟草研究所
王凤龙	中国烟草总公司青州烟草研究所
郭兆奎	中国烟草总公司黑龙江省公司
刘百战	上海烟草集团有限责任公司
周　骏	上海烟草集团有限责任公司
陈顺辉	中国烟草总公司福建省公司
王道宽	福建中烟工业有限责任公司

续表

姓 名	工 作 单 位
林国平	中国烟草总公司湖北省公司
李进平	中国烟草总公司湖北省公司
刘建福	湖南中烟工业有限责任公司
钟科军	湖南中烟工业有限责任公司
李永平	中国烟草总公司云南省公司
肖炳光	中国烟草总公司云南省公司
缪明明	云南中烟工业有限责任公司
武 怡	云南中烟工业有限责任公司
牟定荣	云南中烟工业有限责任公司
曾晓鹰	云南中烟工业有限责任公司
刘 强	云南中烟工业有限责任公司
谢剑平	中国烟草总公司郑州烟草研究院
罗登山	中国烟草总公司郑州烟草研究院
王 兵	中国烟草总公司郑州烟草研究院
胡清源	中国烟草总公司郑州烟草研究院
刘惠民	中国烟草总公司郑州烟草研究院
张建勋	中国烟草总公司郑州烟草研究院
尹启生	中国烟草总公司郑州烟草研究院
杨占平	南通醋酸纤维有限公司

资料来源：《国家烟草专卖局关于组建烟草行业科技领军人才和学科带头人评审委员会及专家库的通知》（国烟人〔2014〕280 号）

全国烟草行业国家级行业级技术中心

名 称	成立时间	科研队伍状况	科研成果、专利	备 注
上海烟草集团有限责任公司技术中心	1995 年	拥有硕士研究生以上学历 98 人；中级职称 83 人、高级职称 18 人	2014 年，完成 3 项国家局科研项目鉴定工作，31 项上海烟草集团有限责任公司科研项目。有 1 个项目获得中国烟草总公司科学技术进步奖三等奖	国家认定企业技术中心
江苏中烟工业有限责任公司技术研发中心	2007 年 10 月	拥有硕士研究生以上学历 48 人；中级职称 36 人、高级职称 9 人	2014 年，开展 11 项行业重大专项和面上项目，承担和参与 13 项行业标准项目，实施 43 项公司科研项目。有 1 个项目获得中国烟草总公司科学技术进步奖三等奖。获得发明专利授权 23 项。在国际及国内会议宣读论文 2 篇，在核心期刊发表论文 8 篇。与郑州烟草研究院、云南省烟草农业科学研究院等科研院所共建 3 个科研平台，完成行业创优指标	原淮阴、徐州卷烟厂技术中心为行业认定企业技术中心，整合后未重新认定
南通烟滤嘴有限责任公司技术研发中心	2001 年 9 月	拥有硕士研究生以上学历 33 人；中级职称 41 人、高级职称 26 人、高级技师 2 人	2014 年，开展 6 项省部级以上科研项目，14 项江苏中烟科研项目。全年获得科技成果 10 项，新增发明专利 3 项，实用新型专利 10 项。在核心期刊发表论文 2 篇	行业认定企业技术中心
浙江中烟工业有限责任公司技术中心	2006 年 4 月	拥有硕士研究生以上学历 48 人；中级职称 69 人、高级职称 16 人	2014 年，完成国家局科研项目 1 项，浙江中烟科研项目 37 项。有 1 个项目获得中国烟草总公司科学技术进步奖三等奖，1 个项目获浙江省三等奖。发表科技论文 29 篇，其中核心期刊 22 篇。申请专利 72 项，其中发明专利 54 项；获得授权专利 41 项，其中发明专利 13 项	行业认定企业技术中心

续表

名　称	成立时间	科研队伍状况	科研成果、专利	备　注
安徽中烟工业有限责任公司技术中心	2007年	拥有硕士研究生以上学历46人；中级职称46人、高级职称4人	2014年，承担国家局科技项目7项，完成3项。承担67项安徽中烟科研项目，完成31项。"'黄山''焦甜香'品类构建"项目获得中国烟草总公司科学技术进步奖二等奖，15个项目获得安徽中烟科学技术进步奖	行业认定企业技术中心
福建中烟工业有限责任公司技术中心	2006年	拥有科研人员167人，博士研究生学历6人、硕士研究生学历36人；中级职称94人、高级职称33人	2014年，完成36项科技成果	国家认定企业技术中心
江西中烟工业有限责任公司技术研发中心	2007年	拥有博士研究生学历2人、硕士研究生以上学历24人；中级职称30人、高级职称5人	2014年，完成江西中烟科技项目12项、技术中心自立项目11项	行业认定企业技术中心
山东潍坊烟草有限公司烟叶生产技术中心	2011年12月	拥有博士研究生学历4人、硕士研究生学历7人；中级职称10人、高级职称10人	2014年，完成国家局科研项目1项，山东省局（公司）科研项目22项。全年有1项获得中国农业科学院科学技术成果二等奖，1项科技成果获得省局（公司）科学技术进步奖一等奖、2项获得二等奖、1项获得三等奖。2项成果分别获得山东省企业管理现代化管理创新成果一等奖、三等奖。在国内外各类期刊发表论文41篇，20篇论文获得省烟草学会奖励	行业认定企业技术中心
山东中烟工业有限责任公司技术中心	2006年10月	拥有博士研究生学历3人、硕士研究生学历29人；中级职称113人、高级职称29人	2014年，组织科技立项31项，取得成果58项，国家局项目结题2项。申报专利53项，累计拥有有效专利440项。发表科技论文112篇	国家认定企业技术中心
河南中烟工业有限责任公司技术中心	2007年	拥有博士研究生学历3人，硕士研究生学历16人；中、高级以上专业技术资格80人，其中高级职称13人	2014年，组织河南中烟科研项目立项73项；鉴定验收成果50项；获得中国烟草总公司科学技术进步奖2项，河南省科学技术进步奖2项，河南省工信厅科技成果奖8项。获得授权专利308项，其中发明专利14项；制修订行业标准7项，其中1项为牵头承担	行业认定企业技术中心
湖北省烟草公司恩施州公司烟叶生产技术中心	2007年	拥有科研人员15人，其中，博士研究生学历2人、在读博士2人，硕士研究生学历8人；中级职称11人，高级职称4人	2014年，完成国家局科研项目2项，湖北省烟草公司科研项目8项。获得中国烟草总公司科学技术进步奖一等奖1项，获得湖北省科学技术进步奖三等奖1项。获得专利授权15项，计算机软件著作权1项。在国内外核心期刊发表论文10余篇	行业认定企业技术中心
湖南中烟工业有限责任公司技术研发中心	2006年	拥有硕士研究生学历56人、博士研究生学历22人，在站博士后2人；中级职称101人，高级职称51人	2014年，产生科研成果41项，其中省部级成果5项、行业标准8项；申请国家专利104项，获得授权专利96项。美术作品版权登记14项。湖南中烟主持的"卷烟燃吸温度分布影响因素及其与有害成分释放量关系的研究"项目获得中国烟草总公司科学技术进步奖二等奖	国家认定企业技术中心
广东中烟工业有限责任公司技术中心	2005年	拥有硕士研究生以上学历人员64人；中级职称93人、高级职称19人	2014年，开展科技项目共计118项，其中广东中烟科技项目107项，国家局科技项目11项	国家认定企业技术中心
广西中烟工业有限责任公司技术中心	2004年	拥有硕士研究生以上学历人员31人；中级职称40人、高级职称9人	2014年，完成自治区科研项目12项，广西中烟科研项目29项，参与制订的1项国家标准物质和4项行业标准颁布实施，有29个项目获省级公司奖励。获得专利授权38项，其中发明专利21项。发表科技论文35篇，其中SCI收录4篇	行业认定企业技术中心
川渝中烟工业有限责任公司技术中心	2006年	拥有硕士研究生以上学历59人；中级职称60人、高级职称21人	2014年，完成川渝中烟自立科研项目3项。申报发明专利86项，获得授权21项。获得中国烟草总公司科学技术进步奖三等奖1项和四川省科学技术进步奖三等奖1项	行业认定企业技术中心
贵州中烟工业有限责任公司技术中心	1997年	拥有硕士研究生以上学历46人；中级职称65人、高级职称8人	2014年，完成1项国家局科研项目，15项贵州中烟科研项目。全年有1个项目获得贵州省科技成果三等奖	原黄果树烟草集团公司技术中心为行业认定企业技术中心，整合后未重新认定

续表

名　称	成立时间	科研队伍状况	科研成果、专利	备　注
云南中烟工业有限责任公司技术中心	2014年3月	拥有研究开发人员433人，其中博士研究生学历43人，硕士研究生学历175人；中级职称253人、高级职称73人	2014年，云南中烟获得省（部）级科学技术进步奖二等奖3项、三等奖8项，牵头发布行业标准13项，评出云南中烟科学技术进步奖一等奖6项、二等奖6项，发表SCI/EI刊源和中文核心期刊148篇。全年申报发明专利262项，获得授权71项。获得国家自然科学基金项目资助1项，省科技厅项目立项4项，总公司计划项目8项，云南中烟项目立项33项	级别未认定
陕西中烟工业有限责任公司技术中心	2006年	拥有博士研究生学历4人，硕士研究生（含在读）学历26人；中级职称28人、高级职称8人	2014年，完成12项陕西中烟科研项目。有7个项目获得省公司科技创新奖	级别未认定

省级烟草农业科研机构

名　称	成立时间	隶属单位	备　注
福建省烟草专卖局烟草农业科学研究所	1995年	福建省烟草专卖局（公司）	同时挂牌：中国烟草东南农业试验站
江西省烟叶科学研究所	1994年	江西省烟草专卖局（公司）	2009年恢复重建
河南省烟草科学研究所	2014年	河南省烟草专卖局（公司）	
湖北省烟草科学研究院	1986年	湖北省烟草专卖局（公司）	同时挂牌：中国烟草白肋烟试验站
贵州省烟草科学研究院	1948年	贵州省烟草专卖局（公司）	同时挂牌：中国烟草西南农业试验站
云南省烟草农业科学研究院	1955年	云南省烟草专卖局（公司）	同时挂牌：中国烟草育种研究（南方）中心
陕西省烟草研究所	1992年	陕西省烟草专卖局（公司）	下设陕西省烟草实验站，主要从事烟叶生产技术研究和种子加工

行业重点实验室

序　号	名　称	隶属单位	认定/批准组建部门
1	烟草行业烟草化学重点实验室	中国烟草总公司郑州烟草研究院	国家烟草专卖局
2	烟草行业烟草工艺重点实验室	中国烟草总公司郑州烟草研究院	国家烟草专卖局
3	烟草行业香料基础研究重点实验室	中国烟草总公司郑州烟草研究院	国家烟草专卖局
4	烟草行业卷烟烟气重点实验室	上海烟草集团有限责任公司	国家烟草专卖局
5	烟草化学安徽省重点实验室	安徽中烟工业有限责任公司	安徽省科技厅
6	再造烟叶标准研究室	河南中烟工业有限责任公司	国家烟草专卖局
7	烟草行业卷烟功能材料重点实验室	湖南中烟工业有限责任公司	国家烟草专卖局
8	烟草行业烟草分子遗传重点实验室	贵州省烟草科学研究院	国家烟草专卖局
9	烟草行生物技术育种重点实验室	云南省烟草专卖局（公司）	国家烟草专卖局
10	卷烟工艺与装备研究重点实验室	云南中烟工业有限责任公司	国家烟草专卖局
11	卷烟调香技术重点实验室	云南中烟工业有限责任公司	国家烟草专卖局
12	烟用材料标准研究室	云南中烟工业有限责任公司	国家烟草专卖局
13	产品质量安全标准研究室	云南中烟工业有限责任公司	国家烟草专卖局

博士后科研工作站和院士工作站

序　号	名　称	建站时间	建设成果
1	上海烟草集团有限责任公司博士后科研工作站	2002年10月	2014年，招收进站博士3人，出站留用1人，累计有在站博士后9人。主要涉及烟草化学基础研究、卷烟降焦减害、新型材料等方面。全年在研项目9项，其中省部级项目9项，申请市科委资助1项；发表论文2篇 合作流动站为：复旦大学、同济大学、华东理工大学博士后科研流动站

续表

序号	名称	建站时间	建设成果
2	浙江中烟工业有限责任公司博士后科研工作站	2007年6月	2014年，招收进站博士5人，累计有在站博士后5人。研究主要涉及工艺多级提升、烟草化学、烟用材料和烟机设备等相关内容。全年在研项目4项。申请并受理发明专利1项
3	安徽中烟工业有限责任公司博士后科研工作站	2014年	2014年，有在站博士后1人。全年承担“卷烟及电子烟化学成分在人体口腔残留研究”项目，完成项目中期评估考核。申报专利2项
4	福建中烟工业有限责任公司博士后科研工作站	2013年	2014年，招收首批博士后研究人员。成立博士后专家指导小组及科研团队。与厦门大学流动站签订联合培养协议
5	河南农业大学作物学博士后科研流动站山东烟草创新工作站	2012年5月	2014年，招收进站博士1人，累计招收博士后研究人员2人。主要从事土壤微生态改良等方面研究。全年在研科技项目2项
6	河南中烟工业有限责任公司博士后科研工作站	2008年5月	2014年，招收进站博士13人，出站留用1人，累计有在站博士后7人（含基地3人）。主要涉及烟草化学基础研究、卷烟降焦减害、新型材料等方面。全年在研项目5项，其中省部级项目1项，申请博士后科学基金二等资助1项；发表论文16篇。连续6年被评为河南省优秀博士后工作站 合作流动站为：郑州大学、河南大学博士后科研流动站
7	湖南中烟工业有限责任公司博士后科研工作站	2006年	2014年，有在站博士后2人，主要从事“微晶纤维素在SnOx/γ－Al2O3催化剂上的催化醇解反应”和“燃烧过程中卷烟纸孔结构影响主流烟气CO释放量”的科研工作。向国家知识产权局申请专利3项，在科技期刊发表论文2篇。美术作品版权登记14项
8	广东中烟工业有限责任公司博士后科研工作站	2006年5月	2014年，招收博士后研究人员3人，累计有在站博士后1人。在站期间共参与企业科技项目3项，申请专利15项，SCI收录论文3篇，EI收录论文3篇，中国科技核心期刊收录论文8篇 合作流动站为：华南理工大学博士后科研流动站
9	广西中烟工业有限责任公司博士后科研工作站	2003年12月	2014年，招收进站博士1人，累计有在站博士后2人。研究方向主要涉及卷烟降焦减害、新型材料、烟叶仓储、产业发展趋势研究等方面。全年在研项目12项，其中省部级项目5项，公司级项目7项。出版专著1部，发表论文9篇，其中SCI收录论文篇，核心期刊论文3篇，会议论文2篇。获得授权发明专利4项、实用新型专利3项 合作流动站为：清华大学、北京师范大学博士后科研流动站
10	川渝中烟工业有限责任公司博士后科研工作站	2002年10月	截至2014年底，累计招收博士后研究人员11人，其中2014年出站2人，在站1人。完成“卷烟燃烧温度对焦油及七种成分释放量的影响研究”“应用多孔材料降低卷烟危害性的深化研究”等项目研究。全年申报发明专利2项，发表SCI收录论文2篇
11	浙江大学贵州省烟草科学研究院博士后研究基地	2013年5月	2014年，招收巴基斯坦籍博士2人，基地累计有在站博士后2人。主要开展烟草基因组研究等方面工作。全年在研项目4项，其中总公司基因组重大专项2项，行业重点实验室开放课题2项
12	贵州省烟草科学研究所烟草生理生化院士工作站	2011年9月	2011—2014年完成院士工作站建设；2014年通过省科技厅验收 2014年，与武维华院士团队就提高烟叶钾含量、烟草钾离子生理生化方面共同开展了合作研究。申报的“烟草富钾关键基因功能鉴定”获得总公司基因组重大专项计划项目及重点实验室研究项目2项批准立项。全年发表或参加国际学术交流论文15篇；获授权发明专利1项
13	贵州中烟工业有限责任公司博士后科研工作站	2013年10月	2014年，博士后工作站着重建设配套设施，完善相关规章制度和表格，相继制订《贵州中烟博士后科研工作站管理办法》《博士后进站申请表》《博士后工作站研究项目立项表》等；和中国博士后网联手，多方位开展招聘工作；向贵州省科技厅申报可《贵州中烟博士后科研工作站建站工作》课题任务书，并将陆续跟进后续相关工作
14	云南省烟草农业科学研究院博士后科研工作站	2013年8月	2014年，招收进站博士1人，累计有在站博士后1人。主要从事烤烟品种重测序和生物信息学分析进行人工选择分析及比较基因组研究等 合作流动站为：云南大学博士后科研流动站
15	云南中烟工业有限责任公司博士后科研工作站	2014年5月	2014年，招收进站博士8人，累计有在站博士后8人。主要涉及烟草化学基础研究、卷烟降焦减害、新型材料等方面。全年在研项目8项，其中省部级项目2项。发表论文25篇

授权专利

2014 年全国烟草行业发明专利授权一览表

序号	专利名称	专利号	专利权人	发明/设计人	授权公告日
1	一种多维色谱联用技术分析烟草香味成分的方法	CN201110095372.3	中国烟草总公司郑州烟草研究院	刘绍锋、颜权平、王洪波、张晓兵、谢复炜、刘惠民	2014.02.12
2	含有枣类制剂的中式无烟气烟草制品	CN201110305871.0	中国烟草总公司郑州烟草研究院	谢剑平、张文娟、宗永立、李　鹏、霍现宽、何保江、宋瑜冰	2014.02.12
3	一种测定烟用接装纸烫印面积比的方法	CN201110306505.7	中国烟草总公司郑州烟草研究院	韩云辉、韩　磊、叶长文、翟玉俊、陈连芳、范　黎、马永峰、牛佳佳、张　勍、陈　宸、李青常、者　为、范多青	2014.02.12
4	一种烟用纸质材料中邻苯二甲酸酯含量的测定方法	CN201110331796.5	中国烟草总公司郑州烟草研究院	唐纲岭、边照阳、张洪非、李中皓、李　雪、庞永强、侯宏卫、胡清源	2014.02.12
5	一种用于卷烟烟支静燃速率的测定方法	CN201210060687.9	中国烟草总公司郑州烟草研究院	李　斌、刘民昌、刘晓萍、秦国鑫、王　兵	2014.02.12
6	一种滚筒干燥过程中烟丝热物性在线测试装置和方法	CN201210060689.8	中国烟草总公司郑州烟草研究院	李　斌、岳保山、刘朝贤、陈良元、金跃平、朱文魁、秦国鑫、务文涛、朱立平	2014.02.12
7	一种天然烟草增香剂的制备方法及其应用	CN201210481510.6	中国烟草总公司郑州烟草研究院	刘立全、王月侠	2014.02.12
8	一种烟用水基胶中甲醛含量的测定方法	CN201010216276.5	中国烟草总公司郑州烟草研究院	张洪非、唐纲岭、边照阳、李中皓、侯宏卫、陈再根、刘　彤、张晓静、刘　楠、陈　欢、李　雪、姜兴益、胡清源	2014.04.09
9	检测口含型烟草制品中烟草特有亚硝胺释放情况的方法	CN201110076308.0	中国烟草总公司郑州烟草研究院	谢剑平、孟全新、张　杰、宗永立、李　鹏	2014.04.09
10	滚筒烘丝过程的变参数控制方法	CN201110237701.3	中国烟草总公司郑州烟草研究院	陈　孚、陈良元、朱文魁、邓国栋	2014.04.09
11	测定细胞培养液及细胞提取物中的 NNK 及其代谢物的液质联用方法	CN201110319951.1	中国烟草总公司郑州烟草研究院	张建勋、王　娟、李　翔、王　昇、赵贝贝、尚平平、刘克建、刘惠民	2014.04.09
12	一种用于卷烟燃吸过程温度分布的检测方法	CN201210060868.1	中国烟草总公司郑州烟草研究院	李　斌、刘民昌、秦国鑫、刘晓萍、王　兵	2014.04.09
13	一种片烟直接干燥复烤方法与装置	CN201210089215.6	中国烟草总公司郑州烟草研究院	陈良元、朱文魁、李善莲、毛国强、孔　臻、陶智麟、张彩云、刘朝贤、马铁兵、王永金	2014.04.09
14	一种烟叶打叶去梗工艺方法及其专用设备	CN201210344823.7	中国烟草总公司郑州烟草研究院	陈良元、朱文魁、刘　斌、朱效群、李善莲、王艺斌、毛国强	2014.04.09
15	一种气相色谱－质谱分析卷烟主流烟气中氨的方法	CN201210432758.3	中国烟草总公司郑州烟草研究院	夏巧玲、曹得坡、郭吉兆、谢复炜、刘惠民	2014.04.09
16	一种利用 RNAi 技术培育抗多种病毒烟草的方法	CN201210440489.5	中国烟草总公司郑州烟草研究院	杨　军、张俊祺、宋纪真、王　燃、罗朝鹏、李　锋、魏春阳、曹培健、林福呈	2014.04.09
17	烟用添加剂中二氢香豆素和6－甲基香豆素含量的测定方法	CN201110202329.2	中国烟草总公司郑州烟草研究院、河南中烟工业有限责任公司	张洪非、刘　楠、何景福、边照阳、张艳革、姜兴益、唐纲岭、陈再根、陈　欢、李中皓、李　雪、胡清源、杨志忠、赵　冰	2014.04.09
18	一种 Pd/γ－AlOOH 修饰的玻碳电极及其制备方法	CN201210025315.2	中国烟草总公司郑州烟草研究院	胡清源、唐纲岭、谭庆军、侯宏卫、杨　进、陈　欢、刘　彤、刘　楠、张洪非、边照阳、姜兴益、庞永强、李中皓	2014.05.21

续表

序号	专利名称	专利号	专利权人	发明/设计人	授权公告日
19	一种兼抗根结线虫和烟草疫霉的烟草内生菌及其应用	CN201210440492.7	中国烟草总公司郑州烟草研究院	奚家勤、尹启生、宋纪真、邓宾玲、薛超群、石秋环、王广山、周汉平、郭建华、王建伟、高志强、李永涛、张仕祥、孔德辉	2014.05.21
20	一种用于烤烟二氯喹啉酸药害的解除剂	CN201310292075.7	中国烟草总公司郑州烟草研究院	薛超群、奚家勤、王信民、尹启生、宋纪真、王广山、张仕祥、郭建华	2014.05.21
21	一种卷烟主流烟气中苯并[a]芘含量的测定方法	CN201110197364.X	中国烟草总公司郑州烟草研究院、河南中烟工业有限责任公司	张洪非、侯宏卫、赵　冰、刘　楠、姜兴益、胡清源、唐纲岭、陈再根、边照阳、庞永强、李中皓、陈　欢、李　雪、杨志忠、何景福	2014.05.21
22	一种低丝束线密度聚乳酸烟用丝束及其制备方法和应用	CN201210196243.8	中国烟草总公司郑州烟草研究院、江苏天圣达集团无锡新合纤有限公司、红塔烟草(集团)有限责任公司	刘惠民、赵献忠、聂　聪、何映鸣、杨　松、包旭东、王晓辉、王　涛	2014.05.21
23	同时分析卷烟主流烟气中三种多环芳烃和四种烟草特有亚硝胺的GC－MS/MS方法	CN201310226805.3	国家烟草质量监督检验中心	边照阳、陈晓水、唐纲岭、陈再根、刘珊珊、杨　飞、刘　洋、张洪非、李中皓、胡清源	2014.06.11
24	一种UV印刷油墨中18种光引发剂残留量的分析方法	CN201310338748.8	国家烟草质量监督检验中心	李中皓、唐纲岭、范子彦、边照阳、杨　飞、陈再根、胡清源、张洪非、庞永强、刘　楠、姜兴益、李　雪、陈　欢	2014.06.18
25	一种检测新鲜烟叶中次生代谢物的衍生化GC－MS方法	CN201210015657.6	中国烟草总公司郑州烟草研究院	王晓瑜、谢复炜、秦亚琼、张　丽、刘惠民、杨　军、丁　丽、王　昇、贾云祯	2014.06.25
26	一种利用Photoshop软件定量表征烤后烟叶细胞形状特征的方法	CN201210102451.7	中国烟草总公司郑州烟草研究院	过伟民、张艳玲、尹启生、蔡宪杰、刘　阳、张仕祥、王建伟、梁太波	2014.06.25
27	烟草及烟草制品中黄曲霉毒素的酶联免疫测定方法	CN201310013311.7	国家烟草质量监督检验中心	陈　欢、刘　彤、侯宏卫、韩书磊、庞永强、姜兴益、李中皓、张洪非、李　雪、刘　楠、胡清源	2014.07.09
28	一种测定纸质印刷包装材料中16种光引发剂的检测方法	CN201210317956.5	国家烟草质量监督检验中心	李中皓、边照阳、唐纲岭、范子彦、杨　飞、刘　楠、胡清源、张洪非、陈　欢、李　雪、姜兴益	2014.07.16
29	一种烟用添加剂中甲醇、仲丁醇、芝麻酚和二甲苯麝香含量的测定方法	CN201210395759.5	国家烟草质量监督检验中心	边照阳、唐纲岭、杨　飞、范子彦、李中皓、张洪非、李　雪、庞永强、胡清源	2014.07.16
30	烟用纸中五氯苯酚残留量的测定方法	CN201310227443.X	国家烟草质量监督检验中心	杨　飞、唐纲岭、李中皓、边照阳、范子彦、张洪非、庞永强、胡清源	2014.07.16
31	一种基于香味成分的烟叶焦甜感口感特征的判别方法	CN201210337233.1	中国烟草总公司郑州烟草研究院	薛超群、王建伟、尹启生、张艳玲、奚家勤、张仕祥、王广山、梁太波、刘　阳、过伟民	2014.07.23
32	适用于多项卷烟检验的样品自动随机分装机	CN201310049525.X	中国烟草总公司郑州烟草研究院、成都瑞拓科技实业有限责任公司	李　栋、赵　航、范　黎、文锦孟、秦　冬、李　锦、马　明、陈连芳、孟庆华	2014.08.20
33	β－紫罗兰醇－β－D－葡糖苷的制备方法及其在烟草加香中的应用	CN201210060382.8	中国烟草总公司郑州烟草研究院	曾世通、胡　军、何保江、刘　珊、李　鹏、刘　洋、宗永立	2014.08.20
34	新型卷烟燃吸温度检测部件制作装置	CN201210172271.6	中国烟草总公司郑州烟草研究院	李　斌、刘民昌、秦国鑫、刘晓萍、王　兵	2014.08.20
35	一种烟用香料的制备方法及其应用	CN201310036933.1	中国烟草总公司郑州烟草研究院	刘　珊、胡有持、胡　军、曾世通、宗永立	2014.08.20
36	一种用于加料后烟片异地制丝的加工工艺	CN201310048800.6	中国烟草总公司郑州烟草研究院	姚光明、徐大勇、邓国栋、冯春珍、张玉海、乔学义、李善莲	2014.08.20
37	一种皮芯型结构的聚乳酸/聚丙烯烟用复合丝束及其制备方法	CN201210196240.4	江苏天圣达集团无锡新合纤有限公司、中国烟草总公司郑州烟草研究院	包旭东、刘惠民、赵献忠、聂　聪、何映鸣、杨　松	2014.09.03

续表

序号	专利名称	专利号	专利权人	发明/设计人	授权公告日
38	分析烟草及烟草制品中有机氯、菊酯类和二硝基苯胺类农药残留的 GC - MS/MS 方法	CN201310226814.2	国家烟草质量监督检验中心	唐纲岭、边照阳、陈晓水、陈再根、刘珊珊、杨　飞、刘　洋、张洪非、李中皓、胡清源	2014.09.10
39	一种分析烟草及烟草制品中有机氯农药残留的 GC - MS/MS 方法	CN201310226835.4	国家烟草质量监督检验中心	边照阳、陈晓水、唐纲岭、刘珊珊、杨　飞、陈再根、刘　洋、张洪非、李中皓、胡清源	2014.09.10
40	一种分析烟草及烟草制品中二硝基苯胺类农药残留的 GC - MS/MS 方法	CN201310226840.5	国家烟草质量监督检验中心	边照阳、陈晓水、陈再根、唐纲岭、杨　飞、刘珊珊、李中皓、刘　洋、张洪非、胡清源	2014.09.10
41	一种分析烟草及烟草制品中拟除虫菊酯类农药残留的 GC - MS/MS 方法	CN201310226855.1	国家烟草质量监督检验中心	杨　飞、陈晓水、边照阳、唐纲岭、刘珊珊、陈再根、刘　洋、张洪非、李中皓、胡清源	2014.09.10
42	加热型滚筒筒壁温度直接测量方法	CN201110318598.5	中国烟草总公司郑州烟草研究院	陶智麟、张占涛、陶铁托、魏　乐、王　琳、孟庆华、张其东	2014.09.24
43	一种环境空气挥发性有机化合物的快速分析装置及方法	CN201210432846.3	中国烟草总公司郑州烟草研究院	孙世豪、蒋成勇、王　慧、李　鹏、张启东、毛　健、张建勋、宗永立	2014.09.24
44	一种产果胶酶微生物菌株及其在烟草中的应用	CN201310144892.8	中国烟草总公司郑州烟草研究院	宋纪真、贺兆伟、奚家勤、范坚强、邓宾玲、韦建玉、杨　军、郭建华、高志强	2014.09.24
45	一种选择性降低卷烟主流烟气中氰化氢释放量的改性天然植物类滤嘴添加材料及其制备方法	CN201310354372.X	中国烟草总公司郑州烟草研究院	王宜鹏、聂　聪、赵　乐、孙培健、孙学辉、贾云祯、杨　松、彭　斌、刘惠民	2014.09.24
46	一种烟用滤棒或成品卷烟滤嘴中邻苯二甲酸酯含量的测定方法	CN201110197312.2	中国烟草总公司郑州烟草研究院、红塔烟草（集团）有限责任公司	张洪非、刘　楠、熊　文、曲国福、唐纲岭、陈再根、边照阳、李中皓、胡清源、姜兴益、陈　欢、李　雪	2014.09.24
47	一种卷烟烟丝中保润剂的 GC/MS 测定方法	CN201310106355.4	国家烟草质量监督检验中心	韩书磊、侯宏卫、李中皓、陈　欢、刘　彤、田永峰、陈晓水、张小涛、付立伟、胡清源	2014.10.15
48	用于卷烟烟气过滤的滤片夹持装置	CN201210309084.8	中国烟草总公司郑州烟草研究院、中国科学院合肥物质科学研究院	冯　茜、刘　勇、张　龙、胡启秀、高震宇、范　黎、孙　淼、赵继俊、向兰康	2014.10.29
49	适用于多项卷烟检验的样品自动落料打码装置	CN201310049529.8	中国烟草总公司郑州烟草研究院、成都瑞拓科技实业有限责任公司	李　栋、赵　航、范　黎、文锦孟、秦　冬、李　锦、马　明、陈连芳、孟庆华	2014.10.29
50	用于制备联苯醚类化合物的催化剂及其制备方法和应用	CN201210267597.7	中国烟草总公司郑州烟草研究院	牛佳佳、陈连芳、陈　宸、叶长文	2014.10.29
51	玉兰花果实提取物的制备方法及其在卷烟中的应用	CN201210317969.2	中国烟草总公司郑州烟草研究院	刘立全、王月侠	2014.10.29
52	一种高环氧基含量聚甲基丙烯酸缩水甘油酯互通多孔材料在卷烟上的应用	CN201310383888.7	中国烟草总公司郑州烟草研究院	杨　松、张晓兵、聂　聪、王宜鹏、孙学辉、孙培健、赵　乐、刘惠民	2014.10.29
53	一种检测印刷包装材料中二苯甲酮和异丙基硫杂蒽酮类化合物的合相色谱分析方法	CN201310458041.0	国家烟草质量监督检验中心	李中皓、唐纲岭、范子彦、陈再根、边照阳、吴帅宾、罗彦波、杨　飞、刘珊珊、刘　洋	2014.12.03
54	一种使用超高效合相色谱测定卷烟滤嘴中主要羰基化合物的方法	CN201310729481.5	国家烟草质量监督检验中心	张洪非、唐纲岭、范子彦、李中皓、边照阳、刘珊珊、杨　飞、王　颖、张艳革	2014.12.10
55	一种卷烟滤嘴中苯并［a］芘含量的测定方法	CN201210519498.3	国家烟草质量监督检验中心	侯宏卫、胡清源、张小涛、熊　巍、陈　欢、刘　彤、韩书磊、姜兴益、李中皓、边照阳、张洪非、庞永强、唐纲岭	2014.12.17

续表

序号	专利名称	专利号	专利权人	发明/设计人	授权公告日
56	一种烟用纸张中禁用偶氮染料的测定方法	CN201410041729	国家烟草质量监督检验中心	杨　飞、边照阳、李中皓、范子彦、张洪非、刘珊珊、王　颖、张艳革、唐纲岭、胡清源	2014. 12. 24
57	测定烟用白乳胶中邻苯二甲酸酯的方法	CN201210030991. 9	河北中烟工业有限责任公司	张艳芳、鲍峰伟、陈伟华、何爱民、苏国岁、张卫东、王　馨	2014. 06. 04
58	一种超低焦油烤烟型卷烟的制备方法	CN201310053860. 7	河北中烟工业有限责任公司	冯文宁、王　涛、马　戎、王刘胜、刘　波、谭宏祥、魏建斌、潘文亮、高　晶、范运涛、郝建辉、赵桂铭、张彦伟、王玉林、霍晓辉、李维娜	2014. 10. 29
59	机械手抓取烟箱夹具装置	CN201110280403. 2	上海烟草集团有限责任公司、上海海烟物流发展有限公司	柳　捷、井向波、唐海锋、杨　巍	2014. 01. 15
60	一种基于化学成分的打叶复烤产品均匀性系统调控方法及其应用	CN201110440724. 4	上海烟草集团有限责任公司、华环国际烟草有限公司	杨　凯、孙　平、王　辉、任　伟、徐其敏、张顺利、顾　芳、罗　君	2014. 01. 15
61	一种造纸法烟草薄片浆料体系中树脂及胶黏物的测定方法	CN201110406941. 1	上海烟草集团有限责任公司、上海烟草集团太仓海烟烟草薄片有限公司	严新龙、张　钰、李新生、宋成剑	2014. 01. 29
62	重力式烟丝箱盖系统	CN201110441081. 5	上海烟草集团有限责任公司	周　铭、钱肇隽、张林源、郑　台、金志强、夏　凯	2014. 01. 29
63	制备烟草浸出液的两步微生物发酵法	CN201110267955. X	上海烟草集团有限责任公司、江南大学	许赣荣、汤朝起、施林燕、于兴伟、张　晨、盛　科	2014. 03. 19
64	打叶复烤过程中的烟草逸出物分析方法及捕集装置	CN201210487928. 8	上海烟草集团有限责任公司	孙文梁、瞿永生、杨　凯、周宛虹、沈晓洁、任雯黎、李　渊、陈贤飞	2014. 03. 19
65	一种卷烟主流烟气中关键酸性香味成分的分离制备方法及其应用	CN201210246271. 6	上海烟草集团有限责任公司	孙文梁、米冠杰	2014. 05. 07
66	一种霉菌数量检验用培养基及其制备与应用	CN201210382404. 2	上海烟草集团有限责任公司	林华清、沙云菲、戚大伟、吴　达	2014. 05. 07
67	物料悬浮速度测试装置	CN201210401534. 6	上海烟草集团有限责任公司	张广博、王跃磊、高　雷、赵永祥、何　伟、董芝浩、邓　超、储增永	2014. 05. 14
68	一种改善烟草薄片感官质量的烟用添加剂及其制备方法与应用	CN201110406939. 4	上海烟草集团有限责任公司、上海烟草集团太仓海烟烟草薄片有限公司	李新生、宋成剑、刘孙宏、张　钰、张晴川	2014. 06. 11
69	卷烟滤棒及卷烟	CN201210148998. 0	上海烟草集团有限责任公司、上海帕夫曼自动化仪器有限公司	汪　旭、侯　明、童亿刚、斯　勇	2014. 06. 11
70	卷烟滤棒成型方法和设备	CN201210149000. 9	上海烟草集团有限责任公司、上海帕夫曼自动化仪器有限公司	汪　旭、侯　明、童亿刚、斯　勇	2014. 06. 11
71	一种离子分子质谱法在线逐口检测卷烟烟气的气相成分	CN201210120752. 2	上海烟草集团有限责任公司	王　申、谢雯燕、陈　敏、张怡春、郑赛晶	2014. 06. 11
72	一种利用微波辅助降低烟梗中果胶含量的方法	CN201210230744. 3	上海烟草集团有限责任公司	严新龙、李新生、王　军	2014. 06. 11
73	一种用于卷烟生产工房缓冲通道的防虫灯光系统	CN201310119887. 1	上海烟草集团有限责任公司	章　习、冯伟明、沈　涛、陈　钢	2014. 06. 11
74	一种烟梗的固态发酵方法及烟梗的固态发酵装置	CN201210049365. 4	上海烟草集团有限责任公司、江南大学	汤朝起、许赣荣、于兴伟、张　晨、盛　科	2014. 07. 16

续表

序号	专利名称	专利号	专利权人	发明/设计人	授权公告日
75	一种水合盐类烟草保润剂及其制备方法	CN201210356176.1	上海烟草集团有限责任公司	楼佳颖、沙云菲、吴　达、刘百战、孙凯健	2014.07.16
76	一种烟用滤棒	CN201010543873.9	上海烟草集团有限责任公司、上海烟草集团北京卷烟厂	曹伏军、周　骏、田书霞、欧亚非、刘　畅、赵文侠	2014.07.23
77	一种造纸法再造烟叶制浆工艺	CN201210292967.2	上海烟草集团有限责任公司、上海烟草集团太仓海烟烟草薄片有限公司	严新龙、张晴川、宋成剑、孙　霞、刘孙宏	2014.08.06
78	喷嘴立体定位和角度调节装置	CN201210093486.9	上海烟草集团有限责任公司	张建中、许　峰、叶鸿宇、范学忠、张晓利、单书江、王永强、赵永祥	2014.08.06
79	一种烟草制丝过程中的质量控制与诊断分析方法及系统	CN201210431454.5	上海烟草集团有限责任公司、北京达特烟草成套设备技术开发有限责任公司	周永森、凌卫民、戴志渊、邢伟标、施隽明、陈佳炜、杨光锐、黄国樑、樊盛炯、潘　琍、林祖帅	2014.09.10
80	一种降低卷烟烟气中氢化氰含量的氨基功能化材料的应用	CN201210299491.5	上海烟草集团有限责任公司	杨征宇、刘百战、郑赛晶、周宛虹、陈　敏、张怡春	2014.09.10
81	集装箱车防盗锁	CN201210579823.5	上海烟草集团有限责任公司	汤福刚、毛　奇	2014.09.24
82	液相色谱-气相色谱/质谱在线联用接口装置及方法	CN201210171648.6	上海烟草集团有限责任公司	刘百战、郭亚勤	2014.10.15
83	一种盐的水溶液作为水合性烟梗保润剂的用途	CN201210352691.2	上海烟草集团有限责任公司	沙云菲、楼佳颖、吴　达、刘百战、杨　斌	2014.10.15
84	一种混合型造纸法再造烟叶及其制备和应用	CN201210587733.0	上海烟草集团有限责任公司、上海烟草集团北京卷烟厂	胡　林、张馨予、周　骏、欧亚非、曹伏军	2014.11.19
85	一种包装礼盒的表面整饰工艺	CN201210138210.8	上海烟草集团有限责任公司、上海烟草包装印刷有限公司	孙健法	2014.11.19
86	纸箱堆垛装置	CN201210253926.2	上海烟草集团有限责任公司、上海兰宝坤大智能技术有限公司	周　铭、施隽明、沈　隽、吴兴强、丁钺宗、黄江喜、俞佳俊、王　志、李晓镔	2014.12.03
87	对高速卷烟机内外道卷烟分类的方法	CN201210228819.4	上海烟草集团有限责任公司、上海凯来实验设备有限公司	俞煜明、张　敏、刘国平、戴志渊、高　波、吴智毅、周海华、龚秋华	2014.12.03
88	机器人夹臂中心定位结构	CN201110380092.7	上海烟草集团有限责任公司	张少骏	2014.12.24
89	一种评价烘丝机降刺除杂效果的方法	CN201110336944.2	江苏中烟工业有限责任公司	刘献军、庄亚东、石怀彬、朱怀远、熊晓敏、张　媛、韩开冬	2014.01.15
90	一种卷烟主流烟气中硫化氢的测定方法	CN201110437482.3	江苏中烟工业有限责任公司	刘献军、庄亚东、朱怀远、张　映、熊晓敏、石怀彬、张　媛、王珂清	2014.01.22
91	预置大颗粒料的滤嘴和滤棒	CN201210159088.2	南通烟滤嘴有限责任公司	林　建、盛培秀、唐荣成、孙庆杰、周成喜	2014.01.29
92	一种卷烟感官增香保润剂及其制备方法和应用	CN201210307164.X	江苏中烟工业有限责任公司	万　敏、韩开冬、庄亚东、沈晓晨、朱怀远、熊晓敏、刘献军、朱　莹、王珂清、郑晓云、潘高伟、曹　毅、张　莉、张　媛、谢寄清	2014.04.09

续表

序号	专利名称	专利号	专利权人	发明/设计人	授权公告日
93	检测食品包装纸中乙二醇甲醚、乙二醇乙醚、乙二醇乙醚乙酸酯、甘醇、二甘醇的方法	CN201210483564.6	江苏中烟工业有限责任公司	朱怀远、尤晓娟、庄亚东、刘献军、张 映、沈晓晨、熊晓敏、盛 金、朱 莹、张 华、曹 毅	2014.04.09
94	一种卷烟增香保润剂及其制备方法和应用	CN201210345998.X	江苏中烟工业有限责任公司	万 敏、曹 毅、庄亚东、朱怀远、刘献军、沈晓晨、尤晓娟、张 媛、熊晓敏、张 莉、王珂清、潘高伟、韩开冬、谢寄清、郑晓云	2014.05.07
95	一种高效降低卷烟烟气中特有亚硝胺的方法	CN201210314492.2	江苏中烟工业有限责任公司	廖惠云、李朝建、庄亚东、朱 莹、沈晓晨、张 映、熊晓敏	2014.05.28
96	一种辛甜香型烤烟香精及其用途	CN201310211142.8	江苏中烟工业有限责任公司徐州卷烟厂	张合川、徐如彦、单世沧	2014.05.28
97	一种花椒醇提取物在卷烟加香加料中的应用	CN201110318126.X	江苏中烟工业有限责任公司	万 敏、郑晓云、庄亚东、潘高伟、熊晓敏、张 媛、朱怀远、谢寄清、曹 毅、王珂清、韩开冬	2014.06.04
98	一种用于降低卷烟主流烟气中氨含量的添加剂的制备方法及其应用	CN201210463988.6	江苏中烟工业有限责任公司	沈晓晨、庄亚东、刘献军、朱怀远、曹 毅、朱 莹、王珂清、张 映、熊晓敏	2014.06.04
99	一种苔清香香精及其应用	CN201310287209.6	江苏中烟工业有限责任公司	朱怀远、庄亚东、刘献军、尤晓娟、曹 毅、张 媛、盛 金、韩开冬、秦艳华、沈晓晨、朱 莹、熊晓敏、张 华	2014.06.11
100	一种选择性降低卷烟烟气中特有亚硝胺的方法	CN201310131692.9	江苏中烟工业有限责任公司	李朝建、廖惠云、庄亚东、张 映、熊晓敏、刘献军、王珂清、张 媛	2014.06.25
101	一种评价气流干燥工序香气损失的方法及装置	CN201110400457.8	江苏中烟工业有限责任公司	刘献军、庄亚东、朱怀远、张 媛、张 映、石怀彬、王珂清	2014.07.16
102	一种测定干性食品包装纸中着色剂溶剂绿7的方法	CN201310131710.3	江苏中烟工业有限责任公司	廖惠云、朱龙杰、庄亚东、张 映、熊晓敏、李朝建、王珂清、张 媛	2014.07.30
103	一种干性食品包装纸中2，4－二硝基苯酚的测定方法	CN201310131723.0	江苏中烟工业有限责任公司	廖惠云、朱龙杰、庄亚东、张 映、熊晓敏、曹 毅、韩开冬、张 媛	2014.08.13
104	一种卷烟主流烟气中硫化氢的测定方法	CN201110437973.8	江苏中烟工业有限责任公司	刘献军、庄亚东、沈晓晨、张 映、熊晓敏、朱怀远、张 媛、王珂清	2014.10.08
105	一种LC－MS/MS联用检测卷烟主流烟气中氨基甲酸乙酯含量的方法	CN201210292326.7	江苏中烟工业有限责任公司	朱怀远、庄亚东、朱 莹、张 媛、张 映、熊晓敏、刘献军	2014.10.22
106	一种基于高效液相色谱测定卷烟主流烟气中丁香酚的方法	CN201310287191.X	江苏中烟工业有限责任公司	廖惠云、朱龙杰、庄亚东、王珂清、熊晓敏、石怀彬、曹 毅、韩开冬、张 媛、朱 莹	2014.10.22
107	一种基于衍生化测定干性食品包装纸中2，4－二硝基苯酚的方法	CN201310131721.1	江苏中烟工业有限责任公司	廖惠云、朱龙杰、庄亚东、张 映、熊晓敏、王珂清、曹 毅、张 媛	2014.11.05
108	一种卷烟用烟草甜味剂及其使用方法	CN201310244002.0	江苏中烟工业有限责任公司徐州卷烟厂	张合川、徐如彦、单世沧	2014.12.10
109	烟草纤维滤棒、制造方法及其复合滤嘴	CN201210361875.5	南通烟滤嘴有限责任公司	唐荣成、高 鑫	2014.12.17
110	纸面沟槽压纹装置	CN201210416623.8	南通烟滤嘴有限责任公司	倪 敏、杨 天、徐思民、陈海兵、谢雪峰、冯 刚	2014.12.17
111	一种基于特征香味物质评价卷烟制丝加料均匀性的方法	CN201310052198.3	江苏中烟工业有限责任公司	廖惠云、朱龙杰、庄亚东、曹 毅、刘献军、张 映、熊晓映、沈晓晨、李朝建、张 媛	2014.12.24
112	备货系统及方法	CN201210400839.5	浙江省烟草公司绍兴市公司	潘昵琥、陈 华、许才庆、潘闪阳、顾华江、陈 杰、冉治平、李存兵、李燕海	2014.09.03
113	多级安全互联平台的可信增强子系统	CN201110250349.7	浙江中烟工业有限责任公司	章志华、李健俊、姜学峰、黄卫忠、黎 勇、胡雅军、董惠良、陆海龙、朱剑平、王正敏、王宏铝、陆海良	2014.02.19
114	多级安全互联平台的数据交换前置子系统	CN201110250375.X	浙江中烟工业有限责任公司	李健俊、章志华、季 琦、蒋一翔、徐培富、钱 杰、刘 鹏、董惠良	2014.02.19

续表

序号	专利名称	专利号	专利权人	发明/设计人	授权公告日
115	植物提取物及其制备方法和在卷烟中的应用	CN201110335118.6	浙江中烟工业有限责任公司	杨　君、黄芳芳、孙培龙	2014.03.26
116	一种多台冷凝式锅炉的给水系统	CN201210127066.8	浙江中烟工业有限责任公司	张拥军、章伟良、袁根洪、裘明祥	2014.03.26
117	一种卷烟生产线产品测试装置	CN201210250211.1	浙江中烟工业有限责任公司	金文良、应　伟、熊月宏、张　义、金春山、范霞萍	2014.03.26
118	一种早期预判不同品种烟草成熟期叶片生物碱相对含量的方法	CN201210314949.X	浙江中烟工业有限责任公司、中国烟草总公司郑州烟草研究院	储国海、周国俊、孙　勃、黄芳芳、林福呈、杨　军、张　芬、金立锋	2014.03.26
119	多级安全互联平台的多级互联安全管理中心子系统	CN201110250369.4	浙江中烟工业有限责任公司	李健俊、章志华、黄卫忠、黎　勇、季　琦、蒋一翔、徐　琦、朱立明	2014.04.02
120	多级安全互联平台的三系统安全互联部件子系统	CN201110250372.6	浙江中烟工业有限责任公司	章志华、李健俊、汪欢文、季　琦、蒋一翔、王　韵、徐培富、钱　杰	2014.04.02
121	卷烟厂空调表冷器的清洗方法和清洗加热装置	CN201210107578.8	浙江中烟工业有限责任公司	邵征宇、汪炎平、章伟良、王荣文、莫子祥、陈华平、郑向荣、章　明	2014.04.02
122	一种卷烟工业厂房光导照明系统的光导管连接器	CN201210109059.5	浙江中烟工业有限责任公司	张　勇、张思荣、王仁林、徐伟民、胡雅军	2014.04.02
123	一种卷烟成品入库追溯方法和系统	CN201110022382.4	浙江中烟工业有限责任公司	章　强、王毓敏、郭妙贞、潘佰林、乐　欢、张思荣、王仁林、张婧如	2014.04.30
124	一种多部件安全隔离并发处理方法	CN201110318258.2	浙江中烟工业有限责任公司	李健俊、章志华、季　琦、蒋一翔、姜学峰、黄卫忠、黎　勇、刘　鹏、钱　杰	2014.04.30
125	用于选择性降低卷烟主流烟气中氰化氢释放量的催化剂及其制备方法和应用	CN201210488397.4	浙江中烟工业有限责任公司	周国俊、沈　凯、储国海、李　霞、徐　建、刘金莉、卢昕博、詹望成、郭杨龙、卢冠忠	2014.05.07
126	卷烟烟包快速测温仪	CN201110277696.9	浙江中烟工业有限责任公司	储国海、蒋志才、黄　华、丁　雪、方　婷、诸葛杰、缪琛彪、赵　航、张　勍、苗　芊、陆明华、胡雅军	2014.06.04
127	一种多级互联支撑平台的TCB扩展方法	CN201110318259.7	浙江中烟工业有限责任公司	李健俊、章志华、季　琦、蒋一翔、姜学峰、黄卫忠、黎　勇、刘　鹏、钱　杰	2014.06.04
128	吸阻标准棒吸阻值的测量方法和用于验证吸阻标准棒校准值的方法	CN201110428782.5	浙江中烟工业有限责任公司	蒋志才、苏中地、赵　航、丁　雪、方　婷、黄　华、韩　彬、张　勍、苗　芊、杨荣超、尹招琴、朱　强	2014.06.04
129	一种卷烟烟丝钝击式松散装置	CN201210042976.6	浙江中烟工业有限责任公司	忻伟强、周小忠、邵长岭、李　壮、张建英、俞志峰、崔成林、胡雅军	2014.06.04
130	检测掺配物料铺料均匀性的装置及其检测的方法	CN201210133888.7	浙江中烟工业有限责任公司	邵长岭、周小忠、李　壮、李汉莹	2014.07.23
131	一种自动加护角的打包机	CN201210165276.6	浙江中烟工业有限责任公司	潘佰林、章　强、王毓敏、张思荣、王仁林、郭妙贞、乐　欢	2014.07.23
132	一种亨氏马尾藻多糖或含有亨氏马尾藻多糖的提取物及其应用	CN201210488707.2	浙江中烟工业有限责任公司	杨　君、储国海、黄芳芳、胡安福、邵　平	2014.07.23
133	尿液中肺癌特征代谢产物指纹图谱的检测方法	CN201310005263.7	浙江中烟工业有限责任公司	储国海、周国俊、黄芳芳、余捷凯、胡集伟、郑　树、范晓辉、陆晓燕	2014.07.23
134	一种基于造纸法再造烟叶单独成丝特性的烘丝机及其烘丝控制方法	CN201210126975.X	浙江中烟工业有限责任公司	李钰靓、赵云峰、方柏杨、金文良、冯　丰、钱永安、袁根洪	2014.09.03
135	一种检测剔除接头丝束滤棒的滤棒成型机	CN201310092328.6	浙江中烟工业有限责任公司	陆海华、李　捷	2014.09.03
136	一种门锁死机开门装置	CN201210042975.1	浙江中烟工业有限责任公司	汪炎平、张思荣、金振训、李寒曦、郭旭枫、郑向荣	2014.10.08
137	气浮静重式微型测力传感器标定装置	CN201210418127.6	浙江中烟工业有限责任公司	丁　雪、蒋志才、黄　华、方　婷、孙　祺、周　炜、李彦辉、赵战辉、毛亚雄	2014.10.08

续表

序号	专利名称	专利号	专利权人	发明/设计人	授权公告日
138	铁皮石斛多糖在卷烟中的应用	CN201210209018.3	浙江中烟工业有限责任公司	杨　君、黄芳芳、张安强	2014.10.29
139	仅鼻拟人吸烟大鼠免疫功能评价指标的筛选方法	CN201210254861.3	浙江中烟工业有限责任公司	周国俊、储国海、胡　瑗、王琴美、黄芳芳	2014.10.29
140	一种分组加工模式的成品烟丝掺配方法及掺配设备	CN201210456842.9	浙江中烟工业有限责任公司	季　琦、钱　杰、黄卫忠、孙哲建、张利宏、张　敏、孔　旭	2014.10.29
141	一种全配方模式的成品烟丝掺配方法及掺配设备	CN201210457612.4	浙江中烟工业有限责任公司	钱　杰、季　琦、黄卫忠、孙哲建、张利宏、张　敏、孔　旭	2014.10.29
142	一种香料烟丙二醇水溶液提取物及其制备方法和应用	CN201310330895.0	浙江中烟工业有限责任公司	廖　付、吴继忠、夏　琛、吴　键、张立立、何文苗、李永生、姚建锋、李茂松、慕继瑞	2014.10.29
143	基于地埋式 RFID 货位标签的卷烟仓储系统	CN201110274286.9	浙江中烟工业有限责任公司	陆海良、王正敏、郁　钢、高扬华、叶　斌、尚　伟、王毅君、盛佳绮	2014.12.10
144	一种卤地菊多糖及其制备方法和应用	CN201210488682.6	浙江中烟工业有限责任公司	杨　君、储国海、黄芳芳、蒋　健、张安强	2014.12.10
145	一种可自动加去盖的烟丝箱高架库系统及加去盖方法	CN201310004234.9	浙江中烟工业有限责任公司	郭妙贞、章　强、孙哲建、潘佰林、王毓敏、乐　欢	2014.12.10
146	药用植物精油及其制备方法和在卷烟中的应用	CN201110333025.X	浙江中烟工业有限责任公司	杨　君、黄芳芳、洪利兴	2014.12.17
147	一种降低卷烟燃烧温度的添加剂及其应用	CN201210488414.4	浙江中烟工业有限责任公司	沈　凯、周国俊、储国海、肖卫强、戴　路、胡安福、詹望成、郭杨龙、卢冠忠	2014.12.17
148	一种选择性降低卷烟主流烟气中有害成分苯酚释放量的复合滤棒	CN201210578840.7	安徽中烟工业有限责任公司	周　顺、宁　敏、徐迎波、舒俊生、王程辉、张亚平、何　庆、佘世科、田振峰	2014.05.14
149	应用含有宣纸纸浆纤维的卷烟纸降低卷烟主流烟气有害成分释放量的方法	CN201210239310.X	安徽中烟工业有限责任公司	周　顺、徐迎波、王程辉、舒俊生、田振峰	2014.07.02
150	一种采用宣纸纸浆纤维的卷烟纸	CN201210239372.0	安徽中烟工业有限责任公司	周　顺、徐迎波、王程辉、舒俊生、田振峰	2014.07.02
151	一种造纸法再造烟叶的制造方法	CN201210376690.1	安徽中烟工业有限责任公司	葛少林、徐迎波、舒俊生、田振峰、佘世科、朱栋梁、徐志强、陈开波、周　顺、张晓宇、张胜军	2014.10.08
152	硬盒卷烟小包透明包装机切割刀定位工装	CN201310167820.5	安徽中烟工业有限责任公司	李银平、吉　涛	2014.12.10
153	一种农田管理机变速箱	CN201210090505.2	福建农林大学、中国烟草总公司福建省公司	张德晖、方文熙、唐莉娜、陈顺辉、吴传宇、王学銮、郑文鑫、蔡良锥、吕泉渠、蔡树检、陈伟武、刘泉彬	2014.10.08
154	噻菌铜缓释型微胶囊的制备方法及制备的微胶囊	CN201310099983.4	中国农业科学院烟草研究所、福建省烟草公司南平市公司	冯　超、孔凡玉、王凤龙、张成省、王　静、徐　茜、张玉芹、陈志厚、林　勇	2014.10.15
155	一种兼抗烟草黑胫病和青枯病的生防菌株 Trb3	CN201210159083.X	中国农业科学院烟草研究所、福建省烟草公司南平市公司、四川省烟草公司泸州市公司	张成省、孔凡玉、徐　茜、罗定棋、王　静、冯　超、陈志厚、林　勇	2014.10.15
156	预混柜条型布料装置及其布料方法	CN201210538629.2	福建省龙岩金叶复烤有限责任公司	陈秋荣、姜林忠、苏汉明、谢汉斌、郭飞麒	2014.11.05
157	一种商标纸耐温测试装置	CN201210147468.4	龙岩烟草工业有限责任公司	邱勇杰、曹钢峰、黄启盛、郑东文、曾繁荣、谢诗辉	2014.04.09
158	一种滤棒成型机的丝束拼接头检测剔除方法及装置	CN201210579156.0	龙岩烟草工业有限责任公司	张小杭、刘海源、连铁生、黄建龙、雷振宇、王己峰、赖大兵、邓春宁、徐开智、陈　镕、苏承湖	2014.04.16
159	一种烟用香精香料调配的在线监控装置及方法	CN201110380265.5	福建中烟工业有限责任公司	张　峰、陈　群、鹿洪亮	2014.06.18

续表

序号	专利名称	专利号	专利权人	发明/设计人	授权公告日
160	一种快速测定烟草及烟草制品中磷化氢残留的方法	CN201310032308. X	福建中烟工业有限责任公司	张建平、黄惠贞、黄朝章、梁　晖、吴清辉、邓其馨、叶仲力、赵艺强、苏明亮、白雪平、蔡国华、许寒春、谢　卫	2014. 06. 18
161	一种用于卷烟中催化烟气中的 CO 氧化的催化剂及其制备方法和应用	CN201110388178. 4	福建中烟工业有限责任公司、厦门大学	杨意泉、陈国星、蓝洪桥、范坚强、李巧灵	2014. 06. 25
162	烟包输送缓冲装置、方法及卷烟机	CN201210217198. X	龙岩烟草工业有限责任公司	蒋景强、陈祥荣、邓春宁、洪　雷、卢新润、张玉明	2014. 07. 09
163	卷烟机喇叭嘴连杆组件轴承拆卸工具及方法	CN201210555761. 4	龙岩烟草工业有限责任公司	邱勇杰、谢春铭、谢诗辉、吴忠文、江志革、陈迈平	2014. 08. 13
164	一种包装机推板状态检测器	CN201210579158. X	龙岩烟草工业有限责任公司	蒋景强、章韦伟、邓梅东、邓春宁、雷振宇、张玉明、陈祥荣、黄夏妮	2014. 08. 13
165	一种具有果香特征的茶树花香精及其在卷烟中的应用	CN201310446865. 6	福建中烟工业有限责任公司、中国烟草总公司郑州烟草研究院	陈小明、陈　群、连芬燕、刘　珊、何保江、洪祖灿、沈　翀、张　峰、蓝洪桥、李　斌	2014. 10. 22
166	料罐液位测量装置、配料设备以及料罐液位测量方法	CN201210391353. X	龙岩烟草工业有限责任公司	江　琳、卢贵龙、詹建胜、马建化、李晓刚、余根丽、廖颖洁、张益锋	2014. 12. 03
167	一种气流式烘丝水分控制方法	CN201210493035. 4	龙岩烟草工业有限责任公司	李晓刚、江　琳、郭剑华、詹建胜、马建化、洪伟龄、廖颖洁、张益锋、徐巧花、张　伟、廖和滨、苏福彬	2014. 12. 03
168	一种利用复合酶制剂改善烟叶感官质量的方法	CN201210377503. 1	福建中烟工业有限责任公司	范坚强、宋纪真、王金华、郑湖南、包可翔、陈少滨、龙　腾、陈义强、张恩仁、范建立、林　俭、王亚平	2014. 12. 24
169	一种降低卷烟烟气中重金属释放量的海藻活性炭的制备及应用	CN201310035516. 5	福建中烟工业有限责任公司	邓其馨、刘秀彩、黄朝章、张建平、吴清辉、苏明亮、叶仲力、白雪平、谢　卫、许寒春	2014. 12. 24
170	一种烟条夹持装置	CN201310057176. 6	厦门烟草工业有限责任公司	许宇星、刘仁瑞、柯朝晖、刘建忠、张雄杰、马存国	2014. 12. 24
171	一种抗烟草青枯病的烟草内生菌菌株及菌剂	CN201210338294. X	江西省烟草公司抚州市公司	奚家勤、冯小虎、尹启生、韩　延、宋纪真、袁　球、赵　涛、王利兵、王信民、高自强、郭建华、周汉平	2014. 03. 26
172	一种用于烟草制丝线传输带沟槽的防尘装置	CN201110446276. 9	江西中烟工业有限责任公司南昌卷烟厂、宜兴市新建烟机配件有限公司	张胜健、华　刚、李　强、晏建华、张曙华、毛　胜	2014. 03. 26
173	一种用于减低卷烟主流烟气中氰化氢的中草药添加剂及其制备方法与应用	CN201010594659. 6	江西中烟工业有限责任公司	王迪汗、蔡继宝、周会舜、谭明杰、廖　堃、黄卫东、樊海燕、汪国华、张文惠	2014. 09. 10
174	一种烟支滤嘴凹陷图案完整性检测装置	CN201310042802. 4	江西中烟工业有限责任公司南昌卷烟厂、中国电子科技集团公司第四十一研究所	张胜健、李铁军、华　刚、李　强、廖光雄、付千文、万　伟、杨得强、李风波、张义伟、颜魏伟、徐　洋、杨振强、余　辉	2014. 09. 17
175	一种应用 HS－GC－MS 总离子流色谱图技术鉴别真假卷烟的方法	CN201110125012. 3	中国烟草总公司山东省公司	陈毅力、纪立顺、聂　磊、刘继学、田进国、蔚亦沛	2014. 02. 19
176	组装式烟用稻草板烤房	CN201210263062. 2	山东潍坊烟草有限公司	王暖春、王喜功、曹红祥、杨旭亮、李更新、秦　霞、杨焕友、聂　威、黄择祥、张玉芹、张立新、杨　霞、苗向迎、王一星	2014. 10. 01
177	一种烟叶切把机	CN201310270411. 8	山东京鲁烟叶复烤有限公司	毕继华、王作武、王金明、王克修、冯永铿、张金林	2014. 12. 24
178	条盒透明纸包装机的传动轴与联轴器的连接装置	CN201110217638. 7	山东中烟工业有限责任公司青州卷烟厂	王　青、王海滨、法永镜、王明生、赵运达	2014. 02. 05
179	一种旋转式卸料装置及分切机	CN201010584172. X	山东中烟工业有限责任公司青岛卷烟厂	王培仁、杨金雄、孟庆华、姜占古、董志刚、周兆庄、丁雪枫、董　军、孙　琳、崔　健	2014. 05. 07

续表

序号	专利名称	专利号	专利权人	发明/设计人	授权公告日
180	一种锅形烟草物料烘干试验设备及其烘干方法	CN201210163161.3	山东中烟工业有限责任公司	吴克志、王京林、刘利锋、阮晓明、马强、赵砚棠、孙吉华、赵敬远	2014.05.14
181	一种多孔碳片、其制备方法及在卷烟滤嘴中的应用	CN201210164828.1	山东中烟工业有限责任公司	于宏晓、赵砚棠、姜福东、朱战营、赵曰利	2014.05.21
182	卷烟纸自然透气度和孔眼的测试装置及其测试方法	CN201210366776.6	山东中烟工业有限责任公司	张晋、张群群、杨庆、高云	2014.07.23
183	一种烟丝混合装置及方法	CN201210355216.0	山东中烟工业有限责任公司	张晋、张琳、刘伟、赵砚棠、陈建军、段玉军、盛志艺、李成富、郝廷亮、朱战营、刘杰	2014.08.06
184	一种滑轨及具有该滑轨的传送装置	CN201010551189.5	山东中烟工业有限责任公司青岛卷烟厂	刘建民、李东方、时德青、王先明、孙湘翰、孙熠、朱华、郭庆	2014.08.06
185	烟丝输送机匀料装置	CN201210371080.2	山东中烟工业有限责任公司青州卷烟厂	刘爱平	2014.09.17
186	开箱机的折边开合装置	CN201210445874.9	颐中（青岛）烟草机械有限公司	岳满林、赵敬远、常立志、袁华	2014.10.01
187	卷烟包装机条盒纸吸控装置	CN201210371096.3	山东中烟工业有限责任公司青州卷烟厂	王青	2014.12.17
188	基于DOE实验优化洗梗机过程性能参数的方法	CN201310009653.1	山东中烟工业有限责任公司	孟科峰、李松、段三青	2014.12.24
189	除麻丝机	CN201210070770.4	天昌国际烟草有限公司、袁阿顺	袁红星、张国红、张志坚、杜阅光、贾涛、党霞、海洋、周永涛	2014.04.09
190	倾斜式自整齐切把、解把、切断一体设备	CN201210070888.7	天昌国际烟草有限公司、袁阿顺	袁红星、张国红、张志坚、杜阅光、贾涛、党霞、海洋、周永涛	2014.06.04
191	一种语音词库筛选方法	CN201210281686.7	河南省烟草公司开封市公司	白晓东、李天印、强锋刚、薛万疆	2014.06.11
192	应用大穴集中施肥的烟草栽培方法	CN201310077933.6	河南农业大学、河南省烟草公司漯河市公司	刘世亮、介晓磊、朱金峰、李广良、化党领、黄海棠、刘红恩、王国峰、陈启龙	2014.08.27
193	一种清洗烟草苗盘的方法及清洗机	CN201210000036.0	河南省烟草公司洛阳市公司、洛阳易通电气科技有限公司	张宏、江凯、李彰、吴宏锐	2014.12.10
194	一种用于调整PROTOS卷接机组阻挡轨的工装	CN201210018127.7	河南中烟工业有限责任公司	栗勇伟、马少军、吴志强、王宇希、韩冰、窦俊强	2014.01.08
195	一种烟草加香/加料比例精度控制方法	CN201210035029.4	河南中烟工业有限责任公司	张根勤、吕建华、牛宏伟、付永民、李朝阳、侯峻峰、肖辉、黄梦菊	2014.01.08
196	铝箔纸短边旋转折叠器工装	CN201210233515.7	河南中烟工业有限责任公司	王天宝、吴庆华、李明伟、许强、李广锐、于永强、栗勇伟、乔建军、黄全忠、张红卫	2014.02.26
197	一种烟用香料及其提取方法和应用	CN201210157973.7	河南中烟工业有限责任公司	杨志忠、程向红、韦凤杰、田海英、何景福、董顺德、张弘涛、李禄成、魏明杰、赵伟民、李文伟、刘茂林	2014.03.19
198	一种烟用保润剂及其制备方法	CN201210272844.2	河南中烟工业有限责任公司、中国烟草总公司郑州烟草研究院	陈芝飞、王宏伟、孙志涛、芦昶彤、屈展、马骥、何保江	2014.05.14
199	一种新型烟用保润剂及其制备方法	CN201210161897.7	河南中烟工业有限责任公司、中国烟草总公司郑州烟草研究院	陈芝飞、王宏伟、孙志涛、芦昶彤、屈展、马骥、何保江	2014.06.18
200	一种链条炉排锅炉无动力分层分行给煤装置	CN201210066654.5	河南中烟工业有限责任公司	张喆、王文辉、涂成金、党辉、杜云丽、杨如惠、王广胜	2014.06.25
201	一种卷烟机烟支空头探测仪器可靠性判断方法	CN201210194131.9	河南中烟工业有限责任公司	李浩亮、李少平、张俊岭、朱松山、朱国成、林继成、郑乾光、徐晓光、李琪、范磊、付永民、关淑红	2014.08.27

续表

序号	专利名称	专利号	专利权人	发明/设计人	授权公告日
202	自动取烟保湿装置	CN201210119307.4	河南中烟工业有限责任公司	熊安言、刘丁伟、苏东赢、郭丽霞、李春光、丁美宙、王宏伟	2014.11.05
203	条烟收集机	CN201210238339.6	河南中烟工业有限责任公司	马少军、许　强、乔建军、黄全忠、栗勇伟、吴庆华	2014.11.05
204	一种烟梗梳理设备	CN201210345845.5	河南中烟工业有限责任公司	李震宇、焦彩霞、王迎彬、许淑红、高永亮、张志刚、苏东赢、赵文龙	2014.12.10
205	烟用保润剂1－O－羧甲基－D－呋喃甘露糖及其制备方法	CN201210328994.0	河南中烟工业有限责任公司、中国烟草总公司郑州烟草研究院	马宇平、陈芝飞、芦昶彤、孙志涛、苏东赢、屈　展、马　骥	2014.12.10
206	烟草减害降焦的CO	CN201210426292.6	河南中烟工业有限责任公司	马宇平、苏东赢、陈　伟、熊安言	2014.12.24
207	一种卷烟包装机金拉线防跳槽装置	CN201310137550.3	河南中烟工业有限责任公司	牛社民、李永杰、张国平、邵永亮、万永华、胡广阔、王林江、赫润章	2014.12.24
208	一种人工大量繁殖异色瓢虫的方法	CN201210433202.6	湖北省烟草公司恩施州公司	王　瑞、周兴苗、谭　军、王昌军、夏鹏亮、秦兴成、孟贵星、向必坤	2014.01.22
209	一种烟草专用叶面肥	CN201110200832.4	湖北省烟草公司襄阳市公司	王友武、王学龙、涂书新、王晓丽、郭　利、唐徐红、魏文娟、彭孟祥、康家慧	2014.02.12
210	一种安全性香烟	CN201110174733.3	湖北省烟草科研所	李锡宏、黎妍妍、朱茂祥、林国平、杨陟华	2014.03.26
211	一种大集乌烟的调制方法	CN201210320616.8	湖北省烟草公司恩施州公司	孟贵星、吴　昊、王　瑞、王昌军、谭　军、高艾飞、樊　俊、向必坤、霍　光	2014.04.16
212	一种烟草富硒育苗基质及其使用方法	CN201310127171.6	湖北省烟草公司恩施州公司	王　瑞、孟贵星、樊　俊、谭　军、邓建强、霍　光、邸慧慧	2014.04.16
213	一种检测土壤中有机氯农药残留量的方法	CN201110036752.X	湖北省烟草科研所	林国平、程君奇、王　毅、周　群、赵云飞、陈家春	2014.05.07
214	一种烟草垄面施肥方法	CN201210489785.4	湖北省烟草公司宜昌市公司、周翔	周　翔、赵传良、伍义成、张双祥、付华森、陈　霓、许华强、钱祖坤、谭本奎、朱友军、尤开勋、高远峰、向秀银、何　波、张华安、张祖佾	2014.06.04
215	密集烤房的烟叶预凋萎烘烤工艺	CN201210489016.4	湖北省烟草科研所	陈振国、李进平、李建平、杨艳华、孙光伟、孙敬国、王卫建、郭　利、陈国权	2014.06.25
216	一种烟杆富硒有机肥	CN201210080993.9	湖北省烟草公司恩施州公司	王昌军、向德恩、王　瑞、樊　俊、秦兴成、孟贵星、谭　军、陈红华、霍　光	2014.07.09
217	一种烟草花粉冷冻真空干燥、低温中长期保存方法	CN201310152990.6	湖北省烟草科研所	李宗平、张俊杰、彭　灏、杨丽萍、郭宇龙、徐世平、王文明、陈茂胜	2014.09.17
218	一种烟叶在苗期的补硒方法	CN201210103454.2	湖北省烟草公司恩施州公司	潘家华、黄树立、杨　树、王　瑞、樊　俊、王昌军、向德恩、向必坤、代光照	2014.09.24
219	一种烟草雄性不育杂交一代种子的制种方法	CN201310240437.8	湖北省烟草科研所	李宗平、祖秉桥、李进平、张俊杰、杨丽萍、郭宇龙、徐世平、王文明、彭　灏、陈茂胜	2014.10.15
220	一种烟草种子人工辅助授粉繁殖方法	CN201310200284.4	湖北省烟草科研所	李宗平、祖秉桥、徐世平、郭宇龙、张俊杰、杨丽萍、王文明、陈茂胜、彭　灏	2014.10.22
221	一种除湿留热的节能烤房	CN201210579468.1	湖北省烟草科研所	陈振国、王玉军、孙光伟、李进平、李建平、祖秉桥、高加明、孙敬国	2014.12.10
222	利用双链RNA干扰技术制备降低烟草烟碱合成的抑制剂的方法及其应用	CN201210323441.6	湖北中烟工业有限责任公司	李　琳、吴风光、张明月、王豹祥、何结望、邱立友	2014.01.22
223	烟用葫芦巴浸膏的制备方法	CN201210452360.6	湖北中烟工业有限责任公司、武汉市黄鹤楼科技园有限公司	喻世涛、朱　巍、熊国玺、黄　龙、程书锋、肖龙恩	2014.01.22
224	卷烟配方生产新方法及专用配方柜	CN201010544991.1	湖北中烟工业有限责任公司	张楚安	2014.01.29

续表

序号	专利名称	专利号	专利权人	发明/设计人	授权公告日
225	储柜尾料推送装置	CN201110042220.7	湖北中烟工业有限责任公司	王志强、林　敏、温　延、罗　民、杨华强、王　芳、桂政启、罗琪松	2014.01.29
226	用于滤嘴棒的烟用甜味清凉剂缓释胶丸	CN201010200782.5	湖北中烟工业有限责任公司、武汉市黄鹤楼科技园有限公司	宋旭艳、岳海波、罗诚浩、刘华臣	2014.01.29
227	卷接机组除尘风力平衡分配系统	CN201210017979.4	湖北中烟工业有限责任公司	牟来亨、石朝东、夏元平	2014.02.26
228	一种带阻燃功能的多层盘纸过滤嘴卷烟	CN201110216296.7	湖北中烟工业有限责任公司	刘　鑫、齐　伟、周红审	2014.03.12
229	增香舒喉的烟用香料及应用	CN201210450533.0	湖北中烟工业有限责任公司、武汉市黄鹤楼科技园有限公司	赵同林、马舒翼、赵国豪、董世良	2014.03.12
230	含选择性降低烟气中 CO 的生物降害材料的滤嘴及制备方法	CN201110111907.1	湖北中烟工业有限责任公司、武汉市黄鹤楼科技园有限公司	王　娜、司　辉、朱　巍、熊国玺	2014.03.26
231	一种具本草烟香的无纺布滤嘴材料及其制备方法	CN201110185790.1	湖北中烟工业有限责任公司、武汉市黄鹤楼科技园有限公司	柯炜昌、潘　曦、刘华臣、张　华、宋旭艳、罗城浩	2014.03.26
232	一种带天然矿质和植物纤维复合添加剂的卷烟嘴棒	CN201210216318.4	湖北中烟工业有限责任公司、武汉市黄鹤楼科技园有限公司	司　辉、熊　斌、程炳发	2014.03.26
233	一种咸甜型水松纸香精及其制备方法和应用	CN201210452636.0	湖北中烟工业有限责任公司、武汉市黄鹤楼科技园有限公司	李　星、黄晓伟、蹇顺华	2014.03.26
234	温度敏感性控释香精的烟用滴丸的制备方法	CN201210544175.X	湖北中烟工业有限责任公司、武汉市黄鹤楼科技园有限公司	王　娜、叶晓川、施　璐	2014.03.26
235	一种用于富硒烟草种植的专用叶面喷施肥	CN201110352994.X	湖北中烟工业有限责任公司	王　林、吴凤光、黎妍妍、汪　健、黎　根、王豹祥、王海明	2014.04.02
236	一种烟用香精自主评价方法及其装置	CN201210243067.9	湖北中烟工业有限责任公司	程　华、王　昊、潘婷婷、杨俊鹏、刘　鑫	2014.04.02
237	应用超声与蒸汽爆破技术改善烟梗感官质量的工艺方法	CN201210205944.3	湖北中烟工业有限责任公司	张耀华、刘　鑫、庞　哲、齐　伟、熊　斌、杨俊鹏	2014.04.09
238	一种食甲醇芽孢杆菌及其生物转化阿魏酸生产天然香兰素的方法	CN201210113901.2	湖北中烟工业有限责任公司	李　丹、魏　敏、罗诚浩、宋旭艳、陈　勇、王　洁、喻　林	2014.04.16
239	重组烟叶用促进梅拉德反应添加剂及用其制备烟叶的方法	CN201210191235.4	湖北中烟工业有限责任公司	孙德平、邵宏民、姚元军、王凤兰、蒋思量	2014.04.16
240	蒸汽爆破辅助烟梗提取物的制备方法	CN201210209420.1	湖北中烟工业有限责任公司	刘　鑫、熊　斌、司　辉、程炳发	2014.04.16
241	香气均匀、稳定的烟用香料及其制备方法	CN201210387797.6	湖北中烟工业有限责任公司	肖志国、王凌翔、袁　超	2014.04.16
242	抗菌烟用嘴棒接装纸及其制备方法、以及抗菌烟用嘴棒	CN201210457031.0	湖北中烟工业有限责任公司、武汉市黄鹤楼科技园有限公司	喻世涛、李　列、张　辉、王　娜、程书锋	2014.04.16

续表

序号	专利名称	专利号	专利权人	发明/设计人	授权公告日
243	利用酸制备烟用片状碳质热源材料的方法	CN201310145457.7	湖北中烟工业有限责任公司、武汉市黄鹤楼科技园有限公司	罗诚浩、陈义坤、魏　敏、宋旭艳、刘华臣	2014.04.16
244	一种提高再造烟叶松厚度的方法	CN201210120291.9	湖北中烟工业有限责任公司、武汉淡雅香科技发展股份有限公司	孙德平、刘志昌、姚元军、王凤兰、王　亮、张林宵、胡念武、黄　明、罗广丰	2014.04.16
245	樟树叶烟用香料的制备方法	CN201210019844.1	湖北中烟工业有限责任公司、武汉市黄鹤楼科技园有限公司	潘家华、朱　巍、吕　品	2014.04.30
246	发酵型烟用香蕉提取物的制备方法	CN201310068083.3	湖北中烟工业有限责任公司、武汉市黄鹤楼科技园有限公司	庞登红、董爱君、张　磊	2014.04.30
247	利用乙醇制备烟用片状碳质热源材料的方法	CN201310145443.5	湖北中烟工业有限责任公司、武汉市黄鹤楼科技园有限公司	罗诚浩、陈义坤、魏　敏、宋旭艳、刘华臣	2014.04.30
248	用烟叶 pH 检测值判定烤烟醇化质量的方法	CN200810197049.5	湖北中烟工业有限责任公司	司　辉、闫铁军、何结望、吴风光、谢　豪、涂书新、张允政、孙敬国	2014.05.07
249	以壳聚糖纤维丝束为过滤材料的嘴棒及其制备方法	CN201110117633.7	湖北中烟工业有限责任公司、武汉市黄鹤楼科技园有限公司	柯炜昌、朱　超、陈义坤、彭湘红、杨小秋、宋旭艳、刘华臣、潘　曦	2014.05.07
250	烟用啤酒蒸馏物的制备方法及其在卷烟中的应用	CN201310067745.5	湖北中烟工业有限责任公司	陈国平、刘　鑫、熊　斌、张敦铁	2014.05.21
251	一种卷烟滤嘴用添加剂树脂载体及其制备方法	CN201210260854.4	湖北中烟工业有限责任公司、武汉市黄鹤楼科技园有限公司	王　娜、王　萍、朱　巍	2014.05.21
252	发酵型烟用苹果提取物的制备方法	CN201310170126.9	湖北中烟工业有限责任公司、武汉市黄鹤楼科技园有限公司	张敦铁、庞登红、张　磊	2014.05.21
253	桑肠杆菌及利用其生物转化阿魏酸生产天然香兰素的方法	CN201210117028.4	湖北中烟工业有限责任公司	陈　勇、魏　敏、罗诚浩、宋旭艳、喻　林、王　洁	2014.05.28
254	烟叶、可可提取物复合发酵香料的制备方法及其在重组烟叶中的应用	CN201210326210.0	湖北中烟工业有限责任公司	罗诚浩、魏　敏、陈义坤、李　冉、罗广丰	2014.06.11
255	烟用无花果浸膏的制备方法	CN201310322435.3	湖北中烟工业有限责任公司、武汉市黄鹤楼科技园有限公司	喻世涛、熊国玺、肖龙恩、苗立坤、程书锋	2014.06.11
256	一种用于梗丝的加料香精	CN201110124375.5	湖北中烟工业有限责任公司、武汉市黄鹤楼科技园有限公司	马舒翼、程书峰、赵同林、董世良	2014.06.18
257	利用双频超声波制备烟用潜香香料的方法	CN201210210986.6	湖北中烟工业有限责任公司、武汉市黄鹤楼科技园有限公司	彤　霖、黄　龙、谭　烨、张敦铁、吴　昭、邵兴伟	2014.06.18
258	一种新型口含烟	CN201210223535.6	湖北中烟工业有限责任公司、武汉市黄鹤楼科技园有限公司	宋旭艳、陈义坤、潘　曦、陈　胜、罗诚浩	2014.06.18

续表

序号	专利名称	专利号	专利权人	发明/设计人	授权公告日
259	一种干馏型卷烟	CN201310144843.4	湖北中烟工业有限责任公司、武汉市黄鹤楼科技园有限公司	罗诚浩、陈义坤、魏　敏、宋旭艳、潘　曦	2014.06.18
260	一种烟草薄片添加剂及烟草薄片的制备方法	CN201210056700.3	湖北中烟工业有限责任公司、深圳波顿香料有限公司	孙德平、姚元军、姜兴涛、余汉谋、李庆廷	2014.06.18
261	一种降低再造烟叶烟气中NNK释放量的方法	CN201210291685.0	湖北中烟工业有限责任公司、湖北新业烟草薄片开发有限公司	毛　耀、姚元军、孙德平、邹国林、刘志昌、吴结缘、曹新华	2014.06.18
262	一种一次成型烟用嘴棒的制造方法	CN201210369073.9	湖北中烟工业有限责任公司	柯炜昌、陈义坤、刘华臣、潘　曦	2014.06.25
263	一种残烟丝和丝纤维分离回收设备	CN201110254235.X	湖北中烟工业有限责任公司	方　敏、杜荣杰、牛燕丽、胡业伟、王声扬、熊　浩	2014.08.20
264	一种烟用抗氧化剂迷迭香酸的纯化方法	CN201110235294.2	湖北中烟工业有限责任公司	王　娟、陈义坤、郭国宁、张　华	2014.08.27
265	一种储柜铺料缓冲装置	CN201110270724.4	湖北中烟工业有限责任公司	杨华强、王志强、林　敏、黎伟雄、霍建松、宋建华	2014.08.27
266	一种用于卷烟叶片加料的浸渍加料机	CN201110317933.X	湖北中烟工业有限责任公司	夏道福	2014.08.27
267	新型条形码扫描机	CN201110364624.8	湖北中烟工业有限责任公司	石建军、马胜军、吴章和、程利勇、彭　锐	2014.08.27
268	一种淡雅香品类卷烟用白肋烟丝的制备方法	CN201210442675.2	湖北中烟工业有限责任公司	程　华、王　昊、潘婷婷、杨俊鹏、齐　伟、熊　斌	2014.08.27
269	评价卷烟主流烟气减害效果以及安全性的化学生物学方法	CN201210452637.5	湖北中烟工业有限责任公司	李　冉、罗诚浩、魏　敏、宋旭艳、陈义坤	2014.08.27
270	葫芦巴浸膏美拉德反应物的制备方法及其在卷烟中的应用	CN201210541418.4	湖北中烟工业有限责任公司、武汉市黄鹤楼科技园有限公司	张　辉、黄　龙、喻世涛、李　列	2014.08.27
271	发酵型烟用玉米浸膏的制备方法	CN201210546012.5	湖北中烟工业有限责任公司、武汉市黄鹤楼科技园有限公司	庞登红、董爱君、张　磊	2014.08.27
272	一种降低卷烟烟气中有害物质的成型纸涂料	CN201310035348.X	湖北中烟工业有限责任公司、武汉市黄鹤楼科技园有限公司	刘　冰、岳海波、陈义坤、李　冉、刘祥浩	2014.08.27
273	选择性降低卷烟烟气中巴豆醛含量的截留剂及滤棒	CN201310062529.1	湖北中烟工业有限责任公司、武汉市黄鹤楼科技园有限公司	宋旭艳、李　丹、罗诚浩、李　冉、陈义坤、刘　冰	2014.08.27
274	一种烟用苹果浸膏的制备方法	CN201310173732.6	湖北中烟工业有限责任公司、武汉市黄鹤楼科技园有限公司	喻世涛、熊国玺、程书锋、王　娜	2014.08.27
275	一种能够降低烟气中有害物质的烟草薄片的制备方法	CN201110262399.7	湖北中烟工业有限责任公司、武汉淡雅香科技发展股份有限公司	孙德平、王　亮、姚元军、王凤兰、刘志昌、万　超、胡惠仁、温洋兵	2014.08.27

续表

序号	专利名称	专利号	专利权人	发明/设计人	授权公告日
276	造纸法再造烟叶多功能涂布机	CN201210216204. X	湖北中烟工业有限责任公司、武汉淡雅香科技发展股份有限公司	孙德平、唐向兵、吴志强、姚元军、王　亮、王凤兰、刘志昌、万　超、胡雁平、史汉明	2014. 08. 27
277	运用3D打印技术的新型香烟制作方法	CN201310269937. 4	湖北中烟工业有限责任公司、武汉淡雅香科技发展股份有限公司	罗广丰、孙德平、毛　耀、唐向兵	2014. 08. 27
278	一种降低白肋烟中有害成分的调制工艺	CN201210204390. 5	湖北中烟工业有限责任公司	王　昊、熊　斌、司　辉、张耀华、程炳发、陈　一、程　华、谢　豪	2014. 09. 17
279	左右推动自动出烟式烟盒	CN201310061993. 9	湖北中烟工业有限责任公司、武汉市黄鹤楼科技园有限公司	颜　莉、何建平、李　杰	2014. 09. 17
280	烟秆田间堆沤发酵方法及产品	CN201310184347. 1	湖北中烟工业有限责任公司	王　林、黎妍妍、吴风光	2014. 09. 24
281	利用乙醇制备烟用丝状碳质热源材料的方法	CN201310145816. 9	湖北中烟工业有限责任公司、武汉市黄鹤楼科技园有限公司	魏　敏、陈义坤、罗诚浩、宋旭艳、李　冉	2014. 10. 08
282	榅桲和辣椒复合提取物及其作为烟草制品添加剂的用途	CN201110104882. 2	湖北中烟工业有限责任公司、武汉市黄鹤楼科技园有限公司	谭　烨、朱　巍、黄　龙、潘婷婷、陈　胜	2014. 10. 29
283	利用寡核苷酸和氧化石墨烯检测可卡因的荧光检测方法	CN201210545622. 3	湖北中烟工业有限责任公司、武汉市黄鹤楼科技园有限公司	苗立坤、喻世涛、黄　龙、朱　巍	2014. 10. 29
284	应用超声与蒸汽爆破技术相结合提高烟梗感官质量的方法	CN201210223711. 6	湖北中烟工业有限责任公司	刘　鑫、张耀华、程炳发、杨俊鹏、熊　斌	2014. 11. 05
285	用于卷烟辅助材料安全性评价及其筛选的生物热化学方法	CN201210452337. 7	湖北中烟工业有限责任公司	李　冉、宋旭艳、魏　敏、罗诚浩、陈义坤	2014. 11. 05
286	一种改善雪茄烟叶灰色的方法	CN201310063041. 0	湖北中烟工业有限责任公司	王　剑	2014. 11. 05
287	一种固体烟用香料连续提取仪	CN201310192982. 4	湖北中烟工业有限责任公司、武汉市黄鹤楼科技园有限公司	禡志明、陈　胜、吕　品、齐富友	2014. 11. 05
288	一种含有天然中草药抗菌剂的卷烟过滤嘴及其制备方法	CN201310279387. 4	湖北中烟工业有限责任公司、武汉市黄鹤楼科技园有限公司	齐富友、祃志明、蹇顺华	2014. 11. 05
289	一种烟用椰子香精的制备方法	CN201310322952. 0	湖北中烟工业有限责任公司、武汉市黄鹤楼科技园有限公司	吴　昭、谭　烨、彤　霖、黄　龙、邵兴伟、赵同林	2014. 11. 05
290	一种提高造纸法烟草薄片湿抗张强度的方法	CN201210294354. 2	湖北中烟工业有限责任公司、武汉淡雅香科技发展股份有限公司	王凤兰、廖夏林、姚元军、王　亮、刘志昌	2014. 11. 05
291	含有香精小球的卷烟及其制作方法	CN201310068112. 6	湖北中烟工业有限责任公司、武汉淡雅香科技发展股份有限公司	罗广平、孙德平、姚元军	2014. 11. 05
292	一种卷烟叶丝干燥方法	CN201310060975. 9	湖北中烟工业有限责任公司	杨俊鹏、周红审、陈国平、程　华、覃艳东	2014. 11. 12

续表

序号	专利名称	专利号	专利权人	发明/设计人	授权公告日
293	一种降低造纸法再造烟叶木浆纤维用量的方法	CN201210374321.9	湖北中烟工业有限责任公司、武汉淡雅香科技发展股份有限公司	王　亮、孙德平、姚元军、王凤兰、刘志昌、万　超、胡惠仁、温洋兵	2014.11.12
294	烟丝风送风选一体机	CN201010519677.8	湖北中烟工业有限责任公司	张楚安	2014.11.19
295	加速烟叶陈化和提升烟叶品质的复合微生物制剂及其应用	CN201210007977.7	湖北中烟工业有限责任公司、武汉市黄鹤楼科技园有限公司	潘家华、黄　龙、庞登红	2014.11.19
296	桑肠杆菌及其生物转化发酵型烟用麸皮浸膏的方法和应用	CN201210117406.9	湖北中烟工业有限责任公司	罗诚浩、魏　敏、陈义坤、宋旭艳、刘　冰	2014.11.26
297	一种卷烟用白肋烟丝的制备方法	CN201210388836.4	湖北中烟工业有限责任公司	程　华、杨俊鹏、刘　鑫、王　昊、齐　伟	2014.11.26
298	无烟无火卷烟烟叶的制备方法	CN201110365360.8	湖北中烟工业有限责任公司、武汉市黄鹤楼科技园有限公司	刘华臣、董爱君、陈义坤、柯伟昌	2014.11.26
299	利用酸制备烟用丝状碳质热源材料的方法	CN201310144798.2	湖北中烟工业有限责任公司、武汉市黄鹤楼科技园有限公司	魏　敏、陈义坤、罗诚浩、宋旭艳、李　冉	2014.11.26
300	利用钙盐制备烟用丝状碳质热源材料的方法	CN201310145445.4	湖北中烟工业有限责任公司、武汉市黄鹤楼科技园有限公司	魏　敏、陈义坤、罗诚浩、宋旭艳、李　冉	2014.11.26
301	一种用于膨胀烟丝的加料香精	CN201310270046.0	湖北中烟工业有限责任公司、武汉市黄鹤楼科技园有限公司	马舒翼、赵同林、董世良、赵国豪	2014.11.26
302	一种烟用甘草浸膏美拉德反应物的制备方法及其应用	CN201310270107.3	湖北中烟工业有限责任公司、武汉市黄鹤楼科技园有限公司	张　辉、熊国玺、喻世涛、陈金强、李　列	2014.11.26
303	一种香荚兰烟用添加剂及其制备方法	CN201310270887.1	湖北中烟工业有限责任公司、武汉市黄鹤楼科技园有限公司	邵兴伟、黄　龙、谭　烨、彤　霖、吴　昭	2014.11.26
304	一种茵陈烟用香料及其制备方法	CN201310322432.X	湖北中烟工业有限责任公司、武汉市黄鹤楼科技园有限公司	吕　品、陈　胜、黄晓伟	2014.11.26
305	可降解型烟用复合滤棒的制备方法	CN201310268006.2	湖北中烟工业有限责任公司	王　娟、张胜华、沈　军、张　华、徐玉琼	2014.12.03
306	灰树花深层发酵的菌丝体挥发油的制备方法及其应用	CN201210452706.2	湖北中烟工业有限责任公司、武汉市黄鹤楼科技园有限公司	郭国宁、张耀华、陈义坤、岳海波、刘　冰	2014.12.03
307	一种烟用覆盆子发酵物的制备方法	CN201210551691.5	湖北中烟工业有限责任公司、武汉市黄鹤楼科技园有限公司	赵国豪、庞登红、董世良、赵同林、马舒翼、程书锋	2014.12.03
308	利用钙盐制备烟用片状碳质热源材料的方法	CN201310144942.2	湖北中烟工业有限责任公司、武汉市黄鹤楼科技园有限公司	罗诚浩、陈义坤、魏　敏、宋旭艳、刘华臣	2014.12.03

续表

序号	专利名称	专利号	专利权人	发明/设计人	授权公告日
309	一种调控美拉德反应制备烟用香料的方法	CN201310268308. X	湖北中烟工业有限责任公司、武汉市黄鹤楼科技园有限公司	孙炜炜、陈　胜、祃志明、黄晓伟、吕　品、李　星	2014. 12. 03
310	一种用于生产胶囊滤棒的设备	CN201210546083. 5	湖北中烟工业有限责任公司、武汉黄鹤楼新材料科技开发有限公司	王庆九、陈文全、梅文浩、周向东、刘祥谋	2014. 12. 03
311	一种用于烟草中的增香剂及其使用方法	CN201210016353. 1	湖北中烟工业有限责任公司	岳海波、陈义坤、郭国宁、柯伟昌、罗诚浩	2014. 12. 10
312	一种降低梗丝中果胶含量的加工工艺	CN201210291482. 1	湖北中烟工业有限责任公司	谢　豪、王　昊、陈　一、熊　斌、张耀华、程炳发	2014. 12. 10
313	一种烤烟上部叶的烘烤方法	CN201210388509. 9	湖北中烟工业有限责任公司	刘峰峰、吴风光、何结望、李　琳、黎　根、王　林	2014. 12. 10
314	烟丝香薰加香方法及加香设备	CN201310042421. 6	湖北中烟工业有限责任公司	庞　哲、熊　斌、李　超、杨俊鹏、周红审	2014. 12. 10
315	一种烟叶低温干燥处理工艺	CN201310099533. 5	湖北中烟工业有限责任公司	覃艳东、杨俊鹏、熊　斌、李　超、程　华、陈国平、周红审、程炳发	2014. 12. 10
316	紫丁香蘑深层发酵的菌丝体提取物的提取方法及其在卷烟中的应用	CN201210295820. 9	湖北中烟工业有限责任公司、武汉市黄鹤楼科技园有限公司	郭国宁、刘　冰、张耀华、岳海波	2014. 12. 10
317	具有抑菌作用的烟用香精和含有该香精的烟用水松纸	CN201310268376. 6	湖北中烟工业有限责任公司、武汉市黄鹤楼科技园有限公司	祃志明、陈　胜、熊国玺	2014. 12. 10
318	用于低焦油卷烟有机酸加料香基	CN201310343257. 2	湖北中烟工业有限责任公司、武汉市黄鹤楼科技园有限公司	祃志明、陈　胜、熊国玺	2014. 12. 10
319	一种提高打叶复烤片烟质量的方法	CN201310061394. 7	湖北中烟工业有限责任公司	闫铁军、吴风光、何结望、秦志强、王　欣、王海明、李　琳、黎　根、王　林、汪　建、刘峰峰、孙曙光、付　龙、夏　凡、黄　沙、朱　宝	2014. 12. 17
320	利用磁稳定流化床发酵制备烟用香料的方法	CN201310168352. 3	湖北中烟工业有限责任公司	周红审、熊　斌、杨俊鹏、庞　哲	2014. 12. 17
321	一种多级滚筒式筛分打叶机	CN201310071101. 3	湖北中烟工业有限责任公司	杨华强、王志强、林　敏、尤长虹、李明涛、黎伟雄	2014. 12. 24
322	一种用于卷烟包装机的自动上衬垫机构	CN201310064927. 7	湖北中烟工业有限责任公司	王东山、肖　毅	2014. 12. 31
323	单向离合器传动装置	CN201310065090. 8	湖北中烟工业有限责任公司	杨志华、彭永刚、屈　飏、谢崇权、王安宽	2014. 12. 31
324	一种烟草育苗系统	CN201310083102. X	湖南省烟草公司郴州市公司、郴州自然人热能设备有限公司、湖南农业大学	周志成、李宏光、姚志红、匡传富、方　明、杨虹琦	2014. 06. 04
325	一种利用烟梗矿物质养分的有机生态肥	CN201310253792. 9	湖南省烟草公司郴州市公司、湖南烟叶复烤有限公司、郴州市金土地化肥有限公司	李宏光、杨秋林、刘二平、成军平、刘勇军、龙甲林	2014. 06. 18
326	一种用于防治烟草病害的复配制剂及其制备方法	CN201210199754. 5	湖南省烟草公司衡阳市公司常宁市分公司	范才银、贺晓珍、曾惠宇、李迪秦、刘本坤、朱列书、林　志、单雪华、颜生成、向鹏华、杜丛中	2014. 07. 16

续表

序号	专利名称	专利号	专利权人	发明/设计人	授权公告日
327	一种新型烟草育苗基质及其配制方法	CN201210397406.9	湖南省烟草公司衡阳市公司衡南县分公司	蒋小林、彭金良、陈启新、何　阳、周　童、李迪秦、刘本坤、朱列书、黄景崇、徐益群	2014.07.16
328	一种烤烟集约化漂浮育苗炼苗装置	CN201310184456.3	湖南省烟草公司永州市公司	蒋笃忠、成勃松	2014.07.23
329	烟稻轮作区的二氯喹啉酸除草剂致污染土壤综合修复法	CN201310348314.6	湖南省烟草公司郴州市公司、匡传富	李宏光、匡传富、黄国联、曹　健、曹圣金、方　明、曾维爱、欧晓明、彭福元、谭　琳	2014.08.13
330	烤烟水旱两段式壮苗培育技术	CN201310320084.2	湖南省烟草公司郴州市公司桂阳县分公司、李立	邓小强、许清孝、陈瑞忠、周明志、王生才、吴文信、冯玉海、李　立	2014.08.20
331	一种二甲四氯除草剂降解菌SE08及其筛选方法和应用	CN201210558681.4	湖南农业大学、湖南省烟草公司郴州市公司	谭　琳、曾维爱、郑雄志、周志成、李宏光、胡秋龙、谭济才、江紫薇	2014.09.10
332	一种改良烟草根际环境的方法	CN201310083194.1	湖南省烟草公司郴州市公司、匡传富	匡传富、周志成、李宏光、方　明、罗经仁、许清孝、李晓燕、黄长永、吴文信、江祥伟、李云霞、肖艳松	2014.12.10
333	烤烟幼苗语音点兜计数器	CN201210312144.1	湖南省烟草公司郴州市公司永兴县分公司、黄永根	邱　勇、李宏光、许清孝、谷文南、李永刚、匡传富、钟　权、曹　虹、廖永强、黄永根	2014.12.31
334	一种从废次烟叶中提取茄尼醇和绿原酸的方法	CN201310035368.7	湖南中烟工业有限责任公司	范胜兴	2014.03.05
335	邻羟基酮类调配香精及其应用	CN201110030811.2	湖南中烟工业有限责任公司	黎艳玲、杨华武、邓昌健、卢红兵、陈　雄、傅见山、朱卓越、苏利霞、赵　瑜	2014.04.16
336	一种具有减害作用的卷烟滤棒添加剂及其制备和应用方法	CN201110343307.8	湖南中烟工业有限责任公司	陈　潜、银董红、秦亮生、郭小义、赵立红、刘建福	2014.04.16
337	一种对薄荷烷－3，9－二醇的合成方法	CN201110428885.1	湖南中烟工业有限责任公司	陈　雄、杨华武、黎艳玲、刘金云、卢红兵、邓昌健、苏利霞、朱卓越	2014.04.16
338	一种具有减害作用的卷烟滤棒添加剂及其制备和应用方法	CN201210462304.0	湖南中烟工业有限责任公司	秦亮生、银董红、刘建福	2014.04.16
339	一种通过化学交联得到的卷烟烟气重金属吸附剂的应用方法	CN201210490561.5	湖南中烟工业有限责任公司	文建辉、银董红、肖　勇、秦亮生、成乐为、肖晓明	2014.04.16
340	一种降低主流烟气中氨含量的卷烟滤棒添加剂及其制备和应用	CN201210535259.7	湖南中烟工业有限责任公司	秦亮生、银董红、杜　文、刘建福	2014.04.16
341	一种亚油酸催化氧化制备类胡萝卜素降解产物的方法及应用	CN201210562320.7	湖南中烟工业有限责任公司	赵国玲、卢红兵、杨华武、孔　波、钟科军	2014.04.16
342	一种改善卷烟燃烧后包灰的方法	CN201010574159.6	湖南中烟工业有限责任公司	范红梅、金　勇、李　克、王诗太、谭海风	2014.06.11
343	一种低侧流烟气卷烟纸	CN201010574161.3	湖南中烟工业有限责任公司	金　勇、范红梅、杜　文、谭海风、李　克、王诗太	2014.06.11
344	直接衍生高效液相色谱法测定水基胶中羰基化合物的方法	CN201110222193.1	湖南中烟工业有限责任公司	吴名剑、万小红、刘　丹、戴云辉、李绍晔、李　伟	2014.06.11
345	一种卷烟烟气重金属吸附剂的应用方法	CN201210491301.X	湖南中烟工业有限责任公司	文建辉、银董红、肖　勇、秦亮生、成乐为、肖晓明	2014.06.11
346	氨基丙醇类化合物的应用	CN201310015296.X	湖南中烟工业有限责任公司	喻赛波、金　勇、李　克、刘　琦、郭小义	2014.06.11
347	一种烟草专用促根剂及其制备和应用	CN201210201717.3	湖南中烟工业有限责任公司、华南农业大学	易建华、贾志红、沈　宏、李　玥、沈筠章	2014.08.06
348	一种降低卷烟烟气中氢氰酸或挥发性羰基化合物含量的纤维素纸及其制备和应用	CN201110343548.2	湖南中烟工业有限责任公司	秦亮生、赵立红、陈　潜、银董红、郭小义、刘建福	2014.08.06
349	一种智能配烟方法	CN201110424658.1	湖南中烟工业有限责任公司	孔　波、卢红兵、钟科军	2014.08.06

续表

序号	专利名称	专利号	专利权人	发明/设计人	授权公告日
350	一种薄荷内酯的合成方法	CN201210361022.1	湖南中烟工业有限责任公司	陈　雄、杨华武、苏利霞、黎艳玲、谭新良、卢红兵、刘金云	2014.08.06
351	一种自动衍生化反应处理设备及方法	CN201310036043.0	湖南中烟工业有限责任公司	龚淑果、戴云辉、孔　波、刘　巍、钟科军、吴名剑、谭立权	2014.08.06
352	一种可降低卷烟主流烟气中酚类化合物的滤棒纤维基材添加剂及应用	CN201310069895.X	湖南中烟工业有限责任公司	金　勇、喻赛波、谭海风、刘　琦	2014.08.06
353	一种基于随机森林法分析致香物在烤烟香型分类中的重要性及预测香型的方法	CN201310241511.8	湖南中烟工业有限责任公司	彭新辉、蒲文宣、易建华、李　峰、周　燕、张文利、王雪云、周立新、刘金云、彭　宇、周文辉、孙在军、周曙光	2014.08.06
354	一种对烟库内烟支排列错乱及倒装的检测系统及方法	CN201210478855.6	湖南中烟工业有限责任公司	杨建林、岳海涛、段云鹏、邱志勇、杨晓龙、刘昌武、张玉柱	2014.08.20
355	一种可降低卷烟主流烟气中酚类化合物的纸质滤棒滤芯基材添加剂及应用	CN201310069740.6	湖南中烟工业有限责任公司	喻赛波、金　勇、王诗太	2014.08.20
356	一种降低一氧化碳和焦油比的滤嘴及其制备方法	CN201210508562.8	湖南中烟工业有限责任公司	王诗太、金　勇、钟科军、李　克、谭海风、范红梅、刘金云、方国林、姚建文、胡念念	2014.09.17
357	H3 型组蛋白及其抗体在烟草青枯病抗性检测中的应用	CN201210580018.4	上海中科新生命生物科技有限公司、湖南中烟工业有限责任公司	宋　浩、丁　伟、陈　薇、周　燕	2014.09.24
358	一种脂肪氧化酶制备类胡萝卜素降解产物的方法及应用	CN201210562304.8	湖南中烟工业有限责任公司	赵国玲、卢红兵、杨华武、孔　波、钟科军	2014.11.05
359	一种检测卷烟抽吸比率的方法	CN201210447553.2	湖南中烟工业有限责任公司	王志国、刘　巍、杜　文、练文柳、胡念念	2014.11.26
360	一种针对混合物质质谱图的谱库筛选方法	CN201310059714.5	湖南中烟工业有限责任公司	孔　波、杨华武、卢红兵、邹　有、钟科军、龚淑果	2014.11.26
361	一种自由下落式烟叶分选装置及烟叶分选方法	CN201210581693.9	湖南中烟工业有限责任公司	刘　斌、毛伟俊、杭建军、钟科军、朱效群、谭新良、席建平、张　辉、施小伟	2014.12.17
362	一种含吸附体的卷烟滤棒的制备方法	CN201110454872.1	广东中烟工业有限责任公司	刘　丹	2014.01.08
363	一种含吸附材料的卷烟滤棒的制备方法	CN201110454877.4	广东中烟工业有限责任公司	刘　丹、黄宪忠	2014.02.05
364	密集型烤房及采用该密集型烤房的烟叶烘烤方法	CN201110319910.2	广东中烟工业有限责任公司	叶为民、李旭华、金保锋、文　俊、陈建军	2014.02.26
365	一种烟叶烘烤方法	CN201110319928.2	广东中烟工业有限责任公司	叶为民	2014.02.26
366	深度抽吸模式下烟气中有害成分释放量的检测方法	CN201210195100.5	广东中烟工业有限责任公司	孔浩辉、黄翼飞、马　青	2014.02.26
367	可调整燃吸过程中烟支温度的卷烟	CN201210364535.8	广东中烟工业有限责任公司	孔浩辉、陈森林	2014.02.26
368	一种带调温功能的卷烟	CN201210364576.7	广东中烟工业有限责任公司	孔浩辉、陈森林	2014.03.05
369	一种可调整燃吸过程中烟支温度的卷烟	CN201210364580.3	广东中烟工业有限责任公司	孔浩辉、陈森林	2014.03.05
370	一种用于连续流动、分段取样储样的色谱瓶	CN201110154910.1	广东中烟工业有限责任公司	孔浩辉、黄翼飞、周　瑢	2014.03.19
371	一种烟用胶黏剂中乙酸甲酯的检测方法	CN201210137821.0	广东中烟工业有限责任公司	张优茂	2014.03.19
372	一种烟用胶黏剂中叔丁醇的检测方法	CN201210137826.3	广东中烟工业有限责任公司	张优茂	2014.03.19
373	一种烟用胶黏剂中有机挥发性物质的检测方法	CN201210137828.2	广东中烟工业有限责任公司	张优茂、方细玲	2014.03.19

续表

序号	专利名称	专利号	专利权人	发明/设计人	授权公告日
374	一种浸膏类香料的检测方法	CN201210170791.3	广东中烟工业有限责任公司	卓浩廉、郭　文、黎玉茗、伍锦鸣	2014.03.19
375	一种再造烟叶及其制备方法和应用	CN201110152311.6	广东中烟工业有限责任公司	饶国华、赵瑞峰、刘　熙	2014.03.26
376	一种荔枝果皮提取物的制备方法和在卷烟生产方面的应用	CN201110339166.2	广东中烟工业有限责任公司	饶国华、赵瑞峰、叶荣飞	2014.03.26
377	一种烟草中蛋白质氮含量的测定方法	CN201110460147.5	广东中烟工业有限责任公司	孔浩辉、程志颖、张心颖、马　青	2014.03.26
378	深吸情况下基于苯酚排放量的卷烟设计调整方法	CN201210163913.6	广东中烟工业有限责任公司	孔浩辉、周　瑢	2014.03.26
379	一种应用于卷烟滤嘴实现静电过滤的方法和卷烟滤嘴	CN201210062221.2	广东中烟工业有限责任公司	刘　熙、赵瑞峰、饶国华	2014.05.14
380	一种环保型卷烟滤嘴	CN201210577544.5	广东中烟工业有限责任公司	赵瑞峰、饶国华、刘　熙	2014.05.14
381	一种烟梗制再造烟叶纸基的制备方法	CN201210062185.X	广东中烟工业有限责任公司、华南理工大学	曾　健、许　光、陈克复、饶国华、李　军、杨　飞、高文花	2014.05.14
382	烟梗制烟草薄片纸基的制备方法	CN201210062239.2	广东中烟工业有限责任公司、华南理工大学	曾　健、许　光、陈克复、饶国华、李　军、杨　飞、高文花	2014.05.14
383	一种拉线热收缩率的测量装置	CN201210094904.6	广东中烟工业有限责任公司、中国烟草总公司郑州烟草研究院、中国科学院安徽光学精密机械研究所	李旭华、李志刚、方细玲、张　龙、刘　丹、苗　芊、叶长文、谢定海、张　勍	2014.05.14
384	一种功能卷烟纸	CN201210064858.5	广东中烟工业有限责任公司	李旭华、黄宪忠、谢定海、杨绍文、陈　婉、黄海群	2014.06.04
385	烟草中核黄素的定量检测方法	CN201310033534.X	广东中烟工业有限责任公司	黄翼飞、胡　静	2014.06.04
386	烟用接装纸中铬赋存形态检测分析中的样品前处理方法	CN201310038071.6	广东中烟工业有限责任公司	胡　静、李　峰、韩　冰、施文庄	2014.06.04
387	一种提高造纸法烟草薄片生产过程中烟末提取液过滤效率的方法	CN201210443141.1	广东中烟工业有限责任公司、华南理工大学	杨　飞、陈克复、李　军、饶国华、杨仁党、邵干辉、赵瑞峰、曾　健、高文花	2014.06.04
388	一种保山香料烟烟草内源性香料的制备方法和应用	CN201210453389.6	广东中烟工业有限责任公司	卓浩廉、伍锦鸣、林　翔、郭　文、黎玉茗、罗福明、廖伟杰、李　仙、刘丽芬、念小魁	2014.07.02
389	烟草中核黄素的分析鉴定方法	CN201310033478.X	广东中烟工业有限责任公司	黄翼飞、胡　静	2014.07.02
390	一种滤棒成型纸的增香方法	CN201110320177.6	广东中烟工业有限责任公司、云南瑞升烟草技术（集团）有限公司	李旭华、黄宪忠、张优茂、沈靖轩、肖维毅、黄海群	2014.07.02
391	一种滤棒成形纸的香气改良方法	CN201210061176.9	广东中烟工业有限责任公司、云南瑞升烟草技术（集团）有限公司	李旭华、黄宪忠、张优茂、黄海群、马　涛、肖维毅	2014.07.02
392	一种烟梗制烟草薄片纸基的制备方法	CN201210061378.3	广东中烟工业有限责任公司、华南理工大学	曾　健、许　光、陈克复、饶国华、李　军、杨　飞、高文花	2014.07.02
393	一种筛选烟草特有亚硝胺含量低的烟草品种的PCR引物	CN201310382161.7	广州大学、中国烟草总公司广东省公司	郭培国、李荣华、吕永华、夏岩石、余义文、何其芳、邱妙文、赵伟才	2014.07.30
394	一种添加碳酸钙提高再造烟叶纸基品质的方法及再造烟叶纸基	CN201210190341.0	广东中烟工业有限责任公司、华南理工大学	曾　健、许　光、陈克复、谢剑平、饶国华、李　军、杨　飞、韩迎迎	2014.08.13

续表

序号	专利名称	专利号	专利权人	发明/设计人	授权公告日
395	一种液体中蛋白质氮含量的测定方法	CN201110460157.9	广东中烟工业有限责任公司	孔浩辉、程志颖、张心颖、马 青	2014.09.03
396	一种可自行导流的卷烟滤棒及卷烟	CN201310196361.3	广东中烟工业有限责任公司	孔浩辉、陈森林	2014.09.03
397	甘蔗渣在卷烟生产方面的应用及甘蔗再造烟叶的制备方法	CN201210440693.7	广东中烟工业有限责任公司	刘 熙、饶国华、赵瑞峰	2014.09.10
398	一种烟草内源性香料的制备方法及其应用	CN201210453923.3	广东中烟工业有限责任公司	卓浩廉、伍锦鸣、林 翔、郭 文、黎玉茗、罗福明、廖伟杰、李 仙、刘丽芬、念小魁	2014.09.10
399	烟用接装纸中 Cr（III）和 Cr（VI）离子的快速测定方法	CN201310037863.1	广东中烟工业有限责任公司	李 峰、胡 静、韩 冰、汪军霞	2014.09.10
400	一种测定烟用纸张中荧光增白剂迁移的方法	CN201310096043.X	广东中烟工业有限责任公司	刘 丹、方细玲	2014.09.10
401	辣木籽提取物在卷烟滤棒中的应用及卷烟滤棒	CN201310159094.2	广东中烟工业有限责任公司	刘 熙、饶国华、赵瑞峰	2014.09.10
402	一种烟梗烟末制烟草薄片的制备方法	CN201210062183.0	广东中烟工业有限责任公司、华南理工大学	曾 健、许 光、陈克复、饶国华、李 军、杨 飞、高文花	2014.09.10
403	一种烟梗烟末制再造烟叶的制备方法	CN201210062184.5	广东中烟工业有限责任公司、华南理工大学	曾 健、许 光、陈克复、饶国华、李 军、杨 飞、高文花	2014.09.10
404	一种改善再造烟叶纸基品质的方法及再造烟叶纸基	CN201210190340.6	广东中烟工业有限责任公司、华南理工大学	曾 健、许 光、陈克复、谢剑平、饶国华、李 军、杨 飞、韩迎迎	2014.09.10
405	一种烤烟降碱增钾剂及其使用方法	CN201210314689.6	华南农业大学、中国烟草总公司广东省公司	江定心、陈泽鹏、王丽晶、贺广生、郑智刚、王晓宾	2014.09.24
406	一种基于预测 PI 算法控制系统的烟叶复烤机水分控制方法	CN201210582611.2	广东中烟工业有限责任公司	罗岩峰、刘永强、谢晓斌、李 敏、陈越立	2014.10.08
407	一种用家蝇幼虫处理不适用烟叶制备生物蛋白饲料的方法	CN201310060956.6	胡新军、中国烟草总公司广东省公司、南雄市中大赛尔生物技术有限公司	胡新军、陈泽鹏、戴家麟	2014.10.22
408	一种烟用香精品质的检测方法	CN201210362122.6	广东中烟工业有限责任公司	孔浩辉、卓浩廉	2014.10.22
409	一种存放期内烟用香精质量的检测方法	CN201210362171.X	广东中烟工业有限责任公司	孔浩辉、陈翠玲	2014.10.22
410	一种新型温湿度控制方法及系统	CN201210528673.5	广东中烟工业有限责任公司	陈 曦	2014.10.22
411	一种加香的复合颗粒滤棒及其制备方法	CN201210577936.1	广东中烟工业有限责任公司	林 翔、赵瑞峰、饶国华	2014.10.22
412	一种烟草薄片的制备方法	CN201210062223.1	广东中烟工业有限责任公司、华南理工大学	曾 健、许 光、陈克复、饶国华、李 军、杨 飞、高文花	2014.10.22
413	一种粘稠状烟用香精香料的检测方法	CN201210170793.2	广东中烟工业有限责任公司	郭 文、卓浩廉、伍锦鸣、黎玉茗	2014.11.05
414	一种辛香料复合颗粒滤棒及其制备方法	CN201210577572.7	广东中烟工业有限责任公司	林 翔、赵瑞峰、饶国华	2014.11.05
415	一种环境友好型卷烟滤嘴及其制备方法	CN201210577620.2	广东中烟工业有限责任公司	饶国华、赵瑞峰、刘 熙	2014.11.05
416	可防漏料的烟叶松散回潮机出料结构	CN201210407374.6	广东中烟工业有限责任公司梅州卷烟厂	钟宴雄、钟耀云、钟文浩、温科平、陈 烜	2014.11.26
417	深吸情况下基于 NNK 释放量的卷烟设计调整方法	CN201210163903.2	广东中烟工业有限责任公司	孔浩辉、吴君章	2014.12.10

续表

序号	专利名称	专利号	专利权人	发明/设计人	授权公告日
418	深吸情况下基于一氧化碳排放量的卷烟设计调整方法	CN201210163912.1	广东中烟工业有限责任公司	孔浩辉、周　璐	2014.12.10
419	一种中药复合颗粒滤棒及其制备方法	CN201210577938.0	广东中烟工业有限责任公司	林　翔、赵瑞峰、饶国华	2014.12.10
420	一种自导流复合卷烟滤棒及自导流卷烟	CN201310195900.1	广东中烟工业有限责任公司	孔浩辉、陈森林	2014.12.10
421	卷烟的净化减害试剂及颗粒及卷烟及颗粒的制备方法	CN201310215161.8	广东中烟工业有限责任公司	李焕威、冯志斌、陶　红、陈梅丽	2014.12.10
422	一种自引流复合卷烟滤棒及自引流复合卷烟	CN201310192559.4	广东中烟工业有限责任公司	孔浩辉、陈森林	2014.12.24
423	一种复合导流卷烟滤棒及复合导流卷烟	CN201310195889.9	广东中烟工业有限责任公司	孔浩辉、陈森林	2014.12.24
424	一种复合引流卷烟滤棒及复合引流卷烟	CN201310195890.1	广东中烟工业有限责任公司	孔浩辉、陈森林	2014.12.24
425	一种多元复合卷烟滤棒及卷烟	CN201310196362.8	广东中烟工业有限责任公司	孔浩辉、陈森林	2014.12.24
426	降低卷烟主流烟气有害成分的卷烟纸添加剂及其应用	CN201210335265.8	广东中烟工业有限责任公司、云南瑞升烟草技术（集团）有限公司	黄宪忠、李旭华、单　婧、谢定海、徐兰兰、肖维毅、倪　军、黄海群	2014.12.24
427	一种选择性减害卷烟及其制备方法	CN201110194289.1	广西中烟工业有限责任公司	冯守爱、白家峰、黄泰松、邹克兴、陈志燕、许蔼飞、孟冬玲、范　忠	2014.02.12
428	一种吸烟者尿液样品中烟碱及其代谢物的检测方法	CN201210035003.X	广西中烟工业有限责任公司	范　忠、刘惠民、谢复炜、夏巧玲、黄泰松、李小兰、胡　斌、陈志燕	2014.03.05
429	一株微生物菌株及其应用	CN201210142423.8	广西中烟工业有限责任公司	龙章德、黄泰松、韦建玉、白　森、邹克兴、胡亚杰、蔡联合、金亚波、张纪利	2014.03.12
430	加香纳米多孔淀粉颗粒的制备方法及在卷烟滤嘴中的应用	CN201210029575.7	广西中烟工业有限责任公司	冯守爱、白家峰、张雨夏、黄泰松、邹克兴、李志华、刘启斌、周　俊、陈志燕、刘绍华	2014.04.02
431	一种烟用滤棒成形机增塑剂喷洒量的控制方法	CN201210114672.6	广西中烟工业有限责任公司	夏永明、韦小玲、刘会杰、范燕玲、胡忠鸿、黄晓飞、刘　瑱	2014.04.02
432	一种能降低卷烟烟气中苯酚和巴豆醛成分的烟用滤棒	CN201110241462.9	广西中烟工业有限责任公司	冯守爱、黄泰松、邹克兴、白家峰、陈志燕、许蔼飞、孟冬玲、范　忠	2014.05.07
433	一种增香保润天然烟用添加剂的应用	CN201210084800.7	广西中烟工业有限责任公司	刘绍华、黄泰松、邹克兴、李志华、潘连华、陈义昌、农李政、班　强、白家峰、黄善松、宋凌勇、徐吉铭、范自众、胡　超、王艳伟	2014.07.09
434	一种以本草为原料制备提取物的制备方法及其作为烟用添加剂的应用	CN201210114682.X	广西中烟工业有限责任公司	王萍娟、黄泰松、吴　彦、黄东业、白家峰	2014.07.09
435	一种区域性特色天然烟用香原料添加剂及其制备方法和应用	CN201110194259.0	广西中烟工业有限责任公司	刘绍华、邹克兴、李志华、宋凌勇、黄善松、徐吉铭、范自众、胡　超、王艳伟、黄泰松	2014.07.16
436	一种测定再造烟叶中邻苯二甲酸酯类化合物含量的方法	CN201210504503.3	广西中烟工业有限责任公司	黄世杰、黄泰松、李小兰、胡　斌、陈志燕、周　芸、吴晶晶、朱　静	2014.07.16
437	一种单点登录信息系统的多账号处理方法	CN201310181630.9	广西中烟工业有限责任公司	郭晓惠、任海艳、邱剑锋	2014.07.16
438	一种基于云技术的会议视频设备管理控制方法	CN201310279060.7	广西中烟工业有限责任公司	郭晓惠、张欣敏、孙　忱、农英雄	2014.07.16
439	一种卷烟保润增香添加剂及其制备方法和应用	CN201210227532.X	广西中烟工业有限责任公司	吴　彦、黄泰松、邹克兴、刘启斌、白家峰、陈志燕、李志华、潘连华、王萍娟、吴晶晶、胡志忠	2014.08.20
440	一种烟用香精香料中合成酚类抗氧化剂的检测方法	CN201210504544.2	广西中烟工业有限责任公司	孟冬玲、黄泰松、李小兰、陈志燕、周　芸、陆冰琳、周　奕	2014.08.20
441	一种烟用水基胶中硼酸连续流动的测定方法	CN201310051827.0	广西中烟工业有限责任公司	曾德芬、黄泰松、李小兰、陈志燕、吴晶晶、许蔼飞、陆冰琳	2014.08.20
442	一种基于云技术的会议音频设备管理控制方法	CN201310279059.4	广西中烟工业有限责任公司	郭晓惠、邓　超、汪倍贝、陈洁清	2014.08.27

续表

序号	专利名称	专利号	专利权人	发明/设计人	授权公告日
443	一种珍珠粉复合多孔淀粉晶状颗粒的制备方法及在卷烟滤嘴中的应用	CN201210362974.5	广西中烟工业有限责任公司	冯守爱、张雨夏、黄泰松、韦　康、白家峰、邹克兴、李志华、周　俊、刘　政、黄江锋、范　忠、唐桂芳	2014.10.22
444	一种马槟榔/多孔淀粉复合颗粒及其制备和在卷烟滤嘴中的应用	CN201410031319	广西中烟工业有限责任公司	张雨夏、李志华、冯守爱、吴　彦、田兆福、周　俊、黄东业、韦　康、刘启斌、白家峰、宋凌勇	2014.12.03
445	一种水基胶中甲基异噻唑啉酮及其氯代物的定量测定方法	CN201310438174.1	广西中烟工业有限责任公司	周　晓、李小兰、陈志燕、孟冬玲、周　芸、朱　静	2014.12.03
446	一种采用间歇流动式营养液膜的育苗方法	CN201310333469.2	中国烟草总公司重庆市公司烟草科学研究所	江厚龙、许安定、杨　超、李钠钾、单沛祥	2014.09.10
447	一种山地烤烟移栽方法	CN201310437517.2	中国烟草总公司重庆市公司酉阳分公司	张文平、汪代斌、郭保银	2014.12.24
448	一种生物碳有机肥及其制备方法	CN201210308554.9	四川省烟草公司泸州市公司	罗定棋、蒋　胜、熊福江、胡启忠、蒲进平、李玉华、李志勇、黄志忠、罗定林、于龙飞、杨　旭、周　林、周剑波、付跃江、李小强、吴永春、姜　山、李友强、梅桂勇	2014.06.11
449	一种烟草中2，4－D残留量的测定方法	CN201310046824.8	中国烟草总公司四川省公司	熊　巍、陶晓秋、杨　雪、黄　玫、庞　夙、张海燕、韶济民、李晨曦	2014.08.20
450	一种烟草专用复合肥	CN201310092499.9	四川省农业科学院土壤肥料研究所、四川省烟草公司攀枝花市公司	庞良玉、郭明全、陈庆瑞、胡建新、张宗锦、朱　波、罗付香	2014.10.22
451	一种烟草中麦草畏残留量的测定方法	CN201310046867.6	中国烟草总公司四川省公司	熊　巍、陶晓秋、韶济民、杨　雪、庞　夙、张海燕、黄　玫	2014.12.03
452	利用小麦秸秆制备烤烟漂浮育苗基质的方法及营养液	CN201310255057.1	西南大学、四川省烟草公司凉山州公司、云南省烟草农业科学研究院、贵州省烟草公司遵义市公司	袁　玲、杜如万、徐明康、晋　艳、杨宇虹、段玉琪、张长华、梁永江、黄建国	2014.12.10
453	一种烟草种植用生物活性微量元素肥料及其制备方法	CN201310459237.1	四川省烟草公司凉山州公司	杜如万、邢小军、徐明康、王　勇、曾正荣、何志华、代光华、刘　廷、刘从中、廖　华	2014.12.31
454	一种烟草制丝加香精度计算值同步的控制方法	CN201210115715.2	四川烟草工业有限责任公司成都分厂	孙常荣、蔡　艳	2014.01.15
455	单糖香叶醇碳酸双酯类化合物及其制备方法和用途	CN201110260075.X	川渝中烟工业有限责任公司、四川大学	戴　亚、沈　怡、邓　勇、孙玉峰、桑志培	2014.01.15
456	一种降低卷烟烟气中亚硝胺的滤嘴添加剂及其应用	CN201210197643.0	川渝中烟工业有限责任公司	戴　亚、陶飞燕、汪长国、马扩彦	2014.02.26
457	一种具有减害作用的卷烟滤嘴添加剂及其制备和应用	CN201210197674.6	川渝中烟工业有限责任公司	戴　亚、陶飞燕、汪长国、马扩彦	2014.02.26
458	单糖β－紫罗兰醇碳酸单酯类化合物及其制备方法和用途	CN201110260069.4	川渝中烟工业有限责任公司、四川大学	戴　亚、沈　怡、邓　勇、孙玉峰、桑志培	2014.02.26
459	单糖香叶醇碳酸单酯类化合物及其制备方法和用途	CN201110260085.3	川渝中烟工业有限责任公司、四川大学	戴　亚、沈　怡、邓　勇、孙玉峰、桑志培	2014.02.26
460	单孟氧羰基单糖酯类化合物及其制备方法和用途	CN201110259989.4	川渝中烟工业有限责任公司、四川大学	戴　亚、沈　怡、邓　勇、孙玉峰、桑志培	2014.03.26
461	一种化合物升麻酰胺的制备方法和应用	CN201210059378.X	川渝中烟工业有限责任公司	周　容、李东亮、冯广林、李国友、杨　杰、汪显军	2014.05.07

续表

序号	专利名称	专利号	专利权人	发明/设计人	授权公告日
462	一种纤维素基-硅杂化微球及其制备方法	CN201210070177. X	川渝中烟工业有限责任公司	戴　亚、马　明、谭兰兰、李　峰、周金平	2014. 05. 07
463	一种缩短烟叶发酵周期的微生物制剂及其应用	CN201210167608. 4	川渝中烟工业有限责任公司	吴　艳、汪长国、李　宁、寇明钰、戴　亚、曾代龙、贾玉红	2014. 05. 07
464	单糖β-紫罗兰醇碳酸双酯类化合物及其制备方法和用途	CN201110259988. X	川渝中烟工业有限责任公司、四川大学	戴　亚、沈　怡、邓　勇、孙玉峰、桑志培	2014. 05. 07
465	单糖α-紫罗兰醇碳酸双酯类化合物及其制备方法和用途	CN201110260037. 4	川渝中烟工业有限责任公司、四川大学	戴　亚、沈　怡、邓　勇、孙玉峰、桑志培	2014. 05. 07
466	单糖α-紫罗兰醇碳酸单酯类化合物及其制备方法和用途	CN201110260040. 6	川渝中烟工业有限责任公司、四川大学	戴　亚、沈　怡、邓　勇、孙玉峰、桑志培	2014. 05. 07
467	双孟氧羰基单糖酯类化合物及其制备方法和用途	CN201110260070. 7	川渝中烟工业有限责任公司、四川大学	戴　亚、沈　怡、邓　勇、孙玉峰、桑志培	2014. 05. 07
468	一种用于GDX2包装机上识别小盒短边粘贴不牢的装置	CN201210586217. 6	四川烟草工业有限责任公司成都分厂	龚建川、刘　毅、张　文	2014. 06. 18
469	一种基于图像处理的烟丝宽度测量方法	CN201210141982. 7	中国科学院光电技术研究所、川渝中烟工业有限责任公司	邸成良、赵维一、胡　松、曾　建、温若愚、周学政、李东亮、严　伟	2014. 06. 18
470	一种烟用香精温度敏感微胶囊及其制备方法和应用	CN201210344402. 4	川渝中烟工业有限责任公司	戴　亚、马　明、谭兰兰、李　峰、周金平	2014. 06. 25
471	一种降低卷烟烟气中氨的滤嘴添加剂制备方法及应用	CN201210197501. 4	川渝中烟工业有限责任公司	戴　亚、陶飞燕、汪长国、马扩彦	2014. 07. 30
472	一种卷烟滤嘴添加剂及其应用	CN201210344409. 6	川渝中烟工业有限责任公司	戴　亚、马　明、谭兰兰、李　峰、周金平	2014. 08. 06
473	一种温度敏感微胶囊及其制备方法和应用	CN201210344080. 3	川渝中烟工业有限责任公司	戴　亚、马　明、谭兰兰、李　峰、周金平	2014. 08. 20
474	一种降低卷烟危害性指数的卷烟纸燃烧调节剂及其应用	CN201210344273. 9	川渝中烟工业有限责任公司	戴　亚、赵德清、陈克复、杨　飞、孙玉峰、陈昆燕、谭兰兰、李　力	2014. 09. 03
475	一种葡萄糖酸型功能性卷烟纸添加剂及其应用	CN201210223363. 2	川渝中烟工业有限责任公司	戴　亚、赵德清、陈克复、陈昆燕、朱立军、孙玉峰、谭兰兰	2014. 10. 01
476	一种具有减害功能的卷烟纸添加剂及其应用	CN201210223436. 8	川渝中烟工业有限责任公司	戴　亚、赵德清、陈克复、陈昆燕、朱立军、孙玉峰、谭兰兰	2014. 10. 01
477	测定微生物制剂降低烟叶中蛋白质含量的作用因子的方法	CN201310280585. 2	川渝中烟工业有限责任公司	赵　敏、汪长国、戴　亚、李　宁、寇明钰、吴　艳、刘一兵、曾代龙、杨　军、雷金山、贾玉红、胡　希、杨　振、廖占和	2014. 10. 29
478	一种降低卷烟主流烟气中氢氰酸含量的滤嘴添加剂	CN201310502668. 1	川渝中烟工业有限责任公司	戴　亚、陶飞燕、汪长国、朱立军、谭兰兰	2014. 11. 26
479	一种远红外加热烘烤烟叶的方法	CN201110049837. 1	贵州烟草科学研究所	谢已书、史心安、姜　均、史　磊、李国彬	2014. 01. 15
480	一种防治烟草青枯病的中药及其制备方法	CN201210003585. 3	遵义市烟草公司务川县分公司	夏志林、冯厚平、王若焱、廖忠宇、张维军	2014. 02. 12
481	一种测定烟叶中202种农药残留量的方法	CN201210160379. 3	中国烟草总公司贵州省公司	楼小华、高川川、朱文静、张洪非、边照阳、唐纲岭	2014. 02. 19
482	一种利用UPLC快速测定烟叶中茄尼醇含量的方法	CN201110367750. 9	贵州省烟草科学研究所	耿召良、张　婕、汪云松、向章敏、蔡　凯、周淑平、许冬青	2014. 02. 19
483	一种用氨基酸分析仪测定卷烟主流烟气中的氨的方法	CN201210363076. 1	贵州省烟草科学研究所	张　婕、耿召良、周淑平、朱显灵、鲍峰伟、高川川、朱文静、葛永辉、蔡　凯、向章敏	2014. 03. 12
484	烟草有机漂浮育苗用营养液、育苗基质的制备及育苗方法	CN201010138667. X	中国农业大学、贵州省烟草科学研究所	杨双剑、孟　琳、夏海乾、王茂胜、石俊雄、杜相革	2014. 03. 19

续表

序号	专利名称	专利号	专利权人	发明/设计人	授权公告日
485	一种烤烟直播省工降本栽培方法	CN201210310611. 7	贵州省烟草科学研究所	邹　焱、李洪勋、陈　伟、武圣江	2014. 03. 19
486	烟草普通花叶病毒抗性的种内基因改良方法	CN201110323873. 2	贵州省烟草科学研究所	赵杰宏、王　轶、韩　洁、赵　丹	2014. 04. 02
487	烟叶梗头打叶处理工艺	CN201110459849. 1	贵州烟叶复烤有限责任公司、安徽中烟机械有限公司	张　健、覃光志、李名城、魏诚忠、江家洪、李　果、许　成、杨均魁、唐家林	2014. 04. 02
488	一种有机烤烟的栽培方法	CN201210206116. 1	贵州省烟草科学研究所	雷　波、丁福章、赵会纳、卢贤仁、孔德钧、任　竹、薛小平、陈　懿、陈　杰、陈　伟、李洪勋、潘文杰	2014. 04. 16
489	部分接种鉴定烟草病毒病抗性的方法	CN201110106440. 1	贵州省烟草科学研究所	王仁刚、李　莉、谢升东、张吉顺、任学良	2014. 04. 23
490	一种有机烟叶的烤烟烘烤方法	CN201210358781. 2	贵州省烟草科学研究所	卢贤仁、丁福章、姜　均、李国彬、孔德钧、雷　波、潘文杰	2014. 06. 18
491	用气相色谱－氮化学发光检测法测定烤烟中的八种生物碱的方法	CN201210004832. 1	贵州省烟草科学研究所	向章敏、蔡　凯、耿召良、周淑平、张　婕	2014. 06. 25
492	一种固相微萃取装置及测定烟叶中挥发性有机酸的方法	CN201110307951. X	贵州省烟草科学研究所	向章敏、周淑平、耿召良、蔡　凯、张　婕	2014. 07. 09
493	一种恒温喷雾回潮机	CN201210008595. 6	贵州省烟草科学研究所、山东盛欣电热器材有限公司	涂永高、谢已书、姜　均、卢贤仁、李国彬、史心安	2014. 07. 16
494	一种蜡样芽孢杆菌菌株及其用途	CN201210521818. 9	贵州省烟草公司毕节市公司、贵州大学	张传萍、李　祝、葛永怡、黄化刚、申　燕、胡　玮、高冬冬、张龙林	2014. 07. 16
495	一种烤烟栽培方法	CN201310090846. 4	中国科学技术大学、贵州省烟草公司黔南州公司	李章海、宋泽民、冯勇刚、陈永安、韩忠明、唐兴贵、潘文杰、赵羡波、张西仲、周再军、陈英崇、班国相	2014. 08. 20
496	一种长枝木霉菌株及其用途	CN201210521630. 4	贵州省烟草公司毕节市公司、贵州大学	葛永怡、李　祝、张传平、庄培林、黄化刚、黄青明、申　燕、孙希文、刘　阳	2014. 09. 03
497	一种巨大芽孢杆菌菌株及其用途	CN201210521871. 9	贵州省烟草公司毕节市公司、贵州大学	万　科、李　祝、张传萍、黄化刚、葛永怡、申　燕、赵　玉、曹廷茂	2014. 09. 03
498	一种处理复烤厂废弃烟叶生产有机肥的方法	CN201310247902. 0	西南大学、贵州省烟草公司遵义市公司、四川省烟草公司凉山州公司	黄建国、张长华、梁永江、杜如万、吴叶宽、王　勇、邢小军、袁　玲	2014. 09. 24
499	在烟叶烘烤控制器上采用八步式操作散叶堆积烤香的工艺	CN201210409898. 9	遵义市烟草公司绥阳县分公司	杨在友、程联雄、张光强、周为华、李喜旺、叶建军	2014. 11. 05
500	在烟叶烘烤控制器上采用十步式操作散叶堆积烤香的工艺	CN201210418875. 4	遵义市烟草公司绥阳县分公司	杨在友、程联雄、张光强、周为华、贾芳曌、叶建军	2014. 11. 05
501	蒸井式烤烟促生栽培方法及其结构	CN201210008349. 0	贵州省烟草科学研究所	张　恒、石俊雄、土晶君、夏海乾、孟　琳、李　想	2014. 12. 10
502	烤烟地膜株距移栽方法	CN201210176515. 8	中国烟草总公司贵州省公司、贵州天兴塑料制品有限公司	李智勇、陈风雷、田必文、赵远鹏、孟宪林	2014. 12. 24
503	一种酒香型胶丸滤嘴及其制备工艺	CN201210291620. 6	贵州中烟工业有限责任公司	石志发、王伟国、黄　杰、白　兴、郭　涛、田国英	2014. 04. 16
504	静态顶空－气相色谱质谱选择性测定烟用白乳胶中7种苯系物的方法	CN201110293606. 5	贵州中烟工业有限责任公司	刘　剑、姬厚伟、聂长春、叶　冲、万　强、韩　伟、王　芳	2014. 06. 25

续表

序号	专利名称	专利号	专利权人	发明/设计人	授权公告日
505	洗梗机	CN201010619470.8	贵州中烟工业有限责任公司	刘中延、曹明辉、林小军、徐光明、周英俊、罗山林、宋世强	2014.10.29
506	静态顶空-气相色谱质谱选择性测定烟用白乳胶中残余乙酸乙烯酯的方法	CN201110331008.2	贵州中烟工业有限责任公司	刘　剑、姬厚伟、聂长春、叶　冲、万　强、韩　伟、王　芳	2014.10.29
507	分切机切刀系统	CN201110042213.7	贵州中烟工业有限责任公司	任正平	2014.12.03
508	一种烟草HPLC指纹图谱数据库的建立方法及应用	CN201110365632.4	云南省烟草烟叶公司	矣跃平、袁仕信、何云燕、刘　磊、尹晓东、唐依红、涂书新、何结望、阎铁军、李　琳	2014.01.15
509	一种规模化繁殖无毒烟蚜的方法	CN201310003615.5	云南省烟草农业科学研究院	刘　勇、吴兴富、朱　艰、李梅云、许美玲、卢秀萍、李永平、杨华兵	2014.01.15
510	一种防治烟草根结线虫病的功能有机肥料	CN201110085197.X	云南省烟草公司红河州公司、云南千州生物有机肥有限公司	李宏光	2014.01.22
511	烟蚜茧蜂越冬保种繁育方法	CN201210333776.6	云南省烟草公司玉溪市公司	田泽华、计思贵、余砚碧、张立猛、杨硕媛、赵进龙、谷星慧、崔永和、李红生、李永生、李红娟、刘　芳、蒋丛莲、杨　春、李春林、杨　川、吴云波、任　伟、李林燕	2014.02.05
512	一种新的烟草黑胫病抗性快速鉴定方法	CN201110343658.9	云南省烟草农业科学研究院	李梅云、冷晓东、李　祥、刘　勇、李永平、肖炳光、卢秀萍、高家合	2014.04.09
513	一种快速检测马铃薯Y病毒烟草分离物的方法	CN201110350853.4	云南省烟草公司昭通市公司、云南省农业科学院生物技术与种质资源研究所、云南省烟草农业科学研究院	黄　韡、张仲凯、丁　铭、游堂贵、张　磊、付修廷、秦西云、赵声春、卯志勇、陆文林、倪　霞	2014.04.30
514	一种带目标发病病菌的模拟栽培土及其制备方法与应用	CN201210021606.4	云南省烟草农业科学研究院	方敦煌、卢秀萍、肖炳光、殷　端	2014.04.30
515	烟草种子袋回收再利用方法	CN201310071293.8	云南省烟草农业科学研究院	许美玲、殷　端、张晓海	2014.05.07
516	一种防治烟草漂浮育苗大田种植期烟草花叶病发生的方法	CN201110371190.4	云南省烟草公司昆明市公司、云南省农业科学院生物技术与种质资源研究所	徐兴阳、董家红、端永明、张仲凯、杨永平、陈永对、陈穗云、郝小江、张廷金、高福宏	2014.06.04
517	一种提取烟叶中香气成分的悬滴液相微萃取方法	CN201310130252.1	云南省烟草公司大理州公司、中国农业大学	曹金莉、闵顺耕、樊在斗、李文璧、吴丽君、赵国明、徐发华、何　悦、王新中、刘　玮、户艳霞、王德勋	2014.06.04
518	烟草种子处理剂及制备方法与其在烟草浸种处理中的应用	CN201110452971.6	云南省农业科学院生物技术与种质资源研究所、云南省烟草公司昆明市公司	张仲凯、徐兴阳、董家红、端永明、杨永平、陈永对、张廷金、高福宏、张丽珍	2014.06.04
519	一种以农家肥为原料生产烟草生物肥料方法	CN201210141689.0	云南省烟草公司保山市公司	周　锋、杨中义、李永亮、刘莉莉、胡志明、李　丽、杨继洪、姜吉飞、李义强、杨金广、段燕平	2014.06.04
520	一种利用菜籽饼生产烟草生物肥料的方法	CN201210141707.5	云南省烟草公司保山市公司	周　锋、杨中义、李永亮、刘莉莉、胡志明、李　丽、杨继洪、姜吉飞、李义强、杨金广、段燕平	2014.06.04
521	一种烟草中阿维菌素残留量的检测方法	CN201210397100.3	云南省烟草农业科学研究院	师君丽、逄　涛、孔光辉、李　勇、刘彦红	2014.06.04

续表

序号	专利名称	专利号	专利权人	发明/设计人	授权公告日
522	一种诱导烟草叶片丛生芽快速生根的方法	CN201310094164.0	云南省烟草农业科学研究院	陈学军、方敦煌、李永平、童治军、肖炳光、高玉龙、宋中邦	2014.06.04
523	一种能够有效保持有机烟叶品质的烘烤方法	CN201210141690.3	云南省烟草公司保山市公司	周　锋、杨中义、李永亮、胡志明、李　丽、杨继洪、姜吉飞、刘莉莉、李义强、杨金广、段燕平	2014.06.18
524	一种烤烟双层施肥方法	CN201310127042.7	云南省烟草公司楚雄州公司	陈　岗、冯柱安、晏　飞、王跃金、董继翠、耿少武、吴子云	2014.07.09
525	一种离心法测定花粉与柱头粘附力的方法	CN201210398538.3	云南省烟草农业科学研究院、玉溪中烟种子有限责任公司	姚　恒、马文广、郑昀晔、牛永志、索文龙、宋碧清、李元君	2014.07.23
526	一种具有漂浮育苗功能的太阳能与余热综合利用节能烤房	CN201210242628.3	云南省烟草公司普洱市公司	杨　跃、杨　明、张如阳、王　伟、张　毅	2014.07.30
527	包衣丸化种子裂解率检测器	CN201210074308.1	云南省烟草农业科学研究院、玉溪中烟种子有限责任公司	马文广、郑昀晔、牛永志、宋碧清、索文龙、罗　秀、韦　兵	2014.08.06
528	烟蚜茧蜂转移专用装置及方法	CN201210391130.3	云南省烟草公司昆明市公司	杨永平、李永智、李登雄、钟绍良、金子学、周莲萍、杨亚萍、赵洪龙、高福宏、李忠环、李明波	2014.08.13
529	一种烟草野火病病菌分离方法	CN201310087788.X	云南省烟草农业科学研究院	方敦煌、陈学军、李永平、肖炳光、秦西云	2014.08.13
530	一种同时检测烟草中生物碱及亚硝胺的方法	CN201310171282.7	云南省烟草农业科学研究院	李　勇、逄　涛、师君丽、孔光辉、吴玉萍	2014.08.20
531	一种链格孢菌培养基及其制备方法	CN201210314851.4	云南省烟草农业科学研究院	于海芹、焦芳婵、肖炳光、李永平、刘　勇、许美玲	2014.09.10
532	一种改良密度梯度离心法测定花粉密度的方法	CN201210394118.8	云南省烟草农业科学研究院、玉溪中烟种子有限责任公司	马文广、姚　恒、牛永志、郑昀晔、索文龙、宋碧清、李元君	2014.09.17
533	一种保障清香型烟叶大田生长时间的栽培方法	CN201310310614.5	云南省烟草农业科学研究院	马二登、李军营、马俊红、邓建华	2014.09.17
534	一种用于不适烟叶腐熟渗滤液的消毒剂组合物	CN201210400210.0	云南省农业科学院农业环境资源研究所、云南省烟草公司玉溪市公司	浦恩堂、田泽华、计思贵、洪丽芳、苏　帆、张立猛、付利波、陈发荣、乔志新、郭志祥、王文君、沙传平、李江舟	2014.10.01
535	一种优化烟叶结构提高烟叶品质的两茬烤烟立体栽培种植方法	CN201310127043.1	云南省烟草公司楚雄州公司	陈　岗、李庆平、段应泽、龙　伟、唐　兵、何文德、周家勇	2014.10.08
536	确定烤烟灌溉理论灌水量的方法和烟田灌溉指导装置	CN201310360811.8	昆明七五零高新技术公司、云南省烟草公司红河州公司、中国船舶重工集团公司七五O试验场	李宏光、王春林、王玉明、徐鸿飞、陆庆华、任洪波、白崇禄、李洪波、刘春明、单　江、钟晓田、杨正萍、张维坤、崔勇军、瞿玉芬	2014.11.12
537	一株植物内生细菌SH-1及其应用	CN201310383464.0	云南省烟草公司曲靖市公司、云南农业大学	李祖红、曾　嵘、文国松、赵明富、林选知、张瑞勤	2014.12.03
538	一种缩短红大变异株系YK01种子繁殖周期的方法	CN201210565129.8	云南省烟草公司昆明市公司	徐兴阳、端永明、杨永平、郑志新、陈树林、杨龙祥、杨　明、朱利全、朱艳梅	2014.12.24
539	一种物料垂直提升装置	CN201310110693.5	云南省烟草公司曲靖市公司	高华锋、吴立著、宗家泉、张　宏、沈兆辉、肖桢林、孙建锋、樊兴伟、朱华俊、阮扑生、彭再欣、孔昭龙、白　炜、王桂波、王　维、王志明、虞有海、申德玮、王　帆、罗清敏	2014.12.24

续表

序号	专利名称	专利号	专利权人	发明/设计人	授权公告日
540	从烟株顶部向下采摘烟叶的装置	CN201310110719.6	云南省烟草公司曲靖市公司	高华锋、吴立著、宗家泉、张　宏、沈兆辉、肖桢林、孙建锋、樊兴伟、朱华俊、阮扑生、彭再欣、孔昭龙、白　炜、王桂波、王　维、王志明、虞有海、申德玮、王　帆、罗清敏	2014.12.24
541	一种具有断线压纹结构的纸质香烟滤棒及其制备工艺	CN201210207150.0	云南恩典科技产业发展有限公司、红塔烟草（集团）有限责任公司	何金星、代家红、牟定荣、向能军、尹康德、龚为民	2014.01.01
542	一种环保型电子束固化直接真空镀铝纸用涂料及其制备方法	CN201110263140.4	红云红河烟草(集团)有限责任公司	曾晓鹰、詹建波、者　为、李　庚、余振华、范多青、张天栋	2014.01.01
543	一种测定三乙酸甘油酯中水分含量的方法	CN201210080832.X	红云红河烟草(集团)有限责任公司	吴　佳、李世杰、者　为、范多清、张　建、叶　灵	2014.01.01
544	一种应用于烟草制品处理的无异味高纯二甲醚的制备方法及设备	CN201010584434.2	云南瑞升烟草技术（集团）有限公司	李　军、王保兴、段安凌、陈　婉、李金华	2014.01.15
545	一种微波膨胀烟梗的处理方法	CN201210215407.7	红塔烟草（集团）有限责任公司	赵云川、牟定荣、王　毅、邹　泉、陈　冉、杨光涛、高晓华、蔡　媛、戚文辉、肖文平	2014.01.22
546	一种低焦油卷烟香味补偿方法	CN201110209568.0	红塔烟草（集团）有限责任公司	白晓莉、牟定荣、董　伟、彭国岗、龚荣岗、王　磊、张育光	2014.02.12
547	一种赋予卷烟烟气清香的方法	CN201210170854.5	红塔烟草（集团）有限责任公司、云南天宏香精香料有限公司	董　伟、白晓莉、龚荣岗、彭国岗、张育光、宋红平、杨崇祥、洪林军	2014.02.19
548	一种香料烟中的多酚类活性化合物及其制备方法和应用	CN201210122773.8	云南烟草科学研究院	陈章玉、段沅杏、赵　伟、陈永宽、杨光宇、缪明明	2014.02.26
549	一种二元复合滤棒及其加工方法和设备	CN201210403084.4	红云红河烟草(集团)有限责任公司	余　耀、詹建波、李　赓、余　江、丁海燕	2014.03.12
550	一种造纸法再造烟叶抗张强度的测定方法	CN201210223912.6	云南烟草科学研究院	王浩雅、向海英、刘　晶、王　建、邱　晔、张群芳、马金晶	2014.03.12
551	一种提高低等级烟叶品质的复合添加剂和应用方法	CN201210399386.9	红塔烟草（集团）有限责任公司、云南天宏香精香料有限公司	白晓莉、宋红平、龚荣岗、董　伟、彭国岗、杨崇祥、王　磊、洪林军、冯伟博	2014.03.19
552	一种烘烤香型烟用香精、制备方法及应用	CN201210475177.8	红塔烟草（集团）有限责任公司	蔡炳彪、李智宇、曲荣芬	2014.03.26
553	一种亚临界水提取麦冬多糖的方法及其在卷烟中的应用	CN201110414769.4	云南瑞升烟草技术（集团）有限公司	包秀萍、林　瑜、普元柱、黄志强、张　勃	2014.04.02
554	一种利用滤棒废料再生滤棒芯纸用纸浆的方法	CN201210183398.8	云南瑞升烟草技术（集团）有限公司	刘润昌、马　涛、尧珍玉、温光和、李景权	2014.04.02
555	一种烟用控释软胶囊制备方法	CN201210340547.7	云南烟草科学研究院、云南恩典科技产业发展有限责任公司	缪明明、何金星、刘志华、代家红、陈永宽、孙绍彬、孙志勇	2014.04.16
556	在浓缩过程中减少再造烟叶香味物质损失的方法	CN201210312053.8	云南瑞升烟草技术（集团）有限公司、广东中烟工业有限责任公司	芦　毅、邵干辉、唐自文、杨　飞、赵瑞峰、饶国华、卫　青	2014.04.16
557	一种烟叶分段打叶复烤的分切方法	CN201210109683.5	红云红河烟草(集团)有限责任公司、云南瑞升烟草技术（集团）有限公司	曾晓鹰、袁逢春、何邦华、王跃昆、华一崑、资文华、张晓龙、龙明海、左景键、胡巍耀、何　川、汪显国、飞旭云、申晓锋、何云红、皇甫东有	2014.04.16

续表

序号	专利名称	专利号	专利权人	发明/设计人	授权公告日
558	一种降低卷烟主流烟气一氧化碳释放量的方法	CN201210170851.1	红塔烟草（集团）有限责任公司、云南天宏香精香料有限公司	白晓莉、董　伟、龚荣岗、彭国岗、冯伟博、宋红平	2014.04.16
559	尿液中（S）-NNAL 和（R）-NNAL 的高效液相色谱-质谱-质谱联用检测方法	CN201310065977.7	红云红河烟草（集团）有限责任公司	蒋举兴、段焰青、王明锋、夏建军、刘　亚、张　敏	2014.04.16
560	一种用于低引燃倾向卷烟纸的高效阻燃涂料	CN201110383002.X	云南烟草科学研究院	何　沛、王　笛、向能军、陈永宽、缪明明、刘志华、刘春波、王昆淼、赵　伟、韩敬美	2014.04.16
561	热裂解产物中苯并［a］芘的在线捕集及分析方法和装置	CN201210179458.9	云南烟草科学研究院	杨叶昆、李雪梅、徐济仓、缪恩铭、魏玉玲、陈建华、缪明明	2014.04.16
562	材料吸附性能的快速检测方法	CN201210187470.4	云南烟草科学研究院	刘春波、刘志华、赵　伟、韩敬美、王昆淼、何　沛、陈永宽、缪明明	2014.04.16
563	判别静置与振荡对纸杯酞酸酯迁移量影响差异的方法	CN201210439667.2	云南烟草科学研究院	魏玉玲、耿永勤、杨叶昆、李　晶、王　腾、李雪梅、徐济仓、周　岚	2014.04.16
564	一种含螺旋吸附线或香料线的滤嘴棒及其制备方法	CN201310136576.6	云南烟草科学研究院	韩敬美、何　沛、赵　伟、刘春波、王昆淼、刘志华、缪明明	2014.04.16
565	一种梗丝低温干燥加工工艺	CN201210229476.3	红塔烟草（集团）有限责任公司楚雄卷烟厂	戴永生、鲍治华、李伯恒、彭黎明	2014.04.23
566	梗丝闪蒸膨化和滚筒干燥处理工艺	CN201110388575.1	红塔烟草（集团）有限责任公司大理卷烟厂	苏国寿、谢昆或、杨煜文、杨学良、赵宏洲	2014.04.30
567	一种植物黄酮类化合物及其制备方法与应用	CN201210321036.0	云南烟草科学研究院	赵　伟、刘志华、王昆淼、何　沛、韩敬美、刘春波、陈永宽、缪明明、杨光宇	2014.04.30
568	降低卷烟烟气中氢氰酸释放量的纳米多孔纤维滤嘴添加材料、制备方法及应用	CN201110209715.4	红塔烟草（集团）有限责任公司	白晓莉、董　伟、彭国岗、龚荣岗、张育光、牟定荣	2014.05.07
569	产蛋白酶的菌株、制备蛋白酶液的方法及使用该酶液于改善低次等烟叶品质	CN201110435521.6	红塔烟草（集团）有限责任公司	王　毅、魏云林、马永凯、唐兴宏、季秀玲、于会喜、吴　潇	2014.05.07
570	用吸光值表征气液接触式卷烟全烟气暴露量的方法	CN201210018808.3	云南烟草科学研究院	夭建华、曾婉俐、米其利、朱洲海、李雪梅、缪明明	2014.05.14
571	一种添加蔗渣纤维的烟草薄片	CN201110371449.5	云南瑞升烟草技术（集团）有限公司、云南中烟昆船瑞升科技有限公司	廖元杰、李文昱、刘维涓、郭　辉、余红涛、陈岭峰、何　云、李正勇、李　俊	2014.05.21
572	一种滤嘴用天然植物颗粒材料的制备方法	CN201110239661.6	云南瑞升烟草技术（集团）有限公司、红塔烟草（集团）有限责任公司	牟定荣、王　涛、王晓辉、沈　妍、温光和、马　涛、陈　婉	2014.05.21
573	一种橙酮类化合物及其制备方法和应用	CN201310007482.9	云南烟草科学研究院	陈永宽、韩　熠、孔维松、陈进雄、杨光宇、缪明明	2014.06.04
574	添加剂对卷烟特殊烟气指标影响程度的判别方法	CN201110314001.X	云南烟草科学研究院	魏玉玲、李雪梅、缪明明、陈建华	2014.06.11
575	判别卷烟添加剂浓度对特殊烟气指标影响程度的方法	CN201110314023.6	云南烟草科学研究院	魏玉玲、刘　巍、李雪梅、缪明明	2014.06.18
576	一种有效降低卷烟烟气中苯酚量的纸质滤材及其加工方法	CN201210183380.8	云南瑞升烟草技术（集团）有限公司	何雪峰、马　涛、尧珍玉、张毅立、温光和	2014.06.25
577	一种纸质卷烟滤嘴棒滤材及其加工方法	CN201210183396.9	云南瑞升烟草技术（集团）有限公司	李姗姗、尧珍玉、温光和、马　涛、刘润昌	2014.06.25
578	一种高抗张强度卷烟用纸质滤材及其制备方法	CN201210183402.0	云南瑞升烟草技术（集团）有限公司	温光和、刘　哲、尧珍玉、刘润昌	2014.06.25

续表

序号	专利名称	专利号	专利权人	发明/设计人	授权公告日
579	一种可选择吸附卷烟滤嘴棒用干法纸质滤材及其制备方法	CN201210183405.4	云南瑞升烟草技术（集团）有限公司	沈　妍、尧珍玉、刘润昌、温光和	2014.06.25
580	尿液中（S）－NNAL和（R）－NNAL的气相色谱－质谱－质谱联用检测方法	CN201310066109.0	红云红河烟草（集团）有限责任公司	蒋举兴、段焰青、王明锋、夏建军、王文元、史小波	2014.07.02
581	一种番茄复合酶解提取物的制备方法及其应用	CN201310115301.4	红云红河烟草（集团）有限责任公司	杨　蕾、杨乾栩、何雪峰、蔡　波、杨　清、冯洪涛、师建全、周国福、杨洪明、董石飞	2014.07.02
582	一种多腔式无燃烧卷烟	CN201310193570.2	红云红河烟草（集团）有限责任公司	者　为、巩效伟、周　博、朱东来、张天栋、王　坚、汪显国、高　锐	2014.07.02
583	一种快速筛查霉变烟草及烟草制品的方法	CN201310152113.9	云南烟草科学研究院	段沅杏、张　涛、张　霞、杨光宇、韩敬美	2014.07.02
584	一种新型烟用滤嘴棒的制备方法	CN201110359103.3	红塔烟草（集团）有限责任公司	张建华、牟定荣、朱雄伟、王晓辉、王　涛、桂永发、刘惠民、杨　松、赵献忠、包旭东	2014.07.09
585	一种提高在线烟丝中梅拉德反应物含量的方法	CN201210394358.8	云南烟草科学研究院	张　强、李红武、杨　威、孙　力、王理珉、卢　伟、向　明、郭生云	2014.07.09
586	利用固定化酶制剂结合醋酸菌发酵制备烟草提取物的方法	CN201210399941.8	云南瑞升烟草技术（集团）有限公司	毕　薇、李　仙、刘煜宇、刘丽芬	2014.07.23
587	一种软胶囊的防潮处理方法	CN201210442324.1	云南烟草科学研究院、云南恩典科技产业发展有限公司	缪明明、何金星、刘志华、代家红、王昆淼、孙绍彬、孙志勇	2014.07.30
588	一种苯丙素化合物及其制备方法与应用	CN201210518939.8	云南烟草科学研究院	陈进雄、韩　熠、段沅杏、张　涛、杨光宇、陈永宽、缪明明	2014.07.30
589	采用新型多功能罐的综合提取方法	CN201310051406.8	云南烟草科学研究院	阴耕云、徐世涛、刘劲芸、魏　杰、韩智强	2014.08.06
590	一种气液接触式卷烟全烟气暴露下的细胞毒性检测方法	CN201110423501.7	云南烟草科学研究院	米其利、夭建华、管　莹、李雪梅、周　岚、缪明明	2014.08.13
591	一种香料烟中噢□类化合物及其应用	CN201210000682.7	云南烟草科学研究院	陈章玉、高则睿、苏钟璧、王　璐、杨光宇、张承明、缪明明	2014.08.13
592	一种短小芽孢杆菌及其在杀灭线虫中的应用	CN201110255065.7	红云红河烟草（集团）有限责任公司、云南省农业科学院生物技术与种质资源研究所	徐　洁、常寿荣、王绍坤、罗华元、陶　南	2014.08.20
593	高效生产再造烟叶的往复式隧道干燥机	CN201210166130.3	云南中烟昆船瑞升科技有限公司	刘建平、余红涛、徐广晋、关　平	2014.08.20
594	一种调制晒黄烟的棚晒技术方法	CN201110344693.2	红塔烟草（集团）有限责任公司	王　毅、兰应海、杨光辉、屈生彬、谢丽华、柴家荣、张晨东、钱颖颖	2014.08.20
595	一种测定烟草挥发性、半挥发性中性香味成分方法及样本采集装置	CN201310014056.8	云南烟草科学研究院	王　岚、廖　臻、蒋次清、马　燕、孙桂芬、孔维松、杨光宇、曹红云、胡守毅	2014.08.27
596	一种香豆素类化合物及其制备方法和应用	CN201310243920.1	云南烟草科学研究院	陈永宽、韩　熠、段沅杏、张　涛、杨光宇、刘志华、缪明明	2014.08.27
597	一种造纸法再造烟叶植物填料的制备方法及其应用	CN201210554409.9	云南瑞升烟草技术（集团）有限公司	周红光、刘维涓、卫　青、段　孟、杨　飞、肖选虎	2014.08.27
598	一种管线自动夹紧精确对接装置及移动对接装置	CN201210250090.0	红云红河烟草（集团）有限责任公司	王　慧、杨晶津、曾熠程、翁瑞杰、郭纯梁	2014.09.03
599	卷烟滤棒添加剂及其制备方法和应用	CN201210402332.3	红云红河烟草（集团）有限责任公司	周　博、杨　莹、张天栋、赵英良、付　磊、王欣林、王　坚、汤丹瑜、陈绍田	2014.09.03
600	一种鹰爪豆香精	CN201210583568.1	红塔烟草（集团）有限责任公司	冒德寿、李智宇、侯　春、李海涛、刘　强、牟定荣	2014.09.03
601	一种以测针球心坐标为目标点测量空间旋转曲面的方法	CN200810177085.5	红塔烟草（集团）有限责任公司	李存华	2014.09.10
602	一种提高梗丝品质的添加剂及制备方法、设备和应用	CN201310170920.3	红塔烟草(集团）有限责任公司、云南天宏香精香料有限公司	白晓莉、龚荣岗、董　伟、冯伟博、宋红平、彭国岗、王　磊、刘旭九、黄新疆、李　玲	2014.09.17

续表

序号	专利名称	专利号	专利权人	发明/设计人	授权公告日
603	一种制备具有沉香特色的烟草薄片的方法	CN201310207429.3	云南烟草科学研究院	徐世涛、韩智强、阴耕云、魏　杰、刘劲芸、张红娟、陆庭伟、王晓霞	2014.09.17
604	一种烟用降咸添加剂及其制备方法和应用	CN201210527329.4	红塔烟草（集团）有限责任公司	冒德寿、李智宇、刘　强、李海涛、王　凯、曲荣芬	2014.09.24
605	一种烟草中的呋喃黄酮类化合物及其应用	CN201110455762.7	云南烟草科学研究院	谭建林、陈永宽、苏钟璧、王　璐、杨光宇、张承明、缪明明	2014.09.24
606	一种在卷烟物流中烟箱缺条的自动分拣装置	CN201310072450.7	红塔烟草（集团）有限责任公司	王　林、李存华、王　智、于中江、吴伯刚、王　俊、王金良	2014.10.15
607	一种烟草中 Amadori 化合物的同时测定方法	CN201310487876.9	红塔烟草（集团）有限责任公司	朱瑞芝、白晓莉、岳保山、向能军、孟昭宇	2014.10.15
608	选择性降低卷烟烟气中苯并［a］芘含量的吸附剂的制备方法	CN201210471782.8	红云红河烟草(集团)有限责任公司	王明锋、刘　亚、者　为、段焰青、夏建军、王文元、杨丽萍	2014.10.22
609	粳米在卷烟中的应用	CN201310043975.8	红云红河烟草(集团)有限责任公司	张　玲、张天栋、付　磊、孔维玲、王欣林、汤丹瑜、赵英良、朱　龙、雷　声	2014.10.22
610	一种以烟草碎片制备烟用香料的方法及该香料的应用	CN201310177314.4	红云红河烟草(集团)有限责任公司	杨乾栩、杨　清、李　勇、杨　蕾、蔡　波、周国福、杨洪明、冯洪涛、师建全、何雪峰、吴长伟、李　仙	2014.10.22
611	一种提升低次香荚兰豆酊香气品质的方法	CN201210583628.X	红塔烟草（集团）有限责任公司	冒德寿、李智宇、侯　春、李海涛、刘　强、牟定荣	2014.10.22
612	一种测定烟梗平均膨胀率的方法及装置	CN201310115767.4	云南烟草科学研究院	李红武、张　强、董高峰、杨　威、王保兴、张天剑、郭生云	2014.10.22
613	一种废弃烟用二醋酸纤维再生利用的方法	CN201210183378.0	云南瑞升烟草技术（集团）有限公司	温光和、尧珍玉、刘润昌、李景权	2014.10.22
614	天然番石榴香精	CN201210554419.2	云南瑞升烟草技术（集团）有限公司	邹　由、王松峰、包秀萍、黄志强、普元柱	2014.10.22
615	一种黄酮类化合物及其制备方法与应用	CN201210518985.8	云南烟草科学研究院	陈进雄、韩　熠、段沅杏、张　涛、杨光宇、陈永宽、缪明明	2014.10.29
616	一种套筒式低危害卷烟及其制备方法	CN201310518553.1	云南烟草科学研究院	何　沛、赵　伟、刘春波、刘志华、王昆淼、韩敬美	2014.11.26
617	一种真空干燥烟梗梗丝的方法	CN201210205059.5	云南瑞升烟草技术（集团）有限公司	段安凌、夏　非、马　扬、张兴涛、彭开宝	2014.11.26
618	一种烤烟香型的检测判定方法	CN201210388375.0	红塔烟草（集团）有限责任公司	李晋明、董　伟、任继阳、孟昭宇、郭　仁、台　希、朱慧贤、吴亿勤、张　伟、李忠任、许　健、秦云华、汤建国、张凤梅、龚文岗、桂永发、冯　磊、戚文辉、汤利民	2014.12.03
619	一种卷烟香型的检测判定方法	CN201210388661.7	红塔烟草（集团）有限责任公司	董　伟、李晋明、李忠任、孟昭宇、任继阳、冯　磊、郭　仁、台　希、朱慧贤、吴亿勤、张　伟、许　健、秦云华、汤建国、张凤梅、龚荣岗、桂永发、戚文辉、汤利民	2014.12.03
620	一种烟用梗丝增香剂及制备方法和应用	CN201310394332.8	红塔烟草（集团）有限责任公司、云南天宏香精香料有限公司	白晓莉、冯伟博、董　伟、宋红平、龚荣岗、彭国岗、张育光、刘旭九、李　玲、杨柳斌	2014.12.10
621	产纤维素酶菌株、纤维素酶及其生产发酵培养的方法	CN201110435565.9	红塔烟草（集团）有限责任公司	王　毅、魏云林、马永凯、唐兴宏、季秀玲、刘永亮	2014.12.10
622	一种色酮类化合物及其制备方法和应用	CN201310519114.2	云南烟草科学研究院	陈永宽、刘志华、杨光宇、赵　伟、韩　熠、段沅杏、张　涛、缪明明	2014.12.17
623	一种配方梗中烟梗的替换方法	CN201310253814.1	云南烟草科学研究院	张　强、董高峰、杨　威、王保兴、和智君、石凤学	2014.12.24
624	一种高降焦性卷烟用二醋酸纤维无纺布滤材及其制备方法	CN201210183403.5	云南瑞升烟草技术（集团）有限公司	李景权、温光和、尧珍玉、刘润昌	2014.12.24
625	一种具有高阻隔性能的易降解卷烟内衬纸	CN201210394116.9	云南瑞升烟草技术（集团）有限公司	刘润昌、何雪峰、尧珍玉、马　涛、温光和	2014.12.24

续表

序号	专利名称	专利号	专利权人	发明/设计人	授权公告日
626	烟支点烟端密度数据的补偿方法	CN201210224705.2	中国电子科技集团公司第四十一研究所、红塔烟草（集团）有限责任公司	王鸿山、段黎跃、孙宏杰、李雯琦、谭国治、耿守本、蒋　涛	2014.12.31
627	一种烟用香料及其制备方法	CN201410013826	红塔烟草（集团）有限责任公司、云南天宏香精香料有限公司	白晓莉、宋红平、彭国岗、朱瑞芝、张育光、刘　刚、杨刘斌、冯伟博	2014.12.31
628	一种烟草加工工序中用加工参数预测控制指标的方法	CN201210003923.3	红云红河烟草(集团)有限责任公司	李水荣、彭开宝、何邦华、朱　勇、向成明、申晓峰、华一崑、陈　文、周沅帧、杨丽萍、庄　嘉	2014.12.31
629	一种烟草高均匀度添加液态辅料的装置及添加辅料的方法	CN201310152597.7	红云红河烟草(集团)有限责任公司	唐　军、李庆华、王　慧、何邦华、汪显国、唐　丽、申晓峰、朱　勇、向成明、周　冰、凌　军、程亮亮	2014.12.31
630	一种表征叶丝、膨胀丝和梗丝掺配均匀性的方法	CN201310169230.6	红云红河烟草(集团)有限责任公司	唐　军、朱　勇、刘　泽、周沅桢、邱昌桂、高　辉、王　慧、何邦华、陈　文、申晓峰、汪显国、向成明、华一崑	2014.12.31
631	一种挥发、半挥发性成分的检测方法及其装置	CN201310160613.7	云南烟草科学研究院	孔维松、张　霞、杨光宇、韩　熠、段沅杏、陈永宽、缪明明	2014.12.31
632	一种用于热重逸出气体捕集的自动单液滴微萃取装置	CN201310472199.3	云南烟草科学研究院	杨　柳、秦云华、吴亿勤、杨　继、刘春波、缪明明、王素娟	2014.12.31
633	用于防治烟田土传病害的微生物分散片剂及其制备方法	CN201410264372.5	中国烟草总公司陕西省公司	成巨龙、孙润红、柯美福、付　强、程朝晖、安德荣	2014.9.3
634	能够降低卷烟中的有害物质的植物提取液及其制备方法	CN201210515417.2	陕西中烟工业有限责任公司	邓宝安、韩航航、任军林、王科杰、王宗英、郭　琳、汪　冶、曹　稳、李　轩	2014.09.17
635	具有提高卷烟感官保润性能的软胶囊、制备方法及其应用	CN201310152093.5	红塔辽宁烟草有限责任公司	郭连民、迟广俊、邱宝平、刘晓旭、李美亮、陈广平、陈　亮	2014.02.26
636	成品烟烟丝总DNA的提取方法	CN201110172183.1	吉林烟草工业有限责任公司、郑州轻工业学院	李元实、马　林、王春利、朴永革、金　哲、崔成哲、于海顺	2014.04.23
637	一种聚醋酸乙烯类水基胶所含挥发性有机化合物的测定方法	CN201210365837.7	甘肃烟草工业有限责任公司	朱存真	2014.10.15
638	具有改善卷烟物理保润性能的内衬纸的制备方法	CN201310152115.8	红塔辽宁烟草有限责任公司	迟广俊、郭连民、刘晓旭、邱宝平、李美亮、李希强、郭　鹏	2014.12.03
639	一种烟草薄片及其制备方法	CN201210562970.1	吉林烟草工业有限责任公司	李元实、朴永革、金　哲、黄树永、付　祺、袁新凯、韩龙洋	2014.12.31
640	一种原烟生产原烟按配比投料的物流系统及其运输方法	CN201110369462.7	北京达特烟草成套设备技术开发有限责任公司、福建省龙岩金叶复烤有限责任公司	凌卫民、姜林忠、黄杭昌、谢汉斌、林灿超、林亚玲、张永刚	2014.01.29
641	香烟包装机	CN201210175144.1	上海烟草机械有限责任公司	刘伟忠、卓建武	2014.03.12
642	一种应用于滚筒式涂胶器啮合检测的测量系统	CN201210099888.X	上海烟草机械有限责任公司	杨晓君、汤尤佳、冯　玉、桑伟诚	2014.07.09
643	一种基于机器视觉技术的烟包缺支、反支检测方法	CN201110326859.8	中国电子科技集团公司第四十一研究所、上海烟草机械有限责任公司	张义伟、任　鸣、王法明、颜魏伟、余　辉、杨振强、杜卫丹、邬一鸣、何霄峰	2014.08.27
644	一种干冰膨胀烟丝生产过程中的烟气处理装置	CN201210364516.5	北京达特烟草成套设备技术开发有限责任公司、上海烟草集团有限责任公司	凌卫民、刘国平、戴志渊、郭世洋、李建梅、韩金民、王伟琦、方维岚、张　伟、夏双杰、宋粟馀	2014.08.27

续表

序号	专利名称	专利号	专利权人	发明/设计人	授权公告日
645	基于模型预测的烘丝机出口水分控制方法	CN201210376264.8	秦皇岛烟草机械有限责任公司	王小飞、杨玉波、彭　辉、杨洪艺、李中锋、郭克松、张海军、彭晓燕、王文格、刘　斌	2014.09.10
646	纸盘卡紧输送装置及其输送方法	CN201210207568.1	常德烟草机械有限责任公司	姜　俊、杨　刚	2014.09.24
647	永磁直线电机驱动的封闭链路运输装置	CN201110080315.8	中烟机械技术中心有限责任公司	杜国锋、刘定清、王建辉、王俏华、王志刚、史志芳、冯建明	2014.12.10
648	用于棒形物品接收及传输的装置	CN201210033569.9	中烟机械技术中心有限责任公司	杜坤艳、程卫民	2014.12.10
649	丝束外观质量检测系统	CN201210049619.2	南通醋酸纤维有限公司	杨占平、黄建新、白羽飞、赵从涛、杨永结	2014.01.29
650	醋纤加湿方法及其加湿设备	CN201110053211.8	南通醋酸纤维有限公司	杨占平、黄建新、高春红、赵从涛、陆书明	2014.04.09
651	降低卷烟烟气中苯酚的复合添加剂及其制备方法和用途	CN201210583462.1	南通大学、南通醋酸纤维有限公司	缪建文、曹建华、陈　昀、顾海兵、张文超	2014.04.23
652	一种醋酸纤维素微球的制备方法及由该方法制备的产品	CN201110222485.5	南通醋酸纤维有限公司	曹建国、窦　峰、彭为骏、张　杰	2014.04.23
653	醋酸回收系统的丙酮脱除装置及其脱除工艺	CN201210166338.5	南通醋酸纤维有限公司	姚　杰	2014.04.23
654	稀丙酮溶液中异丙叉丙酮采出工艺装置	CN201210166211.3	南通醋酸纤维有限公司	杨占平、陆书明、朱丛静、肖　峰、陈颖涌、高春红、胡　杰	2014.06.04
655	醋纤丝带卷曲前定量加湿装置及其加湿工艺	CN201310046567.8	南通醋酸纤维有限公司、南通绘豪机械科技有限公司	陆书明、王传军、白羽飞、黄建新、高春红	2014.12.17
656	浆水自动过滤装置及其过滤工艺	CN201310158229.3	南通醋酸纤维有限公司	万子龙、杨小兵、姚　杰、高春红、李晓东、葛维彬、宣志坚、朱建华	2014.12.17
657	喷丝帽酸洗装置	ZL201320533603.9	珠海醋酸纤维有限公司	郑恒谷、刘光华、刘光华	2014.2.26
658	一种备用喷丝帽的制作方法	CN201110368032.3	昆明醋酸纤维有限公司	杨上功、杨冠鹤、罗文川、孙宁凯、郭捷飞	2014.03.12
659	一种丙酮回收工艺中吸附床的投运方法	CN201110103948.6	昆明醋酸纤维有限公司	王学俊、徐兴文、李海彦、张　俊、刘　铭、伍　健、朱临喜	2014.03.26
660	一种醋酸纤维截面形状及径向异形度检测方法	CN201210263782.9	昆明醋酸纤维有限公司	俞志强、陶冬梅、张丕锐、严　锐、孟　华、张玉龙、周　洁、李　毅、王学俊、师　宇、杨嵘峰	2014.07.16

2014 年全国烟草行业实用新型专利授权情况

单位名称	数　量	单位名称	数　量
中国烟草总公司	2	中国烟草总公司湖北省公司	42
中国烟草总公司郑州烟草研究院	38	湖北中烟工业有限责任公司	179
中国烟草总公司职工进修学院	1	中国烟草总公司湖南省公司	45
中国烟草总公司北京市公司	10	湖南中烟工业有限责任公司	62
中国烟草总公司天津市公司	2	中国烟草总公司广东省公司	43
中国烟草总公司河北省公司	10	广东中烟工业有限责任公司	74
河北中烟工业有限责任公司	25	中国烟草总公司广西壮族自治区公司	4
中国烟草总公司内蒙古自治区公司	22	广西中烟工业有限责任公司	19
中国烟草总公司辽宁省公司	1	中国烟草总公司重庆市公司	61
上海烟草集团有限责任公司	47	中国烟草总公司四川省公司	40
中国烟草总公司江苏省公司	18	川渝中烟工业有限责任公司	65
江苏中烟工业有限责任公司	93	中国烟草总公司贵州省公司	88

续表

单位名称	数　量	单位名称	数　量
中国烟草总公司浙江省公司	14	贵州中烟工业有限责任公司	72
浙江中烟工业有限责任公司	96	中国烟草总公司云南省公司	61
中国烟草总公司安徽省公司	25	云南中烟工业有限责任公司	152
安徽中烟工业有限责任公司	62	中国烟草总公司陕西省公司	17
中国烟草总公司福建省公司	31	陕西中烟工业有限责任公司	7
福建中烟工业有限责任公司	223	中国烟草总公司深圳市公司	2
中国烟草总公司江西省公司	8	中国烟草实业发展中心	19
江西中烟工业有限责任公司	36	中国烟草机械集团有限责任公司	69
中国烟草总公司山东省公司	120	南通醋酸纤维有限公司	8
山东中烟工业有限责任公司	26	昆明醋酸纤维有限公司	3
中国烟草总公司河南省公司	22	珠海醋酸纤维有限公司	1
河南中烟工业有限责任公司	287	中烟摩迪（江门）纸业有限公司	3
总　计			2355

2014 年全国烟草行业外观设计专利授权情况

单位名称	数　量	单位名称	数　量
上海烟草集团有限责任公司	8	中国烟草总公司湖南省公司	2
中国烟草总公司江苏省公司	1	湖南中烟工业有限责任公司	10
江苏中烟工业有限责任公司	1	中国烟草总公司广东省公司	2
安徽中烟工业有限责任公司	5	广东中烟工业有限责任公司	2
福建中烟工业有限责任公司	2	川渝中烟工业有限责任公司	11
中国烟草总公司山东省公司	5	中国烟草总公司贵州省公司	2
山东中烟工业有限责任公司	14	贵州中烟工业有限责任公司	1
中国烟草总公司河南省公司	4	云南中烟工业有限责任公司	17
河南中烟工业有限责任公司	7	中国烟草总公司陕西省公司	1
湖北中烟工业有限责任公司	37	中国烟草实业发展中心	4
总　计			136

（供稿：国家局科技司；编辑：周佳）

教育培训

中国烟草总公司职工进修学院

【概　况】　中国烟草总公司职工进修学院（简称“进修学院”）前身是河南省烟草工业学校，成立于 1985 年 1 月；1992 年 11 月更名为中国烟草总公司郑州中等专业学校，由河南省烟草专卖局（公司）代管；2001 年 7 月更名为中国烟草总公司职工技术培训中心，2005 年 4 月开始由国家烟草专卖局、中国烟草总公司直接管理；2009 年 11 月更名为中国烟草总公司职工进修学院。2011 年 1 月，国家烟草专卖局职业技能鉴定指导中心职能和办公地点调整到学院，与学院合署办公。学院承担行业高层次高技能人才培训、远程培训、师资培训、培训师资库建设与管理、培训教材库建设与管理、职业技能竞赛、职业技能鉴定等工作，并为企业提供培训开发设计、培训评估、培训师资、培训教材、培训案例、培训信息资源、培训业务咨询、生产技术咨询及成人学历教育服务。进修学院下设 5

个行政管理部门、6个教学服务部门、2个后勤服务部门和3个职业技能鉴定部门。

2014年，进修学院在职教职工95人，其中具有研究生以上学历49人（含博士9人）、具有高级专业技术资格33人、具有高级企业培训师资格33人；首席培训师6人、高级培训师6人，行业专家委员会委员17人。同时，学院有行业内外专家权威组成的紧密型兼职教师33人，松散型兼职教师424人。

进修学院院长、党组成员：路鹏翔（2014.7—，之前任院长、党组书记）

【教育培训】 2014年，举办脱产培训班232期，培训2.22万人次，19.11万·天。远程培训5.35万人次，远程培训课件资源总量1922学时。合作开展专业学位硕士研究生教育，在读702人，获证151人。审定培训教材27本，组织出版培训教材40种，实现培训教材与行业19个职业（岗位）技能鉴定培训工作的配套。完成21个批次行业通用职业（工种）、13个批次行业特有职业（工种）技能鉴定，鉴定总量2992人次，获证1009人。承办第十二届全国烟草行业职业技能竞赛暨第二届烟草专卖管理岗位技能竞赛以及13家省级单位职业技能竞赛。

【教研成果】 突出研发重点，着力开展中高级经管人才培训项目研发，填补行业管理类培训的空白。提高研发质量，23个培训项目被纳入国家局培训计划。专业教师积极参与行业科学研究和技术攻关，发表学术论文25篇，编著教材10本，参与制订国家标准5项，在烟机设备智能故障诊断系统研发方面获发明专利6项、软件著作权3项。

（撰稿：陈其海；编辑：周　佳）

各省级公司所属教育培训机构

名　称	成立时间	隶属单位	2014年主要工作
河北平山温泉烟草职工培训中心	1998年11月	河北省烟草专卖局（公司）	创新培训模式，落实培训计划； 开展特色教学，组织课题研究，不断提升教育培训质量； 承办培训和会议73次，接待5207人次；举办各类培训班60期，培训员工4074人次
辽宁省烟草教育培训中心	2009年	辽宁省烟草专卖局（公司）	举办各类培训班17期，累计培训1148人次； 举办辽宁省行业首届内训师授课技能竞赛，全省行业100余名内训师分综合、营销、专卖、烟叶、物流5个专业组进行比赛； 开展《烟草行业职业（岗位）标准、培训教材、鉴定题库开发与修订项目》申报工作，向国家局申请“案件查办”及“内部监管”两模块的网络课件制作任务
上海市烟草专卖局、上海烟草集团有限责任公司教育培训中心	2011年4月	上海烟草集团有限责任公司	开展职工教育培训，策划实施一级培训项目109项，组织培训9524人次，培训量达2.4万人； 推进技能人才队伍建设，参与行业卷烟营销、烟草专卖管理高级技师鉴定试点，开展高技能人才继续教育； 完善集团培训管理体系
江苏中烟工业有限责任公司培训中心	2010年10月	江苏中烟工业有限责任公司	主要承担江苏烟草工业系统职工培训任务
浙江烟草工业教育培训中心	2011年11月	浙江中烟工业有限责任公司	举办各类培训班267个，内培及外送培训总人数3317人，2万人次参加培训，学员总学时15.16万课时； 以解决浙江中烟发展难题为导向开展职工教育培训课程5项，即杭甬异地技改培训、安全生产标准化培训、营销技能培训、烟叶分级技能培训和以提高职工技能水平为目的的课程； 开展烟叶分级职业技能竞赛工作，培养高技能人才； 完成TOBSPIN和KDF4两个行业操作工3～5级实操鉴定题库的开发任务
中国烟草总公司安徽省培训中心	2000年11月	安徽省烟草专卖局（公司）	主要承担安徽省烟草商业系统教育培训任务
中国烟草总公司福建省公司厦门职工教育培训中心	2001年7月	福建省烟草专卖局（公司）	承担并组织好省局及各直属单位的有关业务培训工作； 负责建立健全培训中心内部各项管理制度，负责培训中心安全、保卫工作； 制订和实施后勤服务保障计划，创造良好的工作和学习环境； 按照管理权限和国家局、省局的有关规定，负责培训中心的人事、财务、资产及劳动工资管理工作

续表

名　称	成立时间	隶属单位	2014 年主要工作
福建烟草教育培训中心	2013 年 6 月	福建中烟工业有限责任公司	选送 494 人次参加国家局及培训中心举办的各类培训班，举办内部培训班 237 个，培训学员合计 1.46 万人次； 梳理完善培训制度体系、资源体系和运营体系，开发实施人才培训项目； 制修订各项培训制度和流程； 策划培训课程框架体系，承接行业的 8 本统编培训教材
中国烟草井冈山传统教育基地	1996 年 10 月	江西省烟草专卖局（公司）	依托井冈山丰富的红色教育资源，积极探索办学模式，初步形成集现场教学、专题教学、体验式教学、激情教学和音像教学为一体的办学模式； 开展党的群众路线教育实践活动，作风建设取得新成效； 完成基地易地重建项目竣工验收工作
江西省烟草培训中心	1991 年	江西省烟草专卖局（公司）	承接会议及培训任务 41 次、146 天，培训人数 2566 人次； 加强对培训大楼装修改造工程的监管，于 3 月底完工并交付使用，完成培训中心搬迁工作； 进一步加强全省系统培训教师资源库建设，实现内训师、外聘师、外聘机构资源共享
山东烟草职工培训中心	2001 年 10 月	山东省烟草专卖局（公司）	培训中心“围绕行业工作，服务行业大局”开展职工培训工作，累计完成 1.18 万人次培训任务； 开展学习贯彻习近平总书记系列重要讲话精神培训班、专卖管理员、卷烟营销员、烟叶分级工等培训，特色化和专业性不断增强； 实施“走出去”和“送培训上门”战略，开展省外培训 1884 人次，同比增长 98.9%
河南省烟草职工培训中心	2009 年	河南省烟草专卖局（公司）	举办各类培训班 131 期，培训人员 1.2 万人次
湖北省烟草专卖局教育培训中心	2009 年	湖北省烟草专卖局（公司）	与省委党校进行合作，邀请省委党校的专家教授进行授课。两期培训班共培训全省系统处级以上领导干部 147 人； 组织参加国家局举办的学习贯彻习近平总书记系列讲话培训班 8 期，培训省局领导 8 人，市局主要负责人 17 人； 选派 1 名厅局级、7 名处级干部参加国家局党校春季班和秋季班的理论学习
贵州烟草商业教育培训中心	2011 年 11 月	贵州省烟草专卖局（公司）	举办 34 期培训班，培训 3078 人次。推荐 4 名行业师资库人选； 主持编写《烟叶收购管理》教材，完成《烟农专业合作社建设》《烟用农机使用维护》《有机肥发酵技术》《扦插式烟叶三叶烘烤技术》等 4 个视频教学片制作
贵州中烟工业有限责任公司职工教育培训中心	2012 年 4 月	贵州中烟工业有限责任公司	强化培训管理，组织开展公司培训项目采购供应商招标和建库工作； 加大培训教材开发力度，按照公司培训课程体系开发要求，组织实施 11 个特有工种技能鉴定类培训课程的标准化开发，《动力设备管理手册》《卷烟包装和卷制质量缺陷防控图册》《制丝过程主要检测项目取样检验教学片》3 本教材入选行业统编教材，《卷接设备课程视频》入选行业网络培训课程； 推动全员培训，截至 2014 年底，有针对性的组织不同类别、层级、专业培训 743 个班次，累计培训近 4.4 万人次
陕西省烟草专卖局（公司）培训中心	2011 年	陕西省烟草专卖局（公司）	举办各类培训 1452 期，培训时间 3114 天，培训学员 6439 人、4 万人次

（编辑：周　佳）

经济统计

总表部分

全国烟草系统主要指标总表（2014 年）

指标名称	计量单位	2013 年	2014 年	比上年增长（%）
工业总产值（现价）	亿元	8494.26	9245.73	8.85
卷烟产值	亿元	8122.19	8854.29	9.01
工业增加值（现价）	亿元	7239.18	7986.97	10.33
复烤烟叶产量	万吨	203.16	176.04	-13.35
打叶复烤	万吨	24.60	20.96	-14.80
卷烟产量	万箱	5120.76	5219.71	1.93
一类卷烟［100 元（含）以上］	万箱	906.77	1058.94	16.78
二类卷烟［70（含）~100 元］	万箱	455.31	557.02	22.34
三类卷烟［30（含）~70 元］	万箱	2362.97	2323.28	-1.68
四类卷烟［16.5（含）~30 元］	万箱	1001.09	933.93	-6.71
五类卷烟［16.5 元以下］	万箱	394.62	346.54	-12.18
9mg/支（含）以上	万箱	4401.93	4481.23	1.80
6~8mg/支	万箱	639.69	648.57	1.39
6mg/支（含）以下	万箱	79.14	89.91	13.61
烤烟型	万箱	5006.06	5107.23	2.02
混合型	万箱	85.90	80.80	-5.93
出口和供应出口	万箱	52.88	49.00	-7.34
雪茄烟产量	亿支	4.81	9.14	90.10
二醋酸纤维丝束产量	吨	161717.03	173405.02	7.23
技术经济指标				
卷烟质量抽检合格率	%	99.95	99.97	0.02
卷烟成品合格率	%	98.17	98.17	
每万支卷烟耗用烟叶	千克	6.87	6.82	-0.70
每万支卷烟耗用盘纸	米	597.00	594.35	-0.45
每万支滤嘴烟耗用滤棒	支	2489.51	2508.47	0.76
卷烟销售量	万箱	5049.67	5152.07	2.03
出口	万箱	49.60	48.32	-2.59
卷烟期末库存量	万箱	483.29	544.03	12.57
工业	万箱	181.11	302.82	67.20
商业	万箱	302.18	241.22	-20.17

续表

指标名称	计量单位	2013 年	2014 年	比上年增长（%）
能源消耗总量	万吨	173.07	159.81	-7.66
万元产值耗能源（现价）	千克	20.38	17.28	-15.17

资料来源：国家烟草专卖局烟草经济信息中心

工业部分

全国烟草系统工业企业主要指标汇总表（2014 年）

指标名称	计量单位	总计		卷烟工业		复烤企业	
		2013 年	2014 年	2013 年	2014 年	2013 年	2014 年
卷烟产量	万箱	5120.76	5219.71	5120.76	5219.71		
软盒嘴烟	万箱	1592.30	1537.52	1592.30	1537.52		
硬盒嘴烟	万箱	3524.72	3677.85	3524.72	3677.85		
一类卷烟 [100 元（含）以上]	万箱	906.77	1058.94	906.77	1058.94		
二类卷烟 [70 元（含）~100 元]	万箱	455.31	557.02	455.31	557.02		
三类卷烟 [30 元（含）~70 元]	万箱	2362.97	2323.28	2362.97	2323.28		
四类卷烟 [16.5 元（含）~30 元]	万箱	1001.09	933.93	1001.09	933.93		
五类卷烟 [16.5 元以下]	万箱	394.62	346.54	394.62	346.54		
9mg/支（含）以上	万箱	4401.93	4481.23	4401.93	4481.23		
6~8mg/支（含）	万箱	639.69	648.57	639.69	648.57		
6mg/支以下（含）	万箱	79.14	89.91	79.14	89.91		
烤烟型卷烟产量	万箱	5006.06	5107.23	5006.06	5107.23		
混合型卷烟产量	万箱	85.90	80.80	85.90	80.80		
其他型卷烟产量	万箱	28.80	31.68	28.80	31.68		
供应出口和出口卷烟产量	万箱	52.88	49.00	52.88	49.00		
来牌或来料加工卷烟产量	万箱	0.37	0.31	0.37	0.31		
雪茄烟产量	亿支	4.81	9.14	4.81	9.14		
合作生产卷烟产量	万箱	725.72	759.40	725.72	759.40		
省外	万箱	725.72	759.40	725.72	759.40		
从生产者购进（指合作生产回购）	万箱	614.80	643.35	614.80	643.35		
省外	万箱	614.77	643.32	614.77	643.32		

续表

指标名称	计量单位	总计		卷烟工业		复烤企业	
		2013 年	2014 年	2013 年	2014 年	2013 年	2014 年
工业企业卷烟销售量	万箱	5681.96	5741.01	5681.96	5741.01		
卷烟期末库存	万箱	181.11	302.82	181.11	302.82		
一类卷烟［100 元（含）以上］	万箱	32.23	61.86	32.23	61.86		
二类卷烟［70 元（含）~100 元］	万箱	18.40	50.62	18.40	50.62		
三类卷烟［30 元（含）~70 元］	万箱	90.77	134.59	90.77	134.59		
四类卷烟［16.5 元（含）~30 元］	万箱	25.77	42.44	25.77	42.44		
五类卷烟［16.5 元以下］	万箱	13.93	13.30	13.93	13.30		
供应出口和出口	万箱	4.17	2.35	4.17	2.35		
合作生产	万箱	34.94	83.84	34.94	83.84		
复烤烟叶产量	吨	2031712.90	1760471.00	246069.33	209655.78	1785643.57	1550815.22
打叶复烤	吨	2031712.90	1760471.00	246069.33	209655.78	1785643.57	1550815.22
期末烟叶库存	吨	4887940.16	4810359.72	4667636.17	4684059.23	220303.99	126300.49
二醋酸纤维丝束产量	吨	161717.03	173405.02			161717.03	173405.02
丝束期末库存	吨	75432.86	80052.58	61749.58	64155.02	13683.28	15897.56
二醋酸纤维丝束	吨	73290.65	78491.84	59607.37	62594.28	13683.28	15897.56
卷烟质量抽检合格率	%	99.95	99.97	99.95	99.97		
卷烟成品合格率	%	98.17	98.76	98.17	98.76		
每万支卷烟耗烟叶	千克	6.87	6.82	6.87	6.82		
每万支卷烟耗盘纸	米	597.00	594.35	597.00	594.35		
每万支卷烟耗滤棒	支	2489.51	2508.47	2489.51	2508.47		
万元产值耗能源（按现价计算）	千克	20.38	17.28	11.31	9.30	272.55	255.23
万元产值生产耗能源（按现价计算）	千克	19.23	16.37	11.05	9.13	246.75	232.06

资料来源：国家烟草专卖局烟草经济信息中心

总表及工业部分指标说明

【工业总产值（现价）】 指以货币表现的工业企业在报告期内生产的工业产品总量。包括生产成品价值、对外加工费收入和自制半成品、在产品期末期初差额价值。是计算增加值和劳动生产率及其他经济指标的依据。

工业总产值不包括：

（1）非本企业生产的工业产品价值；

（2）本企业非工业活动单位的非工业产品价值和收入；

（3）本企业工业生产过程中产生的废料（如锯末、切屑、矸石等）的出售价值。

【工业增加值（现价）】 指工业企业在报告期内以货币表现的工业生产活动的最终成果。该指标要通过计算求得，计算方法有两种，一种是生产法，一种是分配法。烟草系统工业企业一律采用生产法计算。计算公式为：

工业增加值（现价）＝工业总产值（现价）－工业中间投入＋本期应交增值税

【卷烟产量】 指产品质量符合《国颁标准》，经检验合格，并已包装入库的卷烟（包括雪茄型卷烟）成品。凡不符合《国颁标准》的卷烟，不论是否包装入库，均列入不合格品，不做产量统计。

【软盒嘴烟】 指小包软包玻璃纸、金拉线，硬条盒玻璃纸包装的滤嘴卷烟。

【硬盒嘴烟】 指小包硬盒翻盖玻璃纸、金拉线，硬条盒玻璃纸包装的滤嘴卷烟。

【调拨价格分类统计】 调拨价格：指卷烟生产企业通过卷烟交易市场与购货方签定的卷烟交易价格。

一类卷烟：每标准条（200 支）不含增值税调拨价格 100 元（含）以上；

二类卷烟：每标准条（200 支）不含增值税调拨价格 70 元（含）～100 元；

三类卷烟：每标准条（200 支）不含增值税调拨价格 30 元（含）～70 元；

四类卷烟：每标准条（200 支）不含增值税调拨价格 16.5 元（含）～30 元；

五类卷烟：每标准条（200 支）不含增值税调拨价格 16.5 元以下。

出口卷烟划分等级不含税价计算按国内同牌号卷烟或参照同等级卷烟计算。

【卷烟产量按盒标焦油量分组】 9 毫克/支以上，6 毫克/支～8 毫克/支，6 毫克/支以下，共划分为 3 档。

【卷烟产量按卷烟类型分类统计】 卷烟按烤烟型、混合型、其他型分别统计。

【供应出口和出口卷烟产量】 指工业企业生产用作供应出口和直接出口的卷烟产量。

【来牌或来料加工卷烟产量】 来牌加工卷烟：指国外（境外）卷烟牌号，其主要原料使用国内的，并在国内进行加工又销往国外的卷烟，其产量应统计在该指标内。来料加工卷烟：指凡从国外（境外）来料加工，且在境外销售的卷烟，其产量应统计在该指标内。

【雪茄烟产量】 指产品质量符合《部颁标准》，经检验合格入库的雪茄烟成品。凡不符合《部颁标准》的雪茄烟，不论是否包装入库，均列入不合格产品，不做产量统计。

【合作生产卷烟产量】 合作生产卷烟：指省内（外）工业企业之间的委托加工，委托方提供卷烟牌号和部分或全部原材料，且占用加工企业生产计划的卷烟，其产量一律由加工企业统计。

【从生产者购进（指合作生产回购）】 指报告期内工业企业直接从本省内（外）烟草系统工业企业购进的，且由系统内工业企业生产的符合产品质量要求或订货合同规定的技术要求的合作生产卷烟数量。

【工业企业卷烟销售量（额）】 指报告期内工业企业实际销售的由本企业生产（包括上期和本期生产）的符合质量要求或订货合同规定的技术条件的卷烟数量额，但不包括用订货者来料加工生产的卷烟数量［不包括次品烟数量（额）］。即对省内（外）烟草系统销售、供应出口与出口及其他项之和。

【卷烟期末库存、一、二、三、四、五类卷烟库存、滤嘴烟库存、供应出口库存、出口库存】 卷烟期末库存指报告期初或期末某一时点上，尚存在工业企业产成品仓库中，而暂未售出的产品实物数量（不包括次品烟数量）。包括订货者来料加工的产品，尚未拨出的实物量。其中：一、二、三、四、五类卷烟库存是指按不含增值税调拨价分类统计的卷烟库存数量；滤嘴烟库存是指库存总量中滤嘴烟的数量；供应出口库存是指暂未售给烟草进出口公司，尚存在工业企业产成品仓库中的实物数量；出口库存是指工业企业准备直接向国外出口的商品。

【复烤烟叶产量】 指烟叶经过复烤，产品质量符合《国颁标准》，经检验合格，并已包装入库的烟叶成品量。凡不符合《国颁标准》的复烤烟叶，不论是否包装入库均列入不合格品，不做产量统计。订货单位退回的本年内生产的不合格品量，应从产量中扣除。

【烟叶期末库存】 指工业企业报告期末烟叶库存总量，包括烤烟、晾烟、晒烟、进口烟叶。

【二醋酸纤维丝束产量】 指已包装入库的二醋酸纤维丝束成品。

【丝束期末库存】 指尚存在工业企业仓库中，而暂未售出的丝束数量。包括二醋酸纤维丝束和丙纤丝束。

【技术经济指标】

$$卷烟质量抽检合格率（\%）=\frac{报告期抽检合格品次数（次）}{报告期抽检总次数（次）}\times 100\%$$

$$每万支滤嘴卷烟耗用滤棒量（支）=\frac{报告期耗用滤棒总量\pm期末期初在制品差异量（支）}{报告期卷烟产品产量（万支）}$$

$$每万支滤嘴卷烟耗用盘纸量（米）=\frac{报告期耗用盘纸总量\pm期末期初在制品差异量（米）}{报告期卷烟产品产量（万支）}$$

$$每万支滤嘴卷烟耗用烟叶（千克）=\frac{报告期车间实收烟叶投料量\pm期末期初在制品差异量（千克）}{报告期卷烟产品产量（万支）}$$

$$万元产值综合耗能源（千克）=\frac{报告期生产消耗能源总量（折标准煤）（千克）}{报告期工业总产值（当年价）（万元）}$$

$$卷烟成品合格率（\%）=\frac{报告期卷烟产品产量（万支）}{报告期卷烟产品产量（万支）+不合格品数量（万支）}\times 100\%$$

【年末生产能力】 指在报告年末企业生产某种产品的全部设备的综合平衡能力，即企业生产某种产品的全部设备（包括主要生产设备、辅助生产设备、起重运输设备、动力设备及有关厂房和生产建筑等），在原材料、燃料、动力供应充分，劳动力配备合理，设备正常运转的条件下，可能达到的年生产能力。

其　他

2014 年全国卷烟交易成交量汇总表（全国）

序号	销方地区	交易量（万支）	占全国（%）	同比增减（万支）	交易金额（元）
1	云南省	49100615.90	19.48	2108513.10	161758502000.16
2	湖南省	23403140.00	9.28	806977.00	97154611413.25
3	广东省	16034078.40	6.36	－104542.60	44768690477.76
4	湖北省	15607913.50	6.19	－2792024.50	62906330942.87
5	浙江省	15502305.00	6.15	1424279.00	65780610808.60
6	河南省	15034394.00	5.96	784630.00	38726306638.83
7	上海市	12620618.00	5.01	511285.00	100692301645.40
8	安徽省	12418023.50	4.93	－92731.90	31846136327.78
9	江苏省	12375965.00	4.91	1275045.00	56579462408.05
10	山东省	12096500.00	4.80	396645.00	25096104009.85
11	四川省	10820926.90	4.29	－309461.60	29997615001.56
12	福建省	9878054.00	3.92	－429603.00	27032815082.12
13	贵州省	9815590.00	3.89	70240.00	26908227652.00
14	河北省	5625565.00	2.23	－671650.00	10191801215.75

续表

序号	销方地区	交易量（万支）	占全国（%）	同比增减（万支）	交易金额（元）
15	陕西省	5037115.00	2.00	132115.00	10357054157.06
16	甘肃省	4162156.00	1.65	212528.60	11298180321.65
17	江西省	4070948.50	1.61	-445796.50	9256349891.92
18	吉林省	3829177.00	1.52	8427.00	10008027252.31
19	广西壮族自治区	3528620.00	1.40	87712.00	8652460546.44
20	辽宁省	1992500.00	0.79	-175500.00	5190686969.95
21	黑龙江省	1741000.00	0.69	96160.00	1900164083.61
22	北京市	1738720.00	0.69	-152370.00	4819884178.90
23	深圳市	1581450.00	0.63	35165.00	5517673541.80
24	山西省	1490594.00	0.59	5769.00	4057456849.45
25	内蒙古自治区	1446000.00	0.57	226665.00	4580223249.10
26	海南省	601988.00	0.24	-78162.00	1414550367.74
27	新疆维吾尔自治区	370080.50	0.15	-1379002.00	833124842.34
28	总公司	182359.00	0.07	-15256.00	352448982.82
	合计	252106397.20	100.00	1536055.60	857677800859.07

资料来源：中烟商务物流有限责任公司

2014 年卷烟累计交易量前 15 名（三类以上）成交情况表（全国）

序号	品牌	协议总量（万箱）	交易量（万箱）	交易量同比增减（万箱）	交易量同比变动（±%）
1	双喜·红双喜	417.57	417.54	-6.77	-1.60
2	云　烟	375.90	375.88	33.12	9.66
3	红塔山	300.67	300.60	10.08	3.47
4	利　群	244.34	244.34	38.80	18.88
5	黄金叶	198.99	198.57	5.30	2.74
6	芙蓉王	184.73	184.72	25.97	16.36
7	黄鹤楼	178.22	177.89	16.59	10.28
8	白　沙	177.51	177.48	-0.66	-0.37
9	玉　溪	164.63	164.57	18.63	12.77
10	南　京	164.46	164.46	27.94	20.46
11	娇　子	158.24	157.18	5.33	3.51
12	七匹狼	144.74	144.70	1.79	1.25

续表

序号	品牌	协议总量（万箱）	交易量（万箱）	交易量同比增减（万箱）	交易量同比变动（±%）
13	泰　山	144.24	144.24	-27.00	-15.77
14	中　华	141.28	141.28	15.94	12.72
15	黄　山	122.61	122.38	-6.21	-4.83

资料来源：中烟商务物流有限责任公司

2014 年卷烟累计交易金额前 15 名品牌成交情况表（全国）

序号	品牌	协议总量（万箱）	交易金额（亿元）	金额同比增减（亿元）	金额同比变动（±%）
1	中　华	141.28	885.68	91.51	11.52
2	云　烟	375.90	685.04	59.62	9.53
3	芙蓉王	184.73	624.84	81.86	15.08
4	利　群	244.34	616.80	98.99	19.12
5	双喜·红双喜	417.87	597.25	12.14	2.07
6	黄鹤楼	178.22	517.87	42.68	8.98
7	玉　溪	164.63	509.96	55.42	12.19
8	白　沙	290.33	361.51	10.25	2.92
9	红塔山	300.67	343.25	10.91	3.28
10	南　京	170.70	319.82	55.92	21.19
11	黄金叶	198.99	318.75	16.03	5.29
12	黄　山	226.60	308.87	22.01	7.67
13	七匹狼	192.41	267.98	3.76	1.42
14	娇　子	158.24	260.23	19.77	8.22
15	苏　烟	64.03	240.04	17.39	7.81

资料来源：中烟商务物流有限责任公司

2014 年鼓励培育品牌成交情况表（全国）

序号	品牌	协议总量（万箱）	交易量（万箱）	交易量同比增减（万箱）	交易量同比变动（±%）	占总量比重（%）	占省际交易比重（%）	交易金额（亿元）
1	红金龙	134.60	133.51	-70.76	-34.64	2.65	35.44	110.88

续表

序号	品牌	协议总量（万箱）	交易量（万箱）	交易量同比增减（万箱）	交易量同比变动（±%）	占总量比重（%）	占省际交易比重（%）	交易金额（亿元）
2	红 河	120.70	120.70	-29.17	-19.46	2.39	72.60	134.67
3	兰 州	83.24	83.24	4.25	5.38	1.65	41.13	112.98
4	钻 石	81.55	81.49	-15.25	-15.77	1.62	24.61	78.38
5	长白山	76.62	76.58	0.17	0.22	1.52	72.53	100.08
6	贵 烟	68.00	68.00	8.44	14.17	1.35	16.16	170.14
7	真 龙	58.58	58.53	5.87	11.14	1.16	15.05	81.60
8	金 圣	42.31	41.90	0.59	1.44	0.83	23.06	69.37
9	好 猫	38.60	38.60	7.07	22.43	0.77	10.51	62.81
10	中南海	30.45	30.45	-6.37	-17.30	0.60	64.11	43.15
11	都 宝	11.40	11.40	3.57	45.54	0.23	99.57	4.93
12	金 桥	3.65	3.65	-0.31	-7.72	0.07	90.42	3.52

资料来源：中烟商务物流有限责任公司

2014 年全国细支烟品牌产销情况表

品 牌	规格数量	产量（亿支）	产量同比变化（%）	销量（亿支）	销量同比变化（%）
南 京	6	14.959	77.18	13.816	68.61
黄鹤楼	6	8.590	92.34	7.811	116.8
泰 山	4	3.054	124.54	2.844	159.18
红金龙	2	1.242	342.63	1.094	317.54
娇 子	4	0.603	17.16	0.650	212.85
钻 石	3	0.555	21.26	0.544	30.26
黄金叶	1	0.746	—	0.494	—
苏 烟	1	0.206	282.68	0.169	269.27
长白山	1	0.298	—	0.130	—
黄 山	1	0.178	—	0.111	—
利 群	1	0.157	—	0.067	—
真 龙	2	0.090	—	0.066	—

续表

品　牌	规格数量	产量（亿支）	产量同比变化（%）	销量（亿支）	销量同比变化（%）
好　猫	1	0.070	—	0.050	—
兰　州	1	0.071	—	0.048	—
双喜·红双喜	1	0.039	—	0.022	—
都　宝	1	0.034	—	0.013	—
云　烟	1	0.086	—	0.009	—
白　沙	1	0.009	—	0.001	—
梦　都	1		—	0.001	-58.78
金　圣	—	0.016	—	—	—
合　计	39	31.001	99.01	27.939	102.02

资料来源：国家烟草专卖局烟草经济信息中心

2014 年全国烟草行业卷烟出口情况统计

排　名	公司名称	数量（万支/件）	出口总量占比（%）	同比增幅（%）
1	中国烟草上海进出口有限责任公司	660069.00	25.88	15.23
2	云南烟草国际有限公司	524096.00	20.54	3.93
3	浙江中烟工业有限责任公司	378450.00	14.84	-23.55
4	中国烟草山东进出口有限责任公司	353989.00	13.88	61.16
5	湖南中烟工业有限责任公司	248350.00	9.74	19.97
6	湖北中烟工业有限责任公司	133567.50	5.24	-20.75
7	河南中烟工业有限责任公司	124040.00	4.86	62.11
8	深圳烟草进出口有限公司	84910.00	3.33	-58.18
9	福建中烟工业有限责任公司	22318.00	0.87	-41.60
10	贵州中烟工业有限责任公司	7770.00	0.30	76.59
11	中国烟草广东进出口有限公司	6350.00	0.25	-76.95
12	中国烟草辽宁进出口公司	4200.00	0.16	-89.45
13	川渝中烟工业有限责任公司	2028.24	0.08	15.97
14	新疆烟草进出口有限责任公司	830.00	0.03	-
总计		2550967.70		-0.30

资料来源：中国烟草国际有限公司

新闻宣传

行业新闻宣传管理

【行业媒体要做到“四个主动作为”】 2014年8月，《中国烟草》杂志社有限公司2014年工作座谈会在北京召开。会议传达国家局副局长杨培森的书面讲话。杨培森副局长就如何做好行业新闻舆论工作时指出，要认真学习领会、全面贯彻落实习近平总书记关于新闻舆论工作的重要讲话精神，切实做到“四个主动作为”。

一是增强政治意识，在掌握新闻舆论工作话语权上主动作为。烟草行业组建30多年来，新闻舆论等意识形态工作在凝聚人心、鼓舞士气、推动发展等方面发挥强大的引领作用。当前，烟草行业面临着新的形势和任务，环境多变，任务艰巨。要进一步统一员工思想、凝聚改革共识，举全行业之力实践“三大课题”、提升“五个形象”；进一步理直气壮地开展行业宣传，树立正面的社会形象，这些都给行业新闻舆论工作提出新的要求和挑战。越是变革时刻，越要坚守思想阵地；越是思想多变，越要加强思想宣传。要充分认清新形势下烟草新闻舆论工作面临的复杂性、紧迫性和重要性，增强做好新闻舆论工作的使命感和责任感。各级党组织要负起政治责任和领导责任，加强对新闻舆论工作的领导，加强统筹指导，加强分析研判。各单位主要负责同志要带头抓新闻舆论工作，带头阅看行业主要媒体，带头把住本地区本部门媒体导向。要树立大宣传的工作理念，动员各方力量参与其中，形成强大合力。

做好意识形态工作，新闻宣传部门承担着十分重要的使命，必须坚持政治家办报、办刊、办网。要加强马克思主义新闻观的学习，加强习近平总书记系列重要讲话精神的学习，坚定理想信念，筑牢思想根基，努力做到真、深、实。要树立担当精神，牢牢掌握新闻舆论工作的话语权，把好方向关、质量关，守好行业新闻舆论工作的主渠道、主阵地。

二是增强导向意识，在营造更加良好舆论环境上主动作为。新闻舆论工作的重要任务是巩固壮大积极健康向上的主流舆论。行业新闻宣传要深入贯彻落实党的十八大和十八届二中、三中全会精神，贯彻习近平总书记系列重要讲话精神，贯彻全国宣传思想工作会议精神，弘扬主旋律，传播正能量，激发全行业团结奋进的强大力量，为行业改革发展提供强大精神动力和舆论支持。坚持团结稳定鼓劲、正面宣传为主的方针，把握好主题主线，把握好导向基调，按照凌成兴局长提出的两个“认真执行”和三个“理直气壮”的要求，多做统一思想、凝聚力量的工作，多做团结鼓劲、振奋精神的工作。要敢于“走出去”，积极与国内主流媒体合作，加强对外宣传报道，讲述好烟草故事，传播好烟草声音，引导社会更全面客观地认识烟草行业。要进一步改进文风，提高正面宣传的质量和水平。要把握好舆论引导的时、度、效，找准与员工的共鸣点，有效引导热点问题。要发挥主流媒体言论优势，针对重大思想理论问题提供高人一筹的分析和观点，打造思想高地；对错误思想观点要敢于亮剑，划清是非界限，澄清模糊认识。要进一步增强思想自觉，大力培育和弘扬社会主义核心价值观，努力做到潜移默化、润物无声，引领社会风尚，推进文化建设，注重实际效果。

三是增强创新意识，在适应新兴媒体变化上主动作为。现代信息技术的迅猛发展，带来媒体格局的深刻调整和舆论生态的重大变化。做好新闻舆论工作比以往任何时候都更加需要增强创新意识，保持思想的敏锐性和开放度，努力以思想新飞跃打开工作新局面。在全媒体时代，为了更好地履行职责，传统媒体要坚持精益求精，注重改进创新。要遵循新闻传播规律和新兴媒体发展规律，强化互联网思维，坚持传统媒体和新兴媒体优势互补、一体发展，坚持先进技术为支撑、内容建设为根本，推动传统媒体和新兴媒体的深度融合。一方面内容品质上追求专业权威，深耕信息内容，推出有分量的深度报道和评论言论，增强信息内容的核心竞争力。另一方面在传播方式上实现多渠道、多平台展示，优化阅读体验，呈现新风格、新气象。要把网上舆论工作作为重要工作来抓，改进网上宣传，关注网络舆情，形成网上正面舆论强势。

四是增强大局意识，在提升行业媒体影响力上主动作为。良好的舆论环境对于行业发展至关重要。烟草行业作为一个特殊行业，始终倍受社会舆论关注。《中国烟草》杂志等行业主流媒体已经成为传递烟草行业正面声音的重要渠道，成为业内外人士深入了解烟草行业的重要窗口。国家局始终高度重视杂志社等行业主流媒体的发展。行业各单位要站在讲政治的高度，站在维护行业形象，促进行业改革，关乎杂志社有限公司发展的高度，切实支持杂志社的发行、协办等经营工作。各单位要及早布置，及早制定预算，将发行工作作为加强本单位思想政治建设和文化建设的重要内容，作为服务零售客户和烟农的重要内容。

【对行业媒体新闻宣传工作的指导、协调和把关】

2014年，行业贯彻党的新闻宣传路线方针政策和国家局党组的工作部署，认真贯彻执行凌成兴局长关于行业新闻宣传两个“认真执行”和三个“理直气壮”的重要指示，行业新闻宣传管理部门加强对行业媒体新闻宣传工作的指导、协调和把关。

严格执行"改进新闻报道"规定。继续严格执行中央"八项规定"，特别是关于改进新闻报道的规定。按照国家局领导同志新闻报道内容和规范，严格要求行业宣传机构认真落实，着力改进新闻报道方式。

指导行业内部宣传报道工作。根据国家局重点工作，发布每季度行业宣传报道重点4次，加强对行业媒体日常重要稿件的审查修改；重视行业史志编纂工作，完成对《中国烟草年鉴》的审稿；推进行业网站建设，结合行业实际开展政府信息公开工作。2014年，国家局门户网站主动公开信息近两万条。

做好对外新闻宣传报道工作。面向社会媒体和中国政府网站做好行业的重点对外报道工作，包括新闻发布和日常重点工作的社会媒体宣传报道。2014年，向中国政府网报送微博微信13条，中国政府网转载烟草新闻136条，向省、市及有关部委赠阅报纸9588份。此外，4月，《人民日报》、新华社、中央电视台等中央主流媒体现场采访报道国家局和海关总署在湛江联合公开销毁走私罚没烟的活动。12月，中共中央党校《学习时报》访谈凌成兴局长；《人民日报》社采访报道烟草行业水源工程建设。

做好舆情监测引导处置工作。做好各类舆情应对工作，协调有关部门、单位和媒体，及时处理行业舆情危机12起。

加强新闻宣传和舆情培训工作。7月，国家局办公室组织行业新闻宣传和舆情管理培训班，对全行业各直属单位办公室负责人及工作人员进行为期2天的培训。加强行业直属单位队伍建设，有效应对和处置网络舆情。

法规政策研讨。国家局办公室会同法规司、烟草学会等组织开展《中华人民共和国广告法（修订草案）（征求意见稿）》研讨会，就《公共场所控制吸烟条例（送审稿）》认真组织研究，提出意见建议。

【行业新闻宣传报道重点】 2014年是行业全面贯彻落实党的十八届三中全会精神的开局之年，也是进一步思考谋划实践"三大课题"、开创行业改革发展新局面的关键一年。在新闻宣传方面，国家局根据重点工作，确定每季度的宣传报道的重点。

第一季度新闻宣传报道重点包括：继续深入宣传行业全面贯彻落实党的十八大、十八届三中全会精神和中央经济工作会议精神的情况；2014年全国烟草工作会议的报道；加强对行业各单位思考谋划实践行业改革发展"三大课题"中的创新思路和先进做法的宣传报道；继续抓好党的群众路线教育实践活动的宣传报道；加强对元旦、春节等节日期间市场营销和专卖管理工作的宣传报道；烟区春季烟叶生产的宣传报道；进一步加大对"走出去"发展战略的宣传报道等。

第二季度新闻宣传报道重点主要有：深入宣传贯彻党的十八届三中全会精神和全国"两会"精神，不断加强对行业深化改革的宣传报道；继续做好行业各单位贯彻落实全国烟草工作会议精神的宣传报道；行业第二批党的群众路线教育实践活动的宣传报道；培育和践行社会主义核心价值观，加强对行业良好风气的宣传；密切关注专卖管理工作，尤其要加强对行业治理卷烟非法流通、加强内部监管工作的宣传报道；聚焦行业精益管理工作，加大宣传报道力度等。

第三季度新闻宣传报道重点有：关注行业重点卷烟品牌的培育和发展，保持良好市场状态和经济运行状态；继续扎实深入做好行业第二批党的群众路线教育实践活动的宣传报道；做好现代烟草农业建设、烟叶优化结构工作的报道，确保烟叶生产平稳发展；聚焦科技重大专项最新成果，推动行业科技进步，树立行业科学发展形象；关注现代物流建设，打造科技物流、精益物流、人本物流等。

第四季度新闻宣传报道重点有：抓好行业党的群众路线教育实践活动后续报道，继续宣传行业践行群众路线、加强作风建设的好做法、好成效；党的十八届四中全会的学习宣传工作，围绕法治烟草主题进行深入、系统报道；聚焦营销模式市场化取向改革试点工作，宣传成效、交流经验，为改革进一步深化推进营造良好氛围；关注行业重点水源工程项目，发出好声音、传递正能量，树立烟草行业良好形象；进一步加大对卷烟营销工作的报道力度，为提升卷烟营销水平、实现"两个万亿"目标提供舆论支撑；进一步加大对"走出去"发展战略的宣传报道等。

主要报刊

【《中国烟草》杂志】 概况。《中国烟草》杂志的前身为《中国烟草工作》，创刊于1985年。1997年1月起更名为《中国烟草》。1999年起由月刊改为半月刊，2001年分为综合版和经济版。2003年按照中央宣传部门的决定，《中国烟草》杂志实行"管办分离"的管理体制，刊物明确由国家烟草专卖局主管，中国烟草杂志社主办。刊物以"坚持正确导向、服务烟草行业、探索改革思路、贴近职工生活"为办刊宗旨，坚持正确舆论导向，围绕中心，服务大局，坚持"三贴近"原则，全面、准确、及时、深入地宣传阐释国家局党组的方针任务和工作部署，组织采写专题报道和重要文章，充分发挥“喉舌、窗口、园地”作用，为行业改革发展营造良好舆论氛围。2014 年，《中国烟草》杂志的征订量达到5.7 万份，同比增长9.6%，连续15 年保持稳定增长。

围绕着国家局党组的中心工作完成宣传报道。2014 年，《中国烟草》杂志紧紧围绕着国家局党组的中心工作，积极发挥行业媒体主阵地、主渠道、排头兵的作用，利用“专题”“卷首”等栏目紧扣行业重点工作，及时宣传党的十八届二中、十八届三中、十八届四中全会，中央经济工作会议精神，群众路线教育实践活动，先后对谋划“三大课题”、全面提升“五个形象”、第二批党的群众路线教育实践活动、贯彻落实行业经济运行关键举措、千方百计增收节支、优化烟叶结构坚守红线、京津冀试水市场化取向改革以及行业抗击地震和旱灾、水灾等进行全方位深入报道。围绕2014 年全国烟草工作会议，杂志社组织力量制作专题报道《三大课题 五个形象 万亿目标》，及时传达宣传国家局党组的精神。专题见刊后得到凌成兴局长的充分肯定，指出：“《中国烟草》杂志第3 期浓墨重彩地宣传工作会议精神，封面标题很突出，《三大课题　五个形象　万亿目标》，写得很有分量，包括专题的五篇文章，我都看了，建议大家找来认真学习，我觉得这就是理直气壮地宣传。”

树立烟草行业负责任的社会形象。为加深社会对烟草专卖制度的认知和理解，营造良好的外部环境，《中国烟草》杂志理直气壮地宣传烟草专卖制度，树立烟草行业负责任的社会形象。在全国“两会”期间，围绕现代烟草农业建设新经验、新做法和新成绩，继续与《农民日报》合作，策划《惠农春风暖　致富不出村》《身份转型　流转生金》的专版报道，并送到“两会”代表和委员手中。报道被凤凰网、中国经济网等多家门户网站转载。

宣传烟草行业的先进典型。为激励人心、鼓舞士气，《中国烟草》杂志理直气壮地宣传烟草行业的先进典型。2014 年“五一国际劳动节”前夕，《中国烟草》第10 期推出“劳模光荣”专题和《弘扬劳模精神　凝聚前行力量》《行业砥柱　时代楷模》等文章，为推动行业完成“保八争十超万亿”年度目标提供舆论支撑。

改进作风开展“走、转、改”活动。在群众路线教育实践活动中深入开展“走、转、改”活动。针对《中国烟草》杂志社80 后编辑记者占大部分的特点，加强马克思主义新闻观和职业道德、职业素养的教育，组织编辑记者到零售店站柜台，深入卷烟厂车间班组、烟区的田间地头，以及地震、水灾等灾区现场了解基层、基层员工、零售客户和烟农的生产、生意和生活，采写一批如《复杂之年看开局》《咱和烟农唠唠嗑》等文风清新朴实的文章。

推出“专刊”服务行业。2014 年，杂志社先后为多家中烟工业公司量身定做“专刊”，收到较好的品牌宣传效果。围绕全行业第二批党的群众路线教育实践活动，制作增刊和音视频报道，宣传中央和国家局关于第二批党的群众路线教育实践活动的重大意义和总体要求，反映行业各级单位开展第二批教育实践活动的最新动态。

【《东方烟草报》】 概况。《东方烟草报》创刊于1992 年，是由山东省烟草专卖局主管，中国烟草总公司山东省公司主办，《东方烟草报》社有限公司出版发行，面向全国公开发行的烟草主流媒体。2014 年初由周五报调整为周六报，6 月份再调整为周七报，实现日报化出版。包括正刊、《金周刊》和《山东视窗》《中国烟机》《中烟物流》《现代卷烟营销》《烟草人家》《爱晚亭》等专刊、专版。《东方烟草报》全年发行量为21 万份，覆盖全国县级以上党政机关；《金周刊》发行量为118 万份。

2014 年，《东方烟草报》紧跟行业发展，从10 月开始，每周出版1 期专题策划特刊，先后推出“北京卷烟营销市场化取向改革”“烟草行业援建水源工程”等策划报道，提高报道深度。推进信息化和新媒体建设，发布官方微信公众号和《东方烟草报》二维码等，加大视频内容建设。

《东方烟草报·金周刊》。2014 年，《东方烟草报·金周刊》进行版面优化调整，注重策划的深度和广度，完善周刊策划提出、酝酿、执行和评价机制，将策划分为部门、小组、版面三个级别，提升策划运作水平。做好品牌专版，将品牌宣传融入各版稿件，提升品牌在零售客户中的影响力。提升零售客户在办报中的积极作用，更多零售客户和客户经理等营销人员参与到版面运作和策划执行。

《东方烟草报·山东视窗》。2005 年5 月创刊，由山东省烟草专卖局（公司）主办，《东方烟草报》社有限公司承办。2014 年，《东方烟草报·山东视窗》继续对版面和栏目进行创新，从5 月开始每周推出一个主题性专刊，每期围绕一个主题进行挖掘，推出“让烟基设施发挥长久效益”“关注精益生产”“烘烤之变”“关注土地流转”“核心价值观主题：凝聚人心的力量”“建设法治烟草，我们怎么做”“第一书记”等深度策划主题。

《东方烟草报·中烟物流》。2006 年创刊，由《东方烟草报》社有限公司主办，中烟商务物流有限责任公司协办。2014 年，《东方烟草报·中烟物流》专刊围绕卷烟包装箱循环利用、工商卷烟托盘联运、非法人实体化等行业物流中心工作组织策划报道。全年出版12 期，出版总期数104 期。

《东方烟草报·中烟物流》专刊注重策划的连续性、整体性，强化栏目创新和图片、图表等元素应用，推出“现代物流这十年”“聚焦非法人实体化”“探索中的烟草物联网”“打造烟草物流核心能力”等专题策划；关注社会物流发展趋势，刊发《走进供应链时代——浅析美国供应链的发展》等文章。注重突出报道一线工作，捕捉基层新闻点。在重要版面、重要位置突出刊发基层创新类的小故事，刊发反映基层真实工作情况的图片，让报道更接地气，反映行业物流发展，成为展示行业物流形象的窗口。

《东方烟草报·中国烟机》。2004年创刊，由《东方烟草报》社有限公司主办，中国烟草机械集团有限责任公司协办。2014年，围绕烟机企业转型调整、追赶烟机制造企业排头兵以及设备管理精益化等重点工作，《东方烟草报·中国烟机》专刊在一版开设“转型”栏目；突出报道烟机集团及各控股企业重点和亮点工作，理直气壮地宣传烟草行业的辉煌成就，推出“聚焦烟机装备自主化”“为了制丝关键设备自主化”等专题，展示烟机企业良好形象。开设“车间里的国产烟机”新栏目，着力报道用户眼中的国产烟机。新开“烟机往事”栏目，记录国产烟机的发展历程。“烟机人”版面先后推出“车间里的‘技术大拿’”“最美在一线”“成长路上师徒情”“QC小组在行动”等专题报道，讲述烟机企业员工工作和生活中的真实故事。

《东方烟草报·现代卷烟营销》。2010年创办，由《东方烟草报》社有限公司主办，中国卷烟销售公司协办。2014年，《东方烟草报·现代卷烟营销》立足专题策划，瞄准行业营销工作的前沿，提升策划的前瞻性和报道的深度。根据2013年全国卷烟营销网络建设会精神，现代卷烟营销要顺应时代发展，借鉴电商成功经验，提高现代终端建设的水平，推出“现代卷烟营销向电商学什么”选题。结合现代信息技术发展趋势，连续整版推出“大数据营销”系列选题，邀请行业营销战线干部职工展开讨论。围绕营销重点工作，先后推出“保持良好市场状态”“建设行业的现代终端”等专题策划。

《东方烟草报·爱晚亭》。2012年创刊，由《东方烟草报》社有限公司主办，国家离退休干部办公室协办。2014年，《东方烟草报·爱晚亭》一方面继续加强离退休人员通联队伍建设，努力培养一批具有较高水平的通讯员队伍；另一方面突出栏目设置和编辑水平，寻找老同志感兴趣的话题，增强互动性，提升专刊在行业老同志中的影响力。

《东方烟草报·烟草人家》。2009年创刊。2014年，《东方烟草报·烟草人家》突出“家”的味道，寻找社会热点与职工生活的契合点，通过常规稿件和“勤俭节约”“数字生活”“孝”等四版联动策划，增强贴近性、趣味性、故事性，传播健康文明的生活风尚。

【《中国烟草学报》】 *概况*。《中国烟草学报》（简称《学报》）由中国烟草学会主办，创刊于1992年，主要刊登国内有关烟草工业、农业、经济等方面的学术论文、研究报告、研究简报，以及反映国内外烟草科研进展、学术动态的综述文章，面向国内外公开发行。刊物主编是袁行思。2014年，《学报》编辑部按照中国科学技术协会、国家新闻出版广电总局、国家烟草专卖局有关要求，紧跟行业重大专项，注重论文原创，坚持标准化办刊，完成既定编辑出版任务。

办刊质量进一步提高。2014年，《中国烟草学报》完成6期（双月刊）编辑出版工作，在刊发论文中，行业战略性课题和重大专项类学术论文占80%以上。《学报》连续第二年被美国《工程索引》（EI）收录。经中国学术期刊影响因子年报统计显示，《学报》各项评价指标仍保持较高水平，办刊质量进一步提升，反映中国烟草行业整体科研水平和自主创新能力的迅速发展。

召开《学报》2014年编委会会议。为更好发挥《学报》学术交流平台作用，提高期刊质量，《学报》编辑部于2014年9月26日在浙江杭州召开2014年编委会会议，主要总结编辑部工作，讨论如何围绕行业中心工作，服务改革发展大局，进一步提高办刊水平。《学报》编委及论文作者代表40余人参加交流研讨。

开展《学术论文撰写基本要求》宣传贯彻工作。由《学报》编辑部等单位共同制定的《学术论文撰写基本要求》行业标准于2013年3月15日正式实施。为进一步提高行业学术论文撰写的严谨性、规范性，推动“标准”在科技工作者论文撰写中的应用，2014年7月，在河南郑州举办《学术论文撰写基本要求》培训班，对来自主要科研单位和工商企业科技人员进行学术论文撰写培训。

【《烟草科技》】 *概况*。《烟草科技》是国家烟草专卖局主管、中国烟草总公司郑州烟草研究院主办、中国烟草科技信息中心编辑出版的综合性烟草科学研究和技术开发类学术刊物，主要刊登烟草工业、农业及科技管理等方面的学术论文、研究报告、研究简报，以及反映国内外烟草科研进展、学术动态的综述等，国内外公开发行，是国家烟草专卖局指定的国际学术交流刊物。主编为中国工程院院士、郑州烟草研究院副院长谢剑平。创刊于1957年，刊名为《烟草科学通讯》，每年1卷4期，由中国烟草总公司郑州烟草研究院的前身——食品工业部烟草工业管理局烟草工业科学研究室创办，朱尊权任主编。1959年7月停刊。1971年复刊，刊名改为《烟草科技通讯》，一年一期，朱尊权任主编。1972年恢复为季刊。1981年，刊物更名为《烟草科技》。1987年改为双月刊，2000年改为月刊。

期刊影响力持续提升。2014年，《烟草科技》坚持“为我国两烟科研与生产服务”的办刊宗旨，出版发行12期杂志和1期英文版增刊，中文版共发表论文220篇。再次成为美国《工程索引》（EI）收录期刊和中国科技核心期刊，继续保持中文核心期刊、美国《化学文摘》《烟草文摘》收录期刊地位。期刊综合影响因子位居国内23种轻工业类期刊第一位，复合影响因子位居第二位，在技术研究类期刊中影响因子位居首位。

加大科技服务力度。继续加大对烟草行业工商企业以及行业外烟草相关单位的科技服务力度，举办多期科技论文写作培训，主动与企业联系，提供针对性更强的信息和技术咨询服务。

【《新烟草》杂志】 《新烟草》创刊于1986年，由中国烟草总公司主管，黑龙江省烟草公司、《中国烟草》杂志社有限公司主办。2013年7月，经新闻出版部门批准，《新烟草》杂志由原来的半月刊变更为旬刊，其中包括零售户版《新烟草》2期，现代烟草农业版《新烟草》1期。2014年，零售户版《新烟草》征订量达到11.4万份，同比增长25%；现代烟草农业版《新烟草》第一次面向行业征订，征订量达到1.8万份。

深化刊物在零售客户中的影响力。2014年，刊物已成为指导零售客户经营、助推卷烟零售终端建设、宣传卷烟重点品牌的重要平台。与重点工业企业的宣传合作进入新阶段，先后与湖南中烟、红云红河集团、江苏中烟、陕西中烟等单位合作，通过开设征文、专栏等形式，助推企业品牌发展。通过调整重点有特色的栏目，增强刊物的可读性、实用性、趣味性，其中，“老板侃台”栏目，《花小钱办大事》《蹲点日记：在零售店的一天》《店无信不兴》等文章，以及走进“泰山”“芙蓉王”“利群”等活动，受到读者好评，增强刊物在行业工商业和零售客户中的影响力。

重视加强行业烟叶产区的报道。2014年，刊物在各烟叶产区的协助下，紧贴国家局烟叶政策，关注热点话题，关注烟农的生产和生活，反映大烟区的亮点和经验，《严控面积，坚守红线》《留下来种烟还是外出打工》等专题报道获关注，在服务现代烟草农业建设上取得新成绩。

【《烟草企业文化》】 《烟草企业文化》由中国烟草职工思想政治工作研究会、《中国烟草》杂志社有限公司编印，面向烟草行业各直属单位发送，是中国烟草思想政治工作研究会的会刊。2014年，《烟草企业文化》抓住国家局、总公司的宣传报道重点和行业政工部门的重点工作，从作风建设、群众路线教育实践活动、党风廉政建设及反腐败、焦裕禄精神、劳模精神、培养及选拔行业优秀干部的角度发声，取得很好的宣传效果。

网络媒体

【国家局行业网站】 2014年，行业网站贯彻行业宣传坚持“两个认真执行、三个理直气壮”的要求，围绕中心、服务大局，加强新闻宣传和舆论引导，做好政务、信息公开，拓宽对烟农、零售客户、消费者的服务渠道，提高网站服务能力，较好地发挥“窗口、喉舌、园地”作用，为推进行业工作营造良好的舆论氛围。2014年，国家局内网访问量达320万人次，外网访问量达150万人次；内网发布烟草新闻、专题专栏等各类信息1.1万条，其中136条政务信息被中央政府门户网站采用。

网站内容保障。行业各级网站把做好内容保障作为重要工作，利用专栏、专题两种形式，在做好新闻报道的同时，制作一批受欢迎的网络专题，并做好信息公开，及时回应重大社会关切。

围绕重点加强新闻报道。2014年，国家局网站围绕党的群众路线教育实践活动、行业治理卷烟非法流通、精益管理、重点卷烟品牌培育、烟叶优化结构、科技重大专项、现代物流建设、营销模式市场化取向改革等重点工作加大宣传报道力度，为行业“保八争十超万亿”年度目标任务提供舆论支撑。

网络专题立足实际。配合行业中心工作的开展和各部门的业务需求，2014年，国家局网站推出“党的第二批群众路线教育实践活动”“2014年烟草工作会议”“履行《烟草控制框架公约》”等6个网络专题，发布稿件2754条。同时，行业各单位在内部网站上推出形式多样、内容丰富的专题，服务行业中心工作和重点工作的开展。

及时回应社会关切。2014年，国家局网站配合行业控烟履约、烟草税费改革等工作的推进，在内外网同步发布《关于“脏烟灰缸奖”的说明》《我国烟草税费占零售价格比例超过世界平均水平》《依法控烟履约提升行业形象——访国家局办公室（外事司）新闻宣传负责人》《上半年烟草税利达5795.4亿元》《深化改革　保持税利平稳增长——

国家烟草专卖局局长凌成兴答〈学习时报〉记者问》等多篇解读性和报道性文章，就公众关切及时发声。行业各单位内外网站积极转发，较好地发挥网站作为信息公开第一平台的重要作用。

推进信息公开。行业各级外网围绕政务动态、政策文件、行业工程招投标公告、人员招聘等开展信息公开工作。2014 年，国家局外网发布招投标信息 1144 条，人员招聘信息及其他信息 62 条，信息来源覆盖各级烟草单位和多元化企业，公布数量比 2013 年有大幅增长。

网站建设管理。行业大部分单位重视网站建设，截至年底，全行业有 45 家省级单位建设开通外网，49 家单位开通内网。

以评促建带动网站建设。从 2010 年开始，国家局建立网站信息内容建设年度考核评估和督查机制，分类对各单位网站建设管理工作进行考核评估。2014 年是第四次考评，从考评结果整体上看，行业各单位对网站工作的重视程度逐年提高。

做好网站升级改版。2014 年，上海烟草集团、江西省局（公司）、大连市局（公司）等多家单位进行内外网升级改版；河南省局（公司）、贵州省局（公司）等单位优化在线投稿系统。部分单位将新技术、新手段应用于网站升级改版，探索移动客户端的应用，建设移动办公系统。

强化网站安全。2014 年，全行业开展网站安全管理情况自查工作。从自查情况看，已开通外网的 45 家单位均按要求完成网站备案。各单位在网站内容管理方面，开展网站信息内容自查工作，对可能存在泄密失密的信息进行清理；加强网站链接管理，行业各单位基本上都未链接非党政机关网站和非行业网站，网站链接有效并适用；重新疏理网站内容发布制度，有 43 家单位建立审核审查记录档案；加强网站应用安全管理方面，有 42 家单位做到网站开通前进行安全测评，新增栏目、功能时进行安全评估。

网站队伍建设。充实队伍绩效考核，行业各单位配备 1 名以上的专兼职人员负责网站内容保障工作，制定月度、年度信息报送工作目标，以稿件报送数量、采用数量和写作质量为考核指标，采用积分制进行绩效考核。加强培训持证上岗，注重对通讯员队伍的业务能力培养，从 2011 年开始，国家局每年举办网络编辑员国家职业资格培训班，推动网站编辑持证上岗。截至年底，行业大部分省级单位的通讯员参加职业资格培训并获得证书，资质认证工作向市级局和卷烟生产企业等基层单位进一步延伸。

【中国烟草资讯网】 加强宣传报道。2014 年，中国烟草资讯网根据国家局党组重大部署和工作要求开展宣传报道。发挥网络宣传及时快速的特点，做好 2014 年全国烟草行业工作会议，第六届全国烟草行业先进集体、劳动模范表彰会议，行业开展第二批党的群众路线教育活动等网络报道。提升专题的深度、精度和广度，结合行业宣传工作“三个理直气壮”的要求，发布《我国烟草税费占零售价格比例超世界平均水平》《“广泛禁止”烟草广告符合实际建议表述不变》《依法控烟履约　提升行业形象——访国家局办公室（外事司）新闻宣传负责人》等相关文章；与中国烟草博物馆协作，对博物馆开馆十周年进行网络专题报道；结合烟基工程建设十周年，制作“烟基惠民助致富”网络专题等。

2014 年，发布各类信息 1.2 万余条，页面总浏览量为 6000 余万次，点击总量 1.2 亿次，访问量为 500 余万人次，日均点击量为 50 万次，日均访问人数 1.3 万人。

新媒体平台建设。加强中国烟草资讯网新媒体平台建设，推进传统媒体和新兴媒体的融合，促进纸媒深度文章、网媒综合性文章、视听新闻产品三者实现有机结合。加快中国烟草资讯网及杂志审稿系统升级改版、舆情系统和移动媒体平台建设。推出“视频”等新媒体项目，2014 年，结合行业宣传报道重点，编辑发布《2014 年全国烟草工作会议在北京召开》《行业群众路线教育活动总结暨部署会议召开》等 6 个视频新闻，每条都被国家局内网采用。创新宣传报道方式，开展烟草行业公益榜样网络投票活动，截至年底，发布 38 个烟草行业公益榜样的事迹，投票数量累计达到 4 万余人次。

志书编纂①

行业志书编纂

【《中国烟草年鉴》】 《中国烟草年鉴》是由国家烟草专卖局组织编纂，全面反映中国烟草行业改革和发展情况以及所属各企业发展概貌的专业性、权威性行业综合年鉴。《中国烟草年鉴》自 1996 年创刊以来，已先后编纂出版

① 本分目除不完全收录 2014 年烟草行业志书编纂情况外，并回溯部分省级公司历年来的志书编纂情况。

1991—1995 年、1981—1990 年、1996—1997 年、1998—1999 年、2000 年、2001 年、2002 年、2003 年、2004 年、2005 年、2006 年、2007 年、2008 年、2009 年、2010 年、2011—2012 年、2013 年卷等 17 期。从《中国烟草年鉴》2004 年卷起，由国家局《中国烟草》杂志社有限公司《中国烟草年鉴》编辑部具体负责年鉴的编辑工作。

2014 年 3 月，《中国烟草年鉴》组稿工作会议在北京召开。截至年底，《中国烟草年鉴 2014》（第 18 期）编辑完成，主要收录 2013 年全国烟草行业发展的主要工作情况。设有特载，领导讲话，行业概览，群众路线教育，国家烟草专卖局、中国烟草总公司机构，省级局（公司），工业企业，科研和教育机构，经济统计，文化建设，公益活动，控烟履约，大事记，文件选编，附录，索引共计 16 个栏目。

新增《群众路线教育》栏目，介绍 2013 年国家局机关及全国烟草行业第一批开展党的群众路线教育实践活动情况。新增《控烟履约》栏目，介绍 2013 年我国制订的关于控烟履约相关法律、法规，并对 2013 年行业控烟履约工作开展情况进行全面介绍，同时对历年来行业控烟履约工作进行回顾。各栏目内容充实，信息量大，突出资料的权威性、延续性，反映行业改革发展的历程。以彩图配合相关栏目，生动、直观、全面地反映行业各方面发展情况。

【《烟草史话》】 2014 年 7 月，“十二五”国家重点图书出版规划项目《中国史话》系列丛书《烟草史话》卷由社会科学文献出版社出版发行。《烟草史话》由国家局局长凌成兴任编委会主任并为其出版发行作序，《中国烟草》杂志社有限公司组织 20 余名编辑记者承担具体编写工作。该书从世界烟草的起源追溯，全面反映烟草在中国的发展演进史，梳理烟草行业历史文化精髓，宣传烟草行业取得的成就，对维护行业形象，传递行业正能量起到积极作用。

行业部分省级公司志书编纂

【《北京烟草志》】 1991 年，北京烟草专卖局（公司）在北京市局（公司）办公室下成立北京烟草志办公室，开始编纂《北京烟草志》。全书设 7 章，27 余万字，记述了北京烟草，特别是北京市烟草专卖局（公司）从 1984—1994 年的变革和业务发展情况。

推进《北京烟草志》（1996—2010）的编纂工作，由北京烟草学会组织编纂，记述 1996—2010 年间北京烟草行业发展历程。截至 2014 年底，完成志书的部分内容整理。

【《北京志·商业卷·烟草商业志》】 2001 年，根据《关于地方志编纂工作的规定》，北京烟草专卖局（公司）决定推进烟草志的编纂工作。在北京烟草学会下设北京烟草商业志办公室，各区、县分局办公室内设烟草志办公室。该志于 2006 年 1 月完成终审稿，2 月报送北京市地方志编纂委员会终审，并于 2009 年 12 月出版。全书收录了自烟草明末传入中国，至 1995 年的北京烟草的发展历程，内容包括烟草专卖、烟草制品、烟草流通、科技与教育、机构与队伍以及烟草文化与禁控烟措施。全书共 6 篇 15 章 43 节，30 余万字，91 幅插图。

【《河北烟草志》】 由河北省烟草专卖局（公司）组织编纂，于 2001—2007 年编纂完成，2008 年 8 月出版，是一部综合记述河北烟草发展史的专著。全书收录了上限追溯到明朝末年，下限至 2003 年（部分延伸到 2005 年）共 400 余年的河北烟草发展历程，内容包括全省烟草种植、加工、经营、专卖、税收、管理、科技、烟事文化等。全书共 9 篇 36 章 128 节，140 余万字，400 幅插图。

【《山西烟草志》】 由《山西烟草志》编撰委员会组织编写，于 2004 年由中华书局正式出版。全书记录了上限至烟草种植引入山西之时，下限至 2000 年山西烟草的发展历程。推进《山西烟草志（2000—2010 年）》的编写，截至 2014 年底，处于编纂进程中。

【《辽宁烟草志》】 由辽宁省烟草专卖局（公司）组织编撰，于 2006 年 4 月由白山出版社出版，系统记载了辽宁烟草行业发展历史。该志力溯辽宁烟草的发端，上限为 1908 年并适当追溯至明末清初，下限为 2003 年，客观记述了自明末清初以来 400 余年间辽宁烟草的历史，并着重对烟草业自 1983 年开始实施统一领导、垂直管理、专卖专营以来 20 余年间辽宁烟草发展的经历进行了撰写。该志由概述、正文、附录、大事记等组成，以概述和大事记总揽全书，共分烟叶、卷烟工业、卷烟经营、专卖、财务审计与烟税、科技教育、人事劳资、党建监察与政工、烟事文化等 9 篇，共计 135 万字。

【《辽宁烟草志图鉴》】 由辽宁省烟草专卖局（公司）组织编撰，于 2006 年 4 月由白山出版社出版，作为《辽宁烟草志》的副本出版，是《辽宁烟草志》的重要补充和完善。该图鉴分文献史料撷萃、领导关怀剪影、行业活动寻踪、烟叶生产浏览、卷烟工业回顾、烟画广告欣赏、烟标艺术展示、印章票证集锦、烟事文化观瞻等九部分，共收集图片 1106 篇，反映事实的时间跨度为明末清初至 2006 年。

【《黑龙江烟草志》】 由黑龙江省烟草专卖局（公司）

组织编纂，于1987—1990年编纂完成，1990年12月出版，是一部综合记述黑龙江烟草发展史的专著。全书收录了上限追溯到清朝初年，下限至1985年末（部分延伸到1990年）共200余年的黑龙江烟草发展历程，内容包括全省烟草专卖、种植、经营、加工、科技等。全书共4章13节，26余万字，25幅插图。

【《黑龙江烟草通志丛书》】 由黑龙江省烟草专卖局（公司）组织编纂，于2000—2003年编纂完成，2003年10月出版，是一部综合记述黑龙江烟草发展史的专著。全书收录了上限至清朝初年，下限至2002年7月，共200余年的黑龙江烟草发展历程，内容包括全省烟叶种植、卷烟工业、卷烟营销、烟草物资、进出口贸易、专卖管理、财务管理、审计监督、科教研发、组织人事、精神文明、纪检监察、安全保卫等。全书共26册67篇474章1412节，829.3万余字，1793幅插图。

【《浙江省烟草志》】 《浙江省烟草志》分为两卷，第一卷记载明嘉靖年间烟草传入浙江至1990年的历史状况，第二卷记载1991—2010年间烟草在浙江的发展状况。

1989年，浙江省烟草专卖局（公司）成立编纂委员会，编纂《浙江省烟草志》第一卷。第一卷分为烟叶、烟丝·雪茄烟、卷烟（生产）、卷烟（流通）、烟机·辅料、科技、专卖、管理、文化共9编。编前有序、凡例、概述、大事记和图照。1995年12月由浙江人民出版社出版，全书共98万字。

2010年，浙江省烟草专卖局（公司）、浙江中烟工业有限责任公司成立编纂委员会和编纂办公室，编纂《浙江省烟草志（1991—2010）》。该志书分为烟叶、卷烟生产、卷烟流通、烟草专卖、科学技术、管理、文化与教育共7编。编前有序、凡例、概述、大事记和图照，编后有附录［先进集体、个人名录，重要文献资料辑录，烟机，烟丝，市级烟草专卖局（公司）简介］。2014年，通过终审并确定由浙江古籍出版社出版发行。全书共90万字，附图照240余幅。

【《安徽省志·烟草志（1996—2010）》】 该志书是《安徽省志》组成部分之一，由安徽省烟草专卖局（公司）和安徽中烟工业有限责任公司合编。截至年底，形成送审稿并报送安徽省地方志办公室评审。

【《福建省志·烟草志》】 《福建省志·烟草志》分为1993版和2008版。《福建省志·烟草志（1993版）》于1993年开始编撰，1995年由方志出版社正式印刷出版，记载明代万历年间至1993年福建烟草发展历史，约60万字。全书由序、述、记、志、图、表、录等部分组成，内容分为烟草种植、烟丝加工、卷烟工业、烟草经营、烟草专卖、科技与教育、烟政管理等7章。《福建省志·烟草志（2008版）》于2006年启动，2010年进入审定修改阶段，记载20世纪90年代至2008年福建烟草行业的历史发展和现状，约130万字。内容分为烟草种植区域与设施、烤烟生产与销售、卷烟生产、工业企业重组、卷烟销售网络、品牌培育与价格管理、专卖管理、卷烟打假打私、烟草科技、信息化建设、企业管理、人事烟政、烟草文化等13章。

2014年，《福建省志·烟草志》编志办对书稿内容进行审定、修改，并报送福建省方志办审查。截至年底，福建省方志办统一招标并选定国家文献出版社为出版单位。

【《江西省志·江西省烟草志》】 《江西省志·江西省烟草志》是《江西省志》丛书的第23部分册，根据江西省地方志编纂委员会的统一部署，从1990年起，由江西省烟草专卖局（公司）组织编纂，并于1998年8月出版。该书上限追溯至明末，下限至1994年，个别事件延伸至1995年，记述江西烟草业自明末以来的发展变化的全过程。志书采用述、记、志、传、图、表、录等体裁，志首设概述，统领全志；志体横排门类，纵写史实，设章、节、目3个层次。共有烟草种植、烟草工业、烟草经营、烟草专卖、科技与教育、管理、文物等7章38节128目。辅文由序、凡例、大事记、附录和编后记组成。全书约50万字。

【《山东省烟草专卖局　中国烟草总公司山东省公司年鉴》】 由山东省烟草专卖局（公司）组织编纂，是全面反映山东省局（公司）系统改革和发展情况及所属各单位发展概貌的专业性年鉴。从2005年开始组织编纂，截至2014年底，编辑出版了2005年至2013年年鉴，共9卷。主要收录2005年以来山东省局（公司）发展的主要工作情况，设有领导讲话、重要文件、大事记、行业概览、地区烟草等10个栏目，并以图片配合相关栏目。自出版以来多次获奖，其中，2006卷获得山东省优秀年鉴综合特等奖、框架设计特等奖、条目编写特等奖、印刷装帧特等奖；2008卷被评为“齐鲁新方志奖”优秀年鉴；2010卷获得山东优秀年鉴综合一等奖、条目编写奖、印刷装帧奖；2012卷获得第五届山东省优秀年鉴一等奖。

【《河南省志·烟草分志》】 20世纪80年代，河南烟草行业开展烟草志的编修工作。第一届修志上限由烟草发端写起，下限至1987年。第二届修志于2000年启动，上限起自1978年，下限至2010年。2003年成立《河南省志·烟草分志》编纂委员会，2005年完成《河南省志·烟草分志》《河南省志·人物篇》（烟草行业）的编撰任务，约33万字，并呈送河南省地方史志办公室。

修志过程中，河南省烟草行业除为省、市、县三级志书提供烟草分志资料外，先后编修出版《郏县烟草志》《叶县烟草志》《汝州市烟草志》《平顶山烟草志》《漯河烟草志》《南阳烟草志》《驻马店卷烟厂志》《许昌烟草志》《襄城烟草志》《许昌县烟草志》《新郑烟厂志》《安阳卷烟厂志》《洛阳卷烟厂志》《郑州卷烟厂志》和《许昌卷烟厂志》等。

【《河南烟草志》】 2007年，河南省烟草专卖局（公司）、河南中烟工业公司成立编纂领导小组及编纂委员会，开始《河南烟草志》编辑工作。2011年底，完成《河南烟草志》评审稿。2014年，完成《河南烟草志》终审评议工作。

【《湖北省烟草志丛书》】 该丛书的编纂工作始于2001年，于2007年全部付梓，采用“三级同步”模式，由湖北省、市、县行业三级同步修志，分为省志、市（州）志、烟厂志、县（市）志级别，共有《湖北省烟草志》（上、下）《武汉市烟草志》（上、下）《黄冈市烟草志》《襄樊市烟草志》《荆州市烟草志》《湖北省烟草科研所志》《襄樊卷烟厂志》《红安卷烟厂志》《竹山县烟草志》《郧西县烟草志》等100本，丛书共计6000余万字。

《湖北省烟草志》编纂工作始于2001年，由湖北省烟草专卖局（公司）、湖北中烟工业公司共同组织完成，于2007年付梓。上溯行业发端，下限2003年底，少数事项适当下延。全面记述了湖北省烟草行业发展历程。主文由烟叶，丝烟、雪茄烟、手工卷烟，卷烟工业，卷烟经营，卷烟辅助材料、卷烟机械，进出口贸易·中外（境外）交流与合作，烟草专卖，烟税，财务、审计，科技教育，综合管理，组织机构，党群工作、精神文明建设，烟草文化等14个门类，以及大事记、概述、人物组成，辅文由3篇序言及凡例、附录、后记组成，共183万字。

【《广西通志·烟草志》】 2000年，广西壮族自治区政府启动广西第二轮三级地方修志，《广西通志·烟草志》被列为自治区必修的88部专志之一，广西壮族自治区烟草专卖局（公司）于2001年启动编纂工作。2009年，《广西通志·烟草志》通过自治区地方志编纂委员会办公室评审并出版发行。

【《广西烟草行业志》】 2003年，广西壮族自治区局（公司）决定编写《广西烟草行业志》，要求所属各地市级局（公司）、卷烟厂编写部门志书。2009年，行业志中的《广西烟草志》《桂林烟草志》《柳州烟草志》《贵港烟草志》等4部志书同时付梓。截至2014年3月，其余11部志书全部印刷。《广西烟草行业志》有15部志书，共925万字，记述时限从明嘉靖年间到2003年，上下将近500年历史。

【《海南省志·海南省烟草志》】 《海南省志·海南省烟草志》是《海南省志》丛书的第7卷，根据海南省地方志办公室的统一安排，从2001年起，由海南省烟草专卖局（公司）组织编纂，并于2009年9月出版。该书上限追溯至明万历四十三年（公元1615年），下限至2005年，个别事件适当下延，人事任免时间延续到2006年，记述海南烟草业自1615年以来300余年的发展历程。志书采用语体文，记述体，运用述、记、图、表、录等体裁，以志为主。志首设概述，统领全志；设编、章、节3个层次，共有烟叶，烟草工业，卷烟经营，专卖管理，进出口贸易、合资合作与第三产业，财务与审计，组织机构、人事与党建，科技教育，烟草文化等9编26章75节。辅文由序、凡例、附录（大事记、重要文献辑存）和编后记组成。全书约47万字。

【《云南中烟年鉴》】 由云南中烟工业有限责任公司组织编纂，全面反映云南中烟重要改革发展情况，以及所属单位发展概貌的专业性、权威性年鉴，旨在为行业内部人士及社会各界全面了解、研究云南烟草工业提供基础材料和基本线索。云南中烟从2012年起启动年鉴编纂工作，截至2014年底，共编印3卷年鉴（反映2011年至2013年内容一年一卷），每卷约80万字。

博物馆、展馆建设

中国烟草博物馆

【概　况】 中国烟草博物馆位于上海市长阳路，于2004年7月15日开馆，总投资1.8亿元。博物馆总建筑面积为9617平方米，其中占地面积为5511平方米，展示面积3500平方米。它是一家反映中国烟草发展历史、传承中国烟草文化的专业博物馆，是上海首个国家级行业博物馆。根据国家烟草专卖局的有关文件精神，中国烟草博物馆开馆后的日常管理纳入上海烟草集团有限责任公司统一管理。

中国烟草博物馆有烟草历程、烟草农业、烟草工业、烟草经贸、烟草管理、烟草文化、吸烟与控烟、新世纪等8个展馆，参观者可以通过大量珍贵的文物、文献、模型、场景、真人蜡像及照片、多媒体等形式，全面了解中国烟草的起源及各发展阶段的概况和特征，了解吸烟与控烟的发展历史及中国烟草行业在控烟与减害降焦等方面的情况。

【参观交流】 按照“让更多的人了解中国烟草”的办馆理念以及“服务大众、奉献社会”的服务理念，博物馆不断强化服务承诺，要求讲解员调整讲解内容的侧重点和层次感，展现出灵活的接待形式，开展多层次的讲解服务，针对不同观众做到“因人施讲”。通过开展经常性的讲解工作培训和讲解技巧练兵活动，提升博物馆的接待能力和讲解服务水平。2014 年，博物馆累计接待观众 1.38 万人次，观众满意率超过 97%。

2014 年，博物馆先后为山东中烟、广东中烟、上海烟草集团提供烟标 400 余张、品牌发展史料 100 余篇、解放初期老照片 10 余张，为《中国烟草》杂志、《东方烟草报》等行业媒体提供烟草历史资料，基本满足行业对烟草博物馆的需求，发挥博物馆资料中心的作用。

【展馆调整与征集保管】 在展馆调整方面，2014 年，中国烟草博物馆创新陈展方式，调整烟草历程馆入口处，通过“剧情化”和数字媒体展示手段，实现多展位的媒体联动，生动再现烟草起源的过程；对文化馆内的西洋镜展区进行设计更新，将原有呆板的西洋镜视频设计改成互动体验区。在基本陈列方面，不断更新展品内容，保持展馆内容常看常新。在烟草文化馆开辟烟标上的马文化展示区，并配以二维码辅助陈展；在新世纪馆内采用大画幅立体指标柱状图，展现了新世纪以来中国烟草行业税利指标实现情况；从故宫博物馆仿制国内首个官商合办北洋烟草龙球烟盒，在烟草历程馆特制独立展柜。

在文物征集方面，重启行业文物征集联络员制度，确定各省级烟草学会秘书长为博物馆的文物征集联络员，并制定藏品动态征集计划实施表。2014 年，博物馆共征集行业内的各类实物、资料文献达 19 批次 78 件。编制文物普查实施方案与三年规划，并于 11 月在河北省烟草专卖局（公司）、河北中烟工业有限责任公司通过实地普查，对规范、流程进行验证，为第一次全国烟草文物普查打下基础。启动藏品动态全景立体图像采集项目，完成第一批 200 件藏品图像采集工作。

【开馆十周年“七个一”活动】 2014 年是中国烟草博物馆开馆十周年。博物馆以“回眸·传承·展望”为主题，开展“七个一”系列活动，展示行业博物馆的形象。“开展一次为民服务活动”，以“5·18”国际博物馆日为契机，于 5 月 17 日举办面向市民的民间收藏品咨询活动和元代青花瓷器赏析讲座。“举办一次媒体采访活动”，6 月 5 日，邀请行业媒体代表，举办行业媒体采访活动。举办一次临展与巡展，以党建革命历程为主题，开展“烟标上的故事”精品烟标展；以少数民族烟俗为主题，开展 12 个少数民族烟俗与婚俗文化展。“举办一次学术交流会”，6 月 20 日，邀请市委宣传部、旅游委员会、文物局、文博专家、高校专家教授、相关博物馆代表，举办学术交流会。“办一次纪念活动”，7 月 10 日，举行文物藏品征集研讨作为开馆十周年的纪念活动。“编印一本专刊”，以总结十年建设历程及馆藏精品展示为主要内容，编印《中国烟草博物馆开馆十周年》纪念专刊。“组织一次对口交流”，围绕“馆藏品的征集方式及保管的手段和技术”，与中国航海博物馆开展专题交流活动。

省级公司展馆建设

【福建省烟草专卖局（公司）企业文化展馆】 福建省烟草专卖局（公司）企业文化展馆前身为 2003 年底福建烟草成立 20 周年所建设的福建烟草博物馆。2009 年动工重修，位于福建省烟草大厦五层。展馆由企业文化建设成果、企业文化探索与实践、企业文化活动纪实、企业风情风貌、党政领导关怀、企业文化历史文化古迹等 6 个部分组成。

【山东省烟草专卖局（公司）企业发展展厅】 2014 年 11 月，山东省烟草专卖局（公司）企业发展展厅建成并投入使用。展厅设领导关怀、组织架构、烟叶生产、卷烟营销、专卖管理、前景展望等多个展区，面积 300 余平方米。通过采用幻影成像等现代科技手段，系统展示山东烟草成立 30 余年来在烟叶生产、卷烟经营、专卖管理、队伍建设、和谐发展等方面的成果。设有面积约 130 平方米的荣誉室，介绍山东省局（公司）成立以来获得主要荣誉情况，以及国家、省、行业表彰的劳动模范、山东烟草成立三十周年先模人物。荣誉室存有各类荣誉档案 200 余件。

【山东省烟草专卖局（公司）“情义”文化展厅】

2014 年 10 月，山东省烟草专卖局（公司）“情义”文化展厅投入使用。展厅集对外交流、形象展示、员工教育功能于一体，分 11 个展区，面积 420 平方米，采用幻影成像、环幕投影等七项现代科技手段，展示山东省烟草商业系统企业文化建设成果。

【广西卷烟工业展示馆】 广西中烟工业有限责任公司筹建的广西卷烟工业展示馆于2009年开工，2012年10月建成运行。展示馆主要由开篇语、形象、改革、管理、品牌、文化、科技、展望、烟事等9个篇章构成，共设26个展区，通过实物、图片、视频、文字等形式，浓缩展示了广西卷烟工业成长史，定位为公司“忠爱”文化传播中心、客户交流中心。展示馆建成以来，接待行业内外参观学习者3000人次。

（编辑：谢争艳）

烟草行业部分报刊名录

报刊名称	报刊号/准印证号	创刊时间	刊　期	联系电话	主办单位
《中国烟草》	ISSN1008－9063 CN11－3831/D	1985年	半月刊	010－63605464	《中国烟草》杂志社有限公司
《新烟草》	ISSN1008－5181 CN23－1526/TS	1986年	旬　刊	010－68535662	黑龙江省烟草公司、 《中国烟草》杂志社有限公司
《中国烟草学报》	ISSN1004－5708 CN11－2985/TS	1992年	双月刊	010－63605768	中国烟草学会
《烟草科技》	ISSN1002－0861 CN41－1137/TS	1957年	月　刊	0371－67672637	中国烟草总公司郑州烟草研究院
《东方烟草报》	CN37－0082	1992年	周五报	0531－88562706	《东方烟草报》社有限公司
《北京烟草》	京内资准字1999－L0006	1993年	季　刊	010－67009775	北京市局（公司）、北京烟草学会
《京烟》	内部资料性出版物 京内资准字99－L0501	1993年	月　报	010－65762922－211	上海烟草集团北京卷烟厂
《天津烟草》	准印证第14038号	2000年6月	双月刊	022－23292109	天津市局（公司）、天津市烟草学会
《津烟》	内部资料准印证号：津11011	1994年10月	半月报	022－24727350	上海烟草集团有限责任公司 天津卷烟厂
《河北烟草》	JL01－0160	1984年5月	双月刊	0311－88607381	河北省局（公司）、 河北中烟、河北省烟草学会
《河北烟草》	JL01－0312	2003年8月	半月报	0311－66006562	河北中烟、河北省局（公司）
《山西烟草》	山西省连续性内部 资料准印证〔99〕第K224号	1987年3月	季　刊	0351－4153278	山西省局（公司）
《太原烟草》①	山西省内部资料准印证第B122号	2008年11月	月　刊	0351－8399010	山西省太原市局（公司）
《大光》	山西省内部资料 准印证〔2012〕B124号	1995年1月	月　刊	0351－4188236	山西昆明烟草有限责任公司
《内蒙古烟草》	15－088/C	1988年10月	双月刊	0471－4914960	内蒙古区局（公司）、 内蒙古区烟草学会、 内蒙古烟草职工思想政治工作研究会
《辽宁烟草》	辽宁省内部资料准印证号0022	1990年	双月刊	024－31210786	辽宁省局（公司）、辽宁省烟草学会
《红辽烟草》	辽宁省内部资料准印证第0151号	2005年1月	半月刊	024－22815777－1801	红塔辽宁烟草有限责任公司
《吉林烟草》	吉林省连续性内部 资料出版物准印证编号：JN00－013	1994年	月　刊	0431－88401432	吉林省局（公司）

① 《太原烟草》于2014年6月停刊。

续表

报刊名称	报刊号/准印证号	创刊时间	刊 期	联系电话	主办单位
《烟草专卖导读》	吉林省连续性内部资料出版物准印证编号：JN02－033	2003 年 4 月	月 报	0432－64606541	吉林省吉林市局（公司）
《松原烟草报》	吉林省内部数据性出版物 20079007 号	2006 年	季 报	0438－2281402	吉林省松原市局（公司）
《白城烟草》	吉准印号 200607009	2006 年	月 报	0436－3351928	吉林省白城市局（公司）
《吉林烟草工业报》	吉林省连续性内部资料出版物准印证编号：JN03－025	2008 年 5 月	半月报	0433－2858368	吉林烟草工业有限责任公司
《黑龙江烟草》	黑新出印字 2300009 号	1999 年	旬 报	0451－82643781	黑龙江省局（公司）
《哈尔滨烟草》	黑新出印字 2301026 号	2002 年	半月刊	0451－88620697	黑龙江省哈尔滨市局（公司）
《黑龙江烟草工业报》	黑新出印第字 2301039 号	1988 年 11 月	旬 报	0451－82521456－250	黑龙江烟草工业有限责任公司
《上海烟业》	上海市连续性内部资料准印证第 0205 号	1987 年	季 刊	021－61669608	上海市烟草学会
《江苏烟草》	苏新出准印 JS－S060 号	2008 年	月 报	025－86794543	江苏省局（公司）
《江苏烟草研究》	苏新出准印 JS－S027 号	2008 年	双月刊	025－86794543	江苏省局（公司）、江苏中烟、江苏省烟草学会
《江苏中烟》	苏新出准印 JS－S318 号	2007 年 1 月	双月刊	025－58590363	江苏中烟
《江苏中烟报》	苏新出准印 JS－S319 号	2007 年 1 月	半月报	025－58590637	江苏中烟
《浙江烟草》	浙内部资料准印证第 0039 号	1987 年 4 月	双月刊	0571－87032401	浙江省局（公司）、浙江中烟、浙江省烟草学会
《宁波烟草》	浙内准字第 B054 号	2010 年 1 月	季 刊	0574－87993103	浙江省宁波市局（公司）
《烟草客户之友》	浙企准字第 G－059 号	2006 年 10 月	月 报	0579－82320689	浙江省金华市局（公司）
《浙江中烟报》	浙企准字 S042 号	2006 年	月 报	0571－87075860	浙江中烟
《安徽烟草》	安徽省内部资料准印〔综〕00－2046	2001 年 1 月	月 刊	0551－2285023	安徽省局（公司）、安徽省烟草学会
《亳州烟草报》	亳宣准字 200303	2003 年	月 报	0558－5128558	安徽省亳州市局（公司）
《蚌烟实报》	皖内部资料性图书 BB－2010－009 号	2010 年	月 报	0552－4089163	安徽省蚌埠市局（公司）
《安徽中烟报》	皖内资准字第 01－020	2006 年	半月报	0551－65392203	安徽中烟
《黄山世界》	皖内资准字第 00－265	2009 年	季 刊	0551－65368036	安徽中烟
《福建烟草》	闽内刊出版许可证第 K097 号	1987 年	双月刊	0591－87069999	福建省局（公司）、福建中烟、福建省烟草学会
《海峡烟草》	闽内资准字 K 第 173 号	2003 年 6 月	旬 报	0591－87069456	福建省局（公司）
《海峡烟草》（烟叶版）	闽内资准字 K 第 173 号	2005 年 5 月	月 报	0591－87069456	福建省局（公司）
《三明烟草》	闽内资准字 G 第 003 号	1992 年 1 月	双月刊	0598－8566611	福建省三明市局（公司）、三明市烟草学会
《龙岩烟草》	（岩）新出 2013 第 022 号	2007 年 10 月	月 报	0597－2999816	福建省龙岩市局（公司）
《延烟资讯》	（南）新出〔2008〕内书第 04 号	2008 年 1 月	月 报	0599－8876005	福建省南平市延平区局（分公司）
《福建中烟》	闽内资准字 D 第 028 号	2011 年 5 月	半月报	0592－5836962	福建中烟
《龙烟人》	闽内部资料性出版许可证第 07014 号	1991 年	旬 报	0597－2776888	龙岩烟草工业有限责任公司
《厦门烟草》	厦新出〔99〕内资第 16 号	1993 年	月 报	0592－6536171	厦门烟草工业有限责任公司
《江西烟草》	赣内资字第 122 号	1991 年 1 月	双月刊	0791－6535063	江西省局（公司）、江西中烟、江西省烟草学会

续表

报刊名称	报刊号/准印证号	创刊时间	刊期	联系电话	主办单位
《星辰》①	赣内资第G023号	2009年6月	月报	0792－8503389	江西省九江市局（公司）
《景德镇日报·烟草专刊》	CN36－0012	2007年8月	半月报	0798－6799000	江西省景德镇市局（公司）、景德镇日报社
《金圣报》	赣内资字第076号	2004年6月	月报	0791－8358596	江西中烟
《典藏》	赣内资字第326号	2009年9月	不定期	0791－88358596	江西中烟
《广烟之窗》	赣内资字第E004号	1996年10月	月报	0793－6078818	江西中烟广丰卷烟厂
《山东烟草》	鲁连内资第01095号	2007年	双月刊	0531－88525069	山东省局（公司）、山东中烟、山东省烟草学会
《菏泽烟草》	菏连内资〔2009〕51号	2008年	月报	0530－5318211	山东省菏泽市局（公司）
《淄博烟草》	淄博市内部资料准印证〔2011〕270号	2012年	半月报	0533－2181599	山东省淄博市局（公司）
《滨州烟草》	滨州市内部资料准印证〔2006〕第44号	2006年	半月报	0543－3213188	山东省滨州市局（公司）
《山东中烟报》	鲁连内资第00027号	2007年11月	半月报	0531－58709711	山东中烟
《新晨报·泰山周刊》	CN37－0092	2008年	周刊	0531－58709710	山东中烟
《将军视窗》	济南市内部资料准印证第004号	1990年7月	半月刊	0531－66776239	山东中烟济南卷烟厂、将军烟草集团有限公司
《星光》	山东省连续性内部资料出版物准印证第0085号	1997年	月报	0536－3239468	山东中烟青州卷烟厂
《青岛卷烟》	鲁连内资〔2013〕第B0005号	1991年9月	季报	0532－81921263	山东中烟青岛卷烟厂
《滕烟采风》	鲁D：连内资〔2013〕第031号	1996年2月	月刊	0632－5636956	山东中烟滕州卷烟厂
《中国烟草科学》	ISSN1007－5119 CN37－1277/S	1979年	季刊	0532－88703708	中国农业科学院烟草研究所、中国烟草总公司青州烟草研究所
《河南烟草》	内资〔审省直连〕00102号	1996年	季刊	0371－65583125	河南省局（公司）、河南中烟、河南省烟草学会
《洛阳烟草》	河南省连续性内部资料〔洛阳〕0098号	2009年	半月报	0379－65921197	河南省洛阳市局（公司）
《南阳烟草通讯》	河南省连续性内资〔南阳〕049号	2009年	月报	0377－63160072	河南省南阳市局（公司）
《焦作烟草》	河南省连续性内部资料〔焦作市〕0024号	2006年	双月报	0391－8381072	河南省焦作市局（公司）
《今日信烟》	豫内资准印证〔信阳〕0024号	2004年	月报	0376－6557519	河南省信阳市局（公司）
《濮阳烟草》	河南省连续性内资〔审濮连〕00005号	2011年	双月报	0393－8115366	河南省濮阳市局（公司）
《安阳烟草》	豫内资审字〔2011〕00050号	2011年	季刊	0372－5925168	河南省安阳市局（公司）
《黄金叶时空》	内资〔省直〕163号	2006年	半月报	0371－69192833	河南中烟
《黄金叶制造》②	河南省连续性内部资料郑州〔74号〕	2014年	月报	0371－85518930	河南中烟黄金叶生产制造中心
《许烟时讯》	准印证号〔许昌〕0006号	1989年	半月报	0374－3351543	河南中烟许昌卷烟厂
《安烟》	内部资料〔审安阳连〕00001号	2010年	月报	0372－5089811	河南中烟安阳卷烟厂
《湖北烟草》	湖北省内部资料准印证第2006/SG号	1986年	月刊	027－83738388	湖北省局（公司）、湖北中烟、湖北省烟草学会

① 2013年4月，原《诚信红绿灯》更名为《星辰》。
② 2014年，原《新烟时空》更名为《黄金叶制造》，《黄金叶信息》停刊。

续表

报刊名称	报刊号/准印证号	创刊时间	刊　期	联系电话	主办单位
《鄂州烟草》手机报①	湖北省内部资料准印证第2008/EZ号	2003年	月　报	0711－3870952	湖北省鄂州市局（公司）
《金叶》②	JTR〔2004〕32号	2007年	双月刊	0716－8506861	湖北省荆州市局（公司）、荆州市作家协会
《十堰烟草》	2028/SY	2012年	季　刊	0719－8666483	湖北省十堰市局（公司）、十堰市烟草学会
《黄鹤楼内刊》	鄂内资准印1013/WH	1989年	半月刊	027－68832900	湖北中烟
《湖南烟草》	湖南省内部资料刊型准印证号0058	1986年	双月刊	0731－85799277	湖南省局（公司）、湖南中烟、湖南省烟草学会
《株洲烟草》	株新出准字〔2011〕第07号	2005年	月　刊	0731－28223986	湖南省株洲市烟草学会
《益阳烟草》	湘益新出〔2009〕011号	2006年	季　刊	0737－6184999	湖南省益阳市局（公司）、益阳市烟草学会
《娄烟之声》	湘K0010	2007年	双月刊	0738－8312687	湖南省娄底市局（公司）
《邵阳烟草服务直通车》	湘邵新出准字〔2009〕第35号	2009年	季　刊	0739－5390975	湖南省邵阳市局（公司）
《先锋家园》	湘岳新出准字〔2011〕第053号	2011年3月	季　刊	0730－8713331	湖南省岳阳市局（公司）、岳阳市烟草学会
《白沙》	湖南省报型内部资料准印证A003号	1989年	半月报	0731－85559117	湖南中烟长沙卷烟厂
《常德烟厂报》	湖南省报型内部资料准印证：H002号	1984年	旬　报	0736－7299323	湖南中烟常德卷烟厂
《郴烟通讯》	湖南省报型资料准印证第L003号	1995年	半月报	0735－2229904	湖南中烟郴州卷烟厂
《零烟通讯》	湖南省报型资料准印证第M001号	1986年	半月报	0746－6668564	湖南中烟零陵卷烟厂
《广东烟草》	粤内登字O第11606号	2004年8月	双月刊	020－38809775	广东省局（公司）、广东省烟草学会
《广东中烟报》	粤内登字O第00034号	2005年5月	半月报	020－87013273	广东中烟
《广西烟草》	广西壮族自治区内部资料性出版物准印证第2000868号	1987年	月　刊	0771－5851875	广西区局（公司）、广西中烟、广西烟草学会
《桂烟之友》	广西壮族自治区内部资料性出版物准印证第2002688号	2010年	半月报	0771－5851875	广西烟草学会
《南宁烟草》	广西壮族自治区内部资料性出版物准印证第2113138号	2014年	月　报	0771－2108720	广西区南宁市局（公司）
《柳州烟草》	广西壮族自治区内部资料性出版物准印证第21800167号	2007年	月　报	0772－2802134	广西区柳州市局（公司）
《河池烟草》	广西壮族自治区内部资料性出版物准印证第0029689号	2003年	月　报	0778－2284430	广西区河池市局（公司）
《百色烟草》	广西壮族自治区内部资料性出版物准印证第0026253号	2008年	月　报	0776－2939400	广西区百色市局（公司）
《贵港烟草》	广西壮族自治区内部资料性出版物准印证第0006050号	2013年	月　报	0775－5205378	广西区贵港市局（公司）
《梧州烟草》	广西壮族自治区内部资料性出版物准印证第0015722号	2009年	月　报	0774－3815167	广西区梧州市局（公司）、梧州市烟草学会

① 2014年1月，原《鄂州烟草》改版为《鄂州烟草》手机报，刊期由半月报变更为月报。
② 2014年，原《荆州文学·金叶》更名为《金叶》。

续表

报刊名称	报刊号/准印证号	创刊时间	刊　期	联系电话	主办单位
《贺州烟草》	广西壮族自治区内部资料性出版物准印证第2000595号	2013年	双月报	0774－5291573	广西区贺州市局（公司）
《来宾烟草》	广西壮族自治区内部资料性出版物准印证第0006645号	2006年	双月报	0772－4228861	广西区来宾市局（公司）
《崇左烟草》	广西壮族自治区内部资料性出版物准印证第0001781号	2014年	月　报	0771－7826710	广西区崇左市局（公司）
《广西中烟报》	广西壮族自治区内部资料性出版物准印证第0018007号	2003年	半月报	0771－8098091	广西中烟
《海南烟草》	琼内准印字第B005号	2000年10月	月　刊	0898－65806069	海南省局（公司）
《长江烟草》	渝内字第040号	1992年	旬　报	023－62940675	重庆烟草工业有限责任公司
《重庆烟草》	渝内字第349号	1989年	月　刊	023－67982697	重庆市局（公司）
《凉山烟草》	凉新出图2008第54号	2007年	月　刊	0834－6120045	四川省凉山州局（公司）
《贵州烟草科学》	黔新出内资准字第338号	1972年	双月刊	0851－4116881	贵州省烟草科学研究所、贵州省烟草学会、贵州中烟工业技术中心
《贵阳烟草》	黔新出〔报刊〕2012年连续性内资准字第252号	2005年	季　刊	0851－5814816	贵州省贵阳市局（公司）
《遵义烟草》	黔新出2014年连续性内资字第230号	2002年	双月刊	0852－8662861	贵州省遵义市局（公司）
《遵烟时讯》	黔新出2014连续性内资准字第230号	2004年	月　刊	0852－8662861	贵州省遵义市局（公司）
《毕节烟草报》	黔新出〔2014〕内资准字131号	1989年8月	旬　报	0857－8278561	贵州省毕节市局（公司）
《贵烟报》	黔新出〔报刊〕2014年连续性内资字第SB20号	2005年	周　报	0851－6831628	贵州中烟、贵州省局（公司）
《贵烟之窗》	贵州省连续性内资第SB62号	2005年	月　刊	0851－8981053	贵州中烟贵阳卷烟厂
《遵烟一览》	贵州省〔报刊〕连续性内资字第ZYSB2号	2007年	月　刊	0852－8620941	贵州中烟遵义卷烟厂
《云南烟草》	云新出〔2009〕准印连字第A15025号	1987年	双月刊	0871－3129888	云南省局（公司）、云南省烟草学会
《大成》	云新出〔2014〕准印连字第Y00143号	2010年2月	双月刊	0871—3129888	云南省局（公司）
《云南中烟》	云新出〔2011〕准印连字第00047号	2011年1月	双月刊	0871－65013597	云南中烟
《红云红河烟草》	云新出〔2014〕准印连字第Y00173号	2009年1月	半月刊	0871－65869217	红云红河烟草集团
《今日红云红河》	云新出〔2014〕准印连字第Y00175号	2009年1月	月　刊	0871－65869217	红云红河烟草集团
《和谐昆烟》	云新出〔2014〕准印连字第Y00441号	1990年1月	双月刊	0871－65868868	红云红河烟草集团昆明卷烟厂
《红塔时报》	云新出〔2014〕准印连字第Y00360号	1987年5月	半月报	0877－2968939	红塔烟草集团
《价　值》	玉图〔报、刊〕字2008169	2008年9月	季　刊	0877－2968089	红塔烟草集团玉溪卷烟厂
《红塔楚雄时讯》	云新出〔2014〕准印连字第Y00332号	1983年	半月报	0878－3253328	红塔烟草集团楚雄卷烟厂
《红塔大理时讯》	云新出〔2014〕准印连字第Y00242号	1984年	半月报	0872－2360191	红塔烟草集团大理卷烟厂
《红塔昭通时讯》	云新出〔2014〕准印连字第Y00272号	1988年2月	半月报	0870－2130195	红塔烟草集团昭通卷烟厂
《烟草工业科技》	云新出〔2014〕准印连字第Y00389号	2011年12月	半年刊	0871－68319228	云南烟草科学研究院
《陕西烟草》	陕新出内印字/第9617号	1990年	双月刊	029－85466252	陕西省局（公司）、陕西中烟、陕西省烟草学会

续表

报刊名称	报刊号/准印证号	创刊时间	刊　期	联系电话	主办单位
《咸阳烟草》	陕内资字 0324 号	2006 年	半月刊	029－33369992	陕西省咸阳市局（公司）
《同心安康》	陕新出连内印字第 0620 号	2007 年	双月刊	0915－3286490	陕西省安康市局（公司）
《陕西中烟报》	陕新出内印字第 92089 号	2006 年	半月报	029－88453273	陕西中烟
《甘肃烟草》	甘新出连续性内部资料 准印证〔刊型〕G01－0056	1992 年 12 月	双月刊	0931－7826909	甘肃省局、甘肃省烟草学会
《烟　语》	甘出准 036 字总 341 号 2009－022 号	2009 年 10 月	季　刊	0939－8212481	甘肃省陇南市局（公司）
《青海烟草》	青内资 K－173 号	1986 年	双月刊	0971－6106090	青海省局（公司）、青海省烟草学会
《宁夏烟草》	宁新出管字〔2014〕第 0682 号	1991 年	季　刊	0951－5044368	宁夏区局（公司）、宁夏区烟草学会
《银川烟草》	宁新出管字〔2014〕第 1213141 号	2005 年 2 月	双月刊	0951－5077021	宁夏区银川市局（公司）
《银烟市场》	银新出管字〔2014〕第 12135 号	2003 年 1 月	月　报	0951－5077021	宁夏区银川市局（公司）
《石嘴山烟草》	石新出管字〔2014〕第 2145 号	2007 年 10 月	月　报	0952－2013123	宁夏区石嘴山市局（公司）
《吴忠烟草》	宁新出管字〔2014〕第 31060 号	2007 年 12 月	月　报	0953－2025012	宁夏区吴忠市局（公司）
《固原烟草》	固新出管字〔2010〕第 4014 号	2007 年 10 月	月　报	0954－2034379	宁夏区固原市局（公司）
《中卫烟草》	宁新出管字〔2014〕第 5060 号	2006 年 3 月	月　报	0955－7022907	宁夏区中卫市局（公司）
《新疆烟草》	新疆内部资料〔报刊型〕准印证 0113 号	1988 年	双月刊	0991－4810977	新疆维吾尔自治区烟草学会
《深圳烟草》	粤内登字 B 第 11180 号	1986 年	双月刊	0755－82029719	深圳市局（公司）、深圳市烟草学会
《深烟风采》	〔2005〕粤印准字第 0334 号	2002 年 6 月	季　刊	0755－81788330	深圳烟草工业有限责任公司

2014 年度烟草新书目

1. Contro1Logix 在烟草行业的应用/范爱军，张明琰主编.—武汉：华中科技大学出版社，2014.

2. 安徽省烟草专卖局（公司）年鉴：2010/董建江主编.—合肥：合肥工业大学出版社，2014.

3. 安徽省烟草专卖局（公司）年鉴：2011/董建江主编.—合肥：合肥工业大学出版社，2014.

4. 产业安全蓝皮书：中国烟草产业安全报告（2014）（Blue Book of Industrial Security：Annual Reporton China's Tobacco Industrial Security <2014>）/李孟刚，杜秀亭主编.—北京：社会科学文献出版社，2014.

5. 甘肃省烟草行业志·临夏烟草志（2001—2010）/甘肃省烟草行业志编纂委员会，《临夏烟草志》编纂委员会编.—兰州：甘肃文化出版社，2014.

6. 贵州烤烟有机生产体系研究与实践/潘文杰，李继新主编.—贵阳：贵州科技出版社，2014.

7. 贵州省黔东南州优质烤烟综合标准/李穗渝，杨天沛，张华主编；黔东南州质量技术监督局，贵州省烟草公司黔东南州公司编著.—北京：中国标准出版社，2014.

8. 金色事业 辉煌历程——南阳烟叶生产（1992—2012）/《金色事业辉煌历程》编纂委员会编.—郑州：中州古籍出版社，2014.

9. 卷烟品牌导向的遵义烟叶生产体系/丁伟主编.—贵阳：贵州科技出版社，2014.

10. 卷烟商品营销职业技能鉴定考试全解（中级营销员）/胡红春，徐剑，肖峰编著.—北京：清华大学出版社，2014.

11. 卷烟市场的外延与内涵/王万勋著.—北京：经济管理出版社，2014.

12. 卷烟雪茄烟鉴别检验理论与实务/孙公准主编.—济南：山东人民出版社，2014.

13. 卷烟烟气生物标志物（Tobacco Smoke Biomarker）/胡清源，侯宏卫等编著.—北京：化学工业出版社，2014.

14. 烤烟一生技术管理/董建江主编.—合肥：安徽科学技术出版社，2014.

15. 丽江特色优质烟叶品牌发展规划/李成杰，蔡寒玉，李佛琳主编．—昆明：云南科技出版社，2014.

16. 流程化预算管理模式研究与应用：基于贵州烟草商业企业的预算管理实践/张生龙，张红梅编著．—北京：经济科学出版社，2014.

17. 美国现代烟叶生产/云南省烟草农业科学研究院编著．—北京：科学出版社，2014.

18. 南平市烟草志（1994—2010）/白万明主编；南平市烟草专卖局（公司）编．—福州：福建省地图出版社，2014.

19. 泉州市烟草志/孔祥统，詹小强主编；福建省泉州市烟草专卖局（公司）编．—北京：方志出版社，2014.

20. 人力工艺：卷烟工业企业人力资源管理探析/史蕾，璩咏梅主编．—郑州：河南人民出版社，2014.

21. 晒烟种质资源图鉴/湖北省烟草公司十堰市公司，湖北省烟草科学研究院编著．—武汉：湖北科学技术出版社，2014.

22. 山地烟叶的生理特性与栽培调控（Physiological Characteristics and Cultivation Regulation of Tobacco in Mountainous Regions）/王三根，张建奎编著．—北京：科学出版社，2014.

23. 图说丽江特色优质烟叶生产技术/李成杰，蔡寒玉，李佛琳编著．—昆明：云南科技出版社，2014.

24. 文化品牌传播策略解构——以烟草行业为例/罗彬彬著．—北京：中国财富出版社，2014.

25. 现代卷烟工厂建设创新与实践/张思荣主编．—北京：中国建筑工业出版社，2014.

26. 现代烟草农业建设百问百答/徐宸主编．—重庆：重庆大学出版社，2014.

27. 烟草病理学/蒋士君，吴元华主编．—北京：中国农业出版社，2014.

28. 烟草工业生物技术/许春平，马宇平主编．—郑州：郑州大学出版社，2014.

29. 烟草科技项目后评价/郑新章主编．—郑州：河南人民出版社，2014.

30. 烟草品质分析/韩富根，赵铭钦主编．—北京：中国农业出版社，2014.

31. 烟草商品学/李佛琳，程传策主编．—北京：中国农业出版社，2014.

32. 烟草生产技术/王子青主编．—北京：中国农业出版社，2014.

33. 烟草史话（A Brief History of Tobacco）/刘杰主编．—北京：社会科学文献出版社，2014.

34. 烟草制丝设备与工艺/李彦伟，范爱军主编．—武汉：华中科技大学出版社，2014.

35. 烟草专卖行政处罚实务/胡树达著．—北京：法律出版社，2014.

36. 烟草专业综合实验实训教程/尹福强，刘铭主编．—北京：北京理工大学出版社，2014.

37. 烟农专业合作社百问百答/徐宸主编．—重庆：重庆大学出版社，2014.

38. 烟叶密集烘烤问答/罗斐，徐增汉主编．—合肥：中国科学技术大学出版社，2014.

39. 烟叶生产良好农业规范应用与实践/陈风雷，孙光军等编著．—北京：科学出版社，2014.

40. 烟用丝束和烟用二醋片制造工基础知识/蔡铭主编；《烟用丝束和烟用二醋片制造工基础知识》编写组编．—郑州：河南科学技术出版社，2014.

41. 烟用丝束制造工专业知识/蔡铭主编；《烟用丝束制造工专业知识》编写组编．—郑州：河南科学技术出版社，2014.

42. 优质烟叶生产基地单元与专业化服务体系建设探索/广东中烟工业有限责任公司，广东省烟草南雄科学研究所，广东烟草韶关市有限公司编著．—广州：华南理工大学出版社，2014.

43. 云南芳香植物图鉴/郭生云，李天林主编；云南烟草科学研究院，云南省农业科学院农业环境资源研究所编著．—昆明：云南科技出版社，2014.

44. 中国城市成人烟草调查/许兆瑞，赵萍，章春宇主编．—长春：吉林科学技术出版社，2014.

45. 中华人民共和国烟草专卖法（2014 最新修订版）/中国法制出版社编．—北京：中国法制出版社，2014.

46. 中国烟草的历史与现状/覃青必，覃敏良著．—南宁：广西人民出版社，2014.

47. 中国烟草核心种质图谱（Atlas of Chinese Tobacco Core Collection）/王志德，张兴伟，刘艳华主编．—北京：科学技术文献出版社，2014.

48. 中国烟草专卖法律制度改革研究（Research on Reform of the Legal System of China’s Tobacco Monopoly）/曹盛著．—北京：法律出版社，2014.

49. 重庆烟草行业科技成果汇编（1983—2012）/陈涛，李常军主编；重庆市烟草专卖局编．—重庆：重庆大学出版社，2014.

50. 卓越管理：创新发展之路/吴立著主编．—北京：光明日报出版社，2014.

（编辑：王东旭）

公益活动

2014年10月，中国烟草总公司开展“金叶·育才图书室”工程，图为向江西省兴国县60所中小学捐赠图书仪式现场

国家局办公室 供稿

2014年9月，西藏日喀则江孜县第一中学的孩子们正在中国烟草总公司捐建的电教室里上信息课

国家局办公室 供稿

中国烟草总公司为西藏日喀则萨嘎县昌果乡完小捐建的太阳能发电设备

国家局办公室 供稿

2014年11月25日，山西太原市局（公司）参加“让这个冬天不再冷”主题活动，为太原市环卫工人送去保温饭盒

山西太原市局 李旭 摄

2014年5月14日，内蒙古包头市局（公司）参加“阳光助残”结对帮扶活动

内蒙古包头市局 张若帆 摄

2014年4月15日，辽宁朝阳喀左县局（营销部）开展“联村帮户”活动，向贫困烟农赠送春耕物资

辽宁喀左县局 侯申海 摄

2014年1月20日，黑龙江绥化市局（公司）领导慰问贫困卷烟零售客户

黑龙江绥化市局 马雪菲 摄

2014年4月26日，黑龙江哈尔滨市局（公司）志愿服务者参加“律动春天——我为家乡添片绿”主题植树活动

黑龙江哈尔滨市局 张子文 摄

2014年6月12日，上海烟草集团有限责任公司携手上海汽车集团股份有限公司向江西赣州、吉安、抚州等革命老区捐赠6辆“爱心校车”

上海烟草集团 供稿

上海烟草集团向黑龙江哈尔滨、牡丹江烟区的学校捐赠4辆“爱心校车”

黑龙江省局 高源 摄

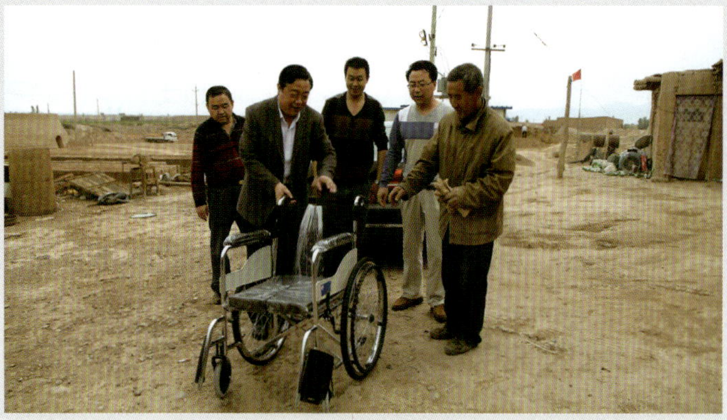

2014年6月12日，甘肃金昌市局（公司）为“双联”帮扶对象送去轮椅

甘肃金昌市局 赵文龙 摄

2014年11月7日，宁夏固原市局（公司）开展关爱孤寡老人志愿者行动

宁夏固原市局 陈永强 摄

2014年10月24日，青海省局（公司）向定点扶贫村捐赠奶牛

青海省局 供稿

2014年8月19日，新疆和田地区局（公司）为皮山县藏桂乡亚曼亚农场村7名大学生发放助学金

新疆和田地区局 孙贤 摄

公益活动

2014年全国烟草行业公益活动概况

国家烟草专卖局、中国烟草总公司

2014年，国家局、总公司积极开展各项社会公益活动。

定点扶贫，向竹山、竹溪两县投入资金2000万元，重点在烟叶计划、水库援建上予以倾斜，实施扶贫项目53个，其中竹山县36个，竹溪县17个，涉及两县近300个村，16万余人受益；向江西省兴国县划拨1亿元，用于支持其新农村建设及烟田基础设施建设、灌区改造、河提加固等烟田配套工程，并派驻1名干部到兴国县挂职开展对口支援工作；对口支援贵州省工作，拨付扶持资金1亿元。

扶贫济困，向中国妇女发展基金会设立的“金叶基金”捐款1000万元，用于实施“母亲水窖·校园安全饮水”“母亲健康快车”项目，以解决边远地区学校学生饮水困难和保护母亲健康；向中国法律援助基金会捐款300万元，用于捐助“1+1”中国法律志愿者行动，为西藏20个县和青海12个县的“1+1”中国法律志愿者提供支持；向中国西部人才开发基金会捐款200万元，在湖北省竹溪、竹山县，江西省兴国、宁都县开展“学相守、爱相守、玩相守”的“相守计划”，关爱农村留守儿童。

资助教育事业，向中国扶贫基金会捐款192万元，用于资助湖北省竹溪、竹山县的特困大学生，并在这两个县的高中各开办3个“金叶自强班”；向援助西藏发展基金会捐款500万元，用于在日喀则地区仲巴县、萨嘎县，那曲地区申扎县13所小学安装小型太阳能发电系统（小型光伏电站），并帮助日喀则地区4所中（小）学配备电脑教室5间；向中华文学基金会捐款1000万元，在江西、云南等省建立“金叶育才图书室”；在竹山、竹溪两县启动“1+1国烟助学”工程，国家局、总公司机关干部职工与74名困难学生进行结对帮扶，捐款34万余元。

资助环保事业，向中国绿化基金会捐款500万元，在内蒙古、河南、四川等省（自治区）植树，扶持当地生态建设、促进降低城市PM2.5浓度，改善生态环境。

中国烟草实业发展中心

2014年，中国烟草实业发展中心及其所属企业积极开展各项社会公益活动。

红塔辽宁烟草有限责任公司：扶贫济困，员工个人到沈阳市建一镇秘子村、三面船镇小辛屯走访慰问，并捐赠慰问品。

吉林烟草工业有限责任公司：全年捐款6000万元用于吉林省松原市地震灾后重建工作、支持延边少数民族地区地方建设和发展革命老区的科技、文化、教育等。

甘肃烟草工业有限责任公司：全年捐款2259万元。扶贫济困，向定点帮扶村捐款200万元，用于农村产业和基础设施建设。资助教育事业，向天水市捐赠教育经费14万元。救助灾害，向定西市漳县等地震灾区捐款1000万元；向天水市遭受暴洪灾害地区捐款1000万元。其他捐款20万元。

内蒙古昆明卷烟有限责任公司：扶贫济困，向扶贫点捐款16万元，并捐赠面粉439袋；向呼和浩特市红十字会捐款10万元；参加“博爱一日捐”活动，员工个人捐款1.94万元。资助教育事业，捐款990万元。

山西昆明烟草有限责任公司：扶贫济困，参加“紫气东来、幸福起航——为三晋妇女送健康”活动，捐款100万元。资助教育事业，组织东岗小学100余名师生参加“红云图书室·美丽中国梦·在阅读中认识美丽中国”活动；开展“紫气东来、幸福起航”助学活动，捐款300余万元。

海南红塔卷烟有限责任公司：扶贫济困，员工个人向因公殉职的环卫工人家属捐款1万元。灾害救助，捐款200万元，支援海南灾区重建工作；向云龙镇捐款5.69万元，用于赈灾及助学。

北京市烟草专卖局（公司）

2014年，北京市烟草商业系统积极开展各项社会公益活动。

北京市烟草专卖局（公司）机关：扶贫济困，开展“共产党员献爱心”活动，员工个人捐款2.55万元；开展“温暖衣冬”活动，捐赠冬衣110余件；向法律援助基金会捐款100万元。

东城区烟草专卖局（公司）：扶贫济困，开展“博爱在京城”“党员献爱心”“捐资助学”等活动，捐款1.05万元；向困难户捐赠慰问品。

西城区烟草专卖局（公司）：扶贫济困，开展“一帮一”扶贫帮残、“共产党员献爱心”等活动，捐款1.23万元。

朝阳区烟草专卖局（公司）：扶贫济困，开展“共产党员献爱心”活动，捐款5220元，并捐赠慰问品。

海淀区烟草专卖局（公司）：扶贫济困，开展“共产党员献爱心”“送温暖、献爱心”等活动，捐款9740元；向困难户捐赠生活必需品。

丰台区烟草专卖局（公司）：扶贫济困，开展“共产党员献爱心”活动，捐款4428元，并捐赠慰问品。

石景山区烟草专卖局（公司）：扶贫济困，向古城街道等捐款5万元；与龙泉务村签订结对帮扶协议。资助社区建设，在社区安装公园长椅40个、桌凳10套；向古城街道捐赠电影放映设备及图书若干。

通州区烟草专卖局（公司）：扶贫济困，开展“共产党员献爱心”活动，捐款4800元；慰问辖区内残疾人、困难户，并捐赠慰问品。

顺义区烟草专卖局（公司）：扶贫济困，向扶贫单位捐款5万元；开展“春风送温暖”等活动，捐款1.45万元。

延庆县烟草专卖局（公司）：扶贫济困，开展“共产党员献爱心”“博爱在京城”等活动，捐款9000元。资助乡村建设，向陶庄捐款2万元。救助灾害，向云南鲁甸地震灾区捐款3000元。

怀柔区烟草专卖局（公司）：扶贫济困，开展“共产党员献爱心”活动，捐款3400元；慰问困难户，并捐赠慰问品；员工个人开展社区服务、敬老助老活动。救助灾害，员工个人向云南鲁甸地震灾区捐款5200元。

大兴区烟草专卖局（公司）：扶贫济困，开展“冬衣送暖”活动，捐赠棉衣、棉被132件。资助乡村建设，向潘马坊村捐款3.6万元，并捐赠慰问品。

昌平区烟草专卖局（公司）：扶贫济困，开展“共产党员献爱心”活动，捐款3100元。

密云县烟草专卖局（公司）：扶贫济困，与西田各庄西沙地村结成帮扶对子，并向辖区困难户捐赠慰问品；向残疾卷烟零售客户捐款4000余元；开展“春风送暖”“共产党员献爱心”等活动，捐款1.15万元及物品63件。

门头沟区烟草专卖局（公司）：扶贫济困，向门头沟区慈善总会捐款5万元；开展“博爱在京城”“春风送暖”等活动，捐款5260元；员工个人西向斋堂村困难村民捐款6834元。

房山区烟草专卖局（公司）：扶贫济困，开展“共产党员献爱心”等活动，捐款5661元；向困难群众捐赠价值1.46万元的慰问品。资助教育事业，向希望小学捐赠价值2000元的办公家具。

平谷区烟草专卖局（公司）：扶贫济困，开展“共产党员献爱心”等活动，捐款2.36万元。

天津市烟草专卖局（公司）

2014年，天津市烟草商业系统捐款17.68万元，用于各项社会公益活动。

天津市区第一烟草专卖局（分公司）：扶贫济困，举办“烟草一局爱心基地”活动，捐款2.86万元；到晟世老人院慰问。资助教育事业，参加“爱心点燃希望感恩回报社会——2014年用爱送你进学堂”活动，与4名困难学生结成帮扶对子，每年向每名学生捐款2000元。

天津市区第三烟草专卖局（分公司）：扶贫济困，向植物园东里困难家庭捐赠慰问品，价值2034元。

津南区烟草专卖局（分公司）：全年员工个人捐款3100元。

武清区烟草专卖局、天津武清烟草有限公司：扶贫济困，向大碱厂等3个村的特困户、低保户捐赠价值9550元的物品；参加“爱心一日捐”活动，捐款1857元。资助教育事业，参加“阳光工程助学”活动，捐款8600元。

宝坻区烟草专卖局、天津宝坻烟草有限公司：扶贫济困，向大唐庄村困难家庭捐款1.4万元；参加“幸福工程·救助贫困母亲”等活动，捐款7980元。

宁河县烟草专卖局、天津芦台烟草有限公司：扶贫济困，向宁河县残疾人联合会捐款6850元；向宁河县红十字会捐款2400元。资助乡村建设，向兰庄村捐款3万元。

静海县烟草专卖局、天津静海烟草有限公司：资助乡村建设，向陈官屯、北长屯捐款3万元，用于村街基础设施建设。

蓟县烟草专卖局、天津渔阳烟草有限公司：扶贫济困，向蓟县红十字会捐款8550元。资助乡村建设，向西梁各庄捐款2.85万元。

河北省烟草专卖局（公司）

2014年，河北省烟草商业系统捐款651.84万元，用于各项社会公益活动。

河北省烟草专卖局（公司）机关：捐款156.46万元。扶贫济困，员工个人捐款5.96万元。资助乡村建设，向固安县永兴庄村捐款135.5万元，用于道路硬化等；参加“三下乡”活动，捐款15万元。

石家庄市烟草专卖局（公司）：扶贫济困，向困难户捐款2.52万元；参加“助残日”活动，捐款5100元；开展“博爱一日捐”活动，员工个人捐款3.95万元。资助教育事业，向友谊大街小学捐款2万元。资助乡村建设，捐款38.38万元用于农村建设；向赵县稻香街村捐赠价值2.6万元的树木。

邯郸市烟草专卖局（公司）：扶贫济困，开展“阳光善行”救助行动，捐款56.34万元。资助教育事业，向红庙中学捐款2.3万元。资助乡村建设，向黄金堤乡二村等捐款13万元。

保定市烟草专卖局（公司）：扶贫济困，开展“亲民爱民”活动，建立群众工作站23个，并捐款31.75万元；开展“互助一日捐”“博爱一日捐”等活动，走访慰问135户卷烟零售客户，员工个人捐款11.45万元。资助教育事业，捐款6.7万元用于组织金秋助学活动、改善学校环境等。资助乡村建设，捐款36万元用于农村面貌改造提升行动。

张家口市烟草专卖局（公司）：扶贫济困，向扶贫村捐款14.9万元；参加无偿献血活动，献血2000毫升。资助教育事业，向“希望工程”捐款1.5万元；捐款1.3万元用于教师节慰问。资助乡村建设，向前楼村等捐款25.9万元，用于改善村容村貌等。其他捐款3万余元。

承德市烟草专卖局（公司）：扶贫济困，员工个人向困难户捐款2.69万元；开展“工会会员互助一日捐”活动，员工个人捐款3.77万元。资助乡村建设，参加“农村面貌改造提升”行动，捐款72万元。

唐山市烟草专卖局（公司）：扶贫济困，开展“送温暖、献爱心”活动，员工个人捐款4.48万元；向截瘫疗养院捐款1.54万元。资助乡村建设，向后胡庄村等捐款18.16万元。

廊坊市烟草专卖局（公司）：扶贫济困，向困难户捐款6.85万元；参加“春雨行动”，向困难户捐赠价值6600万元的慰问品。

沧州市烟草专卖局（公司）：扶贫济困，捐款2.1万元。资助乡村建设，参加“三下乡”活动，捐款3.5万元；参加基层建设年活动，捐款46万元。

衡水市烟草专卖局（公司）：扶贫济困，员工个人向困难户捐款4.8万元；参加无偿献血活动，献血7200毫升。资助乡村建设，向13个贫困村捐款35.99万元，用于支援生产建设。

邢台市烟草专卖局（公司）：扶贫济困，开展“阳光善行”活动，员工个人捐赠价值13.57万元慰问品；开展“互助一日捐”活动，员工个人捐款1.53万元。资助教育事业，向困难中小学生捐赠价值7400元图书并捐款6000元。资助乡村建设，向小马村捐款8.1万元，用于开展新农村基层组织建设。

秦皇岛市烟草专卖局（公司）：扶贫济困，员工个人向困难户捐款4.5万元。资助乡村建设，捐款9万元。

河北中烟工业有限责任公司

2014年，河北中烟工业有限责任公司捐款291万元，用于各项社会公益活动。

河北中烟工业有限责任公司本部：资助教育事业，捐款1万元用于小学建设。灾害救助，分别向云南省曲靖、保山捐赠抗旱救灾款30万元；向湖南永州捐款30万元，用于抗击暴风雨、冰雹灾害。

张家口卷烟厂有限责任公司：扶贫济困，向定点扶贫村捐款30万元；参加“四帮一”扶贫工程，捐款5万元；向库伦村等捐赠面粉200袋，价值4.8万元；参加“爱心救助”活动，捐款5万元。资助城市建设，开展“基层建设年”活动，捐款40万元。资助文化事业，捐款30万元。

河北白沙烟草有限责任公司：扶贫济困，向承德县捐赠价值4000元的衣物。资助乡村建设，向承德县、高邑县捐款50万元，用于道路硬化等。

山西省烟草专卖局（公司）

2014年，山西省烟草商业系统捐款255.7万元，用于各项社会公益活动。

山西省烟草专卖局（公司）机关：扶贫济困，向定点扶贫单位捐款124.26万元。资助教育事业，开展“爱心助学结对子”活动，捐款1000元。

太原市烟草专卖局（公司）：扶贫济困，捐款7.29万元；参加无偿献血活动，献血1.52万毫升。资助教育事业，开展“爱的小桔灯 关爱儿童”行动，捐款5300元，并捐赠图书255册及物品10余箱。资助乡村建设，向东凌井乡后街村捐款3000元，用于农村基层组织建设。资助环保活动，开展“一小时清理微公益、正能量传递心连心”志愿服务等活动；为环卫工人购置保温饭盒200个，价值1万元。

大同市烟草专卖局（公司）：扶贫济困，参加“博爱一日捐”活动，员工个人捐款1.81万元。资助教育事业，协同河北中烟开展“‘钻石’助学”活动，捐款5万元；向大同市社会福利院捐赠儿童桌椅80余套，价值1.9万元。资助环保活动，开展“敬畏生命　善待动物”公益活动。

阳泉市烟草专卖局（公司）：资助教育事业，向特殊教育学校捐款3000元；参加“青春传递正能量　爱心汇聚中国梦”活动，捐款2100元。资助乡村建设，向平定县圣堂村捐款2.5万元，用于新农村基层组织建设。

长治市烟草专卖局（公司）：扶贫济困，开展“博爱·慈善”捐助活动，捐款3.36万元；向南陌村等困难群众捐赠价值2200元的物品；参加“捐爱心棉衣换镁乐电影”活动，捐赠棉衣69件；参加“阳光关爱行动”，定向捐助1名困难学生每年1000元。资助乡村建设，向壶关县石南底村捐款5万元。

晋城市烟草专卖局（公司）：扶贫济困，开展“送温暖、献爱心”“博爱一日捐”“党员进社区服务”等活动，捐款3.49万元。资助乡村建设，向结对帮扶村捐款14万元。

朔州市烟草专卖局（公司）：扶贫济困，向右玉县丁村捐赠价值1.33万元的生活慰问品；向贫困地区留守学生捐款3900元。

忻州市烟草专卖局（公司）：扶贫济困，参加“博爱一日捐”活动，捐款7.2万元，其中员工个人捐款2.2万元；向困难群众捐赠价值2200元的必需品。资助乡村建设，向对口帮扶村捐款4万元。

吕梁市烟草专卖局（公司）：扶贫济困，向困难群众捐款2.39万元；开展“爱心助残”“博爱一日捐”“送温暖献爱心”等活动，捐款5.16万元。资助乡村建设，向岚县堡上村捐款10万元，用于道路修建。

晋中市烟草专卖局（公司）：扶贫济困，向扶贫村捐款6.5万元，并捐赠价值2万元的慰问品；开展“博爱一日捐”活动，捐款2.48万元。资助乡村建设，向三烈村捐款6.5万元。

临汾市烟草专卖局（公司）：扶贫济困，向永和县、大宁县等困难户捐款4.78万元；开展“千人百村惠万家”活动，捐款2800元。资助乡村建设，向石家湾村捐款3.93万元；向西韩村等捐款1.5万元；向吉县捐赠价值7600元的树苗。

运城市烟草专卖局（公司）：资助教育事业，协同开展“‘钻石’助学”活动，捐款2.5万元。

内蒙古自治区烟草专卖局（公司）

2014年，内蒙古自治区烟草商业系统积极开展各项社会公益活动。

内蒙古自治区烟草专卖局（公司）机关：扶贫济困，向困难户捐赠价值6000元的生活用品。资助乡村建设，对国光村开展5次专题调研，捐款68.9万元，并派1名驻村干部进行驻村帮扶。

呼和浩特市烟草专卖局（公司）：扶贫济困，向孤寡老人、困难户捐款4.5万元。资助乡村建设，向武川县哈拉合少乡捐款6万元，用于养羊户棚圈建设。

呼伦贝尔市烟草专卖局（公司）：扶贫济困、救助灾害，向“博爱一日捐”活动和遭受洪涝灾害地区捐款3960元。

兴安盟烟草专卖局（公司）：扶贫济困，捐款36.62万元，并向困难户捐赠慰问品。资助教育、文化事业，参加“精神文明创建”“捐资助学”等活动，捐款2.45万元。

通辽市烟草专卖局（公司）：扶贫济困，捐款29万元，其中员工个人捐款2.16万元。

赤峰市烟草专卖局（公司）：全年捐款42.51万元。其中，扶贫济困，员工个人捐款7.93万元。

锡林郭勒盟烟草专卖局（公司）：全年捐款24.99万元及其他物品。

二连浩特市烟草专卖局（公司）：扶贫济困，参加“博爱一日捐”活动，捐款2150元。

乌兰察布市烟草专卖局（公司）：全年捐款24.23万元。扶贫济困，参加“博爱一日捐”活动，捐款2.01万元；向困难户捐款1.11万元。

包头市烟草专卖局（公司）：资助社区、乡村建设，向怀朔、美岱桥村等捐款18万元。

鄂尔多斯市烟草专卖局（公司）：扶贫济困，参加“博爱一日捐”活动，捐款6万元；员工个人向沙日召嘎查村结对帮扶困难户捐款1.66万元。资助乡村建设，向沙日召嘎查村、吉日嘎朗图镇捐款10万元。

巴彦淖尔市烟草专卖局（公司）：全年捐款20.44万

元。其中，扶贫济困、救助灾害，员工个人向“博爱一日捐”活动和鲁甸地震灾区捐款 2.24 万元；向困难户和贫困学生捐款 1.6 万元。

乌海市烟草专卖局（公司）：扶贫济困，开展“结对帮扶”“博爱一日捐”“为云南地震灾区及患病儿童献爱心”等活动，捐款 3.06 万元。

阿拉善盟烟草专卖局（公司）：全年捐款 9.58 万元。其中，扶贫济困，参加“博爱一日捐”活动，捐款 1.12 万元；员工个人向困难户捐款 6000 元。

辽宁省烟草专卖局（公司）

2014 年，辽宁省烟草商业系统捐款 900.82 万元，用于各项社会公益活动。

辽宁省烟草专卖局（公司）机关：扶贫济困，向对口帮扶地区捐款 529 万元；开展“扶贫帮困献爱心”活动，员工个人向困难户捐款 3.7 万元及慰问品；党员干部与贫困户结成对子，帮助其解决生活中的实际问题。

沈阳市烟草专卖局（公司）：扶贫济困，参加“送温暖、献爱心”活动，捐款并捐赠慰问品，共计 21.9 万元；向对口帮扶村后满洲屯村捐款 2.43 万元。

鞍山市烟草专卖局（公司）：扶贫济困，向西平村、汤沟村困难群众捐款并捐赠慰问品，共计 2.84 万元。

本溪市烟草专卖局（公司）：扶贫济困，参加“党员干部进万家”活动，捐赠价值 5000 元的慰问品；向双合村、向阳村捐款 5.5 万元；参加“本溪慈善日”活动，捐款 2.89 万元；向雅尔古寨困难群众捐款 2.5 万元。资助乡村建设，向双合村捐款 3 万元，用于乡村建设。

锦州市烟草专卖局（公司）：扶贫济困，参加“送温暖、献爱心”活动，捐款 1.5 万元。

营口市烟草专卖局（公司）：扶贫济困，参加“送温暖、献爱心”活动，捐赠价值 2.5 万元的慰问品。资助教育事业，向娘娘庙村困难家庭子女捐款 7000 元。资助乡村建设，向卧龙泉镇捐款 1.5 万元，用于加固和修复水毁河道。

阜新市烟草专卖局（公司）：扶贫济困，开展“慈善行、暖万家”活动，向困难群众捐赠价值 10 万元的慰问品；参加“送温暖、献爱心”活动，员工个人捐款 3.43 万元；参加“在职党员进社区”活动，捐款 5000 元，捐赠衣服 300 余件；向困难学生捐款 2 万元。

辽阳市烟草专卖局（公司）：扶贫济困，参加“送温暖、献爱心”活动，员工个人捐款 2.11 万元；参加“在职党员进社区”活动，开展清洁卫生等活动，并捐款 1600 元；开展“一日工资捐”活动，员工个人捐款 2.34 万元。资助乡村建设，向尤家村捐款 15 万元，用于桥梁建设。

铁岭市烟草专卖局（公司）：扶贫济困，向困难户捐款 13.1 万元，并捐赠慰问品；参加无偿献血活动，献血 8000 毫升；向铁岭市社会福利院捐赠图书等物品。资助社区建设，捐款 3.1 万元。

朝阳市烟草专卖局（公司）：资助教育事业，向对口扶贫村小学捐赠电脑 37 台。资助乡村建设，向申沟村等捐款 5 万元，用于新农村建设。

盘锦市烟草专卖局（公司）：扶贫济困，参加“大走访、送温暖”活动，员工个人向红旗街道延风社区等困难群众捐款、捐物，共计 2.1 万元。

葫芦岛市烟草专卖局（公司）：扶贫济困，参加无偿献血活动，献血 8600 毫升。资助乡村建设，向坎守杖子村捐款 7.8 万元。资助文化事业，向葫芦岛市图书馆、坎守杖子村捐赠图书 198 册。其他捐款 15 万元。

吉林省烟草专卖局（公司）

2014 年，吉林省烟草商业系统积极开展社会公益活动。

吉林省烟草专卖局（公司）机关：扶贫济困，向 5 个帮扶村捐款 125 万元，并捐赠慰问品；开展“慈善救助双日捐”活动，捐款 5.02 万元。

长春市烟草专卖局（公司）：扶贫济困，参加“结对帮扶”活动，捐款 4.8 万元；开展“君子兰志愿者”义务劳动活动。

吉林市烟草专卖局（公司）：扶贫济困，参加“慈善救助双日捐”活动，捐款 5 万元。

四平市烟草专卖局（公司）：扶贫济困，参加“慈善救助双日捐”活动，员工个人捐款 1.1 万元；向困难中小学生、卷烟零售客户捐款 16 万元；参加无偿献血活动，献血 2100 毫升。资助社区建设，向胜利社区捐款 10 万元。资助社会公共事业，捐款 67 万元。

辽源市烟草专卖局（公司）：扶贫济困，参加“慈善救助双日捐”活动，捐款 1.36 万元；向困难户捐款 6.8 万元。

通化市烟草专卖局（公司）：扶贫济困，参加“慈善救助双日捐”活动，捐款 2.29 万元；向困难户捐款 3.85 万元。资助教育事业，参加“春风送暖、爱心送考”活动，设立烟草“雷锋爱心驿站”服务点为考生和家长服务。资助社会公共事业，阳光志愿者在市绿化处种植花卉2000余株。

白城市烟草专卖局（公司）：扶贫济困，向白城市洮北区慈善总会等捐款39.5万元。资助社会公共事业，向见义勇为基金会白城分会捐款5万元。

白山市烟草专卖局（公司）：扶贫济困，向东山村困难群众捐赠价值1万元的生活物资；向困难大学生捐款5350元；向东山村困难群众捐赠衣物120余件。

松原市烟草专卖局（公司）：扶贫济困，资助松原市福利事业，捐款25万元。资助乡村建设，向黑岗子村捐款10.95万元。资助社会公共事业，向见义勇为基金会松原分会捐款20万元。

延边朝鲜族自治州烟草专卖局（公司）：扶贫济困，员工个人捐款9.23万元；开展志愿者服务，127名职工自愿报名成立志愿者服务队；向困难群众捐赠慰问品；开展为延吉市特殊教育学校捐赠等活动。

黑龙江省烟草专卖局（公司）

2014年，黑龙江省烟草商业系统捐款56.33万元，用于各项社会公益活动。扶贫济困，捐款23.4万元，其中员工个人捐款14.7万元；资助乡村建设，捐款32.53万元；资助教育事业，捐款4000元。

哈尔滨市烟草专卖局（公司）：资助乡村建设，向永兴村、红丰村捐款20万元。

齐齐哈尔市烟草专卖局（公司）：扶贫济困，开展“我心连民心、社区助困”活动，捐款1.48万元，并捐赠生活用品等。

绥化市烟草专卖局（公司）：扶贫济困，向困难户捐款5.18万元。

牡丹江市烟草专卖局（公司）：扶贫济困，向困难户捐款1万元；员工个人向白血病患者捐款5200元。

佳木斯市烟草专卖局（公司）：扶贫济困，参加“慈善一日捐”活动，捐款7.98万元。资助教育事业，向四马架中学捐款3000元。

鸡西市烟草专卖局（公司）：扶贫济困，参加“慈善一日捐”活动，捐款8000元。资助教育事业，员工个人捐款950元。

双鸭山市烟草专卖局（公司）：扶贫济困，参加“慈善一日捐”活动，捐款2.51万元。资助教育事业，向社区捐赠图书337册。

伊春市烟草专卖局（公司）：扶贫济困，参加“慈善一日捐”活动，捐款1.44万元。

七台河市烟草专卖局（公司）：资助乡村建设，向红升村捐款5万元。

上海烟草集团有限责任公司

2014年，上海烟草集团有限责任公司捐款5348.46万元，用于各项社会公益活动。扶贫济困，向云南、湖南、贵州等烟叶产区捐款1020万元；向上海市老年基金会捐款800万元。资助教育事业，向上海市慈善基金会捐款1000万元；向江西、青海、贵州、东北三省的烟叶产区所在地学校捐赠总额为575万元的“爱心校车”23辆。资助卫生事业，向上海市医院定向捐款1000万元。

上海市烟草专卖局黄浦分局（一公司）：扶贫济困，向困难学生捐款4万元，向黄浦区困难户捐赠价值1.2万元的慰问品；向承兴托老所和“阳光之家”捐赠价值1万元的慰问品；参加无偿献血活动，献血4000毫升。资助社区建设，向南京东路街道和豫园街道阳光心园捐赠价值4万元的设施。

上海市烟草专卖局静安分局（有限公司）：扶贫济困，向困难群众捐赠轮椅10辆，共计8000元；向智障儿童、居民老人捐赠价值3000元的物品；参与“文明我先行 我为创建出点力”主题活动，活动为期2个月，每月21个工作日，每天出动2人次参与交通路口志愿服务工作；参加无偿献血活动，献血2600毫升。

上海市烟草专卖局闸北分局（有限公司）：扶贫济困，捐款6500元；向上海市慈善基金会闸北区分会捐款10万元；参加无偿献血活动。

上海市烟草专卖局杨浦分局（有限公司）：扶贫济困，向五角场街道结对困难群众捐款1800元。

上海市烟草专卖局普陀分局（公司）：扶贫济困，开展“爱心一日捐”活动，员工个人捐款3.53万元；参加无偿献血活动，献血4000毫升。

上海市烟草专卖局长宁分局（有限公司）：扶贫济困，开展“爱心一日捐”活动，员工个人捐款9450元；与周家桥街道联合开展“3·5”学雷锋便民服务活动。

上海市烟草专卖局闵行分局（有限公司）：扶贫济困，

开展“爱心一日捐”活动，员工个人捐款1.07万元；开展“学雷锋”活动，向闵行区大众养老院捐赠价值6500元的物品；参与闵行区交通路口志愿服务工作，9批次36人参加；参与“党员到社区、人人做公益”活动；参加无偿献血活动，献血600毫升。

上海市烟草专卖局宝山分局（公司）：扶贫济困，向困难户捐款3.6万元；开展帮困活动，捐款2.53万元；向宝康老年公寓等6家敬老院各捐赠轮椅5辆；向杨行镇金秋晨曦老年公寓捐赠食品；4人参加无偿献血活动。资助教育事业，捐款1.23万元。

上海市烟草专卖局浦东分局（有限公司）：扶贫济困，向上海市慈善基金会浦东新区分会捐款10万元。

上海市烟草专卖局松江分局（有限公司）：扶贫济困，参加“蓝天下的至爱”活动，捐款1万元。

上海市烟草专卖局嘉定分局（公司）：扶贫助学，参加“蓝天下的至爱”活动，捐款2万元；向困难学生、卷烟零售客户子女等捐款3.2万元。向嘉定镇街道西大社区、嘉定社会福利院、嘉定区迎园医院等捐赠轮椅46辆。资助社区建设，向西大社区捐赠价值5170元的投影仪1台。

上海市烟草专卖局奉贤分局（有限公司）：扶贫济困，向困难群众捐款4000元；参加“蓝天下的至爱”活动，捐款1.52万元；参加无偿献血活动，献血5400毫升。

上海市烟草专卖局金山分局（有限公司）：扶贫济困，参加“慈善一日捐”活动，捐款4.97万元；向金山区红十字会捐款5万元。

上海市烟草专卖局崇明分局（公司）：扶贫济困，参加无偿献血活动，献血3400毫升。资助乡村、社区建设，向建设镇三星村捐款3万元；开展“3·5学雷锋”服务社区系列活动。

上海烟草集团有限责任公司上海卷烟厂：扶贫济困，与智障人士开展“多肉植物栽培”“世界杯”等四期主题活动，65名志愿者参加；向亭林镇困难学生捐款1.03万元；协助举办“我们的年轻范儿”活动，有近20名青年志愿者参加。资助社区建设，开展“奉献你我　共创和谐”企村党组织结对共建活动；定期开展社区扶贫帮困工作。

江苏省烟草专卖局（公司）

2014年，江苏省烟草商业系统积极开展各项社会公益活动。

江苏省烟草专卖局（公司）机关：扶贫济困，向困难户捐款7万元；向睢宁县定点扶贫单位捐款72万元。

南京市烟草专卖局（公司）：扶贫济困，参加“慈善一日捐”“送温暖、献爱心”等活动，捐款54.82万元，其中员工个人捐款12.67万元。资助教育事业，开展“手拉手、共圆中国梦”助学活动，捐款2.38万元。资助乡村建设，捐款55.5万元。灾害救助，为高淳区防汛抗旱赈灾捐款3万元。

苏州市烟草专卖局（公司）：扶贫济困，向定点帮扶村捐款63万元；参加无偿献血活动，献血1.37万毫升。资助教育事业，开展公益助学活动，捐款20万元。资助社会公共事业，向昆山见义勇为基金会捐款3万元；向常熟、昆山、吴江慈善基金会及江苏省美德基金会捐款30万元。

无锡市烟草专卖局（公司）：扶贫济困，参加“慈善一日捐”“红十字人道万人捐”活动，捐款35万元，其中员工个人捐款13.29万元；向结对困难群众捐款3.8万元；参加无偿献血活动，献血6300毫升。资助教育事业，向困难学生捐款1万元及冬衣、图书等；与南漕小学开展结对共建活动，捐款1万元及价值上千元的图书。资助乡村、社区建设，向塘门村、龙运村、黄土寺村捐款45.4万元；向天鹤社区捐款1.5万元，改善科技展览馆。

常州市烟草专卖局（公司）：扶贫济困，向困难户捐赠价值7.28万元的生活必需品；向困难学生捐款2.4万元。资助教育事业，向溧阳市培智学校捐款1.34万元；向播尧小学捐赠价值2万元的电脑等。资助乡村建设，向濑阳村“百千万”帮扶工程捐款20万元。资助社会公共事业，向常州市美德基金会、金坛市慈善总会、金坛市见义勇为基金会，捐款25.9万元。其他捐款4万元。

镇江市烟草专卖局（公司）：扶贫济困，参加“百村万户双结对”“慈善一日捐”等活动，捐款13.5万元；开展无偿献血活动，献血1.03万毫升。资助社区建设，向高桥北社区捐款2万元。资助社会公共事业，参加“全国文明城市”活动，组织志愿者500余人次上路执勤、宣传道德规范等。

南通市烟草专卖局（公司）：扶贫济困，捐款61万元；开展无偿献血活动，献血2万毫升。

扬州市烟草专卖局（公司）：扶贫济困，向“慈善一日捐”活动和慈善总会捐款6.92万元；向困难户捐款4.16万元；开展无偿献血活动，献血1.7万毫升。资助教育事业，向困难学生、结对帮扶的学校捐款1.08万元。资助乡村、社区建设，捐款41.5万元。

泰州市烟草专卖局（公司）：扶贫济困，开展“关爱服务月”活动，走访慰问老党员、困难户，并捐赠慰问金；参加“博爱万人捐”活动，员工个人捐款6655元；向留守儿童捐赠衣物、图书。资助乡村建设，向梅网村、竺陆张村捐款18.5万元，用于基础设施建设。

盐城市烟草专卖局（公司）：扶贫济困，向困难户捐款5.76万元；向困难学生捐款2.8万元；向宁夏回族自治区贫困学生捐赠价值2.64万元的“爱心包裹”；参加无偿献血活动，献血6.86万毫升；开展“盐城市全国文明、卫生城市创建”等活动，志愿服务7315人次。资助教育事业，捐款6万元成立射阳县千秋小学“金叶春蕾班”。资助城市、社区、乡村建设，捐款51.3万元。

淮安市烟草专卖局（公司）：扶贫济困：向慈善总会捐款8万元；向困难户、学生捐款33万元；参加无偿献血活动，献血7000毫升。资助教育事业，向特殊教育学校捐款2万元；参加“爱心助学”活动，捐款2万元；向少年宫等捐款2.5万元。资助乡村建设，向渔沟、钦工、吕良等乡镇捐款12万元，并捐赠价值2.1万元的慰问品。

宿迁市烟草专卖局（公司）：扶贫济困，向困难群众捐款并捐赠慰问品，共计3.78万元；参加无偿献血活动，献血1万毫升。资助乡村建设，向饭棚村捐款16.02万元，用于新农村建设。资助公共事业，捐款8万元。

徐州市烟草专卖局（公司）：救济贫困，向市红十字会捐款1.76万元；向贫困户等捐款捐物，共计4.24万元；向困难大学生、儿童等捐款2.77万元，并捐赠价值1万元的图书。资助教育事业，捐款1万元。资助乡村建设，向丰县等地捐款40万元，用于基础设施建设。

连云港市烟草专卖局（公司）：救济贫困，向困难户捐款6万余元，并捐赠价值9万余元的生活用品；参加无偿献血活动，献血3.79万毫升。资助教育事业，与灌南县等地小学建立共建关系，并捐款3万元，捐赠图书3000余册及价值2万余元的学习用品。资助乡村建设，向扶贫村捐款22万元。资助社会公共事业，参加环境整治、交通秩序管理等志愿者服务活动，义务植树400棵。

江苏中烟工业有限责任公司

2014年，江苏中烟工业有限责任公司捐款1004.6万元，用于各项社会公益活动。

江苏中烟工业有限责任公司本部：扶贫济困，向江苏省扶贫基金会捐款99万元。资助教育事业，向南京市第29中学捐款50万元；向“春蕾圆梦工程”捐款33.6万元；向丽江大研中学捐款30万元。灾害救助，向云南原料产区捐赠救灾款100万元。

江苏中烟工业有限责任公司南京卷烟厂：资助教育事业，开展“阳关下的关爱”活动，捐款3万元，为困难农村学校建立图书室。资助乡村建设，向阳江镇捐款50万元、龙潭村捐款10万元、双进村捐款10万元，用于公共设施建设。

江苏中烟工业有限责任公司徐州卷烟厂：扶贫济困，向徐州市总工会、妇联捐款43万元。资助教育、体育事业，捐款362万元。

江苏中烟工业有限责任公司淮阴卷烟厂：扶贫济困，捐款120万元。资助教育事业，为“一品梅奖教学基金”捐款70万元。资助社会公共事业，捐款24万元。

浙江省烟草专卖局（公司）

2014年，浙江省烟草商业系统捐款6436.76万元，用于各项社会公益活动。扶贫济困，向浙江省慈善总会捐款141万元；为浙江省扶贫救灾工作捐款2500万元；向赤溪镇捐款15万元。资助教育事业，向浙江省“精实公益基金”大学生资助项目捐款500万元；向浙江省青少年发展基金会捐款232万元；向四都小学捐款50万元。资助乡村建设，向江山市捐款60万元，用于新农村建设。资助社会公共事业，向浙江省见义勇为基金会捐款50万元。

杭州市烟草专卖局（公司）：扶贫济困，开展“春风行动”等活动，捐款412.5万元。资助教育事业，向富阳市教育基金会捐款15万元。资助乡村建设，为杭州市新农村建设捐款214.8万元。资助社会公共事业，捐款30万元。

宁波市烟草专卖局（公司）：扶贫济困，向各级慈善总会等捐款202万元。资助教育事业，捐款8万元。资助乡村建设，向孔岙村等捐款163万元。

温州市烟草专卖局（公司）：扶贫济困，向各级慈善总会捐款245万元；向困难学生、残疾人捐款7万元。资助教育事业，捐款53万元。资助乡村建设，向蛙蟆垅村等扶贫结对村捐款41万元。

嘉兴市烟草专卖局（公司）：扶贫济困，向各级慈善总会捐款70.04万元；向敬老院、福利院等捐款64.48万元；向平湖市总工会捐款2.86万元；向锦福村等捐款20.47万元；参加无偿献血活动，献血2.85万毫升。资助教育事业，捐款36.1万元。资助社会公共事业，向“五水共治”活动捐款8万元。

湖州市烟草专卖局（公司）：扶贫济困，向各级慈善机构捐款112万元；向结对困难群众、党员捐款5万元；参加无偿献血活动，献血8600毫升。资助教育事业，捐款5万元设立“烟草雨露”助学金；向乡村地区小学、困难留守学生捐赠价值1万元的学习用品。资助社会、乡村建设，向结对社区捐款12.5万元；向结对村捐款53.1万元。资助社会公共事业，向“五水共治”活动捐款4万余元；

绍兴市烟草专卖局（公司）：扶贫济困，向诸暨市慈善总会捐款5万元；向“精实慈善基金”捐款9.24万余元。资助教育事业，向新昌县教育基金捐款10万元。资助乡村建设，捐款60万元。资助社会公共事业，向“五水共治”“河道三清”等活动捐款6.37万元。

金华市烟草专卖局（公司）：扶贫济困，向各级慈善总会捐款106.5万元。资助教育事业，捐款11万元。资助乡村、社区建设，向东阳市虎鹿镇、巍山镇捐款7.5万元；向共建社区捐款18万元。资助社会公共事业，向“五水共治”活动捐款55万元。

衢州市烟草专卖局（公司）：扶贫济困，向各级慈善总会、红十字会捐款33.5万元；向贫困大学生、困难党员等捐款17.15万元。资助教育事业，向常山一中等捐款5.89万元。资助乡村、社区建设，向前程村等捐款53.58万元；向荷花街道社区捐款18.53万元。资助社会公共事业，向“五水共治”等活动捐款21.35万元。

丽水市烟草专卖局（公司）：扶贫济困，向困难户、大学生等捐款65.85万元；向各级红十字会、慈善总会捐款29.75万元；参加“慈善捐赠月”活动，捐款8700元。资助乡村、社区建设，向结对帮扶村、社区捐款81.82万元。资助文化、体育事业及其他，捐款25.96万元。

台州市烟草专卖局（公司）：扶贫济困，向各级慈善总会、红十字会捐款193.65万元；向全市福利院捐款捐物，共计5.58万元；向困难户捐款18.23万元。资助教育事业，捐款33.55万元。资助乡村建设，向各级结对村、联系村及困难户捐款55.66万元。

舟山市烟草专卖局（公司）：扶贫济困，向各级慈善总会捐款50.98万元；向残疾人康复指导中心捐款2万元。资助教育事业，向教育基金会捐款5.02万元。资助社区建设，向马岙社区捐款3万元。

浙江中烟工业有限责任公司

2014年，浙江中烟工业有限责任公司捐款1.97亿元，用于各项社会公益活动。

扶贫济困：向浙江省淳安县、文成县各捐款70万元；向江山市捐款95万元；向湖南省隆回县等捐款105万元；向云南省景谷傣族彝族自治县等捐款1195万元；向河南省三门峡市等捐款260万元。

慈善活动：向杭州市上城区慈善总会捐款10万元；向杭州市慈善总会捐款3860万元；向浙江消防公益基金会捐款1000万元。

资助文化、教育事业：向浙江大学教育基金会捐款1.2亿元；向杭州城市学研究会专项基金捐款390万元；向宁波市人民教育基金会捐款100万元；向宁波市关心下一代基金会捐款30万元；向宁波市武术协会捐款8万元；向建德市民政局捐款500万元，用于历史文化保护。

安徽省烟草专卖局（公司）

2014年，安徽省烟草商业系统捐款444.14万元，用于各项社会公益活动。

安徽省烟草专卖局（公司）机关：扶贫济困，员工个人捐款1.25万元。资助教育事业，向金叶希望小学捐款35.5万元。资助乡村建设，选派干部到张坝村任职；与下塘镇结对帮扶，帮助其加强秸秆综合利用。

合肥市烟草专卖局（公司）：扶贫济困，开展“亲情帮扶 徽映你我”活动，捐款4万元；向困难群众捐款8.57万元，并捐赠慰问品；参加无偿献血活动，献血6.32万毫升。资助教育事业，向卅埠小学捐赠课桌椅及教学器材，价值5万元；向巢湖市职业教育中心等学校捐款2.4万元；向下塘镇中心小学捐赠电脑和图书，价值4.93万元。

淮北市烟草专卖局（公司）：扶贫济困，向市社会福利院捐赠价值7000元的慰问品。

亳州市烟草专卖局（公司）：扶贫济困，向困难群众等捐款4.88万元。资助教育事业，参加“金秋助学”活动，捐款3000元。

宿州市烟草专卖局（公司）：扶贫济困，参加“博爱在江淮”活动。资助乡村、城市建设，向五一村等捐款2.77万元；向宿州市、泗县捐款2.72万元，用于文明城市创建工作。

蚌埠市烟草专卖局（公司）：扶贫助困，开展“走基层送温暖”活动，捐赠慰问品；向市社会福利院捐赠空调等电器，价值1.5万元；开展“同植常青树 共建徽映林”义务植树活动。资助教育事业，向回民新村小学捐赠价值3万余元的学习生活用品。资助乡村建设，向龙徐村等捐款7万元。

阜阳市烟草专卖局（公司）：扶贫济困，参加“送温暖、献爱心”活动，捐款3.4万元。资助教育事业，参加“关心下一代”活动，捐赠价值3万元图书；开展“金秋助学”活动，捐款2万元。

淮南市烟草专卖局（公司）：资助乡村建设，向吴乡村、安费塘村捐款6.31万元，用于修建水泥路。其他捐款6.69万元。

滁州市烟草专卖局（公司）：扶贫济困，参加“送温暖、献爱心”“千名党员进万家”等活动，捐款7.33万元；向困难户捐赠价值8800元的慰问品。资助教育事业，捐款5.34万元。资助乡村建设，向马厂镇等捐款12.8万元。

六安市烟草专卖局（公司）：扶贫济困，参加“慈善一日捐”等活动，捐款1.49万元，并捐赠慰问品。资助乡村建设，向飞机场村捐款6.12万元；选派干部1人到西莲村挂职，并捐款2万元。

马鞍山市烟草专卖局（公司）：扶贫济困，参加“慈善一日捐”活动，捐款2.11万元。资助乡村建设，捐款28万元。

芜湖市烟草专卖局（公司）：扶贫济困，参加“文明传爱心 温暖你我他”等活动，捐款4.3万元；向困难户捐款23.02万元；向芜湖市社会福利院捐款3.95万元。资助教育事业，捐款9.7万元。资助乡村、社区建设，向对口帮扶乡镇村、社区捐款50.7万元；选派干部1人到社令村挂职。

宣城市烟草专卖局（公司）：扶贫济困，向困难户捐款16.16万元。资助教育事业，向王直助教中心捐款5.1万元；参加“栋梁圆梦”助学活动，捐款4.8万元；向市特殊教育中心孤残儿童捐款1万元。资助乡村建设，向青龙乡、灵芝村等捐款15.3万元。其他捐款3.3万元。

铜陵市烟草专卖局（公司）：扶贫济困，参与“慈善一日捐”活动，捐款2.89万元；向困难学生捐款3万元。资助教育事业，向市儿童福利院、市特教学校捐款3.68万元。资助乡村建设，向农林村、钟仓村捐款8.1万元。灾害救助，向云南鲁甸地震灾区捐款3万元。

池州市烟草专卖局（公司）：扶贫济困，参加“送温暖、献爱心”活动，捐款1.7万元；向白血病患者捐款2万元；向敬老院和空巢老人捐款3.9万元。资助社区建设，向元四村东湖路社区捐款6.8万元。资助社会公共事业，向市妇女联合会等捐款3.6万元。

安庆市烟草专卖局（公司）：扶贫济困，开展“送温暖、献爱心”活动，捐款11.8万元；捐赠价值1万元的爱心包裹；向“沐阳之家”残疾儿童活动中心捐款2.3万元；向敬老院、留守儿童捐款4万元。资助乡村建设，向银河村等捐款35.3万元。

黄山市烟草专卖局（公司）：扶贫济困，向困难户捐款2.46万元；参加无偿献血活动，献血1.83万毫升。资助教育事业，向白塔村小学、“徽映”助学活动等捐款4.72万元。资助乡村建设，向竦口村捐款3万元。

安徽中烟工业有限责任公司

2014年，安徽中烟工业有限责任公司捐款532.5万元，用于各项社会公益活动。

安徽中烟工业有限责任公司本部：资助教育事业，向希望工程捐款95万元。资助乡村建设，向灵璧县捐款50万元。灾害救助，向湖南省郴州市捐款50万元，用于救灾专项工作。

安徽中烟工业有限责任公司蚌埠卷烟厂：扶贫济困，向蚌埠市慈善总会捐款64万元；参加“敬老、爱老、助老进社区”活动，捐款10万元；向市妇女联合会捐款6万元，用于救助困难妇女儿童；组织100名员工参加无偿献血活动。资助教育事业，开展“心手相牵、阳光助残”活动，向五河县特殊教育学校捐赠书包等文体用品。

安徽中烟工业有限责任公司芜湖卷烟厂：扶贫济困，向芜湖市慈善总会等捐款27.5万元，用于助学助困。资助教育事业，参加“2014爱心圆梦大学”活动，捐款1.5万元；向芜湖市妇联儿童部捐赠价值1万元的“爱心礼包”；向芜湖市爱心助学基金会等捐款30万元。

安徽中烟工业有限责任公司合肥卷烟厂：扶贫济困，向合肥市慈善总会捐赠轮椅1000台，价值19万元；向桐城市、寿县捐款32.5万元；组织206名员工参加无偿献血活动。资助教育事业，向青海格桑花教育救助会捐款18万元，用于青海藏族学校数学教育培训项目；向庐江县捐款10万元，用于建设农村中学“留守儿童之家”。

安徽中烟工业有限责任公司阜阳卷烟厂：扶贫济困，捐赠扶贫基金参加“送温暖、献爱心”“爱心圆梦大学”“最美留守儿童”“最美五老”等活动，捐款75万元；向困难职工、儿童、大学生等捐款44万元。资助乡村建设，向前于村捐款1万元。

安徽中烟工业有限责任公司滁州卷烟厂：扶贫济困，向滁州市慈善总会捐款3万元；参加“送温暖、献爱心”活动，捐款16万元。资助教育事业，向滁州市南谯区捐款14万元，用于改善山区学校办学条件等助学活动；向慈善总会捐款5万元，用于爱心助学。其他捐款20万元。

福建省烟草专卖局（公司）

2014年，福建省烟草商业系统捐款5722万元，用于各项社会公益活动。

福建省烟草专卖局（公司）机关：扶贫济困，捐赠扶贫资金300万元；参加“爱心年夜饭”“爱心年货赠送”等活动，捐款5万元；向“三下乡”活动捐款15万元；与困难家庭开展结对帮扶，员工个人捐款9540元。资助教育事业，向永定县中小学校捐款200万元，用于校舍维修；向“2014年高考心理咨询”活动捐款5万元。资助卫生事业，向省立医院等捐款120万元；组织“母亲健康1+1”活动，员工个人捐款7650元。资助乡村建设，向石峰村等捐款165万元；选派1名干部到上琴村挂职，并捐款90万元；向泰宁县“音山烟韵”工程捐款50万元。资助社会公共事业，开展消防安全宣传活动，捐款3万元；参与省环保志愿者协会植树活动，捐赠价值3000元的树苗；向见义勇为基金会捐款30万元。其他捐款102万元。

福州市烟草专卖局（公司）：扶贫济困，向困难户捐款12.2万元；向慈善总会、妇联、残联等机构捐款13.1万元；开展“邻里相助”活动，慰问空巢老人及贫困户；参加无偿献血活动，献血1.29万毫升。资助教育事业，捐款2.2万元。资助社区建设，捐款4.5万元。

厦门市烟草专卖局（公司）：扶贫济困，向困难户捐款捐物，共计3.85万元；向结对帮扶对象捐款1.78万元；向特困学生等捐款7.82万元；组织爱心捐衣活动，捐衣223件；参加无偿献血活动，献血1.21万毫升。资助教育事业，参加“三角梅——手拉手”爱心助学活动，捐款15万元。资助乡村建设，向小坪村等13个乡村捐款28.5万元。

宁德市烟草专卖局（公司）：扶贫济困，向困难户捐款21.23万元。资助教育事业，向特殊教育学校和困难学生捐款6.9万元。资助乡村、社区建设，捐款104.4万元。资助文体事业，捐款10.5万元。

莆田市烟草专卖局（公司）：扶贫济困，向困难户捐款3万元；向困难大学生捐款31.2万元；向“三下乡”活动捐款7万元；向莆田市社会福利中心捐款20万元。资助乡村建设，捐款20万元，用于基础设施建设等。

泉州市烟草专卖局（公司）：扶贫济困，向困难户捐款12.55万元。资助教育事业，通过捐书助学、捐助学校等形式，捐款86.8万元。资助乡村建设，向晋江、安溪、德化村等捐款30.6万元。

漳州市烟草专卖局（公司）：扶贫济困，向困难户捐款7.47万元。资助教育事业，向云霄教育专项发展基金捐款60万元；向秀峰中心小学等捐款12.5万元；捐赠“金叶图书”款50万元。资助乡村建设，向挂钩扶贫村等捐款34.7万元。其他捐款29.4万元。

龙岩市烟草专卖局（公司）：扶贫济困，向困难户捐款90万元；向敬老院、孤寡老人等捐款10万元。资助教育事业，向当地中、小学校捐款65万元。资助乡村建设，捐款119万元。救助灾害，捐款737万元。其他捐款57万元。

三明市烟草专卖局（公司）：扶贫济困，向困难户捐款20.28万元；向扶贫协会捐款3万元；向敬老院等捐款13.32万元。资助教育事业，开展“金叶奖学金”“烟草爱心基金”等活动，捐款10.41万元；向中小学校捐款4.02万元。资助社区、乡村建设，捐款116.05万元。

南平市烟草专卖局（公司）：扶贫济困，开展“慈善一日捐”等活动，员工个人捐款1万元；向松溪、邵武等县困难大学生捐款1.1万元；开展“金叶情”志愿服务活动176次；参加无偿献血活动，献血3.32万毫升。资助乡村建设，向光泽县等捐款15万元，用于残疾人安居工程等项目。

福建中烟工业有限责任公司

2014年，福建中烟工业有限责任公司捐款9498万元，用于各项社会公益活动。其中，扶贫济困452万元，资助教育事业670万元，资助文体活动8146万元，灾害救助230万元。

福建中烟工业有限责任公司本部：资助教育事业，向思明区教育基金捐款200万元；向学校、科研机构捐款280万元。资助乡村建设，向困难村捐款150万元；向临江镇捐款50万元，用于重建镇安桥。

龙岩烟草工业有限责任公司：扶贫济困，向龙岩市慈善总会捐款230万元。资助教育、卫生事业，向龙岩学院附属中学捐款2000万元；向龙岩市第一医院捐款390万元；向永定县农村边远学校和乡镇卫生院捐款200万元；资助地方教育事业，捐款80万元。资助乡村建设，向坎市镇捐款1000万元，用于公路改建工程建设。资助文化建设，捐款800万元。

厦门烟草工业有限责任公司：2014年捐款3660.9万元。其中，资助教育、文化、体育活动，捐款3620万元。

江西省烟草专卖局（公司）

2014年，江西省烟草商业系统捐款490.64万元，用于各项社会公益活动。其中，扶贫济困206.33万元，资助教育、科学、文化、卫生事业23.3万元，资助乡村建设240.27万元，灾害救助12.18万元。

江西省烟草专卖局（公司）机关：扶贫济困，开展“慈善一日捐”活动，捐款1.7万元；向困难群众捐款9600元；开展无偿献血活动，献血9900毫升。资助教育事业，开展“实干兴赣当先锋 为民服务作表率”活动，向田南村小学捐赠书包、图书等用品。

南昌市烟草专卖局（公司）：扶贫济困，向南昌市红十字会捐款5万元；向困难户和困难留守儿童家庭捐款5万元；向环卫工人捐款9000元。资助乡村建设，向南昌县部分乡镇捐款35.7万元。灾害救助，向南昌县、进贤县捐赠防洪救助款2.6万元。

九江市烟草专卖局（公司）：资助乡村建设，向西塘村等捐款54.7万元，用于新农村建设。

上饶市烟草专卖局（公司）：扶贫济困，开展“送温暖、献爱心”活动，捐款3.1万元。资助乡村、社区建设，向洋口镇等捐款15万余元；向石岭村等捐款18.5万元；向双明镇、八角塘社区等捐款5.9万元。

抚州市烟草专卖局（公司）：扶贫济困，向困难户捐款3万元。资助教育、文体事业，捐款1.6万元。资助乡村、社区建设，捐款17.9万元。资助社会公共事业，捐款3.21万元。

宜春市烟草专卖局（公司）：资助乡村、社区建设，向桥东村等捐款31.6万元；向高岭村等捐款8.1万元；向崔家园社区等捐款5.9万元。灾害救助，向上高县捐款9.58万元，用于烟叶灾害救助。

吉安市烟草专卖局（公司）：资助乡村建设，向对口帮扶村捐款70万元，用于修建公路等工程。

赣州市烟草专卖局（公司）：扶贫济困，参加“送政策、送温暖、送服务”“慈善一日捐”等活动，捐款14.33万元，其中员工个人捐款1.33万元；向兴国县红十字会捐款4.9万元。资助乡村建设，向罗源村捐款5万元。

景德镇市烟草专卖局（公司）：扶贫济困，开展“慈善一日捐”活动，捐款1万元。资助教育事业，向宝石小学等捐款4.8万元。资助乡村、社区建设，向桂花村等捐款16.79万元；向同乐村等捐款13万元；向凤凰山社区等捐款3万元。

萍乡市烟草专卖局（公司）：扶贫济困，开展“助残一日捐”“助学行动”等活动，员工个人捐款2.3万元；参加无偿献血活动，献血7000毫升。资助乡村建设，向垭坞村捐款38.67万元。

新余市烟草专卖局（公司）：资助乡村、社区建设，向毓秀山村等捐款11.5万元；向田南村等捐款5.6万元；向孔目江社区等捐款7.5万元。资助文化事业，捐款1.4万元。

鹰潭市烟草专卖局（公司）：扶贫济困，向对口帮扶村和困难群众捐款9.84万元。资助社会公共事业，捐款6.1万元。

江西中烟工业有限责任公司

2014年，江西中烟工业有限责任公司捐款1.03亿元，用于各项社会公益活动。其中，扶贫济困13.7万元，资助教育事业95万元，资助乡村建设1.02万元。

江西中烟工业有限责任公司南昌卷烟厂：资助乡村建设，向绿水村捐款8万元，用于新农村建设。

江西中烟工业有限责任公司赣南卷烟厂：资助乡村建设，向过路村捐款15万元，用于新农村建设。

江西中烟工业有限责任公司广丰卷烟厂：资助乡村、社区建设，向永丰街道湖沿社区、铜钹山镇七星村等捐款10万元，用新农村改水项目、道路、护栏建设等。

江西中烟工业有限责任公司井冈山卷烟厂：扶贫济困，开展“慈善一日捐”等活动，捐款2.35万元。资助乡村建设，向吉安县油田镇院背村、固江镇凫潭村捐款10万元。

山东省烟草专卖局（公司）

2014年，山东省烟草商业系统捐款1.99亿元，用于各项社会公益活动。

山东省烟草专卖局（公司）机关：资助卫生事业，捐款800万元。资助城市建设，向济南市捐款3000万元，用于大辛河综合治理工程。资助乡村建设，开展烟叶生产生态村富民工程，捐款2000万元；向沂南县捐款1500万元，用于雨洪资源利用项目建设。资助文化事业，捐款40万元。

济南市烟草专卖局（公司）：扶贫济困，开展“慈心一日捐”“助残日”“人口关爱”活动，捐款64.26万元，其中员工个人捐款4.26万元。资助教育事业，开展“真情助学”活动，捐款3.45万元。

青岛市烟草专卖局（公司）：扶贫济困，向老弱病残及困难户捐款10.3万元；参加“慈善一日捐”活动，员工个人捐款10万元；向“人口关爱基金”捐款1.2万元。资助乡村建设，实施“生态村富民工程”，捐款311.4万元。

淄博市烟草专卖局（公司）：扶贫济困，参加“慈心一日捐”活动，捐款24.4万元。资助乡村建设，捐款414万元，推进6个非烟生态村富民工程建设。

枣庄市烟草专卖局（公司）：扶贫济困，开展“春雨行动”，员工个人捐款3.67万元；向困难户捐款12.9万元。资助乡村建设，向罗山口村捐款10万元；向“生态富民”工程捐款600万元。

东营市烟草专卖局（公司）：扶贫济困，开展“放飞梦想·点燃希望”等活动，捐款31.4万元；向困难户捐款2.2万元，其中员工个人捐款1万元；开展志愿活动30次；参加无偿献血活动，献血2000毫升。资助教育事业，与利津县教育局开展结对帮扶活动，捐款15万元；向中小学师生捐款1.5万元。资助乡村建设，向非烟生态村建设捐款277.8万元。其他捐款8.2万元。

烟台市烟草专卖局（公司）：扶贫济困，向困难户捐款25.18万元；参加“慈善爱心”活动，捐款72.29万元，其中员工个人捐款24.29万元；启动“助力寒门学子”等活动，捐款45万元。资助乡村建设，开展“3+1”新农村联手共建项目，捐款110万元；实施生态村富民工程，捐款1030万元。资助社会公共事业，捐款50万元。

潍坊市烟草专卖局（公司）：扶贫济困，向困难户捐款53.6万元；参加“慈心一日捐”等活动，员工个人捐款17.4万元；向潍坊市儿童福利院等机构捐款1.3万元；参加无偿献血活动，献血1800毫升；向辖区学校、困难学生捐款13万元。资助乡村建设，向聂家村等捐款71万元。救助灾害，捐款11.5万元。

济宁市烟草专卖局（公司）：扶贫济困，向困难户捐款17.38万元。资助城乡建设，捐款42.8万元用于城市公共设施建设等工作；捐款783.7万元，用于乡村建设。

泰安市烟草专卖局（公司）：扶贫济困，向困难户捐款10.7万元。资助教育事业，开展“真情助学月”活动，捐款12万元。资助乡村建设，实施生态村富民工程，在全市建成1个科技村、2个特色生态村和8个普通生态村，全面完成文化广场、村级公路等基础设施建设。

威海市烟草专卖局（公司）：扶贫济困，开展“春送春风、夏送清凉、秋送真情、冬送温暖”等活动，捐款36万元；参加“慈心一日捐”活动，捐款12.06万元；向困难农民工子女捐款3万元。资助教育事业，向泊于中学、特殊教育学校等捐款6.3万元，并捐赠图书、衣物。资助乡村建设，向前荫子夼村等对口帮扶村捐款58.53万元，用于道路硬化等；捐款311.2万元用于启动生态村建设。

日照市烟草专卖局（公司）：扶贫济困，向困难户捐款10万元；员工个人向困难家庭、受灾烟农捐款2.58万元；开展“慈心一日捐”“贫困救助月活动”活动，捐款6.19万元；向未成年人关爱基金会捐款2万元；开展“文明交通”志愿服务，80人次参与；参加无偿献血活动，献血7700毫升。资助乡村建设，向五莲县捐款10万元。

莱芜市烟草专卖局（公司）：扶贫济困，向困难户捐赠价值1万元的慰问品；举办“金叶爱心助学行动”“慈心一日捐”，捐款11万元。资助教育事业，教师节捐款1万元。资助乡村建设，捐款317万元。

临沂市烟草专卖局（公司）：扶贫济困，向“绿叶”慈善基金捐款100万元；参加“慈心一日捐”活动，捐款10万元。资助乡村建设，捐款1529万元，用于对生态村和非烟生态村进行帮扶；为沂南县荒山绿化捐款9万元；向全市选派干部任职村捐款45万元；向张家围子村等捐款9.86万元。救助灾害，捐款58.66万元。

德州市烟草专卖局（公司）：扶贫济困，向困难户捐赠价值17.8万元的慰问品；向慈善总会等机构捐款41万元。

资助教育事业，捐款 3.7 万元，其中员工个人捐款 1.1 万元。资助乡村建设，向帮扶生态村捐款 1113 万元，帮扶项目涵盖产业配套、生态循环、村容村貌等方面。

聊城市烟草专卖局（公司）：扶贫济困，开展“尚水行·圆梦助学”“慈心一日捐”“尚水行·关爱贫困老人 情暖江北水城”等活动，捐款 38.53 万元；向全市五保户老人捐赠羽绒服；开展“擦亮城市名片　清除东昌湖水草”志愿活动。

滨州市烟草专卖局（公司）：扶贫济困，参加“善行滨州、温情救助”“慈心一日捐”活动，捐款 10 万元。资助乡村建设，实施生态村富民工程，捐款 300 万元，帮助 13 个生态村改造生产生活设施。

菏泽市烟草专卖局（公司）：扶贫济困，向市慈善总会捐款 200 万元，设立“情义公益基金”，用于救助全市困难户。资助乡村建设，向生态村捐款 690 万元；向选派干部任职村捐款 177 万元；捐款 45 万元，用于帮扶新农村及社区基础设施建设。

山东中烟工业有限责任公司

2014 年，山东中烟工业有限责任公司捐款 2389.77 万元，用于各项社会公益活动。

山东中烟工业有限责任公司本部：扶贫济困，向山东省慈善总会等机构捐款 2136.61 万元。救助灾害，捐款 220 万元用于抗击干旱、地震、台风、冰雹等自然灾害。

山东中烟工业有限责任公司济南卷烟厂：扶贫济困，与孙村镇困难群众建立帮扶联系。资助教育事业，举办“点亮小桔灯　同读一本书”活动，捐赠图书 200 余册；开展“为了孩子的微笑——走进济南儿童福利院”活动，捐款 1100 元，并捐赠图书等物品。资助乡村建设，向岚峪村捐款 20 万元。资助社会公共事业，参与“生态济南 绿满泉城”植树活动；组织“扬泰山风帆 践绿色出行”“心系银铃送温暖”等活动；成立“泰山·天翼”志愿者服务队。

山东中烟工业有限责任公司青岛卷烟厂：扶贫济困，参加“慈善一日捐”活动，员工个人捐款 1.93 万元。

山东中烟工业有限责任公司青州卷烟厂：资助乡村建设，向西段村捐款 10 万元，用于开展农村道路亮化工程。

山东中烟工业有限责任公司滕州卷烟厂：扶贫济困，参加“慈善一日捐”活动，员工个人捐款 1.12 万元。

河南省烟草专卖局（公司）

2014 年，河南省烟草商业系统捐款 547 万元，用于各种社会公益活动。

河南省烟草专卖局（公司）机关：扶贫济困，向安阳林州市砚花水村捐款 10 万元；开展慰问留守儿童活动，并捐赠书包、图书等用品。

郑州市烟草专卖局（公司）：扶贫济困，向郑州市慈善总会捐款 4.8 万元。

开封市烟草专卖局（公司）：扶贫济困，参加“温暖在身边”“金秋助学”活动，捐款 1.5 万元。资助乡村建设，捐款 3 万元。资助文化事业，捐款 4000 元。

洛阳市烟草专卖局（公司）：资助教育事业，向洛宁县卡村学校捐赠电脑 10 台，价值 4 万元；参加“爱心圆梦工程”活动，向小学生捐赠书包，价值 2.2 万元。资助乡村建设，向卡村捐款 15 万元；捐款 28.2 万元，修建入村道路。

平顶山市烟草专卖局（公司）：扶贫济困，向困难大学生捐款 16.8 万元；开展“送温暖、献爱心”活动；向爱心超市捐赠衣物、图书等物品；开展无偿献血、抗旱送水、义务劳动等社会公益活动。资助教育事业，捐款 20 万元，用于希望小学、感恩书屋建设；开展“爱心送考”活动。

安阳市烟草专卖局（公司）：扶贫济困，向困难学生捐款 53.5 万元。资助教育事业，向河南护理职业学院捐款 15 万元。资助乡村建设，向内黄县东石盘村捐款 15 万元。

鹤壁市烟草专卖局（公司）：资助乡村建设，向浚县善堂镇等乡镇捐款 20 万元，用于新农村建设。

新乡市烟草专卖局（公司）：扶贫济困，向困难群众捐赠价值 4.4 万元的慰问品。资助教育事业，捐款 3.9 万元。资助乡村建设，向嘉县史庄镇等捐款 23.7 万元，并捐赠运送垃圾车辆及保洁用品用具。

焦作市烟草专卖局（公司）：扶贫济困，参加“爱心一日捐”活动，捐款 4.3 万元；参加“亲情救助”活动，捐款 2000 元；资助博爱县赵庄困难学生。

濮阳市烟草专卖局（公司）：扶贫济困，捐款 15.7 万元。

许昌市烟草专卖局（公司）：扶贫济困，捐款 1.1 万元。

漯河市烟草专卖局（公司）：资助乡村建设，向舞阳县军李村捐款129万元，用于道路、文化广场建设等。

三门峡市烟草专卖局（公司）：资助社区建设，向宏远社区等捐款13万元。资助乡村建设，向卢氏县柳泉村、陕县人马寨村捐款13万元。

南阳市烟草专卖局（公司）：资助教育事业，向方城县孙沟学校捐款2万元，并捐赠电脑6台。

商丘市烟草专卖局（公司）：扶贫救灾，参加“冬令救灾”“金秋助学”等活动，捐款1.6万元。

信阳市烟草专卖局（公司）：扶贫济困，开展“慈善一日捐”活动，捐款1万元；向儿童福利院捐赠价值2.2万元的物品。资助教育事业，捐赠助学款5000元。资助乡村建设，捐款27.2万元。救助灾害，捐款1.3万元。

周口市烟草专卖局（公司）：资助乡村建设，向郸城县喻庄村等捐款6万元。资助教育事业，参加“希望工程圆梦行动”，捐款14万元；向商水县白寺镇小学捐款28万元。

驻马店市烟草专卖局（公司）：资助城乡建设，向确山县何大庙村等捐款24.5万元。资助教育事业，向市孤儿院捐赠价值4.5万元的学习用品；向市特种学校捐款2万元，并捐赠价值1.2万元的体育用品及生活物品；参与公益慈善活动，捐赠价值1.3万元物品。

济源市烟草专卖局（公司）：资助教育事业，组织职工参加“爱心送考”活动。资助城乡建设，向罗庄村捐款10万元。

天昌国际烟草有限公司：扶贫济困，开展“感恩有你”爱心捐赠活动，捐款捐物价值2万元。

河南中烟工业有限责任公司

2014年，河南中烟工业有限责任公司积极开展各项社会公益活动。

河南中烟工业有限责任公司本部：扶贫济困，向郑州市慈善总会捐款100万元。资助教育事业，向河南省青少年基金会捐款30万元。资助乡村建设，向河南省光彩事业基金会捐款29万元，分别用于毛铺村和前屯村建设。

河南中烟工业有限责任公司黄金叶生产制造中心：资助乡村建设，向水泉村捐款50万元。

河南中烟工业有限责任公司许昌卷烟厂：资助教育事业，向许昌市总工会捐款6万元，用于贫困助学。资助乡村建设，向冢王村捐款10万元。

河南中烟工业有限责任公司安阳卷烟厂：扶贫济困，开展“一帮一”活动，捐款2.49万元。资助乡村建设，向三里湾村捐款29万元。

河南中烟工业有限责任公司南阳卷烟厂：扶贫济困，向南阳市慈善总会捐款5万元。资助乡村建设，向杨沟村捐款30万元。资助教育事业，向贾洼村小学捐赠图书1000余册；向玉皇村小学校捐款5万元，用于电教室建设。

河南中烟工业有限责任公司驻马店卷烟厂：资助乡村建设，向张楼村捐款23万元。

河南中烟工业有限责任公司漯河卷烟厂：扶贫济困，向漯河市慈善总会捐款2万元。

河南中烟工业有限责任公司洛阳卷烟厂：扶贫济困，员工个人向大杨村困难家庭捐赠价值4000元的学习用具和生活物资等。资助乡村建设，向丰润村捐款50万元。

河南卷烟工业烟草薄片有限公司：资助乡村建设，向茂武张村捐款10.1万元；向白雉村捐款10万元。

湖北省烟草专卖局（公司）

2014年，湖北省烟草商业系统捐款1914.52万元，用于各项社会公益活动。

湖北省烟草专卖局（公司）机关：扶贫济困，向湖北“616”扶贫工程点来凤县捐款150万元；向三峡工程移民点捐款50万元；向郧县捐款30万元；向竹山县、竹溪县捐款600万元；向“万名干部进万村惠万民”（简称“三万”活动）驻点村捐款46.5万元。

武汉市烟草专卖局（公司）：扶贫济困，向武汉市慈善总会捐款42万元；向对口扶贫点捐款23万元；向“三万”活动驻点村捐款25万元。其他捐款20.22万元。

黄冈市烟草专卖局（公司）：扶贫济困，参加“慈善一日捐”活动，向困难家庭、身患重病人员捐款2万元；参加无偿献血活动，献血3400毫升。资助乡村建设，向古峰岭村捐款20万元。

襄阳市烟草专卖局（公司）：扶贫济困，向红十字会、“三万”活动联系点、慈善会等捐款37.77万元。资助乡村、社区建设，向樊城区太平店镇、代家台社区等捐款8万元；向贫困村捐款80万元；参加无偿献血活动，献血1.3万毫升。

荆州市烟草专卖局（公司）：扶贫济困，向公安县、沙市区、松滋市、江陵县、石首市等村镇捐款53.5万元。资助教育事业，向实验中学等学校和朝阳辖区困难学生捐款 22 万元。资助社会公共和福利事业，捐款 23.5 万元。

十堰市烟草专卖局（公司）：扶贫济困，向“三万”活动驻点村捐款 34 万元；向老党员、困难户捐款 3.29 万元；向郧西神雾岭村捐款 10 万元；向房县捐赠“母亲健康快车”2 台。其他捐款 3 万元。

孝感市烟草专卖局（公司）：扶贫济困，捐款 2.3 万元。资助教育事业，向丰山镇中心小学等捐款 3.6 万元。资助乡村建设，向孝南区祝站镇等捐款 33.18 万元。其他捐款 5.7 万元。

恩施土家族苗族自治州烟草专卖局（公司）：资助乡村建设，向岩口村捐款 10 万元，用于道路修建。

宜昌市烟草专卖局（公司）：扶贫济困，参加“慈善一日捐”“扶贫日”等活动，捐款 14.73 万元；向老区建设促进会捐款 29.42 万元；向“三万”活动驻点村等捐款 51 万元；参加无偿献血活动，献血 3.06 万毫升。资助教育事业，向枝柘坪小学和谢家坪小学捐款 3.89 万元。

咸宁市烟草专卖局（公司）：扶贫济困，向困难党员、空巢老人等捐款 123 万元；向“三万”活动驻点村捐款 13 万元。资助教育事业，向金叶金秋助金榜捐款 20 万元。

随州市烟草专卖局（公司）：扶贫济困，参加“儿童大病救助”“慈善一日捐”“金秋助学”活动，捐款 20.5 万元。资助社区建设，捐款 72.65 万元。资助城市、乡村建设，捐款 2 万元在广水市东湾村建立植树基地；捐款 2 万元参与“洁美随州”建设。

黄石市烟草专卖局（公司）：扶贫济困，开展“慈善一日捐”活动，捐款 2.11 万元；向困难群众捐款 3.71 万元，并捐赠棉衣被 109 件；开展“点亮微心愿”活动，向困难群众捐赠慰问品。

荆门市烟草专卖局（公司）：扶贫济困，向困难户、大学生等捐款 5 万元；向市慈善总会捐款 7 万元。资助乡村建设，向东宝等村镇捐款 84.2 万元。其他捐款 3.6 万元。

鄂州市烟草专卖局（公司）：扶贫济困，开展“送温暖、献爱心”活动，捐款 2.09 万元；向身患重症教师捐款 3 万元。资助乡村建设，向瓜圻村捐款 5 万元；向结对帮扶村捐款 19.8 万元。

仙桃市烟草专卖局（公司）：扶贫济困，向困难户捐赠价值 1.8 万元的慰问品；向“三万”活动驻点村捐款 10 万元。资助乡村、社区建设，捐款 28.8 万元。

天门市烟草专卖局（公司）：扶贫济困，捐款 3 万元；向“三万”活动驻点村捐款 5 万元；向“双联双创”村组捐款 3 万元。资助社会文化活动，向夏日广场文化活动捐款 5 万元。

潜江市烟草专卖局（公司）：扶贫济困，员工个人向贫困学生捐款 1.6 万元。资助社会公共事业，捐款 4 万元；参加无偿献血活动，献血 9000 毫升。资助乡村建设，捐款 10 万元。其他捐款 10 万元。

神农架林区烟草专卖局（公司）：扶贫济困，向“三万”活动驻点村捐款 1.08 万元。

湖北中烟工业有限责任公司

2014 年，湖北中烟工业有限责任公司积极开展各项社会公益活动。

扶贫济困：向广水市捐款 436 万元用于应急供水工程建设；向湖北省援疆工作前方指挥部捐款 100 万元；向十堰市竹山县、竹溪县各捐款 100 万元。

资助教育、卫生、文化的活动：向新疆生产建设兵团第五师高级中学捐款 500 万元；向新疆博州中等职业技术学校捐款 500 万元；向红安县医疗卫生事业捐款 180 万元；向第十届武汉国际园林博览会捐款 800 万元。

资助城市建设活动：向宜昌市夷陵区捐款 300 万元用于公共设施建设。

湖南省烟草专卖局（公司）

2014 年，湖南省烟草商业系统捐款 5630.2 万元，用于各项社会公益活动。

湖南省烟草专卖局（公司）机关：扶贫济困，向“金叶慈善医疗卡”救助项目捐款 50 万元，向“双联帮扶”项目捐款 15 万元；向长沙市天心区慈善总会捐款 1 万元；员工个人向“慈善一日捐”活动捐款 7.01 万元。资助城乡建设，向左家塘、新开铺街道捐款 17 万元；向怀化通道县捐款 3 万元；向千家岸村等捐款 53 万元；向湘西永顺县捐款 164 万元。其他捐款 30 万元。

长沙市烟草专卖局（公司）：扶贫济困，向“金叶慈善医疗卡”救助项目捐款 85 万元，其中员工个人捐款 35 万元；向“金叶情·心连心”项目捐款 50 万元；向“雷锋基金”捐款 28 万元；向困难户捐款价值 1.8 万元慰问品和图书 196 册。资助教育事业，捐款 79 万元。资助乡村建设，捐款121.7万元，用于修建道路、修缮房屋。其他捐款122余万元。

株洲市烟草专卖局（公司）：扶贫济困，向“金叶慈善医疗卡”救助项目捐款85万元；向残疾人捐款46万元。资助教育事业，向部分学校、文化组织、教育基金等捐款21.86万元。资助环保、社会公共事业，捐款56万元。其他捐款277.14万元。

湘潭市烟草专卖局（公司）：扶贫济困，向“金叶慈善医疗卡”救助项目捐款85万元；向困难群众、残疾人捐款6万元；向希望工程、全国助残日等捐款34.5万元。资助教育事业，向部分学校、文化组织、教育基金等捐款14.5万元。资助乡村、社区建设，向新农村联系点和群众工作联系点捐款49万元，用于修建道路、改善水利设施等；为社区建设捐款13万元。

衡阳市烟草专卖局（公司）：扶贫济困，向“金叶慈善医疗卡”救助项目捐款85万元；向湖南省志愿基金会捐款10万元。资助教育事业，捐款29.8万元，用于改善教学基础设施。资助乡村建设，捐款83万元。

岳阳市烟草专卖局（公司）：扶贫济困，向“金叶慈善医疗卡”救助项目捐款85万元；向湖南省志愿者服务基金捐款10万元；向敬老院、特困残疾人救助中心等捐款142万元。资助教育事业，开展“爱心改变命运”活动，捐款13万元。资助乡村建设，向对口扶贫建设点捐款230万元，用于道路硬化、水利设施建设等。

郴州市烟草专卖局（公司）：扶贫济困，向“金叶慈善医疗卡”救助项目捐款85万元；向志愿者服务基金捐款20万元；向“双联帮扶”项目捐款3万元；向困难群众等捐赠“金叶慈善医疗卡”，价值20万元，并捐款8.5万元；向慈善总会、残疾人联合会等捐款14.8万元。资助教育事业，开展爱心助学活动，捐款3万元。资助乡村建设，捐款301万元。

常德市烟草专卖局（公司）：扶贫济困，向“金叶慈善医疗卡”救助项目捐款85万元；开展“慈善一日捐”“爱心助残”等活动，捐款12.5万元。资助教育事业，参与“爱心助学”“金秋助学”等活动，捐款26.75万元。资助乡村建设，向对口帮扶村捐款178万元。

益阳市烟草专卖局（公司）：扶贫济困，向“金叶慈善医疗卡”救助项目捐款85万元。资助教育事业，开展“金秋助学”活动，捐款3万元。资助乡村建设，向种福村、双东村、坪塘村等村镇捐款58万元，用于基础设施建设和水毁工程建设。

娄底市烟草专卖局（公司）：扶贫济困，向“金叶慈善医疗卡”救助项目捐款85万元。资助教育事业，捐款1.4万元。资助乡村建设，向田坪镇等贫困村镇捐款185.9万元。资助社会公共设施建设，捐款70.4万元。其他捐款61.48万元。

邵阳市烟草专卖局（公司）：扶贫济困，向“金叶慈善医疗卡”救助项目捐款85万元。资助教育事业，捐款70万元。资助乡村建设，成立帮扶工作队深入农村开展新农村基层组织建设，捐款181.79万元。

湘西土家族苗族自治州烟草专卖局（公司）：扶贫济困，向“金叶慈善医疗卡”救助项目捐款85万元；向困难党员、群众等捐款20.9万元。资助教育事业，向学校、困难学生捐款7.5万元。资助乡村建设，捐款182.85万元。救助灾害，捐款17万元，其中，员工个人捐款5.6万元。其他捐款77.25万元。

张家界市烟草专卖局（公司）：扶贫济困，向“金叶慈善医疗卡”救助项目捐款85万元；向困难户、烟农捐款7.35万元；开展“慈善一日捐”“希望工程一元捐”等活动，捐款4.1万元；向定点扶贫村捐款18.2万元。资助教育事业，捐款3.1万元。资助乡村、社区建设，捐款283.9万元。资助社会公共事业，向见义勇为基金捐款7000元。

怀化市烟草专卖局（公司）：扶贫济困，向“金叶慈善医疗卡”救助项目捐款85万元；向省残疾人基金会和困难学生等捐款5万元；向怀化市慈善总会捐款430万元。资助教育事业，向教育基金捐款2万元。资助乡村、社区建设，捐款112.01万元用于修建公路、改善水利设施；向社区捐款9.36万元。

永州市烟草专卖局（公司）：扶贫济困，向“金叶慈善医疗卡”救助项目捐款85万元；向困难村民、残疾人等捐款50.1万元；向各种公益基金会捐款28.1万元。资助乡村建设，向扶贫村捐款95万元，用于修建公路、改善水利设施等。

湖南中烟工业有限责任公司

2014年，湖南中烟工业有限责任公司积极开展各项社会公益活动。

湖南中烟工业有限责任公司本部：扶贫济困，向永顺县捐款40万元；向湖南省老区发展基金会捐款100万元。资助教育事业，向湖南省文化艺术基金会捐款2000

万元；向湖南省青少年发展基金会捐款2000万元；向益阳市教育基金会捐款70万元；向湖南省体育发展基金会捐款100万元；向长郡外国语学校捐款50万元。资助乡村建设，向保靖县等6个县市捐款60万元；向新安镇捐款100万元。救助灾害，向昭通市、曲靖市各捐款抗震救灾款400万元、100万元；向湘西自治州捐赠抗洪救灾款1500万元；向赫章县等捐款240万元。其他捐款1100万元。

湖南中烟工业有限责任公司长沙卷烟厂：资助教育事业，向刘家坪白族乡学校、王家冲小学捐款20万元。资助社区建设，向天心区先锋街道、砂子塘街道捐款41万元。其他捐款2.8万元。

湖南中烟工业有限责任公司郴州卷烟厂：扶贫济困，向贫困学生捐款3万元。资助教育事业，员工个人向帮扶结对对象捐款1.1万元；向西水村捐赠价值3万元的图书等文化用品。

湖南中烟工业有限责任公司零陵卷烟厂：资助乡村建设，向冲头村捐款10万元，用于公路硬化、疏浚河道、修建河流防洪护坡等。

湖南中烟工业有限责任公司四平卷烟厂：资助教育事业，向育文小学捐款2万元。

湖南中烟工业有限责任公司吴忠卷烟厂：扶贫济困，向吴忠市社会福利院捐赠价值4000元的物品。资助教育事业，向白草洼村困难小学捐赠价值6900元的物品。资助社区建设，向秦渠社区捐款5000元。

广东省烟草专卖局（公司）

2014年，广东省烟草商业系统积极开展各项社会公益活动。

珠海市烟草专卖局（有限公司）：资助乡村建设，帮扶斗门区鳘鱼沙村，落实家禽养殖项目和危房改造项目，并开展文化帮扶。

佛山市烟草专卖局（有限公司）：扶贫济困，向佛山慈善总会等捐款17.5万元。资助乡村建设，向英德水边镇五角村等捐款28.02万元。

江门市烟草专卖局（有限公司）：扶贫济困，捐款57万元。

惠州市烟草专卖局（有限责任公司）：2014年捐款108.69万元。

茂名市烟草专卖局（有限责任公司）：2014年捐款97.96万元。

湛江市烟草专卖局（有限公司）：扶贫济困，捐款200余万元。

汕头市烟草专卖局（有限公司）：资助社区建设，向濠江区茂北社区捐款30万元，其中，员工个人捐款1.55万元。

潮州市烟草专卖局（有限责任公司）：2014年捐款190余万元。

韶关市烟草专卖局（有限公司）：扶贫济困，参加“扶贫济困日”活动，员工个人捐款1.93万元；开展扶贫“双到”工作，向三角岭村捐款19.17万元。资助卫生事业，向乐昌市云岩镇捐赠计生帮扶经费5万元。

清远市烟草专卖局（有限公司）：扶贫济困，捐款120万元，其中，向石坑崀村捐款45万元，帮助其发展养殖业等。

广东中烟工业有限责任公司

2014年，广东中烟工业有限责任公司捐款3634万元，用于各项社会公益活动。扶贫济困，参加“扶贫济困日”活动，捐款1000万元。资助城市建设，向河南、湖南等地捐款380万元，用于基础设施改建等项目。资助教育、卫生事业，向广州美术学院教育发展基金会捐款180万元；向广东省医院定向捐款90万元。灾害救助，捐款680万元。

广东中烟工业有限责任公司本部：扶贫济困，参加“播种艺术 分享喜悦”“免费午餐”“救助贫困母亲”等公益活动，捐款120.97万元。资助乡村建设，向龙川县捐款12.48万元。

广东中烟工业有限责任公司广州卷烟厂：扶贫济困，参加“扶贫济困日”活动，捐款30万元；参加无偿献血活动，献血2.31万毫升。

广东中烟工业有限责任公司韶关卷烟厂：资助城市建设，向韶关市捐款190万元，其中，员工个人捐款7.52万元，用于扶贫开发工作；参加无偿献血活动，献血1.78万毫升。

广东中烟工业有限责任公司梅州卷烟厂：扶贫济困，开展“爱心父母牵手困境儿童大联盟”行动，员工个人捐款5.22万元；参加无偿献血活动，献血1.26万毫升。资助乡村建设，向马上村捐款65万元。

广东中烟工业有限责任公司湛江卷烟厂：扶贫济困，向遂溪县港门镇西坡村捐款133.85万元，用于基础设施建设和困难户帮扶。

广西壮族自治区烟草专卖局（公司）

2014年，广西壮族自治区烟草商业系统捐款436.99万元，用于各项社会公益活动。

广西壮族自治区烟草专卖局（公司）机关：资助乡村建设，向黄竹村、龙湾村等捐款210.72万元。灾害救助，员工个人捐款2.09万元，用于救助自治区遭受“威马逊”台风灾害的群众。

南宁市烟草专卖局（公司）：扶贫济困，参加“2014年南宁慈善日”捐赠活动，员工个人捐款4.14元；员工个人向衡阳东社区捐赠电风扇等用品。资助教育事业，参与“2014年圆梦大学行动”，捐款15万元。

柳州市烟草专卖局（公司）：资助乡村建设，向安马村捐款10万元。

桂林市烟草专卖局（公司）：扶贫济困，参加无偿献血活动，献血6000毫升。资助教育事业，向立强村小学捐款2.05万元，用于购置留守儿童学习、生活用品；员工个人向君武小学捐赠图书777册。支持乡村、社区建设，向叠彩区锦绣社区、象山区万福村、灌阳县立强村捐款21.4万元。

梧州市烟草专卖局（公司）：资助教育事业，向西罗村小学捐款5.5万元；参加“圆梦助学一日捐”活动，员工个人捐款3.8万元。资助乡村建设，向长坪乡捐款7.9万元；向苍梧县捐款2.5万元；参加“美丽广西·清洁乡村”活动，捐款5.5万元。

北海市烟草专卖局（公司）：扶贫济困，向那隆村困难户捐赠价值3.58万元的慰问品；参加无偿献血活动，献血5200毫升。资助教育事业，向沙田镇良港村小学等捐款10.3万元，用于学校文化体育设施建设。资助乡村建设，参加“美丽广西·清洁乡村”活动，向良港村等捐款11万元。

防城港市烟草专卖局（公司）：资助乡村建设，参加“美丽广西·清洁乡村”活动，向瑶族乡米强村捐款8万元。

钦州市烟草专卖局（公司）：扶贫济困，参加“关爱留守儿童”活动，向长福村留守学生、孤儿捐赠各类书籍、文具、文体器材；参加无偿献血活动，献血8000毫升。资助教育事业，向钦州市困难大学生及崩塘小学、第八小学捐款5.76万元。

贵港市烟草专卖局（公司）：扶贫济困，向困难户捐款捐物，共计1.74万元。资助教育事业，向荷城初级中学等捐款16.6万元，用于文化体育设施及校园建设。资助乡村建设，向平南县新农村建设捐款5.4万元。

玉林市烟草专卖局（公司）：资助乡村建设，选派干部到上河村开展驻村帮扶工作；向丰垌村、飞洋村捐款1.7万元。

百色市烟草专卖局（公司）：扶贫济困，向困难户捐款5.8万元；参加无偿献血活动，献血7200毫升。资助教育事业，向百色市教育基金会捐款3万元；向沙里瑶族乡中心校、沙里中学捐款2.88万元。资助乡村建设，向田东等县的贫困村捐款12.18万元。

贺州市烟草专卖局（公司）：扶贫济困，开展“党内关爱一日捐”活动，捐款1.08万元。资助乡村建设，向钟山县钟山镇、回龙镇、两安乡等捐款3.19万元，用于修建乡村道路；向富川瑶族自治县、钟山县烟叶合作社捐款2万元，用于支持烟农生产。

河池市烟草专卖局（公司）：扶贫济困，向河池市红十字会捐款1.12万元；向困难教师、贫困学生捐款11.63万元。资助乡村建设，向扶贫点捐款10.18万元。资助文化事业，捐款2.81万元。

来宾市烟草专卖局（公司）：扶贫济困，参加“结一联十”活动，处级领导干部每人结对帮扶1户贫困户和10户困难户，科级干部每人结对帮扶10户困难户，以实际行动为民办实事；向仁汉村的困难群众捐款1.58万元。

崇左市烟草专卖局（公司）：扶贫济困，向困难户捐赠价值1.14万元的慰问品；向贫困大学生和遭受超强台风“威马逊”灾害的群众捐款1.4万元。资助乡村建设，参加“美丽广西·清洁乡村”活动，捐款1.17万元。

广西中烟工业有限责任公司

2014年，广西中烟工业有限责任公司捐款2321.82万元，用于各项社会公益活动。

扶贫济困：向南宁市“八桂助残”公益活动捐款1.8万元；向广西最美乡村医生李前峰捐款7.8万元。

资助教育事业：向广西希望工程援建项目捐款500万元；举办“金秋助学”活动，捐款50万元；向广西青年英才基金捐款50万元；向“春苗营养计划”项目捐款500万元；向南宁市衡阳小学捐款78.17万元。

资助乡村建设：向柳州市木瓜村、富川县、田林县等贫困地区捐款292.63万元；参加“美丽广西·清洁乡村”活动，捐款30万元。

资助公共事业建设：捐款400万元，用于南宁市重点场所设施建设。

灾害救助：向遭受超强台风“威马逊”灾害地区捐款211.42万元，其中，员工个人捐款11.42万元；向云南鲁甸地震灾区捐款200万元。

海南省烟草专卖局（公司）

2014年，海南省烟草商业系统捐款376.22万元，用于各项社会公益活动。

海南省烟草专卖局（公司）机关：资助乡村建设，向博西村捐款9.64万元。灾害救助，向海南省民政厅捐款304.21万元，其中员工个人捐款4.21万元，用于超强台风“威马逊”灾害灾后重建和恢复生产。

海口市烟草专卖局（公司）：扶贫济困，向文昌市困难户捐款2500元；向困难学生捐款10万元；参加无偿献血活动，献血2.33万毫升。灾害救助，向遭受超强台风“威马逊”灾害灾区捐款15万元。

三亚市烟草专卖局（公司）：扶贫济困，向保城镇、通什镇捐赠扶贫款5万元。资助乡村建设，向陵水县小妹村、什坡村捐款1.6万元。灾害救助，向三亚市和遭受超强台风“威马逊”灾害地区捐款7万元。

琼海市烟草专卖局（公司）：扶贫济困，向海南省残疾人基金会捐款1万元；员工向残疾人捐款3700元。资助乡村、社区建设，向万宁市袁水村捐款5万元；向琼海市红星社区捐款5000元。资助教育、文化、卫生活动，捐款1.7万元。灾害救助，向遭受超强台风“威马逊”灾害灾区捐款3.73万元，其中员工个人捐款3.43万元。

儋州市烟草专卖局（公司）：扶贫济困，向帮扶脱贫村捐款8.05万元；参加无偿献血活动，献血1.26万毫升。灾害救助，向遭受超强台风“威马逊”灾害的群众捐款3.17万元。

重庆市烟草专卖局（公司）

2014年，重庆市烟草商业系统积极开展各项社会公益活动。

万州区烟草专卖局（分公司）：扶贫济困，向困难户捐款26万元；参加无偿献血活动，献血1.9万毫升。资助乡村建设，向烟区民族团结进步示范村捐款10万元。

黔江区烟草专卖局（分公司）：扶贫济困，向困难家庭、教师等捐款14.6万元；向困难老人捐赠价值1万元的物品。资助教育事业，参加“助我上大学”活动，捐款4.5万元。资助乡村建设，向凉洞村捐款2万元。

涪陵区烟草专卖局（公司）：扶贫济困，开展“三诚慈善献大爱”活动，捐款31.5万元。资助乡村建设，向珍溪镇百汇村捐款2万元。

渝中区烟草专卖局（分公司）：扶贫济困，向困难户捐款5.9万元；向困难群众捐款捐物，共计10.72万元；参加慈善公益活动，捐款1万元；参加无偿献血活动，献血1800毫升。资助教育事业，向合溪镇中心小校等捐款13万元。

大渡口区烟草专卖局（分公司）：扶贫济困，向困难户捐赠价值1.45万元的慰问品；向困难学生、贫困教师捐款6.6万元；参加无偿献血活动，献血1200毫升。

江北区烟草专卖局（分公司）：扶贫济困，向困难学生捐款12.3万元，并捐赠电脑10台；向受灾卷烟零售客户捐款5000元。资助教育事业，捐赠《中小学生自护自救安全手册》2000册，价值3.36万元。

沙坪坝区烟草专卖局（公司）：扶贫济困，慰问社区困难群众、受伤致残公安干警等；向困难儿童捐款1.02万元。

九龙坡区烟草专卖局（分公司）：扶贫济困，向困难群众捐款9.6万元；开展“金秋助学”行动，捐款1.5万元；参加无偿献血活动，献血1000毫升。

南岸区烟草专卖局（分公司）：扶贫济困，向困难户捐款捐物，共计1.14万元；参加无偿献血活动，献血400毫升；开展“三诚慈善献大爱”活动，捐款15万元，其中员工个人捐款4.9万元。

北碚区烟草专卖局（分公司）：扶贫济困，向北碚区残联捐款6.5万元；向北碚区慈善总会捐赠5万元；参加无偿献血活动，献血1000毫升。资助教育事业，向特殊教育学校捐款1400元，用于购置学习物品。

万盛经济技术开发区烟草专卖局（分公司）：扶贫济困，向困难户捐款9.2万元；参加无偿献血活动，献血3400毫升。资助教育事业，向燕石村小学捐赠办公设备、书籍等物资，价值1万元。资助乡村建设，向燕石村捐款6万元。

渝北区烟草专卖局（分公司）：扶贫济困，向困难户捐赠价值8.4万元的生活用品；向受洪灾群众捐款26万元。

资助乡村、社区建设，向渝北区龙兴镇捐款12.9万元；向龙溪街道花卉东路社区捐款1.2万元。

巴南区烟草专卖局（分公司）：扶贫济困，开展“三诚慈善献大爱”活动，员工个人捐款3.65万元；向困难群众捐款10.5万元。资助教育事业，向石滩中学捐款3万元，并捐赠电脑10台；参加“安全知识进校园”活动，为辖区中小学生捐赠安全教育图书1000册。资助乡村建设，向跳石镇修缮乡村捐款2万元。

长寿区烟草专卖局（分公司）：扶贫济困，向困难户捐款捐物，共计4.19万元；开展“慈善双日捐”活动，捐款4110元；参加“金秋助学”活动，捐款2万元。资助教育事业，捐款8万元。资助社区建设，向长寿区捐款4万元。

江津区烟草专卖局（公司）：扶贫济困，向困难户捐赠价值1万元的慰问品；向劳动模范代表、困难学生、残疾人等捐款15万元。资助教育事业，向农村贫困学校捐赠价值2万元的学习物品。

合川区烟草专卖局（分公司）：扶贫济困，向困难户捐款6万元；参加“三诚慈善献大爱”活动，捐款12万元。资助教育事业，向龙市中学捐款5万元。资助乡村建设，向肖家镇凉泉村、新学村捐款10万元。

永川区烟草专卖局（公司）：扶贫济困，向困难群众捐款8.5万元，并捐赠价值1.5万元的慰问品。

南川区烟草专卖局（公司）：扶贫济困，向困难户捐赠价值1.8万元的慰问品；参加“三诚慈善献大爱”活动，捐款1.8万元；开展“尊老爱幼 情满人间”活动，向三泉敬老院捐款2.4万元；向南川区慈善总会捐款1万元。资助教育事业，向南川区合溪中心校、三泉镇马嘴东州春蕾学校捐款6万元；开展“捐资助学”活动，捐款5.8万元。资助乡村建设，向金山玉泉村、铁村乡隆兴村捐款12万元。

綦江区烟草专卖局（分公司）：扶贫济困，向困难户捐赠价值4.58万元的慰问品。资助教育事业，向郭扶镇永胜村小学捐款6000元。资助乡村、社区建设，向中峰镇龙山村捐款7.2万元；向杨家湾居委会捐款6000元。

潼南县烟草专卖局（分公司）：扶贫济困，向困难群众捐款8.02万元。资助城乡建设，向宝龙镇捐款4万元；向梓潼街道捐款2.5万元。

铜梁区烟草专卖局（分公司）：扶贫济困，参加“三诚慈善献大爱”活动，捐款3万元；向困难学生捐款5万元。资助教育事业，开展“爱的曙光——关爱留守儿童”活动，捐赠价值4万余元爱心午餐及价值1万余元电脑。

大足区烟草专卖局（分公司）：扶贫济困，向困难户捐款10.1万元；向留守儿童捐款1.5万元，并捐赠价值1.4万元书籍和电脑；参加“金秋助学”“手拉手”慰问活动，捐款3万元。

荣昌县烟草专卖局（分公司）：扶贫济困，向困难学生、孤寡老人等捐款7万元。资助教育事业，向大兴、三星、龙腾、代兴完小捐赠书籍，价值4.88万元，并制作书架，价值3.12万元；向西南大学捐款3万元；向安富镇鸦屿小学捐赠价值6646元的体育器材。

璧山区烟草专卖局（分公司）：扶贫济困，向困难学生等捐款3500元；开展“三诚慈善献大爱——璧烟与你同在”活动，捐款13万元；参加无偿献血活动，献血2200毫升。资助乡村建设，向璧山区七塘镇捐款1.5万元；向福禄镇、丁家街道等捐款7.8万元。资助体育事业，捐款3500元。

梁平县烟草专卖局（分公司）：扶贫济困，向困难户捐款12.5万元；向困难学生捐款2.34万元，并捐赠价值2万元书包等文具；参加无偿献血活动，献血2600毫升。资助乡村建设，向石安镇莲花村捐款5万元。

城口县烟草专卖局（分公司）：扶贫济困，向困难群众、孤寡老人等捐款7.5万元；向困难户捐赠价值1.5万元的慰问品。资助乡村建设，向鸡鸣乡、灯梁村捐款1.55万元。

垫江县烟草专卖局（分公司）：扶贫济困，向困难群众捐款11万元。资助教育事业，向留守儿童学校捐款1万元；向县内偏远小学教师捐款4000元。

武隆县烟草专卖局（公司）：扶贫济困，开展“三诚慈善大爱”活动，为贫困残疾人安装假肢，对残疾人、贫困大学生实施救助；向残疾儿童等捐赠衣服等生活用品；组织学雷锋志愿队到火炉镇筏子村慰问孤寡老人和留守儿童。

忠县烟草专卖局（分公司）：扶贫济困，开展“三诚慈善献大爱”活动，捐款6万元；向困难儿童捐款3.5万元，用于购买“爱心午餐”；参加无偿献血活动，献血3100毫升。资助教育事业，向忠县石子乡中心小学校捐款6.3万元，用于购置教学设备等。

开县烟草专卖局（分公司）：扶贫济困，向困难户捐赠价值1万元的慰问品；向困难残疾人、孤寡老人等捐款12万元，并捐赠价值6400元的慰问品；开展“金秋助学”活动，捐款6万元；向贫困母亲捐赠爱心邮包，价值4000元；参加无偿献血活动，献血3200毫升。资助乡村建设，向铁桥镇五福村捐款4万元，用于公共服务设施建设。

云阳县烟草专卖局（分公司）：扶贫济困，向困难户捐赠价值 4 万元的慰问品；开展“扶困扶弱 无私救助”行动，捐赠价值 12.5 万元物资；参加无偿献血活动，献血 4200 毫升。资助教育事业，开展“用心用情 护苗成长”行动，捐款 6.3 万元；向“重庆市最美乡村教师”“感动云阳十大人物”王广贵个人捐款 3000 元。资助乡村建设，向堰坪乡捐款 1.5 万元，开展新农村基层组织建设。灾害救助，向云阳县“9·1”洪灾受灾群众捐款 30 万元。

奉节县烟草专卖局（分公司）：资助教育事业，向高雅小学捐款 2 万元，用于购买教学设备。资助乡村建设，向太和乡等捐款 14 万元；向云雾乡捐款 3.41 万元，用于发展烟叶生产；向码头村捐款 10 万元，用于修建便民服务文化广场。资助文化事业，捐款 2.5 万元。

巫山县烟草专卖局（分公司）：扶贫济困，向困难户捐款 2 万元；向孤寡老人、困难残疾人等捐款 24 万元。资助教育事业，慰问边远山区困难学生，并为边远山区村校捐赠价值 5000 元的学习用品。扶贫济困，在开展“我们风雨同舟”活动中，捐款 21.11 万元。

巫溪县烟草专卖局（公司）：扶贫济困，向困难残疾人捐款 15 万元。资助教育事业，参加“温暖冬季”活动，向困难中小学生、特殊教育学校捐款 10 万元。

石柱土家族自治县烟草专卖局（分公司）：扶贫济困，向困难户捐款 2 万元；向残疾人联合会捐款 2 万元；开展“三诚慈善献大爱”活动，捐款 24 万元。资助乡村建设，向鱼池镇金竹村捐款 1 万元；向龙潭乡捐款 2 万元。资助社会公共事业，捐款 6 万元。

秀山土家族苗族自治县烟草专卖局（分公司）：扶贫济困，开展“三诚慈善献大爱”活动，捐款 11.3 万元；向困难学生捐款 4.9 万元；参加无偿献血活动，献血 2800 毫升。资助教育事业，向 7 所小学捐款 4.7 万元。

酉阳土家族自治县烟草专卖局（分公司）：扶贫济困，开展“三诚慈善献大爱”活动，捐款 30 余万元，其中员工个人捐款 10.27 万元；组织单位 190 余人次参加全县网格化卫生打扫活动。

四川省烟草专卖局（公司）

2014 年，四川省烟草商业系统捐款 449.8 万元，用于各项社会公益活动。

成都市烟草专卖局（公司）：资助乡村、社区建设，向怀远镇二江村捐款 200 万元；向石燕村捐款 3 万元；向新都区捐款 2 万元；向龙塔社区捐款 3.02 万元。

自贡市烟草专卖局（公司）：扶贫济困，向困难群众捐款 5.37 万元；参加无偿献血活动，献血 6400 毫升；开展“党员义工日”活动，发放各类宣传资料 300 余份，接受群众咨询 80 人次。资助教育事业，向古佛中心学校捐款 10 万元；开展教师节慰问、留守儿童助学、捐赠图书等活动。资助乡村建设，向三河村捐款 4.9 万元；向新农村种植、养殖项目捐款 9.7 万元。资助社会公共事业，捐款 7.4 万元。

攀枝花市烟草专卖局（公司）：扶贫济困，向困难户捐款 9 万元；向金台子村困难学生等捐款 4200 万元；开展对特殊学校儿童的关爱活动。资助乡村、社区建设，向双联工作联系村捐款 25 万元；向盐边县联合村捐款 20 万元；向阳城社区捐款 5 万元。

泸州市烟草专卖局（公司）：扶贫济困，参加“送温暖一日捐”活动，捐款 3 万元；开展“栋梁工程”活动，捐款 10.5 万元。资助乡村建设，向结对帮扶村捐款 6.6 万元。

德阳市烟草专卖局（公司）：扶贫济困，向困难群众捐款 12.44 万元。资助教育事业，参加“四川志愿携手圆梦”捐赠书籍活动，捐款 1.4 万元；向实验小学、贫困学生捐款 2.7 万元。资助乡村建设，资助双联双帮联系点进行养殖产业帮扶等项目，捐款 53.66 万元。

绵阳市烟草专卖局（公司）：扶贫济困，向困难户捐款 6 万元。资助教育事业，向博爱学校、花园实验小学社区少年宫捐款 3 万元。资助社区建设，参加“千名干部”进社区活动，捐款 3 万元；向韩家冀社区捐款 1.4 万元。资助乡村建设，向全胜村、玄武村、新田村、虎丰村捐款 21.5 万元。

广元市烟草专卖局（公司）：扶贫济困，向困难群众捐款 5.54 万元。资助教育事业，向朝天区禁毒委员会捐赠青少年禁毒预防教育经费 30 万元；向磨滩镇小新小学捐款 4000 元。资助乡村建设，向辕门村捐款 57.7 万元；向朱家村、西湖村等捐款 4.3 万元。

遂宁市烟草专卖局（公司）：扶贫济困，参加“慈善一日捐”活动，捐款 1.98 万元，其中，员工个人捐款 1.2 万元；参加“帮扶道德模范、身边好人”活动，捐款 1 万元；向困难群众捐款 1.56 万元。资助乡村建设，向对口帮扶村社捐款 26.8 万元。其他捐款 1.4 万元。

内江市烟草专卖局（公司）：扶贫济困，向贫困学生捐款 7 万元。资助教育事业，向史家中心学校、隆昌县青少年宫捐款 1 万元。资助乡村建设，向汪家洞村捐款 6.1 万元。灾害救助，员工个人向云南鲁甸地震灾区捐款 3.2 万元。

乐山市烟草专卖局（公司）：扶贫济困，向临江小学困难学生捐款2万元。资助教育事业，向青松小学捐款101.8万元。资助乡村建设，向犍为县、沐川县铁炉村等捐款41.8万元。

南充市烟草专卖局（公司）：扶贫济困，捐款100万元用于修建敬老院。资助乡村建设，捐款34.7万元。

宜宾市烟草专卖局（公司）：扶贫济困，员工个人向困难群众、贫困学生捐款1.72万元。资助教育事业，向筠连县四村小学捐款50万元；向贫困地区小学生捐赠价值5万元的“爱心助学包裹”；参加“栋梁工程”活动，捐款5万元。资助乡村建设，向筠连县高坪苗族乡捐款15万元；向筠连县中山村、高兴村等捐款30万元；向高桥村捐赠价值1.23万元的健身器材。

广安市烟草专卖局（公司）：扶贫济困，向困难群众捐款11.41万元。资助乡村建设，向定点扶贫村捐款77万元；选派干部入驻定点扶贫村开展帮扶工作。资助社会公共事业，捐款416万元。

达州市烟草专卖局（公司）：扶贫济困，向留守儿童捐款2万元。资助乡村建设，向宣汉县老君乡、清溪乡捐款10万元；向通川区蒲家镇屈沟村等捐款49.4万元。资助社区建设，向达川区四合社区捐款2万元；向达川区文江祠社区捐款1万元。救助灾害，向受洪灾影响的达川区万家月亮湾种殖专业合作社捐款4.8万元。

巴中市烟草专卖局（公司）：扶贫济困，开展“困难党员暖冬扶困行动”等活动，捐赠价值4.5万余元慰问品；参加无偿献血活动，献血3000余毫升。资助教育事业，参与“我要上大学”助学活动，捐款7万元。资助乡村建设，成立驻村工作队，向通江县鹦鸽嘴村捐款50.3万元。

雅安市烟草专卖局（公司）：扶贫济困，向雅安市社会福利院等捐款7.38万元；参加无偿献血活动，献血3300毫升。资助教育事业，参加“四川志愿携手圆梦”捐资赠书等活动，捐款8.39万元；开展“学雷锋”“民情体验日”等活动，累计参与约470人次。资助乡村建设，捐款51.23万元。

眉山市烟草专卖局（公司）：扶贫济困，向眉山市儿童福利院、“金叶”敬老院捐款7.5万元；向眉山市东坡区、丹棱县慈善总会捐款6万元；参加无偿献血活动，献血2000毫升。资助教育事业，向中国水电七局高级技工学校等捐款19.1万元。资助乡村建设，向青神县河坝子镇、仁寿县板燕乡、青神县玉蟾村油村捐款7.4万元。

资阳市烟草专卖局（公司）：扶贫济困，参加“幸福资阳行”等活动，捐款1.8万元；向扶贫村捐款5000元；向困难党员捐款1000万元。资助教育事业，捐款4.08万元。资助社区建设，向帮扶结对社区捐款1万元。资助乡村建设，向安岳县磨滩村、迎接镇黄板村捐款5万元。

凉山州烟草专卖局（公司）：扶贫济困，向困难村民、贫困大学生捐款4万元，并捐赠价值10万元的生活用品；参加“走基层”活动，捐赠价值11.08万元的慰问品。资助教育事业，向越西县瓦里觉中心校捐赠价值5万元的用品；向特木里小学捐款2.68万元。资助乡村建设，向越西县依达村捐款55万元；向民胜乡、大兴乡等捐款45.92万元；向盐源县对口帮扶乡等捐款16.7万元。资助社会公共事业，向四川省志愿服务基金会捐款2万元。灾害救助，向地震受灾的对口帮扶乡村捐款10万元。

阿坝州烟草专卖局（公司）：扶贫济困，向困难妇女儿童捐款8万元；其他扶贫帮困19.6万余元。资助乡村建设，向汶川县等捐款264万元。

甘孜州烟草专卖局（公司）：扶贫济困，向困难群众捐款14.65万元；向甘孜州红十字会捐款1.2万元。资助教育事业，向德格县所巴乡小学捐款5000元。资助乡村建设，向道孚县菜子坡村等捐款20.35万元。资助文化事业，向甘孜州文联捐款4.8万元。灾害救助，向康定“11·22”受灾农牧民等捐款60万元。其他捐款7.7万元。

都江堰市局（公司）：资助教育事业，向青少年活动中心捐款20万元。资助社会公共事业，捐款10万元。

川渝中烟工业有限责任公司

2014年，川渝中烟工业有限责任公司共捐款2623万元，用于各项公益活动。扶贫济困，向中华思源扶贫基金会捐款25万元；向四川叙永县捐赠扶贫款800万元。灾害救助，向云南省楚雄州南华县等捐款1160万元；向四川慈善总会捐资，用于云南鲁甸地震救灾500万元。其他捐款，向成都大熊猫繁育研究基地捐款18万元。

四川烟草工业有限责任公司：资助教育事业，捐款10万元用于改善西昌市高草乡中心校办学条件。资助乡村建设，向什邡市回澜镇捐款20万元，用于“镇企共建”村水利工程建设。灾害救助，向西昌喜德县灾后重建工作捐款90万元。

贵州省烟草专卖局（公司）

2014年，贵州省烟草商业系统积极开展各项社会公益活动。

贵州省烟草专卖局（公司）机关：扶贫济困，向贵州省妇女儿童发展基金会捐款 100 万元；向黔南州贵定县捐款 300 万元；向抗美援朝退伍老军人等捐款 1.1 万元。资助教育事业，向贵州省孔学堂发展基金会捐款 500 万元；向贵州大学捐款 3000 万元，用于贵州大学建设烟草学院。资助乡村建设，员工个人向黔南州贵定县新巴镇捐款 5.61 万元。资助社会公共事业，向贵州省禁毒基金会捐款 100 万元。

贵阳市烟草专卖局（公司）：扶贫济困，向困难群众等捐款 3.36 万元；参加无偿献血活动，献血 7800 毫升。资助教育事业，向九庄竹花小学等捐款 2 万元。资助城乡建设，向开阳县等捐款 6.61 万元；向开阳南江乡苗寨村捐款 6.39 万元。其他捐款 2.33 万元。

遵义市烟草专卖局（公司）：扶贫济困、救助灾害，捐款 36.52 万元。资助教育、科学、文化、卫生的活动，捐款 15.92 万元。其他捐款 12.92 万元。

安顺市烟草专卖局（公司）：2014 年捐款 240 万元。扶贫济困，向困难户捐款 2 万元，其中员工个人捐款 1 万元；员工个人向留守儿童、困难户捐款 5.7 万元；参加无偿献血活动，献血 5000 毫升。资助教育事业，向学校灾后重建工作捐款 2 万元；参加“向日葵”爱心工程，捐款 2 万元。资助乡村建设，向石平村等捐款 32 万元。资助社会公共事业，捐款 7 万元，其中员工个人捐款 4 万元。灾害救助，员工个人向鲁甸地震灾区捐款 5 万元。

六盘水市烟草专卖局（公司）：扶贫济困，向困难户捐赠价值 10 万元的慰问品；开展义务扫雪除冰、慰问孤寡老人等活动。资助社区建设，向钟山区东风西路社区捐款 2 万元。资助乡村建设，选派干部入驻定点扶贫村开展帮扶工作；向盘县下保田村捐款 18 万元。

毕节市烟草专卖局（公司）：扶贫济困：向金龙乡“计生三结合帮扶”工作捐款 2.2 万元；向困难烟农捐款 1.9 万元。资助乡村建设，向炉山镇捐款 1.98 万元；向王家寨坝子村捐款 10 万元；向平坝村、干沟村、石镇捐款 4.8 万元；向新农村建设捐款 450 万元。资助社会公共事业，向鸡场乡生育关怀基金捐款 2000 元。

铜仁市烟草专卖局（公司）：扶贫济困，向困难户捐款 1.9 万元。资助教育事业，向碧江区第十中学捐款 6000 元。资助乡村建设，向新农村建设捐款 700 万元；向柒树村等捐款 41.21 万元，用于水渠建设、公路修建等。资助社区建设，向碧江区捐款 5000 元，用于“五城联创”工作。其他捐款 7500 元。

黔东南州烟草专卖局（公司）：扶贫济困，向麻江县等地计生帮扶工作捐款 4.47 万元。资助教育事业，向麻江县捐赠“六一”慰问款 300 万元；向尚寨中学等捐款 2.6 万元；向三穗、天柱县困难教师捐款 1.05 万元；向平西坝小学捐赠价值 1.5 万元的教学设备。资助城乡建设，向剑河县南哨乡等捐款 15.93 万元。灾害救助，向镇远县报京大寨“1·25”火灾捐款 102.83 万元。

黔南州烟草专卖局（公司）：扶贫济困，捐款 3.24 万元；向扶贫村捐款 7.1 万元；向独山县困难党员捐赠慰问品。资助教育事业，捐款 2.65 万元。资助乡村建设，向新农村建设捐款 750 万元。灾害救助，捐款 3.04 万元。其他捐款 5.6 万元。

黔西南州烟草专卖局（公司）：扶贫济困，参加“慈善一日捐”“扶贫日”等活动，捐款 2 万元；向困难学生、留守儿童等捐款 22 万元；向困难户捐款 4800 元；向扶贫点捐款 2 万元。资助教育事业，向亨县学校捐款 3 万元。资助乡村建设，向规模村、荣丁村、亨县捐款 59.9 万元，用于修建引水渠道和过水路面桥；向董箐村、五里村、规模村捐款 173.32 万元，用于修建口水窖；向新农村建设工作捐款 2800 万元。

贵州中烟工业有限责任公司

2014 年，贵州中烟工业有限责任公司捐款 6060.16 万元，用于各项社会公益活动。

贵州中烟工业有限责任公司本部：扶贫济困、资助社会公共事业，向贵州省慈善总会、贵州省禁毒委员会捐款 60 万元。资助乡村建设，向贵州省 100 家烤烟种植村实施烟草扶贫新农村示范建设，捐款 5000 万元；向赫章县六曲河镇捐款 800 万元。

贵州中烟工业有限责任公司贵阳卷烟厂：资助乡村、社区建设，向纳雍县龙场镇、花溪区久安乡、南明区中曹社区捐款 50 万元。

贵州中烟工业有限责任公司遵义卷烟厂：资助乡村建设，向绥高坪村、金田村、银江村捐款 30 万元。

贵州中烟工业有限责任公司毕节卷烟厂：资助乡村建设，向纳雍县以扒村、繁荣村捐款 30 万元。

贵州中烟工业有限责任公司贵定卷烟厂：资助教育、社会公共事业，向贵州省禁毒委员会和贵定县云雾中学捐款 33.4 万元。

贵州中烟工业有限责任公司铜仁卷烟厂：资助乡村建设，向思南县坝竹村捐款 19.76 万元。

云南省烟草专卖局（公司）

2014年，云南省烟草商业系统捐款6186.9万元，用于各项社会公益活动。其中，扶贫济困，向麻栗坡县捐赠扶贫款150万元。资助教育事业，向"大成学苑"教育扶贫项目捐款1200万元。资助社会公共事业，向"爱心水窖"工程捐款2500万元；向云南老龄事业发展基金会捐款317.1万元；向云南省妇女儿童发展基金会捐款19.8万元。灾害救助，向云南省慈善总会捐款1000万元，支援昭通鲁甸"8·3"地震灾区；向普洱"10·7"地震灾区捐款1000万元。

云南中烟工业有限责任公司

2014年，云南中烟工业有限责任公司积极开展各项社会公益活动。

云南中烟工业有限责任公司本部：2014年，捐款1.18亿元，用于各项社会公益活动。扶贫济困，向"爱心水窖"项目捐款2500万元。资助教育事业项目：向楚雄州双柏县、南华县等地教育建设项目捐款5947万元；向景洪市第三小学捐款100万元；向红河州第一中学捐款1000万元。资助乡村建设，向广南县捐款200万元。灾害救助，向昭通鲁甸"8·3"地震灾区捐款1319万元，其中员工个人捐款319万元；向普洱"10·7"地震灾区捐款1000万元。

红塔烟草（集团）有限责任公司：扶贫济困，向维西傈僳族自治县、元江哈尼族彝族傣族自治县洼垤乡、贡山县捐赠扶贫款750万元；员工个人向玉溪市儿童福利院捐赠价值3.31万元的生活物品。资助教育事业，向云南省教育基金会捐款98万元；向威宁县中水中学、玉溪第一中学捐款315万元，用于教学楼建设；向玉溪师范学院捐款98万元，用于设立"红塔奖助学金"；向玉溪市第一幼儿园、龙泉梅营社区幼儿园捐款118万元；向云南省关心下一代工作委员会捐款7万元。资助文化事业，向元阳哈尼梯田世界文化遗产保护捐款98万元；向玉溪市山区民族教育促进会捐款60万元；向云南省老龄事务发展基金会捐款20万元。灾害救助，员工个人向昭通鲁甸"8·3"地震灾区捐款14.45万元。

红塔烟草（集团）有限责任公司玉溪卷烟厂：资助教育事业，向玉溪市捐赠教育经费370万元。资助乡村建设，向红塔区小石桥乡捐款50万元；向峨山县捐款10.5万元，用于新农村建设。其他捐款5万元。

红塔烟草（集团）有限责任公司楚雄卷烟厂：资助教育事业，向楚雄一中捐款120万元；向楚雄市、向永仁县教育基础设施建设捐款130万元。资助乡村建设，向元谋县姜驿乡捐款60万元，用于通村公路项目；向武定县插甸乡捐款3万元，用于人畜饮水项目。

红塔烟草（集团）有限责任公司大理卷烟厂：扶贫济困，向大理州红十字会捐款30万元；向困难学生捐款30万元。资助教育事业，向大理州民族中学捐款20万元，作为"大理宏志班"学生生活费。资助城市建设，向大理市捐款180万元，用于洱海保护治理和大理古城公共文化基础设施建；向宾川县杨官村、漾濞县石竹村等捐款300万元，用于道路建设、村民文化活动中心建设等。

红塔烟草（集团）有限责任公司昭通卷烟厂：资助教育事业，向昭通市捐赠教育经费100万元。资助城市建设，向昭通市捐款700万元，用于昭龙生态经济产业示范带贫困村道路建设、文化场所建设等；向宁边村、岩洞脚村捐款110万元，用于道路建设等。灾害救助，向昭通鲁甸"8·3"地震灾区捐款200万元；向鲁甸县龙头山地震灾区捐款60万元。

红云红河烟草（集团）有限责任公司：扶贫济困，向昆明市公益性事业捐款1000万元；向助老工程捐款40万元；向昆明市见义勇为基金会捐款50万元。资助教育事业，向高等院校的"红云园丁奖""红河助学金"捐款1320万元；向红河州第一中学捐款600万元。资助乡村建设，向富民、沧源、镇康等县捐款1100万元；向曲靖市捐款500万元，用于扶贫及农业基础设施建设。其他捐款80万元。

红云红河烟草（集团）有限责任公司昆明卷烟厂：扶贫济困，向昆明市五华区扶残助残协会捐款15万元。资助教育事业，向云南省青少年发展基金会捐款22.44万元；向"昆烟园丁奖"捐款125万元；向新萌学校捐款12万元。资助乡村、社区建设，向封过村、普德村捐款40万元；向红云街道捐款7.56万元。其他捐款28万元。

红云红河烟草（集团）有限责任公司红河卷烟厂：扶贫济困，参加"暖冬行动"，捐款1万元。资助教育事业，向弥勒市校舍危房改造项目捐款100万元；向"红云园丁奖""红河助学金""红烟桃李奖"等捐款135万元；向红河州特殊教育学校捐款10.5万元；向"爱心圆梦大学"活动捐款8万元。资助乡村建设，向瓦草村捐款18万元，用于公路建设；向"美丽家园"建设项目捐款36万元。其他捐款116.5万元。

红云红河烟草（集团）有限责任公司曲靖卷烟厂：资助社区建设，向曲靖市麒麟区捐款55万元；向社区捐款15

万元；向马龙县捐款15万元。资助教育事业，向云南省“园丁奖”捐款60万元；向曲靖市第一中学优秀教师及优秀学生捐款10万元。其他捐款155万元。

红云红河烟草（集团）有限责任公司会泽卷烟厂：扶贫济困，向会泽县敬老院捐款45.24万元。捐资助学，向马武小学捐款3.96万元。资助乡村建设，向会泽县捐款50万元，用于城乡饮用水条件改善款。灾害救助，向昭通鲁甸“8·3”地震灾区捐款100万元。其他捐款8000元。

红云红河烟草（集团）有限责任公司新疆卷烟厂：扶贫济困，向奎屯市红十字会捐款4万元；向奎屯市福利院捐款2万元。资助教育事业，向新疆大学捐款10万元。资助乡村建设，向裕民县捐款37.1万元；向裕民县阿勒腾也木勒乡捐款35万元；向特克斯县捐款30万元。其他捐款101.68万元。

红云红河烟草（集团）有限责任公司乌兰浩特卷烟厂：扶贫济困，向对口扶贫点捐款19.92万元；向援助特困单身母亲行动捐款30万元；参加“博爱一日捐”活动，捐款5万元。资助教育事业，向乌兰浩特市捐赠捐资助学款240万元；向兴安盟人民教育基金会捐款75万元；向兴安盟特殊教育学校捐款10万元；向兴安盟“未成年人公共安全与自救”图书捐赠活动捐款7万元。其他捐款263万元。

西藏自治区烟草专卖局（公司）

2014年，西藏自治区烟草商业系统捐款416.79万元，用于各项社会公益事业。

西藏自治区烟草专卖局（公司）机关：捐款279.97万元，其中，扶贫济困捐款221.97万元，其他捐款58万元。

日喀则地区烟草专卖局（公司）：资助乡村建设，向日喀则市桑珠孜区边雄乡林村捐款19.9万元，用于修建文化广场、排水工程等。其他捐款30万元。

山南地区烟草专卖局（公司）：资助乡村建设，向加查县崔久乡捐款33万元，用于修建草场围栏、简易道路。

林芝地区烟草专卖局（公司）：扶贫济困，向困难农牧民捐款1.2万余元。

昌都地区烟草专卖局（公司）：资助乡村建设，向昌都市卡若区妥坝乡珠古村捐款52.72万元，用于修建桥梁。

陕西省烟草专卖局（公司）

2014年，陕西省烟草商业系统捐款1071.62万元，用于各项社会公益活动。

陕西省烟草专卖局（公司）机关：扶贫济困，员工个人向困难群众捐款3.45万元。资助教育事业，向富平中学捐款200万元，用于学校教学楼建设。资助乡村建设，向华峡村捐款140万元，用于改善村级交通基础设施建设。

西安市烟草专卖局（公司）：扶贫济困，开展“百人千户”亲情式帮扶活动，捐款2.25万元。资助乡村建设，向粮房村、松树沟村捐款34万元，用于两村基础设施建设。

咸阳市烟草专卖局（公司）：扶贫济困，向农民工子女学校、马栏镇九年制寄宿学校、咸阳市困难新生等捐款、捐物，价值12万元以上。

宝鸡市烟草专卖局（公司）：资助教育事业，向陈仓区赤沙镇中心小学捐款5000元，并捐赠电脑7台。资助乡村建设，成立工作队帮扶千阳县草碧镇磨朝村，并向17个村捐款49.5万元。

渭南市烟草专卖局（公司）：扶贫济困，向渭南慈善总会捐款4万元。资助乡村建设，成立扶贫帮困工作队，捐款46万元，用于包联村道路硬化、经济林种植等。

铜川市烟草专卖局（公司）：扶贫济困，向困难户捐款1.3万元，并捐赠慰问品；向困难学生捐款1.7万元。资助乡村建设，向袁家山村、阿庄村、何家坊村、白家村捐款21万元，用于绿化改造项目等。

商洛市烟草专卖局（公司）：资助乡村建设，向板庙村等捐款51万元。

汉中市烟草专卖局（公司）：资助乡村建设，向阜川镇蒲家坝村捐款36万元，用于人畜饮水工程改造；向蒲家坝村捐款108万元，用于修建漾家河大桥，分6年分期拨付到位。

安康市烟草专卖局（公司）：扶贫济困，向唐坡村困难群众捐款2万元。资助教育事业发展，向陕西省安康中学捐款20万元。资助乡村建设，向旬阳县甘溪镇唐坡村捐款70万元，用于修建便民桥等；向汉滨区周林生态茶园捐款5万元，用于购买茶叶专用肥。

延安市烟草专卖局（公司）：资助教育事业，向宝塔区河庄坪镇中心小学捐款7万元，用于购置办公电脑和生活用品。资助乡村建设，向所在地包扶村捐款32万元。

榆林市烟草专卖局（公司）：资助乡村建设，向靖边县东坑镇捐款10万元，用于深井项目；向吴堡县辛家沟尚家坪村等捐赠扶贫款50万元。

杨凌示范区烟草专卖局（公司）：扶贫济困，向困难户捐款19.1万元；向困难户和昭通鲁甸“8·3”地震灾区捐款3.82万元。

陕西中烟工业有限责任公司

2014年，陕西中烟工业有限责任公司捐款808.3万元，用于各项社会公益活动。

陕西中烟工业有限责任公司本部：扶贫济困，向困难户捐款20万元。资助教育事业，向富平县富平中学捐款200万元。灾害救助，向云南省沾益县旱灾灾区捐款50万元；向湖南省郴州市旱灾灾区捐款30万元；向汉中市南郑县洪涝灾区捐款70万元。

陕西中烟工业有限责任公司宝鸡卷烟厂：资助城乡建设，向宝鸡市金台区捐款13.3万元；向王坪山村、庄科村、赵家塬村等捐款45万元，用于农村基础设施建设。扶贫济困，参加“情暖冬日 关爱他人”爱心助残公益活动，捐款20万元。

陕西中烟工业有限责任公司延安卷烟厂：资助乡村建设，向杨家塬村捐款10万元；参加“新农村建设”活动，向任家沟村捐款20万元。资助教育事业，向姚店镇中心小学、延安励博双语特色小学捐款10万元。

陕西中烟工业有限责任公司汉中卷烟厂：扶贫济困，员工个人向社会公益事业捐赠价值1.62万元物资；开展“慰问环卫工人”“大手牵小手 圆梦微心愿”“尊老敬老”等爱心活动，捐赠价值4880元的物资。资助乡村建设，向龙草坪村、联合村等捐款40万元，用于农村基础设施建设。

陕西中烟工业有限责任公司澄城卷烟厂：资助乡村建设，向翟卓村等捐款40万元。资助体育事业，向澄城县体育运动中心捐款200万元，用于场馆建设。

陕西中烟工业有限责任公司旬阳卷烟厂：扶贫济困，参加“双万”帮困活动，员工个人捐款6.09万元。资助乡村建设，向旬阳县泥沟村捐款40万元。

甘肃省烟草专卖局（公司）

2014年，甘肃省烟草专卖商业系统捐款3069.05万元，用于各项社会公益活动。

甘肃省烟草专卖局（公司）机关：扶贫济困，向甘肃省残疾人联合会捐款200万元；向兰州市社会福利院捐款30.05万元；向甘肃省扶贫基金会捐款1.98万元。资助教育事业，向甘肃省关心下一代基金会捐款15万元。资助乡村建设，向静宁县界石铺镇捐款1785.85万元，用于开展新品种苹果示范园、镇区道路排水项目等；向张家川县捐款100万元。资助环保事业，向甘肃省治理荒漠化基金会捐款100万元。其他捐款，向甘肃省公安民警英烈基金会捐款50万元。

兰州市烟草专卖局（公司）：扶贫济困，向兰州市慈善总会捐款20.4万元。资助乡村建设，向西固区孟家山村、红古区洞子村等捐款21.38万元，用于基础设施建设和帮扶困难户。

天水市烟草专卖局（公司）：资助教育事业，向困难学生捐款4000元。资助乡村建设，向秦州区王沟村等捐款102.5万元，用于农村基础设施建设。

定西市烟草专卖局（公司）：扶贫济困，员工个人向困难群众捐款2700元；开展“送温暖”活动，向困难户捐款13.9万元；开展“学雷锋、争做志愿者”活动，美化城区环境。资助乡村建设，向双联村捐款21.6万元，用于农村道路扩修、农家书屋、购置农用物资等。

酒泉市烟草专卖局（公司）：扶贫济困，向困难农户捐款8.47万元；向瓜州县开工村捐款1000元，用于给儿童购买牛奶；参加“关爱残疾老人”活动，员工个人捐款4500元。资助乡村建设，向开工村捐款46.4万元，用于新农村建设。

张掖市烟草专卖局（公司）：扶贫济困，向困难户捐款7.5万元；向困难农户捐赠价值2000元的生活物资。资助乡村建设，向双联村捐款28万元，用于道路硬化、文化广场等项目建设。

武威市烟草专卖局（公司）：扶贫济困，向武威市慈善中心捐款6万元，用于帮扶困难户。资助乡村建设，向双联村捐款80.39万元。

庆阳市烟草专卖局（公司）：扶贫济困，向华池县红十字会捐款10.3万元；向宁县慈善会捐款12万元；向困难户捐款2万元。资助教育事业，向特殊教育学校捐款7.11万元，用于购置学习物品；资助乡村建设，向双联村捐款102.49万元，用于基础设施建设。

平凉市烟草专卖局（公司）：资助乡村建设，向双联村捐款31.29万元，用于购置农村产业发展和基础设施建设。扶贫济困，向困难户捐款21.95万元，用于春耕资料和生活物品。资助教育事业，向华亭县晨光小学捐款1.15万元。

陇南市烟草专卖局（公司）：扶贫济困，向市红十字会捐款34.3万元；向双联村困难户捐赠慰问品，价值1.1万元。资助教育事业，向助学活动捐款1万元。资助乡村建设，向西和县晒经村等捐款13.81万元。

白银市烟草专卖局（公司）：扶贫济困，开展“做一天义工、献一份爱心”和“爱老敬老”慰问活动，员工个人捐款4400元；向困难户捐款21.7万元；向困难大学生捐款3.5万元；参加无偿献血活动，献血8600毫升。资助乡村建设，向会宁县柴门乡小西村等捐款31.5万元，用于道路维修、家庭养殖项目等。

金昌市烟草专卖局（公司）：扶贫济困，向困难户捐款7.6万元；向永昌县重大疾病儿童医疗救助基金捐款4500元；开展“送温暖、献爱心”等活动，捐款4600元，其中员工个人捐款600元；员工个人向帮扶对象捐赠价值1000元的轮椅和价值2000元的营养餐；组织植树造林、学雷锋志愿服务等活动。资助教育事业，向农民工子弟学校捐款2万元。资助乡村建设，向双联村等捐款6.5万元；向三角城村捐赠价值6000元的春耕化肥。

嘉峪关市烟草专卖局（公司）：扶贫济困，向嘉峪关市红十字会捐款4000元，用于帮扶困难群众；参加“全国文明城市创建”等活动。资助乡村、社区建设，向“送文艺”下乡活动捐款6000元；选派干部到安远沟村开展驻村帮扶工作，并捐款8000元帮助其发展特色农业产业；向雄关社区、绿化社区捐赠电脑7台。

临夏州烟草专卖局（公司）：扶贫济困，向困难户捐款7.4万元；员工个人向困难群众捐款61万元，并为村民购置春耕物资等；参加无偿献血活动，献血6900毫升。

甘南州烟草专卖局（公司）：捐款44.46万元，用于双联村农业发展、文化建设、道路修建、增收致富等项目建设。

青海省烟草专卖局（公司）

2014年，青海省烟草商业系统捐款220.21万元，用于各种公益事业。

青海省烟草专卖局（公司）机关：资助教育事业，向西宁市贾小庄小学捐款3万元。资助乡村建设，参加“高原美丽乡村”建设活动，向树尔湾村捐款150万元；向平安县李家村捐款40万元。

海东市烟草专卖局（公司）：扶贫济困，开展“爱心助残”专项募捐活动，员工个人向海东市红十字会捐款1.08万元；向残疾人捐款1.63万元。

海西州烟草专卖局（公司）：扶贫济困，开展“爱心助残”专项募捐活动，员工个人向海西州红十字会、慈善会捐款7100元。

格尔木市烟草专卖局（公司）：资助乡村、社区建设，向乌图美仁乡那陵格勒村捐款2万元；向格尔木市新华村、博爱巷社区捐款4万元。

海北州烟草专卖局（公司）：资助乡村建设，参与“高原美丽乡村”建设活动，向门源县东沙河村等捐款15.11万元；向祁连县峨堡镇芒扎村捐款3万元。

海南州烟草专卖局（公司）：扶贫济困，员工向海南州河卡镇“10·13”较大道路交通事故伤亡人员捐款3500元。

黄南州烟草专卖局（公司）：扶贫济困，向困难党员、困难牧民捐赠价值1.56万元慰问品；向困难大学生捐款2.15万元。

果洛州烟草专卖局（公司）：资助教育事业，向果洛州儿童福利院孤残儿童捐款5万元。

宁夏回族自治区烟草专卖局（公司）

2014年，宁夏回族自治区烟草商业系统捐款81万余元，用于各项社会公益活动。

宁夏回族自治区烟草专卖局（公司）机关：扶贫济困，向困难群众捐款1.28万元；向银川市金凤区慈善协会捐款2万元；设立党员帮扶基金，员工个人捐款1.42万元开展社区环境卫生清扫、清理城市“牛皮癣”、文明交通志愿服务等活动。资助乡村建设，向盐池县双疙瘩村捐款15.5万元。

银川市烟草专卖局（公司）：扶贫济困，向困难户捐款2.95万元；向困难群众等捐赠价值1.81万元的生活用品。资助教育事业，向希望小学、银川市十二中等捐赠书籍、教具等，价值4.79万元。资助乡村建设，向永宁县玉海村捐款2.9万元。

石嘴山市烟草专卖局（公司）：扶贫济困，向困难户捐款1.4万元。资助教育事业，向平罗县高庄中心小学捐款1万元。资助乡村、社区建设，开展“新农村建设”帮扶活动，捐款1.26万元；向定点帮扶社区捐款1.6万元。

吴忠市烟草专卖局（公司）：扶贫济困，向困难户捐款4.9万元。资助教育事业，捐款1万元。资助乡村建设，捐款4.6万元。

固原市烟草专卖局（公司）：扶贫济困，捐款1.17万元，用于孤寡老人慰问、计划生育帮扶等。资助教育事业，向“希望工程”捐款4.5万元。资助乡村建设，向定点帮扶村捐款9.05万元。

中卫市烟草专卖局（公司）：扶贫济困，向困难户捐款2.5万元。资助教育事业，向“希望工程”捐款10万元。资助乡村建设，捐款5.7万元。

新疆维吾尔自治区烟草专卖局（公司）

2014年，新疆维吾尔自治区烟草商业系统共捐款7630.15万元，其中员工个人捐款1.02万元，用于各项社会公益活动。

新疆维吾尔自治区烟草专卖局（公司）机关：扶贫济困，向社区、残联捐款1.48万元；援建高铁医院和会展医院，捐款7000万元；向对口扶贫单位捐款96万元；向“访惠聚”活动捐款182.74万元。

乌鲁木齐市烟草专卖局（公司）：扶贫济困，向困难户和贫困地区捐赠价值5.35万元慰问品及2000余件衣物。

昌吉州烟草专卖局（公司）：扶贫济困，向困难户捐赠价值8.7万元的慰问品。资助乡村建设，向奇台县东坎儿孜村、木垒县大石头乡捐款15万元；向吉木萨尔县五道坝村捐款10万元。

新疆维吾尔自治区烟草专卖局石河子市局、新疆烟草兵团石河子有限公司：资助教育事业，开展为优秀贫困生捐资助学、“爱心一元捐助”活动，捐款3.78万元。

博尔塔拉蒙古自治州烟草专卖局（公司）：扶贫济困，向困难村民捐赠价值3000元的慰问品。资助乡村建设，累计出资26.7万元为乌图布拉格村、达留村、奎屯布勒格村铺设巷道柏油路、减速带，清理渠道等。

伊犁哈萨克自治州烟草专卖局（公司）：扶贫济困，向困难户捐赠价值1.3万元的慰问品。资助教育事业，向新源县农村义务教育薄弱学校捐款50万元。资助城乡建设，向伊宁市、伊宁县等捐款11.45万元；向墩买里村、米粮泉村等捐款67万元。

克拉玛依市烟草专卖局（公司）：扶贫济困，开展“1元钱”捐资助学活动，捐款1000元。

塔城地区烟草专卖局（公司）：扶贫济困，向社区困难户、中小学生捐赠价值7000元的慰问品及图书。资助乡村建设，参加“访惠聚”活动，捐款5.5万元。

阿勒泰地区烟草专卖局（公司）：扶贫帮困，向贫困村民捐款1.36万元；资助乡村建设，向哈巴河“访惠聚”活动捐款5.22万元。

吐鲁番地区烟草专卖局（公司）：扶贫济困，向困难户、红十字会等捐款7.48万元，并捐赠图书和慰问品；员工个人向聋哑儿童、白血病患者等捐款7200元。资助乡村建设，向亚尔乡老城东门村捐款5.3万元，用于饮水改造工程等。

哈密地区烟草专卖局（公司）：扶贫济困，向巴里坤哈萨克自治县花园乡头道河村捐款6万元。

巴音郭楞蒙古自治州烟草专卖局（公司）：资助乡村建设，参加“访惠聚”活动，捐款40万元。资助社会公共事业，向当地维稳工作捐款8.25万元；向社会公共设施建设等捐款5.34万元。

阿克苏地区烟草专卖局（公司）：资助乡村建设，参加“访惠聚”活动，向欧吐拉布隆村捐款18.56万元，用于修建锅炉房、村卫生室等。

喀什地区烟草专卖局（公司）：资助乡村建设，参加“访惠聚”活动，向帮扶村捐款24.46万元；开展植树造林活动，捐款19.66万元。

和田地区烟草专卖局（公司）：扶贫帮困，向困难大学生捐款捐物，共计1.7万元；参加无偿献血活动，献血800毫升。

大连市烟草专卖局（公司）

2014年，大连市烟草商业系统捐款262万元，用于各项社会公益活动。其中，扶贫济困，向大连市慈善总会捐款100万元；向西岗区慈善总会捐款54.04万元；向旅顺口区慈善总会捐款2万元；向金州慈善总会捐款5万元；向瓦房店市慈善总会捐款8万元；向普兰店市慈善总会捐款8万元；向庄河市慈善总会捐款12万元。资助乡村建设，向庄河市栗子房村、吴山嘴村、青山村、顾家村共计捐款17.8万元；资助教育事业，向青山村富家小学捐赠计算机6台。灾害救助，向云南鲁甸地震灾区捐款50万元。

深圳市烟草专卖局（公司）

2014年，深圳市烟草商业系统积极开展各项社会公益活动。其中，扶贫济困，开展“情系山区、献出爱心”捐助活动；开展“弘扬志愿精神 共建和谐社区”义工活动、慰问敬老院老人活动等。资助教育事业，开展“6·1”儿童节义工服务。

（编辑：周　佳）

控烟履约

2014年国家制定的相关文件及部分地方性法规

【国家相关文件及部门规章】 2014年，中国稳步推进各项控烟法律法规的制修定工作。11月24日，国务院法制办公布由国家卫生和计划生育委员会起草并报送国务院的《公共场所控制吸烟条例（送审稿）》，向有关单位和各界人士征求意见。12月23日，国务院下发《关于进一步加强新时期爱国卫生工作的意见》（国发〔2014〕66号），强调把爱国卫生工作深入持久地开展下去，进一步提高群众的健康意识和健康水平，在意见中明确提出要“落实控烟各项措施”。

贯彻落实中央《关于领导干部带头在公共场所禁烟有关事项的通知》文件精神，推进控烟工作，创建“无烟机关”，1月20日，国家卫生计生委、中央文明办、中直机关工委、中央国家机关工委、国家机关事务管理局联合发出《倡议书》，印发宣传资料，倡导中央机关领导干部在办公会议场所带头落实《通知》要求。黑龙江、河北等省向党政机关发出禁烟、控烟倡议。辽宁、吉林、湖北等省印发通知，要求领导干部在公共场所带头禁烟、控烟。

推动《中华人民共和国广告法》中涉及烟草广告相关条款的修订工作。2014年，国家工商总局配合立法机关，推动《广告法》中涉及烟草广告相关条款的修订工作。年初完成《广告法》的修订稿，并通过国务院法制办在网上征求意见。6月4日，国务院召开常务会议，讨论通过《中华人民共和国广告法（修订草案）》。8月，第十二届全国人大常委会第十次会议对《广告法》（修订草案）进行第一次审议，并于8月31日起在网络上公开征求社会意见。《广告法》（修订草案）对发布烟草广告的媒介和场所作出进一步限制。

【部分地方性法规制定与实施】 2014年，部分省（自治区、直辖市）颁布地方性法规、地方政府规章等，对公共场所禁止吸烟的主管部门及职责分工、禁止吸烟的场所、违法处罚措施等作出一系列规定。自2008年起至2014年底，全国共有16个城市相继颁布实施或者修订地方性控烟法规，16个城市是：银川、北京、上海、杭州、广州、哈尔滨、天津、克拉玛依、鞍山、青岛、兰州、长春、深圳、南宁、西宁和唐山。

推进控烟条例的制定工作。5月29日，南宁市政府发布第25号令，公布《南宁市控制吸烟规定》，该《规定》于7月1日起正式施行。11月27日，青海省十二届人大常委会第十四次会议通过《西宁市控制吸烟条例》，将于2015年5月1日起施行。11月28日，北京市第十四届人民代表大会常务委员会第十五次会议通过《北京市控制吸烟条例》，《条例》自2015年6月1日起施行。该《条例》坚持政府与社会共同治理、管理与自律相互结合，实行政府管理、单位负责、个人守法、社会监督的原则；扩大现行的控烟范围，规定“公共场所、工作场所的室内区域以及公共交通工具内禁止吸烟”，部分公共场所、工作场所的室外区域禁止吸烟，包括“幼儿园、中小学校、少年宫、儿童福利机构等以未成年人为主要活动人群的场所；对社会开放的文物保护单位；体育场、健身场的比赛区和坐席区；妇幼保健机构、儿童医院”等；强化《条例》的落实，明确对违法吸烟行为人以及场所经营者、管理者的处罚规定。

推进控烟条例的实施。1月1日，《兰州市公共场所控制吸烟条例》正式施行；截至2014年底，初步建立起全市控烟工作机制。3月1日，《深圳经济特区控制吸烟条例》正式实施，《条例》的基本原则为“政府主导、分类管理、场所负责、公众参与、社会监督”。在《条例》实施过程中，深圳经济特区政府通过开展多种形式的控烟宣传、控烟培训、密集性集中执法、立体监督等方式，营造控烟氛围。此外，3月1日，《长春市防止烟草烟雾危害办法》正式施行；5月1日，《唐山市防止二手烟草烟雾危害管理办法》正式施行。

2014年中国控烟履约主要实施情况

【召开控烟履约工作部际协调领导小组会议】

2014年2月14日，烟草控制框架公约履约部际协调领导小组会议在北京召开，工业和信息化部、国家卫生计生委、外交部、财政部、海关总署、国家工商行政管理总局、国家质量监督检验检疫总局、国家烟草专卖局等领导小组成员单位参加会议。会议审议通过领导小组成员调整安排，部署第三份国家履约报告编制工作，研究批准《消除烟草制品非法贸易议定书》的相关工作，总结2013年履约工作并制定2014年履约工作重点。

【参加《公约》相关工作会议】 10月13—18日，《公约》第六届缔约方会议在俄罗斯莫斯科召开，中国政府派代表团参会。代表团在会上客观、平衡、有策略地表达中方立场和关注，宣传中国在控烟领域所做的工作，在维护国家利益的同时树立大国形象。

参与《公约》实施指南文件制定工作。组织代表团参加《公约》第6条“减少烟草需求的价格和税收措施”、第9条和第10条“烟草制品成分管制和烟草制品披露实施指南文件工作组会议”，以及第17条和第18条“涉及经济上可持续替代烟草种植问题的政策方案和建议制定工作组会议”。代表团参与有关文件的起草和讨论，积极提出建议主张。

【完成第三份国家履约报告编制工作】 2014年，由工业和信息化部牵头，推进第三份国家履约报告编制工作。建立报告编制的协商联络机制，由各领导小组成员单位组成履约报告编制小组。开展专题研究，明确报告编制的时间节点、任务分工、进度安排。通过编写报告文本、召开专题会议，修改形成报告送审稿并经各成员单位审定。由工业和信息化部将中央政府部分报告和中国香港、中国澳门部分报告提交给世界卫生组织。

【加强烟草广告监管工作】 2014年，全国各级工商管理部门加强日常监管巡查和广告监测工作，查处各种烟草广告违法案件。重点查处利用广播、电影、电视、报纸、期刊发布烟草广告的行为；在各类等候室、影剧院、会议厅堂、体育比赛场馆等公共场所设置烟草广告的行为；在以上媒体或场所发布变相烟草广告的行为；未经行政许可擅自发布烟草广告的行为。

提升基层工商机关人员的烟草广告监管执法工作水平。2014年，工商总局广告监管司与国家卫生计生委宣传司联合举办了两期“履行《烟草控制框架公约》，加强烟草广告、促销和赞助监管”培训研讨班，对全国20余个省、市的工商、卫生管理机关的80多名一线执法工作人员进行法律法规培训。

【加强控烟宣传和健康教育力度】 结合2014年世界无烟日主题，我国开展各类主题宣传活动，营造支持控烟的社会氛围。

发布《2014中国青少年烟草调查报告》。开展中国烟草控制大众传播活动，培养控烟媒体队伍。活动通过开展更大范围的媒体培训与动员，充分调动各级媒体资源，加大电视、广播类作品的征集和评选力度，并扩大与新媒体的合作，组织实施健康传播活动。1月20日，“贯彻落实中办国办《通知》精神暨中国烟草控制大众传播活动2014年启动会”在北京召开，落实《关于领导干部带头在公共场所禁烟有关事项的通知》文件精神。5月5日，由中国健康教育中心主办、国家卫生计生委宣传司指导举办的“支持公共场所禁烟，为自己为他人”公益广告宣传月活动在北京启动。组织专家编写控烟健康教育核心信息、《控烟知识读本》等健康教育传播材料，宣传吸烟危害健康科学知识。推进对《中国吸烟危害健康报告》的宣传工作，提高公众对烟草危害的认识。

烟草控制框架公约履约部际协调领导小组成员单位按照部门职能，做好“两会”人大代表建议和政协委员提案的办理工作，积极回应代表和委员的问题，做好有关控烟履约工作的信息公开申请答复工作。

推广戒烟服务，普及简短戒烟干预服务，开展医务人员戒烟能力培训。规范戒烟门诊，向吸烟者提供戒烟服务。

烟草行业控烟履约工作重点

【贯彻落实《规划》要求】 2014年，烟草行业积极贯彻落实《中国烟草控制规划（2012—2015年）》（简称《规划》）要求，加大介绍我国控烟履约的宣传力度，在国家局、总公司的内网、外网设立“控烟履约”专题栏目，向公众提供《烟草控制框架公约》（简称《公约》）的简介，以及我国的履约机制、履约进展等方面信息。在《中国烟草》《东方烟草报》等行业媒体设置专栏，宣传解读《公约》《规划》相关内容。全年利用会议及培训班宣讲《公约》《规划》以及我国控烟履约进展等内容10余次。

按照《规划》提出的目标任务，烟草行业在贯彻落实《规划》时，重点推进以下工作：有效打击烟草制品非法贸易，进一步推进“政府领导、部门联合、多方参与、密切协作”的打假打私体系建设；不断强化卷烟包装标识健康危害警示，继续研究增强警示效果的包装标识方案；建立完善烟草制品成分管制和信息披露制度；深入开展控烟宣传教育；严格执行《中华人民共和国广告法》及《烟草广告管理暂行办法》的有关规定，广泛禁止烟草广告、促销和赞助等。

【继续加强履约国际交流】 参加《公约》相关国际会议。2月，参加了在瑞士日内瓦举行的《公约》第17、18条工作组会议；10月，参加在俄罗斯莫斯科举行的《公约》第六届缔约方会议。会议期间，国家局的代表积极协调、密切配合，维护国家利益，完成谈判任务。

2014年，完成对世界卫生组织《公约》秘书处起草的公约指标摘要草案和报告使用指南文件情况任择统计表草案的评估工作。会同有关部门完成《公约》秘书处要求提供的无烟烟草制品、电子烟等管制材料的整理和上报工作。

【打击烟草制品非法贸易】 打击烟草制品非法贸易是履行《公约》的重要组成部分，是《消除烟草制品非法贸易议定书》（简称《议定书》）的基本要求，也是我国《烟草专卖法》及其《实施条例》的重要举措。

2014年，国家局加强与公安、司法、海关、工商、质检等部门的配合，进一步完善联合打假打私机制，从治理生产源头、断绝售假渠道、切断原辅材料供应等方面有效遏制制售假烟活动，严厉打击烟草制品非法贸易，取得明显成效。国家局与海关总署、公安部联合下发《走私烟草专卖品重大案件督办制度》，针对罚没走私卷烟销毁问题补充下发《罚没走私卷烟处理的通知》，并联合海关总署在广东湛江举行“中国·执法查没走私烟公开销毁活动”，公开销毁走私罚没烟37.6万条，涉及30余种品牌，案值2200余万元。重点地区加强和公安、海关、边防的合作力度，开展专项治理，各地相继突破一批重大走私卷烟案件，其中，广州“1·15”特大走私案入选2014全国海关缉私十大典型案例。

2014年查处案值5万元以上假烟案件2196起，破获符合国家局标准的网络案件863起；收缴制假烟机252台，查获烟丝烟叶1.67万吨、假烟10.4万件、走私烟5.3万件，卷烟市场净化率约为96%。公安、司法机关依法拘留6460人、追究刑事责任4261人。

【卷烟包装标识监督检查】 按照《中华人民共和国境内卷烟包装标识的规定》以及《关于进一步加大卷烟包装警语标识力度的通知》的要求，我国各卷烟工业企业自2012年4月起执行卷烟包装标识新规定，加大警语字号，增强警语区背景色差，强化包装的警示作用。2014年，国家局开展2次卷烟产品质量监督市场抽查，对各卷烟工业企业贯彻落实包装标识规定的情况进行详细检查。同时，国家局开展强化卷烟包装标识健康危害警示的研究工作。

【推进烟草制品成分管制与信息披露相关工作】

推进烟草制品成分和释放物检测技术研究，探索开发降低氢氰酸和巴豆醛的天然植物多孔材料，国产卷烟部分有害成分释放量实现了逐年下降。2014年，国家局多次组织对烟草制品的监督检查，其中，包括71个品牌422个规格卷烟、39家滤棒成形企业生产的72个样品、11家国内外卷烟纸生产企业的132个产品、16家国内外烟用丝束生产企业生产的37个产品以及1076批次烟叶等级等，强化产品质量安全体系建设。

开展烟草制品成分和释放物管理的信息披露相关政策研究。2014年，加强对各国烟气成分管制法规及监管政策的调研，形成《各国烟草成分管制、信息披露政策比较》《国内外烟草制品监管及控制相关法律法规研究》等报告，译著《美国烟草法律法规汇编》。对我国目前可采用的烟草制品监管和控制的技术手段进行汇总，形成《国内烟草制品技术标准情况汇总》。组织烟草实验室参与世界卫生组织烟草实验室网络的技术交流，并顺利加入世界卫生组织烟草实验室网络，参与烟草及其制品中氨标准操作规程的验证工作，提交标准操作规程（SOP）1项。开展烟草制品成分管制检测方法验证及应用工作，对烟草制品中有毒有害典型代表物质成分进行检测。

【开展劝阻青少年吸烟活动】 采取积极措施，防止未成年人接触烟草。履行《公约》中关于“禁止向未成年人销售和由未成年人销售烟草制品”的规定，国家局继续推行相关政策，包括“禁止在境内设立自动售烟机”、明确要求烟草配送企业及所辖范围的卷烟零售客户在柜台的醒目位置摆放“禁止中小学生吸烟，不向未成年人售烟”的警示牌等，并将“不向未成年人售烟”作为专卖管理的一项重要内容加强监督检查。开展劝阻青少年吸烟活动，通过开展作文、绘画、摄影、知识竞赛、夏令营等活动，加强对青少年自觉不吸烟进行宣传、教育和引导。

【其他控烟履约相关工作】 2014年，国家局协同履约工作部际协调领导小组成员单位，赴漯河市局（公司）、河南中烟漯河卷烟厂、郑州市卷烟物流配送中心调研控烟履约、打击烟草制品非法贸易及生产经营情况等。

加强卷烟减害技术培训与研究，国家局下发《关于举办卷烟减害应用技术培训班的通知》（中烟院培〔2014〕80号）。

2014年6月4日，国务院召开常务会议，讨论通过《中华人民共和国广告法（修订草案）》，并于8月31日起在网络上公开征求社会意见。国家局积极配合做好《广告法》的修订和《公共场所控制吸烟条例》的制定工作。

（主要资料由国家局办公室供稿；编辑：谢争艳）

大事记

2014 年中国烟草大事记

1月 1 日，国家烟草专卖局局长、中国烟草总公司总经理凌成兴发布新年贺词，要求继续推进“卷烟上水平”基本方针和战略任务，进一步谋划和实践“三大课题”，大力提升烟草行业深化改革、科学发展、控烟履约、规范管理、干部队伍“五个形象”，努力实现烟草行业税利总额超万亿元的年度目标。

6 日，国家局局长凌成兴、副局长李克明在北京会见德国虹霓机械制造股份公司总裁斯托弗·索姆（Christopher Somm）一行。

6 日，凌成兴、李克明在北京会见菲莫国际公司首席执行官谭崇博（Andre Calantzopoulos）一行。

15 日，国家局印发《国家烟草专卖局关于启动新型卷烟研制重大专项的通知》（国烟科〔2014〕28 号），批准启动实施新型卷烟研制重大专项。

16—17 日，2014 年全国烟草工作会议在北京召开。工业和信息化部部长苗圩出席会议并讲话。国家局局长凌成兴作工作报告，副局长何泽华、李克明、杨培森、赵洪顺，驻国家局纪检组组长高林，中国烟草职工思想政治工作研究会会长张保振，中国烟草学会理事长张辉，国家局总会计师张玉霞出席会议。

21 日，国家局印发《国家烟草专卖局关于全面深入推进法治烟草建设的意见》（国烟法〔2014〕41 号），深入贯彻落实十八大和十八届三中全会精神，全面深入推进法治烟草建设。

22 日，国家局、总公司召开机关离退休干部座谈会。凌成兴出席会议并通报行业工作情况。何泽华、杨培森、赵洪顺、高林、张玉霞，国家局老领导江明、金茂先、关政林、党铁山、郁源培、杨传德出席会议。李克明主持会议并讲话。

22 日，全国烟草行业党的群众路线教育实践活动第一批总结暨第二批部署电视电话会议在北京召开。凌成兴主持会议并讲话。中央第 28 督导组组长王正福到会指导并讲话，副组长徐振寰到会指导。何泽华、李克明、杨培森、赵洪顺、高林出席会议。

23 日，2014 年烟草行业安全生产工作电视电话会议在北京召开。李克明出席会议并讲话。

2月 20 日，全国烟草行业纪检监察工作会议在北京召开。凌成兴出席会议并讲话。何泽华、李克明、杨培森、赵洪顺出席会议，高林作工作报告。

21 日，最高人民检察院检察长曹建明在北京听取凌成兴关于法治烟草建设的工作汇报。最高人民检察院副检察长孙谦、检委会专职委员陈连福，国家局副局长赵洪顺参加汇报座谈。

25 日，全国烟草行业直属单位和机关部门单位主要负责人学习贯彻习近平总书记系列重要讲话精神专题培训班在北京举办。凌成兴作开班动员讲话和专题辅导。何泽华、杨培森、赵洪顺、高林、张玉霞出席开班仪式，李克明主持。

26 日，凌成兴、杨培森在北京会见塔恩集团董事总经理特伦伯一行。

26 日，凌成兴、杨培森在北京会见摩根大通全球烟草行业及欧洲消费品行业主管维森特一行。

3月 4 日，国家局全面深化改革领导小组第一次会议在北京召开。凌成兴主持会议并讲话。何泽华、杨培森、赵洪顺、高林出席会议。

4 日，国家局办公室印发《国家烟草专卖局办公室关于印发卷烟品牌规格管理办法的通知》（国烟办综〔2014〕121 号），贯彻落实“卷烟上水平”总体规划目标任务，促进形成品牌竞争发展的市场格局。

8 日，全国烟草行业党的群众路线教育实践活动第一批督导组总结暨第二批巡回督导组培训会议在北京召开。凌成兴主持会议并讲话，李克明出席会议并讲话，何泽华、杨培森、赵洪顺、高林、张玉霞出席会议。

10 日，全国烟草行业财务审计工作会议在北京召开。何泽华出席会议并讲话，张玉霞作工作报告。

11 日，全国烟草专卖管理工作会议在北京召开。赵洪顺出席会议并讲话。

13 日，全国烟草行业发展计划工作会议在北京召开。杨培森出席会议并讲话。

14 日，中央组织部下发《徐瑾、何泽华同志职务任免》（组任字〔2014〕52 号）的通知，徐瑾同志任国家局党组成员；免去何泽华同志的国家局党组成员职务。

14—15 日，全国烟草行业规范管理工作会议在北京召开。赵洪顺出席会议并讲话。

14 日，国家局办公室印发《国家烟草专卖局办公室关于支持中式混合型卷烟发展的意见》（国烟办综〔2014〕146 号），贯彻落实烟草行业“卷烟上水平”总体规划关于积极促进中式混合型卷烟发展的目标任务，大力推动中式混合型卷烟品牌持续健康发展。

17 日，国家烟草专卖局与中国财贸轻纺烟草工会在北京举行第十次联席会议。凌成兴主持会议并讲话，杨培森出席会议并讲话。

18日，水利部与国家局在国家防总指挥中心签署《加强烟区水利建设合作备忘录》，双方决定就加快推进烟区水源工程和灌溉设施等烟区水利配套工程建设加强合作。凌成兴、赵洪顺出席签字仪式。

18日，全国烟草行业多元化投资管理工作会议在北京召开。杨培森出席会议并讲话。

20日，全国烟草科技工作会议在北京召开。杨培森出席会议并讲话。

22日，中国烟草职工思想政治工作研究会第七届年会暨第八届理事会在北京召开。凌成兴、李克明出席会议并讲话。张保振作工作报告。李克明当选为中烟政研会第八届理事会会长。

25日，全国烟草行业信息化工作会议在北京召开。会议传达了凌成兴在烟草行业信息化工作领导小组会议上对行业信息化工作提出的总体要求。杨培森出席会议并讲话。

25日，全国烟草法规体改工作会议在北京召开。赵洪顺出席会议并讲话。

26日，国务院下发《关于徐瑆、何泽华同志职务任免的通知》（国人字〔2014〕40号），徐瑆同志任国家烟草专卖局副局长；免去何泽华同志的国家烟草专卖局副局长职务。

27日，广东汕头造纸法再造烟叶生产线技术升级项目通过国家局组织的专家验收，标志着行业造纸法再造烟叶技术升级重大专项取得了重大突破，国产造纸法再造烟叶实现了向国际先进水平的跨越。

31日，凌成兴、李克明在北京会见韩国烟草人参公社社长闵泳珍一行。

4月 9日，中国烟草总公司与帝国烟草集团在北京签署合作意向书。凌成兴、李克明出席签字仪式。

21日，烟草行业经济运行工作电视电话会议在北京召开。凌成兴、李克明出席会议并讲话。杨培森、赵洪顺、高林、徐瑆、张玉霞出席会议。

21日，国家局办公室印发《国家烟草专卖局办公室关于加快卷烟降焦减害技术成果推广应用的通知》（国烟办综〔2014〕218号），要求贯彻落实国家局关于卷烟降焦减害工作的战略部署，推动全国卷烟焦油量和卷烟危害性指数持续降低。

25日，第六届全国烟草行业先进集体、劳动模范表彰会议在北京举行。中华全国总工会副主席、党组成员李世明，驻工信部纪检组组长、党组成员金书波到会指导。凌成兴出席会议并讲话。李克明宣读表彰决定，杨培森、赵洪顺、徐瑆、张玉霞出席会议，高林主持会议。

29日，国家局和海关总署在广东省湛江市联合举行“中国·执法查没走私烟公开销毁活动”。这是中国近年来规模最大的一次公开销毁走私卷烟活动，有37万余条走私卷烟被彻底销毁。凌成兴、赵洪顺出席活动。

30日，国家局党组印发《中共国家烟草专卖局党组关于印发国家烟草专卖局　中国烟草总公司机关及直属单位领导干部选拔任用工作实施办法的通知》（国烟党〔2014〕52号），要求贯彻执行党的干部路线方针政策，建立科学规范的领导干部选拔任用制度，形成有效管用、简便易行、有利于优秀人才脱颖而出的选人用人机制。

5月 5日，全国烟草行业离退休干部工作会议在北京召开。李克明出席会议并作工作报告。

20日，中国烟草学会第七次会员代表大会在北京召开。凌成兴、赵洪顺出席会议并讲话。张辉作工作报告，潘家华出席会议。赵洪顺当选为中国烟草学会第七届理事会理事长，何泽华、潘家华被聘为名誉理事长。

27日，全国烟草行业第二批教育实践活动第一环节工作总结暨第二环节工作推进会在北京召开。杨培森、高林出席会议并讲话。

6月 4日，造纸法再造烟叶高水平中试生产线创新工艺与装备研发项目通过了国家局组织的科技成果鉴定。项目在云南昆明研制1条具有自主知识产权的再造烟叶高水平中试生产线，技术水平达到国际领先。

5日，2014年下半年云产卷烟品牌培育座谈会在云南弥勒举行。凌成兴、徐瑆出席会议并讲话。

11日，国家局办公室印发《国家烟草专卖局办公室关于印发京津冀卷烟营销市场化取向改革试点工作要点的通知》（国烟办综〔2014〕301号），明确改革试点工作要点，确保改革试点工作有序开展、取得实效。

17—18日，2014年全国烟叶收购暨现代烟草农业建设现场会在安徽宣城召开。杨培森出席会议并讲话。

20日，中国烟草总公司与中国太平保险集团有限责任公司在北京举行签字仪式，共同签署《战略合作备忘录》。凌成兴出席签字仪式。徐瑆代表总公司签署战略合作备忘录，张玉霞出席签字仪式。

7月 1日，总公司印发《中国烟草总公司关于印发国有资产基础管理工作指引和国有资产处置工作指引的通知》（中烟办〔2014〕162号），进一步规范国有资产基础管理和资产处置工作，明确有关工作流程和工作标准，提高行业国有资产管理水平。

3日，国家局印发《国家烟草专卖局关于印发烟草专卖品鉴别检验管理办法的通知》（国烟科〔2014〕285号），规范烟草专卖品鉴别检验工作。

11日，国家烟草专卖局党组印发《中共国家烟草专卖局党组关于在全行业开展向彭义政同志学习活动的通知》（国烟党〔2014〕102 号），决定在全行业开展向彭义政同志学习的活动。

16 日，国家局印发《国家烟草专卖局关于规范和支持细支卷烟发展的通知》，大力推动细支卷烟创新发展，引导规范有序竞争（国烟计〔2014〕300 号）。

22—25 日，烟草行业第二十五届优秀质量管理小组成果发布会在北京举行。

28 日—8 月 6 日，凌成兴出访意大利、德国、津巴布韦进行烟草机械及烟叶合作项目谈判。

8月 19 日，中国烟草总公司与中国光大银行股份有限公司在北京签署《战略合作协议》。凌成兴出席签字仪式。徐瑾代表总公司签署战略合作协议，张玉霞出席签字仪式。

28—29 日，《烟草控制框架公约》履约协调会在河南漯河召开。来自外交部、工信部、卫计委、财政部、海关总署、国家工商总局、国家质检总局、国家烟草专卖局、最高人民法院、香港卫生署、澳门卫生局、澳门法律改革及国际法事务局的 20 余名代表参加了会议。

9月 3 日，凌成兴、李克明在北京会见德国虹霓机械制造股份公司总裁克里斯托弗·索姆（Christopher Somm）一行。

17 日，凌成兴、李克明在北京会见德国苏威醋纤丝束公司总裁奥利维尔·法拉利（Olivier Ferrary）一行。

22 日，凌成兴在北京会见英国 48 家集团俱乐部主席斯蒂芬·佩里（Stephen Perry）一行。

23 日，工业和信息化部党组书记、部长苗圩在北京听取了国家局、总公司专题汇报。

23 日，全国烟草行业物流重点工作推进会在北京召开。凌成兴作重要批示，徐瑾出席会议并讲话。

29 日，烟草行业干部交流工作座谈会在北京召开。凌成兴出席会议并讲话，李克明主持会议，赵洪顺、高林、徐瑾、张玉霞出席会议。

10月 10 日，总公司印发《中国烟草总公司关于印发烟叶生产灾害救助工作办法（试行）的通知》（中烟办〔2014〕243 号），规范烟叶生产灾害救助工作，降低烟叶种植风险，解除烟农种烟后顾之忧，实现烟叶生产持续健康发展。

11 日，全国烟草行业党的群众路线教育实践活动总结电视电话会议在北京召开。凌成兴出席会议并讲话，李克明主持会议，杨培森、赵洪顺、高林、徐瑾、张玉霞出席会议。

14—15 日，全国烟草行业打叶复烤企业建设和管理现场会在安徽滁州召开。杨培森出席会议并讲话。

22 日，全国烟草行业非烟商务物流工作座谈会在山东青岛召开。徐瑾出席会议并讲话。

24 日，凌成兴、李克明在北京会见英美烟草集团首席执行官尼坎德罗·杜兰特（Nicandro Durante）一行。

28—29 日，全国烟草行业企业管理现场会在安徽合肥召开。凌成兴作重要批示，李克明出席会议并讲话。

11月 3 日，凌成兴在北京会见德国佛克公司首席执行官约根·佛克（Jurgen Focke）一行。

4 日，全国烟叶工作会在北京召开。凌成兴、杨培森出席会议并讲话。

4—6 日，第十二届全国烟草行业职业技能竞赛暨第二届烟草专卖管理岗位技能竞赛在河南郑州举行。赵洪顺出席开幕式并讲话。

5 日，云产卷烟品牌培育座谈会在云南昆明举行。徐瑾出席会议并讲话。

17 日，中国工程院院士袁隆平访问郑州烟草研究院，深入了解了烟草科技创新工作。

19 日，凌成兴、李克明在北京会见日本烟草产业株式会社社长小泉光臣一行。

12月 2 日，凌成兴在北京会见加拿大大河公司总裁史蒂文·威廉姆斯（Steve Williams）一行。

3 日，总公司印发《中国烟草总公司关于印发投资收益管理办法的通知》（中烟办〔2014〕257 号），规范和加强行业内部投资收益的分配、收取及使用监督管理。

8 日，凌成兴、李克明在北京会见环球烟叶公司主席兼首席执行官乔治·佛亦民（George Freeman）一行。

8 日，中国烟草总公司与英美烟草集团在北京举行签字仪式，共同签署《中烟英美法律事务交流合作备忘录》。赵洪顺出席签字仪式。

17 日，凌成兴在北京会见 SAP 公司全球高级副总裁、大中华区总裁纪秉盟（Mark Gibbs）一行。

17 日，国家发展改革委、国家烟草专卖局联合印发《国家发展改革委 国家烟草专卖局关于放开烟叶收购价格的通知》（发改价格〔2014〕2875 号）。

18 日，卷烟营销市场化取向改革试点工作座谈会在北京举行。凌成兴、徐瑾出席会议并讲话。

23 日，国家税务总局与中国烟草总公司在北京签署《税收风险管理合作备忘录》。凌成兴出席签字仪式并讲话。李克明、赵洪顺、高林、徐瑾出席签字仪式，张玉霞作工作汇报。

25 日，公安部、国家局在武汉召开了打击利用铁路非法运输烟草专卖品违法犯罪活动工作座谈会，部署 2015 年合作打击专项行动。

（国家局办公室供稿；编辑：李　昂）

文件法规

重要文件法规选登

综　合

国家发展改革委　国家烟草专卖局关于放开烟叶收购价格的通知

（2014 年 12 月 17 日 发改价格〔2014〕2875 号）

各省、自治区、直辖市发展改革委、物价局、烟草专卖局：

为贯彻党的十八届三中全会精神，按照国务院部署，发挥市场在资源配置中的决定性作用，促进烟草产业发展，决定放开烟叶收购价格。现就有关事项通知如下：

一、自 2015 年度起，放开烤烟、白肋烟、香料烟等各品种、各等级烟叶收购价格，实行市场调节。中国烟草总公司可根据种烟成本收益、工业企业需求和行业发展需要，自主确定烟叶收购价格。

二、烟草公司每年与烟农签订烟叶种植合同时应当明确烟叶收购价格。各级烟草主管部门要加强行业管理，督促烟草公司遵循公平、合法和诚实信用的原则，严格按照种植合同确定的价格收购农民生产的烟叶，不得压级压价，不得以不公平的低价收购烟叶。

三、各级价格主管部门要加强价格服务和价格监管，认真做好烟叶生产成本收益调查和价格监测工作，加强市场监管，规范市场主体价格行为，维护正常价格秩序。

国务院关于取消和调整一批行政审批项目等事项的决定

（2014 年 7 月 22 日 国发〔2014〕27 号）

各省、自治区、直辖市人民政府，国务院各部委、各直属机构：

经研究论证，国务院决定，取消和下放 45 项行政审批项目，取消 11 项职业资格许可和认定事项，将 31 项工商登记前置审批事项改为后置审批。另建议取消和下放 7 项依据有关法律设立的行政审批事项，将 5 项依据有关法律设立的工商登记前置审批事项改为后置审批，国务院将依照法定程序提请全国人民代表大会常务委员会修订相关法律规定。《国务院关于取消和下放 50 项行政审批项目等事项的决定》（国发〔2013〕27 号）和《国务院关于取消和下放一批行政审批项目的决定》（国发〔2013〕44 号）中提出的涉及修改法律的行政审批项目，有 8 项国务院已按照法定程序提请全国人民代表大会常务委员会修改了相关法律，现一并予以公布。

附件：1. 国务院决定取消和下放管理层级的行政审批项目目录（共计 53 项）

序号	项目名称	审批部门	其他共同审批部门	设定依据	处理决定	备注
42	烟草新品种审定	国家烟草专卖局	无	《中华人民共和国烟草专卖法》	取消	

2. 国务院决定取消的职业资格许可和认定事项目录（共计 11 项）（略）

3. 国务院决定改为后置审批的工商登记前置审批事项目录（共计 31 项）（略）

国务院关于取消和调整一批行政审批项目等事项的决定

（2014年10月23日　国发〔2014〕50号）

各省、自治区、直辖市人民政府，国务院各部委、各直属机构：

经研究论证，国务院决定，取消和下放58项行政审批项目，取消67项职业资格许可和认定事项，取消19项评比达标表彰项目，将82项工商登记前置审批事项调整或明确为后置审批。另建议取消和下放32项依据有关法律设立的行政审批和职业资格许可认定事项，将7项依据有关法律设立的工商登记前置审批事项改为后置审批，国务院将依照法定程序提请全国人民代表大会常务委员会修订相关法律规定。

附件：1. 国务院决定取消和下放管理层级的行政审批项目目录（共计58项）

序号	项目名称	审批部门	其他共同审批部门	设定依据	处理决定	备注
46	设立烟叶收购站（点）审批	国家烟草专卖局	无	《中华人民共和国烟草专卖法》《中华人民共和国烟草专卖法实施条例》（国务院令第223号）	下放至设区的市级烟草专卖行政主管部门	
47	烟草专卖品中外合资、合作项目及中外合资企业变更事项审批	国家烟草专卖局	无	《中华人民共和国烟草专卖法》《国务院办公厅关于保留部分非行政许可审批项目的通知》（国办发〔2004〕62号）	取消	

2. 国务院决定取消的职业资格许可和认定事项目录（共计67项）

一、取消的专业技术人员职业资格许可和认定事项（共计26项，其中准入类14项，水平评价类12项）（略）

二、取消的技能人员职业资格许可和认定事项（共计41项，其中准入类1项，水平评价类40项）

序号	项目名称	实施部门（单位）	资格类别	设定依据	处理决定	备注
18	挂杆复烤工	国家烟草专卖局	水平评价类	《中华人民共和国职业分类大典》（1999）	取消	

3. 国务院决定取消的评比达标表彰项目目录（共计19项）（略）

4. 国务院决定调整或明确为后置审批的工商登记前置审批事项目录（共计82项）（略）

发展计划

国家烟草专卖局办公室关于印发京津冀卷烟营销市场化取向改革试点工作实施方案的通知

（2014年3月14日　国烟办综〔2014〕144号）

北京、天津、河北省（市）烟草专卖局（公司）：

现将《京、津、冀卷烟营销市场化取向改革试点工作实施方案》印发给你们，请认真执行。

京、津、冀卷烟营销市场化取向改革试点工作实施方案

为深入贯彻落实2014年全国烟草工作会议精神，稳步有序推进京、津、冀卷烟营销市场化取向改革试点，制订如下实施方案。

一、指导思想

以党的十八届三中全会及2014年全国烟草工作会议精神为指导，坚持烟草专卖专营制度，坚定市场化改革取向，遵循“总量控制、稍紧平衡”方针，以满足消费者需求为核心，以优化流程、完善规则、强化监管为重点，建立统一开放、竞争有序的现代卷烟市场体系，发挥市场在卷烟营销资源配置中的重要作用，进一步激发企业创新活力，挖掘市

场发展潜力，增强市场控制能力，促进营销转型升级。

二、工作目标

当前京、津、冀卷烟营销市场化取向改革试点工作，要力争实现以下目标：

一是卷烟营销市场化程度进一步提高。保障消费者自主选择，保障零售客户自主经营，着力清除市场壁垒，提升资源配置效率，建立统一开放、竞争有序的现代卷烟市场体系，使市场在卷烟营销资源配置中发挥重要作用。

二是卷烟工业企业竞争压力进一步增大。营造更加良好的市场环境，增强工业企业竞争活力，促进卷烟品牌公平竞争、优胜劣汰。通过市场的力量，使工业企业合作生产和进一步联合的意愿明显增强。

三是卷烟生产经营秩序进一步好转。供求总量保持平衡，产品基本适销对路，价格稳中有升，库存保持合理，保障零售客户利益，促进优势重点骨干品牌脱颖而出，真烟非正常流动得到全面控制。

三、工作任务

卷烟营销市场化取向改革是以满足消费者需求为核心，以卷烟订单采集方式改革为抓手，通过保障零售客户自主经营权，层层传导市场力量，实现品牌优胜劣汰，进而激发企业活力，释放改革红利，提高营销资源配置效率。当前卷烟营销市场化取向改革试点单位（以下简称试点单位）要着重抓好以下工作任务：

（一）改革卷烟交易管理方式。

1. 健全适销货源有效组织机制。要坚持市场需求导向，按照“预测指导采购、采购适应需求”的原则，进一步完善预测流程，提高预测水平，坚决克服非市场因素，避免货源组织环节的“人情烟”、“关系烟”，确保预测反映市场真实需求，不断提高把握市场的能力。要充分发挥需求预测对货源组织的指导作用，商业企业根据预测积极采购适销货源，工业企业按照市场需求组织生产，增加有效货源供给，努力提高适应市场的水平。

2. 完善工商协议动态调整机制。要进一步优化“半年协议、季度调整、月度合同”的交易模式，工商企业根据需求动态签订购销协议，优先组织适销货源。按照国家局“商业调入计划按98%下达，剩余2%在季度补货阶段执行”的要求，在季度补货阶段试点单位要充分发挥2%预留计划的杠杆作用，按实际销售情况和需求变化动态调整工商协议，提高计划、协议与市场的适应性，促进市场资源向适销货源聚集，不断增强满足消费需求的能力。

3. 建立工商企业快速响应市场机制。要着力打通工商协同信息共享通道，及时向工业企业传导客户订单、市场需求、库存状态等信息，工商共同建立面向市场的快速响应机制，把订单供货逐步向订单生产延伸。地市级公司要切实加强库存管理，完善库存管理办法，根据库存量和存销比等指标合理安排进货周期，与工业企业共同研究开展网上配货。

（二）改革卷烟订单采集方式。

1. 建立省级集中订货平台。试点单位要基于行业网上订货系统，统一技术标准、统一集中部署、统一数据存储，建设省级集中订货平台，实现“全渠道、全货源、全订单”集中管理，将现行订单采集模式由地市级公司采集调整为省级公司统一采集，为全国统一订货平台建设奠定基础。要做到电话订货、网上订货、网上配货等不同订货方式互联互通，同类别客户在不同订货渠道享受相同的可供货源，所有到货确认信息实时同步传到省级集中订货平台，确保省级集中订货平台成为不同订货方式订单数据生成的唯一平台，实现订单采集全过程的可视化。

2. 加强卷烟订货规范管理。要优化订单采集流程，做到省级集中订货平台实时校验营销策略、实时扣减卷烟库存、实时确认客户订单，确保零售客户通过省级集中订货平台提交的订单为最终订单，坚决避免代订、改单、删单等违规做单行为。要实现货源自动分配，做到订货系统自动识别货源属性、自动调控规格限量、自动确认客户订单，有效避免人为因素对货源分配的影响，切实提高货源分配的公平性。要完善客户类别评价办法，统一制订全省（市）货源投放的客户分类标准，建立市场导向的客户类别评价指标，实现所有客户类别由省级集中订货平台自动计算。要指导地市级公司持续优化、固化卷烟货源供应策略，减少个性化投放策略的数量和供货比例。具备条件的单位，可以探索全省（市）统一制订货源投放策略。

3. 加大货源投放监管力度。省级集中订货平台运行后，试点单位卷烟销售管理部门要统一维护省级集中订货平台，严格限定地市级公司的系统操作权限，突出强化对地市级公司货源投放策略规范性的监管。省级公司要在集中订货平台中统一设置检验指标，实现货源投放策略前置性审核，地市级公司的所有货源投放策略必须经省级集中订货平台自动验证通过后方能生效。要强化货源投放全过程监管，依托省级集中订货平台，运用数据挖掘技术，全面深入开展订单监控与分析，加强对地市级公司货源供应规范性、公平性、科学性的监督与管理，不断提高客户对货源供应的满意度。

（三）完善卷烟货源供应规则。

1. 健全货源信息公开制度。试点单位要进一步完善货源信息公开管理办法，明确信息公开的项目、内容、程序、渠道和频次，将货源信息公开情况列入对地市级公司的绩效考核。地市级公司要建立健全货源信息公开办法，及时向零售客户公开相关信息，主动接受客户监督。需公开的货源信息项目包括货源供应政策及策略、客户分类标准及结果、品牌进退目录、在销货源信息、每月（周）可供货源信息等。

2. 保障客户订货自主权。试点单位要以省为单位统一卷烟货源供应政策，加强卷烟货源供应、紧俏货源投放、新品投放、应急用烟等规范管理，做到货源投放公开、公平、公正。在总量控制的前提下，除紧俏品牌（规格）外，做到零售客户“要什么给什么，不要什么不给什么”，实现品牌（规格）全部由零售客户自主选择，坚决杜绝强制销售、搭配销售等现象。紧俏品牌（规格）不得超过地市级公司所经营品牌（规格）的20%，同时必须在订货系统中实时公示。

3. 加强客户订货总量管理。要贯彻“总量控制、稍紧平衡”的方针，认真落实“控制大户、发展中户、扶持小户”的政策。要加强卷烟销售大户管理，进一步明确大户标准，完善大户管理办法，在省级集中订货平台中统一设置不同类别客户的浮动区间，特别是销售大户比例和大户单次订货量要设定上限。所有销售大户必须依托卷烟零售终端营销管理系统实现扫码销售，将卷烟进销存数据全面、准确、及时上传至商业企业。地市级公司要实施差异化的订货总量管理，可允许中、小客户订货总量按同类别客户销量上限适当上浮，但最高上浮不得超过15%，不得设置客户订货下限。要建立健全违规零售客户管理办法，实现营销、专卖部门协同配合，加大市场监管力度，对有串货、真烟异常流动等违规经营的客户，采取减（停）供紧俏卷烟、停供卷烟等管理措施，确保卷烟落地销售，努力维护良好的经营秩序。

（四）加强品牌引入退出管理。

1. 完善品牌培育规则。试点单位要结合本地卷烟市场容量、各价位段销量等情况，对区域市场的在销规格总数和不同价位在销规格数量进行合理规划，在此基础上完善全省（市）统一的品牌引入规则，确定合理的新品引入标准。省级公司制订统一的引入新品培育办法，地市级公司制订具体操作流程，确保对所有新进入本地市场的品牌一视同仁、公平对待。通过一段时间的努力，将区域市场的在销规格数量调整到合理范围，保持品牌规格生态合理，促进卷烟品类均衡发展，努力提高营销资源利用效率。

2. 优化品牌退出规则。试点单位要完善全省（市）统一的品牌退出规则，制订可量化的退出条件，简化退出手续，排除人为干扰，将退出条件面向所有工业企业公开。地市级公司要完善品牌退出实施办法，定期对所有在销品牌（规格）进行科学评价，对产品订单需求和存销比达不到既定目标的，及时告知工业企业，协商退出市场。试点单位要为工业企业搭建同台竞技的营销平台，做到品牌退出规则对所有工业企业公平、公正，品牌退出结果让所有工业企业口服、心服，切实营造卷烟品牌能进能退、优胜劣汰的市场环境。

3. 加强品牌目录管理。试点单位要统一管理全省（市）采购和在销品牌（规格）目录。地市级公司引入或退出品牌（规格），需按相关规则操作，及时向省级公司备案并由省级公司在集中订货平台中进行统一维护。

（五）完善面向消费者的一体化营销机制。

1. 全面加强卷烟营销网络建设。要以省（市）为单位整体推进现代终端建设，着力拓展终端营销资源，大力推进“四网合一”，全面开展“四项服务”，有效发挥现代终端功能。要按照《中国烟草总公司关于“四项费用”有关核算问题的通知》（中烟办〔2014〕45号）的要求，制订全省（市）零售终端建设投入管理办法，明确地市级公司在终端建设中的可列支渠道、项目及标准，依托省级集中订货平台加强终端建设投入的痕迹化管理。要按照《国家烟草专卖局办公室关于印发现代卷烟零售终端建设指引和现代卷烟零售终端运行管理规范的通知》（国烟办综〔2013〕492号）的要求，统一建设全省（市）卷烟零售终端营销管理系统，积极推广扫码销售，全面、真实地掌握零售客户的销售数据、库存状况、终端资源等信息，准确把握市场供需变化，使卷烟营销延伸到市场、延伸到终端、延伸到消费者。

2. 全面开展消费者营销。要按照“商业搭台，工业唱戏”的思路，进一步优化品牌营销流程，创新工商零面向消费者的一体化营销机制。地市级公司要把面向零售客户营销作为重要任务，把零售终端作为营销的主要阵地，帮助客户提升营销能力，为工业企业营销提供优质平台。工业企业要深入开展消费者营销，积极利用商业企业的平台资源和零售终端的营销资源，开展直接面向消费者的宣传促销，加大消费引导力度，提高品牌知名度，提升消费者对品牌的认同度。

3. 建立健全消费环境研究的常态化机制。要统一制订全省（市）的消费者信息采集规范，以省（市）为单位初步建立消费者数据库。省、市两级商业企业要加强消费市场研究，建立指标评价体系和分析模型，准确把握消费趋势变化。地市级公司要着力改善卷烟消费环境，大力倡导吸烟者与非吸烟者和谐共处的理念，逐步在非禁烟场所完善吸烟设施，在禁烟场所附近开辟吸烟区，为吸烟者提供便利的消费环境。

4. 建立健全市场状态监测与调控机制。保持良好市场状态是卷烟营销工作的重要任务。试点单位要明确市场状态监测的具体方法，加大监测力度，做到对辖区卷烟市场状态心中有数。要制订全省（市）市场状态调控办法，明确品牌（规格）限供、停供的条件和规则。地市级公司依据办法对卷烟品牌（规格）的市场状态采取针对性调控措施，始终确保卷烟价格坚挺、社会库存合理，努力提高商业企业运用经济手段调控市场的能力和水平。

5. 加快推动卷烟营销队伍转型升级。试点单位要大力开展现代营销理念宣贯工作，使每一位卷烟营销人员牢固树立市场意识、服务意识、规范意识，积极营造比素质、比技能、比服务的良好工作氛围。省级卷烟销售管理部门要加强消费者、终端生态、渠道营销、营销能力建设等方面的研究，建设一支具有国际视野的专业营销管理队伍，做到全省（市）消费趋势心中有数、零售渠道心中有数、营销环境心中有数，实现从销售管理向营销管理的转型。地市级公司营销中心要设立专业岗位，加强对消费市场变化、终端资源拓展、终端营销能力等方面的研究。要进一步深化“135”营销工作法，优化营销人员的岗位职责和工作流程，把基层营销人员从“拿订单”的工作中解放出来，推动地市级公司从围绕订单的销售职能向围绕终端的营销职能转型，从靠经验销售向靠数据营销转变，切实提高营销队伍专业化水平。

四、进度安排

（1）动员部署阶段（2014 年一季度）：成立卷烟营销市场化取向改革的组织领导机构，制订卷烟营销市场化取向改革试点工作实施方案，完成试点任务部署工作；

（2）启动实施阶段（2014 年 4 至 7 月份）：试点单位结合实际情况，制订具体实施方案，完善营销规则，优化业务流程，改造信息系统，完成正式运行前的各项准备工作；

（3）正式运行阶段（2014 年 8 至 10 月份）：试点单位按照市场化取向改革要求，完成各项营销改革措施的统一运行工作。

（4）改进提升阶段（2014 年 11 至 12 月份）：试点单位对卷烟营销市场化取向改革工作进行自查自评，完成各项营销改革措施的改进提升工作。

五、组织领导

国家局成立卷烟营销市场化取向改革试点工作领导小组，全面负责此项工作的领导、组织与协调。国家局分管副局长担任组长，领导小组成员单位由国家局相关部门组成。

试点工作领导小组办公室设在中国卷烟销售公司。

六、工作要求

（1）加强组织协调，确保试点工作顺利推进。推进京、津、冀卷烟营销市场化取向改革试点是 2014 年全国烟草工作会议的一项重要部署。试点单位要高度重视，成立由主要领导任组长的领导小组，主要领导亲自挂帅，分管领导具体负责，班子成员积极配合，加强组织、协调与督导，层层分解任务，层层落实责任，保障试点工作有序推进。

（2）深入贯彻落实，确保试点工作取得成效。试点单位要认真学习国家局《京、津、冀卷烟营销市场化取向改革试点工作实施方案》，结合本单位实际情况，制订目标清晰、重点突出、分工明确的具体实施方案，全面深入贯彻落实各项营销改革任务。要坚决克服畏难不前、观望等待、应付了事的思想，坚定信心、勇于攻坚、敢为人先，确保试点工作取得显著成效。国家局将适时对试点单位工作情况进行综合评审。

（3）广泛宣传动员，营造试点工作良好氛围。试点单位要及时召开全省（市）卷烟营销市场化取向改革动员大会，统一思想，明确思路，部署任务；要积极争取各省级工业公司的理解和支持。地市级公司要组织全体营销人员进行培训，促使营销队伍转变思维方式，勇担改革重任；要对客户开展宣传培训，确保所有客户了解新政策、新流程。

（4）建立报告制度，全面了解试点推进效果。为全面及时掌握试点单位工作进展，从 4 月份起，请试点单位于每月底前将本月工作推进情况报送中国卷烟销售公司。

国家烟草专卖局关于规范和支持细支卷烟发展的通知

（2014 年 7 月 16 日　国烟计〔2014〕300 号）

各省级局（公司）、工业公司，中国烟草实业发展中心：

近年来，随着卷烟市场需求多样化发展，细支卷烟增长较快，已成为行业新的潜在经济增长点。为大力推动细支卷烟创新发展，引导规范有序竞争，现将有关事项通知如下：

一、细支卷烟定义

烟支周长为 17.0 ±1 毫米的卷烟。

二、细支卷烟开发原则

（1）依托现有品牌开发，非重点品牌原则上不再开发新规格。

（2）价类不得低于二类卷烟并严格执行国家局设定的主流价位。

（3）焦油含量不得高于 8 毫克/支，推进减害降焦，加快形成细支卷烟“低焦高档”“低焦高质”与“低焦高水平”，促进低焦油卷烟快速发展。

三、政策支持

（1）重点品牌新增两个以内细支卷烟规格，不受产品进退机制的限制。

（2）没有重点品牌的工业公司，可开发两个以内细支卷烟规格，且不受产品进退机制的限制。

（3）商业企业对细支卷烟的市场准入不得设置任何门槛。

四、有关工作要求

（1）各省级工业公司要加强细支卷烟的工艺技术研发和攻关，以技术创新为引领，形成中式细支卷烟的核心技术和知名品牌，提高细支卷烟产品的市场竞争实力。

（2）各省级局（公司）要积极研究卷烟消费市场的变化，扎实开展品牌宣传与市场引导，加大细支卷烟的市场培育力度，着力培育知名品牌，努力促进细支卷烟品牌发展壮大。

专卖管理

国家烟草专卖局关于卷烟工业企业申请办理样品卷烟准运证有关事项的通知

（2014 年 4 月 14 日　国烟专〔2014〕188 号）

各省级局（公司）、工业公司，中国烟草实业发展中心：

为贯彻落实《国家烟草专卖局关于调整异地携带卷烟管理有关事项的通知》（国烟法〔2013〕434 号）及《国家烟草专卖局办公室关于下达2014 年样品卷烟核定量的通知》（国烟办综〔2014〕141 号，以下简称141 号文件），现将卷烟工业企业申请办理样品卷烟准运证的有关事项通知如下：

一、样品卷烟指用于试制、品吸等用途的非交易类卷烟。异地超量携带、运输样品卷烟的，按照本通知要求办理烟草专卖品准运证。

二、卷烟工业企业异地超量携带、运输的样品卷烟总量不得超过国家局规定的限量。2014 年卷烟工业企业申请办理样品卷烟准运证的总量不得超过 141 号文件确定的核定量。截至本通知下发前，已向国家局专卖司申请办理了样品卷烟准运证的，全年剩余可申请办理样品卷烟准运证数量为 141 号文件确定的核定量减去已办理准运证调运卷烟的数量。

三、样品卷烟准运证通过国家局卷烟准运证系统申请办理。卷烟工业企业年度可调运样品卷烟总量由国家局专卖司根据国家局文件录入卷烟准运证系统。卷烟工业企业调运样品卷烟前，登录卷烟准运证系统，在年度调运总量限定内填写样品卷烟准运证申请书，申请准运证；发货地烟草专卖局登录卷烟准运证系统进行审批，审批同意的，由审批机关或卷烟工业企业打印制作准运证；卷烟工业企业对所运输卷烟的流向负责，该类卷烟运输不做到货确认。

四、本通知自印发之日起执行。

国家烟草专卖局关于认定真烟违法违规经营行为的通知

（2014 年 4 月 18 日　国烟专〔2014〕194 号）

行业各直属单位：

为落实全国烟草工作会议和全国烟草行业纪检监察工作会议精神，加大治理真烟违法违规经营活动的力度，有效遏制真烟非法流通蔓延势头，现明确以下行为属于真烟违法违规经营活动：

一、内外勾结、为违法活动提供便利，主要指卷烟商业企业或有关人员：

1. 出资或集资收购卷烟后，倒卖给非法经营者；

2. 安排零售户代订烟贩所需的卷烟，由非法经营者收购倒卖；

3. 向非法经营者提供货源分配信息，以便其收购；

4. 帮助非法经营者办理卷烟资金结算有关事项。

二、冒用零售户订货权套购卷烟，是指卷烟商业企业或有关人员擅自利用零售户的订货账号订购卷烟，形成订单，再把这些卷烟收集起来进行违规销售。

三、卖大户，是指卷烟商业企业或有关人员超过核定量向零售大户集中投放卷烟，利用卷烟零售大户倒卖卷烟。

四、虚拟客户，是指卷烟商业企业或有关人员利用停歇业户或者编造的虚假零售户套购倒卖卷烟。

五、捆绑销售，是指卷烟商业企业利用紧俏烟强行搭配其他品牌卷烟的方式销售卷烟，导致卷烟外流的。

六、人为篡改卷烟生产经营信息，主要指卷烟商业企业或有关人员：

1. 擅自修改行业生产经营决策管理系统数据，致使“两打三扫”数据不实；

2. 未经审批程序擅自更改零售户经营基础信息，变动零售户分类、档位等；

3. 未经零售户同意擅自修单、删单，增减订购卷烟的品牌（规格）和数量。

七、不按规定打扫码，主要指卷烟商业企业：

1. 到货卷烟未经扫码出入库或先购进无码卷烟，销售前再进行补贴码、扫码；

2. 销售卷烟不打码、打通码、打测试码、故意使打码不清晰或污损码。

各省级局要认真对照上述规定，严格管理，切实加强执纪监督，对今年全国烟草工作会议之后，仍在搞真烟违法违规经营活动有上述具体情节的，发现一起，查处一起，严格按照有关规定问责，对负有直接责任的地市级公司一把手就地免职，再依据具体情节做出处理。同时要“一案双查”，专卖、内管等部门若失职失责要追究相应的责任，对有案不查、隐情不报的以及对顶风违纪责任人包庇、袒护、不按规定追究责任的，从重处理。

对真烟违法违规经营问题严重、整改不力和问题反复出现的单位，特别是造成严重后果、卷烟非法外流在辖区外被有关执法部门一次性查获卷烟数量达80万支或案值达80万元以上的单位，一旦发现，国家局将组织力量直接进行查办，一经查实，依照有关规定和要求，追究直属单位领导的责任。

经济运行

国家烟草专卖局关于认真落实国务院贯彻实施质量发展纲要2014年行动计划的实施意见

（2014年9月19日　国烟运〔2014〕336号）

各省级局（公司）、工业公司，中国烟草实业发展中心：

为贯彻实施国务院《质量发展纲要（2011—2020年）》，结合行业工作实际，打造行业产品质量安全升级版，现提出烟草行业认真贯彻国务院《贯彻实施质量发展纲要2014年行动计划》（国办发〔2014〕18号，以下简称《行动计划》）的实施意见如下：

一、加大检测力度，加强重点领域质量安全监管

1. 明确重点监管范围，加大检测力度。一是进一步加大烟叶农药残留、重金属等有害成分的检测，保证原辅材料来源安全；二是加强对包装材料污染物的检测，杜绝外源性有害物质的侵入；三是对烟用添加剂的使用实施严格的企业自检制度，加强控制，规范使用，杜绝禁用成分添加，确保产品质量安全；四是对合作产品的内、外在质量、产品均质化情况等实施市场抽检和重点监测，切实保证合作产品质量稳定一致；五是对采购和使用的各类烟用物资进行产品质量抽检，严控禁用农药，确保符合生产要求。

2. 完善监管手段，加强风险防范。除国家局年度抽检及各级检测机构计划安排的抽检任务外，各省级烟草质检站要结合上述重点及区域市场情况，适度调整、增加抽检内容和频次，确保产品质量安全。探索建立卷烟质量市场反溯机制。商业企业要建立起规范的产品市场抽样检查和日常监管机制，同时通过零售户参与监管以及舆论分析等途径获取产品质量信息，进行综合分析、预测，反溯到生产企业，对产品质量隐患早发现、早介入、早处置，从而预防批次性、区域性质量问题的发生，提高质量监管工作的针对性、有效性。

二、加快质量诚信体系建设，建立优胜劣汰的质量发展市场机制

1. 加快行业内产品质量诚信体系建设。在省级工业公司开展企业内部、生产企业间的质量诚信评价工作。建立合作产品质量安全诚信评价标准，年末对合作产品市场抽检、第三方内在质量一致性评价、输出方质量监控检测等结果进行综合评价，开展合作生产企业间的质量诚信评价工作。着手建立原料质量诚信评价体系，在原料等级、风格特征、质量安全等方面，对地市级公司为单位的原料供应商开展质量诚信评价。建立产品质量年度评价制度，统计、汇总年度内各级检测机构对企业采购和生产的产品进行质量监督检测的结果，结合商业企业、卷烟零售客户和消费者的反馈意见，按照不同权重百分比对产品进行综合评价，形成卷烟产品质量年度分析报告并在行业内发布。对评价不合格的产品或不守信用的企业进行通报，并按相关规定处理。

2. 健全烟用材料质量诚信评价体系。进一步完善《烟用材料供应企业质量信用等级评价体系》（YC/T276—2008）标准。每年度按照《烟用材料供应企业质量信用等级评价体系》（YC/T276—2008），结合烟用材料市场抽检、企业对供应商质量评分等进行综合评价并在行业内发布；凡市场抽检有害成分超标、质量两次以上不合格的供应企业列入“黑名单”，取消其行业供应商资格。

3. 进一步落实企业质量安全主体责任。行业年产量在150亿支（30万箱）以上的卷烟生产企业设立首席质量官，由主管生产（或产品质量）的厂长任首席质量官，负责协调企业涉及产品质量安全的相关问题，处理产品质量安全责任事故及产品质量安全整改、升级。建立产品质量安全责任事故强制报告制度，生产企业出现批次产品质量安全责任事故，由首席质量官在24小时内报国家局生产主管部门；市场检测发现批次不合格产品（按相关国家标准），由质检单位负责人在24小时内国家局质量监管部门通报。

三、推进行业品牌建设，完善质量升级的配套设施

1. 工业企业要以技术创新为途径，开展工业质量品牌创新专项行动，通过新技术、新工艺、新材料的应用，推动创新型产品的研发，加快老产品更新换代和品质提升。

2. 加强卷烟品牌建设，推进企业开展品牌价值提升与卷烟品类构建工作，提高品牌竞争力；完善行业卷烟产品内在质量评价体系，推进卷烟产品质量升级工作。

3. 推进以突出区域风格特色为主的烟叶品牌构建工作，通过大力开展现代烟草农业建设和烟叶精益生产，有效提高优质烟叶数量和等级质量，进一步提升烟叶品牌价值。建立工商联动的烟叶质量评价机制和质量反馈机制，及时做好质量改进和跟踪服务，不断提升品牌信誉度和影响力。

4. 加强强制性标准的管理，优化行业推荐性标准体系，大力推动行业能效能耗、新型产品、商贸物流、管理领域的标准化工作。

四、开展多种形式的活动，强化质量治理体系和能力建设

1. 通过在行业工商企业开展创建"精益十佳"活动，将质量的提升、治理和能力建设融入到卷烟生产经营的各个环节，通过精益生产、精益质量、精益服务等有效提升质量安全的精益管理水平；将质量安全管理水平放在行业"精益十佳"考评的突出位置，实行质量安全事故"一票否决"，通过创建"精益十佳"活动，打造一批行业质量安全建设的示范企业。

2. 开展群众性质量活动。通过在工商企业内广泛开展QC小组（质量管理小组）、"五小"（小建议、小革新、小攻关、小发明、小创造）、以提升质量为核心的岗位练兵、技术比武、技能竞赛等活动，创新质量管理工具，导入先进质量管理方法，提升全员素质技能；结合企业实际，精心组织年度"质量月"活动；加强一线员工工艺规程、操作技术、服务技能、质量知识的培训，开展形式多样的质量安全宣传教育，提升行业员工质量安全素质和水平。

财务审计

国家烟草专卖局　中国烟草总公司关于印发烟草行业经济责任审计工作规定的通知

（2014年3月7日　国烟审〔2014〕104号）

行业各直属单位，国家局、总公司机关各部门、各单位：

为规范烟草行业经济责任审计工作，客观评价企业负责人任期经济责任及经营绩效，促进行业经营管理水平提升，现将《烟草行业经济责任审计工作规定》印发给你们，请认真执行，1999年10月29日印发的《烟草企业领导人任期经济责任审计规定》（国烟办〔1999〕676号）同时废止。

烟草行业经济责任审计工作规定

第一章　总　则

第一条　为规范烟草行业经济责任审计工作，客观评价企业负责人任期经济责任及经营绩效，促进企业加强和改善经营管理，保障国有资产保值增值，根据《中华人民共和国审计法》及《党政主要领导干部和国有企业领导人员经济责任审计规定》（中办发〔2010〕32号）、《企业内部经济责任审计指南》（中内协发〔2011〕20号）和《烟草系统经济责任审计工作联席会议制度》（国烟审〔2002〕81号），结合烟草行业的实际情况，制订本规定。

第二条　经济责任是指烟草企业或部门负责人在任职期间因其所任职务，依法对所在企业或部门的财务收支及有关经济活动应当履行的职责、义务。

第三条　经济责任审计是指对烟草企业或部门负责人在任职期间应负经济责任的履行情况所进行的审计。

第四条　经济责任审计的对象，包括烟草行业直属各企事业单位（含控股企业）法定代表人（包括主持工作一年以上的副职领导干部），卷烟生产企业及县级局（分公司、营销部）等非法人独立核算主体的主要负责人等。（以下简称被审计责任人。）

第五条　本规定适用于国家烟草专卖局、中国烟草总公司及所属各级企事业单位。

第二章　组织协调

第六条　各单位要建立经济责任审计工作联席会议制度并成立经济责任审计工作领导小组，对经济责任审计工作进行领导，研究制订经济责任审计制度，监督检查、交流通报经济责任审计工作开展情况，协调解决工作中出现的问题。经济责任审计工作领导小组由单位主要负责人任组长，主管或分管人事、纪检监察、财务和审计部门的领导任副组长，人事、纪检监察与财务、审计等部门负责人任成员。

第七条　经济责任审计工作领导小组下设经济责任审计工作联席会议办公室，负责经济责任审计工作的具体组织、协调、管理等日常工作。经济责任审计工作联席会议办公室设在审计部门，办公室主任由审计部门负责人担任，成员由相关部门工作人员组成。

第八条　经济责任审计工作按烟草行业干部管理权限分级组织实施。

国家烟草专卖局直属单位及控股企业负责人经济责任审计工作，由国家烟草专卖局财务（审计）司组织实施；对厅局级领导干部兼任所属全资、控股企业法定代表人的经济责任审计工作，由国家烟草专卖局财务（审计）司组织实施或授权省级烟草专卖局（公司）、工业公司审计部门组织实施。

省级烟草专卖局（公司）、工业公司直属单位及控股企业负责人经济责任审计工作，由省级烟草专卖局（公司）、工业公司审计部门组织实施；对处级领导干部兼任所属全资、控股企业法定代表人的经济责任审计工作，由省级烟草专卖局（公司）、工业公司审计部门组织实施或授权派驻审计办公室组织实施。

地市级烟草专卖局（公司）、卷烟生产企业直属单位及控股企业负责人经济责任审计工作由派驻审计办公室组织实施。

第九条　经济责任审计包括离任经济责任审计、任中经济责任审计和专项经济责任审计。

离任经济责任审计，指因提拔、调任、免职、辞职、退休等事项而结束所在单位任职前进行的经济责任审计。审计期间的起止点一般以干部管理部门任、免文件发文之日的前月末来确定。

任中经济责任审计，指被审计责任人任职期间进行的经济责任审计。任中审计期间以审计通知书为准。

专项经济责任审计，指被审计责任人存在违反廉洁从业规定及其他违法违纪行为，或其所任职企业发生债务危机、长期经营亏损、资产质量较差等重大财务异常状况，以及发生合并分立、破产关闭、重组改制等重大经济事项情况下进行的经济责任审计。

第十条　经济责任审计工作进行现场审计和出具审计报告，按烟草行业干部管理权限，由各级单位内部审计机构独立负责组织实施，也可根据需要委托具有相应资质的会计师事务所进行，但要由内部审计机构负责出具审计通知书、审批审计实施方案、做出审计结果报告。

第三章　工作程序

第十一条　经济责任审计工作要本着“凡提必审，凡离必审，任期内轮审”的原则制订年度工作计划。人事部门要在每年末拟订下一年度拟审计对象名单、经济责任审计种类以及审计要求并提交联席会议办公室。

第十二条　经济责任审计工作联席会议办公室根据人事部门提供的资料，制订经济责任审计年度工作计划并提交联席会议议定。如因年中临时人事调整导致审计计划调整的，由经济责任审计工作联席会议办公室提交联席会议审议后进行调整。

第十三条　经济责任审计工作联席会议每年至少召开一次，如遇重大问题，可及时召开。经济责任审计工作联席会议于每年年初审议上年度经济责任审计成果和审计整改情况，确定本年度工作计划。经济责任审计工作联席会议办公室根据议定的年度工作计划，在报请经济责任审计工作领导小组组长批准后，由领导小组组长或主管审计工作的副组长向审计部门下达审计指令。

第十四条　审计部门根据审计指令组成审计组实施审计，收集有关审计资料，制订审计实施计划并提交联席会议办公室。经经济责任审计工作联席会议办公室同意后，制订审计实施方案，于实施现场审计三个工作日前，向被审计责任人所在单位（以下简称被审计单位）下发审计通知书并抄送被审计责任人。因特殊情况，审计通知书可在实施审计时送达。

第十五条　审计通知书下达后，被审计单位有关部门要在规定的时间内向审计组提供以下经济责任审计相关资料：

（一）会计核算资料、年度会计报表及管理建议书，清产核资材料和相关批复；

（二）被审计人述职报告、历年工作总结材料；

（三）遵守财经法纪情况，历年接受内、外部审计的审计报告、财税等部门检查报告及整改情况；

（四）上级下达的生产经营目标及完成情况；

（五）单位和个人获得的奖励和处罚情况；

（六）经济合同协议、办公会会议记录及重大经营决策资料；

（七）现行企业章程、内部控制制度；

（八）审计组要求提供的其他材料。

第十六条　审计组进点时，由被审计单位联席会议办公室负责组织召开由被审计责任人及被审计单位有关人员参加的进点会，会议内容有：

（一）审计组组长宣读审计通知书；

（二）被审计责任人报告任职期间履职情况；

（三）所在单位领导班子成员对被审计责任人履职情况进行评价；

（四）与会人员对被审计责任人履职情况进行评议；

（五）审计组安排审计工作具体事宜。

第十七条 被审计责任人及被审计单位要按审计要求分别签署《被审计责任人承诺书》和《管理当局声明书》。

第十八条 经济责任审计范围要遵循重要性原则确定，充分考虑审计风险，抽查面要覆盖主业、多元化、复烤企业和事业单位等，抽查单位要选择近期未接受过审计的单位。审计组根据审计项目的具体情况采取有效的审计方法实施审计，按照重要性原则对所审计事项编制审计工作底稿，实行主审和项目组长复核程序。现场工作结束前，审计工作底稿要征求被审计责任人及被审计单位意见，被审计单位必须在收到审计工作底稿三个工作日内完成书面意见签署，逾期不办理视同无意见。

第十九条 审计组在综合分析审计工作底稿及其他审计证据的基础上，进行汇总归类并进行现场审计小结。现场审计结束时，审计组与被审计单位交换意见。

第二十条 现场审计结束后，审计组在十个工作日内出具审计报告（征求意见稿），以书面形式征求被审计责任人及其单位意见，审计组长对审计报告负责。审计报告包括但不限于：被审计单位基本情况、企业财务绩效分析、经济责任履行情况、审计中发现的问题及建议、需要说明的事项和审计评价等六个部分。被审计责任人及被审计单位应当在接到审计报告（征求意见稿）之日起十个工作日内，将其书面意见送达审计组。如逾期提交或不提交书面意见，均视为无意见。

第二十一条 审计组要认真研究被审计责任人和被审计单位对审计报告（征求意见稿）的意见反馈，进一步核实情况，在客观公正的基础上对审计报告作必要的修改，形成正式报告提交经济责任审计工作联席会议办公室审定。

第二十二条 经济责任审计工作联席会议办公室在收到审计报告30日内，完成审计报告的审定工作并拟订审计意见书，经联席会议审定后，下发给被审计单位，抄送被审计责任人。被审计单位要在接到审计意见书之日起30日内，按照审计意见书的要求，对照审计报告和底稿提出的问题和建议逐条整改并将整改情况书面上报经济责任审计工作联席会议办公室。

第二十三条 被审计责任人或单位对审计意见书如有异议，要在收到审计意见书后30日内向经济责任审计工作联席会议办公室提出复核申请，联席会议办公室要及时提交联席会议复核并在收到复核申请书之日起60日内做出处理。审计意见书在复核申请期内继续有效。

第二十四条 审计终结后，审计部门将经济责任审计项目所有审计资料整理归档。经济责任审计档案按“项目立卷、审结卷成”的原则定期归档。委托会计师事务所实施的项目，要在委托合同中明确审计项目工作底稿、报告的归属权。

第四章 审计内容和方法

第二十五条 经济责任审计工作主要内容包括：企业生产经营情况、财务收支情况、国有资产经营管理职责及绩效评价情况、遵守法律法规和贯彻执行国家及行业有关工作部署情况、“三重一大”经济决策情况、内部控制建立和执行情况、薪酬发放、职务消费以及廉洁从业规定遵守情况等。

第二十六条 财务收支状况审计。任职期间企业的财务收支管理是否符合国家有关法律法规和行业规定，会计信息是否真实、完整，账证、账账、账表是否相符，企业会计核算是否合规，企业财务管理中是否存在问题，税款是否及时、足额解缴等情况。

第二十七条 资产质量审计。任职期间企业的会计信息是否真实反映了资产的实际质量状况，资产是否安全完整、是否实现保值、增值；任职期间不良资产是否如实披露、核算，不良资产处置是否符合规定，分析企业任期内不良资产责任划分。

第二十八条 任期目标审计。任职期间经营目标是否实现，任期内经营情况是否良好，上级主管单位或董事会下达的任务是否完成；预算编制与执行是否科学有效，重点成本费用开支范围和开支标准是否符合规定，是否存在错列、多列或者少列成本费用等现象。

第二十九条 “三重一大”决策审计。任职期间工程建设、对外投资、担保、大额采购、改组改制、兼并破产、技术改造、对外捐赠等重大决策事项、重大项目安排、重要人事任免及大额资金运作是否符合国家有关法律法规、及行业政策规定；决策过程是否符合相关内部控制制度并按照规定程序进行，是否存在未经决策机构集体讨论，由少数领导干部决策的问题；有关重大经济合同内容是否符合企业实际情况，是否存在损害本企业利益的现象；有关决策的执行是否明确了具体的实施管理部门，是否进行了过程监管，其结果是否存在经济纠纷或遗留问题，是否存在给企业造成损失浪费的现象。

第三十条 经营合法合规性审计。任职期间两烟生产经营活动是否符合专卖法律法规的规定，专卖罚没收入、打假经费支出等方面是否存在不规范现象；物资采购、工程投资、宣传促销、卷烟网建、烟基项目、生产投入补贴资金管理等方面是否存在不规范现象；是否存在私设“小金库”、资金账外循环、违反行业禁令等现象；是否存在公款私存、坐收坐支现象，是否存在违规对外拆借资金或出借账户等现象。

第三十一条 企业绩效评价审计。按照盈利能力状况、资产营运状况、债务风险状况和发展能力状况四方面进行检查评价。盈利能力状况指标主要有人均劳动生产率和人均卷烟销售收入、总资产贡献率、销售（营业）利润率、成本费用利润率、单箱人工、物流、配售费用（商业），单箱生产成本占销售收入比重（工业）等。资产营运状况指标主要有总资产周转率、存货周转率、不良资产率、人均卷烟配送效率（商业）、卷烟库存周转次数（商业）、万元增加值综合能耗（工业）、万支卷烟综合能耗（工业）等。债务风险状况指标主要有资产负债率、速动比率、现金流动负债比率和或有负债比率等。发展能力状况指标主要有销售（营业）增长率、资产保值增值率、销售（营业）利润增长率、总资产增长率和技术投入比率（工业）等。

第三十二条 内部管理审计。企业内部控制制度是否建立健全，是否有效执行。被审计责任人是否遵守财经法规和财务制度，是否严格执行《国有企业领导人员廉洁从业若干规定》（中办发〔2009〕26号），是否对薪酬发放、职务消费行为进行有效监管。

第三十三条 后续审计。对被审计单位接受的行业内外部审计和财税部门检查发现问题的整改情况进行审计，已经整改的问题要关注其真实性和有效性；对主观故意不进行整改的，要督促其落实整改责任；对长期未整改问题，要说明情况并制定整改措施。

第三十四条 结合审计项目具体情况，审计人员可选择核对法、逆查法、抽查法、盘点法、比较分析法等审计方法，还要适当采取座谈、问卷调查等方式了解有关人员对被审计责任人和单位的评价意见。

第五章 审计评价及责任界定

第三十五条 审计组对被审计责任人履行经济责任情况实施审计后，要根据审计查证或者认定的事实，依照国家法律法规及行业规定，对被审计责任人履行经济责任情况作出审计评价。审计评价要以审计数据为基础，全面、客观、公正地评价被审计责任人经济责任履行情况，评价指标采用定性与定量相结合。审计评价不应超出审计的职责权限和审计范围，与审计内容相统一，评价结论要有充分的审计证据支撑，与审计事项不相关、审计证据不充分的问题可以不评价。

第三十六条 审计评价主要内容有：审计时点资产、负债及权益情况，界定任职期间各年度潜亏挂账、未决法律诉讼、或有事项及减值准备，历史遗留问题的处理情况，对任职期间各年度主要经济指标完成及绩效情况进行评价；对内控制度健全性、有效性进行评价；对任职期间财务收支、对外投资、工程建设项目、重大经营决策、重大合同的合法合规性进行评价。

第三十七条 对被审计责任人履行经济责任过程中存在问题所应当承担的直接责任、主管责任、领导责任，要区别不同情况作出界定。

第三十八条 被审计责任人在履行经济责任过程中应承担直接责任的行为包括：

（一）直接违反法律法规及国家有关规定和企业内部管理规定；授意、指使、强令、纵容、包庇下属人员违反法律法规、国家有关规定和行业企业内部管理规定。

（二）未经民主决策、相关会议讨论而直接决定、批准、组织实施重大经济事项并造成重大经济损失浪费、国有资产（资金、资源）流失等严重后果。

（三）主持相关会议讨论或者以其他方式研究，但是在多数人不同意的情况下直接决定、批准、组织实施重大经济事项，由于决策不当或者决策失误造成重大经济损失浪费、国有资产（资金、资源）流失等严重后果等。

第三十九条 被审计责任人应承担主管责任的行为包括：

（一）除直接责任外，对其直接分管的工作不履行或者不正确履行经济责任。

（二）主持相关会议讨论或者以其他方式研究并且在多数人同意的情况下决定、批准、组织实施重大经济事项，由于决策不当或者决策失误造成重大经济损失浪费、国有资产（资金、资源）流失等严重后果等。

（三）对以前年度本单位接受内外部审计、检查发现问题的整改工作不重视、整改措施不具体、整改责任不落实的企业负责人，应承担相应的主管责任。

第四十条 除直接责任和主管责任外，因被审计责任人不履行其经济责任造成重大经济损失浪费、国有资产（资金、资源）流失等严重后果等的其他行为，要界定为承担领导责任。

第六章 审计工作成果运用

第四十一条 经济责任审计工作联席会议办公室除向下达审计指令的管理层提交经济责任审计报告外，还要抄报上一级内部审计管理机构并抄送本单位组织人事和纪检监察等有关部门。组织人事部门要把审计结果和整改报告作为干部业绩考评、职务任免和奖惩的重要依据，被审计责任人的审计报告和审计意见纳入人事干部档案管理。审计部门要对纪检监察部门提供的需在审计中予以关注的事项，进行审计并及时向纪检监察部门反馈。纪检监察部门要对审计查出的领导干部违法违纪问题，依法依规予以处理。被审计单位在收到审计意见书后15天内，要以一定的形式在中层以上干部进行传达。

第四十二条 各单位要建立审计整改报告制度、跟踪检查制度和问责制度。被审计单位按时上报整改情况，审计部门对审计整改情况进行跟踪检查，督促被审计单位执行审计意见和整改建议，对执行审计意见或整改不彻底，要查明原因，及时督促落实，确保审计发现的问题及时有效整改。被审计单位主要负责人为审计整改的第一责任人。纪检、人事部门要将审计整改落实情况纳入单位年度目标责任制考核内容以及领导干部管理档案，作为单位、领导干部考核的重要依据，对整改措施不力或整改不到位的，要予以问责。

第七章　附　则

第四十三条　本规定由国家烟草专卖局、中国烟草总公司负责解释。

第四十四条　行业各单位根据本规定，结合实际情况，制订具体实施办法。

第四十五条　本规定自印发之日起执行，1999 年 10 月 29 日印发的《烟草企业领导人任期经济责任审计规定》（国烟办〔1999〕676 号）同时废止。

烟草科技

国家烟草专卖局关于印发烟草行业产品质量监督抽查管理办法的通知

（2014 年 3 月 6 日　国烟科〔2014〕96 号）

行业各直属单位，中国烟草实业发展中心：

现将《烟草行业产品质量监督抽查管理办法》印发给你们，本办法自发布之日起实施，请认真执行，2006 年 4 月 26 日印发的《烟草行业产品质量监督管理办法》（国烟科〔2006〕287 号）同时废止。

烟草行业产品质量监督抽查管理办法

第一章　总　则

第一条　为规范烟草行业的产品质量监督抽查（以下简称监督抽查）工作，维护国家利益和消费者利益，根据《中华人民共和国产品质量法》、《中华人民共和国烟草专卖法》及《产品质量监督抽查管理办法》（国家质量监督检验检疫总局令第 133 号）等规定，制订本办法。

第二条　本办法所称监督抽查是指烟草专卖行政主管部门依法对行业内各级企业生产、加工、销售、进出口和使用的产品进行抽样、检验并对抽查结果公布和处理的活动。

第三条　监督抽查的产品主要包括烟叶、烟草种子等烟草初级农产品，卷烟、雪茄烟、烟丝（含膨胀烟丝）、再造烟叶、复烤烟叶等烟草制品，卷烟纸、接装纸、成型纸、内衬纸、条与盒包装纸、滤棒、丝束、薄膜、粘合剂等烟用材料，香精香料等烟用添加剂，化肥、农药等烟用物资以及监督工作需要的其他产品。

第四条　监督抽查分为由国家烟草专卖局（以下简称国家局）组织的行业监督抽查及省级烟草专卖局（以下简称省级局）组织的省级监督抽查。

第五条　监督抽查的形式分为定期抽查和专项监测抽查。定期抽查是指国家局及省级局按年度监督计划组织安排的产品质量监督抽查活动。专项监测抽查是指为了掌握烟草行业的产品质量状况及开展产品质量安全风险预警管理，根据行业监督工作需要由国家局组织对产品进行抽样检验的监测抽查活动。

第六条　国家局负责统一规划、管理和组织实施行业监督抽查工作并通报行业监督抽查结果信息，对抽查结果进行处理。

省级局负责统一管理和组织实施本行政区域或指定区域内的省级监督抽查工作并通报省级监督抽查结果，对省级监督抽查结果进行处理以及落实国家局安排的相关抽查结果后续处理工作。

第七条　国家局统一负责发布监督抽查结果信息。未经批准，任何单位和个人不得擅自对外披露或发布监督抽查结果信息。

第八条　监督抽查要遵循科学、公正原则。

第九条　监督抽查不得向被抽查企业收取检验费，所需费用由国家局或省级局质检专项经费列支。

第二章　抽查计划和管理

第十条　国家局产品质量监督主管部门（以下简称国家局主管部门）负责制订年度行业产品质量监督抽查工作计划并报国务院质量监督行政主管部门后组织实施。

各省级局产品质量监督主管部门（以下简称省级局主管部门）按照国家局要求，负责制订本行政区域或指定管理区域年度监督抽查工作计划并报国家局主管部门备案，同时可以根据要求报当地省级质量技术监督行政主管部门。

第十一条 凡经国家局组织监督抽查的产品确认质量合格的，自抽样之日起3个月内，各省级局对该企业的该规格产品不再重复安排监督抽查。根据国家局的要求或监督抽查计划另有安排的除外。

第十二条 监督抽查检验依据为被检产品的国家标准、行业标准、技术法规和国家及行业的有关规定。

对于专项监测抽查检验，没有标准的可依据国家局、总公司发布的技术文件要求，也可采用由专家组认定的先进成熟的实验室方法。

第十三条 国家局依据法律法规、国家及行业相关规定和标准制定烟草行业产品质量监督抽查实施规范（以下简称实施规范）。

负责组织监督抽查的国家局或省级局产品质量监督主管部门（以下简称组织监督抽查的部门）根据监管工作需要和实施规范，确定具体抽样检验项目和判定要求。对于尚未制订实施规范但需要监督抽查的产品，组织监督抽查的部门要制订工作方案或实施细则。

第十四条 国家局指定烟草产品质量监督检验（检测）机构（以下简称承检机构）承担监督抽查检验任务。承检机构必须具有法定资质和承检能力，要保证所承担监督抽查检验工作的科学、公正、准确，如实上报检验结果和检验结论并对检验结果和检验结论负责。承担监督抽查检验任务时不得分包，未经组织监督抽查的部门批准，不得租赁或者借用其他单位检测设备。

行业各级产品质量监督主管部门要加强对抽样人员和承检机构的管理，制订相应的考核办法并对监督抽查检验过程以及相关单位、人员实施有效的监督。

第十五条 承检机构的检验人员必须经过专业技术培训，持有相应资格证书。根据需要，承检机构可聘用行业内具有相应专业资格的人员担任检验人员，但聘用人员的检验工作须纳入实验室管理体系。

第三章 抽 样

第十六条 抽样工作要由承检机构的工作人员或组织监督抽查部门指定的人员执行。参与抽样的工作人员不得将抽查产品目录事先告知被抽查企业或被抽样单位。被抽样单位指存放被抽查产品且被抽样的企业或单位。

抽样人员要熟悉相关法律、法规及标准和有关规定并经培训考核合格后方可从事抽样工作；抽样时，要公平、公正，不徇私情，对样品的真实性和代表性负责。

第十七条 监督抽查的样品要由抽样人员按照监督抽查计划，在烟草行业内的生产或加工企业、销售企业和使用企业的成品仓库、材料仓库、中转或备货库中，从待销或待用的产品中随机抽取。被抽样单位不得自行抽样。

第十八条 监督抽查的样品由被抽样单位无偿提供。样品要按有关规定的数量抽取；没有具体数量规定的，抽取样品不得超过检验的合理需要。

第十九条 执行抽样任务时，抽样人员要持国家局或省级局印发的监督抽查文件（或其复印件）和有效身份证明，向被抽样单位告知监督抽查性质、抽查产品范围等相关信息。抽样前要核实库存详单，必要时留档备查。抽样人员每组不得少于2名。

第二十条 因被抽查企业停产或某产品已停产或被抽查产品已全部出库等原因导致该样品无法抽取的，抽样人员要收集有关证明材料，如实记录相关情况。

第二十一条 抽样人员要认真填写规定格式的抽样单并核对被抽样产品标签标注，如实、完整地记录抽样信息。抽样单必须由抽样人员和被抽样单位有关人员签字并加盖被抽样单位的公章。对特殊情况，双方签字确认即可。填写的抽样单要字迹工整、清楚，容易辨认，不得随意涂改；需要更改的，杠改后要由抽样人员签字并经被抽样单位确认。

抽样单一式三份，分别留存被抽样单位、抽样（或协助抽样的）单位和随样品送至承检机构。

第二十二条 所抽样品要及时封样并采取防拆封措施，以保证样品的真实性。样品要使用专用封样条封样并由抽样人员签字。

第二十三条 抽取的样品需送至承检机构的，要由抽样人员负责承送或者寄送。抽样人员要确保样品完好，防止损坏。对于易碎品、危险化学品、有特殊贮存条件等要求的样品，抽样人员要采取措施，保证样品在运输过程中状态完好无损。

抽取的样品需要封存在被抽样单位的，由被抽样单位妥善保管，不得擅自更换、隐匿、处理已抽查封存的样品。

第二十四条 有下列情形之一的，抽样人员不得抽样：

（一）监督抽查通知书或者相关文件（或复印件）中未涉及的产品（经组织监督抽查的部门同意调整的情况除外）；

（二）产品或者标签、包装、说明中有“试制”、“非卖品”或者“样品”等字样的，有充分证据证明该产品不是用于销售的；

（三）产品不涉及强制性标准要求，仅按双方约定的技术要求加工生产且未执行任何标准的；

（四）有充分证据证明拟抽查的产品为企业用于出口并且出口合同对产品质量另有规定的；

（五）产品抽样基数不符合抽查方案要求的。

第二十五条 有下列情形之一的，被抽样单位可以拒绝接受抽查：

（一）抽样人员少于2人的；

（二）抽样人员无法出示监督抽查通知书或相关文件（或复印件）、有效身份证件的；

（三）抽样人员姓名与监督抽查通知书或相关文件（或复印件）中不符的（经组织监督抽查的部门同意临时调整的情况除外）；

（四）被抽查企业和产品名称与监督抽查通知书或相关文件（或复印件）中不一致的；

（五）要求企业支付检验费或者其他任何费用的。

第二十六条 被抽样单位非因第二十四条、第二十五条规定的情形而拒绝抽查的，抽样人员要阐明拒绝抽查后果和处理措施。如被抽样单位仍不接受抽查，抽样人员要把拒绝监督抽查的具体情况及时上报至组织监督抽查的部门。

第四章 检 验

第二十七条 承检机构接收样品时要检查、记录样品的外观、状态、封条有无破损及其他可能对检验结果或者综合判定产生影响的情况并确认样品与抽样单的记录是否相符。若样品与抽样单内容不符且无法补救的，要将有关情况向组织监督抽查的部门汇报。

承检机构对检验和备用样品分别加贴相应标识后入库，妥善保存。

第二十八条 检验过程中遇有样品失效或者其他情况致使检验无法进行的，承检机构必须如实记录实际情况，提供充分的证明材料并将有关情况上报组织监督抽查的部门。

第二十九条 检验原始记录必须规范填写，保证真实、准确、清晰，严禁弄虚作假，并留存备查。纸质记录、电子文档记录保留时间至少5年；原始记录不得随意涂改，记录过程中需要更改的，纸质记录更改处要由检验人员杠改后签字确认。电子记录的更改要符合相应管理程序要求。

第三十条 对需要现场检验的产品，承检机构或抽查小组要制订现场检验规程并保证对同类产品的所有现场检验遵守相同的规程。

第三十一条 检验工作结束后，承检机构要在规定的时间内向组织监督抽查的部门报送检验结果和综合分析报告。

第五章 异议复检

第三十二条 组织监督抽查的部门要及时将出现质量问题的产品检验结果告知被抽查企业或委托承检机构告知。

第三十三条 被抽查企业对检验结果有异议的，要在收到检验结果之日起15日内向组织监督抽查的部门提出书面复检申请。逾期未提出异议者，视为认同检验结果。

第三十四条 组织监督抽查的部门要依法处理被抽查企业提出的异议。

对于复检申请，经组织监督抽查的部门审查认为符合复检条件的方可安排复检。复检一般由原承检机构进行，也可提交上一级质检机构进行。质检机构在复检时，要采用留存样品或备用样品进行检验并于15日内完成，且要将复检结果及时报送组织监督抽查的部门。组织监督抽查的部门在收到复检结果后，10日内向提出复检申请的被抽查企业做出书面答复。复检结论为最终结论。

第三十五条 复检结论与原检验结论一致的，复检费用由申请单位承担；不一致的，复检费用由承检机构承担，从质检专项经费列支。

第六章 结果处理

第三十六条 国家局负责向行业通报或向社会发布产品质量监督抽查结果并按要求向国家质量监督行政主管部门报送监督抽查情况。省级局组织实施的监督抽查结果由省级局通报和处理并按要求向国家局报送监督抽查结果，对监督抽查发现的重大质量问题，要及时上报国家局主管部门。

第三十七条 组织监督抽查的部门要向产品不合格的被抽查企业下达责令整改通知书，限期整改。

第三十八条 对于监督抽查不合格的产品，被抽查企业自收到整改通知书或有关报告之日起，要停止生产、销售、采购和使用该产品，按相关法律或规定清理和处理不合格产品，同时按照相关标准和要求进行整改，在30日（或在责令整改通知书规定的时间）之内完成整改并向组织监督抽查的部门书面报告整改情况。企业不能按期完成整改的，可以申请延期一次并要在整改期满5日前提出申请，延期不得超过30日。企业在整改复查合格前，不得继续生产、销售或使用同一规格或型号的产品。

对因标签、标识或者说明书不符合标准的产品，生产企业在采取补救措施且能保证产品质量安全的情况下，可以继续销售。

第三十九条 对于专项监测抽查不合格或安全指标不符合要求的产品，由组织监督抽查的部门按相关规定或要求进行处理。

第四十条 组织监督抽查的部门对监督抽查中不合格产品的生产或供应企业进行产品质量跟踪检查并根据国家局产品质量企业信用制度建立相关生产企业质量信用档案。

第四十一条 卷烟、雪茄烟产品出现重要指标不合格的，或同一规格产品在连续两次以上抽查中均出现不合格的，或一次抽查中出现两个以上规格不合格的，生产企业停产整改后由国家局组织复查验收，验收合格并经国家局下达通知后方可恢复生产。

不合格的卷烟和雪茄烟产品整顿后经复查仍然不合格的，或超期未整改的，该规格产品将被勒令停止生产和销售，情节严重的直至取消该规格产品的准产资格。

第四十二条 对出现质量问题的烟用材料、烟用添加剂产品及其供应单位，按以下措施处理。

（一）出现由一般性质量指标导致不合格的，如果符合下一级产品质量要求可以对其降级使用或按采购合同约定处理。

（二）同一企业的同类产品在连续两次抽查中均出现有不合格的，或一次抽查中出现两个以上产品不合格的，或重要指标不合格的则该类产品及其供应企业将被列入不守信用名单并实时公布。列入不守信用名单的供应企业其产品6个月内不得进入行业使用。不合格产品生产企业已对产品进行整改，烟草制品生产企业认为符合生产使用需要的，可以在通报之日起6个月后，向国家局主管部门提出复查申请。经国家局主管部门复查验收合格的，烟草制品生产企业可恢复对该供应企业或该类产品的订货采购。

（三）不合格产品的生产企业（或供应商）经整改后复查其产品仍然不合格的，不再安排复检，两年内该供应企业（或供应商）的产品或该类产品不得进入烟草行业使用。

第七章　罚　则

第四十三条 承检机构及参与抽样和检验工作的人员负有对检验过程和结果保密的责任，违反保密规定的，由上级主管部门对承检机构或责任人通报批评，或由承检机构对直接责任人员给予行政处分。构成犯罪的，移交司法机关处理。

第四十四条 承检机构出具检测结果不实的，责令改正；对于伪造检测结果的，一经发现，视情况可停止其1～3年承担监督抽查检验任务并对相关责任人按照有关规定处理。

第四十五条 对依法进行的监督抽查，被抽查企业或被抽样单位应当予以配合、协助，不得以任何形式阻碍、拒绝监督抽查工作。对于无正当理由拒绝接受监督抽查的企业，由国家局或省级局对该企业予以通报批评并对直接责任人员给予或责令给予行政处分。

第四十六条 对于隐瞒产品库存实情、弄虚作假的被抽样单位，由组织监督抽查的部门给予警告，责令改正；情节严重的，给予通报批评并对相关责任人按照有关规定处理。

第八章　附　则

第四十七条 本办法由国家局负责解释。

第四十八条 对于烟叶工商交接等级质量监督抽查，《烟叶工商交接等级质量监督抽查管理办法》（国烟科〔2005〕391号）另有规定的，从其规定。

第四十九条 本办法自发布之日起实施。2006年4月26日印发的《烟草行业产品质量监督管理办法》（国烟科〔2006〕287号）同时废止。

人事政工

中共国家烟草专卖局党组关于进一步做好领导干部报告个人有关事项工作的通知

（2014年1月15日　国烟党〔2014〕2号）

行业各直属单位党组（党委），国家局、总公司机关各部门、各单位：

为认真贯彻落实党的十八届三中全会精神，发挥好《关于领导干部报告个人有关事项的规定》（中办发〔2010〕16号）的作用，强化对领导干部的监督，现就进一步做好行业领导干部报告个人有关事项工作通知如下：

一、如实填报个人有关事项。领导干部个人有关事项报告制度，是促进领导干部廉洁自律、回应社会关切的重要举措。领导干部要严格按照规定要求，积极主动报告个人有关事项，保证填报内容真实准确。2014年1月集中填报时，要按照《领导干部个人有关事项报告表》（见附件）和第一次填报的要求，重新填写每一项情况信息（截至填报时的现状）。

二、严格遵守报告纪律。对无正当理由不按时报告、不如实报告或隐瞒不报的，根据情节轻重，给予批评教育、限期改正、责令作出检查、诫勉谈话、通报批评或者调离岗位、免职等处理；构成违纪的，依照有关规定给予纪律处分。凡不如实填报或隐瞒不报的，一律不得提拔任用、不列入后备干部名单。

三、认真做好受理转交工作。每年1月份，行业各直属单位人事部门要按照干部管理权限，组织领导干部认真报告个人有关事项，并做好报告材料的受理工作。领导干部因发生职务变动而导致受理机构发生变化的，人事部门应当在30日内将该领导干部的报告材料，按照干部管理权限转交新的受理机构。

四、按时做好汇总综合工作。行业各直属单位人事部门要按照《中共国家烟草专卖局党组关于印发行业领导干部个人有关事项报告材料汇总综合办法的通知》（国烟党〔2013〕77号）要求，认真做好汇总综合工作，每年6月30日前，要将汇总综合报告报本级党组（党委）主要领导和上级党组（党委）人事部门，同时送同级纪检监察部门。

五、配合做好国家局党组管理的行业领导干部的报告个人有关事项工作。每年1月31日前，要将报告材料转交国家局人事司。

行业各直属单位人事部门要高度重视，精心组织，按照国烟党〔2011〕15号文件规定的报告范围和报告方法，认真做好2014年领导干部报告个人有关事项相关工作，以切实增强报告制度的约束力，提高施行效果。

接到此通知后，请将通知精神传达到每位填报同志。

附件：领导干部个人有关事项报告表（略）

国家烟草专卖局关于印发烟草行业科技领军人才管理办法的通知

（2014年1月10日　国烟人〔2014〕17号）

行业各直属单位，国家局、总公司机关各部门、各单位：

为培养和造就烟草行业科技领军人才，提高自主创新能力、建设创新型行业，现将《烟草行业科技领军人才管理办法》印发给你们，请认真执行，2011年1月4日印发的《国家烟草专卖局关于印发烟草行业科技领军人才和学科带头人管理办法（试行）的通知》（国烟人〔2011〕3号）同时废止。

烟草行业科技领军人才管理办法

第一章　总　则

第一条　为贯彻落实党和国家人才工作方针政策，培养和造就烟草行业科技领军人才，提高自主创新能力，建设创新型行业，根据烟草行业“卷烟上水平”总体规划和《国家烟草专卖局关于贯彻国家中长期人才发展规划纲要 全面推进人才工作创新发展的实施意见》（国烟办〔2010〕273号），制订本办法。

第二条　科技领军人才是指具有很高的学术品德、专业素质以及很强的组织协调能力，能够引领烟草科技发展方向，在某一领域取得重大成就，具有很高学术影响力的著名专家。

第三条　科技领军人才原则上从学科带头人中择优遴选产生。

第四条　科技领军人才的选拔遵循客观公正、注重实绩、行业公认、择优认定、规范管理的原则。

第二章　组　织

第五条　中国烟草总公司职称改革工作领导小组（以下简称领导小组）承担烟草行业科技领军人才工作领导职能，负责行业科技领军人才工作的宏观指导、规划制订、综合管理等工作。

第六条　领导小组办公室负责选拔、考核和管理等具体工作。

第七条　成立烟草行业科技领军人才评审委员会，在领导小组领导下，负责行业科技领军人才评审工作。

第三章　选拔对象和条件

第八条　选拔对象。

符合下列条件之一：

（一）国家“973”计划项目、“863”计划项目、支撑计划、国家自然科学基金重大、重点项目主持人或首席专家。

（二）行业科技重大专项首席专家或重大专项专家委员会主任、副主任。

（三）国家级工程（技术）研究中心、国家级重点实验室、行业（省部级）重点实验室技术负责人及上述机构专家委员会主任、副主任。

（四）在烟草科学与工程事业中做出重大贡献的其他科技人员。

第九条 选拔条件。

（一）基本条件：

1. 遵纪守法，学风正派，具有良好的科研精神与职业道德，有强烈的责任感和使命感。

2. 从事本领域工作10年以上，每年保证2/3以上的时间用于科研工作。

3. 学术技术水平高，引领作用强，具有很强的组织管理能力和沟通协调能力，长期带领高水平研究团队开展行业重点科技攻关，贡献突出，在行业得到广泛认同。

（二）科研业绩：

近15年以来科研业绩符合下列条件中至少4项：

1. 获得过国家级科技奖（一等奖排名前5、二等奖排名前3）1项以上，或省部级科技一等奖（排名前3）2项以上。

2. 作为技术负责人主持完成国家或行业重大科研或工程项目，在科学技术方面发挥主导作用并获得省部级科技二等奖（排名第1）2项以上。

3. 作为第一作者或通讯作者在SCI、EI刊源上发表高水平论文，累计影响因子20.0以上。

4. 以第一或第二发明人取得发明专利授权10项以上并实施转化，且专利实施后产生重大经济效益或社会效益。

5. 以主要起草人（排名前3）负责制订国际标准1项以上，或具有重要引领和示范效果的国家标准6项以上。

6. 作为技术负责人完成行业重点骨干品牌产品开发工作并产生重大经济效益或社会效益，或作为技术负责人完成行业重大技术集成推广与示范项目（工作）并产生重大经济效益或社会效益。

第四章 选拔程序

第十条 科技领军人才选拔程序一般包括申请、推荐、评审、认定等工作。

（一）申请。

申请者应填写《烟草行业科技领军人才推荐书》（附件1）并附本人代表性业绩材料。

（二）推荐。

行业各直属单位负责对申请者的资格、学术水平及其业绩等进行初审，保证所报材料的真实性并在规定时间内向领导小组办公室推荐。

（三）评审。

领导小组办公室对推荐人选进行资格审查，确定合格人员提交评审委员会评审。评审采用票决制，科技领军人才的赞成票应在出席会议评委总数的2/3以上。

（四）认定。

1. 领导小组办公室将评审结果报领导小组审核，审核后在行业内公示，公示无异议后，由国家局、总公司下发认定文件并颁发聘书。

2. 国家局、总公司可直接聘请中国科学院、中国工程院院士为行业科技领军人才。

第五章 奖励与支持

第十一条 对科技领军人才给予一次性奖励，奖励金额由领导小组研究决定。

第十二条 设立科技领军人才科研项目专项资助资金。以5年为周期，资助金额不超过150万元。科技领军人才可以提出资助申请，经所在单位审核同意后，报领导小组办公室，由领导小组办公室组织专家组进行评议并报领导小组审定后一次性拨付。科技领军人才按照有关规定合理使用资助经费，资助经费主要用于开展创新性自主研究。

第十三条 鼓励和支持科技领军人才申报承担重大科研及工程项目，国家局、总公司及省级公司在科技项目立项上给予优先支持。

第十四条 鼓励科技领军人才自主组建科研团队，所在单位要在科研团队人员配备、科研工作条件等方面给予优先支持。

第十五条 优先安排科技领军人才参加国际烟草科学技术交流等活动。

第六章 考核管理

第十六条 科技领军人才实行聘任制，聘期5年，实行年度考核和期满考核。

（一）年度考核。每年年底前，科技领军人才应以书面形式向领导小组办公室报告本年度工作开展情况，所在单位应提交考核报告。

（二）期满考核。由领导小组办公室组织专家组对科技领军人才的科技创新能力、创新成果业绩、领衔作用发挥、资金使用情况等进行期满考核，考核结果作为是否继续担任科技领军人才的重要依据。科技领军人才应提交期满工作报告并填写《烟草行业科技领军人才期满考核表》（附件2），所在单位应提交考核报告。

第七章　附　则

第十七条　本办法自印发之日起施行，原规定与本办法规定不一致的，以本办法为准。

第十八条　本办法由国家局、总公司负责解释。

附件1　烟草行业科技领军人才推荐书（略）

附件2　烟草行业科技领军人才期满考核表（略）

整顿规范

中共国家烟草专卖局党组关于印发贯彻落实中共中央《建立健全惩治和预防腐败体系2013—2017年工作规划》实施办法的通知

（2014年2月13日　国烟党〔2014〕23号）

行业各直属单位党组（党委），国家局、总公司机关各部门、各单位：

现将《贯彻落实中共中央〈建立健全惩治和预防腐败体系2013—2017年工作规划〉的实施办法》印发给你们，请结合本单位实际情况，认真进行研究，细化具体措施，切实抓好贯彻落实。

贯彻落实中共中央《建立健全惩治和预防腐败体系2013—2017年工作规划》的实施办法

为深入贯彻党的十八大和十八届三中全会精神，全面推进烟草行业惩治和预防腐败体系建设，根据中共中央《建立健全惩治和预防腐败体系2013—2017年工作规划》的要求，结合国家局、总公司机关各部门、各单位的职能，制订以下实施办法（责任部门排名最前的为牵头单位，其他为协办单位）。

一、总体要求

以邓小平理论、“三个代表”重要思想、科学发展观为指导，深入贯彻党的十八大、十八届二中、三中全会精神和习近平同志系列重要讲话精神，坚持党要管党、从严治党，加强对行业党风廉政建设和反腐败工作的统一领导；认真落实党风廉政建设责任制，各级党组（党委）负主体责任，纪检组（纪委）负监督责任；紧紧围绕行业改革发展“三大课题”，强化反腐败体制机制创新和制度保障；加强思想政治教育，筑牢廉洁从政思想基础；严明党的纪律，坚决克服组织涣散、纪律松弛现象；深入落实中央八项规定精神，坚持不懈纠正“四风”；加大查办违纪违法案件力度，保持惩治腐败高压态势；加强纪检监察队伍建设，提高履行职责能力，坚定不移把党风廉政建设和反腐败斗争引向深入。

二、坚持不懈抓好作风建设

（一）坚持党组织从严抓党风，大力弘扬党的优良传统和作风

各级党组织要把管党治党作为主要职责和根本任务，扎实推进党的作风建设，牢记“两个务必”，弘扬理论联系实际、密切联系群众、批评和自我批评以及艰苦奋斗、求真务实的优良作风。在行业深入开展“国家利益至上、消费者利益至上”共同价值观教育活动；努力做到始终把维护烟农利益放在心上，始终把为零售客户提供优质服务作为流通企业根本任务，始终把调动全体员工积极性、主动性、创造性作为一切工作出发点；牢固树立责任意识、忧患意识、公仆意识、民主意识、创新意识。（责任部门：人事司、机关党委、办公室）

（二）深入持久抓好中央八项规定精神的贯彻落实，切实改进工作作风

1. 紧紧围绕落实中央八项规定精神，把握制度建设工作重点，对行业相关制度规定进行全面梳理、列出清单，认真做好废、改、立工作。抓好已出台的国家局、总公司关于《加强行业住房公积金管理的规定》等12项相关规章制度的落实，强化制度执行力，维护制度的权威性。完善不适应作风建设新要求的制度措施，抓紧研究制订缺位制度，努力形成用制度管权、按制度办事、靠制度管人的长效机制。通过创新和完善制度机制进一步巩固作风建设成果，实现改进作风的制度化、规范化和常态化。（责任部门：办公室、法规司、财务审计司、人事司、计划司、机关服务局、卷烟销售公司、机关党委、驻局监察局）

2. 不断改进学风文风会风。坚持和完善党组中心组理论学习制度，建立领导干部带头学习研究工作机制，深入思考、谋划、实践“三大课题”，抓好五个方面专题研究。完善领导干部深入基层调查研究工作制度，特别是深入困难较多、情况复杂、矛盾突出的基层一线，增强政策制定的针对性、科学性。完善党员干部直接联系和服务群众制度，畅通群众诉求反映渠道，健全干部作风状况考核评价机制。本着务实高效的原则，建立会议计划管理制度，严格会议审批程序，提高效率和质量。严格公文核发程序，完善发文数质量情况通报制度。（责任部门：办公室、机关党委、财务审计司、人事司、驻局监察局）

3. 严格执行《党政机关厉行节约反对浪费条例》，研究制定行业实施细则和配套制度，认真执行经费管理、因公出国（境）、公务用车、办公用房等方面的规定。完善企业重点费用预算及管控标准和办法，以及企业负责人职务消费行为的规定。认真贯彻中央公务接待管理规定、楼堂馆所建设管理制度和中央国家机关差旅费管理办法。建立贯彻落实中央八项规定精神情况月报制度。（责任部门：办公室、财务审计司、人事司、机关服务局、法规司、驻局监察局）

4. 切实纠正“四风”突出问题。在反对形式主义方面，从严清理和规范评比达标表彰活动，专项治理文山会海和检查评比泛滥问题。在反对官僚主义方面，着力推进机关作风转变，坚决纠正门难进、脸难看、事难办的衙门作风，坚决克服推诿扯皮、效率低下等问题。在反对享乐主义方面，对领导班子和领导干部落实有关工作和生活待遇规定的情况进行专项检查，切实纠正违规参加补充养老保险、违规多元化投资、兴建娱乐场所、集资建房等行为。抓好行业违规车辆、超标办公用房和超缴公积金的全面清理工作，严格控制经营业务用房项目。在反对奢靡之风方面，严格控制经费支出，坚决制止铺张浪费行为。切实解决行业基本建设和投资不惜成本、行业信息化建设资源浪费的问题，严格投资规划和投资计划的审查，加强对投资项目的跟踪审计、廉政监督、责任追究等制度的落实。加大对行业卷烟过度包装等问题的管控力度，细化价格监督检查管理要求，严格卷烟价格审批程序，巩固“天价烟”治理成果。（责任部门：办公室、计划司、财务审计司、人事司、机关党委、信息中心、整顿办、驻局监察局）

（三）深入开展党的群众路线教育实践活动

巩固和深化第一批党的群众路线教育实践活动成果，总结好的经验和做法，组织开展第二批教育实践活动。深入学习领会中央关于教育实践活动的重要精神，增强贯彻群众路线的自觉性，紧密联系本单位本部门实际，以整风精神开展批评和自我批评，着力解决行业基层党员干部“四风”方面存在的问题。对作风方面存在问题的党员、干部进行教育提醒，对问题严重的进行查处，对不正之风和突出问题进行专项治理。（责任部门：人事司、机关党委、驻局监察局）

（四）进一步严明党的纪律

教育全体党员干部自觉学习、遵守、贯彻和维护党章，自觉反对特权思想、特权现象。切实增强组织观念和纪律意识，按照党的组织原则和党内政治生活准则办事，严格执行党的政治纪律、组织纪律、财经纪律、工作纪律和生活纪律等各项纪律，坚决克服组织涣散、纪律松弛问题，坚决纠正自由主义、好人主义现象，以严明的纪律为作风建设提供坚强保障。各级纪检监察机构要围绕加强党的纪律建设开展监督检查，及时发现问题，督促整改，铁面执纪，严肃查处和通报违纪违规行为。（责任部门：机关党委、驻局监察局）

三、保持惩治腐败高压态势

（一）加大查办违纪违法案件力度

1. 坚持以零容忍态度，严肃查处发生在重点领域、关键环节和群众身边的腐败案件。严格审查和处置党员干部违反党纪政纪、涉嫌违法的行为。严肃查办严重违反政治纪律的案件；严肃查办违反中央“八项规定”和国家局党组“九条要求”行为；严肃查办发生在领导机关和领导干部中贪污贿赂、买官卖官、徇私枉法、腐化堕落、失职渎职的案件；严肃查办插手工程投资、物资采购、宣传促销谋取私利的案件；严肃查办“两烟”生产经营中违纪违法案件以及违反有关禁令行为，专卖执法中徇私舞弊案件，资产处置和产权交易中造成国有资产流失或损失的案件。健全查办案件组织协调机制，严格办案程序，严明办案纪律，提高办案质量和效率。（责任部门：驻局监察局、机关党委）

2. 坚持抓早抓小，治病救人。拓宽线索举报渠道，完善网络舆情研判和处置工作机制。认真核查从各种渠道反映的行业党员干部的苗头性、倾向性问题，采取约谈、函询等适当方式向本人和组织核实，及时掌握党员干部思想、工作、生活情况和动向，建立早发现、早提醒、早纠正、早查处工作机制。对确有不良倾向的加强诫勉谈话、批评教育，对改正不到位的采取组织处理等有力措施，对疏于监管致使领导班子成员或直接管辖的下属发生严重违纪违法问题的严肃追究责任，对反映失实但造成不良影响的及时澄清、妥善化解矛盾。（责任部门：驻局监察局、人事司、办公室、机关党委）

3. 强化警示教育，发挥治本功能。建立健全行业案件快报制度和典型案例通报制度。充分运用行业内的典型案件开展警示教育，做到查处一起案件、教育一批干部、完善一批制度。针对案件暴露出来的问题，举一反三，建章立制，堵塞漏洞，发挥查办案件治本功能。（责任部门：驻局监察局、机关党委）

（二）匡正选人用人风气

1. 坚决纠正跑官要官的不正之风，对拉票贿选、买官卖官的腐败行为决不姑息，对违规用人问题及时发现、迅速处理、严格问责。（责任部门：人事司、驻局监察局）

2. 落实立项督查制度，对干部群众举报选人用人方面的不正之风和腐败问题进行核查，依纪依法严肃处理。（责任部门：人事司、驻局监察局）

3. 纪检监察机构全程参与干部考察，监督考察过程，对拟提拔干部进行廉政审核，防止"带病提拔"。（责任部门：驻局监察局）

（三）坚决查纠损害群众利益的不正之风

严肃查处发生在群众身边的以权谋私问题，切实纠正损害烟农、零售户、职工群众利益等不正之风。认真贯彻落实领导干部廉洁自律规定，坚决纠正违规收送礼金、有价证券、会员卡、商业预付卡等问题，健全查纠不正之风工作长效机制。（责任部门：驻局监察局、专卖司、烟叶公司、卷烟销售公司）

四、科学有效预防腐败

（一）深化党风廉政教育和廉政文化建设

1. 深入开展中国特色社会主义和中国梦教育、理想信念宗旨教育、社会主义核心价值体系教育，强化党风党纪、廉政法规、从政道德教育，筑牢拒腐防变思想道德防线。落实国家局党组《进一步加强和改进党组（党委）中心组学习的意见》，每年安排廉洁从政专题学习，纳入"三会一课"内容，确保学习时间和效果。干部教育培训机构要把党风廉政教育作为必修内容，列入培训规划和教学计划，在任职培训、岗位培训中开设专门课程。（责任部门：人事司、机关党委、国家局党校、驻局监察局）

2. 丰富廉政文化建设内涵，结合企业文化创建活动，深入开展依法行政、依法管理、依法经营、廉洁从业教育，强化廉洁榜样示范教育和典型案例警示教育，提高反腐倡廉教育的针对性和有效性。（责任部门：人事司、法规司、中国烟草杂志社、信息中心、驻局监察局）

（二）强化制度执行力，加强对领导干部的管理

1. 认真贯彻落实《关于进一步加强行业直属单位领导班子建设的意见》。切实加强领导班子的思想建设、组织建设、作风建设、反腐倡廉建设、制度建设，努力打造高素质领导班子。深化理论武装，全面加强领导班子思想政治建设。深化人事制度改革，全面建设一支高素质领导干部队伍。强化政策观念，增强执行干部制度规定的严肃性。强化管理监督，促进领导干部为民务实清廉。大力推动领导干部选拔任用和交流任职改革，加强行业领导干部省际之间、工商之间、上下之间交流力度，落实干部交流和异地任职制度。（责任部门：人事司、驻局监察局）

2. 深化干部人事制度改革，认真贯彻落实新修订的《党政领导干部选拔任用工作条例》，着力构建有效管用、简便易行的选人用人机制，改进民主推荐方式方法，完善行业领导干部选拔任用办法，增强科学性和准确性。按照信念坚定、为民服务、勤政务实、敢于担当、清正廉洁的标准，选准干部、配好班子。强化编制就是法规的意识，严格领导干部职数配备，严格执行破格提拔、任职回避、退休管理、兼职管理等规定。（责任部门：人事司）

3. 严格执行领导干部工作生活保障制度，严肃查处违反规定超标准享受待遇等问题。严格规范领导干部亲属经商办企业行为，防止领导干部利用权力和自身影响为亲属和其他特定关系人谋取私利。（责任部门：人事司、机关服务局、驻局监察局）

4. 严格执行中央《关于实行党政领导干部问责的暂行规定》，对职责范围内领导不力、落实不到位的，严肃追究责任。（责任部门：驻局监察局）

（三）加强对权力运行的制约和监督

1. 认真落实党内监督条例，强化对民主集中制执行情况的监督，坚持抓好"三重一大"决策制度贯彻执行情况的监督，将检查工作常态化、制度化，结合巡视工作或党风廉政建设责任制考核，定期组织检查，督促各级党组织民主决策、科学决策、依法决策。严格落实述职述廉、民主生活会、谈话和诫勉、函询等监督制度，重点加强和改进对领导干部特别是主要领导干部的监督制约。落实行业新任职党员领导干部廉政谈话制度，强化自律要求和纪律约束。（责任部门：驻局监察局、办公室、人事司）

2. 落实重要情况报告制度，加强干部日常管理监督。

严格执行领导干部报告个人有关事项制度，人事部门每年将报告汇总情况送同级纪检监察机构，会同纪检监察机构对报告的真实性和完整性开展抽查核实，对不如实填报或隐瞒不报的根据情节轻重作出相应处理，构成违纪的给予纪律处分。按照中央统一部署，适时推行新提任领导干部有关事项公开制度试点。严格因私出国（境）审批管理，强化对配偶、子女已移居国（境）外的领导干部的管理监督。（责任部门：人事司、驻局监察局）

3. 研究制定国家局党组《关于进一步加强巡视工作的实施意见》，明确工作方法、落实人员组成、强化监督责任，进一步完善巡视制度，实现行业巡视工作全覆盖，把发现问题、形成震慑作为巡视工作的主要任务。（责任部门：国家局党组巡视办）

4. 加强内部审计监督工作。认真抓好重点项目的专项审计、重大投资项目的跟踪审计和领导干部经济责任审计工作。建立健全审计意见整改跟踪督查和审计责任追究工作机制，健全完善审计中发现重大问题报告移送处置工作制度。（责任部门：财务审计司、人事司、驻局监察局）

5. 深入推进办事公开、民主管理，修订《烟草行业办事公开民主管理工作规定》，公开权力运行流程，强化群众监督。（责任部门：整顿办、驻局监察局）

6. 全面推行廉政风险防控。按照国家局党组《关于在行业开展廉政风险防控工作的实施意见（试行）》要求，各级党组织要结合本单位实际制定贯彻落实的具体措施，把廉政风险防控工作融入生产经营管理之中，突出抓好资金监管、工程建设、物资采购、专卖执法、选人用人等重点领域和关键环节的廉政风险防控。（责任部门：驻局监察局、机关各部门各单位）

7. 加强对国有资产的管理监督，认真贯彻执行《烟草行业国有资产监督管理办法》，落实国有资产保值增值责任，规范资产运营行为，加大国有资产管理体制改革力度，切实防止国有资产流失。重视资金的日常监管，进一步发挥资金管理中心的作用，完善资金监管系统，严格财务收支的审批流程，加强资金安全内部风险控制。加强对行业资金保值增值和营销费用控制专题研究，持续提升行业降低成本、增加收益的水平。切实加强存量资金管理，稳步提升行业资金运营水平，着力强化费用节流工作，防止大手大脚用钱、不计成本用钱和违反规定用钱。（责任部门：财务审计司）

（四）抓改革促规范，消除滋生腐败土壤

1. 进一步推进职能转变，加大简政放权改革力度。认真贯彻落实国务院关于“转变政府职能推进行政审批制度改革”的要求。到 2015 年，继续取消 2 项行政审批事项、下放 1 项行政审批事项，完成国务院提出的“减少 1/3 审批事项”任务。同时组织机关各部门各单位对行业内部管理项目进行认真梳理，取消 5 项、下放 4 项。（责任部门：法规司、人事司）

2. 加大对烟叶工作的管理监督力度。认真落实“坚守一条红线、提高三个水平、夯实两大基础”的总体要求，严格按照合同计划组织收购、严格落实烟叶收购价格和补贴政策。管好用好烟叶生产设施建设、水源性工程建设和现代烟草农业建设项目资金，健全完善烟叶收购、运输工作制度规定。（责任部门：烟叶公司、计划司、财务审计司）

3. 推进市场化改革取向，积极探索市场配置烟草要素资源的新途径、新举措。改革卷烟订单采集方式，积极推动全国统一订货平台建设。完善卷烟货源供应规则，坚持货源供应政策及信息向零售客户公开，实现品牌规格由客户自主选择。坚决克服“卖大户”等不规范经营行为，切实解决搭配捆绑销售、货源分配不公问题。加大对全国卷烟货源供应情况和卷烟市场准入要求贯彻落实情况的监督检查力度。加强专卖内管工作力度，进一步净化卷烟市场环境。严格执行计划码段和调出计划管理，坚决制止无码生产和销售等违规行为。（责任部门：计划司、运行司、专卖司、卷烟销售公司）

五、加强行业党风廉政建设和反腐败工作组织领导

（一）完善反腐倡廉建设组织领导机制

1. 行业各级党组织要切实担负起党风廉政建设主体责任，选好用好干部，防止出现选人用人上的不正之风和腐败问题；坚决纠正损害群众利益的行为，强化对权力运行的制约和监督，从源头上防治腐败；领导和支持执纪执法机关查处违纪违法问题。党组（党委）主要负责同志要管好班子，带好队伍，管好自己，当好廉洁从政的表率。各级党组（党委）特别是主要负责同志必须树立不抓党风廉政建设就是严重失职的意识，常研究、常部署，抓领导、领导抓，抓具体、具体抓。领导班子其他成员按照“一岗双责”要求，分工负责，抓好落实。各级纪检监察机构要履行好监督责任，既协助党组（党委）加强党风廉政建设和组织协调反腐败工作，又督促检查相关部门落实惩治和预防腐败工作任务，经常进行检查监督，严肃查处腐败问题。（责任部门：驻局监察局、人事司、机关党委）

2. 严格落实党风廉政建设责任制，按照《行业直属单位党风廉政建设责任制检查考核办法》，严格考核程序和评

价标准，强化考核结果运用，作为对领导班子总体评价和领导干部业绩评定、奖励惩处、选拔任用的重要依据。制定切实可行的责任追究办法，对发生重大腐败案件和严重违纪行为的单位、部门，实行“一案双查”，既追究当事人责任，又倒查追究相关人员的领导责任。（责任部门：驻局监察局、人事司）

（二）加强体制机制创新和制度保障，强化对行业纪检监察工作的领导

1. 按照《进一步加强行业直属单位领导班子建设的意见》，落实纪检组组长（纪委书记）的提名和考察以上级纪检组（纪委）会同人事部门为主的工作机制，以及直属单位纪检组长（纪委书记）异地任职制度。研究制定《加强行业党风廉政建设和反腐败工作的意见》，推动行业纪律检查工作双重领导体制具体化、程序化、制度化，强化上级纪检组（纪委）对下级纪检组（纪委）的领导。查办腐败案件以上级纪检组（纪委）领导为主，线索处置和案件查办在向同级党组（党委）报告的同时必须向上级纪检组（纪委）报告。落实约谈制度，定期或根据工作需要约谈下级纪检监察机构主要负责人。（责任部门：驻局监察局、人事司）

2. 行业纪检监察机构要适应新形势、新任务要求，坚决转职能、转方式、转作风，明确职责定位，把不该牵头或参与的协调工作交还主体责任部门，集中精力抓好党风廉政建设和反腐败工作。（责任部门：驻局监察局）

3. 加强各级纪检监察机构自身建设。强化基础管理，规范信访受理、案件检查、案件审理等业务工作。选拔党性好、能力强、作风正、威信高的干部担任纪检监察机构领导，把德才兼备的业务工作骨干充实到纪检监察队伍，同时有计划地安排优秀纪检监察干部到重要岗位任职。培养忠诚可靠、服务人民、刚正不阿、秉公执纪的纪检监察干部。（责任部门：驻局监察局、人事司）

（三）增强惩治和预防腐败体系建设工作合力

充分发挥党风廉政建设责任制领导小组职能作用，整合监督资源，形成监督合力。专卖部门要加强对“两烟”生产经营中违反专卖法规问题的检查和监督；财务部门要规范财务管理，监督执行财经纪律；审计部门要加大同级审计、日常审计和专项审计力度，强化审计中发现问题的督促整改，加强对审计线索的移送处置；整顿办要加强行业生产经营整顿规范工作的监督检查；人事部门要加强对干部的管理，自觉抵制和坚决纠正选人用人上的不正之风；各级工会和职工代表大会要积极发挥民主监督作用，扎实推进办事公开民主管理；其他职能部门要按照党风廉政建设责任制要求，抓好职责范围内反腐倡廉工作，加强与同级纪检监察机构工作配合。（责任部门：驻局监察局、专卖司、财务审计司、整顿办、人事司）

（四）狠抓任务落实

各牵头和协办部门要根据国家局党组要求，提出贯彻落实的具体措施，把握重点，明确责任，保证工作任务的完成。纪检监察机构要充分履行职责，加强组织协调，及时通报情况，研究重要问题，推动工作落实。各单位要建立工作台账制度，每年对《实施办法》落实进展情况进行检查，及时掌握新情况新问题，提出新思路新对策。对抓党风廉政建设和反腐败工作不力，造成不良影响的，严肃追究领导责任。（责任部门：驻局监察局、机关各有关部门和单位）

烟叶生产

中国烟草总公司关于印发烟叶生产灾害救助工作办法（试行）的通知

（2014 年 10 月 10 日　中烟办〔2014〕243 号）

河北、山西、内蒙古、辽宁、吉林、黑龙江、安徽、福建、江西、山东、河南、湖北、湖南、广东、广西、重庆、四川、贵州、云南、陕西、甘肃、宁夏回族自治区（省、市）烟草专卖局（公司）：

为规范烟叶生产灾害救助工作，降低烟叶种植风险，解除烟农种烟后顾之忧，实现烟叶生产持续健康发展，现将《烟叶生产灾害救助工作办法（试行）》印发给你们，请认真执行。

烟叶生产灾害救助工作办法（试行）

第一章　总　则

第一条　为规范烟叶生产灾害救助工作，降低烟叶种植风险，保持烟叶生产可持续发展，履行企业社会责任，根据国家相关法律及行业有关规定，制订本办法。

第二条　烟叶生产灾害救助是指为帮助烟农恢复生产，减少灾害损失，保障烟叶生产持续健康发展，行业给予受灾烟农一定的资金救济，包括烟叶产区烟草商业企业烟叶种植农业保险支出以及专项救助资金。

第三条　烟叶生产灾害救助工作要遵循因地制宜、突出重点、注重实效的原则，重点救济受灾烟农的烟叶产前投入损失，鼓励支持开展烟叶种植农业保险，规范烟叶生产灾害专项救助程序，健全完善农业保险与专项救助相结合的烟叶生产灾害救助机制。

第四条　本办法适用于中国烟草总公司（以下简称总公司）及各级烟叶产区烟草商业企业。

第二章　救助对象及标准

第五条　烟叶生产灾害救助对象是指与烟草公司正式签订《烟叶种植收购合同》，按照合同约定种植烟叶，在烟叶生产季节因遭受旱灾、洪涝、雹灾、风灾、冻灾等自然灾害造成的烟叶减产或绝收的种烟农户。

第六条　烟叶生产灾害救助标准每亩最高不超过1200元。如有烟叶种植农业保险，救助标准要包括保险赔付金额。具体标准如下：

（一）绝收烟田。指烟叶团棵之后因灾产量损失在2/3左右的烟田，救助标准控制在每亩1200元以内。

（二）重灾烟田。指烟叶团棵之后因灾产量损失在1/2左右的烟田，救助标准控制在每亩900元以内。

（三）中灾烟田。指发生灾情后烟农自救能够较好恢复烟叶生产或产量损失在1/3左右的烟田，救助标准控制在每亩400元以内。

（四）灾害改种烟田。指烟叶移栽后至团棵前发生灾害，改种其他作物的，救助标准控制在每亩600元以内。

第三章　烟叶种植农业保险

第七条　按照行业引导、市场运作、烟农自愿和协同推进的原则，积极开展烟叶种植农业保险。

第八条　承保公司选择与承保方式。要选择当地经中国保险监督管理机构批准设立并依法登记注册的商业保险公司或其合法的分支机构投保。原则上以省级烟草商业企业（或授权地市级烟草商业企业）为单位统一投保。与承保公司签订保险合同，分户保险卡由承保公司发放给被保险人。

第九条　保险期限及内容。保险期限为烟苗移栽大田成活后至有效叶片采摘完毕。保险内容包括因旱灾、洪涝、雹灾、风灾、冻灾等自然灾害造成的直接经济损失。

第十条　保险金额。根据当地上年度烟叶种植的物化成本确定，原则上每亩保险金额不高于1000元，保险费率不超过5%。

第十一条　烟草公司要协助烟农积极开展保险理赔。灾害发生后，及时向保险公司报案，督促保险公司进行现场勘查并按照保险合同约定条款及时向烟农进行赔付，确保烟农利益。

第十二条　保费筹集。由烟草公司、地方人民政府及烟农三方通过协商，确定各自承担的保险费用。为加快推进烟叶种植农业保险，原则上烟草公司承担保险费用的60%，其中总公司承担保险费用的20%。

第四章　烟叶生产受灾专项救助

第十三条　烟叶生产遭受重大自然灾害，烟农未参加烟叶种植农业保险或烟叶种植农业保险赔付不足时，由烟农申请，烟叶产区烟草商业企业给予一定的烟叶生产受灾专项救助。

第十四条　烟叶生产受灾专项救助程序。

（一）救助启动。灾情发生后，确认对烟叶生产造成实际损失时，地市级烟草商业企业要尽快确定灾害等级、发生区域、灾情初步程度等基本情况，启动灾害应急预案，组织开展抗灾减灾等工作并向省级烟草商业企业申请启动烟叶灾害专项救助工作。省级烟草商业企业根据地市级烟草商业企业申请、烟叶受灾情况及保险赔付状况，适时启动烟叶生产受灾专项救助工作并报总公司备案。

（二）灾情核实。县级烟草商业企业要成立灾情核实小组，以户为单位，对烟农的受灾烟田进行现场核实，确认受灾面积、灾害程度、设施损毁等情况，做好产量损失评估，登记造册，由烟农签字确认，建立详细灾情档案并对核实结果的真实性负责。

（三）对象审核。烟叶工作站要认真审查受灾烟农的种植收购合同，核实种植面积和移栽株数，对照本办法第五条，对救助对象进行审核确认并对核实结果的真实性负责。救助对象移栽面积和株数不足的，要对合同进行调整。发现转借合同、空合同、假合同等违法违规情形的，一律不予救助。

（四）制订方案。地市级烟草商业企业要指导各县级烟草商业企业根据灾情档案和烟叶生产灾害救助标准，按照“分户救助、分类实施”的原则，制订“一县一策”、“一乡一策”、“一村一策”的灾情分类救助方案，确保救助到位，烟农满意。县级烟草商业企业救助方案须报地市级烟草商业企业批准，地市级烟草商业企业救助方案须报省级烟草商业企业批准。

（五）救助公示。经逐级批复后，县级烟草商业企业要组织烟叶工作站将受灾烟农姓名、合同编号、合同约定种植面积和约定收购量、实际交售量和交售金额、等级比例、灾害损失情况及救助金额，以及县级烟草商业企业和烟叶工作站投诉电话、投诉方式与投诉时限等在烟叶工作站点和村委会张榜公示。有异议的或有投诉意见的，县级烟草商业企业和烟叶工作站要及时调查核实。

（六）资金兑付。救助资金兑付原则上在烟叶收购结束后进行。特殊情况可在公示期满及时兑付。要由烟农本人签字后，以电子结算方式一次性兑付，不得以物资折款方式兑付受灾救助补贴。

（七）总结报告。救助结束后，要认真总结灾害救助工作的基本情况，分析存在的问题，提出工作改进意见并逐级上报。

第十五条 遭受特大自然灾害且省级烟草商业企业资金困难的，可申请总公司给予资金支持。由省级烟草商业企业向总公司提交专题申请报告，申请报告要包含灾害基本情况、受灾程度、损失统计、救助方案、资金筹措方案等内容。总公司组织相关部门就产区受灾情况进行现场核实并经局长办公会研究批准后安排专项救助资金。

第五章 财务核算及监督管理

第十六条 企业参加烟叶种植农业保险支出计入“烟叶生产投入补贴”；发生烟叶生产受灾专项救助支出时，计入“烟叶生产投入补贴”，通过地方人民政府捐赠给烟农的专项救助资金，计入“营业外支出——公益性捐赠支出”。企业收到外单位或总公司的救灾资金，计入“营业外收入——行业补贴收入”。

第十七条 烟叶生产灾害行业救助资金要专款专用，以现金方式直补烟农，不得以任何形式截留、挤占或挪用。

第十八条 各级烟叶、财务部门要强化救灾资金管理，规范救助程序、严格落实责任人制度，确保投入规范；审计部门要加强审计监督，定期对救灾资金进行审计检查；纪检监察部门要严格监督检查，对违规违法行为，一经查出，严肃处理。

第六章 附 则

第十九条 各有关省级烟草商业企业要结合实际情况，制订具体实施办法。

第二十条 本办法由总公司负责解释。

第二十一条 本办法自印发之日起施行。

部分文件法规名录

发展计划

国家烟草专卖局关于开展非烟商品电子商务试点工作的通知（国烟办〔2014〕294 号）

国家烟草专卖局办公室关于印发京津冀卷烟营销市场化取向改革试点工作实施方案的通知（国烟办综〔2014〕144 号）

国家烟草专卖局关于规范和支持细支卷烟发展的通知（国烟计〔2014〕300 号）

国家烟草专卖局关于印发 2014 年改革工作要点的通知（国烟法〔2014〕204 号）

专卖管理

国家烟草专卖局关于卷烟工业企业申请办理样品卷烟准运证有关事项的通知（国烟专〔2014〕188 号）

国家烟草专卖局关于认定真烟违法违规经营行为的通知（国烟专〔2014〕194 号）

国家烟草专卖局对打击非法拼装烟机“903”行动的表彰通报（国烟专〔2014〕335 号）

经济运行

国家烟草专卖局办公室关于印发烟草行业专用计量器具管理目录（第一批）的通知（国烟办综〔2014〕658号）

国家烟草专卖局关于加强“两打三扫”监督管理的通知（国烟运〔2014〕260号）

国家烟草专卖局关于认真落实国务院贯彻实施质量发展纲要2014年行动计划的实施意见（国烟运〔2014〕336号）

财务审计

国家烟草专卖局 中国烟草总公司关于印发四项费用管理规定的通知（国烟财〔2014〕29号）

国家烟草专卖局 中国烟草总公司关于印发烟草行业内部审计工作规定的通知（国烟审〔2014〕93号）

国家烟草专卖局 中国烟草总公司关于印发烟草行业经济责任审计工作规定的通知（国烟审〔2014〕104号）

国家烟草专卖局中国烟草总公司关于进一步加强烟草行业内部审计监督的意见（国烟审〔2014〕133号）

烟草科技

国家烟草专卖局关于启动新型卷烟研制重大专项的通知（国烟科〔2014〕28号）

国家烟草专卖局关于印发烟草行业产品质量监督抽查管理办法的通知（国烟科〔2014〕96号）

国家烟草专卖局关于印发烟草专卖品鉴别检验管理办法的通知（国烟科〔2014〕285号）

中国烟草总公司关于印发科学技术奖励办法及实施细则的通知（中烟办〔2014〕121号）

人事政工

中共国家烟草专卖局党组关于进一步做好领导干部报告个人有关事项工作的通知（国烟党〔2014〕2号）

中共国家烟草专卖局党组关于开展行业第二批党的群众路线教育实践活动的指导意见（国烟党〔2014〕8号）

中共国家烟草专卖局党组关于印发全国烟草行业开展第二批党的群众路线教育实践活动实施方案的通知（国烟党〔2014〕29号）

中共国家烟草专卖局党组关于印发省级局（公司）和工业公司领导干部选拔任用工作实施办法的通知（国烟党〔2014〕51号）

中共国家烟草专卖局党组关于印发省级局（公司）和工业公司领导干部交流工作规定的通知（国烟党〔2014〕57号）

中共国家烟草专卖局党组关于加强行业基层服务型党组织建设的意见（国烟党〔2014〕78号）

中共国家烟草专卖局党组关于落实党风廉政建设主体责任的实施意见（国烟党〔2014〕88号）

中共国家烟草专卖局党组关于学习贯彻党的十八届四中全会精神的通知（国烟党〔2014〕178号）

国家烟草专卖局关于印发烟草行业科技领军人才管理办法的通知（国烟人〔2014〕17号）

国家烟草专卖局关于印发烟草行业学科带头人管理办法的通知（国烟人〔2014〕18号）

国家烟草专卖局关于加强烟草行业科技领军人才和学科带头人评审委员会及专家库管理有关事项的通知（国烟人〔2014〕34号）

国家烟草专卖局关于组建烟草行业科技领军人才和学科带头人评审委员会及专家库的通知（国烟人〔2014〕280号）

整顿规范

中共国家烟草专卖局党组关于印发贯彻落实中共中央《建立健全惩治和预防腐败体系2013—2017年工作规划》实施办法的通知（国烟党〔2014〕23号）

国家烟草专卖局关于印发烟草行业办事公开民主管理工作规范（试行）补充规定的通知（国烟办〔2014〕111号）

国家烟草专卖局办公室关于印发国家烟草专卖局 中国烟草总公司机关国内公务接待管理规定的通知（国烟办综〔2014〕35号）

国家烟草专卖局办公室关于进一步减少机关发文数量提高文件质量的意见（国烟办文〔2014〕322号）

国家烟草专卖局关于全面深入推进法治烟草建设的意见（国烟法〔2014〕41号）

中国烟草总公司关于印发国有资产基础管理工作指引和国有资产处置工作指引的通知（中烟办〔2014〕162号）

信息化建设

国家烟草专卖局关于印发烟草行业信息化发展规划（2014—2020年）的通知（国烟办〔2014〕370号）

国家烟草专卖局办公室关于印发烟草行业信息安全等级保护管理规定的通知（国烟办综〔2014〕103号）

烟叶生产

国家烟草专卖局关于烟叶生产严控面积坚守红线的紧急通知（国烟办〔2014〕132号）

中国烟草总公司关于印发烟叶生产灾害救助工作办法（试行）的通知（中烟办〔2014〕243号）

附　　录

香港烟草

2014年中国香港特区烟草发展概况

【概　况】　中华人民共和国香港特别行政区位于中国东南沿海，地处珠江三角洲的西岸，面积1104.4平方千米，包括香港岛、九龙和新界及离岛。截至2014年底，香港特别行政区有726.6万人，其中男性335.3万人、女性391.3万人。2014年，香港特区有吸烟者62.4万人。

表1　2009—2014年中国香港特区成年人群吸烟比例

（单位:%）

	2009年	2010年	2011年	2012年	2013年	2014年
成年男性吸烟比例	19.8	19.7	19.5	19.4	19.4	19.4
成年女性吸烟比例	3.3	3.1	2.8	2.6	2.5	2.5
成年人吸烟比例	10.9	10.7	10.5	10.3	10.2	10.1

表2　2009—2014年中国香港特区成年人群吸烟数量

（单位：万人）

	2009年	2010年	2011年	2012年	2013年	2014年
成年男性吸烟数量	53.65	53.76	53.60	53.78	54.14	54.32
成年女性吸烟数量	10.39	9.92	9.10	8.60	8.57	8.52
成年人吸烟数量	64.04	63.68	62.70	62.38	62.71	62.84

【主要烟草公司】　中国香港特区卷烟市场竞争激烈，主要有3家国际烟草公司，分别为：菲莫亚洲、英美烟草（中国香港）、日本烟草（中国香港），其市场份额合计超过90%。中国香港特区本土卷烟制造商有利是美国际中国有限公司和南洋兄弟烟草股份有限公司。

2014年，英美烟草（中国香港）市场份额增长幅度最大，其卷烟销量下降最小。菲莫亚洲的“万宝路（Double Blast）”销售较好。两家公司在高档烟中占有绝对优势，受卷烟调税的影响不大。利是美国际中国有限公司在2014年未开发新产品，其市场份额也跌至2%。

表3　2010—2014年各烟草公司在中国香港特区卷烟市场份额情况

（单位:%）

	2010年	2011年	2012年	2013年	2014年
菲莫亚洲	51.8	52.9	53.4	54.9	54.8
英美烟草（中国香港）	24.4	23.9	23.6	23.1	23.8
日本烟草（中国香港）	15.2	14.9	14.7	14.4	14.4
利是美国际中国有限公司	2.1	2.1	2.2	2.1	2.0
南洋兄弟烟草股份有限公司	0.8	0.8	0.8	0.8	0.7
其他公司	5.7	5.5	5.4	4.7	4.3
合计	100	100	100	100	100

【卷烟销售】　2014年，中国香港特区卷烟市场实现销量23亿支，同比下降5%。销量最大的品牌是菲莫亚洲的“万宝路（Marlboro）”。实现销售额68亿港元，同比增长3%。香港特区政府对卷烟税收政策进行调整，平均每包卷烟的税收提高4港元。

表4　2009—2014年中国香港特区卷烟市场实现销量情况（按焦油量）

（单位：亿支）

	2009年	2010年	2011年	2012年	2013年	2014年
高焦油量	3.06	3.02	2.60	2.48	2.35	2.22
中焦油量	15.48	16.25	14.23	15.58	13.04	12.42
低焦油量	7.77	9.17	8.20	7.92	7.59	7.31
超低焦油量	1.85	2.14	1.84	1.73	1.63	1.47
合　计	28.15	30.59	26.87	25.72	24.61	23.43

表5　2009—2014年中国香港特区卷烟市场实现销售额情况（按焦油量）

（单位：亿港元）

	2009年	2010年	2011年	2012年	2013年	2014年
高焦油量	5.53	5.51	5.62	5.72	5.77	5.88
中焦油量	30.82	32.67	33.65	34.49	35.18	36.00
低焦油量	15.87	18.80	19.74	20.53	21.14	21.81
超低焦油量	3.85	4.49	4.59	4.64	4.68	4.76
合　计	56.08	61.47	63.58	65.38	66.78	68.45

表6　2009—2014年中国香港特区卷烟市场销量占比情况（按细支类别）

（单位:%）

	2009年	2010年	2011年	2012年	2013年	2014年
细　支	2.6	2.6	2.6	2.6	2.6	2.6
超细支	1.5	1.5	1.5	1.6	1.5	1.5
微细支	—	—	—	—	—	—
常　规	95.9	95.9	95.9	95.9	95.9	95.9
合　计	100	100	100	100	100	100

表 7　2009—2014 年中国香港特区卷烟生产和进出口情况

（单位：亿支）

	2009 年	2010 年	2011 年	2012 年	2013 年	2014 年
卷烟产量	168.00	170.00	171.50	267.00	275.01	278.00
卷烟出口量	293.89	303.14	317.62	417.62	342.79	212.89
卷烟进口量	181.07	179.34	187.93	191.08	201.40	203.83

表 8　2014 年中国香港特区卷烟销量前十名的品牌市场份额情况

（单位:%）

品牌	公司	2011 年	2012 年	2013 年	2014 年
万宝路	菲莫亚洲	26.1	26.3	27.1	27.2
万宝路（Menthol）	菲莫亚洲	9.0	9.2	9.6	9.6
万宝路（Medium）	菲莫亚洲	8.9	9.2	9.4	9.4
沙龙（Menthol Silver）	日本烟草（中国香港）	5.6	5.6	5.6	5.5
万宝路（Ice Mint）	菲莫亚洲	4.6	4.6	4.8	4.8
箭牌（Silver Neo）	英美烟草（中国香港）	4.6	4.6	4.6	4.6
波迈（Blue）	英美烟草（中国香港）	3.9	3.8	3.6	3.6
登喜路（Ultra Gold）	英美烟草（中国香港）	3.5	3.4	3.3	3.3
箭牌（Kent）	英美烟草（中国香港）	2.2	2.2	2.1	2.1
沙龙（Menthol Green）	日本烟草（中国香港）	1.8	1.8	1.8	1.8

【卷烟价格】　中国香港特区卷烟市场的品牌结构主要有三类：低档烟、中档烟、高档烟。低档烟是指每包售价在 50 港元以下的卷烟，主要有“温拿（Winner）”。中档烟是指每包零售价在 50 港元～52.99 港元之间的卷烟，主要有“希尔顿（Hilton）”“总督（Viceroy）”。高档烟是指每包零售价在 53 港元及以上的卷烟，主要有“万宝路（Marlboro）”“箭牌（Kent）”“好彩（Lucky Strike）”。部分超高档卷烟主要来自中国大陆，每包零售价超过 100 港元。

2014 年，高档烟销量占卷烟总销量的 87%，主要品牌有“万宝路（Marlboro）”“沙龙（Salem）”“箭牌（Kent）”，中档烟和低档烟的所占比例分别为 8% 和 5%。2014 年，卷烟税收调整导致卷烟零售价格的变动，总体来说，高档烟的调价幅度要大于中档烟和低档烟的幅度。

表 9　2009—2014 年中国香港特区卷烟市场份额情况（按卷烟价位）

（单位:%）

	2009 年	2010 年	2011 年	2012 年	2013 年	2014 年
高档烟	83.2	83.8	84.4	86.3	86.6	86.9
中档烟	11.6	10.9	10.3	8.5	8.3	8.1
低档烟	5.2	5.3	5.3	5.2	5.1	5.0
合　计	100	100	100	100	100	100

【卷烟生产】　南洋兄弟烟草股份有限公司。南洋兄弟烟草股份有限公司前身是由华侨简照南和简玉阶于 1905 年在香港成立的南洋兄弟烟草有限公司，是中国建立最早、历史最长的民族烟草企业。1909 年，公司推出“红双喜”牌卷烟，业务得到发展；1916 年，南洋兄弟在上海设立生产厂，随后在黄河、长江流域和华南沿海 13 个大中城市及新加坡等地相继设立分支机构；1918—1919 年间，南洋兄弟进行一系列的改革，将公司总部迁至上海，并向社会招股，改组后业务发展很快，由中国香港、上海再发展到广州、武汉、重庆等地；1951 年，南洋兄弟在中国内地的工厂实行公私合营，其香港分公司继续在香港经营，由在上海的总管理处控制和管理；1987 年，上海市政府把南洋兄弟的股权转让给上海实业有限公司［上海实业（集团）有限公司前身］；1995 年 1 月 1 日，南洋兄弟烟草股份有限公司在香港重新进行注册，南洋兄弟香港分公司的烟草业务让与“南洋烟草”。“南洋烟草”经过企业重组，1996 年 5 月，并入上海实业控股有限公司在香港联交所挂牌上市。1998 年底，搬迁到屯门，新厂面积 44 万平方米。

2014 年，公司围绕“新品开发、市场拓展、技术改造”三大战略目标，致力于提升产品质量，提高企业竞争能力，不断拓展国际市场和提升品牌知名度。2014 年产销量同比增长 4.8%。实现主营业务收入 31.7 亿港元，同比增长 8.9%；实现净利润 9.07 亿港元，同比增长 9.1%。公司完成的技改项目包括“十二五”制丝线技改项目、精品硬包及高速卷包设备项目和罐装烟设备项目。新购入的元朗仓库在 12 月投入使用。

香港红塔国际烟草有限公司。1992 年，楚雄卷烟厂在香港创建控股企业雄伟（国际）烟草有限公司。1998 年 12 月 9 日，雄伟（国际）烟草有限公司更名为香港红塔国际烟草有限公司（简称“香港红塔公司”），红塔集团控股 55%，仁恒国际投资有限公司持股 30%，云南烟草国际有限公司持股 15%。

2014 年，香港红塔公司以聚焦精益管理为牵引，以细化内部运营为抓手，立足公司境外区位优势，拓展视野、强化基础、优化资源、提升管理，强化“风险管控、组织保障、系统运作、技术创新”四个能力建设。在生产方面，以打造精益生产体系为目标，力求在现有设备空间的条件下实现多品种和高质量产品的低成本高效生产；在管理方面，外延发展积极融合国际思路，内延管控向本土化方向发展；在发展目标上，则以文化为引领，努力创出“合力、和谐”的“云南模式”，打造一流的境外精品卷烟加工基地。

2014 年，香港红塔公司生产卷烟 46.19 亿支（9.24 万箱），同比增长 14.64%。销售卷烟 46.39 亿支（9.28 万箱），同比增长 15.25 %。实现卷烟销售收入 5.08 亿港元，同比增长 5.37%。全年利润总额 5558 万港元，同比增长 3.53%。实现净利润 4612 万港元，同比增长 3.40%。

香港红塔公司主要生产云南中烟下属“两红”集团品牌，包括红塔集团的“玉溪”“红塔山”“红梅”“阿诗玛”品牌；红云红河集团的“云烟（紫）”“云烟（软珍）”等传统烤烟型品牌；另外，生产混合型口味的“MARBLE”“ESTON”“STRAND”“BRASS”“SONBONG”等品牌。产品主要销往东南亚、中东、东欧、南美等地区。2014 年，生产“红塔山”3.30 亿支，销售 3.36 亿支；生产“玉溪”9.82 亿支，销售 9.87 亿支；生产“阿诗玛”2.05 亿支，销售 2.03 亿支；生产“ESTON”450 万支，销售 450 万支；生产“BRASS”5.04 亿支，销售 5.1 亿支；生产“STRAND”2698 万支，销售 2700 万支；生产“MARBLE”14.48 亿支，销售 14.48 亿支；生产“恭贺新禧”300 万支，销售 300 万支；生产“GEM”1.55 亿支，销售 1.55 亿支；生产“红梅”7.31 亿支，销售 7.35 亿支；生产“云烟”2.27 亿支，销售 2.28 亿支。

【卷烟销售网络】 香港特区的卷烟零售业态分为连锁便利店、报刊亭、杂货店、加油站、餐厅酒吧等。2014 年，连锁便利店销售的卷烟占总销量的 65%，并接受八达通、Visa Paywave 和 EPS 等支付方式。报刊亭销售的卷烟占总销量的 29%。香港特区政府禁止在自动售卖机和互联网上销售卷烟。

【卷烟税收政策】 香港特区政府对进口卷烟征收高额税收。自 1990 年以来，卷烟税率由 2 港元/包升至 38.12 港元/包，2012—2014 年烟草税收累计提高 110%。进口雪茄的税率为 2455 港元/千克。

2014 年，香港特区政府进一步提高卷烟税收，每包卷烟的税收提高 4 港元，各大烟草公司也相应对卷烟价格进行调整。

【管控政策】 1982 年制定的《吸烟（公众卫生）条例》是香港特区最主要的控烟法，最近一次修订为 2006 年 10 月 19 日。

自 2007 年 1 月 1 日起，香港特区开始实施室内禁烟，包括室内工作场所和公众场所，以及电梯、公共泳池等部分户外场地。2009 年 7 月 1 日起，所有向 18 岁以上成人开放的酒吧、会所、夜总会、按摩院、麻将馆等室内娱乐场所禁止吸烟，随后香港公共交通设施也成为禁烟区。2009 年 9 月 1 日起，48 个设有顶盖的公共交通设施实施禁烟，《定额罚款条例》也于同日生效，在法定禁烟区吸烟的人员可面临 1500 港元罚款。

2009 年 2 月，烟草税上调 50%。2010 年 8 月 1 日起，限定所有香港市民及入境旅客携带免税烟草产品进入香港，年满 18 岁人员可以免税携带自用卷烟 19 支、雪茄 1 支。2011 年 2 月，每支卷烟税调高 0.5 港元，调整幅度为 41.5%，并按同等比例提高其他烟草产品税率。同时，继 1990 年电视、电台全面禁播烟草广告之后，作为卷烟主要销售渠道的香港各零售报摊，自 2009 年 11 月 1 日起禁止展示烟草广告。

【卷烟非法贸易】 自 2012 年香港特区政府调增卷烟税后，卷烟的非法贸易一直困扰特区政府。2014 年，特区政府进一步加大执法力度，导致走私者面临着高额的成本，这也推高非法卷烟的价格。

表 10 2009—2014 年中国香港特区卷烟市场非法贸易情况

（单位：亿支）

	2009 年	2010 年	2011 年	2012 年	2013 年	2014 年
合法销售的卷烟	28.15	30.59	26.87	25.72	24.61	23.43
非法销售的卷烟	11.81	12.05	12.34	12.22	11.73	11.41
总销量（含非法贸易）	39.96	42.63	39.22	37.95	36.35	34.84
非法卷烟占总销量比重（%）	29.6	28.3	31.5	32.2	32.3	32.7

澳门烟草

2014 年中国澳门特区烟草发展概况

【概　况】 中华人民共和国澳门特别行政区位于东南沿海，地处珠江三角洲的西岸，东临香港，面积为 32.8 平方千米。根据澳门统计暨普查局公布的数据，截至 2014 年底，澳门总人口为 63.62 万人。

【卷烟生产】 中国澳门特区产量最大的卷烟工业企业是金叶卷烟厂（澳门）有限公司。金叶卷烟厂（澳门）有限公司（简称“金叶澳门公司”）成立于1992年，初始投资2476万港元，由原广州卷烟二厂（现划归广东中烟工业有限责任公司）、中国烟草总公司广东省公司、香港永发烟草有限公司、澳门南粤（集团）有限公司共同出资组建，分别占股份的27%、20%、28%、25%。1993年，香港永发烟草有限公司将14%的股份转让给金叶（香港）烟草国际有限公司，股东变为5家。2001年，香港永发烟草有限公司、澳门南粤（集团）有限公司收回投资，股权由金叶卷烟厂（澳门）有限公司收回。经过两次股东变更，公司股东为广东中烟工业有限责任公司、中国烟草总公司广东省公司、金叶（香港）烟草国际有限公司，总投资额8501万港元，分别占股份的55%、26%、19%。

2014年，金叶澳门公司把引入新品牌作为发展的支撑点，引入“五叶神”品牌，生产“五叶神（硬红）”1.42亿支、“五叶神（硬金）”6391万支。在产品结构调整方面，引入“双喜（逸品）”，全年实现产销量1440万支，实现销售收入939万港元。

2014年，金叶澳门公司生产卷烟13.80亿支，同比下降9.40%。销售卷烟12.33亿支，同比下降18.99%。主要市场为中国香港地区、中国澳门地区，以及越南、新加坡、南非、澳大利亚、巴拿马、秘鲁、韩国等国家。全年实现销售收入2.78亿港元，同比下降12.57%。实现利润1821万港元，同比下降72.17%。

【卷烟税收政策】 中国澳门特区加大控烟力度，不断提高烟草产品税率。2009年，每支卷烟的消费税由0.05澳门元上调至0.2澳门元，含烟叶的雪茄和小雪茄的消费税为每千克280澳门元，其他精加工的烟叶和烟叶代用制品的消费税为每千克80澳门元。

2012年，特区政府再次审议通过增加烟草产品的消费税，每支卷烟的消费税由0.2澳门元上调至0.5澳门元，烟丝的消费税由每千克80澳门元调升至200澳门元；而雪茄的消费税由每千克280澳门元调升至1442澳门元。

中国澳门特区对进口卷烟征收从量税。每包卷烟进口关税为10澳门元。2012年起每包卷烟增税约4澳门元。

【管控政策】 2011年4月，澳门特区政府通过《预防及控制吸烟制度》（俗称《新控烟法》）并于2012年1月1日起实施，该制度禁止任何形式广告及促销，室内场所全面禁烟。还规定，娱乐场在法律生效后的1年内，即2013年前，须按即将颁布的行政法规规定的标准设立吸烟区，面积不大于总博彩区的50%，并要按规定每月提交吸烟区的空气质量检测报告。2012年，特区政府发表公告，由4月1日起收紧自携烟草入境限制，包括卷烟、雪茄、小雪茄，其中卷烟由以往200支减至100支，即最多每日5包；含烟草的雪茄可携带数量为每人每日10支；含烟草的小雪茄为50支。

2014年1月1日至4月30日，控烟执法人员平均每日巡查场所794间，案件总数为2852件，在违法吸烟个体案件中，男性占九成，游客占三成，发生最多违法案件的场所分别是网吧、游戏机中心及公园。

在娱乐场所控烟方面，2014年，卫生局及博彩监察协调局联合就娱乐场巡查152场次，查处123宗违法吸烟现象，其中男性117名，游客100名。

2014年10月6日起，澳门地区所有娱乐场的公众博彩区全面禁止吸烟。娱乐场可申请在博彩区设置专门的吸烟室，吸烟室须符合相关规定，包括必须为封闭式及负压设计，同时具备独立通风系统等。

台湾烟草

2014年中国台湾地区烟草发展概况

【概　况】 中国台湾地区位于中国东南沿海的大陆架上，面积为3.62万平方千米。截至2014年10月，台湾地区总人口为2342万人。2014年，台湾地区吸烟总人口340万人，其中男性约297万人，女性约43万人。

一、卷烟市场管理体制

【专卖专营阶段】 中国台湾地区专卖事业起源于日本占领时期，1901年1月，台湾总督府合并原台湾制药厂、台湾盐务局及台湾樟脑局，成立新的“台湾总督专卖局”，专卖品包括烟、酒和食盐、樟脑、鸦片、火柴、汽油、酒精、度量衡等9种。1945年，“台湾行政长官公署”决定继续实施专卖制度，将“台湾总督专卖局”改为“台湾专卖局”，专卖品只限烟、酒、樟脑、火柴等4种。1946年“台湾行政长官公署”颁布新的《台湾烟草专卖规则》及《施行细则》，规定“专卖局”统一管理烟叶生产、收购，卷烟生产和销售，卷烟经营实行许可证制度。1947年，“台湾行政长官公署”将“台湾专卖局”改组为“台湾烟酒公卖局”，并直接隶属于台湾当局。1951年，通过修改组织章程，公卖局改为隶属“台湾当局财政厅”。1968年，樟脑取消专卖，改为民营，专卖品仅限于烟、酒两种。“台湾烟酒公卖局”统一管理全岛的烟叶生产、收购，卷烟生产和销售。

“公卖局”为政企合一的机构，下设4个事业群，即：烟事业群、啤酒事业群、酒类（除啤酒外）事业群和流通事业群。“公卖局”及所属企事业机构从业人员近万人，其中酒类占大多数。“公卖局”每年向“财政部”上交500亿新台币的公卖利益，其中烟业部分约150亿~200亿新台币，约占财政预算的1%。所谓公卖利益，是指公卖事业是政府垄断经营行业，对其产品的生产经营不再征税。“公卖局”对其所属企业的生产经营实行统一核算，统收统支。购买原材料款、生产经营中一切费用，从业人员工资等均列入成本。销售收入扣除成本，即公卖利益，全部上交财政。台湾卷烟厂不进行独立核算，没有法人资格，只是一个生产单位，没有原辅材料采购权和产品销售权，生产所需原辅材料由“公卖局”统一采购，再分配给工厂使用，其产品也由公卖局统一调拨，交流通事业群销售，并送货到各零售商店。卷烟厂如进行技术改造或需较大的项目投资，则由“公卖局”提出专项申请报“立法院”通过后，交“财政部”列专项开支。

【市场开放阶段】 1987年，中国台湾地区颁布“台湾烟酒公卖局办理外国卷烟、葡萄酒、啤酒进口申请作业一般规定”。“规定”指出，进口卷烟由外国烟草公司在台的代理商经营，但岛产卷烟仍由公卖局负责和管理；进口卷烟须缴纳公卖利益，公卖利益按照每包16.6新台币的标准从量征收，由“公卖局”负责收取。台湾地区由此形成两大进口卷烟的经销商，即经营英美烟草公司卷烟的弘通公司和经营日本烟草公司卷烟的杰太公司；此外，还有其他公司的代理商。

【取消专卖制度】 在贸易自由化的背景下，中国台湾地区开始考虑开放烟酒产业，废除烟酒专卖。2000年，颁布“台湾烟酒管理法”和“烟酒税法”，并于2002年1月1日起实行。标志着在台湾地区实行近百年的专卖制度的废止，台湾烟酒公卖制度取消，公卖利益回归税制。

二、2014年卷烟市场概况

【卷烟销售】 2014年，在控烟和调税的双重压力下，台湾地区卷烟市场实现销量361.11亿支（70.22万箱），同比增长4%，其中低焦油卷烟销量增长最快，增幅达5%。卷烟销量的增长主要来自于未成年人和女性吸烟者数量的增长。而越来越多的消费者认为低焦油的卷烟更有利于健康，这也促进低焦油卷烟销量增长。2014年，台湾地区卷烟市场实现卷烟销售额1350亿新台币，同比增长6%。

6月起，台湾地区实施新的卷烟健康警示包装，卷烟经销商为了减少旧包装卷烟的库存，也相应减少新包装的购货量，岛内上半年整体市场销量低于上年同期水平。规定实施以后，销量状况恢复平稳。为了积极吸引因涨价而转移的消费者，各烟草公司极力开拓低价卷烟市场，并通过新品密集化、产品多元化、营销重点化获得市场占有率。

表1　2009—2014年中国台湾地区卷烟市场实现销量情况（按焦油量）

（单位：亿支）

	2009年	2010年	2011年	2012年	2013年	2014年
高焦油量	2.02	—	—	—	—	—
中焦油量	239.46	234.47	229.80	230.89	236.66	244.30
低焦油量	59.48	28.41	57.41	56.49	58.47	61.36
超低焦油量	52.28	52.54	52.02	51.55	53.09	55.45
合　计	353.23	345.64	339.17	338.93	348.26	361.11

表2　2009—2014年中国台湾地区卷烟市场实现销售额情况（按焦油量）

（单位：亿新台币）

	2009年	2010年	2011年	2012年	2013年	2014年
高焦油量	4.8	—	—	—	—	—
中焦油量	683.76	752.14	789.75	830.02	863.22	908.53
低焦油量	169.99	185.29	196.42	207.58	217.58	231.21
超低焦油量	150.19	166.71	178.05	199.08	199.08	210.54
合　计	1008.75	1104.15	1164.21	1227.45	1279.88	1350.28

表3　2009—2014年中国台湾地区卷烟市场销量占比情况（按细支类别）

（单位:%）

	2009年	2010年	2011年	2012年	2013年	2014年
细　支	3.9	3.9	3.9	3.9	4.0	4.0
超细支	1.3	1.5	1.6	1.6	1.7	1.7
微细支	—	—	—	—	—	—
常　规	94.8	94.6	94.5	94.4	94.4	94.3
合　计	100	100	100	100	100	100

表 4 2009—2014 年中国台湾地区卷烟生产和进出口情况

（单位：亿支）

	2009 年	2010 年	2011 年	2012 年	2013 年	2014 年
卷烟产量	186.86	186.99	207.05	219.67	220.39	215.71
卷烟进口量	186.42	184.70	166.19	153.47	164.19	178.05
卷烟出口量	11.83	11.19	19.19	18.65	17.32	26.66

【卷烟价格】 2014 年，台湾地区市场的品牌结构主要有三类：低档烟、中档烟、高档烟。低档烟是指每包零售价在 70 新台币以下的卷烟，主要品牌有“威斯（West）”“新乐园（New Paradise）”。中档烟是指每包零售价在 70～90 新台币之间的卷烟，主要品牌有“尊爵（GENTLE）”“长寿（Long Life）”。高档烟是指每包零售价在 90 新台币以上的卷烟，主要品牌有“万宝路（Marlboro）”“柔和七星（Mevius）”“登喜路（Dunhill）”“大卫·杜夫（Davidoff）”“百乐门（Parliament）”。

表 5 2009—2014 年中国台湾地区卷烟市场份额情况（按卷烟价位）

（单位:%）

	2009 年	2010 年	2011 年	2012 年	2013 年	2014 年
高档烟	13.8	14.0	14.2	14.8	14.5	15.4
中档烟	50.6	52.0	52.6	52.1	48.7	48.8
低档烟	35.6	34.0	33.2	33.0	36.8	35.8
合　计	100	100	100	100	100	100

【主要烟草公司】 2014 年，日本烟草（中国台湾）、台湾烟酒股份有限公司、帝国烟草、英美烟草（中国台湾）、菲莫国际（台湾）等五大烟草公司占据台湾地区 97% 的市场份额，市场主导类型为混合型，且受法令影响，卷烟焦油量逐渐向中、低发展。

台湾烟酒股份有限公司是台湾地区前五大烟草公司中唯一的一家本土公司。2014 年，其市场份额初现近年来最大幅度的下滑，这主要是因为来自跨国烟草公司产品的竞争。为此，公司着力开发中档烟，如“长寿（Long Life）”和“尊爵（GENTLE）”。

2014 年，英美烟草（中国台湾）在台湾市场份额的增幅最大。全年推出“好彩（Lucky Strike）”系列卷烟的紫色和黄色包装，并与蓝莓与柠檬味道的爆珠卷烟搭配。和以前的产品相比，新产品的味道更加自然，吸引更多的消费者。公司还推出细支烟“登喜路（Nanocu）”，此款烟有强烈的薄荷味，其焦油量仅为 0.8 毫克/支。公司旗下其他品牌如“波迈（Pall Mall）”也发布不同焦油量的产品。

随着岛内消费者对中等焦油量的卷烟和炭过滤卷烟的青睐，生产商开发越来越多针对女性消费者的产品。2014 年，日本烟草（中国台湾）推出“柔和七星（Mevius）”细支淡味的蓝莓香型，这款新品为专门为女性消费者设计的。公司还宣布将在台湾设立生产厂，主要生产“柔和七星（Mevius）”，此举将降低成本，销量和销售额将会同时增长。

表 6 2010—2014 年各烟草公司在中国台湾地区卷烟市场份额情况

（单位:%）

	2010 年	2011 年	2012 年	2013 年	2014 年
日本烟草（中国台湾）	38.2	38.2	37.7	37.7	37.4
中国台湾烟草	31.3	30.5	30.0	29.9	28.2
帝国烟草	11.0	11.3	11.3	11.1	11.1
英美烟草（中国台湾）	7.6	7.9	8.1	8.1	8.5
菲莫烟草（中国台湾）	6.2	6.3	6.5	6.5	6.5
其他	5.8	5.8	6.4	6.8	8.3
合计	100	100	100	100	100

台湾烟酒股份有限公司。2002 年 1 月 1 日，随着“台湾烟酒管理法”和“烟酒税法”的实施，烟酒专卖制度在台湾被废止，烟酒回归税制。同年 4 月 25 日，“立法会”批准通过“台湾烟酒股份有限公司条例”，并于 5 月 15 日对外公布；7 月 1 日，“台湾烟酒公卖局”正式更名改制为台湾烟酒股份有限公司。2003 年 1 月 11 日，台湾烟酒股份有限公司的股票开始在台湾股票交易所交易。

公司设有流通事业部、酒事业部、啤酒事业部、烟事业部、生技事业部、国际业务处、企划处、财务处、资讯处、法务处、行政处、安全卫生处、会计处、人力资源处、政风处、资产经营管理处、市场调查研究处等，其中烟事业部下辖台北烟厂、内浦烟厂、丰源卷烟研发制造工厂和林口印刷厂。

发展战略。公司的短期规划是强化访销功能、培养具有潜力的渠道，提升对经销商、传统渠道的检查、协销、商品推广、客情建立及市场信息搜集等重要措施的执行效率。针对传统店、超市等具发展潜力的销售渠道，持续投入资源经营。公司策略性地发展新产品并分众经营市场。定期更新包装，维持品牌创形象并提升竞争力，通过品牌家族延伸产品线，扩大品牌的广度及深度。营销资源整合利用，通过多元化营销手法建立品牌认同度。

卷烟生产经营。2014 年，公司的卷烟品牌主要有“长寿（Long Life）”“尊爵（GENTLE）”“新乐园（New Paradise）”“宝岛”“王牌”和“La Rose”等6个品牌，其中“尊爵（GENTLE）”市场份额为14.4%，“长寿（Long Life）”为11%，“新乐园（New Paradise）”和其他品牌为3.5%。

2014 年，公司生产卷烟162.64亿支（32.47万箱），销售卷烟172.91亿支（34.58万箱），其中岛内销售160.85亿支（32.17万箱），实现销售收入408.82亿新台币；岛外销售12.11亿支（2.42万箱），实现销售收入9.08亿新台币。

技术创新。2014 年，公司为掌握市场需求和动向，建立岛产和进口烟叶分析资料库。研究选用具有特色的原料烟叶、香料，以发展差异化并符合消费者需求的新产品。全年公司新开发“尊爵（G5）”“宝岛（5号）”“长寿（白长细支）（2mg）”“长寿（白长细支）（5mg）”等4款产品，根据祖国大陆市场口味需求，开发个性化的产品“梅花王（红硬盒）”“梅花王（蓝硬）”。

原辅料供应。2014 年，岛产烟叶、自制膨胀烟丝等分别由丰源卷烟研发制造工厂和内埔烟厂生产供应。铜版卡纸、BOPP膜、醋酸纤维丝束以及卷烟纸、滤嘴由公司负责统一采购。桃源印刷厂负责生产烟盒、烟标等包装材料供各厂生产使用。

台北烟厂。前身为成立于1912年5月的台湾总督府专卖局台北烟草工场，最初专门生产烟丝；1921 年，改为生产卷烟和雪茄；次年，更名为台湾专卖局台北烟草工厂；1947 年，随着“台湾烟草烟酒公卖局”的成立，更名为台湾烟草烟酒公卖局台北烟厂；1961 年，烟厂开始迁往新店市现址，1967年完成搬迁；1988年7月，台北烟厂与松山烟厂合并，产能大幅增加，年卷烟生产能力超过450亿支（90万箱）；2000年7月1日，更改为台湾烟酒股份有限公司台北烟厂。台北烟厂主要业务为卷烟、滤棒生产，1987年全面自动化控制后，产能大量提升。2014 年，投入14.60万新台币用于硬盒包装机更新，截至2014年底完成投资660万新台币。

内埔烟厂。成立于1986年，位于屏东内浦工业区，占地约19万平方米，包括理切、卷包工场、桶烟仓库、桶材仓库、福利大楼等，其中主要厂房面积约9.7万平方米。烟厂主要业务有卷烟生产、原料加工、膨胀烟丝，以及辅导烟农种烟和核发许可证等。2013年12月，工厂投资1.46亿新台币用于硬盒包装机更换。

丰源卷烟研发制造工厂。前身为成立于1950年12月的丰原烟工场，1964年12月成为直属“公卖局”的丰原烟厂。1966 年，丰原烟厂迁址于丰原市中山路一号现址，1968年新厂全部迁入，并陆续增添新设备、更新机器，扩建厂房仓库，正式成为一座较具规模的现代化工厂。2014 年，投入14万新台币用于包装机更新，截至年底实际完成投资13.5万新台币。

【卷烟品牌】 2014 年，台湾地区卷烟市场主要品牌包括：日本烟草（中国台湾）旗下的“柔和七星（Mevius）”“沙龙（Salem）”“MI－NE”，台湾烟酒股份有限公司旗下的“长寿（Long Life）”“尊爵（GENTLE）”“宝岛”“王牌”“La Rose”，帝国烟草旗下的“大卫·杜夫（Davidoff）”“威斯（West）”“BOSS”，英美烟草（中国台湾）旗下的“波迈（Pall Mall）”“登喜路（Dunhill）”“555”，菲莫国际（中国台湾）旗下的“百乐门（Parliament）”“蓝星（L&M）”“万宝路（Marlboro）”“维珍妮（Virginia Slims）”。

表7　2014年中国台湾地区卷烟销量前十名的品牌份额情况

（单位:%）

品　牌	公　司	2011年	2012年	2013年	2014年
柔和七星（Orginal Blue）	日本烟草（中国香港）	18.6	18.9	18.9	18.8
柔和七星（Sky Blue）	日本烟草（中国香港）	6.7	6.7	6.7	6.6
柔和七星（Wind Blue）	日本烟草（中国香港）	5.6	5.3	5.3	5.2
长寿（White Mild）	中国台湾烟草	5.3	5.1	5.1	4.8
长寿（Yellow Mild）	中国台湾烟草	5.2	5.1	5.0	4.7
尊爵（7mm）	中国台湾烟草	5.1	4.4	4.3	4.0
大卫·杜夫（Lights）	帝国烟草	2.9	3.3	3.2	3.3
尊爵（6mm）	中国台湾烟草	3.0	2.9	2.9	2.7
尊爵（1mm）	中国台湾烟草	2.1	2.8	2.7	2.5
大卫·杜夫（Classic）	帝国烟草	2.5	2.1	2.1	1.9

【卷烟流通渠道】 2014 年，便利店仍然是台湾地区最重要的卷烟销售渠道，销量占总销量的54%。大型超市的

卷烟销量占总销量的18%。由于便利店成为了购买卷烟的主要渠道，各生产商大力扩展销售渠道，如街边摊和食杂店，并通过各种不同焦油量和包装的产品来扩大展示货柜。

在台湾地区，通过互联网、自动售卖机贩卖卷烟以及任何非店面形式的卷烟销售行为是违法并被禁止的，主要是因为无法确认购买者是否为18岁以上成年人。

【税收政策】 台湾地区对卷烟制品征收高额税收。各种税费征收情况如下：对于WTO成员国，进口卷烟关税按到岸价的27%征收；非成员国则是按照50%的税率征收；对于雪茄烟等其他烟草制品按照20%的税率征收。卷烟税按每件（万支）5900新台币征收（含本地产卷烟），雪茄烟及其他烟草制品按照每千克590新台币征收。营业税按完税价格的5%征收（含本地产卷烟）。健康捐按每件（万支）10000新台币征收（含本地产卷烟）。根据2014年修订的“烟草有害防止法案”和“烟酒税收法案”，从2015年开始，健康捐按每件（万支）20000新台币征收（含本地产卷烟）。

表8 2009—2014年中国台湾地区卷烟市场卷烟税收情况

	2009年	2010年	2011年	2012年	2013年	2014年
从价消费税（%）	0.0	0.0	0.0	0.0	0.0	0.0
增值税/销售税（%）	5.0	5.0	5.0	5.0	5.0	5.0
烟酒税（新台币/千支）	590	590	590	590	590	590
健康福利捐（新台币/千支）	500.0	500.0	1000.0	1000.0	1000.0	1000.0
关税（WTO成员）(%)	27.0	27.0	27.0	27.0	27.0	27.0
关税（非WTO成员）(%)	50.0	50.0	50.0	50.0	50.0	50.0

【非法卷烟贸易】 2014年，中国台湾地区的非法卷烟持续对烟草公司产生负面影响。90%的非法卷烟都是来自于菲律宾和祖国大陆，生产这些卷烟的公司都在韩国、印度等国家以及东南亚、欧洲地区注册成立。非法卷烟的销售途径主要是小型食杂店、书报亭以及街头货廊等，购买者主要是低收入人群。根据台湾地区有关部门的统计，2014年当局查获了176亿支非法卷烟，同比下降13%。

表9 2009—2014年中国台湾地区卷烟市场非法卷烟情况

（单位：亿支）

	2009年	2010年	2011年	2012年	2013年	2014年
合法销售的卷烟	353.23	345.61	339.17	338.93	348.23	361.11
非法销售的卷烟	50.09	51.40	52.94	54.88	56.69	58.68
总销量（含非法贸易）	403.33	397.01	392.11	393.81	404.92	419.78
非法卷烟占总销量比重（%）	12.4	12.9	13.5	13.9	14.0	14.0

（编辑：王东旭）

资料来源：

1. 中国烟草国际有限公司的市场调研报告；
2. 欧睿信息咨询有限公司（Euromonitor International）的市场调研报告；
3. 香港统计局网站（www.censtatd.gov.hk）；
4. 澳门特别行政区政府统计暨普查局网站（www.dsec.gov.mo）；
5. 台湾烟酒股份有限公司网站（www.ttl.com.tw）；
6. 上海实业（集团）有限公司网站（www.siic.com）。

国际烟草

2014年世界烟草发展状况

2014年，世界经济缓慢复苏，控烟政策日益严格，发达国家卷烟销量下降，部分发展中国家卷烟销量有所增加，全球总量略有下降。面对需求减弱、控制增强的外部环境，各大烟草公司压缩过剩产能、推出新型产品，大力开拓潜力市场。

一、国际烟草控制新动态

2014年，世界控烟运动不断推进，烟草控制法律法规日趋严格，在全球范围内引发一系列法律争议和诉讼。

【《烟草控制框架公约》第六届缔约方会议】 截至2014年底，《烟草控制框架公约》（简称《公约》）共有180个缔约方，覆盖全球80%以上人口。《公约》缔约方会议是《公约》的管理机构，主要负责审议并推动履约进程，自第三届后每两年举办一次。

2014年10月13日至18日，《公约》第六届缔约方会议在莫斯科召开，137个缔约方、6个非缔约方、有关国际组织和非政府组织参会。此次缔约方会议的主要议题及进展是：呼吁各缔约方尽快签署《消除烟草制品非法贸易议定书》；审议税收和价格措施指南；讨论电子烟监管措施，促请各缔约方考虑禁止或管制电子烟；审议烟草种植替代和环境保护政策的选择和建议，决定应根据各缔约方国情采取有效措施；讨论烟草业责任报告，决定继续开展研究工作并在下一届大会前提交报告；关于烟草业干预烟草控制问题，敦促各缔约方加强实施有关规定并作定期报告；关于烟草成分管制和信息披露情况，肯定中国烟草质量监督检验在方法认证中做出的技术贡献；关于与《公约》有关的贸易和投资问题。此外，会议还讨论了建立履约报告审查机制、修订缔约方会议议事规则等内容。

【《欧盟烟草制品管制指令》修订】　《欧盟烟草制品管制指令》（简称《指令》）是欧盟烟草控制的主要法律法规，2001年开始生效。2013年初，欧盟着手修订《指令》，旨在应对近年来烟草使用和烟草产业发生的新变化，提高欧盟内部市场效率。修订后的新《指令》于2014年5月正式生效，各成员国将于两年内完成与实施新《指令》有关的法律程序。修订的重点内容是：在图片和文字健康警语方面，规定必须使用图片且要占据卷烟包装正反两面面积的65%以上，包装侧面的有害成分含量披露将被文字警语代替；在盒包装方面，规定必须采用立方体形状，禁止“口红”等异形包装，每盒卷烟不得少于20支，以保证图片和文字警语有足够的面积和清晰度；在烟草制品成分方面，规定任何能够赋予烟草制品以“烟草味”以外味道的添加剂均不得使用，薄荷烟将在4年时间内逐步退出市场；在电子烟监管方面，规定烟油浓度、含量上限，要求包装印制健康警语，新产品上市必须报备，对烟草制品跨境宣传促销活动的限制适用于电子烟产品；在打击非法贸易方面，建立欧盟内部产品跟踪追溯系统。

新《指令》实施引发系列法律纠纷。2014年6月27日，菲莫国际宣布就新《指令》的合法性向欧盟最高法院提起诉讼，主要理由是新《指令》违反《欧盟条约》，破坏成员国之间的贸易平衡，不能提高内部市场有效性，且侵犯知识产权。2014年11月，诉讼得到受理，法庭将从法律资质、基本权利、授权行为等3个方面审查新《指令》的合法性，预计将于2年内做出判决。

【税收等其他控烟措施】　近年来，全球多个国家和地区实施更为严厉的税收和价格政策。2012年以来，俄罗斯连续3次提高卷烟消费税，以配合部分公共场所禁烟等措施，2014年其国内销量下降近10%，这成为全球卷烟销量下降的主要因素之一。第六届缔约方会议后，俄罗斯表示支持将卷烟消费税提高到70%的主张。日本在2014年4月提高消费税之后，卷烟销量的降幅从1—6月的2.8%上升至全年的3.4%，日本烟草公司在国内的市场占有率一度跌至59%，低于年度平均值1.3个百分点。英国、法国、意大利、西班牙、土耳其等国家近两年来都经历2次以上消费税上调。

英国政府正在推行烟草制品素包装立法。政府先后两次向社会各界征求意见，各大烟草公司在两轮征求意见中均表示反对，主要依据为：调查数据显示，自澳大利亚实施烟草制品素包装以来，卷烟销量、吸烟率出现5年来的首次上升，非法贸易比重显著提高，足以证明素包装是失败的。但是反对意见并没有阻止英国政府推行素包装。

二、传统烟草制品供求新变化

【消费需求】　*卷烟消费总量略减，非卷烟类烟草制品有所增加。*2014年，世界卷烟销量（含中国）近12000万箱，同比下降约2%。预计未来一段时间内，发达国家的卷烟销量约以3%～6%的速度逐年递减，部分发展中国家卷烟销量有所增加，全球总量以1%～2%的速度稳步下降。近年来，受到全球金融危机、卷烟加税提价等因素影响，部分发达国家销量加速下降，近期下降速度趋缓。

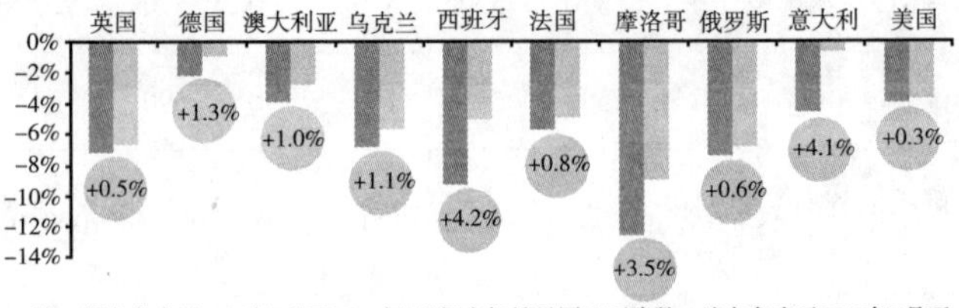

注：深色条表示2013年2月至2014年2月间市场销量同比下降数；浅色条表示2013年8月至2014年8月间市场销量同比下降数；气泡中数据表示市场销量下降速度的变化情况。

图1　部分市场卷烟销量下降速度变化

表1　2014年世界部分国家和地区合法卷烟销量

国家或地区	销量（万箱）	同比（%）
欧　盟	935	－3.1
印　尼	628	1.9
俄罗斯	621	－9.2
美　国	493	－3.3
日　本	372	－3.4

续表

国家或地区	销量（万箱）	同比（%）
北 非	284	2.2
土耳其	188	2.4
韩 国	180	-1.2
菲律宾	165	-4.6
乌克兰	147	-2.5
阿根廷	84	-2.2
墨西哥	67	-3.2
加拿大	55	-5.5

注：数据来源菲莫国际公司和奥驰亚集团的2014年快报

同时，细切烟丝、斗烟、雪茄烟、口含烟、鼻烟等非卷烟类烟草制品销量逐年递增。2014年，奥驰亚集团在美国境内销售无烟气烟草制品7.9亿单位，同比增长0.7%，销售雪茄烟13亿支，同比增长6.1%。欧洲非卷烟类烟草制品销量继续增长，但增幅有所趋缓。

菲莫国际全年非卷烟类烟草制品销量同比增长3.4%，主要是细切烟丝在比利时、捷克、匈牙利、波兰等国家销量增长较快，市场占有率提高。印度是全球最大的非卷烟类烟草制品消费市场，约占非卷烟类烟草制品消费总量的84%，主要原因是印度政府对卷烟征收高额歧视性税收，导致合法卷烟与其他烟草制品价差较大，非卷烟类烟草制品销量占比仍有不断提高的趋势。

欧盟等地市场接近饱和，美国等地市场潜力较大。以1包20支装万宝路卷烟的市场售价排序，欧盟、加拿大、澳大利亚售价位居前列。2014年，1/5的欧盟成员国卷烟提价超过10%，1/2的欧盟成员国卷烟提价超过5%。相对于较高的卷烟价格，欧盟经济状况却不容乐观，28个成员国中有21个失业率上升。在到卷烟消费方面的反映是：为数不少的消费者转向廉价的细切烟丝、口含烟等产品；合法代购量上升，即由低价地区代购到高价地区的卷烟销量上升12%，经合法生产并在本国合法消费的总量同比下降7.5%。

同样以1包20支装万宝路卷烟的市场价格排序，美国在各国家和地区市场中排在第二梯次，卷烟价格相对于居民收入仍有较大的增长潜力。2014年，美国市场卷烟销量约为500万箱，大致以每年3%～4%的速度下降，市场集中度较高、监管稳定，被跨国烟草公司认为是除中国外最有价值的市场。此外，印度、中东、东南亚等地卷烟价格相对于本地大米价格有所下降，且部分国家卷烟销量仍有小幅增加，总体来讲具有一定增长潜力。

烟草制品非法贸易量依然较大。2014年，全球烟草制品非法贸易占比超过10%，打击非法贸易是近年来关注的重点问题。毕马威会计师事务所的一份报告显示，2013年欧盟地区消费非法烟草制品117万箱，占消费总量的10.5%，同比减少14.2万箱，下降0.6个百分点，是2007年以来的首次下降。英国、意大利下降较为明显，其他国家基本保持稳定。非法贸易的减少是欧盟地区烟草销量降幅收窄的主要原因之一。

澳大利亚非法贸易有所增加，2013年澳大利亚市场消费177亿千克烟草制品，其中非法烟草制品24.5亿千克，占消费总量的13.9%，同比增加2.1个百分点。

【产品供给】 提高市场占有率。四大跨国烟草公司（菲莫国际、英美烟草、日本烟草、帝国烟草）所占国际市场份额超过70%，2014年仍有小幅增长。部分区域性大型烟草公司市场占有率不断提高，如美国市场前三大烟草公司菲莫美国、雷诺美国、罗瑞拉德，分别占据美国市场卷烟销量的52%、26%、15%，2014年均有小幅提高。同时，区域性烟草公司也在不断加大国际市场拓展力度，如韩国烟草人参公社产品销往50余个国家和地区，国际业务比重不断扩大，埃及东方烟草公司大力拓展非洲业务等。

压缩过剩产能。为适应市场需求变化，几大跨国烟草公司纷纷调整生产布局，将过剩产能从发达国家向发展中国家转移，尤以欧洲地区生产厂关停并转为主，以降低经营成本、提高盈利水平。

表2 各大跨国烟草公司压缩过剩产能的举措

公 司	关闭对象	影 响
菲莫国际	荷兰生产点	导致1200余人失业
	澳大利亚生产点	产能转移至韩国；导致500余人失业
日本烟草	北爱尔兰生产点	受到工会反对而未能实现，但业务量大减
	比利时生产点	预计产能向波兰、罗马尼亚转移

续表

公　司	关闭对象	影　响
帝国烟草	英国诺丁汉生产点	
	法国南特生产点	
	英国分销机构	使用专业分销机构

争夺美国市场。2014 年，美国第二大烟草公司雷诺美国对第三大烟草公司、最大的薄荷烟公司罗瑞拉德发起收购，交易额约为 270 亿美元。为扩大美国市场业务，帝国烟草也加入此次收购。除品牌权属关系变动外，帝国烟草还将获得雷诺美国的部分销售业务，将业务范围从原有的 19 个州扩大到美国全境，优化全球战略布局。此外，英美烟草将向雷诺美国注资 47 亿美元，以保证在此次并购重组之后仍占有雷诺美国 42% 的股份。

表 3　美国市场并购重组前后品牌权属关系

品牌名称	品牌描述	原归属	新归属
新港（Newport）	美国最大的薄荷叶品牌销量第二的卷烟品牌	罗瑞拉德	雷诺美国
云丝顿（Winston）	重点品牌	罗瑞拉德	帝国烟草
鹰牌（Maverick）	重点品牌	罗瑞拉德	帝国烟草
Blu	美国最大的电子烟品牌	罗瑞拉德	帝国烟草

拓展新兴市场。加大新兴市场的拓展力度是各大跨国烟草公司寻求新增长点的共同关注。2014 年，菲莫国际重组埃及业务模式，旨在提高公司在中东和北非市场的盈利能力和增长能力。重组计划包括与原有合作生产厂商重新订立合作协议，与原有分销商重新订立分销协议，并正式组建埃及分公司；拟与马其顿龙头烟草企业 Tutunski Kombinat Prilep（TKP）建立战略伙伴关系，通过成立合资公司拓展马其顿市场。英美烟草与菲律宾国有烟草公司 Mighty 就分销进行合作，Mighty 公司是菲律宾仅次于菲莫福川烟草公司的第二大烟草公司。日本烟草对马拉维烟草加工生产线进行了技术改造。

【原料供应】　2014 年国际烟叶市场的总体情况是：总体供过于求，价格持续低迷，销量有所增长。受到烟草消费品需求减少的影响，烟叶需求降低，而部分烟叶主产区丰产，导致烟叶总体供过于求，价格低迷。2014 年，美国首个开拍的烤烟拍卖场成交约 12.5 万磅，仅占拍卖总量的 60%，均价为 1.1 美元/磅（约 2.42 美元/千克），最高价格为 1.5 美元/磅。2014 年津巴布韦烟草的产量达到 2.16 亿千克，同比增长 31%，实现销量 1.29 亿千克，同比下降 12.3%，均价 5.72 美元/千克，同比略有提高，但拍卖场价格最低跌至 3 美元/千克以下，出口实现收入 7.36 亿美元，同比下降 11.3%。马拉维 2014 年烤烟产量创五年新高，销量较过去五年的平均销量约增长 180%，售出各类烟叶 1.88 亿千克，同比增长 14.11%，均价 1.9 美元/千克，同比下降 13.2%。各烟叶主产地正通过缩减烟叶种植面积等措施应对供过于求、价格低迷的困境。

2014 年烟叶采购方式的主要变化为：直采比重增加，但美国烟叶直采比重下降。直采主要是指烟草公司事先与烟叶种植者签订采购协议，整株购买烟叶，并自行承担烟叶质量风险的采购方式。通过跨国烟叶公司或者拍卖场进行的烟叶采购为间接采购。为加强对原料供应的控制，烟草公司直接向种植者采购的比例不断上升，但是烟叶公司在全球范围内有更强的资源配置优势，其地位和作用不可或缺。2014 年，菲莫国际改变在美国的烟叶采购模式，不再直接与种植者签约，完全通过烟叶公司进行采购。

表 4　全球烟叶产量（百万千克）

烤　烟	2011 年	2012 年	2013 年	2014 年*	2015 年*
中北美洲及加勒比地区（含美国）	196	233	227	270	252
南美（含巴西）	818	697	701	713	653
欧洲及独联体	145	132	125	134	127
非洲及中东	380	327	366	464	449
亚洲及太平洋地区（不含中国）	593	578	593	627	598
总计	2132	1967	2012	2208	2079
白肋烟	2011	2012	2013	2014*	2015*
中北美洲及加勒比地区（含美国）	102	110	109	122	109

续表

烤 烟	2011 年	2012 年	2013 年	2014 年*	2015 年*
南美（含巴西）	169	137	142	156	125
欧洲及独联体	46	44	44	45	43
非洲及中东	323	147	244	271	274
亚洲及太平洋地区（不含中国）	96	81	105	130	121
总计	736	519	644	724	672
香料烟	2011	2012	2013	2014*	2015*
总计	254	210	209	241	212

注：环球烟叶公司 2014 年 11 月 6 日发布；* 表示预测值

三、新型烟草制品供求新进展

电子烟、低温卷烟是新型烟草制品的主要代表。新型烟草制品起步较晚，其特点是销量基数不大但增长较快，厂商数量多但集中度不高，监管不完善等。各大烟草公司加大产品研发力度，不断推陈出新，大力开发潜在市场。

【消费需求】 据统计，电子烟市场规模大概是传统烟草制品的 1% ~2%，主要消费群体是有戒烟需求及有猎奇心理的消费者，主要消费地区是美国和欧洲，主要产地是中国珠三角地区。

美国市场上份额居前三位的电子烟品牌分别为“Blu”“Njoy”“Logic”，三者市场占有率在 80% 以上。欧洲各国情况各异。意大利最先引入电子烟，对新型烟草制品的接受度较高，也成为菲莫国际新近研发的潜在减害烟草制品的首批发售地及生产地。英国、法国、德国、荷兰等国销售形势较好，西班牙经历暴增之后转向低迷。由于公众对电子烟危害的认识模糊，各国对电子烟定性不明确、监管制度不完善，电子烟市场起伏大，表现为以下两点：一是品牌、口味繁多，更新速度快。2014 年 1 月，美国的一项网络调查显示，在互联网上可检索的电子烟品牌超过 460 个，口味超过 7700 种，与 2012 年 8 月的调查结果相比，平均每月推出超过 10 个新品牌、240 余种新口味。老牌电子烟更强调电子烟的健康性及戒烟功效，而新品牌大多重视外形与口味，对未成年人有较大的吸引力；而电子烟品牌的消费者忠诚度要显著低于传统烟草制品。二是宣传力度大，广告投入高。由于对电子烟的定性尚无一致结论，各国监管制度普遍不够完善，对电子烟广告大多没有明确规定。各大电子烟厂商在美国、欧洲等主要消费地区，通过组织大规模宣传活动、邀请娱乐明星、设计靓丽画面广告等方式，大力推广电子烟产品。

【产品供给】 兼并收购频繁。电子烟生产环节集中度不高，且厂商数量众多，加上几大跨国烟草公司进军电子烟的步伐加快，兼并收购案件较为频发。在 2014 年雷诺美国、罗瑞拉德、帝国烟草三大公司之间的兼并重组案中，电子烟是重要内容之一。重组完成之后，原罗瑞拉德旗下的电子烟品牌“Blu”将易主帝国烟草，其在美国近 50% 的市场份额是吸引帝国烟草的主要因素。雷诺美国放弃“Blu”后，全力培育自有电子烟品牌“Vuse”。菲莫国际收购英国电子烟公司 Nicocigs，快速进入英国电子烟市场。日本烟草收购英国电子烟公司 Zandera，主要生产高质量可重复使用型电子烟，旗下品牌 E－Lites 在英国的销售形势非常好。奥驰亚集团的子公司 Nu Mark 收购绿烟公司电子烟业务及其附属公司，交易金额约为 1.3 亿美元。

诉讼案件多发。电子烟业内专利数量庞大，但实质性差异不大，容易引发侵权案件。美国最大的独立电子烟制造商 Njoy 公司起诉 Victory 电子烟侵犯其专利权和商业包装。帝国烟草公司宣布对美国三家最大的电子烟公司 Blu eCigs、Njoy 和 Logic 提起专利侵权诉讼，此前帝国烟草公司收购电子烟的发明者中国叁龙公司（原如烟集团），由此引发这宗专利权纠纷。

生产地点转移。电子烟产地高度集中于中国珠三角地区，随着公众对产品质量和安全问题的日益关注，尤其是美国电子烟监管的加强对产品质量和安全提出更高的要求，部分电子烟生产开始向美国境内转移，以保证产品符合上市条件。由于美国有较高自动化程度、管理水平，预计成本将有所降低。美国佛罗里达州白云电子烟公司表示，将其制造业务移到美国的自动化工厂将使生产更快、更精确。罗瑞拉德旗下品牌“Blu”、奥驰亚集团旗下品牌“MarkTen”等产品在中国组装，但烟油在美国生产。

此外，低温卷烟也在 2014 年有较大进展。2014 年 1 月 10 日，菲莫国际宣布将在意大利投资 5 亿美元建设首家潜在减害产品生产工厂以及一个实验工厂。项目规划生产规模达每年 300 亿支，2016 年竣工。2014 年 10 月 10 日，实验工厂正式投入使用，第一批潜在减害产品也在日本、意大利上市。

【原料供应】 电子烟的主要原料是烟油，电子烟市场的繁荣吸引各类企业投入电子烟油的生产，包括跨国烟叶公司、香精香料公司等。2014年4月，联一国际宣布与IOTO在美国成立合资公司，专门生产电子烟油。但是电子烟油的成分、功能、安全性等问题是未来电子烟油生产商面临的重要考验。

四、主要国际烟草公司新走势

经营烟草业务的国际公司主要有跨国烟草公司、区域性烟草公司、跨国烟叶公司等三大类。

（一）四大跨国烟草公司①

【菲莫国际公司（Philip Morris International Inc.）】 世界第一大跨国烟草公司，总部位于美国纽约，其全球运营中心位于瑞士洛桑，业务遍及全球180余个国家和地区，国际市场占有率约25%。截至2014年底，公司员工总数为82500人（含合同工和小时工），总资产为351.87亿美元。

表5 2014年菲莫国际在主要国家的市场占有率

国 家	销量（万箱）	份额（%）	同比（%）
波 兰	33.2	40.1	1.9
意大利	80.8	54.9	1.8
西班牙	29.8	32.1	0.9
法 国	37.2	41.0	0.8
德 国	58.8	36.6	0.4
土耳其	92.6	44.0	-1.5
日 本	91.2	25.9	-0.8
印 尼	219.4	34.9	-1.3
乌克兰	46.6	32.5	-1.0
韩 国	34.6	19.4	0
菲律宾	136.8	83.0	3.7
阿根廷	64.6	77.1	1.5
加拿大	20.6	37.6	0.4
墨西哥	47.8	71.3	2.2
俄罗斯	169.8	27.1	1.0

2014年，公司实现卷烟销量1711.91万箱（8559.54亿支），同比下降2.8%，其中欧盟市场销售370.39万箱（1851.97亿支），同比增长0.1%；东欧、中东和非洲地区销售575.8万箱（2879.23亿支），同比下降2.9%；亚洲地区销售576.3万箱（2881.28亿支），同比下降4.4%；拉美和加拿大销售189.4万箱（947.06亿支），同比下降2.7%。2014年11月，在日本、意大利上市的潜在减害产品（低温卷烟）品牌iQOS（主要依托电子载体，对烟叶进行加热而不是燃烧，这是菲莫国际公司该类型的首款产品）发展良好，日本消费者知晓率为34%，意大利为16%。

2014年，在全球销量排名前15位的烟草品牌中，菲莫国际拥有7个。其中，“万宝路（Marlboro）”在美国以外市场的销量为566万箱（2830亿支），位居全球第一位，超过第二、第三位品牌销量之和。“蓝星（L&M）”在美国以外市场的销量为188.4万箱（942亿支），同比下降0.9%，位居全球第三位。公司其他主要国际大品牌中，“百乐门（Parliament）”销量为94.4万箱（472亿支），同比增长5.6%；“邦德街（Bond Street）”销量为87.2万箱（436亿支），同比下降2.9%；“菲莫（Philip Morris）”销量为63.8万箱（319亿支），同比下降8.7%；“切斯特菲尔德（Chesterfield）”销量为84.2万箱（421亿支），同比增长22.6%；“云雀（Lark）”销量为57万箱（285亿支），同比下降1.3%。公司其他烟草制品（OTP）销量同比下降2.5%。

公司全年实现销售收入（含消费税）801.06亿美元，同比持平。缴纳消费税503.39亿美元，同比增长3.1%。利润总额117.02亿美元，同比下降13.4%。稀释后每股收益为4.76美元，同比下降9.5%；经调整后稀释后每股收益5.82美元，同比增长7.8%。

【英美烟草（British American Tobacco）】 世界第二大跨国烟草公司，总部位于英国伦敦，业务遍及全球200余个国家和地区，国际市场占有率为20%。截至2014年底，拥有57000名员工。

① 菲莫国际公司财务报表年度是1月1日到12月31日。英美烟草公司财务报表年度是1月1日到12月31日。2014年，日本烟草公司财务报表采用了2个基准，一个是对比基准（Like-for-like basis），时间跨度为2014年1月1日至12月31日，另一个是报告基准（Reported basis），时间跨度是4月1日到12月31日，其国际烟草业务的时间跨度仍为1月1日到12月1日。帝国烟草公司财务报表年度是从上年度10月1日到第二年9月30日。

表 6　2014 年英美烟草在前 39 个主要市场的占有率

国家或地区	份额（%）	同比（%）	国家或地区	份额（%）	同比（%）
阿根廷	26.7	-0.4	法　国	17.0	0.2
澳大利亚	39.7	-3.2	海合会	32.7	-2.0
孟加拉国	46.3	1.2	德　国	19.4	-0.4
比利时	32.0	0.5	印　尼	6.2	-0.2
巴　西	78.4	1.3	意大利	20.5	-0.6
加拿大	50.2	-0.9	日　本	12.3	0.5
智　力	94.8	-0.1	哈萨克斯坦	11.3	1.3
哥伦比亚	48.3	0.9	马来西亚	61.2	-0.7
捷　克	20.7	-0.1	墨西哥	38.2	2.6
丹　麦	74.8	-3.9	荷　兰	25.9	-0.4
新西兰	70.8	-1.5	瑞　典	28.5	0.3
巴基斯坦	67.2	1.4	瑞　士	40.0	-0.5
菲律宾	0.7	0.3	中国台湾	10.1	0.8
波　兰	27.0	0.2	土耳其	19.5	0.0
罗马尼亚	53.6	-0.2	英　国	8.8	0.7
俄罗斯	21.3	0.2	乌克兰	19.3	1.6
南　非	80.6	-1.4	委内瑞拉	92.4	0.0
韩　国	13.0	-0.3	越　南	30.8	-0.4
西班牙	11.1	-0.5			

注：数据来源于英美烟草公司 2014 年快报。

2014 年，公司销售卷烟 1334 万箱（6670 亿支），同比下降 1.4%，但全球驱动品牌卷烟销量增幅达到 5.8%，全球市场份额同比提高 0.9 个百分点。亚太地区销售 394 万箱（1970 亿支），同比增长 0.1%，实现销售收入 42.53 亿英镑，同比增长 1.2%（不变汇率计算）；美洲地区销售 262 万箱（1310 亿支），同比下降 2.3%，实现销售收入 35.06 亿英镑，同比增长 5.7%（不变汇率计算）；西欧地区销售 224 万箱（1120 亿支），同比下降 5.9%，实现销售收入 35.46 亿英镑，同比下降 2.4%（不变汇率计算）；东欧、中东、非洲地区销售 454 万箱（2270 亿支），同比增长 0.3%，实现销售收入 43.77 亿英镑，同比增长 6.6%（不变汇率）。公司旗下主要国际大品牌中，“登喜路（Dunhill）”销量为 110 万箱（550 亿支），同比增长 2.9%，全球市场份额同比提高 0.1 个百分点；“健牌（Kent）”销量为 128 万箱（640 亿支），同比下降 2.8%，全球市场份同比持平；“好彩（Lucky Strike）”销量为 62 万箱（310 亿支），同比增长 0.8%，全球市场份额同比提高 0.1 个百分点；“波迈（Pall Mall）”销量为 184 万箱（920 亿支），同比增长 5.6%，全球市场份额同比提高 0.3 个百分点；“乐富门（Rothmans）”销量为 72 万箱（360 亿支），同比增长 39.8%，全球市场份额同比提高 0.4 个百分点。

公司全年实现销售收入（含消费税）425.06 亿英镑，同比下降 8%（不变汇率同比增长 1.2%）。利润总额 45.46 亿英镑，同比下降 17.7%（不变汇率同比下降 7.1%）。稀释后每股收益 1.67 英镑，同比下降 18.6%（不变汇率同比增长 7.9%）。公司盈利水平下降主要受到汇率波动的负面影响。

【日本烟草公司（Japan Tobacco Inc.）】　公司于 1985 年私有化改制，总部位于日本东京，现为全球第三大跨国烟草公司，烟草业务遍及全球 120 余个国家和地区，国际市场占有率约为 17%，主要多元化业务包括食品、饮料、制药。

表 7　2014 年日本烟草在主要市场占有率

国家或地区	份额（%）	同比（%）	国家或地区	份额（%）	同比（%）
日　本	60.4	-0.1	乌克兰	22.6	-1.6
英　国	41.3	0.5	罗马尼亚	25.0	0.8
爱尔兰	55.1	1.9	意大利	19.9	-1.8
希　腊	21.9	0.6	西班牙	21.7	0.7
中国台湾	38.7	0.4	马来西亚	20.8	0.5
瑞　典	38.4	-0.6	法　国	20.8	0.8
哈萨克斯坦	36.0	-2.5	瑞　士	17.1	0.8
俄罗斯	34.9	-1.4	加拿大	15.3	0.2
奥地利	32	-0.2	比利时、荷兰、卢森堡	14.3	0.7
土耳其	29.0	2.4			

2014年，日本烟草销售烟草制品（含非卷烟类产品）1020.8万箱（5104亿支），同比下降4.4%，其中国内烟草制品实现销量224.8万箱（1124亿支），同比下降3.6%；国际烟草制品实现销量796万箱（3980亿支），同比下降4.7%，其中旗舰品牌销量524.4万箱（2622亿支），同比下降2.0%，市场占有率14.3%，同比提高0.5个百分点。公司的主要品牌中，“云丝顿（Winston）”全球实现销量259.2万箱（1296亿支），市场份额达到9.6%，同比提高0.4个百分点；“骆驼（Camel）”全球实现销量92.8万箱（464亿支），市场份额达到3.6%，同比提高0.5个百分点；“七星（Mevius）”全球实现销量35.6万箱（178亿支），市场份额达到2.4%，同比下降0.1个百分点；“乐迪（L&D）”全球实现销量89.8万箱（449亿支），市场份额达到5.9%，同比增长0.4个百分点。细切烟丝全年销量同比增长11.1%，其中旗舰品牌细切烟丝同比增长32.7%。在欧洲地区的市场占有率为18.8%，同比提高1.6个百分点，爱尔兰、英国、法国的市场占有率分别为68.3%、42.6%、2.7%。

2014年，公司烟草业务实现销售收入（含消费税）74427亿日元，同比增长11.5%。调整后利润总额6858亿日元，同比增长6.3%，其中国际烟草业务同比增长13.1%（不变汇率），国内烟草业务同比增长1.8%，主要受到2014年4月消费税提高的影响。

【帝国烟草集团（Imperial Tobacco Group，PLC）】 公司成立于1901年，总部位于英国布里斯托尔，现为全球第四大跨国烟草公司，业务遍及全球160余个国家和地区，国际市场占有率为9%。除烟草主营业务外，子公司Fontem Ventures经营电子烟、饮料业务，子公司Logista经营欧洲地区烟草物流业务。

公司将旗下品牌划分为成长型和专业型，成长型品牌是指广泛销售的主力卷烟品牌，包括“大卫·杜夫（Davidoff）”“金高卢（Gauloises Blondes）”“威斯（West）”等10个品牌，占卷烟总销量的45%、烟草制品总销售收入的42%；专业型品牌是指针对部分消费群体的多样化烟草制品品牌，含卷烟、细切烟丝、雪茄、无烟气烟草制品等，占烟草制品总销售收入的12%。公司将目标市场划分为回报型、成长型，回报型市场是指帝国烟草公司所占份额超过15%、有稳定回报的市场，主要包括英、法、德、西班牙、澳大利亚等10个国家，占烟草制品销售收入的68%；成长型市场是指帝国烟草公司所占份额低于15%、有增长潜力的市场，主要包括美国、土耳其、俄罗斯、意大利、希腊等10个国家和地区，占烟草制品销售收入的32%。

2014年，公司全年烟草制品实现销量588.8万箱（2944亿支），同比下降7%。成长型品牌销量262万箱（1310亿支），同比增长7%；专业型品牌销售收入（不含税）8.11亿英镑，同比增长2%。成长型市场销售收入同比增长7%，市场占有率5.8%，同比提高0.1个百分点；回报型市场销量下降3%，市场占有率26.7%，同比下降0.5个百分点，销量下降主要受到英国、摩洛哥市场销量锐减的影响。2014年整体经营环境较为紧张，主要原因是销量下降、非法贸易居高、东欧和中东市场动荡。公司实施业务转型计划，加强供应链管理、优化了股权结构，但也一定程度影响了销量、销售收入、利润。

公司全年实现含税销售收入266.25亿英镑，同比下降5.8%。不含税销售收入136.97亿英镑，同比下降6.1%。税前利润15.2亿英镑，同比增长24.7%。稀释后每股收益1.48英镑，同比增长60.9%。

表8 2014年四大跨国烟草公司烟草业务比较

公 司	销 量（万箱）*	含税销售收入（亿美元）	税收总额（亿美元）	利润总额（亿美元）
菲莫国际	1779.5	801.0	503.4	117.0
英美烟草	1388.0	660.1	443.1	70.6
日本烟草	1020.8	625.8	424.0	53.3
帝国烟草	588.8	405.3	196.8	31.4

注：数据来源于2014年四大跨国烟草公司财务报告。*含能够折算为卷烟的烟草制品。

表9 各大国际卷烟品牌全球销量（万箱）

品 牌	所属公司	2011年	2012年	2013年	2014年
万宝路（Marlboro）	菲莫国际、奥驰亚	835	836	805	782
云丝顿（Winston）	日本烟草、雷诺美国	261	279	281	260
波迈（Pall Mall）	英美烟草、雷诺美国	205	210	217	225
蓝星（L&M）	菲莫国际	180	187	190	188
七星（Mevius）	日本烟草	161	172	158	160

续表

品 牌	所属公司	2011 年	2012 年	2013 年	2014 年
健牌（Kent）	英美烟草	125	134	130	128
骆驼（Camel）	日本烟草、雷诺美国	123	124	122	135

注：数据来源于各烟草公司年报。

（二）区域烟草公司

【奥驰亚集团（Altria Group）】 奥驰亚集团前身为菲莫公司，经重组后经营美国国内烟草业务以及多元化业务，现为美国国内第一大烟草公司。2014 年，集团销售卷烟 250.8 万箱（1254 亿支），同比减少 3%；销售雪茄烟 12.71 亿支，同比增长 6.1%，雪茄烟市场份额 29%，同比下降 0.1 个百分点。有烟气烟草制品实现销售收入（含税）219.4 亿美元，同比增长 0.3%，不含税销售收入 155.2 亿美元，同比增长 2%。无烟气烟草制品实现销量 7933 亿盒，同比增长 0.7%，实现销售收入 16.71 亿美元（不含消费税），同比增长 1.4%，市场份额 55.2%，同比提高 0.2 个百分点。

2014 年，集团的卷烟市场份额为 50.9%，同比提高 0.2 个百分点，其中销售“万宝路”216 万箱（1080.23 亿支），同比下降 3%，市场占有率 43.8%，同比提高 0.1 个百分点。

【雷诺美国公司（Reynolds American Inc.）】 美国第二大烟草公司，下属下属 R. J. 雷诺烟草公司、美国鼻烟公司、圣塔菲天然烟草公司、尼可维姆尼古丁替代品公司和雷诺电子烟公司等 5 个主要子公司。R. J. 雷诺烟草公司经营卷烟业务，旗下品牌包括“骆驼（Camel）”“波迈（Pall Mall）”“云丝顿（Winston）”等；美国鼻烟公司是美国第二大无烟气烟草制品公司；圣塔菲天然烟草公司经营无添加剂的天然烟草制品，包括有机烟草制品；尼可维姆尼古丁替代品公司在美国、瑞典经营尼古丁替代治疗产品；雷诺电子烟公司，旗下品牌是“Vuse”。

2014 年，R. J. 雷诺烟草公司销售卷烟 122 万箱（610 亿支），同比下降 5%，在美国市场占有率为 26.5%，同比下降 0.1 个百分点。美国鼻烟公司销售产品 4.8 亿听，同比增长 2.8%，在美国市场占有率为 34.3%，同比提高 0.3 个百分点。圣塔菲天然烟草公司销售卷烟 7.8 万箱（39 亿支），同比增长 10%，在美国卷烟市场占有率为 1.6%，同比提高 0.2 个百分点。2014 年，雷诺美国公司实现销售收入（不含税）84.7 亿美元，同比增长 2.9%。缴纳税金 36.25 亿美元，同比下降 2.8%。利润总额 25.3 亿美元，同比下降 19.2%。税后净利润 14.7 亿美元，同比下降 14.4%。

【韩国烟草人参公社（KT&G）】 韩国最大的烟草公司，全球第五大跨国烟草公司，产品出口到 50 多个国家和地区，由原政府垄断企业于 1987 年私有化改制而组建。公司主营业务为烟草和人参，其他业务还包括食品、地产等。2014 年，国内实现卷烟销量 111.4 万箱（557 亿支），同比增长 2.4%，在国内市场占有率为 62.2%，同比提高 0.7 个百分点。境外实现卷烟销量 86.6 万箱（433 亿支），同比增长 26.4%。

2014 年，实现卷烟销售收入（不含税）25000 亿韩元，同比增长 6.7%，其中，国内卷烟销售收入（不含税）19669 亿韩元，同比增长 4.1%，出口卷烟销售收入（不含税）5331 亿韩元，同比增长 17.8%。公司实现净利润 7176 亿韩元，同比增长 34.9%。

【印度烟草公司（I. T. C Limited）】 公司前身为帝国烟草印度分公司，1974 年改组更名为印度烟草公司，现为印度第一大烟草公司。公司业务范围广泛，涵盖快速消费品、酒店、造纸印刷、信息技术、农业等多个领域。印度烟草市场的突出特点是：消费总量大，合法卷烟消费量小。其烟草消费量居全球前十位，但合法卷烟制品消费仅占全球卷烟消费量的 1.8%，占国内各类烟草制品消费量的 12%，主要原因是高额歧视性卷烟消费税和增值税导致合法卷烟与其他烟草制品的价差较大。高额税收同时引发大量卷烟非法贸易，约占国内卷烟消费量的 20%。2014 年，公司卷烟业务实现销售收入（不含税）1667.26 亿卢比，同比增长 11.1%。利润总额 1104.2 亿卢比（含息税），同比增长 15.4%。

【埃及东方烟草公司（Eastern Company S. A. E）】

埃及目前唯一的卷烟制造商，在非洲、中东地区烟草市场具有较强影响力。2014 年，在埃及国内市场，改变与菲莫国际原有授权加工的合作关系；在国际市场，大力开拓非洲市场，计划在马拉维投资设厂。2014 年，实现销售收入（不含税）60.48 亿埃及镑（约合 49.6 亿元），同比增长 11.3%。实现净利润（不含所得税）9.08 亿埃及镑（约合 7.45 亿元），同比增长 20.4%。

【印尼盐仓集团（PT. Gudang Garam Tbk.）】
印尼领先的丁香烟制造商，成立于 1958 年。自 2004 年起国内市场占有率逐年下降，主要原因是丁香烟所占市场份额的不断下降。2013 年，国内市场占有率为 20.6%，同比基本持平。烟草制品实现销量 153.2 万箱（766 亿支），同比增长 4.5%。实现销售收入（不含税）55.4 万亿印尼盾（约合 274.4 亿元），同比增长 13.1%。净利润（不含所得税）4.4 万亿印尼盾（约合 21.8 亿元），同比增长 7.7%。

（三）跨国烟叶公司

【环球烟叶公司（Universal Leaf Tobacco Company，Inc.）】 公司成立于 1918 年，总部位于美国弗吉尼亚州里士满，现为全球第一大跨国烟叶公司，烟叶采购业务遍及 35 个国家和地区、销售业务覆盖 90 余个国家和地区。2014 年，实现销售收入 21.84 亿美元，同比下降 12.5%；净利润（不含所得税）9545 万美元，同比下降 35.7%。

【联一国际（Alliance One International）】 公司成立于 2005 年，总部位于美国北卡罗来纳州罗利，现为全球第二大烟叶公司，烟叶采购业务遍及 45 个国家，销售业务遍及 90 余个国家，在全球拥有 24 个加工厂，业务范围不包含烟草消费品的生产、销售。2014 年，公司实现烟叶销量 4.25 亿千克，连续三年基本稳定。实现销售收入 23.55 亿美元，同比增长 5%，净亏损 8670 万美元。亏损的主要原因是，2013 年下半年至 2014 年一季度，巴西烟叶价格高企，并引发全球烟叶价格提高；优质烟叶产量下降引起的采购成本增加；公司业务重组以及资金运作导致的一过性资金净流出等。

（执笔：骆　晨；编辑：王东旭）

先进人物名单

【烟草行业获 2014 年全国五一劳动奖章名单】（中华全国总工会关于表彰全国五一劳动奖状、全国五一劳动奖章和全国工人先锋号的决定）（总工发〔2014〕12 号）（2014 年 4 月 28 日公布）

耿金波　黑龙江省佳木斯市烟草专卖局局长

阮　见　黑龙江烟草工业有限责任公司绥化卷烟厂厂长、党委书记

迟焕发　中国烟草总公司黑龙江省公司总经理

夏志刚　上海高扬国际烟草有限公司卷接维修工

邱　萍（女）　中国烟草总公司浙江省公司总经理

王树华　安徽中烟工业有限责任公司阜阳卷烟厂维修组长

周继武　山东中烟工业有限责任公司济南卷烟厂技术主管

孙公准　中国烟草总公司山东省公司总经理

周崇成　河南卷烟工业烟草薄片有限公司办公室主任

张建勋　河南中烟工业有限责任公司漯河卷烟厂工人

谢　鸿　广东烟草佛山市有限责任公司综合管理员

李学清　四川省宜宾市烟草专卖局专卖科科长

吕小波（回族）　红塔烟草（集团）有限责任公司玉溪卷烟厂专业维修师

【烟草行业获国家技能人才培育突出贡献个人名单】（人力资源和社会保障部关于表彰第十二届中华技能大奖和全国技术能手的决定）（人社部发〔2014〕89 号）（2014 年 12 月 1 日公布）

程占省　烟叶分级工　河南省烟草职工培训中心

【烟草行业获全国内部审计先进工作者名单】（中国内部审计协会关于表彰全国内部审计先进集体和先进工作者的决定）（中内协发〔2014〕43 号）（2014 年 9 月 29 日公布）

刘铁梅　内蒙古自治区烟草专卖局审计处

吕佃涛　山东中烟工业有限责任公司青岛卷烟厂审计处

赵新刚　贵州中烟工业有限责任公司审计部

许坤岭　中国烟草总公司山东省公司审计处

万云志　江西中烟工业有限责任公司审计部

王　雅　中国烟草总公司西藏自治区公司审计处

【烟草行业获全国“六五”普法中期先进个人名单】（全国普法办关于通报表扬全国“六五”普法中期先进集体和先进个人的通知）（普法办〔2014〕4 号）（2014 年 3 月 11 日公布）

郭　立　福建省烟草专卖局法规处处长

王子郁　安徽中烟工业有限责任公司法律改革部副部长

方　磊　浙江省杭州市烟草专卖局法规科科长

龚　畅　广东省烟草专卖局法规处科员

崔新华　河南省漯河市烟草公司城区卷烟分公司经理

王淑明　湖南省烟草专卖局法规处正处级干部

【烟草行业获全国“六五”普法中期先进工作者名单】（全国普法办关于通报表扬全国“六五”普法中期先进集体和先进个人的通知）（普法办〔2014〕4 号）

（2014年3月11日公布）

王玉麟　国家烟草专卖局政策法规与体制改革司副司长

【烟草行业科技领军人才和学科带头人专家库成员名单】（国家烟草专卖局关于组建烟草行业科技领军人才和学科带头人评审委员会及专家库的通知）（国烟人〔2014〕80号）（2014年6月27日公布）

陈江华　中国烟叶公司

杜国锋　中国烟草机械集团有限责任公司

刘国顺　河南农业大学

王元英　中国烟草总公司青州烟草研究所

王凤龙　中国烟草总公司青州烟草研究所

郭兆奎　中国烟草总公司黑龙江省公司

刘百战　上海烟草集团有限责任公司

周　骏　上海烟草集团有限责任公司

陈顺辉　中国烟草总公司福建省公司

王道宽　福建中烟工业有限责任公司

林国平　中国烟草总公司湖北省公司

李进平　中国烟草总公司湖北省公司

刘建福　湖南中烟工业有限责任公司

钟科军　湖南中烟工业有限责任公司

李永平　中国烟草总公司云南省公司

肖炳光　中国烟草总公司云南省公司

缪明明　云南中烟工业有限责任公司

武　怡　云南中烟工业有限责任公司

牟定荣　云南中烟工业有限责任公司

曾晓鹰　云南中烟工业有限责任公司

刘　强　云南中烟工业有限责任公司

谢剑平　中国烟草总公司郑州烟草研究院

罗登山　中国烟草总公司郑州烟草研究院

王　兵　中国烟草总公司郑州烟草研究院

胡清源　中国烟草总公司郑州烟草研究院

刘惠民　中国烟草总公司郑州烟草研究院

张建勋　中国烟草总公司郑州烟草研究院

尹启生　中国烟草总公司郑州烟草研究院

杨占平　南通醋酸纤维有限公司

【第六届全国烟草行业劳动模范名单】（国家烟草专卖局关于表彰第六届全国烟草行业先进集体和劳动模范的决定）（国烟人〔2014〕168号）（2014年4月3日公布）

北京市烟草专卖局（公司）

罗明录　专卖监督管理处处长

天津市烟草专卖局（公司）

刘宝荣　物流中心仓储管理部副处级调研员

河北省烟草专卖局（公司）

李恩源　廊坊市烟草专卖局（公司）监察科副科长

李凤云　衡水市烟草专卖局（公司）物流中心职工

付　洋　承德市隆化县烟草专卖局（营销部）营销服务科

河北中烟工业有限责任公司

薛冠华　河北白沙烟草有限责任公司技改办主任

史　瑞　河北白沙烟草有限责任公司保定卷烟厂卷接包车间包装维修组组长

山西省烟草专卖局（公司）

杨　民　大同市烟草专卖局（公司）专卖科副科长

张仰宇　吕梁市烟草专卖局（公司）营销中心副主任

内蒙古自治区烟草专卖局（公司）

李利平　呼和浩特市烟草专卖局（公司）物流中心分拣员

辽宁省烟草专卖局（公司）

曹志良　葫芦岛市烟草专卖局（公司）局长、经理、党组书记

孟令杰　朝阳市烟草专卖局（公司）订单部主任

吉林省烟草专卖局（公司）

张权夫　白城市镇赉县烟草专卖局（分公司）局长、经理

黑龙江省烟草专卖局（公司）

王福利　哈尔滨市烟草专卖局（公司）卷烟物流配送中心副科长

洪　漫　黑龙江进出口有限责任公司副经理

上海烟草集团有限责任公司

周学斌　北京卷烟厂卷包车间主任工程师

张　行　上海烟草集团有限责任公司贸易中心部门经理

王欣烨　上海卷烟厂膨胀烟丝车间/机电维修组组长

江苏省烟草专卖局（公司）

廉　文　徐州市烟草专卖局（公司）局长、经理、党组书记

陈明洋　盐城市烟草专卖局（公司）副经理

贺　伟　金坛市烟草专卖局（分公司）专卖监督管理科副科长

江苏中烟工业有限责任公司

招启柏　原料供应部部长

张雪松　南通烟滤嘴有限责任公司生产制造处高级成型工

浙江省烟草专卖局（公司）

倪建钢　湖州市安吉县烟草专卖局（分公司）梅溪专卖所专卖管理员

陶忠辉　绍兴市烟草专卖局（公司）建设办主任

王　斌　台州市烟草专卖局（公司）专卖处副处长兼支队长

浙江中烟工业有限责任公司

柴武君　技术中心工艺研究部卷包工艺研究员

安徽省烟草专卖局（公司）

李成贵　亳州市烟草专卖局（公司）局长、经理、党组书记

孙勇勇　阜阳市烟草专卖局（公司）直属分局城区专卖管理所所长

王　斌　华环国际烟草有限公司设备部科长

安徽中烟工业有限责任公司

安建红　蚌埠卷烟厂制丝车间技师

耿　彪　合肥卷烟厂“黄山”精品线项目办技师

福建省烟草专卖局（公司）

廖　锋　福建武夷烟叶有限公司生产部副经理

李　峰　三明市烟草专卖局（公司）稽查支队直属大队大队长

福建中烟工业有限责任公司

白伟强　营销中心区域经理

江西省烟草专卖局（公司）

李瑞明　瑞昌市烟草专卖局（分公司）局长、经理、支部书记

祝健民　上饶市玉山县烟草专卖局（分公司）冰溪客户服务部市场经理

江西中烟工业有限责任公司

邓　宇　技术研发中心产品研究二室主任

山东省烟草专卖局（公司）

贺连军　卷烟销售处处长

毕继华　山东烟叶复烤有限公司分党组成员、副总经理兼诸城复烤厂副书记、厂长

纪树里　德州武城县局专卖管理科科长

陈修莲　日照市烟草专卖局（公司）烟叶经营部评级管理员

吕作新　青州中等专业学校烟叶分级实验室主任

山东中烟工业有限责任公司

石　磊　物流中心主任科员

韩　永　济南卷烟厂卷包车间维修工

河南省烟草专卖局（公司）

杨俊武　漯河市烟草专卖局（公司）烟叶营销中心经理

宋保存　偃师市烟草专卖局（分公司）配送中转站送货员

郑绪霞　信阳市罗山县烟草专卖局（分公司）客户经理

聂广体　濮阳市濮阳县烟草专卖局（分公司）局长、经理、党组书记

河南中烟工业有限责任公司

刘宏伟　市场营销中心河北销区市场经理

王二彬　技术中心副主任工程师

肖　洪　企划部部长

湖北省烟草专卖局（公司）

彭义政　原党组成员、巡视员、副局长、副总经理

魏晓敏　潜江市烟草专卖局（公司）局长、经理

王　瑞　恩施州烟草专卖局（公司）科技中心主任

杨卫星　荆门市烟草专卖局（公司）副局长、副经理、党组成员

湖北中烟工业有限责任公司

熊志辉　武汉卷烟厂卷包车间高级技师

熊智强　襄阳卷烟厂卷包车间包装维修组组长

湖南省烟草专卖局（公司）

王　婷　湖南烟叶复烤有限公司永州复烤厂打叶车间二班班长

陈方清　邵阳市绥宁县烟草专卖局（分公司）客户服务分部客户经理

李跃平　湘西自治州烟草专卖局（公司）烟叶生产技术中心科研员

湖南中烟工业有限责任公司

郭　诚　市场营销中心河南销区经理

刘宝红　四平卷烟厂卷包车间维修班长

陈元满　长沙卷烟厂卷包车间烟机操作工

广东省烟草专卖局（公司）

郭唐华　韶关市始兴县烟草专卖局（分公司）烟叶管理部主任

何　岸　梅州烟叶复烤有限公司生产部配方打叶工作

站评吸员

戚　刚　东莞市烟草专卖局（公司）物流配送中心分拣员

广东中烟工业有限责任公司

邵干辉　技术中心产品研发总监

广西壮族自治区烟草专卖局（公司）

黄海霞　百色市烟草专卖局（公司）靖西营销部烟叶生产收购办公室副主任

马　广　北海市烟草专卖局城区局涠洲岛分局局长

广西中烟工业有限责任公司

韦德文　市场营销中心经理

海南省烟草专卖局（公司）

梁振姝　琼海市烟草专卖局（公司）办公室后勤兼物业管理员

重庆市烟草专卖局（公司）

袁力平　黔江区烟草专卖局（分公司）局长、经理、党组书记

四川省烟草专卖局（公司）

王　芳　成都市烟草专卖局（公司）三分公司客户经理

李学清　宜宾市烟草专卖局（公司）专卖科（稽查支队）科长（队长）

杜如万　凉山州烟草专卖局（公司）局长、经理

冯宗荣　凉山州烟草专卖局（公司）质检科质检员

川渝中烟工业有限责任公司

汪秋波　营销中心党总支书记、总监

黄　翔　四川烟草工业有限责任公司成都分厂设备管理员

张　彬　重庆烟草工业有限责任公司涪陵分厂卷接包车间设备专业班班长

贵州省烟草专卖局（公司）

徐海南　安顺市西秀区烟草专卖局（分公司）西秀营销部客户经理

马兴义　毕节市威宁彝族回族苗族自治县烟草分公司秀水烟叶站站长

贺方云　遵义市正安县烟草分公司经理

王应凤　六盘水市盘县烟草分公司客户经理

吴学巧　毕节市烟草公司烟叶生产收购科副科长

贵州中烟工业有限责任公司

周诗华　毕节卷烟厂一车间主任

周英俊　遵义卷烟厂一车间主任

云南省烟草专卖局（公司）

吴立著　曲靖市烟草专卖局（公司）局长、经理、党委书记

赵　烽　直属机关党委副书记

张　怡　西双版纳州烟草公司卷烟营销中心经理

郭建明　楚雄州烟草专卖局专卖管理部打假打私科科长

付修廷　昭通市烟草专卖局（公司）副经理、党委委员

张庆刚　云南省烟草质量监督检测站书记、站长

云南中烟工业有限责任公司

赵　琪　楚雄卷烟厂卷包车间设备员

陈正荣　昭通卷烟厂卷包车间技师

李　恒　红云红河烟草（集团）有限责任公司副总裁

李俊宏　曲靖卷烟厂制造二部包装机械修理工

李雪梅　云南烟草科学研究院行业烟草添加剂安全性测试中心常务副主任

西藏自治区烟草专卖局（公司）

次旦旺杰　阿里地区烟草专卖局（公司）改则网点负责人

陕西省烟草专卖局（公司）

王进录　延安市烟草专卖局（公司）局长、经理、党组书记

张永军　宝鸡市烟草专卖局（公司）局长、经理

陕西中烟工业有限责任公司

陈青辉　澄城卷烟厂卷包车间维修技师

甘肃省烟草专卖局（公司）

张　毅　天水市烟草专卖局（公司）副局长

青海省烟草专卖局（公司）

王海安　黄南州河南县烟草专卖局（营销部）局长（主任）

宁夏回族自治区烟草专卖局（公司）

袁玉玲　银川市烟草专卖局（公司）局长（经理）助理

新疆维吾尔自治区烟草专卖局（公司）

艾尔肯·麦麦提艾力　和田地区皮山县烟草专卖局副局长

大连市烟草专卖局（公司）

张　良　物流中心入库扫码员

深圳市烟草专卖局（公司）

蔡伟钊　销售管理处网建部部长

中国烟草机械集团有限责任公司

符国强　常德烟草机械有限责任公司金工车间高级技师

中国烟草实业发展中心

苗国盛　黑龙江烟草工业有限责任公司技术改造指挥部总指挥

惠住栋　红塔辽宁烟草有限责任公司营口卷烟厂机械维修工

颉喜花　甘肃烟草工业有限责任公司天水卷烟厂制丝车间主任兼党支部书记

陈定国　海南红塔卷烟有限责任公司设备技术科科长

中国烟草总公司郑州烟草研究院

王　兵　烟草行业烟草工艺重点实验室主任

中国烟草总公司职工进修学院

王德吉　教研处学院首席培训师

中国烟草总公司合肥设计院

李学圃　技术审查处处长

南通醋酸纤维有限公司

曹建国　技术中心工程师

昆明醋酸纤维有限公司

栾　新　热动生产部汽机工程师

珠海醋酸纤维有限公司

周文灿　丝束生产部部长

【2014 年全国烟草行业专卖管理技能标兵名单】

（国家烟草专卖局关于表彰 2014 年度全国烟草行业专卖管理技能标兵的决定）（国烟专〔2015〕40 号）（2015 年 1 月 10 日公布）

杨　勇　山西省晋中市烟草专卖局

舒婷婷　浙江省金华市烟草专卖局

王　成　广东省江门市烟草专卖局

【2014 年全国烟草行业离退休干部先进个人表彰名单】（中国烟草总公司关于表彰烟草行业离退休干部先进集体和先进个人的决定）（中烟办〔2015〕80 号）（2015 年 3 月 24 日公布）

武桂兰　中国烟草总公司

史兰英　中国烟草总公司

高雪生　中国烟草总公司北京市公司

高荣祥　中国烟草总公司天津市公司

王玉田　中国烟草总公司河北省公司

张学胜　中国烟草总公司河北省公司

刘志英　中国烟草总公司山西省公司

李洪义　中国烟草总公司内蒙古自治区公司

田文英　中国烟草总公司辽宁省公司

张汉卿　中国烟草总公司辽宁省公司

高自明　中国烟草总公司吉林省公司

王秉武　中国烟草总公司黑龙江省公司

蒋焕营　中国烟草总公司黑龙江省公司

施妙娣　上海烟草集团有限责任公司

钟家苏　上海烟草集团有限责任公司

李二珍　中国烟草总公司江苏省公司

郝良山　中国烟草总公司江苏省公司

李庆珍　中国烟草总公司浙江省公司

孙建民　中国烟草总公司浙江省公司

侯守恒　中国烟草总公司安徽省公司

齐永成　中国烟草总公司安徽省公司

张华翔　中国烟草总公司安徽省公司

黄庆华　中国烟草总公司福建省公司

李仲良　中国烟草总公司江西省公司

任梦暾　中国烟草总公司江西省公司

金继存　中国烟草总公司山东省公司

张永耀　中国烟草总公司山东省公司

井西然　中国烟草总公司山东省公司

丁书卿　中国烟草总公司河南省公司

李梅生　中国烟草总公司河南省公司

周志新　中国烟草总公司河南省公司

张宜盛　中国烟草总公司湖北省公司

涂爽林　中国烟草总公司湖北省公司

李惠群　中国烟草总公司湖南省公司

李奎平　中国烟草总公司湖南省公司

谢永根　中国烟草总公司广东省公司

纪立纪　中国烟草总公司广东省公司

全维新　中国烟草总公司广西壮族自治区公司

柯云珍　中国烟草总公司海南省公司

冷皓明　中国烟草总公司四川省公司

朱茂林　中国烟草总公司四川省公司

班开德　中国烟草总公司贵州省公司

马如全　中国烟草总公司贵州省公司

丁筱森　中国烟草总公司云南省公司

杨光明　中国烟草总公司云南省公司

李　新　中国烟草总公司云南省公司
田智才　中国烟草总公司陕西省公司
吴仁忠　中国烟草总公司陕西省公司
史　池　中国烟草总公司甘肃省公司
魏　屹　中国烟草总公司青海省公司
胡德平　中国烟草总公司宁夏回族自治区公司
贺秦生　中国烟草总公司新疆维吾尔自治区公司
杨长福　中国烟草总公司重庆市公司
戚　兵　中国烟草总公司大连市公司
罗光伟　中国烟草总公司深圳市公司
许影庭　河北中烟工业有限责任公司
潘志坚　江苏中烟工业有限责任公司
葛春玲　江苏中烟工业有限责任公司
严亦楣　浙江中烟工业有限责任公司
王怀俊　安徽中烟工业有限责任公司
张有传　安徽中烟工业有限责任公司
林锐元　福建中烟工业有限责任公司
刘玉珍　山东中烟工业有限责任公司
刘　敏　山东中烟工业有限责任公司
王家鹏　山东中烟工业有限责任公司
刘梅花　河南中烟工业有限责任公司
张　均　河南中烟工业有限责任公司
曾　玲　湖北中烟工业有限责任公司
孙曙光　湖南中烟工业有限责任公司
马素霞　湖南中烟工业有限责任公司
成善松　广东中烟工业有限责任公司
韦　君　广西中烟工业有限责任公司
时　红　川渝中烟工业有限责任公司
杨德兴　川渝中烟工业有限责任公司
何　颖　贵州中烟工业有限责任公司
赵亚平　贵州中烟工业有限责任公司
刘东华　云南中烟工业有限责任公司
刘宗尧　云南中烟工业有限责任公司
吴永康　云南中烟工业有限责任公司
刘兰英　陕西中烟工业有限责任公司
李继才　江西中烟工业有限责任公司
李　棋　中国烟草总公司郑州烟草研究院
姚桂生　南通醋酸纤维有限公司
赵凤英　中国烟草总公司职工进修学院
邹　文　中国烟草机械集团有限责任公司
谢丽华　中国烟草机械集团有限责任公司
苏延新　中国烟草实业发展中心
吴哲雄　中国烟草实业发展中心

【2014 年全国烟草技术能手名单】　（国家烟草专卖局关于授予 2014 年度烟草行业职业技能竞赛优秀选手全国烟草技术能手荣誉称号的决定）（国烟人〔2015〕4 号）（2015 年 1 月 7 日公布）

一、第十二届全国烟草行业职业技能竞赛暨第二届烟草专卖管理岗位技能竞赛获奖选手名单

杨　勇　山西省烟草专卖局（公司）
舒婷婷　浙江省烟草专卖局（公司）
王　成　广东省烟草专卖局（公司）
刘明旺　山西省烟草专卖局（公司）
周　强　江西省烟草专卖局（公司）
李　颖　浙江省烟草专卖局（公司）
卢汉华　江西省烟草专卖局（公司）
楼求进　浙江省烟草专卖局（公司）
倪国松　浙江省烟草专卖局（公司）
黄旭宇　福建省烟草专卖局（公司）
朱玲超　福建省烟草专卖局（公司）
张渊泽　山西省烟草专卖局（公司）
胡　存　浙江省烟草专卖局（公司）
喻　乐　江西省烟草专卖局（公司）
廖开雷　山东省烟草专卖局（公司）
苑晓静　河北省烟草专卖局（公司）
亓　飞　山东省烟草专卖局（公司）
李　润　福建省烟草专卖局（公司）
王守军　山西省烟草专卖局（公司）
林见鑫　广东省烟草专卖局（公司）
张仪娜　内蒙古自治区烟草专卖局（公司）
韩巍鹏　山西省烟草专卖局（公司）
朱中国　四川省烟草专卖局（公司）
陈　兰　福建省烟草专卖局（公司）
张　伟　安徽省烟草专卖局（公司）
王志强　广东省烟草专卖局（公司）
靳晓理　山东省烟草专卖局（公司）
卢华剑　重庆市烟草专卖局（公司）
雷　晓　江西省烟草专卖局（公司）
赵　雷　山东省烟草专卖局（公司）

二、行业省级职业（岗位）技能竞赛获得全国烟草技术能手荣誉称号人员名单

（一）首届江浙沪皖烟草工业系统烟叶分级职业技能竞赛

焦得平　浙江中烟工业有限责任公司技术中心
周泽庆　江苏中烟工业有限责任公司
孙　吉　海烟草集团有限责任公司采购中心
魏　强　浙江中烟工业有限责任公司技术中心
陈　健　上海烟草集团有限责任公司采购中心
张保全　浙江中烟工业有限责任公司物资供应部
王　威　浙江中烟工业有限责任公司物资供应部
许志强　江苏中烟工业有限责任公司
吴灵通　浙江中烟工业有限责任公司物资供应部
权　军　安徽中烟工业有限责任公司滁州卷烟厂

（二）第一届湘渝吉烟叶分级职业技能竞赛

陈丽平　湖南中烟工业有限责任公司原料采购中心
黄　科　湖南中烟工业有限责任公司原料采购中心
汤中南　湖南中烟工业有限责任公司原料采购中心
钟　颖　湖南中烟工业有限责任公司原料采购中心
郑志英　湖南中烟工业有限责任公司原料采购中心
夏金元　湖南中烟工业有限责任公司原料采购中心
谭晓燕　重庆市巫山县烟草专卖局（分公司）
姜正一　吉林省烟草专卖局（公司）
耿红梅　重庆市奉节县烟草专卖局（分公司）
张友力　湖南中烟工业有限责任公司技术研发中心

（三）滇赣辽烟叶分级职业技能竞赛

杨彦明　红塔烟草（集团）有限责任公司玉溪卷烟厂
邓邵文　红塔烟草（集团）有限责任公司原料部
李颂祥　红塔烟草（集团）有限责任公司原料部
赵　景　红塔烟草（集团）有限责任公司原料部
罗丽华　红塔烟草（集团）有限责任公司原料部
李春燕　红塔烟草（集团）有限责任公司楚雄卷烟厂
张坤兰　红塔烟草（集团）有限责任公司原料部
张丽鲜　红塔烟草（集团）有限责任公司大理卷烟厂
陈　超　红塔烟草（集团）有限责任公司原料部
田留栓　辽宁省朝阳市烟草专卖局（公司）

（四）第二届北京市烟草专卖局烟草专卖管理岗位技能竞赛

王向东　北京市朝阳区烟草专卖局（公司）
赵　聪　北京市石景山区烟草专卖局（公司）
周　通　北京市烟草专卖局铁路运输专卖分局
李　双　北京市密云县烟草专卖局（公司）
胡　蕊　北京市西城区烟草专卖局（公司）

（五）第一届天津市烟草专卖局烟草专卖管理岗位技能竞赛

杨战海　天津市宁河县烟草专卖局（公司）
郝志刚　天津市区第三烟草专卖局（公司）
尚福来　天津市武清区烟草专卖局（公司）

（六）第二届河北省烟草专卖局烟草专卖管理岗位技能竞赛

陈矿英　河北省保定市烟草专卖局（公司）
张　宁　河北省保定市烟草专卖局（公司）
解红哲　河北省保定市烟草专卖局（公司）
孟开林　河北省保定市烟草专卖局（公司）

（七）第二届山西省烟草专卖局烟草专卖管理岗位技能竞赛

李小琴　山西省临汾市烟草专卖局（公司）

（八）第三届内蒙古自治区烟草专卖局烟草专卖管理岗位技能竞赛

石佳磊　内蒙古自治区乌海市烟草专卖局（公司）

（九）第三届上海烟草集团有限责任公司烟机设备修理职业技能竞赛

王　勇　上海烟草集团有限责任公司上海卷烟厂
陈　铁　上海烟草集团有限责任公司上海卷烟厂

（十）第二届江苏省烟草专卖局烟草专卖管理岗位技能竞赛

周明飞　江苏省连云港市烟草专卖局（公司）
徐明红　江苏省泰州市烟草专卖局（公司）
王海涛　江苏省连云港市烟草专卖局（公司）
顾新华　江苏省连云港市烟草专卖局（公司）
马　梁　江苏省靖江市烟草专卖局（公司）

（十一）第二届浙江省烟草专卖局烟草专卖管理岗位技能竞赛

吴佳丽　浙江省衢州市烟草专卖局（公司）
徐朝阳　浙江省金华市烟草专卖局（公司）
楼林波　浙江省宁波市烟草专卖局（公司）
严晶晶　浙江省台州市烟草专卖局（公司）

（十二）第二届安徽省烟草专卖局烟草专卖管理岗位技能竞赛

刘　飞　安徽省亳州市烟草专卖局（公司）
张　文　安徽省池州市烟草专卖局（公司）
丁　飞　安徽省池州市烟草专卖局（公司）
何白根　安徽省马鞍山市烟草专卖局（公司）
史志文　安徽省安庆市烟草专卖局（公司）

（十三）第二届福建省烟草专卖局烟草专卖管理岗位技能竞赛

罗　达　福建省烟草专卖局（公司）

（十四）第四届福建省烟草系统烟叶分级职业技能竞赛

杜为明　福建省烟草专卖局（公司）
李秉裕　福建省烟草专卖局（公司）
李兴华　福建省烟草专卖局（公司）
范琴秀　福建省烟草专卖局（公司）
林金水　福建省烟草专卖局（公司）

（十五）第二届江西省烟草专卖局烟草专卖管理岗位技能竞赛

刘英春　江西省宜春市烟草专卖局（公司）
黄　亮　江西省抚州市烟草专卖局（公司）

（十六）第二届山东省烟草专卖局烟草专卖管理岗位技能竞赛

刘芳芳　山东省烟草专卖局（公司）
褚　健　山东省烟草专卖局（公司）

（十七）第二届湖北省烟草专卖局烟草专卖管理岗位技能竞赛

闵　锐　湖北省十堰市烟草专卖局（公司）
赵　磊　湖北省十堰市烟草专卖局（公司）
胡　涛　湖北省孝感市烟草专卖局（公司）
刘敬佩　湖北省孝感市烟草专卖局（公司）
周学平　湖北省十堰市烟草专卖局（公司）
曾　双　湖北省荆州市烟草专卖局（公司）

（十八）第三届湖南省烟草专卖局烟草专卖管理岗位技能竞赛

魏　娟　湖南省长沙市烟草专卖局（公司）
尹志林　湖南省衡阳市烟草专卖局（公司）
唐　校　湖南省衡阳市烟草专卖局（公司）
许　卓　湖南省衡阳市烟草专卖局（公司）
戴惠娟　湖南省娄底市烟草专卖局（公司）

（十九）第四届广东省烟草专卖局烟草专卖管理岗位技能竞赛

冉晓丽　广东省梅州市烟草专卖局（公司）
向　涛　广东省东莞市烟草专卖局（公司）

（二十）第一届深圳市烟草专卖局烟草专卖管理岗位技能竞赛

石少锋　深圳市罗湖区烟草专卖局（公司）
李东炎　深圳市烟草专卖局（公司）
袁　驰　深圳市罗湖区烟草专卖局（公司）

（二十一）第二届重庆市烟草专卖局烟草专卖管理岗位技能竞赛

陈　湘　重庆市梁平县烟草专卖局（分公司）
伍　艳　重庆市沙坪坝区烟草专卖局（分公司）
方　梦　重庆市丰都县烟草专卖局（分公司）
魏　玲　重庆市江津区烟草专卖局（分公司）
郭伦江　重庆市梁平县烟草专卖局（分公司）

（二十二）第二届四川省烟草专卖局烟草专卖管理岗位技能竞赛

张　敏　四川省南充市烟草专卖局（公司）
汪　喜　四川省宜宾市烟草专卖局（公司）
李　栋　四川省德阳市烟草专卖局（公司）

（二十三）第二届贵州省烟草专卖局烟草专卖管理岗位技能竞赛

赵　羽　贵州省贵阳市烟草专卖局（公司）
罗　涛　贵州省贵阳市烟草专卖局（公司）
袁小娟　贵州省贵阳市烟草专卖局（公司）
胡洪波　贵州省遵义市烟草专卖局（公司）
谢廷篪　贵州省贵阳市烟草专卖局（公司）

（二十四）第六届云南省烟草专卖局烟叶分级职业技能竞赛

蒋小敏　云南省曲靖市烟草专卖局（公司）
苏梅玲　云南省保山市烟草专卖局（公司）
农加元　云南省文山州烟草专卖局（公司）
文　涛　云南省文山州烟草专卖局（公司）
訾昌芳　云南省临沧市烟草专卖局（公司）

（二十五）第二届甘肃省烟草专卖局烟草专卖管理岗位技能竞赛

翟景乐　甘肃省兰州市烟草专卖局（公司）

（二十六）第三届福建中烟工业有限责任公司职业技能竞赛暨“通仙杯”第二届烟机设备修理职业技能竞赛

蔡志坚　厦门烟草工业有限责任公司

刘　群　厦门烟草工业有限责任公司

林世明　厦门烟草工业有限责任公司

林　岩　厦门烟草工业有限责任公司

（二十七）第三届湖南中烟工业有限责任公司烟机设备修理职业技能竞赛

覃　航　湖南中烟工业有限责任公司常德卷烟厂

何友忠　湖南中烟工业有限责任公司零陵卷烟厂

（二十八）第三届广东中烟工业有限责任公司职业技能竞赛暨“双喜杯”第三届烟机设备修理职业技能竞赛

彭应臻　广东中烟工业有限责任公司广州卷烟厂

张志文　广东中烟工业有限责任公司梅州卷烟厂

（二十九）第十三届云南中烟工业有限责任公司职业技能竞赛暨第六届烟机设备修理职业技能竞赛

雷云波　红云红河烟草（集团）有限责任公司昆明卷烟厂

苏　志　红云红河烟草（集团）有限责任公司昆明卷烟厂

张　屹　红云红河烟草（集团）有限责任公司昆明卷烟厂

【烟草行业获第十二届全国技术能手名单】（人力资源和社会保障部关于表彰第十二届中华技能大奖和全国技术能手的决定）（人社部发〔2014〕89号）（2014年12月1日公布）

姓　名	职业工种	工作单位	职业资格
杜　斌	烟机设备修理工	山东中烟工业有限责任公司济南卷烟厂	高级技师
张　宝	维修电工	四川烟草工业有限责任公司绵阳分厂	高级技师
韩　永	烟机设备修理工	山东中烟工业有限责任公司济南卷烟厂	技师

【中国烟草总公司科学技术杰出贡献奖名单】（中国烟草总公司关于2014年度科学技术奖励的决定）（中烟办〔2015〕31号）（2015年1月28日公布）

姓　名	性　别	年　龄	职　务	职　称	工作单位	推荐单位
袁行思	男	79	原院长	教授级高级工程师	中国烟草总公司郑州烟草研究院	中国烟草总公司郑州烟草研究院

先进集体名单

【烟草行业获2014年全国五一劳动奖状名单】

（中华全国总工会关于表彰全国五一劳动奖状、全国五一劳动奖章和全国工人先锋号的决定）（总工发〔2014〕12号）（2014年4月28日公布）

红云红河烟草（集团）有限责任公司乌兰浩特卷烟厂

江苏中烟工业有限责任公司

江苏省烟草公司淮安市公司市场服务部

中国烟草总公司重庆市公司烟叶分公司

【烟草行业获2014年全国工人先锋号名单】（中华全国总工会关于表彰全国五一劳动奖状、全国五一劳动奖章和全国工人先锋号的决定）（总工发〔2014〕12号）（2014年4月28日公布）

河北白沙烟草有限责任公司卜建立创新工作室

红塔辽宁烟草有限责任公司营口卷烟厂卷包车间A－5机组

浙江省烟草公司丽水市公司配送中心送货部

滁州卷烟材料厂质量技术中心

江西中烟工业有限责任公司广丰卷烟厂卷包车间

河南中烟工业有限责任公司许昌卷烟厂卷包车间

河南中烟工业有限责任公司南阳卷烟厂新锋工作室

河南中烟工业有限责任公司驻马店卷烟厂卷包车间生产班组（丙班）

湖南省烟草公司株洲市公司物流配送中心

湖南中烟工业有限责任公司市场营销中心西藏销区

广州市烟草专卖局荔湾分局稽查大队

广东中烟工业有限责任公司广州卷烟厂卷接包车间生产一组

广西中烟工业有限责任公司南宁卷烟厂制丝车间维修班

云南省烟草公司曲靖市公司罗平分公司

陕西中烟工业有限责任公司市场营销中心

【烟草行业获第四届全国文明单位名单】 （关于表彰第四届全国文明城市（区）、文明村镇、文明单位的决定）（2015 年 2 月 28 日公布）

山西省烟草公司晋中市公司

吉林省烟草公司延边朝鲜族自治州公司

吉林省烟草公司松原市公司

江苏省烟草公司淮安市公司

安徽中烟工业有限责任公司滁州卷烟厂

安徽省烟草公司宣城市公司

福建省烟草公司厦门市公司

山东中烟工业有限责任公司青岛卷烟厂

山东潍坊烟草有限公司

湖北省烟草公司黄石市公司

湖北省烟草公司咸宁市公司

湖南省烟草公司湘潭市公司

湖南省岳阳市烟草公司岳阳县分公司

湖南省益阳市烟草公司南县分公司

湖南省烟草公司怀化市公司

广西中烟工业有限责任公司

重庆市烟草公司巫溪分公司

四川省烟草公司乐山市公司

四川省烟草公司宜宾市公司

陕西中烟工业有限责任公司延安卷烟厂

宁夏回族自治区烟草公司银川市公司

【烟草行业获国家技能人才培育突出贡献单位名单】 （人力资源和社会保障部关于表彰第十二届中华技能大奖和全国技术能手的决定）（人社部发〔2014〕89 号）（2014 年 12 月 1 日公布）

红云红河烟草（集团）有限责任公司

【烟草行业获全国内部审计先进集体名单】 （中国内部审计协会关于表彰全国内部审计先进集体和先进工作者的决定）（中内协发〔2014〕43 号）（2014 年 9 月 29 日公布）

广东中烟工业有限责任公司审计部

湖南省烟草专卖局审计处

河南中烟工业有限责任公司审计部

湖南省常德市烟草专卖局审计科

【烟草行业获全国“六五”普法中期先进集体名单】 （全国普法办关于通报表扬全国“六五”普法中期先进集体和先进个人的通知）（普法办〔2014〕4 号）（2014 年 3 月 11 日公布）

北京市烟草专卖局

重庆市烟草专卖局

湖南省烟草专卖局

云南中烟工业有限责任公司法律改革部

福建省福州市烟草专卖局

河南省驻马店市烟草专卖局

湖北省潜江市烟草专卖局

【第六届全国烟草行业先进集体名单】 （国家烟草专卖局关于表彰第六届全国烟草行业先进集体和劳动模范的决定）（国烟人〔2014〕168 号）（2014 年 4 月 3 日公布）

北京市烟草专卖局（公司）

物流中心

天津市烟草专卖局（公司）

稽查总队

河北省烟草专卖局（公司）

邯郸市烟草专卖局专卖监督管理科（专卖稽查支队）

河北中烟工业有限责任公司

张家口卷烟厂有限责任公司

山西省烟草专卖局（公司）

忻州市烟草专卖局（公司）

内蒙古自治区烟草专卖局（公司）

包头市烟草专卖局（公司）

辽宁省烟草专卖局（公司）

鞍山市烟草专卖局（公司）

吉林省烟草专卖局（公司）

延边州烟草专卖局（公司）

黑龙江省烟草专卖局（公司）

伊春市烟草专卖局（公司）

上海烟草集团有限责任公司

宝山烟草糖酒有限公司营销部（批发）

江苏省烟草专卖局（公司）

南京市烟草专卖局（公司）

江苏中烟工业有限责任公司

南京卷烟厂

浙江省烟草专卖局（公司）

嘉兴烟草配送中心

浙江中烟工业有限责任公司

市场营销部

安徽省烟草专卖局（公司）

蚌埠市烟草专卖局（公司）

安徽中烟工业有限责任公司

技术中心

福建省烟草专卖局（公司）

龙岩市烟草专卖局（公司）

福建中烟工业有限责任公司

厦门烟草工业有限责任公司卷包车间

江西省烟草专卖局（公司）

安福县烟草专卖局（分公司）严田烟叶中心站

江西中烟工业有限责任公司

南昌卷烟厂

山东省烟草专卖局（公司）

潍坊市烟草专卖局（公司）

平度市烟草专卖局（分公司）第三稽查分队（专卖管理所）

山东中烟工业有限责任公司

青岛卷烟厂

河南省烟草专卖局（公司）

南阳市烟草公司卷烟营销配送中心

河南中烟工业有限责任公司

郑州卷烟厂

湖北省烟草专卖局（公司）

武汉市烟草专卖局（公司）

湖北中烟工业有限责任公司

技术研发中心

湖南省烟草专卖局（公司）

长沙市长沙县烟草专卖局专卖监督管理股

湖南中烟工业有限责任公司

技术研发中心

市场营销中心西藏销区

广东省烟草专卖局（公司）

广州市烟草专卖局（公司）

广东中烟工业有限责任公司

原料供应中心

广西壮族自治区烟草专卖局（公司）

柳州市烟草专卖局（公司）

广西中烟工业有限责任公司

市场营销中心

海南省烟草专卖局（公司）

海口市烟草专卖局（公司）

重庆市烟草专卖局（公司）

销售分公司

四川省烟草专卖局（公司）

成都市烟草专卖局（公司）

凉山州烟草专卖局（公司）

川渝中烟工业有限责任公司

技术研发中心

贵州省烟草专卖局（公司）

遵义市烟草专卖局（公司）

贵州中烟工业有限责任公司

贵阳卷烟厂

云南省烟草专卖局（公司）

曲靖市烟草专卖局（公司）

红河州烟草专卖局（公司）

云南中烟工业有限责任公司

玉溪卷烟厂

昆明卷烟厂

西藏自治区烟草专卖局（公司）

昌都地区烟草专卖局（公司）

陕西省烟草专卖局（公司）

咸阳市烟草专卖局（公司）

陕西中烟工业有限责任公司

宝鸡卷烟厂制丝车间生物线

甘肃省烟草专卖局（公司）

平凉市烟草专卖局（公司）

青海省烟草专卖局（公司）

化隆县烟草专卖局（营销部）

宁夏回族自治区烟草专卖局（公司）

银川市烟草专卖局（公司）

新疆维吾尔自治区烟草专卖局（公司）

吐鲁番地区烟草专卖局（公司）

大连市烟草专卖局（公司）

专卖监督管理处

深圳市烟草专卖局（公司）

物流中心

中国烟草机械集团有限责任公司

技术中心制丝设备技术分中心

中国烟草实业发展中心

深圳烟草工业有限责任公司

中国烟草总公司郑州烟草研究院

烟草行业烟草化学重点实验室

【全国烟草行业2013—2014年度会计信息质量先进单位名单】（中国烟草总公司关于对2013—2014年度烟草行业会计信息质量先进单位进行表扬的通报）（中烟办〔2014〕315号）（2014年12月28日公布）

一等奖：中国烟草总公司湖南省公司

二等奖：福建中烟工业有限责任公司

中国烟草总公司湖北省公司

三等奖：中国烟草总公司四川省公司

广东中烟工业有限责任公司

贵州中烟工业有限责任公司

【2014年1—10月份烟草行业部督打假打私重大案件表彰名单】（国家烟草专卖局关于2014年1—10月份烟草打假打私重大案件和专项行动的表彰通报）（国烟专〔2014〕410号）（2014年12月23日公布）

北京市“1·2”跨省销售假烟网络案件

北京市京冀“1·4”销售假烟网络案件

北京市京苏“7·10”重大跨省网络案件

北京市大兴区“7·15”重大跨省网络案件

河北省衡水市“9·13”销售假烟网络案件

河北省石家庄“12·25”跨国走私卷烟暨销售假烟网络案件

河北省承德市“11·27”销售假冒卷烟网络案件

河北省承德市“4·3”利用手机社交网络平台销售卷烟案件

河北省秦皇岛冀津“3·11”特大假烟、走私烟网络案件

河北省保定市“9·10”无证生产假烟案件

山西省长治市“9·12”网络案件

辽宁省葫芦岛“7·17”销售假烟网络案件

辽宁省葫芦岛“1·15”非法经营网络案件

辽宁省沈阳“1·4”互联网非法经营卷烟网络案件

辽宁省沈阳“1·9”非法经营网络案件

辽宁省抚顺关世广非法经营烟草案件

辽宁辽阳杜培松等人非法经营走私卷烟案件

吉林省牡丹江“4·17”网络案件

上海奉贤“9·12”制售假烟网络案件

上海金山“9·26”运销假烟网络案件

上海虹口“10·24”运销假烟、走私烟网络案件

上海普陀“10·31”运销假烟网络案件

上海嘉定、青浦“9·24”运销假烟网络案件

上海杨浦“12·18”运销假烟、走私烟网络案件

上海长宁“11·6”运销走私烟网络案件

上海静安“8·22”童朝水销售走私雪茄烟网络案件

江苏省南京市四分局“12·26”销售假冒卷烟网络案件

江苏省昆山“4·26”销售假烟网络案件

江苏省扬州“3·10”制售假烟网络案件

江苏省泗阳县局“3·1”销售假烟网络案件

江苏省丰县“6·26”利用互联网销售假私烟草专卖品网络案件

浙江省苍南县“5·22”制售假烟网络案件

浙江省湖州市“3·5”制售假烟网络案件

浙江省湖州市“10·28”制售假烟网络案件

浙江省上虞市“3·29”制售假烟网络案件

浙江省永康市“9·29”烟用辅料网络案件

浙江省仙居县“9·7”运销假烟网络案件

安徽省“2·21”非法经营卷烟网络案件

安徽省“5·14”生产销售伪劣卷烟网络案件

福建省福州市福清局王恒敏等人生产、销售伪劣产品案件

福建省厦门“12·27”生产、制售假冒伪劣产品案件

福建省泉州南安市“10·22”许天波等人生产销售伪劣产品案件

福建省漳州“6·27”方中和等人生产、销售伪劣产品

案件

江西省宜春市“3·25”非法制售注册商标网络案件

江西省吉安市“5·31”非法制售注册商标网络案件

江西省赣州市“7·22”钟瑞明非法生产烟丝网络案件

山东省济南市槐荫区“8·16”非法经营假冒烟草制品网络案件

山东省济南市章丘市“7·16”销售假冒卷烟网络案件

山东省济宁市邹城市“12·10”非法经营假冒卷烟网络案件

山东省泰安市东平县“10·17”非法经营假烟网络案件

山东省日照市莒县“7·19”非法经营烟叶网络案件

大连市“6·3”迟卫建非法经营卷烟案件

湖北省黄石市“1·3”特大非法制售烟丝网络案件

湖北省荆门市“7·19”特大非法制售烟用梗丝案件

湖北省荆州市“10·5”非法制售烟丝案件

湖北省十堰市“6·9”非法经营卷烟案件

湖北省黄冈市“4·8”制售假烟网络案件

广东省湛江市“1·23”非法经营走私卷烟网络案件

广东“1·15”特大走私卷烟网络案件

广西河池市“1·8”非法经营卷烟网络案件

广西防城港市“1·7”非法经营卷烟网络案件

四川省广元“4·18”销售伪劣产品网络案件

四川省宜宾市“9·12”销售假冒注册商标网络案件

【2014年1—10月份烟草行业打假打私专项行动表彰名单】 （国家烟草专卖局关于2014年1—10月份烟草打假打私重大案件和专项行动的表彰通报）（国烟专〔2014〕410号）（2014年12月23日公布）

北京市烟草专卖局、北京市交通执法总队2014年烟草专卖品运输市场集中整治“断线”专项行动

天津“两节”卷烟市场清理整顿专项行动

河北省“中秋”、“国庆”两节期间市场专项清理整治行动

山西省“晋剑八号”清理整顿卷烟市场专项行动

“飓风六号”清理整顿卷烟市场专项行动

“风暴2014”卷烟打假打私专项行动

“两控一清”专项行动

黑龙江元旦春节“两节”期间市场清理整顿专项行动

2014年卷烟打私打假、市场综合整治“雷霆一号”专项行动

江苏省局“冬季会战”专项行动

2014年浙江省整顿卷烟市场秩序“蓝天1号”专项联合行动

安徽省烟草专卖品运输市场集中整治“百日行动”

福建省泉州“猎狐二号”卷烟市场综合整治专项行动

江西省“金网8号”打击制售假烟网络专项行动

山东省威海市烟草专卖局打假破网 打私断源专项行动

河南省“雷霆四号”卷烟打假专项行动

大连烟草卷烟市场“飞鲨”专项整治行动

湖北省物流运输环节非法运输烟草专卖品专项整治行动

湖南省“春雷四号”专项行动

2014年广东省烟草打私专项联合行动

广西壮族自治区“天网”专项行动

重庆市“春雷”专项行动

四川省全省烟草打假“天府利剑”专项行动

成都市全市集中打击走私烟草专卖品专项整治行动

云南省昆明市“春城风暴”市场整治专项行动

西安市烟草专卖局“五一”专项整治行动

宝鸡市“春风二号”专项行动

甘肃省“陇剑3号”清理整顿卷烟市场专项行动

格尔木市烟草专卖局2014年“中秋”、“国庆”期间卷烟市场集中清理整顿专项行动国庆”节期间卷烟市场清理整顿专项行动

宁夏“打假治非”卷烟市场专项治理行动

宁夏“维权使命2014－Ⅰ”卷烟市场专项治理行动

新疆“亮剑－Ⅴ”卷烟市场清理整顿专项行动

【打击非法拼装烟机“903”行动有功单位名单】（国家烟草专卖局对打击非法拼装烟机“903”行动的表彰通报）（国烟专〔2014〕335号）（2014年9月19日公布）

一、浙江省“903”行动专案组

浙江省公安厅经侦总队

台州市公安局经侦支队

台州市公安局技侦支队

温岭市公安局

浙江省烟草专卖局专卖稽查总队

台州市烟草专卖局

温岭市烟草专卖局

二、湖北省“903”行动专案组

湖北省公安厅经侦总队

随州市公安局经侦支队

随州市公安局技侦支队

随州市公安局特警支队

随县公安局

湖北省烟草专卖局专卖稽查总队

随州市烟草专卖局

三、河南省“903”行动专案组

河南省公安厅经侦总队

许昌市公安局经侦支队

许昌市公安局技侦支队

周口市公安局经侦支队

周口市公安局技侦支队

漯河市公安局经侦支队

漯河市公安局技侦支队

商丘市公安局经侦支队

商丘市公安局技侦支队

河南省烟草专卖局专卖稽查总队

漯河市烟草专卖局专卖监督管理科

商丘市烟草专卖局

周口市城区烟草专卖局

四、广东省“903”行动专案组

广东省公安厅经侦总队

潮州市公安局经侦支队

汕头市公安局经侦支队

汕尾市公安局经侦支队

揭阳市公安局经侦支队

五、福建省“903”行动专案组

福建省公安厅经侦总队

漳州市公安局经侦支队

六、云南省“903”行动专案组

云南省公安厅经侦总队

云南省公安厅技侦总队

红河州公安局经侦支队

昆明市公安局五华区分局经侦大队

七、辽宁省“903”行动专案组

辽宁省公安厅经侦总队

丹东市公安局经侦支队

【2014 年全国烟草行业离退休干部先进集体表彰名单】 （中国烟草总公司关于表彰烟草行业离退休干部先进集体和先进个人的决定）（中烟办〔2015〕80 号）（2015 年 3 月 24 日公布）

中国烟草总公司离退休干部办公室党总支恒昌党支部

中国烟草总公司北京市公司离退休第三党支部

中国烟草总公司河北省公司机关离退人员党支部

中国烟草总公司山西省公司机关离退休人员党支部

内蒙古自治区烟草公司呼和浩特市公司机关离退休党支部

中国烟草总公司辽宁省公司机关离退休党支部

中国烟草总公司吉林省公司机关离退休干部党支部

中国烟草总公司黑龙江省公司机关离退办党总支

上海烟草集团有限责任公司离休干部党总支

江苏省烟草公司南通市公司离退休干部党支部

中国烟草总公司浙江省公司机关离退休党支部

中国烟草总公司安徽省公司机关离退休党总支

安徽省烟草公司宿州市公司离退休党支部

中国烟草总公司福建省公司离退休人员第一支部

江西省烟草公司抚州市公司机关离退休干部党支部

山东省临沂市烟草有限公司机关离退休人员第二党支部

山东省潍坊市烟草有限公司老年志愿服务队

中国烟草总公司河南省公司机关离退休党总支

河南省烟草公司洛阳市公司离退休党支部

湖北省烟草公司武汉市公司机关党委第六支部

湖南省烟草公司永州市公司机关第九党支部

中国烟草总公司广东省公司离退休人员党支部

中国烟草总公司广西壮族自治区公司机关离退休第一党支部

海南省烟草公司海口公司第六党支部

四川省烟草公司广元市公司机关离退休党支部

贵州省烟草公司遵义市公司习水县分公司离退休党支部

云南省烟草公司昆明市公司寻甸县分公司离退休干部职工协会

中国烟草总公司陕西省公司机关离退休干部党支部

甘肃省烟草公司兰州市公司离退休党支部

中国烟草总公司宁夏回族自治区公司机关离退休干部党支部

中国烟草总公司新疆维吾尔自治区公司机关离退休党支部

中国烟草总公司重庆市公司机关离退休党支部

中国烟草总公司大连市公司机关离退休干部党支部

河北白沙烟草有限责任公司保定卷烟厂互助组

江苏中烟工业有限责任公司南京卷烟厂离退休党支部

浙江中烟工业有限责任公司直属离退休人员党支部

安徽中烟工业有限责任公司蚌埠卷烟厂离退休干部党支部

厦门烟草工业有限责任公司离退休干部党支部

山东中烟工业有限责任公司青州卷烟厂离退休第三党支部

河南中烟工业有限责任公司洛阳卷烟厂离退休党总支

河南中烟工业有限责任公司漯河卷烟厂离退休党支部

湖北中烟工业有限责任公司武汉卷烟厂老干党支部

湖南中烟工业有限责任公司四平卷烟厂离退休干部党支部

广东中烟工业有限责任公司广州卷烟厂离退休第二党支部

广西中烟工业有限责任公司南宁卷烟厂离退休党总支部

四川烟草工业有限责任公司成都分厂内退退休党支部

贵州中烟工业有限责任公司遵义卷烟厂离退休党支部

红云红河烟草（集团）有限责任公司机关第五党总支第三支部

陕西中烟工业有限责任公司宝鸡卷烟厂离退休干部党支部

江西中烟工业有限责任公司南昌卷烟厂离退休干部党支部

中国烟草机械集团有限责任公司上海烟草机械有限责任公司离退休党支部

中国烟草实业发展中心红塔辽宁烟草有限责任公司沈阳卷烟厂离退休干部党支部

【全国烟草行业第二十五届优秀质量管理小组成果发布会获奖名单】 （中国烟草总公司关于表彰全国烟草行业第二十五届优秀质量管理小组成果的通报）（中烟办〔2014〕192 号）（2014 年 8 月 8 日公布）

商业企业质量管理小组获奖名单

一等奖

序号	单位名称	课题名称	小组名称
1	山东济南市公司	卷烟价格标签打印系统的开发	甲骨文 QC 小组
2	江西萍乡市公司	创建实物资产信息化盘点新方法	金算盘 QC 小组
3	湖南郴州市公司临武县分公司	降低密集烤房烟叶烘烤成本费用	金叶烘烤 QC 小组
4	广西桂林市公司	斜向条烟检测装置的研制	奇思妙想 QC 小组
5	福建泉州市公司	提高省产烟箱回收合格率	绎流 QC 小组
6	深圳市公司物流中心	创建零配件精益管理模式	智胜 QC 小组

二等奖

序号	单位名称	课题名称	小组名称
1	山东潍坊市公司	移动式小型散叶成捆机的研制	龙腾 QC 小组
2	四川成都市公司	烟草零售许可审查文书自动生成辅助工具的研发	扬帆启航 QC 小组
3	福建三明市公司	简易基质搅拌装填一体机研制	求实 QC 小组
4	江苏徐州市公司	减少分拣线数据处理器维修费用	寻梦 QC 小组

续表

序号	单位名称	课题名称	小组名称
5	四川泸州市公司	卷烟分拣线自动倒烟装置的研制	征途 QC 小组
6	湖南长沙市公司浏阳分公司	降低烟用农药物资损耗率	紫荆进取 QC 小组
7	浙江富阳市公司	磁力探测装置的研制	12 秒 QC 小组
8	安徽池州市公司	远程信息化运维系统开发	度量衡 QC 小组
9	山西运城市公司	降低 ZFY－560830－S 高速复合分拣机卡烟率	执行者 QC 小组
10	福建武夷烟叶有限公司	提高原烟周转箱单箱空间利用率	武夷制造 QC 小组
11	浙江温州市公司	烟包中转可视化笼车装载系统的研发	精实 QC 小组
12	广西崇左市公司天等营销部	提升真龙（海韵）一类烟销售比例	拓荒 QC 小组
13	山东青岛市公司	降低 GF21 型通道式分发机条烟卡阻率	迅捷 QC 小组
14	贵州遵义市公司绥阳县分公司	烤房新型加热器的研制	蒲场科技园 QC 小组

三等奖

序号	单位名称	课题名称	小组名称
1	江西抚州市公司资溪分公司	自动计穴打穴器的研发	灵光 QC 小组
2	四川宜宾复烤厂	降低打叶机组断料时的耗电量	三江源 QC 小组
3	山西太原市公司	降低 TYT12150 分拣设备易损件消耗费用	精细严 QC 小组
4	深圳市公司	降低装箱机故障率	传奇 QC 小组
5	宁夏吴忠市公司	降低塔式 A 字半自动分拣线卷烟破损率	润夏 QC 小组
6	贵州遵义市公司遵义县公司	螺旋式高效轻便水窖打孔器的研制	金鼎 QC 小组
7	广西南宁市公司	降低物流“万支电耗”指标	节能降耗 QC 小组
8	北京市公司	降低件烟库一层出端补货信号故障频次	物流中心创新 QC 小组
9	浙江嘉兴市公司	提高分拣线一号工程标准条烟打码精准率	业务信息 QC 小组
10	湖北十堰市公司	香溢 SCED－100 型分拣线订单盒自动分离回转及烟姿调整装置研制	武当问道 QC 小组
11	上海烟草集团虹口烟草糖酒有限公司	提高现代终端消费者数据库活跃人数	烟草悦动 QC 小组
12	江西九江市公司瑞昌分公司	提升一类卷烟预测准确率	润品 QC 小组
13	吉林省吉林市公司	许可证办理“一次申请全程服务”	服务到家 QC 小组
14	河南濮阳市公司	新型防切烟条烟裹膜包装机的研制	精益 007QC 小组

工业企业质量管理小组获奖名单

一等奖

序号	单位名称	课题名称	小组名称
1	广西中烟工业有限责任公司技术中心	提高真龙（海韵）焦油量控制精度	龙韵 QC 小组

续表

序号	单位名称	课题名称	小组名称
2	江苏中烟工业有限责任公司徐州卷烟厂	烟用内衬纸中可转移性重金属含量测定方法的开发	亮剑 QC 小组
3	广东中烟工业有限责任公司梅州卷烟厂	YJ17 型卷烟机第三次梗丝分离装置的研制	雷鸣 QC 小组
4	山东中烟工业有限责任公司济南卷烟厂	研制快拆型皮带输送机清洁毛刷总成	启明星 QC 小组
5	江西中烟工业有限责任公司南昌卷烟厂	梗丝加料防堵塞管路系统的研制	五星 QC 小组
6	河北白沙烟草有限责任公司保定卷烟厂	SQ213 型切丝机分料除尘斗的研制	奋进 QC 小组
7	贵州中烟工业有限责任公司毕节卷烟厂	研制浸渍器冷凝水吸取装置	跨越 QC 小组
8	安徽中烟工业有限责任公司芜湖卷烟厂	叶片预处理段快速换型模式的设计	精益先锋 QC 小组
9	河南中烟工业有限责任公司郑州卷烟厂	降低制丝生产线退出物含丝率	精工 QC 小组
10	陕西中烟工业有限责任公司汉中卷烟厂	研制带式输送机密封皮专用更换工具	制丝创新 QC 小组

二等奖

序号	单位名称	课题名称	小组名称
1	贵州中烟工业有限责任公司贵阳卷烟厂	研制仓储环节烟箱快速打包装置	金小蜂 QC 小组
2	厦门烟草工业有限责任公司	回收烟箱防错牌在线监控系统的研发	雄鹰 QC 小组
3	安徽中烟工业有限责任公司阜阳卷烟厂	WQ35 超级回潮机出口水分新型控制方法的设计	“YOLO” QC 小组
4	红塔烟草（集团）有限责任公司玉溪卷烟厂	降低 PROTOS2 -2 卷接机组梗签含丝率	先锋 QC 小组
5	湖南中烟工业有限责任公司常德卷烟厂	PT70 卷烟机光电式烟条外观检测系统的研制	东方红 QC 小组
6	广西中烟工业有限责任公司南宁卷烟厂	叶片松散回潮机均料系统的研制	亮点 QC 小组
7	河北白沙烟草有限责任公司	切丝段新控制系统的研制	七彩钻石 QC 小组
8	江苏中烟工业有限责任公司淮阴卷烟厂	排潮风机自动清洁装置的研制	精益 QC 小组
9	上海烟草集团有限责任公司上海卷烟厂	降低硬中华卷烟排出物梗中含丝率	工艺质量科三班 QC 小组
10	浙江中烟工业有限责任公司杭州卷烟厂	研制 M8 滤棒供给快速切换装置	创新工作室 QC 小组
11	红云红河烟草（集团）有限责任公司曲靖卷烟厂	GDX1 小包透明纸长边搭口外观检测装置的研制	360QC 小组
12	广东中烟工业有限责任公司广州卷烟厂	降低空压站单位耗电量	三力 QC 小组
13	上海烟草集团有限责任公司	研究烟用材料中汞元素测定的方法	“QIT” QC 小组
14	龙岩烟草工业有限责任公司	研制新型 M5 卷烟机烟梗剔除输送装置	炫狼 QC 小组

三等奖

序号	单位名称	课题名称	小组名称
1	深圳烟草工业有限责任公司	新型原梗投料系统的开发	聚劲 QC 小组
2	红塔辽宁烟草有限责任公司营口卷烟厂	再用烟箱稳定装置的研制	精益 QC 小组
3	红塔烟草（集团）有限责任公司楚雄卷烟厂	降低 YF172 滤棒提升段皮带驱动链故障频次	滤棒成型机组 QC 小组
4	陕西中烟工业有限责任公司宝鸡卷烟厂	研制新型 YF17 提升机转弯弧板	龙舟一号 QC 小组

续表

序号	单位名称	课题名称	小组名称
5	山东中烟工业有限责任公司青岛卷烟厂	减少 PASSIM 卷烟机平准器传动故障停机时间	开创号 QC 小组
6	红云红河烟草（集团）有限责任公司昆明卷烟厂	降低 KDF2E 成型机料棒加料超差率	滤棒技术攻坚 QC 小组
7	河南中烟工业有限责任公司南阳卷烟厂	研制卷烟小盒内包装质量检测仪	群英 QC 小组
8	重庆烟草工业有限责任公司重庆分厂	提高制丝质量优等品率	制丝刀锋 QC 小组
9	浙江中烟工业有限责任公司技术中心	再造烟叶烟末原料分类及组配方法的设计	阳光 QC 小组
10	上海烟草集团北京卷烟厂	提高加盖机加盖成功率	求是 QC 小组
11	江西中烟工业有限责任公司井冈山卷烟厂	降低 GDX2 硬包机 2 号剔除点次品量	蜘蛛 QC 小组
12	湖北中烟工业有限责任公司恩施卷烟厂	降低超细支烟外观缺陷率	开拓者 QC 小组
13	上海烟草机械有限责任公司	提高 ZB45、ZB25 型大修机组基础零件的现场到位率	精益求精 QC 小组
14	南通醋酸纤维有限公司	提高带式压滤机出泥量	动力部 B 班 QC 小组

【中国烟草总公司2014年度科学技术进步奖名单】 （中国烟草总公司关于2014年度科学技术奖励的决定）（中烟办〔2015〕31号）（2015年1月28日公布）

序号	项目中文名称	项目类别	获奖等级	主要完成人	主要完成单位	推荐单位
1	彰显黄金叶品牌风格特征关键技术研究	应用基础研究与应用技术研究类	一等奖	马宇平、聂　聪、王文领、周　浩、陈芝飞、丁美宙、彭玉富、杨　峰、姚光明、苏东赢、张　杰、王二彬、梁太波、戴建国、王平军、孙世豪、田海英、宋金勇、邱建华、李怀奇	河南中烟工业有限责任公司 河南卷烟工业烟草薄片有限公司 中国烟草总公司郑州烟草研究院 民丰特种纸股份有限公司	河南中烟工业有限责任公司
2	烟草秸秆生物有机肥研制与产业化应用	应用基础研究与应用技术研究类	一等奖	杨　树、黄树立、谭志平、祖秉桥、王昌军、马　昕、李锡宏、秦兴成、廖泽敏、冉亚屏、王　瑞、施河丽、樊　俊、谭　军、余　君、陈守文、陈国华、向德恩、高　勇、邸慧慧	湖北省烟草公司恩施州公司 湖北省烟草科学研究院 华中农业大学	湖北省烟草专卖局（公司）
3	支持卷烟全供应链的全物料单件批次追踪与溯源关键技术及应用	应用基础研究与应用技术研究类	二等奖	刘建设、孟伟刚、许明忠、张思荣、储国海、章志华、王建军、汪欢文、王宏铝、陆海龙、陆海良、姜学峰、许小双、张德春、杨鹤良	浙江中烟工业有限责任公司 国际商业机器（中国）有限公司	浙江中烟工业有限责任公司
4	降低 HCN 和巴豆醛的天然植物多孔材料开发及在云烟低焦高端产品中的应用	应用基础研究与应用技术研究类	二等奖	武　怡、冯　斌、王明锋、朱保昆、廖头根、陶　鹰、何　靓、王文元、李　赓、张　伟、者　为、段焰青、蒋举兴、宫玉鹏、申晓锋	红云红河烟草（集团）有限责任公司 云南烟草科学研究院 云南大学	云南中烟工业有限责任公司
5	黄山“焦甜香”品类构建	应用基础研究与应用技术研究类	二等奖	舒俊生、宁　敏、陈开波、徐志强、张晓兵、丁　辉、丁乃红、姚忠达、牛　勇、徐迎波、田振峰、刘惠民、王程辉、佘世科、刘绍锋	安徽中烟工业有限责任公司	安徽中烟工业有限责任公司

续表

序号	项目中文名称	项目类别	获奖等级	主要完成人	主要完成单位	推荐单位
6	造纸法再造烟叶高速高效清洁稳定生产关键技术	应用基础研究与应用技术研究类	二等奖	夏正林、杨　涛、袁肖琴、P. Kwarta、周　瑾、王金川、傅源锋、周　兵、吴炎国、李正勇、马清泉、杨成义、安志强、赵洪恩、吴宇航	广东省金叶科技开发有限公司	广东省烟草专卖局（公司）
7	卷烟燃吸温度分布影响因素及其与有害成分释放量关系的研究	应用基础研究与应用技术研究类	二等奖	银董红、李　斌、谢国勇、王　兵、刘金云、刘晓萍、谭新良、王　乐、秦亮生、徐大勇	湖南中烟工业有限责任公司 中国烟草总公司郑州烟草研究院	湖南中烟工业有限责任公司
8	烟草叶部病害预警与调控关键技术研究及应用	应用基础研究与应用技术研究类	三等奖	丁　伟、肖　鹏、吴元华、罗建钦、许安定、李常军、李承荣、王振国、王学杰、李石力	中国烟草总公司重庆市公司 西南大学 沈阳农业大学 广西中烟工业有限责任公司	重庆市烟草专卖局（公司）
9	不同香型烟叶典型产区生态特征研究	应用基础研究与应用技术研究类	三等奖	尹启生、李志宏、张艳玲、李军营、潘文杰、王建伟、张云贵、过伟民、刘　阳、梁太波	中国烟草总公司郑州烟草研究院 中国农业科学院农业资源与农业区划研究所 云南省烟草农业科学研究院 贵州省烟草科学研究院	中国烟草总公司郑州烟草研究院
10	云南地区部分特色烟用香原料开发及其应用	应用基础研究与应用技术研究类	三等奖	郭生云、韩智强、阴耕云、范多青、龚荣岗、蔡炳彪、高则睿、刘劲芸、王明锋、牟定荣	云南烟草科学研究院 红云红河烟草（集团）有限责任公司 红塔烟草（集团）有限责任公司	云南中烟工业有限责任公司
11	津巴布韦烟叶烟气中关键香味物质的剖析	应用基础研究与应用技术研究类	三等奖	顾文博、吴　达、杨　菁、刘百战、张元杰、陈　磊、孙谢坤、王　亮、王　申、张浩博	上海烟草集团有限责任公司	上海烟草集团有限责任公司
12	烤烟烘烤特性遗传分析及QTL定位研究	应用基础研究与应用技术研究类	三等奖	徐秀红、许家来、王传义、任　民、刘传锋、李现道、龚达平、任　杰、张兴伟、王爱华	中国农业科学院烟草研究所 中国烟草总公司山东省公司	中国农业科学院烟草研究所
13	大型企业信息资源集成云管理平台研究与应用	应用基础研究与应用技术研究类	三等奖	侯杰华、邹　暾、姚利军、李益文、彭　俊、颜　玫、蒋晓方、蔡　喆、崔　凯、吕劲松	中国烟草总公司湖南省公司 湖南省烟草公司长沙市公司 湖南省烟草公司邵阳市公司	湖南省烟草专卖局（公司）
14	密集烤房散叶装烟技术的推广与应用	科学技术推广应用类	三等奖	谢已书、李智勇、罗　勇、陈　尧、包　勤、王　刚、丁　伟、曹　阳、韩孝六、李国彬	贵州省烟草科学研究院 中国烟草总公司贵州省公司 中国烟叶公司 贵州省烟草公司遵义市公司 贵州省烟草公司毕节市公司	贵州省烟草专卖局（公司）
15	云南烤烟青枯病菌鉴定与抗病资源筛选利用	应用基础研究与应用技术研究类	三等奖	刘　勇、李永平、樊龙江、李文正、李梅云、肖炳光、王　敏、范　江、许　文、姬广海	云南省烟草农业科学研究院 云南省烟草公司文山州公司	云南省烟草专卖局（公司）

续表

序号	项目中文名称	项目类别	获奖等级	主要完成人	主要完成单位	推荐单位
16	提高再造烟叶卷烟配方适用性的调控技术研究与应用	应用基础研究与应用技术研究类	三等奖	储国海、徐清泉、周　强、吴继忠、夏　琛、黄捍平、吴　键、廖　付、童　神、张立立	浙江中烟工业有限责任公司 杭州利群环保纸业有限公司	浙江中烟工业有限责任公司
17	福建生态条件下品种、栽培措施与烟叶风格特色关系研究	应用基础研究与应用技术研究类	三等奖	李文卿、陈顺辉、柯玉琴、李春俭、郭金平、蓝周焕、李永育、杨隆飞、林　勇、徐　茜	福建省烟草专卖局烟草农业科学研究所 福建农林大学 中国农业大学	福建省烟草专卖局（公司）
18	黄鹤楼品牌导向的原料体系研究	应用基础研究与应用技术研究类	三等奖	吴风光、何结望、闫铁军、王海明、汪　健、黎　根、李　琳、王　林、许自成、王豹祥	湖北中烟工业有限责任公司 河南农业大学	湖北中烟工业有限责任公司
19	烟草病虫害信息库及远程诊断预警系统研究与应用	应用基础研究与应用技术研究类	三等奖	秦西云、陈海如、夏振远、莫笑晗、杨　毅、方敦煌、郭应成、蔡　红、余　清、陶永萍	云南省烟草农业科学研究院 云南农业大学 云南省农业科学院生物技术与种质资源研究所 云南省烟草公司昆明市公司 云南省烟草公司保山市公司	云南省烟草专卖局（公司）
20	面向市场导向的北京烟草“京烟云商”系统	应用基础研究与应用技术研究类	三等奖	徐　瑆、甄晓勇、何　翔、江　涛、谢　刚、赵　河、李　宁、韦　琪、李忠旭、薛建国	北京市烟草专卖局（公司）	北京市烟草专卖局（公司）
21	造纸法再造烟叶高水平中试生产线创新工艺与装备研发	应用基础研究与应用技术研究类	三等奖	徐广晋、余红涛、关　平、刘建平、冯　斌、王保兴、王　焰、陈正春、李　伟、张天栋	云南中烟再造烟叶有限责任公司 昆明船舶设备集团有限公司 云南中烟工业有限责任公司 云南瑞升烟草技术（集团）有限公司	云南中烟工业有限责任公司
22	降低烟叶TSNAs含量的农业综合配套技术研究与应用	应用基础研究与应用技术研究类	三等奖	杨春雷、周　骏、杨锦鹏、余　君、马雁军、白若石、高艾飞、刘圣高、徐芳森、胡国元	湖北省烟草科学研究院 上海烟草集团北京卷烟厂 华中农业大学	湖北省烟草专卖局（公司）
23	卷烟烟气中苯并〔a〕芘形成机理研究	应用基础研究与应用技术研究类	三等奖	陈永宽、刘志华、王昆淼、缪明明、刘春波、何　沛、张　涛、韩敬美、赵　伟、孔维松	云南烟草科学研究院	云南中烟工业有限责任公司
24	烤烟新品种湘烟3号的选育及推广应用	科学技术推广应用类	三等奖	胡日生、赵松义、杨全柳、刘正日、高春洋、李宏光、何华波、朱列书、成军平、李永富	中国烟草中南农业试验站 湖南省烟草公司永州市公司 湖南省烟草公司郴州市公司 湖南省烟草公司邵阳市公司	湖南省烟草专卖局（公司）
25	节能型梗丝低速气流干燥设备研发及应用研究	应用基础研究与应用技术研究类	三等奖	刘洪涌、马铁兵、姚光明、彭桂新、刘朝贤、贾会志、崔少卿、徐合军、王秋领、王瑞珍	智思控股集团有限公司 中国烟草总公司郑州烟草研究院 河南中烟工业有限责任公司	智思控股集团有限公司
26	生物技术提高雪茄烟叶品质的关键技术研究与应用	应用基础研究与应用技术研究类	三等奖	汪长国、戴　亚、刘一兵、李　宁、冯广林、曾代龙、赵　敏、杨　军、寇明钰、吴　艳	川渝中烟工业有限责任公司	川渝中烟工业有限责任公司

【中国烟草总公司2014年度技术发明奖】（中国烟草总公司关于2014年度科学技术奖励的决定 中烟办〔2015〕31号）（2015年1月28日公布）

序号	项目中文名称	获奖等级	主要完成人	推荐单位
1	烟草介质花粉的研究及在种子生产中的规模化应用	一等奖	马文广、郑昀晔、牛永志、邵　岩、胡　晋、宋碧清、索文龙、李永平、邓盛斌、肖江海	云南省烟草专卖局（公司）
2	烤烟井窖式移栽高效促苗技术	二等奖	田劲松、龙鹏臻、罗会斌、马　健、唐茂兴、艾永峰、鲁廷军、潘文杰	贵州省烟草专卖局（公司）
3	苔清香型烟用香料的制备方法及其在卷烟加香中的应用	三等奖	庄亚东、朱怀远、张　映、万　敏、张　媛、熊晓敏	江苏中烟工业有限责任公司
4	纵向多圆滤嘴棒的开发	三等奖	王建新、陈文全、叶明樵、程占刚、胡素霞、刘详谋	湖北中烟工业有限责任公司

【烟草行业入选“2014年度中国企业500强”单位名单】（中国企业联合会、中国企业家协会发布）（2014年9月2日发布）

排　名	企业名称
122	上海烟草集团有限责任公司
141	红塔烟草（集团）有限责任公司
155	红云红河烟草（集团）有限责任公司
189	湖北中烟工业有限责任公司
207	浙江中烟工业有限责任公司
352	贵州中烟工业有限责任公司
402	福建中烟工业有限责任公司

【烟草行业入选“2014年度中国制造业企业500强”单位名单】（中国企业联合会、中国企业家协会发布）（2014年9月2日发布）

排　名	企业名称
48	上海烟草集团有限责任公司
56	红塔烟草（集团）有限责任公司
66	红云红河烟草（集团）有限责任公司
84	湖北中烟工业有限责任公司
94	浙江中烟工业有限责任公司
178	贵州中烟工业有限责任公司
204	福建中烟工业有限责任公司
290	广西中烟工业有限责任公司
342	重庆烟草工业有限责任公司
344	江西中烟工业有限责任公司
442	河北白沙烟草有限责任公司
427	黑龙江烟草工业有限责任公司
478	张家口卷烟厂有限责任公司

2014年行业获评高级专业技术资格人员名单

经中国烟草总公司各系列高级专业技术资格评审委员会评审通过，中国烟草总公司职称改革工作领导小组审定，中国烟草总公司印发《中国烟草总公司关于确认周国俊等416人高级专业技术资格的通知》（中烟办〔2015〕16号），同意确认周国俊等10人研究员资格，时间从2014年9月10日起算；葛少林等9人副研究员资格，时间从2014年9月10日起算；董晓民等123人高级工程师资格，时间从2014年9月3日起算；关博谦等57人高级农艺师资格，时间从2014年9月17日起算；王允忠等70人高级经济师资格，时间从2014年9月25日起算；冯霞等79人高级会计师资格，时间从2014年10月16日起算；刘明炉等57人高级政工师资格，时间从2014年8月28日起算。

经中国烟草总公司委托地方人社厅评审通过，中国烟草总公司职称改革工作领导小组审定，同意确认江苏中烟工业有限责任公司李军高级审计师资格，时间从2014年8月27日起算；中国烟草总公司安徽省公司程国亚高级审计师资格，时间从2013年12月13日起算；中国烟草总公司山东省公司张洁高级审计师资格，时间从2014年6月29日起算；中国烟草总公司山东省公司王惠卿副研究馆员资格，时间从2014年3月14日起算；山东中烟工业有限责任公司李海燕副主任医师资格，时间从2012年12月30日起算；中国烟草总公司河南省公司李明端、孙如燕高级讲师资格，时间从2013年12月24日起算；河南中烟工业有限责任公司上官泽林主任医师资格，时间从2013年12月5日起算；云南中烟工业有限责任公司林志梅、郭晓玲高级统计师资格，时间从2014年9月26日起算；郑州烟草研究院曹娟编审资格，时间从2013年12月13日起算。

【研究员名单】

周国俊　浙江中烟工业有限责任公司
马宇平　河南中烟工业有限责任公司
孔浩辉　广东中烟工业有限责任公司
李东亮　川渝中烟工业有限责任公司
曾晓鹰　云南中烟工业有限责任公司
胡　群　云南中烟工业有限责任公司
席年生　中国烟草总公司郑州烟草研究院
张晓兵　中国烟草总公司郑州烟草研究院
李炎强　中国烟草总公司郑州烟草研究院
李　栋　中国烟草总公司郑州烟草研究院

【副研究员名单】

葛少林　安徽中烟工业有限责任公司
吴风光　湖北中烟工业有限责任公司
梁永江　中国烟草总公司贵州省公司
孔光辉　中国烟草总公司云南省公司
李文正　中国烟草总公司云南省公司
高玉龙　中国烟草总公司云南省公司
夏建军　云南中烟工业有限责任公司
孙世豪　中国烟草总公司郑州烟草研究院
胡启秀（女）　中国烟草总公司郑州烟草研究院

【高级工程师名单】

辜菊水　中国卷烟销售公司
刘征骁　国家局科技司
李　宁　中国烟草总公司北京市公司
林　琳（女）　中国烟草总公司北京市公司
黄光莉（女）　中国烟草总公司北京市公司
刘　波　河北中烟工业有限责任公司
刘树林　河北中烟工业有限责任公司
刘禹江　河北中烟工业有限责任公司
潘文亮　河北中烟工业有限责任公司
卢　游　上海烟草集团有限责任公司
王伟琦　上海烟草集团有限责任公司
王　晔　上海烟草集团有限责任公司
顾文博　上海烟草集团有限责任公司
沙云菲（女）　上海烟草集团有限责任公司
赵　霙　上海烟草集团有限责任公司
朱怀远　江苏中烟工业有限责任公司

曹　毅　江苏中烟工业有限责任公司
郑晓云　江苏中烟工业有限责任公司
沈晓晨　江苏中烟工业有限责任公司
周奎田　江苏中烟工业有限责任公司
李　坤　江苏中烟工业有限责任公司
张洪召　江苏中烟工业有限责任公司
李　青　江苏中烟工业有限责任公司
顾华江　中国烟草总公司浙江省公司
陆海龙　浙江中烟工业有限责任公司
边腾飞　浙江中烟工业有限责任公司
黄芳芳（女）　浙江中烟工业有限责任公司
蒋　健　浙江中烟工业有限责任公司
李海锋　浙江中烟工业有限责任公司
王　韵（女）　浙江中烟工业有限责任公司
吴　键　浙江中烟工业有限责任公司
潘佰林　浙江中烟工业有限责任公司
徐伟民　浙江中烟工业有限责任公司
黎　勇　浙江中烟工业有限责任公司
杨晓亮　中国烟草总公司安徽省公司
高顺利　中国烟草总公司安徽省公司
张　琦　安徽中烟工业有限责任公司
牛　勇　安徽中烟工业有限责任公司
苏明亮　福建中烟工业有限责任公司
连芬燕（女）　福建中烟工业有限责任公司
钟文焱　福建中烟工业有限责任公司
詹建胜　福建中烟工业有限责任公司
代宁光　福建中烟工业有限责任公司
柯朝晖　福建中烟工业有限责任公司
张雄杰　福建中烟工业有限责任公司
王　磊　中国烟草总公司山东省公司
迟建国　中国烟草总公司山东省公司
徐　平　山东中烟工业有限责任公司
岳俊玲（女）　山东中烟工业有限责任公司
朱　敏（女）　山东中烟工业有限责任公司
张钦峰　山东中烟工业有限责任公司
贾玉国　山东中烟工业有限责任公司
郭忠成　山东中烟工业有限责任公司
于宏晓　山东中烟工业有限责任公司
张弘韬　河南中烟工业有限责任公司
常明升　河南中烟工业有限责任公司
高格凌　河南中烟工业有限责任公司
李金学　河南中烟工业有限责任公司
李松峰　河南中烟工业有限责任公司
田海英（女）　河南中烟工业有限责任公司
张俊岭　河南中烟工业有限责任公司
江光中　中国烟草总公司湖北省公司
柯炜昌　湖北中烟工业有限责任公司
李　超　湖北中烟工业有限责任公司
覃艳东　湖北中烟工业有限责任公司
谭　烨　湖北中烟工业有限责任公司
林国华　湖南中烟工业有限责任公司
庹苏行（女）　湖南中烟工业有限责任公司
赵　瑜　湖南中烟工业有限责任公司
黄建国　湖南中烟工业有限责任公司
喻树洪　湖南中烟工业有限责任公司
李昌权　湖南中烟工业有限责任公司
刘　丹（女）　广东中烟工业有限责任公司
梁　荣　广东中烟工业有限责任公司
陈森林　广东中烟工业有限责任公司
汪军霞（女）　广东中烟工业有限责任公司
曾　健　广东中烟工业有限责任公司
李小兰（女）　广西中烟工业有限责任公司
刘启斌　广西中烟工业有限责任公司
冯守爱　广西中烟工业有限责任公司
马扩彦（女）　川渝中烟工业有限责任公司
黎洪利　川渝中烟工业有限责任公司
饶　健（女）　中国烟草总公司贵州省公司
张晓瑜　中国烟草总公司贵州省公司
方有贵　中国烟草总公司贵州省公司
江家洪　中国烟草总公司贵州省公司
陈建强　贵州中烟工业有限责任公司
周红光　贵州中烟工业有限责任公司
尹晓东　中国烟草总公司云南省公司
邹　泉　云南中烟工业有限责任公司
冒德寿　云南中烟工业有限责任公司
王家俊　云南中烟工业有限责任公司
李　赓　云南中烟工业有限责任公司
周桂园　云南中烟工业有限责任公司

杨剑锋 云南中烟工业有限责任公司
门 鹏 中国烟草总公司陕西省公司
寇东玲（女） 陕西中烟工业有限责任公司
种增俊 陕西中烟工业有限责任公司
何育萍（女） 陕西中烟工业有限责任公司
杜光尧 中国烟草总公司甘肃省公司
王 锴 中国烟草总公司甘肃省公司
李善莲 中国烟草总公司郑州烟草研究院
邓国栋 中国烟草总公司郑州烟草研究院
杨 松 中国烟草总公司郑州烟草研究院
颜权平 中国烟草总公司郑州烟草研究院
曾世通 中国烟草总公司郑州烟草研究院
蒋锦锋 中国烟草总公司郑州烟草研究院
朱风鹏 国家烟草质量监督检验中心
刘 彤（女） 国家烟草质量监督检验中心
黄 骅 南通醋酸纤维有限公司
黄建新 南通醋酸纤维有限公司
李 毅 昆明醋酸纤维有限公司
胡国胜 中烟机械集团有限责任公司
刘伟忠 中烟机械集团有限责任公司
何 平 中烟机械集团有限责任公司
周诗伟 中烟机械集团有限责任公司
李建英 中烟机械集团有限责任公司
齐海涛 中烟机械集团有限责任公司
董晓民 中国烟草实业发展中心
董海涛 中国烟草实业发展中心
叶晓青 中国烟草实业发展中心
尉 朝 中国烟草实业发展中心
莫 若 中国烟草实业发展中心

【高级农艺师名单】

关博谦 中国烟叶公司
蔡 虎 中国烟草总公司内蒙古自治区公司
张 权 中国烟草总公司吉林省公司
王春军 中国烟草总公司黑龙江省公司
刘 伟 中国烟草总公司黑龙江省公司
周初跃 安徽中烟工业有限责任公司
郭东锋 安徽中烟工业有限责任公司
张清明 中国烟草总公司福建省公司
陈志厚 中国烟草总公司福建省公司
吴开成 中国烟草总公司山东省公司
王喜功 中国烟草总公司山东省公司
刘中庆 中国烟草总公司山东省公司
王术科 中国烟草总公司山东省公司
田福海 中国烟草总公司山东省公司
李联玉 中国烟草总公司山东省公司
孙昌友 中国烟草总公司山东省公司
张永春 中国烟草总公司山东省公司
牛宝权 中国烟草总公司河南省公司
刘占卿 中国烟草总公司河南省公司
袁洪涛 中国烟草总公司湖北省公司
黄文昌 中国烟草总公司湖北省公司
孟贵星 中国烟草总公司湖北省公司
谭 军 中国烟草总公司湖北省公司
陈永德 中国烟草总公司湖北省公司
郭 利 中国烟草总公司湖北省公司
刘圣高 中国烟草总公司湖北省公司
刘岱松（女） 中国烟草总公司湖北省公司
郑雄志 中国烟草总公司湖南省公司
裴晓东 中国烟草总公司湖南省公司
李 帆 中国烟草总公司湖南省公司
王国平 中国烟草总公司湖南省公司
余金龙 中国烟草总公司湖南省公司
巢 进 中国烟草总公司湖南省公司
符建国 湖南中烟工业有限责任公司
宋 浩 湖南中烟工业有限责任公司
叶为民 广东中烟工业有限责任公司
高华军 中国烟草总公司广西壮族自治区公司
卢 健 广西中烟工业有限责任公司
邓宾玲（女） 广西中烟工业有限责任公司
曾祥难 广西中烟工业有限责任公司
秦艳青（女） 中国烟草总公司四川省公司
谭晓华 川渝中烟工业有限责任公司
叶江平 中国烟草总公司贵州省公司
蒋 卫 中国烟草总公司贵州省公司
周为华（女） 中国烟草总公司贵州省公司
黄化刚 中国烟草总公司贵州省公司
熊 晶 中国烟草总公司贵州省公司

李跃平　中国烟草总公司云南省公司
张立猛　中国烟草总公司云南省公司
王跃金　中国烟草总公司云南省公司
唐　斌　中国烟草总公司云南省公司
布云虹（女）　中国烟草总公司云南省公司
徐安传　云南中烟工业有限责任公司
张建党　中国烟草总公司陕西省公司
梁太波　中国烟草总公司郑州烟草研究院
王建伟　中国烟草总公司郑州烟草研究院
金立锋　中国烟草基因研究中心

【高级经济师名单】

王允忠　国家局经济运行司
张弘毅　国家局发展计划司
屈湘辉　中国卷烟销售公司
刘　玮　中国烟草总公司北京市公司
任惠琳（女）　中国烟草总公司北京市公司
钱　江　中国烟草总公司河北省公司
刘庆岩（女）　中国烟草总公司河北省公司
王建新　中国烟草总公司河北省公司
秦发亮　中国烟草总公司河北省公司
段铁力　河北中烟工业有限责任公司
杨瑞华　河北中烟工业有限责任公司
张玉泉　中国烟草总公司内蒙古自治区公司
李　盛　中国烟草总公司内蒙古自治区公司
高　刚　中国烟草总公司辽宁省公司
李　敏（女）　中国烟草总公司辽宁省公司
李丽娜（女）　中国烟草总公司辽宁省公司
张　弘（女）　中国烟草总公司吉林省公司
康　乐　中国烟草总公司黑龙江省公司
张　亮　中国烟草总公司黑龙江省公司
姜立功　上海烟草集团有限责任公司
徐国强　上海烟草集团有限责任公司
谢韶军　上海烟草集团有限责任公司
刘　涛　上海烟草集团有限责任公司
蔡文喜　上海烟草集团有限责任公司
赵松高　上海烟草集团有限责任公司
陈维新　上海烟草集团有限责任公司
陆忠平　上海烟草集团有限责任公司
张建农　中国烟草总公司江苏省公司
吴立豪　中国烟草总公司江苏省公司
陈德全　中国烟草总公司江苏省公司
陈东魁　江苏中烟工业有限责任公司
蒋仲泉　中国烟草总公司浙江省公司
倪雄军　浙江中烟工业有限责任公司
俞金燕（女）　浙江中烟工业有限责任公司
张命军　浙江中烟工业有限责任公司
项建安　中国烟草总公司安徽省公司
王世华　中国烟草总公司安徽省公司
丁惠萍（女）　中国烟草总公司安徽省公司
张　力　安徽中烟工业有限责任公司
黄学良　中国烟草总公司福建省公司
刘训榕　福建中烟工业有限责任公司
肖　建　福建中烟工业有限责任公司
胡义强　中国烟草总公司江西省公司
旷　麟　中国烟草总公司江西省公司
张云华（女）　中国烟草总公司江西省公司
许坤岭　中国烟草总公司山东省公司
战庆腾　中国烟草总公司山东省公司
戚　刚　中国烟草总公司山东省公司
栾维华（女）　中国烟草总公司山东省公司
蒋声华　中国烟草总公司山东省公司
秦日伦　山东中烟工业有限责任公司
王振海　中国烟草总公司河南省公司
周崇成　河南中烟工业有限责任公司
窦俊强　河南中烟工业有限责任公司
邹元忠　中国烟草总公司湖北省公司
宋运球　中国烟草总公司湖南省公司
李江宁　广西中烟工业有限责任公司
谢志勇　广西中烟工业有限责任公司
苏海萍（女）　中国烟草总公司海南省公司
刘　伟　中国烟草总公司重庆市公司
江　南（女）　中国烟草总公司重庆市公司
李作民　中国烟草总公司四川省公司
白云峰　贵州中烟工业有限责任公司
包　毅　中国烟草总公司云南省公司
王　智　云南中烟工业有限责任公司
李　强　云南中烟工业有限责任公司

张永军　中国烟草总公司陕西省公司
葛治存　中国烟草总公司陕西省公司
王少东　中国烟草总公司甘肃省公司
郭天龙　中国烟草总公司大连市公司

【高级会计师名单】

冯　霞（女）　国家局财务（审计）司
童冠华　国家局财务（审计）司
孙一秀（女）　中国烟草实业发展中心
刘晓蓉（女）　中国烟草总公司北京市公司
侯少华（女）　中国烟草总公司北京市公司
刘玉双　中国烟草总公司北京市公司
李冬晨　中国烟草总公司北京市公司
王桂花（女）　中国烟草总公司河北省公司
苏亚敏（女）　中国烟草总公司河北省公司
郝志红（女）　中国烟草总公司河北省公司
石恒柱　河北中烟工业有限责任公司
李志宏　河北中烟工业有限责任公司
李慧晶（女）　中国烟草总公司吉林省公司
孙　敏（女）　中国双维投资有限公司
吴英杰（女）　中国烟草总公司吉林省公司
王廷辉　中国烟草总公司黑龙江省公司
郭金珺（女）　上海烟草集团有限责任公司
黄　东　中国烟草总公司江苏省公司
吕　杰　中国烟草总公司江苏省公司
刘茂奇　江苏中烟工业有限责任公司
王　虹（女）　中国烟草总公司浙江省公司
牛守奎　中国烟草总公司安徽省公司
曹　阳　中国烟草总公司安徽省公司
钟　瑶（女）　安徽中烟工业有限责任公司
王　超　安徽中烟工业有限责任公司
王　健　安徽中烟工业有限责任公司
薛　峰　安徽中烟工业有限责任公司
卢萌智（女）　福建中烟工业有限责任公司
邹　霞（女）　江西中烟工业有限责任公司
陈强玉　中国烟草总公司山东省公司
郭孟波　中国烟草总公司山东省公司
赵　克　中国烟草总公司山东省公司
杨春青（女）　中国烟草总公司山东省公司
林晓莉（女）　中国烟草总公司山东省公司
彭守意　中国烟草总公司山东省公司
褚秀雯（女）　山东中烟工业有限责任公司
李艳玲（女）　山东中烟工业有限责任公司
杜艳玲（女）　中国烟草总公司河南省公司
王艳丽（女）　中国烟草总公司河南省公司
谢庆红　河南中烟工业有限责任公司
张文科　河南中烟工业有限责任公司
王　淼　河南中烟工业有限责任公司
曹　彦（女）　湖北中烟工业有限责任公司
刘灿彬　湖北中烟工业有限责任公司
段志英（女）　湖南中烟工业有限责任公司
杜　将　湖南中烟工业有限责任公司
王丽彬（女）　湖南中烟工业有限责任公司
张　民（女）　湖南中烟工业有限责任公司
林莉梅（女）　广东中烟工业有限责任公司
梁福标　广西中烟工业有限责任公司
吕　燕（女）　广西中烟工业有限责任公司
刘　焰（女）　广西中烟工业有限责任公司
向　兆（女）　中国烟草总公司重庆市公司
王红军（女）　中国烟草总公司四川省公司
周　李（女）　中国烟草总公司四川省公司
周　宜（女）　中国烟草总公司四川省公司
胡　珊（女）　中国烟草总公司四川省公司
任学君　川渝中烟工业有限责任公司
何海燕（女）　川渝中烟工业有限责任公司
罗文静（女）　川渝中烟工业有限责任公司
周江虹（女）　中国烟草总公司贵州省公司
刘正模　中国烟草总公司贵州省公司
李端端（女）　中国烟草总公司贵州省公司
郑　兰（女）　中国烟草总公司贵州省公司
赵新刚　贵州中烟工业有限责任公司
霸树芬（女）　中国烟草总公司云南省公司
陈　梅（女）　中国烟草总公司云南省公司
张文英（女）　中国烟草总公司云南省公司
潘丽春（女）　中国烟草总公司云南省公司
宋文谦　云南中烟工业有限责任公司
冯建海　中国烟草总公司陕西省公司
李　凤（女）　陕西中烟工业有限责任公司

蔡新光　中国烟草总公司青海省公司
王文军（女）　中国烟草总公司新疆维吾尔自治区公司
章春勇　中烟机械集团有限责任公司
尹承艳（女）　中烟机械集团有限责任公司
卢淑艳（女）　中烟机械集团有限责任公司
王　瑛（女）　中国烟草实业发展中心
郝国军　中国烟草实业发展中心

【高级政工师名单】

刘明炉　国家局人事司
刘　旭　中国烟草总公司北京市公司
宁书成　中国烟草总公司天津市公司
王胜海　中国烟草总公司河北省公司
熊彦卿（女）　河北中烟工业有限责任公司
李　军　中国烟草总公司山西省公司
柴红珍（女）　中国烟草总公司山西省公司
邵　文（女）　中国烟草总公司辽宁省公司
王树诚　中国烟草总公司辽宁省公司
刘　君　中国烟草总公司吉林省公司
张继双　中国烟草总公司吉林省公司
王　巍（女）　中国烟草总公司吉林省公司
庞志明　中国烟草总公司吉林省公司
刘洪江　中国烟草总公司黑龙江省公司
徐志敏　中国烟草总公司黑龙江省公司
袁　虹（女）　上海烟草集团有限责任公司
张　扬　上海烟草集团有限责任公司
董凤伟（女）　上海烟草集团有限责任公司
王玉丽（女）　上海烟草集团有限责任公司
杜伟成　上海烟草集团有限责任公司
吴国屏　上海烟草集团有限责任公司
苗全胜　中国烟草总公司江苏省公司
郭　俊　中国烟草总公司江苏省公司
王　年（女）　中国烟草总公司江苏省公司
沈　潮（女）　浙江中烟工业有限责任公司
宋效斌　中国烟草总公司安徽省公司
刘允胜　安徽中烟工业有限责任公司
杨春梅（女）　福建中烟工业有限责任公司
齐义良　中国烟草总公司山东省公司
谢　云　中国烟草总公司山东省公司
袁　东　中国烟草总公司山东省公司
邢　燕（女）　中国烟草总公司山东省公司
张延林　中国烟草总公司山东省公司
谭吉胜　中国烟草总公司山东省公司
王　辉　中国烟草总公司河南省公司
陈国莉（女）　中国烟草总公司湖北省公司
李雄伟　中国烟草总公司湖南省公司
张雨夏　广西中烟工业有限责任公司
唐格莲（女）　广西中烟工业有限责任公司
陈家莲（女）　广西中烟工业有限责任公司
刘　建　中国烟草总公司重庆市公司
秦　宝　中国烟草总公司重庆市公司
何开诚　川渝中烟工业有限责任公司
曾　惠（女）　川渝中烟工业有限责任公司
冯春凤（女）　川渝中烟工业有限责任公司
邓祖昌　中国烟草总公司贵州省公司
王秀龙　中国烟草总公司贵州省公司
王力刚　中国烟草总公司云南省公司
李光云　中国烟草总公司云南省公司
罗建华　云南中烟工业有限责任公司
王乃志　陕西中烟工业有限责任公司
秘秀峰　中国烟草总公司新疆维吾尔自治区公司
徐北丽（女）　中国烟草总公司大连市公司
宫英群　中国烟草实业发展中心
刘洪涛　中国烟草实业发展中心
章红雨（女）　中国烟草实业发展中心
李贵碧　中国烟草实业发展中心

【委托地方人社厅评审通过名单】

李　军　高级审计师　江苏中烟工业有限责任公司
程国亚　高级审计师　中国烟草总公司安徽省公司
张　洁　高级审计师　中国烟草总公司山东省公司
王惠卿　副研究馆员　中国烟草总公司山东省公司
李海燕　副主任医师　山东中烟工业有限责任公司
李明端　高级讲师　中国烟草总公司河南省公司
孙如燕　高级讲师　中国烟草总公司河南省公司
上官泽林　主任医师　河南中烟工业有限责任公司
林志梅　高级统计师　云南中烟工业有限责任公司
郭晓玲　高级统计师　云南中烟工业有限责任公司
曹　娟　编　审　中国烟草总公司郑州烟草研究院

索　引

索引使用说明

一、本索引采用关键词索引法编制。本卷中有实质检索意义的内容均予以标引，以供检索使用。

二、本索引基本上是按汉语拼音音序排列。具体排列规律如下：以数字开头的标目，排在最前面；以英文字母打头的标目，列于其次；汉字标目则按首字的音序、音调依次排列，首字相同时则以第二个字排序，并依次类推。

三、索引标目后的数字，表示检索内容所在本卷的正文页码，如果一个关键词在同一页中出现多次，页码只标一次。

索 引

国家局机关、行业各直属单位审稿领导

赵百东　办公室（外事司）副主任（副司长）

王志江　发展计划司司长

王劲栋　专卖监督管理司司长

刘　艳　经济运行司副司长

李　鸣　政策法规与体制改革司司长

万里明　财务管理与监督司（审计司）司长

李莲娜　科技司副司长

张　文　人事司司长

高兴智　直属机关党委常务副书记

刘　忠　中央纪委、监察部驻国家局纪检组、监察局（中国烟草总公司监察局）副局长（正司级）

赵国臣　整顿和规范市场经济秩序领导小组办公室主任

姜　凯　董事会工作办公室主任

闫亚明　国家局职工培训中心主任、中共国家烟草专卖局党校副校长（正厅级）

汪世贵　烟草经济研究所所长

付久海　离退休干部办公室主任

綦振平　机关服务中心（机关服务局）副主任（副局长）

胡新华　烟草经济信息中心主任

王建雪　中国烟草学会办事机构副理事长（部门正职）

陈江华　中国烟叶公司总经理

崔　萍　中国卷烟销售公司副总经理

张建华　中国烟草投资管理公司副总经理

沈云龙　中国烟草机械集团有限责任公司副总经理、党组成员

张本甫　中国烟草国际有限公司总经理、党组书记

吕忠信　中烟商务物流有限责任公司总经理

秦　燕　中国烟草实业发展中心副巡视员

郝和国　中国双维投资有限公司总经理、党组书记

刘　杰　《中国烟草》杂志社有限公司董事长、总经理

胡清源　中国烟草总公司郑州烟草研究院党组成员

葛　波　中国烟草总公司合肥设计院副院长、党委委员

杨保吉　中国烟草总公司职工进修学院副院长、党组成员

周　宾　北京市烟草专卖局（公司）纪检组长、党组成员

周金超　天津市烟草专卖局（公司）副巡视员

俞关勇　河北省烟草专卖局（公司）副总经理、党组成员

宋政峰　山西省烟草专卖局（公司）局长、总经理、党组书记

郑子林　内蒙古自治区烟草专卖局（公司）副巡视员

陈　彤　辽宁省烟草专卖局（公司）副总经理、党组成员

宋亚强　吉林省烟草专卖局（公司）局长、总经理、党组书记

李捍红　黑龙江省烟草专卖局（公司）纪检组长、党组成员

唐　煦　中国烟草博物馆常务副馆长，上海烟草集团有限责任公司副总经理、党组成员

朱亚涛　江苏省烟草专卖局（公司）纪检组长、党组成员

王德源　浙江省烟草专卖局（公司）纪检组长、党组成员

董建江　安徽省烟草专卖局（公司）副总经理、党组成员

张永军　福建省烟草专卖局（公司）局长、总经理、党组书记

顾厚武　江西省烟草专卖局（公司）副总经理、党组成员

张克强　山东省烟草专卖局（公司）纪检组长、党组成员

付晖华　河南省烟草专卖局（公司）副巡视员

杨　树　湖北省烟草专卖局（公司）副总经理、党组成员

程晓邵　湖南省烟草专卖局（公司）副总经理、党组成员

周伟兵　广东省烟草专卖局（公司）纪检组长、党组成员

霍文义　广西壮族自治区烟草专卖局（公司）副总经理、党组成员

徐丽芬　海南省烟草专卖局（公司）总会计师

冉幕寿　重庆市烟草专卖局（公司）副总经理、党组成员

麻世强　四川省烟草专卖局（公司）副总经理、党组成员

任　林　贵州省烟草专卖局（公司）副局长、党组成员

邓小刚　云南省烟草专卖局（公司）副总经理、党组成员

旺　啦　西藏自治区烟草专卖局（公司）副局长、纪检书记、党委委员

吉应城　陕西省烟草专卖局（公司）纪检组长、党组成员

杨　洪　甘肃省烟草专卖局（公司）副总经理、党组成员

张超凡　青海省烟草专卖局（公司）副局长、党组成员

罗增平　宁夏回族自治区烟草专卖局（公司）副总经理、党组成员

孙　勇　新疆维吾尔自治区烟草专卖局（公司）副总经理、党组成员

康　锵　大连市烟草专卖局（公司）副总经理、党组成员
洪美宣　深圳市烟草专卖局（公司）纪检组长、党组成员
李金祥　河北中烟工业有限责任公司副总经理、党组成员
宣晓泉　江苏中烟工业有限责任公司副总经理、党组成员
杨柳军　浙江中烟工业有限责任公司副总经理、党组成员
王志彬　安徽中烟工业有限责任公司总经理、党组书记
伍达明　福建中烟工业有限责任公司副总经理、党组成员
周恩海　江西中烟工业有限责任公司副总经理、党组成员
王众声　山东中烟工业有限责任公司副总经理、党组成员
李彦伟　河南中烟工业有限责任公司副总经理、党组成员
倪　华　湖北中烟工业有限责任公司副总经理、党组成员
栾永亮　湖南中烟工业有限责任公司副总经理、党组成员
区广安　广东中烟工业有限责任公司副总经理、党组成员
王　全　广西中烟工业有限责任公司巡视员兼副总经理、纪检组长、党组成员
汤柱国　川渝中烟工业有限责任公司副总经理、党组成员
白云峰　贵州中烟工业有限责任公司总经理、党组书记
朱绍明　云南中烟工业有限责任公司总经理、党组书记
李　强　陕西中烟工业有限责任公司副总经理、党组成员
茅　俊　南通醋酸纤维有限公司行政区域副总经理、党委委员
潘定益　珠海醋酸纤维有限公司行政副总经理、党委委员
温　明　昆明醋酸纤维有限公司副总经理、党委书记

国家局机关、行业各直属单位主要撰稿人员名单

石昌盛　国家局科技司
马钰淏　中国烟草机械集团有限责任公司
曹建平　中国烟草实业发展中心
张敬一　中国烟草总公司郑州烟草研究院
邵　军　中国烟草总公司合肥设计院
陈其海　中国烟草总公司职工进修学院
王智誉　北京市烟草专卖局（公司）
高栓龙　天津市烟草专卖局（公司）
苏维民　河北省烟草专卖局（公司）
赵　钰　山西省烟草专卖局（公司）
关晓勇　内蒙古自治区烟草专卖局（公司）
周明飞　辽宁省烟草专卖局（公司）
王兴谦　吉林省烟草专卖局（公司）
吴　畏　黑龙江省烟草专卖局（公司）
李　燕　上海烟草集团有限责任公司
李　燕　上海烟草集团有限责任公司
胡剑平　上海烟草集团有限责任公司
张　华　江苏省烟草专卖局（公司）
黄　凯　浙江省烟草专卖局（公司）
李　胜　安徽省烟草专卖局（公司）
傅积恩　福建省烟草专卖局（公司）
王　萱　江西省烟草专卖局（公司）
蔡世龙　山东省烟草专卖局（公司）
范素娟　河南省烟草专卖局（公司）
李菲菲　湖北省烟草专卖局（公司）
张　仕　湖南省烟草专卖局（公司）
张　慧　广东省烟草专卖局（公司）
黄祥进　广西壮族自治区烟草专卖局（公司）
孙　云　海南省烟草专卖局（公司）
王凌容　重庆市烟草专卖局（公司）
张羽翔　四川省烟草专卖局（公司）
王　冕　贵州省烟草专卖局（公司）
曾永春　云南省烟草专卖局（公司）
王佳敏　西藏自治区烟草专卖局（公司）
王　玉　陕西省烟草专卖局（公司）
毕耜栋　甘肃省烟草专卖局（公司）
葛建宝　青海省烟草专卖局（公司）
潘　亮　宁夏回族自治区烟草专卖局（公司）
韩　敏　新疆维吾尔自治区烟草专卖局（公司）
贾效伟　大连市烟草专卖局（公司）
陈洁莹　深圳市烟草专卖局（公司）
张　彬　河北中烟工业有限责任公司
徐　璐　江苏中烟工业有限责任公司
孙　琦　浙江中烟工业有限责任公司
陈卫红　安徽中烟工业有限责任公司
卢金德　福建中烟工业有限责任公司
夏晨娣　江西中烟工业有限责任公司
秦日旭　山东中烟工业有限责任公司
郭　勇　山东中烟工业有限责任公司
张　宇　河南中烟工业有限责任公司
黄　帅　湖北中烟工业有限责任公司
盛晓燕　湖南中烟工业有限责任公司
周腾浪　湖南中烟工业有限责任公司
郑泽敏　广东中烟工业有限责任公司
周丽霞　广西中烟工业有限责任公司
晏　钢　川渝中烟工业有限责任公司
高　雕　贵州中烟工业有限责任公司
王宏先　云南中烟工业有限责任公司
曹晓军　云南中烟工业有限责任公司
朱　懿　云南中烟工业有限责任公司
张建华　陕西中烟工业有限责任公司
陈丹彤　南通醋酸纤维有限公司
万　顷　珠海醋酸纤维有限公司
李如音　昆明醋酸纤维有限公司

国家局机关各部门、各单位提供资料人员名单

张　政　办公室（外事司）
杨　翼　办公室（外事司）
郑素平　办公室（外事司）
朱　槿　办公室（外事司）
谭海滨　发展计划司
刘艳华　专卖监督管理司
郑月兰　经济运行司
汪　洋　政策法规与体制改革司
童冠华　财务管理与监督司（审计司）
刘　宇　人事司
孙志云　人事司
马　超　直属机关党委
王光明　中央纪委、监察部驻国家局纪检组、监察局（中国烟草总公司监察局）
崔　萌　整顿和规范市场经济秩序领导小组办公室
高雨竹　董事会工作办公室
杨飞飞　国家局职工培训中心、中共国家烟草专卖局党校
耿春磊　烟草经济研究所
杨丹妍　离退休干部办公室
邓永红　机关服务中心（机关服务局）
王成瑞　烟草经济信息中心
桑运良　烟草经济信息中心
刘新华　中国烟草学会办事机构
范志新　中国烟叶公司
张　潋　中国卷烟销售公司
沈启超　中国烟草投资管理公司
王浩擎　中国烟草国际有限公司
张　宇　中烟商务物流有限责任公司
徐　瑾　中国双维投资有限公司
唐　敏　《中国烟草》杂志社有限公司

图书在版编目（CIP）数据

中国烟草年鉴. 2015/国家烟草专卖局编.
—北京：中国经济出版社，2015. 12
ISBN 978－7－5136－4143－2
Ⅰ. ①中… Ⅱ. ①国… Ⅲ. ①烟草工业－中国－2015－年鉴 Ⅳ. ①F426. 89－54
中国版本图书馆CIP数据核字（2016）第011609号

中国烟草年鉴（2015）

责任编辑：李祥柱 郑 潇
封面设计：吉天虹
彩插设计：华 眉 许双慧 李西屹 卢 旋 张盛楠 王雨婷
出版发行：中国经济出版社（100037・北京市西城区百万庄北街3号）
网 址：www.economyph.com
电 话：（010）64477900 64477170
经 销：各地新华书店
承 印：北京旺鹏印刷有限公司
开 本：889mm×1194 mm 1/16
插页印张：5　　字 数：3000千字
版 次：2015年12月第1版　　印 张：38.5
书 号：ISBN 978－7－5136－4143－2　　印 次：2015年12月第1次印刷
广告经营许可证：京西工商广字第8179号　　定 价：350.00元

中国烟草年鉴 2015

CHINA T

YEAR